梅新林 俞樟华 主编

中國學術編年

隋唐五代卷

陈国灿 撰

华东师范大学出版社

华东师范大学出版社六点分社　策划

全国高等院校古籍整理研究工作委员会重点项目
浙江省人文社科基地浙江师大江南文化研究中心重点项目

顾　问（按姓氏笔画）
甘　阳　朱杰人　朱维铮　刘小枫　刘跃进　安平秋　李学勤　杨　忠
束景南　张涌泉　黄灵庚　常元敬　崔富章　章培恒　詹福瑞

主　编
梅新林　俞樟华

总策划
倪为国

编　委（按姓氏笔画）
王德华　毛　策　叶志衡　包礼祥　宋清秀　邱江宁　陈玉兰　陈年福
陈国灿　林家骊　胡吉省　姚成荣　倪为国　曾礼军

前　言

自1985年率先启动《清代学术编年》研究项目以来,经过诸位同仁持续不懈的努力,由清代依次上溯而贯通历代的《中国学术编年》(以下简称《编年》)终于告竣。这是迄今为止学术界首次以编年的形式对中国通代学术发展史的系统梳理,是一部力图站在21世纪新的学术制高点上全面综合与总结以往学术成果的集成性之作,同时也是一部兼具研究与检索双重功能的大型工具书。衷心希望《中国学术编年》的出版,能对21世纪国学的研究与复兴起到积极的推动作用。

从《清代学术编年》项目启动到《中国学术编年》告竣的20余年间,恰与世纪之交以"重写学术史"为主旨的"学术史热"相始终。因此,当我们有幸以编撰《中国学术编年》的方式,积极参与"重写学术史"这一世纪学术大厦的奠基与建设工程之际,在对《中国学术编年》的编纂进行艰苦探索的同时,始终伴随着对"重写学术史"的密切关注以及对如何"重写学术史"的学理思考,值此《中国学术编年》即将出版之际,我们愿意将期间的探索、思考成果撰为《前言》冠于书前,期与学界同仁共享。

一、世纪之交"学术史热"的勃兴与启示

一代有一代之学术,一代亦有一代之学术史,这是因为每个时代都有对学术理念、路向、范式的不同理解,都需要对特定时代的主要学术论题作出新的回答。从这个意义上说,"重写文学史"既是一种即时性学术思潮的反映,又是一项永无止境的学术创新活动。不同时代"重写文学史"的依次链接与推进,即是最终汇合成为学术通史的必要前提。

世纪之交,以"重写文学史"为主旨的"学术史热"再次兴起于中国学术界,这与上个世纪之交的"学术史热"同中有异:同者,都是集中于世纪之交对源远流长的中国学术史进行反思与总结。异者,一是旨在推进中国学术实现从传统向现代的转型;一是旨在通过推进中国现代学术的世界化而建构新的学术体系,因而彼此并非世纪轮回,而应视为世纪跨越。

本次"学术史热"以北京、上海为两大中心,兴起于20世纪80年代,发端于"重写文学史",然后逐步推向"重写学术史"。诚然,重写历史,本是学术发展与创新的内在要求,然而在20世纪80年代,"重写"成为一种学术时尚,普遍被学者所关注与谈论,几乎成为一个世纪性话题,却缘于特定的时代背景。诚如葛兆光先生所言,80年代以来有一些话题至今仍在不断被提起,其中一个就是"重写",重写文学史,重写文化史,重写哲学史,当然也有重写思想史。重写是"相当诱人的事情,更是必然的事情"(《连续性:思路、章节及其他——思想史的

写法之四》,《读书》1998年第6期)。其中的"必然",是从最初对一大批遭受不公正对待和评价的作家文人的"学术平反",到对整个中国学术文化的意义重释与价值重估,实际上是伴随改革开放进程的思想解放运动的重要组成部分,故有广泛"重写"之必要与可能。

从"重写文学史"到"重写学术史"之间,本有内在的逻辑关联。"重写文学史"作为"重写学术史"的一个重要组成部分与开路先锋,向思想史、哲学史、文化史等各个层面的不断推进,必然会归结于"重写学术史"。在从"重写文学史"走向"重写学术史"的过程中,同样以北京大学为前沿阵地。早在80年代初,北京大学王瑶先生率先发起了有关文学史的讨论。至1985年,陈平原先生在北京万寿寺召开的中国现代文学创新座谈会上宣读了他与钱理群、黄子平先生酝酿已久的"20世纪中国文学"的基本构想(后发表于《读书》1985年第10期),给重写文学史以重要启发。同年,著名学者唐弢与晓诸先生等就是否可以重写文学史问题开展激烈的争论,由此形成"重写文学史"讨论的第一次高潮。然后至90年代初,陈平原先生率先由"重写文学史"转向"重写学术史"的实践探索,从1991年开始启动《中国现代学术之建立》的写作,主编《学人》杂志,筹划"学术史丛书",到1995年"学术史丛书"由北京大学出版社出版,这是世纪之交"重写学术史"取得阶段性成果的重要标志。而在另一个学术中心上海,先于1988年在《上海文坛》专门开辟"重写文学史"专栏,邀请著名学者陈思和、王晓明先生主持,他们在开栏"宣言"中开宗明义地提出"重写文学史"的学术宗旨,并给予这样的历史定位:"我们现在提出'重写文学史',实际上正是在文学史研究的性质发生改变的时期,是现代文学史作为一门独立的学科逐步走向成熟的时期。"王晓明先生还特意将"重写文学史"溯源于1985年万寿寺座谈会上陈平原等关于"20世纪中国文学的构想","重写文学史"不过是将三年前"郑重拉开的序幕"再一次拉开,这是旨在强调从1985年到1988年"重写文学史"讨论两次高潮的延续性以及京沪两大学术中心的连动性。1996年,在章培恒、陈思和先生的主持下,《复旦学报》也继《上海文坛》之后开辟了"重写文学史"专栏,由此促成了贯通中国古代文学与现代文学的"中国文学古今演变研究"的交叉学科的创立。然后至1997年、1998年连续于上海召开"20世纪的中国学术"、"重写学术史"两次专题学术研讨会,尤其是后一次会议,在全国学术界第一次明确打出"重写学术史"旗号,具有时代标志性意义。此后,以京沪为两大中心,广泛影响全国的"学术史热"迅速升温。除了各种学术会议之外,各地重要刊物也都相继开辟学术史研究专栏,或邀请著名学者举行座谈。当然,最重要的学术成果还是主要体现在学术史著作方面,从分科到综合,从断代到通代,从历时到共时,从个体到群体,以及各种专题性的学术史研究领域,都有广泛涉及,这是来自不同专业领域学者在"重写学术史"旗帜下的新的聚集、新的合作、新的交融,共同创造了世纪之交学术史研究的兴盛局面。期间的代表性学术成果,主要体现在理论反思与实践探索两个层面。

在理论反思方面,集中体现于各种学术会议与专栏讨论文章,比如1997年在上海召开的"20世纪的中国学术"讨论会上,与会学者就"20世纪中国学术"的历史起点与逻辑起点、学术史观与研究方法等发表了各自的意见,并就20世纪中国学术在中西文化与学术的碰撞和融合的背景之下的现代品性与总体特点,以及存在的问题与教训、部分具体学科在20世纪的发展脉络等展开了热烈的讨论(晋荣东《"20世纪的中国学术"讨论会综述》,《学术月刊》1997年第6期)。1998年在上海召开的"重写学术史"研讨会,与会学者重点围绕近年来出版的学术史著质量、现今条件下重写学术史的必要与可能、重写中遇到的问题与难点、学术史著各种写法的得失等进行了广泛的交流与深入的研讨。当然,"重写学术史"的关键是能否建构新的学术史观,其中包括两大核心内容:一是对学术与学术史的重新认知;二是新型学术范式的建立。这在世纪之交的"重写学术史"讨论中也得到了热烈的回应。前者主要围绕"学术史是什么"的问题而展开。陈平原先生主张一种相对开放的泛学术史观,认可中国古代"辨章学术,考镜源流"的传统,更多强调学术史与思想史、文化史的关联(《"学术史丛书"总序》)。李学勤先生则提出把文科和理科、科学与人文放在一起,统一考察的大学术史观,认为"现在通常把自然科学称作'科学',人文社会科学叫做'学术',其实不妥,因为人类的知识本来是一个整体,文理尽管不同,仍有很多交叉贯通之处。尤其是在学术史上,不少人物对科学、人文都有贡献,他们的思想受到两方面的影响;还有一些团体,其活动兼及文理,成员也包括双方的学者。如果生加割裂,就难以窥见种种思潮和动向的全体面貌。"(《研究二十世纪学术文化的一些意见》,《中国文化研究》2000年第1期)

与此同时,也有一些学者着眼于学术史之所以为学术史的学术定位提出自己的思考。1997年在上海召开的"20世纪的中国学术"研讨会上,有学者认为必须明确将其与文化史、思想史以及哲学史等区分开来,把"学术"定位在知识形态上,即学术史主要是客观地研究知识的分类、构成、积累等问题,对知识的结构演变、体系的发展脉络予以发生学意义上的追寻,作出分析、说明、描述、勾勒,以此与文化史、思想史作出分殊,给学术史留出独立的位置,树立自觉的意识与确定的立场(晋荣东《"20世纪的中国学术"讨论会综述》,前揭)。2004年,张立文先生在《中国学术的界说、演替和创新——兼论中国学术史与思想史、哲学史的分殊》一文(《中国人民大学学报》2004年第1期)中,对"学术史是什么"作了如下辨思与界定:

> 学术在传统意义上是指学说和方法,在现代意义上一般是指人文社会科学领域内诸多知识系统和方法系统,以及自然科学领域中的科学学说和方法论。中国学术史面对的不是人对宇宙、社会、人生之道的体贴和名字体系或人对宇宙、社会、人生的事件、生活、行为所思所想的解释体系,而是直面已有的中国哲学家、思想家、学问家、科学家、宗教家、文学家、史学家、经学家等的学说和方法系统,并藉其文本和成果,通过考镜源流、分源别派,历史地呈现其学术延续的血脉和趋势。这便是中国学术史。

这一界定既为学术史确立了相对独立的立场与地位,又贯通了与哲学史、思想史以及人文社会科学与自然科学的关系,富有启示意义。

关于如何建构新的学术范式的问题,李学勤先生陆续发表了系列论文展开探索,然后结集并题为《重写学术史》出版,书中"内容提要"这样写道:"'重写学术史'意味着中国各历史阶段学术思想的演变新加解释和总结。这与我过去说的'重新估价中国古代文明'和'走出疑古时代',其实是相承的。晚清以来的疑古之风,很大程度上是对学术史的怀疑否定,而这种学风本身又是学术史上的现象。只有摆脱疑古的局限,才能对古代文明作出更好的估价。"李学勤先生特别强调20世纪考古发现之于"重写学术史"的重要性,提出要由改写中国文明史、学术史到走出疑古时代,由"二重证据法"到多学科组合。作为国家夏商周断代工程首席科学家、著名考古学家,李学勤先生的以上见解,显然与其考古专业立场密切相关。陈平原先生鉴于近代之前的中国学术史研究多以"人"为中心,以"人"统"学",近代之后一变为以"学"为中心,以"学"统"人",于是倡导建构以"问题"为中心的新的学术范式,他在《中国现代学术之建立》一书的《导论》中指出:"集中讨论'中国现代学术之建立',目的是凸显论者的问题意识。表面上只是接过章、梁的话题往下说,实则颇具自家面目。选择清末民初三十年间的社会与文化,讨论学术转型期诸面相,揭示已实现或被压抑的各种可能性,为重新出发寻找动力乃至途径。这就决定了本书不同于通史的面面俱到,而是以问题为中心展开论述。"后来,陈平原先生在《"当代学术"如何成"史"》一文中更加鲜明地表达了他的学术史观:"谈论学术史研究,我倾向于以问题为中心,而不是编写各种通史。"(《云梦学刊》2005年第4期)从以"人"为中心,到以"学"为中心,再到以"问题"为中心,显示了中国学术史研究学术范式的重要进展,体现了新的时代内涵与学术价值。当然,"人"、"学"、"问题"三者本是互为一体,密不可分的,若能将以"问题"为中心与以"人"、"学"为中心的三种范式相互交融,会更为完善。

在实践探索方面,则以李学勤、张立文先生分别主编的《中国学术史》、《中国学术通史》最为引人注目。两书皆为贯通历代、规模宏大的多卷本中国学术通史研究著作。《中国学术史》凡11卷,依次为《先秦卷》(上、下)、《两汉卷》、《三国两晋南北朝卷》(上、下)、《隋唐五代卷》、《宋元卷》(上、下)、《明代卷》、《清代卷》(上、下),自2001年起由江西教育出版社陆续出版。《中国学术通史》凡6卷,依次为《先秦卷》、《秦汉卷》、《魏晋南北朝卷》、《隋唐卷》、《宋元明卷》、《清代卷》,于2005年由人民出版社整体推出。两书的相继出版,一同填补了中国学术史上长期缺少通史研究巨著的空白,代表了世纪之交"重写学术史"的最新进展。至于断代方面,当推陈平原先生《中国现代学术之建立》影响最著,作者在《导论》中这样写道:"晚清那代学者之所以热衷于梳理学术史,从开天辟地一直说到眼皮底下,大概是意识到学术嬗变的契机,希望借'辨章学术,考镜源流'来获得方向感。同样道理,20世纪末的中国学界,重提'学术史研究',很大程度上也是为了解决自身的困惑。因此,首先进入视野的,必然是与其息息相关的'20世纪中国学术'。"要之,从离我们最近的20世纪中国学术入手,更具重点突破、带动全局的重要意义,可以为重新审视、重构中国学术史提供新的逻辑基点。

对于世纪之交"重写文学史"在理论反思与实践探索两个层面的意义与启示,可以引录左鹏军先生在《90年代"学术史热"的人文意义》(《华南师范大学学报》1998年第3期)一文的概括:

第一,它是对长久以来中国传统学术尤其是对近现代以来中国学术道路、学术建树的全面总结,是对鸦片战争以来尤其是新文化运动以来中国文化命运、学术走势的冷静反省,它实际上蕴含着在世纪末对新世纪的新学术状况、新学术高峰的企盼与期待。

第二,它透露出中国人文知识分子在几十年的风风雨雨中走过了曲曲折折的学术道路之后,对自己社会角色、社会地位的重新确认,对自己所从事的学术工作的再次估价,对学术本身的地位、价值,对学术本质的进一步思考和确认,表明一种可贵的学术自觉。

第三,它反映出在整个世界学术走向一体化,中国学术与世界学术的交流日趋频繁的历史背景下,中国人文学者建立起完备系统的学术规范,迅速走上学术规范化、正常化之路的要求,表现出中国学者对中国学术尽快与世界学术潮流全方位接触,确立中国学术在世界学术中的应有地位,与世界学术进展接轨、促进世界学术发展的迫切愿望与文化自信。

第四,它体现出人文科学某些相关学科发展的综合趋势,以避免学科分类过细过专、流于琐碎的局限;在方法论上,要吸收和运用古今中外的一切行之有效的研究方法、现代灵活多样的研究手段,深入开展中国学术的研究,使中国学术史的研究从研究方法、学科划分,到操作规程、科研成果,都达到一个崭新的水平。

第五,近年的学术史研究,对近现代学术史之"另一半",即过去由于种种非学术原因而有意无意被忽略了的、或在一定的政治背景下不准研究的一大批对中国学术作出巨大贡献的学者,给予了必要的关注,这表明在世纪末到来的时候,中国学术界开始对本世纪的学术历史进行整体全面的反思,试图写出尽可能贴近学术史原貌的学术史著作。

应该说,这一概括是比较周全而精辟的。

今天,当我们站在21世纪新的学术制高点上,以比较理性的立场与态度来审视世纪之交的"学术史热"时,那么,就不能仅仅停留于客观的历史追述,而应在进程中发现意义,在成绩中找出局限,然后努力寻求新的突破。无可讳言,"学术史热"既然已从学术崇尚衍为一种社会风潮,那么它必然夹杂着许多非学术化的因素,甚至难免出现学术泡沫。相比之下,"重写学术史"的工作显然艰苦得多,更需要沉思,需要积淀,需要创新。其中最重要的莫过于先进的学术史观与扎实的文献基础的双重支撑。以此衡之,世纪之交的"学术史热"显然还存在着诸多局限。学术既由"学"与"术"所组成,学者,学说也,学理也,因此学术史研究不仅离不开思想,相反,更需要深刻思想的导引与熔铸。学术史观,从某种意义上说即是学术思想的体现和升华,平庸的思想不可能产生深刻的学术史观。李泽厚先生尝论20世纪90年代是一个"思想淡出,学术凸显"的时代,扼要点中了中国学界八、九十年代的整体学术转向。

"重写学术史",实质上是对原有学术史的历史重建,而历史重建的成效,则有赖于历史还原的进展。从历史与逻辑辩证统一的要求衡量,"重写学术史"的历史还原与重建,特别需要在中国学术、中国学术史、中国学术史研究三个具有内在逻辑关联的关键环节上作出新的探索,并取得新的突破。

二、中国"学术":文字考释与意义探源

学术史,顾名思义,是学术发展演变的历史。因此,对中国学术史的历史还原,首先要对"学术"的语言合成与原生意义及其历史流变进行一番考释与探源工作。

何谓"学术"?《辞源》释之为"学问、道术";《辞海》释之为"较为专门、有系统的学问";《汉语大词典》梳理从先秦至清代有关"学术"的不同用法,释为七义:(1)学习治国之术;(2)治国之术;(3)教化;(4)学问、学识;(5)观点、主张、学说;(6)学风;(7)法术、本领。其中(3)(4)(5)(6)(7)皆关乎当今所言"学术"之意义。

从语源学上追溯,"学"与"术"先是分别独立出现,各具不同的语义。然后由分而合,并称为"学术"之名。至近代以来,又逐渐被赋予新的时代意义。略略考察其间的演变历程,有助于更深切、准确地理解"学术"本义及其与现代学术意涵的内在关系。

(一)"学"之释义

许慎《说文解字》曰:"斅,觉悟也。从教、冂。冂,尚矇也。臼声。學,篆文斅省。"许氏以"斅"、"學"为一字,本义为"觉悟"。段玉裁注云:"详古之制字作'斅',从教,主于觉人。秦以来去'攵'作'學',主于自觉。"以此上溯并对照于甲骨文和金文,则"學"字已见于甲骨文而金文中则"學"、"斅"并存:

前三字为甲骨文,后二字为金文。甲骨文"學"字或从爻,或从父,与上古占卜的爻数有

关。占卜术数是一门高深学问,需要有师教诲,故由"學"字引申,凡一切"教之觉人"皆为"學",不一定是专指占卜之事。如:

> 丙子卜贞:多子其延學疾(治病),不冓(遘)大雨?(《甲骨文合集》3250)
> 丁酉卜今旦万其學?/于来丁廼學?(《小屯南地甲骨》662)

然后从学习行为引申为学习场所,意指学校。如:"于大學拜?"(《小屯》60)大学,应为学宫名,即是原始的太学,《礼制·王制》曰:"小学在公宫南之右,太学在郊。"

以甲骨文为基础,金文又增加了意为小孩的形符"子",意指蒙童学习之义更加显豁。儿童学习须人教育,因此本表学习义的"學"兼具并引申为教学之义,故金文再增加"攴"符,成为繁形的"斅"字,由此學、斅分指学、教二义。检金文中"學"字,仍承甲骨文之义,意指学习或学校。如:

> 小子令學。(令鼎)
> 小子眔服眔小臣眔尸仆學射。(静簋)
> 余隹(惟)即朕小學,女(汝)勿剋余乃辟一人。(盂鼎)
> 王命静嗣射學宫。(静簋)

前二例意指学习行为,后二例意指学习场所。

然"斅"之不同于"學",明显意指"教"之义。如:

> 克又井斅懿父迺□子。(沈子它簋蓋)
> 昔者,吴人并越,越人修斅備恁(信),五年覆吴。(中山王鼎)

《静殷》:"静斅无。"郭沫若《西周金文辞大系》考释:"斅当读为教……,无即无斁。"这个"斅"字还保留"觉人"、"自觉"的双向语义,即是说"觉人"为"教","自觉"为"学",不必破通假字。传世文献则已分化为二字二义。如《尚书·兑命》曰:"惟斅學半,今始终典于學,厥德修罔觉。"孔安国《传》云:"斅,教也。"《礼记·学记》由此引出"教学相长"之说。曰:"學然后知不足,教然后知困。知不足然后能自反也,知困然后能自强也。故曰教学相长也。《兑命》曰:'斅學半',其此之谓乎?"段玉裁尽管曾从词义加以辨析,说:"按《兑命》上斅之谓教,言教人乃益己之半,教人谓之斅者。學所以自觉,下之效也;教人所以觉人,上之施也。故古统谓之學也。"其"古统谓之学",说明"学"是双向的表意,在语源上是没有区别的。

"斅"为教义,征之于先秦文献,也不乏其例:

> 《礼记·文王世子》:"凡斅世子及學士,必时。"陆德明释文:"斅,户孝反,教也。"
> 《国语·晋语九》:"顺德以斅子,择言以教子,择师保以相子。"韦昭注:"斅,教也。"
> 《墨子·鲁问》:"鲁人有因子墨子而學其子者。"于省吾《双剑誃诸子新证·墨子三》:"學,应读作斅。"

要之,由学习至学校,由教学至学习,"学"字在上古包含"觉人"(教)与"自觉"(学)的双向语义。

春秋战国时代,在百家争鸣、学术繁荣的特定背景下,"学"之词日益盛行于世,仅《论语》

一书出现"学"者,凡46处之多。而且,还出现了如《礼记》之《大学》、《学记》,《荀子》之《劝学》,《韩非子》之《显学》等论学专篇。"学"之通行意义仍指学习行为,然后向以下诸方面引申:

1. 由学习行为,引申为学习场所——学校

《礼记·学记》曰:"古之教者,家有塾,党有庠,术(遂)有序,国有学。"《礼记·大学》谓"大学之道,在明明德,在亲民,在止于至善"。此"国之学"、"大学"即指最高学府——太学。

2. 由学习行为引申为学习主体——学士、学人、学者

《荀子·修身》曰:"故学曰:迟,彼止而待我,我行而就之,则亦或迟、或速、或先、或后,胡为乎其不可以同至也。"此"学"意指学习者,或衍为"学士"、"学人"、"学者"。《周礼·春官·乐师》曰:"及彻,帅学士而歌彻。"《左传·昭公九年》曰:"辰在子卯,谓之疾日,君彻宴乐,学人舍业,为疾故也。"《论语·宪问》:"子曰:古之学者为己,今之学者为人。"《礼记·学记》曰:"学者有四失,教者必知之。"此"学士"、"学人"、"学者"皆指求学者。

由求学者进一步引申,又可指称有学问之人。《庄子·刻意》曰:"语仁义忠信,恭俭推让,为修己而已矣,此平世之士,教诲之人,游居学者之所好也。"成玄英疏:"斯乃子夏之在西河,宣尼之居洙泗,或游行而议论,或安居而讲说,盖是学人之所好。"而《庄子·盗跖》曰:"摇唇鼓舌,擅生是非,以迷天下之主,使天下学士,不反其本,妄作孝弟,而徼倖于封侯富贵者也。"此"学士"则泛指一般学者、文人。

3. 由学习行为引申为学习成果——学问、学识

《论语·为政》曰:"子曰:吾十有五而志于学。"《论语·述而》曰:"子曰:德之不修,学之不讲,闻义不能徙,不善不能改,是吾忧也。"《论语·子罕》曰:"大哉孔子,博学而无所成名。"《墨子·修身》曰:"士虽有学,而行为本焉。"此中"学"字,皆为学问、学识、知识之义,后又进而衍为"学问"之词。按"学问",本指学习与询问知识、技能等。例如《易·乾》曰:"君子学以聚之,问以辩之。"《礼记·中庸》曰:"博学之,审问之,慎思之,明辨之,笃行之。"而合"学"与"问"于"学问"一词,即逐步由动词向名词转化。《孟子·滕文公上》曰:"吾他日未尝学问,好驰马试剑。"仍用为动词。《荀子·劝学》曰:"不闻先生之遗言,不知学问之大也。"则转化为名词,意指知识、学识。《荀子·大略》曰:"诗曰:'如切如磋,如琢如磨'。谓学问也。"两者兼而有之。

4. 由学习行为引申为学术主张与学术流派——学说、学派

《庄子·天下篇》曾提出"百家之学"、"后世之学"的概念,曰:"古之所谓道术者,果恶乎在?……其明而在数度者,旧法世传之史尚多有之。其在于《诗》、《书》、《礼》、《乐》者,邹鲁之士缙绅先生多能明之。《诗》以道志,《书》以道事,《礼》以道行,《乐》以道和,《易》以道阴阳,《春秋》以道名分。其数散于天下而设于中国者,百家之学时或称而道之。……悲夫,百家往而不反,必不合矣!后世之学者,不幸不见天地之纯,古人之大体,道术将为天下裂。"此"百家之学"、"后世之学",主要是指学说。而《韩非子·显学》也同样具有《庄子·天下篇》的学术批评性质,其谓"世之显学,儒墨也"。此"学"则意指学派。

由先秦"学"之意涵演变历程观之,当"学"从学习的基本语义,逐步引申为学校、学者乃至学问、学识、学说、学派时,即已意指甚至包含了"学术"的整体意义。

(二)"术"之释义

术,古作術。许慎《说文解字》曰:"術,邑中道也。从行,术声。"段玉裁注:"邑,国也。"術字本义是"道路",这个字比较晚起,最早见睡虎地秦墓竹简,写作:

術

《法律答问》曰:"有贼杀伤人(于)冲術。"银雀山汉墓竹简《孙膑兵法·擒庞涓》曰:"齐城、高唐当術而大败。"冲術,即大道、大街;当術,在路上。

然術字虽是晚出,而表示"道路"的意义则存之于先秦文献。如《墨子·号令》曰:"环守宫之術衢,置屯道,各垣其两旁,高丈为埤倪。"術衢,指道路,衢也是道路。《庄子·大宗师》曰:"鱼相忘乎江湖,人相忘乎道術。"道術,即道路。词义早就存在了,而表示该词义的字却迟迟未出,滞于其后。这在汉语中是常见的现象。

与"術"关系十分密切的还有一个"述"字,见于西周金文。《说文》曰:"述,循也。从辵,术声。"段玉裁注:"述,或叚术为之。"其实,術为"述"字的分化。述为循行,由动词演变为名词,则为行走的"道路",于是才造出一个"術"字。至少可以说,術、述同属一个语源。

"術"(术)又由道路引申为方法、手段、技能、技艺、谋略、权术、学问、学术等义,则与其道之本义逐渐分离。兹引先秦典籍文献,分述于下:

1. 由道路引申为方法、手段

《礼记·祭统》曰:"惠术也,可以观政矣。"郑玄注:"术犹法也。"《孟子·告子下》曰:"教亦多术矣,予不屑之教诲也者,是亦教诲之而已矣。"此"术"指教育方法。

2. 由方法引申为技能、技艺

《礼记·乡饮酒义》曰:"古之学术道者,将以得身也,是故圣人务焉。"郑玄注:"术,犹艺也。"《孟子·公孙丑上》曰:"矢人惟恐不伤人,函人惟恐伤人,巫匠亦然,故术不可不慎也。"又《孟子·尽心上》曰:"人之有德慧术知者,恒存乎疢疾。"赵岐注:"人所以有德行智慧道术才智者,以其在于有疢疾之人;疢疾之人,又力学,故能成德。"此"术"与德、慧、知(智)并行,赵岐释之为"道术",实乃指一种技能、技艺。

古代与"术"构为复合词者,如法术、方术、数术(或称术数)等,多指具有某种神秘性、专门性的技能或技艺。《韩非子·人主》曰:"且法术之士,与当途之臣,不相容也。"此法术犹同方术。《荀子·尧问》曰:"德若尧禹,世少知之,方术不用,为人所疑。"《吕氏春秋·赞能》曰:"说义以听,方术信行,能令人主上至于王,下至于霸,我不若子也。"后方术泛指天文、医学、神仙术、房中术、占卜、相术、遁甲、堪舆、谶纬等。《后汉书》首设《方术传》。术数,多指以种种方术,观察自然界可注意的现象,来推测人的气数与命运,也称"数术"。《汉书·艺文志》谓:"数术者,皆明堂羲和史卜之职也。"其下列天文、历谱、五行、蓍龟、杂占、形法六种,大体与方术相近。

3. 由方法引申为谋略、权术

《吕氏春秋·先己》曰:"当今之世,巧谋并行,诈术递用。"此"术"意指一种权谋。先秦典籍文献中"术"常与"数"连称"术数",特指谋略、权术,与上文所指技能、技艺之"术数"同中有异。《管子·形势》曰:"人主务学术数,务行正理,则变化日进,至于大功。"《韩非子·奸劫弑臣》曰:"夫奸臣得乘信幸之势以毁誉进退群臣者,人主所有术数以御之也。"《鹖冠子·天则》曰:"临利而后可以见信,临财而后可以见仁,临难而后可以见勇,临事而后可以见术数之士。"皆指治国用人的谋略、权术。

4. 由技能、技艺引申为学问、学术

以《庄子·天下篇》所言"道术"、"方术"最具代表性。《天下篇》曰:

> 天下之治方术者多矣,皆以其有为不可加矣。古之所谓道术者,果恶乎在?曰:"无乎不在。"曰:"神何由降?明何由出?""圣有所生,王有所成,皆原于一。"不离于宗,谓之天人;不离于精,谓之神人;不离于真,谓之至人。以天为宗,以德为本,以道为门,兆于变化,谓之圣人;以仁为恩,以义为理,以礼为行,以乐为和,熏然慈仁,谓之君子;以法为分,以名为表,以参为验,以稽为决,其数一二三四是也,百官以此相齿;以事为常,以衣食为主,蕃息畜藏,老弱孤寡为意,皆有以养,民之理也。古之人其备乎!配神明,醇天地,育万物,和天下,泽及百姓,明于本数,系于末度,六通四辟,小大精粗,其运无乎不在。
>
> 天下大乱,贤圣不明,道德不一。天下多得一察焉以自好。譬如耳目鼻口,皆有所明,不能相通。犹百家众技也,皆有所长,时有所用。虽然,不该不遍,一曲之士也。判天地之美,析万物之理,察古人之全。寡能备于天地之美,称神明之容。是故内圣外王之道,暗而不明,郁而不发,天下之人各为其所欲焉以自为方。悲夫,百家往而不反,必不合矣!后世之学者,不幸不见天地之纯,古人之大体。道术将为天下裂。

"道术"与"方术"一样,在先秦典籍文献中本有多种含义。前引《庄子·大宗师》曰:"鱼相忘于江湖,人相忘于道术。"此"道"与"术"同指道路。《吕氏春秋·任数》曰:"桓公得管子,事犹大易,又况於得道术乎?"此"道术"意指治国之术。《墨子·非命下》曰:"今贤良之人,尊贤而好功道术,故上得其王公大人之赏,下得其万民之誉。"此"道"与"术"分别意指道德、学问。而《庄子·天下篇》所言"道术"与"方术"皆意指学术。陈鼓应《庄子今注今译》释"道术":"指洞悉宇宙人生本原的学问",释"方术":"指特定的学问,为道术的一部分"。"道术"合成为一词,意指一种统而未分、天然合一的学问,一种整体的学问,普遍的学问,接近于道之本体的学问,也是一种合乎于道的最高的学术。而"方术"作为与"道术"相对应的特定概念,也与上引意指某种特定技能、技艺之"方术"、"术数"不同,《庄子今注今译》引"林希逸说:'方术,学术也。'蒋锡昌说:'方术者,乃庄子指曲士一察之道而言,如墨翟、宋钘、惠施、公孙龙等所治之道是也。'"则此"方术"意指百家兴起之后分裂"道术"、"以自为方"的特定学说或技艺,是一种由统一走向分化、普遍走向特殊、整体走向局部的学问,一种离异了形而上之"道"趋于形而下之"术"的学问。

要之,"道术"之与"方术"相通者,皆意指学术,所不同者,只是彼此在学术阶段、层次、境界上的差异。鉴于《天下篇》具有首开学术史批评的性质与意义,则以文中"道术"与"方术"之分、之变及其与百家之学、后世之学的对应合观之,显然已超越于"学术"之"术"而具有包含学术之"术"与"学"的整体意义。这标志着春秋战国时代以"百家争鸣"繁荣为基础的"学术"意识的独立、"学术"意涵的明晰,以及学术史批评的自觉。

(三)"学术"之释义

尽管先秦典籍文献中的"学"与"术"在相互包容对应中已具有"学术"的整体性意义,但"学"与"术"组合为并列结构的"学术"一词,却经历了相当长的演变过程,概而言之,大致经历了以下四个阶段。

1. 先秦两汉时期"术学"先行于"学术"

略检先秦典籍文献,早期以"学术"连称者见于《韩非子》等。《韩非子·奸劫弑臣第十四》曰:"世之学术者说人主,不曰'乘威严之势以困奸邪之臣',而皆曰'仁义惠爱而已矣'。"但此"学术"皆为动宾结构而非并列结构,与当今所称"学术"之义不同。

两汉时期,学术作为并列结构且与当今"学术"之义相当者,仍不多见。《后汉书》卷五八《盖勋传》曰:"(宋)枭患多寇叛,谓(盖)勋曰:'凉州寡于学术,故屡致反暴。今欲多写《孝经》,令家家习之,庶或使人知义。'勋谏曰:'昔太公封齐,崔杼杀君;伯禽侯鲁,庆父篡位。此二国岂乏学者?今不急静难之术,遽为非常之事,既足结怨一州,又当取笑朝廷,勋不知其可也。'枭不从,遂奏行之。果被诏书诘责,坐以虚慢征。"此"学术"大体已与当今"学术"之义相近,但尚偏重于教化之意。

再看"术学"一词,《墨子·非儒下》已将"道术学业"连称,其曰:"夫一道术学业仁义也,皆大以治人,小以任官,远施周偏,近以修身,不义不处,非理不行,务兴天下之利,曲直周旋,利则止,此君子之道也。以所闻孔丘之行,则本与此相反谬也!"道术学业并列,含有"学术"之意,但仅并列而已,而非"术学"连称。

秦汉以降,"术学"一词合成为并列结构者行世渐多。例如:

> 《史记》卷九十六《张丞相列传》:"太史公曰:'张苍文学律历,为汉名相,而绌贾生、公孙臣等言正朔服色事而不遵,明用秦之颛顼历,何哉?周昌,木强人也。任教以旧德用。申屠嘉可谓刚毅守节矣,然无术学,殆与萧、曹、陈平异矣'。"
>
> 《汉书》卷四十五《蒯伍江息夫传》:"伍被,楚人也。或言其先伍子胥后也。被以材能称,为淮南中郎。是时淮南王刘安好术学,折节下士,招致英隽以百数,被为冠首。"
>
> 《后汉书》卷四十上《班彪列传》:"其论术学,则崇黄老而薄《五经》;序货殖,则轻仁义而羞贫穷;道游侠,则贱守节而贵俗功,此其大敝伤道,所以遇极刑之咎也。然善述序事理,辩而不华,质而不俚,文质相称,盖良史之才也。诚令迁依《五经》之法言,同圣人之是非,意亦庶几矣。"
>
> 《后汉书》卷五十九《张衡列传》:"安帝雅闻衡善术学,公车特征拜郎中,再迁为太史令。遂乃研核阴阳,妙尽璇机之正,作浑天仪,著《灵宪》、《算罔论》,言甚详明。"

以上"术学"皆为并列结构,其义与今之"学术"一词相当。

2. 魏晋至唐宋时期"术学"与"学术"同时并行

"学术"之与"术学"同时并行,可以证之于魏晋至唐宋时期的相关史书,试举数例:

> 《晋书》卷六十四《武十三王传》:"晞无学术而有武干,为桓温所忌。"卷七十二《郭璞传》:"臣术

学庸近,不练内事,卦理所及,敢不尽言。"

《梁书》卷二十二《太祖五王传》:"(秀)精意术学,搜集经记,招学士平原刘孝标,使撰《类苑》,书未及毕,而已行于世。"又卷三十八《贺琛传》:"琛始出郡,高祖闻其学术,召见文德殿,与语悦之,谓仆射徐勉曰:'琛殊有世业'。"

《旧唐书》卷四十三《职官志二》:"集贤学士之职,掌刊缉古今之经籍,以辩明邦国之大典。凡天下图书之遗逸,贤才之隐滞,则承旨而征求焉。其有筹策之可施于时,著述之可行于代者,较其才艺而考其学术,而申表之。凡承旨撰集文章,校理经籍,月终则进课于内,岁终则考最于外。"又卷一百二十六《卢鹫传》:"(鹫)无术学,善事权要,为政苛躁。"

《新唐书》卷一百四十《裴冕传》:"冕少学术,然明锐,果于事,众号称职,(王)铁雅任之。"又卷一百一《萧嵩传》:"时崔琳、正丘、齐澣皆有名,以嵩少术学,不以辈行许也,独姚崇称其远到。历宋州刺史,迁尚书左丞。"

以上皆为同一史书中"学术"、"术学"同时并行之例。但观其发展趋势,是"学术"盛而"术学"衰。

3. 宋元以降"学术"逐步替代"术学"而独行于世

唐宋之际,"术学"隐而"学术"显,实已预示这一变化趋势。从《宋史》到《金史》、《元史》、《明史》、《清史稿》,"术学"一词几乎销声匿迹,其义乃合于"学术"一词。而就"学术"本身的内涵而言,则更具包容性与明确性,与今天所称"学术"之义更为接近。例如:

《宋史》卷二十三《钦宗本纪》:"壬寅,追封范仲淹魏国公,赠司马光太师,张商英太保,除元祐党籍学术之禁。"

《宋史》卷三百七十六《陈渊传》:"渊面对,因论程颐、王安石学术同异,上曰:'杨时之学能宗孔、孟,其《三经义辨》甚当理。'渊曰:'杨时始宗安石,后得程颢师之,乃悟其非。'上曰:'以《三经义解》观之,具见安石穿凿。'渊曰:'穿凿之过尚小,至于道之大原,安石无一不差。推行其学,遂为大害。'上曰:'差者何谓?'渊曰:'圣学所传止有《论》、《孟》、《中庸》,《论语》主仁,《中庸》主诚,《孟子》主性,安石皆暗其原。仁道至大,《论语》随问随答,惟樊迟问,始对曰:爱人。爱特仁之一端,而安石遂以爱为仁。其言《中庸》,则谓《中庸》所以接人,高明所以处己。《孟子》七篇,专发明性善,而安石取扬雄善恶混之言,至于无善无恶,又溺于佛,其失性远矣。'"

《元史》卷一百四十《铁木儿塔识传》:铁木儿塔识"天性忠亮,学术正大,伊、洛诸儒之书,深所研究"。

《明史》卷二百八十二《儒林传一》:"原夫明初诸儒,皆朱子门人之支流余裔,师承有自,矩矱秩然。曹端、胡居仁笃践履,谨绳墨,守儒先之正传,无敢改错。学术之分,则自陈献章、王守仁始。宗献章者曰江门之学,孤行独诣,其传不远。宗守仁者曰姚江之学,别立宗旨,显与朱子背驰,门徒遍天下,流传逾百年,其教大行,其弊滋甚。嘉、隆而后,笃信程、朱,不迁异说者,无复几人矣。要之,有明诸儒,衍伊、洛之绪言,探性命之奥旨,錙铢或爽,遂启岐趋,袭谬承讹,指归弥远。"

《清史稿》卷一百四十五《艺文志一》:"当是时,四库写书至十六万八千册,诏钞四分,分度京师文渊、京西圆明园文源、奉天文溯、热河文津四阁,复简选精要,命武英殿刊版颁行。四十七年,诏再写三分,分贮扬州大观堂之文汇阁、镇江金山寺之文宗阁、杭州圣因寺玉兰堂之文澜阁,令好古之士欲读中秘书者,任其入览。用是海内从风,人文炳蔚,学术昌盛,方驾汉、唐。"

《清史稿》卷一百七《选举志二》:"先是百熙招致海内名流,任大学堂各职。吴汝纶为总教习,赴日本参观学校。适留日学生迭起风潮,诼谣繁兴,党争日甚。二十九年正月,命荣庆会同百熙管理大学堂事宜。二人学术思想,既各不同,用人行政,意见尤多歧异。"

《清史稿》卷四百七十三《康有为传》:"有为天资瑰异,古今学术无所不通,坚于自信,每有创论,常开风气之先。"

《清史稿》卷四百八十六《林纾传》:"纾讲学不分门户,尝谓清代学术之盛,超越今古,义理、考据,合而为一,而精博过之。实于汉学、宋学以外别创清学一派。"

《清史稿》卷四百八十六《辜汤生传》:"辜汤生,字鸿铭,同安人。幼学于英国,为博士。遍游德、法、意、奥诸邦,通其政艺。年三十始返而求中国学术,穷四子、五经之奥,兼涉群籍。爽然曰:'道在是矣!'乃译四子书,述《春秋》大义及礼制诸书。西人见之,始叹中国学理之精,争起传译。"

此外,明代学者章懋在其《枫山语录》中有《学术》专文,周琦所著《东溪日谈录》卷六有《学术谈》一文,《清史稿》卷二百六十五《陆陇其传》还有载陆氏所著《学术辨》一书,曰:"其为学专宗朱子,撰《学术辨》。大指谓王守仁以禅而托于儒,高攀龙、顾宪成知辟守仁,而以静坐为主,本原之地不出守仁范围,诋斥之甚力。"从以上所举案例可知,宋元以来取代"术学"而独行于世的"学术"一词,因其更具包容性与明确性而在名实两个方面渐趋定型。

4. 晚清以来"学术"的新旧转型与中西接轨

晚清以来,在西学东渐的背景下,随着中国"学术"从传统向现代的转型,学界对"学术"的内涵也进行了新的审视与界说。1901年,严复在所译《原富》按语中这样界定"学术"中"学"与"术"的区别:"盖学与术异,学者考自然之理,立必然之例。术者据既已知之理,求可成之功。学主知,术主行。"10年后,梁启超又作《学与术》一文,其曰:

> 近世泰西学问大盛,学者始将学与术之分野,厘然画出,各勤厥职以前民用。试语其概要,则学也者,观察事物而发明其真理者也;术也者,取所发明之真理而致诸用者也。例如以石投水则沉,投以木则浮。观察此事实,以证明水之有浮力,此物理学也;应用此真理以驾驶船舶,则航海术也。研究人体之组织,辨别各器官之机能,此生物学也。应用此真理以治疗疾病,则医术也。学与术之区分及其相互关系,凡百皆准此。善夫生计学大家倭儿格之言,曰:科学(英Science,德Wissenschaft)也者,以研索事物原因结果之关系为职志者也。事物之是非良否非所问,彼其所务者,则就一结果以探索所由来,就一原因以推理其所究极而已。术(英Art,德Kunst)则反是。或有所欲焉者而欲致之,或有所恶焉者而欲避之,乃研究致之避之之策以何为适当,而利用科学上所发明之原理原则以施之于实际者也。由此言之,学者术之体,术者学之用。二者如辅车相依而不可离,学而不足以应用于术者,无益之学也。术而不以科学上之真理为基础者,欺世误人之术也。(初刊1911年6月26日《国风报》第2册第15期。后载梁启超《饮冰室文集》之二十五下,云南教育出版社,2001年8月第1版)

梁启超以西学为参照系的对"学术"的古语新释,集中表现了当时西学东渐、西学中用的时代风气以及梁氏本人欲以西学为参照,推动中国学术从综合走向分科、从古典走向现代并以此重建中国学术的良苦用心。但取自西学的科学、技术与中国传统"学术"仅具某种对应关系而非对等关系,难免有以今释古、以西释中之局限。由此可见,对于中国学术尤其需要西方与本土、传统与现代学术概念的互观与对接,需要从渊源到流变的学术通观。

三、中国学术史:形态辨析与规律探寻

中国学术史源远流长,而对中国学术史的形态辨析与规律探寻始终没有停息。《庄子·

天下篇》之于"道术"与"方术"两种形态与两个阶段的划分,可以视为中国学术史上最先对"古"、"今"学术流变的总结,实乃反映了作者"后世之学者,不幸见天地之纯,古人之大体,道术将为天下裂"的学术史观,以及由今之"方术"还原古之"道术"的学术崇尚,与同时代其他诸子大相径庭。此后,类似的学术史的总结工作代代相续,随时而进,而不断由"今"鉴"古"所揭示的中国学术史发展轨迹与形态,也多呈现为不同的面貌。比如,司马谈《论六家要旨》所论,凡阴阳、儒、墨、法、名、道六家,而《汉书·艺文志·诸子略》则增为儒、道、阴阳、法、名、墨、纵横、杂、农、小说十家,然后归纳为"诸子出于王官"之说,皆与《庄子·天下篇》不同。再如,唐代韩愈《原道》率先提出"尧—舜—禹—汤—文—武—周公—孔—孟"的"道统"说,继由宋代朱熹《中庸章句》推向两宋当代,完成经典性的归纳:"尧—舜—禹—汤—文—武—周公—孔子—颜回、曾参—子思—孟子—二程",在似乎非常有序的学术史链接中,完成了以儒家为正统的序次定位。但这仅是反映韩愈、朱熹等复兴儒学倡导者的学术史观以及文化史观,不能不以排斥乃至牺牲中国学术史的多元性、丰富性为代价,显然是一种以偏概全的概括。由"道统"而"学统",清代学者熊赐履进而在直接标示为《学统》之书中,以孔子、颜子(回)、曾子(参)、子思、孟子、周子(敦颐)、二程子(程颐、程颢)、朱子(熹)9人为"正统",以闵子(骞)以下至罗钦顺23人为"翼统",由冉伯牛以下至高攀龙178人为"附统",以荀卿、扬雄、王通、苏轼、陆九渊、陈献章、王守仁等7人为"杂统",以老、庄、杨、墨、告子及释、道二氏之流为"异统"(参见《四库全书·总目·史部·传记类存目五》《学统》五十六卷提要)。虽然对韩愈、朱熹"道统"的纯粹性作了弥补,但以儒家为正统、以纯儒为正统的观念未有根本的改变。

近代以来,梁启超以西方学术为参照系,由清代上溯中国学术,先在《论中国学术思想变迁之大势》(《饮冰室合集》文集之七)一文中将中国学术史划分为八个时代:"一胚胎时代,春秋以前也;二全盛时代,春秋及战国是也;三儒学统一时代,两汉是也;四老学时代,魏晋是也;五佛学时代,南北朝隋唐是也;六儒佛混合时代,宋元明是也;七衰落时代,近二百五十年是也;八复兴时代,今日是也。"继之在《清代学术概论》中提出"自秦以后,确能成为时代思潮者,则汉之经学,隋唐之佛学,宋及明之理学,清之考据学,四者而已"。基于时代与个人的双重原因,梁氏抛弃了长期以来以儒家为正统、以纯儒为正统的"道统"说与"学统"说,力图以融通古今、中西的崭新的学术史观,还原于中国学术原生状态与内在逻辑,这的确是一个重大突破,标志着中国学术史研究已实现从传统向现代转型并与世界接轨,具有划时代意义。可以说,此后的中国学术史构架几乎都是以此为蓝本而不断加以调整和完善,当"先秦诸子学——两汉经学——魏晋玄学——隋唐佛学——宋明理学——清代朴学——近代新学"已成为后来概括中国学术史流变的通行公式时,尤其不能遗忘梁氏的创辟之功。

世纪之交,受惠于"重写学术史"的激励和启示,我们应该以更加广阔的视野、更加多元的维度以及更加深入的思考,对中国学术史的形态辨析与规律探寻作出新的建树,实现新的超越。

中国学术孕育于中国文化之母体,受到多元民族与区域文化的滋养而走向独立与兴盛,并在不同时期呈现为不同的主流形态与演变轨迹。而中国学术之所以生生不息,与时俱进,也就在于其同时兼具自我更新与吸纳异质学术文化资源的双重能力,在纵横交汇、融合中吐故纳新,衰而复盛。因此,从"文化—学术"、"传统—现代"、"本土—世界"这样三个维度,重新审视中国学术史的历史进程与演变规律,则大致可以重新划分为华夏之融合、东方之融合与世界之融合三个历史时段,这三个历史时段中的中国学术主导形态及其与世界的关系依次发生了变化,分别从华夏之中国到东方之中国,再到世界之中国。

(一) 华夏文化融合中的中国学术史

从炎黄传说时代到秦汉时期,中国文化发展形态主要表现为华夏各民族文化的融合,然后逐步形成以儒家为主流的文化共同体。与此相契合,中国学术史的发展也完成了从萌芽到独立、繁荣直至确立儒学一统地位的历程。

1. 远古华夏多元文化的融合对学术的孕育

徐旭生在《中国古史的传说时代》(广西师范大学出版社 2003 年版)中同时证之于古籍文献与考古发现,提出华夏、东夷、苗蛮三大族团说,高度概括地揭示了炎黄时代民族与文化版图跨越黄河、长江两岸流域的三分天下格局。然后通过东征、南伐,炎黄族团文化逐步统一了三大部族,而炎黄部族本身的相争相融,终以炎黄并称共同塑铸为中华民族的祖先,这是从炎黄到五帝时代部族联盟文化共同体初步形成的主要标志。夏商周三代,既是三个进入国家形态的不同政权的依次轮替,又是三大民族在黄河流域中的不同分布。因此,夏商周的三代更替,亦即意味着中华民族文化中心在黄河流域轴线上的由中部向东西不同方向的轮动。

以上不同阶段、区域与形态的文化之发展,都不同程度地给予本时段学术的孕育以滋养。《庄子·天下篇》归之为中国学术的"道术"时代,是以所谓天人、神人、至人、圣人、君子等为主导,接近于道之本体的原始学术阶段,与梁启超在《论中国学术思想变迁之大势》所溯源的"天人相与"的学术胚胎时代相仿。

2. 春秋战国"轴心时代"学术的独立与繁荣

东周以降的春秋战国时代,迎来了具有世界性意义的第一个文化繁荣期,大体相当于西方学者所称的"轴心时代"(公元前 800—200 年)(见德国卡尔·雅斯贝尔斯著《历史的起源与目标》,魏楚雄、俞新天译,华夏出版社 1989 年版)。王权衰落、诸侯争霸、士人崛起、诸子立派、百家争鸣,一同促进了中国学术的走向独立与空前繁荣。梁启超《论中国学术思想变迁之大势》称之为"全盛时代",并有四期、两派、三宗、六家的划分。春秋战国诸子百家争鸣的学术之盛,既见普世规律,又有特殊因由。其中一个十分重要的转折点就是发生于春秋后期的"天子失官,学在四夷"的文化学术扩散运动,由于东周王朝逐步失去继续吸纳聚集各诸侯国文化学术精英、引领和主导全国文化学术主流的机制与能力,其结果便是诸子在远离京都中心的诸侯国之间大规模、高频率地自由流动。从诸子的流向、聚集与影响而论,当以齐鲁为中心,以儒、道、墨为主干,然后向全国各诸侯国流动与辐射。

诸子百家争鸣局面的形成,既是本时期中国学术高峰的标志,同时也促进了诸子对于自身学术反思的初步自觉,从《庄子·天下篇》到《荀子·非十二子》、《韩非子·显学》等,都具有学术批判与自我批判的自觉意义,其中也蕴含着诸子整合、百家归一的学术趋势。

3. 秦汉主流文化的选择与儒学正统地位的确立

进入秦汉之后,在国家走向大一统的过程中,通过对法家(秦代)、道家(汉代前期)、儒家(汉代中期)的依次选择,最后确立了儒家的官方主流文化与学术的地位。

汉武帝元光元年(前134)五月,武帝亲策贤良方正直言极谏之士,董仲舒连上三策,请黜刑名、崇儒术、兴太学,史称《天人三策》(或《贤良对策》)。董仲舒以儒家经典《春秋》为参照,在倡导与建构"大一统"的文化传统中,主张独尊儒学而摈绝诸子,后人归纳为"罢黜百家,独尊儒术",梁启超称之为"儒学统一时代",后世所谓"道统"说与"学统"说即发源于此。这不仅标志着汉代儒学作为正统学术文化主流地位的确立,同时意味着中国学术史的第一时段——华夏融合时期的结束。

(二) 东方文化融合中的中国学术史

本时段以东汉明帝"永平求法"为起点,以印度高僧译经传教于洛阳白马寺为中心,以儒学危机与道教兴起为背景,来自西域的佛教的传入及其与中国文化的融合,为中国学术的重建提供了一种新的异质资源与重要契机,然后逐步形成三教合流之局面。这是中国学术基于此前的华夏文化之融合转入东方文化之融合的重要标志。此后,由论争而融合,由表层而内质,由局部而整体,"三教合一"对本时段中国学术的重建与演变产生了巨大而深远的影响。

1. 东汉至南北朝佛教传入与学术格局的变化

儒学衰微、佛教传入与道教兴起,三者终于相遇于东汉后期,一同改变了西汉以来儒学独盛的整体学术格局。其中最引人注目的是兴起于魏、盛行于晋的新道学——玄学。其中大致可以划分为四个阶段:一是王弼、何晏的正始之音;二是嵇康、阮籍的纵达之情;三是向秀、郭象综合诸说而倡自然各教合一论;四是东晋玄学的佛学化(参见冯天瑜、邓捷华、彭池《中国学术流变》,华东师范大学出版社2003年版,第2页)。玄学的主要贡献,是将当时的士林风尚从学究引向思辨,从社会引向自然,从神学引向审美,从群体引向个体,从外在引向内在,从而促使人的发现与人的自觉,具有划时代意义。此后,发生于西晋末年的"永嘉之乱",直接促成了东晋建都建康(今南京),大批北方士人渡江南下,不仅彻底改变了南方尤其是处于长江下游的江南经济、文化的落后面貌,而且也彻底改变了原来江南土著民族的强悍之风,代之为一种由武而文、由刚而柔、由质而华的新江南文化精神,江南文化圈的地位因此而迅速上升,这是中国文化与学术中心第一次从黄河流域转向长江流域。在此过程中,本兴起于北方的玄学也随之南迁于江南,并鲜明地打上了江南山水审美文化与人文精神的烙印。

以玄学为主潮,儒佛道三教开始了漫长的相争相合之进程。在三国两晋南北朝时代,集中表现为由儒玄之争与佛道冲突中走向初步的调和与融合,范文澜先生扼要而精彩地概括为:儒家对佛教,排斥多于调和,佛教对儒家,调和多于排斥;佛教和道教互相排斥,不相调和(道教徒也有主张调和的);儒家对道教不排斥也不调和,道教对儒家有调和无排斥(范文澜《中国通史》第二册,人民出版社1994年版,第554页)。

2. 隋唐佛学的成熟与三教合流趋势

经历三国两晋南北朝的分裂,至隋唐又重新归于统一。唐代国势强盛、政治开明、文化繁荣,当朝同时倡导尊道、礼佛、崇儒,甚至发展为在官廷公开论辩"三教合一"问题(有关唐代三教论争可参见胡小伟《三教论衡与唐代俗讲》,《周绍良先生欣开九秩庆寿文集》,中华书局1997年版),这就在文化、宗教政策上为三教合流铺平了道路。与此相契合,在学术上呈现为综合化的总体趋势。

一方面是儒道佛各自本身的融合南北的综合化,另一方面则是融合儒、道、佛三者的综合化。当然,儒、道、佛三者的综合化,在取向上尚有内外之别,儒与道的综合化,除了自身传统的综合化之外,还充分吸纳了外来佛教的诸多元素,这是由"内"而"外"的综合化;而就佛教而言,同样除了自身传统的综合外,主要是吸纳本土儒道的诸多元素,是由"外"而"内"的综合化,这种综合化的过程,实质上就是佛教的本土化过程。唐代的佛学之盛,最重要的成果是逐步形成了天台宗、三论宗、华严宗、法相宗、律宗、净土宗、密宗、禅宗等八大宗派体系,由此奠定了中国佛教史上的鼎盛时代,标志着作为外来宗教的佛教本土化进程的完成。

儒道佛的三教合流,既促成了唐代多元化的学术自由发展之时代,同时也对儒学正统地位产生严重的挑战与冲击。早在初唐时期,唐太宗鉴于三国两晋南北朝儒学的衰落与纷争,为适应国家文化大一统的需要,命国子监祭酒孔颖达等撰写《五经正义》,作为钦定的官方儒学经典文本,以此奠定了唐代新的儒学传统。然而到了中唐,韩愈等人深刻地意识到了儒学的内在危机,力图恢复儒学的正宗地位与纯儒传统,所以在《原道》中提出了"尧—舜—禹—汤—文—武—周公—孔—孟"的"道统"说,不仅排斥佛道,而且排斥孔孟之后的非正统儒学,以一种激进的方式进行新的儒学重建,实已开宋代理学之先声,彼此在排斥佛道中"援佛入儒"、"援道入儒",亦颇有相通之处。

3. 宋代理学的兴盛与三教合流的深化

宋代理学是宋代学者致力于儒学重建的最重要成果,也是魏晋以来儒道佛三教合流深化的结果。较之前代学者,宋儒对于佛道二教的修养更深,其所臻于的"三教合一"境界也更趋于内在与深化。宋代理学的产生主要基于两大动因:一是儒学自身的新危机。朱熹在《中庸章句》中上承中唐韩愈的"道统"说而加以调整,代表了宋代理学家基于与韩愈"道统"说的同一立场,即主张在同时排斥释道与非正统儒学中恢复儒学的正统地位与纯儒传统;二是市井文化的新挑战。宋代商业经济相当发达,市井文化高度繁荣,既为中国文化带来了新的生机与活力,同时也对传统文化产生严重的冲击,于是有部分文人学士以强烈的历史使命感发起重建儒学运动,以此重建儒学传统,导正市井文化。宋儒的义利之辩、天理人欲之辩以及以"理"制"欲"的主张,即主要缘于此并应对于此。当然,宋代学术的高度繁荣虽以理学为代表,但并非仅为理学所笼罩。比如在北宋,除理学之外,尚有王安石的新学、三苏的蜀学。饶有趣味的是,无论是王安石还是三苏,也都经历了由儒而道、释的三教融合过程,体现了某种新的时代精神。

尤为重要的是,基于与西晋末年"永嘉之乱"同样的缘由,发生于北宋末年的"靖康之难"促使朝廷从开封迁都临安(今杭州),随后也同样是大批文人纷纷从北方迁居江南。南宋建都临安以及大批北方文人南迁的结果,就是中国文化中心再次发生了南北转移。在南宋学术界,要以朱熹理学、陆九渊心学以及浙东学派陈亮、叶适、吕祖谦的事功之学为代表,三者都产生于南方,汇集于江南,北方的文化地位明显下降。如果说由陆九渊到王阳明,由心学一路发展为伦理变革与解放,那么由陈亮、叶适、吕祖谦的倡导义利兼顾,甚至直接为商业、商人辩护,则开启了经世致用的另一儒学新传统,而且更具近世意义与活力,两者都具解构理学的潜在功能。

4. 元明理学的衰变与三教合流的异动

元蒙入主中原,不仅打乱了宋代以来的文化进程,而且改变了宋代之后的学术方向。一是元代建都大都,全国文化中心再次由南北迁,其直接结果是兴盛于宋代的新儒学——理学北传,成为官方新的主流文化;二是率先开通了北起大都、南至杭州的京杭大运河,为南北学术文化交流创造了更好的交通条件,同时也为元代后期学术文化中心再次南移奠定了基础;三是随着地理版图向四周的空前推进,元代在更为广阔的空间上不断融入了包括回回教(伊斯兰教)、景教(基督教)在内的更为丰富的多元文化,但其主体仍是东方文化的融合;四是元蒙本为草原民族,文化积累不厚,反倒容易实施文化学术开放政策,比如对于道教、佛教以及其他宗教的兼容,对于商业文化的重视,士商互动的频繁、密切,都较之前代有新的进展;五是元代教育的高度发达,远远超出人们的想象。这主要得益于两个方面:一者,汉族文人基于"华夷之辨",多不愿出仕元朝,但为了文化传承与生计需要,往往选择出仕书院山长或教席;二者,元朝长期中止科举制度,汉族文人在无奈中也不得不倾心于教育;六是就元代主流文化与学术而言,还是儒释道的"三教合一",其中理学在北传中经历了先衰后兴的命运。元代延祐年间,仁宗钦准中书省条陈,恢复科举,明经试士以《四书》《五经》程子、朱熹注释为立论依据,程朱理学一跃成为官学。此对元代学术产生重要影响,并为其后的明代所效法。与此同时,道教与佛教也都在与儒学的相争相融中有新的发展,乃至出现新的宗教流派。

明灭元后,先建都南京,后迁都北京,但仍以南京为陪都,元代开通的京杭大运河通过南京、北京"双都"连接,成为明代学术文化的南北两大轴心。为了适应高度集权的专制主义统治需要,从明初开国皇帝朱元璋开始,毫不犹豫地选择程朱理学为官方主流文化,又毫不手软地以文武两手彻底清理儒学传统,从而加速了官方主流文化与学术的衰微。然而,从社会历史进程的纵向坐标上看,明代已进入近世时代,日趋僵化的程朱理学已经无法适应基于商品经济发展的新的文化生态与文化精神的需要,而宋元两代以来日益高涨的市民思想意识,则在不断地通过士商互动而向上层渗透,这是推动中国社会与文化转型的重要基础;而在横向坐标上,与明代同时的西方已进入文艺复兴时代,彼此出现了诸多值得令人玩味的现象。在西方,文艺复兴、思想启蒙、宗教改革等此呼彼应,成为摧毁封建专制主义、开创资本主义文明、实现社会转型的主体力量,并逐步形成一种张扬人性、肯定人欲的初具近代启蒙性质的新文化思潮。而在明代,尤其是从明中叶开始,由王阳明心学对官方禁锢人性的理学的变革,再经王学左派直到李贽"童心说"的提出与传播,实已开启了一条以禁锢人性、人欲始,而以弘扬人性、人欲终的启蒙之路,王学之伦理改革的意义正可与西方马丁·路德的宗教改革相并观。与思想界相呼应,在文艺界,从三袁之诗文到汤显祖、徐渭之戏曲,再到冯梦龙、凌濛初之小说;在科学界,从李时珍《本草纲目》到徐宏祖《徐霞客游记》、宋应星《天工开物》,再到徐光启《农政全书》,都已初步显现了与西方文艺复兴思想启蒙相类似并具有近代转型意义的现象与态势,这说明基于思想启蒙与商业经济的双向刺激的推动,理学的衰落与启蒙思潮的兴起势不可挡,而起于南宋的一主两翼之两翼——陆九渊心学与陈亮、叶适、吕祖谦等事功之学的后续影响,便通过从王学到王学左派再到李贽等,由思想界而文艺界、科学界得到了更为激烈的演绎。另一方面,当援引佛道改造或消解理学已成为知识界,尤其是思想界与文艺界一种普遍取向与趋势时,那么,"三教合一"的发展便更具某种张扬佛道的反传统的意义,这是本时段"三教合一"的最终归结。

(三) 世界文化融合中的中国学术史

晚明之际,西方正处于文艺复兴极盛时期,所以中西方都出现了相近的文化启蒙思潮,一同预示着一种近代化态势。理学的禁锢与衰落,意味着中国文化需要再次借助和吸纳一种新的异质文化资源进行艰难的重建工作,而在中国文化或东方文化内部,已无提供新的文化资源的可能,这在客观上为中西文化的遇合与交融、学术重建与转型创造了条件。此后,以十六世纪中叶西方传教士陆续进入中国进行"知识传教"、"学术传教"为始点,在"西学东渐"的背景下,在与西方文化融合的过程中,中国学术的世界化与现代化先后经历了三次运动,即明清之际的传统学术转型初潮、清末民初时期现代学术的建立以及二十世纪后期的学术复兴之路。

1. 明清之际"西学东渐"与传统学术转型初潮

大约从十六世纪中叶起,西方传教士陆续进入中国南部传教,通过他们的传教活动,开始了中国与西方文化第一次较有广度与深度的交流,率先揭开了中国学术最终走向世界文化之融合的序幕,可以称之为"西学东渐"之第一波。据法国学者荣振华(Joseph Dehergne)统计,在 1552—1800 的二百五十年间中国境内的传教士达 975 人(参见[法]荣振华著,耿昇译《在华耶稣会士列传及书目补编》,中华书局 1995 年版,第 4 页)。作为"知识传教"、"学术传教"的成功奠基者,意大利传教士利玛窦的成功之举是说服明朝大臣兼科学家徐光启、李之藻、杨廷筠 3 人先后入基督教,成为晚明天主教三大柱石,3 人与利玛窦密切合作,一同翻译了大量科学著作,由此奠定了明清之际西方传教士来华知识传教、学术传教之基础。据统计,明末清初西方传教士共译书籍达 378 种之多,其中的宗教主导性与学科倾向性至为明显。此外,汉学著作达到 49 种,表明西方传教士在西学东渐之学术输出的同时,也逐步重视中学西传之学术输入,至清初达于高潮。

在晚明的中西学术文化初会中,徐、李、杨等人以极大的热情研习西学著作,会通中西学术,其主要工作包括:合译、研习、反思、会通、创新等,尤其是徐光启提出"翻译—会通—超胜"的学术思路是相当先进的。以上五个方面是明末清初科技界对于西学输入的总体反应及其所取得的主要成绩,也是当时科技界初显近代科技之曙光、初具近代新型学者之因素的集中表现。

2. 清代"西学东渐"的中止与传统学术的复归

公元 1644 年,满族入关,建立清朝,建都北京,历史似乎神奇地重现元蒙入主中原的路径与命运。由此导致的结果,不仅打乱了晚明以来中国走向近代的历史进程,而且改变甚至中止了中西文化学术交流与融合的前行方向。由于满清入关之前在汉化方面经过长时期的充分准备,所以在入关建国之后,不仅较之元代统治时间更长,而且还创造了康乾盛世,尤其是对传统学术的发展与总结结出了空前辉煌的成果。也许这是汉、满异质文明通过杂交优育而产生的一个文化奇迹,实质上也是中国古代文化学术回光返照的最后辉煌。

梁启超在其名著《清代学术概论》中,曾将清代学术分为四期,第一期为启蒙期,以顾炎武、胡渭、阎若璩等为代表;第二期为全盛期,以惠栋、戴震、段玉裁、王念孙、王引之等为代表;第三期为蜕分期,以康有为、梁启超为代表;第四期为衰落期,以俞樾、章炳麟、胡适等为代表。其中最能代表清代朴学成果的是第二期即全盛期。四期纵贯于明清之交至清末民初,经此辨析之后,清代学术脉络已比较清晰。但梁氏将"清代思潮"类比于欧洲文艺复兴,却并不妥当。他在《清代学术概论》中说:"'清代思潮'果何物耶? 简单言之:则对于宋、明理学之一大反动,而以'复古'为其职志者也。其动机及其内容,皆与欧洲之'文艺复兴'绝相类。而欧洲当'文艺复兴期'经过以后所发生之新影响,则我国今日正见端焉。"又说:"综观二百余年之学史,其影响及于全思想界者,一言蔽之,曰:'以复古为解放'。第一步,复宋之古,对于王学而得解放;第二步,复汉、唐之古,对于程、朱而得解放;第三步,复西汉之古,对于许、郑而得解放;第四步,复先秦之古,对于一切传注而得解放。夫既已复先秦之古,则非至对于孔孟而得解放焉不止矣。然其所以能着着奏解放之效者,则科学的研究精神实启之。"将清代学术发展归结为"以复古为解放",的确非常精辟,然以此比之于西方同时期的文艺复兴,却忽略了彼此的异质性,未免类比失当。

3. 晚清"西学东渐"的重启与现代学术的建立

关于自1840年至民国间"西学东渐"的重启与现代学术的建立,是一个相当专业而又复杂的问题,前人已有不少论著加以描述与总结。这里再着重从以下三个层面略加申说:

(1) 新型学者群体的快速成长,是中国学术完成现代转型并与世界接轨的主导力量。

这一新型学者群体主要有以下三类人所组成:一是开明官员知识群体。如林则徐、曾国藩、李鸿章、丁日昌、左宗棠、薛福成、刘坤一、张之洞等朝廷重臣、地方要员,除了大兴工厂之外,还开设书局,组织人力翻译西书;创办学校,培养新型人才;又与西方传教士、外交官员及其他人士广泛交往,成为推动中国走向近代化的主导力量。二是"新职业"知识群体。如李善兰、华蘅芳、徐寿、蒋敦复、蒋剑人等,他们主要在书局、报社、刊物等从事于翻译、写作、编辑等新兴职业,是旧式文人通过"新职业"转型为新型知识群体的杰出代表。三是"新教育"知识群体。包括海外留学、国内传教士创办的教会学校与中国人仿照西方创办的新式学校培养的学生群体,但以留学生为主体,这些留学生后来大都成长为政治家、军事家、思想家、科学家以及著名学者,成为现代学科的开创者与现代学术的奠基者。以上三类新型知识群体的成长以及代际交替,即为现代学术的建立奠定了十分重要的主体条件。

(2) 新型学者群体的心路历程,是中国学术完成现代转型并与世界接轨的精神坐标。

1922年,梁启超曾在《五十年中国进化概论》中以自己的切身感受扼要揭示了半个世纪以来中国知识分子伴随近代化进程的心路历程变化:

> 近五十年来,中国人渐渐知道自己的不足了。这点子觉悟,一面算是学问进步的原因,一面也算是学问进步的结果。第一期,先从器物上感觉不足。这种感觉,从鸦片战争后渐渐发动,到同治年间借了外国兵来平内乱,于是曾国藩、李鸿章一班人,很觉得外国的船坚炮利,确是我们所不及,对于这方面的事项,觉得有舍己从人的必要,于是福建船政学堂、上海制造局等等渐次设立起来。但这一期内,思想界受的影响很少,其中最可纪念的,是制造局里头译出几部科学书。……实在是替那第二期"不懂外国话的西学家"开出一条血路了。第二期,是从制度上感觉不足。自从和日本打了一个败仗下来,国内有心人,真像睡梦中着了一个霹雳,因想到堂堂中国为什么衰败到这田地,都为的是政制不良,所以拿"变法维新"做一面大旗,在社会上开始运动,那急先锋就是康有为、梁启超一班人。这班人中国学问是有底子的,外国文却一字不懂。他们不能告诉人"外国学问是什么,应该怎么学法",只会日日大声疾呼,说:"中国旧东西是不够的,外国人许多好处是要学的。"这些话虽然像是囫囵,在当时却发生很大的效力。他们的政治运动,是完全失败,只剩下前文说的废科举那件事,算是成功了。这件事的确能够替后来打开一个新局面,国内许多学堂,国外许多留学生,在这期内蓬蓬勃勃发生。第三期新运动的种子,也可以说是从这一期播殖下来。这一期学问上最有价值的出品,要推严复翻译的几部书,算是把十九

世纪主要思潮的一部分介绍进来,可惜国里的人能够领略的太少了。第三期,便是从文化根本上感觉不足。第二期所经过时间,比较的很长——从甲午战役起到民国六七年间止。约二十年的中间,政治界虽变迁很大,思想界只能算同一个色彩。简单说,这二十年间,都是觉得我们政治法律等等,远不如人,恨不得把人家的组织形式,一件件搬进来,以为但能够这样,万事都有办法了。革命成功将近十年,所希望的件件都落空,渐渐有点废然思返,觉得社会文化是整套的,要拿旧心理运用新制度,决计不可能,渐渐要求全人格的觉悟。恰值欧洲大战告终,全世界思潮都添许多活气,新近回国的留学生,又很出了几位人物,鼓起勇气做全部解放的运动。所以最近两三年间,算是划出一个新时期来了。(《梁启超史学论著四种》,岳麓书社1985年版)

五十年间的三个历史阶段,是晚清以来从物质到制度再到文化变革渐进过程与知识分子精神觉醒进程内外互动与复合的结果。当然,这种代际快速转换与思想剧变的文化现象只是当时特定历史条件的产物,有利于快速推进中国学术的现代化进程,但由此造成的后遗症还是相当严重的。

(3)新型学者群体的现代学术体系建构,是中国学术完成现代转型并与世界接轨的核心成果。

表面看来,中西比较观主要缘于"本土—西方"关系,标示着中国学术从本土走向世界的共时性维度,但在中西比较的视境中,以西学为参照、为武器而改造中国传统学术,即由"本土—西方"关系转换为"传统—现代"关系,以及从传统走向现代的历时性维度。可见中国学术的现代化与世界化本是相互依存、相互促进,并可以相互转换的。根据晚清以来新型学者群体在急切向西方学习过程中而形成的中西观的历史演进与内在逻辑,曾先后经历了中西比附、中体西用、中西体用、中西会通、激进西化观的剧烈演变,从而为"五四"新文化运动的兴起与现代学术体系的建构铺平了道路。

经过"五四"新文化运动的精神洗礼,通过从文化启蒙向学术研究的转移,从全盘西化走向吸取西学滋养,从全面批判走向对传统学术的意义重释与价值重估,由梁启超、王国维、章炳麟、刘师培、胡适等一批拥有留学经验、学贯中西学者承担了开创现代学科、建立现代学术以及复兴中国学术的历史使命,终于在与世界的接轨中完成了中国学术从传统向现代的转型。陈平原先生在《中国现代学术的建立——以章太炎、胡适为中心》(北京大学出版社1998年版)一书中借用库恩(Thomas S. Kuhn)的"范式"(Paradigm)理论衡量中国现代学术转型与两代人的贡献,认定1927年的中国现代学术建立的"关键时刻",其标志性的核心要素在于:一是新的学术范式的建立。通过戊戌、五四两代学人的学术接力,创建了现代新的学术范式,包括走出经学时代、颠覆儒学中心、标举启蒙主义、提供科学方法、学术分途发展、中西融会贯通,等等。二是现代学科体系的建立。此实与现代教育制度逐步按西学知识体系实施分科专业教育密切相关,其中"西化"最为彻底的,也最为成功的,当推大学教育。三是现代大学者群体的登场。如康有为、梁启超、章炳麟、罗振玉、王国维、严复、刘师培、蔡元培、黄侃、吴梅、鲁迅、胡适、陈寅恪、赵元任、梁漱溟、欧阳竟无、马一浮、柳诒徵、陈垣、熊十力、郑振铎、俞平伯、钱穆、汤用彤、冯友兰、金岳霖、张君劢等。这是一个需要巨人而又创造了巨人的时代,他们既是推动中国现代学术转型的主导力量,也是中国现代学术建立的重要成果。

4. 世纪之交中国学术的复兴之路

在当今世纪之交的"重写学术史"为主旨的"学术史热"中,对20世纪中国学术道路的回顾与总结已成为学界的热点论题。刘克敌先生在《学人·学术与学术史》(《北方论丛》1999年第3期)一文中的扼要概括具有一定的代表性,此文将20世纪中国学术划分为四个阶段:

(1) 现代学术的创建期(从世纪初到"五四"前后)。这一时期的主要特点是许多后来成为学术大师级人物的学者,出于重建中国文化体系、振奋民族精神的愿望,在借鉴西方学术体系的基础上,在对传统治学方式进行批判的基础上,开始有意识地建立新的学术体系。不过,由于在他们周围始终有一个处于动荡之中的社会现实,迫使他们的研究不能不带有几分仓促与无奈,缺乏从容与潇洒的风度,而那体系的建立,不是半途而废,就是缺砖少瓦。

(2) 现代学术的成长期(从20年代至40年代)。这一时期的主要特点是一方面真正有价值的学术成果不断出现,并在不少领域填补了空白和引起国际学术界的重视和肯定,如鲁迅和胡适对中国小说史的研究,王国维、郭沫若对甲骨文的研究,陈寅恪、陈垣等人的古代史研究和赵元任的语言研究,以及考古界的一系列重大发现等等。另一方面则是迫于社会动荡和急剧变革的影响,学术研究往往陷于停顿,实用主义和功利主义倾向也越来越明显。

(3) 现代学术的迷失期(从50年代直到80年代末)。所谓"迷失"有两层含义:一是这一时期的学术研究除极少数例外,基本上都偏离了为学术而学术的轨道,甚至成为纯粹为所谓政治服务的工具;二是这一时期的治学者除极少数人外,基本上都不能坚持自己的学术立场,而那些坚持自己立场者,则毫无例外地受到种种迫害。

(4) 现代学术的回归期(从90年代初至世纪末)。这一时期的学术研究才真正开始意识到其独立的存在价值,把研究的目的不是定位于某些切近的利益,而是为了全人类的根本利益,是中华民族文化在未来的振兴,是真正的为学术而学术。可惜这一时期过于短暂,且没有结束,为其做出评价为时过早。

若从20世纪首尾现代学术颇多相似之处以及彼此在中国学术的现代化与世界化进程中的呼应与延续来看,本世纪之交可称为回归期。然而假如再往后回溯至明清之际,往前面向21世纪,那么,这应是继明清之际、近现代之后,中国学术走向世界与现代运动的第三波浪潮,初步显示了中国学术的复兴之势。三次浪潮都是在从封闭走向开放的过程中由西学的冲击而起,但彼此的内涵与意义并不相同。明清之交的第一次浪潮仅是一个先锋而已,并未从根本上改变中国学术传统以及中西双方的学术地位。近现代的第二次浪潮兴起之际,中西双方的学术地位发生了根本改变,这是在特定条件下,通过激进的西化推进中国学术的现代化与世界化,而完成中国现代学术体系的建立的,因此,其中诸多学术本身的问题未能得以比较从容而完善的解决,这就为第三次浪潮的兴起预留了学术空间与任务。毫无疑问,改革开放以来第三次浪潮的再度兴起,本有"历史补课"的意义。当经过20世纪中下叶近30年的封闭而重新开启国门之后,我们又一次经历了不该经历的"西学东渐"苦涩体验,而且再次发现我们又付出了不该付出的沉重代价。然而30年来改革开放的成功,终于初步改变了前两次"西学东渐"单向传输的路径与命运,而逐步走向中西的平等交流和相互融合。诚然,学术交流本质上是一种势能的较量,当我们既放眼于丰富多彩的世界学术舞台,又通观已经历三次文化融合的中国学术之路,应更多地思考如何实现复兴中国学术而跻身于世界民族之林的战略目标与神圣使命,勃然兴起于世纪之交、以"重写学术史"为主旨的"学术史热",应该不仅仅是新起点,更应是助推器。

四、中国学术史研究：体式演进与成果总结

以源远流长的中国学术史为对象，有关中国学术史的研究率先肇始于先秦诸子，直至当今世纪之交"重写学术史"讨论与实践，已有两千多年的历史。期间，学人代代相继，屡屡更新，要以"辨章学术，考镜源流"为主导，堪称劳绩卓著，著述宏富。于是，中国学术史研究之成果不仅演为中国学术史本身的一大支脉，而且反过来对学术发展起到重要的推动作用。

关于中国学术史研究的源起，一般都远溯至先秦诸子——《庄子·天下篇》、《荀子·非十二子》、《韩非子·显学》等，其中，《庄子·天下篇》发其端，《荀子·非十二子》、《韩非子·显学》等踵其后，一同揭开了中国学术史研究的序幕。先秦以降，中国学术史研究的论著日趋丰富，体式日趋多样。以《庄子·天下篇》为发端的序跋体，以《史记·儒林列传》为发端的传记体，以刘向《七略》为发端的目录体，以及以程颐《河南程氏遗书》、朱熹《朱子语类》等为发端的笔记体等学术史之作相继产生。至朱熹《伊洛渊源录》，又创为道录体（又称"渊源录体"），率先熔铸为学术史研究专著体制，并以此推动着中国学术史研究走向成熟。再至黄宗羲《宋元学案》，另创学案体，代表了传统学术史研究的最高成就。清末民初，由梁启超、刘师培等引入西学理念与著述体例，章节体成为学术史研究著作之主流，标志着中国学术史及其研究的走向现代并与世界接轨。此外，民国期间刘汝霖所著《汉晋学术编年》、《东晋南北朝学术编年》等学术编年之作，也是学术史研究的重要类型。对于以上这些学术史成果的研究，前人已有不少相关论著问世，现以此为基础，重点结合内涵与体式两个方面，通过"辨章学术，考镜源流"作进一步的系统梳理与评述。

（一）序跋体学术史研究

就名称而观之，序先出于汉，跋后出于宋；就格式而言，序本置于正文之后，后来前移于正文之前，而以跋列于正文之后。前文所述《庄子·天下篇》在格式上相当于今天的跋。但置序于正文之后的通则，虽无序之名，而有序之实。由此可见，序跋中的"序"是与学术史研究同时起步，并最先用于学术史研究的一种重要文体。

《天下篇》在内容上不同于《庄子》其余各篇，乃在其为一篇相对独立的学术史论之作。而在体例上，则相当于一篇自序。《天下篇》可分总论与分论两大部分。总论部分主要提出"道术"与"方术"两个重要的学术概念，综论先秦从统一走向分裂、从一元走向多元的学术之变。由"道术"而"方术"，既意指先秦学术的两种形态，也意指先秦学术的两个阶段。分论部分依次评述了由古之"道术"分裂为今之"方术"的相关学派。从行文格式而言，又可分为以下两类：一种格式是大略概括各派学术宗旨，然后加以褒贬不同的评析。另一种格式，主要是针对惠施、桓团、公孙龙一派，即所谓"辨者之徒"进行直接的批评。

学术史研究的使命、功能与特点就是"辨章学术，考镜源流"，而作为中国学术史研究的开山之作，《庄子·天下篇》已具其雏形。

汉代犹承先秦遗风，仍以序置于正文之后。比如西汉刘安《淮南子》最后一篇《要略》，重点论述了孔子、墨子、管子、申子、商鞅及纵横家等先秦诸子学说赖以产生的原因与条件，然后追溯诸子学说的起源，辨析各家学说的衍变，无论在内容还是体式上都与《庄子·天下

篇》等一脉相承。除此之外,西汉直接以序为名的著名序文还有佚名《毛诗序》、司马迁《史记·太史公自序》、刘向《战国策序》、扬雄《法言序》、班固《汉书·叙传》、王逸《楚辞章句序》、王充《论衡·自纪》篇等等,仍皆置于正文之后。司马迁的《太史公自序》详细记叙了作者发愤著书的前因后果与艰难历程,并论述了《史记》的规模、结构、篇目、要旨等,相当于一篇以序写成,重点叙述《史记》之所以作以及如何作的自传。《太史公自序》的另一重要贡献是序中记载了乃父司马谈所作的《论六家要旨》,使后人了解汉代著名史家的诸子学术史观是一种相对开放的学术史观。由于《太史公自序》载入了《论六家要旨》这样的内容,使它不仅在体式上能融记叙与议论于一体,而且在内容上更具学术史批评之内涵。

跋,又称跋尾、题跋。徐师曾《文体明辨》云:"按'题跋'者,简编之后语也。"可见,序文经历了从置于正文之后到冠于正文之前的变化;而跋文,自欧阳修为《集古录》作跋之后,则始终居于正文之后而不变。但在此前,未名"跋"之跋已经出现。

秦汉以来,历代序跋文体为数繁多,如果再纳入赠序、宴序、寿序等等,更是不计其数。至清代,中国学术史研究进入了一个全面总结的时代,无论是综合的还是分代、分类的学术史研究,序跋都是一种相当普遍使用的重要体式。

在当今学术界,序跋仍是载录学术史研究成果的一种重要载体,那些为学术著作而作的序跋尤其如此。而在名称上则分别有"序"、"总序"、"自序"、"前言"与"跋"、"后记"等不同称谓,但已无"后序"之名。

(二) 传记体学术史研究

传记可分为史传与杂传(或称散传)两大类。以史传为学术史研究之载体,始于司马迁《史记》率先创设的《儒林列传》。在《史记》卷一百二十一《儒林列传》卷首,冠有一篇洋洋洒洒的总序,作者主要记载了自先秦儒学演变为汉代经学以及汉代前期道儒主流地位的变化轨迹,凸显了在"罢黜百家,独尊儒术"文化政策导控下的儒学之盛,同时也反映了司马迁本人崇儒抑道的学术史观,与乃父司马谈《论六家要旨》的崇道抑儒形成鲜明的对比,彼此学术史观的变化正是时代学术主潮变故使然。《儒林列传》的体例是以被朝廷立为官学的经学大师为主体,以经学大师的学行为主线,重点突出各家经说的传承关系,再配之以功过得失的评价,可以视之为各经学大师的个体学术简史。合而观之,便是一部传记体的汉代经学简史。

《史记》开创的这一体例为历代正史所继承,并向其他领域拓展。以后《汉书》、《后汉书》、《晋书》、《梁书》、《陈书》、《魏书》、《北齐书》、《周书》、《隋书》、《南史》、《北史》、《宋史》、《明史》、《新元史》、《清史稿》都有《儒林传》;《旧唐书》、《新唐书》、《元史》都有《儒学传》;《宋史》有《道学传》;《后汉书》、《晋书》、《魏书》、《北齐书》、《北史》、《旧唐书》、《宋史》、《新元史》、《清史稿》都有《文苑传》;《南齐书》、《梁书》、《陈书》、《隋书》、《南史》、《辽史》都有《文学传》;《周书》、《隋书》、《北史》、《清史稿》都有《艺术传》;《新唐书》、《金史》都有《文艺传》;《后汉书》有《方术传》;《旧唐书》、《新唐书》、《宋史》、《辽史》、《元史》、《明史》、《新元史》都有《方技传》;《元史》有《释老传》;《清史稿》有《畴人传》。它们从不同的方面概述了儒学、文学、艺术、科技等的发展变化,从一个侧面反映了学术思想的演进历史。

杂传,泛指正史以外的人物传记,始兴于西汉,盛于魏晋,尔后衍为与史传相对应的两大传记主脉之一。《隋书·经籍志》始专列《杂传》一门。据《隋书·经籍志》所录,各类杂传凡217部,1286卷。内容甚为广泛,又以重史与重文为主要特色而分为两大类型。而在体例上,《隋志》仅录由系列传记合成的著作,即学界通常所称的"类传",却于单篇散传一概未录。就与学术史关系而言,尤以乡贤传、世家传、名士传、僧侣传等最有价值。隋唐以降,杂传由先前的重史与重文两种不同倾向逐步向史学化与文学化方向发展。前者因渐渐与正史列传趋于合流之势,而较之后者更多地承担了学术史研究之职。其中也有系列类传与单篇散传两大支脉,后者包括行状、碑志、自传等,作者更多,体式更丰富,学术史研究特点也更为突出。

在单篇散传日趋丰富与繁荣的同时,系列性的类传著作也在不断向前发展。其中颇有特色与价值的是专题性类传,可以阮元《畴人传》、罗士琳《畴人传续编》、诸可宝《畴人传三编》、黄钟骏《畴人传四编》、支伟成《清代朴学大师列传》等为代表。支伟成所撰《清代朴学大师列传》,以时代先后为序,然后依一定的学科、流派分门别类,每一门类前均有作者撰写的叙目,"略疏学派之原委得失",传中除介绍生平事迹外,更着重于"各人授受源流,擅长何学,以及治学方法",比较完整地体现了学术的历史继承性,可以视为一部传记体清代朴学史。

在分别论述史传与杂传之后,还应该提及引自西方、兴起于近代的评传。评传之体从西方引入本土,是由梁启超率先完成的。1901年,梁启超作《李鸿章传》,分为12章,约14万字,以分章加上标题的形式依次叙述李鸿章的一生事迹,为第一部章节体传记之作。此后,梁启超先后撰写了《管子传》、《王荆公传》、《戴东原先生传》和《南海康先生传》等,皆为以评传体式所著的学术传记。评传于近代的引进和兴起,为中国传记从传统向现代转型并与西方现代传记接轨开辟了道路。在梁氏之后,评传一体广为流行,日益兴盛。

(三) 目录体学术史研究

所谓"目录",是篇目与叙录的合称。目录既是记载图书的工具,即唐代魏征《隋书·经籍志》所谓"古者史官既司典籍,盖有目录以为纲纪",同时又具有学术史研究的功能。清代章学诚在《校雠通义序》中总结为"辨章学术,考镜源流",这既是对目录体本身,也是对所有中国学术史研究的最高要求。从西汉刘向、刘歆父子整理群书、编纂目录开始,即已确立了"辨章学术,考镜源流"的学术宗旨与功能。因而目录之为学,且以目录为学术史研究之载体,当始于西汉刘向、刘歆父子,而目录之体所独具的学术史研究价值,亦非一般文献载体可比。就学术史研究要素而言,一在于学者,一在于著述。史传重在记载前者,而目录则重在记载后者,两者相辅相成,即构成了学术史研究的主干。

关于目录的分类,学术界多有分歧,但多以史志目录、官修目录、私家目录为主体,同时还包括专科目录、特种目录等。从《别录》、《七略》的初创来看,目录之于学术史的研究价值主要体现在三个方面:一是分类。图书分类是学术发展的风向标,包括分类、类目、类序以及数量的确定与变化乃至各类图书的升降变化,都是学术发展变化的反映。同样,刘氏父子的六分法及其类目、类序的确立,各类图书的比例,皆是汉代学术的集中反映。二是著录。刘氏父子校勘群书,"条其篇目,撮其指意,录而奏之",即成"书目提要"。内容包括书名、篇数、作者、版本等,也涉及对作者生卒、学说的考证与辨析。三是序。包括大类之序与小类之序,重在辨章学术,考镜源流,为目录体学术史研究的精华所在。以上三个方面由刘氏父子《别录》、《七略》所开创,为历代目录学所继承和发扬。

东汉班固在著述《汉书》时，又据《七略》略加删改，著为《艺文志》，率先将目录之学引入正史，创立正史《艺文志》之体，亦即史志目录系统。由《汉书·艺文志》图书六分法中所确立的尊经、尊儒传统、每略典籍的具体著述方式以及每略总序与每类类序等等，都为正史《艺文志》的史志目录系统创建了新的学术范式，同时又具有反映先秦至东汉学术总貌的独特价值。尤其是总序与类序，具有更高的学术史研究容量。在二十六史中，沿《汉书》之体设立《艺文志》或《经籍志》的有《隋书·经籍志》、《旧唐书·经籍志》、《新唐书·艺文志》、《宋史·艺文志》、《明史·艺文志》、《清史稿·艺文志》五种，其中以《隋书·经籍志》最具学术价值，堪与《汉书·艺文志》相并观。此二志及其余二十二史中无志或后人认为虽有志而不全者，皆有补编之作问世。

自西汉刘向、刘歆父子分别以《别录》、《七略》奠定官修目录之体后，历代以国家藏书为基础的官修目录之作相继问世。至清代《四库全书总目》达于高潮。《四库全书总目》是编撰《四库全书》的重要成果，就学术史研究角度而言，《四库全书总目》的主要价值有三点：一是图书分类。可见分科学术史之演进。二是书目提要。每书之提要即相当于每书的一份"学术简历"，而如此众多之书汇合为一个整体，即构成一部简明扼要的著述史。三是总序与小序。于经、史、子、集四部每部皆有总序，每类下皆有小序，子目之后还有按语，最具学术史研究之功能与价值。

与史志目录、官修目录不同，私家目录更多地反映了民间藏书情况、学者的目录学思想以及蕴含于其中的学术史观，所以它的产生是以民间藏书的兴起与丰富为前提的，可以为学界提供有别于史志目录与官修目录的独特内涵与价值。

（四）笔记体学术史研究

与其他文体相比，笔记是一个大杂烩。据现存文献可知，正式以《笔记》作为书名始于北宋初宋祁所撰之《笔记》，但其渊源却十分古老。刘叶秋先生认为笔记的主要特点一是杂，二是散。大体可以分为三类：一是小说故事类；二是历史琐闻类；三是考据辨证类。与学术史研究相关或者说被用于学术史研究的笔记主要是第三类。

大致从北宋开始，一些笔记已开始涉足学术史研究，这是受宋代学术高度繁荣直接影响的重要成果。首先进入我们视野的是北宋大理学家程颐的《河南程氏遗书》，书中纵论历代学术内容较多。其次是《朱子语类》，所论学术史内容较之《河南程氏遗书》更为丰富，也更为系统。此外，宋代的重要学术笔记尚有沈括的《梦溪笔谈》、洪迈的《容斋随笔》等。

经过宋元的发展，笔记至明清时期臻于高度繁荣，出现了大量主论学术的笔记之作，其学术性也明显增强。明代一些学者已屡屡在笔记中直接谈及"学术"这一概念，比如周琦《东溪日谈录》卷六有"学术谈"，章懋《枫山语录》有"学术"篇，等等。清代为学术笔记高度繁荣的鼎盛时期，学术笔记总量至少有500余种，实乃学术史研究之一大宝库，其价值远未得到有效开掘。

民国以后，学术笔记盛势不再，但仍有如钱锺书先生《管锥篇》之类的佳作问世。

在当代，学人撰写学术随笔、笔谈蔚然为风气，虽质量参差不一，但毕竟延续着学术笔记这一传统文体，且于学术史研究亦有一定的价值。

(五) 道录体学术史研究

道录体是指首创于南宋朱熹《伊洛渊源录》而重在追溯理学渊源的学术史研究之作。因其以"道统"说为理论宗旨,是"道"与"统"即逻辑层面与历史层面的两相结合,同时直接移植禅宗"灯录"而成,故而可以命名为"道录"体,也有学者称之为"渊源录"体。

道录体的理论渊源同时也是理论支柱是"道统"说。道统说最初出自唐代古文家韩愈的《原道》,此文的要旨:一是确立了道统的核心内涵;二是确立了道统的传授谱系。然而,从"道统"概念而言,韩愈尚未明确将"道统"二字合为一体,因此虽有"道统"说之实,却无"道统"说之名。至南宋,朱熹始将"道"与"统"合为一体,明确提出了"道统"之说;同时又以"道统"说为主旨,应用于理学渊源研究,著成《伊洛渊源录》一书,首创"道录"之体。在著述体例上,"道录"体融会了多种文体之长,但尤与初创于北宋的禅宗"灯录"体最为接近。所谓"灯录"体,意为佛法传世,如灯相传,延绵不绝。该体深受魏晋以来《高僧传》、《释老志》之类宗教史研究著作的影响,而重在禅宗传授谱系的追溯与辨析。

朱熹所撰《伊洛渊源录》14卷,成于宋孝宗乾道九年,由二程伊洛之说上溯周敦颐,既在宏观上重视理学渊源的辨析,又在微观上重视理学家师承关系的考证,具有总结宋代理学史与确立理学正统地位的双重意义。在体式上,此书于承继禅宗灯录体之际,又兼取传记体之长,并有许多创新。《伊洛渊源录》除了率先开创了"道录"体学术史研究之外,还有标志中国学术史研究专著问世的意义。在此之前,从序跋、传记、目录、笔记体等来看,虽皆包含学术史研究内容,却又非学术史研究专著。此外,一些学术著作如刘勰《文心雕龙》、刘知几《史通》等等,也只是部分篇章含有学术史研究内容,而非如《伊洛渊源录》之类的学术史研究专著。可以说,中国学术史研究专著始自朱熹的《伊洛渊源录》。

在《伊洛渊源录》影响下,南宋以来不断有类似的著作问世。如南宋李心传的《道命录》,王力行的《朱氏传授支派图》,季文的《紫阳正传校》,薛疑之的《伊洛渊源》等。明代则有谢锋的《伊洛渊源续录》,宋端仪的《考亭渊源录》,程曈的《新安学系录》,朱衡的《道南源委》,魏显国的《儒林全传》,金贲亨的《台学源流》,杨应诏的《闽学源流》,刘鳞长的《浙学宗传》,周汝登的《圣学宗传》,冯从吾的《元儒考略》、《吴学编》,辛全的《理学名臣录》,赵仲全的《道学正宗》,刘宗周的《圣学宗要》等。至清初更形成了一个高潮,著作多达20余种,如孙奇逢《理学宗传》,魏裔介《圣学知统录》、《圣学知统翼录》,魏一鳌《北学篇》,汤斌《洛学篇》,范鄗鼎《理学备考》、《广理学备考》,张夏《洛闽渊源录》,熊赐履《学统》,范鄗鼎《国朝理学备考》,窦克勤《理学正宗》,钱肃润《道南正学编》,朱睾《尊道集》,汪佑《明儒通考》,万斯同《儒林宗派》,王维戊《关学续编本传》,王心敬《关学编》,朱显祖《希贤录》,耿介《中州道学编》,王植《道学渊源录》,张恒《明儒林录》,张伯行《伊洛渊源续录》、《道统录》,等等。

"道录"体学术史研究之作既以"道统"说为要旨,本乃为学说史,实则往往以史倡学,因而具有强烈的正统意识与门户之见。

(六) 学案体学术史研究

学案体与朱熹《伊洛渊源录》一样,同样受到了禅宗灯录体的影响。所以,在确定这两者的归属时截然分为两大阵营,一些学者认为学案体应包括上文所论道录体之作,一些学者则认为彼此不相归属。其实,大体可以用广义与狭义的学案体来解决这一论争。此处将学案体独立出来加以论述,所取的是狭义的学案体的概念。

何谓"学案"? "学"即学者、学派、学术;"案"即按语,包括考订、评论等等,可能与禅宗公案也有某种渊源关系。有学者认为学案体应具备三大要素:一是设学案以明"学脉"。即每一个学案记述一个学派(若干独立而又有内在逻辑联系的学案群),使之足以展示一代学术思想史的全貌与发展线索;二是写案语以示宗旨。即每一学派均有一个小序,对这一学派作简明的介绍,对学者的生平、师承、宗旨、思想演变也都有一段简要说明,最突出的是对各学派、学者宗旨的揭示;三是选精粹以明原著。即撷取最能体现学派或学者个性的著作中的精粹,摘编而成,以见原著之精华。这三个要素互为犄角,使学案体构成了为实现特定目标而组成的有机整体,既能展示历史上各学派、学者的独特个性,又能显示不同学派、学者之间的因革损益情况,更有展现一代学术思想史发展线索的功能。可见学案体有其独特的学术宗旨及组织形式,与学术史"辨章学术,考镜源流"的内在要求较之其他体式更为契合。以此衡量,尽管在黄宗羲编纂《明儒学案》之前已有耿定向《陆杨二先生学案》、刘元卿《诸儒学案》,但真正的开山之作应是黄宗羲的《明儒学案》。

黄宗羲旨在通过设立学案,全面反映一朝学者、学派与学术的发展演变之势,并以序、传略、语录为三位一体,构建一种崭新的学术史研究著作新体式——学案体。与此新体式相契合,黄宗羲特于《明儒学案·凡例》拈出"宗旨"二字作为学术史研究的核心与灵魂:"宗旨"犹如学问之纲,亦是学术与学术史研究之纲,纲举才能目张,所以"宗旨"对于学术史研究而言的确是关键所在,具有核心与灵魂的意义与作用。

黄宗羲在完成《明儒学案》后,又由明而至宋元继续编纂《宋元学案》。全书凡100卷,分立91个学案。黄宗羲本人完成了67卷,59个学案,未竟而逝。然后由其子黄百家、私淑弟子全祖望续修,又经同郡王梓材、冯云濠校定,至道光十八年(1838)出版。此书在非黄宗羲所作部分学术功力有所逊色,但也有更为完善之处:一是在每一学案之前先立"学案表",备述该学派的师友弟子;二是所立学案超越了理学范围,如《水心学案》、《龙川学案》、《荆公学案》、《苏氏蜀学略》皆为非理学家立案,旨在反映宋元学术全貌;三是注重重大学术争论问题,且注意收录各家之说,不主一家之言;四是增设"附录",载录学者的逸闻轶事和当时及后人的评论。王梓材还撰有《宋元学案补遗》42卷,所补内容一是新增传主,二是增补《学案》已有传主的言行资料,三是补充标目。《补遗》所增大多是名不见经传的士人,这就大大扩展了《宋元学案》的收录范围。就史料而言,如果说《宋元学案》取其"精",则《宋元学案补遗》求其"全",这或许就是该书最大的特色和价值所在。

《明儒学案》、《宋元学案》开创了学案体学术史研究新体式,后来学人代有继作。先是清代唐鉴所撰《国朝学案小识》15卷,于道光二十五年(1845)刊行。至1914年,唐晏撰成《两汉三国学案》11卷,首次以学案体对两汉三国经学学派的传承演变进行历史性总结。再至1928年,曾任民国大总统的徐世昌网罗一批前清翰林,于天津发起和主持《清儒学案》的编纂工作,历时10年,至1939年出版。此书体例严整,内容丰富,取材广泛,少有门户之见,大体能反映有清一代的学术史,值得充分肯定。

晚清民初之交,致力于学术史研究的梁启超对学案体情有独钟,并以此应用于西方学术研究,相继撰写了《霍布士学案》、《斯片挪落学案》、《卢梭学案》等"泰西学案"。至1921

年,所著《墨子学案》又由商务印书馆出版。此外,钱穆曾于四川时受政府委托著成《清儒学案》,但未及出版就因船回南京途中沉于长江,今仅存其目,至为憾焉。

20世纪80年代之后,学案再次受到学界重视。在个体性学案方面,除了钱穆《朱子新学案》、陆复初《王船山学案》相继于1985、1987年由巴蜀书社、湖北人民出版社出版外,值得学术界重点关注的还有杨向奎主编的《新编清儒学案》,以及由张岂之先生等主编的《民国学案》,方克立、李锦全两人一同主编《现代新儒家学案》,舒大纲等人策划的《历代儒学学案》等。

(七) 章节体学术史研究

章节体学术史研究著作是近代之后引入西方新史观与新体式的产物。就传统的学术史研究著作体式而论,由道录体发展至学案体而臻于极化,在晚清西学东渐的背景下,中国学术由传统走向现代以及与西方学术接轨的过程中,学案体学术史研究日益暴露其固有的局限。概而言之,一是学术史观的问题。学案体既以儒学为对象,亦以儒学为中心,因此近代之前的学案体学术史,实质上即是儒学史。但至近代以后,在西方进化论等新史学理论的影响下,许多学者纷纷以此为武器对儒学道统展开了激烈的批判。二是学术史著述体例的问题。学案体记载的儒学史,以学者、学派为主流,大体比较单纯,因此由叙论、传略、文献摘要三段式构成的著述体式大体能满足其内在需要,但对晚清以来中西、新旧交替的纷繁复杂的学术现象,尤其是众多学术门类的多向联系、交互影响以及蕴含于其间的学术规律的探讨与总结,的确已力不从心。所以,如何突破学案体的局限,寻找一种适应新的时代需要的学术史著述体例显然已迫在眉睫,引自西方的章节体即是在这样的背景下适时登场的。

在早期章节体学术史研究的著作过程中,梁启超、刘师培贡献尤著。1902年,梁启超所著《中国学术思想变迁之大势》这一长篇学术论文发表于《新民丛报》第3、4、5、7号上。梁启超以西方学术史为参照,以进化论为武器,对几千年来中国学术思想的发展进程进行了崭新的宏观审察。其创新之处有三:一是提出了新的中国学术史分期法。将数千年中国学术思想分为老学时代、佛学时代、儒佛混合时代、衰落时代,打破了宋明以来以儒学为中心的学术史模式;二是提出关于学术思想发展的新解释。以往的学术史,或以道统为先验性学术构架,或虽突破道统论的束缚,但也多停留于论其然而不求其所以然,梁氏则能透过现象深入到学术发展过程的内部探索其发展变化的因果关系;三是首创章节体的中国学术编纂新体裁。即以章节为纲,以"论"说"史",以"史"证"论",史论结合,既"述"且"作"。综观以上三点,这篇长文无论对梁启超本人还是20世纪章节体新学术史研究而言都是拓荒、奠基之作,是中国学术史研究实现从传统向现代转型并与世界接轨的重要标志,具有划时代意义,对近现代学术史研究的影响巨大而深远。

晚清以来,各种报刊纷纷创办。当时,一些充满新意的学术史研究论文往往首先发表于报刊这一新兴媒体,而其中一些长文更以连载的形式陆续与读者见面,然后经过一定的组合或修改,即可由此衍变为章节体著作。所以这些"报章体"的学术史论文连载,实已见章节体著作之雏形。三年之后刘师培所著《周末学术史序》也是如此。此文先连载于1905年2月至11月《国粹月报》(1—5期),由总序、心理学史序、伦理学史序、论理学史序、社会学史序、宗教学史序、政法学史序、计学史序、兵学史序、教育学史序、理科学史序、哲理学史序、术数学史序、文字学史序、工艺学史序、法律学史序、文章学史序十七篇组成，实为以序的形式撰写的《周末学术史》一书的提要。这是中国学术史上首次以"学术史"命名并首次按照西学现代学科分类法为著述体例的学术史研究论著。

20世纪前期，章节体学术史研究趋于成熟且影响巨大的著作，当推梁启超、钱穆分别出版于1924年、1937年的同名巨著《中国近三百年学术史》。两书虽然同名，但在学术渊源、宗旨、内容、体例等方面迥然有异。大体而言，梁著以西学为参照，以"学"为中心，钱著承续学案体，以"人"为中心；梁著以朴学传统论清学，认为清学是对宋明理学的全面反动，钱著从宋学精神论清学，认为清学是对宋明理学的继承；梁著更偏于知识论层面的学术史，钱著更偏于思想论层面的学术史；梁著更具现代学术之品性，钱著更受传统学术之影响。两书代表了20世纪前期章节体学术史研究的最佳成果。

（八）编年体学术史研究

编年体史书源远流长，导源于《春秋》，由《资治通鉴》集其大成，这是编年体学术史的主体渊源。另一个渊源是学者年谱。北宋元丰七年（1084）吕大防著成《韩吏部文公集年谱》与《杜工部年谱》，是可据现存文献证实的中国古代年谱之体的发轫之作。这一崭新体例，对于编年体学术史研究具有重要启示与借鉴意义，因为从文学年谱到学术年谱，本有相通之处。如宋代李子愿所纂《象山先生年谱》据《象山先生行状》、《语录》及谱主诗文编纂而成，内容多涉学术。如论陆九渊讲学贵溪之象山，颇为详细；而记淳熙八年与朱熹会于南康，登白鹿洞书院讲席，以及与朱熹往复论学，乃多录原文，因而可以视之为学术年谱。

宋代以降，与文人学者化的普遍趋势相契合，文人年谱中学术方面内容的比重日益加重，显示了年谱由"文"而"学"的重心转移之势。而从个体学术年谱到群体性的学术编年，以及一代乃至通代的学术编年，实为前者的不断放大而已。然而由于种种原因，超越个体的编年体学术史著作晚至民国时期才得以开花结果。早期的重要成果以钱穆的《先秦诸子系年》、刘汝霖的《汉晋学术编年》、《东晋南北朝学术编年》等为代表。尤其是后二书，已是成熟的编年体学术史研究著作，更具开创性意义。

刘汝霖先生所著《汉晋学术编年》、《东晋南北朝学术编年》，在著述体例上，主要以编年体史书代表作《资治通鉴》为参照，同时吸取纪传体与纪事本末体之长，加以融会贯通。作者在自序中重点强调以下五点：一曰标明时代。即有意打破前代史家卷帙之分，恒依君主生卒朝代兴亡史料之多寡为断，充分尊重学术本身的发展。比如两晋之间地域既殊，情势迥异，倘以两晋合为一谈，则失实殊途，故有分卷之必要。二曰注明出处。即将直引转引之书注明版本卷页篇章，使读者得之，欲参校原书，可收事半功倍之效；而欲考究史实，少有因袭致误之弊。三曰附录考语。中国旧史多重政治，集其事迹，考其年代，尚属易易。学术记载向少专书，学者身世多属渺茫，既须多方钩稽，又须慎其去取。故标出"考证"一格，将诸种证据罗列于后，以备读者之参考。四曰附录图表。有关学术之渊源，各派之异同，往往为体例所限，分志各处，以致读者寻检不易，故有图表之设，以济其穷。包括学术传播表、学术著述表、学术系统表、学术说明表、学术异同表。五曰附录索引。包括问题索引与人名索引。刘汝霖先生率先启动编纂《中国学术编年》如此宏大工程，的确是一个空前的学术创举，但以一人之力贯通历代，毕竟力不从心，所憾最终仅完成《汉晋学术编年》与《东晋南北朝学术编年》二集,而且此二集中也存在着收录不够广泛、内容不够丰富等缺陷。

1930年,姜亮夫先生曾撰有《近百年学术年表》,时贯晚清与民国,也是问世于民国早期的学术编年之作。若与刘汝霖的《中国学术编年》衔接,则不仅可以弥补其他四卷的阙如,而且还可以形成首尾呼应之势。但这一编年之作终因内容单薄而价值不高,影响不大。

进入21世纪之后,又有两部重要的编年体学术史研究著作问世。一是陈祖武、朱彤窗所著的《乾嘉学术编年》。此书是对作为清代学术的核心内容——乾嘉学派的首次学术编年,既是一项开创性工作,又有独立研究之价值。另一重要著作是张岂之主编的《中国学术思想编年》。此书之价值,一在以"学术思想"为内容与主线,二在贯通历代。著者力图将上自先秦下迄清代有关学术思想上的代表人物、著作、活动、影响等联系起来,力求使学术思想的历史演进、学派关系、学术影响、学术传承等方面展现于读者面前,实乃一部按时间顺序编年的编年体学术思想史。但因其内容的取舍与限定,与刘汝霖《汉晋学术编年》、《东晋南北朝学术编年》等综合性的编年之作有所不同,则其所长亦其所短也。

除了以上八体外,尚有始终未尝中断的经传注疏体系以及频繁往来于学者之间的书信——可以称之为注疏体与书信体,也不时涉及学术史研究内容,值得认真梳理总结。而较之这两体更为重要的,是除著作之外散布于各种文集之中的大量论文,或长或短,或独立成文,或组合于著作之中,从《庄子·天下篇》(兼具序文性质)、《韩非子·显学》、《吕氏春秋·不二》直到清末民初大量报章体论文,可谓源远流长,灿若星河,对学术史研究而言尤具重要价值。

五、《中国学术编年》的学术宗旨与体例创新

在世纪之交的"学术史热"中,学术史观与文献基础作为"重写学术史"的双重支撑,同时存在着明显缺陷。前者的主要缺失在于未能对中国学术、中国学术史、中国学术史研究三个关键环节展开系统梳理与辨析,从而未能从历史与逻辑辩证统一的高度完成新型学术史观的建构以及对学术史的历史还原与重建。另一方面,学术史研究的进展还取决于扎实的文献基础,其中学术编年显得特别重要。然而在世纪之交的"重写学术史"的讨论与实践中,学术编年的重要性普遍受到忽视,甚至尚未进入相关重要话语体系之中,这不能不说是一个严重局限。

(一)《中国学术编年》的重要意义

关于学术编年之于学术史研究的重要意义,常元敬先生在撰于1991年3月6日的《清代学术编年·前言》中曾有这样的论述:

> 要写出一部符合实际的清代学术史专著,就有必要先完成一部清代学术史年表,以便使事实不因某人的主观而随意取舍,真相得由材料的排比而灼然自见,然后发展的脉络,变化的契机,中心的迁徙,风气的转移,均可自然呈露,一望可知。可惜内容完备的清代学术史年表,至今未见。我们所接触到的几部内容不同的清代学术或著作年表,或失之简,或失之偏,或失之杂,均不能全面地反映清代学术之全貌,以满足今人之需要。

这既代表了我们当时对编纂《清代学术编年》学术价值的自我确认,也是对学术编年之于学术史研究重要意义的基本认知。

刘志琴在《近代中国社会文化变迁录》(浙江人民出版社1998年版)序言《青史有待垦天荒》中提出"借助编年,走进历史场景"的学术理念,颇有启示意义。她说:历史是发生在过去的事情,它与哲学追求合理、科学注重实验不同的是,历史的基础是时间。没有时间的界定就不成其为历史,凡是属于历史的必定是已经过去的现象,再也不可能有重现的时刻。所以说时间是历史的灵魂,历史是时间的科学。在史学著作中突出时间意识,无疑是以编年体为首选的体裁。考其源流,详其始末,按其问题的起点、高峰或终点,分别列入相应的年度。按年查索,同一问题在此年和彼年反复出现,可能处于不同的发展阶段,从而有不同的风貌。这在连年动荡、风云迭起的时代,便于真切地把握年年不同的社会景象,清晰地再现事态发展的本来面目。至于同一年度,政治、经济、文化、生活,万象齐发,又形成特定年代的社会氛围,方便读者走进历史的场景。编年体具有明显的时序性、精确性和无所不包的容量。以此类推,借助学术编年,同样可以让人们走进学术史的历史场景,这既有必要也有可能。当然,更准确地说,历史场景,首先是时间维度,同时也是空间维度,是特定时空的两相交融。正如一切物质都是时间与空间的同时存在一样,学术的发展也离不开时间与空间的两种形态,而学术史的研究也同样离不开时间与空间这两个维度。学术史,只有当其还原为时空并置交融的立体图景时,才有可能重现其相对完整的总体风貌。做一个不甚恰当的比喻,学术史就如一条曲折向前不断越过峡谷与平原、最终流向大海的河流,从发源开始,何时汇为主流,何时分为支流,何时越过峡谷,何时流经平原,何时波涛汹涌,何时风平浪静,以及河流周边的环境生态,等等,一部学术史如何让其立体地呈现在读者面前,即取决于能否以及如何走进时空合一的历史场景,这也是能否以及如何从历史与逻辑辩证统一的高度完成对学术史的历史还原与重建的关键所在。

正是由于学术编年对"重写学术史"的重要意义,也由于世纪之交"学术史热"对学术编年的普遍忽视,我们所编纂的贯通历代、包罗各科规模宏大的《中国学术编年》的问世,作为有幸以见证者、参与者、推动者奉献于世纪学术盛会的重要成果,深感别具意义。相信《编年》的出版,可以为中国学术史研究尤其是中国学术通史编写提供详尽而坚实的学术支撑,并对处于世纪之交的中国学术、文化乃至文明研究的深入开展起到重要的推动作用。

(二)《中国学术编年》的编纂历程

自1985年启动《清代学术编年》研究项目,到2012年《中国学术编年》的最终告竣,期间经历了异常艰难曲折的过程。

早在1985年10月,由浙江师范大学常元敬先生主持,姚成荣、梅新林、俞樟华参与的《清代学术编年》作为古籍整理项目,由教育部全国高校古籍整理委员会委托浙江省教育厅予以资助和立项。项目研究团队的具体分工是:常先生负责发凡起例,姚成荣、俞樟华、梅新林分段负责清代前期、中期和近代的学术编年工作,最后由常先生统稿。经过三年多的共同努力,至1988年,共计50余万字的《清代学术编年》基本完成。

《清代学术编年》虽然在学术价值上得到多方肯定,但因当时正值由计划经济向商品经济的转轨过程之中,付诸出版却遇到了种种困难。后几经延搁,终于有幸为上海书店所接纳。在付梓之前，我们又根据责任编辑的修改要求，由姚、梅、俞三人奔赴上海图书馆集中时间查阅资料，对书稿进行充实与修订，最后由常元敬先生统稿、审订，并于1991年3月撰写了1500余字的《前言》冠于书前。然又因种种原因，上海书店最终决定放弃出版。次年，常元敬先生退休后离开学校。在欢送他离职之际，我们总不免说一些感谢师恩之类的话，但书稿未能及时出版的遗憾，却总是郁积于心而久久难以排遣。

1998年，上海三联书店资深出版人倪为国先生得知《清代学术编年》的遭遇后，以其特有的文化情怀与学术眼光，建议由清代往上追溯，打通各代，编纂一套集大成的《中国学术编年》，这比限于一代的《清代学术编年》更有意义。他说，正如国家的发展，既需要尖端科技，也需要基础建设，《中国学术编年》就是一项重大基础建设工程，具有填补空白的学术价值与盛世修典的标志性意义，可以说是一项"世纪学术工程"。他进而建议由我校重新组织校内外有关专家，分工负责，整体推进，积数年之功，尽快落实《中国学术编年》这一"世纪学术工程"。

根据倪为国先生的建议，我们决定以本校中国古典文献专业的学术骨干为主，适当邀请其他高校一些学有专长的专家参与，共同编纂一部贯通历代的《中国学术编年》。参编人员有（以姓氏笔画为序）：王德华、王逍、毛策、尹浩冰、叶志衡、包礼祥、冯春生、宋清秀、陈玉兰、陈年福、陈国灿、邱江宁、林家骊、张继定、杨建华、胡吉省、俞樟华、梅新林等。经过反复商讨、斟酌，初步拟定"编纂计划"，决定将《编年》分为6卷，规模为600万字左右。至此，由倪为国先生建议的贯通历代、包罗各科规模宏大的《中国学术编年》的编纂工作终于全面开始启动。

1999年底，经倪为国先生的努力，上海三联书店将《编年》列为出版计划，当时书名初定为《中国学术年表长编》。受此鼓舞，全体编写人员大为振奋，编写进程明显加快。期间，倪为国先生还就《编年》的价值与体例问题专门咨询著名学者朱维铮、刘小枫等人。刘小枫先生在予以充分肯定的同时，建议在当今中西交融的宏观背景下，应增加外国学术板块，以裨中外相互参照。根据这一建议，我们又先后约请就读于上海师范大学的秦治国、陆怡清、方勇、杜英、王延庆、陈允欣等负责这项工作。至2001年底，经过全体同仁的不懈努力，《中国学术编年》初稿终于基本形成，陆续交付专家、编辑初审。次年5月10日，梅新林、俞樟华决定将《编年》申请全国高校古籍整理研究工作委员会重点研究项目，承蒙安平秋先生、章培恒先生、裘锡圭先生、杨忠先生、张涌泉先生等的热忱支持，经全国高校古籍整理研究工作委员会项目专家评议小组评议，并经古委会主任批准，《编年》被列为2003年度高校古委会直接资助项目。对于《编年》而言，这无疑是一个锦上添花的喜讯。

2003年底，由于《编年》体量大幅扩张等原因，在出版环节上却再次出现了问题。就在我们深感失望而又无奈之际，幸赖倪为国先生再次伸出援手，基于对《编年》学术价值的认同感与出版此书的责任感，他毅然决定改由他创办的上海六点文化传播有限公司负责出版事宜，并得到时任华东师范大学出版社社长朱杰人先生首肯和支持。

为了保证和提高《编年》的质量，我们与倪为国先生商定，决定对《中国学术编年》初稿进行全面的充实和修订。2006年7月19日，倪为国先生率编辑一行10人，前来浙江师范大学召开编纂工作会议，共商《编年》修改方案。会议的中心主题是：加快进程，提高质量。会上，我们简要总结了《清代学术编年》20余年以及《编年》整体启动8年来的学术历程，介绍了目前各卷的进展以及存在的问题。接着由倪为国先生向各卷作者反馈了相关专家的审稿意见,并提出了具体的修改要求。在经过双方热烈细致讨论的基础上,最后形成整体修改方案。会议决定,每卷定稿后将再次聘请专家集中审阅,以确保《编年》的学术质量。会上对分卷与作者也作了相应的调整,即由原先的6卷本扩展为9卷本。2007年6月30日,《中国学术编年》第二次编纂工作会议在浙江师范大学召开,倪为国先生一行4人再次来到师大与各卷作者继续会商修改与定稿等问题。会议决定以由俞樟华编纂的宋代卷为范本,各卷根据实际情况做适当调整。此后,各卷的责任编辑的审稿与《编年》各卷作者的修改一直在频繁交替进行。目前,《编年》各卷署名作者依次为:(1) 先秦卷:陈年福、叶志衡;(2) 汉代卷:宋清秀、曾礼军、包礼祥;(3) 三国两晋卷:王德华;(4) 南北朝卷:林家骊;(5) 隋唐五代卷:陈国灿;(6) 宋代卷:俞樟华;(7) 元代卷:邱江宁;(8) 明代卷(上、下册):陈玉兰、胡吉省;(9) 清代卷(上、中、下册):俞樟华、毛策、姚成荣。

此外,由秦治国、陆怡清、方勇、杜英、王延庆、陈允欣等编纂的作为参照的外国学术部分,则另请责任编辑万骏统一修改压缩,使内容更为精要。

《编年》经过长时期的磨砺而最终得以问世,可以说是各方人士共同努力的结果,郁积砥砺于我们心中的感悟也同样经历了一个不断变化、超越与升华的过程:从《清代学术编年》到《中国学术编年》,从反映有清一代学术到总结中国通代学术,集中体现了中国学术在走向现代与世界的过程中需要进行全面、系统、深入总结的内在要求与趋势,这是世纪之交中国学界与学者的历史使命,实与世纪之交的"学术史热"殊途而同归。与此同时,正是由于中国学术自身发展赋予《编年》的必要性与可能性,所以尽管历经种种曲折,甚至因先后被退稿和毁约而几乎中途夭折,但最终还是走出了困境,如愿以偿。从50余万字的《清代学术编年》,到1000余万字的《中国学术编年》,不仅仅意味着其规模的急遽扩大,更为重要的在于其学术质量的全面提高。在此,挫折本身已不断转化为一种催人不断前行的动力。

(三)《中国学术编年》的学术追求

尽管编年体史书源远流长,但编年体学术史著作晚至民国时期才得问世,而贯通历代的集成性的《中国学术编年》之作则一直阙如。20世纪20年代,刘汝霖先生曾以一人之力启动《中国学术编年》的编纂工程,先于1929年完成《周秦诸子考》,继之编纂《汉晋学术编年》《东晋南北朝学术编年》,分别1932年、1935年由商务印书馆出版。

根据刘汝霖先生拟定《总目》,《中国学术编年》分为六集:

第一集,汉至晋:汉高祖元年(前206)至晋愍帝建兴四年(316)。

第二集,东晋南北朝:东晋元帝建武元年(317)至陈后主祯明二年(588)。

第三集,隋唐五代:隋文帝开皇九年(589)至周世宗显德六年(959)。

第四集,宋:宋太祖建隆元年(960)至恭帝德祐二年(1276)。

第五集,元明:元世祖至元十四年(1277)至明思宗崇祯十六年(1643)。

第六集,清民国:清世祖顺治元年(1644)至民国七年(1918)。

然而由于种种原因,刘汝霖先生雄心勃勃编纂《中国学术编年》大型工程只完成第一集《汉晋学术编年》、第二集《东晋南北朝学术编年》即戛然而止,实在令人遗憾。在此后相当长的时期内,尽管在断代、专门性的学术编年方面成果渐丰,但贯通历代之作依然未能取得重大突破。2005年,张岂之先生主编的《中国学术思想编年》由陕西师范大学出版,率先在贯通历代方面取得了重要进展,但因此书以"学术思想"为主旨,实乃一部按时间顺序编年的编年体学术思想史,所以在学术宗旨与内容取舍方面,与刘汝霖先生当年设计的综合型的中国通代学术编年不同。有鉴于此,的确需要编纂一部贯通历代、综合型、集大成的《中国学术编年》,以为"重写学术史"提供更加全面、系统而坚实的文献支持。

我们所编纂的《中国学术编年》,仍承刘汝霖先生当年所取之名,但非续作,而是另行编纂的一部独立著作。《编年》上起先秦,下迄清末,分为9卷、12册,依次为:先秦卷、汉代卷、三国两晋卷、南北朝卷、隋唐五代卷、宋代卷、元代卷、明代卷(上、下册)、清代卷(上、中、下册),共计1000余万字。《编年》具有自己独特而鲜明的学术追求,重在揭示以下四大规律:

(1) **注重中国学术史的宏观发展演变历程,以见各代学术盛衰规律**。每个时代都有自己的学术主潮,但彼此之间的嬗变与衔接及其外部动因与内在分合,却需要加以全面、系统、深入的省察,除了重点关注标志性人物、事件、成果等以外,更需要见微知著、由著溯微。唯此,才能在通观中国学术史的发展演变历程中把握各代学术盛衰规律。

(2) **注重学术流派的源起、形成、鼎盛及至解体历程,以见学术流派的兴替规律**。学术流派既是学术发展的主体力量,又是学术繁荣的根本标志。因此,通观学术流派的源起、形成、鼎盛及至解体历程并把握其兴替规律,显然是学术史研究的核心所在。然后,从学术流派的个案研究走向群体研究,即进而可见各种学术流派与各代学术盛衰规律的内在关联与宏观趋势。

(3) **注重学术群体的区域流向、位移、承变历程,以见学术中心的迁移规律**。不同的学术流派由不同的学术群体所构成,由各不同学术群体的区域流向、移位、承变历程可见学术中心的迁移规律,其中学术领袖所扮演的主导角色、所发挥的核心作用尤为重要,从一定意义上说,学术领袖的区域流向与一代学术的中心迁移常常具有同趋性。诚然,促使学术中心的迁移具有更广泛、更多元、更复杂的内外动力与动因,其与经济、政治、文化中心的迁移也常常存在着时空差。概而言之,以与经济中心迁移的关系最为持久,以与文化中心迁移的关系最为密切,而与政治中心尤其是都城迁移的关系则最为直接。

(4) **注重中外学术的冲突、交流与融合历程,以见跨文化的学术传通规律**。文化者,文而化之、化而文之也,跨文化的学术传通规律正与此相通。因此,由中外学术的冲突、交流与融合历程,探索跨文化的学术传通规律,不仅可以进一步拓展中国学术史的研究范围,而且可以借此重新审视中国学术史的发展轨迹与演变规律。

(四)《中国学术编年》的体例创新

《编年》综合吸取历代史书与各种学术编年之长而加以融通之,首创了一种新的编纂体例,主要由学术背景、学术活动、学术成果、学者生卒四大栏目构成,同时在各栏目适当处加按语,另外再在每年右边重点记载外国重大学术事件,以裨中外相互参照,合之为六大版块:

(1) **学术背景**。着重反映深刻影响中国学术史发展进程的重大文化政策以及政治、经济、军事、外交诸方面的重大事件,以考察学术演变的特定时代背景及其对学术思潮、治学风尚的影响。学术背景著录以时间为序。

(2) **学术活动**。着重记述学者治学经历、师承关系和学术交流活动,包括从师问学、科举仕进、讲学授业、交游访问、会盟结社、创办书院、学校、报刊等学术机构等,以明学术渊源之所自、学术创见之所成、学术流派之脉络以及不同流派之间的争鸣、兴替轨迹。学术活动著录以人物的重要性为序。

(3) **学术成果**。着重记述具有代表性的学术论著,以著作为主,兼收重要的单篇文献,如论文序跋、书信、奏疏等,兼录纂辑、校勘、评点、注释、考证、译著等。内容包括成书过程、内容特色、价值影响、版本流传情况等,以见各代学术研究之盛况。学术成果著录以论著类别为序,大致按经史子集顺序排列。

(4) **学者生卒**。又分卒年、生年两小栏。其中卒年栏著录学者姓名、生年、字号、籍贯以及难以系年的重要著述,并概述其一生主要成就、贡献与地位及后人的简单评价。学者生卒著录以卒年、生年为序。

(5) **编者按语**。在学术背景、学术活动、学术成果、学者生卒四栏重要处再加编者按语,内容包括补充说明、原委概述、异说考辨、新见论证、价值评判等。"按语"犹如揭示各代学术发展的"纲目",若将各卷"按语"组合起来,即相当于一部简明学术史。

(6) **外国学术**。撷取同时期外国重要学术人物、活动、事件、成果等加以简要著录,以资在更广阔的比较视境中对中外学术的冲突交融历程以及跨文化的学术传通规律获得新的感悟与启示。

以上编纂体例的创体,最初是受《史记》的启发。《史记》分本纪、表、书、世家、列传,最后有"太史公曰",为六大板块。"本纪"为帝王列传,《编年》之"学术背景"栏与此相对应;"世家"、"列传"为传记,以"人"为纲,重在纪行,《编年》之"学术活动"栏与此相对应;"书"为典章制度等学术成果介绍,《编年》之"学术成果"栏与之相对应;"表"按时间先后记录历史大事和历史人物,《编年》之"学者生卒"栏与之相对应;"太史公曰"为史家评论,《编年》之"按语"与之相对应。以上综合《史记》之体而熔铸为一种学术编年的新体例,是一种旨在学术创新的尝试与探索。此外,"外国学术"栏,主要参照一些中西历史合编的年表而运用于《编年》之中。

中国史书编纂源远流长、成果丰硕,但要以纪传体、编年体、纪事本末体为三大主干。三体各有利弊,纪传体创始于《史记》,长于纪人,短于纪事,常常同为一事,分在数篇,断续相离,故《史记》以互见法弥补之;编年体创始于《春秋》,长于纪时,短于纪事,常常同为一事,分在数年,亦是断续相离;纪事本末体创始于《通鉴纪事本末》,长于纪事,短于纪人,往往见事不见人,见个体不见整体。《中国学术编年》在体例上显然属于编年体,但同时又努力融合纪传体、纪事本末体之长,以弥补编年体之不足。一部学术发展史,归根到底是由若干巨星以及围绕着这些巨星的光度不同的群星所形成的历史。既然学术活动与成果的主体是学人,这就决定了年表不能不以学人为纲来排比材料。而取舍人物,做到既不漏也不滥,确实能反映出一代学术的本质面貌,则是编好《编年》的关键,这也决定了《编年》与以人为纲的纪传体的密切关系。何况上文所述借鉴《史记》而创立《编年》新的编纂体例,更是直接吸取了纪传体之长。而在"按语"中,常于分隔数年的学术活动、学术成果加以系统勾勒或考证、说明之,以明渊源所自,演化所终,也是充分吸取了纪事本末传的长处。

在《编年》的编写过程中,我们非常注意第一手材料,同时也注意吸收学术界的新成果,包括尽可能地参考港台学者出版的同类或相关的书籍,力求详而不芜,全而有要。其中重点采纳的文献资料主要有:历代正史、私史、实录、会要、起居注、方志、档案、文集、专著、类书、谱牒、笔记等,同时博采当代学者的研究成果。按语所录文献,随文标注所出,以示征信。或遇尚存异说之文献,则择善而从,或略加考释。

《编年》收录学者多达四万余人,论著多达四万五千篇(部),数量与规模超过了以往任何学术编年著作。为便于使用,《编年》于每卷后都编有详细的学者、论著索引,以充分发挥

《编年》学术著作兼工具书的双重功能。

自1985年开始启动以来,《编年》这一浩大工程经过20余年的艰难曲折历程至今终于划上了句号,期间所经历的艰难曲折,的确非一般著书之可比;其中所蕴含的学术景遇与世事沧桑,更不时引发我们的种种感慨。于今,这一独特经历已伴随《编年》的告竣而成为融会其间的一个重要组成部分,并已积淀为一种挥之不去、值得回味的文化记忆与学术反思。毋庸置疑,晚清以来中国学术的西化改造与现代转型是以传统学术的边缘化与断层化为沉重代价的,这是基于西学东渐与"中"学"西"化的必然结果。如果说传统学术的边缘化是对中国学术史之"昨天"的遗忘或否定,那么,传统学术的断层化则是中国学术史之"昨天"与"今天"之间的断裂。显然,两者既不利于对中国传统学术内在价值的理性认知,也不利于对中国学术未来发展方向的战略建构。我们编纂《中国学术编年》的根本宗旨:**即是期望通过对中国学术史的历史还原与重构,不仅重新体认其固有的学术价值,而且藉以反思其未来的学术取向,从而为弥补晚清以来传统学术边缘化与断层化的双重缺陷,重建一种基于传统内蕴与本土特色而又富有世界与现代意义的中国学术话语体系提供重要的思想资源与学术参照。**因此,《编年》的编纂与出版,并非缘于思古之幽情,而是出于现实之需要。当然,随着《编年》的规模扩张与内涵深化,我们对此的认知也大体经历了一个由表及里、由浅入深、与时俱进的演化过程。

值此《编年》即将出版之际,我们惟以虔敬之心,感铭这一变革时代的风云砺励,感铭来自学界内外各方人士的鼎力相助!

一是衷心感谢李学勤、安平秋、章培恒、裘锡圭、朱维铮、葛兆光、刘小枫、赵逵夫、吴熊和、杨忠、束景南、崔富章、张涌泉、常元敬、黄灵庚诸位先生的热情鼓励和精心指导,朱维铮、刘小枫、束景南、崔富章、黄灵庚先生还拨冗审阅了部分书稿,并提出了修改意见,使《编年》质量不断提高,体例更趋完善。常元敬先生在退休之后仍一直关心《编年》的进展,时时勉励我们一定要高质量的完成这一大型学术工程,以早日了却他当年未曾了却的心愿。二是衷心感谢华东师范大学出版社的热忱相助。华东师范大学出版社朱杰人先生始终坚守学术的职业精神,给人留下了深刻的印象。与此同时,我们也不能忘记曾为此书付出劳动的上海书店、上海三联书店的有关人士。三是衷心感谢《编年》所有作者长期持续不懈的努力。鉴于人文社会科学研究个性化的特点与当今科研评价功利化趋势,组织大型集体攻关项目诚为不易,而长时期地坚持不懈更是难上加难,这意味着对其他科研机会与成果的舍弃与牺牲。在此,对于所有关心支持并为《编年》的编纂、出版作出贡献的前辈、同仁,一并致以诚挚的谢忱!

学无止境,学术编年更是一项永无止境的学术活动。由于《编年》是首次全面贯通中国各代学术的集成性之作,历时久长,涉面广泛,规模宏大,限于我们自身的精力与水平,其中不足或错误之处在所难免,衷心希望得到学者与读者的批评指正。

梅新林　俞樟华
2008年春初稿
2009年秋改稿
2013年春终稿

凡　　例

一、《中国学术编年》(以下简称《编年》)为中国学术史编年体著作,兼具工具书的检索功能。

二、《编年》上起先秦时代,下迄清末。按时代分为九卷,即先秦卷、汉代卷、三国两晋卷、南北朝卷、隋唐五代卷、宋代卷、元代卷、明代卷、清代卷。

三、《编年》所取材,主要依据历代正史、私史、实录、会要、起居注、方志、档案、文集、专著、类书、谱牒、笔记等,同时博采当代学者的研究成果。所录文献,引文标注所出,以示征信;其他材料,限于体例,未能一一注明所出,可参见统一列于每卷之末的参考文献。或遇尚存异说之文献,则择善而从,或略加考释。

四、《编年》具有自己独特而鲜明的学术追求,重点关注各卷本时段学术主流特色与学术发展趋势两个方面,重在揭示以下四大规律:

1. 注重中国学术史的宏观发展演变历程,以见各代学术盛衰规律;
2. 注重学术流派的源起、形成、鼎盛及至解体历程,以见学术流派的兴替规律;
3. 注重学术群体的区域流向、移位、承变历程,以见学术中心的迁移规律;
4. 注重中外学术的冲突、交流与融合历程,以见跨文化的学术传通规律。

五、《编年》采用一种新的编撰体例,由学术背景、学术活动、学术成果、学者生卒四大栏目构成,同时在各栏目适当处加编者按语。若遇跨类,则以"互见法"于相应栏目分录之。

六、《编年》中的"学术背景"栏目,着重反映深刻影响中国学术史发展进程的重大文化政策以及政治、经济、军事、外交诸方面的重大事件,以考察学术演变的特定时代背景及其对学术思潮、治学风尚的影响。

1. 学术背景著录,先录时间,后录事件。
2. 同月不同日者,只标日,不标月。
3. 知月而不知日者,于此月最后以"是月,……"另起。
4. 只知季节而不知月者,则分别于三月、六月、九月、十二月后标以"是春,……"、"是夏……"、"是秋,……"、"是冬,……"另起。
5. 只知年而不知季、月、日者,列于本年最后,以"是年,……"另起。

七、《编年》中的"学术活动"栏目,着重记述学者治学经历、师承关系和学术交流活动,以明学术渊源之所自、学术创见之所成、学术流派之脉络以及不同流派之间的争鸣、兴替轨迹,包括从师问学、科举仕进、讲学授业、交游访问、会盟结社、创办书院、学校、报刊等学术机构,等等。其中学者仕历与学术思想和学术活动之演变关系密切,故多予著录。

1. 学术活动著录,先录人物,后录时间。

2. 人物大致以学术贡献与地位之重要排次,使读者对当时学界总貌有一目了然之感。相关师友、弟子、家人附列之。

3. 有诸人同时从事某一学术活动者,则系于同一条,以主次列出,不再分条著录。

4. 学者人名一般标其名而不标其字、号。科举择其最高者录之。

5. 少数民族学者一般用汉译名,不用本名。

6. 僧人通常以"僧××"或"释××"标示之,若习惯上以法号称之,则去"僧"或"释"字。方外人名只标僧名、法名,不标本名。

7. 外国来华传教士及其他人员统一标出国别,如"美国传教士×××"。外国来华学者人名一般用汉名,若无汉名则用译名。其来华前、离华后若与中国学术无涉,则不予著录。

8. 中国学者在国外传播、研究中国学术者,予以著录。

八、《编年》中的"学术成果"栏目,着重记述具有代表性的学术论著,以著作为主,兼收重要的单篇文献,如论文序跋、书信、奏疏以及纂辑、校勘、评点、注释、考证、译著等等,以见各代学术研究之盛况。

1. 学术成果著录,先录作者,后录论著。

2. 论著排列依据传统"经史子集"之序而又略作变通,依次为经学(含理学)、史学、诸子学、语言文字学、文艺学、宗教学、自然科学、图书文献学、综合。

3. 论著通常分别以"作"、"著"标之,众人所作或非专论专著一般以"纂"标之。

4. 著录论著撰写与刊行过程,包括始撰、成稿、修订、续撰、增补、重著以及刊行出版等,并著录书名、卷数及一书异名情况。

5. 对重要论著作出简要评价,如特色、价值、版本、影响等。对重要论著的序跋,或录原文,或节录原文。

九、《编年》中的"学者生卒"栏目,分卒年、生年两小栏。卒年栏著录学者姓名、生年(公元××年)、字号(包括谥号)、籍贯以及难以系年的重要著述,凡特别重要人物,略述其一生主要成就、贡献与地位、传记资料及后人的简单评价。

1. 学者生卒著录,先学者卒年,后学者生年。

2. 在卒年栏中对重要学者的学术成就与贡献作出概要评价。

3. 年月难考之论著系于卒年之下,以此对无法系年的重要学术论著略作弥补。

十、《编年》在以上四大栏目下都加有"按语"。主要内容为:

1. 价值评判。即对学术价值以及重要影响进行简要评价。

2. 原委概述。即对事件缘起、过程、流变、结果、影响诸方面作一概要论述。

3. 补充说明。即对相关内容及背景材料再作扼要说明。

4. 史料存真。即采录比较珍贵的史料或略为可取的异说,裨人参考

5. 考辨断论。即对异说或有争论者,略加考辨并尽量作出断论,或择取其中一说。

十一、《编年》在注录中国学术之外,又取同时期外国重要学术人物、活动、事件、成果等加以简要著录,以资中外参照。

十二、《编年》纪年依次为帝王年号、干支年号、公年纪年,三者具备。遇二个以上王朝并立,则标出全部王朝帝王年号。凡因农历与公历差异产生年份出入问题,以农历为准。

无法确切考定年份者,用"约于是年前后"标之。凡在系年上有分歧而难以断定者,取一通行说法著录之,另以按语录以他说。

十三、《编年》纪年所涉及的古地名(包括学者卒年所标之籍贯),一般不注今地名。

十四、《编年》每卷后列有征引及参考文献,包括著作与论文两个方面。征引及参考文献的著录顺序:先古代,后现代;先著作,后论文。

十五、《编年》每卷后编有索引,以强化其检索功能。其中包括"人物索引"与"论著索引"。人物索引按笔画顺序编排,每卷人物索引只列本朝代的人物,跨代人物不出索引;人物的字号,加括号附录在正名之后;论著索引按拼音顺序编排。唐以前称"篇目索引",即重要论文亦出索引;隋唐五代称"论著索引";此后各代称"著作索引",即文章不出索引。同书名而不同作者的,在书名后面加括号,注明作者,以示区别;一书异名的,在通行书名后面加括号,注明异称。

十六、全书根据一以贯之的统一要求与体例格式进行编写,各卷(尤其是先秦卷)基于不同时代学术发展演变的实际情况再作变通处理,力求达到规范与变通的有机结合。

目　录

隋　代
(581—617)

隋文帝开皇元年(陈宣帝太建十三年)　辛丑　581年 …… (3)
隋开皇二年(陈太建十四年)　壬寅　582年 …… (12)
隋开皇三年(陈后主至德元年)　癸卯　583年 …… (13)
隋开皇四年(陈至德二年)　甲辰　584年 …… (18)
隋开皇五年(陈至德三年)　乙巳　585年 …… (21)
隋开皇六年(陈至德四年)　丙午　586年 …… (24)
隋开皇七年(陈后主祯明元年)　丁未　587年 …… (25)
隋开皇八年(陈祯明二年)　戊申　588年 …… (27)
开皇九年　己酉　589年 …… (29)
开皇十年　庚戌　590年 …… (35)
开皇十一年　辛亥　591年 …… (37)
开皇十二年　壬子　592年 …… (39)
开皇十三年　癸丑　593年 …… (41)
开皇十四年　甲寅　594年 …… (43)
开皇十五年　乙卯　595年 …… (46)
开皇十六年　丙辰　596年 …… (47)
开皇十七年　丁巳　597年 …… (48)
开皇十八年　戊午　598年 …… (51)
开皇十九年　己未　599年 …… (52)
开皇二十年　庚申　600年 …… (53)
隋文帝仁寿元年　辛酉　601年 …… (54)
仁寿二年　壬戌　602年 …… (57)
仁寿三年　癸亥　603年 …… (59)
仁寿四年　甲子　604年 …… (61)
隋炀帝大业元年　乙丑　605年 …… (64)

大业二年　丙寅　606年	(69)
大业三年　丁卯　607年	(73)
大业四年　戊辰　608年	(76)
大业五年　己巳　609年	(77)
大业六年　庚午　610年	(79)
大业七年　辛未　611年	(82)
大业八年　壬申　612年	(83)
大业九年　癸酉　613年	(84)
大业十年　甲戌　614年	(88)
大业十一年　乙亥　615年	(90)
大业十二年　丙子　616年	(91)
大业十三年　隋恭帝义宁元年　丁丑　617年	(92)

唐　代
(618—906)

唐高祖武德元年　戊寅　618年	(97)
武德二年　己卯　619年	(103)
武德三年　庚辰　620年	(104)
武德四年　辛巳　621年	(105)
武德五年　壬午　622年	(109)
武德六年　癸未　623年	(111)
武德七年　甲申　624年	(113)
武德八年　乙酉　625年	(117)
武德九年　丙戌　626年	(118)
唐太宗贞观元年　丁亥　627年	(122)
贞观二年　戊子　628年	(128)
贞观三年　己丑　629年	(131)
贞观四年　庚寅　630年	(135)
贞观五年　辛卯　631年	(138)
贞观六年　壬辰　632年	(140)
贞观七年　癸巳　633年	(142)
贞观八年　甲午　634年	(145)
贞观九年　乙未　635年	(146)
贞观十年　丙申　636年	(148)
贞观十一年　丁酉　637年	(150)
贞观十二年　戊戌　638年	(154)
贞观十三年　己亥　639年	(156)
贞观十四年　庚子　640年	(158)

贞观十五年　辛丑　641年	(160)
贞观十六年　壬寅　642年	(164)
贞观十七年　癸卯　643年	(167)
贞观十八年　甲辰　644年	(170)
贞观十九年　乙巳　645年	(172)
贞观二十年　丙午　646年	(177)
贞观二十一年　丁未　647年	(179)
贞观二十二年　戊申　648年	(181)
贞观二十三年　己酉　649年	(185)
唐高宗永徽元年　庚戌　650年	(188)
永徽二年　辛亥　651年	(189)
永徽三年　壬子　652年	(191)
永徽四年　癸丑　653年	(193)
永徽五年　甲寅　654年	(194)
永徽六年　乙卯　655年	(195)
唐高宗显庆元年　丙辰　656年	(197)
显庆二年　丁巳　657年	(200)
显庆三年　戊午　658年	(202)
显庆四年　己未　659年	(205)
显庆五年　庚申　660年	(208)
显庆六年　唐高宗龙朔元年　辛酉　661年	(209)
龙朔二年　壬戌　662年	(211)
龙朔三年　癸亥　663年	(214)
唐高宗麟德元年　甲子　664年	(216)
麟德二年　乙丑　665年	(218)
唐高宗乾封元年　丙寅　666年	(220)
乾封二年　丁卯　667年	(221)
乾封三年　唐高宗总章元年　戊辰　668年	(223)
总章二年　己巳　669年	(225)
总章三年　唐高宗咸亨元年　庚午　670年	(226)
咸亨二年　辛未　671年	(228)
咸亨三年　壬申　672年	(230)
咸亨四年　癸酉　673年	(231)
咸亨五年　唐高宗上元元年　甲戌　674年	(233)
上元二年　乙亥　675年	(236)
上元三年　唐高宗仪凤元年　丙子　676年	(237)
仪凤二年　丁丑　677年	(239)
仪凤三年　戊寅　678年	(241)
仪凤四年　唐高宗调露元年　己卯　679年	(241)

调露二年　唐高宗永隆元年　庚辰　680年	(243)
永隆二年　唐高宗开耀元年　辛巳　681年	(246)
开耀二年　唐高宗永淳元年　壬午　682年	(248)
永淳二年　唐高宗弘道元年　癸未　683年	(251)
唐中宗嗣圣元年　唐睿宗文明元年　武则天光宅元年　甲申　684年	(253)
武则天垂拱元年　乙酉　685年	(256)
垂拱二年　丙戌　686年	(257)
垂拱三年　丁亥　687年	(258)
垂拱四年　戊子　688年	(260)
武则天永昌元年　载初元年　己丑　689年	(263)
周天授元年　庚寅　690年	(265)
周天授二年　辛卯　691年	(267)
周天授三年　如意元年　长寿元年　壬辰　692年	(268)
周长寿二年　癸巳　693年	(270)
周长寿三年　延载元年　甲午　694年	(271)
周证圣元年　天册万岁元年　乙未　695年	(272)
周天册万岁二年　万岁登封元年　万岁通天元年　丙申　696年	(274)
周万岁通天二年　神功元年　丁酉　697年	(276)
周圣历元年　戊戌　698年	(278)
周圣历二年　己亥　699年	(279)
周圣历三年　久视元年　庚子　700年	(281)
周久视二年　大足元年　长安元年　辛丑　701年	(284)
周长安二年　壬寅　702年	(286)
周长安三年　癸卯　703年	(288)
周长安四年　甲辰　704年	(290)
唐中宗神龙元年　乙巳　705年	(292)
神龙二年　丙午　706年	(295)
神龙三年　唐中宗景龙元年　丁未　707年	(299)
景龙二年　戊申　708年	(300)
景龙三年　己酉　709年	(303)
景龙四年　唐睿宗景云元年　庚戌　710年	(306)
景云二年　辛亥　711年	(311)
唐睿宗太极元年　延和元年　唐玄宗先天元年　壬子　712年	(313)
先天二年　唐玄宗开元元年　癸丑　713年	(316)
开元二年　甲寅　714年	(321)
开元三年　乙卯　715年	(326)
开元四年　丙辰　716年	(327)
开元五年　丁巳　717年	(329)
开元六年　戊午　718年	(331)

开元七年 己未 719年	(334)
开元八年 庚申 720年	(336)
开元九年 辛酉 721年	(339)
开元十年 壬戌 722年	(342)
开元十一年 癸亥 723年	(344)
开元十二年 甲子 724年	(346)
开元十三年 乙丑 725年	(348)
开元十四年 丙寅 726年	(351)
开元十五年 丁卯 727年	(353)
开元十六年 戊辰 728年	(357)
开元十七年 己巳 729年	(359)
开元十八年 庚午 730年	(361)
开元十九年 辛未 731年	(364)
开元二十年 壬申 732年	(365)
开元二十一年 癸酉 733年	(367)
开元二十二年 甲戌 734年	(369)
开元二十三年 乙亥 735年	(371)
开元二十四年 丙子 736年	(373)
开元二十五年 丁丑 737年	(375)
开元二十六年 戊寅 738年	(377)
开元二十七年 己卯 739年	(379)
开元二十八年 庚辰 740年	(380)
开元二十九年 辛巳 741年	(383)
唐玄宗天宝元年 壬午 742年	(386)
天宝二年 癸未 743年	(389)
天宝三载 甲申 744年	(391)
天宝四载 乙酉 745年	(393)
天宝五载 丙戌 746年	(395)
天宝六载 丁亥 747年	(397)
天宝七载 戊子 748年	(399)
天宝八载 己丑 749年	(401)
天宝九载 庚寅 750年	(402)
天宝十载 辛卯 751年	(403)
天宝十一载 壬辰 752年	(405)
天宝十二载 癸巳 753年	(406)
天宝十三载 甲午 754年	(409)
天宝十四载 乙未 755年	(411)
天宝十五载 唐肃宗至德元载 丙申 756年	(413)
至德二载 丁酉 757年	(415)

至德三载　唐肃宗乾元元年　戊戌　758年	(417)
乾元二年　己亥　759年	(420)
乾元三年　唐肃宗上元元年　庚子　760年	(422)
上元二年　辛丑　761年	(425)
唐肃宗宝应元年　壬寅　762年	(427)
唐代宗宝应二年　广德元年　癸卯　763年	(431)
广德二年　甲辰　764年	(433)
唐代宗永泰元年　乙巳　765年	(435)
永泰二年　唐代宗大历元年　丙午　766年	(437)
大历二年　丁未　767年	(439)
大历三年　戊申　768年	(441)
大历四年　己酉　769年	(442)
大历五年　庚戌　770年	(444)
大历六年　辛亥　771年	(447)
大历七年　壬子　772年	(449)
大历八年　癸丑　773年	(451)
大历九年　甲寅　774年	(452)
大历十年　乙卯　775年	(455)
大历十一年　丙辰　776年	(456)
大历十二年　丁巳　777年	(458)
大历十三年　戊午　778年	(460)
大历十四年　己未　779年	(462)
唐德宗建中元年　庚申　780年	(464)
建中二年　辛酉　781年	(467)
建中三年　壬戌　782年	(469)
建中四年　癸亥　783年	(472)
唐德宗兴元元年　甲子　784年	(474)
唐德宗贞元元年　乙丑　785年	(476)
贞元二年　丙寅　786年	(477)
贞元三年　丁卯　787年	(479)
贞元四年　戊辰　788年	(480)
贞元五年　己巳　789年	(483)
贞元六年　庚午　790年	(485)
贞元七年　辛未　791年	(486)
贞元八年　壬申　792年	(489)
贞元九年　癸酉　793年	(491)
贞元十年　甲戌　794年	(493)
贞元十一年　乙亥　795年	(495)
贞元十二年　丙子　796年	(497)

年号	干支	公元	页码
贞元十三年	丁丑	797年	(499)
贞元十四年	戊寅	798年	(500)
贞元十五年	己卯	799年	(501)
贞元十六年	庚辰	800年	(502)
贞元十七年	辛巳	801年	(504)
贞元十八年	壬午	802年	(506)
贞元十九年	癸未	803年	(508)
贞元二十年	甲申	804年	(509)
贞元二十一年 唐顺宗永贞元年	乙酉	805年	(511)
唐宪宗元和元年	丙戌	806年	(516)
元和二年	丁亥	807年	(518)
元和三年	戊子	808年	(521)
元和四年	己丑	809年	(522)
元和五年	庚寅	810年	(523)
元和六年	辛卯	811年	(525)
元和七年	壬辰	812年	(527)
元和八年	癸巳	813年	(529)
元和九年	甲午	814年	(531)
元和十年	乙未	815年	(533)
元和十一年	丙申	816年	(535)
元和十二年	丁酉	817年	(537)
元和十三年	戊戌	818年	(538)
元和十四年	己亥	819年	(540)
元和十五年	庚子	820年	(543)
唐穆宗长庆元年	辛丑	821年	(545)
长庆二年	壬寅	822年	(548)
长庆三年	癸卯	823年	(549)
长庆四年	甲辰	824年	(551)
唐敬宗宝历元年	乙巳	825年	(554)
宝历二年	丙午	826年	(555)
宝历三年 唐文宗大和元年	丁未	827年	(556)
大和二年	戊申	828年	(558)
大和三年	己酉	829年	(560)
大和四年	庚戌	830年	(561)
大和五年	辛亥	831年	(563)
大和六年	壬子	832年	(565)
大和七年	癸丑	833年	(566)
大和八年	甲寅	834年	(568)
大和九年	乙卯	835年	(570)

唐文宗开成元年　丙辰　836年	(575)
开成二年　丁巳　837年	(577)
开成三年　戊午　838年	(579)
开成四年　己未　839年	(581)
开成五年　庚申　840年	(583)
唐武宗会昌元年　辛酉　841年	(585)
会昌二年　壬戌　842年	(587)
会昌三年　癸亥　843年	(589)
会昌四年　甲子　844年	(591)
会昌五年　乙丑　845年	(592)
会昌六年　丙寅　846年	(594)
唐宣宗大中元年　丁卯　847年	(597)
大中二年　戊辰　848年	(600)
大中三年　己巳　849年	(601)
大中四年　庚午　850年	(603)
大中五年　辛未　851年	(604)
大中六年　壬申　852年	(605)
大中七年　癸酉　853年	(606)
大中八年　甲戌　854年	(608)
大中九年　乙亥　855年	(610)
大中十年　丙子　856年	(611)
大中十一年　丁丑　857年	(613)
大中十二年　戊寅　858年	(614)
大中十三年　己卯　859年	(616)
大中十四年　唐懿宗咸通元年　庚辰　860年	(618)
咸通二年　辛巳　861年	(619)
咸通三年　壬午　862年	(620)
咸通四年　癸未　863年	(621)
咸通五年　甲申　864年	(622)
咸通六年　乙酉　865年	(623)
咸通七年　丙戌　866年	(625)
咸通八年　丁亥　867年	(627)
咸通九年　戊子　868年	(628)
咸通十年　己丑　869年	(629)
咸通十一年　庚寅　870年	(630)
咸通十二年　辛卯　871年	(632)
咸通十三年　壬辰　872年	(633)
咸通十四年　癸巳　873年	(634)
咸通十五年　唐僖宗乾符元年　甲午　874年	(635)

乾符二年	乙未	875年	(637)
乾符三年	丙申	876年	(638)
乾符四年	丁酉	877年	(640)
乾符五年	戊戌	878年	(641)
乾符六年	己亥	879年	(641)

唐僖宗广明元年　庚子　880年 …… (643)
广明二年　唐僖宗中和元年　辛丑　881年 …… (645)
中和二年　壬寅　882年 …… (646)
中和三年　癸卯　883年 …… (647)
中和四年　甲辰　884年 …… (648)
中和五年　唐僖宗光启元年　乙巳　885年 …… (650)
光启二年　丙午　886年 …… (651)
光启三年　丁未　887年 …… (652)
光启四年　唐僖宗文德元年　戊申　888年 …… (653)
唐昭宗龙纪元年　己酉　889年 …… (655)
唐昭宗大顺元年　庚戌　890年 …… (656)
大顺二年　辛亥　891年 …… (656)
唐昭宗景福元年　壬子　892年 …… (658)
景福二年　癸丑　893年 …… (659)
唐昭宗乾宁元年　甲寅　894年 …… (660)
乾宁二年　乙卯　895年 …… (661)
乾宁三年　丙辰　896年 …… (663)
乾宁四年　丁巳　897年 …… (664)
乾宁五年　唐昭宗光化元年　戊午　898年 …… (665)
光化二年　己未　899年 …… (666)
光化三年　庚申　900年 …… (667)
光化四年　唐昭宗天复元年　辛酉　901年 …… (668)
天复二年　壬戌　902年 …… (670)
天复三年　癸亥　903年 …… (670)
天复四年　唐哀帝天祐元年　甲子　904年 …… (672)
天祐二年　乙丑　905年 …… (673)
天祐三年　丙寅　906年 …… (674)

五代十国
(907—960)

唐哀帝天祐四年　后梁开平元年　前蜀天复七年　丁卯　907年 …… (679)
后梁开平二年　前蜀武成元年　吴越天宝元年　吴天祐五年　戊辰　908年 …… (682)
后梁开平三年　前蜀武成二年　吴越天宝二年　吴天祐六年　己巳　909年 …… (685)

后梁开平四年　前蜀武成三年　吴越天宝三年　吴天祐七年　庚午　910年……（686）
后梁开平五年　乾化元年　前蜀永平元年　吴越天宝四年　吴天祐八年
　　辛未　911年…………………………………………………………………（687）
后梁乾化二年　前蜀永平二年　吴越天宝五年　吴天祐九年　壬申　912年……（688）
后梁凤历元年　乾化三年　前蜀永平三年　吴越天宝六年　吴天祐十年
　　癸酉　913年…………………………………………………………………（689）
后梁乾化四年　前蜀永平四年　吴越天宝七年　吴天祐十一年　甲戌　914年……（691）
后梁乾化五年　贞明元年　前蜀永平五年　吴越天宝八年　吴天祐十二年
　　乙亥　915年…………………………………………………………………（691）
后梁贞明二年　前蜀通正元年　吴越天宝九年　吴天祐十三年　契丹神册元年
　　丙子　916年…………………………………………………………………（692）
后梁贞明三年　前蜀天汉元年　吴越天宝十年　吴天祐十四年　契丹神册二年
　　南汉乾亨元年　丁丑　917年………………………………………………（693）
后梁贞明四年　前蜀光天元年　吴越天宝十一年　吴天祐十五年　契丹神册三年
　　南汉乾亨二年　戊寅　918年………………………………………………（694）
后梁贞明五年　前蜀乾德元年　吴越天宝十二年　吴武义元年　契丹神册四年
　　南汉乾亨三年　己卯　919年………………………………………………（696）
后梁贞明六年　前蜀乾德二年　吴越天宝十三年　吴武义二年　契丹神册五年
　　南汉乾亨四年　庚辰　920年………………………………………………（697）
后梁贞明七年　龙德元年　前蜀乾德三年　吴越天宝十四年　吴武义三年
　　顺义元年　契丹神册六年　南汉乾亨五年　辛巳　921年………………（698）
后梁龙德二年　前蜀乾德四年　吴越天宝十五年　吴顺义二年　契丹神册七年
　　天赞元年　南汉乾亨六年　壬午　922年…………………………………（699）
后梁龙德三年　后唐同光元年　前蜀乾德五年　吴越天宝十六年　吴顺义三年
　　契丹天赞二年　南汉乾亨七年　癸未　923年……………………………（700）
后唐同光二年　前蜀乾德六年　吴越宝大元年　吴顺义四年　契丹天赞三年
　　南汉乾亨八年　甲申　924年………………………………………………（702）
后唐同光三年　前蜀咸康元年　吴越宝大二年　吴顺义五年　契丹天赞四年
　　南汉乾亨九年　白龙元年　乙酉　925年…………………………………（704）
后唐同光四年　天成元年　吴越宝正元年　吴顺义六年　契丹天赞五年
　　天显元年　南汉白龙二年　丙戌　926年…………………………………（706）
后唐天成二年　吴越宝正二年　吴顺义七年　乾贞元年　契丹天显二年
　　南汉白龙三年　丁亥　927年………………………………………………（709）
后唐天成三年　吴越宝正三年　吴乾贞二年　契丹天显三年　南汉白龙四年
　　大有元年　戊子　928年……………………………………………………（710）
后唐天成四年　吴越宝正四年　吴乾贞三年　大和元年　契丹天显四年
　　南汉大有二年　己丑　929年………………………………………………（712）
后唐天成五年　长兴元年　吴越宝正五年　吴大和二年　契丹天显五年
　　南汉大有三年　庚寅　930年………………………………………………（714）

后唐长兴二年　吴越宝正六年　吴大和三年　契丹天显六年　南汉大有四年
　　辛卯　931年 ………………………………………………………………………… (716)
后唐长兴三年　吴大和四年　契丹天显七年　南汉大有五年　壬辰　932年 ……… (717)
后唐长兴四年　吴大和五年　闽龙启元年　契丹天显八年　南汉大有六年
　　癸巳　933年 ………………………………………………………………………… (719)
后唐应顺元年　清泰元年　吴大和六年　闽龙启二年　契丹天显九年
　　南汉大有七年　后蜀明德元年　甲午　934年 …………………………………… (722)
后唐清泰二年　吴大和七年　天祚元年　闽永和元年　契丹天显十年
　　南汉大有八年　后蜀明德二年　乙未　935年 …………………………………… (724)
后唐清泰三年　后晋天福元年　吴天祚二年　闽通文元年　契丹天显十一年
　　南汉大有九年　后蜀明德三年　丙申　936年 …………………………………… (726)
后晋天福二年　吴天祚三年　齐(南唐)昇元元年　闽通文二年　契丹天显十二年
　　南汉大有十年　后蜀明德四年　丁酉　937年 …………………………………… (728)
后晋天福三年　齐(南唐)昇元二年　闽通文三年　契丹天显十三年　会同元年
　　南汉大有十一年　后蜀广政元年　戊戌　938年 ………………………………… (730)
后晋天福四年　南唐昇元三年　闽通文四年　永隆元年　契丹会同二年
　　南汉大有十二年　后蜀广政二年　己亥　939年 ………………………………… (731)
后晋天福五年　南唐昇元四年　闽永隆二年　契丹会同三年　南汉大有十三年
　　后蜀广政三年　庚子　940年 ……………………………………………………… (733)
后晋天福六年　南唐昇元五年　闽永隆三年　契丹会同四年　南汉大有十四年
　　后蜀广政四年　辛丑　941年 ……………………………………………………… (735)
后晋天福七年　南唐昇元六年　闽永隆四年　契丹会同五年　南汉大有十五年
　　光天元年　后蜀广政五年　壬寅　942年 ………………………………………… (737)
后晋天福八年　南唐昇元七年　保大元年　闽永隆五年　天德元年　契丹会同六年
　　后蜀广政六年　南汉光天二年　应乾元年　乾和元年　癸卯　943年 ………… (738)
后晋天福九年　开运元年　南唐保大二年　闽天德二年　契丹会同七年
　　南汉乾和二年　后蜀广政七年　甲辰　944年 …………………………………… (741)
后晋开运二年　南唐保大三年　闽天德三年　契丹会同八年　南汉乾和三年
　　后蜀广政八年　乙巳　945年 ……………………………………………………… (743)
后晋开运三年　南唐保大四年　契丹会同九年　南汉乾和四年　后蜀广政九年
　　丙午　946年 ………………………………………………………………………… (744)
后汉天福十二年　南唐保大五年　辽会同十年　大同元年　天禄元年
　　南汉乾和五年　后蜀广政十年　丁未　947年 …………………………………… (745)
后汉天福十三年　乾祐元年　南唐保大六年　辽天禄二年　南汉乾和六年
　　后蜀广政十一年　戊申　948年 …………………………………………………… (748)
后汉乾祐二年　南唐保大七年　辽天禄三年　南汉乾和七年　后蜀广政十二年
　　己酉　949年 ………………………………………………………………………… (750)
后汉乾祐三年　南唐保大八年　辽天禄四年　南汉乾和八　后蜀广政十三年
　　庚戌　950年 ………………………………………………………………………… (751)

后周广顺元年　南唐保大九年　辽天禄五年　应历元年　南汉乾和九年
　　后蜀广政十四年　北汉乾祐四年　辛亥　951年 ……………………………… (752)
后周广顺二年　南唐保大十年　辽应历二年　南汉乾和十年　后蜀广政十五年
　　北汉乾祐五年　壬子　952年 ……………………………………………… (756)
后周广顺三年　南唐保大十一年　辽应历三年　南汉乾和十一年　后蜀广政十六年
　　北汉乾祐六年　癸丑　953年 ……………………………………………… (759)
后周显德元年　南唐保大十二年　辽应历四年　南汉乾和十二年　后蜀广政十七年
　　北汉乾祐七年　甲寅　954年 ……………………………………………… (761)
后周显德二年　南唐保大十三年　辽应历五年　南汉乾和十三年　后蜀广政十八年
　　北汉乾祐八年　乙卯　955年 ……………………………………………… (763)
后周显德三年　南唐保大十四年　辽应历六年　南汉乾和十四年　后蜀广政十九年
　　北汉乾祐九年　丙辰　956年 ……………………………………………… (765)
后周显德四年　南唐保大十五年　辽应历七年　南汉乾和十五年　后蜀广政二十年
　　北汉天会元年　丁巳　957年 ……………………………………………… (768)
后周显德五年　南唐中兴元年　交泰元年　辽应历八年　南汉乾和十六年
　　大宝元年　后蜀广政二十一年　北汉天会二年　戊午　958年 ……………… (770)
后周显德六年　辽应历九年　南汉大宝二年　后蜀广政二十二年　北汉天会三年
　　己未　959年 ……………………………………………………………………… (772)
后周显德七年　宋建隆元年　辽应历十年　南汉大宝三年　后蜀广政二十三年
　　北汉天会四年　庚申　960年 ……………………………………………… (776)

征引及主要参考文献 ………………………………………………………………… (777)
人物索引 …………………………………………………………………………… (793)
著作索引 …………………………………………………………………………… (833)
后记 ………………………………………………………………………………… (861)

隋 代
(581—617)

隋文帝开皇元年　陈宣帝太建十三年　辛丑　581年

二月甲子，周静帝被迫禅位，杨坚称帝，改国号隋，建元开皇，是为隋文帝。

按：杨坚出身鲜卑贵族之家，承父爵为隋国公，其女系北周宣帝皇后。周宣帝病死，周静帝继位，因幼冲未能理政，杨坚遂以大丞相之职总揽军政大权。至是，废周帝自立。北周自宇文觉废魏恭帝自立，历5帝，凡25年而亡。见《隋书》卷一《高祖纪》、《北史》卷一一《隋本纪》。

是月，隋废周六官之制，复汉魏之旧。

按：《资治通鉴》卷一七五载，六官之制初设于西魏恭帝三年，北周时趋于完善。隋文帝即位，从少内史崔仲方之议，除六官，改置三师、三公及尚书、门下、内史、秘书、内侍五省，御史、都水二台，太常等十一寺，左、右卫等十二府，以分司统职。又置上柱国至都督十一等勋官，以酬勤劳；特进至朝散大夫七等散官，以加文武官之有声德者。《隋书》卷二八《百官志下》载，"三师不主事，不置府僚，盖与天子坐而论道者也"；"三公参议国之大事"，"其位多旷，皆摄行事"。寻省府及僚佐，凡置公，则于尚书都省内理事。于是，"朝之众务，总归于台阁"。尚书省总理朝务，下设吏、礼、兵、都官（后改称刑部）、度支（后改称民部）、工六部；门下省和内史省则分掌审议、决策。由此形成的三省六部制，对后世影响深远。

闰三月，隋文帝诏于五岳各立佛寺。

按：隋文帝即位后，倡兴佛教。隋费长房《历代三宝纪》卷一二引文帝诏曰："朕伏膺道化，念存清静，其五岳之下，宜各置僧寺一所。"明梅鼎祚《释文纪》卷三八、清严可均《全隋文》卷一均载有文帝《五岳各置僧寺诏》全文。是年七月和八月，文帝又先后下诏，令于襄阳、隋郡、江陵、晋阳、相州等地各立佛寺，并普诏天下，听任百姓出家和营造经像。《隋书》卷三五《经籍志四》曰："开皇元年，高祖普诏天下，任听出家，仍令计口出钱，营造经像。而京师及并州、相州、洛州等诸大都邑之处，并官写一切经置于寺内，而又别写藏于秘阁。天下之人从风而靡，竞相景慕，民间佛经多于《六经》数十百倍。"北方佛教在北周武帝时遭到大规模冲击，一度颇为消沉，至是复兴，盛况更超以前。参见本年僧昙延条。

四月戊戌，隋悉放太常散乐为民，仍禁杂乐百戏。

按：《资治通鉴》卷一七五载，北齐之季有散乐，北周灭齐后，悉征诣长安，隶太常寺。至是，隋文帝悉罢遣之。

六月癸未，隋诏郊庙冕服必依《礼经》，其朝会之服饰、旗帜、牺牲皆尚赤，戎服以黄，常服通用杂色。

按：见《隋书》卷一《高祖纪》、《资治通鉴》卷一七五。

十月戊子，隋颁新律。

按：隋文帝即位后，命尚书左仆射、勃海公高颎，上柱国、沛公郑译，上柱国、清

拜占庭将军莫里斯败波斯人。

斯拉夫人侵拜占庭。

河郡公杨素,大理寺少卿、平源县公常明,刑部侍郎、保城县公韩濬,比部侍郎李谔,兼考功侍郎柳雄亮等,修订律法,至是完成,诏颁天下。新律定死、流、徒、杖、笞五种刑名,去除枭、鞭等刑。《隋书》卷二五《刑法志》载文帝诏曰:"夫绞以致毙,斩则殊刑,除恶之体,于斯已极。枭首、轘身,义无所取,不益惩肃之理,徒表安忍之怀。鞭之为用,残剥肤体,彻骨侵肌,酷均商切。虽云远古之式,事乖仁者之刑。枭、轘及鞭,并令去也。"该律颁行不久,文帝复命更定。参见开皇三年牛弘条。

是年,隋崇道教,诏重修楼观和玄都观。

按:隋文帝倡兴佛教,又力振道教。其所用"开皇"年号,即来自道教。唐王悬河《三洞珠囊》卷八曰:"似元皇君号开皇元年,隋家亦象号开皇元年是也。"五代王松年《仙苑编珠》卷下引《楼观传》曰:"隋开皇初,重修宫宇,度道士满一百二十员。"元赵道一《历世真仙体道通鉴》卷三〇《严达传》曰:"至隋室,道教复振。文帝开皇中诏重修二庙,精择羽流,累致墨词,以祈景福。于是朝野宗奉焉。""二庙"即指楼观和玄都观。参见本年王延条。

高颎因预隋文帝受禅,拜尚书左仆射,兼纳言,进封渤海郡公。位高权重,朝臣莫与为比。

按:《隋书》卷四一本传载,高颎颇为隋文帝亲重,欲避权势,上表逊位,让于苏威。未几复位,进拜左卫大将军,本官如故。奉诏镇遏沿边,以御突厥。及还,领新都大监。以母忧去职,历二旬即奉诏视事。

苏威仕隋,拜太子少保,兼纳言、民部尚书,上表陈让,有诏慰留,遂与高颎共掌朝政。

按:《隋书》卷四一本传载,隋文帝为相时,对苏威颇为赏识。及践祚,即召威入朝,委以重任。威奏减赋役,务从轻典,文帝悉从之。未几,威复兼大理卿、京兆尹、御史大夫。

杨素仕北周为徐州总管,封清河郡公。及隋文帝受禅,加上柱国。

按:见《隋书》卷四八本传。

李德林因助隋文帝禅代之功,授内史令、上仪同,进爵为子。奉敕参修新律。

按:见《隋书》卷四二本传。

庾季才仕隋,授通直散骑常侍。

按:见《隋书》卷七八本传。

辛彦之为北周少宗伯,爵封五原郡公。及隋文帝受禅,除太常少卿,改封任城郡公,进位上开府,寻转国子祭酒。

按:见《隋书》卷七五本传。

何妥仕隋,除国子博士,加通直散骑常侍,进爵为公。

按:《隋书》卷七五本传载,何妥性劲急,有口才,好是非人物。时纳言苏威提出,读《孝经》一卷足可立身治国。妥以为威之言有违"圣人之训",又奏威不可信任,上八事以谏,由是与威有隙。

刘臻为北周畿伯下大夫,及隋文帝受禅,进位仪同三司。

按:见《隋书》卷七六本传。

杨汪为北周夏官府都上士,及隋文帝受禅,赐爵平乡县伯。

按：杨汪以精研《汉书》名于世。稍后历尚书司勋、兵部二曹侍郎，秦州总管长史，迁尚书左丞，坐事免职，复起为荆、洛二州长史。其于政务之余，聚徒讲学。《隋书》卷五六本传曰："每听政之暇，必延生徒讲授，时人称之。"

房晖远仕隋，为太常博士。以博通《五经》名于世，人称"五经库"。

按：《隋书》卷七五本传曰："晖远幼有志行，治《三礼》、《春秋三传》、《诗》、《书》、《易》，兼善图纬。恒以教授为务，远方负笈而从者，动以千计。……高祖受禅，迁太学博士，太常卿牛弘每称为'五经库'。"稍后，房晖远为吏部尚书韦世康所荐，转太学博士，又与沛公郑译修正乐章。

明克让为北周司调大夫、历城县伯，及隋文帝受禅，拜太子内舍人，转率更令，进爵为侯。以博学多识，颇为太子杨勇敬重。

按：《隋书》卷五八本传谓克让"博涉书史，所览将万卷"，尤精研《三礼》。太子杨勇"以师道处之，恩礼甚厚"。"时东宫盛征天下才学之士，至于博物洽闻，皆出其下。"又奉诏与牛弘等修订礼乐，"当朝典故，多所裁正"。

陆爽为北周宣纳上士，及隋文帝受禅，转太子内直监，寻迁太子洗马。

按：见《隋书》卷五八本传。

薛道衡为北周邛州刺史，及隋文帝受禅，坐事除名。

按：《隋书》卷五七本传载，薛道衡后从河间王杨弘北征突厥，还除内史舍人。

王劭仕隋，授著作佐郎。

按：《隋书》卷六九本传载，王劭以博物为时人所称。北周时不得调，及隋文帝受禅，遂授史职。

裴矩仕隋，为给事郎。

按：《隋书》卷六七本传载，裴矩"好学，颇爱文藻，有智数"。隋文帝践祚前，"甚亲敬之"，召为相府记室。及受禅，遂迁矩为给事郎。

杨尚希为北周司会中大夫，及隋文帝受禅，拜度支尚书，进爵为公。

按：《隋书》卷四六本传载，杨尚希系隋室宗亲，隋文帝待之甚厚。岁余，出为河南道行台兵部尚书，加银青光禄大夫。

宇文弼为北周南定州刺史，入隋，以前功封平昌县公。

按：《隋书》卷五六本传载，宇文弼"慷慨有大节，博学多通"。后奉召入朝，为尚书右丞，又迁尚书左丞。

卢思道为北周武阳太守，隋文帝受禅后，不得迁，遂以母老表请解职。有诏许之。

按：卢思道才学兼著，名闻于世，然不持操行，好轻侮人，故仕途多起伏。《隋书》卷五七本传曰："思道聪爽俊辩，通侻不羁。……高祖为丞相，迁武阳太守，非其所好也。为《孤鸿赋》，以寄其情。"又曰："开皇初，以母老，表请解职，优诏许之。思道自恃才地，多所陵轹，由是官途沦滞。既而又著《劳生论》，指切当时。"《孤鸿赋》、《劳生论》两文，《隋书》本传皆载录，又收录于清严可均《全隋文》卷一六。

卢昌衡为北周司玉中士，隋文帝受禅后，拜尚书祠部侍郎。

按：《隋书》卷五七本传载，卢昌衡"博涉经史，工草、行书"。北周武帝时，曾与大宗伯斛斯征修礼令。

张衡为北周掌朝大夫，及隋文帝受禅，拜司门侍郎。

按：见《隋书》卷五六本传。

刘焯以儒学知名。约是年稍后为州博士，刺史赵煚引为从事。寻举秀才，登甲科，与王劭等同修国史，兼参议律历，仍直门下省，以待顾问。授员外将军，与诸儒于秘书省考定群言。

按：《隋书》卷七五、《北史》卷八二本传述隋文帝开皇初期刘焯事迹，多未详明具体年份，姑系于此。

颜之仪为北周西疆郡守，及隋文帝受禅，奉召还京，进爵新野郡公。

按：《周书》卷四〇本传载，颜之仪"博涉群书，好为词赋"，为世人所称。

庾质仕周为齐炀王记室，及隋文帝践祚，除奉朝请。

按：《隋书》卷七八本传载，庾质通晓天文占候，后历鄢陵令，迁陇州司马。

萧吉为北周仪同，及隋文帝践祚，进位上仪同，以本官太常考定古今阴阳书。

按：《隋书》卷七八本传载，萧吉"博学多通，尤精阴阳算术"。然其"性孤峭，不与公卿相沉浮，又与杨素不协"，由是郁郁不得志。见文帝好征祥之说，"欲干没自进，遂矫其迹为悦媚"。

姚最仕隋，除太子门大夫。

按：《周书》卷四七本传载，姚最"博通经史，尤好著述"。

萧该仕隋，拜国子博士，赐爵山阴县公。奉诏与何妥正定经史，彼此各执己见，久不能定。

按：萧该生卒年不详，梁鄱阳王萧恢之孙。性笃学，通《诗》、《书》、《春秋》、《礼记》大义，尤精于《汉书》，与东海包恺被当时《汉书》学者推为宗匠。著有《汉书音义》、《后汉书音义》、《文选音义》，皆为时人推崇。事迹见《隋书》卷七五、《北史》卷八二。

王隆仕隋，以国子博士待诏云龙门。

按：王隆生卒年不详，字伯高，龙门人。家传学业，名闻于世。聚徒讲授，从学者千余人。后历武阳郡昌乐令、忻州铜川令，所治著称。秩满归家，不复出仕，卒于家。尝奉诏著《兴衰要论》七篇，为隋文帝称善。隆父王一，子王度、王通、王凝、王绩、王静，皆有学名。事迹见《全唐文》卷一三五杜淹《文中子世家》、《宋文鉴》卷一四九司马光《文中子补传》。

魏澹为北周纳言中士，及隋文帝受禅，出为行台礼部侍郎。寻以散骑常侍衔出使陈朝，还除太子舍人，颇受太子杨勇礼遇。

按：魏澹生卒年不详，字彦深，巨鹿下曲阳人。博涉经史，善属文，尤长于史学。历仕北齐、北周、隋三朝，累官著作郎、太子学士，年五十六卒。北齐时与魏收等同修《五礼》，撰《御览》，参与国史编修。入隋，奉太子杨勇之令，注《庾信集》，撰《笑苑》、《词林集》，世称其博物。又奉诏著《魏书》，与魏收所著撰《魏书》体例多有不同。另有文集30卷，并行于世。今皆不存。清严可均《全隋文》卷二〇收录其文4篇。事迹见《隋书》卷五八、《北史》卷五六。

元善仕隋，拜内史侍郎。凡有奏疏，词气抑扬，为时人称道。

按：元善系隋初学者，《隋书》卷七五本传谓其"通涉《五经》，尤明《左氏传》"。

张羡致仕在家，隋文帝受禅后，奉召入京，颇受礼遇。

按：张羡为北朝知名学者，为时人所重。北周时累官仪同三司、司成中大夫等职，以年老致仕，至是奉召复起。《隋书》卷四六《张煚传》载隋文帝征羡书曰："朕初临四海，思存政术，旧齿名贤，实怀勤伫。仪同昔在周室，德业有闻，虽云致仕，犹克壮年。即宜入朝，用副虚想。"

荣建绪为北周息州刺史,周亡仕隋,仍守旧职。

  按：荣建绪字号、生卒年不详,北平无终人。性亮直,有学业。与隋文帝有旧,文帝欲行禅代时,私与之谋,不豫。后历始、洪二州刺史,俱有能名。著有《齐纪》30卷,早佚。事迹见《隋书》卷六六、《北史》卷七七。

李谔为北周天官都上士,周亡仕隋,拜比部侍郎,奉诏参与修定新律。

  按：李谔仕隋及参修新律事,分见《隋书》卷六六本传、卷二五《刑法志》。其生平概况,参见开皇四年条按语。

鲍宏为北周少御正、平遥县伯,周亡仕隋,加开府,除利州刺史,进爵为公。

  按：鲍宏生卒年不详,字润身,东海郯人。善诗文。历仕梁、北周,入隋,累官均州刺史。以疾去职,卒于家,年九十六。曾奉北周武帝敕修《皇室谱》3篇,另有集10卷行于世。后皆佚。《旧唐书》卷四七《经籍志下》、《新唐书》卷五九《艺文志三》又著录其撰《小博经》、《博塞经》各1卷,亦已佚。事迹见《隋书》卷六六、《北史》卷七七。

李孝贞为北周上仪同三司,入隋,拜冯翊太守。

  按：李孝贞仕隋为冯翊太守,《隋书》本传谓"开皇初",未详具体年份,姑系于此。孝贞生卒年不详,字元操,赵郡柏人。少好学,能属文。历仕北齐、北周,隋时累迁内史侍郎,与内史李德林参典文翰。出为金州刺史,卒于官。有文集20卷(一说30卷)行于世,已佚。《文苑英华》卷三二九、明梅鼎祚《古乐苑》卷九及卷三六收录其诗3首,梅鼎祚《后周纪文》卷三收录其文1篇。事迹见《隋书》卷五七、《北史》卷三三。

裴政为北周刑部少司,周亡仕隋,转率更令,加位上仪同三司,奉诏与苏威等参定律令。

  按：《隋书》卷六六本传载,裴政预修律令,"采魏、晋刑典,下至齐、梁,沿革轻重,取其折衷。同撰著者十有余人,凡疑滞不通,皆取决于政。"裴政(一作正)生卒年不详,字德表,祖籍河东闻喜,世居寿阳。博闻强记,达于时政,为时人所称。历仕梁、北周,入隋历散骑常侍、左庶子等职,累官襄州总管,年八十九卒。著有《承圣降录》10卷,已佚。《旧唐书》卷四六《经籍志上》著录佚名《梁太清实录》8卷,《新唐书》卷五八《艺文志二》作10卷,清姚振宗《隋书经籍志考证》卷一三以为该书系裴政所撰。清严可均《全隋文》卷一二收录其文4篇。事迹见《隋书》卷六六、《北史》卷七七。

孙万寿仕隋,为王府文学。坐衣冠不整,配防江南。

  按：《隋书》卷七六本传载,孙万寿"博涉子史,善属文"。其配防江南后,为行军总管宇文述招入幕中,令典军书。"万寿本自书生,从容文雅,一旦从军,郁郁不得志。"作五言诗赠京邑知友,为时人吟诵,"天下好事者多书壁而玩之"。后归乡里,十余年不得调。

杨异仕隋,拜宗正少卿,加上开府。

  按：见《隋书》卷四六本传。

王贞有文名,汴州刺史樊叔略引为主簿。

  按：《隋书》卷七六本传述此事于"开皇初",未详具体年份,姑系于此。王贞生卒年不详,字孝逸,梁郡陈留人。少好学,遍览诸子百家,善《毛诗》、《礼记》、《左氏传》、《周易》,尤擅文词。后举秀才,授县尉,托疾去职。炀帝时,齐王杨暕镇江都,闻其名,以书召之。未几复还乡里,终于家。有文集33卷,早佚。明梅鼎祚《隋文纪》

卷七收录其文2篇，清严可均《全隋文》卷二七收录其文1篇。事迹见《隋书》卷七六、《北史》卷八三。

来和为北周仪同、洹水县男，周亡仕隋，进爵为子。

按：来和生卒年不详，字弘顺，京兆长安人。善相术，著有《相经》40卷，已佚。明梅鼎祚《隋文纪》卷六收录其表、书、奏4篇，清严可均《全隋文》卷二三收录其表1篇。事迹见《隋书》卷七八、《北史》卷八九。

临孝恭以天文算术名闻于世，隋文帝甚亲遇之。

按：此为隋文帝年间之事，姑系于文帝即位之年。临孝恭字号、生卒年不详，京兆人。官至上仪同。著述颇丰。《隋书》本传谓其撰《欹器图》3卷、《地动铜仪经》1卷、《九宫五墓》1卷、《遁甲月令》10卷、《元辰经》10卷、《元辰厄》109卷、《百怪书》18卷、《禄命书》20卷、《九宫龟经》110卷、《太一式经》30卷、《孔子马头易卜书》1卷，并行于世。《隋书》卷三四《经籍志三》又著录其撰《风角鸟情》2卷、《遁甲立成法》1卷、《阳遁甲用局法》1卷。诸书后多佚。事迹见《隋书》卷七八、《北史》卷八九。

刘祐以天文历算、阴阳术数闻名于世，颇为隋文帝亲重，拜大都督，封索卢县公。

按：《隋书》卷七八本传述此事于"开皇初"，未详具体年份，姑系于此。刘祐字号、生卒年不详，荥阳人。后与张宾、刘晖、马显定历法，又奉诏撰兵书《金韬》10卷。另著有《阴策》（《隋书》本传谓20卷，同书《经籍志》谓22卷）、《观台飞候》6卷、《玄象要记》5卷、《律历术文》1卷、《婚姻志》3卷、《产乳志》2卷、《式经》4卷、《四时立成法》1卷、《安历志》12卷、《归正易》10卷，并行于世，后多佚。事迹见《隋书》卷七八、《北史》卷八九。

孔颖达年八岁，始就学，日诵千余言。

按：见《旧唐书》卷七三、《新唐书》卷一九八本传。

僧慧远至洛阳，大弘法门，闻风而来者络绎不绝。隋文帝闻其名，敕授洛州沙门都。

按：慧远于北周武帝毁佛时隐居汲郡西山，周宣帝时始出，曾于少林寺讲筵。及隋文帝即位，倡兴佛教，遂赴洛阳。见《续高僧传》卷八本传。

僧昙迁由江南北返，入彭城慕圣寺，讲说《摄大乘论》、《楞伽经》等，由是佛教摄宗论始弘扬于北方。

按：昙迁系佛教摄宗论高僧，北周武帝毁佛时南下避祸，住建康道场寺。闻隋文帝即位后，倡兴佛教，遂北归。见《续高僧传》卷一八本传。

僧彦琮在长安再度出家，讲经弘法，四时不绝，"长安道俗，咸拜其尘"，颇为隋文帝敬重。

按：《续高僧传》卷二本传载，彦琮十岁出家，北周武帝禁佛时，被迫易服，然"外假俗衣，内持法服"，无亏戒行。及隋文帝受禅，重倡佛法，遂再度落发。

僧昙延谒见隋文帝，奏请隆兴佛教，广度僧众。敕授沙门大昭玄都。

按：宋僧志磐《佛祖统纪》卷三九曰："开皇元年，帝初受禅，沙门昙延谒见，劝兴复佛法。乃下诏，周朝废寺咸与修营，境内之人任听出家，仍令户口出钱，建立经像。由是民间佛经，多于六艺之籍。"《续高僧传》卷八《昙延传》曰："延以寺宇未广，教法方隆，奏请度僧，以应千二百五十比丘、五百童子之数。敕遂总度一千余人以副延请，此皇隋释化之开业也。尔后逐多，凡前后别请度者应有四千余僧，周废伽蓝并请兴复。"昙延为大昭玄都事，见宋僧赞宁《大宋僧史略》卷中。

僧宝暹等自西天竺还,是冬抵长安。所赍梵经260部,隋文帝敕付有司翻译。

按:隋费长房《历代三宝纪》卷一二曰:"相州沙门宝暹、道邃、智周、僧威、法宝、僧昙、智照、僧律等十有一人,以齐武平六年相继西游,往返七载,凡得梵经二百六十部。……大隋受禅,佛法即兴,暹等赍经先来应运。开皇元年季冬届止,敕旨付司访人令翻。"《续高僧传》卷二《阇那崛多传》所载略同,又见《佛祖统纪》、《大唐内典录》、《贞元新定释教目录》等。宝暹系隋代高僧。《全唐文》卷二〇一李俨《益州多宝寺道因法师碑文并序》曰:"宝暹法师,东海人也。植艺该洽,尤善大乘。昔在隋朝,英尘久播。学徒来请,接武摩肩。暹公傲尔其间,仰之弥峻。"

僧猛奉敕为隋国大统三藏法师,住长安陟岵寺。

按:《续高僧传》卷二三本传曰:"隋文作相,佛日将明。以猛年德俱重,玄儒凑集,追访至京,令崇法宇。于大象二年,敕住大兴善寺,讲扬《十地》。……寻振为隋国大统、三藏法师,委以佛法,令其弘护。"《佛祖统纪》卷三九曰:"开皇元年……敕僧猛法师住大兴善寺,为隋国大统。"事又载《大宋僧史略》卷中。长安大兴善寺原名陟岵寺,开皇二年改称。

中天竺僧达磨般若奉隋文帝敕,掌佛经翻译事。

按:达磨般若一作优婆塞达磨阇那,生卒年不详,姓瞿昙氏,隋称法智。其先来华,流寓东川,遂接受华俗,世传佛经翻译之业。北齐末,达磨般若为昭玄都。周武帝毁佛时,由僧职转为俗官,授洋州洋川郡守。及隋文帝受禅,奉敕召还,执掌译事。后译成《业报差别经》等。事迹见《续高僧传》卷二《阇那崛多传》附传、《贞元新定释教目录》卷一〇。

道士王延奉隋文帝敕,为长安玄都观主。

按:王延在北周时即有名声,颇为周武帝敬重。入隋,声誉更隆。宋张君房《云笈七签》卷八五"王延"条曰:"周武以沙门邪滥,大革其讹,玄教之中亦令澄汰,而素重于延,仰其道德,又召至京,探其道要,乃诏云台观精选道士八人,与延共弘玄旨;又敕置通道观,令延校三洞经图,缄藏于观内。延作《珠囊》七卷,凡经传疏论八千三十卷,奏贮于通道观藏,由是玄教光兴。……至隋文禅位,置玄通观,以延为观主。"隋文帝重修玄都观事,见本年前文条。

王隆约是年或稍后奉诏撰《兴衰要论》7篇。

按:王隆生平事迹,见本年上文条按语。《全唐文》卷一三五杜淹《文中子世家》曰:"府君讳隆……隋开皇初,以国子博士待诏云龙门。时国家新有揖让之事,方以恭俭定天下。帝从容谓府君曰:'朕何如主也?'府君曰:'陛下聪明神武得之于天,发号施令不尽稽古,虽负尧、舜之姿,终以不学为累。'帝默然,曰:'先生朕之陆贾也,何以教朕?'府君承诏著《兴衰要论》七篇,每奏,帝称善。"知隆撰《兴衰要论》当在本年或稍后,姑系于此。隆子王通《中说》卷一《王道篇》曰:"府君之述曰《兴衰要论》七篇,其言六代之得失明矣。"宋阮逸注云:"六代,晋、宋、后魏、北齐、后周、隋也。"该书早佚。

萧该是年后撰《汉书音义》12卷、《后汉书音义》3卷、《文选音义》3卷(一说10卷)。

按:萧该著诸书在开皇中,具体年份史载不详,姑系于此。《隋书》卷七五本传曰:"开皇初,赐爵山阴县公,拜国子博士。奉诏书与妥正定经史,然各执所见,递相是非，久而不能就，上谴而罢之。该后撰《汉书》及《文选》音义，咸为当时所贵。"同书卷三三《经籍志二》著录："《汉书音义》十二卷，国子博士萧该撰"；"《范汉音》三卷，萧该撰"；"《文选音》三卷，萧该撰。""范汉"即指范晔《后汉书》。该所撰《文选音义》，《旧唐书》卷四六《经籍志上》、《新唐书》卷五八《艺文志二》皆著录为10卷，与《隋志》不同，未详孰是。

魏澹是年后注《庾信集》，撰《笑苑》、《词林集》，又奉诏著《魏书》（一作《后魏书》）。

按：魏澹注、撰诸书在开皇前期，具体年份史载不详，姑系于此。《隋书》卷五八本传曰："除太子舍人，废太子勇深礼遇之，屡加优锡。令注《庾信集》，复撰《笑苑》、《词林集》，世称其博物。"又曰："高祖以魏收所撰书褒贬失实，平绘为《中兴书》事不伦序，诏澹别成《魏史》。澹自道武下及恭帝，为十二纪，七十八传，别为史论及例一卷，并《目录》合九十二卷。"澹书与魏收《魏书》之不同，本传有详述。澹所著《魏书》，《旧唐书》卷四六《经籍志上》、《新唐书》卷五八《艺文志二》皆谓"《后魏书》，一百七卷"，与《隋书》所载卷数不同。因该书早佚，未知孰是。两《唐书》又著录魏澹撰"《魏纪》十二卷"，当系由澹《魏书》中析出，至宋时仅残存1卷。宋王尧臣《崇文总目》卷三《正史类》曰："《后魏纪》一卷，魏澹撰。……世以收史为主，故澹史亡阙，今才《纪》一卷存。"

宇文恺、陆爽等是年稍后撰《东宫典记》70卷。

按：该书早佚。《隋书》卷三三《经籍志二》谓"左庶子宇文恺撰"，然同书卷六八恺本传却未提及。考同书卷五八《陆爽传》，其曰："高祖受禅，转太子内直监。寻迁太子洗马，与左庶子宇文恺等撰《东宫典记》七十卷。"由是可知该书当系开皇初宇文恺与陆爽等人合撰，故《旧唐书》卷四六《经籍志上》著录为"宇文恺等撰"。

杜台卿撰《玉烛宝典》12卷，约是年或稍后奏上。

按：《隋书》卷五八本传曰："开皇初，被征入朝。台卿尝采《月令》，触类而广之，为书名《玉烛宝典》。至是，奏之。"该书今存，以《古逸丛书》影日本钞卷子本最为完整，仅阙卷九。今人崔富章、朱新林撰有《〈古逸丛书〉本〈玉烛宝典〉底本辨析》（载《文献》2009年第3期）。另有日本贞和五年（1349年）影刻旧钞卷子本、清光绪遵义黎氏影印旧钞卷子本，皆仅为1卷。杜台卿生平概况，参见开皇十四年条按语。

僧彦琮与文士陆彦师、薛道衡、刘善经、孙万寿等共撰《内典文会集》。

按：见《续高僧传》卷二《彦琮传》。该书已佚。薛道衡、孙万寿生平概况，分见大业元年、仁寿元年条。陆彦师生卒年不详，字云房，魏郡临漳人。长而好学，解属文。历仕东魏、北齐、北周，入隋拜尚书左丞，转吏部尚书，卒于汾州刺史任。事迹见《隋书》卷七十二本传。刘善经生卒年不详，河间人。博物洽闻，尤善词笔。历仕著作佐郎、太子舍人。著有《酬德传》30卷、《诸刘谱》30卷、《四声指归》1卷，后皆佚。事迹见《隋书》卷七六、《北史》卷八三。

乐逊卒（500— ）。 逊字遵贤，河东猗氏人。北朝经学家。尝师从徐遵明，研习《孝经》、《丧服》、《论语》、《诗》、《书》、《礼》、《易》、《左氏春秋》大义，名闻于世。入仕北周，以经术教授皇室弟子。累拜开府仪同、大将军，以东扬州刺史致仕，卒于家。著有《孝经》、《论语》、《毛诗》、《左氏春秋》序论凡10余篇，另有《春秋序义》，通贾、服说，发杜氏违，辞理并可观。今皆不存。清严可均《全后周文》卷一收录其奏疏1篇。事迹见《周书》卷四

五、《北史》卷八二。

按：《周书》本传曰："逊性柔谨，寡于交游，立身以忠信为本，不自矜尚。每在众言论，未尝为人之先，学者以此称之。"

庾信卒(513—)。信字子山，小字兰成，原籍新野，祖父庾易始徙居江陵。北朝学者、文学家。自幼聪敏，博览群书，精研《春秋左氏传》，又以文章名闻于世。初仕南朝萧梁，累迁东宫学士，领建康令。后奉使西魏，遂留居长安。北周时，颇受礼遇，官至骠骑大将军、开府仪同三司，故世称"庾开府"。后以疾去职，卒于家。有《庾开府集》20卷（一说21卷），已散佚。明人屠隆辑有《庾子山集》16卷，清人倪璠有《庾子山集注》16卷，吴兆宜有《庾开府集笺注》10卷，严可均《全后周文》卷八至一八辑录庾信作品编为11卷。另有今人舒宝璋选注《庾信选集》，杜晓勤编《谢朓、庾信诗选》等。事迹见《周书》卷四一、《北史》卷八三。倪璠撰有《庾子山年谱》，今人徐宝余著有《庾信研究》，叶慕兰著有《庾信年谱新编及其诗歌论析》。

按：庾信文词与徐陵齐名，为当时骈文之典范，人称"徐庾体"。《周书》本传曰："庾信……既有盛才，文并绮艳，故世号为'徐庾体'焉。当时后进竞相模范，每有一文，京都莫不传诵。"又评曰："王褒、庾信奇才秀出，牢笼于一代。……然则子山之文，发源于宋末，盛行于梁季，其体以淫放为本，其词以轻险为宗，故能誇目侈于红紫，荡心逾于郑、卫。昔杨子云有言：'诗人之赋丽以则，词人之赋丽以淫。'若以庾氏方之，斯又词赋之罪人也。"魏澹尝奉太子杨勇之令，为庾信文集作注。事见本年魏澹条。严可均《全后周文》辑录庾信之作品，分别有：赋15篇，表12篇，启15篇，教1篇，文2篇，书1篇，序1篇，诗72首，传1篇，铭文10篇，碑文12篇，墓志铭19篇。

王一卒，生年、字号不详。一，祖籍太原祁县，世居绛州龙门。精于《礼》，曾撰《皇极谠义》9篇，早佚。事迹散见隋王通《中说》、《全唐文》卷一三五杜淹《文中子世家》、唐王绩《王无功文集》卷一《游北山赋序》等。

按：王一世传家学，其四世祖王玄则为南朝宋国子博士，著《时变论》6篇。三世祖王焕在江州，著《五经决录》5篇。祖王虬投奔北魏，历并州刺史等职，著《政大论》8篇。父王彦历同州刺史等职，始居龙门，著《政小论》8篇。子王隆、孙王度亦有名。

颜师古(—645)生；**王度**(—约618)、**孙思邈**(—682)约生。

按：王度生年，史无明载。或谓北周后期，或谓开皇四年。今人孙望《王度考》以为本年，从之。

又按：孙思邈生年，历来说法不一。清刘毓崧《通义堂集》谓梁天监十七年，今人干祖望《孙思邈评传》谓梁大同七年。《旧唐书》卷一九一本传引卢照邻曰："上元元年，辞疾请归……思邈自云开皇辛酉岁生，至今年九十三矣。"开皇年间无辛酉年，"辛酉"恐系"辛丑"之误。《四库全书总目提要》卷一〇三考曰："卢照邻《病梨树赋序》称癸酉岁于长安见思邈，自云开皇辛酉岁生，今年九十二，则思邈生于隋朝。照邻乃思邈之弟子，记其师言必不妄。惟以《隋书》考之，开皇纪号凡二十年，止于庚申，次年辛酉已改元仁寿，与史殊不相符；又由唐高宗咸亨四年癸酉上推九十二年，为开皇二年壬寅，实非辛酉，干支亦不相应。然自癸酉上推九十三年，正得开皇元年辛丑。盖《卢照邻集》传写伪异，以辛丑为辛酉，以九十三为九十二也。史又称思邈卒于永淳元年,年百余岁,自是年上推至开皇辛丑,正一百二年,数亦相合。则生于后周隐居不仕之说,为史误审矣。"今从《四库全书总目提要》之说。

隋开皇二年　陈太建十四年　壬寅　582年

拜占庭帝提比略二世卒,查士丁尼王朝终。莫里斯继位。

阿瓦尔人攻拜占庭,取西尔米乌姆(今塞尔维亚境内)。

正月甲戌,隋文帝诏举贤良。

按:见《隋书》卷一《高祖纪上》。

是月,南朝陈宣帝陈顼卒,太子陈叔宝继位,是为陈后主。陈请和于隋。

按:见《陈书》卷六《后主纪》、《隋书》卷一《高祖纪》。

六月丙申,隋文帝诏建新都于龙首山。

按:隋文帝嫌长安城制度狭小,宫内又多妖异,纳言苏威等奏请更造新都,遂有此诏。龙首山在渭水之滨,邻近长安。至十二月丙子,命新都曰大兴城。事见《隋书》卷一《高祖纪》、《资治通鉴》卷一七五。

十二月丙戌,隋文帝赐国子生经明者束帛。

按:见《隋书》卷一《高祖纪上》。

是年,隋改长安陟岵寺为大兴善寺,于寺置译场,召僧人翻译佛经。

按:北周武帝废佛,佛学经典多遭焚毁。隋文帝即位后,倡兴佛学,征集佛经,组织高僧进行整理、抄录和翻译。事见《续高僧传》卷二《阇那崛多传》。

高颎为隋左领军大将军,奉命节度诸路军南下攻陈。会陈宣帝卒,以礼不伐丧,奏请班师。隋文帝从之。

按:见《隋书》卷四一本传。

颜之推上言乐事,谓太常雅乐不合古制,请用梁乐。隋文帝不从。

按:《隋书》卷一四《音乐志》载颜之推奏曰:"礼崩乐坏,其来自久。今太常雅乐并用胡声,请冯梁国旧事,考寻古典。"隋文帝不从,曰:"梁乐亡国之音,奈何遣我用邪?"

庾季才为隋通直散骑常侍,以精通天象、地舆,力赞建新都之事,由是进爵为公。

按:《隋书》卷七八本传载,隋文帝欲迁都,"夜与高颎、苏威二人定议"。及旦,庾季才奏请建新都。文帝叹曰:"是何神也!"遂下诏施行。文帝诏建新都事,见本年六月条。

北天竺僧那连提黎耶舍奉隋文帝召,七月由弟子道密等侍送至长安,住大兴善寺。是冬,草创译场,翻译佛经。

按:《续高僧传》卷二《那连提黎耶舍传》载,那连提黎耶舍创大兴善寺译场,颇为隋文帝重视,敕令沙门昙延等三十余人对翻。"上礼问殷繁,供奉隆渥"。后译经凡15部,80余卷。参见开皇五年条。

何之元潜心撰《梁典》30 卷。

按：《梁典》系南朝萧梁断代史。《陈书》卷三四《何之元传》曰："及叔陵诛，之元乃屏绝人事，锐精著述。以为梁氏肇自武皇，终于敬帝，其兴亡之运，盛衰之迹，足以垂鉴戒，定褒贬。究其始终，起齐永元元年，迄于王琳遇获，七十五年行事，草创为三十卷，号曰《梁典》。"本传载有之元所作《序》，从中可窥该书之基本思路和特点。该书后佚。

庾季才奉诏与子庾质撰《垂象志》142 卷（一作 148 卷）、《地形志》87 卷（一作 80 卷）。

按：《隋书》卷七八本传载隋文帝谓庾季才曰："天地秘奥，推测多途，执见不同，或致差舛。朕不欲外人干预此事，故使公父子共为之也。"及书成，奏上，赏赐甚厚。《垂象志》，《隋书》本传作"一百四十二卷"，同书卷三四《经籍志三》著录"一百四十八卷"；《地形志》，《隋书》本传作"八十七卷"，同书《经籍志三》前后著录两次，一作"八十七卷"，一作"八十卷"。未详孰是。两书新、旧《唐书》皆未著录，或唐时已不传。

中天竺僧达磨般若在长安译佛经，三月译成《业报差别经》1 卷。

按：达磨般若一作优婆塞达磨阇那，隋称法智。其奉隋文帝之召至长安事，见开皇元年条。《续高僧传》卷二曰："法智妙善方言，执本自传，不劳度语。译《业报差别经》等，成都沙门释智铉笔受，文词铨序，义体日严。寺沙门彦琮制序。"唐僧圆照《贞元新定释教目录》卷一〇著录："《业报差别经》一卷，开皇二年三月译。"

阳休之卒（509— ）。休之字子烈，右北平无终人。北朝学者。少勤学，弱冠有声誉。历仕魏、北齐、北周，累拜上开府、和州刺史。隋开皇初去职，卒于洛阳。撰有《幽州古今人物志》30 卷（一说 13 卷）、《韵略》1 卷、《辨嫌音》2 卷，另有集 30 卷（一说 40 卷）。后皆佚。清严可均《全隋文》卷九收录其文 1 篇。事迹见《北齐书》卷四二、《北史》卷四七。

按：阳休之所撰《幽州古今人物志》，《北齐书》、《北史》本传皆未明言卷数，《新唐书》卷五八《艺文志二》谓 30 卷，《旧唐书》卷四六《经籍志上》谓 13 卷；休之文集，《北齐书》本传及《新唐书》卷六〇《艺文志四》皆谓 30 卷，《北史》本传谓 40 卷。未详孰是。《韵略》、《辨嫌音》两书，见录于《新唐书》卷五七《艺文志一》。

阿加提阿斯卒（约 536— ）。拜占庭诗人。著有短篇情诗《桂咏集》等。

隋开皇三年　陈后主至德元年　癸卯　583 年

二月癸酉，南朝陈遣使聘于隋。

按：见《隋书》卷一《高祖纪》。

三月丙辰，隋文帝迁居新都大兴城。于新都大造道观，度道士。

按：《隋书》卷二四《食货志》谓文帝于正月迁居新都，与同书卷一《高祖纪》所载不同。今从《高祖纪》。《全唐文》卷九三三杜光庭《历代崇道记》曰："隋高祖文皇帝

日本苏我马子筑佛殿。

拜占庭贿法兰克人，借兵合击伦巴德人。

西哥特人取拜占庭之塞维利亚。

迁都于龙首原，号'大兴城'。乃于都下畿内造观三十六所，名曰元坛，度道士二千人。"

丁巳，隋文帝诏购求遗书于天下。

按：文帝是诏，系从牛弘奏请。参见本年下文牛弘条。事载《隋书》卷一《高祖纪》、卷三二《经籍志一》、卷四九《牛弘传》。

四月丙戌，隋文帝诏天下劝学行礼。

按：《隋书》卷四七载，潞州刺史柳昂"见天下无事，可以劝学行礼"，乃上表文帝，以为"帝王受命，建学制礼，故能移既往之风，成惟新之俗"，"世若行礼劝学，道教相催，必当靡然向风，不远而就。家知礼节，人识义方，比屋可封，辄谓非远"。文帝"览而善之"，因下诏曰："建国重道，莫先于学；尊主庇民，莫先于礼。……古人之学，且耕且养。今者民丁非役之日，农亩时候之余，若敦以学业，劝以经礼，自可家慕大道，人希至德。岂止知礼节，识廉耻，父慈子孝，兄恭弟顺者乎！始自京师，爰及州郡，宜祗朕意，劝学行礼。"于是，"天下州县皆置博士习礼焉"。魏晋以来一度相对低落的儒学走向复兴，隋朝始确立起三教并用之基本国策。

是月，隋改度支尚书为民部，都官尚书为刑部，废光禄、卫尉、鸿胪寺及都水台。以左仆射判吏、礼、兵三部事，右仆射判民、刑、工三部事。

按：见《资治通鉴》卷一七五。

十一月己酉，隋文帝遣使巡省各地风俗，考察人才。

按：《隋书》卷一《高祖纪》载文帝诏曰："朕君临区宇，深思治术，欲使生人从化，以德代刑，求草莱之善，旌闾里之行，民间情伪，咸欲备闻。已诏使人所在赈恤，扬镳分路，将遍四海，必令为朕耳目。如有文武才用，未为时知，宜以礼发遣，朕将铨擢。其有志节高妙，越等超伦，亦仰使人就加旌异，令一行一善，奖劝于人。远近官司，遐迩风俗，巨细必纪，还日奏闻。庶使不出户庭，坐知万里。"

甲午，隋悉罢天下诸郡为州。

按：见《隋书》卷一《高祖纪上》、《资治通鉴》卷一七五。

是年，隋文帝诏尽复北周所废寺院，佛教聿盛。

按：隋文帝即位后，大兴佛教，参见开皇元年闰三月条。唐释法琳《辩正论》卷三载本年隋文帝诏，有"周朝所废之寺，咸可修复"云云。唐释道世《法苑珠林》卷一二曰："隋高祖文皇帝开皇三年，周朝废寺咸乃与立之，名山之下各为立寺，一百余州立舍利塔。度僧尼二十三万人，立寺三千七百九十二所，写经四十六藏、一十三万二千八十六卷，修故经三千八百五十三部，造像十万六千五百八十躯。自余别造，不可具知之。"隋炀帝时，又"修故经六百一十二藏、二万九千一百七十二部，治故像十万一千躯，造新像三千八百五十区，度僧六千二百人"。终隋一代，"寺有三千九百八十五所，度僧尼二十三万六千二百人，译经八十二部"。事又见隋费长房《历代三宝纪》卷一二、唐释道宣《释迦方志》卷下。

隋文帝召集儒、佛、道三教学者，讨论"老子化胡"事。

按：《续高僧传》卷二《彦琮传》曰："开皇三年，隋高祖幸道坛，见画老子化胡像，大生怪异。敕集诸沙门、道士，共论其本；又敕朝秀、苏威、杨素、何妥、张宾等有参玄理者，详计奏闻。"时僧彦琮撰《辩教论》，以驳"老子化胡"说之妖妄。参见本年下文条。

隋文帝诏禁天下正月十五游灯观戏。

按：《隋书》卷六二《柳彧传》载，隋文帝是诏，系从治书侍御史柳彧奏请。《资治通鉴》卷一七五系此事于本年,从之。

苏威为隋刑部尚书,奉敕与牛弘等更定新律,去繁就简,唯留存五百条,是为《开皇律》。

按:隋之律法,初颁于开皇元年,事见该年十月条。至是,重加修订。《资治通鉴》卷一七五曰:"帝览刑部奏,断狱数犹至万,以为律尚严密,故人多陷罪。又敕苏威、牛弘等更定新律,除死罪八十一条,流罪一百五十四条,徒、杖等千余条,唯定留五百条,凡十二卷。自是刑网简要,疎而不失。"《隋书》卷四一《苏威传》曰:"隋承战争之后,宪章踳驳,上令朝臣厘改旧法,为一代通典。律令格式,多威所定,世以为能。"《开皇律》对后世影响颇大,《唐律》即以此为底本编撰。隋炀帝时,该律为《大业律》取代,事见大业三年牛弘条。

牛弘为隋散骑常侍、秘书监。三月,以典籍遗逸,上表请开献书之路。寻拜礼部尚书,奏请依古制修立明堂。

按:《隋书》卷四九本传载弘上表曰:"经籍所兴,由来尚矣。……后魏爰自幽方,迁宅伊、洛,日不暇给,经籍阙如。周氏创基关右,戎车未息。保定之始,书止八千。后加收集,方盈万卷。高氏据有山东,初亦采访,验其本目,残缺犹多。及东夏初平,获其经史,四部重杂三万余卷,所益旧书五千而已。今御书单本合一万五千余卷,部帙之间,仍有残缺。比梁之旧目,止有其半。至于阴阳河洛之篇,医方图谱之说,弥复为少。臣以经书自仲尼已后,迄于当今,年逾千载,数遭五厄,兴集之期,属膺圣世。……今秘藏见书,亦足披览,但一时载籍须令大备,不可王府所无,私家乃有。然士民殷杂,求访难知,纵有知者,多怀吝惜,必须勒之以天威,引之以微利。若猥发明诏,兼开购赏,则异典必臻,观阁所积,重道之风,超于前世,不亦善乎!"文帝从之,"一二年间,篇籍稍备"。同书卷三二《经籍志一》亦载:"开皇三年,秘书监牛弘表请分遣使人搜访异本,每书一卷,赏绢一匹,校写既定,本即归主。于是民间异书,往往间出。……于是总集编次,存为古本,召天下工书之士京兆韦霈、南阳杜頵等于秘书内补续残缺,为正、副二本,藏于宫中,其余以实秘书内、外之阁,凡三万余卷。"牛弘又上议明堂之制,纵论历代沿革。《隋书》本传载弘奏曰:"明堂者,所以通神灵,感天地,出教化,崇有德。……帝王作事,必师古昔。今造明堂,须以《礼经》为本,形制依于周法,度数取于《月令》,遗阙之处,参以余书,庶使该详沿革之理"。奏上,文帝"以时事草创,未遑制作",不从。

刘炫为隋殿内将军,以牛弘奏请购求天下遗书,遂伪造书百余卷,题名《连山易》、《鲁史记》等,录上送官。为人检举,"经赦免死,坐除名"。遂归于家,以教授为务。

按:见《隋书》卷七五本传。

辛德源仕隋,为牛弘奏荐,与著作郎王劭同修国史。

按:《隋书》卷五八本传载,辛德源于北周末年遇乱亡匿,及隋文帝受禅,久不得调,"隐于林虑山,郁郁不得志,著《幽居赋》以自寄"。因与武阳太守卢思道交往,为魏州刺史崔彦武奏劾,"由是谪令从军讨南宁,岁余而还"。卢思道于开皇初去职,则辛德源赴南宁岁余而还,为牛弘奏荐,当在本年前后,姑系于此。辛德源生卒年不详,字孝基,陇西狄道人。少沉静好学,博览群书,通《六经》,有文藻,为时人所称。历仕北齐、北周,入隋,官至蜀王谘议参军。著有《集注春秋三传》30卷,注扬子《法言》23卷,《政训》、《内训》各20卷,另有集20卷。后皆佚。严可均《全隋文》卷二〇收录其赞 2 篇。事迹见《隋书》卷五八、《北史》卷五〇。

辛彦之为隋礼部尚书,奉敕与秘书监牛弘等修撰新礼。时有吴兴硕儒沈重名于世,与彦之辩论,深为叹服。

按:《隋书》卷七五本传曰:"吴兴沈重,名为硕学。高祖尝令彦之与重论议,重不能抗,于是避席而谢曰:'辛君所谓金城汤池,无攻之势。'高祖大悦。"辛彦之以儒学名世,然又崇信佛道。后出为潞州刺史,于城内立浮图二所,高二层。从中亦可见当时儒士之特点。

姚最为隋太子门大夫,丁父忧去职。

按:《周书》卷四七本传载,姚最守丧期满,袭爵北绛郡公,仍守旧职。

杨尚希为隋河南道行台兵部尚书,以天下州郡过多,上表请裁并。隋文帝从之。寻拜瀛州刺史,未之官,奉诏巡省淮南。

按:见《隋书》卷四六本传。

僧彦琮在长安,与儒、道学者讨论"老子化胡"事,又奉敕翻译新到之西域佛经。

按:是年隋文帝召集儒、佛、道三教学者讨论"老子化胡"事,参见本年上文条。《续高僧传》卷二《彦琮传》曰:"时琮预在此筵,当掌言务,试举大纲,未及指斅,道士自伏陈其矫诈。"又曰:"其年,西域经至,即敕翻译。"

僧昙崇在长安,颇为隋文帝敬重。时唐公李渊以长安宅施之,文帝制曰清禅寺。

按:《续高僧传》卷一七本传曰:"文帝礼接,自称师儿;献后延德,又称师女。及在于本寺,则敕令载驰,问以起居,无晨不至。"李渊施宅事,见宋僧志磐《佛祖统纪》卷三九。北宋宋敏求《长安志》卷九曰:"南门之东清禅寺,隋开皇三年文帝为沙门昙崇所立。"

僧信行在相州光严寺,倡行三阶教,发愿为皇帝、诸师父母和一切众生施舍身命财物,建立礼佛、转经、众僧、众生、离恶、头陀、饮食、食器、衣服、房舍、床坐、灯烛、钟呗、香、柴炭、洗浴十六种无尽藏行。

按:信行系隋唐佛教三阶教始祖,是年前后始积极倡导无尽藏布施思想。见《续高僧传》卷一六本传、《信行遗文》。

僧灌顶从智𫖮法师出居光宅寺,研习佛教经论。

按:灌顶系佛教天台宗高僧。事见《续高僧传》卷一九本传。

僧明赡奉敕住长安大兴善寺,为知寺,参与佛经翻译。

按:《续高僧传》卷二四本传载,明赡于北周武帝毁佛时隐匿东郡,及隋初兴佛,出住相州法藏寺。至是移住长安大兴善寺,"众观德望可宗,举知寺任,辞而不免,便纲管之"。

僧灵干入住洛州净土寺,释讲《华严经》。

按:《续高僧传》卷一二本传载,北周武帝毁佛时,灵干"居家奉戒,仪体无失"。隋文帝重倡佛教,"官给衣钵,少林置馆,虽蒙厚供,而形同俗侣"。至是,灵干移住净土寺,遂设坛弘法。

陆德明撰《经典释文》30卷。

按:该书今存,有宋刊本,清徐乾学《通志堂经解》本、卢文弨《抱经堂丛书》本等。其序曰:"粤以癸卯之岁,承乏上庠。循省旧音,苦其太简。况微言久绝,大义愈乖。攻乎异端,竞生穿凿。不在其位,不谋其政,既职司其忧,宁可视成而已。遂因暇景,救其不逮。研精六籍,采摭九流,搜访异同,校之《苍》、《雅》,辄撰集五典《孝经》、《论语》及《老》、《庄》、《尔雅》等音,合为三袟,三十卷,号曰《经典释文》。"《四库全书总目提要》卷三三评该书曰:"所采汉魏六朝音切凡二百三十余家,又兼载诸儒之训诂,证各本之异同。后来得以考见古义者,注疏之外,惟赖此书之存。真所谓残膏剩馥,沾溉无穷者也。"今人孙玉成《经典释文成书年代新考》以为该书非成于入隋之前;吴承仕《经典释文疏证》、王利器《经典释文考》则以为当在本年。此从后者之说。另,清卢文弨撰有《经典释文考证》。

僧彦琮著《辩教论》,斥道教《老子化胡经》之妖妄。

按:《老子化胡经》相传为东晋道士王浮所作,用以证明道教高于佛教。此经既出,佛、道两教争论甚为激烈。隋文帝欲调和之,遂有召集儒、佛、道三教学者讨论"老子化胡"之举,事见本年上文条。彦琮亦参预此次讨论。《续高僧传》卷二《彦琮传》曰:"时琮预在此筵……因作《辩教论》,明道教妖妄者。有二十五条,词理援据,宰辅褒赏。"彦琮作《辩教论》,亦见是时佛、道二教矛盾与冲突。

北天竺僧那连提黎耶舍于长安大兴善寺译经,是年译成《牢固女经》1卷、《百佛名经》1卷、《大庄严法门经》2卷、《德护长者经》2卷。

按:见《历代三宝纪》卷三。

姚僧垣卒(499—)。僧垣字法卫,吴兴武康人。姚最之父。北朝医学家。少好文史,商略古今,为学者所称。初仕后梁,为王府谘议。后北上仕周,累迁上开府仪同、大将军。入隋,进爵北绛郡公。著有《集验方》12卷(一作10卷)、《行记》3卷,行于世。事迹见《周书》卷四七、《北史》卷九○。

按:《北史》本传曰:"僧垣医术高妙,为当时所推。前后效验,不可胜纪。声誉既盛,远闻边服,至于诸蕃外域,咸请托之。"其所撰《集验方》,《周书》本传作"十二卷",《隋书》卷三四《经籍志三》、《旧唐书》卷四七《经籍志下》、《新唐书》卷五九《艺文志三》皆作"十卷"。该书已佚,未详孰是。

沈重卒(500—)。重字子厚,吴兴武康人。北朝名儒。少好学,博览群书,尤专心儒学,精研《诗》、《左氏春秋》等。仕后梁,累迁都官尚书。受北周武帝召至长安,讨论《五经》,校定钟律,又讲论三教之义,朝士、儒生、道士至者二千余人,为诸儒推崇。授骠骑大将军、开府仪同三司、露门博士,为皇太子讲《论语》。复归后梁,拜散骑常侍、太常卿。大象二年,再至长安。卒赠使持节、上开府仪同三司、许州刺史。著述丰赡,有《周礼义》31卷、《仪礼义》35卷、《礼记义》30卷、《毛诗义》28卷、《丧服经义》5卷、《周礼音》1卷、《仪礼音》1卷、《礼记音》2卷、《毛诗音》2卷(一作1卷)等。后皆佚。严可均《全梁文》卷六八收录其奏议1篇。事迹见《周书》卷四五、《北史》卷八二。

按:《周书》本传曰:"重学业该博,为当世儒宗。至于阴阳图纬、道经释典,靡不毕综。又多所撰述,咸得其指要。"

张羡卒(500—)。羡字号不详,河间鄚人。张煚之父。北朝学者。

卡西奥多鲁斯卒(约485—)。罗马历史学家、政治家和僧侣。著有《宗教文献和世俗文献指南》。

少好学,博涉群书。仕魏累迁银青光禄大夫,北周时历从事中郎、司职大夫、雍州治中、雍州刺史、仪同三司,赐爵虞乡县公。复入为司成中大夫,典国史,甚为当时所重。以年老致仕归家。隋文帝即位,奉召入京,礼遇甚隆。卒赠沧州刺史,谥曰"定"。释《老子》、《庄子》义,著为《道言》52篇。事迹见《隋书》卷四六。

按:张美卒年,史未明载。考《隋书》卷四六《张熲传》,美奉隋文帝召入京,"会迁都龙首","俄而卒,时年八十四"。隋文帝迁都在本年三月,知美卒当在此月后不久。

令狐德棻(—666)生。

隋开皇四年　陈至德二年　甲辰　584年

拜占庭与阿瓦尔人媾和。

斯拉夫人攻拜占庭之塞萨洛尼卡。

正月壬申,后梁帝萧岿朝于隋。

按:见《隋书》卷一《高祖纪》。

壬辰,隋诏颁新历。

按:隋文帝此次所颁历法,系张宾奉诏撰制。《隋书》卷一七《律历志中》曰:"开皇四年,乃改用张宾历。"颁历时间,《律历志》谓二月,同书卷一《高祖纪上》谓正月。今从《高祖纪》。张宾撰历事,参见本年下文条。

四月己亥,隋文帝敕:"总管、刺史父母及子年十五已上,不得将之官。"

按:见《隋书》卷一《高祖纪上》。

六月壬子,隋诏开广通渠,自大兴城至潼关,以通漕运。

按:见《隋书》卷一《高祖纪上》、《资治通鉴》卷一七六。

七月丙寅,陈遣使聘于隋。

按:见《隋书》卷一《高祖纪上》。

八月甲午,隋遣十使巡省天下。

按:见《隋书》卷一《高祖纪上》。

九月,隋文帝普诏天下,"公私文翰,并宜实录"。

按:时文风浮华,体尚轻薄。文帝欲革此弊,故下此诏。事见《隋书》卷六六《李谔传》,《资治通鉴》卷一七六系此事于本月。

是年,隋文帝颁敕天下,凡北周已入官而未毁之佛像等,再行安置;又重建长安大兴善寺,广召高僧入住,翻译佛经,大事讲论。

按:大兴善寺初由陟岵寺改称,事见开皇二年。唐释法琳《辩正论》卷三《十代奉佛上篇》载,开皇四年,"京师造大兴善寺,大启灵塔,广置天宫。……召六大德及四海名僧,常有三百许人,四事供养"。召六大德入住大兴善寺事,见开皇七年。终隋一代,该寺一直是佛学研究和佛经翻译之重要中心。

苏威为隋刑部尚书，十二月转民部尚书。

按：见《隋书》卷一《高祖纪上》、卷四一《苏威传》。

杨素为隋上柱国，是年拜御史大夫，寻坐事免。

按：见《隋书》卷四八本传。

卢思道、薛道衡、颜之推、魏澹、刘臻、李若、萧该、辛德源等聚会陆爽家，议论音韵。

按：此会在卢思道复出之后，薛道衡使陈之前。参见今人曹道衡《从〈切韵序〉推论隋代文人的几个问题》（载《文史》第三十五辑）、黄典诚《切韵综合研究》（厦门大学出版社1994年版）。后陆爽子陆法言据以撰《切韵》，事见仁寿二年条。

薛道衡为隋内史舍人，十一月以兼散骑常侍衔，奉使陈朝。

按：见《隋书》卷一《高祖纪上》。

杨尚希奉隋文帝敕巡省淮南还，四月拜兵部尚书。

按：见《隋书》卷一《高祖纪上》、卷四六《杨尚希传》。

李谔为隋治书侍御史，以文风浮华，上书请革此弊。文帝从之。

按：《隋书》卷六六本传载，谔"以属文之家，体尚轻薄，递相师效，流宕忘反"，上书曰："臣闻古先哲王之化民也，必变其视听，防其嗜欲，塞其邪放之心，示以淳和之路。五教、六行，为训民之本；《诗》、《书》、《礼》、《易》，为道义之门。故能家复孝慈，人知礼让。……降及后代，风教渐落。魏之三祖，更尚文词，忽君人之大道，好雕虫之小艺。下之从上，有同影响，竞骋文华，遂成风俗。江左齐、梁，其弊弥甚，贵贱贤愚，唯务吟咏。遂复遗理存异，寻虚逐微，竞一韵之奇，争一字之巧。连篇累牍，不出月露之形；积案盈箱，唯是风云之状。世俗以此相高，朝廷据兹擢士。禄利之路既开，爱尚之情愈笃。于是闾里童昏，贵游总卝，未窥六甲，先制五言。至如羲皇、舜、禹之典，伊、傅、周、孔之说，不复关心，何尝入耳。以傲诞为清虚，以缘情为勋绩；指儒素为古拙，用词赋为君子。故文笔日繁，其政日乱，良由弃大圣之轨模，构无用以为用也。……请勒诸司，普加搜访，有如此者，具状送台。"时李谔多次上书，力言各种风俗之弊。"见礼教凋敝，公卿薨亡，其爱妾侍婢，子孙辄嫁卖之，遂成风俗"，奏请禁止；又"以当官者好自矜伐"，奏请"明加罪黜，以惩风轨"。隋文帝将谔"前后所奏颁示天下，四海靡然向风，深革其弊"。事又见《资治通鉴》卷一七六。

又按：李谔生卒年不详，字士恢，赵郡人。好学，解属文。性公方，明达世务，为时论所推。历仕北齐、北周、隋三朝，卒于通州刺史任。《文苑英华》卷六七九、六八八分别收录其《上隋祖革文华书》、《论妓妾改嫁书》；清严可均《全隋文》卷二〇收录其上书4篇。事迹见《隋书》卷六六、《北史》卷七七。

僧彦琮从隋文帝东巡，北上并州，应邀为晋王杨广讲经。

按：《续高僧传》卷二本传曰："从驾东巡，寻途并部。时炀帝在蕃任总河北，承风请谒，延入高第。亲论往还，允惬悬伫。即令住内堂，讲《金光明》、《胜鬘》、《般若》等经。又奉别教，撰修文疏。契旨卓陈，足为称首。"考《隋书》卷一《高祖纪上》，晋王杨广于开皇二年出为河北道行台尚书令，就蕃并州。本年九月，隋文帝"驾幸洛阳"。彦琮赴并州为杨广讲经，当在此次随驾东巡期间。

僧灵藏与隋文帝有布衣之交，奉敕为大兴善寺主持，寻署昭玄都。颇为文帝敬重，称其为"道人天子"，听度人至数万。

按：宋释志磐《佛祖统纪》卷三九载："灵藏律师始与帝为布衣交。及即位，建大兴善寺以居之，敕左右仆射两旦参问起居。尝陪驾洛州，归之者众。帝手敕曰：'弟子是俗人天子,律师是道人天子。有欲离俗者,任师度之。'由是度人至数万。有疑之者,帝曰:'律师化人为善,朕禁人为恶,意则一也。'"

僧昙延奉敕住延兴寺,与天竺僧那连提黎耶舍等翻译佛经。

按:延兴寺原名延众寺,隋文帝特为昙延下敕改名。事见《续高僧传》卷八《昙延传》。

牛弘撰《开皇四年四部目录》(一作《开皇四年书目》)4卷成。

按:初,牛弘奏请征求天下遗书,隋文帝从之。参见开皇三年条。至是,书稍集,遂编次目录。《隋书》卷三三《经籍志二》著录佚名《开皇四年四部书目》4卷,《旧唐书》卷四六《经籍志上》、《新唐书》卷五八《艺文志二》皆著录牛弘撰《开皇四年书目》4卷。《隋书》与两《唐书》所录,应为同一书。《隋书·经籍志》又著录《开皇八年四部书目录》4卷,当系于牛弘所撰书目基础上重加编次。

又按:四部书目之编纂始于魏晋,后世迭相承袭。《隋书》卷三二《经籍志一》曰:"魏氏代汉,采掇遗亡,藏在秘书、中、外三阁。魏秘书郎郑默始制《中经》,秘书监荀勖又因《中经》更著《新簿》,分为四部,总括群书。一曰甲部,纪六艺及小学等书;二曰乙部,有古诸子家、近世子家、兵书、兵家、术数;三曰丙部,有史记、旧事、皇览簿、杂事;四曰丁部,有诗赋、图赞、汲冢书。大凡四部,合二万九千九百四十五卷。……东晋之初,渐更鸠聚。著作郎李充以勖旧簿校之,其见存者但有三千十四卷。充遂总没众篇之名,但以甲乙为次。自尔因循,无所变革。……宋元嘉八年,秘书监谢灵运造《四部目录》,大凡六万四千五百八十二卷。元徽元年,秘书丞王俭又造《目录》,大凡一万五千七百四卷。……齐永明中,秘书丞王亮监、谢朏又造《四部书》,大凡一万八千一十卷。……梁有秘书监任昉、殷钧《四部目录》,又《文德殿目录》。其术数之书,更为一部。"

张宾奉隋文帝诏,撰《开皇甲子历》1卷成,奏上。

按:《隋书》卷一七《律历志中》载,张宾奉诏修历,本年二月,"撰成,奏上"。又曰:"开皇四年,乃改用张宾历。"同书卷三四《经籍志三》录有《开皇甲子元历》1卷,未著撰者,应即系张宾所撰。张宾生卒、字号、籍贯不详,道士,精研历法。开皇初颇为隋文帝亲重,授华州刺史。所撰除《开皇甲子历》外,尚有《历术》1卷、《曜历经》4卷。事迹散见《隋书》卷一七、卷三八、卷七八相关志、传。

僧志念撰《迦延杂心论疏》、《广钞》各9卷。

按:《续高僧传》卷一一本传曰:"开皇四年……撰《迦延杂心论疏》及《广钞》各九卷,盛行于世。受学者数百人,如汲郡洪该、赵郡法懿、漳滨怀正、襄国道深、魏郡慧休、河间圆粲、俊仪善住、汝南慧凝、高城道照、洛寿明儒、海岱圆常、上谷慧藏,并兰菊齐芳,踵武传业,关河济洽二十余年。"

北天竺僧那连提黎耶舍于长安大兴善寺译经,是年译成《莲华面经》2卷、《大云轮谈两经》2卷、《力庄严三昧经》3卷。

按:见《历代三宝纪》卷三。

萧圆肃卒(539—)。圆肃字恭明,兰陵人,南朝梁武帝萧衍之孙,武陵王萧纪之子。风度淹雅,敏而好学。萧纪称帝,封宜都郡王。以兵败,降于西魏,授骠骑大将军,开府仪同三司、侍中,封安化县公。北周时进封棘城郡公,位至大将军。入隋,授贝州刺史。以母老请归,卒于家。撰有

《文海》40卷、《广堪》10卷、《淮海乱离志》4卷、文集10卷，皆行于当世。事迹见《周书》卷四二、《北史》卷二九。

王通（ —617）约生。

按：王通之生年，历有不同说法。《全唐文》卷一三五杜淹《文中子世家》曰："开皇四年，文中子始生。"文中子即王通。文中又曰："开皇九年，江东平……文中子侍侧，十岁矣，有忧色。"以此推，则通当生于北周大象元年。宋阮逸《元经》大业十三年注，谓通卒时"三十八岁"，即采此说。清傅山《霜红龛集》卷二七《历代名臣像赞》于此两说反复权衡，终不能判定。又，清钞本王绩《王无功集》卷一《游北山赋》自注曰："吾兄通，字仲淹……以大业十三年卒于乡馆，时年四十二。"以此推，通生于周武帝建德六年。然王绩《游北山赋》，诸本载录内容不一。《文苑英华》卷九七《游北山赋》自注曰："吾兄仲淹以大业十三年卒于乡，余时年三十三。"以王绩大业十三年33岁计，当生于开皇五年，则其兄通生年应在此前。今人尹协理、魏明《王通论》据此以为通生于大象二年，然亦未能明确肯定。今从《世家》开皇四年之说。

隋开皇五年　陈至德三年　乙巳　585年

正月戊辰，隋文帝诏行新礼。

按：见《隋书》卷一《高祖纪上》。隋文帝所颁新礼，即牛弘等奉敕所撰《五礼》。参见本年牛弘条。

四月甲午，契丹遣使贡方物于隋。

按：见《隋书》卷一《高祖纪上》。

五月甲申，隋大索貌阅户口，又作输籍法，遍下诸州。

按：《资治通鉴》卷一七六载，隋承周制，男女十岁以下为小，六十以上为老。时民间多妄称老、小以免赋税，致户口不实，租调流失严重。文帝遂命各州县重检户口，凡隐匿不实者，里正、党长远配；大功以下，皆予析籍。尚书左仆射高颎又请为输籍法，文帝从之。

七月庚申，陈遣使聘于隋。

按：见《隋书》卷一《高祖纪上》。

是年，隋文帝于大兴殿受菩萨戒，大赦天下，敕是后每月延请经师、大德入内讲经。

按：唐释法琳《辩正论》卷三引文帝敕曰："朕是人尊，受佛付嘱。自今以后，迄朕一世，每月常请二七僧随番上下，经师四人，大德三人，于大兴善殿读一切经，虽目览万机，而耳飡法味，每夜行道。"

杨素尝数次向隋文帝进平陈之计，是年十月，拜信州总管。

按：见《隋书》卷四八本传、卷一《高祖纪上》。

日本物部氏禁佛。敏达卒，用明继位。

法兰克王国马孔宗教会议召开。严令教民一律缴纳什一税。

西哥特人灭苏维汇王国。

刘焯与杨素、牛弘、苏威、元善、萧该、何妥、房晖远、崔宗德、崔赜等于国子学共论儒经古今滞义及前贤所不通者。焯每升座，论难锋起，皆不能屈，众人服其精博。

按：《隋书》卷七五本传载，刘焯因假还信都乡里，至是复回京入朝。

王頍仕隋，是年为著作佐郎，奉令于国子学讲授。会隋文帝亲临释奠，国子祭酒元善讲《孝经》，頍与善相论难，词义锋起，由是超拜国子博士。

按：王頍博学多才，为时人所称。《隋书》卷七六本传谓其精研《五经》，"究其旨趣，大为儒者所称"；又"好读诸子，偏记异书，当代称为博物"。

马光、张仲让、孔笼、窦士荣、张黑奴、刘祖仁等皆有学名，四月，应隋文帝征召，并授太学博士，时人号为"六儒"。

按：《隋书》卷一《高祖纪上》载，是年四月乙巳，"诏征山东马荣伯等六儒"。同书卷七五《马光传》曰："开皇初，高祖征山东义学之士，光与张仲让、孔笼、窦士荣、张黑奴、刘祖仁等俱至，并授太学博士，时人号为'六儒'。然皆鄙野，无仪范，朝廷不之贵也。士荣寻病死。仲让未几告归乡里，著书十卷，自云：'此书若奏，我必为宰相。'又数言玄象事。州县列上其状，竟坐诛。孔笼、张黑奴、刘祖仁未几亦被谴去，唯光独存。"又曰："尝因释奠，帝亲幸国子学，王公以下毕集。光升坐讲《礼》，启发章门。已而诸儒生以次论难者十余人，皆当时硕学。光剖析疑滞，虽辞非俊辩，而理义弘赡，论者莫测其浅深，咸共推服，上嘉而劳焉。山东《三礼》学者，自熊安生后，唯宗光一人。"时南方经学北传，对北方经学冲击甚大。"六儒"虽应召入朝，却被视为"鄙野"之人而遭歧视，显示隋廷已有重南学而轻北学之倾向。及平陈之后，南学遂居上风。今人马宗霍《中国经学史》谓："案六儒中，光、笼、黑奴、士荣皆出熊安生之门，类北方之学者，是此时北学犹盛也。然朝廷以诸人鄙野无仪范，不之贵，则已有轻北方学者之意。平陈已后，南学遂得以乘之，不兼通南北学，几不能胜博士之任。"

又按：马光生卒年不详，字荣伯，武安人。与孔笼、窦士荣、张黑奴皆为北周硕儒熊安生高足，光尤擅名。博览图书，精于《三礼》。尝讲学于瀛州、博州间，门徒至千数。入朝数年，后丁母忧归乡里，遂不复出仕，以疾卒于家，享年七十三。事迹见《隋书》卷七五、《北史》卷八二。

颜之仪仕隋，拜集州刺史，"在州清静，夷夏悦之"。

按：见《周书》卷四〇本传。

僧慧远应邀由洛阳赴泽州，讲经弘法。

按：《续高僧传》卷八本传曰："开皇五年，为泽州刺史千金公请赴本乡。"慧远年十三时在泽州东山古贤谷寺剃度出家，故有"请赴本乡"之说。其至洛阳事，见开皇元年条。

僧法常年十九，始出家，师从昙延。

按：《续高僧传》卷一五本传载，法常师从昙延，"不逾岁，即讲《涅槃》，道俗听者咸奇理趣"。

北天竺僧阇那崛多至洛阳，蒙隋文帝召见，奉敕翻译佛经。

按：阇那崛多于北周时来华，周武帝毁佛时西归，途中为突厥所留。隋文帝因僧昙延等奏请，下敕追还，崛多由是东归。《续高僧传》卷二本传曰："开皇五年，大兴善寺沙门昙延等三十余人，以躬当翻译，音义乖越，承崛多在北，乃奏请还。帝乃别敕追延。"又曰："寻敕敷译新至之梵本，众部弥多，或经或书，且内且外，诸有翻传，必以崛多为主金。以崛多言识异方,字晓俗殊,故得宣办自运,不劳传度。理会义门,句圆词体,文意粗定,铨本便成。笔受之徒,不费其力。"后文帝又召天竺僧达摩笈多及居士高天奴、高和仁兄等同传梵语,以僧休、法粲、法经、慧藏、洪遵、慧远、法纂、僧晖、明穆、昙迁等为沙门"十大德",监掌翻译事。

北天竺僧那连提黎耶舍在长安大兴善寺主持译场,至是冬译成佛经凡 15 部,80 余卷。

按:僧那连提黎耶舍于开皇二年创设大兴善寺译场,参见该年条。《续高僧传》卷二本传曰:"凡前后所译经论一十五部,八十余卷……沙门僧深、明芬、给事李道宝等度语笔受,昭玄统沙门昙延、昭玄都沙门灵藏等二十余僧监护始末。至五年冬,勘练俱了。"

牛弘等奉隋文帝敕,撰成《五礼》(一作《隋朝仪礼》)百卷。

按:所谓"五礼",即凶、吉、军、宾、嘉。牛弘等奉敕修撰《五礼》始于开皇三年,至是告成,奏上,诏颁天下。《隋书》卷四九《牛弘传》曰:"开皇三年,拜礼部尚书。奉敕修撰《五礼》,勒成百卷,行于当世。"同书卷六《仪礼志一》曰:"高祖命牛弘、辛彦之等采梁及北齐《仪注》,以为《五礼》。"卷八《仪礼志三》曰:"开皇初,高祖思定典礼。……弘因奏征学者,撰《仪礼》百卷。"卷一《高祖纪上》载,本年正月,"诏行新礼"。后牛弘等又奉敕重修《五礼》,事见仁寿二年。

李德林奉敕整理隋文帝作相时受命所撰文翰,编为《霸朝杂集》5 卷(一作 3 卷)。

按:《隋书》卷四二本传载,李德林"少有才名,重以贵显,凡制文章,动行于世"。北周末年,为丞相府从事内郎,"禅代之际,其相国总百揆,九锡殊礼,诏、策、笺、表、玺书,皆德林之辞也"。至是奉敕整理,编为 5 卷(《隋书·经籍志》作 3 卷)。书中宣扬"天命"、"冥符"等天人感应思想,隋文帝读后颇为赞赏,谓"自古帝王之兴,必有异人辅佐。我昨读《霸朝集》,方知感应之理"。该书已佚,《隋书》本传收录其《序》,又录德林稍后所作之《天命论》,从中可窥当时部分学者之思想倾向。

薛道衡撰《老氏碑》。

按:该碑述隋初推崇道教之盛况,其文载于《文苑英华》卷八四八、清严可均《全隋文》卷一九。文中有"大隋驭天下之六载也,乃诏下臣,建碑作颂"云云,知其作于本年。

北天竺僧那连提黎耶舍于长安大兴善寺译经,是年二月译成《大方等日藏经》15 卷。

按:该经始译于开皇四年五月,至是译毕。见《历代三宝纪》卷三。

杜如晦(—630)、道士潘师正(—682)生。

按:潘师正生年,历有歧说。一说为开皇四年,一说为开皇六年。考诸文献,皆谓其年九十八卒,《旧唐书》卷一九二本传、《历世真仙体道通鉴》卷二五、《茅山志》卷一一等谓其卒于唐永淳元年。以此逆推,当生于本年。

隋开皇六年　陈至德四年　丙午　586 年

日本用明崇佛。

西哥特王雷卡列德一世登位。

二月丙戌，隋制："刺史上佐每岁暮更入朝，上考课。"

按：见《隋书》卷一《高祖纪上》。

丁亥，隋发丁男 11 万修筑长城，二旬而罢。

按：见《隋书》卷一《高祖纪上》。

四月己亥，陈遣使聘于隋。

按：见《隋书》卷一《高祖纪上》。

八月辛卯，隋遣使聘于陈。

按：见《隋书》卷一《高祖纪上》。

苏威为隋民部尚书，正月奉敕巡省山东诸州。

按：见《隋书》卷一《高祖纪上》、卷四一《苏威传》。

牛弘为隋礼部尚书，是年转太常卿。

按：见《隋书》卷四九本传。

何妥为隋国子博士，加通直散骑常侍，是年出为龙州刺史，负笈从游者颇多。

按：《隋书》卷七五传载，妥出为龙州刺史，"时有负笈游学者，妥皆为讲说教授之"。又作《刺史箴》，勒于州门外。

杨尚希为隋兵部尚书，十月己酉，转礼部尚书，授上仪同。

按：见《隋书》卷一《高祖纪上》、卷四六本传。

刘焯在长安，奉敕与刘炫等考定洛阳《石经》文字。

按：《隋书》卷七五本传曰："（开皇）六年，运洛阳《石经》至京师，文字磨灭，莫能知者，奉敕与刘炫等考订。"后焯与刘炫因国子学释奠论义，"深挫诸儒"，遂遭诸儒忌恨，"为飞章所谤，除名为民"。遂优游乡里，"专以教授著述为务，孜孜不倦。贾、马、王、郑所传章句，多所是非。《九章算术》、《周髀》、《七曜历书》十余部，推步日月之经，量度山海之术，莫不辍其根本，穷其秘奥"。由是声名益著，"天下名儒后进，质疑受业，不远千里而至者，不可胜数。论者以为数百年已来，博学通儒无能出其右者"。时刘炫亦以"聪明博学"著称，"名亚于焯"，时人并称"二刘"。

颜之仪为隋集州刺史，是年代还，遂优游不仕。

按：见《周书》卷四○本传。

僧昙延住长安延兴寺，奉隋文帝诏，入大兴善殿授法，为文帝及百官施八戒。寻敕为"平等沙门"。

按：《续高僧传》卷八本传载，昙延颇为隋文帝敬重，"拜为平等沙门，有犯刑网者，皆对之泣泪，令彼折伏从化，或投迹山林，不敢容世者"。

道士王延住长安玄都观，奉诏入大兴殿，为隋文帝施智慧大戒。

按：王延系著名道教学者，其居玄都观事，见开皇元年条。宋张君房《云笈七签》卷八五"王延"条曰："（开皇）六年丙午，诏以宝车迎延于大兴殿，帝洁斋请益，受智慧大戒。……诏以延为道门威仪之制，自延始也。"

刘焯是年后著《稽极》10卷、《历书》10卷及《五经述议》，并行于世。

按：《隋书》卷七五本传谓是年稍后刘焯除名为民，优游乡里，著成诸书，未详具体年份，姑系于此。焯所著诸书后皆佚，清马国翰《玉函山房辑佚书》辑有《尚书刘氏义疏》1卷。

北天竺僧阇那崛多等奉隋文帝敕译经，是年译成《大集经》60卷、《希有校量功德经》1卷；又与达摩笈多等译成《文殊尸利行经》1卷、《善恭敬经》（一名《恭敬师经》）1卷、《大威灯光仙人问疑经》1卷、《八佛名号经》1卷。

按：见《历代三宝纪》卷三、唐僧明佺《武周刊定众经目录》卷一及卷三。

僧灵藏卒（518— ）。灵藏俗姓王，新丰人。北朝高僧。精持戒律，博通群经。与隋文帝有布衣之交，及文帝即位后，建大兴善寺，命其为寺主。寻署昭玄都，听其任意度人，尊崇有加。事迹见《续高僧传》卷二一、《佛祖统纪》卷三九。

卢思道卒（535— ）。思道字子行，小字释奴，范阳人。北朝文学家。少闭门读书，师从"北朝三才"之一河间邢劭，数年之间，才学兼著，名闻于世。历仕北齐、北周，累迁武阳太守，颇不得志。入隋，官至散骑常侍，卒于长安。有《知己集》1卷，集30卷（一作20卷），后皆散佚。明人张溥辑有《卢武阳集》1卷。清严可均《全隋文》卷一六收录其文12篇，今人逯钦立《先秦汉魏晋南北朝诗》收录其诗27首。今人祝尚书有《卢思道集校注》，刘曙光著有《瑟瑟秋风荡高志，泠泠易水涤悲心——卢思道研究》。事迹见《隋书》卷五七、《北史》卷三〇、《全唐文》卷二二七张说《齐黄门侍郎卢思道碑》。

按：卢思道生卒年，一说为开皇二年。然考《隋书》本传及张说《卢思道碑》，皆谓思道卒于本年。从之。卢思道于北朝末至隋初文坛具有较高地位。《北史》本传载，北齐文宣帝崩，"当朝文士各作挽歌十首，择其善者而用之。魏收、阳休之、祖孝徵等不过得一二首，唯思道独有八首，故时人称为'八米卢郎'"。其诗长于七言，善用典，对仗工整，气势充沛，语言流畅，开初唐七言歌行先声，代表作有《听鸣蝉篇》、《从军行》等。其文以《劳生论》最有名，被后世誉为北朝文压卷之作。又长于史论，所撰《北齐兴亡论》、《北周兴亡论》等，皆为时人称道。

隋开皇七年　　陈后主祯明元年　　丁未　　587年

正月乙未，隋制诸州每岁贡士3人。

拜占庭亚美尼亚手稿《埃奇梅多辛福音传教士》著成。

伐罗诃密希罗（麁日）卒（505— ）。印度哲学家、天文学家、数学家。著有《五大历数全书汇编》，汇纂当时印度几乎全部天文学成果。

以弗所的约翰卒（约507— ）。基督教僧侣。著有凯撒以来教会史。

日本用明卒，

王子厩户、苏我马子诛物部氏,立崇峻。

拜占庭败阿瓦尔人于亚德里亚堡。

按：见《隋书》卷一《高祖纪上》。自魏晋以来,选举采用"九品中正制",又称"九品官人法",官吏选拔全凭家世出身,成为门阀士族制度之重要组成部分。隋文帝命诸州岁举贡士,实为废除九品中正制之始。后又增设科名举人,逐渐向科举制转变。参见开皇十八年条。

二月,隋发丁男10万余人修长城,二旬而罢。

按：见《隋书》卷一《高祖纪上》。

九月辛卯,隋废后梁。

按：见《隋书》卷一《高祖纪上》、《资治通鉴》卷一七六。后梁地处江陵,始于南朝梁敬帝绍泰元年。曾长期依附北周,及隋代周,又归附隋。本年七月,隋文帝征梁主入朝,又发兵入江陵。后梁前后历三主、凡33年。

是年,隋文帝召沙门"六大德"入京,亲于大兴殿延见,命有司于大兴善寺安置供给。时王公宰辅,竞往参礼。

按：沙门"六大德",即洛阳慧远、魏郡慧藏、清河僧休、济阴宝镇、汲郡洪遵、太原昙迁。事见《续高僧传》卷一八《昙迁传》、卷八《慧远传》、卷九《慧藏传》等。

苏威为隋民部尚书,四月转吏部尚书。

按：见《隋书》卷一《高祖纪上》、卷四一《苏威传》。

牛弘与辛彦之、何妥等奉诏议正乐,积年未定。隋文帝大怒,欲治弘等之罪。经治书侍御史李谔劝解,帝意稍解。

按：见《隋书》卷一四《音乐志中》。另参见开皇九年、十三年牛弘条。

僧慧远是春往定州,途中于上党停留,大开讲筵。寻受隋文帝之召,携从学者二百余人至长安,入宫讲筵。奉敕住大兴善寺,讲经弘法,从游者至七百余人。

按：慧远系所当时隋文帝所召沙门"六大德"之一。《续高僧传》卷八本传曰："(开皇)七年春,往定州,途由上党,留连夏讲,遂阙东传。寻下玺书,殷勤重请,辞又不免,便达西京。于时敕召大德六人,远其一矣。仍与常随学士二百余人,创达帝室,亲临御筵,敷述圣化,通乎家国。上大悦,敕住兴善。劳问丰华,供事隆倍。"

僧慧藏奉隋文帝之召至长安,敕住大兴善寺,宣讲经论。

按：慧藏系所当隋文帝所召沙门"六大德"之一。事见《续高僧传》卷九本传。

僧昙迁是秋奉隋文帝之召,率门人至长安,敕住大兴善寺,领昭玄大沙门统。敷讲《报宗论》,深受道俗尊崇。

按：昙迁系所当时隋文帝所召沙门"六大德"之一。《续高僧传》卷一八本传曰："开皇七年秋……时洛阳慧远、魏郡慧藏、清河僧休、济阴宝镇、汲郡洪遵,各奉明诏,同集帝辇。迁乃率其门人,行途所资,皆出天府,与五大德谒帝于大兴殿,特蒙礼接,劳以优言。又敕所司并于大兴善寺安置供给。"宋僧志磐《佛祖统纪》载,是年,"诏昙迁法师为昭玄大沙门统"。

僧洪遵奉隋文帝之召,至长安讲筵,敕住大兴善寺。

按：洪遵系所当时隋文帝所召沙门"六大德"之一。《续高僧传》卷二一本传曰："开皇七年,下敕追诣京阙,与五大德同时奉见。特蒙劳引,令住兴善,并十弟子,四事供养。"

僧道判为隋文帝敬重,是年下敕为其建龙池寺,四事供养。

按：见《续高僧传》卷一二本传。

僧信行在相州倡行三阶教，是年寄书与相州知事，誓愿顿舍身命财物，从事无尽藏布施。请知事代为奏闻，达其志愿。

按：见《信行遗文》。

僧灵干奉敕入住长安大兴善寺，为译经证义沙门。

按：见《续高僧传》卷一二本传。

僧辩相随师慧远至长安，建净影寺，住寺弘法。

按：见《续高僧传》卷一二本传。

僧宝袭随其师休法师入长安，住大兴善寺。

按：见《续高僧传》卷一二本传。

北天竺僧阇那崛多等奉隋文帝敕译经，是年译成《虚空孕经》（一名《虚空孕菩萨经》）2卷、《菩萨如来方便善巧呪经》1卷、《不空罗索观音心呪经》1卷、《金刚场陀罗尼经》1卷、《十二佛名神咒经》（又名《校量功德除障减罪经》1卷。

按：见《历代三宝纪》卷三、唐僧明佺《武周刊定众经目录》卷一。

僧慧布卒（518— ）。慧布俗姓郝，广陵人。佛教三论宗高僧。年二十一出家，初从建随寺琼法师学《成实论》，后从摄山止观寺僧诠学《三论》。游历北方，参访禅宗二祖慧可等。晚年居摄山栖霞寺，陈主奉之如佛。事迹见《续高僧传》卷七、《释氏稽古略》卷二。

隋开皇八年　陈祯明二年　戊申　588年

十月甲子，隋以杨广、杨俊、杨素为行军元帅，兵分八路，大举伐陈。

按：隋文帝于本年三月下诏伐陈，至是正式发兵南下。见《隋书》卷二《高祖纪下》。

苏威为隋吏部尚书，八月，奉敕赴河北诸州赈饥。

按：见《隋书》卷二《高祖纪下》。

许善心为南朝陈撰史学士，以通直散骑常侍衔聘于隋，十月辛酉至长安。时逢隋文帝发兵南下攻陈，遂留长安。

按：见《隋书》卷五八本传、卷二《高祖纪下》。

崔廓与李士谦为忘言之友，交游甚密，时称"崔李"。是年以士谦卒，为之作传，藏于秘府。

按：崔廓生卒年不详，字士玄，博陵安平人。博览书籍，多所通涉，山东学者皆

波斯人败拜占庭，入马尔蒂罗波利斯。

伦巴德人皈依罗马天主教。

宗之。一生不仕，年八十卒。尝著论，言刑名之理，其义甚精，文多不载。事迹见《隋书》卷七七、《北史》卷八八。李士谦事迹概况，见本年下文条。

薛道衡为隋内史舍人，是年随高颎南下伐陈，授淮南道行台尚书吏部郎，兼掌文翰。

按：见《隋书》卷五七本传。

僧普安隐居终南山，是年奉隋文帝之召，入京师长安，为太子门师，敕住静法寺。

按：《续高僧传》卷二七本传载，北周武帝毁佛时，普安入终南山避祸，与僧静渊等诸大德研讨玄理。隋文帝频召之，遂复出。

僧法常年二十二，始学《摄大乘论》。

按：《续高僧传》卷一五本传载，时《摄论》初兴，"师学多途，封守旧章，鲜能迴觉"。法常"博听众锋，校其铦锐"，潜心研习五年，"钻覈名理"，又博考《华严》、《成实》、《毗昙》、《地论》等经论之异同，然后开筵讲论。

僧智首年二十二，受具足戒，遂潜心研习佛学律部。

按：智首后又师从僧道洪，同学者七百余人，无出其右者。见《续高僧传》卷二二本传。

道士焦子顺为隋文帝宠信，号"焦天师"。是年，文帝特为其于后宫附近建五通观。

按：《隋书》卷七八《来和传》曰："道士张宾、焦子顺，应门人董子华，此三人当高祖龙潜时，并私谓高祖曰：'公当为天子，善自爱。'及践阼，以张宾为华州刺史，子顺为开府，子华为上仪同。"宋王溥《唐会要》卷五〇载，隋文帝以焦子顺曾预告受命之符，又能役使鬼神，故即位后颇信用之。初授开府、柱国，辞不受，又拜永安公。唐韦述《两京新记》（不分卷）曰："东北隅五通观，隋开皇八年为道士焦子顺所立。"

女道士孟静素与仇岳等奉隋文帝召至长安，敕住至德观。公卿问道者众，游者云集。

按：孟静素精于道术，名闻于世。《唐文粹》卷六五岑文本《京师至德观法主孟法师碑铭并序》谓其"玄化道枢之妙旨，三皇内文，九鼎丹法，莫不究其条贯"。隋文帝好道术，故征召之。又，《续高僧传》卷一八《昙迁传》载，仇岳为魏郡道士，洞晓《老》、《庄》，亦为隋文帝亲重。

僧猛四月四日卒（507— ）。猛俗姓段，泾阳人。北朝高僧。少时出家，聪颖好学，幽思通远。躬事讲说，凡数十年。尝奉魏文帝、周明帝之召，入宫说法。隋文帝受禅，敕授隋国大统三藏法师，住长安大兴善寺。晚年在云花寺，勖徒课业不止。事迹见《续高僧传》卷二三。

僧昙延八月十三日卒（516— ）。昙延俗姓王，桑泉人。年十六出家，住太行山百梯寺，善论《涅槃经》，有"昙延菩萨"之称。北周武帝毁佛时，隐居太行山。隋文帝即位，奏请大兴佛法，住长安延兴寺，参与佛经翻译，敕为"平第沙门"。著有《涅槃义疏》15卷，及《宝性论疏》、《胜鬘经疏》、《起信论义疏》、《仁王论疏》等，今多不传。门人有玄琬、道生、童真、法常等。事迹见《续高僧传》卷八、《山右石刻丛编》卷一八。

按：昙延系北周至隋初著名高僧，对隋文帝倡兴佛教影响颇大。其著述今仅存

《涅槃义疏》片断和《起信论义疏》上卷。《广弘明集》卷二四录有薛道衡《吊延法师亡书》。

李士谦卒(522—)。士谦字子约，赵郡平棘人。博览群籍，精天文术数，善谈玄理。年十二辟为开府参军，丁母忧去职，遂不复出仕。尝论三教之优劣，以佛教为首，道教次之，儒学为末。凡著述成，辄毁其本，不以示人，故皆不传。严可均《全隋文》卷九收录其文1篇。事迹见《隋书》卷七七、《北史》卷三三。

按：《隋书》本传载李士谦论三教曰："佛，日也；道，月也，儒，五星也。"魏晋以来，佛、道渐盛，有关三教之关系屡有争论。东晋葛洪《抱朴子内篇》卷一〇《明本》曰："道者，儒之本也；儒者，道之末也。"《续高僧传》卷三三载，北周武帝欲以儒学统一三教，曾召集儒、佛、道名流辩论，"以儒教为先，道教为次，佛教为后"。时司隶大夫甄鸾著《笑道论》，贬斥道教，被周武帝"于殿庭焚荡"。又有僧道安作《二教论》，以为"儒、道九流为外教，释氏为内教"。士谦崇佛抑儒，从中可窥当时部分士人思想倾向之一二。《佛祖统纪》卷三九、《隆兴佛教编年通论》卷九等谓士谦论三教在开皇九年，恐误。

于志宁(—665)生。

开皇九年　己酉　589年

正月，隋军克建康，俘陈后主，陈朝亡。

按：见《隋书》卷二《高祖纪下》、《陈书》卷六《后主纪》。陈朝自陈霸先称帝，历5帝，凡33年而亡。

四月壬戌，隋文帝诏告天下，以南北一统，武事稍息，令毁民间甲仗，倡行偃武从文，学习儒典。

按：《隋书》卷二《高祖纪下》载文帝诏曰："今率土大同，含生遂性，太平之法，方可流行。……禁卫九重之余，镇守四方之外，戎旅军器皆宜停罢。伐路既夷，群方无事，武力之子，俱可学文。人间甲仗，悉皆除毁。有功之臣，降情文艺；家门子侄，各守一经。令海内翕然，高山仰止。京邑庠序，爰及州县，生徒受业，升进于朝。未有灼然明经高第，此则教训不笃，考课未精。明勒所由，隆兹儒训。"此诏既下，民间习儒之风渐盛。同书卷七五《儒林传》描述曰："负笈追师，不远千里；讲诵之声，道路不绝。"

十二月甲子，隋文帝诏更定雅乐。

按：《隋书》卷二《高祖纪下》载隋文帝诏曰："百王衰敝之后，兆庶浇浮之日，圣人遗训，扫地俱尽，制礼作乐，今也其时。朕情存古乐，深思雅道。郑卫淫声，鱼龙杂戏，乐府之内，尽以除之。今欲更调律吕，改张琴瑟。且妙术精微，非因教习，工人代掌，止传糟粕，不足达神明之德，论天地之和。区域之间，奇才异艺，天知神授，何代无哉！盖晦迹于非时，俟昌言于所好，宜可搜访，速以奏闻，庶睹一艺之能，共就九成

拜占庭人败波斯。

第三次托莱多宗教会议，西哥特人立罗马天主教为国教。

之业。"遂令太常牛弘、通直散骑常侍许善心、秘书丞姚察、通直郎虞世基等议定作乐。参见本年牛弘条。

是月，以平陈，获宋、齐旧乐，诏于太常寺设清商署进行管理；又征召陈太乐令蔡子元、于普明等人，皆复旧职。

按：见《隋书》卷一五《音乐志下》。

是年，隋迁江南士人名流至京师长安。

按：见《隋书》卷二一《天文志下》。

高颎为元帅长史，从晋王杨广伐陈。"三军谘禀，皆取断于颎"。及陈平北还，加授上柱国，进爵齐国公。

按：见《隋书》卷四一本传。

苏威由吏部尚书进拜尚书右仆射，以母忧去职。未几，奉诏复职视事。

按：见《隋书》卷四一本传。

杨素为信州总管，四月转荆州总管，六月迁纳言，进爵郢国公。

按：见《隋书》卷四八本传、卷二《高祖纪下》。

牛弘以中国旧音多在江左，北魏及北周所用之乐杂有边裔之声，奏请重定雅乐。十二月，奉诏与姚察、许善心、何妥、虞世基等人共同参定。

按：《隋书》卷一四《音乐志中》载，隋初以来，围绕修乐之事，争论颇为激烈，"竞为异议，各立朋党，是非之理，纷然淆乱"。沛国公郑译由西域龟兹人苏祇婆得琵琶奏法，推演为十二均、八十四调，以校太乐，并于七音外更立一声，谓之"应声"。国子博士何妥等则力沮之，以为当用黄钟之调。众说纷纭，莫衷一是。本年，牛弘再请修乐，文帝遂下诏，命弘与姚察等商讨修定。参见《隋书》卷二《高祖纪下》、卷一五《音乐志下》、卷四九《牛弘传》。

何妥为龙州刺史，以疾请还朝，仍为国子博士。寻奉诏参与修定雅乐，又上书言时政得失，指斥朝中朋党之风。

按：《隋书》卷七五本传载，何妥于开皇六年出为龙州刺史，"在职三年，以疾请还"。有诏许之，"复知学事"。其奉诏修定乐事，见同书卷一四《音乐志中》。

许善心仕隋，拜通直散骑常侍，寻迁虞部侍郎。

按：许善心于去年奉陈主之命聘于隋，逢隋发兵伐陈，遂留居长安。本年陈亡，转仕隋。见《隋书》卷五八本传。

薛道衡随高颎南征陈，陈平还朝，迁吏部侍郎。

按：薛道衡后因用人不当除名，贬谪岭南。未几有诏征还，直内史省数年，迁内史侍郎，加上仪同三司。见《隋书》卷五七本传。

裴矩以元帅记室随军伐陈，奉晋王杨广令，与高颎接受陈朝图籍。

按：见《隋书》卷六七本传。

姚察为陈秘书监，领著作。陈亡入隋，授秘书丞，奉敕修撰梁、陈两代史。

按：姚察奉敕修梁、陈两代史，未终稿而卒。《旧唐书》卷四六《经籍志上》、《新唐书》卷五八《艺文志二》皆著录谢昊、姚察撰《梁书》34卷，当即为察所撰初稿。后其子姚思廉续父书，撰成《梁书》50卷、《陈书》30卷。事见《陈书》卷二七《姚察传》、《旧唐书》卷七三《姚思廉传》。

刘臻从高颎伐陈，典文翰。及还，进爵为伯，太子杨勇引为学士，甚亲昵之。

按：《隋书》卷七六本传载，刘臻入太子杨勇幕，"无吏干，又性恍惚，耽悦经史，终日覃思，至于世事多所遗忘"。

张讥为陈国子博士、东宫学士，陈亡入隋，北赴长安。

按：张讥生卒年不详，字直言，清河武城人。南朝经学家。少通《孝经》、《论语》，笃好玄言，受学于汝南周弘正，为先辈推服。历仕梁、陈，性恬静，不求荣利，常慕闲逸。聚徒教授《周易》、《老子》、《庄子》，吴郡陆元朗、朱孟博，一乘寺僧法才（一作法木），法云寺僧慧拔（一作慧休），至真观道士姚绥等，皆传其业。卒于长安，年七十六。著有《周易义》30卷、《尚书义》15卷、《毛诗义》20卷、《孝经义》8卷、《论语义》20卷、《老子义》11卷、《庄子内篇义》12卷、《庄子外篇义》20卷、《庄子杂篇义》10卷、《玄部通义》12卷、《游玄桂林》24卷。事迹见《陈书》卷三三、《南史》卷七一。

沈德威为陈尚书祠部郎，陈亡仕隋。

按：沈德威生卒年不详，字怀远。少有操行，以《礼》学名世。历仕梁、陈，聚徒讲授，道俗从学者率常数百人。入隋，官至秦王府主簿，年五十五卒。事迹见《陈书》卷三三、《南史》卷七一。

李文博熟读经史，尤精诸子。任羽骑尉，为吏部侍郎薛道衡所知，颇受信用。

按：《隋书》卷五八本传曰："文博本为经学，后读史书，于诸子及论尤所该洽。性长议论，亦善属文。"又曰："开皇中，为羽骑尉，特为吏部侍郎薛道衡所知，恒令在听事帷中披检书史，并察己行事。若遇治政善事，即抄撰记录。如选用疏谬，即委之臧否。道衡每得其语，莫不欣然从之。"薛道衡本年始任吏部侍郎，其延文博入幕当在此后，姑系于此。李文博生卒年、字号不详，博陵人。后直秘书省典校坟籍，迁校书郎，出为县丞，曾与房玄龄等交游。性鲠直，守道居贫。逢隋末世乱，不知所终。著有《治道集》（一作《政道集》，又作《理道集》）10卷，大行于世。今不存。事迹见《隋书》卷五八、《北史》卷八三。

虞世南为陈西阳王友，是年陈亡，与兄虞世基同入长安。

按：《旧唐书》卷七二本传载，虞世南少勤学，与兄世基俱从大儒吴郡顾野王学儒经，历十余年，"精思不倦"；又从越州僧智永习书法，"妙得其体"，由是"声名籍甚"。陈亡，遂与兄至长安。兄弟俱有重名，晋王杨广和秦王杨俊皆召辟之，以母老辞。后杨广复召，世南乃应之。

孔绍安在陈有文名，是年陈亡，北迁关中，居京兆鄠县。遂闭门读书，诵古集数十万言。

按：《旧唐书》卷一九〇上载，孙绍安系陈吏部尚书孔奂之子，"少与兄绍新俱以文词知名"。与词人孙万寿为忘年交，时人称为"孙孔"。

杨异为宗正少卿，四月转工部尚书。

按：杨异为工部尚书事，《隋书》卷四六本传未载，事见同书卷二《高祖纪下》。

何之元闭门著述，是年陈亡，移居常州晋陵县。

按：见《陈书》卷三四本传。

潘徽有学名，颇为陈尚书令江总敬重。及陈亡，为州博士。隋秦孝王杨俊闻其名，召为学士。

按：见《隋书》卷七六本传。

宇文弼为吏部侍郎，随杨素出征陈，持节为诸军节度，领行军总管。及还，擢拜刑部尚书，领太子虞候率。

按：见《隋书》卷五六一传。

褚亮为陈尚书殿中侍郎，陈亡仕隋，为东宫学士。

按：《旧唐书》卷七二本传载，褚亮少好学，博览群书，善属文。喜游名贤，尤善谈论。年十八时，尝诣陈仆射徐陵，商榷文章，颇为陵惊异。陈后主闻而召对，使作诗赋，为江总等文豪推服，由是入仕。隋炀帝大业中，授太常博士。

虞绰仕陈为东阳王记室，陈亡入隋，晋王杨广引为学士。

按：《隋书》卷七六本传载，虞绰"博学，有俊才，尤工草、隶"。

王胄少有逸才，仕陈为东阳王文学。陈亡入隋，晋王杨广引为学士。

按：见《隋书》卷七六本传。

袁充为陈散骑常侍，陈亡入隋，授蒙州司马。

按：《隋书》卷六九本传载，袁充后转郎州司马。

姚思廉随父姚察北上仕隋，为汉王府参军。

按：《旧唐书》卷七三谓姚思廉"在陈为扬州主簿，入隋为汉王府参军"。思廉仕隋，当随其父姚察。

韦鼎为陈太府卿，陈亡仕隋，授上仪同三司。

按：《隋书》卷七八本传曰："鼎少通脱，博涉经史，明阴阳逆刺，尤善相术。"文帝闻其名，召其赴朝，颇礼遇之。

袁朗为陈秘书丞，陈亡仕隋，为尚书仪曹郎。

按：见《旧唐书》卷二〇一本传。

许智藏为陈散骑常侍，陈亡仕隋，授员外散骑常侍。

按：许智藏生卒年、字号不详，高阳人。出身医学世家，以医术高明名于世。后致仕，年八十卒于家。事迹见《隋书》卷七八、《北史》卷九〇。

僧信行为高颎奏荐，奉召赴京。携弟子僧邕等由相州至长安，住真寂寺别院。

按：信行系佛教三阶教始祖。《续高僧传》卷一六本传载，信行至长安后，著书立说，置寺弘法，由是"前后望风，翕成其聚"，僧俗皈敬三阶教者日多。参见（日）矢吹庆辉《三阶教之研究》（日本东京岩波书局1927年版）。

新罗僧圆光渡江北上，至长安。

按：《续高僧传》卷一三本传载，圆光于南朝陈时渡海来华，初在金陵从庄严寺僧旻门人学《成实》及《涅槃》，复入杭州虎丘山研习《阿含》。陈亡，遂北上。

颜之推约是年后著《颜氏家训》，凡20篇。

按：该书原为7卷，今存本为2卷。其著成时间，历有争议。《四库全书总目提要》卷一一七以"旧本题北齐黄门侍郎颜之推撰"，推断当作于北齐时，"旧本所题，盖据作书之时也"。今人余嘉锡《四库提要辨证》卷一四曰："《家训》实作于隋开皇九年平陈之后，《提要》以为作于北齐，盖未尝一检原书，姑以臆说之耳。"王利器《颜氏家训集解·叙录》亦谓："此书盖成于隋文帝平陈以后，隋炀帝即位之前。"冯契主编《哲学大辞典（中国哲学史卷）》以为成书于隋文帝仁寿年间。朱明勋《〈颜氏家训〉成书年代论析》(载《社会科学研究》2003年第4期)则以为,该书并非成于一时,系北齐至隋陆续撰成。今从余氏之说,姑系于此。

又按：颜之推所撰《颜氏家训》内容广泛,涉及教子、治家、学习、修身等诸多方面,对后世影响甚大,被称为"家教规范"。宋陈振孙《直斋书录解题》卷一〇曰："古今家训,以此为祖。"宋晁公武《郡斋读书志》卷三上曰："之推本梁人,所著凡二十篇,述立身治家之法,辩正时俗之谬,以训诸子孙。"《四库全书总目提要》卷一一七曰："今观其书,大抵于世故人情,深明利害,而能文之以经训,故《唐志》、《宋志》俱列之儒家。然其中《归心》等篇,深明'因果',不出当时好佛之习;又兼论字画音训,并考正典故,品第文艺,曼衍旁涉,不专为一家之言。"清周中孚《郑堂读书记》卷五二曰："今观其书,惟《归心》一篇,深明佛法,非专以儒理立言。其全书皆本之于孝弟,推以事君上,处朋友乡党之间,其归要不悖于《六经》。故旧史皆入之儒家,终不以一眚掩也。"书中对佛、道皆有肯定,提出"儒佛一体"说,以为儒、佛"内外两教,本为一体,渐积为异,深浅不同"(卷下《归心篇十六》),反映出当时佛、道入儒、三教渐趋融合之势。又提出"文章原出《五经》"说,以谓："诏命策檄生于《书》者也,序述论议生于《易》者也,歌咏赋诵生于《诗》者也,祭祀哀诔生于《礼》者也,奏议箴铭生于《春秋》者也。"(卷上《文章篇九》)清人赵曦明有《颜氏家训注》,今人王利器有《颜氏家训集解》。

隋秦孝王杨俊等撰《韵纂》30卷,潘徽为之序。

按：该书为隋代字典,已佚。《隋书》卷七六《潘徽传》载徽序曰："我秦王殿下,降灵霄极,禀秀天机,质润珪璋,文兼黼黻。……乃讨论群艺,商略众书;以为小学之家,尤多舛杂,虽复周礼汉律,务在贯通,而巧说邪辞,递生同异。且文讹篆隶,音谬楚夏。《三苍》、《急就》之流,微存章句;《说文》、《字林》之属,唯别体形。至于寻声推韵,良为疑混,酌古会今,未臻功要。末有李登《声类》、吕静《韵集》,始判清浊,才分宫羽,而全无引据,过伤浅局,诗赋所须,卒难为用。遂躬纡睿旨,摽摘是非,撮举宏纲,裁断篇部,总会旧辙,创立新意,声别相从,即随注释。详之诂训,证以经史,备包《骚》《雅》,博牵子集,汗简云毕,题为《韵纂》,凡三十卷,勒成一家。"

僧信行撰《对根起行杂录》、《三阶位别集录》。

按：两书系本年信行奉召至长安后所撰,为三阶教基本经典。《续高僧传》卷一六本传曰："被召入京……乃撰《对根起行》、《三阶集录》及山东所制众事诸法,合四十余卷。"两书卷数,历有不同说法。隋费长房《历代三宝纪》卷一二谓《对根起行杂录》32卷、《三阶位别集录》3卷;唐释道世《法苑珠林》卷一一九谓《对根起行襟录集》36卷、《三阶位别录集》4卷;唐释道宣《大唐内典录》卷五下著录与《法苑珠林》同,卷一〇上则谓《对根起行杂录集》35卷。两书原本早已散佚,未详孰是。现存信行《对根起行法》1卷、《三阶佛法》4卷,系近代日本佛教学者矢吹庆辉据敦煌文书中所发现的有关三阶教的几种写本,并参照日本古代所传三阶典籍加以校订而成。参见矢吹庆辉《三阶教的研究》。

北天竺僧那连提黎耶舍八月二十九日卒(490—)。那连提黎耶舍又作那连耶舍、那连提耶舍,略称耶舍,隋言尊称,姓释迦,北天竺乌场国人,为刹帝利种。佛学翻译家、高僧。年十七出家,北齐天保七年至邺京,住天平寺,翻译佛经50余卷。颇受齐帝敬重,授昭玄统。北周武帝毁佛时,遁隐田野,披俗服而不废法事。隋开皇初奉召至长安,草创大兴善寺译场,先后译佛经 15 部,计 80 余卷。后居广济寺,为外国僧主。所译佛经,今存《佛说德护长者经》2 卷、《大庄严法门经》2 卷、《大悲经》5 卷、《月灯三昧经》(一名《大方等大集月灯经》)10 卷(一本 11 卷)、《佛说施灯功德经》1 卷、《佛说莲华面经》2 卷、《菩萨见实会》16 卷等。事迹见《续高僧传》卷二、《法经录》卷一、《开元释教录》卷六。

按:《续高僧传》本传谓那连提黎耶舍于北齐文宣帝"天保七年届于京邺","时年四十"。以此推,其生当在魏孝明帝熙平二年。同传又谓耶舍卒于本年,"时满百岁"。以此推,其生当在魏孝文帝太和十四年。同文两说,前后矛盾,未详孰是。今姑从后说。

僧慧暅七月十日卒(515—　)。慧暅俗姓周,义兴阳羡人。南朝高僧。少时研习《六经》,略通大义。年十八从朱方竹林寺诩法师出家,住建康甘露寺。后又从静众峰法师受《十诵律》,听绰法师讲《成实论》,从龙光学士、大僧都舒法师精研《成实论》,由是声名渐显。梁末避乱于南徐州,陈时受邀回建康讲经弘法,颇受陈朝诸帝及王公贵族尊崇,学徒云集,先后为京邑大僧都、大僧正,圆寂于湘宫寺。弟子有智瑜等。事迹见《续高僧传》卷九。

王元规卒(516—　)。元规字正范,原籍太原晋阳,世居会稽。南朝经学家。幼孤,少受业于吴兴沈文阿,精通《春秋左氏》、《孝经》、《论语》、《丧服》。梁中大通元年策《春秋》,举高第,为当时名儒称赏。入陈,累官散骑侍郎。陈亡仕隋,为秦王府东閤祭酒,卒于广陵。著有《春秋发题辞》及《春秋义记》11 卷、《续经典大义》14 卷、《孝经义记》2 卷、《左传音》3 卷、《礼记音》2 卷。后皆佚。清严可均《全隋文》卷一〇收录其奏议 1 篇。事迹见《陈书》卷三三、《南史》卷七一。

按:王元规系南朝中后期较有影响之经学家。《陈书》本传曰:"自梁代诸儒相传为《左氏》学者,皆以贾逵、服虔之义难驳杜预,凡一百八十条。元规引证通析,无复疑滞。……四方学徒,不远千里来请道者,常数十百人。"

阮卓卒(531—　)。卓字号不详,陈留尉氏人。南朝诗人。笃志经籍,尤擅长五言诗。仕陈,官至德教殿学士,兼通直散骑常侍。以目疾退居里舍,招致宾友,以文酒自娱。陈亡入隋,行至江州卒。事迹见《陈书》卷三四、《南史》卷七二。

蔡凝卒(543—　)。凝字子居,济阳考城人。博涉经传,有文辞,尤工草、隶。仕陈,历晋安王谘议参军、黄门侍郎、王府长史等职,郁郁不得志。陈亡入隋,道中病卒。事迹见《陈书》卷三四、《南史》卷二九。

何妥是年稍后卒,生年不详。妥字栖凤,本西域人,其父始入蜀,居郫县。北周时为太学博士,封襄城县伯。入隋,进爵为公,历国子博士、龙州刺史等职。卒于国子祭酒任,谥曰"肃"。著述丰赡,有《周易讲疏》13 卷(一作 3 卷)、《孝经义疏》3 卷(一作 2 卷)、《庄子义疏》4 卷、《封禅书》1 卷、《乐要》1 卷,集 10 卷,另与沈重共撰《三十六科鬼神感应等大义》9 卷,并行于世。后皆佚。清严可均《全隋文》卷一二收录其表奏 5 篇。事迹见《隋书》卷七五、《北史》八二。

按：何妥卒年，史无明载。《隋书》本传谓其于开皇六年出为龙州刺史，"在职三年，以疾请还"，有诏还朝。"除伊州刺史，不行。寻为国子祭酒，卒于官"。知其卒当在本年稍后，姑系于此。妥系隋初名儒，于隋唐之际学术思想有一定影响。《旧唐书》卷一八九《儒学传上》载贞观十四年唐太宗诏曰："梁皇侃、褚仲都，周熊安生、沈重，陈沈文阿、周弘正、张讥，隋何妥、刘炫等，并前代名儒，经术可纪，加以所在学徒，多行其疏，宜加优异，以劝后生。"

开皇十年　庚戌　590 年

正月，隋文帝下记，谓于佛教"敬信惟重"。

按：宋释志磐《佛祖统纪》卷六载文帝记曰："朕于佛教，敬信惟重。……修己化人，必希奖进僧伦，用光大道。"

五月乙未，诏罢军人坊府，其籍悉改属州县；罢山东、河南及北方沿边新置军府。

按：见《隋书》卷二《高祖纪下》。

八月壬申，遣襄阳郡公韦洸、东莱郡公王景持节巡抚岭南，百越皆服。

按：见《隋书》卷二《高祖纪下》。

十一月辛卯，隋文帝幸国学，颁赐有差。

按：见《隋书》卷二《高祖纪下》。

是年，晋王杨广镇扬州，立《宝台经藏》四藏，收经藏十万轴；又下令限制原陈朝境内各州置佛寺数。

按：唐释道宣《广弘明集》卷二二载有杨广所撰《宝台经藏愿文》。又，《续高僧传》卷一二《慧觉传》亦载此事，并谓隋灭陈后，令"一州之内止置佛寺二所，数外伽蓝皆从屏废"。

杨素七月由纳言转内史令，十一月奉诏往讨江南等地乱。

按：见《隋书》卷二《高祖纪下》。

李德林因奏事忤旨，出为湖州刺史，旋改授怀州刺史。

按：见《隋书》卷四二本传。

颜之仪正月随例入朝，文帝赏赐甚厚。

按：颜之仪于开皇六年由集州刺史代还，遂优游不仕。见《周书》卷四〇本传。

裴矩奉诏巡抚岭南，以平乱之功，拜开府，赐爵闻喜县公。

按：见《隋书》卷六七本传。

宇文㢸为刑部尚书、太子虞候率，十一月，从文帝临国子学释奠，与诸博士论议，"词致清远，观者属目"。

按：《隋书》卷五六本传载，宇文㢸与诸博士议论，颇为文帝称赏，顾谓侍臣曰："朕今观周公之制礼，见宣尼之论孝，实慰朕心。"遂"颁敕各有差"。同书卷二《高祖

巴赫拉姆弑波斯王霍尔米斯达斯六世。

法兰克人入伦巴德。

罗马天主教教皇格列高里第一登位。

纪下》载，是年十一月辛卯，"幸国学，颁赐各有差"。考弼本传所载，其从文帝释奠，当系此次。

僧昙迁随驾至晋阳，奏请度僧。文帝从之，遂下敕："十年四月已前诸有僧尼私度者，并听出家。"由是"蒙度数十万人"。

按：见《续高僧传》卷一八本传。

僧智正奉召入京，敕住胜光寺。

按：《续高僧传》卷一四本传载，是年隋文帝访求英贤，智正遂奉召至长安。胜光寺系隋文帝为蜀王杨秀所置。

僧粲奉召入京，敕住大兴善寺。

按：此僧粲非禅宗三祖僧粲。事见《续高僧传》卷九本传。

僧智顗在天台山，接秦王杨俊书，邀其前往讲论。适逢世乱，未成行。

按：见《佛祖统纪》卷六。

僧灵裕游历燕、赵等地，"行化道振两河"。是年在洺州，住灵通寺。

按：见《续高僧传》卷九本传。

僧道尼在九江讲《摄论》，名闻京师。是年奉召至长安，敕住大兴善寺。

按：道尼生卒年、籍贯不详。隋代高僧。精研《摄大乘论》《俱舍论》，与法泰、慧恺、智顗等翻译佛经。及奉召入京，与昙迁等盛弘《摄大乘论》。曾整理真谛口述，由弟子慧恺笔受，为《俱舍论注疏》22卷。弟子除慧恺外，又有道岳、慧休、智光等。事迹散见《续高僧传》卷一、卷一三。

南天竺僧达摩笈多十月抵长安，奉敕住大兴善寺，与阇那崛多等共译佛经。

按：见《续高僧传》卷二本传。

北天竺僧阇那崛多等译成《月上女经》2卷。

按：见唐僧明佺《武周刊定众经目录》卷一。

杨尚希卒（534—　）。尚希字号不详，弘农人。幼孤，少赴长安入太学，专精不倦。性弘厚，以学业自通，甚有雅望。北周时累迁司会中大夫，赐爵高都县侯。入隋，历度支尚书、兵部尚书、礼部尚书等职。卒于蒲州刺史任，谥曰"平"。严可均《全隋文》卷九收录其表奏1篇。事迹见《隋书》卷四六、《北史》卷七五。

王绩（　—644）约生。

按：王绩生年，史无明载，后世说法颇多。今人闻一多《唐诗大系》及尹协理、魏明《王通论》谓开皇五年；韩理洲《王绩生平求是》（载《文史》第十八辑）谓开皇九年；傅璇琮《唐才子传校笺》谓开皇九年至十一年间；郑振铎《插图本中国文学史》、张锡厚《王绩生平辨析及其思想新论》（载《学术月刊》1984年第5期）谓本年。后几说大致相近，此从郑、张之说。

开皇十一年　辛亥　591年

正月丁酉,隋文帝以平陈所得古器多为妖变,悉命毁之。

　　按：见《隋书》卷二《高祖纪下》。

是年,隋文帝诏令天下州县各立僧、尼二寺。

　　按：见《金石萃编》卷三八《诏立僧尼二寺记》。

僧智顗应晋王杨广之邀,赴扬州。十一月二十三日,于总管寺设千僧会,为广授菩萨戒。广授智顗"智者大师"之号。

　　按：见《续高僧传》卷一七本传。

僧灌顶随其师智顗至扬州,住禅众寺。

　　按：见《续高僧传》卷一九本传。

僧洪遵住长安大兴善寺,奉敕与天竺僧阇那崛多等共译梵文佛经。

　　按：见《续高僧传》卷二一本传。

僧灵裕由洺州赴相州,住大慈寺。奉召至长安,敕住大兴善寺。隋文帝欲授以国统,固辞不就。仍归相州,住演空寺,以讲说著述为务。

　　按：见《续高僧传》卷九本传。

北天竺僧阇那崛多等奉隋文帝敕译经,是年译《佛本行集经》毕,凡60卷;又译成《善思童子经》2卷、《移识经》2卷。

　　按：隋费长房《历代三宝纪》卷三载,阇那崛多等于开皇七年七月始译《佛本行集经》,八年译出10卷,九年译出15卷,十年译出20卷,本年又译出15卷。至此,"凡首尾五年方讫六十卷"。阇那崛多译《善思童子经》、《移识经》,见唐僧明佺《武周刊定众经目录》卷一、卷三。

颜之仪是冬卒(523—　)。之仪字子升(一作升),原籍琅琊临沂,世居建康。颜协之子。博涉群书,好为词赋。初仕后梁,后归北周,隋时官至集州刺史。后去职,遂优游不仕。有文集10卷,行于世,后佚。事迹见《周书》卷四〇、《北史》卷八三。

　　按：《北史》本传谓颜之仪系颜之推之弟。然考《梁书》卷五一《颜协传》,谓协卒于梁大同五年,"有二子,子仪、子推,并早知名"。以此所述,子仪当为之推之兄。又,《周书》之仪本传明载"卒年六十九",则其生在魏孝武帝正光四年。之推生年在魏节闵帝普泰元年,参见本年之推条按语。之仪早于之推生,岂反为之推弟?《北史》本传显误。

李德林约卒(约530—　)。德林字公辅,博陵安平人。隋学者,善诗

波斯王科斯洛埃斯归。拜占庭取波斯拉达斯及亚美尼亚。

阿瓦尔人偕斯拉夫人侵拜占庭,进抵君士坦丁堡城外。

文。北齐时累迁通直散骑常侍、中书侍郎，曾奉诏修国史，又与颜之推同判文林馆之事。后仕北周，为内史。入隋，历内史令、怀州刺史等职。及卒，谥曰"文"，追赠大将军、廉州刺史。尝欲撰《齐史》未就，后由其子李百药续成之。奉敕编《霸朝杂集》5卷，另有文集80卷，皆已散佚。明张溥辑有《李怀州集》。清严可均《全隋文》卷一七至一八辑录其文编为2卷。事迹见《隋书》卷四二、《北史》卷七二。

按：李德林卒年，史无明载。《隋书》本传谓其于开皇十年出为湖州刺史，寻转怀州刺史，"岁余卒官"。《北史》本传则谓其于开皇九年因忤旨出为湖州刺史，"为考司所贬，岁余卒官"。参酌两说，德林之卒当在本年或稍后，姑系于此。李德林文集，《隋书》本传载："所撰文集，勒成八十卷，遭乱亡失，见五十卷行于世。"考《隋书·经籍志》、著录"《怀州刺史李德林集》十卷"，《旧唐书·经籍志》、《新唐书·艺文志》皆著录"《李德林集》十卷"，知其文集五十卷本亦早散失，流行于世者为十卷本。

颜之推约是年后卒(531—)。之推字介，原籍琅邪临沂，世居建康。颜协之子。初仕梁，累迁散骑侍郎。后投奔北齐，官至黄门侍郎。齐亡入周，为御史上士。隋开皇中，太子召为学士，颇受礼遇，寻以疾卒。著有《颜氏家训》20篇、《还冤志》3卷，今存。另有《训俗文字略》1卷、《七悟》1卷、《集灵记》20卷、《证俗音字》5卷、《急就章注》1卷、《笔墨法》1卷、《征应集》2卷、《稽圣赋》1卷(一说3卷)、《字始》3卷、文集30卷(一说31卷)，以及《承天达性论》、《八代谈薮》等，皆已散佚。严可均《全隋文》卷一三收录其文2篇。事迹见《北齐书》卷四五、《北史》卷八三。今人缪钺著有《颜之推年谱》和《颜之推评传》，另有张霭堂《颜之推全集译注》。

按：颜之推卒年，史无明载。《北齐书》、《北史》本传均谓其于开皇中"以疾终"，后世遂有不同说法，或谓开皇十年后，或谓开皇十五年后，或谓仁寿年间。清钱大昕《疑年录》卷一曰："介本传不书卒年。据《家训·序致篇》云：'年始九岁，便丁荼蓼。'以《梁书》颜协卒年证之，得其生年。又，《终制篇》云'吾已六十余矣'，则其卒盖在开皇十一年以后矣。"今从钱氏之说。

又按：颜之推系北朝著名思想家、文学家。出身书香门第，家学深厚，世传《周官》、《左氏》之学。《北史》本传云："年十二，遇梁湘东王自讲《庄》、《老》，之推便预门徒。虚谈非其所好，还习《礼》、《传》，博览书史，无不该洽。"又擅长构词属文，文章典雅绚丽，为时人称道。著述颇丰，散录于《隋书·经籍志》、《旧唐书·经籍志》、《新唐书·艺文志》、《宋史·艺文志》，以及唐颜真卿《颜鲁公文集》卷二九《颜氏家庙碑》、《法苑珠林》卷一一九、宋尤袤《遂初堂书目》、晁公武《郡斋读书志》、陈振孙《直斋书录解题》等。所存《颜氏家训》，参见开皇九年条。《还冤志》，《隋书·经籍志》不载，《新唐书》卷五九《艺文志三》作《冤魂志》3卷，《文献通考》卷二一五作《北齐还冤志》2卷。四库馆臣以何镗汉魏丛书刻本《还冤志》3卷，收入子部小说家类。《四库全书总目提要》卷一四二评曰："自梁武以后，佛教弥昌，士大夫率皈礼能仁，盛谈因果。之推《家训》有《归心》篇，于罪福尤为笃信。故此书所述，皆释家报应之说。……其文词亦颇古雅，殊异小说之冗滥，存为鉴戒，固亦无害于义矣。"颜之推倡"儒佛同本"之说，欲援佛、道入儒，可窥当时学术思想演变之一端。

陆爽卒(538—)。爽字开明，魏郡临漳人。少聪敏好学，博学善辩。历仕北齐、北周，入隋累迁太子洗马，与宇文恺等共撰《东宫典记》70卷。

及卒，赠上仪同、宣州刺史。事迹见《隋书》卷五八。

郑译八月乙亥卒（540— ）。译字正义，荥阳开封人。博涉群书，通音律。北周时累迁内史上大夫，封沛国公。隋初以上柱国公归第，后历隆州刺史、岐州刺史等职。曾奉诏参与律令修定，又参议乐事。及卒，谥曰"达"。著有《乐府声调》、《乐府歌辞》等，皆已佚。清严可均《全隋文》卷二四收录其文2篇。事迹见《隋书》卷三八。

按：郑译所撰乐书，《隋书》本传谓《乐府声调》，"凡八篇"；同书卷三二《经籍志一》则同时著录《乐府声调》6卷本、3卷本两种；《旧唐书》卷四六《经籍志上》著录《乐府声调》6卷；《新唐书》卷五七《艺文志一》又著录《乐府歌辞》8卷。诸书所录不一，未详孰是。

又按：郑译系隋代音律学家，其于乐律虽总体上沿袭汉代以来经师陈说，然亦能注意当时尚属新说之龟兹乐调与八十四调理论，于隋初乐理争论中倡行旋宫转调。其部分言论见载于《隋书·音乐志》，从中可见魏晋以来乐律学之发展概况。

辛彦之卒。彦之生年、字号不详，狄道人。经学家。少博涉经史，与天水牛弘同志好学。北周时专掌仪制，累迁少宗伯，进爵五原郡公。入隋，历太常少卿、礼部尚书、随州刺史等职，曾与牛弘制定新礼。卒于潞州刺史任上，谥曰"宣"。著有《坟典》、《六官》、《祝文》、《礼要》、《新礼》、《五经异义》等，并行于世。后皆不存。事迹见《隋书》卷七五、《北史》卷八二。

开皇十二年　壬子　592年

八月甲戌，隋文帝制："天下死罪，诸州不得便决，皆令大理寺覆治。"

按：见《隋书》卷二《高祖纪下》。

是年，隋文帝敕："搜简三学业长者，于海内通化，崇于禅府。"

按：见《续高僧传》卷二一九《法应传》。

苏威为尚书右仆射，七月，坐朋比结党、任用私人，免官爵，以开府就第。知名之士多受牵连，得罪者百余人。

按：《隋书》卷四一本传载，苏威与何妥有隙，时威之子苏夔以议乐事与妥各执一词，朝中大臣多附威，主夔之议者十八九。妥乃奏威与礼部尚书卢恺、吏部侍郎薛道衡、尚书右丞王弘、考功侍郎李同和等共为朋党，又劾威任人不法。文帝令蜀王杨秀、上柱国虞庆治之，事皆验。威由是去职，嗣后屡起屡落，不复受文帝宠信。

杨素十二月拜尚书右仆射，以代苏威之阙。

按：见《隋书》卷二《高祖纪下》。

何妥与苏威有隙，以威考定文学，更相诃诋，彼此争辩甚急。

按：何妥与苏威构隙事，参见开皇元年条按语。《隋书》卷七五《何妥传》载，妥与威争辩，威勃然曰："无何妥，不虑无博士！"妥应声曰："无苏威，亦何虑无执事！"威

日本苏我氏弑崇峻，立推古。

阿瓦尔人攻拜占庭。

本年七月坐事免官爵,则两人之争当在此月前。

杨异为工部尚书,九月出为吴州总管。

按:见《隋书》卷二《高祖纪下》。同书卷四六异本传曰:"出除吴州总管,甚有能名。时晋王广镇扬州,诏令异每岁一与王相见,评论得失,规讽疑阙。"

韦鼎除光州刺史,以仁义教导,务弘清静,州内大治。

按:韦鼎生卒年不详,字超盛,原籍京兆杜陵,祖韦玄始居江南。博涉经史,明阴阳之术。历仕梁、陈、隋三朝,由光州刺史召还朝,年七十九卒。著有《韦氏谱》7卷(一作10卷),已佚。《文苑英华》卷三二九收录其诗1首。事迹见《隋书》卷七八、《南史》卷五八。

僧智𫖮三月启程赴荆州,经庐山、衡山,十二月抵达。遂于当阳县玉泉山创立精舍,又重修十住寺。讲经弘法,道俗禀戒听讲者至五千人。

按:见《佛祖统纪》卷六。

僧道信入皖公山,师从三祖僧粲。

按:三祖僧粲系禅宗第三祖。元释念常《佛祖历代通载》卷一〇谓道信师从三祖僧粲始于本年。《续高僧传》卷三二载,道信入皖公山随三祖僧粲学近十年,得传粲之衣钵,遂为后世尊为禅宗第四祖。

僧彦琮应秦王杨俊之邀,赴太原讲经。是年奉敕返长安,仍住大兴善寺,再掌翻译佛经事。

按:《续高僧传》卷二载,彦琮颇为隋文帝父子敬重,文帝每作佛事,皆以彦琮为宣导;晋王杨广造日严寺,延请彦琮住之。

僧童真奉敕住长安大兴善寺,参与佛经翻译。

按:见《续高僧传》卷一二本传。

天竺僧人阇那崛多等奉敕于内史省翻译梵文古书及乾文,至是翻讫,合200余卷;又译成《法炬陀罗尼经》20卷。

按:见《续高僧传》卷二本传、《历代三宝纪》卷三。

僧慧远六月二十四日卒(523—)。慧远俗姓李,又称隋远、小远、大远、北远、净影等,原籍敦煌,世居上党高都。年十三出家,先后师从僧慧思、法上、大隐律师等,广涉经论,深解佛理,遂携学侣返回高都清化寺。北周武帝毁佛时,抗辩不屈,隐居汲郡西山。隋初至洛阳,授洛州沙门都。后至长安,居净影寺,故后世称"净隐寺慧远",以别于东晋庐山慧远。隋文帝令掌佛经翻译,寻卒。弟子众多,名著于隋唐者有灵璨、宝儒、慧畅、净业、善胄、辩相、慧迁、智徽、玄鉴、行等、净辩、宝安、道颜、道嵩、智嶷等。著述颇丰,凡16部,百余卷。事迹见《续高僧传》卷八、《新修科分六学僧传》卷一五。今人杜斗城著有《释慧远》,廖明活著有《净影慧远思想述要》,(日)吉津宜英著有《〈大乘义章〉〈八识义〉研究》,冯焕珍著有《净影寺慧远著述考》,刘元琪著有《净影慧远〈大乘义章〉佛学思想研究》。

按:慧远著述,据冯焕珍《净影寺慧远著述考》(载《中山大学学报》(社会科学版)2001年第4期),计有16部。其中,《华严经疏》、《法华经疏》、《金刚般若经疏》、《金光明经义疏》早佚;《仁王般若经疏》,历代经录不见载,今敦煌出土文献S.2502

号有写本残卷;《胜鬘经义记》,《东域传灯目录》作2卷,《义天录》作3卷,今存上卷,近年日本学者于敦煌文献P.2091号和P.3308号发现该书下卷写本残卷,差勘合为全帙;《维摩经义记》,《东域传灯目录》和《义天录》均作4卷,今存本为8卷;《无量寿经义疏》,《观无量寿经义疏》,历代经录均作1卷,今存本各为2卷;《温室经义记》,《东域传灯目录》和《义天录》均作1卷,今存;《大乘涅槃经义记》,《续高僧传》作10卷,现存本为20卷;《十地经论义记》,《续高僧传》作10卷,今存本为14卷,存前8卷;《大乘起信论义疏》,历代各经均作2卷,今存本为4卷;《地持论义记》,《续高僧传》作5卷,今存本为10卷,存卷4卷;《大乘义章》,《续高僧传》作28卷,今存本一为26卷,一为20卷,一为14卷。

又按:慧远博综当时佛教诸派,世称"释义高祖",日本学者平川彰在为《新佛典解题事典》一书所作《序章》中将其与嘉祥吉藏、天台智𫖮并称为"隋代三大法师"。其宗派归属,后世说法不一。或归之于地论宗,或归之于涅槃宗,或归之于起信论宗。今人黄忏华《中国佛教史》谓其"远承法上之系统,继南道之学说。然晚年又就昙迁禀摄论,奉地论宗,兼奉涅槃宗、摄论宗及三论宗,而尤致力于地论宗"。汤用彤《汉魏两晋南北朝佛教史》亦谓:"慧远,齐隋之间,推为泰斗,则为地论而兼涅槃之学者。"

薛收(—624)、许敬宗(—672)生。

开皇十三年　癸丑　593年

二月丁酉,隋文帝制:"私家不得隐藏纬候图谶。"
按:见《隋书》卷二《高祖纪下》。
五月癸亥,隋文帝诏:"人间有撰集国史、臧否人物者,皆令禁绝。"
按:见《隋书》卷二《高祖纪下》。文帝此诏,实为中国古代史学史上之重要事件,由是开始建立起官修国史的制度,并为后世历朝所承袭。

苏威赋闲在家,七月,复起为纳言。
按:苏威免职事,见开皇十二年条。
牛弘等议定雅乐,弃旋相为宫之法,唯用黄钟一宫。
按:隋文帝践祚后,修乐之事久议不决。参见开皇七年、九年牛弘条。《资治通鉴》卷一七八载,牛弘总知乐事,至是复使协律郎祖孝孙等参定雅乐,定十二律,每律五音,合六十音;每音又分六种,合三百六十音,各以一岁之日配之。奏上,文帝以为不当,令用黄钟一宫。弘等遂附顺帝意,弃旋相为宫之法,"前代金石并销毁之,以息异议"。由是乐始定。《隋书》卷一五《音乐志下》曰:"隋代雅乐,唯奏黄钟一宫,郊庙飨用一调,迎气用五调。旧工更尽,其余声律,皆不复通。"
王劭丁母忧去职,在家撰《齐书》。时有诏禁民间私修国史,遂为内史侍郎李元操奏劾。文帝遣使收其书,览而悦之。于是起为员外散骑侍郎,

日本推古立厩户为圣德太子,摄国政。

日本难波(大阪)四大天王寺始建。

教皇格列高里第一贿伦巴德人以巨金,止其攻伐罗马。

参修起居注。

按：见《隋书》卷六九本传。

僧昙迁随驾至岐州，奏请修复北周武帝毁佛时废弃之佛像。文帝从之。

按：《续高僧传》卷一八本传载文帝诏曰："诸有破故佛像，仰所在官司精加检括，运送随近寺内。……委州县官人检校装饰。"

僧智顗在荆州当阳玉泉山。二月，晋王杨广致书迎奉，不就。四月，讲论《法华玄义》。七月，由杨广奏请，文帝赐智顗所创寺"玉泉寺"额。

按：见《佛祖统纪》卷六。

侯白奉敕著《旌异传》15卷（一说20卷）。

按：该书多述感应之事，已佚。侯白生卒年不详，字君素，魏郡人。好学，有捷才，尤善辩。举秀才，为儒林郎，于秘书省修国史。事迹见《隋书》卷五八《陆爽传》附传、《北史》卷八三。

徐同卿撰《通命论》2卷。

按：徐同卿时为晋王府祭酒。他以为儒、佛相合，趣旨一致，故撰此书以论之。隋费长房《历代三宝纪》卷一二曰："同卿以为儒教亦有三世因果之义，但以文言隐密，理致幽微，先贤由来未所辩立。……欲发显儒教旨宗，助佛宣扬，导达群品，咸奔一趣。"徐同卿事迹不详。

北天竺僧阇那崛多等译成《五千五百佛名经》8卷、《四童子经》3卷。

按：见《历代三宝纪》卷三。

僧慧可三月十六日卒（487— ）。慧可俗姓姬，初名神光，又作僧可，虎牢（一说洛阳）人。佛教禅宗第二祖。少为儒生，博览群书，通达老庄、《易》学。出家后，精研三藏内典。年四十岁师从禅宗祖天竺僧菩提达摩于嵩山少林寺，得传衣钵。达摩西归后，至邺都弘法，学者云集，遭异派僧人迫害。北周武帝毁佛时，南下隐居舒州皖公山，隋初复回邺。及卒，谥号"正宗普觉大师"、"大祖禅师"。弟子有僧粲、僧那等。事迹散见《宝林传》卷八、《祖堂集》卷二、《传法正宗记》卷六、《续高僧传》卷一六、《景德传灯录》卷三。

按：慧可卒年，一说开皇十二年。其生平事迹，诸家所说不尽一致。另据《续高僧传》卷三五《法冲传》，慧可弟子有粲禅师（即三祖僧粲）、惠禅师、盛禅师、那老师（僧那）、端禅师、长藏师、真法师、玉法师等。其中，僧粲传其衣钵。参见大业二年三祖僧粲条。僧那俗姓马，东海人。初业儒学，通《三礼》、《周易》。于相州师从慧可，后不知所终。其余数人，事迹不详。

何之元卒，生年、字号不详，庐江灊人。南朝学者。幼好学，有才思。初仕梁，后闭门著述。陈亡，移居常州晋陵县，卒于家。著有《梁典》30卷，已佚。严可均《全陈文》卷六收录其文2篇。事迹见《陈书》卷三四、《南史》卷七二。

开皇十四年 甲寅 594 年

四月乙丑,颁行新乐,禁民间流行音乐。

按:隋所颁新乐,即牛弘等所定之雅乐,事见开皇十三年。《隋书》卷二《高祖纪下》载文帝诏曰:"比命所司,总令研究,正乐雅声,详考已讫,宜即施用,见行者停。人间音乐,流僻日久,弃其旧体,竞造繁声,浮宕不归,遂以成俗。宜加禁约,务存其本。"

六月丁卯,诏公卿以下皆给职田,废公廨钱制。

按:《资治通鉴》卷一七八载,先是,台、省、府、寺及诸州皆置公廨钱,收息取给。工部尚书苏孝慈以为"官司出举兴生,烦扰百姓,败损风俗,请皆禁止,给地以营农"。文帝从之。

闰十月乙卯,隋文帝制:"外官九品已上,父母及子年十五已上,不得将之官。"

按:见《隋书》卷二《高祖纪下》。

十一月壬戌,隋文帝制:"州县佐吏,三年一代,不得重任。"

按:见《隋书》卷二《高祖纪下》。

十二月乙未,隋文帝东巡,往祭泰山。

按:见《隋书》卷二《高祖纪下》。

牛弘奉诏创定封禅仪注,十一月仪成,奏上。

按:《资治通鉴》卷一七八曰:"晋王广帅百官抗表固请封禅,帝令牛弘创定仪注。既成,帝视之,曰:'兹事体大,朕何德以堪之,但当东巡,因致祭泰山耳。'"

王劭为员外散骑侍郎,随驾东巡,极尽奉承之事,遂拜著作郎。

按:《资治通鉴》卷一七八曰:"员外散骑侍郎王劭言上有龙颜戴干之表,指示群臣。上悦,拜著作郎。"

杜台卿为著作郎,表请致仕。奉敕以本官还第。

按:杜台卿生卒年不详,字少山,博陵曲阳人。少好学,博览群书,善属文。北齐时,累迁中书黄门侍郎。北周平齐,归于乡里,以《礼记》、《春秋》讲授子弟。入隋,被征入朝,参修国史。致仕数年,卒于家。撰有《玉烛宝典》12卷、《齐记》20卷,另有集15卷,并行于世。今存《玉烛宝典》,余皆佚。清严可均《全隋文》卷二〇收录其赋并序1篇。事迹见《隋书》卷五八、《北史》卷五五。

袁充以鄜州司马领太史令,是年上晷影漏刻。

按:《隋书》卷一九《天文志上》曰:"充以短影平仪,均十二辰,立表,随日影所指辰刻,以验漏水之节。十二辰刻,互有多少,时正前后,刻亦不同。其二至二分,用箭辰刻之法。"

僧昙迁奏请建寺度僧,文帝从之,敕各地山寺凡有一僧以上者,"皆听

日本佛法大兴。

欧洲大疫,人口减半。

给额私度附贯"。

> 按：见《续高僧传》卷一八本传。

僧法琳游历金陵、楚郢等地，是夏五月，始隐居青溪山鬼谷洞。遂遍览佛儒典籍，精勤修习。

> 按：唐释彦琮《唐护法沙门法琳别传》卷上曰："开皇十四年夏五月，隐于青溪山鬼谷洞焉。阅览玄儒，寸阴无弃。……因撰《青溪山记》，可八千余言，理趣铿锵，文词婉丽，见传于代。"《续高僧传》卷二四《法琳传》亦载，法琳栖居青溪山，"昼则承诲佛经，夜则吟览俗典"，由是精通内外之典。青溪山鬼谷洞在今湖北远安境内。法琳于此隐居多年，至仁寿元年方出山。

王劭撰《皇隋灵感志》30卷成，奏上。

> 按：王劭撰此书以投隋文帝所好。《资治通鉴》卷一七八曰："劭前后上表，言上受命，符瑞甚众。又采民间歌谣，引图书谶纬，捃摭佛经，回易文字，曲加诬饰，撰《皇隋灵感志》三十卷，奏之。上令宣示天下……赏赐优洽。"

僧智𫖮在荆州当阳玉泉寺，自四月二十六日起讲论《摩诃止观》（又名《圆顿止观》），由弟子灌顶笔录成书，编为10卷。

> 按：《摩诃止观》卷一曰："智者，大隋开皇十四年四月二十六日于荆州玉泉寺，一夏敷扬，二时慈霆。"该书系隋代佛教天台宗论述圆顿止观学说之主要著作，与《法华玄义》、《法华文句》合称"天台三大部"。今存。书中所主止观结合、定慧双修及一念三千、一心三观等思想，对隋唐佛教理论发展影响颇大。后世注释、研究该书者众多，据《天台宗章疏》载，有《摩诃止观辅行传弘决》10卷（湛然）、《摩诃止观弘决搜要记》10卷（湛然）、《摩诃止观文句》2卷（湛然）、《摩诃止观义例》1卷（湛然）、《摩诃止观大意》1卷（湛然）、《摩诃止观心要》1卷、《摩诃止观注释》30卷（广智）、《摩诃止观音义》1卷、《摩诃止观八教大意》1卷（明旷）、《摩诃止观科文》1卷、《摩诃止观三德图》1卷。另有唐代梁肃《删定止观》3卷、道邃《摩诃止观记中异义》1卷；宋代从义《摩诃止观辅行补注》4卷，法照《摩诃止观辅行读教记》6卷等。

僧法经等七月撰《众经目录》（又名《大隋众经目录》）7卷成。

> 按：该书始撰于开皇十三年五月，至是告成。今存。《续高僧传》卷二九《兴福篇序论》曰："隋祖开皇之始，释教勃兴，真伪混流……乃敕沙门法经定其正本。"隋费长房《历代三宝纪》卷一五云："《大隋众经目录》，开皇十四年敕翻经所法经等二十大德撰。"《众经目录》卷七《表文》曰："去年五月十日，太常卿牛弘奉敕须撰《众经目录》，经等谨即修撰。总计众经，合有二千二百五十七部，五千三百一十卷，凡为七卷。另录六卷，总录一卷。缮写始竟，谨用进呈。……开皇十四年七月十四日，大兴善寺翻经众沙门法经等。"中国古代佛经典藏目录之编撰始于东晋道安《综理众经目录》，其后又有南朝梁僧祐《出三藏记集》等。近人梁启超《佛家经录在中国目录学之位置》以为，在现存诸家佛教经录中，最严谨者莫如法经等所撰《众经目录》。姚名达《中国目录学史》亦谓："经《录》之善，可以'整洁'二字襃之。"

北天竺僧阇那崛多等译成《诸佛护念经》10卷、《贤护菩萨经》6卷。

> 按：见《历代三宝纪》卷三。

图尔的格雷　　僧昙崇十月三十日卒（515—　）。昙崇俗姓孟，咸阳人。隋代高僧。

七岁习佛典,精研僧祇律,遂为宗师,号"无上士"。北周时,敕为"周国三藏",授陟岵寺主。入隋,颇为隋文帝敬重,赏赐有加。及卒,令建塔勒碑。有弟子五千余人。事迹见《续高僧传》卷一七、《六学僧传》卷一三。

戈里卒（538 或 540— ）。法兰克历史学家。著有《法兰克人史》。

明克让卒(524—)。克让字弘道,平原鬲人。北朝学者。北周时累迁司调大夫,赐爵历城县伯。入隋,拜太子内舍人,转率更令,进爵为侯。奉诏与牛弘等修礼议乐,当朝典故多所裁正。著有《孝经义疏》1部、《古今帝代记》1卷、《文类》4卷、《续名僧记》1卷,另有集20卷。后皆佚。事迹见《隋书》卷五八、《北史》卷八三。

按:《隋书》本传曰:"克让少好儒雅,善谈论,博涉书史,所览将万卷。《三礼》、《礼论》尤所研精,龟策、历象咸得其妙。"

僧信行正月四日卒(540—)。信行俗姓王,魏郡人。隋唐佛教三阶教始祖,世称三阶禅师。年十七于相州法藏寺受戒。博涉经论,重视行持。以佛教应实行济度,不宜空言,遂舍具足戒,倡行三教新义,并身体力行,皈敬者日多,渐成宗派。奉召入长安,卒于真寂寺。弟子众多,有本济、净名、僧邕、惠了、僧海、道安等。著有《对根起行杂录》32卷(一作36卷,又作35卷)、《三阶位别集录》3卷(一作4卷)等,凡数十种。今存《三阶佛法》4卷、《对根起行法》1卷,及《大乘无尽藏法》、《七阶佛名经》等残卷。事迹见《续高僧传》卷一六、《新修科分六学僧传》卷一三。日本学者矢吹庆辉著有《三阶教之研究》。

按:信行所创之三阶教,将佛法分为三阶,即第一阶大乘根机,属正法时代;第二阶三乘根机,属像法时代;第三阶世间普通根机,属末法时代。三阶教倡导大乘佛教利他精神,宣扬无尽藏布施思想,讲求行之实践,颇为一般民众信奉。然不为当时士大夫和佛教主流所容,自隋开皇末年至唐开元年间,数度遭到禁令和压制。事见开皇二十年,武则天证圣元年、圣历二年,唐玄宗开元十三年。"安史之乱"后,三阶教逐渐消歇。

万宝常卒,生年、字号、籍贯不详。精于钟律,遍工八音,善制乐器。北齐时坐父罪,充配乐户。隋开皇中,曾请以水尺为律,以调乐器,文帝从之。其所造之器,声音雅淡,不为时人所好。家贫,以饥卒。尝著《乐谱》64卷,未传于世。事迹见《隋书》卷七八、《北史》卷九〇。

按:《隋书》本传曰:"开皇之世,有郑译、何妥、卢贲、苏夔、萧吉并讨论坟籍,撰著乐书,皆为当时所用。至于天然识乐,不及宝常远矣。安马驹、曹妙达、王长通、郭令乐等能造曲,为一时之妙,又习郑声。而宝常所为,皆归于雅。此辈虽公议不附宝常,然皆心服,谓以为神。"宝常所著《乐谱》,具论八音旋相为宫之法,改弦移柱之变,为八十四调,一百四十四律,一千八百声,为之应手成曲。家贫无子,将死,悉毁其书,遂不复传于世。

牛头宗僧法融(—657)生。

开皇十五年　乙卯　595 年

<small>穆罕默德与海迪彻结婚。

教皇格列高里第一兼任罗马行政官。

英格兰人肯特王埃塞尔伯特一世称霸南英格兰。

印度十进制计算首见记载。</small>

正月庚午，隋文帝祠泰山，大赦天下。

按：见《隋书》卷二《高祖纪下》。

二月丙辰，收天下兵器，严禁民间私造。

按：见《隋书》卷二《高祖纪下》。

六月辛丑，诏名山大川未在祀典者，悉祠之。

按：见《隋书》卷二《高祖纪下》。

十二月乙丑，诏文武官以四考受代。

按：见《隋书》卷二《高祖纪下》。

苏威为纳言，随驾东巡，从祠泰山，坐不敬免职，寻复起。七月，持节巡抚江南，得以便宜行事。过会稽，逾五岭而还。

按：《隋书》卷四一本传载，苏威仕途数沉浮，隋文帝尝谓臣僚曰："世人言苏威诈清，家累金玉，此妄言也。然其性狠戾，不切世要，求名太甚，从己则悦，违之必怒，此其大病耳。"威持节巡江南事，又见《隋书》卷二《高祖纪下》。

僧智顗在荆州当阳玉泉寺，应晋王杨广之邀，再赴扬州。九月，辞归天台山，重整山寺，习静林泉。

按：见《佛祖统纪》卷六。

僧智顗撰《净名义疏》（一作《净名经疏》）28 卷（一说 31 卷）成。

按：《佛祖统纪》卷六载，智顗应晋王杨广之请，是年七月"以所著《净名义疏》初卷奉王"。同书又载，顗"为晋王著《净名义疏》二十八卷"。及顗卒，其弟子灌顶等"奉遗书及《净名义疏》三十一卷至扬州，王遣使答遗书"。明张溥《汉魏六朝一百三家集》卷一一四隋炀帝《答智顗遗旨书》亦有"《净名义疏》三十一卷"云云。大概顗所撰初为 28 卷，后由弟子灌顶等续为 31 卷。一说顗仅撰至《佛道品》，灌顶续为 34 卷。今存本题为《净名经疏》，凡 28 卷。唐时，天台宗九祖湛然缩略该书为 10 卷，今亦存。

僧彦琮等奉敕撰《众经法式》10 卷成。

按：隋费长房《历代三宝纪》卷一二曰："《众经法式》十卷……开皇十五年敕有司撰。"又曰："十五年，以诸僧尼时有过失，内律佛制不许俗看，遂敕有司，依大、小乘众经正文诸有禁约沙门语处，悉令录出，并各事别，题本经名，为此十卷。"同书卷六谓《众经法式》撰于开皇十四年，恐误。又，《续高僧传》卷二《达摩笈多传》曰："开皇十五年，文皇下敕，令翻经诸僧撰《众经法式》。时有沙门彦琮等准的前录，结而成之一部十卷，奏呈入内。"《众经法式》实系朝廷管理僧众之法规。至唐后期，又有僧百丈怀海撰《百丈清规》，以为禅宗僧规。后经历代修订，遂成佛徒公认僧规。

北天竺僧阇那崛多等译成《大威德陀罗尼经》20卷、《观察诸法行经》4卷、《诸法本无经》3卷、《譬喻王经》2卷、《发觉净心经》2卷、《出生菩提心经》1卷、《商主天子问经》1卷、《诸法最上王经》1卷、《圣善住意天子所问经》4卷。

按：见《历代三宝纪》卷三、唐僧明佺《武周刊定众经目录》卷一及卷三。

岑文本（　—645）生。

开皇十六年　丙辰　596年

六月甲午，制：工商不得仕进。

按：见《隋书》卷二《高祖纪下》。

辛丑，诏九品已上妻、五品已上妾，夫亡不得改嫁。

按：见《隋书》卷二《高祖纪下》。

八月丙戌，诏决死罪者，三奏然后行刑。

按：《隋书》卷二五《刑法志》谓隋文帝此诏在开皇十五年，同书卷二《高祖纪下》系于本年。今从《高祖纪》。

是年，隋文帝大兴佛教义学，以僧法彦为《大论》众主，僧法总为《涅槃》众主，僧洪遵为讲律众主，僧智隐为《毗昙》众主。

按：明年，文帝又敕慧迁为《十论》众主，与法彦等合称"五众"。事见《续高僧传》卷一〇《法彦传》和《法总传》、卷一二《慧迁传》、卷二一《洪遵传》、卷二六《智隐传》。

房玄龄是年十八，举进士，授羽骑尉。

按：新、旧《唐书》本传皆谓房玄龄年十八时为本州举进士，以其生于北周大象元年推算，当在本年。然隋置进士科始于炀帝大业二年，或玄龄所举为其他科名？未详孰是，姑从本传系录之。

僧洪遵在长安，奉敕为讲律众主，于崇敬寺聚徒讲论《四分律》，又宣讲《法华经》，由是原来仅重视《僧祇律》的关内律学为之一变。

按：《续高僧传》卷二一本传曰："先是，关内素奉《僧祇》，习俗生常，恶闻异学。乍讲《四分》，人听全稀。……遵欲广流法味，理任权机，乃旦剖《法华》，晚扬《法正》，来为开经，说为通律，屡停炎澳，渐致附宗。开导《四分》，一人而已。迄至于今，《僧祇》绝唱。"

僧智首约是年稍后随其师僧道洪入关中，大张讲肆，倡弘律学。关中地区初流行《僧祇律》，僧洪遵开创《四分律》，道俗多从之，然于传文律仪，仍不为人们重视。智首考定三藏众经，将其中词旨与律相关者，对校疏

日本法兴寺建成。

条,会其前失,详作诠解。从其研律者日众,洪遵亦亲来听讲。自后三十年,未有能与之抗衡者。

> 按:《续高僧传》卷二二本传谓智首师从道洪,研习律部,"未至立年,频开律府"。又"随师入关","始于隋文末纪,终于大渐之前,三十余载,独步京辇,无敢抗衡"。所谓"立年",即而立之年。智首生于北周武帝天和二年,至本年三十岁;卒于唐太宗贞观九年,距本年凡四十年。以是推之,其入关中当在本年稍后。姑系于此。

僧法彦在长安,奉敕为《大论》众主,住真寂寺,"镇长引化"。

> 按:见《续高僧传》卷一〇本传。

僧宝袭在长安,奉敕补为《大论》众主,于通法寺四时讲化,"方远总集"。

> 按:见《续高僧传》卷一二本传。

僧童真住长安大兴善寺,奉诏为《涅槃》众主。

> 按:童真精研《涅槃》,为时人敬重,故隋文帝命其统领《涅槃》众徒。《续高僧传》卷一二本传曰:"受具已后,归宗律句。晚涉经论,通明大、小,尤善《涅槃》。议其词理,恒处延兴,敷化不绝,听徒千数。……十六年,别诏以为《涅槃》众主。披解文义,允惬众心,而性度方正,善御大众,不友非类,唯德是钦。"

新罗僧昙育是年入隋求法。

> 按:见《三国史记·新罗本纪》、《海东高僧传》卷二。

褚遂良(—658)、僧道宣(—667)生。

开皇十七年　丁巳　597 年

斯拉夫人围拜占庭之塞萨洛尼卡。

英格兰人肯特王国皈依罗马天主教。

三月丙辰,隋文帝以诸司属官不敬惮其上,事难克举,诏诸司论属官之罪,听于律外斟酌决杖。

> 按:文帝此诏一下,法度渐乱。《资治通鉴》卷一七八曰:"于是上下相驱,迭相捶楚,以残暴为干能,以守法为懦弱。"

四月戊寅,诏颁新历。

> 按:该历由张胄玄奉敕制订。事见《隋书》卷二《高祖纪下》、卷一七《律历志中》。

十月庚午,诏改用乐之式,享庙日不备鼓吹,殿庭不设乐悬。

> 按:《隋书》卷二《高祖纪下》载,初,隋文帝谓侍臣曰:"礼主于敬,皆当尽心。黍稷非馨,贵在祗肃。庙庭设乐,本以迎神,斋祭之日,触目多感。当此之际,何可为心!在路奏乐,礼未为允。群公卿士,宜更详之。"至是,遂下此诏。

是年,检括天下私度僧尼。

以仓储丰盈,诏停本年天下正赋。

> 按:是年前后,隋朝统治达到鼎盛。《隋书》卷二四《食货志》载:是年,"户口滋

盛,中外仓库无不盈积。所有赉给不逾经费,京司帑屋既充,积于廊庑之下,高祖遂停此年正赋,以赐黎元"。

许善心除秘书丞,奏请李文博、陆从典等学者十余人,正定经史错谬。
按:见《隋书》卷五八本传。

张胄玄奉诏修定新历,奏上,为文帝称赏,渐见亲用。
按:张胄玄,渤海脩人。博学多通,尤精天文术数。起为云骑尉,累迁员外散骑侍郎,兼太史令。大业中,卒于官。其所制历法,与古不同者有三,超古独异者有七,详见《隋书》卷七八、《北史》卷八九。严可均《全唐文》卷二七收录其奏议1篇。

僧智𫖮在天台山。四月,立"御众制法"十条。八月,会稽嘉祥寺僧吉藏等百余人奉疏请往讲《法华经》,辞不赴。
按:见《佛祖统纪》卷六。

僧粲住大兴善寺,奉敕为二十五众第一摩诃衍论主。
按:此僧粲非禅宗三祖僧粲。见《续高僧传》卷九本传。

僧吉藏在会稽嘉祥寺,八月二十一日,与禅众百余人致书天台宗师智𫖮,请其到寺开讲《法华经》。会智𫖮卒,因从智𫖮弟子灌顶听天台宗义。
按:吉藏等《请智𫖮讲法华经疏》,见明梅鼎祚《释文纪》卷四三。

僧慧迁奉敕为《十论》众主,开筵讲演《十地》经论。
按:时隋文帝大兴佛教义学,分命佛学各派众主,事见开皇十六年。《续高僧传》卷一二《慧迁传》载,慧迁于北周灭北齐时南奔陈朝,隋初北归,随其师慧远入长安,遂有此命。

僧灵璨奉敕住长安净影寺,补为众主,弘扬佛法。
按:《续高僧传》卷一〇本传载,灵璨"研蕴正理,深明《十地》、《涅槃》,备经讲授"。随师至长安,住大兴善寺。至是,以其师卒,"众侣无依",遂奉敕补为众主。

僧志念应汉王杨谅之召,率门学四百余人赴晋阳,入住开义寺,颇受礼遇。奉汉王之命,于大兴国寺设坛讲法,受学者众。
按:时汉王杨谅镇守晋阳,开义寺系谅专为志念修建。《续高僧传》卷一一《志念传》曰:"谅乃于宫城之内更筑子城,安置灵塔,别造精舍,名为内城寺,引念居之,开义寺是也。劳问殷至,特加尤礼。"又曰:"于大兴国寺宣扬正法……先举大论,末演小乘。辩注若飞流,声畅如天鼓。三乘并骛,四部填埋。其知名者,则慧达、法景、法楞、十力、圆经、法达、智起、僧鸾、僧藏、静观、宝超、神素、道杰等五百余人,并九土扬名,五乘驰德,精穷内外,御化一方。"

许善心整理秘书省所藏书目,纂成《七林》若干卷。
按:《隋书》卷五八本传载,是年,许善心除秘书郎,以秘藏图籍尚多淆乱,乃仿南朝梁阮孝绪《七录》,编纂《七林》,各为总叙,冠于篇首,又于部录之下,阐明作者之意,区分其类。该书早佚,其卷数不详。

费长房著《开皇三宝录》(又名《历代三宝纪》)15卷成,十二月二十三日奏上。隋文帝颁敕,令刊行天下。
按:清严可均《全隋文》卷二八费长房《上开皇三宝录表》曰:"因纲历世佛法缘起,始自姬周庄王甲午佛诞西域,后汉明皇永平丁卯经度东岁,迄今开皇太岁丁巳,历一千二百八十一载。其间灵瑞、帝主、名僧代别显彰,名《开皇三宝录》,凡十五卷。"该书系隋代继僧法经等所撰《大隋众经目录》之后又一部佛教经录著作,在中国古代佛教史上颇具地位。今存,收录于《大正藏》。其前三卷上列甲子,系以帝年,下注佛生、出家、成道、入灭等事;次九卷详记历代译师所译经典;第十三卷录大乘佛教入藏目;第十四卷录小乘佛教入藏目;最后一卷为总目。全书取材广泛,广征博引,保存了此前诸经录著作的不少内容,且大多注明出处,为研究中国古代佛典和佛经翻译史提供了丰富的资料。《续高僧传》卷二《达摩笈多传》谓该书"录成陈奏,下敕行之,所在流传,最为该富"。唐道宣《大唐内典录》、智昇《开元释教录》等亦有类似评论。近人梁启超《佛学研究十八篇》称该书"在现存诸经录中,号称该博",然其不足之处亦十分明显,"其书盖钞撮诸家之录而成,搜采虽勤,别裁苦鲜,其最可观者实惟前三卷之年表"。

又按:费长房生卒年、字号不详,成都人。隋代佛教学者,佛经翻译家。博学能文,精通佛儒百家。初出家剃度,北周武帝毁佛时还俗。隋开皇中奉召为翻经学士,入大兴善寺译场参与译经。先后笔受那连提黎耶舍所译《大方等日藏经》、《力庄严三昧经》,阇那崛多所译《佛本行集经》、《善思童子经》、《移识经》、《观察诸法行经》、《商主天子问经》等。清严可均《全隋文》卷二八收录其文2篇。事迹见《续高僧传》卷二《达摩笈多传》、《历代三宝纪》卷一二和卷一五、《开元释教录》卷七、《大唐内典录》卷五。

科伦巴卒(约521—)。爱尔兰僧侣。他传教于苏格兰,使皮克特人皈依于基督教凯尔特教会。

僧智顗十一月卒(538—)。智顗俗姓陈,字德安,世称智者大师、天台大师,荆州华容人。佛教天台宗开创者。年十八从果愿寺僧法绪出家,曾随僧慧旷学律藏,后师从僧慧思研习法华经。在金陵瓦官寺讲论八年,判释经教,树立宗义,奠定天台宗教义基础。入天台山,建修禅寺居之。隋灭陈,晋王杨广镇扬州,颇敬重之,请其授菩萨戒。及卒,杨广于天台山下建寺,即位后敕"国清寺"之额。后周世宗时追谥"法空宝觉尊者",南宋宁宗时加谥"灵慧大师"。一生造大寺30多所,度僧无数。弟子有灌顶、智越、智璪等。著述丰赡,有《法华经玄义》、《法华经文句》、《摩诃止观》,世称"天台三大部";《观音玄义》、《观音义疏》、《金光明经玄义》、《金光明经文句》、《观无量寿佛经疏》,世称"天台五小部"。另有《净名经疏》、《请观音经疏》等。凡数十种,大多流传至今。事迹见《续高僧传》卷一七、灌顶《隋天台智者大师别传》、《佛祖统纪》卷六、《唐文粹》卷六一梁肃《天台智者大师碑》。宋释戒应撰有《智者大师年谱事迹》,今人潘桂明著有《智顗评传》。

按:智顗著述,少数系亲自撰写,大部分由弟子灌顶笔录整理而成。流传至今者有:《净名经疏》28卷,《法华经玄义》20卷,《法华经文句》20卷,《观音玄义》(一作《观音玄疏》)2卷,《观音义疏》2卷(一本为5卷),《金光明经玄义》2卷,《金光明经文句》6卷,《维摩经玄疏》6卷,《维摩经疏》28卷(前25卷亲撰,后3卷灌顶续补),《维摩经略疏》10卷,《四教义》12卷(由《维摩经玄疏》分出),《三观义》2卷(由《净名玄义》分出),《四悉檀义》2卷(由《净名玄义》分出),《请观音经疏》1卷,《阿弥陀经义记》1卷,《仁王护国般若经疏》5卷,《金刚般若经疏》1卷,《菩萨戒义疏》2卷,《摩诃止观》(又名《圆顿止观》)20卷,《释禅波罗蜜次第法门》10卷(一本30卷,又本12

卷，系灌顶略写)，《六妙法门》(一名《不定止观》)1卷，《小止观》(一名《修习止观坐禅法要》，又名《童蒙止观》)1卷，《四念处》4卷，《五方便念佛门》1卷，《禅门口诀》1卷，《禅门章》1卷，《禅门要略》1卷，《观心论》1卷，《观心诵经法》1卷，《观行食法》1卷，《释摩诃衍般若波罗蜜经觉意三昧》(又名《觉意三昧》)1卷，《方等三昧行法》1卷，《法华三昧行法》1卷，《请观音忏法》1卷，《金光明忏法》1卷，《天台智者大师发愿文》1卷，《普贤菩萨发愿文》1卷，《法界次第章》3卷(一为《法界次第初门》6卷)。另有《大智度论疏》20卷、《弥勒成佛经疏》5卷等，已散佚。又有《净土十疑论》1卷等，或谓系后人托名伪撰。

又按：智顗在中国佛教史上颇具地位。其提出之"五时八教"判教说、"一心三观"、"三谛圆融"等思想，于后世佛学影响甚大。所创天台宗，系中国佛教最早宗派之一，对日本佛教之发展亦有很大影响。日本学者平川彰在为《新佛典解题事典》一书所写的《序章》中，将智顗与嘉祥吉藏、净影慧远并称为"隋代三大法师"。

开皇十八年　戊午　598年

七月丙子，诏京官五品已上及各地总管、刺史，以"志行修谨"、"清平干济"二科举人。

按：隋文帝此前已令诸州岁贡3人，事见开皇七年。至是复增设科名举人，实为后来科举制之开端，影响深远。

高颎坐事免职，以公就第，复被革去爵位，除名为民。

按：初，高颎颇受文帝信任。然因力谏罢征高丽之役，引起文帝不满。后又有皇后独孤氏、汉王杨谅等迭相交构，文帝更疑之，终夺其官爵。事见《隋书》卷四一本传。

杨素为尚书右仆射，以灵州道行军总管衔，率兵出塞讨突厥，得胜而归。

按：见《隋书》卷四八本传。

僧吉藏受晋王杨广之邀，由会稽嘉祥寺赴扬州，入住慧日道场。

按：是年杨广在扬州建四道场，延请佛教知名学者入住，吉藏以盛名亦被邀请。

僧灌顶由天台赴扬州，以其师智顗遗书及《净名经文疏》等献晋王杨广。旋奉广命回天台山，为智顗设千僧会，营建国清寺。

按：见《续高僧传》卷一九本传、《佛祖统纪》卷六。

刘臻卒(527—　)。臻字宣挚，沛国相人。以精研两《汉书》著称，时人称为"汉圣"。年十八举秀才，北周时历露门学士、大都督等职，爵封饶阳县子。入隋，进位仪同三司，累封伯爵。有集10卷，行于世，后佚。事迹见《隋书》卷七六、《北史》卷八三。

按：自南朝以来，研学《史记》之风渐趋低落，而《汉书》之学日兴。及至隋代，《汉书》学更盛，刘臻即为当时此学风代表之一。另有杨汪、萧该、包恺、张冲、于仲文等之流，亦皆以精通《汉书》名于世，从学者众，对唐初史学产生诸多影响。赵翼《廿二史札记》卷二〇曰："自隋时萧该精《汉书》，尝撰《汉书音义》，为当时所贵，包恺亦精《汉书》，世之为《汉书》学者，以萧、包二家为宗。刘臻精于两《汉书》，人称为'汉圣'。又有张冲撰《汉书音义》十二卷，于仲文撰《汉书刊繁》三十卷。是《汉书》之学，隋人已究心。"萧该、包恺、杨汪、张冲、于仲文事迹概况，分见开皇元年、大业元年、大业九年、仁寿四年和唐武德四年条。

元善卒(539—)。善字号不详，洛阳人。性好学，博涉《五经》，尤精于《左传》。少随父南奔萧梁，"侯景之乱"时北返。初仕北周，为太子宫尹，爵江阳县公，执经教授太子。入隋，拜内史侍郎，迁国子祭酒，为后进所归。卒于官。事迹见《隋书》卷七五。

按：元善卒年，史无明载。然考《隋书》本传，谓善尝言于隋文帝，以为"可以付社稷者，唯独高颎"。文帝"初然之"，及颎得罪，又以"善之言为颎游说，深责望之"。善忧惧，"于是疾动而卒，时年六十"。高颎于本年除名为民，则元善之卒当是同年。

开皇十九年　己未　599 年

日本神道或于此年前后逐渐宗教体系化。

库布拉特建立保加尔人的王国。

正月癸酉，大赦天下。

按：见《隋书》卷二《高祖纪下》。

十月甲午，以突厥突利可汗为启民可汗，于朔州筑大利城以处其部众，寻又以皇室宗女义成公主妻之。

按：见《隋书》卷二《高祖纪下》、《资治通鉴》卷一七八。

牛弘为太常卿，九月转吏部尚书。奉诏与杨素、苏威、薛道衡、许善心、虞世基、崔子发等并召诸儒，讨论新礼降杀轻重。

按：《隋书》卷四九本传曰："弘所立议，众咸推服之。"

王孝籍在秘书省协助王劭修国史，不为劭所重，郁郁不得志。致书吏部尚书牛弘以求调迁未果，遂归乡里，以教授为业。

按：王孝籍生卒年、字号不详，平原人。少好学，博览群书，遍治《五经》，颇有文干。与河间刘炫友善。在秘书省参修国史多年，终不得志。曾注《尚书》及《诗》，逢世乱，未行于世。事迹见《隋书》卷七五、《北史》卷八二。

李百药授礼部员外郎，太子杨勇召为东宫学士。奉诏修五礼，定律令，撰阴阳书。时台内奏议文表，多为其所撰。

按：李百药系李德林之子。开皇初，尝入朝任职，初授东宫通事舍人，后迁太子舍人，兼东宫学士，"或嫉其才而毁之者，乃谢病免去"。至本年，奉诏袭父爵，为左仆射杨素、吏部尚书牛弘奏荐，遂复入朝。事见《旧唐书》卷七二。

僧吉藏住扬州慧日道场，是年随晋王杨广北赴长安，敕住日严寺。

按：吉藏嗣后整理经疏，勤于著述。又讲论诸经，以弘扬《三论》为宗，故世谓其为三论宗再兴之祖。

僧吉藏是年后著《净名玄论》8卷。

按：该书论述《净名经》(《维摩经》)要旨，引用书籍颇多，又载录道安、鸠摩罗什、僧肇、道生、北土论师等数十家之说，为隋唐佛教三论宗之重要典籍。今存，收录于《大正藏》。日本智光为该书注释，撰有《净名玄论略述》7卷。

锡兰巴利文编年史《大史》著成。

开皇二十年　庚申　600年

十月乙丑，诏废皇太子杨勇及其诸子并为庶人。

按：见《隋书》卷二《高祖纪下》。

十一月戊子，立晋王杨广为皇太子。

按：见《隋书》卷二《高祖纪下》。

十二月辛巳，隋文帝诏："敢有毁坏、偷盗佛及天尊像，岳、镇、海、渎神形者，以不道论；沙门坏佛像，道士坏天尊者，以恶逆论。"

按：见《隋书》卷二《高祖纪下》。文帝信佛道鬼神，晚年尤甚。"天尊"即道教之元始天尊；"岳"即东岳泰山，西岳华山，南岳衡山，北岳恒山。隋于五岳皆置令，又有吴山令主吴岳；"镇"即《周官·职方氏》所云扬州其山镇曰会稽，荆州其山镇曰衡山，豫州其山镇曰华山，青州其山镇曰沂山，兖州其山镇曰岱山，雍州其山镇曰岳山，幽州其山镇曰医无闾山，并州其山镇曰恒山，冀州其山镇曰霍山；"海"即东海、南海；"渎"即江、河、淮、济。此前，文帝于开皇十四年下诏，令东镇沂山，南镇会稽山，北镇医无闾山，冀州镇霍山，并就山立祠；东海于会稽县界，南海于南海镇南，并近海立祠；及四渎、吴山并取侧近巫一人，主知洒扫。至十六年，又诏北镇于营州立祠。

是月，日本推古女皇遣使聘于隋。

是年，敕禁佛教三阶教，不听流行。

按：三阶教系信行所创，初获隋廷支持，至是遭禁止。然其颇为一般民众信仰，仍流传于社会。唐释智昇《开元释教录》卷一八曰："三阶法……开皇二十年，有敕禁断，不听流传。其徒既众，蔓延弥广，同习相党，朋援繁多。隋文虽断流行，不能杜其根本。"入唐，又先后数次颁行禁令。分见证圣元年、圣历二年、开元十三年。

南部斯拉夫人定居于今塞尔维亚一带。

"蛮族人"停止在西欧的入侵活动。

天花第一次在欧洲爆发。

刘炫为旅骑尉，作《抚夷论》，力排众议，反对出征高丽。

按：见《隋书》卷七五本传。

杜正玄举秀才，尚书试方略，下笔成章。

按：杜正玄生卒年不详，字慎徽，祖籍京兆，世居邺。出身文学世家，博涉多通。后授晋王行参军，转豫章王记室，卒于官。其弟杜正藏亦有文名。正藏字为善，弱冠举秀才，授纯州行参军，历下邑正。杜氏兄弟俱以文章名于世，著碑诔铭颂诗赋百余篇，又著《文章体式》，为后进所重，时人号为"文轨"。海外高丽、百济亦传习之，称为《杜家新书》。事迹见《隋书》卷七六。

常得志为秦孝王杨俊记室，及俊卒，作五言诗悼之，为时人所重。

按：《隋书》卷二《高祖纪下》载，杨俊卒于本年六月丁丑。常得志生卒年、字号不详，京兆人。博学，善诗文。清严可均《全隋文》卷二八收录其文1篇。事迹见《北史》卷八三。

新罗僧圆光奉王命回国。

按：见《续高僧传》卷一三。

印度文献约于此时出现"零"符号。

印度婆罗维（日辉）于此前后作诗《山民和阿周那》。

《格列高里圣咏》编成。

维南提乌斯·福图纳特斯约卒（约535 或 540— ）。法兰克诗人。擅作拉丁文诗歌。

圣大卫卒（约520— ）。基督教僧侣。传教于威尔士，创建教会。

僧智首是年前后撰《五部区分钞》21卷。

按：智首有感于佛学律部东传以来，各种传译400余卷，讲解纷乱，遂比较其中异同，定其废立，编撰此书。今存。

北天竺僧阇那崛多卒（523— ）。阇那崛多系梵名，意译德志、至德、佛德、志德，北天竺犍陀罗国富留沙富罗城人。著名译经僧。自幼出家，师事阇那耶舍、阇若那跋达啰。经西域来华，北周武成二年抵长安，入四天王寺，参与译经。周武帝毁佛时归国，途中为突厥所留。隋文帝遣使迎回，令住洛阳大兴善寺译经。先后译佛经37部，计176卷，另译梵文典籍200余卷。事迹见《续高僧传》卷二、《历代三宝纪》卷一一、《开元释教录》卷七。

杨异六月癸丑卒（539— ）。异字文殊，弘农华阴人。幼孤，闭户勤学，博涉书记。初仕北周，入隋，历宗正少卿、益州总管、西南道行台兵部尚书、工部尚书等职，卒于吴州总管任。事迹见《隋书》卷四六。

按：杨异卒年，见《隋书》卷二《高祖纪下》。

僧玄奘（ —664）、吕才（ —665）生。

按：玄奘生年，历有歧说。《旧唐书》卷一九一本传谓其卒于唐显庆六年，"时年五十六"，以此推，当生于大业二年。唐冥详《大唐故三藏玄奘法师行状》谓其卒于唐麟德元年，"年六十有三"。冯家昇《回鹘文写本〈菩萨大唐三藏法师传〉研究》称，1930年新疆出土之回鹘文古写本《菩萨大唐三藏法师传》亦有类似记载。以此推，当生于仁寿二年。近人陈垣等皆主此说。《金石萃编》卷一二三刘轲《三藏大遍觉法师塔铭》谓其麟德元年二月卒，"春秋六十有九"。以此推，当生于开皇十六年。近人梁启超等主此说。杨廷福《玄奘年谱》谓玄奘当生于本年。从之。

隋文帝仁寿元年　辛酉　601年

日本圣德兴建

六月乙卯，遣十六使巡省风俗。

按：见《隋书》卷二《高祖纪下》。

乙丑，以天下学校生徒多而不精，诏废太学、四门学及州县学，唯存国子学，生员70人。

按：《隋书》卷二《高祖纪下》载文帝诏曰："儒学之道，训教生人，识父子君臣之义，知尊卑长幼之序，升之于朝，任之以职，故能赞理时务，弘益风范。朕抚临天下，思弘德教，延集学徒，崇建庠序，开进仕之路，伫贤隽之人。而国学胄子，垂将千数，州县诸生，咸亦不少。徒有名录，空度岁时，未有德为代范，才任国用。良由设学之理，多而未精。今宜简省，明加奖励。"太学始置于汉，西晋武帝置国子学，北魏太和二十年置四门学，皆设博士以授生徒。隋初因袭前代，又于各郡县设博士。至是多废。又，《隋书》卷七五《儒林传序》论及隋文帝期间儒学之兴衰，曰："高祖膺期纂历，平一寰宇，顿天网以掩之，贲旌帛以礼之，设好爵以縻之，于是四海九州强学待问之士靡不毕集焉。……超擢奇俊，厚赏诸儒，京师达乎四方，皆启黉校。齐、鲁、赵、魏，学者尤多，负笈追师，不远千里，讲诵之声，道路不绝。中州儒雅之盛，自汉魏以来，一时而已。及高祖暮年，精华稍竭，不悦儒术，专尚刑名，执教之徒，咸非笃好。暨仁寿间，遂废天下之学，唯存国子一所，弟子七十二人。"

同日，以天下一统多由佛教之助，诏颁舍利于三十州，各建灵塔安置。

按：唐释道世《法苑珠林》卷四〇曰："皇帝以仁寿元年六月十三日，御仁寿宫之仁寿殿，本降生之日也。……乃取金瓶、琉璃各三十，以琉璃瓶盛金瓶，置舍利于其内，熏陆香为泥，涂其盖而印之。三十州同刻十月十五日正午入于铜函石函，一时起塔。"唐释道宣《广弘明集》卷一七载隋文帝《立舍利塔诏》曰："朕归依三宝，重兴圣教，思与四海之内一切人民俱发菩提，共修福业，使当今现在，爰及来世，永作善因，同登妙果。宜请沙门三十人谙解法相兼堪宣导者，各将侍者二人，并散官各一人……分道送舍利，往前件诸州起塔。"另据同书载王劭《舍利感应记》，此次所颁舍利，分藏于雍州仙游寺、岐州凤泉寺、泾州大兴国寺、秦州静念寺、华州思觉寺、同州大兴国寺、蒲州栖岩寺、并州旧无量寺、定州恒岳寺、相州大慈寺、郑州定觉寺、嵩州闲居寺、亳州开寂寺、汝州兴世寺、泰州岱岳寺、青州胜福寺、牟州巨神山寺、隋州智门寺、襄州大兴国寺、扬州西寺、蒋州栖霞寺、吴州大禹寺、苏州虎丘寺、衡州衡岳寺、桂州缘化寺、番州灵鹫寺、交州禅众寺、益州法聚寺、廓州法讲寺、瓜州崇教寺。此后，隋文帝又数次颁舍利分藏诸州。参见仁寿二年、四年条。

七月戊戌，改国子学为太学。

按：见《隋书》卷二《高祖纪下》。

十月十五日，隋文帝御大兴殿，延请沙门360人弘法。时高丽、新罗、百济三国使者将返国，各请舍利于本国起塔奉养，许之。

按：见元释觉岸《释氏稽古录》卷二。

苏威为纳言，正月复拜尚书右仆射，再登相位。

按：苏威后坐事去职，见《隋书》卷四一本传。

杨素正月由尚书右仆射转左仆射，寻以行军元帅，率兵出云州击突厥，大破之。自是突厥远遁，漠南无复骚扰之忧。

按：见《隋书》卷四八本传。

许善心以秘书丞摄黄门侍郎。

按：见《隋书》卷五八本传。

大和斑鸠宫。

拜占庭人败波斯。

圣奥古斯丁就任英格兰首任大主教，建坎特伯雷大教堂。

刘炫以隋文帝下诏废国子四门及州县学,上表言学校不宜废,言辞甚切,不为采纳。

按:隋文帝废学事,《隋书》卷二《高祖纪下》系于本年,同书卷七五《刘炫传》谓开皇二十年。此从《高祖纪》。参见本年六月乙丑条。

张文翙游太学,是年有诏废学,遂归河东乡里,灌园为业。

按:隋文帝诏废太学事,见本年前文条。张文翙生卒年、字号不详,河东人。博览文籍,尤精《三礼》,于《周易》、《诗》、《书》及《春秋三传》并皆通习。好郑玄注解,以为通博,对诸儒异说亦多详究。数游太学,颇为太学博士房晖远、张仲让、孔笼等名儒硕学之士推崇,治书御史皇甫诞为执弟子之礼。苏威闻其名而召之,劝其入仕,固辞不从。及归隐乡里,安于清贫,州郡数荐举,皆不应命。卒于家,年四十。乡人为立碑颂,号曰"张先生"。事迹见《隋书》卷七七、《北史》卷八八。

孙万寿奉召拜豫章王长史。

按:《隋书》卷七六本传述此事于"仁寿初",未详具体年份,姑系于此。孙万寿生卒年不详,字仙期,信都武强人。北齐名儒灵晖之子。年十四从名儒熊安生学《五经》,略通大义,兼博涉子史。善属文,工诗,与孔绍安齐名。《新唐书》卷一九九《孔若思传》曰:"孔绍安与孙万寿皆以文辞称,时谓'孙孔'。"开皇初配防江南时,尝作五言诗以述失意之怀,颇为时人传诵。后累官大理司直,年五十二卒。有集10卷行于世,早佚。事迹见《隋书》卷七六、《北史》卷八一。

僧智正奉敕为仁觉寺主持,辞不受。由是栖居终南山至相寺,不再复出。

按:见《续高僧传》卷一四本传。

僧昙迁建议分送舍利于各处供奉,隋文帝从之。奉敕为蜀王门师,以年事已高,路途艰难,不赴。寻奉旨护送舍利于岐州凤泉寺。

按:见《续高僧传》卷一八本传。

僧法琳隐居青溪山,是春三月至长安。由是云游四方,多与道士游。

按:法琳隐居青溪山,始于开皇十四年。见唐释彦琮《唐护法沙门法琳别传》卷上。

僧童真住长安大兴善寺,十月奉敕护送舍利往至雍州仙游寺。

按:见《续高僧传》卷一二本传。

陆法言著《切韵》5卷成。

按:该书系中国现今可考最早韵书之一。开皇初,刘臻、颜之推、卢思道、李若、萧该、辛德源、薛道衡、魏彦渊等当世名家论音韵之学,评古今是非,以为西晋吕静《韵集》以下诸家韵书,标准不一,各有谬误。陆法言执笔记录诸人议论及所定审音之则,复深加斟酌,著成该书。全书收录1.15万字,分193韵,其中平声54韵,上声51韵,去声56韵,入声32韵。书中所创之修撰体例及其归纳之语间体系,经唐孙愐《唐韵》、宋陈彭年《广韵》等先后相承完善,自隋唐至近代一直为官方承认之标准。原书已佚,近世于敦煌文书中得残本三种,互相补充,约成原书四分之三左右。陆法言生卒年不详,名慈,以字行,临漳人。官至承奉郎,坐事除名。清严可均《全隋文》卷二七收录其文1篇,即《切韵序》。事迹见《隋书》卷五八《陆爽传》。

南天竺僧达摩笈多等于长安大兴善寺重译《法华经》,名曰《添品妙法莲华经》,凡8卷。

按：《法华经》全名《妙法莲华经》，西晋太康年间初译为 7 卷，十六国后秦时由鸠摩罗什再译。达摩笈多与阇那崛多等重勘梵本，系第三次翻译。三种译本皆行于世，流传至今。

阎立本（ —673）、僧弘忍（ —674）生。

仁寿二年　壬戌　602 年

正月二十三日，隋文帝再颁舍利分藏于诸州，各置灵塔。

按：隋文帝已于去年分藏舍利于三十州，此次所颁规模更大。王劭《舍利感应记别录》谓颁舍利于五十一州，唐释道世《法苑珠林》卷四〇谓五十三州。

秋七月丙戌，诏内外官各举所知。

按：见《隋书》卷二《高祖纪下》。

杨素为尚书左仆射，闰十月甲申，奉诏与诸术者刊定阴阳舛谬。

按：见《隋书》卷二《高祖纪下》。

许善心以秘书丞摄黄门侍郎，加摄太常少卿，奉敕与牛弘等议定礼乐。

按：见《隋书》卷五八本传。

姚察由秘书丞迁员外散骑常侍、晋王侍读。

僧洪遵奉敕护送佛舍利至卫州福聚寺。

按：见《续高僧传》卷二一本传。

僧彦琮奉敕将《舍利瑞图经》、《国家祥瑞录》译为梵文，赐予西域。

按：《续高僧传》卷二本传载，时有西域王舍城沙门远来谒见隋文帝，将还，请赐《舍利瑞图经》等书，帝遂敕彦琮译为梵文。是为华文译梵文之始。

僧昙迁奉敕为长安禅定寺主，搜扬海内名德 128 人住寺。又奏言，以为"世有三尊"，"各有光明，其用异也"。

按：《续高僧传》卷一八本传载，隋文帝皇后独孤氏（即献后）卒，文帝下敕曰："自稠师灭后，禅门不开，虽戒慧乃弘，而行仪攸阙。今所立寺既名禅定，望嗣前尘，宜于海内召名德禅师一百二十人，各二侍者，并委迁禅师搜扬，有司具礼。"遂以迁为寺主。考《隋书》卷二《高祖纪下》，献后卒于本年八月己巳，十月壬寅葬于太陵。《佛祖统纪》卷三九谓昙迁于开皇十四年奉诏集海内名德居定禅寺，恐误。又，《续高僧传》卷一八本传载昙迁奏言："佛为世尊，道为天尊，帝为至尊。尊有恒政，不可并治。"

僧灌顶在天台山，奉召携《法华玄义》、《净名经疏》等入长安，缮写校勘，在宫廷中广为弘扬。

按：见《续高僧传》卷一九本传。

日本寇新罗。

拜占庭将领福卡斯弑莫里斯。

英格兰《埃塞尔伯特法典》颁布。

僧慧迁奉敕护送舍利至瀛州弘博寺。

> 按：见《续高僧传》卷一二本传。

僧志念随汉王杨谅由晋阳赴长安，设坛讲法，听者云集。未几，复随谅还晋阳。

> 按：志念受汉王杨谅之召赴晋阳事，见开皇十七年条。《续高僧传》卷一一《志念传》载，是年，隋文帝献皇后卒，谅奉诏入京奔丧，志念奉命同行。"既达京师，禅林创讲"，"门人慕义千计"。

中天竺僧阇提斯那至长安，隋文帝于大宝殿延见之。

> 按：《续高僧传》卷二六本传载，阇提斯那系中天竺摩竭提国人，"学兼群藏，艺术异能，通练于世"。开皇十四年启程来华，至是抵长安。蒙文帝召见，颇合帝意。后事迹不详。

拜占庭历史学家西莫家达著成《历史》8卷。

杨素、苏威、牛弘、薛道衡、许善心、虞世基、王劭等奉诏重修《五礼》，后撰成130篇。

> 按：隋代所行《五礼》，初由牛弘等奉敕修定，事见开皇五年条。至是，隋文帝命重加修定。《隋书》卷二《高祖纪下》载本年闰十月己丑文帝诏曰："礼之为用，时义大矣。黄琮苍璧，降天地之神；粢盛牲食，展宗庙之敬。正父子君臣之序，明婚姻丧纪之节。故道德仁义，非礼不成；安上治人，莫善于礼。……今四海义安，五戎勿用，理宜弘风训俗，导德齐礼，缀往圣之旧章，兴先王之茂则。尚书左仆射、越国公杨素，尚书右仆射、邳国公苏威，吏部尚书、奇章公牛弘，内史侍郎薛道衡，秘书丞许善心，内史舍人虞世基，著作郎王劭，或任居端揆，博达古今；或器推令望，学综经史。委以裁缉，实允佥议，可并修定《五礼》。"《旧唐书》卷二一《礼仪志一》曰："文帝命太常卿牛弘集南、北《仪注》，定《五礼》一百三十篇。"

僧彦琮著《西域传》（一作《大隋西国传》）10卷；又奉敕更撰《众经目录》。

> 按：《西域传》系彦琮据天竺僧人达摩笈多闻见撰成，分方物、时候、居处、国政、学教、礼仪、饮食、服章、宝货、山河国邑人物等十部分，详述西域各地情况。《续高僧传》卷二《彦琮传》作《西域传》，同卷《达摩笈多传》作《大隋西国传》。《众经目录》，初由僧法经等于开皇十四年奉敕撰修，至是彦琮复奉敕更撰。两书后皆佚。

僧吉藏四月著《三论玄义》1卷（一作2卷）成。

> 按：吉藏著成该书时间，一说开皇末，一说大业初。书中阐述《中论》、《百论》、《十门论》之宗旨大意，集佛教三论宗教义之大成，为隋唐之际三论宗主要著作之一。后传入日本，影响颇大，研究者众。据日本《大正新修大藏经勘同目录》所载，为该书作注疏者有澄禅《三论玄义检幽集》7卷等，凡25家。该书今存，有《大正藏》本，中华书局1987年出版韩廷杰《三论玄义校释》等。

僧慧藏卒（522—　）。慧藏俗姓郝，平棘人。高僧，精通涅槃、戒律。十一岁出家，后隐居鹊山，潜心研究《华严经》。北齐武成帝时尝奉诏于太极殿讲经，隋文帝亦曾召其入京讲筵。卒于空观寺。事迹见《续高僧传》卷九、《释氏六帖》卷一〇、《新修科分六学僧传》卷二二。

姚最卒，生年不详。最字士会，吴兴武康人，姚僧垣次子。博通经史，尤好著述。初仕北周，为王府记室；入隋，历太子门大夫、蜀王府司马。坐蜀王杨秀有异谋事，被诛。著有《梁后略》10卷，行于世，后佚。清严可均《全陈文》卷一二收录其文2篇。事迹见《周书》卷四七、《北史》卷九〇。

僧智俨（　—668）、李淳风（　—673）生。

仁寿三年　癸亥　603年

六月甲午，诏定守丧之制。

按：《隋书》卷二《高祖纪下》载隋文帝诏，言及当时丧制之乱，谓"儒者徒拟三年之丧，立练禫之节，可谓苟存其变而失其本，欲渐于夺，乃薄于丧"，"亲疏失伦，轻重颠倒"。规定："父存丧母，不宜有练，但依礼十三月而祥，中月而禫。"

七月丁卯，诏州县搜访、荐举贤才。

按：《隋书》卷二《高祖纪下》载隋文帝诏曰："日往月来，唯天所以运序；山镇川流，唯地所以宣气。运序则寒暑无差，宣气则云雨有作，故能成天地之大德，育万物而为功。况一人君于四海，睹物欲运，独见致治，不藉群才，未之有也。……其令州县搜扬贤哲，皆取明知今古，通识治乱，究政教之本，达礼乐之源，不限多少，不得不举。限以三旬，咸令进路。征召将送，必须以礼。"

九月壬戌，置常平官，掌天下义仓。

按：隋文帝于开皇初令各州县置义仓，至是置官掌之。见《隋书》卷二《高祖纪下》、《资治通鉴》卷一七九。

杨素为尚佐仆射，权倾朝野。遭隋文帝猜忌，不复通判省事。

按：《隋书》卷四八本传曰："时素贵宠日隆，其弟约、从父文思、弟文纪，及族父异，并尚书列卿。诸子无汗马之劳，位至柱国、刺史。家僮数千，后庭妓妾曳绮罗者以千数。第宅华侈，制拟宫禁。……亲戚故吏，布列清显，素之贵盛，近古未闻。……朝臣有违忤者，虽至诚体国，如贺若弼、史万岁、李纲、柳彧等，素皆阴中之。若有附会及亲戚，虽无才用，必加进擢。朝廷靡然，莫不畏附。"时兵部尚书柳述、大理卿梁毗等上表，言素作威作福。文帝遂渐疏忌之，外示优厚，内实夺权。

薛道衡为内史侍郎，与高颎、杨素善。隋文帝不欲其久掌机密，遂出为检校襄州总管。

按：《隋书》卷五七本传曰："道衡久当枢要，才名益显，太子诸王争相与交，高颎、杨素雅相推重，声名籍甚，无竞一时。……杨素专掌朝政，道衡既与素善，上不欲道衡久知机密，因出检校襄州总管。"

王通游长安，获隋文帝召见，因献《太平十二策》。颇为文帝赏识，下其议于公卿大臣。然不为公卿所悦，未能见用。稍后，为蜀郡司户书佐，蜀王侍读。

按：唐杜淹《文中子世家》载，王通年少有志，游学各地，遍访经学名师。"受

日本圣德始定冠位十二阶。

波斯入拜占庭小亚细亚。

西哥特人取拜占庭之西班牙东南城池。

教皇格列高里第一支持福卡斯称帝，拜占庭酬以"普世牧首"头衔。

《书》于东海李育，学《诗》于会稽夏琠，问《礼》于河东关子明，正《乐》于北平霍汲，考《易》于族父仲华。不解衣者六岁，其精志如此。"是年，西游长安，奏《太平策》，文帝大悦，曰："得生几晚矣，天以生赐朕也。"下其议于公卿，以公卿不悦，未见用。宋司马光《文中子补传》曰："是岁，龙门王通诣阙献《太平十二策》，上不能用，罢归。通遂教授于河洛之间，弟子自远而至者甚众，累征不起。"然杨炯《王勃集序》曰："通，隋秀才高第，蜀郡司户书佐，蜀王侍读。"《旧唐书·王勃传》亦有类似记载。今人尹协理、魏明《王通论》以为通授蜀郡职当在献《太平策》之后。从之。

颜师古是年前后为尚书左丞李纲所荐，授襄州安养县尉。

按：《旧唐书》卷七三本传谓颜师古于"仁寿中"为李纲所荐，未详具体年份，姑系于此。师古少传家业，博览群书，尤精诂训，善属文，颇为尚书左仆射杨素所奇。赴任后，又获州总管薛道衡赏识。然不久即坐事去职，返归长安，十年不得调。因家贫，以教授为生。

苏夔为太子舍人、武骑尉，与诸州所举五十余人奉召应对，为文帝称赏，拜晋王友。

按：见《北史》卷六三本传。

僧灵干在长安大兴善寺，是年举当寺任，又奉敕护送舍利至洛阳，置塔于汉王寺。

按：见《续高僧传》卷一二本传。

僧法澄奉召由江都入京，于日严寺讲《大智度论》。

按：见《续高僧传》卷九本传。

王通撰《太平十二策》4卷。

按：《中说·魏相篇》曰："子谒见隋祖，一接而陈十二策，编成四卷。"唐杜淹《文中子世家》云："仁寿三年，文中子冠矣，慨然有济苍生之心。……因奏《太平策》十有二策，尊王道，推霸略，稽今验古，恢恢乎运天下于指掌矣。"《佛祖历代通载》卷一〇亦有类似记载。该书早佚。

庾季才卒（516— ）。季才字叔奕，祖籍新野，世居南郡江陵。少好占玄象，精通天文、地舆。北周时历太史令、麟趾学士、车骑大将军等职，封临颍侯。入隋为通直散骑常侍，进爵为公。因奏事忤旨，免职归第。著有《灵台秘苑》120卷、《垂象志》142卷、《地形志》87卷，并行于世。清严可均《全隋文》卷一二收录奏疏2篇。事迹见《隋书》卷七八、《北史》卷八九。

按：《隋书》本传载，季才"局量宽弘，术业优博，笃于信义，志好宾游"，常与琅琊王褒、彭城刘毂、河东裴政及宗人庾信等为文酒之会。刘臻、明克让、柳顾言之辈，虽为后进，亦申游款。

房晖远约卒（约532— ）。晖远字崇儒，恒山真定人。经学家。治《三礼》、《春秋三传》、《诗》、《书》、《周易》，兼善图纬。聚徒讲学，负笈而从者动以千计。初仕北齐，北周武帝时应辟，授小学。入隋，拜太常博士，太常卿牛弘誉为"五经库"。转太学博士，参与修订礼乐。及卒，赠员外散骑常侍。事迹见《隋书》卷七五、《北史》卷八二。

按：《隋书》本传谓房晖远"仁寿中卒官",未述及具体年份,姑系于此。

崔儦约卒（约532— ）。儦字岐叔,清河武城人。少与范阳卢思道、陇西辛德源同志友善,每以读书为务,遂博览群言,多所通涉,恃才自负。初仕北齐,与名儒熊安生、马敬德等议《五礼》,兼修律令。与顿丘李若俱为世人所重。齐亡,还归乡里。隋开皇中征授给事郎,累迁员外散骑侍郎,卒于长安。事迹见《隋书》卷七六、《北史》卷二四。

按：《隋书》本传谓儦"仁寿中卒于京师",未述及具体年份,姑系于此。

孙处约（ —671）生。

按：孙处约生卒年,新、旧《唐书》本传皆不载。《唐代墓志汇编》咸亨〇六九《唐故司成孙公墓志铭》谓其卒于咸亨二年,年六十九。以此推,其生当在本年。

仁寿四年　甲子　604年

年初,隋文帝再次颁诏,分藏舍利于三十余州。

按：隋文帝此前已两次下诏分藏舍利于诸州,参见仁寿元年、二年条。是为第三次大规模分藏舍利之举。《续高僧传》卷二一《洪遵传》曰："仁寿四年,下诏曰:'……朕已分布远近,皆起灵塔,其间诸州犹有未遍。今更请大德奉送舍利,各往诸州依前造塔。'……登又下敕,三十余州一时同送。"同书又载洪遵奉敕送舍利至博州,于四月八日下塔。是则隋文帝此次颁诏分藏舍利,当在年初。

七月丁未,隋文帝杨坚卒（541— ）。乙卯,太子杨广即位,是为隋炀帝。

按：隋文帝在位二十四年,勤于政务,于政治有所革新,国势日盛。《资治通鉴》卷一八〇评曰："高祖性严重,令行禁止。勤于政事,每旦听朝,日昃忘倦。虽啬于财,至于赏赐有功,即无所爱;将士战没,必加优赏,仍遣使者劳问其家。爱养百姓,劝课农桑,轻徭薄赋。其自奉养,务为俭素。乘舆御物,故弊者随宜补用;自非享宴,所食不过一肉,后宫皆服浣濯之衣。天下化之,开皇、仁寿之间,丈夫率衣绢布,不服绫绮,装带不过铜铁骨角,无金玉之饰。故衣食滋殖,仓库盈溢。……然猜忌苛察,信受谗言,功臣故旧,无始终保全者,乃至弟子皆如仇敌,此其所短也。"《隋书》卷二《高祖纪下》评曰："高祖龙德在田,奇表见异,晦明藏用,故知我者希。……躬节俭,平徭赋,仓廪实,法令行,君子咸乐其生,小人各安其业,强无陵弱,众不暴寡,人物殷阜,朝野欢娱。二十年间,天下无事,区宇之内晏如也。考之前王,足以参踪盛烈。但素无术学,不能尽下,无宽仁之度,有刻薄之资。暨乎暮年,此风逾扇。又雅好符瑞,暗于大道,建彼维城,权侔京室,皆同帝制,靡所适从。听哲妇之言,惑邪臣之说,溺宠废嫡,托付失所。灭父子之道,开昆弟之隙,纵其寻斧,剪伐本枝。坟土未干,子孙继踵屠戮;松槚才列,天下已非隋有。惜哉！迹其衰怠之源,稽其乱亡之兆,起自高祖,成于炀帝,所由来远矣,非一朝一夕。"文帝崇儒学,兴佛道,推行三教并用政策,对当时及后来唐代学术演变影响深远。尤沉湎佛教,在位期间,凡度僧尼二十三

日本圣德定"十七条宪法",是为"推古朝改革"。

波斯入拜占庭达拉斯、阿米达、埃德萨等地。

拜占庭与阿瓦尔人媾和。

英格兰威塞克斯人皈依罗马天主教。

万人,写佛经四十六藏、十三万卷,整理故经四百部,造佛像六十万躯,修故像一百五十万九千余躯,建寺塔五千余所,由是开创中国历史上佛教鼎盛期。今人施建中著有《隋文帝评传》,韩昇著有《隋文帝传》。

十月,诏除妇人及奴婢、部曲之课,男子二十二岁为成丁。

> 按:隋初承北周、北齐旧制,妇人及奴婢、部曲各随给田课役,军人以二十一岁成丁。至是以户口增加,府藏盈溢,故有此诏。后因兵役繁杂,社会大乱,遂成具文。事见《资治通鉴》卷一八〇。

十一月丙申,发丁男数十万掘堑,自龙门东接长平、汲郡,抵临清关,渡河至浚仪、襄城,达于上洛,以置关防。

> 按:见《隋书》卷三《炀帝纪上》。

癸丑,诏于伊、洛之间营建东京。

> 按:见《隋书》卷三《炀帝纪上》。

高颎罢职在家,炀帝即位,奉召入朝,拜太常卿。

> 按:高颎罢职事,见开皇十八年。

许善心出为严州刺史,会汉王杨谅起兵,不赴。

> 按:见《隋书》卷五八本传。

刘焯上启于太子杨广,论张胄玄所制历法,又论律吕。逢隋文帝卒,炀帝即位,未遑改作,事遂寝废。

> 按:《隋书》卷一八《律历志下》载有刘焯论张胄玄历法之误,凡六条。同书卷一六《律历志上》引焯论律吕曰:"乐主于音,音定于律,音不以律,不可克谐,度律均钟,于是乎在。但律终小吕,数复黄钟,旧计未精,终不复始。故汉代京房妄为六十,而宋代钱乐之更为三百六十。考礼诠次,岂有得然,化未移风,将恐由此。匪直长短失于其差,亦自管围乖于其数。又尺寸意定,莫能详考,既乱管弦,亦舛度量。焯皆校定,庶有明发。"

傅奕为汉王杨谅仪曹。隋文帝卒,谅于八月举兵起事,奕劝阻之,不从。谅寻败亡,奕得免死罪,徙扶风。

> 按:见《旧唐书》卷七九本传。

徐文远为太学博士,奉诏在并州为汉王杨谅讲《孝经》、《礼记》。以谅举兵起事,遂除名。

> 按:见《旧唐书》卷一八九上本传。

张冲以儒学知名,是年前曾为汉王侍读。

> 按:汉王杨谅于本年八月兵败被杀,则张冲为汉王侍读当在此前,姑系于此。张冲生卒年不详,字叔玄,吴郡人。初仕南朝陈为左中郎将,陈亡仕隋。著有《丧服义》3卷、《孝经义》3卷、《论语义》10卷、《前汉书义》(一作《汉书音义》)12卷,另有《春秋义略》等。后皆佚。事迹见《隋书》卷七五。

陆德明闲居苏州乡里,炀帝嗣位,召为秘书学士。

> 按:《旧唐书》卷一八九上本传载,陆德明有儒名,尤以精研《易》为世人推崇。初仕陈,及陈亡,还归乡里,至是复出。

苏夔由晋王友迁太子洗马,又转司朝谒者。

> 按:见《隋书》卷四一本传。

袁充为太史令，与太史丞高智宝奏言炀帝即位与唐尧天象合。

按：《隋书》卷六九本传曰："时军国多务，充候帝意欲有所为，便奏称天文见象须有改作，以是取媚于上。"

诸葛颖为药藏监，炀帝嗣位，迁著作郎，甚见亲幸。

按：诸葛颖生卒年不详，字汉，丹阳建康人。隋代学者。清辩有俊才，尝习《周易》、图纬、《仓》、《雅》、《庄子》、《老子》，颇得其要，又善属文。初仕南朝梁为邵陵王府记室，后入北齐为太学博士、太子舍人。齐亡，杜门不出十余年。隋炀帝时，累授朝散大夫，加正议大夫。著有《銮驾北巡记》3卷、《幸江都道里记》1卷、《洛阳古今记》1卷、《马名录》2卷，另有文集20卷，并行于世。后皆佚。事迹见《隋书》卷七六、《北史》卷八三。

章仇太翼在长安，谓汉王杨谅起兵必败。隋炀帝善之，特赐姓卢氏。

按：章仇太翼生卒年不详，字协昭，河间人。博综群书，爰及佛道，皆得精微，尤善占候、算历之术。淡泊名利，不求仕进。初隐匿山林，因与废太子杨勇有交往，配为官奴，久乃得释。后目盲，以手摸书而知其字。卒于洛阳。《隋书》卷三四《经籍志三》著录其撰《风角》7卷、《风角要候》1卷。事迹见《隋书》卷七八、《北史》卷八九。

僧慧迁奉敕护送舍利至海州安和寺安置。

按：见《续高僧传》卷一二本传。

僧洪遵奉敕护送舍利至博州，四月八日置舍利于灵塔。

按：见《续高僧传》卷二一本传。

僧志念在晋阳，颇受汉王杨谅礼遇。谅起兵败亡，志念遂归冀州故里，与沙门明空等讲宣佛法。

按：见《续高僧传》卷一一本传。

刘焯制《皇极历》，是年进上。

按：《隋书》卷一八《律历志》曰："开皇二十年，袁充奏日长影短，高祖因以历事付皇太子，遣更研详著日长之候。太子征天下历算之士，咸集于东宫。刘焯以太子新立，复增修其书，名曰《皇极历》，驳正胄玄之短。太子颇嘉之。"刘焯论张胄玄历法之误事，见本年上文条。同书卷一九《天文志上》曰："仁寿四年，刘焯上《皇极历》。"知刘焯于开皇二十年始制《皇极历》，至本年进上。

道士王延九月卒（520— ）。延字子玄，扶风始平人。道教学者。年十八出家，先后师从贞懿先生陈宝炽、华山真人焦旷。历北周、隋两代，颇受尊崇。隋文帝迎为长安玄都观主，卒于该观。尝奉诏整理道教经图疏论，撰《珠囊经目》（又名《三洞珠囊》）7卷，另撰有《翻真语》1卷等。事迹见《云笈七签》卷八五。

按：王延所撰《珠囊经目》系道教目录著作，已佚。今存《三洞珠囊》，为唐代王悬河编纂。

展子虔约卒（约550— ）。子虔字号不详，渤海人。隋代画家。擅画道释、人物、山水及杂画，尤工车马。尝于洛阳天女寺、云花寺、长安灵宝寺、崇圣寺等绘壁画。画技高超，与董伯仁齐名，史称"董展"。历仕北齐、北周，入隋，历朝散大夫、帐内都督等职。事迹散见《贞观公私画史》、《历代名画记》、《宣和画谱》、《历代画史汇传》等。

按：展子虔在中国古代美术史上颇具地位，后世美术史家将其与顾恺之、陆探微、张僧繇并为唐以前四大杰出画家。其所作山水画影响尤大，《宣和画谱》卷一谓其画"写江山远近之势尤工，故咫尺有千里趣"。隋唐时，山水画逐渐发展成为绘画中独立、成熟的一支，子虔即为此一发展过程中早期代表人物之一，故后人推其为"唐画之祖"。其作品颇多，今存《游春图》轴，为中国现存最早之卷轴山水画，藏北京故宫博物院。

王頍八月卒（551—　）。頍字景文，太原祁人。隋代学者。通《五经》，善属文，晓兵法，世称其博物。开皇中起为著作佐郎，迁国子博士。坐事解职，配防岭南。后为汉王杨谅谘议参军，及谅起兵败亡，自杀。著有《五经大义》30卷，文集10卷。会兵乱，皆不存。事迹见《隋书》卷七六、《北史》卷八四。

尹式八月卒，生年、字号不详。式，河间人。博学，善属文。与族人尹正卿、尹彦卿俱有俊才，名显于世。为汉王杨谅记室，及谅败亡，遂自杀。有集5卷，行于世，后佚。事迹见《隋书》卷七七、《北史》卷八三。

隋炀帝大业元年　乙丑　605年

正月壬辰朔，大赦，改元，废诸州总管府。

按：见《隋书》卷三《炀帝纪上》。诸州总管府始置于北周，隋初因之，至是罢废。

戊申，发八使巡省各地风俗，搜访人才。

按：《隋书》卷三《炀帝纪上》载隋炀帝诏曰："昔者哲王之治天下也，其在爱民乎。既富而教，家给人足，故能风淳俗厚，远至迩安。治定功成，率由斯道。……今既布政惟始，宜有宽大。可分遣使人，巡省方俗，宣扬风化，荐拔淹滞，申达幽枉。孝悌力田，给以优复；鳏寡孤独不能自存者，量加赈济；义夫节妇，旌表门闾；高年之老，加其版授，并依别条，赐以粟帛；笃疾之徒，给侍丁者，虽有侍养之名，曾无赒赡之实，明加检校，使得存养。若有名行显著，操履修洁，及学业才能，一艺可取，咸宜访采，将身入朝，所在州县以礼发遣。其有蠹政害人，不便于时者，使还之日，具录奏闻。"

三月丁未，诏营建东京，徙豫州郭下居民及各地富商大贾数万家以实之。

按：至明年正月，东京建成。见《隋书》卷三《炀帝纪上》、《资治通鉴》卷一八〇。

辛亥，征河南、淮北诸郡民百余万开凿通济渠，又征淮南民十余万开凿邗沟。

按：见《隋书》卷三《炀帝纪上》、《资治通鉴》卷一八〇。通济渠和邗沟系大运河组成部分。通济渠自东京西苑引谷、洛水达于河，复自虎牢东板渚引河水历荥阳荥泽入汴，自大梁东引汴水入泗，达于淮。邗沟自山阳至扬子入江。

闰七月丙子,诏重兴学校,倡尊师重道,由是儒学复盛。

按：隋文帝晚年尝废天下之学,事见仁寿元年。至是,炀帝复令重建。《隋书》卷三《炀帝纪上》载其诏曰："君民建国,教学为先,移风易俗,必自兹始。……朕纂承洪绪,思弘大训,将欲尊师重道,用阐厥绎,讲信修睦,敦奖名教。方今宇宙平一,文轨攸同,十步之内,必有芳草,四海之中,岂无奇秀。诸在家及见入学者,若有笃志好古,耽悦典坟,学行优敏,堪膺时务,所在采访,具以名闻,即当随其器能,擢以不次。若研精经术,未愿进仕者,可依其艺业深浅,门荫高卑,虽未升朝,并量准给禄。庶夫恂恂善诱,不日成器,济济盈朝,何远之有。其国子等学,亦宜申明旧制,教习生徒,具为课试之法,以尽砥砺之道。"同书卷七五《儒林传序》亦曰："高祖暮年,精华稍竭,不悦儒术,专尚刑名,执政之徒,咸非笃好。暨仁寿间,遂废天下之学。……炀帝即位,复开庠序,国子、郡县之学,盛于开皇之初。征辟儒生,远近毕至,使相与讲论得失于东都之下,纳言定其差次,一以闻奏焉。"

八月,炀帝南下巡游江都,舳舻相接,绵延二百余里。

按：见《隋书》卷三《炀帝纪上》。

是年,诏禁图谶,相关书籍悉予焚毁,谶纬之学由是衰微。

按：谶纬之学颇具神秘色彩,盛行于东汉。南朝宋、梁时始禁之,隋炀帝践祚后禁令尤严。《隋书》卷三二《经籍志一》曰："炀帝即位,乃发使四出,搜天下书籍与谶讳相涉者,皆焚之,为吏所纠者至死。自是无复其学,秘府之内,亦多散亡。"

诏于东都洛阳置道术坊,征天下道术之人以居之。凡五行、占候、卜筮、医药者皆置其中,遣人看守,不许随意出入。

按：《旧唐书》卷一九一《乙弗弘礼传》载,炀帝即位后,"见海内渐乱,玄象错谬,内怀忧恐",遂有此举。

炀帝推崇佛教,改天下寺为道场。

按：宋释赞宁《大宋僧史略》卷上《创造伽蓝》曰："隋炀帝大业中,改天下寺为道场,至唐复为寺也。"文中未述及具体年份,姑系于大业之始。

杨素二月由尚书左仆射迁尚书令,闰七月,加太子太师衔。

按：杨素力助炀帝夺取帝位,且平定汉王杨谅之乱,故颇为炀帝敬重。见《隋书》卷四八本传。

许善心转礼部侍郎,奏荐儒士徐文远、包恺、陆德明、褚徽、鲁世达等人,授为学官。寻遭弹劾,左迁给事郎,降品二等。

按：见《隋书》卷五八本传。

刘焯由云骑尉迁太学博士,与张胄玄辩论历法,寻以疾去职。

按：《隋书》卷一八《律历志下》曰："焯又造历家同异,名曰《稽极》。大业元年,著作郎王劭、诸葛颖二人因入侍宴,言刘焯善历,推步精审,证引阳明。帝曰：'知之久矣。'仍下其书与胄玄参校。……互相驳难,是非不决,焯又罢归。"

刘炫颇为牛弘赏识,参修律令,凡有建议,多为弘采纳。

按：见《隋书》卷七五本传。

王通约是年自蜀郡回长安,游太乐。见不为朝廷所用,遂归乡里,研讨《六经》,潜心著述,不复应朝廷之召。

按：王通为蜀郡司户书佐事,见仁寿三年。杜淹《文中子世家》谓通于仁寿三年上《太平策》,"知谋之不用也,作《东征之歌》而归"。由是朝廷屡召,皆不应。今人尹协理、魏明《王通论》以为通先后于仁寿三年及大业初两次游长安,是年或稍后才回乡里,隐居不出。从之。

徐文远以精研《春秋左氏传》名闻于世,为许善心奏荐,复起为国子博士。其讲释《左氏》,多有新意。

按:徐文远去年因汉王杨谅反而除名,至是复起。《旧唐书》卷一八九上本传曰:"大业初,礼部侍郎许善心举文远与包恺、褚徽、陆德明、鲁世达为学官,遂擢授文远国子博士……时人称文远之《左氏》、褚徽之《礼》、鲁世达之《诗》、陆德明之《易》,皆一时之最。文远所讲释,多立新义,先儒异论,皆定其是非,然后诘驳诸家,又出己意,博而且辨,听者忘倦。"事又见《隋书》卷五八《许善心传》。

包恺为许善心奏荐,授太学博士,后转国子助教。时研究《汉书》学者,以恺与萧该二人为宗匠。

按:《隋书》卷七五、《北史》卷八二本传皆仅载恺于大业中为国子助教,《隋书》卷五八《许善心传》、《旧唐书》卷一八九上《徐文远传》谓恺于大业初与褚徽等人俱为许善心奏荐,授太学博士。是则恺当先为太学博士,后转国子助教。包恺生卒年不详,字和乐,东海人。精研《五经》,又从王仲通学《史记》、《汉书》,尤称精究。聚徒教授,从学者数千人。尝奉太子杨勇之命,撰《汉书音义》12卷。

陆德明为许善心所荐,由秘书学士授太学博士,后转国子助教。

按:陆德明授太学国博士事,新、旧《唐书》本传皆未述及。然据《隋书》卷五八《许善心传》、《旧唐书》卷一八九上《徐文远传》,本年德明与徐文远等皆由许善心奏荐授学官,德明为太子博士。又,《旧唐书》卷一八九上德明本传曰:"大业中,广召经明之士,四方至者甚众。遣德明与鲁达、孔褒俱会门下省,共相交难,无出其右者,授国子助教。"

孔颖达在家,以教授为务。举明经高第,授河内郡博士。时炀帝征诸郡儒士集于东都,令国子秘书学士与之论,颖达为最。

按:《旧唐书》卷七三本传载,孔颖达精研《左氏传》、《郑氏尚书》、《王氏易》、《毛诗》、《礼记》,兼善算历,解属文。尝拜访同郡名儒刘焯,"焯初不之礼,颖达请质疑滞,多出其意表,焯改容敬之。颖达固辞归,焯固留不可。还家,以教授为务。"及登第,与诸儒论辩,有先辈宿儒以颖达年少,"耻为之屈,潜遣刺客图之",赖礼部尚书杨玄感保护,得以幸免。后补太学助教。

褚辉以《三礼》学称于江南。炀帝征天下儒术之士,悉集内史省,相次讲论。辉与诸儒辩论,无有能屈之者,由是擢为太学博士。

按:褚辉,《隋书》卷五八《许善心传》、《旧唐书》卷一八九上《徐文远传》作褚徽,《北史》卷八二作褚晖,此从《隋书》本传。辉生卒年不详,字高明,吴郡人。经学家。著有《礼疏》100卷、《礼记文外大义》2卷,后皆佚。事迹见《隋书》卷七五、《北史》卷八二。

顾彪精通《尚书》、《春秋》,炀帝时曾任秘书学士。

按:《隋书》卷七五、《北史》卷八二本传谓顾彪于炀帝时为秘书学士,未详具体年份,姑系于大业之始。彪字仲文,余杭人,事迹不详。著有《古文尚书疏》(一作《尚书疏》)20卷、《今文尚书音》1卷、《大传音》2卷、《尚书文外义》1卷(一作30卷)、《古文尚书音义》(一作《古文音义》)5卷,后皆佚。

鲁世达以儒学名于世,尤精于《诗》。是年为许善心所荐,授太学博士,后转国子助教。

按：鲁世达（一作鲁达），余杭人，生卒年、事迹不详。《隋书》卷七五、《北史》卷八二谓其著有《毛诗章句义疏》42卷，行于世；《隋书》卷三二《经籍志一》著录其撰《毛诗并注音》8卷、《毛诗章句义疏》40卷；《旧唐书》卷四六《经籍志上》、《新唐书》卷五七《艺文志一》著录其撰《毛诗音义》2卷。诸书后皆佚。

杨汪守大理寺卿，以处事干练为炀帝称赏。

按：见《隋书》卷五六本传。

姚察为太子内舍人，参与朝中礼制修订。

李百药出为桂州司马，为沈法兴所得，署为掾。

按：《旧唐书》卷七二本传载，隋炀帝出镇扬州时，尝召百药，百药称疾不赴。故炀帝登基后，李百药即遭贬黜。

裴矩为吏部侍郎。时西域诸蕃多至张掖与中国交市，矩奉旨掌其事。

按：《隋书》卷六七本传载，裴矩此后数次往来于河西甘州、凉州、沙州等地，大力招徕胡商，又广泛搜集西域各国山川险易、君长姓族、风土物产等资料，绘画各国王公庶人服饰仪形，撰成《西域图记》一书。参见大业三年条。

宇文㢸为吴州总管，正月奉召入朝，复为刑部尚书。

按：宇文㢸于文帝时曾任刑部尚书，事见开皇九年。

张衡除给事黄门侍郎，进位银青光禄大夫，俄迁御史大夫，甚为炀帝亲重。

按：见《隋书》卷五六本传。

王胄为著作佐郎，以文词为炀帝所重。所有篇什，多令继和。与虞绰齐名，彼此同志友善，时后进之士咸以两人为准的。

按：见《隋书》卷七六本传。

庾自直为著作佐郎，颇受炀帝亲重。

按：《隋书》卷七六本传，庾自直初为晋王府学士，故炀帝即位后，颇亲重之。

庾质授太史令，操履贞悫，立言忠鲠，每有灾异，必指事面陈。以其子庾俭为齐王僚属，引起炀帝猜忌，出为合水令。

按：见《隋书》卷七八本传。

王眘进授秘书郎。

按：王眘生卒年不详，字元恭，琅邪临沂人。王胄之兄。博学多通，少有盛名于江左。初仕陈，历太子洗马、中书舍人。陈亡入隋，与弟胄俱为学士。大业中，卒于官。事迹见《隋书》卷七六、《北史》卷八三。

阎毗善绘画，擅长技巧。时炀帝盛修军器，以毗性巧，谙练旧事，诏典其职，授朝请郎。

按：见《隋书》卷六八本传。

韦节奉隋炀帝之命，出使西域。

按：韦节等奉使西域，其具体年份史载不详，姑系于大业之始。《隋书》卷八三《西域传》曰："炀帝时，遣侍御史韦节、司隶从事杜行满使于西番诸国。至罽宾得玛瑙杯，王舍城得佛经，史国得十舞女、狮子皮、火鼠毛而还。"节生卒年、字号、籍贯不详，奉使回国后，录沿途见闻，著《西番记》1卷。该书唐时尚存，后佚。

耿询为官奴，以所制漏刻和欹器献上，炀帝善之，放为良民，令其与宇文恺依后魏道士李兰所修道家上法称漏制，造称水漏器，以充行从；作候影分箭上水方器,置于东都乾阳殿前鼓下司辰;作马上漏刻,以从行辨时刻。

按:见《隋书》卷七八本传、卷一九《天文志上》。

僧法常奉敕住长安大禅定寺。

僧辩相住奉召由长安赴东都洛阳,于内道场弘法。

按:《续高僧传》卷一二本传载,辩相原住长安净影寺,讲经弘法,常听学士百余人。是年东赴,由是滞留洛阳,唐初方返回长安。

僧童真住长安大兴善寺,为《涅槃》众主。是年,奉敕为大禅定道场主。

按:《续高僧传》卷一二本传谓童真受敕为大禅定道场主,"存抚上下,有声僧纲";"又于《涅槃》本务,常事弘奖,言令之设,多附斯文"。

新罗僧昙育在隋,三月偕天竺僧毗摩罗真谛回国。

按:昙育于开皇十六年入隋求法,至是随其国使返国。见《三国史记·新罗本纪》。

虞绰转为秘书学士,奉诏始纂《长洲玉镜》。

按:该书明年纂成,参见该年条。

虞世南约是年稍后纂《北堂书钞》。

按:《旧唐书》卷七二本传曰:"大业初,累授秘书郎。"唐韦绚《刘宾客嘉话录》曰:"虞公之为秘书,于省后堂集群书中事可为文用者,号为《北堂书钞》。今北堂犹存,而《书钞》盛传于世。"唐刘肃《大唐新语》卷八、刘𬤇《隋唐嘉话》卷中亦有类似记载。以此推知,虞世纂《北堂书钞》似应在是年稍后。该书系类书,分帝王、后妃、政术、刑法、封爵、设官、礼仪、艺文、乐、武功、衣冠、仪饰、服饰、舟、车、酒食、天岁、地等部,所引文献后多散佚,其体例对后世类书影响甚大。其卷帙,《旧唐书·经籍志》、《新唐书·艺文志》、晁公武《郡斋读书志》皆著录为 173 卷,《中兴书目》、《宋史·艺文志》著录为 160 卷,今存《四库全书》本亦为 160 卷。《四库全书总目提要》卷一三五考辨曰:"今本卷帙与《中兴书目》同,其地部至泥沙石而毕,度非完帙,岂原书在宋已有亡佚耶?王应麟《玉海》云:'二馆旧阙《书钞》,惟赵安仁家有本,真宗命内侍取之,手诏褒美。'盖已甚珍其书矣。此本为明万历年间常熟陈禹谟所校刻。钱曾《读书敏求记》云:'世行《北堂书钞》,搀乱增改,无从订正。向闻嘉禾收藏家有原本,寻访十余年而始得。翻阅之,令人心目朗然。'朱彝尊《曝书亭集》亦称:'曾见《大唐类要》百六十卷,反复观之,即虞氏《北堂书钞》。今世所行者出陈禹谟删补,至以贞观后事及五代十国之书杂入其中,尽失其旧。……'盖明人好增删古书,逞臆私改,其庸妄无识,诚如钱、朱二氏所讥。然今嘉禾旧本及《大唐类要》均已不可得见,独禹谟此本犹存。"

特拉列斯的亚历山大卒(525—)。吕底亚医生。

僧灵裕卒(518—)。灵裕俗姓赵,定州曲阳人。隋代高僧,佛教学者。年十八岁出家,游历各地,参学诸家之说。后师从僧法上,专研华严、涅槃、地论、律部,又精儒经,由是名扬邺下,世称"裕菩萨"。北周武帝毁佛时,隐居不出,潜心著述。隋初复兴佛教,遂复出。隋文帝欲授以国统,固辞不就。入住相州演空寺,勤于讲论。著述颇多,有《十地经疏》、《维摩经疏》《般若经疏》《大乘义章》《圣迹记》《佛法东行记》《安民论》《灭法论》《齐世三宝记》《幼信释宗论》《陶神论》《庄纪老纲式》《孝经义记》等，凡50余种，另有《诗评》等50余卷。后多散佚。事迹见《续高僧传》卷九、《华严经传记》卷二、《六学僧传》卷一三。

卢昌衡卒（534— ）。昌衡字子均，小字龙子，范阳人。卢思道从兄。隋代学者、书法家。博涉经史，工草行书。历仕北齐、北周，累迁司玉中士，参修礼令。入隋，历祠部侍郎、徐州总管长史、寿州总管长史、金州刺史等职，甚有能名。征为太子左庶子，卒于道。事迹见《隋书》卷五七、《北史》卷一〇〇。

柳顾言卒（537— ）。顾言名䛒，以字行，祖籍河东，世居襄阳。隋代学者，文学家。解属文，好读书，通佛典。历仕梁、北周，入隋，为晋王府谘议参军，与诸葛颖、虞世南、王胄、硃瑒等百余人并充学士。炀帝即位，拜秘书监，封汉南县公。从游江都，遇疾卒。赠大将军，谥曰"康"。尝参与编纂《长洲玉镜》《隋大业正御书目录》，著有《晋王北伐记》15卷、《法华玄宗》20卷、集10卷，后皆散佚。事迹见《隋书》卷五八、《北史》卷八三。

王劭是年后卒，生年不详。劭字君懋，太原晋阳人。隋代学者，史学家。少好学，博览群书。历仕北齐、北周，累官太子舍人。入隋，为著作佐郎，丁母忧去职。起为员外散骑侍郎，转著作郎。隋炀帝嗣位，迁秘书少监，卒于官。著有《隋书》80卷（一说60卷）、《齐志》20卷（一说10卷）、《齐书》纪传100卷、《平贼记》3卷、《读书记》30卷、《皇隋灵感志》30卷、《舍利感应记》3卷、《俗语难字》1卷等，后多散佚。清严可均《全隋文》卷二一至二二辑录其文编为2卷。事迹见《隋书》卷六九、《北史》卷三五。

按：王劭卒年，史载不详。《隋书》本传曰："炀帝嗣位……迁秘书少监。数载，卒官。"又云："劭在著作将二十年，专典国史。"劭掌著作职始于开皇初，以此推之，其卒年当本年稍后，姑系于此。劭所撰史著，实为唐初官修《隋书》《北齐书》主要资料来源之一，然唐人对其史学评价颇有分歧。《隋书》本传力持贬意，谓其著述"多录口敕，又采迂怪不经之语及委巷之言，以类相从，为其题目，辞义繁杂，无足称者，遂使隋代文武名臣列将善恶之迹，埋没无闻"，"或文词鄙野，或不轨不物，骇人视听，大为有识所嗤鄙"。刘知幾《史通》则大加褒扬，谓其"撰《齐》《隋》二史，其所取也，文皆谙实，理多可信，至于悠悠饰词，皆不之取"，"志在简直，言兼鄙野"，"长于叙事，无愧古人"。

大业二年　丙寅　606 年

正月丁卯，遣使并省州县。

法兰克人始自

铸币。

法兰克阿尔德圣特罗菲姆大教堂建成。

按：见《隋书》卷三《炀帝纪上》。

三月庚午，炀帝自江都北返，四月庚戌入东京洛阳。

按：见《隋书》卷三《炀帝纪上》。

五月乙卯，诏："自古已来贤人君子，有能树声立德、佐世匡时、博利殊功、有益于人者，并宜营立祠宇，以时致祭。坟垄之处，不得侵践。"

按：见《隋书》卷三《炀帝纪上》。

七月庚申，制：百官不得计考增级，必有德行、功绩灼然显著者，方能进擢。

按：隋炀帝颇惜名位，群臣当进职者，多令兼假，虽有阙员，留而不补。时以牛弘为吏部尚书，又别敕苏威、宇文述、张瑾、虞世基、裴蕴、裴矩参掌选举，谓之"选曹七贵"。其中，尤以虞世基权重。见《隋书》卷三《炀帝纪上》、《资治通鉴》卷一八〇。

十二月，征天下散乐集于东京洛阳。

按：《资治通鉴》卷一八〇载，齐后主时，有鱼龙、山车等戏，谓之散乐。周宣帝时，郑译奏征之。隋文帝命牛弘等定乐，非正声清商及九部四舞之类悉罢之。时突厥启民可汗将入朝，炀帝欲以富乐炫耀，太常少卿裴蕴趁机奏请括天下周、齐、梁、陈乐家子弟皆为乐户，六品以下至庶人有善音乐者，均赴太常寺轮值。从之。《隋书》卷六七《裴蕴传》曰："初，高祖不好声技，遣牛弘定乐，非正声清商及九部四儛之色，皆罢遣从民。至是，蕴揣知帝意，奏括天下周、齐、梁、陈乐家子弟，皆为乐户。其六品已下，至于民庶，有善音乐及倡优百戏者，皆直太常。是后异技淫声咸萃乐府，皆置博士弟子，递相教传，增益乐人至三万余。"

是年，始设进士科，实行试策取士。

按：初，隋文帝已废九品中正制，又以两科举人，事见开皇七年、十八年。至是，炀帝进而创设进士科，实为古代科举制开始创立之标志。后炀帝又设十科举人，进一步确立分科取士之制。参见大业三年条。

牛弘二月奉诏与杨素、虞世基、许善心等议定舆服之制，寻以吏部尚书进位上大将军。

按：《隋书》卷三《炀帝纪上》曰："二月丙戌，诏尚书令杨素、吏部尚书牛弘、大将军宇文恺、内史侍郎虞世基、礼部侍郎许善心制定舆服。"牛弘素为隋炀帝敬重，《隋书》本传曰："炀帝之在东宫也，数有诗书遗弘，弘亦有答。及嗣位之后，尝赐弘诗曰：'晋家山吏部，魏世卢尚书。莫言先哲异，奇才并佐余。学行敦时俗，道素乃冲虚。纳言云阁上，礼仪皇运初。彝伦欣有叙，垂拱事端居。'其同被赐诗者，至于文词赞扬，无如弘美。"

高颎在太常卿任，以有诏收北周、北齐乐人及天下散乐，上奏谏阻，颇逆炀帝之意。

按：高颎自复起入朝后，多有谏言，遂招来稍后杀身之祸。见《隋书》卷四一本传。

薛道衡为番州刺史，上表求致仕。炀帝本欲授以秘书监，因其上《高祖文皇帝颂》，不悦，遂改授司隶大夫。

按：薛道衡所撰《高祖文皇帝颂》，《隋书》卷五七本传收录。炀帝以为其文有讥讽之意，欲治其罪。然道衡未曾觉察，终引来缢杀之祸。

王通为越国公杨素所敬重。素劝其出仕，欲聘之。通以"读书谈道，足以自乐",婉拒之。

按:《中说·周公第四》曰:"越公聘子,子谓使者曰:'存而行之可也。'"《资治通鉴》卷一七九曰:"通教授于河、汾之间……杨素甚重之,劝之仕。通曰:'……读书谈道,足以自乐,愿明公正身以治天下。'"今人尹协理、魏明《王通论》谓此事当在通回乡之后,大业二年六月前。姑系于此。

杨汪由大理寺卿转拜国子祭酒。隋炀帝令百僚就国子学,与汪讲论。时天下通儒硕学多汇集,论难锋起,皆不能屈汪。

按:见《隋书》卷五六本传。

潘徽奉诏与著作佐郎陆从典、太常博士褚亮、欧阳询等协助越国公杨素撰《魏书》,会素卒而止。遂授京兆郡博士。

按:见《隋书》卷七六本传。

姚思廉丁父忧解职。

按:姚思廉父姚察欲撰梁、陈两代史,草成部分史稿而卒,遗命思廉续撰。思廉服丧阕,补河间郡司法书佐,上表请续父遗业撰两代史,有诏许之。至唐贞观中,思廉终撰成《梁书》、《陈书》两史。参见贞观十年条。

僧彦琮与诸沙门诣新阙朝贺,为隋炀帝见知。奉敕于洛阳上林园立翻经馆,与天竺僧达摩笈多、阇那崛多等翻译佛经。

按:佛经翻译,始于东汉,然皆为僧人私人所为。东晋时,僧道安于长安组织译场,请外国沙门僧伽提婆、昙摩难提、僧伽跋澄等译佛经,先后译出诸经凡百余万言。十六国后秦时,天竺僧鸠摩罗什至长安,为后秦主姚兴奉为国师,并为其于长安逍遥园建西明阁以置译场,是为官立译场之始。后南北朝诸代多相仿效。至是,炀帝敕彦琮于洛阳立翻经馆,是为国家钦定译场之始。时炀帝命将新平林邑所获佛经1350部及昆仑文献送翻经馆,使彦琮等编叙目录,次第翻译,后译成2200余卷。事见《续高僧传》卷二《彦琮传》。

僧明赡住长安大兴善寺。是年,有诏沙门、道士致敬王者,明赡等抗诏不从,乃止。

按:此事《广弘明集》卷二五系于大业五年,《佛祖统记》、《续高僧传》卷二四《明赡传》系于本年。今从后者。《佛祖统纪》卷三九载,炀帝诏下,明赡等不从。帝诘问之,明赡对曰:"陛下若使准制罢道,则不敢不奉,如知大法可崇,则法服之下僧无敬俗之典。"帝默然而止。《续高僧传》卷二四《明赡传》曰:"众以赡正色执断,不避强御,又举为知事上座,整理僧务,备列当时。"

虞绰等六月编纂《长洲玉镜》238卷(一说400卷)成。

按:该书系隋代所编大型类书,于南朝梁时所编《华林遍略》基础上重加编纂而成。参编者尚有虞世南、柳顾言、庾自直、王胄等。《隋书》卷七六《虞绰传》曰:"大业初,转为秘书学士,奉诏与秘书郎虞世南、著作佐郎庾自直等撰《长洲玉镜》等书十余部。"宋晁载之《续谈助》载,本年六月,"学士秘书监柳顾言、学士著作佐郎王胄等撰《长洲玉镜》一部,四百卷。帝谓顾言曰:'此书源本出自《华林编略》,然无复可加,事当典要。其卷虽少,其事乃多于《编略》。'"《隋书·经籍志》、《新唐书·艺文志》均作238卷。该书宋以后失传。

僧彦琮著《辩正论》,定佛经翻译之式。

按:《辩正论》综论历代佛经翻译得失,提出译经"八备十条"之说。该文今不存。据《续高僧传》卷二《彦琮传》所载,"八备"系指译经者应具备之条件,即:"诚心爱法,志愿益人,不惮久时,其备一也";"将践觉场,先牢戒足,不染讥恶,其备二也";"筌晓三藏,义贯两乘,不苦暗滞,其备三也";"旁涉坟史,工缀典词,不过鲁拙,其备四也";"襟抱平恕,器重虚融,不好专执,其备五也";"沈于道术,澹于名利,不欲高衒,其备六也";"要识梵言,乃闲正译,不坠彼学,其备七也";"薄阅《苍》、《雅》,精谙篆隶,不昧此文,其备八也"。"十条"系指译经时应注意之事项,即:"字声一,句韵二,问答三,名义四,经论五,歌颂六,咒功七,品题八,专业九,异本十。"彦琮"八备十条"之说,与东晋道安之"五失本三不易"说及稍后唐初玄奘之"五种不翻"说,对当时佛经翻译影响甚大,译经者视为基本规范。

僧智果奉敕重撰《诸经目录》。

按:隋文帝时,僧法经、彦琮曾先后奉敕撰《众经目录》。事见开皇十四年、仁寿二年。至是,智果重撰,凡著录佛典1950部,计6198卷。该书今不存。智果生卒年、俗姓不详,剡县人。高僧、书法家。初住吴兴永欣寺,曾受书法于僧智永,后卒于洛阳。事迹见《续高僧传》卷三〇。

英格兰首任坎特伯雷大主教圣奥古斯丁约卒,生年不详。

僧法澄约卒(约536—)。法澄俗姓不详,吴郡人。初从兴皇僧法朗学《三论》,后于江都开善寺开筵讲论。隋文帝奉召入京讲法,住长安日严寺。炀帝时随驾东都,以病卒。事迹见《续高僧传》卷一三。

按:法澄卒年,史无明载。《续高僧传》本传谓其从炀帝徙驾东都,"因疾而终,时年七十余"。考《隋书》卷三《炀帝纪上》,炀帝于大业元年三月下诏营东京,本年正月建成,四月入于东京。知法澄似应卒于同年。若以其卒时为七十一岁计,则当生于梁大同二年。

杨素七月乙亥卒,生年不详。素字处道,弘农华阴人。隋代名臣。少与安定牛弘同志好学,研精不倦,多所通涉。善属文,工草隶。仕北周,累迁徐州总管,进位柱国,封清河郡公。入隋,历文帝、炀帝二朝,备受宠信,久居相位,阖门腾达,权倾朝野。进拜司徒,爵封楚国公。卒于官,谥曰"景武",追赠光禄大夫、太尉公、弘农、河东、绛郡、临汾、文城、河内、汲郡、长平、上党、西河十郡太守。有集10卷,已散佚。清严可均《全隋文》卷二五辑录其文7篇。事迹见《隋书》卷四八、《北史》卷四一。

按:《隋书》本传评曰:"素性疏而辩,高下在心,朝臣之内,颇推高颎,敬牛弘,厚接薛道衡,视苏威蔑如也。自余朝贵,多被陵轹。其才艺风调,优于高颎,至于推诚体国,处物平当,有宰相识度,不如颎远矣。"又曰:"杨素少而轻侠,傲诞不羁,兼文武之资,包英奇之略,志怀远大,以功名自许。高祖龙飞,将清六合,许以腹心之寄,每当推毂之重。扫妖氛于牛斗,江海无波;摧骁骑于龙庭,匈奴远遁。考其夷凶静乱,功臣莫居其右;览其奇策高文,足为一时之杰。然专以智诈自立,不由仁义之道,阿谀时主,高下其心。营构离宫,陷君于奢侈;谋废冢嫡,致国于倾危。终使宗庙丘墟,市朝霜露,究其祸败之源,实乃素之由也。"

姚察卒,生年不详。察字伯审,吴兴武康人。南朝及隋著名学者、史学家。少有学业,善属文,通医术,尤精于《汉书》学,名著于时。仕梁为尚书驾部郎、著作佐郎,陈时累授秘书监。陈亡入隋,历秘书丞、员外散骑常侍、太子内舍人等职,卒于洛阳。著述宏富,撰有《汉书训纂》30卷,《汉书集解》1卷,《定汉书疑》2卷,《传国玺》10卷,《说林》10卷,《续文章始》、《建康三钟记》等各1卷,集20卷,后皆散佚。又草撰《梁书帝纪》7卷、《梁书》34卷、《陈书》若干卷,后由其子姚思廉完成。清严可均《全隋文》卷一三收录其文2篇。事迹见《陈书》卷二七、《南史》卷六九。

按：武康姚氏自南朝梁、陈以降,至于唐代,家传史学,尤以姚察及其子姚思廉最为著称。参见唐贞观十一年姚思廉条按语。

三祖僧粲卒,生年、俗姓、籍贯不详。粲又作璨。隋代高僧,佛教禅宗三祖。初师事禅宗二祖慧可,得承嫡传。曾隐居司空山,北周武帝毁佛时避难皖公山,不复出。唐玄宗时,追谥"鉴智禅师"。弟子道信,后传其业。著有《信心铭》,今存。事迹见《唐文粹》卷六三独孤及《三祖镜智禅师碑》、《景德传灯录》卷三、《佛祖统纪》卷三〇、《五灯会元》卷一、《祖堂集》卷二。

按：隋代有二僧粲,另一僧粲亦为高僧,参见开皇十年、大业五年及九年条。

僧神秀(　—706)约生。

按：神秀生年,一说大业元年。

大业三年　丁卯　607年

三月辛亥,炀帝自东京洛阳还长安。

按：见《隋书》卷三《炀帝纪上》。

癸丑,遣羽骑尉硃宽出海求访异俗,至流求而还。

按：见《隋书》卷三《炀帝纪上》。

四月壬辰,改州为郡；改度量权衡,并依古式；又改官制。

按：此次修改官制,以上柱国以下官为大夫；置殿内省,与尚书、门下、内史、秘书合为五省；增谒者、司隶台,与御史合为三台；分太府寺置少府监,与长秋、国子、将作、都水合为五监；增改左、右翊卫等为十六府；废伯、子、男爵,只留王、公、侯三等。事见《隋书》卷三《炀帝纪上》、《资治通鉴》卷一八〇。

甲午,诏以孝悌有闻、德行敦厚、节义可称、操履清洁、强毅正直、执宪不挠、学业优敏、文才美秀、才堪将略、膂力骁壮等十科举人。

按：隋文帝于开皇十八始以"志行修谨"、"清平干济"二科选士,至是炀帝扩大为十科。《隋书》卷三《炀帝纪上》载炀帝诏曰："天下之重,非独治所安,帝王之功,岂一士之略。自古明君哲后,立政经邦,何尝不选贤与能,收采幽滞。……求诸往古,非无褒贬,宜思进善,用匡寡薄。夫孝悌有闻,人伦之本,德行敦厚,立身之基。或节义可称,或操履清洁,所以激贪厉俗,有益风化。强毅正直,执宪不挠,学业优敏,文才美秀,并为廊庙之用,实乃瑚琏之资。才堪将略,则拔之以御侮,膂力骁壮,则任之以爪牙。爰及一艺可取,亦宜采录,众善毕举,与时无弃。以此求治,庶几非远。文武有职事者,五品已上,宜依令十科举人。有一于此,不必求备。……其见任九品已上官者,不在举送之限。"炀帝去年创设进士科,至是复以十科举人,科举制由此创

日本圣德营建奈良法隆寺。

立。后又合并名目，以四科举人，事见大业五年六月。

丙寅，炀帝北巡边地，至榆林而回，经楼烦关、太原，于九月己未归东都。

按：见《隋书》卷三《炀帝纪上》。

八月，日本推古天皇遣小野妹子来隋，有僧数十人随同，由是开日本留学僧入华之风。

按：见清黄遵宪《日本国志》卷四《邻交志上一》、唐才常《觉颠冥斋内言》卷一《各国交涉源流考》。小野妹子日本名小野臣因高，隋称苏因高，系日本推古朝贵族。其于本年来华，明年回国，寻再度使隋。参见开皇四年条。

苏威在尚书左仆射任，八月，受高颎牵连，免职。

按：苏威初颇受隋文帝宠信，高颎有荐举之功。后两人同参朝政，多有往来。是年颎被诛，威由是免职。见《隋书》卷四一本传。

牛弘奉敕制新律成，四月奏上，诏颁天下。转为右光禄大夫。

按：隋文帝时用《开皇律》，事见开皇三年牛弘条。弘此次所造新律，即所谓《大业律》。该律废除了"十恶"等条，刑罚较《开皇律》稍轻。《资治通鉴》卷一八〇云，大业三年四月，"牛弘等造新律成，凡十八篇，谓之《大业律》。甲申，始颁行之。民久厌严刻，喜于宽政。其后征役繁兴，民不堪命，有司临时迫胁以求济事，不复用律令矣。"今人刘文俊《唐律疏议笺解》以为，"与《开皇律》相比，《大业律》不是进步，而是倒退"。

苏夔为司朝谒者，以父苏威免职，亦去官。

按：见《隋书》卷四一本传。

李百药在沈法兴幕，四月解职还乡。

按：李百药入沈法兴幕事，见大业元年条。

盖文达以经学见称，授同安博士。

按：《旧唐书》卷一八九上本传载，盖文达"博涉经史，尤明《三传》"。冀州刺史窦抗尝广集儒生，令相互辩难。时大儒刘焯、刘轨思、孔颖达等皆在坐，盖文达亦参与，其所论皆出诸儒意表。抗大奇之，问："盖生就谁受学？"刘焯对曰："此生岐嶷，出自天然，以多问寡，焯为师首。"盖文达授同安博士事，见《全唐文》卷一四五于志宁《唐太傅盖公墓碑》。

僧彦琮在洛阳上林园翻经馆，闻炀帝诏诸僧道士致敬王者，作《福田论》以讽劝之。

按：见《续高僧传》卷二本传。

僧灵干在长安大兴善寺，是年置大禅定，有敕道场上座。

按：见《续高僧传》卷一二本传。

僧慧净与道士余永通于智藏寺论辩，以永通不知所对而罢。

按：元僧念常《佛祖历代通载》卷一〇载，是年，始平令杨宏率道士、名儒聚智藏寺，命慧净与余永通论议。净问："《老子》云，有物混成，先天地生，吾不知其名，字之曰道。且道体一故混耶？体异故混耶？若体一故混，则正混之时已自成一，是则一非道生；若体异故混，且未混之时已自成二，然则二非一起。"永通茫然，"不知所对"。事又见《续高僧传》卷三《慧净传》。

僧弘忍是年七岁，始师从禅宗四祖道信，研学禅宗经论。

按：见《续高僧传》卷八本传。

裴矩著《西域图记》3卷，奏上。

按：时裴矩奉命掌与西域诸番交市事，凡有西域商人前来贸易，便访求各国山川风俗、礼仪服饰等情况，由是撰成该书。书中所述涉及西域44国，并别造地图，穷尽地形要害和交通线路。该书已佚，《隋书》卷六七矩本传载录其《序》，从中可窥所述内容之大端。其中谈及西域地理状况曰："从西顷以去，北海之南，纵横所亘将二万里。谅由富商大贾，周游经涉，故诸国之事，罔不遍知。复有幽荒远地，卒访难晓，不可凭虚，是以致阙。而二汉相踵，西域为传，户民数十，即称国王，徒有名号，乃乘其实。今者所编，皆余千户，利尽西海，多产珍异。其山居之属，非有国名，及部落小者，多亦不载。发自敦煌，至于西海，凡为三道，各有襟带。北道从伊吾，经蒲类海铁勒部突厥可汗庭，度北流河水，至拂菻国，达于西海。其中道从高昌、焉耆、龟兹、疏勒，度葱岭，又经钹汗、苏对沙那国、康国、曹国、何国、大小安国、穆国，至波斯，达于西海。其南道从鄯善，于阗、朱俱波、喝槃陀，度葱岭，又经护密、吐火罗、挹怛、忛延、漕国，至北婆罗门，达于西海。其三道诸国，亦各自有路，南北交通。其东女国、南婆罗门国等，并随其所往，诸处得达。故知伊吾、高昌、鄯善，并西域之门户也。总凑敦煌，是其咽喉之地。"

高颎七月丙子卒（541— ）。颎一名敏，字昭玄，渤海蓚人。出身世宦之家，少明敏，涉猎书史，尤善词令。北周时累迁柱国，爵封义宁县公。隋文帝即位，拜尚书左仆射，兼纳言，进封渤海郡公，参与律令、礼仪等制度修订。坐事免职，大业初起为太常令。因对炀帝作为多有不满，以"谤讪朝政"罪被诛。《旧唐书·经籍志》著录其撰《隋吉礼》54卷、《隋书礼》7卷、《隋律》12卷，早佚。清严可均《全隋文》卷二三收录其奏疏2篇。事迹见《隋书》卷四一、《北史》卷七二。

按：高颎系隋代著名政治家，位居执政近二十年，在隋朝之政治、经济、军事等领域影响颇大。《隋书》本传评曰："颎有文武大略，明达世务。及蒙任寄之后，竭诚尽节，进引贞良，以天下为己任。苏威、杨素、贺若弼、韩擒等，皆颎所推荐，各尽其用，为一代名臣。自余立功立事者，不可胜数。当朝执政将二十年，朝野推服，物无异议。治致升平，颎之力也，论者以为真宰相。及其被诛，天下莫不伤惜，至今称冤不已。所有奇策密谋及损益时政，颎皆削稿，世无知者。"

僧昙迁卒（542— ）。昙迁俗姓王，博陵人。隋代佛教摄宗论高僧。年少习《六经》，二十一岁于定州贾和寺出家。初从昙静学《胜鬘经》，后从昙遵习大乘。隐居林虑山，钻研佛经。北周武帝毁佛时，南下建康避难。隋初北返，弘扬摄宗论。为隋文宗召见，颇受敬重。卒于禅定寺。曾先后作《楞伽经》、《大乘起信论》、《唯识论》、《如实论》等书注疏，著《摄论疏》10卷及《九识章》、《四明章》、《华严明难品玄解》等，后皆佚。门人颇多，以净业、道哲、静琳、玄琬、道英、明驭、静凝等较有名。事迹见《续高僧传》卷一八。

宇文弼七月丙子卒（546— ）。弼字公辅，河南洛阳人。出身世宦之家，博学多通。北周时官至南定州刺史，奉诏修定《五礼》。入隋，累拜刑部尚书,转礼部尚书,以才能著称。因私下与高颎非议炀帝,被杀。所撰辞赋二十余万言,著有《尚书注》、《孝经注》,行于时,后皆佚。事迹见《隋书》卷五六、《北史》卷七五。

僧法彦卒(约 547—)。法彦俗姓张,洛阳人。隋代高僧。精研《大论》,遍诵《三藏》。开皇中,奉敕为《大论》众主,住真寂寺,从学者众。卒于寺。事迹见《续高僧传》卷一〇。

按:《续高僧传》本传谓法彦卒年"春秋六十余"。以年六十一卒推算,其生约在魏孝静帝武定五年。又,隋代高僧名法彦者有两人。另一法彦系清河人,天台宗智𫖮得法弟子,大业七年卒于国清寺,年六十六。

大业四年　戊辰　608 年

波斯入拜占庭之叙利亚、美索不达米亚、亚美尼亚、卡帕多西亚与加拉提亚。

正月乙巳,诏发河北诸郡男女百余万开永济渠。

按:永济渠系大运河北段,引沁水南达于河,北通涿郡。见《隋书》卷三《炀帝纪上》。

三月乙丑,炀帝复北巡,经五原出塞,游视长城,祠恒岳,西域十余国皆来助祭。

按:见《隋书》卷三《炀帝纪上》。

丙寅,遣常骏出使南海赤土国。

按:初,炀帝募能通绝域者,屯田主事常骏等请使赤土。赤土国,扶南之别种,在南海中,水行百余日而达。所都土色多赤,因以为号。事见《资治通鉴》卷一八一。

九月,日本推古天皇再遣小野妹子随隋使裴世清来华,随行者有高向玄理、僧惠日等。

按:小野妹子于去年来华,是年四月隋遣使裴世清陪送其回国。途中因隋国书为百济人所夺,被处流刑,寻获推古天皇赦免。及裴世清返国,小野妹子为陪送使,携《东天皇敬白西皇帝》国书再度来华,至大业五年回国。参见大业三年条。高向玄理来华学习佛教,惠日等学医。

十月丙午,诏立孔子后裔为绍圣侯。

按:《隋书》卷三《炀帝纪上》载炀帝诏曰:"先师尼父,圣德在躬,诞发天纵之姿,宪章文武之道。命世膺期,蕴兹素王,而颓山之叹,忽逾于千祀,盛德之美不存于百代。永惟懿范,宜有优崇。可立孔子后为绍圣侯。有司求其苗裔,录以申上。"

是年,炀帝欲行刘焯所制《皇极历》,为袁充等所阻,乃止。

按:刘焯制《皇极历》事,见仁寿四年条。

裴矩因进献所著《西域图记》,为炀帝称赏。时炀帝欲经略西域,咸以其事委之。矩遂由吏部侍郎转民部侍郎,旋迁黄门侍郎,奉敕前往张掖,召引西番诸国。又至敦煌,遣使往高昌诸国,诱以厚利,引诸国入朝。

按：见《隋书》卷六七本传。

张衡因谏言百姓劳役过繁忤旨，由给事黄门侍郎出为榆林守。

按：见《隋书》卷五六本传。

崔赜为起居舍人，随驾北巡。以博学多识，为炀帝称赏，谓"崔祖浚所谓问一知二"。

按：见《隋书》卷七七本传。

许善心著《方物志》20卷成，奏上。

按：见《隋书》卷五八本传、卷三三《经籍志二》。

僧洪遵五月卒（530— ）。遵俗姓时，相州人。隋代佛教律学高僧。八岁出家，在少林寺云公门下学律学，又从道晖习《四分律》。其后修习《大论》、《毗昙》及禅林之调顺法，复习律学，从学者不下千人。北周武帝毁佛时，隐居白鹿岩。入隋，颇为隋文帝敬重，为讲律众主，倡弘《四分律》，关内律学为之一变。著有《四分律大纯钞》5卷。门下有洪渊等名闻于世。事迹见《续高僧传》卷二一、《历代三宝纪》卷一二、《开元释教录》卷七。

僧志念卒（535— ）。志念俗姓陈，冀州信都人。隋代高僧。初随邺都道长法师学《大智度论》，又从道宠法师学《十地论》，从慧嵩法师座学《毗昙》，皆能穷研玄义。业成，归乡弘法十余年。北周武帝毁佛时，逃匿海隅。隋初复出，宣讲《杂心论》。后受汉王杨谅之召，住晋阳开义寺，并于大兴国寺宣扬正法，从学者众。及谅败亡，遂东归，卒于故里。撰有《迦延杂心论疏》、《广钞》各9卷。事迹见《续高僧传》卷一一。

大业五年　己巳　609 年

正月丙子，改东京洛阳为东都。

按：见《隋书》卷三《炀帝纪上》。

二月戊戌，诏祭古帝王陵及开皇功臣墓。

按：见《隋书》卷三《炀帝纪上》。

三月，炀帝西巡河右，至张掖，九月还长安。

按：见《隋书》卷三《炀帝纪上》。

六月辛亥，诏诸郡以"学业该通，才艺优洽"、"膂力骁壮，超绝等伦"、"在官勤奋，堪理政事"、"立性正直，不避强御"四科举人。

按：炀帝尝于大业三年诏以孝悌有闻等十科举人，至是又将十科合并为四科。见《隋书》卷三《炀帝纪上》。

拜占庭帝国阿非利加行省总督伊拉克略举兵。

癸丑，于河西置西海、河源、鄯善、且末等四郡，以天下罪人为戍卒以守之；又命刘权镇河源郡积石镇，大开屯田，以通西域之路。

按：炀帝即位后，一直比较重视经营西域，至是初显成效。见《资治通鉴》卷一八一。

十月癸亥，诏："今岁耆老赴集者，可于近郡处置。年七十以上，疾患沉滞，不堪居职，即给赐帛，送还本郡。其官至七品已上者，量给廪，以终厥身。"

按：见《隋书》卷三《炀帝纪上》。

十一月丙子，炀帝由长安赴东都洛阳。

按：见《隋书》卷三《炀帝纪上》。

是年，诏天下僧徒无德业者并还俗，寺院繁冗者皆拆除。因智𫖮门人僧大志以死抗争，乃止。

按：见《佛祖统纪》卷五四。大志事迹，参见本年下文条。

隋凡有郡190，县1255，户890万有奇，口4601万有奇，垦田5585万有奇，其疆域、户口之盛，达至顶峰。

按：见《隋书》卷二九《地理志上》。

苏威起为鲁郡太守，寻奉召还朝，拜太常卿，进位左光禄大夫，渐受炀帝信用。

按：苏威于大业三年坐高颎事免职，至是复起。后复为纳言，与左翊卫大将军宇文述、黄门侍郎裴矩、御史大夫裴蕴、内史侍郎虞世基参掌朝政，时称"五贵"。见《隋书》卷四一本传。

苏夔复起为尚书职方郎，转燕王司马。

按：苏夔系苏威之子，大业三年威去职，夔亦罢官。至是，又随其父复起。见《隋书》卷四一本传。

李百药复起，授鲁郡临泗府步兵校尉。

按：李百药于大业三年罢职返乡，至是复出。见《旧唐书》卷七二本传。

僧吉藏受齐王杨暕之邀，与长安名士六十余人于齐王府举行辩论会。众推吉藏为论主，讨论佛理。时僧粲与其辩难，彼此往复四十余次，粲终理屈。京师僧俗惊叹不已，吉藏由是声誉更隆。

按：杨暕系隋炀帝次子，此与会之僧粲非禅宗三祖僧粲。事见《续高僧传》卷一一《吉藏传》、卷九《僧粲传》。

僧慧乘随驾西巡，至张掖，为西域高昌王讲《金光明经》。

按：《续高僧传》卷二四系此事于大业六年，恐误。考《隋书》卷三《炀帝纪上》，炀帝于本年三月出巡河右，至张掖而还。

僧道绰初从慧瓒学禅学，至净土宗始祖昙鸾所创并州玄中寺，为记载昙鸾念佛往生种种瑞应之碑文所感动，遂住该寺，弃舍《涅槃》讲说，专修净土宗之说。

按：见《续高僧传》卷二〇本传、《净土圣贤录》卷二。道绰后为净土宗第三祖。

崔赜奉诏与诸儒纂《区宇图志》250卷成，奏上。

按：《隋书》卷七七本传载，崔赜书奏，炀帝不善之，更令虞世基、许善心衍为600卷。该书系中国古代较早之全国性地理志，对后世有一定影响。今不存。

僧普安十一月五日卒（530— ）。普安俗姓郭，泾阳人。隋代高僧。年少出家，师从僧止圆习苦行头陀，又从僧昙霭研读《三藏》《华严》等经论。北周武帝毁佛时，隐居终南山，聚众研讨佛理。隋文帝开皇八年奉召入京，为太子门师。卒于静法寺。事迹见《续高僧传》卷二七。

薛道衡卒（540— ）。道衡字玄卿，汾阴人。隋代学者、文学家。专精好学，才高气昂。北齐时官至中书侍郎，北周时先后为摄陵州刺史、摄邛州刺史。入隋，历内史舍人、吏部侍郎、内史侍郎、襄州总管、番州刺史、司隶大夫等职，两度坐事除名。终因议论忤旨，被缢杀。有集70卷（一作30卷），行于世，后散佚。今存明人所辑《薛司隶集》1卷。清严可均《全隋文》卷一九存录其文8篇，今人逯钦立《先秦汉魏晋南北朝诗》收录其诗20余首。事迹见《隋书》卷五七、《北史》卷三六。

按：薛道衡生卒年，一说为东魏太平四年和隋大业二年。道衡为隋代著名诗人，与卢思道齐名，后人以为其艺术成就于同代诗人中为最高。道衡从弟薛孺、子薛收、从子薛德音俱有文名。薛孺生卒年、字号不详。清贞孤介，不交流俗，通略经史，有才思。所作诗咏，词致清远。开皇中为侍御史、扬州总管司功参军，历清阳令、襄城郡掾，卒于官。薛收事迹，见后文诸年条；薛德音事迹，见唐武德四年条。

僧大志卒（567— ）。大志俗姓顾，山阴人。天台宗大师智顗门人。善属文藻，编词明切。禅诵为业，苦节自专。开皇中游庐山顶峰寺，后于花山甘露峰南建静观道场自居，晚年住福林寺。以隋炀帝诏天下僧徒无德业者还俗，并裁并寺院，上表抗争，死之。事迹见《续高僧传》卷二七。

蒋俨（ —687）、僧智诜（ —702）生。

祖海尔卒（约520— ）。阿拉伯诗人。以《悬诗》最为著名。

大业六年　庚午　610年

正月丁丑，东都洛阳端门街演角抵大戏，"天下奇伎异艺毕集，终月而罢"。是为后世元宵节之始。

按：见《隋书》卷三《炀帝纪上》。《资治通鉴》卷一八一胡三省注曰："丁丑，正月十五日。今人元宵行娱，盖始盛于此。"

二月乙卯，诏："自今已后，唯有功勋乃得赐封，仍令子孙承袭。"由是旧赐五等爵，无功者皆除之。

按：见《隋书》卷三《炀帝纪上》。

庚申，征周、齐、梁、陈乐人，悉配太常寺，置博士弟子以相传授，乐工至有3万余人。

穆罕默德创立伊斯兰教。

阿拉伯人败波斯。

伊拉克略之子小伊拉克略立，拜占庭帝国伊拉克略王朝始。

按：见《隋书》卷三《炀帝纪上》、《资治通鉴》卷一八一。

三月癸亥，炀帝再次南下巡游江都。

按：见《隋书》卷三《炀帝纪上》。

十二月，开江南河，自京口至余杭，凡800余里。

按：见《资治通鉴》卷一八一。炀帝即位后，先后于大业元年、四年开凿通济渠、邗沟、永济渠。及开江南河，大运河由是全线贯通。北自涿郡，南至余杭，全长数千里。大运河之开通，对东南地区社会、经济和文化发展及南北方文化交流影响甚大。

袁充以天象取媚于炀帝，由太史令迁内史舍人。

按：见《隋书》卷六九本传。

僧慧乘奉敕入东都洛阳四方馆，任大讲主，"兴诸论道，皆为折畅，靡不冷然"。

按：见《续高僧传》卷二四本传。

僧道宣入长安日严寺，从僧慧頵受业。

按：道宣系佛教南山律宗开山祖。其师从慧頵，一说在仁寿四年。考《宋高僧传》卷一四本传、《佛祖统纪》卷二九，皆谓其年十五师从慧頵。道宣生于开皇十六年，至本年十五岁。

僧玄奘随兄长捷法师在洛阳净土寺学习佛经。是年十一，已熟读《法华》、《维摩》等经。

按：见《续高僧传》卷四本传。

巢元方奉诏主持编纂《诸病源候论》50卷。

按：该书今存，系中国古代医学史上首部系统总结疾病病因、病理、证候之著作。书中分67门，详列证候1739条，分别论述内、外、妇、儿、五官等各科疾病之病因病理与证候。尤以理论见长，与同期所编专述治疗方法之《四海类聚方》（已佚）相辅相成，集中反映了当时医学成就，对后世医学之发展影响深远。巢元方生卒年、字号、籍贯不详，隋代著名医学家。大业中任太医博士，迁太医令。

刘焯卒（543—　）。焯字士元，信都昌亭人。隋代名儒。少与河间刘炫为友，受《诗》于同郡刘轨思，受《左传》于广平郭懋常，问《礼》于阜城熊安生，遂以博学多才、精通儒学名于世，世称其与刘炫为"二刘"。开皇中举秀才，除员外将军。坐谤归乡，致力于讲学和著述，从学者众。大业初迁太学博士，以疾去职。著有《稽极》10卷、《历书》10卷及《五经述议》等，又撰《皇极历》1卷。后皆散佚。清马国翰《玉函山房辑佚书》辑有《尚书刘氏义疏》1卷，清严可均《全隋文》卷二七收录其文3篇。事迹见《隋书》卷七五、《北史》卷八二。

按：刘焯博通诸学，对贾逵、马融、王肃、郑玄等人所传章句多所是非，于《九章算术》、《周髀算经》、《七曜历书》皆有研究，为当世学者所宗。《隋书》本传曰："论者以为数百年已来，博学通儒，无能出其右者。"同书卷七五《儒林传序》曰："炀帝即位，复开庠序，国子、郡县之学盛于开皇之初。……于时旧儒多已凋亡，二刘拔萃出类，学通南北，博极古今，后生钻仰，莫之能测。所制诸经义疏，缙绅咸师宗之。"唐初孔颖达等撰《五经正义》,于"二刘"诸经义疏多有吸收。《毛诗正义序》曰:"近代为义疏者,有全缓、何胤、舒瑗、刘轨思、刘丑、刘焯、刘炫等。然焯、炫并聪颖特达,文而又儒,擢秀干于一时,骋绝辔于千里,固诸儒之所揖让,日下之所无双,于其所作疏内,特为殊绝。今奉敕删定,故据以为本。"然今人马宗霍《中国经学史》对刘焯"学通南北"之说提出异议,以为其学本于北学而受南学影响,并非贯通南、北经学。

牛弘十二月己未卒(545—)。弘本姓裛,父允北魏时为侍中,赐姓牛,字里仁,史称"大雅君子",安定鹑觚人。隋代名儒。性宽裕,好学博闻,手不离卷。北周时,出掌文书,参修起居注,袭封临泾公,累迁内史下大夫、使持节、大将军、仪同三司。入隋,历秘书监、礼部尚书、吏部尚书等职,进爵奇章郡公。精通礼制律法,颇为时人敬重。从隋炀帝南巡,卒于江都。谥曰"宪"。尝撰《周史》18卷未成,著有《江都集礼》120卷、《开皇四年四部书目》(一称《开皇四年书目》)4卷、《开皇令》30卷、《五礼》(一作《隋朝仪礼》)100卷等,另有集13卷(一说12卷),后皆散佚。明人辑有《牛奇章集》1卷,清严可均《全隋文》卷二五收录其奏议10篇。事迹见《隋书》卷四九、《北史》卷七二。

按:牛弘先后参与礼乐、律令等修订,于隋朝制度建设颇有贡献。勤职守,有识度。出掌吏部,主张选举当先德行而后文才,所用之人并多称职,众咸服之。又力倡"大弘文教",积极推动儒学复兴,以为儒家经义乃治国安邦之本。有鉴于魏晋以来,儒家典籍多有散佚,乃上表请开献书之路。《隋书》本传史臣评曰:"牛弘笃好坟籍,学优而仕,有淡雅之风,怀旷远之度,采百王之损益,成一代之典章,汉之叔孙不能尚也。绸缪省闼三十余年,夷险不渝,始终无际。虽开物成务非其所长,然澄之不清,混之不浊,可谓大雅君子矣。"《资治通鉴》卷一八一亦评曰:"弘宽厚恭俭,学术精博,隋室旧臣,始终信任,悔吝不及者,唯弘一人而已。"

僧彦琮卒(556—)。彦琮俗姓李,原名道江,赵郡柏人。隋代高僧,佛经翻译家。十岁出家,取名"道江"。年少有名声,十余岁即登座说法。北周武帝毁佛时,被迫易服,召为通道观学士,始改名"彦琮"。年二十五再度出家,在长安讲筵不绝,并翻译佛经。炀帝时为上林园翻经馆学士,先后译经23部,凡100余卷。著述颇丰,有《西域传》(一作《大隋西国传》)10卷、《达摩笈多传》4卷、《众经目录》5卷、《诸番国记》17卷、《西域道里记》1卷,以及《新译经序》、《善财童子诸知识录》、《鬼神录》、《辩教论》、《辩正论》、《辩圣论》、《通学论》、《通极论》、《福田论》、《僧官论》、《慈悲论》、《默语论》、《沙门名义论》等。又奉敕与裴矩撰《天竺记》,与陆彦师、薛道衡、刘善经、孙万寿等修《内典文会集》。事迹见《续高僧传》卷二。

按:《续高僧传》本传载,彦琮出身大族,"少而聪敏,才藻清新,识洞幽微,情符水镜,遇物斯览,事罕再详"。年十二即游邺都,参与讲席。年十四年赴北齐都城晋阳讲经,为当时名流叹服。其所著诸论,于佛学及与儒、道关系多有阐发。"《通极》者,破世术诸儒不信因果,执于教迹,好生异端";"《辩圣》者,明释教宣真,孔教弘俗,论老子教不异俗儒,《灵宝》等经则非儒摄";"《通学》者,劝引儒流,遍师孔释,令知内外,备识俗真"。又结合自身翻译佛经经验,提出"八备十条"说,以为"彼之梵法,大圣规谟,研若有功,解便无滞",与其将佛经由梵文翻为汉文,莫若径行研读梵文原本,如此则"人人共解,省翻译之劳;代代咸明,除疑纲之失"。这些观点和主张,在当时及后世颇有影响。

来济（ —662）生。

大业七年　辛未　611年

波斯入拜占庭之安条克、埃德萨诸城。

拜占庭帝伊拉克略逐波斯人于凯撒里亚。

二月乙亥，炀帝自江都北巡涿郡。

按：见《隋书》卷三《炀帝纪上》。

壬午，诏征高丽，命各地兵马聚集涿郡，由是天下骚动。

按：见《隋书》卷三《炀帝纪上》。炀帝即位后，巡游不止，征发无度。是年起复大举征讨高丽，命于山东置府，养马以供军役，又发民夫运米，致农耕失时，田畴荒芜，加之水旱交替，官吏贪残，百姓穷困，聊无生计。于是，山东邹平人王薄率先聚众起事，作《无向辽东浪死歌》以相感劝，一呼百应，漳南人窦建德、平原人刘霸道、鄃县人张金称、蓨县人高士达等相继举兵，各地郡县莫能禁，天下始大乱。

许善心随炀帝赴辽东，以上封事忤旨免官，寻复征为给事郎。

按：见《隋书》卷五八本传。

王度为御史，五月罢归河东。

按：见《太平广记》卷二三〇。

僧灌顶奉敕由天台山北上至涿郡，获隋炀帝召见。

按：见《续高僧传》卷一九本传。

僧静琬恐藏经因世乱被毁，是年前后始于房山县之西天山凿石室刻经，又别取方石磨写，藏于室内。每满一室，即以石塞门，复以铁锢之。

按：静琬一作智苑，又作净琬，生年、俗姓、籍贯不详。其石刻至唐贞观十三年辛时尚未完成，由弟子续成之，是为今存之"房山石经"。据辽赵遵仁《涿州云居寺四大部经记》，当时发现之石经，系静琬至第五代法公等人所刻，凡石碑2130条，刻经710卷，分别为："《正法念经》一部全七十卷，计碑二百一十条；《大涅槃经》一部全四十卷，计碑一百二十条；《大华严经》一部全八十卷，计碑二百四十条；《大般若经》五百二十卷，计碑一千五百六十条。"辽圣宗复命人续刻，"续镌造刻《大般若经》八十卷，计碑二百四十条，以全其部也；又镌写《大宝积经》一部全一百二十卷，计碑三百六十条，以成四大部数也"。由是前后所刻石碑2730条，计910卷。

檀丁约卒（6世纪后期— ）。印度作家、文学理论家。著有长篇小说《十公子传》，文学理论著作《诗境》。

道士王远知奉召至涿郡，炀帝颇敬重之，亲执弟子之礼，敕于都城起玉清玄坛以居之。

按：见《旧唐书》卷一九二、《新唐书》卷二〇本传。

大业八年　壬申　612年

正月，发兵征高丽。

按：是为隋炀帝第一次东征高丽。此次东征，集大军于涿郡，凡水陆113万余人，号称200万，分左、右各十二军，相次发兵出征。六月，炀帝亲至辽东，督军进攻。然隋军遭高丽军民顽强抵抗。初，渡辽隋军凡30余万，至七月败归辽东城，仅余2700人，资储器械，亡失殆尽。事见《隋书》卷四《炀帝纪下》、《资治通鉴》卷一八一。

九月庚寅，隋炀帝自辽东还至东都洛阳，复谋划再次东征。

按：见《隋书》卷四《炀帝纪下》。

己丑，诏："自今已后，诸授勋官者，并不得回授文武职事"，"若吏部辄拟用者，御史即宜纠弹"。

按：见《隋书》卷四《炀帝纪下》。

是年，大旱，疫病流行。

按：见《隋书》卷四《炀帝纪下》。

苏威以纳言领左武卫大将军，进位光禄大夫，赐爵房公。以年老上表请至仕，未获准，复以本官参掌选事。

按：见《隋书》卷四一本传。

王度是冬兼著作郎，奉诏撰国史。

按：《太平广记》卷二三〇《王度》载："其年冬，兼著作郎，奉诏撰国史，欲为苏绰立传。"

袁充从征辽东，由内史舍人拜朝请大夫、秘书少监。

按：见《隋书》卷六九本传。

虞绰为著作佐郎，与虞世南、庾自直、蔡允恭等4人常居禁中，以文翰待诏，恩盼隆洽。从征高丽，授建节尉。

按：《隋书》卷七六本传载，虞绰有文才，是年四月奉敕作铭，颇为炀帝赏识。然其"恃才任气，无所降下"。时著作郎诸葛颖以学业幸于帝，绰每轻侮人，两人由是构隙。

崔赜从征辽东，授鹰扬长史。时置辽东郡县名，皆从其议也，又奉诏作《东征记》。

按：见《隋书》卷七七本传。

庾质在合水令任，奉召赴炀帝于辽东行在所临渝，劝罢东征，未果。及东征败归，复授太史令。

按：见《隋书》卷七八本传。

僧玄奘年十三，仍与长捷法师住洛阳净土寺。时洛阳度僧，大卿理郑善果见其年纪虽小，然对答出众，贤其器宇，遂破格以沙弥身分录入僧籍。

波斯入拜占庭之卡帕多西亚。

遂听景法师讲《涅槃经》,从严法师学《摄大乘论》。

按:见《大唐大慈恩寺三藏法师传》卷一。

牛头宗僧法融年十九,已尽通经史。以为"儒道俗文信同糠秕,《般若》、《止观》实可舟航",遂皈信佛法。入句容茅山,从三论宗僧炅剃度。

按:见《续高僧传》卷三三本传。

王度约是年前后著《春秋》。

按:《唐文粹》卷八二陈叔达《答王绩书》曰:"薛记室(收)及贤兄芮城常悲魏、周之史,各著《春秋》。近更研览,真良史焉。"王度为绩之长兄,后又任芮城令,故叔达有"贤兄芮城"云云。是年度兼著作郎,其撰《春秋》当在此前后,姑系于此。

僧灵干正月二十九日卒(535—)。灵干俗姓李,祖籍金城狄道,世居上党。隋代高僧。年十四出家,师从邺京大庄严寺衍法师,精研华严经论。北周武帝毁佛时,居家奉戒,仪体无失。隋初复出,初居洛州净土寺,后奉敕住长安大兴善寺,参与佛经译证。大业初,擢为道场上座,卒于寺。事迹见《续高僧传》卷一二。

宇文恺十月甲寅卒(555—)。恺字安乐,原籍昌黎大棘,徙居夏州,鲜卑族人。博览群书,多技艺,尤擅长建筑和设计。历检校将作大匠、将作少监等职,累迁工部尚书。卒于官,谥曰"康"。著有《东都图记》20卷、《明堂图议》2卷、《释疑》1卷,今皆不存。《隋书》本传摘录其《明堂图议》片断。事迹见《隋书》卷六八、《北史》卷六〇。

按:宇文恺系隋代著名建筑家,曾先后主持营造新都大兴城、东京洛阳城和广通渠开凿等大型工程,其都城建设格式为后世历代王朝所仿效。《隋书》本传评曰:"宇文恺学艺兼该,思理通赡,规矩之妙,参纵班、尔,当时制度,咸取则焉。其起仁寿宫,营建洛邑,要求时幸,穷侈极丽,使文皇失德,炀帝亡身,危乱之源,抑亦此之由。"

张衡卒,生年不详。衡字建平,河内人。年十五入太学受业,研精覃思,为同辈所推。后就沈重学《三礼》,研究大旨。北周时为掌朝大夫,入隋累迁给事黄门侍郎,一度颇为隋炀帝亲重。坐事除名为民,复以"谤讪朝政"罪赐死于家。后追赠大将军、南阳郡公,谥曰"忠"。事迹见《隋书》卷五六、《北史》卷七四。

大业九年　癸酉　613年

波斯入美索不达米亚。

三月戊寅,集天下兵于涿郡,再征高丽。

按:见《隋书》卷四《炀帝纪下》。

六月，礼部尚书杨玄感起兵黎阳，围东都。炀帝闻讯，自辽东引兵还。

按：至八月，杨玄感败亡。见《隋书》卷四《炀帝纪下》。

八月，以卫尉少卿李渊为弘化留守，节制关右十三郡兵。渊以宽御下，人多附之。

按：见《资治通鉴》卷一八二。

是年，各地反抗浪潮风涌而起，天下大乱。

苏威领右御卫大将军，随驾征辽东。会杨玄感起兵，与子苏夔、孙苏尚辇奉敕安抚关右。

按：见《隋书》卷四一本传。

王通隐居龙门故里，是年杨玄感起兵，召通前往。通以其非道，拒之。

按：杨玄感父杨素颇敬重通，事见大业二年王通条。

虞绰坐与杨玄感交往，流配且末。途中逃亡，南渡长江，隐匿于信安。变更姓名，自称吴卓。

按：见《隋书》卷七六本传。

崔赜除越王长史。时山东盗贼蜂起，奉诏抚慰高阳、襄国。

按：见《隋书》卷七七本传。

盖文达除国子助教授。

按：见《全唐文》卷一四五于志宁《唐太傅盖公墓碑》。

高士廉为治礼郎，坐事贬朱鸢主簿。

按：《旧唐书》卷六五本传载，高士廉"少有器局，颇涉文史"，与司隶大夫薛道衡、起居舍人崔赜为忘年交。是年炀帝征辽东，兵部尚书斛斯政奔高丽，高士廉坐与其交游，遂谪岭南。后天下大乱，交趾太守丘和署其为司法书佐。

褚亮为太常博士，坐与杨玄感有旧，左迁西海郡司户。

按：见《旧唐书》卷七二本传。

李百药由鲁郡临泗府步兵校尉，充成会稽。

按：见《旧唐书》卷七二本传。

王度是冬以御史带芮城令，持节河北道，赈济陕东。

按：见《太平广记》卷二三〇。

僧弘忍师事道信，是年始正式剃度。是后精研经论，尽得道信禅法。

按：弘忍出家师从道信事，见大业三年。

僧智俨是年始师从僧法顺，入终南山至相寺。法顺命弟子达法师教诲之，又使其学梵文。

按：见《华严经传记》卷三本传。法顺系佛教华严宗始祖，参见贞观十四年法顺条。

僧静藏奉召入鸿胪寺，教授东蕃三国留学僧。

按：见《续高僧传》卷一三本传。

王通约是年或稍后著《续六经》成，计有《礼论》10卷、《乐论》10卷、《续书》25卷、《续诗》10卷、《元经》15卷、《赞易》10卷。后王凝重加整理，编为《王氏六经》75卷。

拜占庭人围安条克。

罗退尔二世成为全法兰克的唯一国王。

西哥特人迫西班牙犹太人受洗。

按：杜淹《文中子世家》云，王通归隐故里，自谓"道之不行，欲安之乎？退志其道而已"，"乃续《诗》、《书》，正《礼》、《乐》，修《元经》，赞《易》道，九年而《六经》大就。……《礼论》二十五篇，列为十卷；《乐论》二十篇，列为十卷；《续书》一百五十篇，列为二十五卷；《续诗》三百六十篇，列为十卷；《元经》五十篇，列为十五卷；《赞易》七十篇，列为十卷。"《中说·礼乐第六》载通自论作《续六经》目的，曰："吾续《书》以存汉晋之实，续《诗》以辨六代之俗，修《元经》以断南北之疑，赞《易》道以申先师之旨，正《礼》《乐》以旌后王之失，如斯而已矣。"通续述《六经》历时九年，方最终完成。今人尹协理、魏明《王通论》以此推定，该书"大约到大业九年或十年才告完成"。书成不久，即逢隋末乱世，有所散失。唐初，通弟凝重加整理，编为《王氏六经》75卷，事见唐贞观元年王凝条。后通子王福时及福时子王勃又相继刊正，事见唐咸亨五年王勃条。唐宋之际，《续六经》已不存。《新唐书》卷一九六《王绩传》曰："兄通，隋末大儒也。聚徒河、汾间，仿古作《六经》，又为《中说》以拟《论语》，不为诸儒称道，故书不显，惟《中说》独传。"今存《元经》10卷，旧题"王通撰，薛收续并作传，阮逸注"，后世学者皆谓系阮逸伪托之作。《四库全书总目提要》卷四七亦持此说，且谓："《文献通考》载是书十五卷，此本止十卷。自魏太和以后，往往数十年不书一事，盖又非阮逸伪本之全矣。"

许善心奉诏与崔赜共撰《灵异记》10卷；又续其父著成《梁书》70卷。

按：《隋书》卷五八本传载，炀帝曾问鬼神之事，善心遂作《灵异记》。本传又曰："初，善心父撰著《梁史》，未就而殁。善心述成父志，修续家书。"传中载善心《序传》曰："先君昔在前代，早怀述作，凡撰《齐书》为五十卷；《梁书》纪传，随事勒成，及阙而未就者，《目录》注为一百八卷。梁室交丧，坟籍销尽。……有陈初建，诏为史官，补阙拾遗，心识口诵。依旧目录，更加修撰，且成百卷。已有六帙五十八卷，上秘阁讫。……自入京已来，随见补葺，略成七十卷。《四帝纪》八卷，《后妃》一卷，《三太子录》一卷，为一帙十卷；《宗室王侯列传》一帙十卷；《具臣列传》二帙二十卷；《外戚传》一卷，《孝德传》一卷，《诚臣传》一卷，《文苑传》二卷，《儒林传》二卷，《逸民传》一卷，《数术传》一卷，《藩臣传》一卷，合一帙十卷；《止足传》一卷，《列女传》一卷，《权幸传》一卷，《羯贼传》二卷，《逆臣传》二卷，《叛臣传》二卷，《叙传论述》一卷，合一帙十卷。凡称史臣者，皆先君所言，下称名案者，并善心补阙。别为《叙论》一篇，托于《叙传》之末。"两书今皆佚。

僧粲卒（529—　）。粲俗姓孙，陈留人。隋代高僧。早年游学齐、周、陈各地，善于辩难，自号"三国论师"。隋开皇十年奉召入京，住大兴善寺，与三论宗僧吉藏等辩论。弟子有僧鸾、僧凤等。著有《十种大乘论》、《十地论》2卷。事迹见《续高僧传》卷九。

按：隋代有二僧粲，另一为禅宗三祖，世称"三祖僧粲"。参见大业二年条。

僧童真卒（543—　）。童真俗姓李，河东蒲阪人。隋代高僧。少师从僧昙延，精通大小乘，尤精《涅槃经》。开皇中住长安大兴善寺，参与佛经翻译，又奉诏为《涅槃》众主。大业初，为大禅定道场主。事迹见《续高僧传》卷一二。

僧智琳五月六日卒（544—　）。智琳俗姓闾丘，原籍高平防舆，世居南徐州。隋代高僧。幼从处士卞诠习《礼》、《易》、《老》、《庄》。年壮出家，初事仁孝寺僧法敦，复依东安寺大僧正恒法师学《成实论》及律法。业成归南徐州,敕任曲阿僧正,补南徐州僧都。开坛传戒,度僧达千余人。示寂于仁孝寺。事迹见《续高僧传》卷一〇。

于仲文卒(546—)。仲文字次武,洛阳人。隋代名将,《汉书》学者。少好学,从博士李祥受《周易》、《三礼》。北周时官至东郡太守,爵封延寿郡公。入隋,率军南征北战,屡立战功,累迁右翊卫大将军。出征高丽,兵败除名。以疾卒于家。著有《汉书刊繁》30卷、《略览》30卷,已佚。事迹见《隋书》卷六〇、《北史》卷二三。

按:《隋书》本传评曰:"仲文博涉书记,以英略自许。尉迥之乱,遂立功名。自兹厥后,屡当推毂。辽东之役,实丧师徒。斯乃大树将颠,盖亦非战人之罪也。"

刘炫约卒(约546—)。炫字光伯,河间景城人。隋代名儒,经学家。少与信都刘焯同学,俱以博学多才名于世,人称"二刘"。开皇中,除殿内将军。后历旅骑尉、太学博士等职。晚年归乡教授,逢盗乱,冻馁而卒。门人谥曰"宣德先生"。著述颇多,有《论语述议》10卷、《春秋攻昧》10卷、《五经正名》12卷、《孝经述议》5卷、《春秋述议》40卷、《尚书述议》20卷、《毛诗述议》40卷、《注诗序》1卷、《算术》1卷,并行于世。后均亡佚,清马国翰《玉函山房辑佚书》辑录其部分佚文,清严可均《全隋文》卷二七收录其文3篇。事迹见《隋书》卷七五、《北史》卷八二。

按:刘炫生卒年,一说为东魏武定八年和隋大业十三年。炫才识广博,学通南北经学。《隋书》本传载其自状曰:"《周礼》、《礼记》、《毛诗》、《尚书》、《公羊》、《左传》、《孝经》、《论语》孔、郑、王、何、服、杜等注,凡十三家,虽义有精粗,并堪讲授。《周易》、《仪礼》、《谷梁》,用功差少。史子文集,嘉言美事,咸诵于心。天文律历,穷覈微妙。至于公私文翰,未尝假手。"炫崇信《伪古文尚书礼传》和《伪古文考经孔传》,对先儒章句多有非议。指陈杜预《左传集解》失误之处,达一百五十余条。所制诸经义疏,为当世士人奉为师宗。后唐初孔颖达撰《尚书正义》、《毛诗正义》,多本于刘炫、刘焯义疏。因受南学影响,变朴实说经之风,好凭已意改前文,且文辞华丽。其荡弃家法,不拘旧说,提出《春秋》规过论,对后世颇有影响,实开自由说经之先声。然为人性格怪异,处事张狂,多自矜伐,由是仕途不畅。

王胄卒(558—)。胄字承基,琅邪临沂人。工诗文,与虞绰齐名。初仕陈,入隋累迁著作佐郎,进授朝散大夫。坐与杨玄感交往,流配边地。途中逃匿江左,为吏所执,被诛。尝参与编纂《长洲玉镜》,有集10卷,已散佚。《文苑英华》、《乐府诗集》等收录其诗近20首,清严可均《全隋文》卷一四收录其文1篇。事迹见《隋书》卷七六、《北史》卷八三。

阎毗卒(564—)。毗祖籍榆林盛乐,世居雍州万年。颇好经史,曾受《汉书》于萧该。善篆书,工草隶,尤以绘画名世。仕北周为仪同三司,入隋累迁殿内少监,领将作少监。从征高丽,及还,暴卒于高阳。事迹见《隋书》卷六八、《北史》卷六一。

按:阎毗系隋代著名画家,子阎立德、阎立本,亦以绘画闻名于世。

潘徽卒,生年不详。徽字伯彦,吴郡人。隋代学者。少受《礼》于郑灼,受《毛诗》于施公,受《书》于张冲,讲《庄子》、《老子》于张讥,并通大义。尤精三史,善属文,能持论。初仕陈,入隋后为秦孝王杨俊、晋王杨广王府学士,授京兆郡博士。坐与杨玄感交往,出为西海郡威定县主簿,卒于道。尝与牛弘等撰《江都集礼》120卷。清严可均《全隋文》卷一四收录其文2篇。事迹见《隋书》卷七六、《北史》卷八三。

僧善导(—681)、新罗僧圆测(—696)生。

大业十年　甲戌　614年

波斯人取耶路撒冷。

犹太人始重修耶路撒冷圣殿。

斯拉夫人入巴尔干。

二月辛卯,诏征天下兵,再征高丽。

按：见《隋书》卷四《炀帝纪下》。

三月,炀帝北巡涿郡,士卒在道,亡者相继。

按：见《资治通鉴》卷一八二。

五月庚子,诏举郡孝悌、廉洁各10人。

按：见《隋书》卷四《炀帝纪下》。

七月,高丽王遣使乞降,炀帝遂班师。

按：时天下已乱,所征兵多失期不至。高丽经长期战争,国势亦困,遂遣使请降。炀帝大悦,许之,班师回京。见《隋书》卷四《炀帝纪下》、《资治通鉴》卷一八二。

十月己丑,炀帝返至西京长安。

按：见《隋书》卷四《炀帝纪下》。

王通于河、汾间聚徒讲学,远近前来求学者众。

按：唐杜淹《文中子世家》曰:"门人自远而至,河南董恒、太山姚义、京兆杜淹、赵郡李靖、南阳程元、扶风窦威、河东薛收、中山贾琼、清河房玄龄、巨鹿魏徵、太原温大雅、颍川陈叔达等,咸称师北面受王佐之道焉。其往来受业者,不可胜数,盖将千余人。故隋道衰而文中子之教兴于河、汾之间,雍雍如也。"今人尹协理、魏明《王通论》以为《世家》所谓房玄龄、魏征皆师从王通云云,实系通子王福畤欲抬高其父地位而伪造篡入。考王绩《游北山赋》,谈及其兄通聚徒讲学之盛况,自注云:"门人常以百数,河南董恒、南阳程元、中山贾琼、河东薛收、太山姚义、太原温彦博、京兆杜淹等十余人称为俊颖。"其中并未提及房玄龄等人。孰是孰非,尚待进一步考辨。

杜淹约是年前后师从王通。为雍州司马高孝基表荐,授承奉郎。

按：杜淹师从王通事,见上文王通条按语。《旧唐书》卷六六《杜如晦传》曰:"淹聪辩多才艺,弱冠有美名,与同郡韦福嗣为莫逆之交。……遂共入太白山,扬言隐逸,实欲邀求时誉。隋文帝闻而恶之,谪戍江表。后还乡里,雍州司马高孝基上表荐之,授承奉郎。"王通于本年前后聚徒讲学,不知淹为高孝基所荐是在师从通之前或之后,姑系于此。

王绩为扬州六合令,托疾去职,还归龙门故里。遂结庐河渚,隐居不出。读《周易》、《老子》、《庄子》,饮酒自乐,自号"东皋子"。

按：王绩登孝悌廉洁科,初授秘书省正字。性简放,不乐在朝,乞署外职,遂除扬州六合县丞。以嗜酒妨职,屡遭勘劾,故辞官归乡。其辞六合县丞事,两《唐书》本传皆谓"大业中",吕才《王无功文集序》谓"大业末"。似当在大业后期。《太平广记》卷二三〇《王度》有"大业十年,度弟绩自六合丞弃归"云云。《王度》篇即《古镜记》,传为绩长兄王度所撰,虽为小说之作,然多以度之生平附之。今姑从之。《新唐书》绩本传载,绩辞归乡里,"种黍,春秋酿酒,养凫雁,莳药草自供。以《周易》、《老子》、《庄子》置床头,他书罕读也"。又,王福畤《东皋子答陈尚书书》曰:"绩字无功,文中子之季弟也。弃官不仕,耕于东皋,自号东皋子。"

僧神迥、灵润应召入鸿胪寺,教授新罗、高丽、百济等外国僧人及诸方之士。

按:神迥、灵润生平概况,分见唐贞观四年、八年条。

僧靖嵩卒(537—)。靖嵩俗姓张,涿郡固安人。隋代高僧。年十五出家,初于北齐邺都师从智融,北周武帝毁佛时避往南方,从真谛门下法泰受《唯识论》之教。性爱文藻,时摘诗颂,子、史、书法,皆为时人所称。隋开皇中住彭城崇圣寺,宣讲《摄大乘论》。著有《摄论疏》6卷、《杂心疏》5卷,以及有关九识、三藏、三聚戒、三生死等玄义论述多种。事迹见《续高僧传》卷一〇。

虞绰卒(561—)。绰字士裕,会稽余姚人。博学有才,尤工草隶。初仕陈为太学博士,迁永阳王记室。陈亡入隋,累迁著作佐郎。坐与杨玄感交往,流配边地。途中逃匿,隐于信安。事发,坐斩江都。尝奉诏与虞世南、庾自直等编纂《长洲玉镜》等书10余部,所作词赋并行于世。清严可均《全隋文》卷一四收录其文1篇。事迹见《隋书》卷七六、《北史》卷八三。

庾质卒,生年不详。质字行修,新野人,庾季才之子。承父学业,晓天文,好占候。初仕北周,隋时除奉朝请,历鄢陵令、陇州司马、太史令等职。因谏炀帝停巡游征讨忤旨,下狱死。事迹见《隋书》卷七八、《北史》卷八九本传。

萧吉约卒,生年不详。吉字文休,南朝梁长沙宣武王懿之孙。博学多通,尤精阴阳算术。历仕梁、北周,入隋,累迁太府少卿,加位开府,卒于官。著有《金海》30卷、《相经要录》1卷、《宅经》8卷、《葬经》6卷、《乐谱》20卷、《帝王养生方》2卷、《相手版要决》1卷、《太一立成》1卷,并行于世。后皆不存。清严可均《全隋文》卷一三收录其文4篇。事迹见《隋书》卷七八、《北史》卷八九。

按:《隋书》本传谓萧吉于杨玄感败亡后,"岁余,卒官"。杨玄感于大业九年六月举兵,八月败亡,则吉卒应在本年或稍后。

李义府(—666)、中天竺僧地婆诃罗(—688)生。

大业十一年　乙亥　615年

穆罕默德令部分麦加伊斯兰教徒远避埃塞俄比亚。

托莱多宗教会议就犹太人改宗作出规定。

英格兰人的东盎格利亚王雷德沃尔德称霸南英格兰。

正月，增秘书省官员，以学士补之。

按：《资治通鉴》卷一八二载，隋制，秘书省监、丞各一人，郎四人，校书郎十二人，正字四人，著作郎二人，佐郎八人。炀帝增少监一人，减校书郎为十人，加置佐郎四人，儒林郎十人，文林郎二十人，校书郎员四十人，楷书郎员二十人。又，炀帝好读书著述，任扬州总管时，尝置王府学士百人，常令修撰。至即帝位，未曾停止。前后近二十年，所撰涉及经术、文章、兵、农、地理、医、卜、释、道等，凡31部，17000余卷。初，西京嘉则殿藏书37万卷，炀帝命秘书监柳顾言等整理，去其重复杂乱，得正御本37000余卷，藏于东都修文殿。又另摹抄50副本，简为三品，分藏于东、西两京之宫、省、官府。

八月，炀帝巡视北塞，被突厥围于雁门，次月方解围。

按：见《隋书》卷四《炀帝纪下》。

十月壬戌，炀帝自雁门还至东都洛阳。

按：见《隋书》卷四《炀帝纪下》。

王通隐居故里，召为著作郎、国子博士，不应。

按：见杜淹《文中子世家》。

苏夔为鸿胪寺少卿，随驾北巡。九月，以解雁门之围有功，进通议大夫。

按：见《隋书》卷四一本传。

袁充数以天象媚于炀帝。时天下大乱，帝心不自安，充假托天文，上表陈嘉瑞，遂由秘书少监超拜秘书令。

按：《隋书》卷六九本传载，充奉承炀帝，"帝每欲征讨，充皆预知之，乃假托星象，奖成帝意，在位者皆切患之"。

僧智俨在终南山至相寺师事僧法顺，是年始出家为沙弥。

按：智俨师从法顺事，见大业九年。稍后，智俨又北上从僧法常听受《摄大乘论》，数年间便洞解精义，为法常同门僧辩称赞，后遂为摄论学高僧。见《华严经传记》卷三本传。

僧道宣至大禅定寺，依律学大师僧智首受具足戒，由是在智首门下听受律学。

按：《宋高僧传》卷一四本传谓道宣"隋大业中从智首律师受具"；《佛祖统纪》卷二九则明言其"年二十依首师"。道宣生于开皇十六年，至本年二十岁。时智首之律学颇流行于世，名僧灵裕、洪遵皆曾率徒听其讲论。道宣受智首之教，为其后来开南山律宗奠定基础。

僧法安卒(518—　)。法安俗姓彭,安定鹑孤人。隋代高僧。年少出家,初居太白山九陇精舍,开皇中住扬州慧日道场,晋王杨广命其往名山召诸隐逸以裨王化,一时聚于慧日道场者达二千余人。杨广即位,倍加敬重,敕住洛阳宝杨道场。事迹见《续高僧传》卷二五。

僧道判卒(532—　)。道判俗姓郭,曹州人。菩萨僧。少习儒经,年十九出家。欲西行求法,为突厥所阻。北周武帝毁佛时,隐居太白山,潜心研究中、百、十二门、大智度等四论。周宣帝时复出,住长安陟岵寺。入隋,颇为隋文帝敬重,特为其建龙池寺。事迹见《续高僧传》卷一二。

郎茂卒(541—　)。茂字蔚之,恒山新市人。隋代学者。少师从国子博士河间权会习《诗》、《易》、《三礼》及玄象、刑名之学,又随国子助教长乐张率礼受《三传》群言。及长,遂以学名于世。初仕齐,奉诏于秘书省刊定载籍。后仕北周,为卫国令。入隋,历延州长史、太常丞、民部侍郎、雍州司马、太常少卿、尚书左丞等职,遭劾除名,流配边地。奉召还,卒于长安。撰《州郡图经》100卷,已佚。清严可均《全隋文》卷二〇收录其奏疏1篇。事迹见《隋书》卷六六、《北史》卷五五。

按:《隋书》本传载,郎茂于开皇十年自且末郡召还,"岁余而卒,时年七十五"。由是知茂当卒于本年。

王义方(　—669)生。

伦斯特的科伦班卒(约543—　)。爱尔兰僧侣,基督教凯尔特派传教士。

大业十二年　丙子　616年

七月甲子,炀帝自东都洛阳南巡江都。

按:是为炀帝第三次南下江都。时天下大乱,各地聚众而起者不计其数,臣下多不愿随驾南行。然炀帝固执己见,凡有谏阻者,皆斩之。见《隋书》卷四《炀帝纪下》、《资治通鉴》卷一八三。

苏威在东都洛阳,五月为御史大夫裴蕴所劾,坐滥授人官,除名为民。复有人诬其与突厥图谋不轨,罪当死。炀帝以其历事两朝三十余载,悯而释之。七月,随驾南下江都。

按:见《隋书》卷四一本传。

张后胤随父在并州,以儒行见称。入李渊幕府,为渊子李世民授《春秋左氏传》。

按:《旧唐书》卷一八九上本传载,张后胤父张中,"有儒学,随汉王谅出牧并州,引为博士。后胤从父在并州,以学行见称"。时李渊镇太原,遂引后胤于幕下。

道士王远知谏炀帝停南巡扬州之行,谓不宜远去京都。炀帝不从。

波斯入拜占庭之埃及亚历山大城。

西哥特人尽取拜占庭之西班牙领地。

按：见《旧唐书》卷一九二本传。

僧智越卒(543—)。智越俗姓郑,南阳人。隋代高僧。师从天台宗祖师智顗,精通法华、禅宗及戒律。其师卒后,为天台国清寺主持,致力于弘扬师门。事迹见《续高僧传》卷一七。

苏夔约是年或稍后卒(约 568—)。夔字伯尼,京兆武功人,苏威之子。少聪敏,与诸儒论议,词致可观。及长,博览群言,尤精于钟律。开皇中,参与修乐事,与名儒何妥辩论甚急。历太子通事舍人、太子洗马、司朝谒者、尚书职方郎、鸿胪少卿等职。受其父牵连,除名为民。丁母忧,不胜哀而卒。著有《乐志》15 篇,已佚。清严可均《全隋文》卷二七收录其奏疏1 篇。事迹见《隋书》卷四一、《北史》卷六三。

按：苏夔卒年,史无明载。《隋书》本传谓夔"坐父事,除名为民,复丁母忧,不胜哀而卒,时年四十九"。其父苏威本年五月遭劾除名,则夔卒当在同年或稍后。

大业十三年　隋恭帝义宁元年　丁丑　617 年

波斯入卡尔西顿。

拜占庭人复取耶路撒冷。

拜占庭帝希拉克略一世拟迁都迦太基。

英格兰人的埃塞克斯王西吉伯特一世约于此时即位。

正月丙辰,窦建德于河间乐寿称长乐王,置百官,建元丁丑。

按：见《隋书》卷四《炀帝纪下》。

二月庚子,河南瓦岗军推李密为首领,称魏公,开仓济民。由是百姓争附之,众至数十万,河南诸郡相继皆陷。

按：见《隋书》卷四《炀帝纪下》。

三月,马邑鹰扬校尉刘周武据雁门、楼烦、定襄等郡,自称皇帝,建元天兴;朔方鹰扬郎将梁师都据雕阴、弘化、延安等郡,自称皇帝,国号梁,建元永隆;原左翊卫郭子和起兵榆林,自称永乐王,建元丑平。

按：见《资治通鉴》卷一八三。

四月癸未,金城校尉薛举率众起兵,自称西秦霸王,建元秦兴。寻攻陷陇右诸郡,众至十三万,改称秦帝。

按：见《隋书》卷四《炀帝纪下》、《资治通鉴》卷一八三。

五月甲子,太原留守李渊于晋阳起兵。

按：《资治通鉴》卷一八三载,先是,李渊为河东讨捕使,见天下大乱,隋室将亡,趁机发展势力,命长子李建成于河东潜结英俊,次子李世民于晋阳密招豪友。世民结好晋阳令刘文静和晋阳宫副监裴寂,共谋大事。渊尚犹豫待机,世民劝曰："今主上无道,百姓困穷,晋阳城外皆为战场。大人若守小节,下有寇盗,上有严刑,危亡无日。不若顺民心,兴义兵,转祸为福,此天授之时也。"明日,复曰："今盗贼日繁,遍于天下,大人受诏讨贼,贼可尽乎!……大人设能尽贼,则功高不赏,身益危矣!"渊意稍决。及刘周武起兵,据汾阳宫,渊乃命世民、刘文静等各募兵,旬日间得近万人。

杀副守王威、高君雅，正式起兵。开仓赈民，应募者益众，分置三军。遂自号大将军，建大将军府，置官属。至七月，渊率兵三万发晋阳，直指长安。

是月，武威鹰扬府司马李轨起兵，攻占河西五郡之地，自称河西大凉王，建元安乐。

按：见《隋书》卷四《炀帝纪下》、《资治通鉴》卷一八三。

十月，巴陵校尉董景珍等起兵，迎立罗川令萧铣为主，称梁王，建元凤鸣。

按：见《隋书》卷四《炀帝纪下》、《资治通鉴》卷一八四。

十一月，李渊率兵入长安，与民约法十二章，除隋烦苛之政。遥尊隋炀帝为太上皇，立代王杨侑为帝，改元义宁，是为隋恭帝。渊自为假黄钺、使持节、大都督内外诸军事、尚书令、大丞相，进爵唐王。

按：见《隋书》卷四《炀帝纪下》、《资治通鉴》卷一八四。

于志宁、颜师古、长孙无忌于九月往朝邑，谒李渊于长春宫。渊皆礼而用之，以志宁为记室，师古为拜朝散大夫，无忌为渭北行军典签。

按：见《资治通鉴》卷一八四。

房玄龄补隰城尉，九月谒李世民于渭北军门，署记室参军，引为谋主。

按：见《旧唐书》卷六六本传、《资治通鉴》卷一八四。

令狐德棻授乐城长，以世乱不就。会王神通据太平宫起兵，立总管府，德棻往附之，署为记室。及李渊入关，引为大丞相府记室。

按：见《旧唐书》卷七三本传。

杜如晦是年前曾预吏部选，深为高孝基器重，补滏阳尉，寻弃官归家。

按：《旧唐书》卷六六本传谓杜如晦"少聪悟，好谈文史"。大业中，吏部侍郎高孝基称其"有应变之才，当为栋梁之用"，遂补滏阳尉。未知具体年份，姑系于此。

薛收受学于王通，长于言理，人称"薛庄周"。郡举秀才，固辞不应。

按：《旧唐书》卷七三谓薛收辞秀才之举在"大业末"，未详具体年份，姑系于此。

褚亮在谪地西海郡，会薛举据陇西称王，遂依附之，署黄门侍郎，执掌机务。其子褚遂良时亦随父在陇西，署通事舍人。

按：见《旧唐书》卷七二《褚亮传》、卷八〇《褚遂良传》。褚亮遭贬谪事，见大业九年条。

温大雅在李渊幕，及渊起兵，引为大将军府记室参军，专掌文翰。

按：《旧唐书》卷六一本传载，温大雅少以才辩知名，曾为东宫学士、长安县尉。以父忧去职。值天下大乱，不求仕进。为李渊所召，颇受礼遇。

孔绍安为监察御史，及渊起兵，为监军，颇为渊礼遇。

按：见《旧唐书》卷一九〇上本传。

僧道信率门徒至吉州庐陵，遇盗围城，坐困七旬。后欲往衡岳，途经江州，为当地道俗所留，遂住庐山大林寺。

按：见《续高僧传》卷三二、《景德传灯录》卷三本传。

潘师正是年前度为道士，师从道士王远知，尽受其道门秘诀和符箓，并随师至茅山。

按：潘师正师从王远知事，新、旧《唐书》本传及《茅山志》等皆谓"大业中"，不知具体年份，姑系于此。师正后与道士刘爱道隐居嵩山，潜心修道二十余年。

曹宪是年前奉诏纂《桂苑珠丛》100卷，又训注张揖《博雅》10卷。

按：《旧唐书》卷一八九上本传曰："大业中，炀帝令与诸学者撰《桂苑珠丛》一百卷，时人称其该博。宪又训注张揖所撰《博雅》，分为十卷，炀帝令藏于秘阁。"可知两书在大业末年前已完成。姑系于此。两书均已散佚。

又按：曹宪生卒年、字号不详，扬州江都人。仕隋为秘书学士。唐贞观中为扬州长史李袭誉表荐，征拜弘文馆学士，以年老不赴。唐太宗遂遣使就其家拜朝散大夫，学者荣之。卒年一百五岁。精通古文，颇为时人推崇，于隋唐之际古文字学之复兴贡献颇大。《旧唐书》本传谓其"每聚徒教授，诸生数百人"，"公卿已下，亦多从之受业"；"精诸家文字之书，自汉代杜林、卫宏之后，古文泯绝。由宪，此学复兴"。又云，宪撰有《文选音义》，"甚为当时所重"，由此推动《文选》学之兴起。"江、淮间为《文选》学者，本之于宪，又有许淹、李善、公孙罗复相继以《文选》教授，由是其学大兴于代"。

王通卒（约584— ）。通字仲淹，龙门人。隋代学者、经学家。自幼笃学，博览群书。隋文帝末年诣阙献策，授蜀郡司户书佐。后归乡隐居，潜心著述，屡召不应。聚徒讲学，从学者千数。以疾卒，门人谥曰"文中子"。撰《太平十二策》4卷，又仿《六经》，著《礼论》10卷、《乐论》10卷、《续书》25卷、《续诗》10卷、《元经》15卷、《赞易》10卷，合为《续六经》（又名《王氏六经》）。诸书后皆佚。另有《中说》10卷（一作5卷），今存。事迹散见《全唐文》卷一三五杜淹《文中子世家》、《旧唐书》卷一九〇《王勃传》等。司空图、皮日休各撰有《文中子碑》，近人王立中著有《文中子真伪汇考》，今人尹协理、魏明著有《王通论》。

按：王通卒年，一说唐武德元年。考《旧唐书》卷一九〇《王勃传》，谓通于"义宁元年卒"。从之。又，王通有无其人，历来有人表示怀疑。北宋初，宋咸曾作《过文中子》、《驳中说》，首先提出疑问。焦竑《焦氏笔乘》卷二《文中子》曰："宋咸作《驳中说》，谓文中子乃后人所假托，实无其人。"南宋王明清《挥麈录》卷三亦谓"未必有其人"。清姚际等皆持此说。然考之于史籍，王通其人应可确定。今人尹协理、魏明《王通论》（中国社会科学出版社1984年版）于此考之颇详。王通著《太平十二策》、《续六经》事，分见仁寿三年、大业九年。《中说》初由通门人薛收、姚义等编次而成，唐初通弟王凝、王通子福畤等又先后重新整理。事见贞观元年王凝条、贞观二十三年王福畤条。新、旧《唐书》著录该书为5卷，《四库全书》收录为10卷本，篇末附有《叙篇》，杜淹《文中子世家》，王福畤《录唐太宗与房、魏论乐事》、《王氏家书杂录》，王绩《答陈尚书书》，《录关子明事》等。

又按：王通为隋代名儒，门人众多，在当时颇有影响。《旧唐书》卷一九〇上《王勃传》谓其《元经》、《中说》等书，"皆为儒士所称"。其学以儒为本，主张三教合一，对隋唐时期三教共融思想格局的形成有一定的推动作用。尹协理、魏明《王通论》以为王通首开后世理学思潮之雏形，指出："从儒学的整个变革过程来看，从理学某些基本范畴的提出来看，从思想上是否全面突破来看，理学应当雏形于隋代的王通，且整个隋唐时代，都是儒学的变革期和理学的形成期。"然朱熹对王通多有微词。《朱子语类》卷一三七《战国汉唐诸子》评曰："王通……他只见圣人有个《六经》，便欲别做一本《六经》，将圣人腔子填满里面。若是子细读书，知圣人所说义理之无穷，自然无工夫闲做。"

唐　代
(618—906)

唐高祖武德元年　戊寅　618年

三月丙辰，隋炀帝杨广于江都被缢杀(569—　)，隋亡。

按：隋炀帝系为右屯卫将军宇文化及等缢杀。炀帝庙号世祖，谥号明帝，唐时改谥。其在位十四年，开凿大运河以通南北，经营西域以畅丝绸之路，创设科举以易选举之制，对后世均产生深远影响。又重视教育，整理典籍，倡扬文风，于当时文化发展有积极意义。然其性格乖张，为政苛酷，刚愎自用，好大喜功，屡兴征伐，荒淫无度，滥用民力，刻剥百姓，终致天下大乱，亡国丧身。其文学，初学庾信，后好梁陈宫体，于初唐近体发展有一定影响。《隋书》卷七六《文学传序》曰："炀帝初习艺文，有非轻侧之论。暨乎即位，一变其风。……虽意在骄淫，而词无浮荡，故当时缀文之士遂得依而取正焉。"有集55卷，已散佚。清严可均《全隋书》辑录其诏敕书文为4卷，今人逯钦立《全隋诗》录存其诗40多首。今人研究炀帝著述颇多，有韩隆福《隋炀帝评传》，胡戟《隋炀帝新传》，胡沧泽《隋炀帝传》，郭志坤《隋炀帝大传》，袁刚《隋炀帝传》，张兰芳《隋炀帝》等。

五月甲子，李渊在长安称帝，国号唐，建元武德，是为唐高祖。

按：见《旧唐书》卷一《高祖纪》。

是月，颁诏兴学，置国子、太学、四门学及郡县学。

按：隋文帝晚年沉湎佛教而轻儒学，尝废中央太学、四门学和地方州县学，事见仁寿元年条。唐高祖于太原举事之初，即有意复兴儒学。及即帝位，遂颁诏兴学，以振儒教。《资治通鉴》卷一八五载，是月，"置国子、太学、四门生，合三百余员，郡县学亦各置生员"。《旧唐书》卷一八九上《儒学传序》曰："近代重文轻儒，或参以法律。儒道既丧，淳风大衰，故近理国多劣于前古。自隋氏道消，海内版荡，彝伦攸斁，戎马生郊，先代之旧章，往圣之遗训，扫地尽矣！及高祖建义太原，初定京邑，虽得之马上，而颇好儒臣。……五月，初令国子学置生七十二员，取三品已上子孙；太学置生一百四十员，取五品已上子孙；四门学生一百三十员，取七品已上子孙。上郡学置生六十员，中郡五十员，下郡四十员。上县学并四十员，中县三十员，下县二十员。"由是奠定唐代中央官学和地方官学之雏形。又，《唐六典》载，唐中央官学，国子生为文武官三品已上及国公子孙、从二品已上曾孙；太学生为文武官五品已上及郡、县公子孙、从三品曾孙；四门生为文武官七品已上及侯、伯、子、男子，若庶人子，当为俊士之类。

六月，废隋大业律令，颁新格。

按：唐高祖登基，即命裴寂、刘文静等修定律令，至是遂颁新格。十一月，又颁五十三条格，以约法缓刑。见《旧唐书》卷一《高祖纪》、卷五〇《刑法志》。

九月，宇文化及于魏县称帝，国号许，建元天寿，置署百官。

按：宇文化及缢杀隋炀帝后，更立秦王杨浩为帝，自称大丞相，率众自江都北返，至是复杀浩自立，寻败亡。见《隋书》卷八五《宇文化及传》、《旧唐书》卷一《高祖纪》。

西哥特人取拜占庭之休达城（今属摩洛哥）。

十月壬申，瓦岗军李密率部入关中投唐。

　　按：初，瓦岗军翟让等推李密为主。后密杀让，颇自骄矜，不恤兵士，众心皆怨，终为隋东都留守王世充所败，部属四散，遂投唐。高祖拜其为光禄卿、上柱国，赐爵邢国公。是年十二月，密反于桃林，行军总管盛彦师追讨斩之。瓦岗军风云一时，至此失败。见《隋书》卷七〇《李密传》、《旧唐书》卷一《高祖纪》。

十一月四日，诏于秘书外省别立小学，以教皇族子孙及功臣子弟。

　　按：见《旧唐书》卷一八九上《儒学传》、《新唐书》卷四四《选举志》、《唐会要》卷三五《学校》。

是月，河北窦建德改国号为夏，改元五凤。

　　按：见《旧唐书》卷五四《窦建德》。

李轨于凉州称帝，建元安乐，据有河西之地。

　　按：李轨于明年四月败亡。见《旧唐书》卷五五《李轨传》、卷一《高祖纪》。

十二月，高开道据北平、渔阳，称燕王，建元始兴。

　　按：见《旧唐书》卷五五《高开道传》。

是年，唐高祖诏于并州等地立佛寺，以倡行佛法。

　　按：唐初，在复兴儒学同时，仍倡行佛学。《续高僧传》卷一九《智满传》、卷二六《法周传》等载，是年唐高祖称帝后，令于并州立义兴寺，太原立太原寺，华阴立灵仙寺，京师立会昌寺、证果尼寺、集仙尼寺、兴圣尼寺、胜业寺等，又于长安朱雀门外普建道场，设无遮大会，士女云集。

房玄龄在李世民幕，竭力辅佐，广引人才。

　　按：房玄龄依李世民事，见大业十三年条。《旧唐书》卷六六本传曰："玄龄既遇知己，罄竭心力，知无不为。贼寇每平，众人竞求珍玩，玄龄独先收人物，致之幕府。及有谋臣猛将，皆与之潜相申结，各尽其死力。"

魏徵为瓦岗军首领李密元帅府记室。七月，在洛北与许敬宗共掌文翰。十月，随李密至长安降唐。十一月，自请安辑山东，乃授秘书丞。至黎阳，作书与徐世勣，劝其归唐。

　　按：《资治通鉴》卷一八六载，是年十一月，"徐世勣据李密旧境，未有所属。魏徵随密至长安，久不为朝廷所知，乃自请安集山东，上以为秘书丞"。李密降唐，十月至长安，魏徵亦当随同，并非十一月方至长安。《旧唐书》卷七一本传曰："徵随密来降，至京师，久不见知。自请安辑山东，乃授秘书丞，驱传至黎阳。"魏徵所作《与徐世勣书》，见《全唐文》卷一四一。

长孙无忌在李世民幕，为渭北道行军典签。从军征战，多有谋划。

　　按：《旧唐书》卷六五本传云，长孙无忌为李世民妻兄，博通文史，有谋略。从李世民征战，积功除比部郎中，封上党县公。

颜师古仕唐，六月由敦煌公府文学转起居舍人，专掌机密。

　　按：《旧唐书》卷七三本传曰："时军国多务，凡有制诰，皆成其手。师古达于政理，册奏之工，时无及者。"

令狐德棻为大丞相府记室。五月李渊称帝，以德棻为起居舍人，甚见亲待。

　　按：见《旧唐书》卷七三本传。

虞世南在江都，三月隋炀帝被杀，随宇文化及北上。至聊城，为窦建德所获。

按：见《旧唐书》卷七二本传。

杜如晦为秦王府兵曹参军，迁陕州总管府长史，又进为陕东道大行台司勋郎中，封建平县男。

按：《旧唐书》卷六六本传载，时秦王府属僚多外迁，李世民患之。房玄龄曰："府僚去者虽多，盖不足惜。杜如晦聪明识达，王佐才也。若大王守藩端拱，无所用之；必欲经营四方，非此人莫可。"于是李世民上表，仍留杜如晦为府属。杜如晦随从征伐，参与机要，凡军国之事，剖断如流，成为李世民主要谋士之一。

陈叔达仕唐，授黄门侍郎。

按：陈叔达仕隋为绛郡太守，举郡附李渊，授丞相府主簿，封汉东郡公，与温大雅同掌机密，军书敕令及文告多出其手。及渊称帝，遂授其要职。见《旧唐书》卷七二本传。

李百药在江东，八月为沈法兴所得，辟为府掾。

按：李百药尝入沈法兴幕，事见隋大业元年。初，百药在会稽，因改授建安郡丞，行至吴兴乌程，逢沈法兴据吴兴起事，自称大司马、录尚书事、天门公，遂复依之。见《旧唐书》卷七二本传、《资治通鉴》卷一八六。

姚思廉受秦王李世民之召入幕，为王府文学。

按：见《旧唐书》卷七三本传。

萧德言仕唐，六月为太子洗马，充东宫学士。

按：见《旧唐书》卷一八九上本传。

李大师为隋渤海郡主簿，受河北窦建德之召，署尚书礼部侍郎。

按：见《北史》卷一〇〇《序传》。

袁朗六月为齐王李元吉文学。时太子李建成与秦王李世民、齐王李元吉兄弟争相引名士入幕下，以为自助，其中多文学之士。

按：《旧唐书》卷一九〇上本传曰："武德初，授齐王文学、祠部郎中，封汝南县男。"本年六月庚辰，元吉封齐王，朗为齐王文学当于此时。《新唐书》卷二〇一《袁朗传》曰："武德初，隐太子与秦王、齐王相倾，争致名臣以自助。太子有詹事李纲、窦轨，庶子裴矩、郑善果，友贺德仁，洗马魏徵，中舍人王珪，舍人徐师谟，率更令欧阳询，典膳监任璨，直典书坊唐临，陇西公府祭酒韦挺，记室参军事庾抱，左领大都督府长史唐宪；秦王有友于志宁，记室参军房玄龄、虞世南、颜师鲁，咨议参军事窦纶、萧景，兵曹杜如晦，铠曹褚遂良，士曹戴胄、阎立德，参军薛元敬、蔡允恭，主簿薛收、李玄道，典签苏勖，文学姚思廉、褚亮，敦煌公府文学颜师古，右元帅府司马萧瑀，行军元帅府长史屈突通，司马窦诞，天策府长史唐俭，司马封伦，军咨祭酒苏世长，兵曹参军事杜淹，仓曹李守素，参军事颜相时；齐王有记室参军事荣九思，户曹武士逸，典签裴宣俨，朗为文学。"

贺德仁为陇西公友，迁太子中舍人。以年老不习吏事，转太子洗马，充东宫学士。

按：见《旧唐书》卷一九〇上本传。

傅奕仕唐，拜太史丞。以承乱世之后，当有变更，奏请改正朔、易服色、变律令、革官名。寻迁太史令。

按： 时太史令庾俭以其父庾质在隋炀帝时因上言占候死于狱中，又耻于数术，乃奏荐傅奕自代，傅奕由是迁太史令。见《旧唐书》卷七九《傅奕传》。

徐文远在洛阳，隋越王杨侗署为国子祭酒。为李密所执，颇受敬重。是年密败亡，文远复回洛阳，依王世充。

按： 见《旧唐书》卷一八九上本传。

裴矩在江都，三月隋炀帝被杀，遂随宇文化及北上，授尚书右仆射，加光禄大夫，封蔡国公，为河北道安抚大使。及宇文氏败亡，依河北窦建德，署为吏部尚书，转尚书右仆射，专掌选事。

按： 见《隋书》卷六七本传。

温大雅为李渊大将军府属僚，禅代之际，与窦威、陈叔达等参定礼仪。及李渊即位，迁黄门侍郎，寻进拜工部尚书。

按： 见《旧唐书》卷六一本传。

张后胤为李渊幕僚，及渊践祚，授齐王府文学，爵封新野县公。

按： 张后胤入李渊幕事，见隋大业十二年。

孔绍安在洛阳，五月闻李渊登位，奔长安归附，授内史舍人。

按： 见《旧唐书》卷一九○上本传。

岑文本投奔江陵萧铣，署中书侍郎，专典文翰。

按： 见《旧唐书》卷七○本传。

蔡允恭在江都，随宇文化及北返，途中为河北窦建德所获。

按： 见《旧唐书》卷七○本传。

孙伏伽为万年县法曹，六月上书言事，为李渊褒奖，擢治书侍御史。

按： 孙伏伽此次上书，《唐会要》卷三四、《资治通鉴》卷一八五均系于六月。《新唐书》卷一○三本传载，伏伽有鉴于隋之灭亡，进言三事：其一，"天子有争臣，虽无道不失其天下"，为君者当"开不讳之路，官贤授能，赏罚时当，人人乐业"；其二，"百戏散乐，本非正声"，"此谓淫风，不得不变"；其三，"性相近，习相远。皇太子、诸王左右执事，不可不择"。高祖以为所其言"至诚慷慨，据义恳切，指朕失无所讳"，遂超擢之。

傅仁均为庾俭、李淳风表荐，奉唐高祖诏修订历法。数月而成，奏上，号曰《戊寅元历》。七月癸巳，有诏颁行天下。

按： 该历后颇为封德彝、王孝通所诟，以为差谬甚多。至麟德二年，遂为李淳风所造新历所取代。参见该年条。傅仁均生卒年、字号不详，滑州白马人。精于算历推步之术，名著于时。《新唐书》卷二○四《李淳风传》曰："唐初言历者，惟傅仁均。"以修历之功，授员外散骑常侍，卒于太史令。《全唐文》卷一三三收录其文2篇。事迹见《旧唐书》卷七九。

僧吉藏在长安。唐高祖初入长安，召集名僧于虔化门下接见，吉藏亦应召前往。及高祖践祚，吉藏等十人奉敕为大德，管理佛教事务。

按： 见《续高僧传》卷一一本传。

僧玄奘与兄长捷法师由洛阳至长安，寻往赴成都。

按：《大唐大慈恩寺三藏法师传》卷一载，玄奘初随兄在洛阳净土寺，以世乱，闻李渊于长安称帝，"天下依归如适父母"，遂劝兄往投之。然唐朝国基草创，兵甲尤兴，无暇佛学。时蜀中相对较安，名僧云集，由是玄奘又劝兄入蜀。此后数年，玄奘游学名德,通究佛典诸部,声誉大起,"四方僧投之者众,讲座之下,常数百人"。

僧静藏应宇文世寿之邀,为蓝田玉泉寺住持。

按:见《续高僧传》卷一三本传。

僧法琳杜绝道教,还归释宗,住济法寺。

按:法琳一度多与道士游,至是遂专注于佛学。见唐释彦琮《唐护法沙门法琳别传》卷上。

僧辩相由洛阳回长安,住胜光寺,颇受秦王李世民敬重。

按:辩相于隋炀帝大业初奉召东赴洛阳,滞留多年,至是复归长安。《续高僧传》卷一二本传曰:"武德初年,蒙敕延劳,还归京室。重弘经论,更启蒙心。今上昔在弘义,钦崇相德,延入宫中,通宵法论,亟动天顾,嚫锡丰美。乃令住胜光,此寺即秦国之供养也,故以居焉。""今上"即李世民,时为秦王。

僧怀感著《释净土群疑论》成。

按:该书后经怀感同门僧怀恽补述,编为7卷,后世净土宗学者奉为圭臬。怀感系净土宗高僧,生卒年、籍贯不详。初于长安千福寺学唯识与戒律,后从僧善导。事迹见《宋高僧传》卷六、《净土圣贤录》卷二。

僧迦才著《净土论》3卷成。

按:迦才系净土宗高僧,生平事迹不详。

袁充三月卒(544—)。充字德符,祖籍陈郡阳夏,世居丹阳。通晓天文,颇解占候。仕陈,官至散骑常侍,入隋累迁秘书令。以天象占候,曲意取媚于隋炀帝。随驾江都,为宇文化及所杀。事迹见《隋书》卷七〇、《北史》卷七四。

僧灵璨卒(549—)。灵璨俗姓不详,怀州人。隋代高僧。师从名僧净影寺慧远,精通《涅槃经》、《十地经论》。慧远卒后,为五众众主,大弘佛法。晚年住大禅定寺。事迹见《续高僧传》卷一〇。

崔赜三月卒(550—)。赜字祖濬,安平人。崔廓之子。隋代学者。开皇初登高第,奉诏与诸儒定礼乐,授校书郎,转协律郎。大业中,历起居舍人、鹰扬长史、越王长史。从隋炀帝南巡江都,宇文化及发难,引为著作郎,称疾不起,卒于彭城。曾奉诏与诸儒撰《区宇图志》250卷,著有《洽闻志》7卷、《八代四科志》30卷,词赋碑志十万余言,均毁于江都之难。另有与许善心合撰《灵异记》10卷。事迹见《隋书》卷七七、《北史》卷八八。

按:崔赜与洛阳元善、河东柳顾言、太原王劭、吴兴姚察、琅邪诸葛颖、信都刘焯、河间刘炫相善,每因休假,清谈竟日。赜与许善心合撰《灵异记》事,见《隋书》卷五八《许善心传》。其父崔廓亦系学者,事迹概况见开皇八年。

许善心三月卒(557—)。善心字务本,高阳北新城(一说杭州新城)人。初仕陈,举秀才,累迁度支侍郎、撰史学士。奉使隋朝,留居长安,历通直散骑常侍、虞部侍郎、秘书丞等职。从隋炀帝南下江都,宇文化及发难,不屈被杀。著有《方物志》及《皇隋瑞文》14卷,仿阮孝绪《七录》作《七林》,续成其父许亨所作《梁书》70卷,奉敕与崔赜共撰《灵异记》10卷。事迹见《隋书》卷五八、《北史》卷八三。

按：许善心籍贯，《隋书》本传等作高阳北新城。《浙江通志》引《隋书·地理志》，以为高阳属河间，无新城县，遂据《旧唐书》善心之子许敬宗本传，定为杭州新城人。《隋书》本传曰："善心九岁而孤，为母范氏所鞠养。幼聪明有思理，所闻辄能诵记，多闻默识，为当世所称。家有旧书万余卷，皆遍通涉。"许善心仕隋，于图书整理及礼乐制度之建设多有贡献。

王度约是年或稍后卒（约581前后— ）。度字号不详，祖籍太原祁县，绛州龙门人。隋时历御史、著作郎、芮城令等职。曾撰《春秋》以记北魏、北周历史，又欲撰《隋书》，未毕而卒。有集5卷，已佚。另撰有《古镜记》，今存。事迹散见《太平广记》卷二三○、王通《中说》等。今人孙望有《王度考》。

按：王度事迹，史载不详，后世多有异说。其撰《隋书》事，弟王绩后有所追述。《王无功文集》卷四《与江公重借〈隋纪〉书》曰："仆亡兄芮城尝典著局，大业之末，欲撰《隋书》，俄逢丧乱，未及终毕。仆窃不自揆，思卒余功，收撮漂零，尚存数帙。肇自开皇之始，迄于大业之初，咸亡兄黜窜之遗迹也。大业之后，言事阙然。"《古镜记》，《太平广记》卷二三○收录，题曰《王度》。该书系古代传奇早期代表性作品之一，叙事至隋大业十三年七月十五日。虽尚存志怪色彩，但情节已较为丰富，叙述颇为详悉，对中晚唐传奇有一定影响。鲁迅《中国小说史略》评曰："其文甚长，然仅缀古镜诸灵异事，犹有六朝志怪流风。"或谓《古镜记》非度所撰，见李剑国《唐五代志怪传奇叙录》卷一。

虞世基三月卒，生年不详。世基字茂世，余姚人。虞世南之兄。博学有才，善草隶。初仕陈，官至尚书左丞。入隋，累迁内史侍郎，专典机密。随隋炀帝南巡江都，宇文化及发难，遇害。尝参与编纂《区宇图志》，另有集5卷，后皆佚。清严可均《全隋文》卷一四收录其文3篇。事迹见《隋书》卷六七、《北史》卷八三。

按：《隋书》本传评曰："世基初以雅澹著名，兼以文华见重，亡国羁旅，特蒙任遇。参机衡之职，预帷幄之谋，国危未尝思安，君昏不能纳谏。方更鬻官卖狱，黩货无厌，颠陨厥身，亦其所也。"

庾自直三月卒，生年、字号不详。自直，颍川人。隋代诗人。少好学，善属文，尤工五言诗。历仕陈、隋，大业中迁著作佐郎，从驾江都，宇文化及发难，发病而卒。尝与虞绰等奉诏编纂《长洲玉镜》，另有《类文》377卷、集10卷，后皆散佚。事迹见《隋书》卷七六、《北史》卷八三。

窦威六月辛丑卒，生年不详。威字文轨（一作文蔚），扶风平陵人。唐高祖太穆皇后从父兄。自幼耽玩文史，博览群书，人称"书痴"。隋时历秘书郎、内史舍人、考功郎中等职。唐高祖入关，召为大丞相府司录参军，使裁定朝章国典。擢内史令，寻卒，谥曰"靖"，赠同州刺史，追封延安郡公。有集10卷，已佚。《全唐诗》卷三○存录其诗1首。事迹见《旧唐书》卷六一、《新唐书》卷九五。

耿询卒，生年不详。询字敦信，丹阳人。初坐事没为奴，从高智宝学天文算术，创水动造浑天仪。隋炀帝时放为民，授右尚方署监事，迁太史丞。随驾至江都，宇文化及发难，遂被害。著有《鸟情占》1卷，已佚。事迹见《隋书》卷七八、《北史》卷八九。

李泰（ —652）生。

武德二年　己卯　619 年

正月乙卯，令文官遭父母丧者听去职。

按：见《旧唐书》卷一《高祖纪》。

二十四日，诏："自今以后，每年正月九日及每月十斋日并不得行刑，所在公私宜断屠钓。"

按：见《唐会要》卷四一。

二月，初定租庸调法。

按：唐租庸调法承袭前代而有所损益。凡授田者，每丁岁输粟二斛，或稻三斛，谓之租；绢二匹，绫二丈，绵三两，麻三斤，或输银十四两，谓之调；岁服徭役二十日，闰年加二日，或以日折绢三尺代，谓之庸。若额外加役二十五日者，免调；加役三十日者，租、调皆免。见《资治通鉴》卷一八七。

四月乙巳，王世充于洛阳称帝，改国号郑，建元开明。

按：王世充原为隋东都留守，及闻隋炀帝于江都为宇文化及等所杀，乃拥立越王杨侗。至是，遂废侗自立。见《旧唐书》卷一《高祖纪》、卷五四《王世充传》。

六月戊戌，诏崇儒学，令有司于国子监立周公、孔子庙各一所，四时致祭，并搜求其后。

按：唐立国伊始，致力于复兴儒学。高祖尝于武德元年令复中央和地方官学，本年又下诏"兴化崇儒"。《旧唐书》卷一《高祖纪》曰："六月戊戌，令国子学立周公、孔子庙，四时致祭，仍博求其后。"同书卷二四《礼仪志》曰："武德二年，国子立周公、孔子庙。"同书卷一八九《儒学传序》载高祖诏曰："盛德必祀，义存方策，达人命世，流庆后昆。建国君人，弘风阐教，崇贤彰善，莫尚于兹。自八卦初陈，九畴攸叙，徽章互垂，节文不备。爰始姬旦，匡翊周邦，创设礼经，尤明典宪。启生人之耳目，穷法度之本源，化起《二南》，业隆八百，丰功茂德，冠于终古。暨乎王道既衰，颂声不作，诸侯力争，礼乐陵迟。粤若宣父，天资睿哲；经纶齐、鲁之内，揖让洙、泗之间；综理遗文，弘宣旧制。四科之教，历代不刊；三千之文，风流无歇。惟兹二圣，道著群生，守祀不修，明褒尚阙。朕君临区宇，兴化崇儒，永言先达，情深绍嗣。宜令有司于国子学立周公、孔子庙各一所，四时致祭。仍博求其后，具以名闻，详考所宜，当加爵土。是以学者慕向，儒教聿兴。"事又见《唐会要》卷三五、《册府元龟》卷五。

九月，李子通于江都称帝，国号吴，建元明政；沈法兴在毗陵称梁王，改元延康，置百官。

按：见《资治通鉴》卷一八七。

魏徵在黎阳，撰《唐故邢国公李密墓志铭》。十一月为窦建德所获，拜

波斯征服埃及。

阿瓦尔人进抵君士坦丁堡。

保加尔人首领库布拉特于君士坦丁堡受洗，皈依东正教。

起居舍人。

> 按：魏徵尝附李密，其为密所撰墓志，见《全唐文》卷一四一。又，《旧唐书》卷七一本传载，窦建德"悉众南下，攻陷黎阳，获徵，署为起居舍人"。

虞世南依河北窦建德，闰二月署为黄门侍郎。

> 按：见《资治通鉴》卷一八七。

孔颖达避世乱于武牢，为王世充征召，署太常博士。四月，奉世充令，与长史韦节、杨续等议定禅代之仪。

> 按：见《资治通鉴》卷一八七。

徐文远在洛阳依王世充，署国子博士。因出城樵采，为唐军所获，送于京师长安，仍授国子博士。

> 按：见《新唐书》卷一九八本传。

陆德明在洛阳。四月，王世充召授国子助教，充汉王师。德明耻之，卧床称病不受。遂迁居成皋，杜绝人事。

> 按：见《旧唐书》卷一八九上本传。

陈叔达由黄门侍郎兼纳言。

> 按：见《旧唐书》卷六一本传。

杜淹在洛阳依王世充，署为吏部，颇受重用。

> 按：《旧唐书》卷六六《杜如晦传》载，杜淹仕隋，大业官至御史中丞，隋末转投王世充，"大见亲用"。

天竺僧达摩笈多卒，生年不详。达摩笈多一作达摩崛多，又称笈多，意译法密、法藏，南天竺罗啰国人。年二十三出家，经西域来华，隋开皇十年抵长安，敕住大兴善寺，参与译经。大业中，又于洛阳上林园翻经馆与僧彦琮和天竺僧阇那崛多共译经论，先后译佛经 10 部，凡 48 卷。事迹见《续高僧传》卷二、《开元释教录》卷七。

裴行俭（ ―682）生。

武德三年　庚辰　620 年

拜占庭与阿瓦尔人媾和。

正月辛巳，高祖幸蒲州，命祀舜庙。

> 按：见《旧唐书》卷一《高祖纪》。

三月，改纳言为侍中，内史为中书令，给事郎为给事中。

> 按：杜佑《通典》卷二一《职官三》载，汉制，给事中日上朝谒，平尚书奏事，故名。东汉省，曹魏复之，南北朝因袭。后周时，给事中为天官之属，掌治《六经》，给事左右。隋初于吏部置给事郎，炀帝时移门下省，置员四人，以省读奏章。至是，唐复改为给事中。龙朔二年改东台舍人，咸亨元年复旧。掌侍从读署奏抄，校正违失，分判

省事。《旧唐书》卷一《高祖纪》系此事于本年三月己卯；《资治通鉴》卷一八八则谓"三月乙丑"。

是年，高祖问道士岐平定以克定天下之事，又下诏改楼观为宗圣观，命陈叔达撰铭，欧阳询撰序。

按：岐平定字通云，时为楼观主。余不详。陈叔达所撰《大唐宗圣观铭》与欧阳询所撰《大唐宗圣观记》，分见《全唐文》卷一三三、卷一四六。又，清王昶《金石萃编》卷四一收录武德九年二月十五日所立《大唐宗圣观记》碑文，题"给事中、骑都尉欧阳询撰序并书"，"侍中、柱国、江国公陈叔达撰铭"。

李百药在江东附李子通，署中书侍郎、国子祭酒。

按：李百药初依沈法兴，是年李子通攻灭沈法兴，百药归附之。参见武德元年条。

傅奕为太史令，进《漏刻新法》，遂行于时。

按：见《旧唐书》卷七九本传。

温大雅在工部尚书任，约是年稍后著《大唐创业起居注》3卷（一作5卷）。

按：该书原名《创业起居注》，今存，有《丛书集成》本、上海古籍出版社点校本。其撰写时间，史无明载。刘知幾《史通》卷一二《外篇》曰："义宁、武德间，工部尚书温大雅首撰《创业起居注》三篇。"今人宋大川《〈大唐创业起居注〉成书年代考》（载《史学史研究》1985年第4期）以为该书当成于"武德三年初至八年底之间"。今从此说，姑系于本年。《旧唐书·经籍志》、《新唐书·艺文志》均著录该书为3卷，陈振孙《直斋书录题解》卷四、《文献通考·经籍考》皆作5卷。今存本为3卷，记隋大业十三年五月至唐武德元年五月事，所述为李渊从太原起兵到长安称帝历史，多系作者耳闻目见，颇具史料价值。今人牛致功《关于〈大唐创业起居注〉中的几个问题》（载《唐史研究会论文集》，陕西人民出版社1983年版）以为该书内容"不仅比新旧《唐书》和《通鉴》更加接近历史的实际，而且有助于我们对新旧《唐书》和《通鉴》的有关部分进行正确的理解"。黄永年等《唐史史料学》亦谓："此书不仅提供太原起兵到李唐建国时的历史真实，且可借以考索唐初纂修实录、国史时如何遵太宗意旨篡改史实。"

日本圣德、苏我马子令撰《天皇记》和《国记》。

武德四年　辛巳　621年

正月，于门下省置修文馆。

按：见《唐会要》卷六四。修文馆后改称弘文馆，参见武德九年三月条。

四月一日，敕诸州贡士，是为唐贡士之始。

按：王定保《唐摭言》卷一曰："武德辛巳岁四月一日，敕诸州学士及早有明经及秀才、俊士、进士，明于理体，为乡里所称者，委本县考试，州长重覆，取其合格，每年

"穆罕默德升天日"始于是年。

十月随物入贡。斯我唐贡士之始也。"

五月己未，窦建德兵败被俘，河北悉平。

按：见《旧唐书》卷一《高祖纪》。

丙寅，王世充举洛阳降，河南平。

按：见《旧唐书》卷一《高祖纪》。

是月，敕裁减河南佛寺，每州仅留一寺。

按：《续高僧传》卷二四《慧乘传》载唐高宗敕曰："伪乱地僧是非难识，州别一寺，留三十僧，余者从俗。"

七月丁卯，大赦天下，令各地有奇才异行者随状荐举。

按：高祖诏荐人才诏，见《唐大诏令集》。

九月癸未，以太常乐工皆前代因罪配没，子孙相承，历经多年，诏并蠲除为民。

按：见《资治通鉴》卷一八九。

十月乙丑，秦王李世民加天策上将，位在王公之上，领司徒、陕东道大行台尚书令，开府置官属。遂置文学馆，延文学之士为学士，号"十八学士"。

按：李世民开文学馆事，《旧唐书》卷一八九上《儒学传序》谓在武德三年，其曰："至三年，太宗讨平东夏，海内无事，乃锐意经籍，于秦府开文学馆，广引文学之士，下诏以府属杜如晦等十八人为学士，给五品珍膳，分为三番更直，宿于阁下。"然武德三年，尚有河北窦建德、河南王世充等势力占据一方，何来"讨平东夏，海内无事"？至本年，李世民方相继平定河北、河南等地。《唐会要》卷六四、《资治通鉴》卷一八九均系此事于本年，当是。另据《旧唐书》卷七二《褚亮传》载："太宗既平寇乱，留意儒学，乃于宫城西起文学馆，以待四方文士。于是，以僚属大行台司勋郎中杜如晦，记室、考功郎中房玄龄及于志宁，军咨祭酒苏世长，天策府记室薛收，文学褚亮、姚思廉，太学博士陆德明、孔颖达，主簿李玄道，天策仓曹李守素，记室参军虞世南，参军事蔡元恭、颜相时，著作佐郎摄记室许敬宗、薛元敬，太学助教盖文达，军咨典签苏勖，并以本官兼文学馆学士。及薛收卒，复征东虞州录事参军刘孝孙入馆。"《唐会要》卷六四又载，李世民召延诸学士，"令库直阎立本图其状，具题其爵里，命褚亮为文赞，号曰'十八学士写真图'，藏之书府，用彰礼贤之重也。诸学士食五品珍膳，分为三番，更直宿阁下。每日引见，讨论文典。得入馆者，时人谓之'登瀛洲'。"

十一月，李子通、汪华先后请降，淮南、江东之地悉平。

按：见《资治通鉴》卷一八九。

魏徵为窦建德起居舍人，五月以建德败亡，复归唐，与裴矩回长安。太子李建成闻其名，引为太子洗马，甚礼之。

按：魏徵为窦建德所留事，见武德二年条。

杜如晦为秦王李世民天策府从事郎中。时李世民设文学馆，延文学之士为学士，以如晦为首，颇受见重。

按：秦王李世设文学馆事，见本年十月条。《旧唐书》卷六六《杜如晦传》曰："寻以本官兼文学馆学士。天策府建，以为从事中郎，画象于丹青者十有八人，而如晦为冠首，令文学褚亮为之赞曰：'建平文雅，休有烈光；怀忠履义，身立名扬。'其见重如此。"

孔颖达在王世充军中，五月以世充降唐，遂入秦王李世民幕，为国子助教兼文学馆学士。

按：见《旧唐书》卷七三本传。

令狐德棻为起居舍人，十一月奏请修梁、陈、北齐、周、隋五代史。

按：《唐会要》卷六三载令狐德棻奏曰："近代已来，多无正史，梁、陈及齐，犹有文籍，至于周、隋，多有遗阙。当今耳目犹接，尚有可凭。如更十数年后，恐事迹湮没，无可纪录。"高祖从其奏，遂诏修五代史。参见武德五年十二月条。《旧唐书》卷七三令狐德棻本传谓其奏请五代史书在武德五年，今从《唐会要》。

虞世南为窦建德黄门侍郎，五月以窦建德败亡，归附唐，入秦王李世民幕，为王府参军，寻转记室，仍授弘文馆学士，与房玄龄共掌文翰。

按：见《旧唐书》卷七二本传。

陈叔达由黄门侍郎进拜侍中，凡江南名士有游长安者，多予荐拔。

按：陈叔达系南朝陈宣帝第十六子，故对江南士人颇为眷顾。见《旧唐书》卷六一本传。

陆德明应秦王李世民之召，为王府文学馆学士，寻补太学博士。

按：见《旧唐书》卷一八九本上传。

李百药在江南依李子通，以子通败亡，转附杜伏威，署行台考功郎中。寻遭诬下狱，作《省躬赋》以致情，遂复职。

按：《旧唐书》卷七二本传曰："杜伏威攻灭子通，又以百药为行台考功郎中。或有谮之者，伏威囚之。百药著《省躬赋》，以致其情。伏威亦知其无罪，乃令复职。"杜伏威灭李子通在本年十一月，则李百药系狱及复职当在年末至明年初，姑系于此。

裴矩依附窦建德，五月窦氏败亡，遂归唐，授左庶子。

按：见《隋书》卷六七本传。

李大师为窦建德礼部侍郎，奉使长安求和。因建德毁约，遂为唐拘留。五月建德败亡，大师流放西会州。为凉州镇守杨恭仁所召，颇受礼遇，日相交游。欲仿《吴越春秋》体例，撰写南北朝史，终未成。

按：《北史》卷一〇〇本传曰："大师少有著述之志，常以宋、齐、梁、陈、魏、齐、周、隋南北分隔，南书谓北为'索虏'，北书指南为'岛夷'；又各以其本国周悉，书别国并不能备，亦往往失实。常欲改正，将拟《吴越春秋》，编年以备南北。至是无事，而恭仁家富于书籍，得恣意披览。宋、齐、梁、魏四代有书，自余竟无所得。"后其子李延寿承父遗志，撰成《南史》、《北史》。

褚亮在秦王李世民幕，多有谏言。李世民置文学馆，以亮充学士。

按：褚亮与子褚遂良初附陇西薛举，及举败亡，返回京师。父子皆为秦王李世民所召，亮授王府文学，遂良授秦州都督府铠曹参军。见《旧唐书》卷七二《褚亮传》、卷八〇《褚遂良传》。

岑文本在江陵事萧铣。十月，随铣归唐，授荆州别驾。

按：岑文本投奔萧铣事，参见武德元年条。

薛收为房玄龄所荐，入秦王李世民幕。时世民专任征伐，檄书露布多出于收。五月武牢之战，收在军中，建言坚拒窦建德军，为世民采纳，终败窦军。随军还，于途中访王绩于龙门。十月，授天策府记室参军，封汾阴县男,充文学馆学士。

> 按:见《旧唐书》卷七三本传。又,王绩《王无功文集》卷二有《薛记室收过庄见寻率题古意以赠》一首,考薛收本年回长安,至武德七年卒,期间未再经龙门,且李世民加天策上将在本年十月,故此诗当为收还军途中访龙门时,绩作以赠之。

杜淹在洛阳依王世充,五月随世充归唐,欲投靠太子李建成,为房玄龄引荐,入秦王李世民幕,为天策上将府兵曹参军,兼文学馆学士。

> 按:《旧唐书》卷六六《杜如晦传》曰:"王世充僭号,署为吏部,大见亲用。及洛阳平,初不得调,淹将委质于隐太子。时封德彝典选,以告房玄龄,恐隐太子得之,长其奸计,于是遽启太宗,引为天策府兵曹参军、文学馆学士。""隐太子"即李建成。

蔡允恭在河北附窦建德,五月建德败亡,为秦王李世民所召,为王府参军,充文学馆学士。

> 按:见《旧唐书》卷一九〇上本传。

刘孝孙在洛阳依王世充,五月随世充归唐,为虞州录事参军。

> 按:见《旧唐书》卷七二本传。

凌敬在河北附窦建德,署国子祭酒。五月建德败亡,遂归唐。

> 按:凌敬一作陆敬,生卒年、字号不详,管城人。有文名。归唐后,尝与王绩等交游。贞观中为魏王府文学。有集14卷,已佚。《全唐诗》卷三三收录其诗4首。

何稠为河北窦建德工部尚书、舒国公,五月窦氏败亡,遂归唐,授将作大匠。

> 按:何稠生年不详,字桂林,本西域人,世居郫县。隋代名儒何妥从子。性绝巧,有智思,博览古图,多识旧物。稽前王之采章,成一代之文物。隋时累迁太府卿,兼领少府监,加右光禄大夫。入唐,卒于将作大匠任。事迹见《隋书》卷六八、《北史》卷九〇。

僧智俨于终南山至相寺受具足戒,遂研习《四分》、《八犍陀》、《成实》、《十地》、《地持》、《涅槃》等经论,又从名僧法琳参学,颇有所得。

> 按:《华严经传记》卷三本传曰:"于琳法师所,广学征心,索隐探微,时称得意。"

傅奕在太史令任,六月二十一日上《请废佛法表》,力主废僧尼,减佛寺。

> 按:奕其所上《请废佛法表》,见《全唐文》卷一三三,其中有"武德四年六月二十一日上"云云。该表为唐初反佛思想之重要文献。表中奕力斥佛教传扬之弊,以为"佛之经教,妄说罪福,军民逃役,剃发隐中,不事二亲,专行十恶,岁月不除,奸伪逾甚";请"胡佛邪教退还天竺,凡是沙门,放归桑梓,令逃课之党普乐输租,避役之曹恒祈效力"。由此,奕进而提出十一条"益国利民事",奏请施行。表上,高祖令朝臣群议,多以奕论为非。新、旧《唐书》傅奕本传均载有其与中书令萧瑀等人之辩论,从中可见当时士大夫对佛教的意见分歧。

僧法琳著《破邪论》,九月十二日上秦王世民,以驳傅奕废佛之说。

> 按:《续高僧传》卷二四本传谓法琳时住济法寺。其撰《破邪论》,一说在武德五年,恐误。考《全唐文》卷九〇三法琳《上秦王破邪论启》,其曰:"窃见傅奕所上诽毁之事……不任愤懑恳焉之志,谨上《破邪论》一卷。……武德四年九月十二日启。"是法琳所作当在傅奕六月上表之后,至九月成。时傅奕上表请灭佛,又有道士李仲卿

作《十异九迷论》、刘进喜作《显正论》以驳斥佛教,于是法琳著《破邪论》进行反驳,以为儒、道皆源于佛。该书由虞世南作序,于武德六年五月再由太子李建成奏上。高祖颇异之,傅奕上表所陈废佛事终未行。《破邪论》今存,分上、下两卷。

杨汪卒,生年不详。汪字元度,祖籍弘农华阴,世居河东。初精研《左氏传》、《三礼》,后问《礼》于沈重,受《汉书》于刘臻,遂以《汉书》之学闻名于世。历仕北周、隋两朝,唐初为洛阳王世充征拜吏部尚书。及唐军平世充,以凶党伏诛。事迹见《隋书》卷五六、《北史》卷七四。

按:杨汪系隋唐之际《汉书》学著名学者,其学不亚于人称"汉圣"之刘臻,与萧该、包恺等齐名。参见隋开皇十八年刘臻条。

又按:唐初,承隋代研习《汉书》之风,学者辈出。清人赵翼《廿二史札记》卷二〇曰:"《汉书》之学,隋人已究心,及唐而益以考究为业。"初,大儒颜师古尝撰《汉书注》120卷,后刘伯庄删简该书为40卷,并另撰《汉书音义》20卷。分见贞观十五年、十七年及龙朔二年诸条。又有秦景通、秦暐兄弟和刘讷言等诸辈,亦颇为时人推崇。秦氏兄弟系常州晋陵人,生卒年、字号皆不详。《旧唐书》卷一八九上《儒学传》云,景通与暐"尤精《汉书》,当时习《汉书》者皆宗师之,常称景通为大秦君,暐为小秦君。若不经其兄弟指授,则谓之'不经师匠,无足采也'"。景通于贞观中为太子洗马,兼崇贤馆学士。刘讷言生平概况,见调露二年条按语。《旧唐书·儒学传》谓其亦为当时《汉书》学宗匠。

薛德音卒,生年、字号不详。德音,河东汾阴人,薛道衡从子。有隽才,所撰文笔,多行于时。仕隋,起为游骑尉。奉敕协助魏澹修《魏书》。史成,迁著作佐郎。唐初依洛阳王世充,军书羽檄,皆出其手。及世充平,以罪伏诛。事迹见《隋书》卷五七《薛道衡传》。

王福畤(—?)生。

按:王福畤生年,史籍不载。考其所撰《王氏家书杂录》(见《全唐文》卷一六一),其中有"贞观十六年,余二十一岁"云云,以此推当生于本年。

武德五年 壬午 622 年

三月,诏京官及各地总管、刺史举人。

按:《唐大诏令集》卷一〇二有武德五年三月唐高祖《京官及总管刺史举人诏》。

七月丁酉,隋汉阳太守冯盎来降,岭南悉平。

按:见《旧唐书》卷一《高祖纪》。

十月,诸州共贡明经 143 人,秀才 6 人,俊士 39 人,进士 30 人,敕付尚书省考试。

按:此次科举,由考功员外郎申世宁知贡举。十二月发榜,登秀才科 1 人,孙伏伽等 4 人(一作 14 人)进士及第。此为唐代科举考试之始。见清徐松《登科记考》

日本圣德卒。

穆罕默德出奔麦地那,伊斯兰历纪元开始。

拜占庭帝伊拉克略一世尽逐波斯人于小亚细亚和亚美尼亚,遂入波斯。

卷一。

十二月二十六日，诏修梁、陈、北齐、周、隋五代史。

按：令狐德棻尝奏请修五代史，事见武德四年条。高祖从德棻之请，至是下诏。《唐会要》卷六三载高祖诏曰："司典序言，史官纪事，考论得失，究尽变通，所以裁成义类，惩恶劝善。……中书令萧瑀、给事中王敬业、著作郎殷闻礼可修魏史；侍中陈叔达、秘书丞令狐德棻、太史令庾俭可修周史；中书令封德彝、中书舍人颜师古可修隋史；大理卿崔善为、中书舍人孔绍安、太子洗马萧德言可修梁史；太子詹事裴矩、吏部郎中祖孝孙、前秘书丞魏徵可修齐史；秘书监窦琎、给事中欧阳询、秦王府文学姚思廉可修陈史。"然诏下之后，实未尝施行。至贞观中，五代史修撰才全面展开并完成。参见贞观三年、十年条。

是月，刘黑闼败亡，山东悉平。

按：见《旧唐书》卷一《高祖纪》。

是年，高祖令以船载东都书籍赴长安，经砥柱，舟覆，书多漂没。

按：《新唐书》卷五七《艺文志一》曰："初，隋嘉则殿书三十七万卷，至武德初，有书八万卷，重复相糅。王世充平，得隋旧书八千余卷，太府卿宋遵贵监运东都，浮舟溯河，西致京师，经砥柱，舟覆，尽亡其书。"《历代名画记》卷一谓宋遵贵为司农少卿，其运书事在本年。《隋书·经籍志》亦称宋为司农少卿，谓其所载书并未尽亡失，"其所存者，十不一二，其目录亦为所渐濡，时有残缺"。

穆罕默德于麦地那始建清真寺。

魏徵为太子洗马，随太子讨刘黑闼，多有建言。

按：《资治通鉴》卷一九〇载，是年十一月，魏徵等劝太子建成曰："秦王功盖天下，中外归心，殿下但以年长位居东宫，无大功以镇服海内。今刘黑闼散亡之余，众不满万，资粮匮乏，以大军临之，势如拉朽。殿下宜自击之以取功名，因结纳山东豪杰，庶可自安。"建成遂请率军讨黑闼。十二月，黑闼引兵拒唐军。徵又言于建成曰："前破黑闼，其将帅皆悬名处死，妻子系房，故齐王之来，虽有诏书赦其党与之罪，皆莫之信。今宜悉解其囚俘，慰谕遣之，则可坐视离散矣！"建成从之。黑闼粮尽，众多逃亡，遂大败。

令狐德棻由起居舍人迁秘书丞，奉诏参修《艺文类聚》，又奏请购募天下图书。

按：《艺文类聚》于武德七年纂成，由欧阳询进上。参见该年条。《旧唐书》卷七三德棻本传曰："（武德）五年……时承丧乱之余，经籍亡逸，德棻奏请购募遗书，重加钱帛，增置楷书，令缮写。数年间，群书略备。"是为唐代首次大规模搜集整理图书，后太宗贞观年间、玄宗开元年间又数次整理。参见各年条。

高士廉在交趾，为行军司马，与太守丘和联名上表归唐。

按：高士廉谪岭南事及附交趾太守丘和事，见隋大业九年条。是年稍后，高士廉迁为雍治中，遂北返，入秦王李世民幕。

李百药为杜伏威属僚，劝杜归唐入朝，杜从之。七月，杜以行台仆射辅公祏与百药留守丹阳，自诣京师。

按：杜伏威北行后，渐有悔意，作书与辅公祏，令杀李百药。赖伏威养子王雄诞保护，李百药得以幸免。见《旧唐书》卷七二《李百药传》。《旧唐书》卷一《高祖纪》谓杜伏威于本年七月入朝。

欧阳询累迁给事中，奉诏与裴矩、陈叔达等编修《艺文类聚》。

按：该书至武德七年完成，参见该年条。

朱子奢在江淮附杜伏威，七月随杜氏入朝，授国子助教授。

按：《旧唐书》卷一八九上本传云，子奢附于杜伏威，"武德四年，随伏威入朝"。考同书卷一《高祖纪》，本年"秋七月丁亥，吴王伏威来朝"。本传系年显误。今从《高祖纪》。

孙伏伽应贡举，登榜首。

按：孙伏伽被后人视为中国历史上首位状元，其应举事，《新唐书》卷一〇三本传未载，《玉芝堂荟萃》卷二《历代状元》和《登科考记》卷一均将其列于首位，惟《玉芝堂荟萃》作武德元年，《登科考记》作本年。考唐之科举，始于本年，谓伏伽于武德元年应举，显误。

王绩隐居龙门故里，三月被诏赴京，以前扬州六合县丞待诏门下省。因其好酒，特判日给酒一斗，时人号为"斗酒学士"。与薛收交游，互以诗作相赠。

按：王绩隐居事，见隋大业十年。考《唐大诏令集》卷一〇二，本年三月有《京官及总管刺史举人诏》，王绩当因此诏而为本州所举。

陈叔达约是年前后著《隋纪》20卷。

按：陈叔达于武德四年迁侍中，本年进封江国公。《全唐文》卷一三三陈叔达《答王绩书》曰："妄叨近侍，庙堂多暇，典坟自娱。览后魏、周、齐之纪传，考下官之所闻见，曾不喜怒随意，曲直任情，叙致浮杂，褒贬阿党。……故聊因掌壶之暇，著《隋纪》二十卷。骋辞流离，则愧于心矣；书事简要，则尝有志焉。"按"掌壶"为侍中故事，见《太平御览》卷二一九引《孔丛子》。可见书当作于其在侍中任上。姑系于此。该书后佚。

塞维利亚的伊西多尔的艺术和科学百科全书《起源或词源学第二十册》著成。

孔绍安约是年稍后卒，生年不详。绍安，越州山阴人。善文词，少与兄孔绍新俱知名。陈亡入隋，北迁关中，移居京兆鄠县，闭门读书，遍诵古文，与孙万寿为忘年交。隋大业间，累迁监察御史。武德初归附唐，拜内史舍人。奉诏参修《梁史》，未成而卒。有文集50卷（一说5卷，又说3卷），已散佚。《全唐诗》卷三八收录其诗7首。事迹见《旧唐书》卷一九〇上。

按：《旧唐书》本传曰："寻诏撰梁史，未成而卒，有集五卷。"高祖诏修五代史在本年十二月，知绍安之卒在本年后不久。又，《孔绍安集》，《旧唐书》本传作5卷，同书《经籍志》作3卷，《新唐书·艺文志》作50卷。原书已佚，未详孰是。

武德六年　癸未　623年

八月，淮南道行台仆射辅公祏起事，于丹阳称帝，国号宋，江淮乱。

拜占庭人伐波斯。

英格兰诺森伯里亚王埃德温称霸英格兰。	**按**：见《旧唐书》卷一《高祖纪》。 九月丙子,改东都洛阳为洛州。 **按**：见《旧唐书》卷一《高祖纪》。 是年,开科取士,进士及第 4 人。 **按**：见《登科记考》卷一。
斯拉夫人于波希米亚建萨莫公国。	
穆罕默德定穆斯林礼拜朝向。	李百药在丹阳,附东南道行台仆射辅公祏。八月,公祏自称宋王,署百药为吏部侍郎。 **按**：李百药与辅公祏尝奉杜伏威之命,留守丹阳,事见武德五年条。 徐文远为国子博士。高祖幸国子学,命其与诸儒议论《春秋》,众儒莫能屈之。 **按**：《旧唐书》卷一八九上本传曰:"高祖幸国学,观释奠,遣文远发《春秋》题,诸儒设难蜂起,随方占对,皆莫能屈。" 刘胤之约是年或稍前为杜淹表荐,再迁信都令,有政绩。 **按**：《旧唐书》卷一九〇上本传载,刘胤之少有学业,与孙万寿、李百药为忘年之交。"武德中,御史大夫杜淹表荐之,再迁信都令,甚存惠政"。杜淹明年遭贬,事见该年条。知其表荐胤之,当在本年或稍前。姑系于此。

苏威卒(542—)。威字无畏,京兆武功人。隋朝名臣。隋文帝时累迁尚书右仆射,参掌朝政,主持律令等制度之修订。后坐事免官,屡起屡落。炀帝时再登相位,复遭弹劾除名。唐初,先后依附宇文化及、李密和王世充。及世充平,入长安,卒于私第。事迹见《隋书》卷四一、《北史》卷六三。

僧吉藏卒(549—)。吉藏俗姓安,名贯,先世西域安息人,生于金陵,故又称安吉藏、胡吉藏。佛教三论宗集大成者。精于《三论》之义,于《法华经》、《涅槃经》等大乘经典亦颇有研究。随父出家,从鸠摩罗什系三论教之传承者法朗学三论之学。隋初住会稽嘉祥寺,讲说著书,游学者千余人,世称"嘉祥大师"。后入长安,与当时著名之三论宗师僧粲辩论,声誉更隆。唐初为十大德之一,参与管理佛教事务。卒于延兴寺。弟子有慧灌、智凯、智拔、智命、硕法师等。著述宏富,凡 40 余种,今存 26 种。事迹见《续高僧传》卷一一、《弘赞法华传》卷三、《天台地九祖传》、《法华经传记》卷二。今人方华田著有《吉藏评传》。

按：吉藏著述今尚存者有:《华严经游意》1 卷、《净名玄论》1 卷、《维摩经游意》(即《维摩经义疏》卷首玄义)1 卷、《维摩经义疏》6 卷、《维摩经略疏》5 卷、《胜鬘经宝窟》6 卷、《金光明经疏》1 卷、《无量寿经疏》1 卷、《观无量寿经义疏》1 卷、《弥勒经游意》1 卷、《大品经游意》1 卷、《大品经义疏》10 卷(缺卷二)、《金刚经义疏》4 卷、《仁王经疏》6 卷、《法华经玄论》10 卷、《法华经游意》1 卷、《法华经义疏》12 卷、《法华经统略》6 卷、《涅槃经游意》1 卷、《三论玄义》1 卷、《中观论疏》10 卷、《百论疏》3 卷、《十二门论疏》3 卷、《法华论疏》3 卷、《二谛章》三 3 卷、《大乘玄论》5 卷。

又按：吉藏之学源于摄山学系。其初承法朗三论之说,继而吸取天台宗之法华论,终蔚为大观。此前有以罗什门下僧肇、道融之"关内义"及僧朗、僧诠、法朗三世相承之"山门义"为代表的"古三论",经吉藏发展,遂集三论教义之大成,后世三论学者称为"新三论"。其学说不特在中国佛教史上具有一定地位,且对日本、朝鲜佛教之发展亦有影响。

再按:吉藏弟子慧灌系高丽人,曾于嘉祥寺从学。回国后奉命入日本传弘,为日本三论宗初祖。智凯有两人:一为俗姓冯,丹阳人。参见贞观二十年条。一为俗姓安,扬州人,随吉藏至长安,长于辩论,卒于燕山。《续高僧传》卷三〇有传。智命俗姓郑,荥阳人。早岁以才学名于州,仕隋为官,后出家师从吉藏,隋末为王世充所杀。《续高僧传》卷二七有传。硕法师生卒、籍贯均不详,擅长《中论》、《百论》、》十二门论》,著有《中论疏》12卷。智拔生平概况,见贞观十四年条。

薛元超(—684)生;骆宾王(—约684或稍后)约是年前后生。

按:骆宾王生年,史籍不载,后世众说不一。今人骆祥发《骆宾王生年考辨》(载《唐代文学论丛》1982年第2期)谓武德二年;杨恩成《骆宾王生卒年考辨》(载《人文杂志》1981年第2期)、任国绪《关于"三十二余罢"与"四十九仍入"——考骆宾王生年兼与骆祥发商榷》(载《唐代文学论丛》总第7辑,1986年)皆谓武德五年;刘开扬《论初唐四杰及其诗》(载《唐诗论文集》,上海古籍出版社1979年版)谓公元638年,即贞观十二年左右;闻一多《新诗大系》、陆侃如、冯沅君《中国诗史》、刘大杰《中国文学发展史》、游国恩等《中国文学史》、周祖譔《隋唐五代文学史》等皆谓贞观十四年。考《骆临海集笺注》卷四《咏怀古意上裴侍郎》,其中有"三十二余罢,鬓是潘安仁;四十九仍入,年非朱买臣"云云。一般认为,宾王罢道王府属约在永徽五年,参见该年骆宾王条。若以当时其年三十二计,当生于本年;若以余一年即三十三岁,或三十二周岁计,当生于去年。姑系于此。

武德七年　甲申　624 年

正月,敕:每州置大中正一人,掌知州内人物,以本州人闻望者兼领,无品秩。

按:见《唐会要》卷六九。

二月己酉,诏诸州奏荐有明一经以上未仕者,并令州县及乡皆置学。

按:《唐大诏令集》卷一〇五载高祖《置学官备释奠礼诏》曰:"诸州有明一经以上未被升擢者,本属举送,具以名闻,有司议等,加阶叙用。其有吏民子弟识性开敏,志希学艺,亦具名申送入京,量其差品,并即配学,明设考课,各使厉精,琢玉成器。庶其非远州县及乡里,并令置学。官僚牧宰或不存意,普便颁下,早遣修立。"

丁巳,高祖巡视国子学,陈礼释奠,命三教学者讲论。寻诏以周公为先圣,孔子配;又令诸王公子弟各就学。

按:《旧唐书》卷一《高祖纪》载,二月丁巳,"幸国子学,亲临释奠"。唐立国之初,三教之争颇为激烈,各自著书立说,彼此驳难。高祖此次集三教学者讲论,系唐廷整合三教的一次尝试。参与者有儒士徐文远、僧慧乘、道士刘进喜等,陆德明辨析

穆罕默德改伊斯兰教天课为法定征收。

穆罕默德伐麦加。

拜占庭人败波斯于亚美尼亚。

西哥特人统一西班牙。

其要。《佛祖统记》卷三九曰:"(武德)七年,上幸国学释奠,命博士徐旷讲《孝经》,沙门慧乘讲《心经》,道士刘进喜讲《老子》。博士陆德明随方立义,遍析其要。"又,儒家学者向有周公、孔子孰为先圣之争,高祖诏以周公为先圣,至太宗即位后,又改以孔子为先圣。事见贞观二年十二月条。《唐大诏令集》卷一〇五载有高祖《兴学敕》,重申兴学之令,谓"诸王公子弟并宜率先自相劝励,赐学官胄子及五品已上各有差"。

三月戊寅,初定官制。

按:《资治通鉴》卷一九〇载,此次所定官制,"以太尉、司徒、司空为三公;次尚书、门下、中书、秘书、殿中、内侍为六省;次御史台;次太常至太尉府为九寺;次将作监;次国子学;次神策上将府;次左、右卫至左、右领卫为十四卫。东宫置三师、三少、詹事及两坊、三寺、十率府;王、公置府佐、国官;公主置邑司,并为京职事官。州、县、镇、戍为外职事官。自开府仪同三司至将仕郎,二十八阶,为文散官;骠骑大将军至陪戎副尉,三十一阶,为武散官;上柱国至武骑尉,十二等,为勋官"。

戊戌,辅公祐败亡,江南悉平。

按:见《旧唐书》卷一《高祖纪》。

是月,定均田制及租庸调法。

按:《资治通鉴》卷一九〇载,此次所颁均田制及租庸调法,"丁、中之民,给田一顷,笃疾减什之六,寡妻妾减七,皆以什之二为世业,八为口分。每丁岁入租粟二石。调随土地所宜,绫、绢、絁、布。岁役二旬,不役则收其佣,日三尺。有事而加役者,旬有五日,免其调;三旬,租、调俱免。水旱虫霜为灾,什损四以上免租,损六已上免调,损七已上课役俱免。凡民贸业分九等。百户为里,五里为乡,四家为邻,四邻为保。在城邑者为坊,田野者为村。食禄之家,无得与民争利;工商杂类,无预士仕伍。男女始生为黄,四岁为小,十六为中,二十为丁,六十为老。岁造计帐,三年造户籍"。又,有封爵及五品以上官,授永业田五百至万亩;有战功者,按勋能授六十至三千亩。各级官员有职分田二至十二顷,以为薪俸;官府有公廨田一至二十六顷,以为公费。

七月,以罗川县前兵曹史孝谦二子年幼能通《孝经》,诏褒奖之。是为唐童子科之始。

按:《登科记考》卷一引武德七年七月高祖诏曰:"自隋以来,乱离永久,雅道沦缺,儒风莫扇。……是以广设庠序,益召学徒,旁求俊异,务从奖擢。宁州罗川县前兵曹史孝谦,守约丘园,伏膺道素。爰有二子,年并幼童,讲习《孝经》,咸畅厥旨。义方之训,实堪励俗,故从优秩,赏以不次。宜普颁示,咸使知闻。如此之徒,并即申上,朕加亲览,时将褒异。"

八月癸酉,高宗谒终南山老子庙。

按:见《旧唐书》卷一《高祖纪》。

是年,开科取士,登秀才科2人,进士及第者6人。

按:见《登科记考》卷一。

遣道士赴高丽讲《老子》,道教在高丽渐传播。

按:《旧唐书》卷一九九上《东夷传》曰:"(武德)七年,遣前刑部尚书沈叔安往册建武为上柱国、辽东郡王、高丽王,仍将天尊像及道士往彼,为之讲《老子》,其王及道俗等观听者日数千人。"《新唐书》卷二二〇《东夷传》所载略同。

陆德明在太学博士任,二月参加三教讲论,辩析其要,为众人叹服。

按:国子学三教讲论事,见本年二月丁巳条。《旧唐书》卷一八九陆德明本传曰："高祖亲临释奠，时徐文远讲《孝经》，沙门惠乘讲《波若经》，道士刘进喜讲《老子》。德明难此三人，各因其宗指，随端立义，众皆为之屈。"

傅奕七月再次上疏，请废佛教。

按：唐初儒、佛之争激烈，彼此驳难。傅奕曾上《请废佛法表》，引发僧法琳等反驳，事见武德四年。至是，奕再次上疏，重申前议。《全唐文》卷一三三载奕《请除释教疏》，其略曰："佛在西域，言妖路远，汉译胡书，恣其假托。故使不忠不孝，削发而揖君亲；游手游食，易服以逃租赋。演其妖书，述其邪法，伪启三途，谬张六道，恐嚇愚夫，诈欺庸品。凡百黎庶通识者，稀不察根源，信其矫诈。乃追既往之罪，虚规将来之福。布施一钱，希万倍之报；持斋一日，冀百日之粮。遂使愚迷妄求功德，不惮科禁，轻犯宪章。其有造非恶逆，身坠刑网，方乃狱中礼佛，口诵佛经，昼夜忘疲，规免其罪。且生死寿夭，由于自然，刑德威福，关人之主。乃谓贫富贵贱，功业所招，而愚僧矫诈，皆云由佛。窃人主之权，擅造化之力，其为害政，良可悲矣！……况天下僧尼数盈十万，翦刻缯綵，装束泥人，而为厌魅迷惑万姓者乎。今之僧尼，请令匹配，即成十万余户，产育男女，十年长养，一纪教训，自然益国，可以足兵。四海免蚕食之殃，百姓知威福所在，则妖惑之风自革，淳朴之化还兴。"此后，奕又多次上表疏奏章，极论佛教之弊。

杜淹受庆州总管杨文干作乱事牵连，流配越巂。

按：《旧唐书》卷六六《杜如晦传》载此事于武德八年，恐误。今从《资治通鉴》卷一九〇。

李百药因附辅公祏，三月配流泾州。

按：辅公祏尝署李百药为吏部侍郎，本年三月败亡，高祖以李百药初劝杜伏威入朝，又与辅公祏同反，欲杀之。及得杜伏威令公祏杀李百药书，意稍解，遂流百药于泾州。见《旧唐书》卷七二本传。

沈叔安奉使高丽，携道士同往，为高丽君臣讲论《老子》。

按：见《旧唐书》卷一九九《东夷传》。沈叔安生卒年、字号、籍贯不详，有文名。武德初为司门郎中，累迁刑部尚书、潭州都督。有集20卷，已佚。《全唐诗》卷三三收录其诗1首。《宝刻丛编》卷一〇引《京兆金石录》有《唐潭州都督吴兴郡公沈叔安碑》，碑文未详。事迹散见两《唐书》、《唐会要》各篇。

刘孝孙为秦王李世民所召，由东虞州录事参军入文学馆。

按：《唐会要》卷六四《文学馆》载，秦王李世民设文学馆，以薛收等为学士。"及薛收卒，征东虞州录事参军刘孝孙入馆，令库直。"《旧唐书》本传所载略同。薛收卒于本年，参见下文条。

僧道信自庐山归蕲州，隐居破头山，由是不复出。讲经弘法，游学者云集。

按：见《续高僧传》卷三二、《景德传灯录》卷三本传。道信往庐山事，参见隋大业十三年。破头山后改名双峰山，故世人又称其为"双峰道信"。

牛头宗僧法融闻知房玄龄奏请裁汰寺庙僧徒，入京上表陈理劝阻，事遂止。

按：见《续高僧传》卷三三本传。

僧道宣以长安日严寺废毁，与僧慧頵前往新造崇义寺。寻入终南山，栖居倣掌谷，修习定慧。由是隐居不出，潜心研究律学和著述。

按：道宣曾从学于慧頵，又师事日严寺僧智首。事见隋仁寿四年、大业十一年条。

  僧玄奘离开成都，游历各地，讲经参学。

  按：玄奘至成都事，见武德元年条。其离开成都游学，初于荆州天皇寺讲论《摄论》《杂心》，邻近地区名僧闻风来聚；继北上赴赵州从僧道深学《成实》；复南下扬州听僧惠休讲《杂心》《摄论》。见《大唐大慈恩寺三藏法师传》卷一。

  欧阳询等纂《艺文类聚》100 卷成，九月十七日上之。

  按：该书始撰于武德五年，至是完成。《旧唐书》卷一八九上欧阳询本传曰："武德七年，诏与裴矩、陈叔达撰《艺文类聚》一百卷，奏上，赐帛二百段。"考《全唐文》卷一四六欧阳询《艺文类聚序》，询等于本年九月进上。《新唐书》卷五九《艺文志》曰："欧阳询《艺文类聚》一百卷，令狐德棻、袁朗、赵弘智等同修。"其参修者与《旧唐书》询本传所言又有所不同。盖裴矩、陈叔达虽奉诏与询修撰，而实未参与。亦因由询主持其事，故后刊本径题"欧阳询撰"。该书系中国古代较早的官修类书，全书分 48 类，包括天、岁时、地、州、郡、山水、符命、帝王、后妃、储宫、人、礼、职官、封爵、政治、刑法、杂文、武、军器、居处、产业、衣冠、服饰、车、食物、杂器、巧艺、方术、内典、灵异、火、药、香草、宝石、百谷、布帛、果、木、鸟、兽、鳞介、虫、豸、祥瑞、灾异等部。各部又设若干细目，分类按目编次，皆注有出处。引用典籍，凡 1400 余种，其中不少典籍后多散佚，赖该书得以保存一二。后世历代，多有仿其体例而编修者。《四库全书总目提要》卷一三五评曰："是书比类相从，事居于前，文列于后，俾览者易为功，作者资其用，于诸类书中，体例最善"，然"其中门目，颇有繁简失宜，分合未当"；又云："隋以前遗文秘籍，迄今十九不存，得此一书，尚略资考证"。今存宋、明、清诸代多种刻本，另有上海古籍出版社所刊汪绍楹校本等。

  裴寂等奉诏纂《武德律》12 卷、《式》14 卷、《令》31 卷成，进上，四月庚子颁行天下。

  按：唐高祖初入关中时，未暇创制律令，仅为约法十二条。后敕尚书左仆射裴寂、右仆射萧瑀及五理卿崔善为、给事中王敬业、中书舍人刘林甫、颜师古、王孝远、泾州别驾靖延、太常丞丁孝乌、隋大理丞房轴、天策上将府参军李桐客、太常博士徐上机等更定律令，至是完成。新律参照隋《开皇律》，惟增新格五十三条。《旧唐书》卷一《高祖纪》曰："（武德七年）四月庚子，大敕天下，颁行新律令。"

  薛收卒（592— ）。收字伯褒，蒲州汾阴人。薛道衡之子，自幼出继从父薛孺。隋末受学于王通，长于言理，又善属文，人称"薛庄周"。唐初入秦王李世民幕，累迁天策府记室参军，封汾阴县男。及卒，谥曰"献"。有集 10 卷，已佚。《全唐文》卷一三三、《唐文拾遗》卷一二收录其文 4 篇。事迹见《旧唐书》卷七三、《新唐书》卷九八。

  按：薛收与王绩友善，交游颇密。《王无功文集》吕才序曰："君又与河南董恒、河东薛收友善，二人并早卒，君追惜不已，后为《思友文》及二人诔，词甚感至。君舅河东裴晞览而叹曰：'不图文诔之至于斯也。庄周读此，亦当酸鼻。'"

  徐文远是年后卒，生年不详。文远名旷，以字行，洛阳偃师人。隋唐之际著名学者。博览《五经》，尤精研《春秋左氏传》，为时人推崇。历仕隋、唐，爵封东莞县男，累官国子博士，年七十四卒。著有《左传音》3 卷、《左传义疏》60 卷，后皆佚。事迹见《旧唐书》卷一八九上、《新唐书》卷一九八。

> 按：徐文远系隋至唐初经学家，时人推为儒宗，窦威、杨玄感、李密等皆曾师事之。其事迹，新、旧《唐书》本传均只叙至武德六年，并言其"年七十四，卒于官"，然皆未明载卒于何年。考《旧唐书》卷一八九《陆德明传》、宋释志磐《佛祖统纪》卷三九，均提到本年文远奉命在国子学参加三教讲论，则其卒当在本年之后。姑系此。

东塔宗僧怀素（ —697）生。

> 按：唐代高僧名怀素者有两人：一为东塔宗僧，俗姓范，祖籍南阳；另一俗姓钱，系永州零陵人，参见贞元元条。

武德八年　乙酉　625年

是年，高祖驾幸国学，行释奠之礼。又集三教学者讲论，排列三教序位。

> 按：见唐释道宣《集古今佛道论衡》卷丙《高祖幸国学当集三教问僧道是佛师事第二》。

开科取士，登秀才科1人，进士及第者5人。

> 按：见《登科记考》卷一。

李百药在泾州，为秦王李世民召见。

> 按：《册府元龟》卷九七载："武德中，（百药）配泾州，太宗为秦王，常至泾州召百药，因赐诗云：'项弃范增善，纣妒比干才。嗟此二贤没，余喜得卿来。'"百药于武德七年三月配泾州，李世民九年八月登基，其赴泾州召见百药，当在此期间，姑系此。

僧慧乘奉敕参与三教讲论，与道士李仲卿、潘诞奏等辩论颇激，莫有定议。有诏以道为先，儒次之，末为释。

> 按：僧道宣《集古今佛道论衡》卷丙《高祖幸国学当集三教问僧道是佛师事第二》曰："武德八年，岁居协洽，驾幸国学，礼陈释奠，堂列三座，拟叙三宗。时胜光寺慧乘法师，炀帝所珍，道俗敦敬，从所乐推，以为导首。于是五都才学、三教通人、荣贵伯宰，台省咸集。天子下诏曰：'老教、孔教，此土元基，释教后兴，宜崇客礼。今可老先，次孔，末后释宗。'当时相顾莫敢酬抗，乘虽登座，情虑不安。"《续高僧传》卷二四《慧乘传》所载略同。高祖自登基后，数命三教辩难，以定三者之序。然儒与佛、道彼此固颇辩难，道、佛之争亦愈演愈烈。至是，终下诏定三教序位。高祖之诏，表明唐初以道为上、以儒为主、三教共济政策之基本确定。及至太宗即位，三教之争仍在延续，而唐廷于此政策并未改变。

僧神秀受具足戒。

> 按：见杜朏《传法宝记》。

王孝通五月撰《缉古算经》4卷成，表上。

麦加人败穆斯林，穆罕默德负伤。

斯拉夫人入希腊的伯罗奔尼撒。

坎特伯雷成为都城主教区，辖理全英格兰教务。

罗马天主教僧侣伯莱纳斯由肯特抵诺森伯里亚传教，系首任约克主教。

按：《全唐文》卷一三四录有王孝通《上缉古算经表》。孝通于武德中官通直郎、太史令，精于历法、算学，尝上奏列举傅仁均所撰《戊寅历》之误，事见《旧唐书》卷七九《傅仁均传》。其所上《驳傅仁均戊寅历议》，亦为《全唐文》收录。所撰《缉古算经》，后有李淳风为之作注。

张柬之（　—706）生。

武德九年　丙戌　626年

麦地那伊斯兰教政权始向非穆斯林征收人头税。

波斯人被迫撤离埃及。

波斯人、阿瓦尔人、斯拉夫人围君士坦丁堡。

英格兰诺森伯里亚王国称霸英格兰。

二月丙子，令州县祀社稷，士民乡里相从立社，各申祈报。

按：见《资治通鉴》卷一九一。

三月，改修文馆为弘文馆。

按：修文馆始置于武德四年，参见该年正月条。《唐会要》卷六四载，修文馆初设于门下省，本年三月改称。至太宗即位，"大阐文教，于弘文殿聚四部群书二十余万卷，于殿侧置弘文馆，精选天下贤良文学之士虞世南、褚亮、姚思廉、欧阳询、蔡允恭、萧德言等，以本官兼学士，令更日宿直。听朝之隙，引入内殿，讲论文义，商量政事，或至夜分方罢。令褚遂良检校馆务，号为馆主，因为故事。其后得刘祎之、范履冰，并特敕相次为馆主。"《旧唐书》卷一八九《儒学传序》谓本年八月太宗即位后，"于正殿之左置弘文馆"。弘文馆由高祖始设，太宗只是改置，《儒学传序》以为太宗所置，恐误。太宗后令五品以上京官弟子入馆习业，又置博士讲经，准以贡举之式考试经业。事见贞观元年条。由是弘文馆成为唐中央官学一部分，与崇文馆、国子学、太学、四门学、律学、算学并称"六学二馆"。

是月，敕限京师长安佛寺、僧尼。

按：唐释彦琮《唐护法沙门法琳别传》卷上载，高祖以沙门多有"违法条章，干忤正术，未能益国利化"，欲从傅奕之议，下令废佛。因皇储及魏国公裴寂等劝阻，遂降敕："寺留三所，京置千僧。余并给赐王公，僧等放还桑梓。"

五月辛巳，诏汰天下僧尼、道冠。寻因禅位，事未行。

按：高祖以傅奕屡上疏请废佛，意有所动，遂下此诏。《旧唐书》卷一《高祖纪》载其诏曰："诸僧尼、道士、女冠等，有精勤练行、守戒律者，并令大寺观居住，给衣食，勿令乏短；其不能精进、戒行有阙、不堪供养者，并令罢遣，各还桑梓。所司明为条式，务依法教，违制之事，悉宜停断。京城留寺三所，观二所，其余天下诸州各留一所，余悉罢之。"又，高祖颁此诏时间，各史所载不一。《旧唐书》本纪、《佛祖统纪》皆作五月，《新唐书》本纪、《资治通鉴》卷一九一作四月，《唐会要》则系于二月。今从《旧唐书》。

六月，秦王李世民杀太子李建成、齐王李元吉，是为"玄武门之变"。有诏立世民为皇太子，军国大事，悉委其处置。

按：秦王李世民与太子李建成、齐王李元吉各树党羽，发展势力，以争夺皇位继承权。建成欲施鸩酒害世民,元吉密请诛杀世民,并诱买秦王部将。秦王谋士长孙无忌、尉迟恭等力劝世民诛建成、元吉。适突厥入塞,元吉督军北征,并请偕秦王府勇将同行。建成欲于为元吉饯行之机杀世民。世民闻报,乃密奏建成、元吉淫乱后宫,率长孙无忌等伏兵于宫城玄武门,杀建成、元吉。由是,李世民掌控朝政。

八月,高祖传位于太子李世民。李世民即皇帝位,是为唐太宗。

按:见《资治通鉴》卷一九一。

九月壬子,诏:"私家不得辄立妖神,妄设淫祀,非礼祠祷,一皆禁绝。其龟易五兆之外,诸杂占卜,亦皆停断。"

按:见《旧唐书》卷二《太宗纪上》。

十月庚辰,初定功臣实封之制。

按:《资治通鉴》卷一九二载,此次所定实封之制,爵分九等:一曰王,食邑万户,正一品;二曰嗣王、郡王,食邑五千户,从一品;三曰国公,食邑三千户,从一品;四曰开国郡公,食邑二千户,正二品;五曰开国县公,食邑千五百户,从二品;六曰开国县侯,食邑千户,从三品;七曰开国县伯,食邑七百户,正四品上;八曰开国县子,食邑五百户,正五品上;九曰开国县男,食邑三百户,从五品上。凡封户,三丁以上为率,岁租三分之一入于朝廷;食实封者,得真户分食诸州。

十二月二十九日,诏封孔子之后为褒圣侯,以隋故绍圣侯孔嗣悊嫡子孔德伦为嗣。

按:太宗即位,尤尊崇孔子,倡行儒学,故有此诏。并敕虞世南撰《孔子庙堂碑》文,今存,收录于《金石萃编》卷四一。

是年,开科取士,登秀才科2人,进士及第7人。

按:见《登科记考》卷一。

魏徵为太子洗马,见秦王李世民势力日盛,尝劝太子李建成早有所图,不听。及建成败亡,遂归依秦王,署詹事主簿。李世民即位,擢拜谏议大夫,封钜鹿县男,奉使安辑河北,得以便宜从事。未几,迁尚书左丞。

按:魏徵归依李世民后,颇受信用。《旧唐书》卷七一本传曰:"太宗新即位,励精政道,数引徵入卧内,访以得失。徵雅有经国之才,性又抗直,无所屈挠。太宗与之言,未尝不欣然纳受。徵亦喜逢知己之主,思竭其用,知无不言。"

房玄龄六月戊辰擢拜太子右庶子,及太宗即位,进拜中书令,爵封邢国公。

按:房玄龄等秦王府属,皆因参与谋划"玄武门之变",各有擢升。《旧唐书》卷六六本传载,太宗登基,论功行赏,以房玄龄及长孙无忌、杜如晦、尉迟敬德、侯君集五人为第一。太宗从父淮安王李神通等奏言不服,太宗以为房玄龄等"有筹谋帷幄定社稷之功",可与汉初之萧何之辈相比。神通等理屈。

杜如晦六月授太子左庶子,寻擢拜兵部尚书,进爵蔡国公。

按:见《旧唐书》卷六六本传。

长孙无忌在秦王李世民幕,承秦王旨意,密召房玄龄等谋议除太子李建成。六月,率尉迟敬德等人发动"玄武门之变",授太子左庶子。七月,进授吏部尚书。八月,迁左武侯大将军,以本官兼弘文馆学士,以备随时商榷政事。

按：长孙无忌授吏部尚书，《旧唐书》卷六五本传谓贞观元年，同书卷二《太宗纪上》谓本年七月。今从后者。

虞世南为秦王府属，六月，参与谋划"玄武门之变"，迁太子中舍人。八月，转著作郎兼弘文馆学士。十二月，奉敕撰写并书《孔子庙堂碑》。

按：虞世南所撰《孔子庙堂碑》今存，收录于《金石萃编》卷四一。

高士廉因参与"玄武门之变"，六月拜太子右庶子，七月擢拜侍中，爵封义兴郡公。

按：高士廉拜侍中，《旧唐书》卷六五本传谓贞观元年，同书卷二《太宗纪上》谓本年七月。今从后者。

颜师古在李世民幕，及世民践祚，拜中书侍郎，封琅邪县男。

按：颜师古后以母忧去职，服丧阕，再起为中书侍郎。见《旧唐书》卷七三本传。

孔颖达由国子助教、文学馆学士擢拜国子博士。

按：见《旧唐书》卷七三本传。

姚思廉为秦王府文学兼文学馆学士，以参与谋划"玄武门之变"，迁太子洗马，寻以本官充弘文馆学士。

按：见《旧唐书》卷七三本传。

褚亮为秦王李世民属僚，六月授太子舍人，八月迁太子中允。

按：见《旧唐书》卷七二本传。

傅奕在太史令任，屡上疏请废佛，高祖以其疏付群臣论议。奕与萧瑀等辩论甚激，唯太仆卿张道源赞同其议。奕曾密奏高祖，谓秦王李世民当有天下。及太宗即位，颇礼遇之。十二月，与太宗论及佛教事，仍力主废佛。

按：傅奕于武德四年上表请废佛，事见该年条。后奕累疏不止，高祖遂命群臣讨论。《旧唐书》卷七九本传曰："奕上疏请除去释教……又上疏十一首，词甚切直。高祖付群官详议，唯太仆卿张道源称奕奏合理。中书令萧瑀与之争论，曰：'佛圣人也，奕为此议非圣人者，无法，请置严刑。'奕曰：'礼本于事亲，终于奉上，此则忠孝之理著，臣子之行成。而佛踰城出家，背逃其父，以匹夫而抗天子，以继体而悖所亲……其瑀之谓矣。'"《佛祖统纪》卷三九系此事于本年，又载左仆射裴寂曰："陛下昔创义师，志凭三宝，言登九五，誓启玄门。今六合归仁，富有四海，而欲纳奕言，岂不亏往德而彰今过乎？"然高祖对傅奕之议有所认同，终下诏限佛。寻因高祖禅位，未行。参见本年五月条。另据《资治通鉴》卷一九二载，本年十二月，奕奉入对，论及佛教事，太宗曰："佛之为教，玄妙可师，卿何独不悟其理？"奕对曰："佛乃胡中桀黠，诳耀彼土。中国邪僻之人，取《老》、《庄》玄谈，饰以妖幻之语，用欺愚俗，无益于民，有害于国。臣非不悟，鄙不学也。"太宗颇然之。

朱子奢在国子助教任，是年假员外散骑常侍奉使新罗，调解新罗、高丽、百济三国争端。及还，以散官直国子学。

按：《旧唐书》卷一九九上《东夷传》曰："（武德）九年，新罗、百济遣使……诏员外散骑侍郎朱子奢往和解之。"同书卷一八九上朱子奢本传谓此事在"贞观初"，恐误。子奢出使时，太宗已即位，尝告诫其"勿藉其束修，为之讲说"，然子奢至其国，"欲悦夷虏之情，遂发为《春秋左传》题，又纳其美女之赠"。故回国后，为太宗所责，由是降职。

盖文达授国子助教。

按：见《全唐文》卷一四五于志宁《唐太傅盖公墓碑》。

杜淹在越嶲，征拜御史大夫，封安吉郡公。途经成都，与袁天纲交游。唐太宗以淹多识典故，特诏其节度东宫仪式簿领。

按：杜淹流配越嶲事，见武德七年。袁天纲，益州人，精于相术，时居成都，事迹见《旧唐书·方伎传》。

欧阳询二月撰序并书《大唐宗圣观记》，陈叔达撰铭。

按：《金石萃编》卷四一《大唐宗圣观记》曰："给事中、骑都尉欧阳询撰序并书，侍中、柱国、江国公陈叔达撰铭。"宗圣观即楼观台，祀老子之所，武德九年二月二十五日建。

李大师在西会州谪所，遇赦还长安。宰臣封德彝、房玄龄劝其留居京师，终不听。遂东归，居郑州荥阳，仍继续撰南北朝史。

按：李大师流放西会州及欲撰史事，见武德四年条。

吕才为起居郎，为中书令温彦博、侍中王珪、魏徵等奏荐，奉诏直弘文馆，参与修定雅乐。

按：新、旧《唐书》吕才本传及《通典》卷一四二均谓才奉诏参与修定雅乐在贞观三年，恐误。考《唐会要》卷三二，高祖于本年正月诏修定雅乐，至贞观二年六月完成，则才之参与修乐事当在此期间。

祖孝孙为太常少卿，正月十日，奉诏与吕才等更定雅乐。

按：《通典》卷一四二曰："大唐太宗文皇帝留心雅正，励精文教。贞观之初，合考隋氏所传南北之乐，梁、陈尽吴楚之声，周、齐皆胡虏之音，乃命太常卿祖孝孙正宫调，起居郎吕才习音韵，协律郎张文收考律吕，平其散滥，为之折衷。"《唐会要》卷三二曰："武德九年正月十日，始命太常少卿祖孝孙考定雅乐，至贞观二年六月十日，乐成，奏之。"两书所说修乐年份不一，今从《唐会要》。

陈子良为太子李建成东宫学士，是秋贬相如县令。

僧智俨约是年前后始专学《华严经》，听僧智正讲论。

按：智俨初泛学经论，以佛典繁多，门派纷杂，遂决定专习《华严经》。时智正在至相寺开讲此经，便去听讲。《华严经传记》卷三本传曰："俨以法门繁旷，智海冲深，方驾司南，未知何厝，乃至于经藏前礼而自立誓，信手取之，得《华严》第一。即于当寺智正法师下听受此经。"后著成《大方广佛华严经搜玄分齐通智方轨》，始定一宗之规模。参见贞观二年条。

僧道宣著《四分律删繁补阙行事钞》3卷成。

按：道宣隐居终南山事，见武德七年。该书阐发为律学开宗之见解，实为道宣构建南山律宗理论之始。后传播甚广，研究颇盛，各种注疏繁多，仅慧显《行事钞诸家记标目》所录，即有62家之多。僧鉴真东渡时，携带该书，由是传入日本，影响颇大。今存者有12卷本、6卷本等多种。

僧宝袭卒（547—　）。宝袭俗姓不详，贝州人。隋唐之际高僧，雍州三藏僧休法师弟子。隋开皇中随师入长安，初住大兴善寺，后敕补为《大论》众主，于通法寺四时讲化，声名颇盛。有弟子昙恭、明洪等，皆善大论。

事迹见《续高僧传》卷一二。

僧慧迁卒(548—)。慧迁俗姓不详,瀛州人。隋唐之际高僧。师从净影寺慧远学《十地经论》,为地论学派之代表。北齐灭亡后,一度南奔陈朝。隋初北返,随慧远入长安,奉敕为《十论》众主,大事讲论。晚年住大禅定寺,卒于该寺。事迹见《续高僧传》卷一二。

僧静藏卒(571—)。静藏俗姓张,泽州高都人。隋唐之际高僧。九岁出家,遍学诸经论,专精于《摄大乘论》、《十地经论》。隋大业中曾奉召入鸿胪寺,教授外国留学僧。后住蓝田建玉泉寺,卒于该寺。事迹见《续高僧传》卷一三。

薛元敬卒,生年不详。元敬,浦州汾阴人,薛收兄子。有文学,少时与收及族兄薛德音俱有文名,时称"河东三凤"。武德中为秘书郎、天策府参军兼直记室、文学馆学士。除太子舍人,寻卒。事迹见《旧唐书》卷七三、《新唐书》卷九八《薛收传》附传。

道士王玄览(—697)闰十月生。

唐太宗贞观元年　丁亥　627年

麦加人攻麦地那。

麦地那犹太人古来祖部落灭。

拜占庭帝伊拉克略一世败波斯人于尼尼微。遂入泰西封。

英格兰人的诺森伯里亚王国皈依罗马天主教。

正月乙酉,改元贞观。

按:见《资治通鉴》卷一九二。

己亥,制:"自今中书、门下及三品以上入阁议事,皆命谏官随之,有失辄谏。"

按:见《资治通鉴》卷一九二。

是月,太宗与臣下讨论治道,有从"武功"转向"文治"之意。

按:太宗即位后,屡与臣下讨论治国方略。魏徵等力主停用武力,实行"文治";宰臣萧瑀、封德彝等则以为仍应以武力治天下。太宗意属魏徵等人之议。《资治通鉴》卷一九二载,本年正月,太宗宴群臣,奏《秦王破阵乐》。太宗曰:"朕昔受委专征,民间遂有此曲。虽非文德之雍容,然功业由兹而成,不敢忘本。"封德彝对曰:"陛下以神武平海内,岂文德之足比。"太宗曰:"戡乱以武,守成以文,文武之用,各随其时。卿谓文不及武,斯言过矣。"《旧唐书》卷一八九《萧德言传》亦载太宗曰:"朕历观前代,详览儒林……自隋季版荡,庠序无闻,儒道坠泥涂,《诗》《书》填坑窜,眷言坟典,每用伤怀。顷年已来,天下无事,方欲建礼作乐,偃武修文。"此后,朝中有关文治、武功之争仍在继续。然太宗终将重点由武功转向文治,此为唐初统治观念之重大调整,由是奠定"贞观之治"基础。

二月,裁并天下州县,分全国为十道。

按:隋末大乱,群雄并起,拥众据地,自成一体。唐初先后来归,遂割置州县加以笼络,由是州县之数倍于隋时。太宗以民少吏多,至是命大加并省,因山川形势,分置关内、河南、河东、河北、山南、陇右、淮南、江南、剑南、岭南十道。见《旧唐书》卷三八《地理志一》、《资治通鉴》卷一九二。

闰三月壬申，诏京官五品以上，轮番更宿中书内省，以备问民间疾苦、政事得失。

按：见《资治通鉴》卷一九二。

五月，改国子学为国子监。

按：唐国子学始设于武德初，后迭有改置。龙朔二年改称司成馆，咸亨元年复名国子监，光宅元年又改称成均监，神龙元年仍为国子监。见《唐六典》卷二一。

十二月壬午，太宗以为神仙事本虚妄，告诫侍臣应以秦始皇、汉武帝求仙之事为鉴。

按：《旧唐书》卷二《太宗纪上》载太宗谓侍臣曰："神仙事本虚妄，空有其名。秦始皇非分爱好，遂为方士所诈，乃遣童男女数千人随徐福入海求仙药，方士避秦苛虐，因留不归。始皇犹海侧踟蹰以待之，还至沙丘而死。汉武帝为求仙，乃将女嫁道术人，事既无验，便行诛戮。据此二事，神仙不烦妄求也。"《贞观政要》卷六所载略同。

是月，太宗谕大臣直谏。定四时选法，裁并朝中文武官员。

按：《资治通鉴》卷一九二载，太宗谕公卿大臣曰："人欲自见其形，必资明镜；君欲自知其过，必待忠臣。苟其君愎谏自贤，其臣阿谀顺旨，君既失国，臣岂能独全！如虞世基等谄事炀帝以保富贵，炀帝既弑，世基等亦诛。公辈宜用此为诫，事有得失，无惜尽言。"又，隋代选人，自十一月始，至春而毕，人皆患日期急促。至是，唐太宗从吏部尚书刘林甫奏，改为"四时听选，随阙注拟"，人皆称便。唐初，士大夫以战乱之后，不乐入仕，尚书省下诸州差人赴选，州府及诏使多以赤牒补官。至是，尽省之，勒赴省选，集者七千余人。

是年，诏："见在京官文武职事五品以上子，有性爱学书及有书性者，听于弘文馆内学书。"

按：弘文馆由修文馆改置，参见武德九年三月条。《唐会要》卷六四载，此次遴选弘文馆学生，共有二十四人入馆，教虞世南、欧阳询教授楷书。黄门侍郎王珪奏："学生学书法之暇，请置博士，兼肆业焉。"太宗遂命太学助教侯孝遵为诸生授儒经，著作郎许敬宗授《史记》、《汉书》。明年，王珪又奏请为学生置讲经博士，"考试经业，准式贡举，兼学书法"。至开元七年，增置学生为三十八人，参见该年九月条。

开科取士，登秀才科2人，进士及第4人。

按：见《登科记考》卷一。

魏徵为尚书右丞，九月奉诏与中书令温彦博赴诸州赈恤。

按：见《旧唐书》卷七一本传。

长孙无忌以佐命元勋，功推第一，进爵齐国公，颇受太宗礼遇。七月壬子，由吏部尚书迁尚书右仆射，入掌相职。

按：见《旧唐书》卷六五本传。

高士廉在侍中任，坐匿黄门侍郎王珪密表不报，八月戊戌贬为安州大都督。

按：高士廉后转益州大都督府长史，到任后，劝化风俗，打击豪强，兴办学校，为蜀人称道。见《旧唐书》卷六五本传、卷二《太宗纪上》。

陈叔达由侍中加授光禄大夫，坐与萧瑀于御前忿争免官，未几丁母忧。

按：见《新唐书》卷一〇〇本传。

孔颖达由国子博士转给事中，封曲阜县男。时太宗初即位，留心庶政，颖达数进言，益见亲待。

按：见《旧唐书》卷七三本传。

杜淹为御史大夫，九月辛酉奉诏参与朝政。

按：杜淹明年三月奉诏巡视关内诸州，寻判吏部尚书，前后表荐四十余人，后多有知名者。然淹无清流之誉，又与宰相长孙无忌不合，为时论所讥。

李百药在泾州，奉召入京，拜中书舍人，赐爵安平县男。受诏修定《五礼》及律令，撰《齐书》。

按：李百药流配泾州事，见武德七年条。

褚亮在太子中允任，是年兼弘文馆学士。

按：见《旧唐书》卷七二本传。

姚思廉由太子洗马迁著作郎，仍充弘文馆学士。

按：见《旧唐书》卷七三本传。

李淳风与傅仁均争论历法，议者以其为是，遂授将仕郎，直太史局。奏请制黄道浑天仪，太宗从之。

按：见《旧唐书》卷七九本传。

王恭以精研《三礼》名于世，召拜太学博士。

按：王恭生卒年、字号不详，滑州白马人。少笃学，尤精《三礼》。初教授乡间，从学者数百人。贞观中，尝奉敕与颜师古等撰《五经正义》，又撰《三礼义证》，甚精博，为时人所称。大儒盖文懿、盖文达每讲遍举先儒，必畅恭之说。事迹见《旧唐书》卷七三、《新唐书》卷一九八。

马嘉运有儒学，除越王东阁祭酒。

按：《新唐书》卷一九八本传载，马嘉运初出家为沙门，后还俗，治儒学，长论议，"贞观初，累除越王东阁祭酒"。其入仕当在本年或稍后，姑系于此。

敬播登进士第。

按：《旧唐书》卷一八九上本传谓其"贞观初举进士"，未详年份，姑系于此。

岑文本由行台考功郎中迁秘书郎，兼直中书省。

按：见《旧唐书》卷七〇本传。

刘子翼居晋陵家中，有诏征之，辞以母年老，不赴。

按：刘子翼隋时为秘书监，有学行，性刚直，李百药尝称："刘四虽复骂人，人终不恨。"见《资治通鉴》卷一九二。

陈子良在相如县令任，五月作《祭司马相如文》。

按：文载《全唐文》卷一三四，其中有"维大唐贞观元年岁次丁亥五月壬子朔十六日丁卯，相如县令陈子良"云云。

孙伏伽迁大理少卿，进爵封乐安县男。屡有谏言，多为太宗所纳。

按：《新唐书》卷一〇三本传。

孙思邈奉召入京，太宗欲授之官，不受。

按：《旧唐书》卷一九一本传曰："太宗即位，召诣京师，嗟其容色甚少，谓曰：'故知有道者诚可尊重，羡门、广成，岂虚言哉！'将授以爵位，固辞不受。"

谢偃应诏对策及第，授高陵主簿。

按：《旧唐书》卷一九〇上本传谓此事于"贞观初"，故系于此。

僧玄奘在长安，先后从道岳、法常、僧辩、玄会诸名师研学《俱舍》、《摄论》、《涅槃》等，穷尽各家学说，声誉满京师。经仆射萧瑀奏请，奉敕住庄严寺。

按：见《大唐大慈恩寺三藏法师传》卷一。

僧法琳在长安，由济法寺移居龙田寺，被推为住持，与纪国寺僧慧净交往颇密。

按：唐释彦琮《唐护法沙门法琳别传》卷上曰："贞观元年，文帝舍大和宫，奉为高祖置龙田寺。……法师雅好美之，乃徙居焉。"《续高僧传》卷二四法琳本传曰："贞观初年，帝于南山大和宫旧宅置龙田寺，琳性欣幽静，就而住之，众所推美，举知寺任。从容山服，咏歌林野。"同书卷三《慧净传》载两人以诗唱和。

僧明赡住长安大兴善寺，奉召入内殿论对，颇称帝意。未几，移住太一山智炬寺。

按：明赡住长安大兴善寺始于隋初，参见开皇三年条。《续高僧传》卷二四本传载，明赡以"善识治方"为唐太宗所闻，奉召入对，"广列自古以来明君昏主制御之术，兼陈释门大拯以慈救为宗"。太宗大悦，随即下敕，令每年三月六日"普断屠杀"，并于行阵之所皆置佛寺。当时所建之寺，有豳州昭仁、晋州慈云、吕州普济、汾州弘济、洺州昭福、郑州等慈、洛州昭觉，凡七所，皆"官给匠石，京送奴隶"。

僧法冲不顾朝廷禁令，誓死剃度，避居岠阳山修禅，讲论《楞伽经》。

按：《神僧传》卷六本传曰："贞观初年，下敕有私度者处以极刑。冲誓亡身，便即剃落。"法冲生卒年不详，俗姓李，字孝敬，陇西成纪人。禅宗高僧。幼而秀异，傲岸时俗。年二十四出家，尝至安州师从僧慧嵩，又入武都山修行。讲经弘法，颇为玄奘敬重。其学对早期禅宗南派思想发展有一定影响。事迹见《神僧传》卷六。

中天竺僧波罗颇迦罗密多罗入唐，十二月抵长安，奉敕住大兴善寺。

按：《续高僧传》卷三本传载，波罗颇迦罗密多罗一名波颇，于武德九年携梵本佛经启程来华，至是抵长安。贞观三年，奉诏设译场译经。参见该年条。

新罗僧圆测是年十五，始入唐游学，受学于僧法常、僧辩。

按：圆测后住长安玄法寺，精研《毗昙》、《成实》、《俱舍》、《婆沙》等论，名声渐著。见《六学僧传》卷二三、《金石萃编》卷一四六宋复《大周西明寺故大德圆测法师佛舍利塔铭并序》。

道士王远知颇为太宗敬重。太宗欲加重位，远知不受，固请还山。

按：《旧唐书》卷一九二本传载，武德中，唐太宗为秦王，曾与房玄龄微服谒之，远知迎谓曰："此中有圣人，得非秦王乎？"太宗因以实告。远知曰："方作太平天子，愿自惜也。"故太宗即位，欲予重用。

王凝重新编次王通《中说》；又整理王通《续六经》，勒成《王氏六经》75卷。

按：《中说》初由王通弟子薛收等编次而成，王凝复加整理。《全唐文》卷一六一王福畤《王氏家书杂录》曰："太原府君讳凝,字叔恬,文中子亚弟也。贞观初……释褐为监察御史。时御史大夫杜淹谓仲父曰：'子圣贤之弟也,有异闻乎？'仲父曰：'凝忝同气,昔亡兄讲道河、汾,亦尝预于斯,然《六经》之外,无所闻也。'淹曰：'昔门人咸有记焉,盖薛收、姚义缀而名之,曰《中说》。……'仲父曰：'凝以丧乱已来,未遑及也。'退而求之,得《中说》一百余纸,大抵杂记,不著篇目,首卷及序则蠹绝磨灭,未能诠次。仲父黜为胡苏（当为姑苏——引者）令……乃解印而归,大考《六经》之目而缮录焉。《礼论》、《乐论》各亡其五篇,《续诗》、《续书》各亡小序,惟《元经》、《赞易》具存焉。得六百六十五篇,勒成七十五卷,分为六部,号曰《王氏六经》。"王福畤系王通季子,故称通弟王凝为"仲父"。他后来又复重新编次《中说》和整理《续六经》,事见贞观二十三年及咸亨五年王勃条。

又按：王凝生卒年不详,字叔恬,龙门人。王通同父异母弟（从今人尹协理、魏明《王通论》之说）。贞观初为监察御史,坐事黜为姑苏令,遂弃职归家。后复起为洛州录事,官至太原县令,故族人称之为太原府君。曾续成其兄王度、弟王绩《隋书》50卷,不存。事迹见王福畤《王氏家书杂录》等。

僧道宣著《四分律拾毗尼义钞》3卷成。

按：道宣自武德七年隐居终南山,潜心著述,该书为其中之一。今存本作6卷。

裴矩八月戊戌卒（约547— ）。矩原名世矩,因避唐太宗名讳改,字弘大,河东闻喜人。好学,善文藻,有智数。隋时历吏部侍郎、黄门侍郎等职,职掌西域交往之事。隋唐之际,先后依宇文化及和窦建德。后归唐,累迁民部尚书,卒于官。著有《西域图记》3卷、《开业平陈记》12卷、《邺都故事》10卷、《高丽风俗》1卷等,又与虞世南等合撰《大唐书仪》10卷。后皆佚。事迹见《隋书》卷六七、《北史》卷三八。

按：《隋书》本传评曰："裴矩学涉经史,颇有干局,至于一勤匪懈,夙夜在公,求诸古人,殆未之有。与闻政事,多历岁年,虽处危乱之中,未亏廉谨之节,美矣。然承望风旨,与时消息,使高昌入朝,伊吾献地,聚粮且末,师出玉门,关右骚然,颇亦矩之由也。"

郎楚之约卒（约547— ）。楚之字号不详,定州新乐人,郎余令之祖。隋唐之际学者。少与兄郎蔚之俱有重名,时称"二郎"。隋大业中为尚书民部曹郎,唐初拜大理卿,封常山郡公,与李纲、陈叔达等修订律令。以年老致仕,卒于家,谥曰"平"。有集10卷（一说3卷）,已佚。事迹见《旧唐书》卷一八九下、《新唐书》卷一九九《郎余令传》。

按：郎楚之卒年,史无明载。《旧唐书·郎余令传》谓楚之以年老致仕,"贞观初卒,时年八十余"。知其卒约在本年。其生年,以年八十一卒溯推。

陆德明约卒（约556— ）。德明名元朗,以字行,苏州吴县人。唐初经学家、训诂学家。博通群经,善名理,尤精研《易》。历仕陈、隋,入唐,累迁国子博士,封吴县男。著有《经典释文》30卷、《老子疏》15卷、《易疏》20卷,并行于世。《旧唐书·经籍志》和《新唐书·艺文志》又著录其《周易文句义疏》20卷、《周易文外大义》2卷、《庄子文句义》20卷。今存《经典释文》及《春秋公羊传》等诸经音义。事迹见《旧唐书》卷一八九上、《新唐书》卷一九八。

按：陆德明卒年，新、旧《唐书》本传皆未明载。《旧唐书》本传曰："贞观初，拜国子博士，封吴县男，寻卒。"《新唐书》本传略同。一说其卒在贞观四年。今人姜亮夫《历代人物年里碑传综表》谓其约生于梁敬帝太平元年，卒于本年。从之。德明于唐初及后世儒家经学发展颇具影响，尤以《易》学为时人推崇。他从注音入手释经，实为古代经学史上之创举。其学既重儒典，又兼《老》、《庄》；既重汉学郑注，又重玄学王注，具有融通儒道、汇合南北学风、承袭和发展汉魏经学传统之特点。所著《经典释文》，今存宋刻本，清《通志堂经解》本、《抱经堂丛书》本等。德明所撰诸经音义，后为《春秋公羊经传》（何休撰，宋淳熙抚州公使刻绍熙四年重修本）、《尚书》（孔安国撰，元仿宋相台五经本）、《毛诗》（毛亨撰，元仿宋相台五经本）、《礼记》（郑玄注，南宋刻本）、《仪礼》（郑玄注，士礼居丛书景宋严州本）、《周礼》（郑玄注，南宋刻本）、《春秋谷梁传》（范宁集解，古逸丛书景宋绍熙本）等分别收录。

僧辩相约卒（约557—　）。辩相俗姓史，瀛州人。隋唐之际高僧。师从僧慧远，研读《十地经论》。隋开皇中随师入长安，创净影寺，讲经弘法。隋炀帝时奉召赴洛阳，于内道场讲论。唐初归长安，住胜光寺，颇受礼遇。因疾缠身，自缢而卒，年七十余。事迹见《续高僧传》卷一二。

按：《续高僧传》本传载辩相卒于"贞观初年"。其生年，以年七十一卒溯推。

贺德仁约是年或稍后卒（约557—　）。德仁字号不详，山阴人。少与从兄贺德基俱师从陈国子祭酒周弘正，皆以词学见称，时人有"学行可师贺德基，文质彬彬贺德仁"之说。仕陈为吴兴王友，隋时历豫章王记室参军、齐王府属、河东郡司法，入唐为陇西公友、太子中舍人、太子洗马，充东宫学士，转赵王友，寻卒。有集20卷，已佚。事迹见《旧唐书》卷一九〇上、《新唐书》卷二〇一。

按：《旧唐书》本传曰："贞观初，德仁转赵王友。无几，卒，年七十余。"以本年或稍后卒计，其生年当在南朝梁太平二年或稍后。德仁兄弟八人皆有学名，"时人方之荀氏"。其弟之子贺纪、贺敳亦以博学知名。纪于高宗时官至太子洗马，曾参修《五礼》；敳官至率更令，兼太子侍读。兄弟并为崇贤馆学士，学者荣之。

袁朗约是年或稍后卒，生年、字号不详。朗，雍州长安人，陈尚书左仆射袁枢之子。其先自陈郡仕江左，世为冠族，陈亡徙关中。少勤学，有文名。尝制千字诗，当时以为盛作。仕陈为秘书郎，历太子洗马、德教殿学士、秘书丞；入隋为尚书仪曹郎；唐初为齐王文学、祠部郎中，转给事中，卒于官。有集14卷（一说4卷），已佚。《全唐诗》卷三〇收录其诗4首。事迹见《旧唐书》卷一九〇上、《新唐书》卷二〇一。

按：袁朗卒年，史无明载。《旧唐书》本传谓其"贞观初卒于官"，姑系于此。同书本传又载，袁朗卒，太宗颇感痛惜，为之废朝一日，又谓高士廉曰："袁朗在任虽近，然其性谨厚，特使人伤惜。"

又按：袁朗从父弟袁承序、从祖弟袁利贞亦皆有文名。袁承序系陈尚书仆射袁宪之子，武德中受齐王元吉之召为学士，累转建昌令，在任清静，士吏怀之。贞观中为晋王李治（即唐高宗）侍读，兼弘文馆学士，卒于任。袁利贞系陈中书令袁敬之孙，高宗时为太常博士、周王侍读，迁祠部员外郎，卒赠秘书少监。两人事迹均见《旧唐书》卷一九〇上《袁朗传》。

温大雅约是年稍后卒，生年不详。大雅字彦弘，太原祁人。唐初史学家。少好学,以才辩知名。仕隋为东宫学士、长安县尉,入唐历黄门侍郎、工部尚书等职,贞观初为礼部尚书,爵封黎国公。卒于官,谥曰"孝"。永徽五年,追赠尚书右仆射。著有《大唐创业起居注》3卷,今存。另撰有《今上王业记》6卷、《大丞相唐王官属记》2卷,已佚。《全唐文》卷一三二收录其文1篇。事迹见《旧唐书》卷六一、《新唐书》卷九一。

按:温大雅卒年,史无明载。《旧唐书》本传曰:"太宗即位,累转礼部尚书……岁余而卒。"知其卒当在本年之后不久,姑系于此。

庾抱约是年或稍后卒,生年、字号不详。抱,润州江宁人。有文名。隋开皇中起自延州参军,入调吏部,为尚书牛弘所称。出为越嶲主簿,称疾不行。武德中,太子李建成引为东宫学士,后迁陇西公府记室,转太子舍人,卒于赵王友。有集10卷,已佚。《全唐诗》卷三九收录其诗5首。事迹见《旧唐书》卷一九〇上、《新唐书》卷二〇一。

按:《旧唐书》本传载,庾抱为太子李建成引为陇西公府记室,"时军国多务,公府文檄皆出于抱,寻转太子舍人,未几卒"。然据《唐诗纪事》卷三载:"贞观初,(抱)徙赵王友,卒。"则建成被诛后,抱尚在世。今姑从《唐诗纪事》。

蔡允恭约是年稍后卒,生年、字号不详。允恭,江陵人。善属文,长于史学。仕隋,累官起居舍人。武德中,为秦王府参军,先后充文学馆、弘文馆学士。除太子洗马,寻致仕,卒于家。著有《后梁春秋》10卷、集20卷(一作10卷),后皆佚。《全唐诗》卷三八收录其诗1首。事迹见《旧唐书》卷一九〇上、《新唐书》卷二〇一。

按:《旧唐书》本传谓蔡允恭于贞观初"致仕,卒于家"。据此,其卒当在本年稍后,姑系于此。

僧印宗(　—713)生。

贞观二年　戊子　628年

日本推古卒。

穆罕默德与麦加人签订《侯德比耶条约》。允许穆罕默德传道及穆斯林入麦加朝觐。

穆斯林攻犹太人聚居地海白尔绿洲。

波斯与拜占庭媾和。

正月,复置六司侍郎,以副六省尚书,并置左右司郎中各一人。

按:见《旧唐书》卷二《太宗纪上》。

是月以降,太宗屡与侍臣议隋亡教训,论为政之道。

按:《资治通鉴》卷一九二载,本年正月,太宗问魏徵:"人主何为而明,何为而暗?"徵对曰:"兼听则明,偏而则暗。……人君兼听广纳,则贵臣不得拥蔽,而下情得以上通也。"太宗谓黄门侍郎王珪曰:"开皇十四年大旱,隋文帝不许赈给,而令百姓就食山东。比至末年,天下储积可供五十年。炀帝恃其富饶,侈心无厌,卒亡天下。但使仓廪之积足以备凶年,其余何用哉!"二月,太宗谓侍臣曰:"人言天子至尊,无所畏惮。朕则不然,上畏皇天之监临,下惮群臣之瞻仰,兢兢业业,犹恐不合天意,未副人望。"魏徵对曰:"此诚致治之要,愿陛下慎终如始,则善矣。"太宗谓房玄龄等曰:"为政莫若至公。……朕既慕前世之明君,卿等不可不法前世之贤相也!"《旧唐书》

卷二《太宗纪上》载,是年五月辛卯,太宗谓侍臣曰:"君虽不君,臣不可以不臣。裴虔通,炀帝旧左右也,而亲为乱首。朕方崇奖敬义,岂可犹使宰民训俗。"遂下诏,强调:"天地定位,君臣之义以彰;卑高既陈,人伦之道斯著。是用笃厚风俗,化成天下,虽复时经治乱,主或昏明,疾风劲草,芬芳无绝,剖心焚体,赴蹈如归。……谅由君臣义重,名教所先,故能明大节于当时,立清风于身后。"

三月壬子,诏今后大辟,皆令中书、门下四品以上及尚书议之,以免冤狱。

按:见《唐会要》卷四〇《君上慎恤》。

四月丙申,诏天下州县并置义仓。

按:见《旧唐书》卷二《太宗纪上》。

是月,太宗与侍臣议论,谓当以梁武帝好佛、梁元帝好《老子》而亡国为鉴,应推崇尧、舜、周、孔之道。

按:《资治通鉴》卷一九二载,太宗谓侍臣曰:"梁武帝君臣唯谈苦空,侯景之乱,百官不能乘马。元帝为周师所围,犹讲《老子》,百官戎服以听。此深足为戒。朕所好者,唯尧、舜、周、孔之道,以为如鸟有翼,如鱼有水,失之则死,不可暂无耳。"

五月十九日,敕:"章敬寺是先朝所创,从今已后,每至先朝忌日,常令设斋行香,仍永为恒式。"

按:见《唐会要》卷四九。于国忌日设斋、颂经、祈祷并行香,从一个侧面反映出儒、佛、道三教之融合。太宗定此制,后为唐历代所沿袭,至文宗时才取消。参见开成四年十月条。

九月丙午,诏内外文武官年老致仕者,参朝之班在本品现任官之上。

按:见《旧唐书》卷二《太宗纪上》。

十二月二十一日,置书学,隶国子学。

按:书学废于武德初,至是复置。显庆三年又废,以博士以下隶秘书省。龙朔二年再置,三月改隶兰台。有学士十人,典学二人。另分设于东都国子监,学生三人。《新唐书》卷四八《百官志》曰:"书学,博士二人,从九品下;助教一人。掌教八品以下及庶人子为生者,《石经》、《说文》、《字林》为颛业,兼习余书。"

是月,命内外五品已上,各举堪为县令者,以名闻。诏停周公为先圣,立孔子庙于国学。广征天下儒士,以为学官。扩建国子学,增置太学、四门诸学生员。由是儒士云集京师,儒学之风大盛。

按:周公、孔子孰为先圣,儒家学者历有争议。初,孔子弟子皆尊孔为圣,孟子则以禹、周公、孔子并为"三圣"。汉代以降,始有"先圣"与"先师"之别。王符《潜夫论·考绩》曰:"圣人为天口,贤人为圣译,是故圣人之言,天之心也;贤者之所说,圣人之意也。"古文经学家以周公为先圣,以孔子为先师。唐初,高祖曾颁诏,亦以周公为先圣,孔子配祀,事见武德七年。至本年,太宗从房玄龄、朱子奢建言,遂有此诏。《唐会要》卷三五《学校》曰:"贞观二年十二月,尚书左仆射房玄龄、国子博士朱子奢建议云:'武德中,诏释奠于太学,以周公为先圣,孔子配享。臣以周公、尼父俱称圣人,庠序置奠,本缘夫子,故晋、宋、梁、陈及隋大业故事,皆以孔子为先圣,颜回为先师。历代所行,古人通允。伏请停祭周公,升夫子为先圣,以颜回配享。'诏从之。"《新唐书》卷一五《礼乐志》所载略同。《资治通鉴》卷一九四系此事于贞观十一年正月,恐误。至高宗时,先圣、先师之争议再起,参见显庆二年许敬宗条。

又按:《旧唐书》卷一八九上《儒学传序》载,唐太宗即位后,力倡崇儒之风,"大征天下儒士,以为学官。数幸国学,令祭酒、博士讲论。毕,赐以束帛。学生能通一大经已上,咸得署吏。又于国学增筑学舍一千二百间,太学、四门博士亦增置生员,其书、算各置博士、学生,以备艺文,凡三千二百六十员。其玄武门屯营飞骑,亦给博士,授以经业,有能通经者,听之贡举。是时四方儒士,多抱负典籍,云会京师。俄而高丽及百济、新罗、高昌、吐蕃等诸国酋长,亦遣子弟请入于国学之内。鼓箧而升讲筵者八千余人,济济洋洋焉。儒学之盛,古昔未之有也。"

是年,停贡举。

按：见《登科记考》卷一。

长孙无忌力辞相职,正月遂罢尚书右仆射,改拜开府仪同三司。

按：《旧唐书》卷六五本传载,长孙无忌颇为太宗信重,有密表称其权宠过盛,太宗以表示之。无忌自惧权位过高,力求去职,太宗许之。

杜如晦以兵部尚书检校侍中,摄吏部尚书,仍总监东宫兵马事,号为称职。

按：见《旧唐书》卷六六本传。

李百药为中书舍人,九月上言,谓宫人过多,虚费衣食。太宗从之,乃简放宫女,前后所出三千余人。寻除礼部侍郎,上《封建论》,请罢封建诸侯之议。

按：《旧唐书》卷七二本传曰："二年,除礼部侍郎。"《资治通鉴》卷一九三载,本年九月,李百药尚为中书舍人,则其除礼部侍郎当在此后。时朝中议论恢复封建诸侯,百药上书反对,太宗从之。其所上《封建论》,《旧唐书》本传收录。

祖孝孙等奉诏修定雅乐成,六月十日奏上。

按：祖孝孙等于武德九年正月始奉诏修乐,参见该年条。孝孙以梁、陈之音多吴、楚,周、齐之音多胡、夷,于是斟酌南北,考以古声,作《唐雅乐》,凡八十四调、三十一曲、十二和。至是,乐成。

又按：孝孙生卒年、字号不详,幽州范阳人。博学,通晓历算,以达识见称。隋开皇中为牛弘引荐,为协律郎,参定雅乐。武德初为著作郎,历吏部郎,卒于太常少卿任。事迹见《旧唐书》卷七九。

僧玄奘在长安,表请赴天竺求法,未果。

按：玄奘自隋末以来,游学各地,遍访名师,深感佛学诸派异说不一,尤其是当时流行的《摄论》、《地论》两家,辩论甚为激烈,欲总赅三乘学说之《瑜伽师地论》,以求会通一切,遂上表请西赴天竺游学。《续高僧传》卷四本传引玄奘自语曰："余周流吴、蜀,爰逮赵、魏,末及周、秦,预有讲筵,率皆登践。已布之言令,虽蕴胸襟;未吐之词宗,解签无地。若不轻生殉命,誓往华胥,何能具观成言,用通神解,一睹明法了义真文。要返东华传扬圣化,则先贤高胜,岂决疑于弥勒;后进锋颖,宁辍想于瑜珈耶?"

僧智俨在终南山至相寺,研习《华严经》,讲说《摄论》。

按：见《华严经传记》卷三本传。

僧智俨著《大方广佛华严经搜玄分齐通智方轨》10卷成。

按：该书又称《华严经搜玄记》,今存。《华严经传记》卷三本传载,智俨听僧智正讲论《华严经》,仍有疑问,遂"遍览藏经,讨寻众释",得北魏慧光所撰《华严经疏》,

有所领悟；又深入研究《十地论》六相圆融之旨，大有启发。遂作疏解释《华严经》义理，著成此书。由是"立教分宗"，成华严宗之规模。智俨专学《华严经》事，见武德九年。

僧明赡十月二十七日卒（559—　）。明赡俗姓杜，恒州石邑人。隋唐之际高僧。少习经史，州县举为俊士，不从辟命，投龙山应觉寺出家。隋初奉敕住长安大兴善寺，参与佛经翻译。隋炀帝时，不从沙门、道士致敬王者之诏，众举为知事上座。唐贞观初奉召入对，颇受唐太宗敬重。卒于太一山智炬寺。事迹见《续高僧传》卷二四。

李大师五月卒（570—　）。大师字君威，相州人，李延寿之父。好学博闻，善属文，通晓前代故事。隋时历为冀州、信都、渤海等州郡僚佐，唐武德初附因窦建德，流放西会州。遇赦而还，遂居郑州荥阳，专致著述。欲撰南北史，未竟而卒。有集10卷，已佚。事迹见《北史》卷一〇〇。

按：李大师少有著述之志，其撰南北朝史，积年不成，以为遗恨。后其子延寿续父遗志，最终撰成《南史》、《北史》。

杜淹十月庚辰卒，生年不详。淹字执礼，杜陵人，杜如晦叔父。隋唐之际学者。曾师从王通。隋时官至御史中丞，入唐累迁吏部尚书，爵封安吉公。及卒，赠尚书右仆射，谥曰"襄"。《全唐文》卷一三五收录其文1篇，《全唐诗》卷三〇收录其诗3首。事迹见《旧唐书》卷六六、《新唐书》卷九六《杜如晦传》及《大唐新语》卷八。

员半千（　—约721或稍后）约是年或稍后生。

按：员半千生卒年，史不明载。《新唐书》卷一一二本传谓其于"开元九年，游尧山、沮水间，爱其地，遂定居。卒，年九十四"。以其卒于开元九年或稍后计，当生于本年或稍后。姑系于此。

贞观三年　己丑　629年

三月，诏于长安大兴善寺置译场，令有司搜硕德备经三教者译佛经。是为唐钦定佛经译场之始。

按：国家钦定佛经译场，隋时已置，参见大业二年僧彦琮条。至是，唐再置场译经，后移置于胜光寺。至贞观六年，共译出《宝星经》、《般若灯》、《大庄严论》等3部35卷。见《续高僧传》卷三《波罗颇迦罗密多罗传》、《开元释教录》卷八上。此后唐所置钦定译场，又有僧玄奘主持之弘福寺译场、慈恩寺译场、玉华宫译场，中天竺僧地婆诃罗主持之西太原寺译场、东太原寺译场、广福寺译场，僧义净主持之大荐福寺译院等。至宪宗元和六年，钦定译场才终止。参见今人高振农《试论唐代佛典翻译的特点》（载《隋唐佛教研究论文集》，三秦出版社1990年版）。

日本苏我氏立舒明。

波斯内乱。

法兰克国王罗退尔二世卒，子奥斯特拉西亚王达哥伯特一世继任。强令境内犹太人改宗基督教，或予流放。

四月乙亥，令中书、门下二省遇诏敕有不便者，皆应议论驳正。

按：唐初故事：凡军国大事，则中书舍人各执所见，杂署其名，谓之五花判事。中书侍郎、中书令省审之，给事中、黄门侍郎驳正之。太宗之令，实为申明旧制。见《资治通鉴》卷一九三。

九月癸丑，诏各州置医学。

按：见《旧唐书》卷二《太宗纪上》。

闰十二月戊辰，命于各地战所立寺，敕虞世南等分为之撰碑铭，以纪功业。

按：《旧唐书》卷二《太宗纪上》曰："诏建义以来交兵之处，为义士勇夫殒身戎阵者各立一寺，命虞世南、李百药、褚亮、颜师古、岑文本、许敬宗、朱子奢等为之碑铭，以纪功业。"

是月，置史馆于门下省北，由宰相领监修。诸司应将有关事例送史馆，供史官斟酌选择，编入国史。

按：《旧唐书》卷四三《职官志二》注曰："历代史官隶秘书省著作局，皆著作郎掌修国史。武德因隋旧制。贞观三年闰十二月，始移史馆于禁中，在门下省北，宰相监修国史，自是著作郎始罢史职。"是为唐史馆制度之始。后以大明宫成，再移史馆于门下省南。玄宗时，又将史馆移置于中书省北。参见开元二十五年三月条。另据《唐会要》卷六三载，诸司应送史馆事例，凡祥瑞，"礼部每季具录送"；天文祥符，"太史每季并所占候祥验同报"；蕃国贡使，"每使至，鸿胪堪问土地、风俗、衣服、贡献、道里远近，并其主名字报"；蕃夷入寇及来降，"表状，中书录状报。露布，兵部录报。军还日，军将具录陷破城堡，伤杀吏人，掠掳畜产，并报"；变改音律及新造曲调，"太常寺具所由及乐词报"；州县废置及孝义旌表，"户部有即报"；法令改易及断狱新议，"刑部有即报"；水旱等灾害，"户部及州县每有即勘其年月日及赈贷存恤同报"；诸色封建，"司府勘报，袭封者不在限报"；京中诸司长官及刺史、都督、都护、行军大总管、副总管除授，"并录制词，文官吏部送，武官兵部送"；刺史、县令政绩，"有灼然者，本州录附考使送"；硕学异能、高人逸士、义夫节妇，"州县有此色，不限官品，勘知的实，每年录附考使送"；在京诸司长官薨卒，"本司责由历状迹送"；刺史、都督、都护及行军副大总管以下卒，"本州、本军责由历状附便使送"；公主、百官定谥，"考绩录行状，谥议同送"；诸王来朝，"宗正寺勘报"。除上述诸项，如史官访知事由，另有堪入史者，"亦任直牒索，承牒之处，即依状勘，并限一月内报"。

是年，于中书置秘书内省，以修梁、陈、北齐、周、隋五代史。

按：高祖尝从令狐德棻奏请，诏修五代史，然历年未成。事见武德四年、五年条。至是，太宗复敕修史，由房玄龄、魏徵总监。《旧唐书》卷七三《令狐德棻传》载，是年，"太宗复敕修撰，乃令德棻与秘书郎岑文本修周史，中书舍人李百药修齐史，著作郎姚思廉修梁、陈史，秘书监魏徵修隋史，与尚书右仆射房玄龄总监诸代史。众议以魏史既有魏收、魏澹二家，已为详备，遂不复修。德棻又奏引殿中侍御史崔仁师佐修周史，德棻仍总知，类会梁、陈、齐、隋诸史。"至贞观十年，诸史遂成。参见该年条。

弘文馆由门下省移置纳义门西。

按：弘文馆由修文馆改称，见《唐会要》卷六四。

开科取士，登秀才科2人，进士及第5人。

按：见《登科记考》卷一。

魏徵为尚书左丞,二月戊寅以尚书右丞守秘书监,参预朝政,遂奏请校定四部书。

按:《旧唐书》卷七一本传曰:"徵以丧乱之后,典章纷杂,奏引学者校定四部书。数年之间,秘府图籍,粲然毕备。"

房玄龄为中书令,二月戊寅拜尚书左仆射、兵部尚书、检校侍中。以兼监修国史,三月与太宗论修史。时有治书侍御史权万纪奏言玄龄考内外官不公,魏徵为之辩护,太宗遂释而不问。

按:房玄龄拜尚书左仆射事,《旧唐书》卷六六本传谓在贞观四年,恐误。同书卷二《太宗纪上》、《资治通鉴》卷一九三皆谓本年二月,从之。《资治通鉴》又载,本年三月,太宗与玄龄讨论修史,曰:"比见《汉书》载《子虚》、《上林赋》,浮华无用。其上书论事,词理切直者,朕从与不从,皆当载之。"另,玄龄为相,与王珪掌百官之考,权万纪以为两人处事不公,遂上奏弹劾。按唐考百官之法,凡百司之长,岁校其属员功过,分为九等。流内之官,叙以四善:一曰德义有闻;二曰清慎明著;三曰公平可称;四曰恪勤匪懈。善状之外,又有二十七最:一曰献可替否,拾遗补阙,为近侍之最;二曰铨衡人物,擢尽才良,为选司之最;三曰扬清激浊,褒贬必当,为考校之最;四曰礼制仪式,动合经典,为礼官之最;五曰音律克谐,不失节奏,为乐官之最;六曰决断不滞,与夺合理,为判事之最;七曰都统有方,警守无失,为宿卫之最;八曰兵士调习,戎装充备,为督领之最;九曰推鞫得情,处断平允,为法官之最;十曰雠校精审,明于刊定,为校正之最;十一曰承旨敷奏,吐纳明敏,为宣纳之最;十二曰训导有方,生徒充业,为学官之最;十三曰赏罚严明,攻战必胜,为军将之最;十四曰礼义兴行,肃清所部,为政教之最;十五曰详录典正,词理兼举,为文吏之最;十六曰访察精审,弹举必当,为纠正之最;十七曰明于勘复,稽失无隐,为勾检之最;十八曰职事修理,供承强济,为监掌之最;十九曰功课皆充,丁匠无怨,为役使之最;二十曰耕耨以时,收获成课,为屯官之最;二十一曰谨于盖藏,明于出纳,为仓库之最;二十二曰推步盈虚,究理精密,为历官之最;二十三曰占候医卜,效验多著,为方术之最;二十四曰检察有方,行旅无壅,为关津之最;二十五曰市廛弗扰,奸滥不行,为市司之最;二十六曰牧养肥殖,蕃息滋多,为牧官之最;二十七曰边境清肃,城隍修理,为镇防之最。一最四善,为上上;一最三善,为上中;一最二善,为上下;无最而有二善,为中上;无最而有一善,为中中;职事粗理,善最不闻,为中下;爱憎任情,处断乖理,为下上;背公向私,职事废阙,为下中;居官谄诈,贪浊有状,为下下。凡考定皆集于尚书省,唱然后奏。

杜如晦二月戊寅拜尚书右仆射,与房玄龄共掌朝政,颇为时人称誉。以隋吏部侍郎高孝基有知人之鉴,为其树神道碑,以纪其德。十二月癸未,以疾辞相职。

按:《旧唐书》卷六六本传载,是年,"代长孙无忌为尚书右仆射,仍知选事,与房玄龄共掌朝政。至于台阁规模及典章人物,皆二人所定,甚获当代之誉。谈良相者,至今称房、杜焉。"《资治通鉴》卷一九三曰:"玄龄明达政事,辅以文学,夙夜尽心,惟恐一物失所;用法宽平,闻人有善,若己有之,不以求备取人,不以己长格物。与杜如晦引拔士类,常如不及。至于台阁规模,皆二人所定。上每与玄龄谋事,必曰'非如晦不能决'。及如晦至,卒用玄龄之策。盖玄龄善谋,如晦能断故也。二人深相得,同心徇国,故唐世称贤相,推房者、杜焉。"高孝基曾谓如晦"当为栋梁之用",事见隋大业十三年。

颜师古丁母忧期满,复起为中书侍郎。闰十二月,请作《王会图》,又奉敕撰《等慈寺塔记铭》。

按：时远方各国来朝者甚众，服装诡异，师古遂请作《王会图》以示后人，太宗从之。奉敕撰《等慈寺塔记铭》事，参上文闰十二月戊辰条，《记铭》见《全唐文》卷四二。同书又收录朱子奢《豳州昭仁寺碑》，《六一题跋》卷五录许敬宗《唐吕州普济寺碑》，当为同时奉敕所撰。

孔颖达在给事中任，十二月乙酉与太宗论为君之道。

按：《旧唐书》卷七三本传载，太宗问曰："《论语》云：'以能问于不能，以多问于寡，有若无，实若虚。'何谓也？"颖达对曰："圣人设教，欲人谦光。己虽有能，不自矜大，仍就不能之人求访能事。己之才艺虽多，犹以为少，仍就寡少之人更求所益。己之虽有，其状若无；己之虽实，其容若虚。非唯匹庶，帝王之德，亦当如此。夫帝王内蕴神明，外须玄默，使深不可测，度不可知。《易》称'以蒙养正，以明夷莅众'，若其位居尊极，炫耀聪明，以才凌人，饰非拒谏，则上下情隔，君臣道乖。自古灭亡，莫不由此也。"太宗深善其对。《资治通鉴》卷一九三系此事于本年，所载内容与本传略同。

令狐德棻在秘书丞任，奉敕与岑文本等修周史，奏引崔仁师参修。

按：见《旧唐书》卷七三本传。

姚思廉在著作郎任，奉诏与魏徵撰梁史、陈史。

按：初，姚思廉父姚察欲撰梁、陈两代史，草成部分史稿而卒，遗命姚思廉续撰。隋大业中，姚思廉曾上表请续父遗业，有诏许之。事见大业二年条。会世大乱，未能完成。至是，复奉诏续撰，至贞观十年终于完成。参见该年条。

于志宁迁中书侍郎，寻加散骑常侍，行太子左庶子。

按：见《旧唐书》卷七八本传。

敬播奉诏诣秘书内省，佐颜师古、孔颖达修隋史，寻授太子校书。

按：见《旧唐书》卷一八九上本传。

岑文本正月以太宗藉田上《藉田颂》，其辞甚美，遂由秘书郎擢中书舍人。稍后，再迁中书侍郎，专典机密。

按：岑文本善属文，下笔成章，年少即名闻于世。《藉田颂》，见《全唐文》卷一五〇。

僧玄奘始由长安启程，西赴天竺游学求法。

按：玄奘西行赴天竺求法时间，有关文献记载多有歧义，后世说法不一。《广弘明集》卷二二《请御制经序表》谓玄奘于贞观元年启程，近人梁启超《中国历史研究法》、罗香林《旧唐书玄奘传讲疏》（载《学术季刊》1955年第1期）、潘国健《玄奘西行年代考》（载1972年《新亚书院历史学系季刊》）、杨廷福《玄奘年谱》等皆主此说；丁谦云《大唐西域记考证》等主贞观二年八月说；吕澂《玄奘法师传略》谓玄奘于贞观二年启程，为高昌国王延留，至贞观三年八月复西行。然考唐人著录，多持贞观三年说，今人陈垣、范文澜、汤用彤等皆以此说为是。从之。

僧智首参与长安大兴善寺译场译经活动，时译经凡涉律部内容，皆咨询取正于智首。

按：唐廷于大兴善寺设译场事，见本年三月条。智首参与译经事，见《续高僧传》卷二二本传。

中天竺僧波罗颇迦罗密多罗住长安大兴善寺，三月奉诏设译场，翻译所携梵本佛经。

按：波罗颇迦罗密多罗一名波颇，其来华至长安事，见贞观元年条。《续高僧传》卷三本传曰："(贞观)三年三月,上以诸有非乐,物我皆空,眷言真要无过释典,流通之极岂尚翻传,下诏所司,搜扬硕德备经三教者一十九人,于大兴善寺创开传译。沙门慧乘等证义,沙门玄谟等译语,沙门慧赜、慧净、慧明、法琳等缀文。又敕上柱国、尚书左仆射房玄龄、散骑常侍、太子詹事杜正伦,参助铨定,光禄大夫、太府卿萧璟总知监护。百司供送,四事丰华。初译《宝星经》,后移胜光,又译《般若灯》、《大庄严论》,合三部三十五卷。至六年冬,勘阅既周,缮写云毕。"参见本年三月、贞观六年条。

李玄道约是年或稍后卒,生年、字号不详。玄道,原籍陇西,世居郑州。武德初先后附李密、王世充,后入秦王李世民幕,为王府主簿、文学馆学士。贞观初为给事中,封姑臧县男。出为幽州长史,转常州刺史。表请致仕,卒于家。有集10卷,已佚。事迹见《旧唐书》卷七三、《新唐书》卷一○二。

按：《旧唐书》本传谓玄道于贞观三年"表请致仕,加银青光禄大夫,以禄归第,寻卒"。知其卒当在本年或稍后,姑系于此。

贞观四年　庚寅　630年

四月,以突厥亡,漠南之地空,遂于突厥突利故地置四州都督,于突厥颉利故地置六州,左置定襄都督府,右置云中都督府。

按：自隋以来,突厥屡发兵南下,北部边境长期不宁。是春,唐军大破突厥,俘颉利可汗,西北游牧诸部皆归顺,共尊太宗为"天可汗",唐遂控有漠南广大地区。见《资治通鉴》卷一九三。

五月辛巳,诏："自今讼者,有经尚书省判不服,听于东宫上启,委太子裁决。若仍不服,然后闻奏。"

按：见《资治通鉴》卷一九三。

八月丙午,定品官服色。

按：《旧唐书》卷三《太宗纪下》引太宗诏曰："三品已上服紫,五品以上服绯,六品、七品以绿,八品、九品以青。妇人从夫色。"

十月,太宗巡视陇州等地。

按：见《旧唐书》卷三《太宗纪下》。

是年,诏州县学皆立孔庙。

按：太宗即位后,于儒学尤为留意,对孔子备加推崇。贞观二年诏以孔子为先圣,命于国学立孔子庙。至是,复令地方官学皆立孔庙。参见贞观二年十二月条。

天下安定,刑讼不兴,断死刑者仅29人。

按：《旧唐书》卷三《太宗纪下》曰："是岁,断死刑二十九人,几致刑措。东至于海,南至于岭,皆外户不闭,行旅不赉粮焉。"

穆罕默德攻麦加。阿拉伯半岛尽皈依伊斯兰教。

西吉伯特约于此时成为东盎格利亚王。

开科取士，登秀才科1人，进士及第9人。

按：见《登科记考》卷一。

穆罕默德毁麦加克尔白神庙诸偶像，改为清真寺。

房玄龄在宰相任，七月乙丑与太宗论为君之道。

按：《资治通鉴》卷一九三载，太宗问房玄龄等曰："隋文帝何如主也？"玄龄对曰："文帝勤于为治，每临朝，或至日昃，五品已上引坐论事，卫士传餐而食，虽性非仁厚，亦励精之主也。"太宗曰："公得其一，未知其二。文帝不明而喜察，不明则照有不通，喜察则多疑于物，事皆自决，不任群臣。天下至广，一日万机，虽复劳神苦形，岂能一一中理！群臣既知主意，唯取决受成，虽有愆违，莫敢谏争，此所以二世而亡也。朕则不然，择天下贤才，置之百官，使思天下之事，关由宰相，审熟便安，然后奏闻。有功则赏，有罪则刑，谁敢不竭心力以修职业，何忧天下之不治乎！"因敕百司："自今诏敕行下有未便者，皆应执奏，毋得阿从，不尽己意。"《旧唐书》卷三《太宗纪下》所记略同。

颜师古坐事免中书侍郎，奉敕于秘书省内考定《五经》文字，多有厘正。

按：《旧唐书》卷七三本传曰："太宗以经籍去圣久远，文字讹谬，令师古与秘书省考定《五经》，师古多所厘正。"颜师古此次考定《五经》文字，至贞观七年完成，参见该年十月条。

李百药由吏部侍郎转太子左庶子。

按：《旧唐书》卷七二本传谓李百药是年授太子右庶子，恐误。考《金石萃编》卷四三《房彦谦碑》，其中有"太子左庶子、安平男李百药撰"云云；同卷《化度寺故僧邕舍利塔铭》又有"贞观五年三月二日树"、"右庶子李百药制文，率更令欧阳询书"等语，可知百药当是本年授左庶子，明年转为右庶子。

王绩在长安待诏门下省，与吕才交往甚密，共议阴阳书。以兄王凝劾侯君集事，托疾罢归，复隐居龙门故里。欲续成长兄王度《隋书》，寄书陈叔达，借其所著《隋纪》。叔达缮录驰送，并附王胄《大业起居注》，且作书答之。

按：王绩曾于隋末隐居故里，武德中被举入京，事见大业十年、武德五年条。其托疾归乡事，新、旧《唐书》本传均谓"贞观初"。吕才《王无功文集序》曰："才将著阴阳文书，谓才于此最后，然终须十二年乃了，卒如君言。"才撰《阴阳书》成于贞观十五年，可知贞观三年绩尚在长安。《全唐文》卷一六一王福畤《录东皋子答陈尚书书略》谓绩兄王凝贞观初为监察御史，坐弹劾侯君集事，出为姑苏令，"王氏兄弟皆抑而不用矣"。则绩之去职当在本年或稍后。其欲续王度《隋书》事，见《王无功文集》卷四《与江公重借〈隋纪〉书》及所附陈叔达《答王绩书》。

僧道宣自隐居终南潜心著述，至是复出，游历各地参学，广求诸律异传。曾至魏郡问学于僧法砺，求教释疑。

按：道宣于武德七年始隐居终南山，参见该年条。

新罗僧圆光卒（532— ）。圆光俗姓朴（一说薛），新罗摄论宗高僧。南朝陈时渡海来华，初在金陵从庄严寺僧旻门人学《成实》及《涅槃》，复入杭州虎丘山研习《阿含》。陈亡，北上长安，先后游学于昙迁、慧远、灵裕隋开皇二十年回国。著有《如来藏私记》、《大方等如来藏经疏》等。事迹见《续高僧传》卷一三、《海东高僧传》卷二。

按：圆光归国后，宣扬如来藏学说，深受新罗王公敬重，对后世朝鲜佛教发展影响深远。《三国遗事》卷四曰："陈隋之世，海东人鲜有航海问道者，设有，犹未大振。及光之后，继踵西学者憧憧焉，光乃启途矣。"

僧慧乘卒（555— ）。慧乘俗姓刘，徐州彭城人。隋唐之际高僧。年十二出家，隋大业中为东都四方馆大讲主。唐初住长安胜光寺，曾与道士李仲卿等展开佛、道论战。事迹见《续高僧传》卷二四。

僧神迥卒（566— ）。神迥俗姓田，冯翊临晋人。隋唐之际高僧。年少出家，游学各地。博通经典，于老庄之学及诗、史等皆有研究。致力于弘扬大乘教说，号"大论主"。隋大业中曾奉召为外国僧人及诸方之士讲论。贞观初入蜀，卒于法聚寺。事迹见《续高僧传》卷一三。

杜如晦三月甲申卒（585— ）。如晦字克明，杜陵人。唐初名相。隋大业中曾补滏阳尉，弃官归家。唐初为秦王府属，参与机要。及唐太宗即位，累迁尚书右仆射，与房玄龄共辅朝政，颇有名声，人称良相。及卒，太宗为之废朝三日，追赠司空、莱国公，谥曰"成"。《全唐文》卷一三七收录其文1篇。事迹见《旧唐书》卷六六、《新唐书》卷九六。

狄仁杰（ —700）生；徐齐聃（ —约672）约生；卢照邻（ —约683或稍后）约是年前后生。

按：狄仁杰生年，一说隋大业三年。考《新唐书》卷一一五本传，谓其卒于武则天圣历三年，"年七十一"。以上溯推，其当生于本年。

又按：徐齐聃生年，史无明载。据《全唐文》卷二二七张说《唐西台舍人赠泗州刺史徐府君（齐聃）碑》载，齐聃于咸亨二年流徙钦州，"岁余而没，春秋四十有三"。《新唐书》卷一九九本传则谓其"卒年四十四"。以齐聃卒于咸亨三年计，若享年四十三，当生于本年；若其享年四十四，当生于去年。今姑从张氏《碑》。

再按：卢照邻生年，史无明载，历有歧说。今人傅璇琮《卢照邻杨炯简谱》、骆祥发《初唐四杰研究》皆谓其生于贞观四年前后；祝尚书《卢照邻集笺注》附录《卢照邻年谱》谓贞观六年前后；任国绪《卢照邻诗文系年及生平行迹》、张志烈《初唐四杰年谱》皆谓贞观八年；刘开扬《初唐四杰及其诗》、刘大杰《中国文学发展史》、马茂元《读两〈唐书·文艺（苑）传〉札记》、李云逸《卢照邻集校注》附录《卢照邻年谱》皆谓贞观九年；闻一多《唐诗大系》、陆侃如、冯沅君《中国诗史》、周祖譔《隋唐五代文学史》、游国恩等主编《中国文学史》、王士菁《唐代诗歌》等，皆谓贞观十一年；郑振铎《插图本中国文学史》、陈子展《唐宋文学史》、苏雪林《唐诗概论》皆谓永徽元年。考《卢照邻集》卷六《对蜀父老问》，其中有"若余者，十五而志于学，四十而无闻"之语。该文作于总章二年，若以是年照邻年四十计，约生于本年。今姑从傅氏之说。

贞观五年　辛卯　631年

<small>拜占庭人入埃及。</small>

正月,诏僧、尼、道士致拜父母。

按:见《资治通鉴》卷一九三。

二月,诏重修扶风法门寺阿育王佛塔,许开启所藏佛指舍利,遂供奉之。是为唐代供奉佛骨舍利之始。

按:法门寺又称无忧王寺,周魏前称阿育王寺。自北周武帝毁佛,各地寺院多遭毁废,该寺亦不能幸免,至唐初又遭火灾。是年,岐州刺史张亮赴该寺礼佛,见寺中佛塔仅存塔址,遂奏请修复,诏许之。又请开启塔中所藏佛指舍利,远近轰动,"京邑内外,奔赴塔所,日有数万",至诚供奉。事载《法苑珠林》卷五一。《金石萃编》卷一〇一录有张彧《大唐圣朝无忧王寺大圣真身宝塔碑铭并序》。后唐王室数迎佛骨至长安或洛阳宫中供养,引发韩愈等反对。

八月戊申,令天下决死刑必三复奏乃行,在京诸司五复奏。

按:见《旧唐书》卷三《太宗纪下》。

十一月丙辰,诏:"皇家宗室及勋贤之臣,宜令作镇藩部,贻厥子孙,非有大故,无或黜免。所司明为条例,定等级以闻。"

按:《资治通鉴》卷一九三载,初,太宗令群臣议封建,魏徵、李百药等以为不可,颜师古以为:"不若分王诸宗,勿令过大,间以州县,杂错而居,互相维持,使各守其境,协力同心,足扶京室;为置官寮,皆省司选用,法令之外,不得擅作威刑,朝贡礼仪,具为条式。一定此制,万代无虞"。后因长孙无忌等上表固辞,事遂罢。

是月,波斯祆教穆护何禄诣阙奏闻,敕于京师长安立波斯寺。

按:波斯寺后改称大秦寺,见天宝四年七月条。祆教又称末尼火祆教、火祆教、拜火教,由波斯国苏鲁支(一作苏鲁阿士德)创传,并被立为波斯国教。北魏时始传入中国,入唐后逐渐流行。宋释赞宁《大宋僧史略》卷下《大秦末尼》曰:"火祆教法本起大波斯国,号苏鲁支,有弟子名玄真,习师之法,居波斯国,大总长如火山,后行化于中国。贞观五年,有传法穆护何禄将祆教诣阙闻奏,敕令长安崇化坊立祆寺,号大秦寺,又名波斯寺。"《佛祖纪统》卷三九载,"初波斯国苏鲁支立末尼火祆教",本年十一月,"敕于京师建大秦寺。"另据《通典》卷四〇《大唐品官》注曰:"祆者,西域国天神,佛经所谓摩醯首罗也。武德四年,置祆祠及官,常有群胡奉事,取火祝诅。贞观二年,置波斯寺。至天宝四年七月,敕:'波斯经教出自大秦,传习而来,久行中国。爰初建寺,因以为名,将欲示人,必修其本。其两京波斯寺宜改为大秦寺,天下诸州郡有者,亦宜准此。'"韦述《两京新记》亦载:"西南隅胡祆祠,武德四年所立,西域胡天神,佛经所谓摩醯首罗也。"是则祆教之祠,在武德中就已存在。盖最初所设祆祠,尚限于来唐波斯人礼神之所,至贞观初遂正式立波斯寺,而醯首罗也祠仍存。至天宝间,遂改波斯寺称大秦寺。又,唐朝实行宗教开放政策,允许外来宗教传播。时所传波斯宗教,尚有大秦景教、摩尼教等。景教之传入,事见贞观九年条。摩尼教又称光明教,其传入中国情况,见长寿三年条。因祆教、景教、摩尼教均来自波斯,唐人多将诸教混淆,于是祆教又有"末尼火祆教"之类的称呼。"末尼"即为"摩尼"谐音。波斯诸教所立寺,亦往往被统称为波斯寺。

是年,开科取士,登秀才科1人,进士及第15人。

按:见《登科记考》卷一。

高士廉为益州大都督府长史,奉召回京,拜吏部尚书,进封许国公。

按:见《隋书》卷六五本传。

李百药为太子右庶子,与于志宁、孔颖达、陆敦信侍讲于弘教殿。时太子颇留意典坟,然闲燕之后,嬉戏过度,百药作《赞道赋》以讽之,为太宗称赞。

按:见《隋书》卷七二本传。

道士成玄英隐居东海,奉召至京师长安。

按:成玄英生卒年不详,字子实(一说子休),陕州人。精研老庄之学,又通儒学。永徽中,坐事流放郁州。撰有《注老子道德经》2卷、《开题序诀义疏》7卷、《注庄子》30卷、《庄子疏》12卷,原本皆已佚。其《老子》注疏,晚唐强思齐《道德真经玄德纂疏》及旧题顾欢《道德真经注疏》存录若干佚文;宋李霖《道德真经取善集》收录其10余条。今有蒙文通所辑《老子成玄英疏》6卷,严灵峰辑《道德真经开题序诀义疏》(见《无求备斋老子集成》)5卷,日本藤原高男《辑校赞道德经义疏》等。明《正统道藏》收录郭象、成玄英《南华真经注疏》33卷;清人郭庆藩所辑《庄子集释》亦收录成玄英之疏。敦煌文书有《老子义疏》残卷,存六十章至八十一章。据近人马叙伦、蒙文通考证,以为该书即为成玄英所作。蒙氏所辑《老子成玄英疏》,即收录此残卷。

又按:成玄英之《老子》学,重在阐发"重玄之道",解释颇具新意,其中吸收佛教部分理论和观点,对唐代道学和道教思想之发展产生了深远影响。其《庄子》注疏,后世学者以为可与郭象《庄子注》相提并论。

魏徵等奉敕纂《群书治要》50卷成,九月二十七日进上。

按:该书实际编纂者为虞世南、褚亮、萧德言等人。《唐会要》卷三六曰:"贞观五年九月二十七日,秘书监魏徵撰《群书治要》上之。太宗欲览前王得失,爰自《六经》,迄于诸子,上始五帝,下尽晋年。徵与虞世南、褚亮、萧德言等始成,凡五十卷,上之。诸王各赐一本。"《新唐书》卷一九八《萧德言传》亦曰:"太宗欲知前世得失,诏魏徵、虞世南、褚亮及德言裒次经史百氏帝王所以兴衰者上之,帝爱其书博而要,曰:'使我稽古临事不惑者,公等力也。'"《四库未收书提要·揅经室外集》卷二谓该书"专主治要,不事修辞,凡有关乎政术,存乎劝戒者,莫不汇而辑之"。该书《宋史·艺文志》未著录,知当时已在中国失传。然唐时东传至日本,得以留存。日本学者岛田翰《汉籍善本考》(北京图书馆出版社2003年版)引《续日本后纪》曰:"仁明天皇承和五年六月,天皇御清凉殿,令助教直道宿称广公读《群书治要》第一卷,有经文故也。"仁明天皇承和五年即唐文宗开成二年,可知此时该书已传入日本。惟日本所存版本亦有所残阙,其中卷第四、十三、二十已佚。今国内所行之本,即据日本所存本影印整理,仍仿原书编目为50卷,实存47卷。另,《全唐文》卷一四一录有魏徵《群书治要序》。

僧法琳约是年或稍前著《辩正论》8卷,陈子良为之注。

按:法琳撰述该书时间,史籍所载各异。依唐释彦琮《唐护法沙门法琳别传》卷上所云,法琳撰该书始于武德四年,历经多年方终稿;《续高僧传》卷二四《法琳传》、《佛祖历代通载》卷一一则皆系于武德九年。考《续高僧传》法琳本传,其中曰:"震方出帝,氛祲廓清……登即大赦,还返神居。……乃探索典籍,隐括玄奥,撰《辨正论》一部八卷,颍川陈子良注之。"知法琳撰《辩正论》,应在武德九年太宗即位后。又,《全唐文》卷一三四陈子良《辩正论注序》曰:"弟子颍川陈子良,近伸顶礼,从而问津……于是启所未闻,聊为注解。"知子良作序时已在长安。子良于武德九年太宗即位后被贬相如县令,数年后回京,贞观六年卒。由是观之,法琳撰《辩正论》及子良作注当在本年或稍前。该书今存。

又按:唐初以来,儒、佛、道三教论辩激烈,法琳屡次参与论争。尝撰《破邪论》以驳傅奕废佛论,事见武德四年。又以高祖置释于三教之末,尝下诏限佛,遂潜心数年,著《辩正论》以进一步详加辨明。时人陈子良《序》谓其"穷释老之教源,极品藻之名理"。

张蕴古八月卒,生年、字号不详。蕴古,相州人。性聪慧,博涉书传,善属文,为州间所称。自幽州总管府记室直中书省,上《大宝箴》以讽时政,授大理丞。坐执法有私,遭劾被斩。《全唐文》卷一五四收录其文1篇。事迹见《旧唐书》卷一九〇上。

刘祎之(　—687)生。

贞观六年　壬辰　632 年

穆罕默德卒于麦地那。

阿布·伯克任首任哈里发,早期哈里发统治始此。

东盎格利亚王国约于是年基督教化。

正月八日,太宗命整治御府所藏古书法家钟繇、王羲之等人真迹,得1510卷。

按:见《唐会要》卷三五《书法》。

七月己巳,诏行乡饮之礼,令录《乡饮酒礼》,颁行天下。

按:唐太宗以社会风俗之弊,欲倡行乡饮之礼,敦厚民风,劝革俗弊。《唐会要》卷二六载太宗诏曰:"比年丰稔,闾里无事,乃有惰业之人,不顾家产,朋游无度,酣宴是耽,危身败德。……静言思之,良增轸叹,自匪澄源正本,何以革兹俗弊?当纳之轨物,询诸旧章。可先录《乡饮酒礼》一卷,颁行天下。每年令州县长官亲率长幼,齿别有序,递相劝勉,依礼行之。庶乎时识廉耻,人知敬让。"《新唐书》卷一九《礼乐志》载乡饮之礼甚详。后玄宗又重申此令,参见开元六年七月条。

是年,复置律学,隶国子监。

按:律学隋时即置,隶大理寺,有博士八人。唐初改隶国子监,寻废。本年复置,显庆三年又废,以博士以下隶大理寺。龙朔二年再置,有学生二十人,典学二人。元和初,又于东都国子监分设律学,学生五人。《新唐书》卷四八《百官志》曰:"律学,博士三人,从八品下;助教一人,从九品下。掌教八品以下及庶人子为生者,律令为颛业,兼习格、式、法、例。"

开科取士,登秀才科 1 人,进士及第者 12 人。

按:见《登科记考》卷一。

伊斯兰教始传入中国。

按:有关伊斯兰教入华时间,历有不同说法。一说在隋开皇中;一说在唐武德年间;一说在贞观二年;一说在永徽二年。今人才家瑞《伊斯兰教传入中国的时间》(载《中南民族学院学报》1983 年第 1 期)参合相关历史文献,对诸说详加考证,以为伊斯兰教创始人穆罕穆德逝世前曾派旺各师等人来华传教,这些人在本年到达长安,始在中国传教。今从此说。

魏徵以尚书右丞守秘书监,四月作《九成宫醴泉碑铭》(一作《九成宫醴泉铭》),刻石。是年,奉诏与虞世南、褚亮分制祖孝孙所定雅乐。又与太宗对言,论用人之道。

乔治奥斯·皮西兹关于创世的说教诗《六天史》著成。

按:魏徵所撰铭文,见《全唐文》卷一四一、《金石萃编》卷四三。祖孝孙修定雅乐事,参见贞观二年条。又,《资治通鉴》卷一九四载,太宗谓魏徵曰:"为官择人,不可造次。用一君子,则君子皆至;用一小人,则小人竞进矣。"魏徵对曰:"然。天下未定,则专取其才,不考其行;丧乱既平,则非才行兼备不可用也。"

孔颖达除国子司业。

按:见《旧唐书》卷七三本传。

令狐德棻由秘书丞累迁礼部侍郎,兼修国史,赐爵彭阳男。

按:见《旧唐书》卷七三本传。

虞世南以年老请致仕,诏不许。迁太子右庶子,固辞不拜,遂除秘书少监。闰七月戊辰。上《圣德论》,太宗手诏答之。

按:《资治通鉴》卷一九四载太宗手诏曰:"卿论太高,朕何敢拟上古,但比近世差胜耳。然卿适观其始,未知其终,若朕能慎终如始,则此论可传;如或不然,恐徒使后世笑卿也。"

高士廉在吏部尚书任,加特进、上柱国,奉诏始撰《大唐氏族志》。

按:《旧唐书》卷六五本传曰:"是时,朝议以山东人士好自矜夸,虽复累叶陵迟,犹恃其旧地,女适他族必求聘财。太宗恶之,以为甚伤教义,乃诏高士廉与御史大夫韦挺、中书侍郎岑文本、礼部侍郎令狐德棻等刊正姓氏。于是普责天下谱牒,仍凭据史传,考其真伪,忠贤者褒进,悖逆者贬黜,撰为《氏族志》。"《唐会要》卷六三亦载,"先是,山东士人好矜夸,以婚姻相尚。太宗恶之,以为甚伤教义",遂诏高士廉等撰《氏族志》。该书于贞观十二年正月撰成并进上,参见该年条。

刘孝孙迁著作佐郎、吴王友。

按:见《新唐书》卷一〇二本传。

崔信明隐居太行山,是年应贡举及第,授洋州兴势县丞。

按:崔信明生卒年、字号不详,青州益都人。博闻强记,下笔成章。隋大业中为尧城令,后隐居太行山。应举及第,历秦川令。武则天时累迁黄门侍郎,为酷吏所杀。《全唐诗》卷三八收录其诗 1 首。事迹见《旧唐书》卷一九〇上、《新唐书》卷二〇一、《唐才子传》卷一。

中天竺僧波罗颇迦罗密多罗在长安胜光寺,主持译场,至是冬译诸经毕,凡 3 部,共 35 卷。

按：波罗颇迦罗密多罗一名波颇，其奉敕组织译场，初在大兴善寺，后移置胜光寺，见贞观三年条。《续高僧传》卷三本传曰："（贞观）三年三月，……于大兴善寺创开传译。……初译《宝星经》，后移胜光，又译《般若灯》、《大庄严论》，合三部三十五卷。至六年冬，勘阅既周，缮写云毕。所司详读，乃上闻奏。敕各写十部，散流海内……又敕太子庶子李百药制序。"

僧灌顶卒（561— ）。灌顶俗姓吴，字法云，原籍常州义兴，后迁临海章安，世称章安大师、章安尊者。佛教天台宗名僧，后世推为第五祖。七岁出家，初师从僧慧拯，后师从天台宗祖师智顗。智顗著述，多由其笔录整理。隋末世乱，遂隐居山寺，潜心著述。晚年移住会稽称心精舍，宣讲《法华经》。卒后追谥"总持尊者"。著有《净名经文疏》30卷、《大般涅槃经玄义》2卷、《大般涅槃经疏》33卷、《国清百录》4卷、《智者大师别传》1卷、《天中八教大意》1卷，以及《观心论疏》、《真观法师传》、《法界次第观门》等。事迹见《续高僧传》卷一九、《净土往生传》卷中等。

陈子良七月卒（575— ）。子良字号不详，吴人。擅文章，曾师事高僧法琳。武德中为太子李建成所召，为右卫率府长史，充东宫学士。及建成被诛，贬相如县令。奉召回京，授东海公府记室，寻卒。尝为法琳《辨正论》作注，今存；另有集10卷，已散佚。《全唐文》卷一三四收录其文6篇，《全唐诗》卷三九收录其诗13首。

按：两《唐书》无陈子良传，其事迹散见有关各篇。

僧窥基（ —682）生。

贞观七年　癸巳　633年

阿拉伯人伐波斯之美索不达米亚。

阿拉伯人侵拜占庭之叙利亚。

诺森伯里亚的奥斯沃尔德杀卡德沃朗，称霸英格兰。

正月七日，唐太宗亲制《破阵乐舞图》，令吕才依图教习乐工，复令魏徵、虞世南、褚亮、李百药等改制歌词，更名《七德舞》。十五日，奏之于庭。

按：见《唐会要》卷三三。

是年，开科取士，登秀才科2人，进士及第13人。

按：见《登科记考》卷一。

魏徵为秘书监、检校侍中，三月庚寅进拜侍中。与封德彝等奏对，讨论治国之策，彼此就文治教化问题辩论甚激。

按：唐太宗即位后，有意调整统治策略，由重武功转向文治，常召集侍臣讨论。魏徵力主文德教化，封德彝等则主武治，两方时有辩论。参见贞观元年魏徵条。至是，又发生争论。《贞观政要》卷一《政体》载，是年，太宗与侍臣讨论自古理政得失，曰："当今大乱之后，造次不可致理。"魏徵对曰："不然，凡人在危困则忧死亡，忧死亡则思理,思理则易教。然则乱后易教,犹人易食也。"太宗曰:"善人为邦百年,然后胜残去杀。大乱之后,将求致理,守可造次而望乎?"魏徵对曰:"此据常人,不在圣哲。若圣哲施化,上下同心,人应如响,不疾而速,期月而可,信不为难,三年成功,犹谓其晚。"太宗以为然。封德彝对曰:"三代以后,人渐浇讹,故秦任法律,汉杂霸道,皆欲理而不能,岂能理而不欲?若信魏徵所说,恐败乱国家。"魏徵曰:"五帝、三王,不易人而理。行帝道则帝,行王道则王,在于当时所理,化之而已。……若言人渐浇讹,不及纯朴,至今应悉为鬼魅,宁可复得而教化耶?"封德彝等虽无言以对,然心中皆不以为然。太宗采纳徵之所议,后谓群臣曰:"贞观初,人皆异论,云当今必不可行帝道、王道,惟魏徵劝我。既从其言,不过数载,遂得华夏安宁,远戎宾服。"又曰:"使我遂至于此,皆魏徵之力也。"

长孙无忌十月壬辰由开府仪同三司拜司空,固辞。太宗劝勉,作《威凤赋》赐之,遂受命。

按:长孙无忌为太宗皇后张孙氏之兄,以身涉外戚,有私情之嫌,故力辞任命。《旧唐书》卷六五本传载,时有高士廉等人奏谏,太宗曰:"朕之授官,必择才行。若才行不至,纵朕至亲亦不虚授,襄邑王神符是也;若才有所适,加怨仇而不弃,魏徵等是也。朕若以无忌居后兄之爱,当多遗子女金帛,何须委以重官?盖是取其才行耳。无忌聪明鉴悟,雅有武略,公等所知,朕故委之台鼎。"

颜师古拜秘书少监,专典文献刊正。所有奇书难字,众人所惑者,均能随疑剖析,曲尽其源。坐事出为郴州刺史,未行,复掌原职。

按:《旧唐书》卷七三本传曰:"是时多引后进之士为雠校,师古抑素流,先贵势,虽富商大贾亦引进之,物论称其纳贿,由是出为郴州刺史。未行,太宗惜其才,谓之曰:'卿之学识,良有可称,但事亲居官,未为清论所许。今之此授,卿自取之。朕以卿曩日任使,不忍遽弃,宜深自诫励也。'于是,复以为秘书少监。"师古颇恃才自负,以屡遭罪谴,意志甚沮丧,遂谢绝宾客,闭门守静,惟搜求古迹及古器,仍耽好不已。

孔颖达迁太子右庶子,仍兼国子司业。奏言明堂之制,谓诸儒所议有违古制。

按:《旧唐书》卷七三本传载,孔颖达于贞观六年除国子司业,"岁余,迁太子右庶子,仍兼国子司业"。知其迁太子右庶子事,当在本年或明年初,姑系于此。本传又曰:"与诸儒议历及明堂,皆从颖达之说。"据同书《礼仪志》载,明堂之制,隋时多有讨论,终未定。唐太宗即位后,命儒官再议,欲采纳礼部尚书卢宽、国子助教刘伯庄等人所议。颖达以为不妥,上言反对。朝中众说纷纭,仍未能定。后颜师古亦有议论,事见贞观十七年。

虞世南由秘书少监转秘书监,赐爵永兴县子。多有谏讽,颇为太宗所重。

按:《旧唐书》卷七二本传曰:"太宗重其博识,每机务之隙,引之谈论,共观经史。世南虽容貌懦愞,若不胜衣,而志性抗烈,每论及古先帝王为政得失,必存规讽,多所补益。太宗尝谓侍臣曰:'朕因眼暇,与虞世南商略古今,有一言之失,未尝不怅恨,其恳诚若此,朕用嘉焉。群臣皆若世南,天下何忧不理。'"

陈叔达起为礼部尚书,为宪司所劾,以散秩归第。

按:《旧唐书》卷六一本传谓陈叔达丁母忧服阕,授遂州都督,以疾不行。久之拜礼部尚书,"坐闺庭不理,为宪司所劾,朝廷惜其名臣,不欲彰其罪,听以散秩归第"。考同书卷三《太宗纪下》,贞观八年正月,王珪在礼部尚书任,知叔达罢礼部尚书当在本年或稍后，姑系于此。

骆宾王约是年前后随父之博昌赴任，后遂居兖州瑕丘。

按：据《骆临海集笺注》卷七《上兖州张司马启》，卷八《上瑕丘韦明府启》、《与博昌父老书》等文所言，骆宾王父为博昌令，及父卒，权葬博昌，遂居瑕丘。同书卷八《上裴侍郎书》又有"夙遭不造，幼丁闵凶，老母在堂"云云，知宾王丧父，尚未成年。姑系于此。

李淳风制成浑天黄道仪，三月癸巳奏上，加授承务郎。

按：李淳风始制浑天仪事，见贞观元年。《旧唐书》卷七九本传载，其所制浑天仪，"制以铜为之，表里三重，下据准基，状如十字，末树鳌足，以张四表焉。第一仪名曰六合仪，有天经双规、浑纬规、金常规，相结于四极之内，备二十八宿、十干、十二辰，经纬三百六十五度。第二名三辰仪，圆径八尺，有璇玑规、黄道规、月游规，天宿矩度，七曜所行，并备于此，转于六合之内。第三名四游仪，玄枢为轴，以连结玉衡游筒而贯约规矩；又玄枢北树北辰，南距地轴，傍转于内；又玉衡在玄枢之间而南北游，仰以观天之辰宿，下以识器之晷度。"

僧法琳住长安龙田寺。二月，纪国寺僧慧净呈所作《折疑论》，法琳作书回复，并撰《齐物论》赠之。

按：唐释彦琮《唐护法沙门法琳别传》卷上载，时有太子中舍人辛谞设难两条，以问慧净。慧净作《折疑论》以答谞，并转呈法琳。法琳回书，对慧净颇为称道，谓"用古侪今，君有之矣"。又曰："琳不量愚管，轻述鄙怀，敢欲有酬，以麻续线，因著《齐物论》焉。"

东塔宗僧怀素是年十岁，始出家。

按：《宋高僧传》卷一四本传载，怀素"幼龄聪黠，器度宽然，识者曰学必成功，才当逸格"。"年及十岁，忽发出家之意，猛利之性，二亲难沮"。

颜师古奉敕考定《五经》文字成，是为《五经定本》（又称《新定五经》）。十一月丁丑，有诏颁行，令天下学者传习。

按：颜师古奉敕考定《五经》始于贞观四年，参见该年条。《旧唐书》卷七三本传云，师古奉敕考定《五经》文字，"既成，奏之。太宗复遣诸儒重加详议，于时诸儒传习已久，皆共非之。师古辄引晋、宋已来古今本，随言晓答，援据详明，皆出其意表，诸儒莫不叹服。于是……颁其所定之书于天下，令学者习焉。"马宗霍《中国经学史》谓："自《五经定本》出，而后经籍无异文。"考定《五经》文字为唐初整理经籍和统一经学之始，后太宗又令孔颖达等撰定经义，事见贞观十四年、十六年。

李淳风著《法象志》7卷成。

按：该书已佚。

中天竺僧波罗颇迦罗密多罗四月六日卒(565—　)。波罗颇迦罗密多罗一称波颇，又称光智，本中天竺刹帝利种，姓刹利帝。十岁出家，初习《大乘经》，后专研律部。唐武德末年来华，贞观元年抵长安，奉敕住大兴善寺，又移住胜光寺，颇受太宗礼重。奉诏创置译场，主持翻译所携梵本佛经。前后所译，凡3部，合35卷。事迹见《续高僧传》卷三。

平贞眘(　—712)生。

贞观八年　甲午　634年

正月壬寅,遣使分赴各地巡省风俗。

按：太宗遣使巡视,意在实行文治政策,推动社会风气之教化。《旧唐书》卷三《太宗纪下》载,此次奉使巡观者,有尚书右仆射李靖,特进萧瑀、杨恭仁,礼部尚书王珪,御史大夫韦挺,廊州大都督府长史皇甫无逸,扬州大都督府长史李袭誉,幽州大都督府长史张亮,凉州大都督李大亮,右领军大将军窦诞,太子左庶子杜正伦,绵州刺史刘德威,黄门侍郎赵弘智。

三月三日,诏进士科加试读经史一部。

按：初,进士科惟试时务策五道,本年起始加试经史,仍试以策,与明经科之帖经考试形式不同。见《登科记考》卷一。

是年,开科取士,登秀才科1人,进士及第9人。

按：见《登科记考》卷一。

虞世南在秘书监任,以天下多灾,奏请赈恤饿馁,申理狱讼。太宗从之。

按：《旧唐书》卷七二本传载,太宗以虞世南屡进谏言,颇有补于时政,"益亲礼之"。尝称世南有"五绝"："一曰德行；二曰忠直；三曰博学；四曰文辞；五曰书翰。"

李义府为剑南巡察大使李大亮所荐,对策擢进士第,补门下省典仪。寻以黄门侍郎刘洎、侍书御史马周奏荐,超拜监察御史。

按：见《旧唐书》卷八二本传。

僧智首奉敕为弘福寺上座。

按：弘福寺系唐太宗为太穆皇后所造,"广泛德望,咸萃其中"。以智首有声望,遂延为上座。见《续高僧传》卷二二《智首传》。

僧灵润奉敕入住弘福寺,任译席证义,翻译佛典。

按：灵润生卒年不详,俗姓梁,河东虞卿人。少从大兴善寺僧灵璨出家,后听僧道奘讲《摄大乘论》。隋大业中住大兴善寺西院,宣讲《涅槃》等经,曾奉召入鸿胪寺,教授外国僧人。至是,奉敕住弘福寺。后坐事贬谪南裔之地,未几召还,仍住弘福寺,未知所终。著有《涅槃经义疏》、《摄大乘论义疏》等。事迹见《续高僧传》卷一五。

僧恒景(　—712)、僧慧威(　—713)生。

阿拉伯人败拜占庭于巴勒斯坦。

波斯人败阿拉伯人于"桥头之役"。

贞观九年　乙未　635 年

<small>阿拉伯人败波斯人于美索不达米亚。

阿拉伯人入拜占庭之大马士革。

拜占庭帝国结盟于保加尔人。</small>

五月二十日，敕："自今已后，明经兼习《周礼》，若《仪礼》者，于本色内量减一选。"

按：见《册府元龟》卷六三九《贡部》。

庚子，太上皇李渊卒（566——　）。

按：李渊字叔德，陇西成纪人。出身北周权贵之家。隋时累拜太原留守，以炀帝末年世乱，举兵起事，称帝建唐。在位九年，依隋文帝旧制，整顿中央及地方行政制度，修定律令格式，颁布均田制及租庸调制，重建府兵制，为唐代之职官、刑律、兵制、土地及课役等制度奠定基础。"玄武门之变"后，被迫立秦王李立世民为太子，寻退位，为太上皇。卒于大安宫，葬献陵，庙号高祖。今人牛致功著有《唐高祖传》。

是年，移弘文馆于门下省南。

按：弘文馆原在纳义门西，参见贞观三年条。

开科取士，进士及第 6 人。

按：《登科记考》卷一注引《唐语林》曰："唐朝初，明经取通两经，先帖文，乃按章疏，试墨策十道；秀才试方略策三道；进士试时务策五道。其后举人惮于方略之科，为秀才者殆绝，而多趋明经、进士。"

<small>英格兰使徒艾丹建林地斯法恩修道院。</small>

颜师古在秘书少监任，上言谓太原不当立太庙。太宗从之。

按：《旧唐书》卷二六《礼仪志六》载，是年，太宗下诏，以"太原之地，肇基王业"，当立太庙。颜师古上奏劝阻，遂罢。

虞世南在秘书监任，四月献《狮子赋》，七月两次上疏议建高祖陵寝事。

按：虞世南所作《狮子赋》今存，见《全唐文》卷一三八。考《旧唐书》卷三《太宗纪下》，贞观九年四月壬寅，"康国献狮子"。世南此赋当作于同时。又，《资治通鉴》卷一九四载，本年七月丁巳，诏依汉高祖长陵故事，务存隆厚。期限既促，功不能及。世南乃上疏，以为："圣人薄葬其亲，非不孝也，深思远虑，以厚葬适足为亲之累，故不为耳。……伏惟陛下圣德度越唐虞，而厚葬其亲乃以秦汉为法，臣窃为陛下不取。虽复不藏金玉，后世但见丘陇如此其大，安知无金玉邪！"疏奏，不报。世南复上疏，太宗遂以其疏授有司，令详处其宜。

褚亮进授员外散骑常侍，爵封阳翟县侯，仍兼弘文馆学士。

按：褚亮后又拜通直散骑常侍，学士如故。见《旧唐书》卷七二本传。

朱子奢在谏议大夫任，十月以太宗欲观《起居注》，上表谏阻。

按：《唐会要》卷六三载朱子奢上表曰："今月十六日，陛下出圣旨，发德音，以《起居》记录书帝王臧否，前代但藏之史官，人主不见，今欲亲自观览，用知得失。……若以此法传示子孙，窃有未喻。"《资治通鉴》卷一九七亦载子奢谏言："陛下圣德在躬举无过事,史官所述,义归尽善,陛下独览《起居》,于事无失,若以此法传示子孙,窃恐曾、玄之后或非上智,饰非护短,史官必不免刑诛。如此,则莫不希风顺旨,全身远害,悠悠千载,何所信乎! 所以前代不观,盖为此也。"后太宗终不听群臣劝阻,命房玄龄等进上。事见贞观十六年、十七年。另据《唐六典》,汉献帝及西晋以后,历朝诸帝均有《起居注》,皆史官所录。隋置起居舍人,始为职员,列为侍臣,专掌其事。每季为卷,送付史官。其以他职兼者,则谓之知起居注。唐承隋制,沿袭不变。

僧慧休居相州,屡受召入京,皆辞不赴。

按:慧休卒年不详,俗姓乐,瀛州人。隋唐之际初高僧。年十六出家,初师从僧灵裕,又参学于僧彦明、昙迁、道尼、法砺等,遂贯通佛教诸派。后住慈润寺,不知所终。事迹见《续高僧传》卷一五本传。

大秦僧阿罗本至长安,遂翻经弘法,传播景教,颇受太宗礼遇。是为基督教入华之始。

按:大秦即东罗马帝国。景教又称大秦教,即基督教旧派之聂斯托里教派,因信奉君士坦丁主教聂斯托里所倡教义而得名,主要传播于波斯一带。五世纪末叶始形成独立教派,至是传入中国。西安出土之《大秦景教流行中国碑》曰:"大秦国有上德曰阿罗本,占青云而载真经,望风律以驰艰验。贞观九祀,至于长安。帝使宰臣房公玄龄总仗西郊,宾迎入内,翻经书殿,问道禁闱。深知正真,特令传授。"稍后,太宗诏立大秦寺,参见贞观十二年七月条。

僧道宣撰《四分律删补随机羯磨》1卷、《四分律删补随机羯磨疏》2卷成。

按:时道宣居沁部棉上山中。其后,道宣又于贞观二十年在终南山将两书分别增广为2卷和4卷。今存本作8卷。

道士王远知八月十六日卒(约528—)。远知一作远智,字广德,原籍琅琊临沂,世居扬州。道教学者,茅山道系上清派第十代宗师,时人称王法主。早年曾师事陶弘景,得上清派道法。又师从宗道先生臧兢(一作臧矜),受秘诀。历陈、隋、唐三代,皆颇受礼重。固请还山,太宗有诏于茅山为其造观,并度道士二十七人。观未毕,卒。调露二年,追赠太中大夫,谥曰"升真先生"。嗣圣元年,又赠金紫光禄大夫,改谥"升玄先生"。唐玄宗时,令道士李含光于太平观造影堂,写真像,以旌仙迹。著有《易总》15卷,不存。弟子有潘师正、徐道邈等,名著于世。事迹见《旧唐书》卷一九二、《新唐书》卷二〇四、《历世真仙体道通鉴》卷二五、《全唐文》卷九二三江旻《唐国师升真先生王法主真人立观碑》、同书卷七一二李渤《唐茅山升真王先生传》、《云笈七签》卷五等。

按:王远知生年向有不同说法。一说南朝梁天监九年,一说天监十年,一说梁中大通二年。今从《玄品录》及今人陈国符《道藏源流考》之说。江旻《唐国师昇真先生王法主真人立观碑》载,远知少聪颖博学,多通经史,尽锐典坟,"三易述其殷周,四诗传其邹鲁"。及师从宗道先生臧矜,"去有欲之廉,息多闻之智。《六经》《三史》,缥帙缃囊,昔所研味,兹皆弃绝。"是则远知于儒家经典亦有所得,从中可见当时道教学者之特点。《旧唐书》本传载唐太宗诏曰："先生操履夷简，德业冲粹，屏弃尘杂，栖志虚玄，吐故纳新，食芝饵术，念众妙于三清之表，返华发于百龄之外，道迈前烈，声高自古。非夫得秘诀于金坛，受幽文于玉笈者，其孰能与此乎！"

僧智首四月卒（567— ）。智首俗姓皇甫，安定人。唐初高僧，佛教四分律宗第八祖。幼年于相州云门寺出家，二十二岁受具足戒，师从僧道洪学律。随师入关中，整理律部经籍，详作疏解。由是独步关中三十余年，无人能出其右。律学在唐代受崇，其力居多。入唐，参与译经，为长安弘福寺上座。卒，唐太宗敕令国葬。弟子有道宣、道世、慧满、道兴、智兴等。著有《五部区分钞》21卷、《四分律疏》（又称《广疏》、《大疏》）20卷、《出要律仪纲目章》1卷、《小阿弥陀经钞》2卷等。事迹见《续高僧传》卷二二、《开元释教录》卷八、《六学僧传》卷四。

陈叔达卒（约573— ）。叔达字子聪，吴兴人，南朝陈宣帝顼第十六子。少有才学，善文辞，工诗赋，通史学。陈时封义阳王，历侍中、丹阳尹、都官尚书；隋大业中拜内史舍人，出为绛郡太守。唐武德间累拜侍中，进封江国公。贞观中为礼部尚书，坐劾以散秩归第。卒于家，初谥"缪"，后改谥"忠"。著有《隋纪》20卷，另有集15卷（一作5卷），后皆佚。《全唐文》卷一三三收录其文2篇，《全唐诗》卷三〇收录其诗9首。事迹见《旧唐书》卷六一、《新唐书》卷一〇〇。

朱敬则（ —709）、僧义净（ —713）生。

贞观十年　丙申　636 年

阿拉伯人与拜占庭帝国战，大胜。

伦巴德人取拜占庭之热那亚及利古里亚地区。

法兰克语约于此时起逐渐独立于日耳曼语。

二月，命魏王李泰于王府置文学馆，听自引召学士。

按：李泰好文学，礼接士大夫，故太宗特有此命。见《唐会要》卷五、《资治通鉴》卷一九四。

六月己卯，皇后长孙氏卒（601— ）。

按：《资治通鉴》卷一九四载，长孙氏性仁孝俭素，好读书，常与太宗从容商略古事，因而献替，裨益良多。及疾笃，仍劝太宗重用房玄龄，弗以私情宠遇外戚，又云："愿陛下亲君子，远小人，纳忠谏，屏谗慝，省作役，止游畋，妾虽没于九泉，诚无所恨。"尝采自古妇人得失事，撰《女则》30卷。及其卒，太宗亲作《昭陵刻石文》，见《类编长安志》卷一〇。

是年，开科取士，进士及第11人。

按：见《登科记考》卷一。

魏徵屡以疾辞侍中职，求为散官。六月，拜特进，仍知门下事，朝章国典，参议得失，徒流以上罪，得详事闻奏；其禄赐、吏卒，并同职事。其后，仍频上疏论时政。

> 按：魏徵所上诸疏，见《全唐文》卷一三九。

孔颖达以参修《隋书》功，加散骑常侍。

> 按：见《旧唐书》卷七三本传。

李百药以修《齐书》之功，加散骑常侍，行太子左庶子，寻除宗正卿。

> 按：见《旧唐书》卷七二本传。

姚思廉以修《梁书》、《陈书》之功，拜散骑常侍，封丰城县男。深被礼遇，凡时政得失，多直言谏奏。

> 按：《旧唐书》卷七三本传谓姚思廉因撰梁、陈两史，"加通直散骑常侍"；至贞观"九年，拜散骑常侍，赐爵丰城县男"。考隋、周、梁、陈、齐五代史于去年完成，今年正月由房玄龄奏上，则思廉因撰史之功而加官进爵当在本年，其加通直散骑常侍应在此前。《旧唐书》本传所载之年份顺序显有误。

褚遂良由秘书郎迁起居郎，又为魏徵所荐，召为侍读。

> 按：见《旧唐书》卷八〇本传。

盖文达为国子博士、谏议大夫，兼弘文馆学士。

> 按：见《全唐文》卷一四五于志宁《唐太傅盖公墓碑》。

敬播以参修《隋书》功，由太子校书迁著作郎，兼修国史。

> 按：见《旧唐书》卷一八九上本传。

杨师道六月甲戌由太常卿迁侍中，以代魏徵。

> 按：见《旧唐书》卷三《太宗纪下》。同书卷六二载，杨师道工诗，退朝后常与朝士宴集赋诗，文会之盛，当时莫比。

阎立德由将作大匠摄司空，主营造昭陵，寻以怠慢解职。

> 按：阎立德稍后复起为博州刺史。见《旧唐书》卷七七本传。

僧玄奘在天竺，曾在那烂陀寺游学五年。约是年会见戒日王，谈及《秦王破阵乐》事，遂备言太宗平定天下情况，戒日王叹服。

> 按：玄奘西游天竺事，见贞观三年条。《新唐书》卷二二一《天竺传》载："玄奘至其国，尸罗逸多召见，曰：'而国有圣人出，作《秦王破乐阵》，试为我言其为人。'玄奘粗言太宗神武，平祸乱，四夷宾服状。王喜，曰：'我当东面朝之。'"尸罗逸多即戒日王。《大唐西域记》卷五对此次会见，记述甚详。今人芮传明译注《大唐西域记全译》谓此事约在本年，从之。

房玄龄、魏徵等奉敕修《隋书》、《周书》、《梁书》、《陈书》、《齐书》成，正月进上，诏藏秘阁。

> 按：初，唐高祖于武德五年下诏修撰梁、陈、周、齐、隋五代史，历数年未成。贞观三年，太宗复诏修史，由房玄龄、魏徵总监，至是完成。《唐会要》卷六三曰："贞观十年正月二十日，尚书左仆射房玄龄、侍中魏徵、散骑常侍姚思廉、太子右庶子李百药、孔颖达、礼部侍郎令狐德棻、中书侍郎岑文本、中书舍人许敬宗等，撰成周、隋、梁、陈、齐五代史，上之。"房玄龄等进呈诸史时间，《旧唐书·太宗纪》作正月壬子（二十一日）。诸史之修，《隋书》55卷，魏徵等撰，有纪、传而无志，今存《隋书》，其诸志系后来所修《五代史志》附入，事见显庆元年。徵为五代史修撰总监，又撰梁、陈、齐诸史总论。《旧唐书》本传曰："徵受诏总加撰定，多所损益，务存简正。隋史序论皆徵

所作,《梁》、《陈》、《齐》各为总论,时称良史。"《周书》50卷,令狐德棻等撰。《旧唐书》卷七三本传曰:"十年,以修周史,赐绢四百匹。"原书后有散缺,今本为宋仁宗时林希、王安国采《北史》等书补缀而成。《梁书》50卷、《陈书》30卷,姚思廉等撰。《旧唐书》卷七三本传曰:"受诏与秘书监魏徵同撰梁、陈二史。思廉又采谢昊等诸家梁史续成父书,并推究陈事,删益傅縡、顾野王所撰旧史,撰成《梁书》五十卷、《陈书》三十卷。魏徵虽裁其总论,其编次笔削,皆思廉之功也。"两史今皆存。《齐书》(后世称《北齐书》)50卷,李百药等撰。该书北宋后多有散佚,今本惟存原著17篇,余皆为后人据《北史》等书补入。五代史之修撰,系唐初一次大规模官方修史活动,由是全面确立起官修国史之制,并为后世历代所承袭。就诸史思想成就而言,今人瞿林东《中国史学史纲》以为:"《隋书》史论价值最高,《周书》、《梁书》次之,《陈书》、《北齐书》又次之。"

  刘孝孙约是年或稍后纂《古今类序诗苑》40卷。

  按:时刘孝孙为吴王友。《旧唐书》卷七二本传曰:"贞观六年,迁著作佐郎、吴王友。尝采历代文集,为王撰《古今类序诗苑》四十卷。"《全唐文》卷二一五陈子昂《申州司马王府君墓志》亦曰:"时吴王帝之爱子,国选英僚,君……与某郡刘孝孙首光此举。"然据《旧唐书》卷三《太宗纪下》,吴王李恪于本年正月方由魏王徙封,孝孙为吴王友当在本年,其为王所撰亦当在本年或稍后。姑系于此。

  僧道宣著成《四分律比丘含注戒本》1卷、《四分律比丘含注戒本疏》3卷。

  按:时道宣居于沁部棉上山中。

圣伊西多尔卒(约560—)。西班牙学者、塞维利亚大主教。著有《语源》、《教父生平始末》、《论教会职责》、《哥特、汪达尔、苏维汇诸王史》。

  僧道岳卒(568—)。道岳俗姓孟,洛阳人。隋唐之际高僧。年十五从僧粲出家,后师从僧道尼学《摄大乘论》及《俱舍论》。专精于《俱舍论》研究,著有《俱舍论疏》20卷、《三藏本疏》22卷,以及《十八部论疏》等。事迹见《续高僧传》卷一三。

  按:道岳兄弟六人,三人先后出家。其兄僧明旷,年十七出家,精于《大智度论》。住洛阳净土寺,有学徒数百人。弟僧明略,尤善《涅槃经》。

  僧文纲(—727)**生**。

贞观十一年　丁酉　637年

阿拉伯人大破波斯,取泰西封。

  正月庚子,诏颁新修律令。

  按:武德年间,高祖尝令裴寂等制定律令,事见武德七年条。太宗复令中书令房玄龄、尚书右仆射长孙无忌、蜀王府法曹参军裴弘献等再加修订,撰定《律》12卷、《令》27卷、《格》18卷、《留司格》1卷、《式》33卷,至是颁行。此次所颁律令,较隋律有所宽松。《资治通鉴》卷一九四曰:"房玄龄等先受诏定律令,以为旧法兄弟异居,荫不相及,而谋反连坐皆死;祖孙有荫,而止应配流。据礼论情,深为未惬。今定律,祖孙与兄弟缘坐者俱配役。从之。自是比古死刑，除其大半，天下称赖焉。"又曰："玄龄等定律五百条，立刑名二十等，比隋律减大辟九十二条，减流入徒者七十一条。凡削烦去蠹，亦重为轻者，不可胜纪。"

  是月，诏改太学奠释礼。

  按：唐高祖武德旧制，以周公为先圣，孔子配飨。太宗即位后，房玄龄等建议停祭周公，以孔子为先圣，颜回配飨，太宗从之。事见武德七年、贞观二年。至是，遂正式改太学奠释之礼。

  二月丁巳，诏革厚葬流俗，倡行薄葬之风。

  按：《旧唐书》卷三《太宗纪下》载太宗诏曰："夫生者天地之大德，寿者修短之一期。生有七尺之形，寿以百龄为限，含灵禀气，莫不同焉，皆得之于自然，不可以分外企也。……今预为此制，务从俭约，于九嵕之山，足容棺而已。"

  是月，诏："自今已后，斋供、行法，至于称谓，道士、女冠可在僧尼之前。"

  按：太宗是诏，见《唐大诏令集》卷一一三，又见录于《全唐文》卷六。《集古今佛道论衡》卷丙载，是年太宗驾幸洛阳，闻佛、道二教为先后之序争执不下，遂下诏。僧智实、法琳、法常、慧净等随驾伏阙，上表力争，太宗令岑文本宣敕严诫。"诸大德等咸是暮年，形疲道路，饮气而旋。智实勇身先出，云：'不伏此理，万刃之下，甘心伏罪。'遂杖之放还"。自武德以来，佛、道之争颇为激烈，彼此各不相服。唐廷虽行三教并举政策，其核心仍以儒学为本，又引老子李耳为先祖，故重道甚于重佛。高祖尝诏以道为先，佛居末，事见武德八年。至是，太宗又重申旧令。《唐大诏令集》谓是诏颁于二月，唐释彦琮《唐护法沙门法琳别传》卷中谓正月。今从前者。

  三月丙午，诏颁新修礼。

  按：初，太宗命房玄龄、魏徵修定礼制，至是完成，颁行天下，是为《大唐仪礼》（又称《贞观礼》）。《旧唐书》卷二一《礼仪志》曰："太宗皇帝践祚之初，悉兴文教，乃诏中书令房玄龄、秘书监魏徵等礼官学士修改旧礼，定著《吉礼》六十一篇、《宾礼》四篇、《军礼》二十篇、《嘉礼》四十二篇、《凶礼》六篇、《国恤》五篇，总一百三十八篇，分为一百卷。"《新唐书》卷五八《艺文志》曰："《大唐仪礼》一百卷，长孙无忌、房玄龄、魏徵、李百药、颜师古、令狐德棻、孔颖达、于志宁等撰。《吉礼》六十篇、《宾礼》四篇、《军礼》二十篇、《嘉礼》四十二篇、《凶礼》六篇、《国恤》五篇，总一百三十篇。"其所载各礼篇数，与《旧唐书》有所不同。后高宗、玄宗两朝又先后重修，是为《永徽五礼》和《大唐开元礼》。今存《大唐开元礼》，余皆佚。

  四月丙寅，诏河北、淮南荐举人才。

  按：《旧唐书》卷三《太宗纪下》曰："诏河北、淮南举孝悌淳笃、兼闲时务，儒术该通、可为师范，文辞秀美、才堪著述，明识政体、可委字人，并志行修立，为乡闾所推者，给传诣洛阳宫。"《唐大诏令集》收录此诏。

  七月丙午，诏修老君庙于亳州，孔子庙于兖州，各给二十户享祀。

  按：见《旧唐书》卷三《太宗纪下》。

  八月，诏京官以上各举一人以备选县令。

  按：《资治通鉴》卷一九五载，是年，侍御史马周上疏，以为"自古以来，国之兴亡，不以蓄积多少，在于百姓苦乐"，且"百姓所以治安，唯在刺史、县令，苟选用得人，则陛下可以端拱无为。今朝廷唯重内官而轻州县之选，刺史多用武人，或京官不称职始补外任，边远之处，用人更轻。所以百姓未安，殆由于此"。疏奏，太宗善之，遂有此诏。

十月，太宗与侍臣作赋唱和。

按：时太宗作《赋尚书》，魏徵作《赋西汉》、李百药作《赋礼记》以和之。事见《册府元龟》卷四〇、《大唐新语》卷八。太宗君臣所作赋，分见《全唐诗》卷一、卷三一、卷四三。

是年，开科取士，登秀才科1人，进士及第8人。

按：见《登科记考》卷一。

长孙无忌与诸功臣六月奉诏世袭刺史，各赐爵位，委以藩镇。上表力辞，事乃止。

按：《旧唐书》卷六五本传载，是年太宗下诏，追论长孙无忌等人拥立之功，各授名爵，子孙世袭。以长孙无忌为赵州刺史，改封赵国公；房玄龄为宋州刺史，改封梁国公；杜如晦追赠密州刺史，改爵莱国公；李靖为濮州刺史，改封卫国公；高士廉为申州刺史，改封申国公；李道宗为鄂州刺史，改封江夏郡王；王孝恭为观州刺史，改封河间郡王；尉迟敬德为宣州刺史，改封鄂国公；李勣为蕲州刺史，改封英国公；段志玄为金州刺史，改封褒国公；程知节为普州刺史，改封卢国公；刘弘基为朗州刺史，改封夔国公；张亮为澧州刺史，改封郧国公。因无忌等力辞，太宗终收回成命。同书卷三《太宗纪下》系此事于六月。

颜师古以参修《五礼》之功，进爵琅邪县子。三月奉敕与四方名儒、博物之士议封禅之事。诸人众说纷纭，各执一词，遂由左仆射房玄龄、特进魏徵、中书令杨师道综合众议而定。奏上，太宗令附之于礼。

按：见《旧唐书》卷七三。此次定封禅礼仪，后又有争论。参见贞观十五年颜师古条。

孔颖达参修《五礼》，所有疑滞，咸谘决之。

按：《旧唐书》卷七三本传载，孔颖达因参修《五礼》，进爵为子。太宗复以其在东宫数有匡谏，特赐黄金一斤，绢百匹。

令狐德棻因参修新礼，进爵彭阳子。

按：见《旧唐书》卷七三本传。

马嘉运隐居白鹿山，聚徒讲学。奉召入京，拜国子博士、弘文馆学士。

按：马嘉运有儒学，长议论。贞观初累除越王东阁祭酒，未几罢职，遂隐居白鹿山，至是复出。《旧唐书》卷七三本传曰："退隐白鹿山，诸方来授业至千人。"

李百药以参修《五礼》及律令功，由安平县男进爵为子。

按：见《旧唐书》卷七二本传。

王绩隐居故里，以家贫，入长安赴选，求为太乐丞。

按：王绩于贞观四年托疾罢归，至是复出。吕才《王无功文集序》曰："贞观中，以家贫赴选。时太乐有府史焦革，家喜酿酒，冠绝当时。君苦求为太乐丞……卒授之。"

谢偃七月应诏上封事，极言得失。为太宗称善，授弘文馆直学士，拜魏王府功曹。

按：谢偃于贞观初登第。本年七月，以大雨成灾，有诏命百官上封事，论时政得失。偃应诏，由是奉召入朝。见《旧唐书》卷一九〇上本传。

徐齐聃是年八岁，幼而殊异，工文词。太宗闻其聪颖，召试词赋，颇为称赏。

按：徐齐聃后举弘文生，遂精研《五经》大义，起为曹王府参军。见《新唐书》卷一九九本传。

僧法琳住长安龙田寺，以太宗诏道士、女冠在僧、尼之上，为京邑僧众推举，上表抗辩。

按：太宗诏崇道士、女冠事，见本年二月条。唐僧彦琮《唐护法沙门法琳别传》卷中载，法琳以为，道士"行三张之秽术，弃五千之妙门"，"妄托老君之后，实行左道之苗"。若道士在僧尼之上，"诚恐泾渭同流，有损国化"。表上，太宗不悦，遣中书侍郎岑文本往宣口敕，申斥曰："明诏既下，如何不伏，国有严科！"

孔颖达奉太子李承乾之令撰《孝经义疏》。

按：孔颖达所撰《孝经义疏》，因文见意，更广规讽之道，学者称之。见《旧唐书》卷七三本传。

僧道宣著成《量处轻重仪》（一作《释门亡物轻重仪》）2卷、《尼注戒本》1卷。

按：时道宣在隰州益词谷。

姚思廉卒（557— ）。 思廉本名简，以字行，武康人，姚察之子。唐初史学家。少受父《汉书》学，遂尽传父业。仕隋为汉王府参军、代王侍读，入唐为秦王文学馆学士，累迁至散骑常侍，封丰城县男。卒赠太常卿，谥曰"康"。先后参修《区宇图志》、《文思博要》，又奉诏修史，续其父遗稿，撰《梁书》50卷、《陈书》30卷，今存。《全唐文》卷一四八收录其文1篇。事迹见《旧唐书》卷七三、《新唐书》卷一〇二。

按：武康姚氏自南朝以降，以史学名于世。姚思廉之后，其孙姚璹、姚班亦有学名。姚璹字令璋，少勤学，有才辩。永徽中举明经，补太子宫门郎，以论撰之功，进秘书郎，武则天时累迁夏官侍，坐事贬桂州长史。奉召还朝，历文昌左丞、同凤阁鸾台平章事、司宾少卿、纳言、秋官尚书等职。复出贬益州长史，再召拜地官尚书，转冬官尚书。致仕归家，年七十四卒，追赠越州都督，谥曰"成"。姚班笃学有志，精研《汉书》。擢明经第，经历六州刺史，皆有政绩，累封宣城郡公。中宗时历太子詹事兼左庶子、右散骑常侍、秘书监。睿宗即位后，拜户部尚书，历定州刺史等职。著有《汉书绍训》40卷等。《新唐书》卷一〇二本传曰："始，曾祖姚察尝撰《汉书训纂》，而后之注《汉书》者，多窃取其义为己说。班著《绍训》，以发明旧义。"

温彦博六月甲寅卒（573— ）。 彦博字大临，祁人，温大雅之弟。涉猎群书，善口辩。隋时登第，历文林郎、幽州总管府司马。唐初任并州道行军长史，为突厥所囚，后得还。贞观中迁中书令，封虞国公，进尚书右仆射。性周慎，既掌机务，不通宾客，直陈朝政得失，数获太宗赞誉。及卒，谥曰"恭"。撰《古今诏集》30卷，有集20卷，皆佚。《全唐文》卷一三七收录其文1篇。事迹见《旧唐书》卷六一、《新唐书》卷九一《温大雅传》附传。

中天竺僧善无畏（ —735）生。

贞观十二年　戊戌　638年

阿拉伯人征服美索不达米亚，同年取耶路撒冷。

拜占庭帝伊拉克略一世颁布敕令，承认基督教一性论。

阿拉伯麦加克尔白神庙周围始建围墙，禁寺开始形成。

七月，诏于长安义宁坊建大秦景教寺，度僧21人。

按：此前，大秦景教僧阿罗本至长安传教，颇为太宗礼遇。事见贞观九年。至是，太宗遂下诏为其建寺。《大秦景教流行中国碑》载太宗本年七月所下诏曰："道无常名，圣无常体，随方设教，密济群生。大秦国大德阿罗本远将经像，来献上京。详其教旨，玄录用无为；观其元宗，生成立要。词无繁说，理有忘筌。济物利人，宜行天下。所司即于京义宁坊造大秦寺一所，度僧二十一人。"《唐会要》卷四九所载略同。

九月甲寅，太宗与侍臣论创业与守成孰难。

按：《资治通鉴》卷一九五载，太宗问侍臣："创业与守成孰难？"房玄龄对曰："草昧之初，与群雄并起角力，而后臣之，创业难矣！"魏徵对曰："自古帝王，莫不得之于艰难，失之于安逸，守成难矣！"太宗曰："玄龄与吾共取天下，出百死，得一生，故知创业之难；徵与吾共安天下，常恐骄奢生于富贵，祸乱生于所忽，故知守成之难。然创业之难，既已往矣；守成之难，方当与诸公慎之。"房玄龄等拜服。

是年，开科取士，登秀才科1人，进士及第11人。

按：见《登科记考》卷一。

高士廉由吏部尚书领同中书门下三品，七月，复以佐命之功进爵申国公，拜尚书右仆射，多有表奏。寻又摄太子少师，执掌选举。

按：见《旧唐书》卷六五本传、卷三《太宗纪下》。

孔颖达由太子右庶子兼国子司业，拜国子祭酒，仍侍讲东宫。

按：见《旧唐书》卷七三本传。

萧德言为魏王李泰奏荐，与顾胤、谢偃等始撰《括地志》。

按：李泰好学，以古之贤王皆招士著书，遂大开馆舍，广延时俊，人物辐辏，门庭若市。本年，奏引萧德言等人撰《括地志》，至贞观十六年撰成，参见该年条。

盖文达由国子博士迁国子司业。

按：《旧唐书》卷一八九本传谓盖文达于贞观十三年除国子司业，似误。今从《全唐文》卷一四五于志宁《唐太傅盖公墓碑》。

邓世隆为著作佐郎，三月辛亥表请集太宗文章，为太宗拒绝。

按：邓世隆生卒年、字号不详，相州人。隋末附洛阳王世充，及世充平，遂改易姓名，自号隐玄先生，藏匿白鹿山。贞观初奉召入朝，擢授著作佐郎，转卫尉丞，终著作郎。著有《东都记》30卷，已佚。事迹见《旧唐书》卷七三、《新唐书》卷一〇二。一说邓世隆与邓行俨系同一人，今姑分记之。参见贞观二十三年邓行俨条按语。

魏徵约是年稍后编《类礼》20卷。

按：《旧唐书》卷七一本传曰："徵以戴圣《礼记》编次不伦，遂为《类礼》二十卷，以类相从，削其重复，采先儒训注，择善从之，研精覃思，数年而毕。太宗览而善之，赐物一千段，录数本以赐太子及诸王，仍藏之秘府。"

高士廉等奉诏纂《大唐氏族志》（一作《氏族志》）100卷成，正月十五日进上，诏颁天下。

按：该书系唐初大型官修谱牒学著作，高士廉等于贞观六年始奉诏修撰，至是完成。《旧唐书》卷三《太宗纪下》谓该书130卷，恐误。考《旧唐书·经籍志》、《新唐书·艺文志》及《旧唐书》卷六五《高士廉传》、卷八二《李义府传》、卷一八九下《儒学传》、《唐会要》卷三六《氏族》等，皆载该书为100卷。书中收录凡293姓，1651家，分为九等，上下次序。初，士廉等以山东崔氏为第一，太宗不悦，令以今朝官爵品秩为高下，舍名取实，重新排定。于是以皇族李氏为首，外戚姓氏次之，降崔氏为第三。至高宗时，诏改是书为《姓氏录》，参见显庆四年条。

又按：自魏晋以来，门阀观念盛行，尤重门第郡望，由是谱牒学大兴，延续至唐不衰。继唐初修《氏族志》之后，较具影响者又有高宗时许敬宗等撰《姓氏谱》200卷，路敬淳撰《著姓略记》10卷和《衣冠谱》60卷；玄宗时柳冲撰《姓族系录》200卷；宪宗时林宝撰《元和姓纂》10卷等。对此，柳芳论述甚详，见《新唐书》卷一九九《儒学中》。宋欧阳修《集古录》卷二评曰："唐世谱牒尤备，士大夫务以家世相高。至其弊也，或陷轻薄，婚姻附比，邀求货贿，君子患之。"宋代以降，世风改易，前代所修谱牒书多相继湮没，《氏族志》亦佚。

女道士孟静素七月十二日卒（542—　）。静素字号不详，江夏安陆人。自幼慕道，精通道术。隋文帝时奉召入京，为至德观主。公卿云集，游学者众。事迹见《唐文粹》卷六五岑文本《京师至德观法主孟法师碑铭》。

按：岑文本《京师至德观法主孟法师碑铭》亦为《道家金石略》收录，题为《至德观主孟静素碑》。

僧智璪卒（556—　）。智璪俗姓张，清河人。佛教天台宗高僧。年十七出家，初从安宁寺僧慧凭，后往天台山，师事天台宗祖智𫖮。精研《法华经》，卒于国清寺。事迹见《续高僧传》卷一九。

虞世南五月壬申卒（558—　）。世南字伯施，余姚人。唐初著名书法家、学者。少受学于顾野王，又学书法于僧智永，以博学多才与兄虞世基俱名于世。历仕陈、隋，入唐累迁秘书监，进爵永兴县公，故世称虞永兴。卒谥"文懿"。尝编纂《北堂书钞》173卷，今存本为160卷；著《帝王略论》5卷，今存残卷。另与裴矩合撰《大唐书仪》10卷，又有集30卷，皆散佚。传世碑帖有《孔子庙堂碑》等。《全唐文》卷一三八收录其文18篇，《全唐诗》卷三六收录其诗编为1卷。今人辑有《虞世南全集》。事迹见《旧唐书》卷七二、《新唐书》卷一〇二。

按：虞世南为唐初名臣，屡以儒家之"仁政"、"德治"之说进谏，主张推行仁义教化，倡导德政礼治，对唐初儒学之复兴有重要影响。其为人鲠直，议论持正，颇为唐太宗推崇，称其德行、忠直、博学、文词、书翰为"五绝"。《旧唐书》本传载，世南卒，太宗甚感痛惜，手敕魏王李泰曰："虞世南于我犹一体也，拾遗补阙无日暂忘，实当代名臣,人伦准的。吾有小失,必犯颜而谏之。今其亡,石渠东观之中无复人矣,痛惜岂可言耶!"其书法着笔外柔内刚,圆融遒丽,自成一体。后世将其与欧阳询、褚遂良、薛稷并称初唐书法"四大家"。世南著述,《北堂书钞》今有文渊阁《四库全书》本、清光绪十四年万卷堂刻本等;《帝王略论》今有敦煌残卷,收录于黄永武编《敦煌宝藏》(台湾新文丰出版股份有限公司1986年版)第123册。

北宗禅僧法如(　—689)、崔玄暐(　—706)、僧慧能(　—713)生。

按:慧能生年,《宋高僧传》卷八本传、法海《六祖大师法宝坛经略序》皆作"贞观十二年戊戌岁"。日本学者忽滑谷快天《中国禅学思想史》详列不同史籍所载七种说法。杜继文、魏道儒《中国禅宗通史》则以为"难以澄清"。洪修平、孙亦平《惠能评传》坚持本年说,从之。

贞观十三年　己亥　639年

日本建百济大寺于百济川畔。

阿拉伯人伐埃及。

法兰克国王达戈伯特一世卒。"懒王时期"始。

五月,以久不雨,诏五品以上上封事。

按:见《旧唐书》卷三《太宗纪下》。

是年,始置崇贤馆。召集儒、佛、道学者入弘文殿,讨论三教。

按:崇贤馆后改称崇文馆,参见上元二年八月条。儒、佛、道之争,自唐初武德以来不断。高祖、太宗曾下诏以道为先,引起佛教学者及诸高僧不满。事见武德八年、贞观十一年。至是,太宗再召三教学者讨论。宋释志磐《佛祖统纪》卷三九载,是年,"诏国子祭酒孔颖达、沙门慧净、道士蔡晃,入弘文殿谈论三教。"然此次讨论结果,仍以道为先,儒为次,佛为末。此后,类似论辩又有多次。

诏购求王羲之书。一时"天下争赍古书,诣阙以献","四方妙迹,靡不毕至",真伪莫辨,遂敕褚遂良、王知敬等审实。

按:见《唐会要》卷三五、《法书要录》卷四张怀瓘《二王等书录》。

开科取士,登秀才科2人,进士及第17人。

按:见《登科记考》卷一。

高丽、新罗、西突厥、吐火罗、康国、安国、波斯、疏勒、于阗、焉耆、高昌、林邑、昆明等国及部族,相次遣使入贡。

按:见《旧唐书》卷三《太宗纪下》。

房玄龄在宰相任,累加开府仪同三司、太子少师。以久居相位,频上表请辞仆射,太宗优诏挽留。

按:房玄龄久掌相职,尽力辅政,时人称为"良相"。《旧唐书》卷六六本传曰:"既任总百司,虔恭夙夜,尽心竭节,不欲一物失所。闻人有善,若己有之。明达吏事,饰以文学,审定法令,意在宽平。不以求备取人,不以己长格物,随能收叙,无隔卑贱,论者称为良相焉。"

孔颖达为在国子祭酒任,奉诏与沙门慧净、道士蔡晃,入弘文殿讨论

儒、佛、道三教关系。

按：此次讨论，为唐初以来三教争论之延续，其结果仍是道为先，儒、佛次之。见宋释志磐《佛祖统纪》卷三九。

颜师古奉敕赞崇贤馆学士。以崇贤馆学士颜勤礼为师古兄，不宜相述，特命萧钧赞之。

按：见《全唐文》卷三四〇颜真卿《唐故通议大夫行薛王友柱国赠秘书少监国子祭酒太子少保颜君碑铭》。颜真卿在《碑铭》中谓此事在太宗时，未说明具体年份。以崇贤殿置于本年，姑系于此。

王绩是年前后辞太乐丞，复归龙门。

按：王绩起为太乐丞事，见贞观十一年条。

盖文达由谏议大夫除国子司业，俄兼蜀王师。以蜀王坐罪，受牵连免职。

按：见《旧唐书》卷一八九上本传。

阎立德由博州刺史奉召入朝，复任将作大匠。

按：阎立德曾为将作大匠摄司空，坐事出贬，事见贞观十年条。

僧法琳住长安龙田寺，九月受诬入狱。有敕流放益州，遂作《悼屈原》篇，以申厥志。

按：《续高僧传》卷二四本传载，时有道士秦世英诬法琳所著《辩正论》"谤讪皇宗，罪当罔上"，由是系狱。唐释彦琮《唐护法沙门法琳别传》卷中载，法琳入狱后，太宗初命刑部尚书刘德威、礼部侍郎令狐德棻、侍御史韦悰、司空毛明素等勘问，继而又亲自审问，终赦免法琳死罪，"徙在益部为僧"。

李袭誉为扬州大都督府长史，撰《忠孝图传赞》20卷成，十一月三日上之。

按：见《唐会要》卷三六。

王绩约是年后撰《酒经》1卷、《酒谱》1卷。

按：两书今皆不存。吕才《王无功文集序》载，王绩曾以太乐府史焦革善酿酒而求为太乐丞，及革和革妻相继卒，遂挂冠归田，"后追述焦革《酒经》一卷，其术精悉；兼采杜康、仪狄已来善为酒人为《酒谱》一卷。"王绩辞太乐令约本年，其作两书当在此后。

于志宁撰《张琮碑》、《隋柱国左光禄大夫宏义明公皇甫府君（诞）之碑》。

按：于志宁所撰两碑文，现存《金石萃编》卷四五、卷四四。

傅奕十二月卒（555—　）。奕字号不详，邺县人。唐初学者。通晓天文历数，精研《老》、《庄》。历仕隋、唐，官至太史令。曾上表极言抑佛，斥佛教为"妖妄之教"。有《注老子》2卷及《老子音义》，又集魏晋以来驳佛教者为《高识传》10卷，行于世。今皆佚。《全唐文》收录其文3篇。事迹见《旧唐书》卷七九、《新唐书》卷一〇七。

按：傅奕卒年，《佛祖历代通载》卷一三谓贞观十四年，似误。今从新、旧《唐书》本传。奕系唐初反佛教思想之代表人物，以为佛教来自外夷，非中华正统，其背弃儒家伦理纲常,徒縻国家钱财,以至祸国害政。他又反对禄命,主张"生死寿夭,由于自然"的思想,从中反映出较鲜明的无神论倾向,在中国古代思想史上具有一定地位。《旧唐书》本传载其临终时尚诫其子勿习佛学:"老、庄《玄一》之篇,周、孔《六经》之说,是为名教,汝宜习之。妖胡乱华,举时皆惑,唯独窃叹,众不我从,悲夫!汝等勿学也。"傅奕反佛资料,保存于《旧唐书》本传、《广弘明集》、《全唐文》、《佛祖统纪》等典籍。

僧智正二月卒(559—)。智正俗姓白,定州安喜人。隋唐之际高僧。年十一出家,戒行清严,为时人敬重。隋开皇中奉召入京,敕住胜光寺。后隐居终南山至相寺,遂不复出。著有《华严疏》10卷。事迹见《续高僧传》卷一四。

按:智正精通《华严经》,华严宗第二祖智俨曾听其讲论,对华严宗之形成颇有影响。

杨恭仁卒,生年、字号不详。恭仁,华阴人,隋文帝族孙。通音律,能歌赋。隋仁寿中为甘州刺史,唐初历凉州总管、洛州都督,爵封观国公。贞观中累迁侍中。卒赠潭州都督,谥曰"孝"。事迹见《旧唐书》卷六二、《新唐书》卷一〇〇。

按:《旧唐书》卷三〇《音乐志三》曰:"时太常旧相传有宫、商、角、徵、羽《燕乐》五调歌词各一卷,或云贞观中侍中杨恭仁妾赵方等所铨集,词多郑、卫,皆近代词人杂诗。"《唐会要》卷三二作"杨恭仁、赵方等所铨集"。

苏瓌(—710)生。

贞观十四年　庚子　640年

阿拉伯人入亚美尼亚。

阿拉伯人败拜占庭帝国驻埃及军队。

二月丁丑,太宗幸国子监,观释奠,命诸生讲论经义。国子祭酒以下官员及学生高第精勤者,各赏赐有差。

按:唐太宗于倡兴儒学颇为留意,儒者云集京师。《资治通鉴》卷一九五曰:"是时,上大征天下名儒为学官,数幸国子监,使之讲论,学生能明一大经已上,皆得补官。增筑学舍千二百间,增学生满三千二百六十员。自屯营飞骑,亦给博士,使授以经,有能通经者,听得贡举。于是四方学者云集京师,乃至高丽、百济、新罗、高昌、吐蕃诸酋长,亦遣子弟请入国学,升讲筵者至八千余人。"

乙未,诏访求前代名儒子孙,以予擢用。

按:《旧唐书》卷一八九上《儒学传序》引太宗诏曰:"梁皇侃、褚仲都,周熊安生、沈重,陈沈文阿、周弘正、张讥,隋何妥、刘炫等,并前代名儒,经术可纪,加以所在学徒,多行其疏,宜加优异,以劝后生。可访其子孙见在者,录名奏闻,当加引擢。"事又见同书卷三《太宗纪下》。

九月乙卯,置安西都护府,统领西域之地。

按:见《旧唐书》卷三《太宗纪下》。唐初经营西域,逐渐控制其广大区域,遂置安西都护府作为管理机构。由是,唐与西亚等地陆上交通畅通,有利于中外经济和文化交流。

十月丙辰,吐蕃弃宗弄赞遣使请婚,太宗许以宗室女文成公主妻之。

按:文成公主于明年入吐蕃,参见该年正月条。

十一月丁卯,更定服丧礼。

按:《资治通鉴》卷一九五载,是年,礼官奏请加高祖父母服丧齐衰五月(旧制三月),嫡子妇服期(旧制服大功),嫂、叔、弟妻、夫兄、舅皆服小功(旧制服缌麻)。太宗从之。

十二月,以高昌乐工付太常,增九部乐为十部。

按:高昌在西域,本年八月交河道行军大总管率军攻灭之,以其地置西州。见《旧唐书》卷三《太宗纪下》。

是年,开科取士,登秀才科1人,进士及第者15人。

按:见《登科记考》卷一。

孔颖达在国子祭酒任,二月讲《孝经》,太宗亲至听讲。讲毕,上《释奠颂》,太宗手诏褒美。奉诏与诸儒撰《五经》义训。

按:《旧唐书》卷七三本传谓孔颖达与颜师古、司马才章、王恭、王琰等诸儒"受诏撰定《五经》义训",然未明言奉诏年份。《资治通鉴》卷一九五系此事于本年,且曰:"上以师说多门,章句繁杂,命孔颖达与诸儒撰定《五经》疏,谓之正义,令学者习之。"至贞观十六年,撰成《五经正义》,参见该年条。

卢照邻约是年或稍前至扬州,师从曹宪,学《苍颉》、《尔雅》。其后,照邻又师从王义方。

按:《新唐书》卷二〇一本传谓卢照邻"十岁从曹宪、王义方授《苍》、《雅》";《旧唐书》卷一九〇上本传作"十余岁"。照邻约生于贞观四年前后(参见该年条),至本年约十余岁,其师事曹氏当在此前后。另据《旧唐书》卷一八九上《曹宪传》,曹宪于贞观中为扬州长史李袭誉所荐,诏征为弘文馆学士,以年老致仕。知贞观中宪居扬州。又,《旧唐书》卷一八七上《王义方传》谓王义方于贞观中贬儋州,二十三年迁洹水丞。儋州在海南,洹水属河南道相州。《卢照邻集》卷五《释疾文》谓自己曾"裹粮寻师,褰裳访古,探旧篆于南越,得遗书于东鲁","入陈适卫,百舍不厌其栖遑;累茧重胝,千里不辞于劳苦"。是则卢照邻师事王义方当在其贬儋州至转任洹水丞期间。姑系于此。

岑文本与李百药、刘洎、褚遂良、杨续、许敬宗、上官仪等会聚中书令杨师道府,宴饮唱和。

按:李百药《安德山池宴集》有"凤动令公香"之语。安德即杨师道,"令公"指师道正在中书令任上。考《旧唐书·杨师道传》及《宰相表》,杨师道封安德郡公,本年十一月转中书令,十七年四月罢为吏部尚书。知岑文本等唱和在本年底至十七年三月间,姑系于此。诸人唱和诗,分见《全唐诗》卷三三、三四、三五、四〇。

张文收为协律郎,采古《朱雁》、《天马》之义,制《景云河清歌》,名曰燕乐,奏之管弦,为诸乐之首。

按:见《旧唐书》卷八五本传。

于志宁是年前撰《谏苑》20卷。

按：《旧唐书》卷七八本传载，于志宁于贞观初行太子左庶子，太宗嘱其引导太子李承乾，"辅之以正道，无使邪僻开其心"。"以承乾数亏礼度，志在匡救，撰《谏苑》二十卷讽之。"太宗大悦，令其兼太子詹事。于志宁兼太子詹事在本年，知其撰《谏苑》当在此前，姑系于此。

僧法顺十一月十五日卒（557— ）。法顺俗姓杜，名顺，世称文殊化身、帝心尊者、敦煌菩萨，雍州万年人。佛教华严宗初祖。年十八出家，师事因圣寺僧道珍。后隐于终南山，宣扬华严教纲。屡为隋文帝召，奉之如佛。入唐，颇受唐太宗礼遇。游历各地，卒于南郊义善寺。弟子众多，以智俨最为有名。著有《十门实相观》、《会诸宗别见颂》、《华严法界观门》、《华严五教止观》各1卷。事迹见《续高僧传》卷二五、《佛祖历代通载》卷一一、《佛祖统纪》卷二九等。

僧法琳七月二十三日卒（572— ）。法琳俗姓陈，颍川人。唐初高僧，著名佛教学者。少出家，博览多通。隋开皇中隐居青溪山，后至长安，多与道士游。武德初住济法寺，贞观初为龙田寺主持。受诬下狱，流放益州，途中以疾卒。曾参与唐初三教重大论争，作《破邪论》以驳傅奕废佛之议，又著《辩正论》以辨明三教关系。两书今皆存。另有《三论系谱》、《释老宗源》、《大乘教法》及集等，多已散佚。《全唐文》卷九〇三收录其文12篇。事迹见《续高僧传》卷二四、唐释彦琮《唐护法沙门法琳别传》、《全唐文》卷一三四陈子良《辩正论注序》、《宋高僧传》卷四。

按：法琳在初唐佛教史上颇具地位和影响，其著述多为参与三教论争所作，从中可见当时儒、佛、道三教分歧及发展情况。《续高僧传》本传评曰："琳所著诗赋启颂、碑表章诔、《大乘教法》并诸论记传，合三十余卷，并金石击其风韵，褥锦绘其文思，流靡雅便，腾焰尔穆。又善应机说导，即事骋词，言会宫商，义符玄籍，斯亦希世罕嗣矣。"

僧智拔九月十七日卒（573— ）。智拔俗姓张，襄阳人。佛教三论宗高僧。初为僧智润弟子，复从学于哲法师，终受学于僧吉藏。后住襄阳耆阇寺，讲论《法华经》。事迹见《续高僧传》卷一四。

韦承庆（ —706）生。

贞观十五年　辛丑　641年

阿拉伯人围亚历山大城。

拜占庭帝伊拉克略一世卒。子君士坦丁三世

正月丁丑，文成公主由礼部尚书、江夏王李道宗护送，启程入吐蕃。

按：见《旧唐书》卷三《太宗纪下》、卷一九六上《吐蕃传上》。此次文成公主入吐蕃，随行携带诸多工匠及大批中原典籍、物品。吐蕃赞普远道相迎，以婿礼见李道宗。因见唐服装、仪卫之美，为公主别筑唐式宫室，自服唐装以见之。又下令禁以赭涂面之俗,遣子弟至长安入国子学,受《诗》、《书》。文成公主入吐蕃,不仅为唐蕃和亲之始,而且加强了汉藏之间的文化交往和联系,对吐蕃社会发展产生深远影响。

四月辛卯,诏以来年二月将前往泰山封禅,命有司详定仪制。至六月,以天象有异,诏罢封禅泰山。

按:见《旧唐书》卷三《太宗纪下》。

六月戊申,诏天下诸州荐举学综古今、孝悌淳笃、文章秀异者。

按:见《旧唐书》卷三《太宗纪下》。

是年,开科取士,登秀才科1人,进士及第者14人。

按:见《登科记考》卷一。

约此期前后,佛教始传入吐蕃。

按:吐蕃即今西藏地区。初,吐蕃流行笨教。唐初松赞干布(又称弃宗弄赞)统一吐蕃诸部,推行兼收并蓄之文化政策。其先娶上天竺尺尊公主(又称波利库姬)为妃,本年又迎娶唐文成公主。二妃均携带大量佛教经典、法器之类。松赞干布先后为她们建大昭寺和小昭寺,以供奉佛像,并遣贵族子弟分赴天竺和中原留学,佛教由是在吐蕃逐渐传播开来。元代布顿仁钦朱《佛教史大宝藏论》(又名《布顿佛教史》、《善逝佛教史》)载,此期,吐蕃有印度的阿阇黎(即佛教大宗师)古萨惹、婆罗门香嘎惹,尼泊尔的阿阇黎西那漫珠,汉地的阿阇黎哈香玛哈德哇泽,以及译师吐米桑布扎与助手达摩阁侠、拉隆多杰等,翻译佛教经典,并加审定。

魏徵与太宗论治国之策,强调"取之易而守之难",人主当居安思危。

按:《贞观政要》卷一载,太宗谓侍臣曰:"守天下难易?"魏徵对曰:"甚难。"太宗曰:"任贤能、受谏诤即可,何谓为难?"魏徵曰:"观自古帝王,在于忧危之间,则任贤受谏。及至安乐,必怀宽怠,言事者惟令兢惧,日陵月替,以至危亡。圣人所以居安思危,正为此也。安而能惧,岂不为难。"

颜师古奏言泰山封禅礼仪,多为太宗采纳。俄迁秘书监、弘文馆学士。

按:《旧唐书》卷七三本传曰:"(贞观)十五年,太宗下诏,将有事于泰山,所司与公卿并诸儒博士详定仪注。太常卿韦挺、礼部侍郎令狐德棻为封禅使,参考其仪。时论者竞起异端,师古奏曰:'臣撰定《封禅仪注书》在十一年春,于时诸儒参详,以为适中。'于是诏公卿定其可否,多从师古之说。"另据同书卷二二《礼仪志》,时适逢会天象有变,诏罢封禅事。

令狐德棻由礼部侍郎转太子右庶子。

按:见《旧唐书》卷七三本传。

于志宁丁母忧去职,寻奉诏复为太子詹事,对太子李承乾多有劝谏。

按:见《旧唐书》卷七八本传。

李淳风除太常博士,寻转太史丞,参修《晋书》及《五代史志》,负责撰写《天文》、《律历》、《五行》等志;又预撰《文思博要》等书。

按:见《旧唐书》卷七九本传。

褚遂良在起居郎任,以天象有异,上言请停封禅泰山,由是迁谏议大夫,兼知起居事。

按:见《旧唐书》卷八〇本传。

嗣位,旋卒。

伊斯兰教及阿拉伯语始传埃及。

岑文本以魏王李泰为长孙皇后于龙门造巨佛像，撰《三龛记》以记之，褚遂良为书。

按：《六一题跋》卷五曰："《三龛记》，唐兼中书侍郎岑文本撰，起居郎褚遂良书。"又云："龙门山壁间凿石为佛像，大小数百，多后魏及唐时所造也。惟此三龛像最大，乃魏王泰为长孙皇后所造也。"《宝刻类编》卷二作《三龛碑》，谓"贞观十五年十二月摩崖刻"。《金石萃编》卷四五作《伊阙佛龛碑》。该碑帖今存。

阎立德在将作大匠任，以文成公主入吐蕃，作《文成公主降番图》，又作《玉华宫图》、《斗鸡图》。

按：阎立德所作诸图，见录于《新唐书》卷五九《艺文志三》。

谢偃作《尘赋》、《影赋》，甚工。太宗闻而召见，命作《述圣赋》。偃又献《惟皇戒德赋》，以申时讽。

按：谢偃所作四赋，见《全唐文》卷一五六。时谢偃以善赋知名，李百药工于五言诗，人称"李诗谢赋"。见《旧唐书》卷一九〇本传。

僧玄奘在天竺那烂陀寺，为众人宣讲《摄大乘论》、《唯识抉择论》。时有僧师子光以《中论》、《百论》等大乘空宗之义，破《瑜珈》有宗。玄奘既兼通空、有两宗，遂作《会宗论》以和会两宗，诸僧称善。

按：《大唐大慈恩寺三藏法师传》载，玄奘还那烂陀寺，"时大德师子光先为众讲《中》、《百论》，述其旨，破《瑜珈》义。法师妙闲《中》、《百》，又善《瑜珈》，以为圣人立教，各随一意，不相违妨，惑者不能会通，谓为乖反，此乃失在传人，岂关于法也。愍其局狭，数往征诘，复不能酬答。由是学徒渐散，而宗附法师。法师又以《中》、《百论》旨唯破遍计所执，不言依他起性及圆成实性，师子光不能善悟，见《论》称'一切无所得'，谓《瑜珈》所立圆成实性亦皆须遣，所以每形于言。法师为和会二宗，言不相违背，乃著《会宗论》三千颂。《论》成，呈戒贤及大众，无不称善，并共宣行。"事又见《续高僧传》卷四。今人汤用彤《隋唐佛教史稿》附《隋唐佛教大事年表》系此事于本年，从之。

僧善导游历各地，遍访高德。赴并州石壁山玄中寺，始师从净土宗二祖僧道绰，受《观经》奥义。

按：《佛祖统记》卷三九曰："（贞观）十五年，善导法师至西河，见绰禅师九品道场讲诵《观经》，喜曰：'此入佛之津要也。修余行业迂阔难成，唯此观门速超生死。'"《续高僧传》卷二七《会通传》亦曰："近有山僧善导者，周游寰宇，求访道津。行至西河，遇道绰部，惟行念佛，弥陀净业。既入京师，广行此化。"

颜师古撰《汉书注》120卷成。

按：《旧唐书》卷七三本传曰："承乾在东宫，命师古注班固《汉书》，解释详明，深为学者所重。承乾表上之，太宗令编之秘阁。"四库馆臣据颜师古所作《前汉书叙例》，谓该书成于本年。隋唐之际，《汉书》之学聿盛。师古以《汉书》难读，各家注"或离析本文，隔具辞句"，或"从意刊改"，错乱失序，遂博采众说，在班昭以下三十七家旧注基础上重加校正。凡旧著是者具而存之，旧注未详者衍而通之，旧有阙漏者注而补之，又评较诸家音义是非，刊正旧史文字讹误。书出，为时人称道，大显于世。该注今存。

高士廉等奉诏纂成《文思博要》1200卷、《目》12卷，十月二十五日进上，诏藏于秘府。

按：据《全唐文》卷一三四高俭(士廉)《文思博要序》，同纂该书者有魏徵、杨师道、岑文本、颜相时、朱子奢、许敬宗、刘伯庄、吕才、房玄龄、马嘉运、褚遂良、姚思聪、司马宅相、宋正时等。《新唐书》卷五九《艺文志三》谓参纂者无吕才，另有李淳风、崔行功。该书宋代诸家目录书均未著录，知当时已不传。

吕才等奉诏著《阴阳书》53卷成，四月上之，诏颁天下。

按：《旧唐书》卷七九本传曰："太宗以《阴阳书》近代以来渐致讹伪，穿凿既甚，拘忌亦多，遂命才与学者十余人共加刊正，削其浅俗，存其可用者，勒成五十三卷，并旧书四十七卷。(贞观)十五年书成，诏颁行之。才多以典故质正其理，虽为术者所短，然颇合经义。"《唐会要》卷三六亦载，本年四月十六日，"太常博士吕才及诸阴阳学者十余人，撰《阴阳书》，凡五十三卷，并旧书行者四十七卷，诏颁下之"。另据吕才《王无功文集序》，其撰该书始于贞观三年，历十二年始成。该书后散佚，新、旧《唐书》本传摘录其中《卜宅》、《禄命》、《葬书》三篇，《玉函山房辑佚书》辑录其若干条文。

褚亮为通直散骑常侍、弘文馆学士，是年前后奉敕与诸学士纂《古文章巧言语》1卷。

按：日僧空海《文镜秘府论》南卷《集论》载元兢《古今诗人秀句序》曰："皇朝学士褚亮贞观中奉敕与诸学士撰《古文章巧言语》一卷。"明年稍后，亮致仕归家，其与诸学士撰《古文章巧言语》当在本年前后，姑系于此。《新唐书·艺文志》未录该书，或宋时已不传。

无名氏是年前后作《补江总白猿传》(一名《续江氏传》)1卷。

按：该书《郡斋读书志》卷九、《直斋书录解题》卷一一作《补江总白猿传》，《太平广记》卷四四作《续江氏传》，皆未题作者。文中述梁大同末，欧阳纥妻为猿所窃，后生子询，以此讥讽欧阳询。考欧阳询本年卒，则该书当成于本年前后，姑系于此。《补江总白猿传》系唐代传奇小说之重要作品，今存。

僧慧净约是年或稍后编《续古今诗苑英华集》10卷，刘孝孙为之序。

按：时慧净为纪国寺僧，孝孙为吴王咨议参军。该书所辑，自梁大同年《会三教篇》至唐刘孝孙《成皋望河》，凡一百五十四人歌诗，计五百四十八首。《续高僧传》卷三《慧净传》有"吴王咨议刘孝孙，天才翘拔，为之序"云云。考《旧唐书》卷七二孝孙本传，其于本年迁吴王府咨议参军，知该书约成于本年或稍后。又，《续高僧传》慧净本传、《大唐新语》卷九、《郡斋读书志》卷二〇均作"十卷"。《新唐书·艺文志》作"二十卷"，恐误。该书宋以后不传，《全唐文》卷一五四录有刘孝孙《沙门慧净诗英华序》。

欧阳询卒(557—)。 询字信本，潭州临湘人。唐初学者，著名书法家。仕隋为太常博士，入唐累官太子率更令、弘文馆学士，封渤海男，故世称欧阳率更。尝奉诏主持编撰《艺文类聚》100卷，今存。《全唐文》卷一四六收录其文8篇，《全唐诗》卷三九收录其诗1首。事迹见《旧唐书》卷一八九上、《新唐书》卷一九八。

按：欧阳询卒年，新、旧《唐书》均未明载，今从《法书要录》卷八。询通贯经史，学识渊博，尤擅长书法，自成一体，世称"率更体"，又称"欧体"。名闻天下，与同代虞世南、褚遂良、薛稷并称"初唐四大家"。《旧唐书》本传曰："询初学王羲之书，后更渐变其体，笔力险劲，为一时之绝。人得其尺牍文字，咸以为楷范焉。高丽甚重其书，尝遣使求之。高祖叹曰：'不意询之书名，远播夷狄，彼观其迹，固谓其形魁梧耶！'"

其书法各体俱精,唐张怀瓘《书断》评曰:"询八体尽能,笔力劲险,篆体尤精……飞白冠绝,峻于古人,有龙蛇战斗之象,云雾轻浓之势,风旋电激,掀举若神。真行之书虽于大令,别成一体,森森焉若武库矛戟,风神严于智永,润色寡于虞世南。其草书迭荡流通,视之二王,可为动色,然惊其跳骏,不避危险,伤于清雅之致。"尤以楷书为最绝,后人又将其与颜真卿、柳公权、赵孟頫并称"楷书四大家"。欧阳询在思想上主儒、佛、道三教糅合,于书法理论亦多开创,尝提出"八诀"之说,颇具独到见解。其"八诀"为:点,"如高峰之坠石";横戈,"如长空之新月";横,"如千里之阵云";竖,"如万钧之弩发";竖戈,"如劲松倒折,落挂石崖";折,"如万钧之弩发";撇,"如利剑断犀象之角牙";捺,"波常山过笔"。后明人李淳所说"八十四法",清人黄自元所说"九十二法",皆受询"八诀"之说影响。今存欧书碑刻,常见者有:《九成宫醴泉铭》,楷书,魏徵撰文,贞观六年立碑,系询之代表作,后世学欧书者多以此为范本;《唐故特进尚书右仆射上柱国虞恭公温公碑》,即《温彦博碑》,楷书,贞观十一年立碑;《隋柱国左光禄大夫宏议明公皇甫府君之碑》,即《皇甫诞碑》,楷书,立碑年月不详,系询年轻时作品;《化度寺故僧邕禅师舍利塔铭》,楷书,贞观五年立。另有《张翰思鲈帖》、《梦奠帖》、《卜商帖》、《正草千字文》、《行书千字文》等。询子欧阳通亦精书法,与父齐名,号为"大小欧阳体"。参见天授元年条。

朱子奢卒,生年、字号不详。子奢,苏州吴县人。唐初学者、文学家。少尝从顾彪习《春秋左氏传》,博览子史,善属文。隋大业中为直秘书学士,入唐为国子助教,累迁谏议大夫、弘文馆学士,卒于国子司业任。尝奉诏与孔颖达等撰《礼记正义》70卷,与高士廉等纂《文思博要》1200卷。其诗文多散佚,《全唐文》存录其文5篇,《全唐诗》、《全唐诗续拾》各存录其诗1首。事迹见《旧唐书》卷一八九上、《新唐书》卷一九八。

刘孝孙约是年或稍后卒,生年、字号不详。孝孙,荆州人。少有文名,尝与虞世南、蔡君和、孔德绍、庾抱、庾自直、刘斌等结为文会。隋末附王世充,后归唐,为虔州录事参军,与高僧慧净交往甚密。贞观中历吴王友、王府咨议参军,迁太子洗马,未拜卒。尝编次前代文集纂为《古今类序诗苑》30卷,撰有《七曜杂述》2卷、《隋开皇历》1卷、《事始》3卷、《二仪宝录》1卷,另有集30卷。后皆佚。《全唐文》卷一五四收录其文1篇,《全唐诗》卷三三收录其诗7首。事迹见《旧唐书》卷七二、《新唐书》卷一○二《褚亮传》附传。

按:《旧唐书》附传曰:"(贞观)十五年,选本府咨议参军,寻迁太子洗马,未拜卒。"由是知孝孙当卒于本年或稍后,姑系于此。

贞观十六年 壬寅 642年

阿拉伯人大破波斯人于尼哈温

正月,敕括天下浮游无籍者,限来年末附籍。

按:见《资治通鉴》卷一九六。

七月庚申，制："自今有自伤残者，据法加罪，仍从赋役。"

按：隋末赋役繁重，百姓往往自残肢体，入唐，遗风犹存，故禁之。见《资治通鉴》卷一九六。

是年，暂停贡举。

按：见《登科记考》卷一。

魏徵九月丁巳拜太子太师，知门下省事如故。

按：时太子李承乾失德，魏王李泰有宠，群臣日有疑议。太宗乃以徵为太子太师，示无废立太子之意，以绝群臣之疑。见《旧唐书》卷三《太宗纪下》、《资治通鉴》卷一九六。

房玄龄以参修《文思博要》之功，七月由尚书左仆射进拜司空，仍掌朝政，监修国史。上表辞让，太宗特遣使劝慰。

按：见《旧唐书》卷六六本传。

长孙无忌七月由司空转拜司徒。

按：见《旧唐书》卷三《太宗纪下》。

褚亮进爵为侯，稍后致仕归家。

按：见《旧唐书》卷七二本传。

褚遂良在谏议大夫任，四月以太宗欲观《起居注》，上言谏阻。

按：太宗此前曾欲观《起居注》，为朱子奢等谏阻。参见贞观九年条。至是，复欲观。《唐会要》卷六三载，是年四月二十八日，太宗谓遂良曰："卿知起居，记录何事，大抵人君得观之否？"对曰："今之起居，古之左右史，以记人君言行，善恶必书，庶几人主不为非法，不闻帝王躬自观史。"太宗曰："朕有不善，卿必记之耶？"对曰："守道不如守官，臣职当载笔，君举必书。"时黄门侍郎刘洎、宰臣房玄龄等亦皆劝阻。太宗卒不听，遂令房玄龄进上。参见贞观十七年条。

岑文本正月由兼中书侍郎实授，专知机密。

按：见《旧唐书》卷三《太宗纪下》。

盖文达丁母忧，服丧甚笃。

按：见《全唐文》卷一四五于志宁《唐太傅盖公墓碑》。

马嘉运在太学博士任，尝参撰《五经正义》。是年书成，嘉运以该书繁杂，掎摭其疵，当世诸儒服其精。

按：孔颖达等撰《五经正义》事，参见本年条。马嘉运生卒年、字号不详，魏州繁水人。唐初经学家。少尝出家，后还俗，精研儒学，名于世。初教授乡里，从学者千人。贞观初累除越王东阁祭酒，后一度退隐白鹿山，聚徒讲学。复召拜太学博士、弘文馆学士。后李显为太子，引为崇贤馆学士，终国子博士。尝参修《文思博要》，审定孔颖达等所撰《春秋正义》，与孔颖达等撰《周易正义》16卷。事迹见《旧唐书》卷七三、《新唐书》卷一九八。

骆宾王约是年初次赴洛阳应举。行前，投书兖州长史、瑕丘令等，以求荐送。

按：见《骆临海集笺注》卷八《上瑕丘韦明府启》、《上郭赞府启》，卷七《上兖州崔长史启》、《上兖州张司马启》，皆为骆宾王应举前求州县拔解之作。

僧玄奘在天竺，应戒日王之邀，参加曲女城法会，登坛讲法。众僧叹

德，波斯王远遁。

亚历山大城降，阿拉伯人征服拜占庭之埃及全境。

伦巴德人入拜占庭之拉文那。

法兰克举行夏龙宗教会议，禁令贩卖基督徒为奴隶。

服，大乘佛教僧尊称其为"大乘天"，小乘佛教僧尊称其为"解脱天"。

　　按：戒日王此次于曲女城所设法会，规模颇大，各地国王及诸派佛僧数千人到会。玄奘讲说《会宗》、《制恶见》两论，任人破难，历时十八天，竟无有能论难者。《大唐大慈恩寺三藏法师传》卷五曰："是日，发敕告诸国及义解之徒，集曲女城，观支那国法师之论焉。法师自冬初共王逆河而进，至腊月方到会场。五印度中有十八国王到，谙知大小乘僧三千余人到。"又曰："别设宝床，请法师坐为论主，称扬大乘序作论意，仍遣那烂陀寺沙门明贤法师读示大众。别令写一本悬会场门外示一切人，若其间有一字无理能难破者，请断首相谢。"如是者十八日，"无敢论者"。"诸众欢喜，为法师竞立美名，大乘众号曰'摩诃耶那提婆'，此云'大乘天'；小乘众号曰'木叉提婆'，此云'解脱天'"。汤用彤《隋唐佛教史稿》附《隋唐佛教大事年表》系此事于本年，从之。

僧道宣游历各地，复入终南山，居丰德寺。

　　按：道宣此前曾隐居终南山多年，事见武德七年。

经院哲学学者弗雷德加著成《法国历史》。

孔颖达等奉诏纂《五经正义》180卷成。

　　按：孔颖达等奉诏始撰《五经正义》事，见贞观十四年条。该书撰成时间，一说贞观十四年，一说贞观二十二年，亦即孔颖达卒年。考《全唐文》卷一四六载颖达所作各经正义序，皆有"至十六年又奉敕……详正"之语，知该书当于本年已撰成。据《新唐书》卷五七《艺文志四》载，各经正义撰述情况分别为：《周易正义》16卷（孔颖达序谓14卷），孔颖达、颜师古、司马才章、王恭、马嘉运、赵乾叶、王谈（《旧唐书》卷七三《孔颖达传》作王琰）、于志宁等奉诏，苏德融、赵弘智覆审；《尚书正义》20卷，孔颖达、王德韶、李子云等奉诏撰，朱长才、苏德融、隋德素、王士雄、赵弘智覆审；《毛诗正义》40卷，孔颖达、王德韶、齐咸等奉诏撰，赵乾叶、贾普耀、赵弘智等覆正；《礼记正义》70卷，孔颖达、朱子奢、李善、贾公彦、柳士宣、范义頵、张权等奉诏撰，周玄达、赵君赞、王士雄、赵弘智覆审；《春秋正义》36卷，孔颖达、杨士勋、朱长才奉诏撰，马嘉运、王德韶、苏德融、隋德素覆审。孔颖达总其事，且为各经作序。《旧唐书》卷一八九上《儒学传序》谓该书"凡一百七十卷"，误。以上述诸经正义卷数合计，实应为180卷。《旧唐书》卷七三颖达本传载，《五经正义》既成，奏上，"太宗下诏曰：'卿等博综古今，义理该洽，考前儒之异说，符圣人之幽旨，实为不朽。'付国子监施行，赐颖达物三百段。时又有太学博士马嘉运驳颖达所撰《正义》，诏更令详定"。因存在争议，该书后又有所修订，至永徽四年始颁行天下。参见永徽二年三月及四年三月条。

萧德言、颜胤、谢偃等纂《括地志》50卷（一作550卷）成，正月乙丑由魏王李泰进上。

　　按：李泰奏荐萧德言等纂是书始于贞观十二年，参见该年萧德言条。该书系去年底完成，今年正月进上。《唐会要》卷三六谓泰上书于贞观十五年正月，恐误。《资治通鉴》卷一九六作本年，《唐大诏令集》亦载有本年正月《魏王泰上〈括地志〉赐物诏》。《旧唐书》卷七六《濮王泰传》曰："司马苏勖以自古名王多引宾客，以著述为美，劝泰请撰《括地志》。泰遂奏引著作郎萧德言、秘书顾胤、记室参军蒋亚卿、功曹参军谢偃等就府修撰。……（贞观）十五年，泰撰《括地志》功毕，表上之，诏令付秘阁，赐泰物万段，萧德言等咸加给赐物。"该书系全国性地理志，清人孙衍星谓书中"述经传、山川、城冢，皆本古说，载六朝时地理书甚多，以此长于《元和郡县图志》，而在其先"。原本《唐会要》作"五十卷"，《新唐书·艺文志》作"五百五十卷"，已散佚。今存多种辑本,以孙衍星辑本较为流行。

僧辩六月十三日卒(568—)。辩俗姓张,南阳人。唐初高僧。年幼出家,从僧智凝法师学《摄大乘论》。隋大业初,奉召入大禅定道场。唐初,盛弘《摄大乘论》。后入译场,任证义之职。住弘福寺,讲学不辍,颇负盛名。于《俱舍论》、《摄大乘论》、《辩中边论》、《成唯识论》、《无相思尘论》、《佛性论》经论皆有注释。事迹见《续高僧传》卷一五。

贞观十七年　癸卯　643年

四月,诏废太子李承乾为庶人,改立晋王李治为太子。
按:李承乾素来处事乖戾,至是坐与汉王李元昌、大臣侯君集等谋反,诏废之。承乾东宫僚属,亦多受牵连,或去官,或配流。见《旧唐书》卷三《太宗纪下》。

五月,诏举孝廉茂才异能之士。
按:见《旧唐书》卷三《太宗纪下》。

是年,开科取士,进士及第15人,另有萧灌等登明经科。
按:见《登科记考》卷一。

房玄龄四月加授太子太傅,仍知门下省事、监修国史。七月以监修《高祖实录》、《今上实录》成,赏赐甚厚。寻以丁母忧去职,至十月奉诏起复本官。
按:见《旧唐书》卷三《太宗纪下》。

长孙无忌四月由司徒加太子太师,令辅助太子李治。
按:见《旧唐书》卷三《太宗纪下》。

颜师古以明堂之制久议不决,上表建言,以为不必因循古制,"圣情创造,即为大唐明堂,足以传于万代"。
按:自唐太宗即位后,于明堂之制多有讨论,始终未能确定,故颜师古有此建言。适逢辽东有兵事,未暇营建。后复议论,至乾封二年定。见《旧唐书》卷二二《礼仪志》。

孔颖达以年老致仕。
按:见《旧唐书》卷七三本传。

高士廉表请致仕,六月遂解尚书右仆射之职,授开府仪同三司、同中书门下三品衔,仍知政事。
按:见《旧唐书》卷三《太宗纪下》。

令狐德棻在太子右庶子任,四月以太子李承乾被废,随例除名。
按:见《旧唐书》卷七三本传。

日本苏我氏逼杀圣德之子山背于斑鸠宫。

阿拉伯人入今北非利比亚。

于志宁为太子詹事。四月太子李承乾被废，属吏多受牵连，唯志宁以数谏，独蒙劳勉。未几，复为太子左庶子，又迁侍中。

按：见《旧唐书》卷七八本传。

萧德言以著作郎兼弘文馆学士为太子侍读，颇受太宗敬重。以年老表请致仕，太宗不许，亲致书慰留，进爵封阳县侯，拜秘书少监。

按：《旧唐书》卷一八九上本传曰："德言晚年尤笃志于学，自昼达夜，略无休倦。每欲开《五经》，必束带盥濯，危坐对之。"同书又载太宗致书曰："卿幼挺珪璋，早标美誉。下帷闭户，包括《六经》，映雪聚萤，牢笼百氏。自隋季版荡，庠序无闻，儒道坠泥涂，《诗》《书》填坑穽。眷言坟典，每用伤怀。顷年已来，天下无事，方欲建礼作乐，偃武修文。卿年齿已衰，教将何恃！所冀才德犹茂，卧振高风，使济南伏生，重在于兹日；关西孔子，故显于当今。令问令望，何其美也！念卿疲朽，何以可言！"

褚遂良以谏议大夫兼知起居，数有谏言。奉召奏对，又劝太宗勿陷于安逸享受，并停诸皇子任都督、刺史之制。太宗深纳之，遂授太子宾客。

按：见《旧唐书》卷八〇本传。

李义府四月授太子舍人，加崇贤观直学士，掌东宫文翰。

按：见《旧唐书》卷八二本传。

薛元超迁太子通事舍人，奉诏参修《晋书》。

按：《旧唐书》卷七三谓薛元超"累授太子舍人，预撰《晋书》"。《乾陵稽古》载《薛元超墓志》曰："廿一（岁），除太子通事舍人，仍为学士，修《晋史》。"元超生于武德六年，至本年二十一岁。《晋书》撰成于贞观二十二年，参见该年条。

敬播以参修《高祖实录》、《今上实录》功，迁太子司仪郎。

按：《旧唐书》卷一八九上本传曰："与给事中许敬宗撰高祖、太宗《实录》，自创业至于贞观十四年，凡四十卷，奏之。"又曰："寻以撰《实录》功，迁太子司议郎。时初置此官，极为清望。中书令马周叹曰：'所恨资品妄高，不获历居此职。'"两朝《实录》书，参见本年下文条。

来济由通事舍人迁考功员外郎。

按：见《旧唐书》卷八〇本传。

刘洎加授银青光禄大夫，上表谓宜令太子习图书。寻又除散骑常侍。

按：刘洎所上《论太子初立请尊贤讲学表》，见《全唐文》卷一五一。

阎立德在将作大匠任，二月戊申，奉诏绘二十四功臣像于凌烟阁，太宗亲为之作赞。

按：阎立德所绘二十四功臣像分别为：长孙无忌、王孝恭、杜如晦、魏徵、房玄龄、高士廉、尉迟敬德、李靖、萧瑀、段志玄、刘弘基、屈突通、殷开山、柴绍、长孙顺德、张亮、侯君集、张公谨、程知节、虞世南、刘政会、唐俭、李世勣、秦叔宝。见《旧唐书》卷三《太宗纪下》、卷六五《长孙无忌传》。

僧玄奘在天竺，颇为戒日王及当地佛僧推崇。是年启程回国，戒日王复邀集五天竺十八国王于首都钵罗那迦城开七十五日之无遮大会，为其饯行。

按：见《大唐大慈恩寺三藏法师传》卷五。今人汤用彤《隋唐佛教史稿》附《隋唐佛教大事年表》系此事于本年，从之。

僧道信隐居蕲州牛头山，唐太宗四次请其入朝，皆辞谢不就。

按：见《景德传灯录》卷三本传、《佛祖统纪》卷三九。

牛头宗僧法融于牛头山幽栖寺北岩下别立禅室，潜心研修禅法。

按：《续高僧传》卷三三本传载，法融初师从三论宗僧旻，又往丹阳南牛头山佛窟寺，研读该寺所藏佛经、道书、佛经史、俗经史及医方图符等七藏。至本年，"于牛头山幽栖寺北岩下别立茅茨禅室，日夕思想，无缺寸阴。数年之中，息心之众百有余人"。法融由是渐成禅宗一系，世称牛头宗或牛头禅。

房玄龄、许敬宗、敬播等奉诏撰《高祖实录》20卷、《今上实录》（即《太宗实录》）20卷成，七月十六日进上。

按：《资治通鉴》卷一九七载，初，房玄龄监修国史，太宗谓之曰："前世史官所记，皆不令人主见之，何也？"对曰："史官不虚美，不隐恶，若人主见之必怒，故不敢献也。"太宗曰："朕之为心，异于前世帝王。欲自观国史，知前日之恶，为后来之戒，公可撰次以闻。"玄龄乃与给事中许敬宗等删为《高祖实录》、《今上实录》。至是书成，奏上。太宗见书中所述"玄武门之变"事，语多隐晦，谓玄龄曰："周公诛管、蔡以安周，季友鸩叔牙以存鲁，朕之所为，亦类似耳，史官何违焉！"即命削去浮词，直书其事。

敬播是年前后奉房玄龄之令，删简颜师古《汉书注》为40卷。

按：敬播有史才，颇为房玄龄称许，故有此令。《旧唐书》卷一八九上本传曰："时梁国公房玄龄深称播有良史之才，曰：'陈寿之流也。'玄龄以颜师古所注《汉书》文繁难省，令播撮其机要，撰成四十卷，行于代。"颜师古所撰《汉书注》原为120卷，事见贞观十五年条。

魏徵正月戊辰卒（580—　）。徵字玄成，魏州曲城人。唐初名臣、史学家。好学博览，多所通涉。少尝出家为道士，隋末奔瓦岗军，后归唐。历任起居舍人、谏议大夫、侍中、太子太师等职，爵封郑国公，以疾卒，追赠司空、相州都督，谥曰"文贞"。尝奉诏总纂五代史，撰《隋书》序论及《梁书》、《陈书》、《齐书》总论；又奉旨与虞世南、萧德言等辑录《群书治要》，今皆存。另撰有《时务策》5卷、《谏事》5卷、《隋书列传》1卷、《类礼》20卷、《祥瑞图》10卷、《励忠节》4卷、《自古诸侯王善恶录》2卷、《周易义》6卷、《魏徵集》20卷，后皆散佚。今存其文集辑本。《全唐文》卷一三九至一四一辑录其文为3卷，《全唐诗》卷三一辑录其诗为1卷。事迹见《旧唐书》卷七一、《新唐书》卷九七，《全唐文》卷一四七有褚亮《圣制司空魏徵挽歌辞表》。清人王先恭撰有《魏文贞公年谱》，今人卢华语、张宇、郑学檬著有《魏徵评传》。

按：魏徵卒年，一说在贞观十六年，恐误。考《新唐书》本传、《旧唐书》卷三《太宗纪下》、《资治通鉴》卷一九六，皆作贞观十七年正月。清王鸣盛《十七史商榷》卷八六有具体考证。魏徵之著述，一说尚有《隋书·经籍志》，亦误。今存《隋书》诸志，原系单独成书，称《五代史志》，所述为梁、陈、北齐、周、隋五代事。该书至显庆元年方修成，由长孙无忌进上，后附于《隋书》流传，魏徵显然不可能参与纂修。参见今人黄永年等编《唐史史料学》。魏徵文集原本已佚，今存辑本，一为清人王灏《畿辅丛书》所收《魏郑公文集》，辑录徵之文凡24篇；一为今人吕效祖所编《新编魏徵集》，较前

伦巴德王罗塔里纂定《伦巴德法典》。

本为详。

又按：魏徵系唐初杰出政治家和史学家，以敢于犯颜直谏闻名于世，前后上疏凡二百余通，多为唐太宗采纳，为开创"贞观之治"做出了重要贡献。及魏徵卒，太宗深感痛惜，为之废朝五日，特命陪葬昭陵，且亲撰碑文书石，又作挽歌十首。《旧唐书》卷七一本传载，太宗尝谓侍臣曰："夫以铜为镜，可以正衣冠；以古为镜，可以知兴替；以人为镜，可以明得失。朕常保此三镜，以防己过。今魏徵殂逝，遂亡一镜矣！"魏徵总纂五代史，于诸史多有损益，务存简正，时称"良史"。其与虞世南等编录的《群书治要》，保存了不少今已失传之重要历史文献，如桓谭《新论》、仲长统《昌言》、袁准《正书》、蒋济《万杨论》、桓范《政要论》等。

李元昌四月卒，生年不详。元昌系唐高祖第七子，太宗之弟。少博学，善书画。武德初封鲁王，贞观中改封汉王。坐与太子李承乾反，赐死。事迹见《旧唐书》卷六四、《新唐书》卷七九。

按：李元昌书画颇为后人推崇。《历代名画记》卷九引李嗣真评曰，"（元昌）天人之姿，博综伎艺，颇得风韵，自然超举。碣馆深崇，遗迹罕见，在上品二阎之上'；又引裴孝源评曰，元昌"六法俱全，万类不失"。

谢偃约是年稍后卒，生年不详。偃本姓直勒氏，其祖仕北齐时改，卫州卫人。有文名，尤擅作赋，与李百药所作五言诗并称，时人谓"李诗偃赋"。仕隋为散从正员郎，贞观初应诏对策，登高第，累迁弘文馆学士、魏王府功曹。及魏王李泰以罪降爵，出为湘潭令，寻卒。尝参撰《括地志》，著有《英公故事》4卷，另有集10卷，后皆佚。《全唐文》卷一五六收录其文12篇，《全唐诗》卷三八收录其诗4首。事迹见《旧唐书》卷一九〇上、《新唐书》卷二〇一。

按：据《旧唐书》本传，谢偃为魏王府属僚，"（贞观）十七年，府废，出为湘潭令，卒"。知偃卒当在本年稍后。姑系于此。

僧法藏（ —712）生。

贞观十八年　甲辰　644年

阿拉伯人入突尼斯。

正月壬寅，太宗幸骊山温泉，作《温泉铭》，刻于石。

按：太宗《温泉铭》，今存石刻拓本，见《敦煌遗书》第4508页，参见近人罗振玉《莫高窟石室秘录》。

三月，诏："州县依前荐举，皆集今冬。奇伟必收，浮华勿采，无使巴人之调滥吹于萧韶，魏邦之珍沉光于江汉。务尽报国之义，以副兴贤之怀。"

按：时太宗于内殿召见诸州举子，问以浅近，皆不能答；又令至中书省对策，构思弥日，终不达问旨。遂令放还，论举主罪，仍加一等，乃下是诏。《册府元龟》卷六四三载此事于三月，《唐大诏令集》系太宗《荐举贤能诏》于二月。此从前者。

是年，开科取士，登秀才科1人，进士及第24人。

按：见《登科记考》卷一。

房玄龄为司空、太子太傅，以太宗欲征高丽，上言谏阻，未果。十月甲寅，太宗东赴洛阳，欲御驾亲征，玄龄奉命留守京师。

按：见《旧唐书》卷六六本传、卷三《太宗纪下》。

令狐德棻起为雅州刺史。

按：令狐德棻去年因受太子李承乾被废事牵连除名，至是复起，后又坐事去职。见《旧唐书》卷七三本传。

李百药八月奉敕作诗和太宗《帝京篇》十首，太宗嘉叹其工。

按：李百药工五言诗，与谢偃齐名，人称"李诗谢赋"。《旧唐书》卷七二本传曰："太宗尝制《帝京篇》，命百药并作，上叹其工，手诏曰：'卿何身之老而才之壮，何齿之宿而意之新乎！'"《金石录》卷三、《宝刻丛编》卷二系此事于贞观十九年八月，然当时太宗在辽东御驾征高丽，何以能在长安与百药唱和？《玉海》系于本年八月，从之。

褚遂良为太子宾客，以太守欲亲征高丽，上奏谏阻，谓隋炀累征高丽而致亡国，足为教训，不纳。寻拜黄门侍郎，参综朝政。前后谏奏及陈言便宜之表疏凡数十上，颇为太宗称赞。

按：见《旧唐书》卷八〇本传。

刘洎八月由散骑常侍进拜侍中。

按：见《旧唐书》卷三《太宗纪下》。

岑文本八月由中书侍郎进拜中书令。

按：见《旧唐书》卷三《太宗纪下》。

来济由考功员外郎转太子司议郎，仍兼崇贤馆直学士，与太子舍人李义府俱掌文翰，以辅太子李治，时称"来李"。

按：见《旧唐书》卷八〇本传、卷八二《李义府传》。

僧慧净约是年或稍前为普光寺主，与长孙无忌、于志宁等唱和，互作诗百余首，李义府为之序。颇为当时文士推崇，竞相仿效。

按：《续高僧传》卷三本传曰："皇储目瞩净之神锐难加也，乃请为普光寺任。"又曰："于冬日普光寺卧疾，……于是帝朝宰贵赵公、燕公以下名臣和将百许首，中书舍人李义府……为诗序云。由斯声唱更高，玄儒属目，翰林文士，推承冠绝，竞述新制，请摘瑕累。""皇储"指李治，贞观十七年四月册立为太子。慧净卒于贞观十九年，参见该年条。由是知其为普光寺主及与长孙无忌等唱和，当在本年或稍前。姑系于此。

盖文达卒(578—　)。文达字艺成，冀州信都人。唐初经学家。博涉经史，尤明《春秋三传》。隋大业中为国子助教，唐贞观中累迁国子司业，坐事去职。起为正议大夫兼崇贤馆学士，寻卒。事迹见《旧唐书》卷一八九上、《新唐书》卷一九八。《全唐文》卷一四五有于志宁所撰《唐太傅盖公墓志铭》。

按：盖文达系唐初大儒，与盖文懿俱知名于世，时人合称"二盖"。盖文懿，生卒年、字号不详，贝州宋城人。精研诸经，博通诗文。武德中为国子助教，时唐高祖于秘书省置学馆，教授王公子弟，以文懿为博士。尝开讲《毛诗》，深得公卿赞许。贞观中，卒于国子博士任。事迹见清沈炳震《唐书合钞》卷二四六、罗士琳《旧唐书校勘记》卷六三。

　　王绩卒（约590—　）。绩字无功，号东皋子，祖籍太原祁门，祖王一始居龙门。初唐诗人、学者。隋大业中举孝悌廉洁，历秘书省正字、六合县丞。隋末弃官归乡，隐居不出。入唐，为待诏门下省、太乐丞。欲续成王度《隋书》未就，又注《老子》，著《会心高士传》5卷，《酒经》、《酒谱》各1卷，后皆佚。有集20余卷，原本散逸，今存吕才重编《王无功文集》。另有《东皋子集》5卷，今亦存。《全唐文》卷一三一至一三二辑录其文为2卷，《全唐诗》卷三七辑录其诗为1卷。事迹见《旧唐书》卷一九二、《新唐书》卷一九六、吕才《王无功文集序》、辛文房《唐才子传》卷一。今人张锡厚著有《王绩研究》。

　　按：王绩系王度、王通弟，家学渊源深厚。《全唐文》卷一六〇吕才《东皋子后序》曰："君性好学，博闻强记。与李播、陈永、吕才为莫逆之交，阴阳、历数之术，无不洞晓。"绩性简放，慕老、庄之风，清高自持，不入俗流。其诗风质朴清新，于当时诗坛独树一帜。明何良俊《四友斋丛说》卷二五评曰："唐时隐逸诗人，当推王无功、陆鲁望为第一。盖当武德之初，犹有陈、隋遗习，而无功能尽洗铅华，独存体质。……今观其诗，近而不浅，质而不俗，殊有魏、晋之风。"其文集，原本散逸，今存《王无功文集》（一作《王绩集》），系友人吕才重新编辑。《东皋子集》，今有韩理洲会校本等；中唐时陆质删为《东皋子集》3卷（一作2卷），今亦存，有《四库全书》本等。

　　李袭誉约是年或稍后卒，生年不详。袭誉字茂实，狄道人。唐初学者。性严整，好聚书。初仕隋，入唐授太府少卿，累迁扬州大都督府长史，有政绩。转凉州都督，行同州刺史。坐事除名，流泉州，卒于流所。撰有《五经妙言》40卷、《江东记》30卷、《忠孝图传赞》20卷、《明堂序》1卷，后多散佚。事迹见《旧唐书》卷五九、《新唐书》卷九一《李袭志传》附传。

　　按：《旧唐书》本传谓李袭誉"流于泉州，无几卒"。考《文馆词林》卷六六七唐太宗《获石瑞曲赦凉州诏》，其中有"朕嗣守祧……十七载于兹矣"、"金紫光禄大夫、行同州刺史、检校都督、安康郡开国公李袭誉赐绢一百匹"云云，知贞观十七年袭誉尚在凉州任上，其坐事流泉州及卒当在本年或稍后。姑系于此。

贞观十九年　乙巳　645年

苏我氏灭，日本孝德登基，建元大化。

拜占庭舰队抵亚历山大城。

阿拉伯埃及总督始建海军。

　　二月，太宗自洛阳东征高丽，诏太子留定州监国。丁巳至河阳，作文祭比干墓；癸酉至邺，作文祭魏太祖曹操。

　　按：唐太宗所作两篇祭文，见《全唐文》卷一〇。唐军是次征高丽，唯攻陷高丽玄菟、横山、盖平、辽东等十城，徙其民七万而已。至九月，以久攻高丽安市城不下，且辽东早寒，草枯水冻，军粮将尽，太宗遂令班师。明年三月，返抵长安。见《旧唐书》卷三《太宗纪下》、《资治通鉴》卷一九七、一九八。

是月，太子李治在定州监国，令州郡举贤良之才，各地荐举者前后至数百人。

> 按：《册府元龟》卷二五九载太子令曰："宜颁下州郡，妙简贤良。其有理识清通，执心贞固，才高位下，德重位轻，或孝悌力行，素行高于州里；或鸿笔丽藻，美誉陈于天庭；或学术该通，博闻千载；或政事明允，才为时新。如斯之伦，并堪经务，而韬光匆用，仕进无阶，委身蓬荜，深为可叹。所在官僚，精加访采，庶使垂纶必察，操筑无遗，一善弓旌，咸宜举送。"

十二月，停四时听选之制，复旧制。

> 按：四时听选之制始于贞观元年十二月，至是，中书令马周摄吏部尚书，以四时选为劳，请复以十一月选，次年三月毕。太宗从之。见《资治通鉴》卷一九八。

是年，开科取士，考功员外郎王师旦知贡举，登秀才科3人，另上书拜官1人。

> 按：见《登科记考》卷一。

长孙无忌在司徒、太子太师任。二月太宗亲征高丽，无忌以检校侍中衔，与中书令岑文本、杨师道从驾。及东征还，无忌固辞师傅之位，优诏听罢太子太师之职。

> 按：见《旧唐书》卷六五本传、卷三《太宗纪下》。

高士廉为开府仪同三司，二月兼摄太子太傅，与侍中刘洎、中书令马周、太子少詹事张行成、太子右庶子高季辅并掌机务，在定州辅佐太子监国。

> 按：见《旧唐书》卷三《太宗纪下》。

许敬宗以本官检校中书侍郎，代岑文本卒后所阙。

> 按：岑文本卒于本年，见下文条。

阎立德随驾从征高丽，主事填道造桥，使兵无留碍，颇得太宗称赞。及还，受诏造翠微宫及玉华宫，皆称旨，由是迁工部尚书。

> 按：《旧唐书》卷七七本传谓阎立德于贞观十八年随驾东征高丽，误。太宗东征，事在本年。参见上文二月条。

僧玄奘自天竺东归，正月二十四日返抵长安。携回佛经梵文原典五百二十夹，计六百五十七部。二月，谒太宗于洛阳宫，奉敕于弘福寺设译场，翻译佛经。五月，译成《菩萨藏》等经。

> 按：玄奘西行天竺事，见贞观三年条。其自长安出发，经河西、西域入天竺。贞观五年至摩揭陀国，留学那烂陀寺，入戒贤论师门下，习《瑜伽师地论》等，又学《显扬》、《婆沙》、《俱舍》、《顺正理》、《对法》、《因明》、《声明》、《集量》、《中》、《百》等论，潜心研学凡五年。其后，遍游五天竺，访谒名贤，寻求梵本佛典。复还那烂陀寺，依戒贤之命，讲《摄大乘论》、《识抉择论》等。又会和中观、瑜伽二宗作《会宗论》，撰《破恶见论》驳乌荼国小乘论师之"破大乘论"，由是名震天竺。戒日王特举办曲女城大法会，请其为坛主；复邀集五天竺十八国王于首都钵罗那迦城，开七十五日之无遮大会，为其饯行。贞观十七年始东归，经于阗、楼兰等地，于本年抵长安。前后凡历17年。太宗劝其还俗从政，力辞不从。遂召集各地名僧二十余人，分任证义、缀文、正字、证梵等职，协助其翻译佛典。此后，玄奘专致于译经及弘法，由是开启佛经翻译

之新时期。见《大唐大慈恩寺三藏法师传》、今人汤用彤《隋唐佛教史稿》附《隋唐佛教大事年表》。近人熊十力《中国哲学史论文初集》曰:"佛法东来,在奘师未出世前,所有经论,总称旧译。奘师主译之一切经论,是谓新译。"

僧道宣在终南山勤于著述,六月奉召至长安,于弘福寺译场任缀文大德,参与玄奘翻译佛经事。

按:见《宋高僧传》卷一四、《佛祖统纪》卷三九、《佛祖历代通载》卷一二。

僧善导在并州师事僧道绰,是年绰卒,遂赴长安,住光明寺。

按:善导师从道绰事,见贞观十五年条。此后三十年余年,善导于京师弘扬念佛法门,曾与僧金刚法师论念佛之优劣,颇为世人所重,称其为"弥陀化身"。

僧神昉奉召入长安弘福寺玄奘译场,协助玄奘翻译佛典,由是成为玄奘门人。

按:神昉生卒年、籍贯不详。初住法海寺,精通大小乘经论。师从玄奘后,与僧嘉尚、普光、窥基并为"玄门四神足",世称大乘昉,又称昉法师。著有《成唯识论要集》10卷、《十轮经疏》(一作《十轮经抄》)3卷、《种姓差别集》3卷等,今皆不传。《全唐文》卷九〇八收录其文1篇。事迹见《大唐大慈恩寺三藏法师传》卷六。

僧玄应奉召入长安弘福寺玄奘译场,任正字大德一职。

按:玄应生卒年、籍贯不详。唐代译经僧。通晓梵语异文,广识古今异字。贞观末奉敕撰《一切经异义》25卷,另撰有《摄大乘论疏》10卷、《因明入正理论疏》3卷、《大般若经音义》3卷,及《玄应音义》、《辩中边论疏》等,后皆佚。事迹见《续高僧传》卷八、《大唐内典录》卷五、《大唐大慈恩寺三藏法师传》卷六等。

僧窥基始为玄奘赏识,欲度之。因其出身贵族,未果。

按:窥基系唐初开国公尉迟宗之子。

东塔宗僧怀素是年始师从玄奘。

按:怀素初学经论,后从律宗高僧道成具足戒,遂专攻律部,由是开创佛教律学东塔宗一系。见《宋高僧传》卷一四本传。

新罗僧圆测在唐已有盛名,是年始就玄奘受学。

按:圆测于贞观元年来唐,参见该年条。

僧道宣著《比丘尼钞》、《续高僧传》成。

按:两书今皆存。《比丘尼钞》,《佛祖统纪》卷二九、《佛祖历代通载》卷一二均作3卷,今本作6卷。《续高僧传》,《贞元新定释教目录》卷二三著录30卷,《旧唐书》卷四六《经籍志上》著录20卷和30卷两种,《新唐书》卷五九《艺文志三》著录20卷,宋、元藏本作31卷,明、清藏本作40卷。今存《大正藏》本为30卷,又有34卷本。该书资料搜集甚广,道宣《续高僧传序》自云其撰是书,"或博咨先达,或取讯行人,或即目舒之,或付觿集传。南北国史,附见徽音;郊郭碑碣,旌其懿德。皆摄其志行,举其器略"。书中分译、义解、习禅、明律、护法、感通、遗身、读诵、兴福、杂科十类,为南朝梁慧皎《高僧传》之后,中国古代佛教人物传记又一部重要著作,是研究南北朝至唐初中国佛教之发展变化的基本参考文献之一。后道宣又著《后集续高僧传》10卷,惜已散佚。或谓该书已羼入现存《续高僧传》之内。

爱尔兰的圣高尔卒(约550—)。

僧道绰四月二十七日卒(562—)。道绰俗姓卫,世称西河禅师,并州汶水(一说晋阳)人。唐初佛教净土宗第二祖,日本真宗尊为七高僧中之第四位。年十四出家，广习经论，尤精《大涅槃经》。尝从学于僧慧瓒，后于并州玄中寺专修僧昙鸾所创之净土之说。讲经弘法，倡念佛之教，为世人敬重。弟子有善导、道抚、僧衍、道闿等。著有《安乐集》2卷，今存；另有《观经玄义》1卷等，已佚。事迹见《续高僧传》卷二〇、《净土往生传》卷中、迦才《净土论》卷下。

僧法常六月二十六日卒（567— ）。法常俗姓张，南阳白沙人。唐初高僧。年十九出家，师从名僧昙延。精研佛理，博考诸派异同。贞观间奉敕住长安大禅定寺，兼任空观寺上座，又参与佛经翻译。讲经弘法，四方影从，游学者数千。新罗王子金慈藏亦弃王位，远来受其菩萨戒。著有《摄大乘论义疏》8卷、《观无量寿经疏》1卷，及《涅槃》、《维摩》、《胜鬘》等经疏十余种，皆行于当世。事迹见《续高僧传》卷一五、《广弘明集》卷二五、《开元释教录》卷八。

僧慧净约卒（约578— ）。慧净俗姓房，真定人。唐初高僧、佛教学者。博通经论，有辩才，能诗文。房玄龄等称为"东方菩萨"，与为法友。初住龙田寺，与法琳互相唱和。贞观中为普光寺主，晚年专注译佛教经论。著有《杂心玄文》、《金刚般若释文举义》、《大庄严论》、《文疏》、《法华经缵述》、《诗英华》等，后多散佚。《全唐文》卷九〇四收录其文3篇，《全唐诗》卷八〇八收录其诗4首。事迹见《续高僧传》卷三。

按：慧净卒年，史无明载。考《续高僧传》卷三本传，有"贞观十九年，更崇翻译"、"下召追赴，谢病乃至，今春秋六十八"云云，其卒当在本年或稍后，姑系于此。

颜师古卒（581— ）。师古名籀，以字行，一说字籀，雍州万年人。唐初经学家、史学家、训诂学家。仕隋为安养县尉，入唐，历中书舍人、中书侍郎、秘书监等职，进爵琅邪县子。随驾东巡，卒于道，谥曰"戴"。尝奉敕考定《五经正本》，参与撰写《五经正义》、《隋书》、《大唐仪礼》等，著有《汉书注》120卷、《匡谬正俗》8卷、《急就章注》1卷、《大业拾遗记》1卷，今存。另有集60卷（一说40卷），及《安兴贵家传》、《王会图》、《吴兴集》、《庐陵集》等，皆佚。《全唐文》卷一四七至一四八辑录其文编为2卷，《全唐诗》卷三〇收录其诗1首。事迹见《旧唐书》卷七三、《新唐书》卷一八九。今人罗香林编有《颜师古年谱》，申屠炉明著有《孔颖达、颜师古评传》。

按：颜师古于唐初儒学经籍整理、文献校勘、史书编纂多有贡献，深为学者所重。《旧唐书》本传曰："师古少传家学，博览群书，精训诂，善属文。"又论曰："师古家籍儒风，该博经义，至于详注史策，探测典礼，清明在躬，天有才格。然而三黜之负，竟在时讥，孔子曰'才难'，不其然乎？"《新唐书》本传谓时人有"杜征南、颜秘书为左丘明、班孟坚忠臣"之说，杜征南即杜预，颜秘书即师古。

又按：颜师古出身学术世家。祖父颜之推为北朝著名学者，父颜思鲁、叔父颜游秦、弟颜相时皆有学业。颜游秦于武德初累迁廉州刺史，封临沂县男，卒于郓州刺史。尝撰《汉书决疑》12卷，后师古注《汉书》，多取其义。颜相时字睿，贞观中累迁谏议大夫，转礼部尚书。师古卒，不胜哀而亡。

基督教凯尔特派僧侣。传教于高卢、瑞士。

岑文本四月丁未卒(595—)。文本字景仁，棘阳人。唐初学者。博考经史，善属文。贞观中历秘书郎、中书舍人、中书侍郎等职，封江陵县子。专典机要，朝中诏告，多出其手。累迁中书令，从驾征高丽，至幽州，暴疾卒，谥曰"宪"。曾先后参修《周书》、《大唐氏族志》、《文思博要》等，有集60卷，已散佚。《全唐文》卷一五〇、《唐文拾遗》卷一五存录其文20篇，《全唐诗》卷三三、《全唐诗补编·续拾》卷二存录其诗5首。事迹见《旧唐书》卷七〇、《新唐书》卷一〇二。

按：岑文本年少即有学名，推崇道家绝巧弃智、返朴归真之思想，又主张重农抑商，讲求节俭，反对侈欲。与令狐德棻等撰《周书》，史论多出其手。

张士衡卒，生年、字号不详。士衡，瀛州乐寿人。唐初经学家。初从刘轨思学《毛诗》、《周礼》，又从大儒熊安生及刘焯习《礼记》，遂遍讲《五经》，尤精《三礼》，为时人推崇。仕隋为余杭令，后辞职归乡里。唐贞观中擢授朝散大夫、崇贤馆学士，复归乡里，卒于家。事迹见《旧唐书》卷一八九上、《新唐书》卷一九八。

按：隋唐之际，《三礼》之学颇兴，张士衡系唐初《三礼》学之重要学者。清赵翼《廿二史札记》卷二〇曰："六朝人最重《三礼》之学，唐初犹然。张士衡从刘轨思授《毛诗》、《周礼》，又从熊安生、刘焯受《礼记》，皆精究大义。当时受其业者推贾公彦。公彦撰《周礼义疏》五十卷，《仪礼义疏》四十卷。公彦子大隐，亦传其业。又有李元植从公彦授《礼》学，撰《三礼音义》，行于世。王恭精《三礼》，另为《义证》，甚精博。盖文懿、文达皆当世大儒，每讲必遍举先儒义而畅恭所说。王元感尝撰《礼记绳愆》，徐坚、刘知幾等深叹赏之。王方庆尤精《三礼》，学者有所咨质，必究其微，门人次为《杂礼答问》。他如褚无量、韦逌、高仲舒、唐休璟、苏安恒，皆精《三礼》。"

又按：张士衡高足贾公彦，洺州永年人，永徽中官至太学博士。其学承汉代古文经学观点，对《周礼》、《仪礼》之性质、作用加以区别，以为《周礼》有别于夏、商断代史，而《仪礼》系兼异代之法之儒家礼治史，故应以《仪礼》为本，《周礼》为末。《朱子语类》卷八六载朱熹论唐代诸经义疏，以为贾氏所作《周礼义疏》最佳。尝参预《五经正义》之《礼记正义》编撰。所撰除《周礼义疏》、《仪礼义疏》外，另有《礼记疏》80卷、《孝经疏》5卷、《论语疏》15卷。《全唐文》卷一六四收录其文2篇。事迹见《旧唐书》卷一八九上。贾公彦子贾大隐，官至礼部侍郎。《旧唐书》卷四七《经籍志下》著录其《老子述义》10卷，《新唐书》卷五九《艺文志四》著录其《注公孙龙子》1卷，《全唐文》卷一八九收录其文1篇。事迹见《新唐书》卷一九八。贾公彦弟子李玄植，兼习《春秋左氏传》于王德韶，又受《毛诗》于齐威，博涉及老、庄诸子之说。贞观中累迁太子文学、弘文馆直学士。高宗时颇受敬重，屡被召见，尝与道士、沙门在御前讲说经义。后坐事左迁沁水令，卒于官。事迹见《旧唐书》卷一八九上、《新唐书》卷一九八。

刘洎十二月庚申卒，生年不详。洎字思道，江陵人。隋末附萧铣，后举地归唐，授南康州都督长史，贞观中累迁侍中。以太宗亲征高丽，兼太子左庶子，辅佐太子李治监国。因与褚遂良不合，赐死。有集10卷，已佚。《全唐文》卷一五一收录其文3篇，《全唐诗》卷三三存录其诗1首。事迹见《旧唐书》卷七四、《新唐书》卷九九。

李峤（ —约714）约生。

贞观二十年　丙午　646年

正月丁丑，遣使巡察四方，黜陟官吏。

按：此次奉敕巡察者，有孙伏伽、褚遂良等22人。见《旧唐书》卷三《太宗纪下》。

闰三月四日，诏修史所更撰《晋书》。

按：两晋以降，修撰晋史者为数颇多，至唐初尚存十八家。《玉海》卷四六《晋史十八家》引唐太宗诏，以为诸家晋史"虽存记注，才非良史，书非实录"，或"烦而寡要"，或"味同画饼"，"其文既野，其事罕有"，遂下诏重修。《唐会要》卷六三曰："诏令修史所更撰《晋书》，铨次旧闻，裁成义类，其所须可依修五代史故事。若少学士，量事追取。"清浦起龙《史通通释》卷一二、王鸣盛《十七史商榷》卷四三皆谓《晋书》始修于贞观十八年，近人余嘉锡《四库提要辨证》卷三对此考辨甚详，以为当始于本年，至贞观二十二年完成。

六月，诏天下诸州举人，除道德、政术之才外，亦求文学之士。

按：《全唐文》卷八有太宗《令天下诸州举人手诏》，《唐大诏令集》卷一〇二作《搜访才能诏》。太宗下此诏时间，诸书所载不一。《唐大诏令集》作贞观二十一年六月，《文苑英华》作贞观二年正月。今从《册府元龟》。

十月，太宗诏论佛教之不可信。

按：《资治通鉴》卷一九八载太宗诏，略曰："朕于佛教，非意所遵。求其道者未验福于将来，修其教者翻受辜于既往。至若梁武穷心于释氏，简文锐意于法门，倾帑藏以给僧祇，殚人力以供塔庙。及乎三淮沸浪，五岭腾烟，假余息于熊蹯，引残魂于雀鷇，子孙覆亡而不暇，社稷俄倾而为墟，报施之征，何其谬也！"时太子太保萧瑀请出家，故太宗有此诏，从中亦见太宗于佛教之真实态度。

是年，开科取士，考功员外郎王师旦知贡举，登秀才科1人，进士及第3人。

按：见《登科记考》卷一。

令狐德棻赋闲在家，为房玄龄奏荐，奉诏与敬播等修《晋书》。

按：令狐德棻时由雅州刺史坐事去职在家。唐太宗诏更修《晋书》事，参本年闰三月条。《旧唐书》卷七三令狐德棻本传曰："有诏改撰《晋书》，房玄龄奏德棻令预修撰。当时同修一十八人，并推德棻为首，其体制多取决焉。"

萧瑀为太子太保，奏请出家为僧。太宗不许，手诏斥之，遂贬为商州

日本"大化革新"始。

日本颁薄葬令。

阿拉伯人入外高加索。

拜占庭北非总督叛。

刺史。

> 按：见《旧唐书》卷六三本传。

来济迁中书舍人，参与《晋书》修纂。

> 按：见《旧唐书》卷八〇本传。

王义方为太子校书，坐与刑部尚书张亮交通，贬为儋州吉安丞。

> 按：儋州在今海南。是年张亮被诬告谋反死，与其交游者多被贬，义方亦在其中。其在儋州三年，大兴教育，发展文化，召集当地部族首领，汇聚生徒，亲为讲经，行释奠之礼，于当地社会文化的发展影响甚大。见《旧唐书》卷一八七上。

张昌龄应进士举，知贡举王师旦以其体性轻薄，文章浮艳，黜之。

> 按：《旧唐书》卷一九〇上本传谓张昌龄是年进士及第，恐误。考《唐会要》卷七六、《新唐书》卷二〇一本传、《资治通鉴》卷一九八、《登科记考》卷一，均谓昌龄为王师旦所黜。又，《唐会要》系此事于贞观二十二年九月，亦误。

僧道宣由长安仍回终南山丰德寺，继续著述。

> 按：道宣入长安参与佛经翻译事，参见去年条。

天台宗僧智威补朝散大夫，受赐大师号。

> 按：见《佛祖统纪》卷三九。

僧玄奘著《大唐西域记》（一作《西域记》，又称《西域行记》）12卷成，七月十三日奏上，并上新译佛经5部，凡58卷。

> 按：玄奘自天竺返长安后，即奉敕撰述游历事迹，至是书成。《全唐文》卷九〇六有玄奘《进〈西域记〉表》，卷八有唐太宗《答玄奘法师进西域记书诏》；另有辩机《大唐西域记赞》。今存本题"三藏法师玄奘奉诏译，大总持寺沙门辩机撰"，则该书实由玄奘口述，辩机笔录和编次。参见杨廷福《玄奘年谱》、陈垣《大唐西域记撰人辩机》、芮传明《大唐西域记全译·前言》。该书记述今中亚及印度诸国风土人情、社会生活、文化习俗、历史地理等，内容丰富，涉及广泛，为研究唐代西域和天竺各国历史文化及与唐朝文化交流之重要文献资料。清人丁谦有《大唐西域记考证》，今人周连宽有《大唐西域记史地研究丛稿》，季羡林等有《大唐西域记校注》。另，玄奘随《西域记》所上5部新译佛经分别为：《大菩萨藏经》20卷、《佛地经》1卷、《六门陀罗尼经》1卷、《显扬圣教论》20卷、《大乘阿毗达磨杂集论》16卷。

僧智凯七月二十八日卒，生年不详。智凯俗姓冯，丹阳人。僧吉藏弟子。贞观中于嘉祥寺讲论《三论》，游学者达八百余人。事迹见《续高僧传》卷一四。

> 按：僧吉藏弟子名智凯者有两人，另一人为扬州人。参见武德六年吉藏条按语。

褚无量（ —720）、牛头宗僧智威（ —722）生。

贞观二十一年　丁未　647年

正月丁酉，诏来年二月封禅泰山，令天下诸州荐送"学艺优洽、文蔚翰林，政术甄明、才膺国器"者，会集于泰山。

按：是年八月，以河北大水，复诏停封禅，各州荐举之人并诣洛阳。见《登科记考》卷一、《唐会要》卷七、《册府元龟》卷三五、《唐大诏令集》卷六六。

二月壬申，诏以左丘明等先秦以降二十一位先世名儒配享孔子庙，以崇儒道。

按：《旧唐书》卷一八九上《儒学传序》载太宗诏曰："左丘明、卜子夏、公羊高、谷梁赤、伏胜、高堂生、戴圣、毛苌、孔安国、刘向、郑众、杜子春、马融、卢植、郑玄、服虔、何休、王肃、王弼、杜元凯、范宁等二十一人，并用其书，垂于国胄。既行其道，理合褒崇。自今有事太学，可与颜子俱配享孔子庙堂。"同书卷三《太宗纪下》及卷二四《仪礼志》、《新唐书》卷一五、《贞观政要》卷七等所载略同。太宗即位后，尤尊崇儒学，尝诏崇梁、周、陈、隋历代名儒之后，事见贞观十四年二月。至是，复以左氏等21人配享孔庙，实为前代历朝所未见。然综观唐世，太宗之后，历高宗、武后两朝，重文士而轻儒术，经学渐趋消沉，至玄宗朝方有所恢复。《旧唐书》卷一八九《儒学传序》曰："高宗嗣位，政教渐衰，薄于儒术，尤重文吏。于是醇醲日去，华竞日彰，犹火销膏而莫之觉也。及则天称制，以权道临下，不吝官爵，取悦当时。其国子祭酒，多授诸王及驸马都尉，准贞观旧事。祭酒孔颖达等赴上日，皆讲《五经》题。至是，诸王与驸马赴上，唯判祥瑞按三道而已。至于博士、助教，唯有学官之名，多非儒雅之实。是时复将亲祠明堂及南郊，又拜洛，封嵩岳，将取弘文国子生充齐郎行事，皆令出身放选，前后不可胜数。因是生徒不复以经学为意，唯苟希侥幸。二十年间，学校顿时隳废矣。玄宗在东宫，亲幸太学，大开讲论，学官生徒，各赐束帛。及即位，数诏州县及百官荐举经通之士，又置集贤院，招集学者校选，慕儒士及博涉著实之流。"

是年，开科取士，考功员外郎王师旦知贡举，进士及第7人，另有陈元敬等登明经科。

按：见《登科记考》卷一。

唐遣使至天竺取熬糖之法。

长孙无忌在司徒任，六月癸亥加扬州都督。

按：见《旧唐书》卷三《太宗纪下》。长孙无忌实未南下赴任，系遥领扬州都督。

褚遂良以黄门侍郎检校大理寺，十月丁父忧去职。

按：褚遂良父褚亮之卒，参见本年下文条。

张昌龄五月戊子诣阙献《翠微宫颂》。太宗召之，命试作《息兵诏》，敕于通事舍人里供奉。

按：见《旧唐书》卷一九〇上本传。同书卷三《太宗纪下》载，翠微宫初名太和

阿拉伯人伐北非。

印度波那跋陀著历史著作《戒日王本行》，叙事诗《伽旦波利》。

宫,建于本年四月。五月戊子,太宗幸翠微宫。张昌龄献《翠微宫颂》,当在此时。

僧玄奘奉敕与道士蔡晃、成英(成玄英)译《老子》等为梵文,以传于西域。因诸人彼此意见不一,颇多争论,终未完成。

按:时有李义表者自西域还,奏请译《老子》以遗西域,太宗遂命玄奘等翻译。然翻译过程中,玄奘与诸道士因如何解释《老子》之义屡生争论,事遂中辍。见《续高僧传》卷四《玄奘传》、《宋高僧》卷二七《含光传》、《佛祖统纪》卷二九等。另,《集古今佛道论衡》卷丙谓时已译成《道德经》。据今人李养正《关于唐初僧道译〈老〉为梵的争论》(载《世界宗教研究》1996年第3期)考证,《佛道论衡》所载有误。

牛头宗僧法融在牛头山幽栖寺,十一月开讲《法华经》。

按:见《续高僧传》卷三三本传。法融入牛头山研修禅法事,参见贞观十七年条。

僧普光在长安弘福寺师事玄奘。是年玄奘译《解深密经》和《大乘五蕴论》,普光笔受。

按:普光生卒年、籍贯不详,玄奘上首弟子,与僧神昉、嘉尚、窥基并称"玄门四神足"。玄奘自贞观十九年首创译场,至麟德元年终于玉华宫,其所译佛典,多由普光笔受。其著述今存3部:《俱舍论记》30卷,与僧神泰、法宝二疏并为《俱舍论》三大疏,后由弟子僧圆晖略为10卷,今存本为7卷;《俱舍论法宗原》1卷;《百法明门论疏》2卷(一作1卷)。另有《大因明记》2卷和《婆沙论钞》等,皆佚。普光之俱舍学实总集玄奘所传,故后世推其为得玄奘正传者。事迹见《宋高僧传》卷四、《开元释教录》卷八等。

又按:普光弟子僧圆晖,生卒年、籍贯不详。幼习性相之学,精研《俱舍论》。开元初年,住京师大云寺,略摄普光《俱舍论记》正义,兼采法宝《俱舍论疏》,撰《俱舍论颂释疏》29卷(后人补作30卷),颇为学者推崇,世称"圆晖疏"。后弟子僧崇廙、慧晖、道麟(一作遁麟)分别作《俱舍论颂疏义府钞》20卷、《俱舍论颂疏义钞》6卷、《俱舍论颂疏记》29卷以释之,又有僧法盈作《俱舍论颂疏序记》1卷,由是圆晖疏盛行于世。事迹见《俱舍论颂疏序》、《宋高僧传》卷五。

僧文纲是年十二,出家,师从四分律宗始祖道宣,始学律学。

按:见《宋高僧传》卷一四本传。

褚亮九月卒(560—)。亮字希明,原籍阳翟,先祖徙居钱塘。少敏慧,博览群书,名闻于世。隋时历东宫学士、太常博士、西海郡司户等职。唐初附陇西薛举,后入秦王李世民幕,为秦府十八学士之一。贞观中累迁散骑常侍,封阳翟县侯。以年老致仕,卒于家。追赠太常卿,谥曰"康"。有集20卷,已散佚。《全唐文》卷一四七收录其文6篇,《全唐诗》卷三二收录其诗编为1卷。事迹见《旧唐书》卷七二、《新唐书》卷一〇二。

按:褚亮卒年,两《唐书》本传均未明载。褚亮系褚遂良之父。《旧唐书·褚遂良传》谓本年遂良"丁父忧";《新唐书·宰相表》亦谓本年"十月癸丑,遂良以父丧罢"。本年十月甲寅朔,癸丑为九月三十日。知褚亮卒当在九月。

高士廉正月壬辰卒(576—)。士廉名俭,以字显,渤海蓨县人。少有器局,博涉文史,与薛道衡、崔赜为忘年交。隋大业中为治礼郎,坐事谪岭南。入唐,历太子右庶子、侍中、益州大都督府长史、吏部尚书,尚书右仆射等职，累封申国公。卒于家，追赠司徒、并州都督，谥曰"文献"。主持编纂《文思博要》1200卷、《大唐氏族志》100卷。《全唐文》收录其文2篇。事迹见《旧唐书》卷六五、《新唐书》卷九五，《全唐文》卷七六四有萧邺《大唐故吏部尚书赠尚书右仆射渤海高公神道碑》。

  按：高士廉居官正直，为时人所称。《资治通鉴》卷一九七载太宗评曰："高士廉涉猎古今，心术明达，临难不改节，当官无朋党，所乏者骨鲠规谏耳。"

  杨师道卒，生年不详。师道字景猷，华阴人，杨恭仁弟。唐初诗人、书法家。隋末客居洛阳，为王世充所拘，后遁归唐。武德中累迁太常卿，封安德郡公。贞观中，历侍中、中书令、吏部尚书、工部尚书等职。卒于官，谥曰"懿"。尝参修《文思博要》，有集10卷，已佚。《全唐文》卷一五六收录其文1篇，《全唐诗》卷三四辑录其诗编为1卷。事迹见《旧唐书》卷六二、《新唐书》卷一〇〇。

  魏知古（ —715）、**薛登**（ —719）、**道士司马承祯**（ —735）**生**。

  按：薛登原名谦光，后奉敕改。

  又按：司马承祯生年，一说永徽五年，今从《旧唐书》卷一九二本传及《云笈七签》卷五。

贞观二十二年　戊申　648年

  十月，敕毁《三皇经》。

  按：《三皇经》系魏晋以来流传之符书。所谓"三皇"，即天皇、地皇、人皇。后由此形成道教三皇派（又称洞神三皇派），该经亦列入道教经书三洞之一。本年，吉州上表谓民间流传有道士鲍靓所作《三皇经》，宣称"欲为天子、欲为皇后者，可读此经"。太宗遂下令毁之。《法苑珠林》卷六九载太宗敕曰："《三皇经》文字既不可传，又语涉妖妄，宜并除之，即以老子《道德经》替处。有诸道观及以百姓人间有此文者，并勒送省除毁。"《集古今佛道论衡》卷丙系此事于本年，从之。经此次毁经事件，三皇派渐趋衰微。

  十二月庚午，长安慈恩寺落成。

  按：该寺系太子李治为文德皇后祈福所建。《佛祖统纪》卷三九曰："十二月，皇太子为文德皇后建慈恩寺，择京城大德五十人以居之，各度侍者六人。敕太常九部乐，奉迎梵本诸经、瑞像、舍利、五十大德入寺。"

  闰十二月，唐军击败龟兹，由是天山以南之地尽归唐。

  按：见《旧唐书》卷三《太宗纪下》。

  是年，开科取士，考功员外郎王师旦知贡举，进士及第9人。

  按：见《登科记考》卷一。

  长孙无忌正月以司徒兼检校中书令，知尚书、门下两省事。

拜占庭帝君士坦斯二世颁《教义规范诏书》，禁论基督人性、神性说。

按：见《旧唐书》卷三《太宗纪下》。

令狐德棻以参修《晋书》功，受召复起，除秘书少监。

按：令狐德棻初为雅州刺史，坐事免职，至是复起。见《旧唐书》卷七三本传。

褚遂良丁父忧，二月奉诏起复黄门侍郎，九月己亥进拜中书令。

按：褚遂良于去年九月丁忧去职。见《旧唐书》卷三《太宗纪下》。

李淳风以预修诸史功，迁太史令。

按：李淳风曾参修《晋书》等史，事见贞观十五年。

张昌龄为崑山道行军记室，随军征西域，凡军书露布，皆出其手。

按：见《旧唐书》卷一九〇上本传。

僧玄奘六月为太宗所召，见于玉华宫。七月，上所译《瑜伽师地论》100卷。八月，太宗为其所译佛经作《大唐三藏圣教序》，命上官仪当众读之，敕贯群经之首；太子李治亦作《述圣论》及《菩萨藏经后序》。十月，以新建大慈恩寺告成，奉敕入住该寺译经院。

按：《圣教序》及《述圣记》，分见《全唐文》卷一〇、卷一五。《全唐文》卷七四二刘轲《大唐三藏大遍觉法师塔铭》谓太宗及李治作文事在六月，恐误。冥祥《大唐故三藏法师行状》、玄奘谢表及太宗答书均作八月，从之。

僧窥基年十七，正式出家，受度为玄奘弟子。初住弘福寺，后随师迁入大慈恩寺。

按：见《宋高僧传》卷四本传。玄奘欲度窥基事，参见贞观十九年条。

房玄龄等奉诏更纂《晋书》130卷成。

按：《晋书》始纂于贞观二十年，参见该年闰三月条。至是书成，以太宗亲撰《宣帝纪》、《武帝纪》及《陆机传》、《王羲之传》四篇文末之论，遂总题为"御撰"。《旧唐书》卷六六谓该书撰成于贞观二十年，误。余嘉锡《四库提要辨证》卷三对此考证甚详，从之。《唐会要》卷六三载，该书由房玄龄、褚遂良、许敬宗总掌其事，参修者有中书舍人来济，著作郎陆元仕、刘子翼、刘胤之，主客郎中卢承基，太史令李淳风，太子舍人李义府、薛元超，起居郎上官仪，主客员外郎崔行功，刑部员外郎辛丘驭，光禄寺主簿杨仁卿，御史台主簿李延寿，校书郎张文恭等，前雅州刺史令狐德棻、太子司仪郎敬播、主客员外郎李安期、屯田员外郎李怀俨"详其条例，量加考正"。以臧荣绪《晋书》为本，"捃摭诸家及晋代文集，为十纪、十志、七十列传、三十载记"。该书颇为唐、宋学者所讥。《旧唐书》玄龄传曰："受诏重撰《晋书》……以臧荣绪《晋书》为主，参考诸家，甚为详洽。然史官多是文咏之士，好采诡谬碎事，以广异闻；又所评论，竞为绮艳，不求笃实，由是颇为学者所讥。"刘知幾《史通》评曰："大唐修《晋书》，作者皆当代词人，远弃史、班，近宗徐、庾。夫以饰彼轻薄之句，而编为史籍之文，无异加粉黛于壮夫，服绮纨于高士者矣。"

又按：该书今存，有南北监本、汲古阁本、武英殿本、百衲本等，以"百衲本"为最早版本，系据宋本所辑。唐人何超撰有《晋书音义》3卷。迨至清代，渐受重视，补遗、校注之作迭出，有丁国钧《补晋书艺文志》4卷、《晋书校文》5卷，文廷式《补晋书艺文志》6卷，吴士鉴《补晋书经籍志》4卷、《晋书斠注》130卷，黄逢元《补晋书艺文志》4卷，杨家骆《两晋遗籍辑存》，毕沅《晋书地理志新补正》5卷，洪亮吉《东晋疆域志》4卷、《十六国疆域志》16卷，钱仪吉《补晋书兵志》1卷，秦锡田《补晋宗室王侯表》1卷、《补晋异姓封爵表》1卷、《补晋僭国表》1卷，秦锡圭《补晋执政表》1卷、《补晋方镇表》

1卷,吴向之《晋方镇年表》,劳格《晋书校勘记》3,周家禄《晋书校勘记》5,蒋礼鸿《唐会要史馆编修前代史晋书笺》等。

唐太宗撰《帝范》12篇,正月己丑赐太子。

按:《帝范》诸篇,分别为《君体》、《建亲》、《求贤》、《审官》、《纳谏》、《去谗》、《戒盈》、《崇俭》、《赏罚》、《务农》、《阅武》、《崇文》。该书《旧唐书·经籍志》、《新唐书·艺文志》均著录为4卷,《郡斋读书志》、《崇文总目》作1卷,《玉海》引《中兴书目》作2卷。今存《四库全书》本,系清四库馆臣从《永乐大典》中辑出,仍编为4卷。又有清咸丰粤雅堂丛书本等。另,《全唐文》卷一〇录有太宗《帝范序》、《帝范后序》两文。

王玄策五月奉使天竺,后撰《中天竺国行记》10卷,又集随行巧匠所摹印度佛像为《中天竺国图》3卷。

按:王玄策尝于贞观十年奉使天竺,是年为右卫率长史,再使天竺,蒋师仁为副。《资治通鉴》卷一九九载,时天竺分东、西、南、北、中五部,以中天竺最强,四天竺皆臣服之。玄策奉使天竺,诸国皆遣使入贡。适中天竺王卒,大臣阿罗那顺自立,发兵攻玄策,尽掠各国贡物。玄策征吐蕃、泥婆罗等国兵还击中天竺,大破之,俘阿罗那顺。天竺震动,城邑聚落降者五百八十余所。事又见《旧唐书》卷一九六《吐蕃传上》及同书卷三《太宗纪下》、《新唐书》卷二二《西域传上》。高宗即位后,王玄策又奉使天竺,显庆五年十月启程归国。《旧唐书》卷一九八《西戎传》曰:"五天竺所属之国数十,风俗物产略同。有伽没路国,其俗开东门以向日。王玄策至,其王发使贡以奇珍异物及地图,因请老子像及《道德经》。"其撰《中天竺国行记》及摹《中天竺国图》,一说于本年奉使回国后,一说于显庆年间出使后。两说未详孰是,姑系于此。

李百药卒(565—)。百药字重规,安平人。隋内史令、安平公李德林之子。初唐史学家。博通经史,工五言诗,与谢偃齐名,人称"李诗谢赋"。初仕隋,入唐累官宗正卿,进爵安平县子。以年老致仕,卒谥"康"。尝参与修订礼制和律令,又奉诏修北齐史,遂续其父旧稿,著《齐书》50卷,今存(即《北齐书》)。另有文集30卷,已散佚。《全唐诗》卷四三辑录其诗编为1卷。事迹见《旧唐书》卷七二、《新唐书》卷一〇二、《唐诗纪事》卷四、《唐才子传》卷一。

按:李百药系唐初著名史学家和诗人,为时人所重。《旧唐书》卷七二本传曰:"百药以名臣之子,才行相继,四海名流,莫不宗仰。藻思沈郁,尤长于五言诗,虽樵童牧竖,并皆吟讽。性好引进后生,提奖不倦。所得俸禄,多散之亲党。又至性过人,初侍父母丧还乡,徒跣单衣,行数千里,服阕数年,容貌毁悴,为当时所称。及悬车告老,怡然自得,穿池筑山,文酒谈赏,以舒平生之志。"

孔颖达六月十八日卒(574—)。颖达字仲达,冀州衡水人。唐初著名经学家。尝问学于隋代大儒刘焯,尤明《左氏传》、《郑氏尚书》、《王氏易》、《毛诗》、《礼记》,兼善算历,解属文。隋时举明经高第,授河内郡博士,补太学助教。入唐,累官国子祭酒,进爵曲阜县子。以年老致仕,卒赠太常卿,谥曰"宪",陪葬昭陵。曾参修《隋书》,与朝贤修定《五礼》,撰《孝经义疏》,又奉敕主持编撰《五经正义》180卷。另有文集5卷,已散佚。《全唐文》卷一四六收录其文7篇。事迹见《旧唐书》卷七三、《新唐书》卷一九八。《全唐文》卷一四五录有于志宁《大唐故太子右庶子银青光禄大夫国子祭酒上护军曲阜宪公孔公碑铭》。今人申屠炉明著有《孔颖达、颜师古评传》。

按：孔颖达年寿，新、旧《唐书》本传皆未言及。于志宁所撰《孔公碑铭》谓其卒年"七十有五"；《石墨镌华》引《孔颖达碑》谓其于"贞观二十二年六月十八日薨"。以此上推，孔颖达当生于陈太建六年。孔颖达系唐初大儒，对当时及后世经学发展影响颇大。其主持编撰《五经正义》，实为唐经学史和中国儒学史上一重要事件。该书不特推动唐代义疏之学得以形成和光大，更值得注意的是其融会南、北之学，结束了南北朝以来儒家经学的分裂局面，使之重新走向统一。《旧唐书》本传评曰："孔颖达风格高爽，幼而有闻，探赜明敏，辨析应对，天有通才。人道恶盈，必有毁讦。及《正义》炳焕，乃异人也，虽其掎摭，亦何损于明？"孔颖达子孔志及志子孔惠元亦有学名。孔志累迁国孔司业，孔惠元又为司业。祖孙三代皆充学官，时人美之。

萧瑀六月癸酉卒（575—　）。瑀字时文，南兰陵人。好经术，善属文。仕隋为河池郡守，唐初以郡归附，备受信用，封宋国公，累迁左仆射。贞观中，数起复，历御史大夫、同中书门下三品等职，参知朝政。卒谥"贞褊"。有集1卷，已佚。《全唐文》卷一三三收录其文1篇。事迹见《旧唐书》卷六三、《新唐书》卷一〇一。

房玄龄七月癸卯卒（579—　）。玄龄字乔，山东临淄人。唐初政治家、学者。博综典籍，善属文，工书法，尤擅长草、隶，精于史。隋开皇中举进士，累授洹水尉。隋末大乱，入李世民幕，竭力谋划，功推首位。贞观中，久掌相职，进爵梁国公，明达吏治，务为宽平，号为"良相"。以疾卒，追赠太尉、并州都督，谥曰"文昭"，陪葬昭陵。先后奉诏监修梁、陈、周、齐、隋五代史及《晋书》、《高祖实录》、《今上实录》（即《太宗实录》），主持修纂《大唐新礼》100卷、《贞观律》12卷、《贞观令》27卷、《贞观格》18卷、《留司格》1卷、《贞观式》33卷、《文思博要》12000卷。事迹见《旧唐书》卷六六、《新唐书》卷九六。

按：《旧唐书》本传谓房玄龄名乔，以字行。今从《新唐书》本传。玄龄系唐初名相，颇为时人赞誉。《资治通鉴》卷一九九引中唐史学家柳芳评曰："玄龄佐太宗定天下，及终相位，凡三十二年，天下号为贤相。然无迹可寻，德亦至矣。故太宗定祸乱而房、杜不言功，王、魏善谏而房、杜让其贤，英、卫善将兵而房、杜行其道，理致太平，善归人主，为唐宗臣，宜哉！"

马周正月庚寅卒，生年不详。周字宾王，茌平人。嗜学，善《诗》、《春秋》。武德中补州助教，旋去职，居中郎将常何家。贞观中，奉诏对论时政，拜监察御史，累迁中书侍郎，卒于中书令、银青光禄大夫任。有集10卷，已佚。《全唐文》卷一五五收录其文5篇，《全唐诗》卷三九收录其诗1首。事迹见《旧唐书》卷七四、《新唐书》卷九八。

苏味道（　—705）、**僧处寂**（　—734）生；**杜审言**（　—708）约生。

按：《全唐文》卷二四一宋之问《祭杜学士审言文》谓杜审言景龙二年卒；《旧唐书》卷一九〇上谓杜审言卒年六十余。以其年六十一卒计，约当生于本年。

贞观二十三年　己酉　649 年

五月己巳,唐太宗李世民卒(599—　)。八月庚寅,葬于昭陵。

按:李世民系唐高祖李渊次子,隋末力劝其父起兵,武德初封秦王,率军征战,削平群雄。于王府设文学馆,广引文学之士入幕。武德末发动"玄武门之变",得以继位。在位凡二十三年,修明政治,革弊布新,关注民生,倡扬文教,遂致治世,史称"贞观之治"。《旧唐书》卷七三《邓世隆传》评曰:"太宗以武功定海内,栉风沐雨,不暇于诗书。暨乎嗣业,进引忠良,锐精思政,数年之后,道致隆平。遂于听览之暇,留情文史,叙事言怀,时有构属,天才宏丽,兴托玄远。"太宗常与魏徵、房玄龄等侍臣讨论治国之道,每以隋亡为鉴。现存《贞观政要》一书,多录其相关言论。又亲撰《帝范》12篇,论述为君之则,今存。实行三教并举政策,尤推崇儒学,尝命颜师古等刊定《五经》文字,又令孔颖达等撰写《五经正义》,使魏晋以来经学南、北诸流派重归合一。完善官学体系,发展科举制度,对人才培养和选拔颇为留意。重视总结历史经验教训,命宰相兼领史职,修撰晋、梁、齐、陈、周、北齐、隋等诸代史,并亲撰《晋书》宣帝、武帝二纪和陆机、王羲之两传之论,由是全面确立史馆之制。于兵法理论亦不乏独到见解,尝与李靖等论用兵之道,其言论见《李卫公问对》一书。凡此种种,对唐前期文化和学术思想之发展演变产生广泛影响。有集40卷,宋时已多散逸,仅存3卷。《直斋书录解题》卷一六曰:"《唐太宗集》三卷。唐太宗皇帝本集四十卷,《馆阁书目》但有诗一卷六十九首而已。今此本第一卷赋四篇、诗六十五首,后二卷为碑铭、书诏之属,而讹谬颇多。世所传太宗之文见于石刻者,如《帝京篇》、《秋日效庾信体诗》、《三藏圣教序》,皆不在。又《晋书》纪传论,称'制曰'者四,皆太宗御制也。今独载宣、武二纪论,而陆机、王羲之传论不预焉。"后《唐五十家集》、《全唐文》、《全唐诗》等皆收录其部分诗文。今有翼宇、吴云校注《唐太宗全集》,收录其诗93首,赋5篇,文告456篇。另有赵克尧、许道勤著《唐太宗传》、刘后滨著《说唐太宗》、陈飞著《唐太宗》等。

六月甲戌朔,太子李治即位,是为唐高宗。

按:见《旧唐书》卷四《高宗纪上》。

是月,诏举人才。

按:见《册府元龟》卷六七帝王部、卷六四五贡举部。

十二月,诏诸州散乐,太常寺留200人,余皆放还。

按:《唐会要》卷三三载,散乐历代有之,其名不一,非部伍之声,俳优歌舞杂奏,总谓之百戏,跳铃、掷剑、透梯、戏绳、缘竿、弄枕等。

是年,开科取士,考功员外郎王师旦知贡举,登秀才科1人,进士及第者8人。

按:见《登科记考》卷一。

长孙无忌在司徒任,五月与褚遂良并受太宗遗令辅政。六月高宗即

阿拉伯舰队始取塞浦路斯。

公元638年之"希拉克略敕令"获罗马教会谴责。

西哥特王钦达斯温思立子雷塞斯温思为共治者。

位,进拜太尉,仍兼检校中书令,知尚书、门下二省事。无忌固辞知尚书省事,高宗许之,令以太尉同中书门下三品。

按:见《旧唐书》卷六五本传、卷四《高宗纪上》。

褚遂良在中书令任,奉太宗遗命,与长孙无忌共同辅政。及高宗即位,赐爵河南县公。

按:见《旧唐书》卷八〇本传。

王义方由儋州吉安丞转洹水丞,北上赴任。后再转云阳丞,复奉召入朝,为著作佐郎。

按:见《旧唐书》卷一八七上本传。王义方贬谪儋州事,参见贞观二十年条。

萧德言累表请致仕,是年获准。

按:见《旧唐书》卷一八九上本传。

邓行俨有史学,贞观中为著作郎。

按:邓行俨著有《东都记》30卷,已佚。其生平事迹,史载不详。《新唐书》卷五八《艺文志二》仅云其"贞观著作郎"。唐许嵩《建康实录》(中华书局1986年点校本)卷一七张忱石校勘记谓邓行俨即邓世隆,史臣为避唐太宗、玄宗名讳改。今人谢秉洪《〈建康实录〉作者与成书时代新论》(载《南京师大学报》社会科学版2004年第5期)一文亦持此说,以为《新唐书·艺文志》既录有邓行俨《东都记》30卷,又录有邓世隆《东都记》30卷,实为同人、同书。然按两《唐书》邓世隆传,世隆于隋末为王世充兄子太曾宾客,及唐初平定王世充,世隆改易姓名,隐居白鹿山。贞观时征授国子主簿,卒于著作郎。又,张钫《千唐志斋藏志》所录《荆州司马邓森志》,谓邓森系邓行俨子,"父行俨,皇朝应举擢第,蒙授松州嘉城县令",后历密州朱城令、蕲州永宁令。以此见之,邓行严仕历与邓世隆颇有差异,似非为同一人。今姑分别记之。

罗道琮尚节义,上书忤旨,流徙岭表。

按:道琮流徙事,两《唐书》本传皆系于贞观末,当在本年或稍前,姑系于此。道琮生卒年、字号不详,蒲州虞乡人。流徙岭表,岁余遇赦还。后登明第,官至太学博士,遂为名儒。事迹见《旧唐书》卷一八九下、《新唐书》卷一九八本传。

卢照邻约是年或稍前授邓王李元裕府典签,为元裕信用,王府书记一以委之。时王府有书十二车,照邻披览,略能记忆。

按:李元裕系唐高祖第十七子。《旧唐书》高祖诸子传谓元裕"好学,善谈名理,与典签卢照邻为布衣之交";同书卷一九〇上卢照邻本传亦有"初授邓王府典签,王甚重之"云云。唐张鷟《朝野佥载》谓照邻"弱冠拜邓王府签"。以卢照邻约生于贞观四年(参见该年条)计,至本年约二十岁,则其为邓王府属僚应在本年或稍前,姑系于此。

阎立德以工部尚书摄司空,营护太宗山陵。事毕,进爵为公。

按:见《旧唐书》卷七七本传。

王福畤重新编次其父王通《中说》10卷。

按:王福畤系王通季子,王勃之父。《全唐文》卷一六一王福畤《王氏家书杂录》曰:"(贞观)十九年,仲父被起为洛州录事,又以《中说》授余……余因辨类分宗,编为十编,勒成十卷。其门人弟子姓字本末,访诸纪谍,列于《外传》,以备宗本焉。……时贞观二十三年正月序。"文中所言"仲父",即王通弟王凝。凝曾整理《中说》,事见贞观元年。由是知王福畤编次《中说》当始于贞观十九年后,至本年正月告成。今存

《中说》10卷,即为其所编之本,所说《外传》已不存。今人尹协理、魏明《王通论》谓王福畤重新编排时,多有篡改。福畤后又对王凝编定之《王氏六经》重加整理,事见咸亨五年王勃条。王福畤生于武德四年,《旧唐书·王勃传》、杨炯《王勃集序》等谓其历太常博士、雍州司功参军,坐事迁交趾令,转六合令,终齐州长史。卒年不详。《全唐文》卷一六一收录其文5篇。其子见于史籍者有六人:王勔、王勮(一作励)、王勃、王助、王劼、王勋(一作劝),皆有文名。尤以季子王勃最著称于世,为"唐初四杰"之一。

  僧玄应是年前撰《一切经音义》25卷。

  按:该书世称《玄应音义》,在当时颇有影响,研习音义者,莫不以此为范准。后僧慧琳撰《一切经音义》(世称《慧琳音义》),于该书多有参考。今佚。

  李靖五月辛酉卒(571—)。靖字药师(一说系本名),三原人。唐初军事家。少有文武材略,尤喜兵书。仕隋累除马邑郡丞,武德初投入李世民帐下,率军征战,屡立功勋。贞观中,累官尚书右仆射,爵封卫国公。卒赠司徒、并州都督,谥曰"景武"。著有《李卫公兵法》,已佚。后人辑其论兵语,编为《李卫公问对》,今存。事迹见《旧唐书》卷六七、《新唐书》卷九三。

  僧道洪卒(571—)。道洪俗姓尹,河东人。佛教律学高僧。年十三出家,师从僧昙延学《涅槃经》,又从僧净学《十地经论》。贞观中为长安律藏寺上座,参与玄奘译经事。卒于大慈恩寺。弟子有智首等。事迹见《续高僧传》卷一五。

  许叔牙卒,生年不详。叔牙字延基,润州句容人。唐初学者。精于《毛诗》、《礼记》,善讽咏。历晋王府侍读、太常博士,迁太子洗马兼崇贤馆学士,仍兼侍读。卒赠太常卿,谥曰"博"。尝参与注范晔《后汉书》,著有《毛诗纂义》10卷,已佚。事迹见《旧唐书》卷一八九上、《新唐书》卷一九八。

  按:许叔牙之子许子儒亦以学艺见称。子儒生卒年不详,字文举。高宗时为奉常博士,参修朝廷礼仪。长寿中历天官侍郎、弘文馆学士,封颍川县男。尝注《史记》,未就而终。

  郑世翼贞观中卒,生年、字号不详。世翼,荥阳人。有文名。武德中历万县丞、扬州录事参军,贞观中坐谤怨,流嶲州,卒于流所。著有《交游传》2卷,另有文集8卷,后皆佚。《全唐诗》卷三八收录其诗5首。事迹见《旧唐书》卷一九〇上、《新唐书》卷二〇一《崔信明传》附传。

  按:郑世翼卒年,史无明载,《旧唐书》本传谓"贞观中,坐怨谤,配流嶲州,卒"。姑系于贞观之末。

  薛稷(—713)生。

唐高宗永徽元年　庚戌　650 年

南部斯拉夫人尽取巴尔干半岛。

正月辛丑朔，改元永徽。

按：见《旧唐书》卷四《高宗纪上》。

五月丁未，令群臣各进封事，言时政得失。

按：见《旧唐书》卷四《高宗纪上》。

六月，诏："儒官员缺，即宜补授；其馆博士、助教节级赐物。三馆学士有业科高第、景行淳良者，所司简试，具以名闻。"

按：高宗是诏，载《册府元龟》卷五〇。

是年，开科取士，登秀才科 1 人，进士及第 14 人。

按：见《登科记考》卷二。

褚遂良进爵河南郡公，十一月，左迁同州刺史。

按：见《旧唐书》卷四《高宗纪上》。

令狐德棻奉诏参与修定律令，复为礼部尚书，兼弘文馆学士，监修国史及《五代史志》。寻迁太常卿，仍兼弘文馆学士。与宰臣及诸学士奉高宗之召集于中华殿，讨论为政之道。

按：《五代史志》撰成于显庆元年，即今《隋书》诸志。《旧唐书》卷七三令狐德棻本传曰："高宗初嗣位，留心政道。尝召宰臣及弘文馆学士于中华殿而问曰：'何者为王道、霸道？又孰为先后？'德棻对曰：'王道任德，霸道任刑。自三王已上皆行王道，唯秦任霸术，汉则杂而行之。魏晋已下，王、霸俱失。如欲用之，王道为最，而行之为难。'高宗曰：'今之所行，何政为要？'德棻对曰：'古者为政，清其心，简其事，以此为本。今天下无虞，年谷丰稔，薄赋敛，少征役，此乃合于古道，为政之要莫过于此。'"

于志宁以侍中加光禄大夫，进封燕国公。

按：见《旧唐书》卷七八本传。

李义府由太子舍人迁中书舍人。

按：见《旧唐书》卷八二本传。

萧德言致仕在家，以尝为高宗傅，加银青光禄大夫。

按：见《旧唐书》卷一八九上本传。萧德言致仕事，参见贞观二十三年条。

张后胤为散骑常侍，请致仕。高宗从之，特加光禄大夫，给赐并同职事，以示优渥。

按：见《旧唐书》卷一八九上本传。

刘胤之转著作郎、弘文馆学士，奉诏参修国史、实录。

按：见《旧唐书》卷一九〇上本传。

薛元超擢拜给事中，加朝散大夫。数上言，陈君臣政体和时政得失，多为高宗采纳。寻转中书舍人，加弘文馆学士，兼修国史。

按：《旧唐书》卷七三附传曰："高宗即位，擢拜给事中，时年二十六。"据《杨炯集》卷一〇《薛振行状》载，薛元超生于武德六年，至本年应为二十六岁。

孙处约是年应制举，登下笔成章科，授著作佐郎。

按：孙处约登下笔成章科事，两《唐书》皆不载。此据《唐代墓志汇编》咸亨〇六九《唐故司成孙公墓志铭》。

长孙无忌等撰《贞观实录》20卷成，闰五月二十三日进上。

按：该书已佚。据《唐会要》卷六三载，书中所述事，上起贞观十五年，下讫二十三年。

敬播复拜著作郎，奉诏与许敬宗等撰《西域图》。

按：敬播尝因参修《隋书》，迁著作郎兼修国史。参见贞观十年条。

僧道宣九月增订完成《含注戒本》并《疏》；是年又著成《释迦方志》2卷。

按：诸书今皆存。道宣于武德七年入终南山开始著述，至是基本形成其南山律宗之理论体系。其前后所著之《四分律删繁补阙行事钞》、《四分律删补随机羯磨疏》、《四分律比丘含注戒本疏》、《四分律拾毗尼义钞》、《比丘尼义钞》五书，后称"律学五大部"。又，道宣自贞观十九年参加译经，兼考证西域方舆，《释迦方志》即在此基础上著成。

谷那律九月卒，生年、字号不详。律，魏州昌乐人。唐初经学家。博通诸经，褚遂良称之为"九经库"。贞观中累补国子博士，迁谏议大夫，兼经文弘馆学士，卒于官。尝参修《尚书正义》20卷。事迹见《旧唐书》卷一八九上、《新唐书》卷一九八。

按：谷那律之孙谷那倚相亦有学名，官秘书省正字，校雠图书，多所刊定。

刘子翼卒，生年不详。子翼字小心，晋陵人，刘祎之父。有学行，性峭直。仕隋为秘书监，贞观初奉召，以母老辞。及母没，遂拜吴王府功曹参军，终著作郎、弘文馆学直士。有集20卷，已佚。事迹见《旧唐书》卷八七、《新唐书》卷一一七《刘祎之传》。

王勃（　—676）、杨炯（　—约694）生。

按：《王子安集笺注》卷一《春思赋》曰："咸亨二年，余春秋二十有二。"《杨炯集》卷一《浑天赋》曰："显庆五年，炯时年十一。"据此推，两人均生于本年。

巴纳著成印度浪漫主义小说《卡达姆巴丽》。

《古兰经》"鄂斯曼定本"成。

永徽二年　辛亥　651年

三月十四日，诏刊正孔颖达等所撰《五经正义》。

按：《唐会要》卷七七曰："永徽二年三月十四日，诏太尉赵国公长孙无忌，及中书门下，及国子三馆博士、弘文学士，故国子祭酒孔颖达所撰《五经正义》，事有遗谬，

阿拉伯人取小亚西亚东部。

仰即刊正。"

七月癸巳，诏诸礼官、学士议明堂制度，以高祖配五天帝，太宗配五人帝。

> 按：见《旧唐书》卷二一《礼仪志一》、《资治通鉴》卷一九九。

八月乙丑，大食国始遣使来朝。

> 按：大食国即阿拉伯帝国。《旧唐书》卷一九八《西戎传》曰："大食国，本在波斯之西。……永徽二年，始遣使朝贡。"杜佑《通典》卷一九三《大食国》亦有类似记载。《旧唐书》卷四《高宗本纪上》系此事于八月。一说是年大食国使者抵唐，实为伊斯兰教传入中国之始端。参见贞观六年条。

是年，开科取士，进士及第25人。

> 按：是年起，始停秀才科。《登科记考》卷二注曰："《玉海》引《登科记》，云是年始停秀才举。按《新唐书·韩思复传》曰：'举秀才高第。'思复在永徽后，所谓秀才者，即进士科也。"

长孙无忌与褚遂良同心辅政，颇为高宗尊崇。无忌数进谋议，高宗无不优纳。

> 按：见《旧唐书》卷六五本传。

于志宁奉敕监修国史。八月己巳，由侍中迁尚书左仆射，同中书门下三品。

> 按：见《旧唐书》卷四《高宗纪上》。

李义府在中书舍人任，是年兼修国史，加弘文馆学士。

> 按：见《旧唐书》卷八二本传。

来济由中书舍人拜中书侍郎，兼弘文馆学士，监修国史。

> 按：见《旧唐书》卷八〇本传。

骆宾王在道王李元庆幕。道王令府僚各言所能，宾王不奉，另作《自叙状》以上。

> 按：骆宾王所撰《自叙状》，见《骆临海集笺注》卷九。文中有"叨兹下秩，于今三年矣"云云。宾王约贞观二十三年入道王府，至本年已三年。

僧弘忍师事禅宗四祖道信数十年，是年道信卒，得传衣钵，仍住蕲州黄梅县双峰山。后以前来游学者日众，遂建黄梅东山寺，世称"五祖黄梅"，称其禅学为"东山法门"。

> 按：弘忍师从道信事，参见隋大业三年、八年条；道信隐居双峰山（破头山）事，参见武德七年。

颜扬庭为符玺郎，刊正颜师古所撰《匡谬正俗》书稿，勒成8卷，十二月八日进上，诏付秘书阁收藏。

> 按：颜扬庭系颜师古之子。初，师古以世传《诗经》、《论语》、《尚书》、《礼记》、《春秋》、《左传》、《史记》、《汉书》及汉赋和六朝史书多有错乱，遂刊正诸书文字谬误，解其字义，正其读音，释其俗语，明其源由，撰《匡谬正俗》八篇。然至其去世，尚未最终定稿，体例内容芜杂。扬庭整理其父遗稿，加以刊正，于本年底进上。其所上《上匡谬正俗表》曰："臣亡父先臣师古，尝撰《匡谬正俗》，藁草才半，部帙未终。……臣

敬奉遗文,谨遵先范,分为八卷,勒成一部。百氏纰缪,虽未可穷;六典迁讹,于斯矫革。谨斋诣阙,奉表以闻。轻触威严,伏深震悚。永徽二年十二月八日,符玺郎臣颜扬庭上。"《旧唐书》卷七三《颜师古传》、《唐会要》卷三六皆谓扬廷上父书在永徽三年,显误。该书后世历代多有刊刻,宋时因避太祖赵匡胤讳,一度更名《刊谬正误》。今存。另,今人刘晓东撰有《匡谬正俗平议》一书,可资参考。

僧道信闰九月卒(580—)。道信俗姓司马,蕲州广济人。佛教禅宗第四祖,人称"双峰道信"。七岁出家,十二岁于舒州皖公山师事三祖僧粲,后得其嫡传。隋末住庐山大林寺,唐初隐居蕲州破头山,遂不复出。唐太宗曾数次请其入京,皆辞不就。卒,建塔于东山黄梅寺,中书令杜正伦为撰碑文。大历中,唐代宗追谥曰"大医禅师",塔铭号"慈云"。有弟子弘忍、法藏等。著有《菩萨戒法》、《入道安心要方便门》等。事迹见《续高僧传》卷三二、《佛祖统纪》卷二九、《景德传灯录》卷三、《佛祖历代通载》卷一二。

按:道信系唐初著名禅宗学者,在佛教理论上主张"心即佛",提倡"作坐"并行之修炼方法。今人杜继文、魏道儒《中国禅宗通史》以为,唐初禅宗"开始由流动转向定居,完成了禅众生活方式上的重大转变。道信作为最著名的定居创造者,其吸引力不止于当时的'诸州',而且影响于禅宗以后的发展,至大至久"。

刘希夷(—约 679)、僧慧沼(—714)、姚崇(—721)、僧普寂(—739)生。

按:《唐才子传》卷一《刘希夷传》谓希夷上元二年进士及第,时年二十五。以此推,当生于本年。

又按:《新唐书》卷一二四本传谓姚崇于开元九年卒,"年七十二"。以此推,其生当在永徽元年。然《全唐文》卷二三〇张说《故开府仪同三司上柱国赠扬州刺史大都督梁国公姚文贞公神道碑》谓其"享年七十有一,开元九年九月寝疾薨于东都之慈惠里",是则当于本年生。今从《神道碑》。

婆利睹梨诃利卒(约 570—)。印度哲学家,诗人,语法学家。

圣艾丹卒,生年不详。英格兰凯尔特派基督教僧侣。

永徽三年　壬子　652 年

五月庚辰,诏甄擢前代忠臣子孙。

按:《旧唐书》卷四《高宗纪上》曰:"诏以周司沐大夫裴融,齐侍中崔季舒、给事黄门侍郎裴泽、尚书左丞封孝琰,隋仪同三司豆卢毓、御史中丞游楚客等,并门挺忠鲠,其子孙各宜甄擢。"

是年,诏:"律学未有定疏,每年所举明法遂无凭准。宜广召解律人条义疏奏闻,仍使中书门下监定。"

按:高宗是诏,载《旧唐书》卷五〇《刑法志》。是年,长孙无忌等奉诏修定律令,高宗复命撰义疏以释律令。至明年,长孙无忌等遂上《律疏》,即今所《唐律义疏》。

阿拉伯人灭拜占庭海军于埃及亚里山大城海域。

参见该年条。

暂停贡举。

按：见《登科记考》卷二。

长孙无忌数上疏辞执政之职，高宗屡降手诏，敦谕不许。

按：见《旧唐书》卷六五本传。

褚遂良正月己巳由同州刺史奉召还朝，拜吏部尚书、同中书门下三品、监修国史，加光禄大夫，兼太子宾客，重掌相职。

按：见《旧唐书》卷四《高宗纪上》、卷八〇《褚遂良传》。

于志宁在尚书左仆射任，七月乙丑以本官兼太子少师。

按：见《旧唐书》卷四《高宗纪上》。

僧玄奘在大慈恩寺翻译佛经，是春奏请造西域式石塔，安置自天竺所带回之经像。高宗准之。

按：玄奘奏请所建之佛塔，即慈恩寺内之大雁塔，今犹存。

牛头宗僧法融在江宁县牛头山幽栖寺，受当地官员之邀，讲经弘法，聚僧众至千人。

按：见《续高僧传》卷三三本传。

中天竺僧无极高携梵文经论来唐，正月抵长安，奉敕住慈恩寺，翻译佛经。

按：无极高系中天竺高僧，梵名阿地瞿多。《宋高僧传》卷二本传载，无极高"学穷满字，行洁圆珠，精炼五明，妙通三藏"。其抵长安后，僧大乘琮等十六人，及英国公李世勣、鄂国公尉迟敬德等十二人，邀其在慧日寺浮图院建罗尼普集会坛。僧玄楷等又请其翻译法本，无极高遂"从《金刚大道场经》中撮要而译，集成一部，名《陀罗尼集经》一十二卷，玄楷笔受"。

长孙无忌等奉诏撰定《永徽律》12卷、《式》14卷、《式本》4卷、《令》30卷、《格》7卷、《留本司行格》18卷，进上。

按：唐太宗时，尝修订武德律令，参见贞观十一年正月条。高宗即位，复命太尉长孙无忌、司空李勣、尚书左仆射于志宁、右仆射张行成、侍中高季辅、黄门侍郎宇文节、柳奭、尚书右丞段宝玄、太常少卿令狐德棻、吏部侍郎高敬言、刑部侍郎刘燕客、给事中赵文恪、中书舍人李友益、少府丞张行实、太府丞王文端、大理丞元绍、刑部郎中贾敏行更定。至是完成。至龙朔二年，又诏司刑太常伯源直心、少常伯李敬玄、司刑大夫李文礼再加删改。

李泰十二月癸巳卒（618— ）。泰字惠褒，唐太宗第四子。好接士，善属文。初封魏王，贞观中坐废太子李承乾事，降封顺阳王，徙居均州郧乡。后进封濮王，卒谥"恭"。尝于王府置文学馆，广召文士，又奏引萧德言等撰《括地志》50卷。有《濮王泰集》20卷，已佚。事迹见《旧唐书》卷七六、《新唐书》卷八〇。

僧实叉难陀（ —710）生。

永徽四年　癸丑　653年

三月壬子朔，诏颁《五经正义》，令每岁明经科依此考试。

按：《五经正义》初由孔颖达等奉敕撰成进上，因部分学者持有异议，后又有所修订，其撰写和修订过程，参见贞观十四年、十六年和永徽二年三月条。至本年二月，全书修订完毕，二十四日由长孙无忌等进上，三月伊始遂正式颁行。《唐会要》卷七七曰："太尉无忌、左仆射张行成、侍中高季辅，及国子监官，先后受诏修改《五经正义》，至是功毕，进之。诏颁于天下，每年明经依此考试。"《全唐文》卷一三六收有长孙无忌《进〈五经正义〉表》。该书后编入《五经注疏》、《十三经注疏》，今存。

又按：《五经正义》之编修与颁行，系唐初整理儒家经典之重大举措，亦为古代经学史上的重要事件。该书总结了汉魏以来经学诸流派对经籍的解释，融合了南方和北方经学，开启了经学统一局面，对后世经学之发展影响甚大。今人蒙文通《经学抉原》曰："唐一区宇，孔颖达、贾公彦等制作《正义》，南北二学，遂合为一。"余锡瑞《经学历史》曰："自《正义》、《定本》颁之国胄，用以取士，天下奉为圭臬。唐至宋初数百年，士子皆谨守官书，莫敢议异矣。"马宗霍《中国经学史》曰："自《五经正义》出，而后经义无异说。……盖自汉以来，经学统一，未有若斯之专且久也。"

四月壬寅，诏文武官极言时政得失。

按：见《旧唐书》卷四《高宗纪上》。

是年，暂停贡举，行制举，登第者3人。

按：见《登科记考》卷二。

褚遂良九月由吏部尚书进拜尚书右仆射，仍知政事。

按：见《旧唐书》卷四《高宗纪上》。

令狐德棻由太常卿迁国子祭酒。

按：《旧唐书》卷七三本传载，此后令狐德棻又参修贞观十三年以来实录，又撰《高宗实录》30卷，兼授集贤馆学士，进爵为公。

来济为中书侍郎，是年同中书门下三品。

按：见《旧唐书》卷八〇本传。

长孙无忌等奉诏纂《律疏》30卷成，十一月九日进上，诏颁天下。

按：初，长孙无忌等尝奉撰定律令，复奉诏疏义律令，以为明经科凭准。参见永徽三年条。长孙无忌与司空李勣、尚书左仆射于志宁、刑部尚书唐临、大理卿段宝玄、尚书左丞刘燕客、御史中丞费行等遂诠释律令条文，撰成《律疏》。见《唐会要》卷三九。该书系中国古代重要法律著作，对后世影响颇大。今存，即《唐律疏义》。

拜占庭人执罗马教皇马丁第一。

赵弘智卒(572—)。弘智字号不详,新安人。唐初学者。博学多通,精《三礼》、《史记》、《汉书》。仕隋为司徒从事,武德初为郎楚之荐举,授詹事府主簿,转太子舍人。贞观中累迁黄门侍郎兼弘文馆学士,历莱州刺史、太子右庶子、光州刺史等。高宗即位后,累转陈王师,转国子祭酒、崇贤馆学士。卒,谥曰"宣"。尝参修五代史、《艺文类聚》、《五经正义》等书,永徽初于百福殿讲《孝经》,与诸儒辩论,未有能折之者。有集20卷,已佚。事迹见《旧唐书》卷一八八、《新唐书》卷一〇六。

崔融(—706)、桓彦范(—706)、李思训(—718)、元行冲(—729)、天竺僧法月(—743)生。

按:李思训生年,一说永徽二年,今从《金石萃编》卷七二《李思训碑》。

永徽五年　甲寅　654 年

阿拉伯人取罗德岛。同年,侵亚美尼亚。

西哥特王雷塞斯温思颁《西哥特法典》。

三月,高宗作《万年宫铭》,至五月勒石,长孙无忌、褚遂良、韩瑗、来济、许敬宗、李义府、长孙冲、薛元超、上官仪等均题名于碑。

按:高宗所作《万年宫铭》,见《全唐文》卷一五、《金石萃编》卷五〇。

是年,开科取士,进士及第1人。

按:见《登科记考》卷二。

薛元超为中书舍人、弘文馆学士,三月随驾至万年宫,与上官仪互相唱和。寻丁母忧解职。

按:《旧唐书》卷四《高宗纪上》载,是年三月戊午,高宗幸万年宫。《金石萃编》卷五〇高宗《万年宫铭》碑阴题有"中书舍人、弘文馆学士薛元超"。知元超随驾幸万年宫。《全唐诗》卷四〇上官仪《酬薛舍人万年宫晚景寓直怀友》,即为与元超唱和之作。又,《乾陵稽古》载《薛元超墓志》曰:"卅二,丁太夫人忧。"元超本年三十二岁,其丁母忧应在从幸万年宫后。

骆宾王在道王李元庆幕,是年前后离开王府,归齐鲁闲居。

按:《骆临海集笺注》卷七《上李太常伯启》有"宾王蟠木朽株","块然独居,十载于兹"云云。李少常伯即李安期,李百药之子。据《旧唐书》卷七二《李百药传》及《唐仆尚丞郎考》,李安期于龙朔三年为司列少常伯,寻检校东台侍郎、同东西台三品,知宾王上启当于该年。启中谓已闲居十年,由龙朔三年上推,则当始于本年前后。又,宾王于麟德二年所作《上齐州张司马启》,有"块然独处,一纪于兹"之语。自德麟二年上溯至本年,亦正好"一纪",即十二年。

卢照邻为邓王李元裕属僚。

按:卢照邻约贞观二十三年或稍前始为邓王府典签。考《金石萃编》卷五〇《万年宫铭》碑阴题有"使持节寿州诸军事、寿州刺史、上柱国、邓王臣元裕"。该铭碑建于本年五月,知元裕时已在寿州任上。《卢照邻集》卷四《五悲·悲惜游》亦有"少年游宦……淮南芳桂之岭"之语,淮南即指寿州。

僧玄奘去年夏接天竺大菩提寺高僧智光、慧天来信,本年分别作书答复。

按:是年二月,中天竺僧法常归国,携玄奘给智光等人信。见《大唐大慈恩三藏法师传》卷七。

僧窥基师从玄奘,奉朝命度为大僧,应选学习五天竺语文。

按:见《宋高僧传》卷四本传、《佛祖历代通载》卷一二。

僧法宝是年稍后撰《俱舍论疏》30卷。

按:该书于当时颇为佛教学者所重,世称《宝疏》,与神泰、普光所作疏并为俱舍论三大疏。法宝生卒年、俗姓、籍贯均不详,唐前期法相(唯识)宗高僧。受业于玄奘,协助其师译。资性敏利,与普光等并为奘门俊杰。武则天时,又参与僧义净译经活动,出任证义。因不拘师说,立五时八教之判,主张一性皆成之说,故被同门窥基慈恩一系视为异流。著述除《俱舍论疏》外,另有《一乘佛性究竟论》6卷、《大般涅槃经疏》2卷(一作1卷)、《释禅次第法门》1卷、《会空有论》1卷等。事迹见《开元释教录》卷九、《宋高僧传》卷四、《六学僧传》卷二三等。

萧德言卒(558—)。德言字文行,原籍南兰陵,世居雍州长安。博涉经史,尤精《春秋左氏传》,好属文。隋时为校书郎,入唐历著作郎兼弘文馆学士、秘书少监,赐爵封阳县侯。以年老致仕,卒赠太常卿,谥曰"博"。曾奉诏与魏徵、虞世南、褚遂良衷次经史百氏帝王所以兴衰者上之,又与顾胤、蒋亚卿、谢偃、苏勖等编撰《括地志》50卷,已散佚,今存辑本。另有集30卷(一作20卷),已佚。《全唐诗》收录其诗1首。事迹见《旧唐书》卷一八九上、《新唐书》卷一九八。

僧智岩约卒(约577—)。智岩俗姓华,曲阿人。唐代禅宗分支牛头宗高僧,后世推为二祖。隋大业中曾为郎将,唐初于舒州皖公山从宝禅师出家。相传曾师从牛头宗始祖法融,得传其嗣。后历住白马寺、栖玄寺,卒于石头城。事迹见《续高僧传》卷二〇、《景德传灯录》卷四。

按:智岩生卒年有不同说法。《景德传灯录》卷四谓智岩卒于仪凤二年,"年七十八"。今人印顺《中国禅宗史》以为此说有误,从之。

僧道岸(—717)、韦嗣立(—719)生。

永徽六年　乙卯　655年

十月乙卯,诏立昭仪武氏为皇后。

按:昭仪武氏即武则天。初,高宗以王皇后无子,武氏有子,且备受恩宠,故欲

阿拉伯舰队伐君士坦丁堡。

<small>西欧迫害犹太人运动始。</small>

立武氏为皇后。褚遂良、长孙无忌、韩瑗等皆上表力谏,不听。至是,废原皇后王氏、淑妃萧氏,立武氏为后。由是武氏渐参政。见《旧唐书》卷四《高宗纪上》、《资治通鉴》卷一九九。

是年,开科取士,进士及第43人,应制举及第1人。

按:见《登科记考》卷二。

褚遂良因谏阻立武氏为后,九月庚午贬授潭州都督。

按:见《旧唐书》卷四《高宗纪上》。

李义府七月由中书舍人迁中书侍郎,同中书门下三品,封广平县男,仍兼修国史。

按:李义府因密奏请废皇后王氏,改立武氏,高宗悦之,至是超拜。见《旧唐书》卷八二本传、《资治通鉴》卷一九九。

来济为中书侍郎,五月迁中书令,检校吏部尚书。

按:见《旧唐书》卷四《高宗纪上》。

薛元超丁母忧,奉敕起为黄门侍郎兼检校太子左庶子,表荐刘祎之、任希古、高智周、郭正一、王义方、孟利贞、顾胤等十余人入弘文馆,时论称美。

按:时刘祎之与孟利贞、高智周、郭正一俱以文藻知名,号"刘孟高郭"。薛元超因荐引寒俊之士,故为时人所称。《乾陵稽古》载《薛元超墓志》、《旧唐书》卷七三附传均系此事于本年,《唐会要》卷七五作"永徽元年",恐误。

骆宾王约是年或稍后游齐州、德州等地,与友高四等交游。

按:骆宾王于永徽五年前后罢道王府属,参见该年条。其后数年,闲居齐鲁,游齐州、德州等地。《骆临海集笺注》卷一载有《夏日游德州赠高四序》,当作于此期。姑系于此。

吕才在尚医奉御任,读僧玄奘所译《因明论》、《理门论》,自出新解,指议长短。奉敕与玄奘辩论,辞屈谢退。

按:《大唐大慈恩寺三藏法师传》八载,是年五月,玄奘译《因明论》和《理门论》,译经僧栖玄以所译论示吕才,"才遂更张衢术,指其长短",乃作《因明注解立破义图》以破之。僧明濬致书太常博士柳宣指责吕才,宣奏其事,高宗遂"敕遣群公学士等往慈恩寺,请三藏与吕公对定"。《宋高僧传》卷一七《慧立传》、《佛祖统纪》卷三九亦载此事。

僧神秀至蕲州黄梅县东山寺(又称东禅寺),参谒禅宗五祖弘忍,师事之。

按:《全唐文》卷二三一张说《唐玉泉寺大通禅师碑铭并序》谓神秀"知天命之年"入谒弘忍。神秀生于隋大业二年,至本年五十岁。

道士王玄览早年热衷于卜筮之术,是年后始转而修道。遂归乡里,潜心修炼,遍读佛、道诸经。

按:《全唐文》卷九二三王太霄《玄珠录序》曰:"(玄览)耽玩《大乘》,遇物成论。抄严子《指归》于三字,后注《老经》两卷,及乎神仙方法。丹药节度,咸心谋手试。既获其要,乃携二三乡友往造茅山。半路,觉同行人非仙才,遂却归乡里。叹长生之道无可共修,此身既乖,须取心证。于是坐起行住,惟道是务,二教经论,悉遍披讨,究其源奥,慧发生知,思穷天纵,辩若悬河泻水,注而不竭。"

中天竺僧那提携佛经 1500 余部抵长安,敕于慈恩寺安置。

按:那提又译福生,中天竺高僧,曾游南海诸国,闻知唐崇盛大乘佛教,遂携大批经论前来。《续高僧传》卷四《那提三藏传》曰:"那提三藏,唐曰福生。……少出家,名师开悟,志气雄远,弘道为怀。历游诸国,务在开物。……承脂那东国盛转大乘,佛法崇盛,赡洲称最,乃搜集大小乘经律论五百余夹,合一千五百余部,以永徽六年创达京师。有敕令于慈恩寺安置,所司供给。"

昭仪武氏三月撰《内训》1 篇。

按:见《旧唐书》卷四《高宗纪上》。

僧净业（ —712）生。

婆罗门笈多（梵藏）卒（约598— ）。印度天文学家、数学家。著有《增订婆罗门历数全书》。

唐高宗显庆元年　丙辰　656 年

正月辛未,废太子李忠,另立武氏子李弘为太子。

按:见《旧唐书》卷四《高宗纪上》。

壬申,改元显庆。

三月十六日,诏置崇贤馆学士,并置生徒。

按:崇贤馆始设于贞观十三年,至上元二年改称崇文馆。高宗是诏,系从太子李弘之请。《唐会要》卷六四载,太子李弘请于崇贤馆置学士及生徒,诏许之。"始置二十员,其东宫三师、三少、宾客、詹事、左右庶子、左右卫率及崇贤馆三品学士子孙,亦宜通取。"另据《职官分纪》卷二八:"贞观中,崇文馆有学士、直学士,员不常置,掌教授学生等业。"是则崇贤馆设置之初,即已置有学士之类讲授生徒,至是遂为定制。

四月戊申,高宗御安福门,观僧玄奘迎御制并书慈恩寺碑文,导从仿天竺法仪,其徒甚盛。

按:见《旧唐书》卷四《高宗纪上》。

十二月十九日,诏复置算学,隶国子监。

按:算学于唐初废,至是由尚书左仆射于志宁奏置,令学生习李淳风等注释《五曹算经》等十部算经。至显庆三年又废,以博士以下改隶太史局。龙朔二年再置,有学生十人,典学二人。又分设于东都国子监,有学生二人。三年,改算学隶秘书局。《新唐书》卷四八《百官志》曰:"算学,博士二人,从九品下;助教一人。掌教八品以下及庶人子为生者。"算学生员以学习《九章算术》、《海岛算经》、《孙子算经》、《五曹算经》、《张丘建算经》、《夏侯阳算经》、《周髀算经》、《五经算经》、《缀术》等书为主业,"兼习记遗"。

是年,开科取士,进士及第 3 人。

阿拉伯人内战始。

法兰克纽斯特里亚和勃艮第王克洛维二世杀奥斯特拉西亚官相格里莫阿尔德。

按：见《登科记考》卷二。

于志宁正月以尚书左仆射、太子少师兼太子太傅，奉敕与中书令来济、礼部尚书许敬宗、黄门侍郎薛元超、中书侍郎李义府、杜正伦等审定僧玄奘所译佛经，国子博士范义頵、太子洗马郭瑜、弘文馆学士高若思等协助翻译。

按：见《旧唐书》卷四《高宗纪上》、卷一九一《僧玄奘传》、《大唐大慈恩寺三藏法师传》卷八。

王义方由著作佐郎迁侍御史，旋因弹劾中书侍郎李义府执权用事，贬为莱州司户参军。

按：见《旧唐书》卷一八七上本传。

薛元超在黄门侍郎任，以疾出为饶州刺史。

按：见《旧唐书》卷七三本传。

来济在中书令任，正月与侍中韩瑗、礼部尚书许敬宗并兼领太子宾客，进爵南阳县侯。

按：见《旧唐书》卷四《高宗纪上》、卷八〇本传。

苏味道是年九岁，已能属辞。

按：苏味道后与里人李峤俱以文翰显名，时称"苏李"。见新、旧《唐书》本传。

僧玄奘在大慈恩寺，五月表请重定佛道名位次第，及废僧尼依俗科罪。

按：见《佛祖统纪》卷三九。

北宗禅僧法如是年十九，始出家。

按：法如出家后，于蕲州黄梅县双峰山师从五祖弘忍十六年，并嗣其法。见《金石续编》卷六《唐中岳沙门法如禅师行状》。

僧道世是年稍后奉敕住长安西明寺，弘扬律学，与同门僧道宣皆驰名于世。

按：见《宋高僧传》卷四本传。

牛头宗僧法融在江宁牛头山幽栖寺，因司功萧元善盛邀，入住建初寺，振弘法道。

按：见《续高僧传》卷三三本传。

僧窥基是年二十五，始参与其师玄奘译经事。

按：见《宋高僧传》卷四本传。

长孙无忌等撰梁、陈、周、齐、隋《五代史志》30卷成，五月四日进上。

按：该书后附于《隋书》，即今存之《隋书》诸志。参撰者有于志宁、李淳风、韦安仁、李延寿、令狐德棻等。《史通·古今正史》曰："初，太宗以梁、陈及齐、周、隋氏并未有书，乃命学士分修……书成，不入史阁。唯有十志，断为三十卷，寻拟续奏，未有其文。又诏左仆射于志宁、太史令李淳风、著作郎韦安仁、符玺郎李延寿同撰，其先撰史人，唯令狐德棻重预其事。太宗崩后，刊勒始成。其篇第虽编入《隋书》，其实别行，俗呼为《五代史志》。"后人对该书评价颇高。《文献通考》卷一九引郑樵曰："《隋志》极有伦理，而本末兼明，可以无憾，迁、固以来，皆不及也。"书中《经籍志》创立经、史、子、集四部分类法，为后世承袭，遂成为传统目录书籍分类基本之法。清人章宗源、姚振宗分别著有《隋书经籍志考证》。

长孙无忌等撰《武德贞观两朝国史》81卷（一作80卷）成，七月三日进上。

按：《唐会要》卷六三载，参修《两朝国史》者，有左仆射于志宁、中书令崔敦礼、国子祭酒令狐德棻、中书侍郎李义府、崇贤学士刘胤之、著作郎杨仁卿、起居郎李延寿、秘书郎张文恭等。所述起自唐初，讫于贞观末。又，《旧唐书·长孙无忌传》谓该书"八十卷"。

许敬宗等十月始奉诏纂《东殿新书》。

按：该书成于龙朔元年，参见该年条。

李淳风等奉诏注《孙子》、《五曹》等十部算经成。

按：《旧唐书》卷七九李淳风本传曰："太史监候王思辩表称《五曹》、《孙子》十部算经理多蹖驳，淳风复与国子监算学博士梁述、太学助教王真儒等受诏注《五曹》、《孙子》十部算经。书成，高宗令国学行用。"

阎立德卒，生年不详。立德名让，以字行，雍州万年人。唐初画家，又以擅长工艺、建筑名世。起为秦王府士曹参军，历将作大匠、工部尚书等职，累封太安县公。卒赠吏部尚书、并州都督，谥曰"康"。代表作品有《文成公主降蕃图》等。事迹见《旧唐书》卷七七、《新唐书》卷一〇〇。

按：阎立德与父阎毗、弟阎立本俱以绘画驰名当世，在中国绘画史上颇具地位。其绘画艺术，吸取前代画家郑法士、张僧繇、杨子华、展子虔等人之长，作品题材多与初唐政治有较为密切之关系。唐张彦远《历代名画记》卷九引李嗣真评曰："博陵、大安，难兄难弟。自江左陆、谢云亡，北朝子华长逝，象人之妙，号为中兴。至若万国来庭，奉涂山之玉帛，百蛮朝贡，接应门之位序，折旋矩度，端簪奉笏之仪，魁诡谲怪，鼻饮头飞之俗，尽该毫末，备得人情。"博陵、大安即指立本、立德，以两人爵封博陵县男和太安县公而称之。

李延寿是年后卒，生年不详。延寿字遐龄，原籍陇西，世居相州。唐初史学家。贞观中累补太子典膳丞、崇贤馆学士，后迁御史台主簿兼直国史，卒于符玺郎兼修国史。先后奉诏参修《五代史志》、《晋书》等书，删补宋、齐、梁、陈、魏、齐、周、隋八代史，撰《南史》80卷、《北史》100卷，今存。另著有《太宗政典》（一作《太宗文皇帝政典》）30卷，已佚。《全唐文》卷一五四收录其文2篇。事迹见《旧唐书》卷七三、《新唐书》卷一〇二。

按：李延寿生卒年，史无明载。《旧唐书》本传曰："迁符玺郎兼修国史，寻卒。"《新唐书》本传谓其迁符玺郎在撰成《南史》、《北史》之后，知其卒当本年以后。姑系于此。

又按：与李延寿同时代人李仁实亦以史学为时人所称。李仁实生卒年、字号不详，魏州顿丘人。官至左史。著有《格论》3卷、《通历》8卷（一作7卷）、《戎州记》若干卷、《卫公平突厥故事》2卷，颇行于时，后皆佚。事迹见《旧唐书》卷七三、《新唐书》卷一〇二。

刘胤之是年后卒，生年、字号不详。胤之，徐州彭城人。少有学，与孙万寿、李百药为忘年交。武德中为杜淹表荐，迁信都令，永徽初累转著作郎、弘文馆学士，封阳城县男。出为楚州刺史，卒于官。尝参修国史、实录。事迹见《旧唐书》卷一九〇上。

按：刘胤之卒年，史籍不载。《旧唐书》本传谓其与令狐德棻等修撰国史和实录，"奏上，封阳城县男。寻以老不堪著述，出为楚州刺史，卒"。本年令狐德棻等撰《武德贞观两朝国史》成，由长孙无忌奏上，知刘胤之出为楚州刺史及卒当在此后。姑系于此。

郭元振（　—713）生。

显庆二年　丁巳　657年

阿拉伯人内战复起。

英格兰惠特比修道院建成。

二月，诏各地州牧荐举人才。

按：见《登科记考》卷二。

六月十三日，召佛、道各7人集于洛阳百福殿对论。

按：唐初以来，佛、道之争延续不断。《集古今佛道论衡》卷丁载，高宗于百福殿召集佛、道学者辩论。僧在殿东，道在殿西。道士李荣开"六洞义"，以为"老子上圣"，当"于物得洞"。僧慧立则引《道德经》之言，以为"老君于身尚碍，何能洞于万物"。荣词屈不能答。此后至龙朔三年，佛、道又有多次对论，参见显庆三年四月条。

十二丁卯，诏以洛阳为东都，洛州官员阶品与雍州同。

按：《全唐文》卷一二有唐高宗《建东都诏》。

是年，诏："自今僧尼不得受父母及尊者礼拜，所司明有法制禁断。"

按：见《资治通鉴》卷二〇〇。

开科取士，进士及第22人。

按：见《登科记考》卷二。

许敬宗在礼部尚书任，七月奏请以孔子为先圣。寻迁侍中。

按：《旧唐书》卷二四《仪礼志四》载许敬宗等议："依令，周公为先圣，孔子为先师。又《礼记》云：'始立学，释奠于先圣。'郑玄注云：'若周公、孔子也。'且周公践极，功比帝王，请配武王。以孔子为先圣。"周公、孔子孰为先圣，唐初屡有反覆。高祖时以周公为先圣，太宗时以孔子为先圣，参见武德七年、贞观二年十二月条。按许敬宗等所言，高宗即位后，又曾颁令复以周公为先圣。

李义府三月甲子由中书侍郎迁中书令兼检校御史大夫，仍同中书门下三品，进封河间郡公。

按：见《旧唐书》卷四《高宗纪上》。

褚遂良由潭州都督转桂州都督，八月再贬为爱州刺史。

按：见《旧唐书》卷八〇本传。

韩瑗、来济因谏阻立武氏为后，八月丁卯分别由侍中、中书令兼太子詹事贬为振州刺史、台州刺史，终身不许朝觐。

按：见《旧唐书》卷四《高宗纪上》。

裴行俭迁长安令，因与长孙无忌等私议高宗立武氏为皇后事，为人所谮，出为西州都督府长史。

按：《旧唐书》卷八四本传载，裴行俭于贞观中登陆明经第，拜左屯卫仓曹参军，大将军苏定方奇之，"尽以用兵奇术授行俭"。六迁而至长安令。

许敬宗、刘伯庄等纂《文馆词林》1000卷成，十月二日进上。

按：《唐会要》卷三六谓该书"许敬宗修"，《新唐书·艺文志》作"许敬宗、刘伯庄等撰"。今从《新唐书》。原本今已不存，《适园丛书》收录其残本23卷。另，《新唐书·艺文志》尚录有"许敬宗《文馆词林文人传》一百卷"，"崔玄暐训注《文馆词林策》二十卷"。此两书当系与《文馆词林》同时或稍后作，后皆散佚。

吕才约是年前后整理王绩遗文，编为《王无功文集》5卷，并为之序。

按：今五卷本《王无功文集》吕才序署"大唐太常丞吕才序"。据《旧唐书·音乐志》及《唐会要》卷三三，本年吕才已为太常丞，至六年二月尚任此职，则该书当编于此期前后。姑系于此。

僧道宣于终南山丰德寺著成《释门章服仪》1卷。

牛头宗僧法融闰正月二十三日卒（594—　）。法融俗姓韦，润州延陵人。唐代禅宗牛头派创始人。年十九出家从句容茅山三论宗僧炅剃度，贞观中始住江宁牛头山幽栖寺，遂别立禅室，潜心研究禅法，终创禅宗一系，世称牛头宗，又称牛头禅。受邀赴建初寺弘法，卒于该寺。弟子有道綦、道凭、智岩等。有著述多种及文集3卷，后皆散佚。事迹见《续高僧传》卷三三、《祖堂集》卷三、《景德传灯录》卷四、《佛祖历代通载》卷一二。《全唐文》卷六〇六有刘禹锡《牛头山第一祖融大师新塔记》。

按：法融著述，据日本古经录所载，有《注金刚般若经》、《金刚般若经意》、《维摩经要略疏》、《法华名相》各1卷，《维摩经记》、《华严经私记》各2卷，今皆不存。另据宗密《圆觉经大疏钞》卷一一和永明延寿《宗镜录》卷九载，法融尝作《绝观论》，今有近代出土卷子本四本，分藏于法国巴黎国民图书馆和中国国家图书馆，均有残阙。又，《全唐文》卷九〇八和《景德传灯录》卷三〇收录法融《心铭》一篇。

又按：法融所创牛头宗后盛极一时，入宋后方逐渐衰落。其法系传递，按刘禹锡《牛头山第一祖融大师新塔记》所载，依次为法融、智岩、法持、智威、玄素、法钦六世；按李华《润州鹤林寺故径山大师碑》（见《全唐文》卷三二〇）所记，则为法融、智岩、慧方、法持、智威、玄素六世。僧宗密定为法融、智岩、慧方、法持、智威、慧忠六祖，另有智威弟子润州鹤林寺玄素及玄素弟子径山法钦（道钦）。此一世系为后人沿袭至今。

李乂（　—716）生。

按：据《全唐文》卷二五八苏颋《唐紫微侍郎赠黄门监李乂神道碑》，李乂于开元四年卒，年六十。以此溯推，乂当生于本年。

显庆三年　戊午　658年

伊斯兰教哈瓦利吉派形成。

拜占庭伐斯拉夫人。

二月，开制举，策志烈秋霜科，登第者1人。

按：见《登科记考》卷二。

四月，召佛、道各7人入内对论。至十一月，复在宫中进行两教辩论。

按：高宗即位后，多次召佛、道人士入宫辩论。去年尝行之。本年复先后两次辩论。此后至龙朔三年，又有数次。事见《集古今佛道论衡》卷丁。

九月四日，诏废书、算、律三学。

按：《唐会要》卷六六载，高宗以书、算、律诸学"事唯小道，各擅专门，有乖故实"，故令并皆罢废。诸学废置情况，参见贞观二年、六年及显庆元年诸条。

是年，开科取士，进士及第17人。

按：见《登科记考》卷二。

许敬宗十一月由侍中进拜中书令，仍兼太子宾客。

按：见《旧唐书》卷四《高宗纪上》。

李义府十一月由兼中书令、太子宾客兼检校御史大夫出贬普州刺史。

按：见《旧唐书》卷四《高宗纪上》。

卢照邻为邓王府属僚，正月随邓王李元裕赴襄州。

按：卢照邻为邓王府属僚事，见贞观二十三年条。据《全唐文》卷一四《册邓王元裕襄州刺史文》，是年正月二十八日辛亥，命李元裕为使持节襄州诸军事、襄州刺史。照邻为王府属僚，当随王赴任。

僧玄奘住长安大慈恩寺，奉敕移住新建之西明寺。以天竺僧人阿地瞿多（无极高）和那提相继来唐，译事不专，表请求暂停译经活动，未得允许。

按：西明寺系唐代著名寺院，由高宗敕太子所建，至本年落成。时不少高僧皆奉敕移住该寺，玄奘亦在其中。天竺僧阿地瞿多（无极高）、那提于永徽中先后抵长安街，参见永徽三年、六年条。

僧道宣奉召为西明寺上座，参与玄奘佛经翻译事。

按：见《宋高僧传》卷一四本传、《佛祖统纪》卷三九。

僧神泰为长安西明寺主，四月奉召与佛道名流于合璧宫对论，立九断知义，破道士之说。

按：神泰生卒年、俗姓、籍贯不详。精研《俱舍论》，与僧普光、法宝并称"俱舍三大家"。初住蒲州普救寺，后入玄奘译场，任证义之职。著有《俱舍论疏》30卷（一说20卷）、《因明论疏》2卷、《摄大乘论疏》10卷、《掌珍论疏》2卷、《观所缘论疏》1卷、《道品章》1卷、《大乘四善根章》1卷、《十二缘起章》1卷等。其所撰《俱舍论疏》，与普光、法宝之疏并称"俱舍三大疏"。该疏今本已残阙，仅存卷一、卷二、卷四至卷七及卷一七等7卷。事迹散见《大唐大慈恩寺三藏法师传》卷六、卷八及《开元释教录》卷八。

新罗僧圆测师事玄奘。玄奘奉敕移住西明寺，并选名僧50人随从，圆测亦在其中。

按：圆测师从玄奘事，见贞观十九年条。

日本僧智通与僧智达来唐，至长安，从玄奘、窥基习《唯识论》。

按：智通学成归国后，创观音寺，倡弘法相宗，是为日本法相宗第二传。

长孙无忌等奉敕修订《永徽五礼》成，凡130卷。高宗亲为撰序，正月戊子颁行天下。

按：贞观中，长孙无忌等曾奉敕修定《大唐仪礼》，参见贞观十一年条。高宗以议者谓贞观礼文未备，遂命长孙无忌等重修。时许敬宗、李义府方受信用，所损益多希旨，学者非之。太常博士萧楚材等以为豫备凶事，非臣子所宜言，敬宗、义府深然之，削去《国恤》，存为五礼，编成130卷。事见《旧唐书》卷四《高宗纪上》、《新唐书》卷二〇《礼乐志十》、《唐会要》卷三七。据《新唐书》卷五八《艺文志二》，参修者尚有黄门侍郎刘祥道、许圉师，太常博士韦琨，博士萧楚材、孔志约等。

李善为右卫率府录事参军、崇贤馆直学士，兼沛王侍读，撰《文选注》60卷成，九月进上，诏藏秘府。

按：《唐会要》卷三六曰："（显庆）六年正月二十七日，右内率府录事参军、崇贤馆直学士李善上注《文选》六十卷，藏于秘府。"然考《文选》卷首李善《上文选注表》，文末署"显庆三年九月"。当以《表》所系年月为是。该书系唐代《文选》学之重要著作，颇为时人及后世推崇。清赵翼《廿二史札记》卷二〇曰："梁昭明太子《文选》之学，亦自萧该撰《音义》始。入唐，则曹宪撰《文选音义》，最为世所重，江淮间为《选》学者悉本之。又有许淹、李善、公孙罗，相继以《文选》教授，由是其学大行。淹、罗各撰《文选音义》行世，善撰《文选注解》六十卷，表上之，赐绢一百二十匹。至今言《文选》者，以善为定。杜甫诗亦有'熟精《文选》理'之句，盖此固词学之祖也。"萧该、曹宪事迹，分见隋开皇元年、大业十三年。许淹生卒年、字号不详，润州句容人，少曾出家为僧，后还俗。博物洽闻，尤精诂训。公孙罗生卒年、字号不详，江都人。历沛王府参军、无锡县丞。至唐玄宗开元年间，又有吕延济、刘良、张铣、吕向、李周翰等撰《文选集注》（一作《文选注》），史称"五臣注"。南宋以降，常将李善注与五臣注合刊，称《六臣注文选》。今存李善注单行刊本，系后人从六臣注合刊本中析出，与李善注原本有所差异。

许敬宗等撰《西域图志》60卷成，进上。

按：《新唐书》卷五八《艺文志》载，初，高宗遣使分往西域诸国，访其风俗、物产，画图以闻。遂诏史官撰次，由许敬宗领之。至是完成，奏进。

王勃时年九岁，撰《汉书指瑕》10卷。

按：《杨炯集》卷三《王勃集序》曰："（勃）九岁读颜氏《汉书》，撰《指瑕》十卷。"颜氏《汉书》即颜师古所注《汉书》。

张后胤卒（576—　）。后胤字嗣宗，苏州昆山人。唐初学者、诗人。隋末入李渊幕府，尝授李世民以《春秋左氏传》。唐武德中累除燕王谘议参军，封新野县公。贞观中拜燕王府司马，迁国子祭酒，转散骑常侍。致仕归家,卒赠礼部尚书,陪葬昭陵。事迹见《旧唐书》卷一八九上、《新唐书》卷一九八。

褚遂良卒(596—)。遂良字登善,阳翟人,褚亮之子。唐初名臣,书法家。武德初随父依陇西薛举,后入秦王李世民幕,贞观中累迁中书令,多有谏言。高宗即位,与长孙无忌共同辅政,历吏部尚书、同中书门下三品、尚书右仆射等职,爵封河南郡公。因谏阻立武氏为后,累贬爱州刺史,以忧卒。先后参撰《文思博要》、《晋书》、《尚书正义》等,又主持审定王羲之等人传书迹,编为《二王张芝张昶等书》1510卷。另有集20卷,已佚。《全唐文》卷一四九辑录其表、疏、记、帖、墓志等26篇,编为1卷;《全唐诗》卷三三收录其诗1首。事迹见《旧唐书》卷八〇、《新唐书》卷一〇五。

按:褚遂良系唐代书法大家,后人将其与欧阳询、虞世南、薛稷并称初唐"书法四大家"。《旧唐书》本传曰:"遂良博涉文史,尤工隶书,父友欧阳询甚重之。"又载魏徵评曰:"褚遂良下笔遒劲,甚得王逸少体。"其传世字帖较著名者有《唐京师至德观主孟法师碑》,楷书,贞观十六年立碑,系褚氏中年时期书法代表作;《慈恩寺圣教序》,又称《雁塔圣教序》,楷书,永徽四年立碑,系其晚年之作。另有《伊阙佛龛》等。

孙伏伽卒,生年、字号不详。伏伽一作伏迦,贝州武城人。仕隋为万年县法曹,入唐超拜治书侍御史,应举登榜首,迁大理少卿,封安乐县男。敢于直言进谏,居官廉洁。坐事免职,复起为刑部郎中,累迁大理卿,出为陕州刺史。以年老致仕,卒于家。事迹见《旧唐书》卷七五、《新唐书》卷一〇三。

杜正伦约是年稍后卒,生年、字号不详。正伦,相州洹水人。工属文,善论文章。隋仁寿中举秀才,调武骑尉。唐初入秦王府文学馆,贞观中迁中书侍郎,坐太子李承乾被废事,配流边地。高宗即位,奉召还朝,累迁中书令,封襄阳县公,与李义府同执政。因与李义府不协,出贬横州刺史,旋卒。著有《春坊要录》4卷、《文笔要决》1卷,另有集10卷,后皆佚。《全唐文》卷一五〇收录其文3篇,《全唐诗》卷三三收录其诗2首。事迹见《旧唐书》卷七〇、《新唐书》卷一〇六。

按:杜正伦卒年,史无明载。《旧唐书》卷四《高宗纪上》谓其于本年十一月左授横州刺史。《旧唐书》本传谓其出贬横州刺史,"寻卒"。其卒似在本年稍后。杜正伦著述,《新唐书·艺文志》唯载《春坊要录》与《杜正伦集》。另据《日本国见在书目》,小学家类有"《文笔要决》一卷,杜正伦撰"。

萧钧约是年前后卒,生年、字号不详。钧,南兰陵人,萧瑀从子。有才誉,历谏议大夫、太子率更令兼崇贤馆学士等职。著有《韵音》20卷,另有集30卷,后皆佚。《全唐文》卷一四九收录其赞1篇。事迹见《旧唐书》卷六三、《新唐书》一〇一《萧瑀传》。

按:《旧唐书》谓萧钧"显庆中卒",未详具体年份,姑系于此。

僧义福(—736)生。

显庆四年　己未　659年

二月乙亥，开制科，高宗亲策试举人。应试者900人，5人登第，令待诏弘文馆，随仗供奉。

按：见《旧唐书》卷四《高宗纪上》。

六月丁卯，诏改《氏族志》为《姓氏录》。

按：《氏族志》初由高士廉等奉诏纂修，事见贞观五年、十二年条。至是重修，并改名。《唐会要》卷三六《氏族》曰："诏改《氏族志》为《姓录》，上亲制序，仍自裁其类例，凡二百四十五姓，二百八十七家。"此次重修，系从李义府奏请。《旧唐书》卷八二《李义府传》曰："义府耻其家代无名，乃奏改此书，专委礼部郎中孔志约、著作郎杨仁卿、太子洗马史玄道、太常丞吕才重修。志约等遂立格云：'皇朝得五品官者，皆升士流。'于是兵卒以军功致五品者，尽入书限，更名为《姓氏录》。由是缙绅士大夫多耻被甄叙，皆号此书为'勋格'。义府仍奏收天下《氏族志》本，焚之。"《资治通鉴》卷二〇〇则谓："许敬宗等以其书不叙武氏本望，奏请改之。"又，《唐会要》系此事于本年九月，《资治通鉴》系于六月。两说未详孰是，今姑从《通鉴》。

十月壬戌，诏禁世族自为婚姻。

按：《资治通鉴》卷二〇〇载，初，太宗疾山东士族自矜门第，婚姻多责资财，命修《氏族志》例降一等，王妃、主婿皆取自勋臣家，不取山东士族。然魏徵、房玄龄等家多与山东士族联姻，由是名望不减。至是，高宗为矫其流弊，乃诏陇西李氏、太原王氏、荥阳郑氏、范氏、卢氏、清河崔氏等族子孙，皆不得自为婚姻。仍定天下嫁女受财之数，毋得受"陪门财"。然望族为时人所尚，终不能禁。或载女窃送夫家，或女老不嫁，终不与异姓为婚。

是年，开科取士，进士及第23人。

按：见《登科记考》卷二。

于志宁表请致仕，四月由尚书左仆射转太子太师，仍同中书门下三品。旋免官，放还私第。八月，出贬荣州刺史。

按：高宗废皇后王氏，改立武时，朝中大臣或反对，或赞成，唯于志宁态度暧昧，首持两端，由是获罪受贬。见《旧唐书》卷七八本传、卷四《高宗纪上》。

李义府由普州刺史复奉召入朝，七月为吏部尚书、同中书门下三品。

按：见《旧唐书》卷四《高宗纪上》。

王义方为莱州司户参军，秩满，移居昌乐，聚徒教授，遂不复出仕。

按：王义方被贬莱州事，见显庆元年条。

孙思邈获唐高宗召见，拜谏议大夫，固辞不受。

按：见《旧唐书》卷一九一本传。

阎立本由将作大匠迁工部尚书。

拜占庭及阿拉伯穆阿维亚盟。

按：阎立本兄阎立德尝任工部尚书,至是继兄任此职。《旧唐书》卷七七本传曰:"立本显庆中累迁将作大匠,后代立德为工部尚书,兄弟相代为八座,时论荣之。"

杨炯是年十岁,应神童举,登第,授校书郎。

按：《杨盈川集》(《四部丛刊》本)附录引《文献通考》曰:"炯华阴人,显庆四年举神童,授校书郎。"今本《文献通考》作显庆六年。据《新唐书·选举志》载,唐制,应童子科者,限年十岁以下。炯生于永徽元年,至显庆六年已十二岁,至本年为十岁,当以本年为是。参见今人傅璇琮《卢照邻杨炯简谱》。

僧玄奘在长安西明寺译经,因大众请详译《大般若经》全部,以京师纷扰,表请赴玉华寺翻译。高宗从之。是冬十月,遂率诸翻译僧及弟子移住玉华寺。

按：玉华寺在坊州宜君县北,原为宫,贞观二十一年建,永徽二年九月改为寺。《大唐大慈恩寺三藏法师传》卷一〇曰:"(显庆)四年冬十月,法师从京发向玉华宫,并翻经大德及门徒等同去。其供给诸事,一如京下。至彼,安置肃诚院焉。"《大般若经》之翻译,于显庆五年正月开始,历时数年,至龙朔三年完成。参见该年条。

僧窥基参与其师玄奘译经事。时玄奘欲将《唯识三十颂》之天竺十大论师注释分别译出,与诸弟子商议。窥基独排众议,力主以译护法注为主,其他九师注为辅。玄奘采纳其议,遂舍神昉、嘉尚、普光诸弟子,单独与窥基参糅十大论师之释论,译出《成唯识论》一书。又为窥基阐说陈那之《因明正理门论》及《瑜伽师地论》等,窥基由是通达因明之学与五性之宗法。

按：窥基与玄奘所译《成唯识论》系唐代佛教唯识宗(法相宗)之基本经典。书中所倡护法思想及对南北朝时真谛所传旧唯识论之批判,亦是窥基一生思想重点之一。后窥基撰《成唯识论述记》20卷,以释其义。此论唐人注解者尚多,后多散佚。明清以降,又有明通润《集解》10卷、王肯堂《证义》10卷、智旭《观心法要》10卷,清智素辑《音响补遗》10卷,近人欧阳渐(竟无)《唯识讲义》3卷等。

僧法藏尚未出家,入太白山求法。

按：法藏稍后闻僧智俨于云华寺讲《华严经》,前往听讲,因设数问请教,为智俨所赞赏,由是列为门徒。

李延寿撰《南史》、《北史》,凡180卷成。表上之,高宗亲为制序。

按：李延寿撰成两书时间,一说在显庆元年。《唐会要》卷六三曰:"(显庆)四年……其年,符玺郎李延寿撮近代诸史,南起自宋,终于陈;北起自魏,卒于隋,合一百八十篇,号为《南北史》,上自制序。"《新唐书》延寿本传曰:"转御史台主簿兼直国史。初,延寿父大师多识前世旧事,常以宋、齐、梁、陈、齐、周、隋,天下参隔,南方谓北方为'索虏',北方指南方为'岛夷',其史于本国详,它国略,往往訾美失传,思所以改正,拟《春秋》编年,刊究南北事,未成而殁。延寿既数与论譔,所见益广,乃追终先志,本魏登国元年,尽隋义宁二年,作本纪十二、列传八十八,谓之《北史》;本宋永初元年,尽陈祯明三年,作本纪十、列传七十,谓之《南史》。凡八代,合二书百八十篇,上之。……迁符玺郎兼修国史。"是则延寿撰成南北史后方迁符玺郎,与《唐会要》所载有所不同。两书今存,高宗所制序已佚。

许敬宗等奉诏撰成高宗即位至显庆三年《实录》20卷,合前朝《实录》凡100卷,二月五日进上。

按：《唐会要》卷六三载，参修该书者尚有中书侍郎许圉师、太史令李淳风、著作郎杨仁卿、顾胤。书成奏上，高宗以为所记多非实录，遂于三月诏太子左庶子同中书门下三品刘仁轨、吏部侍郎同三品李敬玄、中书侍郎郝处俊、黄门侍郎高智周等修订。仁轨等引左史李仁实专掌其事，欲加刊正。会仁实卒，乃止。

吕才为太子司更大夫，四月著《隋纪》20 卷成。

按：该书后佚。

李勣、苏敬等撰《新修本草》48 卷（一说 54 卷）成。

按：《新修本草》又称《唐本草》，包括《本草》、《药图》、《图经》三部分。《新唐书》卷五九《艺文志》曰："《本草》二十卷、《目录》一卷、《药图》二十卷、《图经》七卷，显庆四年，英国公李勣、太尉长孙无忌、兼侍中辛茂将、太子宾客弘文馆学士许敬宗、礼部郎中兼太子洗马弘文馆大学士孔志约、尚药奉御许孝崇、胡子豪、蒋季璋、尚药局直长蔺复珪、许弘直、侍御医巢孝俭、太子药藏监蒋季瑜、吴嗣宗、丞蒋义方、太医令蒋季琬、许弘、丞蒋茂昌、太常丞吕才、贾文通、太史令李淳风、潞王府参军吴师哲、礼部主事颜仁楚、石监门府长史苏敬等撰。"一说《药图》25 卷，另有《药图目录》1 卷，合计凡 54 卷。该书系于《神农本草经》、《名医别录》、《本草经集注》等前代医药书基础上，增补隋唐以来出现之新药种，重加修订而成，为中国第一部官修大型药典，亦是世界上首部国家颁布药典。书中分玉石、草、木、禽兽、虫鱼、果、菜、米谷等九类，收录药物凡 850 种。《药图》、《图经》早已失传，《本草》今存残卷本。然其内容，多为后世诸家本草收录。

僧玄奘在长安西明寺译《阿毗达磨大毗婆沙论》200 卷成。

按：《阿毗达磨大毗婆沙论》之译始于显庆元年，至是完成。该经论又简称《大毗婆沙论》或《婆沙》，系北天竺五百罗汉等所造，为佛教小乘说一切有部所依之论藏。玄奘所译汉文本今存。

长孙无忌卒，生年不详。无忌字辅机，洛阳人。博涉史书，学识广洽。贞观中历吏部尚书、司空、司徒等职，累迁太子太师，封赵国公，与褚遂良同受太宗遗诏辅政。高宗即位，进太尉，因反对立武氏为后，遭武氏忌恨，被诬谋反，削爵流黔州，被迫自缢。上元元年追复官爵。先后参修《尚书正义》、《太宗实录》、贞观律令、《唐本草》、《唐律疏义》等，主持修撰《武德贞观两朝史》80 卷、《大唐礼仪》100 卷、《五代史志》30 卷、《永徽五礼》130 卷等。《全唐文》卷一三六辑录其文为 1 卷，《全唐诗》卷三〇收录其诗 3 首。事迹见《旧唐书》卷六五、《新唐书》卷一〇五。

按：长孙无忌系唐初名臣，颇为后世史家称赏。《旧唐书》本传曰："无忌戚里右族，英冠人杰，定立储闱，力安社稷，勋庸茂著，终始不渝。及黜废中宫，竟不阿旨，报先帝之顾托，为敬宗之诬构。嗟乎！忠信获罪，今古不免，无名受戮，族灭何辜，主暗臣奸，足贻后代。"

唐临约是年稍后卒，生年不详。临字本德，长安人。唐初传奇小说家。初为右卫率府铠曹参军，历侍御史、大理寺卿等职。高宗即位，累迁吏部尚书，坐事贬潮州刺史，卒于官，年六十。撰有传奇小说集《冥报记》2 卷，今存。《全唐文》卷一六二收录其奏疏 3 篇。事迹见《旧唐书》卷八五、《新唐书》卷一一三。

按：《旧唐书》本传曰："显庆四年，坐事贬为潮州刺史，卒官。"知唐临当卒于本年稍后。

马怀素（ —718）、徐坚（ —729）、贺知章（ —744）生；陈子昂（ —约700）约生。

按：《新唐书》卷一九九徐坚本传谓其"十四而孤"。徐坚父徐齐聃卒于咸亨三年，参见该年条。以齐聃卒时坚年十四上推，当生于本年。

又按：陈子昂生年，今人罗庸《陈子昂年谱》谓龙朔元年，韩理洲《陈子昂生卒年考辨》谓显庆三年，彭庆生《陈子昂年谱》、吴明贤《陈子昂生卒年辨》（载《四川师范学院学报》1981年第2期）皆谓本年。今从彭、吴之说。

显庆五年　庚申　660年

古保加尔人部落瓦解。

正月，高宗巡行并州，至四月始还东都洛阳。

按：见《旧唐书》卷四《高宗纪上》。

二月，诏迎岐州法门寺佛骨舍利，至东都洛阳宫内奉养。

按：高宗是诏，系从僧智琮、弘静奏请。此次迎佛骨舍利于宫中奉养，历时数年，至龙朔二年二月方由僧道宣送还法门寺，由是首开唐代皇宫供养佛骨舍利之先例。见《佛祖统纪》卷三九。

六月辛卯，诏文武五品以上官以四科举人。

按：所谓"四科"，分别为"孝悌可称，德行夙著，通涉经史，堪居繁剧"；"游泳儒术，沈研册府，下帷不倦，博物驰声"；"藻思清华，词锋秀逸，誉标文雅，材堪远大"；"廉平处事，强直为心，洞晓刑书，兼包文艺"。见《旧唐书》卷四《高宗纪上》、《册府元龟》卷六七。

十月，高宗始委政事于皇后武氏。

按：初，高宗以风眩疾，目不能视，或使皇后武氏决百司奏事，皆称旨。至是，委以政事，由是武氏权同皇帝。见《资治通鉴》卷二〇〇。

是年，开科取士，进士及第14人，另上书拜官1人。

按：见《登科记考》卷二。

来济由台州刺史徙庭州刺史，出玉门关，作《出玉关》以抒怀。

按：来济于显庆二年贬为台州刺史事，至是转徙西北边地。见《旧唐书》本传。其所作《出玉关》，见《全唐诗》卷三九。

卢照邻约是年前后离开邓王府，入秘书省供职。

按：卢照邻为邓王府属僚事，见贞观二十三年条。考《卢照邻集》卷二《山庄休沐》，其中有"兰署乘闲日，蓬扉狎遁栖"云云。"兰署"即指秘书省，可知照邻曾入秘书省任职。同书卷五《释疾文·粤若》曰："及观国之光，利用宾王，谒龙旂于武帐，挥凤藻于文昌。""武帐"当指邓王府，"文昌"当指秘书省。其后即叙入蜀事。照邻入蜀约在龙朔元年,故其入秘书省当在本年前后,姑系于此。参见祝尚书《卢照邻集笺注》附录《卢照邻年谱》。

僧弘忍在黄梅县东山寺,高宗遣使召其入京,固辞不赴。高宗乃送衣药供养。

按:弘忍住东山寺事,见永徽二年条。

僧文纲在长安,始宣讲律学。

按:文纲师从南山律宗始祖道宣,事见贞观二十一年条。

僧嘉尚师从玄奘,受《瑜伽》、《唯识》要领。时玄奘译《大般若经》,嘉尚任证义、缀文,才能出众,颇为玄奘赞赏。

按:嘉尚生卒年、俗姓、籍贯不详,玄奘高足。协助其师译经,与僧神昉、普光、窥基并称"玄门四神足"。武则天后期,又与僧薄尘、灵辨等预译场证义。著有《杂集论疏》等。事迹见《宋高僧传》卷四。

道士李荣、僧静泰等于八月十八日奉召入洛阳宫中,再行佛、道两教之辩。

按:李荣等曾多次与诸僧对论,荣皆理屈。见《集古今佛道论衡》卷丁。

僧道宣著《佛化东渐图赞》1卷成。

按:是书后佚。

王梵志生卒年不详,约太宗、高宗时在世。梵志原名梵天,卫州黎阳人。诗人。尝为玄通学士,余不详。作诗讽人,甚有义旨。有通俗诗数百首传世,于唐诗中别具一格,后人编为《王梵志诗集》。今《敦煌遗书》存其诗写本二十八种。另有今人张锡厚《王梵志诗校辑》,项楚《王梵志诗校注》等。

按:王梵志事迹,有关史籍仅有零散记述。《太平广记》卷八二曰:"王梵志,卫州黎阳人也。黎阳城东有王德祖,当隋文帝时……见一孩儿,抱胎,德祖收养之。……名曰林木梵天,后改曰梵志。"据此,梵志当生于隋文帝时。《敦煌遗书》P4978有开元十七年二月"东方朔黎阳故通玄学士王梵志直下孙王道"祭杨筠文,知其于唐初尝为玄通学士。又,梵志在诗中屡称自己"长命得八十",估计其卒当在高宗时。姑系于此。《王梵志诗校辑》系据《敦煌遗书》诸写本及唐宋以来相关诗话、笔记,收录诗336首;《王梵志诗校注》增辑至390首,且谓其诗决非一人一地所作,应是相当长时期内众多无名白话诗人创作之结果。

显庆六年　唐高宗龙朔元年　辛酉　661年

三月丙申朔,改元龙朔。

按:见《旧唐书》卷四《高宗纪上》。

哈瓦利吉派弑阿拉伯哈里发阿里。

| 阿拉伯穆阿维亚建倭马亚王朝。 | 五月丙申,诏禁天下妇女为俳优之戏。 |

按:见《旧唐书》卷四《高宗纪上》。

伊斯兰教什叶派形成。

八月丙戌,"令诸州举孝行尤著及累叶义居可以励风俗者"。

按:见《旧唐书》卷四《高宗纪上》。

是年,开科取士,进士及第5人,另召拜官1人。

按:见《登科记考》卷二。

王勃年十二,是冬始从曹元学《周易章句》及《素问》、《难经》等医学,历十五月而毕。

按:《王子安集注》卷四《黄帝八十一难经序》曰:"夫子讳元,字真道……以大唐龙朔元年岁次庚申冬至后甲子,予遇夫子于长安……盖授《周易章句》及黄帝《素问》、《难经》……十五月而毕。"

卢照邻约是年坐事下狱,藉友人救援,获免。

按:《卢照邻集》卷一《穷鱼赋》曰:"余曾有横事被拘,为群小所使,将致之深议,友人救护得免。"

僧窥基随其师玄奘在玉华宫译经。时玄奘主译《辩中边论》、《辩中边论颂》、《二十唯识论》、《异部宗轮论》、《阿毗达磨界身足论》等,皆由窥基笔受,除《阿毗达磨界身足论》外,均作述记。

许敬宗等纂《东殿新书》200卷成,上之,高宗亲为序。六月庚寅,又进《累璧》630卷、《目录》4卷。

按:许敬宗等奉诏纂《东殿新书》始于显庆元年,参见该年条。至是,书成。《新唐书》卷五九《艺文志》曰:"《东殿新书》二百卷,许敬宗、李义府奉诏于武德内殿修撰。其书自《史记》至《晋书》,删其繁辞。龙朔元年上。"《旧唐书》卷四《高宗纪上》载此事于显庆元年五月丁卯,恐误。《累璧》系类书,《新唐书·艺文志》作"四百卷",恐系宋初版本,非原本。今从《旧唐书·高宗纪》、《唐会要》卷三六。

元兢为周王府参军,与同僚文学刘祎之、典签范履冰始纂《古今诗人秀句》。

按:该书成于咸亨元年,参见该年条。元兢字思敬,生平事迹不详。所纂除《古今诗人秀句》外,尚撰有《诗髓脑》(一作《诗格》)1卷。后皆佚。

僧道宣于长安西明寺著成《释门归敬仪》1卷;又著《集古今佛道论衡》3卷。

按:时佛、道两教争论甚炽,道宣著《集古今佛道论衡》以辨两教优劣。书中记述自东汉自唐初历代佛、道论争事,内容甚大为详备。后又于麟德元年增补一卷,合为4卷。该书今存,有大正新修大藏经本、高丽大藏本等。

| 拉比德卒(约560—)。阿拉伯诗人。 | 刘知幾(—721)生。 |

龙朔二年　壬戌　662年

正月十八日，置东都国子监，与京师长安国子监并立，置学生等员，分于两都教授。

按：唐初于西京长安置国子监，参见贞观元年五月条。至是，又于东都置国子监。见《唐会要》卷六六。

二月甲子，改百官名。

按：《资治通鉴》卷二〇〇载，此次改官名，改门下省为东台，中书省为西台，尚书省为中台；侍中为左相，中书令为右相，仆射为匡政，左、右丞为肃机，尚书为太常伯，侍郎为少常伯。改吏部为司列，司勋、司封如故，考功为司绩；户部为司元，度支为司度，金部为司珍，仓部为司庾；礼部为司礼，祠部为司禋，主客为司蕃，膳部为司膳；兵部为司戎，职方为司城，驾部为司舆，库部为司库；刑部为司刑，都官为司仆，比部为司计，司门为司关；工部为司平，屯田为司田，虞部为司虞，水部为司川。凡二十四司，郎中皆为大夫。改御史台为宪台，大夫为大司宪，中丞为司宪大夫。改太常寺为奉常寺，光禄寺为司宰寺，卫尉寺为司卫寺，宗正寺为司宗寺，太仆寺为司驭寺，大理寺为详刑寺，鸿胪寺为同文寺，司农寺为司稼寺，太府寺为外府寺。凡九寺，卿皆曰正卿，少卿皆曰大夫。改秘书省为兰台监，监曰太史，少监曰侍郎，丞曰大夫；殿中省为中御府监，监曰太监；国子监为司成馆，祭酒曰大司成，司业曰少司成；少府监为内府监；将作监为缮工监，大匠曰大监，少匠曰少监；都水监为司津监。凡七监。左右卫府、骁卫府、武卫府皆省"府"字，左右威卫曰左右武威卫；左右领军卫曰左右戎卫，左右侯威曰左右金吾卫；左右监门府曰左右监门卫，左右千牛府曰左右奉宸卫。凡十六卫。

四月，敕令僧、尼、道士、女冠致敬君亲父母，寻因众僧上表反对，乃令再议。至六月，遂诏罢致敬敕。

按：沙门是否应致敬父母，系涉及佛教与王权、佛教与儒学礼教、宗教伦理与世俗伦理关系之重大问题，故东晋以降，向为佛与儒、佛与俗争论的一个焦点。东晋成帝时，庾冰有《代晋成帝沙门不应尽敬诏》、《重代晋成帝沙门不应尽敬诏》，主张沙门应致敬父母，由是引起众僧及信佛朝贵之激烈反对，何充上《沙门不应尽敬表》，以为沙门致敬父母，将致佛法大坏。后桓玄作《与八座论沙门敬事书》，重申庾冰主张；僧慧远则撰《沙门不敬王者论》五篇，予以驳斥。入唐以后，这一争论更趋激烈，至龙朔年间遂达高潮。《广弘明集》卷二五载，本年四月十五日，高宗颁《制沙门等致拜君亲敕》，"令道士、女冠、僧、尼于君、皇后及皇太子、其父母所致拜"。大庄严寺僧威秀等作《上高宗皇帝沙门不合拜俗表》，以为沙门致君亲乃"乖异群经"；西明寺僧道宣等亦各状表反对。"时京邑僧等二百余人往蓬莱宫申表上请，左右相云"。至高宗表示暂停其敕，此事可待再议，众僧乃退，群聚于西寺，"相与谋议，共陈启状"。五月十五日，高宗召集文武官僚九品以上并州县官等千余人，聚于中台都堂议其事，道宣等率诸寺高僧三百余人前往，"将经文及以前状，陈其故事以申厥理"。然朝臣之间亦意

印度十进位法约于此时传于叙利亚阿拉伯人。

阿拉伯人伐拜占庭之小亚细亚。

见相左,彼此辩论甚激。《宋高僧传》卷一七《威秀传》曰:"时朝宰五百三十九人请不拜,三百五十四人请拜。"高宗见争颇大,朝臣中又以持反对意见者居多,遂于六月诏罢致敬敕。此事不特限于佛、俗之争,亦为当时思想领域之重大事件,其影响广泛而深远。事又载《开元释教录》卷八、僧彦悰《集沙门不应拜俗事》等。《旧唐书》卷四《高宗纪下》谓高宗于六月"乙丑初令道士、女冠、僧、尼等并尽礼致拜其父母",是将高宗四月下致敬敕与六月诏罢敕事混为一谈,误。

五月乙丑,复置律、书、算三学。

按:见《旧唐书》卷四《高宗纪上》。诸学于显庆三年并废,至是复置。参见贞观二年、六年及显庆元年条。

九月,敕诸学生员各以长幼为序,初入学者皆行束修之礼于师。每岁国子监学生于本监试,州县学生于本州试,皆以学业优长者为试官,由长官监试。

按:见王定保《唐摭言》卷一《两监》。

是年,开科取士,进士及第8人。

按:见《登科记考》卷二。

许敬宗在右相任,八月乞致仕,改授太子太师、同东西台三品,仍知西台事。

按:是年二月改官名,右相即中书令,东、西台即门下、中书省。见《旧唐书》卷四《高宗纪上》。

令狐德棻在国子祭酒任,表请致仕,高宗许之。

按:见《旧唐书》卷七三本传。

薛元超奉召回朝,拜东台侍郎,献《封禅书》及《平东夷策》。

按:见《旧唐书》卷七三本传。

上官仪十月庚戌以西台侍郎同东、西台三品,兼弘文馆学士如故。时仪诗名颇盛,其诗大行于世,人称"上官体",争相效仿。

按:上官仪之诗作,承袭徐、庾之风,以艳丽为崇。《旧唐书》卷八〇本传载,上官仪"以词彩自达,工于五言诗,好以绮错婉媚为本"。"既贵显,故当时多有效其体者,时人谓为'上官体'"。《全唐文》卷二三八卢藏用《右拾遗陈子昂文集序》曰:"宋、齐之末,盖憔悴矣,逶迤陵颓,流靡忘返。至于徐、庾,天之将丧斯文也。后进之士若上官仪者,继踵而生,于是风雅之道,扫地尽矣。"同书卷一九一杨炯《王勃集序》亦曰:"龙朔初载,文场变体,争构纤微,竞为雕刻,糅之金玉龙凤,乱之朱紫青黄,影带以徇其功,假对以称其美,骨气都尽,刚健不闻。"

杨炯时年十三,以校书郎待制弘文馆,颇得薛元超赏识。

刘伯庄为国子博士,是年前后兼崇贤馆学士。

按:刘伯庄生卒年、字号不详,徐州彭城人。唐初学者。贞观中累除国子助教,与其舅太学博士侯孝遵同为弘文馆学士,时人荣之。累官国子博士兼崇贤馆学士。先后参修《文馆词林》1000卷、《文思博要》1200卷,另撰有《史记音义》、《史记地名》、《汉书音义》各20卷,行于代,后皆佚。事迹见《旧唐书》卷一八九上、《新唐书》卷一九八。

又按:中唐史家刘知幾对刘伯庄史学颇为推重,将其列为入唐以后诸家《汉书》学之首和诸家重要《史记》学之一。《史通》卷一三《外篇》曰:"《史记》之学,则有王元感、徐坚、李镇、陈伯宣、韩琬、司马祯(当作司马贞——引者)、刘伯庄、张守节、窦群、裴安时;《汉书》之学,则有刘伯庄、敬播、元怀景、姚班、沈遵、李善。"

再按:刘伯庄子刘之宏亦传父业,武则天时累迁著作郎,兼修国史,卒于相王府司马。睿宗即位,追赠秘书少监。

僧道宣以高宗于四月颁《制沙门等致拜君亲敕》,上表反对。五月十五日,高宗召集文武官僚九品以上并州县官等千余人,聚于中台都堂议其事,道宣等率诸寺高僧三百余人前往,"将经文及以前状,陈其故事以申厥理"。六月,高宗诏罢致敬敕。

按:事载《广弘明集》卷二五,参见本年四月条。

僧彦悰撰《集沙门不应拜俗等事》6卷成。

按:《集沙门不应拜俗等事》,又名《沙门不敬俗录》、《集沙门不拜俗议》。是年,高宗敕沙门致敬君亲父母,引发佛、俗激烈辩论,事见上文四月条与道宣条。彦悰遂撰此书,详叙东晋以降历代有关沙门是否应致敬君亲之争论,并载录奏、启、表、状、论、书、诏,凡102篇。《开元释教录》卷八曰:"龙朔二年壬戌,有诏令拜君亲,恐伤国化,令百官遍议。于是沙门道宣等共上书启,闻于朝廷。众议异端,所司进入,圣躬亲览,下敕罢之。悰恐后代无闻,故纂斯事并前代故事,及先贤答对,名为《集沙门不拜俗议》。"书中彦悰申明反对沙门敬俗,论曰:"夫沙门不拜俗者何?盖出处异流,内外殊分,居宗体极,息虑忘身。不汲汲以求生,不区区以顺化,情超宇内,迹寄寰中。斯所以抗礼宸居,背恩天属,化物不能迁其化,生生无以累其生,长揖君亲,斯其大旨也。"是书今存,有宋藏本、金藏本、元藏本、明北藏本、清藏本、大正藏本等。

来济卒(610—)。济字号不详,扬州江都人。初唐学者。幼逢家难,颠沛流离。笃志好学,善文词,有史才。贞观中登进士第,高宗时累迁中书令,爵封南阳县侯。因谏阻立武后,出贬台州刺史,徙庭州刺史。会突厥来攻,率兵拒之,没于阵。曾奉诏参修《晋书》,又监修国史。勤于著述,前后所撰凡千余篇。有《南阳公集》30卷,行于世,后佚。《册府元龟》存录其文1篇,《全唐诗》卷三九存录其诗1首。事迹见《旧唐书》卷八〇、《新唐书》卷一〇五。

按:卢照邻撰《南阳公集序》,对来济评价颇高。其略曰:"贞观年中,太宗外厌兵革,垂衣裳于万国,舞干戚于两阶。留思政途,风兴文事。虞、李、岑、许之俦以文章进,王、魏、来、褚之辈以材术显。……(济)自弱冠指佞,鸡树登贤,内掌机密,外修国史。晨趋有暇,持彩笔于瑶轩;夕拜多闲,弄雕章于琴席。含毫顾盼,汉家之城阙风烟;逸韵纵横,秦地之林泉鱼鸟。黄山羽猎,几奏琼篇;汾水楼船,参闻宝思。"

元希声(—707)、僧慧朗(—725)生;卢藏用(—713)约是年前后生。

按:《旧唐书》卷九四《卢藏用传》谓其开元初卒,"年五十余"。以此推,其生当在本年前后。

龙朔三年　癸亥　663 年

<small>拜占庭帝君士坦斯二世迁都罗马。</small>

二月癸巳，改司经局为桂坊馆，崇贤馆罢隶左春坊。

按：见《旧唐书》卷四《高宗纪上》。

庚戌，以书学隶兰台，算学隶秘阁，律学隶详刑寺。

按：见《旧唐书》卷四《高宗纪上》。

四月十四日，召佛、道人士入东都蓬莱宫论辩。至六月十二日，再召佛道对论。

按：高宗即位，屡诏佛、道人士入宫对论。参与是年四月论辩者，有道士姚义玄等五人与西明寺僧子立等四人；参与六月论辩者，有道士李荣及僧灵辩等。两次辩论主题，皆围绕如何诠释老子"道"论等问题。事见《集古今佛道论衡》卷丁。

八月戊申，诏百官极言正谏，遣使赴各地，问百姓疾苦，黜陟官吏，令内外五品以上官荐举"岩薮幽素之士"。

按：见《旧唐书》卷四《高宗纪上》。

是年，暂停贡举。

按：见《登科记考》卷二。

李义府正月由列司太常伯进位右相，四月下狱除名，流配巂州。

按：列司太常伯由吏部尚书改称。李义府以依附武后而得进相位，专以卖官为事。及得罪，朝野莫不称庆，至有作《河间道行军元帅刘祥道破铜山大贼李义府露布》榜之通衢者。见《旧唐书》卷八二本传、卷四《高宗纪上》。

薛元超坐事出贬简州刺史。

按：《旧唐书》卷七三载，是年右相李义府以罪流配，"旧制：流人禁乘马。元超奏请给之，坐贬简州刺史"。

骆宾王约是年或稍后上书少常伯李安期，以求汲引。

按：《骆临海集笺注》卷七有《上李少常伯启》。李少常伯即李安期，李百药之子，本年为司列少常伯，知骆宾王上书当在此期，姑系于此。

赵英有儒业，是年前曾任汲县令。

按：赵英尝撰《五经对诀》4 卷，已佚。其生平事迹不详。

僧玄奘在玉华宫译佛教经论，十月译毕《大般若经》。以年事已高，体力衰竭，遂专致行道，不复从事佛经翻译。

按：见《大唐大慈恩寺三藏法师传》卷一〇。

道士李荣于四月和六月两次奉召与诸高僧辩论。

按：见《集古今佛道论衡》卷丁，参见本年上文条。

元兢约是年前后撰《诗髓脑》1 卷，论诗之对偶与律声。

按：《新唐书·艺文志》录有"元兢《宋约诗格》一卷"，《秘书省续编到四库阙书目》有阙名"《沈约诗格》一卷"，《日本国见在书目》有"元兢《诗髓脑》一卷"，当为同一书。《文镜秘府论》西卷引元兢论诗之对偶等说，或出自此书。龙朔前后，诗坛重对偶，论诗之书颇多，大都涉及对偶，兢撰此书似亦应在此期。盖对偶与声律实为构成近体诗两大最重要之要素，故元兢以"髓脑"名其书。

上官仪约是年或稍前撰《笔札华梁》(一作《笔九花梁》)2卷，论作诗之法。

按：《秘书省续编到四库阙书目》作"上官仪《笔九花梁》二卷"，《文镜秘府论》北卷引作《笔札华梁》。上官仪明年下狱死，其撰此书当在本年或稍前，盖与当时诗坛风气有关。参见龙朔二年条。

许敬宗等纂《瑶山玉彩》500卷成，二月由太子李弘进上。

按：《旧唐书·李弘传》载此事于龙朔元年，《唐会要》卷三六作龙朔三年十月二日，今从《旧唐书》卷四《高宗纪上》。该书系类书，博采古今文集，摘其英词丽句，以类相从，参修者尚有上官仪、许圉师、杨思俭、孟利贞、郭瑜、顾胤、董思恭、窦德玄等。

许敬宗等约是年纂《芳林要览》300卷。

按：该书参修者尚有顾胤、许圉师、上官仪、孟利贞、杨思俭、姚天璵、窦德玄、郭瑜、董思恭、元思敬等。考之于史，许圉师本年二月贬虔州刺史，董思恭亦本年贬死，上官仪明年下狱死，窦德玄乾封元年八月卒，是则《芳林要览》之纂当成于是年前后。又，该书系总集，与类书《瑶山玉彩》相对应，宜为同时编纂。姑系于此。

郭瑜约是年前后编《古今诗类聚》79卷、《歌录集》8卷。

按：《新唐书·艺文志》收录两书于总集类，编修年不详。考郭瑜事迹，见载于史最晚者在本年，估计两书当在显庆、龙朔间瑜为学士时所编，或系瑜参编《瑶山玉彩》、《芳林要览》时所附编。姑系于此。

孟利贞约是年前后编《碧玉芳林》450卷、《玉藻琼林》100卷。

按：《新唐书·艺文志》收录两书于类书类，编修年不详。或系孟利贞参编《瑶山玉彩》、《芳林要览》时所附编。姑系于此。

郎余令为幽州录事参军，约是年撰《冥报拾遗》2卷。

按：考《法苑珠林》卷一〇〇，谓该书于"龙朔年中撰"，卷一四引《冥报拾遗》又涉及龙朔二年夏幽州渔阳县无终戍城火灾事，知该书当撰成于龙朔二年七月至本年间。姑系于此。

僧玄奘十月二十三译《大般若经》毕，凡600卷。

按：玄奘译《大般若经》始于显庆五年正月，历时数年，至是完功。《续高僧传》卷四《玄奘传》曰："有《大般若》者，三十万偈，此土八部，咸在其中。不久下敕令住玉华翻经，供给一准京寺，遂得托静，不爽译功。以显庆五年正月元日创翻大本，至龙朔三年十月末了，凡四处十六会说，总六百卷，般若空宗此焉周尽。"事又见《大唐大慈恩寺三藏法师传》卷一〇。玄奘所译《大般若经》今存。

敬播卒，生年、字号不详。播，蒲州河东人。初唐学者、史学家。其史才颇为房玄龄等称许，以为"陈寿之流"。登进士第，历太子校书、著作郎、太子司仪郎、谏议大夫、给事中等职，坐事出为越州都督府长史，卒于官。累修国史，先后参修《隋书》、《高祖实录》、《太宗实录》、《晋书》等，整理颜师古《汉书注》为40卷，与许敬宗等撰《西域图》。另续撰《太宗实录》20

卷,著有《隋略》20卷、《文贞公传事》4卷,已佚。《全唐文》卷一五四收录其文1篇。事迹见《旧唐书》卷一八九上、《新唐书》卷一九八。

顾胤约是年或稍后卒,生年、字号不详。胤,苏州吴人。长于史学,颇为时人所称。永徽中以起居郎兼修国史,先后参修《太宗实录》、《括地志》、《武德贞观两朝史》、《文思博要》、《芳林要览》,累加朝请大夫、弘文馆学士,爵封余杭县男。龙朔中迁司文郎中,卒于官。撰有《汉书古今集》20卷,已佚。事迹见《旧唐书》卷七三、《新唐书》卷一〇二。

按:《旧唐书》本传曰:"龙朔三年,迁司文郎中,寻卒。"知顾胤之卒当在本年或稍后。姑系于此。

李适(　—711)、宋璟(　—737)生。

唐高宗麟德元年　甲子　664年

阿拉伯人入阿富汗,遂抵印度河。

英格兰各教会始行罗马天主教仪规。

正月甲子,改元麟德。

按:见《旧唐书》卷四《高宗纪上》。

七月丁未,诏各州荐举人才。

按:见《登科记考》卷二。

十二月,皇后武氏始垂帘听政,时人将其与高宗并称"二圣"。

按:《资治通鉴》卷二〇一载,高宗为武氏所制,不胜其忿,欲废之,乃命宰相上官仪草诏。武氏闻之,遽赴高宗处自诉。高宗畏缩,仪遂受诬被诛。自是,高宗每视事,武氏垂帘于后,政无大小,皆与闻之。"天下大权,悉归中宫,黜陟、杀生,决于其口,天子拱手而已,中外谓之'二圣'"。

是年,开科取士,进士及第13人。又行制举,登第者2人。

按:见《登科记考》卷二。

于志宁由荣州刺史累转华州刺史,以年老请致仕,许之。

按:见《旧唐书》卷七八本传。

薛元超在简州刺史任,坐与上官仪交往,流配巂州。

按:薛元超流放巂州,至上元遇赦还朝。后集流放期间作品,编为《醉后集》3卷。《日本国见在书目》录有"《醉后集》三卷",当系元超所作。

骆宾王上书司列太常伯刘祥道,以求汲引。

按:《骆临海集笺注》卷七有《上司列太常伯启》,太常伯即刘祥道。《唐仆尚丞郎考》卷九载,刘祥道去年冬或本年初由司刑太常伯迁司列太常伯,八月兼右相,十二月罢为司礼太常伯。知骆宾王上书求引荐当在本年八月前。

王勃上书右相刘祥道,畅论时政以自陈。祥道遂表荐勃于朝。

按:《王子安集注》卷五有《上刘右相启》。刘祥道本年八月以司列太常伯兼右相,十二月罢,则王勃上书当在八月至年底之间。

李峤约是年登进士第,授泾州安定尉。

按:《新唐书》卷一二三本传谓李峤年二十"擢进士第,始调安定尉"。李峤约生于贞观十九年,至本年二十岁左右。姑系于此。后李峤又应制举,登甲科,遂调任长安。

僧窥基在玉华宫随其师玄奘译经,是年以玄奘病逝,遂重返长安大慈恩寺,专事著述。

按:窥基后游历太行、五台山等地,沿途讲经造疏,从事弘化。在五台山造玉石文殊像,写金字《般若经》。及返慈恩寺,致力于传授玄奘之正义,著述甚多,时称"百本疏主",又称"百本论师"。其学以唯识论为宗,故又称"唯识法师"。

新罗僧圆测师事玄奘,颇负盛名。是年玄奘卒后,于长安西明寺弘传其师唯识教义,由是形成奘门西明一系,与同门窥基慈恩一系发生激烈争论。

按:见《六学僧传》卷二三。

僧道宣于长安西明寺著《大唐内典录》10卷、《广弘明集》30卷、《集神州三宝感通录》3卷成。

按:《大唐内典录》简称《内典录》,系参考隋费长房《历代三宝纪》、《法经录》、《仁寿录》等书,结合诸经内容与目录而成,收录东汉至唐初译者221人,经典2476部。今人姚名达《中国目录学史》谓该书"体例之完善,内容之精祥,殆称空前绝后"。今存,收入《大正藏》。《广明弘集》仿南朝梁僧祐《弘明集》体例,将有关争论之双方文章以类汇集,内容丰赡,颇为后世学者重视。今存,有上海古籍出版社《影印宋碛砂版大藏经》本、中华书局点校本等。《集神州三宝感通录》一名《东夏三宝感通记》,今亦存。

新罗僧圆测约是年稍后撰《解深密经疏》40卷成。

按:该书系圆测今存3种著述之一。原传本阙末5卷,近年由中国佛教协会观空以藏文《丹珠尔》中所存译本补齐。

僧玄奘二月五日卒(600—)。玄奘俗姓陈,本名祎,世称三藏法师,洛州缑氏(一说陈留)人。唐代著名佛教学者和翻译家,唯识宗(法相宗)开创者。年少勤学佛典,年十三于洛阳净土寺出家。后游历各地,遍访名师,名声渐著。贞观初西游天竺求法,历时17年。贞观十九年回长安后,专事佛经翻译与研究。先后译经凡75部,计1335卷。卒于玉华宫,追谥"大遍觉"。弟子众多,以神昉、嘉尚、普光、窥基最为知名,世称"玄门四神足"。有新罗僧圆测,亦成一系。著有《会宗论》、《制恶论》、《三身论》、《三类境》、《赞弥勒四礼文》及《大唐西域记》12卷等。《全唐文》卷九〇六、九〇七辑录其文编为2卷,《全唐诗补编·续拾》收录其诗5首。事迹见慧立等《大唐大慈恩寺三藏法师传》、《续高僧传》卷四、《大唐内典录》卷五、冥祥《大唐故三藏玄奘法师行状》、《神僧传》卷六、《旧唐书》卷一九一等。近人刘汝霖撰有《唐玄奘法师年谱》,今人杨廷福撰有《玄奘年谱》、《玄奘大师研究》。

按:玄奘在中国古代佛教史和中外文化交流上具有重要地位。其所译佛典数量之多,几占唐代经论翻译之半。因其对梵文造诣精深,又亲自主译,译文莫不精确异常,在中国佛学译经史上开辟了一个新纪元,后人通称其译典籍为新译。冥祥《大唐故三藏玄奘法师行状》评曰:"译经之事,由来自久,起汉摩腾,迄今三藏,前后道俗百余人。先代翻译,多是婆罗门法师,为初至东夏,方言未融,承受之者,领会艰阻。……今日法师,唐梵二方,言词明达,传译便巧。如擎一物掌上示人,了然无殊,所以岁月未多而功倍前哲。"玄奘所创唯识宗,又称法相宗,系唐代佛教主要宗派之一,于当时颇有影响。玄奘著述,《会宗论》、《制恶论》、《三身论》均为梵文,《三类境》保存于《成唯识论掌中枢要》卷二,《赞弥勒四礼文》见《法苑珠林》卷十六。

上官仪十二月丙戌卒,生年不详。仪字游韶,陕州陕人。初唐诗人。尤工五言诗,时人竞相仿效,称"上官体"。贞观中登进士第,授弘文馆直学士,迁秘书郎。高宗即位,进拜西台侍郎。因劝高宗废武后,遭诬下狱而卒。尝参修《晋书》、《芳林要览》,著有《投壶经》1卷,不存;另有集30卷,后散佚。《全唐文》卷一五四至一五五辑录其文编为2卷,《全唐诗》卷四〇辑录其诗编为1卷。事迹见《旧唐书》卷八〇、《新唐书》卷一〇五。

上官婉儿(—710)生。

麟德二年 乙丑 665 年

阿拉伯人伐北非。

二月,高宗幸东都,议明年封禅泰山,停今年贡举。

按:见《旧唐书》卷四《高宗纪上》。

十月癸丑,诏皇后武氏参与来年封禅礼。自东都洛阳启程,十二月丙辰至泰山下。

按:见《旧唐书》卷四《高宗纪上》。

是月,诏郊庙享宴所奏,文舞用《功成庆善之乐》(又名《庆善曲》),武舞用《神功破阵之乐》(又名《破阵乐》)。

按:高宗所下《用〈庆善曲〉、〈破阵乐〉诏》,见《唐大诏令集》卷八一。

李淳风在秘阁郎中任,以傅仁均所造《戊寅历法》渐差,以其推步浸疏,乃增益隋刘焯《皇极历》,更造《麟德历》,时人称其精密。五月《历》成,奏上,诏颁行之。

按:见《旧唐书》卷三二《历志一》、卷四《高宗纪上》。

裴行俭由西州都督府长史累拜安西大都护。招抚西域,诸国多来归顺。奉召还朝,拜司文少卿。

按:裴行俭后于总章中迁司列少常伯。见《旧唐书》卷八四本传。

王勃约是秋游吴越,历润、宣、越等州,又习道家导引之术,作《黄帝八十一难经序》。

按：《王子安集注》卷九《黄帝八十一难经序》曰："夫子讳元，字真道，……以大唐龙朔元年岁次庚申冬至后甲子，予遇夫子于长安……盖授《周易章句》及黄帝《素问》、《难经》……五年于兹矣，有升堂观奥之心焉。近复钻仰太虚，导引元气，觉滓秽都绝，精明相保。"龙朔元年距本年，前后合五年。

骆宾王在齐州，为当地父老作《请陪封禅表》。

按：骆宾王所作《为齐州父老请陪封禅表》，见《骆临海集笺注》卷七。

僧文纲开筵讲论律学，四方来学者众。

按：见《宋高僧传》卷一四本传。

牛头宗僧智威是年二十，于幽岩寺剃度出家。

按：智威后谒牛头宗僧法持，得传其法。见《宋高僧传》卷八本传。

僧慧沼是年十五，始受度出家。

按：见（日）佐伯定胤、中野达慧编《玄奘三藏师资传丛书》卷下李邕《唐故白马寺主翻译惠沼神塔碑（并序）》。

僧道宣于长安西明寺著《释迦氏谱》（一名《释迦略谱》）1卷成。

按：该书今存。

于志宁十月二十日卒（588— ）。志宁字仲谧，洛阳人。初唐学者。仕隋为县长，入唐累迁尚书左仆射，拜太子太师，同中书门下三品，进爵燕国公。坐事出贬，以年老致仕。卒于洛阳安众里之第，追赠幽州都督，谥曰"元"。先后参修《隋书》、《大唐仪礼》、《留本行司格》、《周易正义》、《尚书正义》等，与李勣等修定《新修本草》（《唐本草》）。著有《谏苑》20卷，另有文集70卷（一说20卷，又说40卷），后皆散佚。《全唐文》卷一四四至一四五辑录其文编为2卷，《唐文拾遗》卷一四又补录2篇；《全唐诗》卷三三、《全唐诗补编·续拾》卷三收录其诗2首。事迹见《旧唐书》卷七八、《新唐书》卷一〇四。《全唐文》卷一三七有令狐德棻《大唐故柱国燕国公于公碑铭》。

按：于志宁卒月，《旧唐书》卷四《高宗纪上》谓十一月庚寅，与令狐德棻《碑铭》所载不同。今从《碑铭》。志宁文集，《旧唐书》本传作"二十卷"，同书《经籍志》与《新唐书·艺文志》均作"四十卷"，令狐德棻《碑铭》则作"七十卷"。《旧唐书》本传曰："志宁雅爱宾客，接引忘倦，后进文笔之士，无不影附，然亦不能有所荐达，议者以此少之。前后预撰格、式、律、令、《五经义疏》，及修礼、修史等功，赏赐不可胜计。"

吕才卒（600— ）。才字号不详，博州清平人。初唐思想家、科学家。博学多才，擅长音律，精通阴阳学，熟谙军事、历史、地理。初授起居郎，历太常博士、太常丞等职。曾奉诏撰《阴阳书》53卷，又参修《姓氏录》、《文思博要》、《新修本草》等。著有《隋纪》20卷、《大博经》2卷，后皆佚。又有《因明注解立破义图》3卷，今存，收入《大正藏》。《全唐文》卷一六〇收录其文8篇。事迹见《旧唐书》卷七九、《新唐书》卷一〇七。

按：吕才系唐初著名学者和无神论者。虽习阴阳方伎之学，却坚决反对禄命、阴阳葬法等迷信思想，倡导物质性的"气"为宇宙本源的朴素唯物论。其于佛教亦持否定态度，曾与僧慧立、明濬等展开辩论，在当时产生一定影响。

僧玄觉（ —713）生。

唐高宗乾封元年　丙寅　666 年

阿拉伯人再伐北非。

正月己巳，高宗封禅泰山。

按：见《旧唐书》卷五《高宗纪下》。

壬申，改元乾封。

按：见《旧唐书》卷五《高宗纪下》。

丁丑，令天下诸州置观、寺各一所。

按：见《旧唐书》卷五《高宗纪下》。

甲午，高宗至曲阜，谒孔子庙，追赠孔子太师，令增修祠宇，以少牢致祭，孔子后裔褒圣侯孔德伦子孙并免赋役。

按：见《旧唐书》卷五《高宗纪下》。

二月己未，高宗至亳州谷阳县，谒老子庙，上老子尊号曰"太上玄元皇帝"。

按：《资治通鉴》卷二〇一载此事于正月，今从《旧唐书》卷五《高宗纪下》。唐室推崇老子，以其后裔自居。至是，高宗正式尊老子为祖，追加帝号，创设祠堂，置令、丞掌管，又改谷阳县为真源县。

是年，开科取士，王上客等登进士第，另有登幽素科 12 人。

按：见《登科记考》卷二。

王勃应举，登幽素科，拜朝散郎。以新对策及所作旧文，献于少常伯皇甫公义。

按：见《登科记考》卷二。皇甫公义，一作皇甫公仪。

卢照邻在长安，是春末奉使益州。七月，为长史胡树礼作《相乐夫人檀龛赞》、《益州长史胡树礼为亡女造画赞》。

按：两文见《卢照邻集》卷七。

刘允济以博学善属文，与王勃齐名，两人特相友善。

按：《旧唐书》卷一九〇中本传曰："少孤，事母甚谨。博学，善属文，与绛州王勃齐名，特相友善。"王勃本年应举及第，两人齐名当在本年前后，姑系于此。

李思训应举，登经明行修科。

按：见《登科记考》卷二。一说李思训在麟德二年登第。

僧窥基撰《因明入正理论疏》（又称《因明大疏》）成。

按："因明"系天竺早期之论辩术，后经陈那发展，形成颇具特色之逻辑体系，成为佛教瑜珈学系统之重要组成部分。此说初由玄奘介绍入唐，于贞观二十一年译出陈那门人商羯罗主所撰《因明入正理门论》，后又译出陈那所著《因明入正理论》。窥基师从玄奘,于因明学之"三支"比量(即宗支、因支、喻支)领悟颇深,遂撰《论疏》。《宋高僧传》卷四《窥基传》载,初,僧圆测于西明寺讲论《唯识论》,窥基闻之,"惭居其后,不胜怅怏"。玄奘遂授其因明学。"基大善三支,纵横立破,述义命章,前无与比"。窥基所撰《论疏》实为草稿,后由门人慧沼刊定,并续写《因明入正理论续疏》。慧沼又撰《因明入正理论义断》3卷、《因明入正理论义纂要》1卷。窥基之《论疏》于中唐时传入日本,大为盛行,日僧善珠、明诠先后据此撰《因明论疏明灯钞》、《因明大疏导》等。至清末,窥基《疏》传回中国,颇为学者重视。近人陈大齐撰有《因明大疏蠡测》、《因明入正理论悟他门浅释》。

令狐德棻卒(583—)。德棻字号不详,原籍敦煌,世居华原。唐初史学家。博涉文史,早知名。历起居舍人、秘书丞、礼部侍郎、太子右庶子等职,坐事除名。起为雅州刺史,复坐免。再起为秘书少监,累转国子祭酒,进爵彭阳公。表请致仕,卒于家,谥曰"宪"。尝建议购募天下遗书,又长期兼掌史职,先后主持修撰《周书》、《太宗实录》、《高宗实录》等,参修《武德贞观两朝史》、《大唐仪礼》、《大唐氏族志》、《艺文类聚》等。撰有《凌烟阁功臣故事》4卷、《令狐家传》1卷、《皇帝封禅仪》6卷,另有集30卷。今存《周书》、《艺文类聚》。《全唐文》卷一三七收录其文5篇,《全唐诗》收录其诗1首。事迹见《旧唐书》卷七三、《新唐书》卷一○二。《全唐文》卷九九一有佚名《大唐故金紫光禄大夫彭阳宪公碑》。

按:令狐德棻迭修国史,为时人所称。《旧唐书》卷七三本传曰:"德棻暮年尤勤于著述,国家凡有修撰,无不参预。"

李义府卒(614—)。义府字号不详,祖籍瀛州饶阳,世居永泰。初唐学者,尤以文翰显于世。贞观中以高策擢,超拜监察御史,后历太子舍人、中书侍郎、中书令等职。坐赃罪除名,长流巂州,卒于流所。先后参修《晋书》、《永徽五礼》、《姓氏录》、《东殿新书》、《累璧》。著有《宦游记》20卷,另有集40卷(一说30卷,又说39卷),后皆散佚。《全唐文》卷一五三、《唐文续拾》卷二存录其文4篇,《全唐诗》卷三五存录其诗8首。事迹见《旧唐书》卷八二、《新唐书》卷二二三。

张昌龄卒,生年、字号不详。昌龄,南宫人。善词藻,有文名。历通事舍人里供奉、崑山道行军记室、长安尉、襄州司户等职。有集20卷,已佚。《全唐文》卷一六一收录其文2篇。事迹见《旧唐书》卷一九○上、《新唐书》卷二○一。

按:张昌龄兄张昌宗亦有学业,官至太子舍人、修文馆学士。著有《古文纪年新传》30卷,已佚。

乾封二年　丁卯　667年

九月庚申,高宗因久疾,命太子李弘监国。　　　　　　　　　　　　　阿拉伯人取吐火罗及伽尔吉斯坦。

按：见《资治通鉴》卷二〇一。

十月，令天下诸州举鸿儒硕学、博闻强记之士。

按：见《册府元龟》卷六四五。

十二月甲午，诏："自今祀昊天上帝、五帝、皇地祇、神州地祇，并以高祖、太宗配，仍合祀昊天上帝、五帝于明堂。"

按：《资治通鉴》卷二〇一。

是年，开科取士，进士及第5人。

按：见《登科记考》卷二。

王勃在长安，上少常伯李安期、左侍极贺兰敏之启，以求援引。受沛王李贤之召，入为王府僚属。

按：《王子安集注》卷四有《上李常伯启》、《上武侍极启》。李常伯即李安期，李百药之子，本年三月在司列少常伯任上，四月以东台侍郎同东西台三品。知王勃上启当在四月前。武侍极即贺兰敏之，武后姊韩国夫人之子，乾封元年八月改姓武，官至左侍极。咸亨二年六月复本姓，配流雷州。《杨炯集》卷三《王勃集序》曰："沛王之初建国也，博选奇士，征为侍读。"《资治通鉴》卷二〇〇载，龙朔元年九月"壬子，徙潞王贤为沛王。贤闻王勃善属文，召为修撰。……时诸王斗鸡，勃戏为《檄周王鸡文》。上见之，怒曰：'此乃交构之渐。'斥勃出沛府。"据此勃当在龙朔元年入沛王府，旋被斥出。然考《新唐书》本传曰："数献颂阙下，沛王闻其名，召署府修撰。"王勃诣阙献颂在乾封元年初，是年应幽素举及第，拜朝散郎，至总章元年三月尚在沛王府，则其入沛王府当在本年。又本年三月勃有上李安期、贺兰敏之启以求援引，则其入府当在此后，且未尚旋遭斥出。

卢照邻在益州，是秋还长安。

按：卢照邻奉使益州事，见乾封元年条。

骆宾王是年或稍前授奉礼郎，此后十年不调。

按：《骆临海集笺注》卷八《上吏部裴侍郎书》有"宾王一艺罕称，十年不调"云云。该书作于上元三年，知其授奉礼郎当是年或稍前。姑系于此。

李善为秘书郎，是年前后出为泾城令。

按：《旧唐书》卷一八九本传李善于"乾封中"出为泾县令，未详具体年份，姑系于此。善后坐事免官，配流姚州，遇赦得还，以教授为业，从学者多自远方而至。

苏味道应贡举，登进士第。

按：见《登科记考》卷二。

僧道宣二月于终南山麓清宫精舍创立戒坛，依其所制仪规，为诸州沙门二十余人传授具戒。

道士司马承祯始入道籍，往嵩山师事潘师正。

按：司马承祯师事潘师正，颇为师正赏识，后遂得传衣钵。

王勃奉沛王教撰《平台秘略》10篇成，论为文之道。

按：该书《杨炯集》卷三《王勃集序》作"《平台钞略》十篇"。今从《王子安集注》。王勃于文中谓"文章经国之大业，不朽之能事"，"非缘情体物、雕虫小技而已"，从中可窥其文学观之一端。

僧道宣著《关中创立戒坛图经》1卷、《律相感通传》1卷成。

僧道宣十月三日卒(596—　)。道宣俗姓钱，字法遍，丹徒(一说吴兴)人。初唐高僧，著名佛教学者，南山律宗开山祖，世称南山律师、南山大师。年少出家，先后师从律学高僧慧頵、智首。居终南山丰德寺，潜心著述，构建自身学说体系，遂别开律学一派。奉召为长安西明寺上座，参与佛经翻译，颇为高宗敬重。还终南山，卒于净业寺，谥曰"澄照"。生平奖掖后进，门人千人，较著名者有大慈、灵崿、文纲、名恪、周律师、秀律师等，尤以僧文纲于倡弘南山一宗最为突出。著述丰瞻，凡数十种，大多流传至今。事迹见《宋高僧传》卷一四、《开元释教录》卷八、《佛祖历代通载》卷一五。

按：道宣著述，经论疏方面有《四分律删繁补阙行事钞》3卷(今本作12卷)、《四分律拾毗尼义钞》3卷(今本作6卷)、《四分律删补随机羯磨》和《羯磨疏》合6卷(今本作8卷)、《比丘尼义钞》6卷、《四分律比丘含注戒本疏》3卷(今本作6卷)等，合称"律学五大部"；仪规方面有《量处轻重仪》(一作《释门亡物轻重仪》)2卷、《尼注戒本》1卷、《比丘尼钞》3卷(今本作6卷)、《释门章服仪》1卷、《释门归敬仪》1卷、《关中创立戒坛图经》1卷、《律相感通传》1卷、《释门正行忏悔仪》2卷、《教诫新学比丘行护律仪》1卷、《净心诫观法》2卷等；文史方面有《续高僧传》30卷(今本一作34卷)、《释迦方志》2卷、《佛化东渐图赞》1卷(今佚)、《集古今佛道论衡》4卷、《大唐内典录》10卷、《广弘明集》30卷、《集神州三宝感通录》(一名《东夏三宝感通记》)3卷、《释迦氏谱》(一名《释迦略谱》)1卷、《圣迹现在图赞》1卷(今佚)、《后集续高僧传》10卷(今佚)、《法门文记》若干卷(今佚)等，其中《续高僧传》、《释迦方志》、《集古今佛道论衡》、《大唐内典录》和《广弘明集》等，均为佛教史上重要名著。

又按：道宣博学多才，勤于著述，不仅精研佛教律学，提出一派之理论体系，且于佛教文史亦颇有成就，在唐代佛教史上有重要地位。《开元释教录》卷八称其"外博九流，内精三学，戒香芬洁，定水澄漪，存护法城，著述无辍"。其所撰《关中创立戒坛图经序》自述曰："居无常师，追千里如咫尺；唯法是务，跨关河如一苇；周游晋魏，披阅累于初闻；愿步江淮，缘构彰于道听。遂以立年方寻铅墨，律仪博要，行事谋猷，图传显于时心，钞疏开于有识；或注或解，引用寄于前经，时抑时扬，专门在于成务。"

崔泰之(　—723)、王易从(　—726)、张说(　—730)生。

乾封三年　唐高宗总章元年　戊辰　668年

二月丙寅，高宗以明堂制度历代不同，汉魏以来更多讹舛，令重加修定。

按：见《旧唐书》卷五《高宗纪下》。

戊寅，太子李弘释奠于国学。

阿拉伯人伐拜占庭，取卡尔西顿。

拜占庭帝君士坦斯二世遇弑于西

西里。子君士坦丁四世平灭之。

英格兰教会始附于罗马。

按：见《旧唐书》卷五《高宗纪下》。

三月庚寅，改元总章。

按：见《旧唐书》卷五《高宗纪下》。

四月乙丑，以天象有异，诏内外群臣各上封事，言时政之失。

按：见《旧唐书》卷五《高宗纪下》。

是年，高宗召百僚及佛、道人士讨论《老子化胡经》，从僧法明等人之议，下敕禁毁该经。

按：见《佛祖统记》卷三九、《隆兴佛教编年通论》卷一三。

开科取士，进士及第26人。

按：见《登科记考》卷二。

阎立本由司平太常伯拜右相，封博陵县男。

按：见《旧唐书》卷七七本传。

卢照邻是年前后出为益州新都县尉。

按：见《旧唐书》卷一九〇本传。

僧法藏师从智俨，前后数载，深得智俨妙旨。是年智俨卒后，又从僧诃婆罗门请授菩萨戒，讲《华严经》。

按：是年法藏尚未出家，其师从智俨事，见显庆四年。

新罗僧圆测约是年由长安西明寺入终南山隐居，由此净修八年。

按：见《六学僧传》卷二三、《金石萃编》卷一四六宋复《大周西明寺故大德圆测法师佛舍利塔铭并序》。

印度泰米尔纳德摩诃巴里补罗的巨型岩壁浮雕《恒河降凡》约于此间完成。

长安西明寺僧道世三月三十日纂《法苑珠林》100卷成，李俨为序。

按：是书为中国佛教史上少见之佛教百科全书。书中将佛经所载故实分类编排解释，共收入640余条，所引典籍400余种。《法苑珠林》卷首李俨序曰："西明大德道世法师……以为古今绵代，制作多人，虽雅趣佳词，无足于传记，所以搴文囿之菁华，嗅大义之蓊蔚，以类编录，号曰《法苑珠林》。"《四库全书总目提要》卷一四五曰："此书作于唐初，去古未远，在彼法之中犹为引经据典。……较后来侈谈心性、弥近理、大乱真者，固尚有间矣。"该书今存，有上海古籍出版社《影印宋碛砂版大藏经》本、中华书局点校本等。李俨生卒年、字号不详，陇西人。龙朔中官至中台司藩大夫。《全唐文》卷二〇一收录其《益州多宝寺道因法师碑文》，《唐文拾遗》卷一六收录其《金刚般若经集全序》。

僧智俨十月二十九日卒（602——　）。智俨俗姓赵，世称至相大师，又称云华尊者，天水人。初唐高僧，华严宗第二祖。年十二师从华严宗始祖僧法顺，十四岁于终南山至相寺出家。曾参学于名僧法常、法琳，遍览经论。后从僧智正学《华严经》，遂立教分宗，成一派宗师。晚年住云华寺，讲论《华严经》，化导不倦。弟子众多，较著名者有怀齐（又作怀济）、法藏、元晓、义湘、薄尘、慧晓、道成等，以法藏得其嫡传。所撰经论义疏凡20余部，今存《大方广佛华严经搜玄分齐通智方轨》（简称《华严经搜玄记》）10卷、《华严一乘十玄门》1卷、《华严五十要问答》2卷、《华严经内章门等杂孔目章》(简称《华严孔目章》)4卷、《金刚般若波罗蜜经略疏》2卷。另有著作多种,后皆佚。事迹见《续高僧传》卷二五、《华严经传记》卷三。

僧智周（　—723）、杨场（　—735）、僧玄素（　—752）、僧神会（　—760）生；尹知章（　—718）约生。

按：唐代高僧号神会者有两人,此为禅宗第七祖、荷泽宗始祖;另一为净众宗高僧,参见贞元十年条。神会生年历有歧说,一说嗣圣元年,一说垂拱二年。《宋高僧传》卷八《神会传》谓其卒于肃宗上元元年,"受生九十三岁矣"。以此溯推,当生于本年。从之。

又按：《旧唐书》卷一八九下本传载,尹知章"开元六年卒,时年五十有余"。以卒年五十一溯推,其生年约在本年。

总章二年　己巳　669年

是年,暂停贡举。定铨注法。

按：《资治通鉴》卷二〇一载,时承平既久,选人益多。司列少常伯裴行俭与员外郎张仁祎等定铨注法,又定州县升降、官资高下,由是定为永制。按此法,取人以身、言、书、判:"身"取体貌丰伟,"言"取言辞辩正,"书"取楷法道美;"判"取文理优长。每集试,先观其书、判,后察其身、言,再询其便利,然后类以为甲。复经门下省、侍郎省审核,奏上,奉旨给告身。兵部武选亦如此。凡有格限未至而能试文三篇者,谓之"宏词";能试判三条者,谓之"拔萃",通过者皆可不受等级限制而授官。黔中、岭南、闽中诸州县官不由吏部委任,由都督选择当地土人补授。凡居官以年为考,六品以下,四考为满。

王勃在长安沛王府,五月因戏为沛王作《檄周王鸡文》,被高宗斥令出府,遂游蜀。六月,至绵州。八月,暂居梓州,所作诗赋碑记颇多。

按：《新唐书》本传曰:"勃既废,客剑南。"《王子安集注》卷七《入蜀纪行诗序》有"总章二年五月癸卯,余自长安观景物于蜀"云云,知勃出沛王府入蜀当在本年五月,《资治通鉴》卷二〇〇作龙朔元年九月,恐误。

卢照邻在益州新都尉任,是春一度至长安,旋归蜀。作《对蜀父老问》及《中和乐》九章,以抒心中不平之意。

按：《中和乐》、《对蜀父老问》两文,分见《卢照邻集》卷三、卷六。

王勃编自长安游蜀途中所作诗30首为《入蜀纪行诗》,自为序。

按：王勃《入蜀纪行诗序》,见《王子安集注》卷七。

王义方卒(615—　)。义方字号不详,泗州涟水人。初唐学者。少孤

阿拉伯人围君士坦丁堡。同年,侵西西里岛。

贫,博通《五经》,高自标榜。贞观中举明经,补晋王府参军,直弘文馆,转太子校书。坐事贬儋州吉安丞,历洹水丞、云阳丞。复奉召入朝,为著作佐郎,迁侍御史。因弹劾中书侍郎李义府,再出贬莱州司户参军。秩满,不复仕进,客居昌乐,聚徒教授,门人有员半千、何彦先等。卢照邻亦曾师事之。著有《笔海》10卷,另有集10卷,后皆佚。《全唐文》卷一六一收录其文3篇。事迹见《旧唐书》卷一八七上、《新唐书》卷一一二。

总章三年　唐高宗咸亨元年　庚午　670年

三月甲戌朔,改元咸亨。

按:见《旧唐书》卷五《高宗纪下》。

五月丙戌,诏诸州县营造孔子庙堂及学馆。

按:《旧唐书》卷五《高宗纪下》载高宗诏曰:"诸州县孔子庙堂及学馆有破坏并先来未造者,遂使生徒无肆业之所,先师阙奠祭之仪,久致飘露,深非敬本。宜令所司速事营造。"

十月庚寅,诏百官名皆复旧。

按:两《唐书·高宗纪》皆载是诏于十二月,今从《资治通鉴》卷二○一。改百官名事在龙朔二年,参见该年二月条。

十一月二十一日,诏:"自今已后,宜令所司于史官内简择堪修人,录名进内。自余虽居史职,不得辄令闻见所修史籍及未行用国史等事。"

按:见《唐会要》卷六三。又,《唐大诏令集》卷八一有高宗《简择史官诏》。

是年,开科取士,进士及第54人。

按:见《登科记考》卷二。

裴行俭在司列少常伯任,十月有诏百官皆复旧名,遂为吏部侍郎。由是与李敬玄掌典选十余年,为时人所称。

按:见《旧唐书》卷八四本传。

许敬宗为太子太师、同东西台三品,三月丁丑致仕。

按:见《旧唐书》卷五《高宗纪下》。

王勃在蜀,初客居梓州,后游历益州金堂县、德阳县等地,与宇文峤、郎余令等唱和;至绵州送薛曜,因生活窘困,作《为人与蜀中父老书》,以求周济。九月,又自梓州至益州什邡县送九陇令柳明,旋至成都。期间多有诗作。

按:王勃入蜀在去年五月,参见该年条。

骆宾王在奉礼郎、东台详正学士任,是春上书裴行俭,求从军边塞。春末遂随军赴北庭,七月西行出塞。

按：骆宾王随军途中，多有诗作，以寄情怀。《骆临海集笺注》卷四《咏怀古意上裴侍郎》、《西行别东台详正学士》、《早秋出塞寄东台详正学士》、《从军行》、《夕次蒲类津》、《晚渡天山有怀京邑》、《边庭落日》等，当皆作于此期。

　　卢照邻在新都尉任，作诗寄九陇令柳明。九月罢职，与王勃、邵大震等游梓州玄武山。年末，以久居蜀中，作《赠益府群官》、《赠益府裴录事》等，以抒思归洛阳之情。

　　按：卢照邻任新都尉始于总章元年，参见该年条。

　　徐齐聃为西台舍人，屡有谏言。以善制文诰，颇为高宗宠爱，令侍皇太子及诸王属文。因坐漏禁中事，贬为蕲州司马。

　　按：《新唐书》卷一九九本传载，时高宗诏突厥酋长诸子弟皆得事东宫，徐齐聃上书谏阻；又以长孙无忌以谮死，家庙被毁，奏言"不宜毁及先庙"。高宗皆从之。其出贬蕲州司马事，本传未言年份，《全唐文》卷二二七张说《唐西台舍人赠泗州刺史徐府君碑》系于本年。

　　杜审言应贡举，登进士第。

　　按：见《登科记考》卷二。

　　僧慧能闻知禅宗五祖弘忍住蕲州黄梅东禅寺（又称东山寺），欲前往拜谒之。由南海北上，途经韶州曹溪，为当地所留，暂住宝林古寺，人称"卢行者"。稍后，至乐昌西石窟，从僧智远学禅。智远劝其赴东禅寺师从弘忍。

　　按：慧能后为禅宗六祖，其俗姓卢，故有"卢行者"之称。

　　僧法藏始度为僧，受沙弥戒，奉诏于长安太原寺讲《华严经》，又于云华寺开讲。有旨命京城十大德为其授具足戒，人称"贤首国师"。

　　按：初，法藏师智俨卒时，将其托付给弟子道成、薄尘。是年，高宗荣国夫人卒，武后为之度僧，并舍住宅为太原寺。道成等遂连状奏举法藏，请度其为僧。诏可，令隶太原寺。自此法藏方事讲论，多参与佛经翻译，华严宗由是大振。

　　僧印宗至长安，奉敕住大敬爱寺，恳辞不受，遂前往蕲春参谒禅宗五祖弘忍大师。

　　按：见《宋高僧传》卷四本传。

　　元兢约是年编《古今诗人秀句》（一作《诗人秀句》）2卷成。

　　按：元兢编此书始于龙朔元年，参见该年条。《文镜秘府论》南卷《集论》引兢曰："余龙朔元年为周王府参军，与文学刘祎之、典签范履冰，时东阁已建，期竟撰成此录。王家书既多缺，私室集更难求，所以遂历十年，未终两卷。今剪《芳林要览》，讨论诸集，人欲天从，果谐宿志。……余于是以情绪为先，直置为本，以特色了留后，绮错为末，助之以质气，润之以流华，穷之以形似，开之以振跃。或事理俱惬，词调双举，有一于此，罔或子遗。时历十代，人将四百，自古诗始，至上官仪为终。刊定已详，缮写斯毕。"此当为兢所自撰《诗人秀句序》。自龙朔元年至本年，首尾十年，知书约成于本年。

　　又按：今人查正贤《元兢〈诗人秀句序〉释论——兼论其诗学对初盛唐诗歌发展之意义》（载《北京大学学报》（哲学社会科学版）2005年第3期）以为："保存于《文镜秘府论》中的元兢的《诗人秀句序》是初唐时期一篇重要的诗学文献，在初唐诗坛重物色、尚绮错的时代背景下，它以铨选历代秀句的方式，通过重新诠释谢朓的诗歌遗产，直接继承钟嵘和刘勰的诗学传统，重新强调诗歌要以'情绪'为先、'直置'为本，辅以'物色'和'绮错'等，构成一个完整的体系，具有辩证而多元的特点，并与他的声病说有着深厚的统一性，在唐代诗学发展史上都具有相当重要的历史意义，有力地促进了唐代诗歌从初唐向盛唐的转变。"

张文收是年稍后卒，生年、字号不详。文收，贝州人，隋内史舍人张虔威子。精通音律。尝览萧吉《乐谱》，以为未详，乃博采群言及历代沿革，制为十二律。唐太宗创制礼乐，召其入太常，与祖孝孙等参定雅乐。授协律郎，迁太子率更令，卒于官。撰有《新乐书》12卷，已佚。《全唐诗》卷三九收录其诗1首。事迹见《旧唐书》卷八五。

  按：《旧唐书》本传谓张文收于本年迁太子率更令，"卒官"。知其卒当在稍后，姑系于此。

苏颋（ —727）、吴兢（ —749）生。

  按：《旧唐书》卷一〇二吴兢本传谓其"天宝八年卒于家，时年八十余"。以此推当生于本年稍前。《新唐书》卷一三二本传谓其"卒年八十"，从之。

咸亨二年　辛未　671年

正月，高宗赴东都，至十二月还长安，期间由太子李弘监国。

  按：见《旧唐书》卷五《高宗纪下》。

六月，因贺兰敏之事，朝士流岭南者甚众。

  按：贺兰敏之系武后姊韩国夫人之子，本为弘文馆学士，颇受信用。后为武后所恶，表言其前后罪恶，本月六月流雷州，于途中被绞杀。朝士与之交游者，多流岭南。见《资治通鉴》卷二〇二。

十月，诏："四方士庶及丘园栖隐有能明习礼经、详究音律、于行无违、在艺可录者，并宜州县搜扬博访，具以名闻。"

  按：见《唐大诏令集》卷八一《访习礼乐诏》。

是年，暂停贡举。

  按：见《登科记考》卷二。

王勃在蜀。三月，与卢照邻于成都唱和。又至九陇县，与柳明交游。六月，泛舟至剑州梓潼，寻北归。九月，至长安。是冬，在长安参选，上书裴行俭，论文章之道，谓铨选不当以诗赋为先，又录旧作《古君臣赞》10篇投献。时骆宾王、卢照邻、杨炯、王勃同在长安参选，均以文章负盛名，裴行俭对诸人有评论。勃旋因风疾，还归龙门。

  按：王勃三月与卢照邻唱和诗，见《王子安集注》卷三《三月曲水宴集得为烟字》、《卢照邻集》卷一《三月曲水宴得樽字》。勃与柳明交游事,见《王子安集注》卷一《春思赋序》及日本藏写本《王勃集·夏日仙居观序》。勃六月至梓潼事,见《王子安集注》卷六《梓潼南江泛舟序》。日本藏写本《王勃集》有《为霍王祭徐王文》,考《旧唐书》卷五《高宗纪下》,是年九月,"徐王元礼薨"。知勃于是月已返长安。勃上裴行俭事,见《王子安集注》卷四《上吏部裴侍郎启》。勃与骆宾王等同在长安参选及裴行俭评论事,见《张燕公集》卷一八《赠太尉裴公神道碑》。又《资治通鉴》卷二〇三亦引裴行俭语曰:"勃等虽有文华,而浮躁浅露,岂享爵禄之器耶?杨子稍沈静,应至令长,余得令终幸矣。"

骆宾王在西域,约是秋还长安。

按:骆宾王赴西域事,见去年条。

徐齐聃在蕲州,复流徙钦州。

按:徐齐聃去年贬蕲州司马,今年又遭流徙。见《新唐书》卷一九九本传、《全唐文》卷二二七张说《唐西台舍人赠泗州刺史徐府君碑》。

苏味道是冬以咸阳尉赴吏部参选。

按:见《资治通鉴》卷二〇三。

刘知幾是年十二,其父为授《古文尚书》,学业不进。往听诸兄学《春秋左氏传》,颇有兴趣。其父许授《左传》,由是勤学。

按:刘知幾即刘子玄,后以避唐玄宗讳改以字行。《新唐书》卷一三二本传载,其父刘藏器许授《左传》,子玄学业大进,"逾年,遂通览群史,与兄知柔俱以善文词知名"。

僧义净与同志者数十人,由广州搭乘波斯商船浮海西行,赴天竺求佛法。

按:《宋高僧传》卷一本传载,义净早年出家,曾往洛阳、长安等地游学习法,"遍询名匠,广探群籍,内外闲习,今古博通"。年十五时,便立志仿法显、玄奘之风,游学西域,至本年始得成行。西行后,其先后游历天竺三十余国,至圣历元年才归抵洛阳。

孙处约五月四日卒(603—　)。处约原名道茂,汝州郏城人。初唐学者。贞观初起为校书郎,永徽初登下笔成章科,累迁少司成等职。以老疾致仕,卒于河南县私第。长于文史,先后参修《周书》、《太宗实录》、《文馆词林》等。有集30卷,已佚。《全唐文》卷一六八收录其文1篇。事迹见《旧唐书》卷八一、《新唐书》卷一〇。《唐代墓志汇编》咸亨〇六九有《唐故司成孙公墓志铭》。

按:孙处约卒年,新、旧《唐书》本传皆不载,此据《唐故司成孙公墓志铭》。

崔湜(　—713)、僧行思(　—740)生;天竺僧金刚智(　—741)约生。

按:金刚智生年历有歧说。一说龙朔二年,一说总章二年。此从今人陈垣《释教疑年录》。

咸亨三年　壬申　672年

是年,暂停贡举。

按:见《登科记考》卷二。

骆宾王正月随太子左卫副率、姚州道行军总管梁积寿赴姚州讨昆明蛮,掌军中书檄。及蛮平,复返长安。是秋,又自长安使蜀。

按:《资治通鉴》卷二〇二载,咸亨三年,"正月辛丑,以太子左卫副率梁积寿为姚州道行军总管,将兵讨叛蛮。庚戌,昆明蛮十四姓二万三千户内附。"《骆临海集笺注》卷一〇《兵部奏姚州道破逆贼诺没弄杨虔柳露布》、《兵部奏姚州破贼设蒙俭等露布》、《为李总管祭赵郎将文》及卷四《从军中行路难》等诗文,当系宾王作于从军昆明时。

朱敬则以辞学知名,与江融、魏元忠特友善。是年前后,高宗闻而召见,欲加重用,为中书舍人李敬玄所阻,遂改授洹水尉。

按:《旧唐书》卷九〇本传谓朱敬则于"咸亨中"蒙高宗召见,未详具体年份,姑系于此。

王勃九月自龙门至洛阳,上书尚书左丞许圉师,旋复归龙门。是冬,以友人虢州司法凌季友盛称弘农药物,乃求为虢州参军。

按:王勃《上许左丞启》,见《王子安集注》卷四。其求为虢州参军事,见《杨炯集》卷三《王勃集序》。《序》中"陵季友"当为"凌季友"之误。

僧慧能于黄梅东禅寺(又称东林寺)师事禅宗五祖弘忍。弘忍令诸弟子各作一偈,以呈见解,若语契符,即以衣法相付。以慧能所作偈见解透彻,遂授以法衣,遣其南归。慧能遂归韶州曹溪宝林寺,往来于四会、怀集两县间。

按:见《宋高僧传》卷八本传、《佛祖统纪》卷二九。

僧慧沼博通经藏,能讲《法华》、《般若》、《涅槃》等经。是年始师从玄奘上首弟子窥基、普光,因慧解超群,被称为"山东一遍照"。

按:见(日)佐伯定胤、中野达慧编《玄奘三藏师资传丛书》卷下李邕《唐故白马寺主翻译惠沼神塔碑(并序)》。慧沼,一作惠沼。

僧玄觉出家。

按:玄觉后遍探三藏,精天台止观圆妙法门。见《宋高僧传》卷八本传。

道士王玄览深究佛、道诸经,为益州刺史李孝逸所召,深受遇礼,遂于成都至真观出家。

按:见王太霄《玄珠录序》。

许敬宗八月壬子卒(592—)。敬宗字延族,杭州新城人。初唐学者。性轻放,善属文。隋大业中第秀才,唐贞观中除著作郎,兼修国史。高宗时为礼部尚书,曲附武后,累拜右相。咸亨初致仕,卒于私第。著述颇丰,曾参修《五代史志》、《高祖实录》、《太宗实录》、《晋书》、《文思博要》、《大唐仪礼》、《西域图志》、《唐本草》等,主持编修《东殿新书》200卷、《文馆词林》1000卷、《姓氏谱》200卷、《瑶山玉彩》500卷、《芳林要览》300卷、《累璧》400卷等。撰《文馆词林文人传》100卷,另有集80卷。后皆散佚。《全唐文》卷一五一至一五二辑录其文编为2卷,《全唐诗》卷三五收录其诗27首。事迹见《旧唐书》卷八二、《新唐书》卷二二三。

按:许敬宗博览群书,多才多艺,然为人鄙劣,阿谀曲附,所修国史,多有不实,为世人所讥。其卒后,高宗即命人改其所修史。《旧唐书》本传论曰:"敬宗自掌知国史,记事阿曲。……自贞观已来,朝廷所修五代史及《晋书》、《东殿新书》、《西域图志》、《文思博要》、《文馆词林》、《累璧》、《瑶山玉彩》、《姓氏录》、《新礼》,皆总其事,前后赏赉,不可胜纪。"《许敬宗集》已佚,今日本尾张国真佛寺存唐写本1卷,收录太宗时君臣唱和诗51首,书名已佚,旧题《翰林学士集》。考太宗时,并无翰林学士之名,且书录敬宗诗作最多,计有诗12首,序1首,其目录皆以许诗列目,今人疑即为《许敬宗集》残存者。有《灵峰草堂丛书》本。参见今人傅璇琮《唐人选唐诗新编》。

徐齐聃约卒(约630—)。齐聃字将道,原籍东海剡,其先迁长城,又迁居冯翊。南朝梁慈源侯整四世孙,徐坚之父。通儒经,有文名。举弘文生,历曹王府参军、潞王府文学兼崇文馆学士、桃林令、西台舍人等职。坐事贬蕲州司马,复流徙钦州,卒于徙地。《全唐文》卷一六八存录其奏疏2篇。事迹见《新唐书》卷一九九。《全唐文》卷二二七有张说《唐西台舍人赠泗州刺史徐府君(齐聃)碑》。

按:张说《徐府君碑》谓徐齐聃于咸亨二年流钦州,"岁余而没"。知其卒约在本年。

郑绩(—727)生。

咸亨四年　癸酉　673年

三月丙申,以许敬宗等所撰国史多有不实之处,诏重加修改。
按:见《资治通鉴》卷二〇二。
八月辛丑,高宗因疾,令太子受百官奏事。
按:见《旧唐书》卷五《高宗纪下》。
十一月丙寅,高宗亲制《上元》、《二仪》、《三才》、《四时》、《五行》、《六律》、《七政》、《八风》、《九宫》、《十洲》、《得一》、《庆云》等十二乐章,诏有司诸大祠享即奏之。

拜占庭人以希腊火败阿拉伯舰队于基齐库斯之役。
奥斯特拉西亚王希尔德里克二世控制全法兰克。

赫利奥波利斯的卡利尼库斯发明石油基混合物燃烧剂"希腊火"。

　　是年，开取科取士，考功员外郎杜易简知贡举，进士及第79人。

　　按：见《登科记考》卷二。

　　骆宾王奉使在蜀，代郭氏作诗与卢照邻。是秋，自蜀还长安。

　　按：《骆临海集笺注》卷四有《艳情代郭氏赠卢照邻》，当为骆宾王在蜀时所作。

　　卢照邻在著作局任职，七月前后，患幽忧之疾，卧病长安，作《病梨树赋》自叹。

　　按：《卢照邻集》卷一《病梨树赋》曰："癸酉之岁，余卧病于长安光德坊之官舍……时有处士孙君思邈居之……于时天子避暑甘泉，邈亦征诣行在。余独病卧兹邑……闭门三月……。""避暑甘泉"当指本年四月高宗幸九成宫事，"闭门三月"，知照邻卧病在七月左右。

　　苏味道在长安，代太子妃父裴居道作谢表，辞理精密，盛传于代。

　　按：《旧唐书》卷九四本传载："孝敬皇帝妃父裴居道再登左金吾将军，访当时才子为谢表，托于味道，援笔而成，辞理精密，盛传于代。"考《旧唐书》卷五《高宗纪下》，裴居道本年二月在左金吾将军任，其女为太子李弘妃，知苏味道代作谢表当在本年前后。姑系于此。

　　郭元振应贡举，擢进士第高等。时登第者皆以秘书正字为荣，元振独请外官，遂授梓州通泉尉。

　　按：《张燕公集》卷二五《郭元振行状》谓其"十八擢进士第"。郭元振生于显庆元年，至本年十八岁。又，《行状》及《旧唐书》本传皆云元振登进士第后即授通泉尉，《全唐文》卷二一六陈子昂《馆陶郭公姬薛氏墓志铭》则谓长寿二年元振尚在通泉尉任，距其登第已二十年。两说未详孰是。姑系于此。

　　僧义净泛海西行游学，抵东天竺。

　　按：义净于咸亨二年由广州搭乘波斯商舶出发，途经达室利佛逝（今苏门答腊），停留数月，至本年始抵达天竺。后至那烂陀寺，从宝师子等大德研习经论。

　　郎余令约是年前后编纂《乐府杂诗》2卷，卢照邻为序，论及当时诗风。

　　按：该书编录侍御史贾言忠、平恩县公许圉师等咏高宗君臣幸九成宫事之乐府诗，凡101篇。事见《卢照邻集》卷六《乐府杂诗序》。据《旧唐书·高宗纪》，总章元年、二年及咸亨元年、四年，高宗均幸九成宫，贾言忠等诗当作于此数年中，知郎余令撰集成书及卢照邻作序当在本年或稍后。姑系于此。照邻《序》中抨击时人袭用乐府古题，"共体千篇"，"殊名一意"；肯定贾言忠诸人"发挥新题"，"自我作古"。

　　阎立本十月壬子卒（601— ）。立本字号不详，雍州万年人。唐初著名画家。历仕太宗、高宗两朝，累迁右相，爵封博陵县男。卒，谥"文贞"。善绘人物、车马、台阁，尤擅长写真。传世作品有《步辇图》、《历代帝王图》，现藏美国波士顿艺术博物馆。《全唐文》卷一五三、《全唐诗》卷三九分别收录其文、诗各1篇。事迹见《旧唐书》卷七七、《新唐书》卷一〇〇。

　　按：阎立本在中国古代绘画史上颇具地位。其绘画艺术，先承家学，后师张僧繇、郑法士，用墨而有骨，设色奇特而有法，描法富于变化，较之前代更具丰富表现力。所作《秦府十八学士图》、《凌烟阁功臣二十四人图》等，形象逼真传神，时人称誉为"丹青神化"。其父阎毗、兄阎立德亦以绘画、工艺见长，皆驰名当世。

李淳风卒（602—　）。淳风字号不详，祖籍太原，世居岐州雍县。初唐天文学家。博览群书，精研天文、历算、阴阳之学，通医学。初授将仕郎、直太史局，历承务郎、宣议郎、太常博士、秘阁郎中，封昌乐县男，卒于太史令任。曾制黄道浑天仪，造《麟德历》，参修《晋书》《五代史志》《文思博要》《集注阴符经》《唐本草》等，注祖冲之《缀术》、王孝通《缉古算术》、颜之推《稽圣赋》。著有《法象书》7卷、《己巳占》10卷、《皇极历》1卷、《河西甲寅元历》1卷、《悬镜》10卷、《注太乾秘要》3卷、《四民福禄论》3卷、《玄悟经》3卷、《释周髀》2卷、《注周髀算经》2卷，以及《典章文物志》《秘阁录》等。今皆不存。《全唐文》卷一五、《全唐文拾遗》卷一六收录其文7篇，《全唐诗》卷七七三收录其诗1首。事迹见《旧唐书》卷七九、《新唐书》卷二〇四。

按：李淳风卒年，一说在咸亨元年。其世传家学，父李播有文学，精通天文历算。隋时官高塘尉，后弃官为道士，自号黄冠子。著有《老子注》《方志图》《天文大象赋》1卷，另有文集10卷，并行于世。后多散佚。

杜易简约是年前后卒，生年、字号不详。易简，襄州襄阳人。博学，善诗文。登进士第，咸亨中历侍御史、考功员外郎，因上言吏部侍郎李敬玄罪状，贬开州司马，卒于贬所。著有《御史台杂注》5卷、集20卷，后皆佚。《全唐诗》卷四五收录其诗2首。事迹见《旧唐书》卷一九〇上、《新唐书》卷二〇一。

按：《旧唐书》本传谓易简"咸亨中为考功员外郎"，贬开州司马，"寻卒"。知其卒当在此期前后。姑系于此。

贾言忠约是年后卒，生年、字号不详。言忠，洛阳人，贾曾之父。初唐诗人。高宗初起为万年主簿，历监察御史等职，累转吏部员外郎。因与吏部侍郎李敬玄不协，贬邵州司马，卒于贬所。著有《监察本草》等，已佚。事迹见《旧唐书》卷一九〇中、《新唐书》卷一一九《贾曾传》。

按：《旧唐书·贾曾传》谓贾言忠咸亨中"坐事迁邵州司马，卒"；《新唐书·贾曾传》则谓贾言忠贬邵州后，又"左除建州司户参军，卒"。两说不一，未详孰是。又，本年或稍前，贾言忠尝作咏高宗幸九成宫乐府诗，知其贬及卒当在本年后。姑系于此。贾言忠所撰《监察本草》，两《唐书》皆不载，见《太平广记》卷二五五引《御史台记》。

崔日用（　—722）、崔沔（　—739）、僧慧苑（　—743）、僧玄朗（　—754）生。

咸亨五年　唐高宗上元元年　甲戌　674年

五月己未，诏："春秋二社，本以祈农，如闻此外别为邑会。此后除二士坦丁堡。　　社外，不得聚集，有司严加禁止。"

　　按：见《旧唐书》卷五《高宗纪下》。

　　八月壬辰，高宗自称"天皇"，皇后武氏称"天后"，改元上元。

　　按：见《旧唐书》卷五《高宗纪下》。

　　戊戌，敕改易百官及庶民服制。

　　按：《旧唐书》卷五《高宗纪下》载，此次易官民服色，文武官三品以上服紫色，金玉带；四品服深绯色，金带；六品服深绿色，七品服浅绿色，并银带；八品服深青色，九品服浅青色，并鍮石带；庶人服黄，铜铁带。

　　十二月壬寅，皇后武氏上意见十二条，诏行之。

　　按：《旧唐书》卷五《高宗纪下》载，武氏所上十二条意见，包括令王公以下皆习《老子》，每岁应试明经者准《孝经》《论语》例试于有司，凡父在母丧服阕三年等。

　　是年，开科取士，初登第者57人。后重试，进士及第11人。又开制科，李迥秀等登第。

　　按：见《登科记考》卷二。

　　孙思邈辞疾请归，高宗特赐良马，以原鄱阳公主邑以居之。

　　按：孙思邈颇为当时名流推崇，名士宋令文、孟诜、卢照邻等，皆执师礼从之。《旧唐书》卷一九一本传引卢照邻曰："邈道合古今，学殚数术。高谈正一，则古之蒙庄子；深入不二，则今之维摩诘耳。其推步甲乙，度量乾坤，则洛下闳、安期先生之俦也。"

　　王勃在虢州参军任，坐匿杀官奴，当诛。会大赦，乃除名。

　　按：见《旧唐书》卷一九○上本传。

　　薛元超八月遇赦自流放地巂州还朝，拜正谏大夫。

　　按：薛元超流放巂州事，见麟德元年条。

　　卢照邻约是年或稍后因病迁居关西太白山，生活窘困，旋丁父忧。

　　按：太白山在凤翔府东南五十里。《卢照邻集》卷七《与洛阳名流朝士乞药直书》曰："昔在关西太白山下……予时居贫，不得用好上砂……自尔丁府君忧，每一号哭，涕泗中皆药气流出，三四年羸卧苦嗽，几至于不免。"同卷《寄裴舍人诸公遗衣药直书》曰："余咸亨中艮贱百口，自丁家难，私门弟妹凋丧，七八年间货用都尽。"另据《新唐书·孙思邈传》："及长，居太白山……上元元年，称疾还山。"卢照邻师事思邈学医，参见咸亨四年条。其归居太白山，或与思邈还山有关。姑系于此。

　　刘晓上疏，力陈选举取士之弊，谓取士当以德行、才能为先，而后文艺。疏上不报。

　　按：刘晓一作刘峣，生平事迹不详。《资治通鉴》卷二○二载其疏略曰："今选曹以检勘为公道，书判为得人，殊不知考其德行才能，况书判借人者众矣。又礼部取士，专用文章为甲乙，故天下之士，皆舍德行而趋文艺，有朝登甲科而夕陷刑辟者，虽日诵万言，何关理体；文成七步，未足化人。况尽心卉木之间，极笔烟霞之际，以斯成俗，岂非大谬！夫人之慕名，如水趋下，上有所好，下必甚焉。陛下若取士以德行为先，文艺为末，则多士雷奔，四方风动矣！"疏中有"礼部取士"云云，考唐代科试，开元元年始由礼部主持，或晓上此疏年份尚需考证。今姑系于此。

　　僧神秀师事禅宗五祖弘忍。是年以师卒，遂赴江陵当阳山玉泉寺，大开禅法。

按：见《旧唐书》卷一九一本传。神秀是后于玉泉寺弘法，二十余年间，游学听讲者众多。

天台宗僧智威住天台国清寺，是年始另觅胜地以事宣讲。初至苍岭普通山，再入轩辕炼丹山，开拓荆棘，聚石为徒，昼讲夜禅，手写藏典，乃称其地为法华。其后游学者众多，习禅者三百人，听讲者七百余人，常分九处安居。

按：见《佛祖统纪》卷七。

北宗禅僧法如师事禅宗五祖弘忍，是年以师卒，北游嵩山少林寺，遂住留不出。

按：见《金石续编》卷六《唐中岳沙门法如禅师行状》。

王勃重新刊定王通所著《续书》，勒成25卷，并为序。

按：王勃系王通之孙，王福畤之子。《续书》为王通所著《续六经》之一。唐初，通弟王凝以《续六经》经隋末世乱，有所散失，遂重新编次。参见贞观元年王凝条按语。王福畤承凝之后，复与子勃相继整理通之遗书。王勃《续书序》曰："家君钦若丕烈，图终休绪，乃例《六经》，次《礼》、《乐》，叙《中说》，明《易赞》，永惟保守，前训大克，敷以后人。"又谓其刊定《续书》，"始自总章二年，洎咸亨五年，刊写文就，定成百二十篇，勒成二十五卷。"考杜淹《文中子世家》，谓"《续书》一百五十篇，列为二十五卷"，则勃刊定之《续书》，虽卷数未变，然较王通原作已佚三十篇。

杜嗣先是年前撰《兔园策府》30卷。

按：杜嗣先尝为蒋王李恽僚属，奉王之教，仿应科目策，自设问对，引经史为训注，撰成此书。李恽系太宗第七子，贞观七年封王，本年十二月被诬自杀，知杜嗣先撰书当在此前。《困学纪闻》卷一四、《北梦琐言》卷一九对该书均有所述，今《敦煌遗书》P2572有此书序文残卷。另据《唐代墓志汇编》长寿〇二〇《王义墓志》，杜嗣先于长寿年间曾任朝散大夫、行吴县令。其事迹余不详。

僧弘忍十月二十三日卒（601—　）。弘忍俗姓周，蕲州黄梅（一作浔阳）人。唐代佛教禅宗第五祖。七岁师从禅宗四祖道信，二十岁正式剃度为僧。研学佛教经论数十年，得传道信衣钵。后创黄梅东山寺，故世称"五祖黄梅"或"黄梅"，其禅法称"东山法门"。卒葬东山之冈，开元中学士闾丘均为撰塔碑，唐代宗时追谥"大满禅师"。弟子众多，其中慧能、神秀后开禅宗南北二系。事迹见《宋高僧传》卷八、《景德传灯录》卷三、《五灯会元》卷一。今人船庵著有《中土禅宗五祖述略》。

按：弘忍卒年，史载不一。一说咸亨三年，一说上元二年。今从《楞伽师资传》、《中土禅宗五祖述略》。弘忍著述，史亦不载，仅《楞伽师资记》及《宗镜录》等，录其部分法语。世传有《禅法》一书，谓记录弘忍言论而成，其真实性尚待考。另有《最上乘论》（一作《修心要论》）1卷，题为"第五祖弘忍禅师述"，朝鲜、日本均有刻本，一般以为是书系后人托名之作。弘忍虽名为禅宗五祖，实与其师道信同为中国禅宗创始人，其东山法门之创立，为禅宗理论体系基本形成之标志，由此奠定后世禅宗南北诸派之基础。

崔行功卒，生年、字号不详。行功，原籍井陉，世居鹿泉。有文名。登进士第，累迁吏部郎中，兼通事舍人。坐事贬游安令，复召为司文郎中，主朝廷典册。迁兰台侍郎，改秘书少监，卒于官。曾参修《晋书》《文思博要》等。撰《要方》10卷，另有集60卷，后皆佚。《全唐文》卷一七五收录其文1篇。事迹见《旧唐书》卷一九〇上、《新唐书》卷二〇一。

殷践猷（　—721）生。

按：殷践猷生卒年，《新唐书》卷一九九本传未明载。《全唐文》卷三四四颜真卿《曹州司法参军秘书省丽正殿二学士殷君墓碣铭》谓殷践猷卒于开元九年，"年才四十八"。以此溯推，其当生于本年。

上元二年　乙亥　675年

阿拉伯人自北非侵西哥特人。

法兰克王希尔德里克二世遇弑。

伦巴德人入南意大利。

正月，敕明经科加试《老子》策二条，进士科加试帖三条。

按：见《登科记考》卷二。

四月己亥，太子李弘卒。六月戊寅，更立雍王李贤为太子。

按：见《旧唐书》卷五《高宗纪下》。

八月二十七日，改崇贤馆为崇文馆。

按：崇贤馆始置于贞观中，设有学士教授生徒。参见贞观十三年、显庆元年条。至是，以避太子李贤讳，乃改名。见《唐会要》卷六四。

是年，开科取士，考功员外郎骞味道知贡举，进士及第45人。

按：见《登科记考》卷二。

裴行俭以吏部侍郎加银青光禄大夫。因工于草书，奉敕书《文选》一部。自谓书法有特色，为时人仿效。

按：《旧唐书》卷八四本传载，裴行俭尝谓人曰："褚遂良非精笔佳墨未尝辄书，不择笔墨而妍捷者，唯余及虞世南耳。"

王勃经韩城归龙门。六月遇赦，复旧职，不就。旋南行赴交趾省父，经淮阴、楚州、扬州、江宁，沿途皆有诗文。九月至洪州，作《滕王阁》诗及《序》。十二月，至广州，有诗文及碑记。

按：明年初，王勃至交州。《杨炯集》卷三《王勃集序》曰："坐免，岁余，寻复职，弃官沈迹，就养于交趾焉。"勃于上元元年坐事除名。《旧唐书》卷五《高宗纪下》载，本年六月戊寅，立雍王李贤为太子，大赦天下。勃之复职，当在此时。《旧唐书》卷一九〇上王勃本传曰："父福畤为雍州司功参军，坐勃故，左迁交趾令，上元二年，勃往交趾省父。"《滕王阁》诗及《序》，《唐摭言》卷五谓勃十四岁时作，恐误。

骆宾王是秋赴江南，旋北归。

按：见《骆临海集笺注》卷五《畴昔篇》。

沈佺期、刘希夷、张鷟、宋之问应贡举，并登进士第。

按：见《登科记考》卷二。

刘祎之迁左史、弘文馆直学士。武后密令其参与朝政决策，以分宰相之权，时人谓之"北门学士"。

按：《旧唐书》卷八七载，刘祎之有文藻，少与孟利贞、高智周、郭正一俱知名，时人号为"刘孟高郭"。初与孟利贞等同直昭文馆，由是为武后信用。时其兄刘懿之为给事中，"兄弟并居两省，论者美之"。

王勃五月上《百里昌言》2卷，凡18篇。

按：《王子安集注》卷六《上百里昌言疏》有"乡人奉五月一日诲"之语，又曰："今大人上延国谴，远宰边邑，出三江而浮五湖，越东瓯而度南海。嗟乎，此皆勃之罪也。"此指其父坐勃事迁交趾令，可知《百里昌言》当作于得罪回乡后。参见本年上文条。

元万顷、刘祎之等奉皇后武氏令，先后撰成《列女传》、《臣轨》、《乐书》、《百僚新诫》等，凡千余卷。

按：《旧唐书》卷一九〇中《元万顷传》曰："时天后讽高宗广召文词之士入禁中修撰，万顷与左史范履冰、苗神客，右史周思茂、胡楚宾咸预其选，前后撰《列女传》、《臣轨》、《百僚新诫》、《乐书》等，凡千余卷。"知诸书系陆续撰成。《资治通鉴》卷二〇二载此事于本年三月。

裴光庭（ —733）、李邕（ —747）生。

上元三年　唐高宗仪凤元年　丙子　676年

正月，策词殚文律科。

按：见《登科记考》卷二。

闰三月，令京官五品以上及诸州都督、刺史各举所知一人。

按：见《登科记考》卷二。

八月庚子，令文武官各上封事，言时政得失。

按：见《旧唐书》卷五《高宗纪下》。

壬寅，敕行南选之法。

按：先是，桂、广、交、黔等地诸州县官不由吏部选授，委各府都督选人补授。因选人不精，至是改由每四年遣五品以上京官会同御史前往铨选，时人谓之"南选"。见《资治通鉴》卷二〇二。

十一月壬申，改元仪凤。

按：见《旧唐书》卷五《高宗纪下》。

十二月戊午，遣使巡视河南、河北、江南等道。

按：见《旧唐书》卷五《高宗纪下》。

是月，诏增设"孝悌通神遐迩推敬"、"德行光俗邦邑崇仰"、"学综九流

阿拉伯人复伐布哈拉。

垂帷睹奥"、"文高六艺下笔成章"、"备晓八音洞该七曜"、"射能穿札力可翘关"、"丘园秀异志存栖隐"、"将帅子孙世称勇力"等八科，以揽山东、江东人才。

> **按**：见《登科记考》卷二。

是年，暂停贡举，开制科，登第者4人。

> **按**：见《登科记考》卷二。

裴行俭在吏部侍郎任，以吐蕃叛盟，诏授洮州道左二军总管，寻为秦州镇抚、右军总管，领兵出战。

> **按**：见《旧唐书》卷八四本传。

狄仁杰九月由大理寺丞擢侍御史。

> **按**：见《资治通鉴》卷二〇二。

薛元超迁中书侍郎，三月以中书侍郎同中书门下三品，十二月奉使巡抚河北道。

> **按**：见《旧唐书》卷五《高宗纪下》。

骆宾王为吏部侍郎、洮州道左二军总管裴行俭表荐，授洮州总管掌书记。四月，以母老辞不赴。未几，丁母忧。

> **按**：《骆临海集笺注》卷八有《上吏部裴侍郎书》，谓本年四月一日。骆宾王丁母忧，当在本年末或明年初。

杨炯应制举登第，授秘书省校书郎。

> **按**：杨炯于显庆四年登神童科，至是又登制科。见《杨炯集》卷一《浑天赋》、《登科记考》卷二。

崔融应词殚文律科登第，授夏县尉。

> **按**：见《登科记考》卷二。

员半千为武涉尉，因私自发粟振民，为刺史囚禁。会薛元超持节河北，获释。

> **按**：见《新唐书》卷一一二本传。薛元超持节河北事，见本年上文条。

李峤在京兆三原尉任，八月与雍州长史高审行交游，彼此作诗唱和。

> **按**：《全唐文》卷二四七李峤《上雍州高长史书》，文中有"八月十五日，三原县尉赵国李峤谨再拜奉书明长史执事"云云，知李峤时在三原尉任上。

僧慧能由韶州至南海，始由僧印宗法师于法性寺为其剃度，受具足戒。随即为大众开示禅门，讲论《般若波罗蜜法》。

> **按**：见《佛祖统纪》卷二九。慧能曾师从禅宗五祖弘忍，得法衣南归韶州，然一直未正式出家。事见咸亨元年、三年。

东塔宗僧怀素奉诏住长安西太原寺，傍听律宗高僧道成讲论。

> **按**：见《宋高僧传》卷一四本传。

道士潘师正隐居嵩山逍遥谷。高宗幸东都，召其至洛阳，颇敬重之。

> **按**：见《旧唐书》卷一九二本传。

张大安、刘讷言等撰《注后汉书》成，十二月二日由太子李贤进上，诏付秘书省。

按：时张大安为太子右庶子，刘讷言为太子洗马，皆为东宫僚属。参注者尚有洛州司户参军格希元，学士成元一、史藏诸、周宝宁等。《旧唐书》卷八六《章怀太子贤传》、《唐会要》卷三六谓又有学士许叔牙参注，恐误。许叔牙早在贞观二十三年已卒，参见该年条。李贤系高宗第六子，后谥为章怀太子，故后人又称该注为章怀注。其撰成时间，历有不同说法。一说为调露二年，一说为仪凤元年前后一二年内。今从《旧唐书》卷五《高宗纪下》、《唐会要》卷三六。其卷数，《旧唐书·经籍志》、《新唐书·艺文志》皆作"一百卷"，《宋史·艺文志》作"九十卷"。《四库全书总目提要》卷四五考曰："此书历代相传，无所亡佚。考《旧唐志》又载'章怀太子注《后汉书》一百卷'，今本九十卷，中分子卷者凡十，是章怀作注之时，始并为九十卷，以就成数。《唐志》析其子卷数之故，云一百；《宋志》合其子卷数之故，仍九十，其实一也。"章怀注为后世历代学者推重，余嘉锡《四库提要辨正》曰："自章怀注既行之后，人之言后汉事者，争用其书，而诸家之说尽废。"今存。

又按：张大安生卒年、字号不详，魏州繁瓒水人，张公瑾之子。历太子右庶子、同中书门下三品等职，历贬普州刺史，终横州司马。《全唐诗》卷四四收录其诗1首。刘讷言事迹，参见永隆元年条。

王勃八月卒（650—　）。勃字子安，绛州龙门人，王通之孙。初唐文学家。麟德初中高第，历沛王府属僚、虢州参军，坐事除名。其父坐贬交趾令，往海南探视，渡海溺水而卒。著有《汉书指暇》10卷、《周易发挥》5卷、《次论语》10卷、《舟中纂序》5卷。另有集20卷（一说30卷），杨炯为之序。原本已散佚，明人张燮辑有《王子安集》16卷，清人蒋清翊有《王子安集笺注》。《全唐文》卷一七七至一八五辑录其文编为9卷，《全唐诗》卷五五至五六辑录其诗编为2卷。事迹见《旧唐书》卷一九〇上、《新唐书》卷二〇一。近人姚大荣、刘汝霖各撰有《王子安年谱》。

按：王勃卒年，两《唐书》本传皆语焉不详，后人遂有歧说。清钱大昕《疑年录》卷一、梁廷灿《历代名人生卒年表》等皆谓勃卒于上元二年。考《杨炯集》卷三《王勃集序》，谓勃卒于"上元三年秋八月"。刘汝霖《王子安年谱》亦持此说。今从之。王勃在唐代文学史上颇具影响和地位，与杨炯、卢照邻、骆宾王并为"初唐四杰"。他推崇老、庄放达之说，兼取儒、佛及阴阳家部分思想，与卢照邻等人欲变当时"争构纤微，竞为雕刻"之诗风，影响深远。文风清新，代表作有《滕王阁序》等。《王勃集》，杨炯《王勃集序》谓"二十卷"，《旧唐书·经籍志》、《新唐书·艺文志》均作"三十卷"，《郡斋读书志》卷一七谓"《王勃集》二十卷……有刘元济序"。另据今人傅璇琮《唐才子传校笺》，日本藏有唐写本《王勃集》四种。是则早在唐代，其集即已有多种写本。

仪凤二年　丁丑　677年

十二月乙卯，诏京师三品以上文武职事官每年各举堪任将帅、牧守者　　　拜占庭人败阿拉伯舰队于锡莱恩。1人。

按：见《旧唐书》卷五《高宗纪下》。

是年，暂停贡举。开制科，张鷟等登第。另上封拜官者1人。

按：见《登科记考》卷二。

于京师更置波斯寺。

按：唐韦述《两京新记》曰："十字街南之东波斯胡寺，仪凤二年波斯王毕路斯奏请于此置波斯寺"；又曰："十字街东之北波斯胡寺"。唐朝实行宗教开放政策，允许外来宗教传播。波斯寺之立始于太宗初年，此时当属更置，玄宗时改称大秦寺。参见贞观五年十月、天宝四年七月条。

以弘文馆所藏图籍甚多，置详正学士校理群书。

按：太宗时，始置弘文馆学士，以文学之士充任。参见武德九年三月条按语。至是，又增置详正学士，专掌图书整理。《唐六典》卷九曰："仪凤中，以馆中多图籍，置详正学士校理。"事又见《唐会要》卷六四。

姚崇应制举，登下笔成章科，授濮州司仓。

按：见《旧唐书》卷九六本传、《登科记考》卷二。

李峤在三原县尉任，夏秋间奉使绛州，访夏县尉崔融不遇，贻诗与书。

按：明年，崔融复书，盛赞李峤诗作，并谢其推奖之情。《全唐文》卷二四七有李峤《与夏县崔少府书》，同书卷二二〇有崔融《报三原李少府书》。

张鷟应制举，登下笔成章科，授宁州襄乐县尉。稍后，为河源道行军总管记室。

按：唐莫休符《桂林风土记》谓张鷟"弱冠应举下笔成章，中书侍郎薛元超特授襄乐尉"。另据《旧唐书》卷七三《薛元超传》："上元三年迁中书侍郎，寻同中书门下三品。"张鷟于上元二年已登进士第，是年应制举，又登第，遂授襄乐尉。

徐彦伯结庐太行山下，为薛元超表荐，对策高第，调永寿尉。

按：《新唐书》卷一一四本传载，徐彦伯有文名，"薛元超安抚河北，表荐其贤"。据《旧唐书》卷五《高宗纪下》，薛元超于仪凤元年十二月奉使巡抚河北。知其表荐徐彦伯当在本年。

刘祎之颇为武后信用，由左史转朝议大夫、中书侍郎，兼豫王府司马，寻加中大夫。

按：《旧唐书》卷八七本传载，刘祎之后坐事去职，流放巂州数年。武后表请高宗将其召回，拜中书舍人，复受信用，后遂登相位。参见嗣圣元年条。

僧慧能二月自南海归韶州曹溪宝林寺，刺史韦璩邀其于大梵寺讲堂为众人说法，兼授无相戒，僧俗聚集千余人。寻归宝林寺，讲经论法，道俗归崇。由是倡导"直指人心，见性成佛"之顿悟法门，与僧神秀于北方所倡之渐悟法门相对，世称"南顿北渐，南能北秀"，遂形成禅宗南派。

按：见《宋高僧传》卷八、《佛祖统纪》卷三九、《释氏稽古录》卷三、《五灯会元》卷一、《景德传灯录》卷五。慧能与神秀均为禅宗五世祖弘忍弟子，因慧能曾受弘忍法衣，后世遂推为禅宗六世祖。参见咸亨元年条。

刘仁轨等奉诏纂《永徽留本司格》后11卷成，进上。

按：初，长孙无忌等奉诏纂《留本司行格》18卷，事见永徽三年条。至是，尚书左仆射刘仁轨、右仆射戴至德、侍中张文瓘、中书令李敬玄、右庶子郝处俊、黄门侍郎来恒、左庶子高智周、右庶子李义琰、吏部侍郎裴行俭、马载、兵部侍郎萧德昭、裴炎、工部侍郎李义琛、刑部侍郎张楚金、金部郎中卢律师等复奉诏续修，遂撰定后11卷。

张鷟撰《游仙窟》1卷。

按：《游仙窟》系唐代传奇文学重要作品，今存。张鷟于卷首曰："前被宾贡，已入甲科；后属搜肠，又蒙高第，奉敕授关内道小县尉。"鷟登制举及授县尉事，见本年上文条，知其撰《游仙窟》当在同期。

僧怀让（—744）生。

仪凤三年　戊寅　678年

五月，诏："自今已后，《道德经》并为上经，贡举人皆须兼通。其余经及《论语》，任依常式。"

按：《唐会要》卷七五系该诏于三月，今从《旧唐书》卷二四《礼仪志四》。

是年，暂停贡举。

按：见《登科记考》卷二。

骆宾王约是冬丁母忧服阕，授长安主簿。吏部侍郎裴行俭索其文，宾王上《帝京篇》，时人以为绝唱。

按：《旧唐书》卷一九〇中本传曰："尝作《帝京篇》，当时以为绝唱。"又曰："高宗末，为长安主簿。"考《骆临海集笺注》卷一《上吏部侍郎帝京篇启》，有"昨引注日，垂索鄙文"云云。据严耕望《唐仆尚丞郎表》卷三，裴行俭本年为吏部侍郎，其索宾王《帝京篇》当在同时。

张九龄（—740）生。

阿拉伯哈里发穆阿维亚一世及拜占庭帝君士坦丁四世盟。

阿拉伯人取埃及后，东西方贸易受阻。纸草输出减少。

法兰克人始以羊皮书写。

仪凤四年　唐高宗调露元年　己卯　679年

五月丙戌，命太子李贤监国。

按：见《旧唐书》卷五《高宗纪下》。

保加尔人入拜占庭。

六月辛亥,大赦天下,改元调露。

按:见《旧唐书》卷五《高宗纪下》。

七月己卯,诏以是冬将封禅嵩山,命礼官学士详定仪注。至十月庚申,诏罢封禅。

按:见《旧唐书》卷五《高宗纪下》。

是月,诏诸州举人,凡"孝悌纯至,感于神明"、"文武兼资,才堪将相"、"学艺该博,业标儒首"、"藻思宏丽,词擅文宗"、"洞晓音律,识均牙旷"、"深明历数,妙同京管",咸令荐举。

按:见《册府元龟》卷六四五。

十二月壬子,高宗临轩引岳牧举人,问以兵事。甲寅,又御制问目策试。

按:见《旧唐书》卷五《高宗纪下》、《登科记考》卷二。

是年,暂停贡举。

按:见《登科记考》卷二。

裴行俭奉诏册送波斯王,以安抚大食使衔经略西域。至碎叶城勒石纪功而还。十一月,拜礼部尚书兼检校右卫大将军,奉命征讨突厥。

按:见《旧唐书》卷八四本传、《新唐书》卷三《高宗纪》。

骆宾王是春奉使燕齐,旋归。至秋,又奉使兖州,有诗赠宋之问。迁侍御史,寻因屡上疏讽谏得罪,入狱。

按:《骆宾王集笺注》卷八《与博昌父老书》有"自解携襟袖,一十五年"等语。骆宾王麟德二年在齐鲁,参见该年条,至本年首尾十五年。又,郗云卿《骆宾王文集序》曰:"仕至侍御史,后以天后即位,频贡章疏讽谏,因斯得罪,贬授临海丞。"骆宾王去年授长安主簿,明年春已在狱,八月遇赦,则其为侍御史及入狱当在本年。郗《序》所云恐误。参见仪凤三年、永隆元年条。

苏味道为咸阳尉,十一月随裴行俭出征突厥,引为管记,杜审言有诗送之。

按:《旧唐书》卷九四本传曰:"累转咸阳尉,吏部侍郎裴行俭先知其贵,甚加礼遇。及征突厥阿史那都支,引为管记。"《资治通鉴》卷二〇二载,调露元年十一月"甲辰,以行俭为定襄道行军大总管……总三十余万以讨突厥"。事又见《旧唐书》卷五《高宗纪下》。知苏味道随军北上,应在本年底。

陈子昂自蜀入京,游太学,"历抵群公,都邑靡然属目",由是远近闻名。

按:《全唐文》卷二三八卢藏用《陈子昂别传》曰:"年二十一,始东入咸京,游太学。"陈子昂生于显庆四年,至本年二十一岁。

李峤在监察御史任,奉使朔方。

按:《全唐诗》卷五七有李峤《奉使筑朔方六州城率尔有作》。

郎余令正月在洛州司功参军任。

按:《唐代墓志汇编》仪凤〇二九《张仁祎志》,末署"朝议郎行洛州司功参军郎余令撰文"、"仪凤四年岁次己卯正月壬午朔廿一日壬寅"。知余令时在洛州司功参军任。

法兰克赫尔斯塔尔的丕平自立为奥斯特拉西亚宫相。

宋令文十月以郎将衔奉使吐蕃。

按：时文成公主来告松赞干布丧，遂遣令文往吐蕃吊丧。

韦承庆在太子司仪郎任，以太子李贤颇近声色，上书极谏。又作《灵台赋》，以讥讽时俗。

按：见《旧唐书》卷八八本传。

道士潘师正隐居嵩山逍遥谷，高宗欲祀嵩岳，召之。以车舆迎送，极尽礼遇。又诏于逍遥谷建崇唐观，岭上别起精思院以处之。

按：《旧唐书》卷一九二本传载，潘师正颇为高宗及武后尊崇。时太常奏新造乐曲，高宗特以《祈仙》、《望仙》、《翘仙》等为名，且前后赠师正诗数十首。

中天竺僧地婆诃罗在长安，五月表请翻译所携梵文佛经。敕依玄奘之例，于大寺置别院，设译场，命大德三五人协助译经。

按：《宋高僧传》卷二本传载，地婆诃罗于稍前来唐，奉敕立译场，先后译佛教经论凡18部。参见垂拱四年条。

道士尹文操奉敕撰《玄元皇帝圣纪》10卷。

按：《全唐文》卷一六五员半千《大唐宗圣观主银青光禄大夫天水尹尊师碑》曰："仪凤四年，上在东都，先请尊师于老君庙修功德。及上亲谒，百官咸从。……由是奉敕修《玄元皇帝圣纪》一部，凡十卷，总百十篇，篇别有赞。"书成进上，高宗大悦，授尹文操青光禄大夫，行太常少卿。文操力辞不就，遂改授散职。

刘希夷约卒（651—　）。希夷一名挺之，汝州人。初唐诗人。少有文才，好为宫体，擅长从军闺情之诗，词调哀苦，为时人所重。登进士第，后为奸人所杀。有集10卷、诗集4卷，后皆佚。《全唐诗》卷八二辑录其诗编为1卷。事迹见《旧唐书》卷一九〇中《乔知之传》、《唐才子传》卷一。

按：刘希夷之卒，《大唐新语》卷八谓其"为奸人所杀，或云宋之问害之"；《刘宾客嘉话录》亦谓"其舅宋之问……以土袋压杀之"。诸说不一，未知其详。《唐才子传》谓其被杀时，"年未及三十"。希夷生于永徽二年，至本年二十九岁，其被杀当在本年或稍前，姑系于此。

调露二年　唐高宗永隆元年　庚辰　680年

二月丙午，诏："故符玺郎李延寿撰《正典》一部，辞殚雅正，虽已沦亡，功犹可录，宜赐其家绢五十匹。"

按：见《旧唐书》卷五《高宗纪下》。诏中所说《正典》，即李延寿所撰《太宗政典》（一作《太宗文皇帝政典》）。

四月，从考功员外郎刘思立奏请，进士加试帖经及杂文二首。

按：《唐会要》卷七六曰："先是，进士但试策而已，思立以其庸浅，奏请帖经及试

哈里发世袭制始。

拜占庭及保加尔人战。保加尔人遂入巴尔干。

法兰克纽斯特里亚宫相埃布罗因

败奥斯特拉西亚官相丕平二世。

杂文,自后因以为常式。"《唐语林》卷八载此事于开耀元年,恐误。考唐初进士试诗赋杂文,此前已有之,盖偶为之,故刘思立有此奏请。至明年,高宗下诏,定为常式,参见该年八月条。

八月甲子,废皇太子李贤为庶人;乙丑,立英王李哲为皇太子,改元永隆。

按:见《旧唐书》卷五《高宗纪下》。李哲原名显,仪凤二年徙封英王,改名。至圣历元年复旧名。

十月丙午,文成公主卒于吐蕃,高宗遣使吊祭。

按:文成公主于贞观十五年入吐蕃,参见该年条。

十二月,诏:县令、刺史、御史、员外郎、太子舍人、司仪郎、左右史,及文武五品以上清要近侍与宿卫之官,并举1人。

按:见《登科记考》卷二。

是年,开科取士,进士及第若干人。

按:是年进士及第人数不详。见《登科记考》卷二。

骆宾王在狱中,八月遇赦获释,作《畴昔篇》自叙生平。

按:《畴昔篇》,见《骆临海集笺注》卷五。

陈子昂是春在洛阳应举,与诸文士迭相交游,彼此唱和。以应举落第,遂西归蜀。

按:陈子昂在洛阳,上元夜,与长孙正隐、韩仲宣、高瑾、陈嘉言共游洛城,彼此唱和,长孙正隐为序,述及当时洛城之繁华及文士游兴之盛。《全唐诗》卷七二有长孙正隐《上元夜效小庾体同用春字并序》,子昂及诸人所作诗,分见《全唐诗》卷八四、卷七二。晦日,与高正臣、崔知贤、韩仲宣、周彦昭、高球、弓嗣初、高瑾、王茂时、徐皓、长孙正隐、高绍、郎余令、陈嘉言、周彦晖、高峤、刘友贤、周思钧、王勔、张锡、解琬等宴饮唱和于高氏林亭,陈子昂为序。《全唐诗》卷八四有子昂《晦日宴高氏林亭序》,高正臣等所和诗,分见同书卷七二、卷五六、卷一○五。同日,又与高正臣、高峤、高瑾、周思钧、周彦晖、韩仲宣、弓嗣初、陈嘉言等宴饮唱和,周彦晖为序。《全唐诗》卷八四有子昂《晦日重宴高氏林亭》诗,诸人所和诗见同书卷七二。三月三日,与韩仲宣、崔知贤、席元明、高球、高瑾等宴饮唱和于王明府山亭,孙慎行为序。子昂诸人所作诗,分见《全唐诗》卷八四、卷七二。

卢照邻是年前后卧疾于嵩山东龙门,与朝士范履冰、乔侃、阎知微、独孤思庄等人皆有书往来。又为来济及乔师望文集作序,序中论及历代作家与文风。

按:卢照邻与范履冰等人书事,见《卢照邻集》卷七《与洛阳名流朝士乞药直书》、《寄裴舍人诸公遗衣药直书》。同书卷六又有《南阳公集序》、《驸马都尉乔君集序》。南阳公即来济,乔君即乔师望。《南阳公集序》曰:"自获麟绝笔,一千三四百年,游、夏之门,时有荀卿、孟子;屈、宋之后,直至贾谊、相如。两班叙事,得丘明之风骨;二陆裁诗,含公干之奇伟。邺中新体,共许音韵天成;江左诸人,咸好瑰姿艳发。精博爽丽,颜延之急病于江、鲍之间;疏散风流,谢宣城缓步于向、刘之上。北方重浊,独卢黄门往往高飞;南国轻清,惟庾中丞时时坠坠。……近日刘勰《文心》,钟嵘《诗评》,异议蜂起,高谈不息。人惭西氏,空论拾翠之容;质谢南金,徒辨荆蓬之妙。拔五得十,虽曰肩随;闻一知二,犹为臆说。俞曰未可,人称屡中;化鲁成鱼,曷云其远。非夫妙谐钟律,体会风骚,笔有余研,思无停趣。作龟作镜,听歌曲而知亡;为龙为光,观礼容而识大。齐鲁一变之道,唐虞百代之文,悬日月于胸怀,挫风云于毫翰。含古今之制,扣宫徵之声。细则出入无间,麤则弥纶区宇。……后生莫晓,更恨文律繁苛;知音者稀,常恐词林交丧。雅、颂不作,则后死者焉得而闻乎!"

杨炯与道士辅俨交往,彼此唱和。

按:《全唐诗》卷五〇有杨炯《和辅先入昊观星占》。辅先生即辅俨。据《新唐书》卷九二《李嗣真传》载,辅俨时在朝供奉。知杨炯与辅俨交往,当在此期。姑系于此。

员半千应岳牧举,对策擢高第。

按:员半千初应八科举,授武陟尉。至是,复为州举。后历华原、武功尉,求为左卫胄曹参军,使吐蕃,将行,奉武后诏入閤供奉。迁司宾寺主簿,与丘悦、王剧、石抱忠同为弘文馆直学士,又与路敬淳分日待制显福门下。擢正谏大夫,兼右控鹤内供奉,因奏事忤旨,左迁水部郎中。出为棣州刺史,复入朝为弘文馆为学士,见忌于武三思,再次被斥出朝,历豪、蕲二州刺史,颇有政绩。见《新唐书》卷一一二本传。

宋令文约是年罢官归嵩山,居陆浑。

按:《诗渊》载宋之问《忆嵩山陆浑旧宅》曰:"世德辞贵仕,天爵光道门。好仙宅二室,爱药居陆浑。"宋之问系宋令文之子,诗中"辞贵仕"云云,当指其父罢职归嵩山事。是年前后,宋之问在嵩山,参见下条。又,去年宋令文尝奉使吐蕃,参见该年条。知宋令文归嵩山当在本年或稍后。姑系于此。

宋之问是年前后在嵩山,师事道士潘师正,又与田游岩、韩法昭、司马承祯等交游。

按:《诗渊》载宋之问《卧闻嵩山钟》有"昔事潘镇人,北岑采薇蕨"云云。"潘镇人"当为"潘真人"之误,即潘师正。

马怀素登进士第,又登文学博赡科,授郿县尉。

按:《全唐文》卷九九五阙名《故银青光禄大夫秘书监兼昭文馆学士侍读上柱国常山县开国公赠润州刺史马公墓志铭》谓马怀素十五举孝廉,又"以文学优赡对策乙科",未言其进士及第。清徐松《登科记考》据此以为怀素于咸亨四年、仪凤元年二登制科,恐误。《旧唐书》卷一〇二怀素本传曰:"举进士,又应制举登文学优赡科,拜郿尉。"《新唐书》卷一九九本传亦曰:"擢进士第,又中文学优赡科,补郿尉。"今从两《唐书》。怀素后迁左台监察御史。

韦承庆在太子司仪郎任,八月以太子李贤被废,出贬乌程令。

按:李贤被废事,见本年八月条。《旧唐书》卷八八韦承庆本传载,承庆出贬乌程令后,颇行教化。

宋璟应贡举,登进士第。

按:见《登科记考》卷二。

刘讷言通晓《汉书》、《后汉书》,为太子洗马。八月太子李贤被废,讷言因曾撰《俳谐集》献于太子,遂除名,流放振州。

按:刘讷言生卒年、字号、籍贯不详。精研《汉书》,为当时推崇。乾封中历都水监主簿,以《汉书》授沛王李贤。及李贤为太子,擢太子洗马,兼侍读,参撰《注后汉书》,又撰《俳谐集》15卷献上。《资治通鉴》卷二〇二载,是年八月,李贤被废,搜得此书,高宗怒曰:"以《六经》教人,犹恐不化,乃进俳谐鄙说,岂辅导之义耶!"遂遭流放,卒于振州。事又见《新唐书》卷一九九。

天台宗僧智威十一月卒,生年不详。智威俗姓蒋,处州缙云人。佛教天台宗第六祖。出身儒业之家,天性多才,富于词藻。年十八于天台国清寺出家,师从灌顶。贞观二十年补朝散大夫,赐大师号。上元初入轩辕炼丹山,大事宣讲,听学云集。弟子慧威嗣其法,世称"二威"。著有《六门陀罗尼经论广释》1卷,原佚,近于敦煌文献中重新发现。事迹见《宋高僧传》卷六、《佛祖统纪》卷七、《天台九祖传》。

席豫(　—748)生。

凯德蒙约卒。生年不详。第1位古英语基督教诗人。

永隆二年　唐高宗开耀元年　辛巳　681年

二月六日,太子李哲行释奠礼,又表请博延耆硕英髦之士为崇文馆学士,从之。

按：见《唐会要》卷六四《崇文馆》。

八月,诏明经科试帖取十帖得六已上者,进士科试杂文两首识文律者,然后并令试策。定为常式。

按：去年考功员外郎刘思立曾有奏请,此诏盖从其议而颁,参见该年四月条。《全唐文》卷一三《严考试明经进士诏》曰:"闻明经射策,不读正经,抄撮义条,才有数卷;进士不寻史传,惟读旧策,共相模拟,本无实才。所司考试之日,曾不简练,因循旧例,以分数为限,至于不辨章句、未涉文词者,以人数未充,皆听及第。其中亦有明经学业该深者,惟许通六;进士文理华赡者,竟无甲科,铨综艺能,遂无优劣。试官又加颜面,或容假手,更相嘱请,莫惮纠绳。由是徼幸路开,文儒渐废;兴廉举孝,因此失人;简贤任能,无方可致。自今已后,考功试人,明经试帖,取十帖得六已上者;进士试杂文二首,识文律者,然后并令试策,仍严加捉搦,必材艺灼然。合升高第者,并即依令。其明法并书、算贡举人,亦量准此例,即为常式。"《唐大诏令集》卷一〇六亦载此诏,《唐会要》卷七五系此事于本年八月。

十月乙丑,改元开耀。

按：见《旧唐书》卷五《高宗纪下》。

是年,开科取士,考功员外郎刘思立知贡举,进士及第若干人。又开制举,陈该等登第。

按：是年进士及第人数不详。见《登科记考》卷二。

拜占庭及保加尔人盟。第一保加利亚王国建。

第3次君士坦丁堡公会议召开。谴责"一性论"。

西哥特王国法典《民法大全》修订。

薛元超为中书侍郎、同中书门下三品,二月表荐杨炯、崔融、郑祖玄、邓玄挺、沈伯仪、颜强学等10人为崇文馆学士。七月丁未,与黄门侍郎崔知温并为中书令。

按：见《旧唐书》卷五《高宗纪下》、《唐会要》卷六四《崇文馆》。

裴行俭正月为定襄道行军大总管,率军北上。闰七月,大破突厥兵,振旅凯旋。

  按：见《新唐书》卷三《高宗纪》、《旧唐书》卷五《高宗纪下》。

  骆宾王是秋出为临海丞，途经萧山，访主簿宋思礼，作《灵泉颂》。

  按：《骆临海集笺注》卷六《灵泉颂》有"广平宋思礼，字过庭……调露二年来佐百里。……某出赞荒隅，途经胜壤，三秋客恨"等语。本年十月乙丑始改元开耀，知骆宾王赴临海当在是秋。

  杨炯迁太子詹事府司直，二月为薛元超表荐，充崇文馆学士。

  按：见《旧唐书》卷一九〇上本传、《唐会要》卷六四《崇文馆》。

  李峤在监察御史任，奉使安抚岭南。

  按：见《旧唐书》卷九四本传。《全唐诗》卷六一、卷七五分别有李峤《军师凯旋自邕州顺流道中》、《安辑岭表事平罢归》，二诗当系峤于岭南归途所作。

  崔融为皇太子李哲侍读，东宫表疏多出其手。

  按：《旧唐书》卷九四本传曰："中宗在春宫，制融为侍读。"中宗李哲去年八月始立为太子，崔融入东宫约在本年前后。姑系于此。《全唐文》卷二一七、二一八载有崔融代太子所作表15篇。

  李乂应贡举，登进士第。

  按：见《登科记考》卷二。

  僧玄朗是年九年，始出家。

  按：见《宋高僧传》卷二六本传。

  崔融约是年或稍后著《唐朝新定诗格》3卷。

  按：《全唐文》卷二一七崔融《代皇太子请修书表》略曰："伏惟天皇域中居大，天下化成……坟典积于丘山，笔墨盈于泉海。……今欲搴其萧稂，撮其枢要……商榷百氏，勒成一家，庶有代于箴规，长不违于左右。又近代书抄，实繁部帙，至于《华林园遍略》、《修文殿御览》、《寿光书苑》、《长洲玉镜》及国家以来新撰《艺文类聚》、《文思博要》等，并包括宏远，卒难详悉。亦望错综群书，删成一部。"崔融时为太子侍读，其撰《诗格》或在此期。姑系于此。

  僧善导三月十四日卒（613— ）。善导俗姓朱，临淄（一说盱眙）人。佛教净土宗昙鸾、道绰派之集大成者，后世尊为净土宗第三祖。幼年出家，受戒后游历各地，遍访高德。后师从并州玄中寺僧道绰，得传其学。道绰卒后，入居长安光明寺，传教弘法三十余年。弟子有怀恽、怀感等。有著述多种，现存《观无量寿佛经疏》4卷、《往生礼赞偈》1卷、《净土法事赞》2卷、《般舟赞》1卷、《观念法门》1卷等。事迹见《续高僧传》卷二七、《佛祖统纪》卷二六。

  按：善导卒年，诸史所载不一，后世遂有不同说法。今人李玉昆《龙门续考》（载《文物》1983年第6期）谓其卒于龙朔二年；温玉成《关于善导禅师卒年问题》（载《文物》1985年第3期）谓其卒于本年。今从温说。善导对唐代净土宗之发展影响甚大，经其弘扬，净土宗始全面确立。所撰《观无量寿佛经疏》（又称《观经四帖疏》）于八世纪传入日本，流传颇广，日僧法然（源空）即依该书创立日本净土宗，尊善导为高祖。另据陈扬炯《中国净土宗通史》，1909年，日本学者橘瑞超等在东土耳其斯坦吐峪沟

（故高昌国故址）附近发现善导所著《往生礼赞偈》及《阿弥陀经》片断，后者还附有善导《发愿文》，即善导所书写《阿弥陀经》十万卷之一。

裴耀卿（ —743）生。

开耀二年　唐高宗永淳元年　壬午　682年

阿拉伯人抵大西洋岸。

二月癸未，改元永淳。

按：见《旧唐书》卷五《高宗纪下》。

是年，各地灾害频仍，大饥，京师人相食。

按：见《资治通鉴》卷二〇三。

开科取士，考功员外郎刘思立知贡举，初登进士第55人，重试及第11人。

按：见《登科记考》卷二。

刘知幾约是年或之前登进士第，后调获嘉主簿。

按：《登科记考》卷二谓本年刘知幾登第。然据刘知幾《史通·自叙》曰："自年登弱冠，射策登朝。"《旧唐书》卷一〇二本传亦谓其"弱冠举进士"。刘知幾本年二十二岁，似不能云"弱冠"，或其登第在本年前。两说未详孰是，姑系于此。

卢照邻约是年前后徙居阳翟具茨山，作《释疾文》、《五悲文》等文，抒怀才不遇、贫病交加之愤。

按：《旧唐书》卷一九〇上本传曰："后疾转笃，徙居阳翟之具茨山，著《释疾文》、《五悲》等诵，颇有骚人之风，甚为文士所重。"《新唐书》卷二〇一本传亦曰："疾甚，足挛，一手又废，乃去具茨山下，买园数十亩，疏颍水周舍，复豫为墓，偃卧其中。照邻自以为当高宗尚吏，己独儒；武后尚法，己独黄老；后封嵩山，屡聘贤士，己已废，著《五悲文》以自明。"《卢照邻集》卷五《释疾文序》有"余羸卧不起，行已十年"之语，其于咸亨四年始卧病，至本年首尾十年，知其徙居具茨山当在本年前后。姑系于此。

僧慧沼师事僧窥基，以其师卒，遂游历各地。

按：窥基之卒，见本年下文条。慧沼此后讲经弘法，历二十余年。以窥基同门圆测著《唯识论疏》驳窥基之说，乃撰《成唯识论了义灯》14卷，破斥圆测，以显法相实义。该书系唐代唯识（法相）宗之重要经典，与窥基《成唯识论枢要》、智周《成唯识论演秘》并列，后世合称"唯识三疏"。

僧义忠师从慧沼，又受学于窥基，于《唯识论》颇有研究。以窥基卒，学人奉其为大师，执卷问道者众多。

按：义忠生卒年不详，俗姓尹，襄垣人。唐前期法相（唯识）宗名僧。幼从慧沼出家，与法相宗三祖智周同门。初学《涅槃经》，又精研《四分律》，后奉师命入法相初祖窥基大师门下习《法华》、《唯识》等经论，名声渐著。居大慈恩寺讲说诸教，数十年不辍，海外岭表皆传其学。晚年返故里，年七十二卒。著有《成唯识论纂要》、《成唯识论钞》30卷、《法华经钞》20卷、《无垢称经钞》20卷等,另有《法华》、《净名》等经疏多种。事迹见《宋高僧传》卷四。

东塔宗僧怀素著《开四分律记》10卷成,王勃为序。

按:《开四分律记》,又称《开四分律宗记》、《四分律开宗记》,今存。《宋高僧传》卷一四怀素本传云,怀素专攻律部,时有僧法砺为律学宗师,尝撰《四分律疏》,怀素以为其"义章未能尽善",咸亨元年,遂"发起勇心,别述《开四分律记》"。至本年,"十轴毕功,一家新立,弹纠古疏十有六失焉,新义半千百条也"。《王子安集注》卷九《四分律宗记序》谓怀素"钻研刊削,五载而就,名曰《开四分律宗记》,凡十卷,三十七万六百三十言"。怀素自咸亨元年始撰,至本年告成,前后凡10余年,勃《序》谓其"五载而就",恐误。又,此期前后,怀素尚撰有《俱舍论疏》、《遗教经疏》、《新疏拾遗钞》、《四分僧羯磨文》、《四分尼羯磨文》、《四分僧戒本》、《四分尼戒本》等,由是自成律宗一系。因其时住长安太原寺东塔,故称东塔律宗,与南山宗、相部宗并为唐代律宗三派。

孙思邈卒(约581—)。思邈字号不详,京兆华原人。唐初著名医学家、道家学者。通百家之说,善言《老》、《庄》,尤精于医学和阴阳推步等术,后世推尊为"药王"。淡泊名利,屡召不受,为当世名流敬重,宋令文、孟诜、卢照邻等皆师事之。及卒,遗令薄葬,不藏冥器,祭祀无牲牢。后宋徽宗追封其为"妙应真人"。曾注《老子》、《庄子》,著有《千金翼方》30卷、《千金翼要方》(一作《千金要方》)93卷、《千金宝要》6卷,今皆存。另有《孙氏千金月令》3卷,《五兆算经》、《龟经》、《福禄论》3卷、《摄生真录》、《枕中素书》、《会三教论》、《马阴二君内传》、《太清真人炼云母》各1卷,已散佚。事迹见《旧唐书》卷一九一、《新唐书》卷一八七、《云笈七签》卷一一三。今人干祖望著有《孙思邈评传》,李长福、李慧雁编有《孙思邈养生全书》。

按:孙思邈博学多才,其于医学,倡养生之道,以预防为先,重阴阳调和,行食疗之法。《旧唐书》卷一七一《裴潾传》引《千金方序论》曰:"凡人无故不宜服药,药气偏有所助,令人脏气不平。"时人以为"洞于事理"。所著《千金要方》,《四库全书总目提要》谓其"凡诊治之诀,针灸之法,以至导引养生之术,无不周悉"。为时人推崇,颇行于世。其学以道为本,贯通三教。与僧道宣等交往甚密,于佛学亦有所得。宋释志磐《佛祖统纪》卷三九曰:"上元元年……思邈求还山,乃入终南隐居,笃志佛典,前后写《华严经》七百五十部。"思邈又留意史籍。《新唐书》本传曰:"初,魏徵等修齐、梁、周、隋等五家史,屡咨所遗,其传最详。"其著述另有《银海精微》2卷,今存。旧本题"唐孙思邈撰",清四库馆臣以为系后人托名之作。

道士潘师正六月卒(585—)。师正字子真,贝州宗城(一说赵州赞皇)人。道教学者,上清派第十一代宗师。隋大业中出家,曾师事王远知。后隐居嵩山,潜心修道,颇为唐高宗敬重,数召见。卒赠太中大夫,谥曰"体玄先生"。弟子多人,以韦法昭、司马承祯、郭嵩真等最为有名。《正统道藏》所录《道门经法相承次序》3卷,内有唐高皇于中岳逍遥谷与潘师正之问答,今人陈国符辑为《唐高宗与潘师正对话录》。事迹见《旧唐书》卷

一九二、《新唐书》卷一九六、《金石萃编》卷六二王适《潘尊师碣》、《历世真仙体道通鉴》卷二五、《茅山志》卷一〇等。

按：潘师正卒年，王适《潘尊师碣》谓嗣圣元年。今从《旧唐书》及《茅山志》。师正出身仕宦之家，其思想于《道门经法相承次序》可窥一二。南北朝以降，受佛教"佛性"说影响，道教亦有"道性"之说。师正以为，"一切有形，皆含道性"，又将道教戒律分为"有得戒"和"无得戒"两种，显明有吸收佛教之处，反映出当时佛、道之间的互相影响和融合。

裴行俭四月二十八日卒（619—　）。行俭字守约，河东人。博涉群书，通兵法，工草隶，晓阴阳算术，善知人。贞观中登明经第，累迁长安令。因谏阻高宗立武后，贬为西州都督府长史。迁吏部侍郎，掌选举十余年，有知人之明。后率军平吐蕃、抚西域、破突厥，以功封闻喜县公。及卒，追赠幽州都督，谥曰"献"。尝参修《永徽留本司格》后11卷，著有《选谱》10卷，安置军营等《六十四诀》，《草字杂体》数万言，另有集20卷，后皆散佚。《全唐文》卷一六二收录其文1篇。事迹见《旧唐书》卷八四、《新唐书》卷一〇八。《全唐文》卷二二八有张说《赠太尉裴公神道碑》。

僧窥基十一月十三日卒（632—　）。窥基又称灵基、乘基、大乘基、基法师，俗姓尉迟，字洪道，京兆长安人。唐代佛教相法宗（唯识宗）初祖。因曾为长安大慈恩寺主持，世人尊称"慈恩大师"，其宗派称慈恩宗。年十七出家，师从玄奘，长期随师翻译佛经，先后笔受《成唯识论》10卷、《辨中边论颂》1卷、《辨中边论》3卷、《唯识二十论》1卷、《异部宗轮论》1卷、《阿毗达磨界身足论》3卷等。颇受其师器重，遂得传玄奘之学而成一代宗师。晚年潜心著述，讲经弘法，卒于大慈恩寺翻经院。弟子有慧沼等。著述繁多，共有48部（一说43部），现存《成唯识论述记》20卷、《因明入正理论疏》6卷、《妙法莲花经玄赞》10卷、《法苑义林章》7卷、《成唯识论枢要》等31部（一说28部）。其注疏之经典，除《金刚般若》、《法华》、《弥陀》、《弥勒》、《胜鬘》等经外，余所释诸经论本文，皆用玄奘译本。事迹见《大唐大慈恩寺三藏法师传》卷一〇、《开元释教录》卷八、《宋高僧传》卷四。

按：窥基系中国古代著名佛教学者，在唐代佛教史上有重要地位。其承玄奘之学而多有发展，于法相唯识之学精研尤深。时人多以其为玄奘传承者，视为同门权威。法相（唯识）宗虽由玄奘奠基，而实际创立者是窥基，故后人推其为该宗初祖。《宋高僧传》卷四本传评曰："奘师为《瑜珈》、《唯识》开创之祖，基乃守文述作之宗。唯祖与宗，百世不除之祀也。盖功德被物，广矣大矣。奘苟无基，则何祖张其学乎？开天下人眼目乎？二师立功与言，俱不朽也。"经由玄奘、窥基之倡扬，法相唯识之学于唐前期盛行一时，对新罗、日本等国佛教发展亦有很大影响。后新罗僧智凤、日本僧玄昉从学于窥基再传弟子智周，并将窥基著作传至日本，遂开日本法相宗一派。然窥基之后，华严、天台、禅宗相继兴盛，法相唯识之学逐渐走向消沉。及经"安史之乱"与唐武宗毁佛冲击，则更显寥落。

宋令文约是年前后卒，生年、字号不详。令文，汾州人，宋之问之父。善文辞，工书法，有勇力，世称"三绝"。历左骁卫郎将、东台详正学士等职，尝奉使吐蕃。后罢官归隐，卒于嵩山。有集10卷，已佚。事迹见《旧唐书》卷一九〇中、《新唐书》卷二〇二《宋之问传》。

按：宋令文约于调露二年罢官居嵩山，其子宋之问是年前后亦在嵩山。天授二年，之问作《忆嵩山陆浑旧宅》，自云离嵩山已十年，知其离嵩山在本年前后。或宋令文居嵩山不久即去世，宋之问守葬毕，乃离嵩山。宋令文诸子，宋之问以诗名，宋之悌骁勇，宋之逊精草隶，世谓得皆父一绝。

牛头宗僧慧忠（　—769）、道士李含光（　—769）生。

永淳二年　唐高宗弘道元年　癸未　683年

三月，敕令应诏举人并试策三道，即为永例。

按：见《登科记考》卷二。

七月庚申，以十月有事于嵩岳，令天下岳牧及京官五品以上各举有孝行、儒学、文武之士。

按：见《唐会要》卷七。

十二月丁巳，改元弘道。是夜，唐高宗李治卒（628—　）。

按：高宗之卒，《旧唐书·高宗纪》谓十二月己酉，同书《则天皇后纪》及《新唐书·高宗纪》、《资治通鉴》卷二〇三皆谓十二月丁巳。此从后者。李治系唐太宗第九子，自贞观二十三年登基，在位三十四年，虽总体上基本延续唐初以来三教并举之国策，然于佛教尤为重视，开始改变唐高宗时确立的"老先、次孔、末佛"之三教顺序，佛学之风由是丰盛。因有疾，晚年政务实由皇后武氏决断。有集86卷，已散佚。《全唐文》卷一一至一五辑录其文编为5卷，《全唐诗》卷二收录其诗8首。

甲子，太子李哲即位，是为唐中宗。尊武后为皇太后，政事皆由其决之。

按：见《旧唐书》卷六《则天皇后纪》。李哲原名显，仪凤二年改。

是年，开科取士，刘廷奇知贡举，进士及第55人。

按：见《登科记考》卷二。

韦叔夏为太常博士，十二月，以高宗卒，山陵旧仪多废缺，遂与中书舍人贾大隐、太常博士裴守贞等草创议定，由是授春官员外郎。

按：《旧唐书》卷一八九下本传载，韦叔夏为太常博士，"则天将拜洛及享明堂，皆别受制，共当时大儒祝钦明、郭山恽撰定仪注。凡所立议，众咸推服之"。韦叔夏精通《三礼》，其后朝中礼仪，多参与修订。

骆宾王辞临海丞之职，仍客居该地。

按：《旧唐书》一九〇上本传曰："左迁临海丞，怏怏失志，弃官而去。"骆宾王于永隆二年出为临海丞，明年被杀，其辞官当在本年。参见永隆二年、光宅元年条。

陈子昂在梓州，四月与僧晖等交游唱和。稍后再赴洛阳，上书谏高宗灵驾返长安，且言关中饥荒惨状。

按：《全唐诗》卷八三有陈子昂《酬晖上人夏日林泉》。又，《全唐文》卷二一二陈子昂《谏灵驾入京书》有"梓州射洪县草莽愚臣陈子昂谨顿首冒死献书阙下"云云。高宗本年十二月卒，明年春陈子昂登进士第，知其上书当在本年底或明年初。姑系于此。

康国安有儒学，是年前后为太学助教，常与太学博士罗道琮、道士李荣讲论，为时人所称。

按：《唐书合钞》卷二四七《罗道琮传》谓康国安与罗道琮等于高宗末年讲论，未详叙具体年份。姑系于此。康国安生平事迹，史载不详。《新唐书》卷六〇《艺文志》谓其以明经高第，直国子监，教授三馆进士。历右典戎卫录事参军、太学崇文助教、太学博士、崇文馆学士。有集10卷，后佚。

道士李荣活动于高宗时期。

按：李荣生卒年不详，号任真子，绵州巴西人。初唐道教学者，重玄派代表性人物。善诗文，好交游，曾多次奉召入宫与诸僧对论，颇为世人所重。撰有《老子注》2卷，原本已佚，今存《正统道藏》所收残本，法国巴黎国立图书馆所藏敦煌文书唐高宗时写本，另有蒙文通、严灵峰等人辑本。今人黄海德著有《李荣及其〈老子注〉考辨》（载《世界宗教研究》1987年第4期）。

卢照邻约是年或稍后卒（约630前后—　）。照邻字升之，自号幽忧子，范阳人。初唐著名诗人。先后师事曹宪、王义方，以诗文驰名。贞观中起为邓王府典签，后历新都尉等职，一度坐事下狱，藉友人援救得免。以仕途坎坷，始终未能得志，遂隐居太白山、洛阳东龙门、阳翟具茨山等地。晚年贫病交加，手足挛废，自投颍水而卒。撰有《幽忧子》3卷，已佚。另有集20卷，原本散佚，今本为10卷。《全唐文》卷一六六至一六七辑录其文编为2卷，《全唐诗》卷四一至四二辑录其诗编为2卷。事迹见《旧唐书》卷一九〇上、《新唐书》卷二〇一。

按：卢照邻生卒年，历有歧说。其生年，参见贞观四年条。其卒年，今人刘开扬《初唐四杰及其诗》谓其至睿宗文明元年尚存，是年已五十以上；马茂元《读两〈唐书·文艺（苑）传〉札记》谓其卒于万岁登封元年以后，时年在六十左右；骆祥发《初唐四杰研究》谓其约卒于垂拱元年，享年约五十六岁；张志烈《初唐四杰年谱》谓其卒于永隆二年后数年，年约五十左右；李云逸《关于卢照邻生平的若干问题》（载《西北大学学报》1988年第2期）谓其卒于永淳元年前后，享年四十八左右；傅璇琮主编《唐五代文学编年史》谓其卒在本年或稍后。《旧唐书》本传曰："自投颍水而死，时年四十。"然据卢照邻《对蜀父老问》，自云"十五而有志于学，四十而无闻焉"，则其卒年当在四十以上。考有关文献，本年之后，照邻事迹不复有载，则其卒当在本年或稍后。今姑从本年之说。

又按：卢照邻于唐初诗坛颇具地位，后人将其与王勃、杨炯、骆宾王并称"初唐四杰"。其思想早期以秉承儒学为主，后兼融道、佛，反映出唐前期三教并举思想在文学领域之渗透。其文集，《旧唐书》本传、《新唐书·艺文志》均作"二十卷"；《郡斋读书志》、《直斋书录解题》则作"十卷"，与今存本同。知其集20卷本至宋时已散佚，10卷本系后人重加辑录编次。《四库全书总目提要》卷一四九作"《卢升之集》七卷"，则又为另一留存版本。《幽忧子》，《新唐书·艺文志》作"三卷"。《郡斋读书志》卷一七作"《幽忧子集》十卷"，恐系卢照邻文集之误。

僧道世卒，生年不详。道世俗姓韩，字玄恽，其先伊阙人，祖上因官，遂居京兆。佛教律学高僧。年十二出家，精研律学。后师从四分律宗第八祖智首，声誉日高。显庆年间住长安西明寺，与同门道宣齐名。撰有《法苑珠林》100卷，今存。另有《诸经要集》20卷、《毗尼讨要》6卷、《四分律尼钞》5卷、《金刚般若经集注》3卷、《信福论》和《大小乘禅门观》各10卷，及《善恶报业》、《四分律讨要》、《受戒仪礼》、《礼佛仪式》等。事迹见《宋高僧传》卷四、《开元释教录》卷八。

僧一行（ —727）生。

按：一行生年，一说咸亨四年。考《旧唐书》本传，谓其卒于开元十五年，"年四十五"。以此推，当生于本年。

唐中宗嗣圣元年　唐睿宗文明元年
武则天光宅元年　甲申　684年

正月甲申朔，改元嗣圣。

按：见《旧唐书》卷六《则天皇后纪》。

二月戊午，武后废中宗李哲为庐陵王。己未，立豫王李旦为帝，是为唐睿宗。政事皆归于武后，睿宗居别殿，不得有所预。大赦天下，改元文明。至丁卯，武后遂正式临朝称制。

按：见《旧唐书》卷六《则天皇后纪》。

三月，废太子李贤于巴州被逼自杀。

按：李贤（654— ）字明允，唐高宗第六子。初封潞王，上元二年立为太子，调露中被废，迁置巴州。后睿宗即位，追谥其为章怀太子。尝命僚属刘讷言、张大安等撰《注后汉书》100卷，今存。《全唐文》卷九九收录其文1篇，《全唐诗》卷六收录其诗1首。

四月丁丑，迁庐陵王李哲于均州安置。

按：见《旧唐书》卷六《则天皇后纪》。

九月甲寅，改元光宅。改东都洛阳为神都。改尚书省为文昌台，左、右仆射为左、右相，六曹为天、地、春、夏、秋、冬六官；门下省为鸾台，侍中为纳言；中书省为凤阁，中书令为内史；御史台为左肃政台，增置右肃政台。令京官九品以上及诸州长官各荐举1人。改国子监为成均监，策词标文苑科。

按：见《资治通鉴》卷二〇三、《登科记考》卷三。

是月，徐敬业等在扬州起兵反武氏，旋败亡。

按：时武后族人掌政，唐李氏宗室人人自危。徐敬业以拥护中宗复位为名，起兵扬州，自称匡复府上将，领扬州大都督，旬日聚众十余万。武后发兵三十万讨之。十一月，徐敬业败亡。见《资治通鉴》卷二〇三。

阿拉伯倭马亚王朝马尔万支系统治始。

是年,开科取士,考功员外郎刘廷奇知贡举,进士及第 16 人。另上书拜官 9 人。

按:见《登科记考》卷三。

杨炯游洛阳,与石抱忠等会宴于皇甫兵曹宅,彼此唱和。

按:见《杨炯集》卷三《宴皇甫兵曹宅诗序》。

刘祎之在中书侍郎任,二月同中书门下三品,凡有诏敕,多出其手。

按:《旧唐书》卷八七本传载,刘祎之尝坐事流放巂州,武后表请高宗将其召回,拜中书舍人,又擢拜中书侍郎,颇受信用。至是,遂掌相职。参见《新唐书》卷四《则天皇后纪》。

陈子昂再次应举,登进士第。献书阙下,获武后召见,因言伯王大略,君臣之道,遂授麟台正字。

按:陈子昂登第年份,诸说不一。《全唐文》卷七三二赵儋《故拾遗陈公旌德之碑》谓其"年二十四,文明元年进士射策高第";《唐才子传》卷一本传谓"开耀二年许旦榜进士";徐松《登科记考》卷三谓其于永淳元年登第。考陈子昂《(麈)尾赋序》自曰:"甲申岁,天子在洛阳,余始解褐守麟台正字。"知其当为本年登第。《旌德之碑》载陈子昂"射策高第"后,"其年高宗崩于洛阳宫,灵驾将西归于乾陵,公乃献书阙下。天后览其书而壮之,召见金华殿……拜麟台正字。"《全唐文》卷二三八卢藏用《陈子昂别传》亦曰:"属唐高宗大帝崩于洛阳宫,灵驾将西归,子昂乃献书阙下……拜麟台正字。"然考陈子昂《谏灵驾入京书》,书首自称"梓州草莽愚臣陈子昂"云云,知其上此书在登第前。疑陈子昂登第后,复献书阙下,遂有武后召见及授麟台正字之事。

卢藏用是年前后登进士第,不得选调,作《芳草赋》以见意。寻隐居终南山,始与陈子昂、宋之问、赵贞固、司马承祯等人交游。

按:见《旧唐书》卷九四、《全唐文》卷二本八卢藏用《陈子昂别传》。

王绍宗寓居家乡江都寺中,因拒徐敬业征召,为行军大总管奏闻,奉召北赴洛阳,擢拜太子文学。

按:王绍宗生卒年不详,字承烈,原籍琅邪,世居扬州江都。少勤学,遍览经史,尤精草隶。家贫,寓居家乡江都寺中,以抄写佛经维生,清静自守垂三十年。及奉召入朝,累转秘书少监、太子侍读。其性淡雅,以儒素见称,朝廷之士多敬慕之。颇为刘易之兄弟厚遇,及易之伏诛,遂免官,卒于乡里。《全唐文》卷二〇三存录其文 2 篇。事迹见《旧唐书》卷一八九下、《新唐书》卷一九九。又,王绍宗兄王玄宗传黄老术,隐居嵩山,号太和先生。余不详。

僧义净泛海西游天竺,历游三十余国,亲访各地佛教诸大德,研习《瑜珈》《中观》《因明》《俱舍》诸经论。是年前后住天竺那烂陀寺,曾与法僧无行同游鹫岭,作《杂言诗》、《一三五七九言》,以抒思念故国之情。

按:义净泛海赴天竺求经事,见咸亨二年条。至垂拱三年,义净方启程回国。

僧法藏参谒中天竺僧地婆诃罗于长安西太原寺,问佛一代教法判释事,又请其译《入法界品》部分内容,以补《华严经》之阙。既而奉诏,与地婆诃罗及僧道成、薄尘等同译《密严》、《显识》等经论。

按:《华严经》初于东晋时翻译,法藏以为其中《入法界品》有阙文。适逢地婆诃罗携有梵文本《入法界品》，遂与之对校，将部文阙文译出，是为《大方广佛华严经续入法界品》（一作《大方广佛华严经入法界品》）。其与地婆诃罗等所译经论，共有10余部，计20卷。

王勔、王勮兄弟搜求王勃遗文，编为《王勃集》20卷，杨炯为序。
  按：日本藏唐写本《王勃集》附有王承烈《与王勮书》、《重与王勮书》、《祭王勃文》。其《祭文》按语曰："君适交州日，路经扬府，族翁承烈有书与君，竟未达。及君殁后，兄勮于翁处求此书，承烈有书与勮，兼送旧书。今并载焉。"《杨炯集》卷三《王勃集序》曰："兄勔及勮，磊落词韵，铿锵风骨，皆九变之雄律也。弟助及勋，总括前藻，网罗群思，亦一时之健笔焉。友爱之至，人伦所及，永言存殁，何痛如之。援翰纪文，咸所未忍。盖以投分相期，非弘词说。潸然揽涕，究而序之。"是则搜求王勃遗文编为集者，即王勔兄弟。王承烈《祭文》作于文明元年八廿四日，知王勔兄弟编成《王勃集》当在此期。姑系于此。

  薛元超十一月二日卒（623— ）。元超，蒲州汾阴人，薛收子。自少好学，善属文，与从兄薛元敬、族兄薛德音俱名闻于时，人称"河东三凤"。贞观中累迁太子通事舍人，高宗即位后，历给事中、中书舍人、黄门侍郎、东台侍郎，中书侍郎、同中书门下三品、中书令等职。多引荐寒俊之士，为时人称美。曾两度遭贬，又流放巂州十年。以年老致仕，卒于洛阳私第，追赠光禄大夫、秦州都督，陪葬高宗乾陵。尝参修《晋书》，有《醉后集》3卷、集40卷（一作30卷），皆不存。《全唐文》卷一五九收录其文4篇，《全唐诗》卷三九收录其诗1首。事迹见《旧唐书》卷七三、《新唐书》卷九八《薛收传》附传。《乾陵稽古》收录崔融撰《薛元超墓志》，《杨炯集》卷一〇有《中书令汾阴公薛振行状》。
  按：薛元超卒年，《旧唐书》本传谓弘道元年，恐误。考崔融《墓志》及杨炯《行状》，皆谓其卒于本年。元超集，《旧唐书》本传"四十卷"，《新唐书·艺文志》作"三十卷"。两说不同，未详孰是。

  骆宾王约是年或稍后卒（约623— ）。宾王，义乌人。初唐文学家。历仕长安主簿、临海丞等职。随徐敬业起兵反武氏，兵败而卒，或云逃循隐匿。武后诏求其文，得数百篇，兖州人郗元卿编为10卷；又有《百道判》3卷。后皆散佚。《全唐文》卷一九七至一九九辑录其文编为3卷。事迹见《旧唐书》卷一九〇上、《新唐书》卷二〇一、《唐才子传》卷一。今人杨柳、骆祥发著有《骆宾王评传》。
  按：骆宾王之卒，历有歧说。《旧唐书》本传、《资治通鉴》卷二〇三谓其本年十一月兵败被杀；《朝野佥载》卷一谓其兵败"投江水而死"；郗元卿《骆宾王文集序》谓其兵败后"因致逃遁"；唐孟棨《本事诗》谓其出家为僧，隐匿杭州灵隐寺；明朱国桢《涌幢小品》谓其流落于南通而卒。至今仍众说纷纭，莫衷一词。骆宾王文集，原本早佚，宋时已有不同版本。今明嘉靖年间所刊《骆宾王集》10卷（收于《唐人三家集》）、清《四库全书》本《骆丞集》4卷等，均系后人重加辑录而成。
  又按：骆宾王于唐初文坛颇具地位，世人将其与王勃、杨炯、卢照邻并称"初唐四杰"。其作品具有激昂、慷慨、开阔等特点，突破六朝以来诗文传统，倡扬儒家之诗新罗僧无相(　—762)生。

武则天垂拱元年　乙酉　685 年

阿拉伯哈里发阿卜杜拉·马立克创帝国行政体制。

拜占庭帝君士坦丁四世卒,子查士丁尼二世嗣位。

正月丁未朔,改元垂拱。

按：见《新唐书》卷四《则天皇后纪》。

五月壬戌,诏内外九品以上官及百姓,咸令自举。

按：见《登科记考》卷三。

是月,开科取士,考功员外郎刘廷奇知贡举,初取 22 人,再取 5 人。

按：见《登科记考》卷三。

杨炯在洛阳,春夏间作《中书令汾阴公薛振(元超)行状》,又与石抱忠等唱和。旋坐事出贬,为梓州司法参军。

按：《旧唐书》卷一九〇上本传曰："则天初,坐从父弟神让犯逆,左转梓州司法参军。"《新唐书》卷二三九《贾敦颐传》曰："神让与徐敬业起兵,皆及诛。"徐敬业起兵在去年九月,十一月败亡。杨炯本年春夏间尚在京作诗文,与人唱和,其坐事出贬当在本年稍后。

陈子昂在麟台正字任,十一月上疏论出使、牧宰、人机三事,谓当谨择人,明黜陟,安人心。

按：陈子昂所上《上军国利害事》,见《全唐文》卷二一一。其中曰："天下有危机,祸福因之而生,机静则有福,机动则有祸,百姓是也。百姓安则乐其生,不安则轻其死,轻其死则无所不至也。……奸宄不息,灾变日兴,叛逆乘衅,天下乱矣!"

崔融四月自洛阳赴泾州为官,临行与杜审言等互以诗相赠。

按：《全唐诗》卷六八有崔融《留别杜审言并呈洛中旧游》。同书卷六二杜审言《赠崔融二十韵》有"十年俱薄宦,万里各他方"之语。崔融上元二年登第,至本年首尾十年。又,明年初融已在泾州官任上,知融当于本年赴任。

元万顷七月在凤阁舍人任,作新体诗。时沈佺期闲居洛阳,作诗和之。

按：《全唐诗》卷九七有沈佺期《和元舍人万顷临池玩月戏为新体》。

沈伯仪为太子右谕德,参与讨论明堂礼制,奏请改贞观、显庆之礼,凡郊、丘祭祀,并配高祖、太宗、高宗三帝。从之。

按：沈伯仪生卒年、字号不详,湖州吴兴人。有儒学。初为薛元超表荐,授崇文馆学士,后历国子祭酒、修文馆学士。《全唐文》卷二〇八收录其文 1 篇。事迹见《新唐书》卷一九九。

道士王玄览是年或稍后坐事系狱,于狱中作《混成奥藏图》。

按：见王太霄《玄珠录序》。

刘允济是年前后撰《鲁后春秋》20卷，表上之。

按：《旧唐书》卷一九〇中本传载，刘允济弱冠举进士，累除著作佐郎，"采摭鲁哀公后十二代至于战国遗事，撰《鲁后春秋》二十卷，表上之。迁左史兼直弘文馆"。

裴居道等奉诏撰定《垂拱式》20卷、《格》10卷、《新格》2卷、《散颁格》3卷、《留司格》6卷，进上，三月辛未颁行。

按：时裴居道为秋官尚书，参修者有夏官尚书、同凤阁鸾台三品岑长倩，凤阁侍郎、同凤阁鸾台平章事韦方质，删定官袁智弘，咸阳尉王守慎等，武后亲为制序。见《新唐书》卷五八《艺文志二》、卷四《则天皇后纪》。

孟利贞约卒，生年、字号不详。利贞，华州华阴人。与刘祎之、高智周、郭正一并以文藻知名，时号"刘孟高郭"。高宗初年起为太子司议郎，累迁转著作郎，加弘文馆学士，卒于官。曾参纂《瑶山玉彩》、《芳林要览》等，编纂《碧玉芳林》450卷、《玉藻琼林》100卷、《续文选》13卷，撰《封禅录》10卷，后皆散佚。事迹见《旧唐书》卷一九〇上。

按：《旧唐书》本传谓孟利贞"垂拱初卒"，知其卒当在本年或稍后。姑系于此。

吴道玄（　—约758前后）、郑虔（　—约764）约生。

《拉文纳宇宙志》成，是为著名的国家、城镇和河流的目录册。

垂拱二年　丙戌　686年

正月，武后诏还政睿宗，睿宗固辞，武后旋复临朝称制。

按：见《资治通鉴》卷二〇三。

二月，新罗遣使请《礼记》等书，赐之。

按：《唐会要》卷三六曰："垂拱二年二月十四日，新罗王金政明遣使请《礼记》一部，并杂文章。令所司写《吉凶要礼》，并《文馆词林》采其词涉规诫者，勒成五十卷，赐之。"事又见《旧唐书》卷一九九上《东夷传》。

三月，武后始置铜匦受密奏，开告密之风。

按：武后欲遍知天下事，铸铜为匦，置于朝堂，以受表疏。其器四侧：东曰"延恩"，求仕进者投之；南曰"招谏"，言朝政得失者投之；西曰"伸冤"，有冤抑者投之；北曰"通玄"，言灾变及军机秘计者投之。时武后知唐宗室大臣心皆不服，疑天下人多图己，欲大施诛杀以镇慑之，乃盛开告密之风。凡告密者，虽农夫樵人，皆得召见。若所言称旨，则破例授官，无实者亦不问罪。又任用酷吏索元礼、周兴、来俊臣等人，按密告鞫问，网罗无辜，施以酷刑，于是四方告密者蜂起，人皆重足屏息。见《资治通鉴》卷二〇三。

是年，开科取士，进士及第4人。

按：见《登科记考》卷三。

陈子昂在麟台正字任。三月，上《谏用刑书》，劝武后停告密之风，平

英格兰诸国均已基督教化。

理刑狱。四月,从左补阙乔知之出塞征突厥。五月,抵塞北,作《燕然军人画像铭》、《感遇》等以抒怀。七月,始东归。

按:陈子昂上《谏用刑书》事,见《资治通鉴》卷二〇三。其随乔知之出征事,见《全唐文》卷二〇九子昂《为乔补阙论突厥表》、《全唐诗》八三子昂《观荆玉篇序》。子昂所作《燕然军人画像铭》、《感遇》,分见《全唐文》卷二一四、《全唐诗》卷八三。又,《全唐诗》卷八一乔知之《似古赠陈子昂》有"孟秋七月时,相送出外郊"云云,知是月子昂告别知之东归。

狄仁杰九月迁冬官侍郎。

按:见《资治通鉴》卷二〇三。

僧智周是年十九,始出家。

按:见《新编诸宗教藏总录》卷三。

北宗禅僧法如在嵩山少林寺十余年,是年始开法讲说。

按:见《金石续编》卷六《唐中岳沙门法如禅师行状》。

孙过庭撰《书谱》2卷成,刻石汴州。

按:宋佚名《宝刻类编》卷二曰:"孙过庭《书谱》,垂拱二年写记,汴。"一说该书撰成于垂拱三年。《全唐文》卷二〇二录有孙过庭《书谱序》,其略曰:"余志学之年,留心翰墨。……自汉魏以来,论书者多矣,妍媸杂糅,条目纠纷。或重述旧章,了不殊于既往;或苟兴新说,竟无益于将来。徒使繁者弥繁,阙者仍阙。今撰为六篇,分成两卷,第其工用,名曰《书谱》。"该书原本已佚,今有上海古籍出版社出版朱建新笺证本。

又按:孙过庭系唐代书法理论家,其事迹两《唐书》无传。《书法要录》卷六《述书赋》注曰:"孙过庭,字虔礼,富阳人,右卫胄参军。"张怀瓘《书断》则曰:"孙虔礼,字过庭,陈留人,官至率府录事参军。"两说不一,未详孰是。

垂拱三年　丁亥　687年

拜占庭伐斯拉夫人。

丕平二世遂统一法兰克。

十一月,罢御史监军之制。

按:武后欲发兵攻吐蕃,以旧制御史监军,军中事无大小悉皆须承禀,以下制上,非令典,遂罢之。见《资治通鉴》卷二〇四。

是年,开科取士,进士及第65人。

按:见《登科记考》卷三。

陈子昂在麟台正字任。是冬,上《谏雅州讨生羌书》,谓"当今山东饥,关陇弊,历岁枯旱,人有流亡"。

按:陈子昂《谏雅州讨生羌书》,见《全唐文》卷二一二。

郎余令在著作佐郎任。

按：《唐代墓志汇编》垂拱〇三七有《行著作佐郎中山郎余令故妻赵郡李道真之墓》，云其妻本年三月廿七日卒。知余令时在著作佐郎任。

宋璟随父赴东川，授馆官舍，卧病连月，作《梅花赋》、《长松篇》。

按：《全唐文》卷三四三颜真卿《有唐开府仪同三司行尚书右丞相上柱国赠太尉广平文贞宋公神道碑铭》曰："进士高第，补上党尉，转王屋主簿。相国苏味道为侍御史出使，精择判官，奏公为介，公作《长松篇》以自兴，《梅花赋》以激时。"未言及宋璟赴东川事。然据《全唐文》卷二〇七宋璟《梅花赋序》曰："垂拱三年，余春秋二十五，战艺再北，随从父之东川……有梅一本数花于榛中，……感而成兴，作赋曰……"今从之。宋周密《癸辛杂记·后集》谓后世所存璟《梅花赋》系伪作，未详孰是。

僧义净自天竺启程东归，行至南海尸利佛逝国，停留数年。

按：义净西行天竺事，见咸亨二年条。尸利佛逝国又作室利佛逝国，在今东南亚苏门答腊岛。至证圣元年，义净方返抵洛阳，参见该年条。

南天竺僧菩提流志应邀来唐。

按：菩提流志系南天竺高僧，颇有名声。初，高宗于永淳二年遣使赴天竺邀请，武则天复加邀请，遂启程来唐，至长寿二年至洛阳。事见《宋高僧传》卷三本传、《佛祖统纪》卷三九。

蒋俨卒（610— ）。俨字号不详，常州义兴人。贞观中登明经科，历右屯卫兵曹参军、幽州司马、会州刺史、蒲州刺史、殿中少监、检校太常卿等职，以太子詹事致仕。有集5卷，已佚。《全唐文》卷六〇存录其文1篇。事迹见《旧唐书》卷一八五、《新唐书》卷一〇〇。

按：蒋俨善文词，与诗人崔融等友善。及其卒，崔融作《哭蒋詹事俨》以哀之，见《全唐诗》卷六八。

刘祎之五月庚午卒（631— ）。祎之字希美，晋陵人。有文藻，少与孟利贞、高智周、郭正一俱知名，时人号为"刘孟高郭"。初以文词直昭文馆，迁左史、弘文馆学士，为武后信重，令密参政事。坐事流放巂州数年，奉召回朝，入登相位。被人所诬，下狱赐死。尝奉武伯令与元万顷等撰《列女传》、《乐书》、《百僚新诫》等，凡千余卷。另有集70卷（一作50卷），已佚。《全唐诗》卷四四收录其诗5首。事迹见《旧唐书》卷八七、《新唐书》卷一一七。

刘延祐卒，生年、字号不详。延祐，徐州彭城人，刘胤之从子。有文藻，名闻于时。弱冠举进士，累补渭南尉，历右司郎中、检校司宾少尉，封薛县男。出为箕州刺史，转安南都护。会兵乱，被杀。事迹见《旧唐书》卷一九〇上、《新唐书》卷二〇一。

僧鉴真（ —763）生。

按：鉴真生年，一说为垂拱四年。《宋高僧传》卷一四本传谓其卒于代宗广德元年，"春秋七十七"。以此溯推，当生于本年。从之。

垂拱四年　戊子　688年

拜占庭伐色雷斯、马其顿。

二月庚午,以乾元殿址筑明堂,至十二月成。

按:太宗、高宗时,屡欲立明堂,诸儒议其制度,不决而止。及武后临朝称制,独与北门学士议其制,不问诸儒。至是,乃征役数万人,毁乾元殿,于其地作明堂。十二月,明堂成,高二百九十四尺,方三百尺。凡三层:下层法四时,各随方色;中层法十二辰;上层为圆盖,九龙捧之上施铁凤,高一丈,饰以黄金。号曰万象神宫。见《资治通鉴》卷二〇四。

五月乙亥,武后自加"圣母神皇"尊号。

按:见《新唐书》卷四《则天皇后纪》。

八月,琅琊王李冲、越王李贞等相继起兵,图谋匡复唐室,旋败亡。

按:武后潜谋称帝,除唐宗室,李氏诸王不自安。会武后召李氏诸王朝明堂,诸王疑有变,李冲等遂起兵反。至九月,先后败亡。武后趁机大杀唐宗室,韩王李元嘉、鲁王李灵夔、东莞郡公李融等皆死。"自是宗室诸王相继诛死者,殆将尽矣。"见《旧唐书》卷六《则天皇后纪》。

十二月,策词标文苑科。

按:见《登科记考》卷三。

是年,开科取士,进士及第24人,诸科30人。

按:见《登科记考》卷三。

约是年前后,武后以吏部选人多不实,乃令试日自糊其名,暗考以定等第。科举应试糊名自此始。

按:《通典》卷一五载此事,然未详言何年。《新唐书》卷二〇二《刘宪传》曰:"武后时,敕吏部糊名考判,求高才,惟宪与王适、司马锽、梁载言入第二等。"刘宪于开耀元年丁父忧,其应试当在光宅元年后。又,天册元年十月武后有停糊名考判敕,则此事当在垂拱年间前后。姑系于此。

狄仁杰在冬官侍郎任,奉旨以江南道巡抚大使巡视州县。六月,以吴、楚各地多淫祠,奏焚其一千七百余所,独留夏禹、吴太伯、季札、伍员四祠。

按:见《旧唐书》卷八九本传、《资治通鉴》卷二〇四。

杨炯约是年自梓州返京,回京前作《梓州官僚赞》30首。

按:杨炯于垂拱元年出贬梓州司法参军,参见该年条。其所作《梓州官僚赞》,见《全唐文》一九一。

苏味道在侍御史任,是秋奉使岭南,引宋璟为判官。璟投献《梅花赋》、《长松篇》,大见称赏,由是知名。

按:《全唐文》卷三四三颜真卿《宋璟神道碑》曰:"相国苏味道为侍御史出使,精择判官,奏公为介……"《刘禹锡集》卷一〇《献权舍人书》曰:"昔宋广平之沈下僚也,苏公味道时为绣衣直指使者,广平投以《梅花赋》,苏盛称之,自是方列闻人之目。"宋广平即宋璟。

崔融在宰相、安息道行军大总管韦待价幕掌书记,是春从军击吐蕃。

按:《通鉴考异》引《实录》云,垂拱三年"十二月壬辰,命待价为安息道大总管,督三十六总管以讨吐蕃。"其出兵与吐蕃战当在本年春。又,《全唐文》卷二一八有崔融《为韦右相贺平贼表》,同书卷二一七有崔融《代宰相上尊号表》,知崔融时在待价幕中,并随从出征。

刘允济十二月以明堂修成,撰《明堂赋》以颂之,甚为武后嘉叹,遂拜著作郎。

按:刘允济所作《明堂赋》今存,收录于《全唐文》卷一六四。《旧唐书》卷一九〇中本传谓"允济上《明堂赋》以讽",考今所存《明堂赋》,皆为颂扬之词,恐以赋颂而非讽。

徐彦伯为云阳主簿,四月与尹元凯、韦元旦、温翁念、李鹏等同游美原神泉。

按:《金石萃编》卷六一有《美原神泉诗碑》,谓事在本年四月。

僧普寂从洛阳僧端和尚受具足戒,又从南泉僧景和尚习律,深觉为文字所缚,遂于荆州玉泉寺转而师从禅宗北派宗师神秀。

按:见《全唐文》卷二六二李邕《大照禅师塔铭》。

僧彦悰笺僧慧立所撰《大唐大慈恩寺三藏法师传》,编为 10 卷。

按:《全唐文》卷九〇五彦悰《三藏法师传序》曰:"《传》本五卷,魏国西寺前沙门慧立所述。……及削稿云毕,虑遗诸美,遂藏之地府,代莫能闻。尔后役思缠疴,气悬钟漏,乃顾命门徒,握以启之,将出而卒。门人等哀恸荒梗,悲不自胜,而此传流离,分散他所。后累载搜购,迎乃获全,因命余以序之,迫余以次之。……错综本文,笺为十卷。"该书今存。

又按:彦悰生卒年、籍贯不详。于玄、儒之业颇见精微,又有辞笔之能。贞观末至长安,求法于玄奘之门。后不知所终。撰有《集沙门不应拜俗等事》(又名《沙门不敬俗录》、《集沙门不拜俗议》)6 卷,今存。事迹见《宋高僧传》卷四。

中天竺僧地婆诃罗奉敕译经,至是共译出《大乘显识经》等 18 部。

按:地婆诃罗奉敕译经始于仪凤四年,参见该年条。《宋高僧传》卷二本传载,地婆诃罗先后于西京长安西太原寺、东都洛阳东太原寺及长安广福寺翻译,由僧战陀般若提婆译语,慧智证梵语,道成、薄尘、嘉尚、圆测、灵辩、明恂、怀度证义,思玄、复礼缀文笔受。"至天后垂拱末",所译凡"一十八部"。另据《开元释教录》卷一一下至卷一二下载,地婆诃罗所译 18 部经论分别为:《大乘显识经》2 卷、《大方广佛华严经续入法界品》1 卷、《方广大庄严经》12 卷、《证契大乘经》2 卷、《大乘离文字普光明藏经》1 卷、《大乘遍照光明藏无字法门经》1 卷、《大方广师子吼经》1 卷、《大乘百福相经》1 卷、《大乘百福庄严相经》1 卷、《大乘四法经》1 卷、《菩萨修行四法经》1 卷、《七俱胝佛大心准提陀罗尼经》1 卷、《佛顶最胜陀罗尼经》1 卷、《最胜佛顶陀罗尼净业障经》1 卷、《大乘密严经》3 卷、《造塔功德经》1 卷、《金刚般若波罗密破取著不坏假名论》2 卷、《大乘广五蕴论》1 卷。

中天竺僧地婆诃罗卒(614—　)。地婆诃罗意译日照,天竺婆罗门种姓。译经僧。幼年出家,为中天竺高僧。武后初携梵本经论来唐,奉敕立译场,先后译经18部,凡34卷。及卒,敕葬洛阳龙门香山。事迹见《宋高僧传》卷二、《开元释教录》卷九、《贞元新定释教目录》卷一二。

按：地婆诃罗所译佛经,见本年上文条。

高子贡卒,生年、字号不详。子贡,和州历阳人。弱冠游太学,遍涉《六经》,尤精《史记》,与邢文伟及亳州朱敬则为莫逆之交。举明经,历秘书正字、弘文馆直学士。郁郁不得志,遂弃官归乡里。徐敬业起兵反武后,高子贡率乡曲拒之,以功擢授朝散大夫,拜成均助教。后因参与唐宗室谋复政权,事发被诛。事迹见《旧唐书》卷一八九下、《新唐书》卷一〇六。

按：两《唐书》本传谓皆高子贡因参与唐宗室东莞公融等谋复政权,事发被诛。考《旧唐书》卷六《则天皇后纪》等,本年九月,融等谋事败亡。子贡被诛当同时。

郎余令约是年前后卒,生年不详。余令字元休,定州新乐人。以博学知名,有文采,又工于山水、人物画。进士及第,历霍王府参军、幽州录事参军等职,卒于著作佐郎。尝续梁元帝《孝德传》撰《孝子后传》30卷,另撰《冥报拾遗》2卷,又编录侍御史贾言忠、平恩县公许圉师等咏高宗君臣幸九成宫事之乐府诗为《乐府杂诗》2卷,后皆散佚。欲撰《隋史》,未成。画品有《古帝王图》等。事迹见《旧唐书》卷一八九下、《新唐书》卷一九九及《唐诗纪事》、《历代名画记》等。

按：《旧唐书》本传曰:"累转著作佐郎,撰《隋史》未成,会病卒,时人甚痛惜之。"去年余令已在著作佐郎任,参见该年条。由是知其卒约在本年前后,姑系于此。《全唐诗》卷一〇六有郑愔《哭郎著作》。余令编《乐府杂诗》,新、旧《唐书》皆未言及,事见《卢照邻集》卷六《乐府杂诗序》。其所作之《古帝王图》,今不存,《历代名画记》卷九谓该画"想像风采,时称精妙"。

道士尹文操卒,生年不详。文操字景先,祖籍陇西天水,世居扈县。唐前期道教学者。少习儒业,喜读《老子》、《孝经》。奉敕出家,师事数观高道周法。后为宗圣观主,又云游五岳,遍访先贤。奉敕撰《玄元皇帝圣纪》10卷,另撰有《楼观先师传》1卷、《祛惑论》4卷、《水魔论》30卷,以及《玉纬经目》等。事迹见《全唐文》卷一六五员半千《大唐宗圣观主银青光禄大夫天水尹尊师碑》。

按：尹文操系唐代楼观道教著名学者,今人王士伟《楼观道源流考》谓其系"唐代以前楼观道士中著述最富的一位道教学者,对楼观道教理教义的发展做出了重大贡献"。

王之涣(　—742)、蔡希周(　—747)生。

武则天永昌元年　载初元年　己丑　689 年

正月乙卯朔,改元永昌。

按：见《新唐书》卷四《则天皇后纪》。

六月,诏文武官五品以上各荐所知,以八科举人。

按：所谓"八科",即:"抱梁栋之材,可以丹青神化";"蕴韬钤之略,可以振耀天威";"资道德之方,可以奖训风俗";"践孝友之行,可以劝率生灵";"抱儒素之业,可以师范国胄";"蓄文藻之思,可以方驾词人";"守贞亮之节,可以直言无隐";"履清白之操,可以守职不渝"。见《登科记考》卷三。

十一月庚辰朔,始用周正,改永昌元年十一月为载初元年正月,以十二月为腊月,夏正正月为一月。

按：见《新唐书》卷四《则天皇后纪》。

丁亥,武后自名曌,改诏曰制。

按：见《资治通鉴》卷二〇四。

乙未,除唐宗室属籍。

按：见《资治通鉴》卷二〇四。

是年,开科取士,进士及第神都(洛阳)6 人,西京(长安)2 人;又开诸科,登第者 1 人。

按：见《登科记考》卷三。

陈子昂在麟台正字任。正月,有感于武后好符命之事,作《感遇》诗以讽之。三月,奉诏奏对,上《答制问事》,论当今为政之要,请缓刑崇德,息兵革,省赋役,抚慰宗室,各使自安。寻迁右卫胄曹参军。十月,又上《谏刑书》,并作诗讽武后任酷吏,兴冤狱,滥刑戮。

按：陈子昂所作《感遇》,见《全唐诗》卷八三。其上《答制问事》、《谏刑书》事,见《资治通鉴》卷二〇四。两疏分见《全唐文》卷二一二、卷二一三。

李峤在侍御史任,时雍州人唐同泰献洛水瑞石,遂作《皇符》一篇上之,以称美其事,为时人所讥。

按：《全唐文》卷二四三有李峤《为百寮贺瑞石表》,即其所上《皇符》。

元万顷为酷吏所诬,八月流岭南。

按：见《资治通鉴》卷二〇四。

张柬之应试贤良方正科,对策擢第一,拜监察御史。

按：《旧唐书》卷九一本传载,张柬之初补太学生,涉猎经史,尤好《三礼》,颇为令狐德棻所重。登进士第,累补青城丞。至是,复应制科,对策者千余人,而张柬之登榜首,遂获超擢。《全唐文》卷一七五录有张柬之《对贤良方正策》、《对贤良方正策第二道》。

拜占庭徙色雷斯斯拉夫人于小亚。

法兰克丕平二世破弗里西亚人于多雷施塔德之役。

苏颋约是年登进士第，授乌程尉。

按：《旧唐书》卷八八本传谓苏颋"弱冠举进士"。苏颋生于咸亨元年，本年二十岁，其登第应在是年前后，姑系于此。

邢文伟由凤阁侍郎兼弘文馆学士迁内史。

按：《旧唐书》卷一八九下本传载，初，邢文伟为太子典膳丞，多有诤言，由是益知名，高宗侍臣曰："邢文伟事我儿，能减膳切谏，此正直人也。"遂擢拜右史。至武则天临朝制，累迁凤阁侍郎兼弘文馆学士，至是再迁。

僧贞固七月抵广州，十一月一日与制旨寺僧恭阇梨结伴附商舶往天竺求佛典。

按：贞固生卒年不详，俗姓孟，荥州人。游历各地，广习经论，尝师从净土宗第三祖善导，其学融合当时佛教诸派。其由海路往天等，抵佛逝国，留居三年而归。于广州宣讲律学，卒于广州。事迹见唐释义净《大唐西域求法高僧传》卷下。

北宗禅僧法如卒（638— ）。法如俗姓王，上党人。年十九出家，师从禅宗五祖弘忍。后住嵩山少林寺。事迹见《金石续编》卷六《唐中岳沙门法如禅师行状》。

按：法如系弘忍高足，后世一般以为僧慧能承弘忍衣钵为禅宗六世祖，而《唐中岳沙门法如禅师行状》则持另一种说法，谓法如承弘忍为禅宗第六祖。今多归法如于弘忍之后禅宗北派系列。

李善卒，生年、字号不详。善，扬州江都人。初唐学者。博通古今，不善属辞，人称"书簏"。显庆中擢右内率府录事参军、崇贤馆直学士，兼沛王府侍读，历潞王府记室参军、泾城令。坐事流姚州，遇赦还，教授为业，以年老卒。撰有《文选注》60卷，今存；另有《汉书辨惑》30卷，已佚。事迹见《旧唐书》卷一八九上、《新唐书》卷二〇二《李邕传》。

按：李善系唐初《文选》学之重要学者，颇为时人所重。《新唐书》卷二〇二《李邕传》（邕系善之子）谓善晚年"居汴、郑间讲授，诸生四远至，传其业，号'《文选》学'"。宋王应麟《困学纪闻》卷七曰："李善精于《文选》，为注解，因以讲授，谓之《文选》学。少陵有诗云：'续儿诵《文选》'；又训其子：'熟精《文选》理'。盖《选》学自成一家。"观当时之《文选》学者，初有萧该、曹宪等人，继有李善、许淹、公孙罗等人，后有吕延济、刘良、张铣、吕向、李周翰等人，而善实上承萧、曹之流，下开吕、刘诸辈，所撰《文选注》尤为时人及后世推崇。清赵翼《廿二史札记》卷七曰："至今言《文选》者，以善为定。"善子李邕，亦有学名。

孟浩然（ —740）生。

按：孟浩然生年，宋本《孟浩然集》序谓天授二年。据《全唐文》卷三七八王士源《孟浩然集序》，其于开元二十八年卒，年五十二。以此推当生于本年。今从王氏之说。

周天授元年　庚寅　690 年

二月辛酉，武后亲策贡士于洛阳殿，科举殿试自此始。

> 按：《大唐新语》卷八曰："则天初革命，大搜遗逸，四方之士应制者向万人。则天御洛阳城南门，亲自临试，张说对策为天下第一。"《资治通鉴》卷二〇四亦载此事。

八月辛未，大诛唐宗室。

> 按：时武后欲称帝，遂大诛唐室。至是，唐宗室杀戮殆尽，其幼弱幸存者亦流岭南。

九月壬午，武后即帝位，改国号曰"周"，改元天授。乙酉，自称"神圣皇帝"，降睿宗为皇嗣，赐姓武氏。

> 按：见《新唐书》卷四《则天皇后纪》。

十月壬申，敕两京及诸州各置大云寺一所以藏《大云经》，使僧讲解，并度僧千人。

> 按：《大云经》系洛阳东魏国寺僧法明等撰，称武后当受命登极。七月进上，武后命颁行天下，至是又令诸州分藏。见《资治通鉴》卷二〇四。

是月，武则天追封周公为褒德王，孔子为隆道公，以推崇儒学。

> 按：《旧唐书》卷二四《礼仪志四》载此事于天授三年，今从《新唐书》卷四《则天皇后纪》、卷一五《礼乐志》。

是年，开科取士，进士及第神都（洛阳）12 人，西京（长安）4 人；另诸科登第 5 人。

> 按：见《登科记考》卷三。

宋之问、杨炯是秋分直于洛阳宫之习艺馆。

> 按：见《全唐文》卷二四〇宋之问《秋莲赋》。

张说应贡举，对策擢第一。武后以近古以来未有甲科，屈其为第二等，拜太子校书。

> 按：张说登第年，史载多歧。《登科记考》卷三据《唐才子传》，谓张说于垂拱四年应学综古今科及第；《文苑英华》卷四七七张说《对词标文苑科策》题下注为永昌元年；《大唐新语》卷八作本年。考《曲江集》卷一八《张说墓志铭》，其曰："起家太子校书，迄于左丞相，官政四十有一。"张说辛于开元十八年，距本年首尾正四十一年，与《大唐新语》合，从之。

崔湜约是年登进士第。

> 按：《旧唐书》卷七四本传谓其"少以文辞知名，举进士"。《太平广记》卷四九四引《翰林盛事》谓其"弱冠登进士第"。崔湜本年二十岁。姑系于此。《登科记考》卷四谓其圣历二年进士，时崔湜已官补阙，显误。

柳冲为司府主簿，奉诏往淮南安抚。及还，赐爵河东县男。

哈里发宫廷始行阿拉伯语。

《古兰经》注释学兴起。

按：见《旧唐书》卷一八九下本传。

僧智周是年二十三，始投僧慧沼门下，精研法相奥义，得慈恩宗嫡传。

按：慈恩宗属唐代佛教法相宗一派，为僧窥基所创，慧沼承之。智周得慧沼之传，学成后，游历各地讲论，遂为法相宗第三祖。

李邕别为《文选注》，与其父李善《文选注》并行于世。

按：李邕以其父所作注释事忘意，乃别作注。《新唐书》卷二〇二本传曰："邕少知名，始善注《文选》，释事忘意。书成，以问邕，邕不敢对。善诘之，邕意有所更。善曰：'试为我补益之。'邕附事见义，善以其不可夺，故两书并行。"李善《文选注》上于显庆三年，参见该年条。时李邕尚未生，知其别为注当在善晚年。善卒于本年，姑系于此。

右肃政、御史中丞知大夫事李嗣真等10人九月奉命为十道存抚使，合朝有诗送，编为《存抚集》10卷。

按：见《唐会要》卷七七。《旧唐书》卷六《则天皇后纪》及《资治通鉴》卷二〇四皆谓武则天发十道使在本年九月。

洛阳东魏国寺僧法明等撰《大云经》4卷，称武后当受命登极。七月进上，遂颁行天下。

按：见《资治通鉴》卷二〇四。

乔知之八月壬戌卒，生年、字号不详。知之，冯翊人。与弟乔侃俱以文词知名，尤工诗。累除右补阙，迁左司郎中。为酷吏罗织罪名，下狱死。有集20卷，已散佚。《全唐诗》卷八一辑录其诗编为1卷。事迹见《旧唐书》卷一九〇中。

按：乔知之卒年，《资治通鉴》卷二〇六谓神功元年，《新唐书》卷四《则天皇后纪》作本年。考《资治通鉴》胡注引《通鉴考异》，谓《唐历》、《统纪》、《新纪》皆云本年。今从《新唐书》。

元万顷八月戊辰卒，生年、字号不详。万顷，洛阳人。有文辞，性放达，不拘细务。从李勣征高丽，累迁著作郎。武后引为"北门学士"，密参朝政，历凤阁舍人、侍郎。永昌元年流岭南，被诛于流所。曾奉敕参撰《列女传》、《臣轨》、《乐书》、《百僚新诫》等书，凡千余卷。《全唐文》卷一六八收录其文2篇，《全唐诗》卷四四收录其诗4首。事迹见《旧唐书》卷一九〇中、《新唐书》卷二〇一。

杜儒童八月癸亥卒，生年、字号、籍贯不详。官至太州刺史，为酷吏所杀。著有《隋季革命记》5卷、《中书则例》1卷，后皆佚。事迹散见《新唐书》卷四、卷五八。

张楚金八月甲子卒，生年、字号不详。楚金，祁人。年十七登第，累迁吏部侍郎、秋官尚书，进爵南阳侯。为酷吏周兴所诬，配流岭南，被杀于流所。著有《翰苑》30卷（一作7卷）、《绅诫》3卷，皆已佚。《全唐文》卷二三四收录其赋2篇，《全唐诗》卷一〇〇收录其诗1首。事迹散见两《唐书》。

邢文伟是年稍后卒，生年、字号不详。文伟，滁州全椒人。唐代学者。少与和州高子贡、寿州裴怀贵俱以博学知名于江、淮间。咸亨中为太子典膳丞，多有谏言，由是益知名。擢拜右史，累迁凤阁侍郎兼弘文馆学士，转内史。坐事贬授珍州刺史，自缢卒。事迹见《旧唐书》卷一八九下、《新唐书》卷一〇六。

按：《旧唐书》本传曰："天授初，内史宗秦客以奸赃获罪，文伟坐附会秦客，贬授珍州内史。后有制使至其州，文伟以为杀己，遽缢而死。"知其自缢当在本年稍后。姑系于此。

又按：两《唐书》皆谓高子贡、裴怀贵与邢文伟齐名。高子贡事迹，参见垂拱四年条。裴怀贵事迹不详，《新唐书·艺文志》录其《兄弟传》3卷，《悼善列传》4卷，皆已佚。

王昌龄（ —约756）约是年前后生。

按：《全唐诗》卷一二七王维《青龙寺昙壁上人兄院集序》称王昌龄为"江宁大兄"。王维约生于长寿元年，王昌龄约当生于本年前后。参见今人傅璇琮《唐代诗人丛考·王昌龄事迹考略》。

周天授二年　辛卯　691年

四月癸卯，颁《释教在道法之上制》，升佛教序位于道教之上。

按：唐初以来，行三教并举政策，以道为首，儒为次，佛为末。武则天于佛教尤为尊崇，遂列佛于道之前。《唐大诏令集》卷一一三载武则天所颁《制》曰："爰开革命之阶，方启惟新之运，宜叶随时之义，以申自我之规。……自今已后，释教宜在道法之上，缁服处黄冠之前，庶得道有识以皈依，拯群生于回向。"《旧唐书》卷六《则天皇后纪》、《资治通鉴》卷二〇四皆系此事于四月。

十月，令百官咸自举。

按：见《登科记考》卷三。

是年，开科取士，进士及第16人。

按：见《登科记考》卷三。

陈子昂丁母忧，解官归梓州。

按：陈子昂母于本年七月卒，十月下葬。见《全唐文》卷二一六陈子昂《高府君墓志铭》。

狄仁杰在洛州司马任，九月癸巳奉召还朝，授地官侍郎，同平章事，出掌相职。

按：见《旧唐书》卷八九本传、《新唐书》卷四《则天皇后纪》。

宋之问卧疾洛阳，作《忆嵩山陆浑旧宅》。

按：《忆嵩山陆浑旧宅》，见《全唐诗补编·续拾》卷八。

阿拉伯人入亚美尼亚。

奥马尔清真寺建于耶路撒冷。

张说是春使蜀,及秋北归。

按:参见今人陈祖言《张说年谱》。

刘允济在著作郎任,为酷吏来俊臣所诬,下狱当死。以其母年老,特许终其天年,留系狱中。

按:见《旧唐书》卷一九〇中。

徐彦伯是冬奉使塞上,作《登长城赋》。

按:《登长城赋》,见《全唐文》卷二六七。

僧怀让出家。初习律宗,后师从禅宗六祖慧能,随学十五年,遂为慧能高足。

按:见《宋高僧传》卷九本传。

僧义净约是年或稍前于尸利佛逝国撰《大唐西域求法高僧传》2卷,记自己及贞观以来56位先后赴天竺求法僧人事迹。

按:该书其所述求法僧人至本年止,知其撰当本年或稍前。今存,有《大正新修大藏经》本、《高丽大藏》本等。今人王邦维有《大唐西域求法高僧传校注》,(日)长泽和俊著有《〈大唐西域求法高僧传〉小考》。

僧提云般若(无智)译《大乘法界无差别论》成,法藏为之作疏。

按:提云般若系于阗僧人,时于洛阳东魏国寺译经。僧法藏亦预译场,其所作疏,多发挥新义。

欧阳通卒,生年、字号不详。通,潭州临湘人,欧阳询之子。承父业,精于书法。仪凤中为中书舍人,累迁殿中监,封渤海子。天授初转司礼卿,判纳言事。忤武承嗣意,来俊臣承武氏意诬其大逆,被诛。神龙初,追复官爵。事迹见《旧唐书》卷一八九、《新唐书》卷一九八《欧阳询传》附传。

按:欧阳通与父询并为唐前期著名书法家,所书时号"大小欧阳体"。

周天授三年　如意元年　长寿元年　壬辰　692年

阿拉伯哈贾杰入麦加。拜占庭人败阿拉伯人于北非巴尔卡。

君士坦丁堡基尼塞克斯特会议始定基督教东派教会之正典圣经。

一月(即夏正壬辰年正月)丁卯,擢用各地举人,试以官职。试官自此始。

按:天授元年九月,武则天遣使巡抚诸道。至是,引见各道巡抚使所荐,无问贤愚,悉加擢用。高者试凤阁舍人、给事中,次试员外郎、侍御史、补阙、拾遗、校书郎。时人有"补阙连车载,拾遗平斗量;欋推侍御史,盌脱校书郎"之语,谓武则天滥施禄位以收人心。然武氏政由己出,明察善断,凡不称职者,即予罢黜,或加刑诛,由是贤者竞为之用。见《资治通鉴》卷二〇五。

四月丙申,改元如意。

按:见《新唐书》卷四《则天皇后纪》。

八月，诸臣多言酷吏之害，自是制狱之风少衰。

  按：自垂拱以来，武则天任用酷吏，大兴告密之风，诛杀唐宗室贵戚数百人，大臣数百家，刺史、郎官以下不可胜数。右补阙朱敬则、侍御史周矩等上疏言酷吏之害，武则天多采纳，又命监察御史严善思按问告密之人，不实伏罪者八百五十余人，罗织之党为之不振。见《资治通鉴》卷二〇五。

九月庚子，改元长寿。

  按：见《新唐书》卷四《则天皇后纪》。

是年，开科取士，登第情况不详。

  按：见《登科记考》卷三。

狄仁杰为酷吏来俊臣所诬，一月庚午罢相，贬为彭泽县令。

  按：见《资治通鉴》卷二〇五。

李峤在给事中任，一月奉诏与侍御史刘宪、大理少卿张德裕等覆狄仁杰等狱，忤旨，贬为润州司马。

  按：《旧唐书》卷九四本传载，时酷吏来俊臣构陷狄仁杰等人，奏请诛之。武后令覆狱，李峤等"列其枉状，由是忤旨"。稍后，刘宪亦出贬邻水令。

宋之问卧疾，约是年夏秋间归居陆浑温泉庄。

  按：《全唐诗》卷五一宋之问《温泉庄卧病寄杨七炯》有"夏余鸟兽蕃，秋末禾黍熟"云云。温泉庄在之问陆浑故居，杨七炯即杨炯，其明年出为盈川令，知诗约作于本年夏秋间。宋之问去年尚在洛阳，其居陆浑当在本年。

刘允济遇赦出狱，出为大庾令。途经庐山，作《经庐山岳回望江州想洛川有作》，为时人赞赏。

  按：刘允济去年系狱，参见该年条。《经庐山岳回望江州想洛川有作》，见《全唐诗》六三。

薛谦光为左补阙，一月甲戌上《论选举疏》，极言当时选举之弊，谓取士当据真才实学。

  按：薛谦光后改名登，其所上《论选举疏》，见《全唐文》卷二八一。

徐坚在万年主簿任，上书言治狱当执法，须谨审。

  按：《新唐书》卷一九九本传载徐坚奏曰："书有五听，令有三覆，虑失情也。比犯大逆，诏使者勘当，得实辄决。人命至重，万有一不实，欲诉无由，以就赤族，岂不痛哉！此不足检下之奸乱，适长使人威福耳。臣请如令覆奏，则死者无恨。又古者罪不逮嗣……今选部广责逆人亲属，至无服者尚数十条，且诏书'与逆同堂亲不任京畿，缌麻亲不得侍卫'。臣请如诏书外，一切不禁，以申旷荡。"

僧玄朗五月十九日奉敕住东阳清泰寺，遂就光州僧岩律师受具足戒，从学律仪经论，又博览群书，精通《涅槃》。以古人章疏之判断多有不当，欲加纠正，遂往会稽妙喜寺与僧印宗禅师研学禅要，诣东阳天宫寺从僧慧威学《法华经》等，复依僧恭禅师修习止观法。又涉猎儒书，兼好道宗。自以止观为入道安心之要，乃隐居浦阳左溪，潜心修行三十余年。

  按：见《宋高僧传》卷二六本传、《唐文粹》卷六一李华《故左溪大师碑铭并序》。

新罗僧道证投长安西明寺僧圆测门下游学，穷究《瑜珈》、《唯识》之学。是年学成回国。

按：圆测亦系新罗人，唐初唯识宗高僧，开玄奘门下西明一系，参见万岁通天元年条。道证来唐时间及卒年不详，著有《般若理趣分疏》1卷、《大般若经笺目》2卷、《辩中边论疏》3卷、《成唯识论要集》14卷、《因明正理门论疏》2卷、《因明入正理论疏》2卷、《圣教略述章》1卷等，均已佚。事迹见《东域传灯目录》卷下、朝鲜《三国史记》卷八等。

王泠然（ —724）、僧昙一（ —771）、于休烈（ —772）生；王维（ —761）约生。

按：王维生年，历有歧说。一说谓圣历元年；一说谓长安元年。考有关文献，王维于上元二年卒，年约七十，以此推约生于本年。参见今人王从仁《王维生卒年考辨》（载《文学评论丛刊》第十六辑）。

周长寿二年　癸巳　693年

阿拉伯人始自铸钱币。

阿拉伯人伐北非。

西哥特人再次修订《民法大全》。

正月（即夏正壬辰年十一月）戊申，令宰相撰《时政记》，月送史馆。《时政记》自是始。

按：《唐会要》卷六三曰："先是，永徽以后，左右史唯得对仗承旨，仗下后谋议皆不闻。文昌左丞姚璹以为帝王谟训不可遂无纪述，若不宣自宰相，即史官疏远，无从得书。是日，遂表请仗下所言军国政要，即宰相一人撰录，号为'时政纪'。""时政纪"当作"时政记"。唐建国以来，官修史书已有起居注、实录、国史之类，至是增设时政记，其体制更趋完备。然修撰时政记之制并不稳定，时断时续。参见元和八年十月条。

一月（即夏正癸巳年正月），罢举人习《老子》，改习武则天命刘祎之等人所撰《臣轨》。

按：见《资治通鉴》卷二〇五。

九月乙未，武则天自加尊号曰"金轮圣神皇帝"。

按：见《新唐书》卷四《则天皇后纪》。

是年，开科取士，进士及第18人，另减策及第2人。

按：见《登科记考》卷三。

陈子昂服母丧阕，自梓州还抵洛阳，授右拾遗。

按：见《新唐书》卷一〇七本传。

杨炯出为盈川令。

按：《杨炯集》卷六有《后周明威将军梁公神道碑》。梁公即梁待宾，本年正月卒于洛阳，二月葬于长安。知杨炯出为盈川令当在此后。

朱敬则由洹水尉累除右补阙，以武则天临朝称制之初，天下颇多流言异议，至是渐趋平息，奏请宴绝告密之风。则天甚善之。

按：见《旧唐书》卷九〇本传、《资治通鉴》卷二〇五。

南天竺僧菩提流志抵洛阳，敕住福先寺，翻译佛经。

按：菩提流志自垂拱三年来唐，至是方抵洛阳。

周长寿三年　延载元年　甲午　694年

四月，策"临难不顾、徇节宁邦"科。

按：见《登科记考》卷三。

五月甲午，武则天自加尊号曰"越古金轮圣神皇帝"，改元延载。

按：见《新唐书》卷四《则天皇后纪》。

约是年或之前，摩尼教传入中国。

按：摩尼教又称光明教，系波斯宗教之一，由摩尼于公元3世纪左右始创，其教义乃融合火祆教、基督教、佛教而成。摩尼教传入中国时间，史无明载，后世说法不一。一般认为，该教在唐初传入，一度较为活跃。后被唐廷禁绝，只允许外国人自行。另据今人陈垣《摩尼入中国考》，该教于天宝前从波斯、吐火罗传入，唐廷禁绝时，在回鹘颇受尊崇，故后来又挟回鹘之势再入中原，遂不能禁。直至元代，尚有活动，此后逐渐消失。今有敦煌文书中所发现之汉文摩尼教残卷三部，收录于日本大正新修《大藏经》第54册。

是年，暂停贡举。开制科，登第2人。

按：见《登科记考》卷三。

苏味道三月甲申由检校内史、凤阁舍人迁凤阁侍郎，同凤阁鸾台平章事，充朔方道行军司马。

按：见《新唐书》卷四《则天皇后纪》。

杨炯约卒（650——　）。炯字号不详，华阴人。初唐文学家。十岁应神童举，又登制科，累转太子詹事府司直兼崇文馆学士。坐事贬梓州司法参军，奉召还，直洛阳宫习艺馆。因恃才简傲，再出为盈川令，卒于官。有《盈川集》30卷。原本已散佚，今存明刻本等，另有今人徐明霞校注《杨炯集》等。《全唐文》卷一九〇至一九六辑录其文编为7卷，《全唐诗》卷五〇辑录其诗编为1卷。事迹见《旧唐书》卷一九〇上、《新唐》卷二〇一。今人傅璇琮撰有《卢照邻杨炯简谱》。

按：《盈川集》至宋时已残缺，故《郡斋读书志》卷一七作"二十卷"。《四库全书》收录为10卷，附录1卷，系明万历中重加编次而成，并以本传及赠答之文、评论之语别为附录，皇甫汸作序。

又按：杨炯以文词闻于世，与王勃、卢照邻、骆宾王齐名，时称"王杨卢骆"，号"初唐四杰"。《旧唐书》本传曰："炯与王勃、卢照邻、骆宾王以文词齐名，海内称为

西哥特人迫害犹太人。

'王杨卢骆',亦号为'四杰'。炯闻之,谓人曰:'吾愧在卢前,耻居王后。'当时议者亦以为然。"又云崔融、李峤、张说皆重"四杰"之文,崔融评曰:"王勃文章宏逸,有绝尘之迹,固非常流所及。炯与照邻可以企之,盈川之言信矣。"张说评曰:"杨盈川文思如悬河注水,酌之不竭,既优于卢,亦不减王。耻居王后,信然;愧在卢前,谦也。"

周证圣元年　天册万岁元年　乙未　695年

阿拉伯人及拜占庭战。

拜占庭人逐查士丁尼二世。

正月(即夏正甲午年十一月)辛巳朔,武则天自加尊号曰"慈氏越古金轮圣神皇帝",改元证圣。

按：见《新唐书》卷四《则天皇后纪》。

一月(即夏正乙未年正月)二十二日,令内外文武九品以上各上封事,极言正谏。

按：见《唐会要》卷一一。

九月甲寅,武则天自加尊号曰"天册金轮大圣皇帝",改元天册万岁。

按：见《新唐书》卷四《则天皇后纪》。

十月二十二日,敕停选人糊名入试及学士考判。

按：科试糊名考判之制约始于垂拱四年,至是罢之。见《唐会要》卷七五。

是年,开科取士,考功员外郎李迥秀知贡举,进士及第22人。

按：见《登科记考》卷四。

制禁佛教三阶教。

按：三阶教系信行所创,颇为一般民众信仰。唐释智昇《开元释教录》卷一八载,隋文帝开皇二十年,尝禁断三阶教。至是,武则天以该教"违背佛意,别构异端",再加禁止。后于圣历二年、开元十三年,又两次禁断。

刘知幾在获嘉主簿任,正月(即夏正月甲午年十一月)上表陈时政之弊,所言甚切直;又作《思慎赋》以刺时风,颇为苏味道、李峤称赏,以为陆机《豪士赋》所不及。

按：时有诏九品以上官员各上陈得失,故刘知幾上表历陈时弊。《资治通鉴》卷二〇五载知幾所陈四弊:其一,"皇业权舆,天地开辟,嗣君即位,黎元更始,时则藉非常之庆以申再造之恩。今六合清晏而赦令不息,近则一年再降,远则每岁无遗,至于违法悖礼之徒,无赖不仁之辈。编户则寇攘为业,当官则赃贿是求。而元日之朝,指期天泽,重阳之节,伫降皇恩,如其忖度,咸果释免。或有名垂结正,罪将断决,窃行货贿,方便规求,故致稽延,毕霑宽宥。用使俗多顽悖,时罕廉隅,为善者不预恩光,作恶者独承徽幸。"其二,"海内具僚九品以上,每岁逢赦,必赐阶勋,至于朝野宴集,公私聚会,绯服众于青衣,象板多于木笏,皆荣非德举,位罕才升,不知何者为妍蚩,何者为美恶。"其三,"陛下临朝践极,取士太广,六品以下职事清官,遂乃方之土芥,比之沙砾，若遂不加沙汰，臣恐有秽皇风。"其四，"今之牧伯迁代太速，倏来忽往，蓬转萍流，既怀苟且之谋，何暇循良之政。"表上，武则天颇嘉之。另据《旧唐书》卷一〇二本传载："时官爵僭滥而法网严密，士类竞为趋进而多陷刑戮，知几乃著《思慎赋》以刺时。"《全唐文》卷二七四收录有刘知幾《应制表陈四事》及《思慎赋》。

李峤由润州司马奉召还朝，授凤阁舍人。武则天颇信重之，朝廷每有大手笔，均令峤为之。

按：见《旧唐书》卷九四本传。

陈子昂是春坐事系狱，旋获免，上《谢免罪表》。

按：陈子昂《谢免罪表》，见《全唐文》卷二一〇。

苏味道正月戊子贬为集州刺史。

按：见《新唐书》卷四《则天皇后纪》。

崔融除著作佐郎，仍兼右史内供奉。

按：《旧唐书》卷九四本传载此事于圣历二年。然据《全唐文》卷六一陈子昂《送著作佐郎崔融等从梁王东征序》，明年七月，崔融已为著作郎，从梁王武三思出征营州。及至圣历中，崔融已在凤阁舍人任。知崔融除著作郎约在本年。

李乂约是春出为婺州武义尉。

按：《全唐文》卷二五八苏颋《唐紫微侍郎赠黄门监李乂神道碑》谓其"调补潞州壶关、婺州武义尉"。神功元年，乂以武义尉参吏部选，其出为武义尉约当本年。

张鷟为天官侍郎刘奇所荐，迁御史。

按：《新唐书·刘奇传》作"长寿中"，恐误。今从《新唐书》张鷟本传及《唐会要》卷七五。

李邕见李峤，求为直秘书以读秘阁之书。时崔沔亦在秘书省，二人颇相投。

按：《新唐书》卷二〇二李邕本传有"既冠，见特进李峤"云云。邕今年二十岁，其见李峤当此期或稍前。邕与崔沔相善事，见《唐代墓志汇编》大历〇六〇李邕《崔沔墓志》。

贺知章、崔日用是年应贡举，皆登进士第。知章又应制举，登超拔群类科。

按：见《登科记考》卷四。

僧义净自南海尸利佛逝国附舶回国，五月返抵洛阳，携回梵本佛教经论四百余部。武则天亲至东门外迎接，敕令于佛授记寺安置，与于阗三藏及大福先寺主僧复礼、西崇福寺主僧法藏等共译经。

按：义净于咸亨二年泛海西行天竺，垂拱三年自天竺启程东归，行至尸利佛逝国（今苏门答腊），滞留数年，本年才抵洛阳，前后凡二十五年。其返抵洛阳时间，诸文献记载不一。《宋高僧传》卷一本传曰："经二十五年，历三十余国，以天后证圣元年乙未仲夏还至河洛。"《佛祖统纪》卷三九则谓："圣历元年五月，义净三藏自西竺还，车驾御上东门迎劳。"考诸文献所述，均谓义净在域外凡历二十五年。自咸亨二年至本年，首尾刚好二十五年。另据《华严经传记》卷一载，本年，武则天"亲临法座"，命诸高僧于东都大内大遍空寺译《华严经》，义净亦为其中主要译者。至圣历二年，"功毕"。由是观之，《宋高僧传》之说较为合理。从之。

于阗僧实叉难陀抵洛阳，奉敕于大内大遍空寺重新翻译《华严经》，僧法藏笔受。后又于洛阳三阳宫、佛授记寺及长安清禅寺等处续译诸经。

按：武则天闻知于阗有《华严经》完备梵本，遣使访求并聘请译人，实叉难陀由此携《华严》梵本来京。见《宋高僧传》卷二。

新罗僧圆测奉敕往洛阳大内大遍空寺，协助实叉难陀重译《华严经》，充任讲译。

按：见《六学僧传》卷二三、《金石萃编》卷一四六宋复《大周西明寺故大德圆测法师佛舍利塔铭并序》。另据《宋高僧传》卷二《地婆诃罗传》载，此前，圆测尝奉敕与薄尘、嘉尚、灵辩等协助地婆诃罗于两京东西太原寺及西京广福寺译《大乘显识经》等18部经论。参见垂拱四年地婆诃罗条。

元德秀（ —754）生。

周天册万岁二年　万岁登封元年
万岁通天元年　丙申　696年

腊月（即夏正乙未年十二月）甲申，武则天封禅嵩山，改元万岁登封。

按：见《新唐书》卷四《则天皇后纪》。

三月丁巳，以新明堂成，号通天宫，改元万岁通天。

按：见《新唐书》卷四《则天皇后纪》。

是月，举贤良方正科。

按：见《登科记考》卷四。

四月，命文武官九品以上极言时政得失。

按：见《旧唐书》卷六《则天皇后纪》。

是年，开科取士，考功员外郎李迥秀知贡举，进士及第27人；又行南郊举，登第3人。

按：见《登科记考》卷四。

狄仁杰十月由彭泽令起为魏州刺史，以备契丹。

按：见《资治通鉴》卷二〇五。

陈子昂腊月（即夏正乙未年十二月）至嵩山，与司马承祯等交游。九月出为同州刺史，随建安王武攸宜征营州契丹。

按：见《全唐文》卷二一四陈子昂《别中岳二三真人序》、卷二三八卢藏用《陈子昂别传》。

李峤在凤阁舍人任，腊月（即夏正乙未年十二月）与宋之问等扈从武后封禅嵩山，作《大周降禅表》，表中极尽颂扬之能事。

按：《大周降禅表》，见《全唐文》卷二四八。

崔融为著作佐郎，七月随梁王武三思出征营州契丹。及冬还朝，迁中书舍人。

按：见《全唐诗》卷八四陈子昂《送著作佐郎崔融等从梁王东征序》、《登蓟城西北楼送崔著作融入都序》。

姚崇为夏官郎中，填委军书，剖析如流，颇有条理，十月擢拜夏官侍郎。

按：见《资治通鉴》卷二〇五。

苏颋应制举，登贤良方正科，授左司御率府胄曹参军。

按：苏颋曾于永昌元年登进士第，至是复登制举。见《登科记考》卷四。

曹元廓为左尚方署令。四月三日，以铸九州鼎成，武后自作《蔡州鼎铭》，令著作郎贾膺福、殿中丞薛昌容等分题之。元廓图九州山川物产，司农录事钟绍京书之，时称绝妙。

按：武后铸九州鼎事，见《唐会要》卷一一。据《历代名画记》载，曹元廓系画家，武后时官至朝散大夫、左尚方令，曾师事著名画家阎立本，工于猎人马山水。所作后周、北齐、梁、陈、隋诸代及武德、贞观、永徽诸朝《朝臣图》，高宗、太祖《诸子图》，及《秦府学士图》、《凌烟图》等，皆传于代。

僧惠澄上言，乞毁《老子化胡经》。敕秋官侍郎刘如璇等议，如璇等以为不宜禁毁，事遂寝。

按：自《老子化胡经》出，佛僧屡请毁之。宋释志磐《佛祖统纪》卷三九载，总章元年，高宗曾诏百僚议此事，下令焚毁。至本年，惠澄复请毁该经，武则天乃敕刘如睿（当系"璇"误）等八学士议之，皆言"不当除削"。后惠澄集刘如璇等人之议，编为《议化胡经状》1卷。已佚。至神龙元年，中宗方下令禁毁《老子化胡经》。参见该年条。惠澄系福先寺僧，生平事迹不详。

新罗僧圆测七月二十二日卒（613— ）。圆测俗姓金，本名文雅，世称西明圆测。原为新罗国王族孙，三岁出家，十五岁来唐游学。初受学于僧法常和僧辩，钻研诸部经典，名声渐起。后师从僧玄奘，于西明寺弘扬师说，遂成西明一系，与同门窥基慈恩一系相鼎峙。晚年参与僧地婆诃罗、实叉难陀译经，卒于洛阳大内大遍空寺。弟子有胜庄、慈善和新罗人道证、太贤等。其著述现存《解深密经疏》40卷、《仁王经疏》3卷、《般若心经疏》1卷等3种，另有《金刚般若经疏》、《阿弥陀经疏》、《成唯识论疏》等10余种，已佚。事迹见《六学僧传》卷二三、《宋高僧传》卷四、《金石萃编》卷一四六宋复《大周西明寺故大德圆测法师佛舍利塔铭并序》等。今人杨白衣有《圆测之研究：传记及其思想特色》，智岩有《圆测佛学思想的特点》。

按：圆测系唐前期法相唯识论之著名学僧，不但精通《唯识》，于《般若》、《戒律》、《净土》、《俱舍》等造诣亦深。其学受世亲、安慧、真谛的影响颇大，兼取天竺新旧二系之唯识理论，故能承玄奘之说而独树一帜，一度蔚为大观。由此遭到同门慈恩一系排斥，被视为旁门左道之异流。

孙逖（ —761）生。

按：《旧唐书》卷一九〇中本传谓其年十五谒雍州长史崔日用，《全唐文》卷三三七颜真卿《孙逖文集序》亦谓其年十五见齐国公崔日用。日用封齐国公在景云元年前后,以此推当生于本年。

周万岁通天二年　神功元年　丁酉　697年

阿拉伯倭马亚王朝镇压哈瓦利吉派。

保罗·卢西奥·阿纳费斯托当选为威尼斯共和国首任总督。

九月壬辰,改元神功。

按:见《新唐书》卷四《则天皇后纪》。

是月,策试绝伦科。

按:见《登科记考》卷四。

闰十月,始置员外官数千人。

按:见《资治通鉴》卷二〇六。

是年,开科取士,进士及第27人,诸科10人。

按:见《登科记考》卷四。

狄仁杰为幽州都督,闰十月甲寅迁鸾台侍郎同平章事,复入朝掌相职。任职伊始,即上疏请罢兵绝域,省费养民。事虽不行,时人称之。

按:见《资治通鉴》卷二〇六。

李峤闰十月以凤阁舍人知天官选事。

按:见《资治通鉴》卷二〇六。

苏味道由集州刺史奉召返朝,授天官司侍郎。时李乂以武义尉参选,味道颇为赏识,特授其蓝田尉。

按:苏味道证圣元年贬集州刺史,至是复入朝。见《旧唐书》卷九四本传、《唐仆尚丞郎考》卷一〇。味道赏识李乂事,见《全唐文》卷二五八苏颋《唐紫微侍郎赠黄门监李乂神道碑》。

张说为清边道总管府管记,从军征契丹。三月戊申,唐军大败,说驰奏其事。

按:见《资治通鉴》卷二〇六。

陈子昂随军在幽州,未获重用,但掌书记而已。虽屡上谏言,皆不见采纳。遂作诗文以抒怀,有"前不见古人,后不见来者。念天地之悠悠,独沧然而涕下"云云。又寄诗卢藏用,时藏用隐居终南山。七月,随军还归洛阳。

按:见《全唐诗》卷八三陈子昂《蓟丘览古赠卢居士藏用七首序》、卷二三八卢藏用《陈子昂别传》。

苏颋九月再登绝伦科。

按:苏颋此前已先后登进士及第和登贤良方正科,参见永昌元年、万岁通天元年条。

刘宪擢给事中,寻转凤阁舍人。

按：刘宪天授三年为来俊臣构陷,贬邻水令。至是以俊臣伏诛,复入朝。见《旧唐书》卷一九〇中本传。

王方庆在凤阁侍郎任,五月进献家中所藏祖上王导、王羲之以下十一代28人书共10卷。时崔融为中书舍人,作《宝章集序》以叙其事。

按：据《唐会要》卷三五载,王方庆家原藏有王羲之书四十余卷,贞观十二年,太宗购求,遂献之,惟余一卷,此次并进献。

东塔宗僧怀素卒(624—)。怀素俗姓范,祖籍南阳,其父始居长安。著名佛教学者,东塔律宗创始人。年十岁出家,尝师从玄奘,又从律宗高僧道成受戒,遂专攻律部。后敕住长安太原寺,潜心撰述,于律宗经论旧疏多有弹纠,遂自成东塔宗一系。弟子有法慎等。著有《开四分律记》(又称《开四分律宗记》、《四分律开宗记》)10卷、《四分僧羯磨文》1卷、《四分尼羯磨文》1卷,今皆存。另有《俱舍论疏》15卷、《遗教经疏》2卷、《钞》3卷、《新疏拾遗钞》(一作《开四分宗拾遗钞》)20卷、《四分僧戒本》1卷、《四分尼戒本》1卷等,皆已佚。事迹见《宋高僧传》卷一四。

按：怀素所创东塔宗系唐代律宗三大支派之一,其立说与南山律宗、相部律宗之最大不同,在于有关戒体问题之解释,以为戒体是色法,又以戒行为律藏之宗。中唐时,东塔宗僧如净、澄楚、圆照等颇为声名,与相部宗诸僧争论甚激。事见大历十三年条。晚唐以降,东塔宗渐趋消沉。

道士王玄览卒(626—)。玄览原名晖,祖籍并州太原,徙居广汉绵竹。著名道教学者。初为卜筮之术,后转而修道,潜心研究释、道诸经,由是名闻于世。年四十七于成都至真观出家,曾因事系狱。奉武则天之召入都,行至洛州而卒。著有《遁甲四合图》、《九真任证颂道德诸行门》、《真人菩萨观门》、《老经口诀》、《混成奥藏图》等,皆已散佚。后王太霄辑其言论编为《玄珠录》2卷,今存。事迹见王太霄《玄珠录序》。

按：王玄览道、佛并修,援佛入道,以佛教法相唯识之说诠释《老子》,提出"众生与道不相离"观点,其道论于当时道教思想领域独树一帜,颇具特色。

路敬淳卒,生年、字号不详。敬淳,贝州临清人。初唐学者、谱牒学家。与弟路敬潜俱早知名,勤奋好学,遍览坟籍,尤精谱牒学。举进士,历司礼博士、太子司议郎,兼修国史、崇贤馆学士。曾数次奉诏修缉吉凶杂仪,颇为武则天器重。坐事下狱死。著有《著姓略记》10卷、《衣冠谱》60卷,后均佚。事迹见《旧唐书》卷一八九下、《新唐书》卷一九九。

按：自魏晋以来,门阀士族制盛行,世人尤重门第郡望,谱牒学亦由此大兴,至唐仍延续不衰。参见贞观十二年《大唐氏族志》条按语。路敬淳系唐前期著名谱牒学家,颇为时人推崇。《新唐书》本传曰："唐初,姓谱学唯敬淳名家。其后柳冲、韦述、萧颖士、孔至各有撰次,然皆本之路氏。"《旧唐书》卷一八九下本传曰："敬淳尤明谱学,尽能究其根源枝派,近代以来,无及之者。"又曰："撰《衣冠本系》,未成而死。"然考同书《经籍志》,录有"《衣冠谱》六十卷,路敬淳撰"。是则敬淳已撰成该书,且行于世。

又按：路敬淳季弟路敬潜与兄齐名,初为怀州录事参军,坐事系狱去职。后历遂安令、卫令,累迁官中书舍人,余不详。

张志和（ —约777）约生。

按：张志和生年，史无明载，学界说法不一。张璋、黄畬编《全唐五代词》、舒宝璋《唐才子传校注》谓开元十八年，周本淳《张志和生卒年考述》（载《江海学刊》1994年第2期）谓开元末叶，傅璇琮主编《唐才子传校笺》谓天宝二年或三年。张应斌《张志和生卒年考》（载《韩山师范学院学报》1995年第4期）以为张志和生于本年，并作了较为深入考辨。今从张氏之说。

周圣历元年　戊戌　698年

阿拉伯人毁迦太基。

拜占庭人废莱昂修斯，立提比略三世。

正月（即夏正丁酉年十一月）甲子，改元圣历。

按：见《新唐书》卷四《则天皇后纪》。

九月壬申，以庐陵王李哲为皇太子，复名显。

按：李显即唐中宗，仪凤二年改名哲，嗣圣元年二月被废为庐陵王。至是，复立为皇嗣。见《新唐书》卷四《则天皇后纪》。

是月，开科取士，进士及第22人。

按：见《登科记考》卷四。

英格兰传教士威利布罗德发现北海赫尔果兰岛。

狄仁杰八月庚子兼纳言。时武则天命宰相各举尚书郎一人，仁杰举其子司府丞狄光嗣，拜地官员外郎，已而称职，武氏称之。九月戊寅，为河北道行军副元帅，与河北道元帅、皇太子李显共讨突厥。会突厥杀掠河北赵、定等州后北归大漠，十月癸卯，遂为河北道安抚大使，抚慰百姓，赈济贫乏，严整部属，河北乃安。

按：见《资治通鉴》卷二〇六。

姚崇与李峤十月并同凤阁鸾台平章事，入居相位。

按：见《新唐书》卷四《则天皇后纪》。

张柬之累迁凤阁舍人。弘文馆直学士王元感著论丧服之礼，谓三年之丧合守三十六月。柬之据《春秋》等书驳之，谓三年之丧当合守二十五月。后以奏事忤旨，出为合州刺史，转蜀州刺史，上表请罢姚州屯戍。

按：张柬之驳王元丧服之论和请罢姚州屯戍表，《旧唐书》卷九一本传载述甚详，后《全唐文》卷一七五据此录为《驳王元感丧服论》、《请罢姚州屯戍表》两文。张柬之后累拜荆州大都督府长史，至长安中奉召返朝。

陈子昂在右拾遗任，五月十四日上《上蜀川安危事》，论蜀中安危，谓"蜀中诸州百姓所以逃亡者，实缘官人贪暴，不奉国法，典吏游容，因此侵渔，剥夺既深，人不堪命"。见左史东方虬《咏孤桐篇》，作《修竹篇》以和之，并于序中提倡汉魏风骨，抨击齐梁诗风。时杜审言自洛阳丞贬为吉州司户参军，宋之问等四十五人送之，有诗作，子昂为之序，盛赞审言有诗才。及秋,以父老辞官归蜀。至冬,在梓州与马择交游。

按:陈子昂《上蜀川安危事》,见《全唐文》卷二一一;《与左史东方虬修竹篇序》,见《全唐诗》卷八三。又,《全唐文》卷二一四有陈子昂《送吉州杜司户审言序》,详言送杜审言事。

徐彦伯为职方员外郎,三月奉使房州迎皇太子李哲(即中宗李显),迁给事中。有感于酷吏横行,作《枢机论》以讽世。

按:见两《唐书》本传、《资治通鉴》卷二〇六。

元行冲为通事舍人,以博学多通,颇受宰相狄仁杰重用。

按:元行冲初举进士第入仕。《旧唐书》卷一〇二本传谓其"博学多通,尤善音律及诂训之书"。

张齐贤为太常奉礼郎,多参与讨论朝中礼制。

按:张齐贤生卒年、字号不详,陕州陕人。有儒学。后历太常博士、谏议大夫等职。《全唐文》卷二〇八存录其文2篇,《全唐书》卷一四、卷九五存录其诗2首。事迹见《新唐书》卷一九九。

道士王太霄约是年辑王玄览语录编为《玄珠录》2卷。

按:该书辑录王玄览语录120余条,为反映唐代道教重玄派思想之重要著作。今存,收入《道藏》太玄部。

薛据(—767)约生。

按:薛据约开元十五年应试不第,作《早发上东门》,其中有"十五能文西入秦,三十无家作路人"云云。以该年据约三十岁计,当生于本年。一说其生在长安元年。

周圣历二年　己亥　699年

正月(即夏正戊戌年十一月)甲子,置控鹤监,以嬖臣张易之、张昌宗掌之,多引文学之士。

阿拉伯人入喀布尔。

按:见《资治通鉴》卷二〇六。

是年,开科取士,进士及第16人,诸科1人。

按:见《登科记考》卷四。

武则天下敕,再次禁佛教三阶教。

按:是为继隋文帝开皇二十年、武则天证圣元年之后,第三次禁断三阶教。唐释智昇《开元释教录》卷一八引本年武则天敕曰:"其有学三阶者,唯得乞食,长斋绝谷,持戒坐禅。此外辄有存,皆是违法。"至开元十三年,唐玄宗再行禁令。参见该年条。

宋之问是春与沈佺期、东方虬等扈从武后游龙门。

按：见《旧唐书》卷一九〇中本传。《全唐诗》卷五一有宋之问《龙门应制》。

陈子昂在蜀，二月与崔泰之、冀珪等交游唱和。

按：《全唐诗》卷八四有陈子昂《喜遇冀侍御珪崔司仪泰之二使（并序）》。

杜审言在吉州司户参军任，与群僚不合。同州司马周季重与员外司户郭若讷共构之，遂下狱。其子杜并刺杀季重，自己亦被害。审言由是免官，归洛阳。

按：见《大唐新语》卷五、《唐代墓志汇编》长安〇〇七《大周故京兆男子杜并墓志铭并序》。

沈佺期是年前后奉敕在东观修书，受河东薛曜之邀，作《黄口赋》。

按：见《唐诗纪事》卷六。沈佺期所作《黄口赋》，见清抄五卷本《沈云卿文集》卷四。

徐坚累授太学。时御史大夫杨再思、太子左庶子王方庆为东都留守，引坚为判官，表奏皆委之。坚与王方庆讨论《三礼》之学，又奉敕参修《三教珠英》。

按：徐坚时已稍有文名，颇为王方庆、杨再思赏识。《旧唐书》卷一〇二本传载，方庆常称其"掌纶诰之选也"；再思亦曰："此凤阁舍人样，如此才识，走避不得。"又，《新唐书》卷一九九本传曰："方庆善《礼》学，尝就质疑晦，坚为申释，常得所未闻。"修《三教珠英》事，参见本年下文条。

韦嗣立为凤阁舍人，十月上疏请令王公以下子弟皆入国子学，不以他途仕进；又请赦免以往遭酷吏诬陷而流离者。不从。

按：自武则天临朝称制以来，多以武氏诸王及驸马都尉为成均祭酒，博士、助教亦多非儒士。又因郊丘，明堂，拜洛，封嵩，以弘文国子生为斋郎，因得选补。由是学生不复习业，二十年间，学校殆废。又以往日遭酷吏诬陷者，其亲友流离，未获赦免，故韦嗣立有是请。见《资治通鉴》卷二〇六。

王适在雍州司马参军任，二月作《潘师正碣》，司马承祯书之。

按：潘师正系唐前期著名道士，参见永淳元年条。王适所作《潘师正碣》，见《金石萃编》卷六。王适，诗人，生平事迹不详。《旧唐书》卷一九〇中仅述及其为幽州人，官至雍州司功参军。《旧唐书·经籍志》、《新唐书·艺文志》皆著录"《王适集》二十卷"。后佚。《全唐文》卷二八三收录其文3篇，《全唐诗》卷九四收录其诗5首。

印度文迪亚山脉阿旃陀佛窟约凿于此间。

阿富汗巴米扬佛教石窟群约于此间凿成。

李峤等奉敕始纂《三教珠英》。

按：时武则天嬖臣张昌宗丑声闻于外，则天欲以美事掩其迹，遂令张昌宗召集李峤等人编纂《三教珠英》。参修者凡二十六人，除李峤外，另为阎朝隐、徐伯彦、薛曜、员半千、魏知古、于季子、王无竞、沈佺期、王适、徐坚、尹元凯、张说、马吉甫、元希声、李处正、乔备、刘知几、房元阳、宋之问、崔湜、韦元旦、杨齐惁、富嘉谟、蒋凤、李适，皆系当时文学名士。《资治通鉴》卷二〇六载此事于明年六月，恐误。今从《唐会要》卷三六、《玉海》五四。该书成于大足元年十一月，参见该年条。

僧法藏在洛阳佛授记寺宣讲《华严经》，前后讲论三十途遍，深得武后赏识，特命人将其讲论集录成文，名曰《金师子章》。

按：法藏曾奉敕笔录于阗僧实叉难陀新译《华严经》，时该经译毕，故武后命其讲论。《金师子章》，全称《大方佛华严金师子章》，书中集中概括了华严宗基本观点，系研究和了解唐代华严宗之代表性著作。该问书世后,受到历代佛教学者关注,宋代僧承迁尚为之作注,谓其"文约而义深,言少而意广";另一宋代高僧净源作《金师子章云间类解》,谓"禅丛讲习莫不崇尚"。今人方立天有《华严金师章校释》。

于阗僧实叉难陀奉敕重新翻译《华严经》80卷成。

按：《华严经》初于东晋翻译,实叉难陀奉诏重译,始自证圣元年,至是告成。后僧法藏又加校对,事见神龙二年。

道士孟安排约是年前后撰《道教义枢》10卷。

按：孟安排事迹不详。该书系唐代重要道教类书,据孟氏《道教义枢序》云,该书以《玄门大义》为底本,重加删改,广引诸经,以事类成。今存,收入《正统道藏》太平部。

王悬河是年前后纂《三洞珠囊》30卷。

按：王悬河生平事迹不详。该书原本已散佚,明正统《道藏》收录仅存10卷,凡30品,内容涉及古来神仙道士事迹、炼丹养生术、斋醮仪范、道教名数等,引录道书160余种。

萧昕（ —791）生；于逖（ —约758）约生。

按：萧昕生年,史载不一。《新唐书》卷一五九本传谓昕"卒年九十三",以此溯推,其当本年；《旧唐书》卷一四六本传谓昕"年九十"卒,以此溯推,其生当武则天长安二年。两说未详孰是,今姑从《新唐书》。

又按：于逖生年,史不载。傅璇琮主编《唐五代文学编年史》（中唐卷）谓其约乾元元年卒,年约六十。以此溯推,当生于本年前后。从之。

周圣历三年　久视元年　庚子　700年

五月癸丑,改元久视。

按：见《新唐书》卷四《则天皇后纪》。

十九日,改太史局为浑天监,不隶秘书省。

按：《唐会要》卷四四载,太史局始设于唐初,原隶秘书省。时武则天召尚献甫为太史令,献甫固辞,谓不能屈事官长。遂改太史局为浑天监,不隶秘书省。至七月六日,又改称浑仪监。其名称及建制后又屡有改易。参见长安二年八月、景龙二年六月、景云元年七月、景云二年闰九月、开元二年二月、开元十五年正月、天宝元年十月、乾元元年三月条。

十月甲寅,复夏正建寅。

按：初,武则天改用周历,以夏历十一月为正月,十二月为腊月。至是,复旧。见《新唐书》卷四《则天皇后纪》。

是年,开科取士,进士及第20人。

按：见《登科记考》卷四。

阿拉伯人征服阿尔及尔,基督教几绝于北非。

伊斯兰教艾巴德派约创于此间。

伊斯兰教神秘主义苏菲派约于此间形成。

希腊语取代拉丁语成为拜占庭帝国的官方语言。

欧洲始用水车作为碾磨动力。

中美洲玛雅文明极盛始。

狄仁杰腊月(即夏正己亥年十二月)丁酉迁内史。四月戊申,谏阻车驾观葬舍利,武则天从之,中道而还。闰七月庚申,武则天欲造大佛像,仁杰又谏止之。

> **按**:《资治通鉴》卷二〇六载,狄仁杰谏阻武则天观葬舍利,以为:"佛者,夷狄之神,不足以屈天下之主。彼胡僧诡谲,直欲邀致万乘,以惑远近之人耳。"

李峤腊月扈从武则天出巡,与诸侍臣、文士迭相唱和。三月为鸾台侍郎,仍知政事。是夏,又扈从武则天出巡。闰七月罢知政事,转成钧祭酒。

> **按**:是年腊月(即夏正己亥年十二月),李峤与姚崇、苏颋、薛曜等扈从则天幸汝州,宴于州南流杯亭,赋诗七首,峤为序,殷仲容书。九月刻石。见《宝刻丛编》卷五汝州。是夏,峤又与姚崇、苏味道、阎朝隐、崔融、徐彦伯、沈佺期、宋之问等从则天避署嵩山,皆有诗作,薛曜书,刻石。见《金石萃编》卷六四《夏日游石淙诗碑》。

张说为右补阙,四月上疏谏武则天避暑嵩山三阳宫。

> **按**:《全唐文》卷二二三有张说《谏避暑三阳宫疏》。《旧唐书》卷六《则天皇后纪》载,圣历三年腊月,"造三阳宫于嵩山。……夏四月戊申,幸三阳宫。"说上疏当于此时。说在疏中以为:"今国家北有胡寇觑边,南有夷獠骚徼。关西小旱,耕稼是忧;安东近平,输漕方始。臣愿陛下及时旋轸,深居上京,息人以展农,修德以来远;罢不急之役,省无用之费。"

韦叔夏在成均司业任,奉制凡有司修订仪注,均委其与祝钦明等先行刊定,然后奏上。

> **按**:《旧唐书》卷一八九下本传武则天制曰:"吉凶礼仪,国家所重,司礼博士,未甚详明。成均司业韦叔夏、太子率更令祝钦明等,博涉礼经,多所该练,委以参掌,冀弘典式。自今司礼所修仪注,并委叔夏等刊定讫,然后进奏。"

崔融坐忤武则天佞幸张昌宗意,由凤阁舍人贬为婺州长史。

> **按**:《旧唐书》卷九四本传谓崔融于圣历四年出为婺州长史,然圣历无四年,其或在本年出贬。姑系于此。

宋之问转司礼主簿,与卢藏用等唱和。

> **按**:《全唐诗》卷六三有卢藏用《宋主簿鸣皋梦赵六未及报而陈子云亡今追为此诗答宋兼贻平昔旧游》,"宋主簿"即宋之问。

张鷟由御史出贬处州司仓。时鷟名远播域外,新罗、日本每遣使来唐,皆求购其文。

> **按**:张鷟于天册万岁元年迁御史,参见该年条。《朝野佥载》卷二载,长安元年,张鷟自处州司仓转柳州司户,其出贬当在本年前。姑系于此。又,《旧唐书》张鷟本传曰:"新罗、日本东夷诸蕃尤重其文,每遣使入朝,必重出金贝以购其文,其才名远播如此。"《大唐新语》卷八亦载此事。

僧神会在江陵当阳山玉泉寺师事僧神秀。因神秀奉则天武后之召入宫说法,神会遂南下韶州曹溪宝林寺,师从禅宗六祖僧慧能。由是研学多年,颇受慧能器重。

> **按**:见印顺《中国禅宗史》。

僧鉴真从僧智满禅师出家。

> **按**:见《神僧传》卷八本传。

周圣历三年　久视元年　庚子　700年

于阗僧实叉难陀奉敕译经,是年于洛阳三阳宫重译《大乘入楞伽经》,僧复礼、法藏等笔受、缀文。

按:该经至长安四年才最终厘定,与实叉难陀重新翻译之《华严经》,为时人公认之佛学要典,对后世影响颇大。

陈子昂约卒(约559—　)。子昂字伯玉,梓州射洪人。唐前期学者、文学家。苦节读书,精究坟籍,尤善属文。年少游太学,渐知名。后进士及第,授麟台正字,屡上书言事。累迁右拾遗,郁郁不得志。辞官还乡,为县令段简构陷下狱,忧愤而卒。有《陈拾遗集》10卷,今存。《全唐文》卷二〇九至二一六辑录其文编为8卷,《全唐诗》卷八三至八四辑录其诗编为2卷。事迹见《旧唐书》卷一九〇中、《新唐书》卷一〇七、《唐才子传》卷一。《全唐文》卷二三八有卢藏用《陈子昂别传》,同书卷七三二有赵儋《大唐剑南东川节度观察处置等使户部尚书兼御史大夫梓州刺史鲜于公为故拾遗陈公建旌德之碑》。近人罗庸编有《陈子昂年谱》,今人彭庆生有《陈子昂诗注》并附《陈子昂年谱》,曲辰著有《陈子昂传》,韩理洲著有《陈子昂评传》、《陈子昂研究》。

按:陈子昂卒年,韩理洲《陈子昂生卒年考辨》谓圣历二年,罗庸《陈子昂年谱》谓长安二年。今从彭庆生《陈子昂年谱》、吴明贤《陈子昂生卒年辨》(载《四川师范学院学报》1981年第2期)。

又按:陈子昂在唐代文学史上颇具地位,实首开有唐一代文学之新风气。自唐兴以来,文章多承袭徐、庾遗风。子昂鄙视齐梁文学,反近体而力倡风雅古风,注重文学政治教化功用,主张以质朴文风表达实在内容,追求文学内容与形式之统一,其文学思想遥为中唐古文运动之先声。李白、杜甫以下诸文士,多推宗之。卢藏用《右拾遗陈子昂文集序》评曰:"昔孔宣父以天纵之才……数千百年,文章粲然可观也。……宋、齐之末,盖憔悴矣,逶迤陵颓,流靡忘返。至于徐、庾,天之将丧斯文也。……陈君……崛起江汉,虎视函夏,卓立千古,横制颓波,天下翕然,质文一变。非夫岷、峨之精,巫、庐之灵,则何以生此?故其谏诤之辞,则为政之先也;昭夷之碣,则议论之当也;国殇之文,则《大雅》之怨也;徐君之议,则刑礼之中也。至于感激顿挫,微显阐幽,庶几见变化之朕,以接乎天人之际者,则《感遇》之篇存焉。"《直斋书录解题》卷一六评曰:"陈子昂伯玉……纳忠贡谀于篡后之朝,大节不足言矣。然观其诗文,在唐初实首起八代之衰者。韩退之《荐士》诗言:'国朝盛文章,子昂始高蹈',非虚语也。"

狄仁杰九月辛丑卒(630—　)。仁杰字怀英,太原人。唐代名臣。以明经入仕,武则天时,数次入相,颇受信用。好诤谏,武氏多屈意从之。常以举贤为意,所荐张柬之、姚崇、桓彦范等,皆为中唐名臣。迁内史,卒于官,追赠文昌右相,谥曰"文惠"。睿宗时追封梁国公。撰有《家范》1卷,另有集10卷,后皆散佚。《全唐文》卷一六九收录其文9篇,《全唐诗》卷四六收录其诗1首。事迹见《旧唐书》卷八九、《新唐书》卷一一五。今人杜文玉著有《狄仁杰评传》。

薄婆菩提约卒,生年不详。印度梵文剧作家,诗人。

薛曜约是年后卒,生年、字号不详。曜,蒲州汾阴人,薛元超之子。以文学知名,与王勃、沈佺期等交往甚密。官至正谏大夫。圣历中曾参修《三教珠英》。有集20卷,已佚。《全唐文》卷二三九收录其文1篇,《全唐诗》卷八〇收录其诗5首。事迹见《旧唐书》卷七三《薛收传》附传。

> 按:薛曜卒年,史无明载。《旧唐书》附传曰:"圣历中,修《三教珠英》,官至正谏大夫。"知曜于天圣中尚在世,其卒当在此后。姑系于此。另,《新唐书·艺文志》著录"《薛耀集》二十卷"。"耀"当系"曜"之误。

郑昈(—777)生;高适(—765)约生。

> 按:高适生年,一说长安二年。此从今人周勋初《高适年谱》。

周久视二年　大足元年　长安元年　辛丑　701年

正月丁丑,以成州上言见佛迹,改元大足。
> 按:见《资治通鉴》卷二〇七。

十月辛酉,改元长安。
> 按:见《新唐书》卷四《则天皇后纪》。

是年,开科取士,张说知贡举,进士及第27人,诸科10人。
> 按:见《登科记考》卷四。

姚崇三月为凤阁侍郎,仍知政事;四月奉使并州以北检校诸军州兵马,途经栖岩寺,与韦元旦交游唱和。
> 按:姚崇为凤阁侍郎及奉使并州事,见《旧唐书》卷六《则天皇后纪》。其与韦元旦唱和诗,分见《全唐诗》卷九、卷七。

徐坚参修《三教珠英》,尤为用心。书成,以功迁司封员外郎。
> 按:《旧唐书》卷一〇二本传载,徐坚与给事中徐伯彦、定王府仓曹刘知幾、右补阙张说等奉敕同修《三教珠英》。"时麟台监张昌宗及成均祭酒李峤总领其事,广引文词之士,日夕谈论,赋诗聚会,历年未能下笔。坚独与说构意撰录,以《文思博要》为本,更加《姓氏》、《亲族》二部,渐有条流。诸人依坚等规则,俄而书成。"《三教珠英》于本年纂成,见下文条。

崔融在婺州长史任,奉召还朝,授春官郎中、知制诰。
> 按:崔融于久视元年秋冬间出贬婺州长史,参见该年条。至是,复还朝。

祝钦明迁太子率更令兼崇文馆学士,兼充太子侍读。
> 按:见《旧唐书》卷一八九下本传。

郭元振十一月为凉州都督、陇右诸军大使,率军西征,拓境一千五

周久视二年 大足元年 长安元年 辛丑 701年

百里。

按：见《资治通鉴》卷二〇七。

沈佺期在通事舍人任，十月扈从武则天至长安，有诗。

按：沈佺期所作《辛丑岁十月上幸长安时扈从出西岳作》，见《全唐诗》卷九五。

张说与徐坚、李适、元希声、富嘉谟等人以参修《三教珠英》功，各有升迁。

按：编修《三教珠英》事，参见圣历二年及本年下文条。是年十一月，以书成，张说迁右史，徐坚拜司封员外郎，李适迁户部员外郎，元希声迁太子文学，富嘉谟迁晋阳尉。

崔湜自左补阙迁殿中侍御史。

按：见《全唐文》卷二八〇，崔湜《御史台精舍碑铭》。

张鷟自处州司仓替归，稍后除柳州司户，又改任德州平昌令。

按：张鷟于久视元年由御史出为处州司仓，参见该年条。

崔玄暐龙朔中举明经，累迁凤阁舍人，是年超拜天官侍郎。清介自守，为执政所忌，遂转文昌左丞，寻复除天官侍郎。

按：见《旧唐书》卷九一本传。

席豫应贡举，登进士第。

按：见《登科记考》卷四。

僧神秀在江陵当阳山玉泉寺，奉召赴京，是年抵洛阳，颇受武后礼遇。命于当阳山置度门寺，于尉氏置报恩寺，以旌其德。

按：神秀系去年奉召，本年抵达。时宋之问撰有《为洛下诸僧请法事迎秀禅师表》，见《全唐文》卷二四〇。

李峤等纂《三教珠英》1300卷成，十一月十二日进上。

按：时李峤为东都副留守。该书始纂于圣历二年，参修者有李峤等二十六人，参见该年条。至是书成，由张昌宗进上。《唐会要》卷三六曰："初，圣历中，上以《御览》、《文思博要》等书聚事多未周备，遂令张昌宗召李峤……等二十六人同撰。于旧书之外，更加佛、道二教及亲属、姓名、方域等部。"是书系唐代官修大型类书，后散佚。

崔融编次《珠英学士集》5卷。

按：是年李峤等纂《三教珠英》，崔融遂录修书学士47人之诗，凡276首，编为《珠英学士集》。《郡斋读书志》卷二〇曰："唐武后朝尝诏武三思等修《三教珠英》一千三百卷，预修书者凡四十七人。崔融编集其所赋诗，各题爵里，以官班为次，融为之序。"该书原本已佚，今《敦煌遗书》P3771、S2717，即其残卷。

李白（　—762）约生。

按：李白生年，史无明载。《全唐文》卷四三七李阳冰《草堂集序》谓白宝应元年卒，年六十二。以此溯推，其生当本年。参见傅璇琮《唐才子传校笺》。

周长安二年　壬寅　702 年

阿拉伯人平定北非奥雷斯山区柏柏尔人部落。

正月，初设武举，"令天下诸州有练习武艺者，每年准明经例举送。"

按：见《登科记考》卷四。

八月，复改浑仪监为太史局，仍隶秘书省。

按：浑仪监初称太史局，久视元年，因尚献辅之请改称浑天监，又改称浑仪局。参见该年五月条。本年八月二十八日，尚献辅卒，遂复浑仪监旧称。见《唐会要》卷四四。此后，太史局名称及建制又屡有改易。参见景龙二年六月、景云元年七月、景云二年闰九月、开元二年二月、开元十五年正月、天宝元年十月、乾元元年三月条。

十月，日本国遣使来唐。

按：见《旧唐书》卷六《则天皇后纪》。

是年，开科取士，考功员外郎沈佺期知贡举，进士及第 21 人。

按：见《登科记考》卷四。

姚崇在凤阁侍郎任，正月奉使蒲州归长安，武后赐诗与之唱和。宣德郎、行蒲州河东主簿韦元晨为撰《六绝纪文》，左史尹元凯书，刻石。十月，为同凤阁鸾台平章事。

按：武后与姚崇唱和诗，分见《全唐诗补编·拾遗》卷七、卷九。

刘知幾以著作佐郎兼修国史，于门下省撰起居注。

按：刘知幾稍后转凤阁舍人，仍兼领史职。

祝钦明由太子率更令迁太子少保。

按：见《旧唐书》卷一八九下本传。

沈佺期为考功员外郎，是春知贡举，擢张九龄等人登第。时有下第者谤议上闻，诏令中书令李峤重试。是夏，与苏味玄等赋诗唱和。稍后，迁考功郎中，与给事中杨廉作诗唱和。

按：沈佺期知贡举事及李峤奉令重试事，见《登科记考》卷四、《全唐文》卷四四〇徐浩《唐尚书右丞相中书令张公神道碑》。《全唐诗》卷九七有沈佺期《酬苏员外味道夏晚省中见赠》，诗中所云"苏员外味道"，恐系"苏员外味玄"之误。苏味玄系苏味道之弟，任膳部员外郎。同卷又有佺期《酬杨给事兼见台中》，"兼"当为"廉"，即指杨廉。

宋之问约是年或稍后迁尚方监丞。

按：宋之问于久视元年转司礼主簿，至是再迁。《旧唐书》本传谓其迁尚方监丞后，乃参修《三教珠英》，恐误。考《全唐文》卷三四一《祭王城门文》，宋之问本年初尚在司礼主簿任，神龙元年由尚方监丞贬泷州，知其迁尚方监丞当在本年或稍后。

杜审言在洛阳，四月获武则天召见，授著作佐郎。稍后，迁膳部员外郎。

按：见《旧唐书》卷一九〇中、《唐代墓志汇编》长安〇〇七《大周故京兆男子杜并墓志铭并序》。

卢藏用隐居终南山，是年前后，征拜左拾遗。

按：《旧唐书》卷九四本传谓卢藏用于"长安中"征拜左拾遗，未详具体年份。姑系于此。

苏颋在左台监察御史任，奉诏按覆酷吏来俊臣等所定旧狱，雪冤者甚众。

按：见《旧唐书》卷八八本传。

刘允济累迁著作佐郎兼修国史，擢拜凤阁舍人，奏论史官当"善恶必书"，"贫而乐道"。

按：《唐会要》卷六三载允济奏曰："史官善恶必书，言成轨范，使骄主贼臣有所知惧。此亦权重，理合贫而乐道也。昔班生受金，陈寿求米，仆视之如浮云耳。但百僚善恶必书，足为千载不朽之美谈，岂不盛哉。"

韦承庆入为司仆少卿，寻转天官侍郎、兼修国史。以处事平允，为时人所称。

按：韦承庆自调露初受太子李贤被事牵连，出贬乌程令，几起几落。长寿中累迁凤阁舍人，兼掌铨选；以坐忤大臣，出为沂州刺史；未几，诏复旧职，仍掌铨选；以病改授太子谕德，又出为豫、虢等州刺史。《旧唐书》卷八八本传曰："承庆自天授以来，三掌天官选事，铨授平允，海内称之。"后进拜凤阁侍郎、同凤阁鸾台平章事，入居相位。

张九龄应贡举，登进士第，授秘书省校书郎。

按：见《全唐文》卷四四〇徐浩《唐尚书右丞相中书令张公神道碑》。

富嘉谟与新安吴少微是冬同在晋阳为属官。两人属辞皆以经典为本，不以徐、庾为宗，颇为世人推崇，文体为之一变，时人称"富吴体"。又有魏郡谷倚为太原主簿，与富、吴俱以文词著名，号称"北京三杰"。

按：富嘉谟曾为《三教珠英》修书学士，书成，迁晋阳尉。参见圣历二年、长安元年条。吴少微进士出身，亦累官至晋阳尉。《旧唐书》卷一九〇中《富嘉谟传》曰："长安中，累转晋阳尉，与新安吴少微友善同官。先是，文士撰碑颂，皆以徐、庾为宗，气调渐劣。嘉谟与少微属辞皆以经典为本，时人钦慕之，文体一变，称为'富吴体'。嘉谟作《双龙泉颂》、《千蠋谷颂》，少微作《崇福寺钟铭》，词最高雅，作者推重。……嘉谟与少微在晋阳，魏郡谷倚为太原主簿，皆以文词著名，时人谓之'北京三杰'。倚后流寓客死，文章遗失。"考《全唐文》卷二三五吴少微《唐北京崇福寺铜钟铭》，有"越相公、御史大夫钜鹿魏元忠……利伐猃狁，钩车逐而北之，于是休兵。十月，入自禅关，闻钟声，薄而观之"云云。据《资治通鉴》卷二〇七载，魏元忠本年七月副并州道元帅相王李旦，十二月为安东道安抚大使，知《旧唐书》所说嘉谟、少微之作，约成于是冬。

梁载言约是年前后纂《具员故事》、《具员事迹》各10卷。

按：《新唐书》卷二〇二《刘宪传》曰："载言，聊城人，历凤阁舍人，专制知诰，终怀州刺史。"时载言在凤阁舍人任。《直斋书录题解》卷六曰："《具言故事》十卷，唐凤阁舍人梁载言撰。以唐官具员附之历代事迹，盖后人《职林》、《职官分纪》之类所从始也。"

僧智诜卒（609—　）。智诜俗姓周，汝南人。唐代佛教净众宗始祖。年十三出家，初从僧玄奘习经论，后又师事禅宗五祖僧弘忍。尝住资州德纯寺，武后时曾奉召入京。弟子有处寂等。著有《虚融观》3卷、《缘起》1卷、《般若心经疏》1卷。事迹见《宋高僧传》卷一九《无相传》、卷二〇《处寂传》。

　　按：智诜名为净众宗始祖，然该宗之实际创立者当是其门人处寂之弟子无相。

王方庆五月卒，生年、字号不详。方庆，雍州咸阳人。唐前期学者。博学洽闻，尤精《礼》学。历考功员外郎、凤阁侍郎、太子左庶子等职，曾献家中所藏祖上王导、王羲之以下十一代28人书凡10卷。著述宏富，有《礼经正义》10卷、《宝章集》10卷、《王氏八体书范》4卷、《王氏工书状》15卷、《南宫故事》12卷、《文贞公事录》1卷、《宫卿旧事》1卷、《尚书考功薄》5卷、《尚书考功尚绩簿》10卷、《尚书科配簿》5卷、《省迁除》20卷、《友悌录》15卷、《王氏女记》10卷、《王氏王嫔传》5卷、《续妬记》5卷、《三品官祔庙礼》2卷、《古今仪集》50卷、《王氏家牒》15卷、《王氏家谱》20卷、《王氏著录》10卷、《九嵕山志》10卷、《谏林》20卷、《神仙后传》10卷、《续世说新语》10卷、《园庭草木疏》21卷、《王氏神通记》10卷、《新本草》41卷、《药性要诀》5卷、《袖中备急方》3卷、《岭南急要方》2卷、《针灸服药禁忌》5卷、《王氏神道铭》20卷、《魏文贞故事》10卷、《王氏列传》15卷、《王氏尚书传》15卷、《王氏训诫》5卷等，凡30余种，数百卷，内容涉及经学、史学、方志、谱牒、文学、书法、医学等诸多方面。后多佚。事迹见《旧唐书》卷八九。

乔备约是年前后卒，生年、字号不详。备，冯翊人，乔知之弟。诗人。历任安邑令等职，卒于襄阳令。曾预修《三教珠英》，有集6卷，已佚。《全唐诗》卷八二收录其诗2首，《敦煌遗书》《珠英集》残卷有其诗4首。事迹见《旧唐书》卷一九〇中《乔知之传》附传。

　　按：《旧唐书》卷一九〇谓乔备卒于"长安中"，未言具体年份。姑系于此。

僧道璇（　—760）生。

周长安三年　癸卯　703年

柏柏尔人及阿拉伯人盟。

阿拉伯人伐亚美尼亚人。

正月初一日，敕令梁王武三思召集李峤等人修唐史，"采四方之志，成一家之言，长悬楷则，以贻劝诫"。

　　按：此次奉敕修史者除纳言李峤外，尚有正谏大夫朱敬则、司农少卿徐彦伯、凤阁舍人魏知古、崔融、司封郎中徐坚、左史刘知幾、直史馆吴兢等。后以则天逊位，事乃止。见《唐会要》卷六三。

十五日，京师长安盛饰灯彩之会，文士赋诗以纪事者数百人，尤以中书侍郎苏味道、吏部员外郎郭利贞、殿中侍御史崔液3人之作为绝唱。

按：《大唐新语》卷八载此事于神龙年间。然苏味道自长安四年三月贬坊州刺史，后不复归朝，且长安二、三年武后正在长安，故此事当在本年前后。姑系于此。

是年，开科取士，进士及第31人，另上书拜官1人。

按：见《登科记考》卷四。

刘知幾与郑惟忠论史才，谓史家须有"才、学、识"三长。

按：《唐会要》卷六三载，郑惟忠问知幾："自古文士多而史才少，何也？"知幾对曰："史才须有三长，谓才也，学也，识也。夫有学而无才，犹有良田百顷，黄金满籝，而使愚者营生，终不能致货殖矣。如有才而无学，犹思兼匠石，巧若公输，而家无楩柟斧斤，终不能成其宫室矣。犹须好是正直，善恶必书，使骄主贼臣所以知惧。此则为虎傅翼，善无可加，所尚无敌矣。"刘知幾此论，不仅为时人所称，亦被后世史家奉为圭臬。

张说在凤阁舍人任。张易之、张昌宗诬御史大夫魏元忠谋反，引说令证其事。说廷对为元忠辩护，由是忤旨，配流钦州。途经韶州，见张九龄文章，"深提拂，厚为礼敬"。

按：张说遭贬事，见《旧唐书》卷九七本传、卷六《则天皇后纪》。其称赏张九龄文章事，见《全唐文》卷四四〇徐浩《唐尚书右丞相中书令张公神道碑》。

吴兢奉诏入史馆修国史，后迁右拾遗内供奉。

按：《旧唐书》卷一〇二本传载，吴兢通贯经史，颇为魏元忠、朱敬则器重。及两人入朝执政，以吴兢有史才，奏荐其入史馆。

沈佺期正月迁给事中。十月，与李峤、杜审言等扈从武后还洛阳，沿途互有唱和。

按：沈佺期扈驾与李峤等唱和诗，分见《全唐诗》卷九七、卷五七、卷六二。

朱敬则迁正谏大夫，七月为同凤阁鸾台平章事，入掌相职，上表请择史官。九月，以张说为张易之、张昌宗兄弟所诬，上疏为其申理。说遂得免死，配流外地。

按：《唐会要》卷六三引朱敬则请择史官表曰："国之要者，在乎记事之官。……今若访得其善者，伏愿勖之以公忠，期之以远大，更超加美职，使得行其道，则天下幸甚。"

崔玄暐由天官侍郎进拜鸾台侍郎，同凤阁鸾台平章事，兼太子左庶子，入居相位。

按：崔玄暐明年又迁凤阁侍郎，加银青光禄大夫，仍知政事。其在相职，多有谏言。尝奏称来俊臣、周兴等酷吏诬陷忠良，又请杀武则天佞幸张昌宗，为时论所称。见《旧唐书》卷九一本传。

僧智周为法相宗宗师，新罗僧智凤、智鸾、智雄等入唐，皆从其师习法相宗旨。

僧一行是年前后已博览经史，尤精研历象及阴阳五行之学，颇为藏书家尹崇赞誉，声名渐起。

王元感著《尚书纠谬》10卷、《春秋振滞》20卷、《礼记绳愆》30卷成，三月表上，请抄藏秘阁。

> 按：《唐会要》卷七七载，是年三月，王元感表上《尚书纠谬》等书，及所注《孝经》、《史记》、《汉书》草稿，"请官给纸笔，写上秘阁。制令弘文、崇文两馆学士及成均博士详其可否。弘文馆学士祝钦明，崇文馆学士李宪、赵元亨，成均博士郭山恽，皆专守先儒章句，深讥元感掎摭旧义。元感随方应答，竟不之屈。唯凤阁舍人魏知古、司封郎中徐坚、左史刘知几、右司张思敬雅好异闻，每为元感申理其义，由是擢拜太子司议郎。"《旧唐书》卷一八九下本传载魏知古评王元感所撰诸书曰："信可谓《五经》之指南也。"

鸾台侍郎兼太子左庶子韦安石闰四月出为神都（洛阳）留守、判天官、秋官二尚书事，群僚于张昌宗园池聚宴饯送，各赋诗，合为一卷，张说为之序。

> 按：张说《张燕公集》卷一六有《邺公园池饯韦侍郎神都留守序》，"邺公"即张昌宗。

僧一行是年前后著《大衍玄图》、《义诀》各1卷，阐释扬雄《太玄经》。

> 按：两书已佚。

道士胡惠超二月十六日卒，生年、籍贯不详。惠超一作慧超，字拔俗。通晓晋宋以来治乱兴废，上元间隐居洪州西山，武则天时几度奉召入京，欲留之，固辞还山。卒谥"洞真先生"。著有《神仙内传》1卷、《晋洪州西山十二真君内传》1卷，皆已佚。事迹见《历世真仙体道通鉴》卷二八。

徐浩（ —782）生。

周长安四年　甲辰　704年

十二月，敕大足以来新置官并停。

> 按：见《资治通鉴》卷二〇七。

是冬，敕迎法门寺佛骨舍利至长安、洛阳，令王公以降精事供养。

> 按：此次入迎佛骨，两《唐书》均未载，事见《大唐圣朝无忧王寺大圣真身宝塔碑铭》、《大唐大荐福寺故大德康藏法师之碑》。

是年，开科取士，崔湜知贡举，进士及第41人，续奏及第4人。

> 按：见《登科记考》卷四。

李峤十一月罢相职，由成均祭酒、同凤阁鸾台三品转地官尚书。

> 按：见《资治通鉴》卷二〇七。

姚崇九月壬子出为知群牧使，兼摄右肃政台御史大夫、灵武道行军大总管。十月辛酉，为灵武道安抚大使，权检校左台大夫。

> 按：见《新唐书》卷四《则天皇后纪》，同书《宰相表》。

张柬之由荆州大都督府长史召为司刑少卿,迁秋官侍郎。十月,为姚崇所荐,以同凤阁鸾台平章事入掌相职,寻迁凤阁侍郎,仍知政事。

按:《旧唐书》卷九一载,宰相姚崇出为武陵军使,武则天令其举荐继任者,崇以柬之"沉厚有谋,能断大事",予以推荐。则天随即召柬之入对,授以相职。参见《新唐书》卷四《则天皇后纪》。

张说流放钦州南下,是春至端州,与高戬等作诗赠答。

按:张说于配流钦州事,见去年条。其与高戬等赠答诗,见《张燕公集》卷六《端州别高六戬》、《岭南送使》,卷七《赠高六戬》、《留赠张御史张判官》。

朱敬则为正谏大夫、同凤阁鸾台平章事,二月以年老致仕。

按:见《资治通鉴》卷二〇七。

韦叔夏由成均司业擢春官侍郎。

按:时韦叔夏以精通礼仪,见重于武则天。参见久视元年条。

苏味道为中书侍郎,三月己亥出贬坊州刺史。未几,除益州大都督府长史。

按:《旧唐书》九四本传载,苏味道还乡改葬其父,"侵毁乡人墓田,役使过度,为宪司所劾",遂遭贬谪。

沈佺期是春遭弹劾,下御史台狱,作《被弹》、《枉系》等诗以抒愤。至秋,移禁司刑狱。

按:《被弹》、《枉系》见《全唐诗》卷九五;清抄五卷本《沈云卿文集》卷二《寄北使序》谓此事在本年春。

宋之问是秋归居陆浑,与中书舍人李适等有诗书往来。

按:《全唐诗》卷五一有宋之问《游陆浑南山自歇马岭到枫香林以诗代书答李舍人适》。

卢藏用在左拾遗任,正月上书谏武后修兴泰宫。是秋,为灵武道行军大总管姚崇所召,辟为管记。

按:见《资治通鉴》卷二〇七、《新唐书》卷一二三本传。

崔融由春官郎中除司礼少卿,仍知制诰。时武后嬖幸张易之、张昌宗兄弟颇招集文学之士,融与李峤、苏味道等人皆屈节事之。

按:见《旧唐书》卷九四本传。

李邕十二月为监察御史张廷珪所荐,召拜左拾遗。

按:见《资治通鉴》卷二〇七。

牛头宗僧慧忠始受业于庄严寺。后以牛头山僧智威承袭达磨心印,遂前往参谒,由是得承其嗣。

于阗僧实叉难陀以母亲年老,请求归省,武则天特派御史霍嗣光送其回国。

按:实叉难陀来唐事,见证圣元年。中宗时,实叉难陀再次来唐,参见景龙二年条。

唐中宗神龙元年　乙巳　705 年

阿拉伯伐中亚昭武九姓诸国。

耶路撒冷阿克萨清真寺重建。

拜占庭查士丁尼二世复位。

正月壬午朔，改元神龙。

按：见《资治通鉴》卷二〇七。

甲辰，武则天传位于太子李显。丙午，李显复登帝位，是为唐中宗。

按：中宗曾于弘道元年十二月即帝位，次年二月废为庐陵王。圣历元年九月复立为皇太子，至是再次登基。

二月甲寅，复国号曰唐，社稷、宗庙、陵寝、郊祀、旗帜、服色、寺宇、台阁、官名等，皆如永淳以前故事。

按：见《资治通鉴》卷二〇七。

己未，令贡举人停习《臣轨》，依旧习《老子》。

按：见《登科记考》卷四。

甲子，诏九品以上官极言朝政得失，兼举贤良方正直言极谏之士。

按：见《登科记考》卷四。

丙子，令诸州置寺、观各一所，以"中兴"为名。

按：见《旧唐书》卷七《中宗纪》。

五月，授孔裔孙褒圣侯孔崇基朝散大夫，仍许子孙相袭。

按：见《登科记考》卷四。

是月，令职官五品以上各举 1 人。

按：见《登科记考》卷四。

八月戊申，令文武官九品以上直言极谏。

按：见《旧唐书》卷七《中宗纪》。

九月壬午，诏禁毁《老子化胡经》，令佛、道两教不可互辱。

按：唐初以来，佛僧屡请毁《老子化胡经》，高宗时曾下令禁毁，武则天时亦有争论，分见总章元年、万岁登封元年条。至是，中宗复诏禁毁，又令佛、道两教停止争论。事见宋释志磐《佛祖统纪》卷四〇。然该经在民间仍一直流传，至元代方最终禁绝。今敦煌文书中部分残卷，收入《大正藏》第 54 册。

同日，制内外文武三品以上官并县令及京师清官九品以上，各举孝悌谦让 1 人。

按：见《登科记考》卷四。

十月十九日，改弘文馆为昭文馆；改成均监复为国子监。

按：见《登科记考》卷四。弘文馆原名修文馆，武德九年改称，参见该年三月条。后又复称修文馆，参见神龙二年条。

十一月壬寅，武则天卒（623— ），谥曰"则天大圣皇后"。明年五月庚申，祔葬于高宗乾陵。

按：武则天名曌，并州天水人。十四岁入宫，初唐太宗才人，高宗即位后，立为皇后,参掌朝政。天授元年正式称帝,改国号为周。在位期间,继续保持较为稳定的社会局面。完善科举制,创设殿试制度;推崇佛教,使之居三教之首,对后来盛唐、中期时期学术思想之演变产生很大影响。集文学之士,撰《玄览》及《古今内范》各100卷,《青宫纪要》、《少阳政范》各30卷,《维城典训》、《凤楼新城》、《孝子列女传》各20卷,《内范要略》、《乐书要录》各10卷,《百僚新诫》、《兆人本业》各5卷,《臣轨》2卷,《高宗实录》100卷。另有《垂拱集》100卷、《金轮集》10卷等。今人赵文润、王双怀著有《武则天评传》,雷家骥、刘连银、林语堂各著有《武则天传》。

是年,开科取士,初试进士及第61人,重试及第12人,另诸科29人。

按:见《登科记考》卷四。

张柬之以恢复唐室之功,拜天官尚书、凤阁鸾台三品,爵封汉阳郡公,寻迁中书令、监修国史。五月进封汉阳郡王,加授特进,罢知政事。是秋,表请归故里养疾,遂以襄州刺史离朝返乡。未几,贬授新州司马。

按:是年中宗即位,唐室恢复,张柬之实有首功。中宗皇后韦氏欲效武则天故事,与武三思等议夺张柬之等人实权,由是进封张柬之为汉阳王,侍中敬晖为平阳王,谯公桓彦范为扶阳王,南阳公袁恕己为南阳王,特进、同中书门下三品、博陵公崔玄暐为博陵王,皆罢知政事。张柬之知不为韦氏所容,遂借口年老有疾,请归故里。然终不能避祸,为武三思所构,贬谪新州。见《旧唐书》卷九一本传、《新唐书》卷四《中宗纪》、《资治通鉴》卷二〇八。

崔玄暐以恢复唐室之功,进拜中书令,寻罢知政事,出为检校益州大都督府长史兼知都督事。

按:见《旧唐书》卷九一本传、《资治通鉴》卷二〇八。

李峤、沈佺期、宋之问、杜审言、苏味道、崔融、刘允济等坐附张易之兄弟,二月皆遭贬谪或配流。未几,武三思再次当权,复召李峤、崔融等人入朝。

按:张易之兄弟颇召集文学之士,及本年正月两人伏诛,中宗即位,张氏兄弟所引文士多遭贬黜。李峤初贬为豫州刺史,旋再贬通州刺史;宋之问贬泷州参军;沈佺期长流驩州;杜审言流峰州;苏味道贬眉州刺史;崔融贬袁州刺史;刘允济贬青州长史;王无竞贬岭南;阎朝隐流崖州;韦元旦贬感义尉;刘宪贬渝州刺史;郑愔贬宣州司户。至秋冬间,武三思复掌权,复召李峤为吏部侍郎,崔融为国子司业,韦元旦为主客员外郎。

刘知幾由凤阁舍人转著作郎、太子中允、率更令,仍兼史职。

按:见《新唐书》卷一三二本传。

韦承庆为凤阁侍郎,知政事,坐附张易之兄弟,配流岭南。

按:《新唐书》卷四《中宗纪》。

韦叔夏由春官侍郎转太常少卿,充建立庙社使。

按:见《旧唐书》卷一八九下本传。

祝钦明二月由太子少保擢拜国子祭酒、同中书门下三品,加位银青光禄大夫。

按:中宗为太子时,祝钦明尝兼充侍读,故中宗即后,遽登相位。后历刑部、礼部尚书,兼修国史,仍知政事,累封鲁国公,食实封三百户。后为御史中丞萧至忠所勖,贬授申州刺史。复奉召回朝,授国子祭酒。见《旧唐书》卷一八九下本传。

尹知章由定王府文学转太常博士。时中宗初即位,建立宗庙,议者谓当以凉武昭王李暠为始祖,以备七代之数。知章以武昭远世,非王业所承,奏以为不可。中宗从之。寻拜陆浑令,未几弃官。时散骑常侍解琬亦罢归田园,与知章共居汝、洛间,以修学为事。

按:《旧唐书》卷一八九下本传载,尹知章博通诸经精义,初为驸马都尉武攸暨荐,授定王府文学。

卢藏用赴吏部应县令举,登甲科,授济阳令。

按:是年,唐廷大征儒秀,精择令长,藏用应征,遂登高第。

张说是春自钦州流所被召还朝,起为兵部员外郎。

按:见《旧唐书》卷九七本传。

崔湜依附武三思,五月自考功员外郎迁中书舍人,十一月丁母忧,去职。

按:《资治通鉴》卷二〇八曰:"敬晖赞畏武三思之谮,以考功员外崔湜为其耳目,伺其动静。湜见上亲三思而忌晖等,乃悉以晖等谋告三思,反为三思所用,三思引为中书舍人。"

富嘉谟、吴少微分授左、右台监察御史。

按:见《旧唐书》卷一九〇中。

徐坚由司封员外郎迁给事中,奉诏参修氏族谱。

按:见《旧唐书》卷一〇二本传。

柳冲为左散骑常侍,五月上表请修氏族之谱。

按:《旧唐书》卷一八九下本传载:"初,贞观中太宗命学者撰《氏族志》百卷,以甄别士庶。至是向百年,而诸姓至有兴替,冲乃上表请改修氏族。中宗命冲与佐仆射魏元忠及史官张锡、徐坚、刘宪等八人,依据《氏族志》,重加修撰。"《唐会要》卷三六载冲上表曰:"臣今愿叙唐期之崇,修氏族之谱,使九围仰止,百代承风,岂不大哉!"贞观中所撰《氏族志》,后改称《姓氏录》,参见贞观十二年、显庆四年条。冲等撰《姓族系录》,于先天元年完成,开元二年复奉敕刊定,参见各年条。

魏知古拜吏部侍郎,兼修国史,寻进位银青光禄大夫。

按:见《旧唐书》卷九八本传。

僧慧能在韶州曹溪宝林寺,奉召入京,辞不赴。中宗因赐摩纳袈裟一领及绢五百匹以为供养,并敕改宝林寺为"中兴寺",命韶州刺史重加修葺。

按:慧能住宝林寺弘法,事见仪凤二年。至神龙三年,中宗又赐法泉寺额,并以慧能家乡新州故宅置国恩寺。

僧鉴真始从光州僧道岸律师受菩萨戒。

按:见《宋高僧传》卷一四本传。

韦安石等奉诏纂《删垂拱式》20 卷、《散颁格》7 卷。

按:《垂拱式》修定于垂拱元年,参见该年条。中宗即位,命中书令韦安石等删改。参修者有礼部尚书、同中书门下三品祝钦明,尚书右丞苏瓌,兵部郎中狄光嗣等。

苏味道卒(648—)。味道字号不详,栾城人。少能属辞词,与李峤俱以文翰显,时号"苏李"。登进士第,历仕咸阳尉、侍御史、凤阁舍人等职,累迁检校凤阁侍郎、同凤阁鸾台平章事,入居相位。后一度贬为集州刺史,旋起为天官司侍郎,迁中书侍郎,复贬为坊州刺史。中宗复位,坐附张易之兄弟,再贬眉州刺史,未几卒。有集10卷,已佚。《全唐诗》卷六五辑录其诗编为1卷。事迹见《旧唐书》卷九四、《新唐书》卷一一四。

王元感约是年或稍后卒,生年、字号不详。元感一作玄感,濮州鄄城人。博通儒经,尤精《三礼》、《史记》。少举明经,历博城县丞、左卫率府录事兼弘文馆直学士、四门博士、太子司议郎兼崇贤馆学士等职,加朝散大夫,寻卒。著有《尚书纠谬》10卷、《春秋振滞》20卷、《礼记绳愆》30卷,另注《孝经》、《史记》、《汉书》。后皆佚。事迹见《旧唐书》卷一八九下、《新唐书》卷一九九。

按:王元感卒年,史无明载。《旧唐书》本传曰:"中宗即位,以春宫旧僚,进加朝散大夫,拜崇贤馆学士,寻卒。"中宗是年二月即位,知元感之卒当在同年或稍后。元感系唐代《三礼》学重要学者,为当时学者魏知古、徐坚、刘知幾、张思敬等人见重,尝连表荐之。《旧唐书》本传载武则天诏曰:"王元感质性温敏,博闻强记,手不释卷,老而弥笃。掎前达之失,究先圣之旨,是谓儒宗,不可多得。"清赵翼《廿二史札记》卷二〇曰:"六朝人最重《三礼》之学,唐初犹然。……王元感尝撰《礼记绳愆》,徐坚、刘知幾等深叹赏之。"王元感亦系唐代《史记》学之重要学者。刘知幾《史通》卷一三《外篇》论唐诸史之学曰:"《史记》之学,则有王元感、徐坚、李镇、陈伯宣、韩琬、司马祯(当作司马贞——引者)、刘伯庄、张守节、窦郡、裴安时。"

僧不空(—774)生。

神龙二年　丙午　706年

二月,令举天下鸿儒硕学之士。

按:见《登科记考》卷四。

三月,大置员外官凡二千余人,超授阉宦七品以上及员外者千余人。

按:见《资治通鉴》卷二〇八。

十月十九日,复改昭文馆为修文馆。

按:见《唐会要》卷六四。昭文馆初称修文馆,武德九年改称弘文馆,神龙元年又改称昭文馆,是年复原称。参见武德九年三月条、神龙元年十月条。

开科取士,考功员外郎赵彦昭知贡举,进士及第32人,诸科39人。

按:见《登科记考》卷四。

李峤正月戊戌由吏部侍郎迁吏部尚书、同中书门下三品;七月,进拜

阿拉伯屠中亚沛肖城。

中书令。

按：见《新唐书》卷四《中宗纪》。《旧唐书》卷九四李峤本传曰："初，峤在吏部时，志欲曲行私惠，冀得复居相位，奏置员外官数千人。至是官僚倍多，府库减耗，乃抗志引咎辞职，并陈利害十余事。中宗以峤昌言时政之失，辄请罢免，手制慰谕而不允，寻令复居旧职。"

刘知幾在太子中允任，四月，以国史修撰多弊，愤而求罢史职，未果。

按：《唐会要》卷六四载，本年四月二十日，诏侍中韦巨源、纪处讷、中书令杨再思、兵部侍郎宗楚客、中书侍郎萧至忠并监修国史。刘知幾遂上书萧至忠，力陈史馆修史五弊，求去史职。其略曰："古之国史，皆出自一家，如鲁、汉之丘明、子长，晋、齐之董狐、南史，咸能立言不朽，藏诸名山，未闻藉以众功，方云绝笔。……今者史氏取士，有倍东京，人自以为荀、袁，家自称为政、骏，每欲记一事，载一言，皆阁笔相视，含毫不断，故首白可期，而汗青无日。其不可一也；前汉郡国计书，先上太史，副上丞相；后汉公卿所奏，始集公府，乃上兰台。由是史官所修，载事为博。爰自近古，此道不行，史臣编录唯自询采，而左右二史阙居起注，衣冠百家罕通行状。求风俗于州县，视听不该；讨沿革于兰台，簿籍难见。其不可二也。昔董狐之书法也，以示于朝；南史之书弑也，执简请往。近代书局皆通籍禁门，幽居九重，欲人不见。寻其义者，盖由杜彼颜面，防诸请谒故也。然今馆中作者，多士如林，皆愿长喙，无闻龁舌，倘有五始初成，一字加贬，言未绝口而朝野俱知，笔不栖毫而缙绅咸诵。……其不可三也。今史官注记，多取禀监修……十羊九牧，其命难行；一国三公，适从焉在。其不可四也。窃以史置监修，虽无古式，寻其名号，可得而言。夫监者总领之义耳，如创纪编年，则年有断限；草传叙事，则事有丰约；或可略而不略，或应书而不书，此刊削之务也。属词比事，劳逸宜均；挥铅奋墨，勤惰须等。某帙某篇付之此职，某纪某传归之彼官，此铨配之理也。斯并宜明立科条，审定区域，倘仿自勉，则书可立成。监之者既不指授，修之者又无遵奉，坐变炎凉，徒延岁月，其不可五也。"稍后，知幾著《史通》，于史馆之弊又多有指责。

沈佺期在驩州流所，诗作甚多。

按：《全唐诗》卷九七有沈佺期《从驩州廨宅移住山间水亭赠苏使君》、《赦到不得归题江上石》、《答魑魅代书寄家人》、《从崇山向越常》等，皆作于驩州。

宋之问遇赦，自泷州取道西江、桂水、湘水北归。至洛阳，授鸿胪丞。

按：宋之问贬泷州事，参见神龙元年条。两《唐书》宋之问本传皆云其自岭南逃归洛阳，因告发王同皎获迁鸿胪主簿。然考《旧唐书》苏晋、姚绍之传，《新唐书》苏晋、武三思传，逃归告变者乃之问弟宋之逊及之逊子宋昙，《资治通鉴》卷二〇八所载亦同。《通鉴考异》引《御史台记》、《朝野佥载》、《中宗实录》，均未言及之问。《诗渊》第一四九八宋之问《初承恩赐旨言放归舟》有"一朝承凯泽，万里别荒陬。去国云南滞，还乡水北流"云云，明言自己乃遇赦北归。又，《太平广记》卷二六三引《朝野佥载》，宋之问归洛阳后，与弟之逊"并授五品官，之逊为光禄丞，之问为鸿胪丞"。两《唐书》谓之问获迁鸿胪主簿，恐亦误。

贺知章时与越州贺朝、万齐融，扬州张若虚、邢巨，湖州包融等，俱以吴越之士，文词俊秀，名扬上京；又与张旭、张若虚、包融并称于世，号"吴中四士"。

按：《旧唐书·文苑传》载，贺朝官至山阴令，万齐融官至昆山令，张若虚官至兖州兵曹，邢巨累迁监察御史，包融被张九龄引为怀州司户、集贤院直学士。"数子人间往往传其文,独知章最贵"。

苏颋十一月由考功郎中出为合宫令,张说、宋之问均有诗赠别。

按:张说、宋之问所赠诗,分见《张燕公集》卷六《送苏合宫颋》、《全唐诗》卷五三《送合宫苏明府》。

杜审言自峰州流所被召还京,授国子监主簿。

按:杜审言流峰州事,参见神龙元年条。

吴兢为右补阙,以参修《则天皇后实录》,转起居郎。俄迁水部郎中,以丁忧还乡。

按:吴兢有史才,朱敬则为相时,颇器重之,令直史馆,参修国史。见《旧唐书》卷一〇二本传。《则天皇后实录》修成于本年,见下文条。

魏知古在吏部侍郎任,丁母忧去职。

按:见《旧唐书》卷九八本传。

祝钦明九月出贬青州刺史。

按:见《旧唐书》卷七《中宗纪》。

僧法藏奉诏为南天竺僧菩提流志所译《大宝积经》证义,又校对于阗僧实叉难陀所译《华严经》,补其阙文。

按:实叉难陀翻译《华严经》事,见证圣元年、圣历二年。经法藏校定之《华严经》,流传至今。

僧普寂在荆州玉泉寺师从僧神秀。是年师卒,遂领寺众。

按:神秀系唐代禅宗北派开创者,参见本年神秀条。

南天竺僧菩提流志在洛阳福先寺,先后译经凡11部。是年移住长安崇福寺,翻译《大宝积经》。

按:菩提流志长寿二年抵洛阳,参见该年条。

武三思等撰《则天皇后实录》20卷成,又编次武则天文集120卷,五月九日进上。

按:《唐会要》卷六三载,参预两书编撰者有中书令魏元忠、礼部尚书祝钦明,以及史官太常少卿徐彦伯,秘书少监柳冲,国子司业崔融,中书舍人岑羲、徐坚等。另据《旧唐书》卷一〇二《吴兢传》,吴兢与韦承庆、崔融、刘子玄(知幾)等亦参修此书。

僧神秀二月二十八日卒(约606—)。神秀俗姓李,汴州尉氏人。唐代禅宗北派开创者。少览经史,博学多闻。出家后,寻师访道,于蕲州黄梅县东山寺师从禅宗五祖弘忍。及弘忍卒,移住江陵当阳山玉泉寺,大开禅法,倡导渐悟法门,与禅宗六祖慧能于南方所倡顿悟法门相对,渐成禅宗一派,世称"南顿北渐,南慧北秀"。奉召入京,颇受武则天和唐中宗敬重。卒于洛阳天宫寺,谥曰"大通禅师"。李范、张说、卢鸿一皆为其撰碑,中宗御书碑额。弟子有普寂、义福等。著有《大乘五方便》(一作《北宗五方便门》,又作《大乘无生方便门》)、《观心论》等,今存,有敦煌写本。事迹见《宋高僧传》卷八、《景德传灯录》卷四、《五灯会元》卷二本传、《全唐文》卷二三一张说《唐玉泉寺大通禅师碑铭并序》。

按:神秀虽未传禅宗五祖弘忍衣钵,然其说一度在北方颇具影响。后经弟子普寂、义福等阐扬,更盛极一时,与禅宗六祖慧能一派成鼎立之势,禅宗遂有南北之分。普寂门人道璿还将禅宗北派传至日本。然传递几代后,禅宗北派便趋于衰微。

张柬之七月卒(625—)。柬之字孟将,襄州襄阳人。少补太学生,博涉经史,尤好《三礼》。初登进士第,又登贤良方正科,擢监察御史,累官凤阁侍郎,出掌相职。以恢复唐室之功,进拜中书令,封汉阳郡王。寻出为襄州刺史,再贬授新州司马,愤恚而卒。后追谥"文贞"。有集10卷,已佚。《全唐文》卷一七五收录其文4篇,《全唐诗》卷九九收录其诗5首。事迹见《旧唐书》卷九一、《新唐书》卷一二〇。

崔玄暐七月卒(638—)。玄暐本名晔,避武则天祖讳改,博陵人,崔行功从子。少以学行见称,善诗赋。举明经,武则天时累迁凤阁侍郎、同平章事,入掌相职。与张柬之等拥护中宗复位,进拜中书令,爵封博陵王。旋为武三思排挤出朝,累贬白州司马,卒于道。后追赠太子太师,谥曰"文宪"。晚年以诗赋非己所长,惟专志于经籍,多有述作。先后著有《行己要范》10卷、《友义传》10卷、《义士传》15卷、《训注文馆辞林策》20卷,并行于代,后皆佚。事迹见《旧唐书》卷九一、《新唐书》卷一二〇。

韦承庆十一月十九日卒(640—)。承庆字延休,阳武人。有文藻。进士及第,武则天时累迁凤阁侍郎、同平章事,入居相位。曾前后三掌吏部选事,以铨授平允为时人所称。中宗即位,坐附张易之兄弟,配流岭南。奉召回朝,累授黄门侍郎、兼修国史,未拜而卒,谥曰"温"。尝参修《则天皇后实录》,另有集60卷,已佚。《全唐文》卷一八八收录其文5篇,《全唐诗》卷四六收录其诗7首。事迹见《旧唐书》卷八八、《新唐书》卷一一六《韦思谦传》附传。时人岑羲撰有《韦承庆墓志》,见《隋唐五代墓志汇编》陕西卷第二册。

崔融六月卒(653—)。融字安成,齐州全节人。有文名,辞藻华婉典丽,当时罕有其匹。登词殚文律科,历夏县尉、崇文馆学士兼太子侍读、著作郎、中书舍人等职。出贬婺州长史,起为春官郎中、知制诰,迁司礼少卿。坐附张易之兄弟,贬袁州刺史。召拜国子司业,以病卒。追赠卫州刺史,谥曰"文"。曾参修《三教珠英》、《则天皇后实录》等,撰有《唐朝新定诗格》3卷、《珠英学士集》5卷、《宝图赞》1卷,另有集60卷,后皆散佚。《全唐文》卷二一七至二二〇辑录其文编为4卷,《全唐诗》卷六八辑录其诗编为1卷。事迹《旧唐书》卷九四、《新唐书》卷一一四。

按:张说《张燕公集》卷九《崔司业挽歌》赞崔融曰:"海岱英灵气,胶庠礼乐资。风流满天下,人物擅京师。疾起扬雄赋,魂游谢客诗。从今好文主,遗恨不同时。"

桓彦范七月卒(653—)。彦范字士则,润州丹阳(一作曲阿)人。以恩荫调右翊卫,累迁司刑少卿。中宗复位,擢侍中,执正敢言。旋为武三思排挤,加特进,封扶阳王,罢政,出为濠州刺史。复被诬有异谋,谪徙岭外,武三思遣人矫制杖杀之。有集3卷,已佚。《全唐文》卷一七五收录其表、疏2篇,事迹见《旧唐书》卷九一、《新唐书》卷一二〇。

富嘉谟三月癸丑卒,生年、字号不详。嘉谟,武功人。有文名,与吴少微至交,俱以经典为本,不因袭徐、庾体,时人号为"富吴体",又与谷倚并称"北京三杰"。登进士第,历仕寿安尉、晋阳尉等职,累迁左台监察御史,卒于官。有集10卷(一作5卷),已散佚。《全唐文》卷二三五收录其文4篇,《全唐诗》卷九四收录其诗1首。事迹见《旧唐书》卷一九〇中、《新唐书》卷二〇二。

吴少微卒,生年、字号不详。少微,新安人。少负文华,与富嘉谟友善,属辞本于经学,时称"富吴体"。登进士第,累迁右台监察御史。闻富嘉谟卒,悲痛不已,寻亦卒。有集10卷(一作5卷),已佚。《全唐文》卷二三五收录其文6篇,《全唐诗》卷九四收录其诗6首。事迹见《旧唐书》卷一九〇中。

神龙三年　唐中宗景龙元年　丁未　707年

二月,令举天下鸿儒博学之士。
按:见《登科记考》卷四。
四月,以金城公主嫁吐蕃赞普。
按:唐蕃和亲,始于太宗时。贞观中,尝以文成嫁吐蕃赞普。至是,因吐蕃赞普之请,以雍王李守礼之女为金城公主入嫁。
七月,太子李重俊与左羽林大将军李多祚等矫制起兵杀武三思、武崇训父子,拥兵入宫,中宗及皇后韦氏躲避于玄武门楼。重俊旋兵败被杀。
按:见《资治通鉴》卷二〇八。
九月庚子,改元景龙。策贤良方正科。
按:见《新唐书》卷四《中宗纪》、《登科记考》卷四。
是年,开科取士,考功员外郎马怀素知贡举,进士及第48人,诸科3人。
按:见《登科记考》卷四。

李峤七月进拜中书令。
按:见《新唐书》卷四《中宗纪》。
沈佺期是春遇赦,经琼州、端州、韶州、郴州北归,沿途所作诗赋甚多。八月至潭州,访及故旧,闻苏味道、崔融已卒,作诗哭之。稍后,授台州录事参军。是冬,复自台州入京上计,得召见,拜起居郎,兼修文馆直学士。
按:沈佺期获赦及北归途中所作诗赋,见《全唐诗》卷九六《喜赦》、《答宁处州书》、《早发平昌岛》,卷九五《绍隆寺序》、《夜泊越州逢北使》、《自昌乐溯流至白石岭下行入郴州》,卷二三五《峡山寺赋序》,卷九七《哭苏眉州崔司业二公序》等。
苏颋为合宫令,是秋奉召还朝,拜给事中。
按:苏颋出为合宫令事,参见神龙二年条。《全唐文》卷二九五韩休《苏颋文集序》谓苏颋"拜考功员外郎,迁给事中",恐误。苏颋为给事中前尚任考功郎中及合宫令,张说《张燕公集》卷十一《龙门西龛苏合宫等现身观世音菩萨像颂》亦称苏颋出为合宫令,"曾未期月,迁给事中"。"未期月"即不满一年。苏颋自去年十一月出为合宫令,至本年秋还朝,不到一年。

刘允济在青州长史任,为政清白,河南道巡察使路敬潜甚称荐之。

按:刘允济出贬青州长史事,参见神龙元年条。《金石萃编》卷六八有《卢正道清德文》,作于本年五月,知刘允济时尚在青州任。

卢粲弱冠登进士第,累迁给事中。屡有谏言,因得罪安乐公主,出为陈州刺史。

按:卢粲迁给事中之职,《旧唐书》卷一八九下本传系于景龙二年,恐误。《新唐书》卷一九九本传作"神龙中",当是。本年七月,安乐公主婿武崇训为太子李重俊所杀,诏追封鲁王,以皇陵之制墓葬。卢粲以为王公之墓不宜称陵,奏请仍按王公墓制,中宗从之。由是为安乐公主忌恨,出贬外职。

僧慧沼在僧义净译场任证义大德,与义净等奉召入宫译经。

僧一行于嵩山出家,师从北禅宗高僧普寂,又游历各地参访名师,内外学造诣更深,名声益振。

按:见《宋高僧传》卷五本传。

僧鉴真游学东都洛阳,又赴西京长安。

按:见《宋高僧传》卷一四本传。

元希声卒(662—)。希声字号不详,洛阳人。诗人,与崔湜、张说、卢藏用等交谊深厚。登进士第,历太子文学等职,累迁吏部侍郎,卒于官。曾预修《三教珠英》,有集30卷(一作10卷),已佚。《全唐诗》卷一〇一存录其诗8首。事迹见《全唐文》卷二八〇崔湜《故吏部侍郎元公碑》。

韦叔夏是年后卒,生年、字号不详。叔夏,京兆万年人,韦安石之兄。经学家。精研《三礼》,熟谙礼制。以明经登第,累除太常博士。历春官员外郎、成均司业、春官侍郎、太常少卿、国子祭酒等职,进爵沛国郡公。年七十余卒,追赠兖州都督、修文馆学士,谥曰"文"。著有《五礼要记》30卷,行于代,后佚。事迹见《旧唐书》卷一八九、《新唐书》卷一二二。

按:韦叔夏卒年,史无明载。《旧唐书》卷一八九下本传谓其本年拜国子祭酒,"累封沛国郡公,卒年七十余"。知其卒当在此后。姑系于此。隋唐之际,《三礼》之学颇兴,学者辈出。至武则天朝,韦叔夏尤为时人推崇,朝中修订礼仪,多委其刊定。

源衍(—740)生。

景龙二年　戊申　708年

阿拉伯人平北　二月丁亥,有臣僚上疏,谓近来官员倍增,吏风不正,请予肃正。中宗虽嘉之,终不能用。

> 按:《资治通鉴》卷二〇九载,黄门侍郎、同中书门下平章事萧至忠上疏,以为:"今列位已广,冗员倍之,干求未厌,日月增数。陛下降不訾之泽,近戚有无涯之请,卖官利己,鬻法徇私。台寺之内,朱紫盈满。……是以忽事则不存职务,恃势则公违宪章,徙忝官曹,无益时政。"事又见《旧唐书》卷九二《萧至忠传》。

四月二十二日,增置修文馆学士。

> 按:修文馆始设于武德四年,至九年改称弘文馆。太宗即位,始置学士。仪凤中增设详正学士。神龙元年改称昭文馆,次年复改称修文馆。参见诸年条。中宗喜文词,遂增置修文馆学士,设大学士4员,学士8员,直学士12员,像四时、八节、十二月,征攻文之士充之。见《唐会要》卷六四。又,《新唐书》卷二〇二《李适传》曰:"凡天子飨会游豫,惟宰相及学士得从。春幸梨园并渭水祓除,则赐细柳圈辟疠;夏宴蒲萄园,赐朱樱;秋登慈恩浮图,献菊花酒称寿;冬幸新丰,历白鹿,上骊山,赐浴汤池,给香粉兰泽,从行给翔麟马、品官黄衣各一。帝有所感即赋诗,学士皆属和。当时人所歆慕,然皆狎猥佻佞,忘君臣礼法,惟以文华取幸。"由是朝中文华之风大盛。参见本年下文李峤条。

六月二十六日,改太史局为太史监,罢隶秘书省。

> 按:见《唐会要》卷四四。太史局始设于唐初,其名称及建制屡有改易。参见久视元年五月、长安二年八月、景云元年七月、景云二年闰九月、开元二年二月、开元十五年正月、天宝元年十月、乾元元年三月条。

七月,臣僚数上疏,谓当今广建佛寺,劳人费财;又谓诸公主之家侈丽成风,交游朝士,干预朝政,宜有所禁遏。中宗皆不听。

> 按:见《资治通鉴》卷二〇九。

开科取士,考功员外郎宋之问知贡举,进士及第40人,诸科6人。

> 按:见《登科记考》卷四。

李峤在中书令任,与宗楚客等充修文馆学士。时峤与朝中诸文士屡伴驾宴游唱和,由是文风大盛。

> 按:是年四月,中宗增置修文馆学士,以文士充之。事见本年上文条。据《新唐书》卷二〇二《李适传》载,此次增置修文馆学士,以李峤、宗楚客、赵彦昭、韦嗣立为大学士;李适、刘宪、崔湜、郑愔、卢藏用、李乂、岑羲、刘知几为学士;薛稷、马怀素、宋之问、武平一、杜审言、沈佺期、阎朝隐、徐坚、韦元旦、徐彦伯、刘允济等为直学士。其后,被选者不一。另据《唐会要》卷六四载,本年二月二十三日,敕中书令李峤、兵部尚书宗楚客并为修文馆大学士;二十五日,敕秘书监刘宪、中书侍郎崔湜、吏部侍郎岑羲、太常卿郑愔、给事中李适、中书舍人卢藏用、李乂、太子中舍刘子玄并为学士;五月五日,敕吏部侍郎薛稷、考功员外郎马怀素、户部员外郎宋之问、起居舍人武平一、国子主簿杜审言并为直学士;十月四日,兵部侍郎赵彦昭、给事中苏颋、起居郎沈佺期并为学士。所言与《新唐书·李适传》所说有所不同。

> 又按:中宗喜文词,复位后,君臣唱和之风聿盛,李峤多参与之。是年七月初七日,中宗御两仪殿,赋诗,李峤与杜审言、刘宪、苏颋、李乂、赵彦昭、李行言等皆作诗唱和。九月初九日,中宗游慈恩寺塔,李峤与上官婉儿、宋之问、崔湜、李适、李乂、卢藏用、岑羲、薛稷、崔日用、刘宪、马怀素、赵彦昭、萧至忠、李迥秀、杨廉、宋璟、毕乾泰、樊忱、孙佺期、李从远、张景源、李恒、张锡、解琬、郑愔等扈从,皆有诗作。闰九月

非西部柏柏尔人部落。

北非柏柏尔人始皈依伊斯兰教。

保加利亚人败拜占庭。

初九日，中宗游总持寺，登浮图，李峤与宋之问、刘宪、李乂等皆献诗。十月初三日，中宗游三会寺，李峤与上官婉儿、宋之问、刘宪、李乂、郑愔等扈从，皆有诗。十一月十五日，中宗设宴于内殿，与李峤、宗楚客、刘宪、崔湜、郑愔、赵彦昭、李适、苏颋、卢藏用、李乂、马怀素、薛稷、宋之问、陆景初、上官婉儿等为柏梁体联句。十二月初六日，中宗游荐福寺，设春宴于内殿；二十一日，幸临渭亭；三十日，游长安未央宫故址。李峤与宋之问、沈佺期、刘宪、李适、李乂、苏颋、徐彦伯、赵彦昭、郑愔、上官婉儿等扈从，皆有诗作。

徐坚以礼部侍郎，充修文馆直学士。

按：《新唐书》卷一九九本传谓徐坚为弘文馆学士，似误。据同书卷二〇二《李适传》载，是年四月增置修文馆学士，分置大学士、学士、直学士，徐坚为直学士。

宋之问由户部员外郎迁考功员外郎。十月以杜审言卒，作文祭之，对审言大为推崇，谓其才超王勃、杨炯、卢照邻、骆宾王四子，人虽已亡，名则不死。

按：《唐会要》卷六四有"五月五日……户部员外郎宋之问"云云，知宋之问迁考功员外郎当在五月后。杜审言卒事，参见本下文条。宋之问《祭杜学士审言文》，见《全唐文》卷二四一。

僧文纲奉召入宫讲《四分律》，中宗以师礼待之。

按：见《宋高僧传》卷一四本传。

僧鉴真在长安，三月二十八日在实际寺从僧恒景律师受具足戒。

按：见《宋高僧传》卷一四本传。此期鉴真广参名师，其相继师从之光州僧道岸律师和恒景律师均为当时律宗大德。后鉴真又从融济研习道宣《四分律行事钞》、《羯磨疏》、《量处轻重仪》；从义威、智全、大亮等钻研相部律宗法砺《四分律疏》。僧融济系南山律宗高僧道宣高足，僧义威为僧道岸弟子，僧大亮系僧法砺弟子满意法嗣。由是数年之间，学业大进。

于阗僧实叉难陀应邀再次来唐，唐中宗亲赴郊外迎接。敕住长安大荐福寺，从事译经。

按：实叉难陀于证圣元年来唐，长安四年归国，此次为再度入唐。

赵冬曦撰《王政》3卷成，进上。

按：该书已佚。赵冬曦生卒年、字号不详，定州鼓城人。登进士第，历左拾遗、监察御史等职。开元中，坐事流岳州，召还复官，入集贤院修撰。后知史官事，迁考功员外郎、集贤院直学士、中书舍人内供奉，转国子祭酒，卒于官。尝参修《文府》。另有集若干卷，早散佚。《全唐文》卷二九六收录其文3篇。事迹见《新唐书》卷二〇〇。赵冬曦兄赵夏日，弟赵和璧、赵安贞、赵居贞、赵颐贞、赵汇贞，皆登进士第。

郗云卿是年前后奉敕编次骆宾王遗文为《骆宾王文集》10卷。

按：郗元卿《骆宾王文集序》曰："中宗朝，降敕搜访宾王诗笔，令云卿集焉。所载者即当时之遗漏，凡十卷。此集并是家藏者，亦足传诸好事。"《郡斋读书志》卷一七曰："中宗诏求其（指骆宾王——引者）文，得百余篇，命郗云卿次序之。"

埃德萨的雅各卒（约640— ）。叙利亚神学家、史

杜审言十月卒（约648— ）。审言字必简，襄阳人。杜预后裔，杜甫之祖。诗人。少与李峤、崔融、苏味道为文章四友，世号"崔李苏杜"。初登进士第，累迁洛阳丞，坐事贬吉州司户参军。后起为著作佐郎，迁膳部

员外郎。中宗复位,坐附张易之兄弟事,流放峰州。复召为国子监主簿,充修文馆直学士。及卒,追赠著作郎。有集 10 卷,已佚。《全唐诗》卷六二辑录其诗编为 1 卷。事迹见《旧唐书》卷一九〇上《杜易简传》附传、《新唐书》卷二〇一。

　　按：杜审言在唐代格律诗发展史上颇具地位。《全唐文》卷二四一有宋之问《祭杜学士审言文》,其略曰:"运钟唐虞,崇文宠儒,国求至宝,家献灵珠。后复有王、杨、卢、骆,继之以子跃云衢。……惟灵昭昭,度越诸子,言必得俊,意常通理。其含润也,若和风欲曙,摇露气于春林;其秉艳也,似凉雨半晴,悬日光于秋水。众辙同遵者摈落,群心不际者采拟。人也不幸而则亡,名分可大而不死。"《直斋书录解题》卷一九评曰:"唐初沈、宋以来,律诗始盛行,然未始以平侧失眼为忌。审言诗虽不多,句律极严,无一失粘者。(杜)甫之家传,有自来矣。然遂欲衔官屈、宋,则不可也。"

景龙三年　己酉　709 年

　　六月庚子,以经籍多缺,诏括天下图籍。
　　按：见《新唐书》卷四《中宗纪》。
　　暂停贡举,开制科,登第者 8 人。
　　按：见《登科记考》卷四。

　　李峤在中书令任,八月进位特进、同中书门下三品。时中宗侍臣及诸文士迭相宴饮唱和,峤多参与之。
　　按：李峤同中书门下三品事,见《新唐书》卷四《中宗纪》。中宗复位后,沉湎于宴游唱和,峤与诸文士遂极力投其所好。是年正月八日,中宗游清晖阁,李峤与宗楚客、刘宪、苏颋、李乂、赵彦昭等各应制作五言诗,峤又与宋之问、沈佺期、赵彦昭等各作七言绝句。同日,君臣于清晖阁欢宴,诸学士递起舞蹈,沈佺期作《回波乐》词。晦日,中宗游昆明池,赋诗,群臣应制百余篇,以宋之问、沈佺期二人所作为优。上官婉作评议,复以宋诗为第一。是月前后,中宗数赴长宁公主庄,上官婉儿及景龙馆诸学士皆有诗作。二月初八日,中宗亲送荆州僧玄奘等归,赋诗,李峤等皆有和作。十一日,中宗游太平公主南庄,李峤与宋之问、邵升、苏颋、李乂、沈佺期等扈从,各有诗作。是月,中宗数与学士近臣宴集,张锡、宗晋卿、张洽等起舞,卢藏用效道士上章,崔日用起舞作歌。惟郭山恽歌古诗,李景伯作《回波词》以讽。七月,中宗幸望春宫,制序作诗送朔方总管张仁愿赴军,李峤与李适、刘宪、苏颋、李乂等皆有和作。八月初三日,中宗游安乐公主西庄,李峤与宗楚客、韦元旦、李适、刘宪、苏颋、岑羲、薛稷、马怀素、沈佺期、赵彦昭等扈从,皆有七律应制诗,中宗亲制序。九月初九日,中宗游临渭亭,与李峤、阎朝隐、韦元旦、苏颋、韦嗣立、岑羲、卢藏用、薛稷、马怀素、沈佺期、赵彦昭、萧至忠、赵彦昭、李迥秀、杨廉、韦安石等分韵赋诗,中宗亲为序。十月八日,中宗临幸安乐公主新宅,沈佺期、宗楚客、赵彦昭等扈从,各有应制诗。十二月十二

学家、哲学家。

阿拉伯灭中亚布哈拉。

阿拉伯人取西班牙之休达。

日,中宗游温泉宫,登骊山,赋诗,李峤与刘宪、苏颋、张说、赵彦昭、阎朝隐等皆有和作。同月十四日,中宗幸韦嗣立庄,封嗣立为逍遥公,新制序并赋诗,李峤等各有应制七言绝句,张说作《东山记》述其事。十五日,中宗游白鹿观,李峤等复有应制诗。

苏颋为中书舍人,其父苏瓌为相,父子同掌枢密,世人荣之。朝廷属事填委,制诰敕令,皆出颋手。时李峤在中书令任,以为颋思路敏捷,自叹弗如。

按:见《旧唐书》卷八八本传。

崔湜为上官婉儿所荐,三月戊午与赵彦昭并为同平章事。五月丙戌,因与郑愔掌铨选受赃,为御史李尚隐所劾,贬吉州司马。经上官婉儿和安乐公主援手,寻改授襄州刺史。

按:见《旧唐书》卷七四本传、《新唐书》卷四《中宗纪》。

卢藏用在中书舍人兼知吏部侍郎事任,五月检校吏部侍郎。

按:见《旧唐书》卷九四本传。《全唐文》卷二五一有苏颋《授卢藏用检校吏部侍郎制》。

宋之问约是秋贬汴州长史,未及行,又改贬越州长史。经扬州,与韦述交游。至越州,作《祭禹庙文》。

按:宋之问初附太平公主,及见安乐公主权势日盛,复使相结,由是招徕太平不满,故有此贬。其所作《祭禹庙文》,见《全唐文》卷二四一。

褚无量迁国子司业,兼修文馆学士。中宗将南郊,诏诸礼官、学士议定仪典。无量、唐绍、蒋钦绪与祝明钦、郭山恽彼此各执一词,争论颇急,朝廷终不采其议。寻以母老辞官归家。

按:褚无量于《三礼》尤为精通,颇为时人所称。然时左仆射韦巨源支持祝钦明等人之说,褚无量之议遂不被采纳。参见本年祝钦明条。褚无量奏议,《旧唐书》卷一〇二本传引录颇详。

韦嗣立为修文馆大学士,三月上疏论官员、食封者冗滥,请加以整顿。疏入不报。

按:时政出多门,滥官充溢,人以为三无坐处,言宰相、御史及员外官冗滥。《资治通鉴》卷二〇九引韦嗣立上疏曰:"国初功臣封食者不过三二十家,今以恩泽,食封者乃逾百四十以上。国家租赋,太半私门。私门有余,徒益奢侈,公家不足,坐致忧危,制国之方,岂谓为得!"

祝钦明为国子祭酒,以中宗将祀南郊,与国子司业郭山恽奏言皇后亦合助祭。从之。

按:初,中宗对于祝钦明奏议颇以为疑,乃召集众礼官讨论。太常博士唐绍、蒋钦绪、彭景直皆持异议,与祝钦明争论激烈。时尚书左仆射韦巨源协同祝钦明之义,中宗遂纳其言。《旧唐书》卷一八九下祝钦明本传于此次礼制之争,叙述颇详。

高峻在雍州奉天县令任。

按:高峻系唐初名臣高士廉之孙,其生平事迹,史载不详。《新唐书》卷五八《艺文志》曰:"峻,元和中人";同书《宰相世系年表》又谓高峻官至殿中丞、蒲州长史,其子高迥官余杭令。今人李裕民《〈高氏小史〉考》(载《辞书研究》1982年第3期)承此说;张固也《高峻〈高氏小史〉考》(载《史学史研究》2002年第2期)以为峻当卒于玄宗初年。另据池田温《中国古代籍帐研究》所录《唐景龙三年八月尚书比部符》,其中有

"雍州奉天县令高峻等救弊状"云云,知其本年在奉天令任。

又按:高峻精史学,著有《高氏小史》,其卷帙众说不一。《新唐书·艺文志》谓高峻撰该书为60卷,后其子高迥续撰,遂成120卷;《崇文总目》、《宋史·艺文志》作110卷;《直斋书录解题》作130卷;《史略》作100卷,《日本国见在书目录》作50卷。该书为纪传体通史,系综合诸家断代史及唐官修《实录》而成,所述上承《史记》,下迄于唐。清章学诚《文史通义》以为该书"但节正史,并无别载,当入史钞。向来著录入于通史,非也。"然自班固以降,断代纪传体史书代有修撰,作通史者甚少。高氏通贯诸代史,其编撰又颇为严谨,于唐代史学亦可谓独树一帜。至宋代,《高氏小史》大行于世,颇为学者推重。《直斋书录解题》卷四谓司马光"尝称其书,使学者观之",司马光《与刘道原书》曰:"光少时惟得《高氏小史》读之,自宋迄隋正史并南、北史,或未尝得见,或读之不熟。"明初后,该书亡佚。另,高峻兄高峤,亦有史学,有《汉书注》95卷,开元中进上。《新唐书·宰相世系表》谓其官司门郎中。余不详。

王维居洛阳,作《洛阳女儿行》。

按:王维所作《洛阳女儿行》,见《全唐诗》卷一二五。

僧恒景奉召赴京,入为朝廷戒师。是年奏请归山,二月,中宗特于林光宫观门道场为其设斋饯行。

按:见《宋高僧传》卷五本传。

元行冲十二月前撰《魏典》30卷成。

按:元行冲时为太常少卿,以其族出于北魏拓跋氏,史无北魏编年,遂撰《魏典》。《唐会要》卷六三谓该书成于本年,"事详文简,为学者所称"。《新唐书》卷二〇〇元冲本传谓其撰成于"景云中",恐误。该书后佚。

沈如筠约是年前后以所作诗300首集为《正声集》。

按:沈如筠,湖州人,官至横阳主簿。《嘉泰吴兴志》卷一六曰:"又有沈如筠,有《正声集》……吏部侍郎卢藏用常讽诵之。"卢氏本年五月任吏部侍郎,知沈诗结集当在本年左右。姑系于此。又,沈氏尚著有《异物志》3卷,已佚。《全唐诗》卷一一四收录其诗4首。

刘允济约是年前后卒,生年、字号不详。允济,巩县人。博学,善属文,与王勃特相友善,俱闻于世。弱冠登进士第,累迁左史兼直弘文馆。天授中受诬下狱,后遇赦,授大庾尉。长安中累迁著作佐郎参修国史,擢拜凤阁舍人。中宗复位,坐与张易之款狎,出贬青州长史。复奉召入朝,为修文馆直学士,寻卒。尝编纂《金门待诏集》10卷,撰《鲁后春秋》20卷,另有集20卷,后皆散佚。《全唐文》卷一六四收录其文5篇,《全唐诗》卷六三收录其诗4首。事迹见《旧唐书》卷一九〇中、《新唐书》卷二〇二。

按:刘允济卒年,史无明载。《新唐书》本传曰:"以内忧去官,服除,召为修文馆学士。既久斥,喜甚,与家人乐饮数日,卒。"《唐会要》卷六四谓景龙二年,增置修文馆学士,无允济名。《新唐书·李适传》谓景龙二年增置学士,"又召徐坚、韦元旦、徐彦伯、刘允济等满员"。据《新唐书·韦元旦传》、《唐诗纪事》卷一一,韦元旦、阎朝隐于本年奉召为修文馆学士,知刘允济充学士及卒当在本年前后。

梁载言约是年末或稍后卒,生年、字号不详。载言,聊城人。登进士第,历凤阁舍人等职,终怀州刺史。著有《具言故事》、《具员事迹》各10

威塞克斯的奥尔德海姆卒(约639—)。英格兰最早的拉丁文诗人。

圣威尔夫里德卒(634—)。英格兰基督教僧侣。诺森伯里亚大主教。

卷,《十道志》16卷,后皆佚。事迹见《旧唐书》卷一九〇中、《新唐书》卷二〇二。

按:《新唐书》本传谓梁载言"终怀州刺史"。《唐代墓志汇编》景龙〇三二《王震墓志》,题"使持节怀州诸军事、怀州刺史梁载言撰"。王震于本年十月下葬,知梁载言时尚在怀州任上,其卒当在年末或稍后,姑系此。

颜真卿（ —784)、僧马祖道一（ —788)生。

按:颜真卿生年,历有歧说。《旧唐书》卷一二八本传谓其卒于兴元元年,年七十七。以此溯推,当生于景龙二年。《全唐文》卷五一四殷亮《颜鲁公行状》谓其贞元元年卒,年七十七,以此溯推,当生于本年。《全唐文》卷三九四令狐峘《光禄大夫太子太师上柱国鲁郡开国公颜真卿墓志铭》谓其贞元初卒,年七十六,以此溯推,当生于景龙四年。今从《行状》。

景龙四年　唐睿宗景云元年　庚戌　710年

阿拉伯人侵拜占庭小亚细亚之奇里乞亚。

阿拉伯人取北非拜占庭之丹吉尔。

拜占庭帝查士丁尼二世召罗马教皇至君士坦丁堡。

正月至四月,中宗仍与侍臣、学士宴游唱和不断。

按:中宗复位后,屡与侍臣及朝中文士宴饮唱和,参见景龙元年、二年李峤条。是年正月朔日,赐群臣柏叶,李乂、赵彦昭等各有应制诗。初五日,于蓬莱宫宴吐蕃使者,与上官婉儿、阎朝隐、窦从一及皇后韦氏、长宁公主、安乐公主、太平公主和吐蕃舍人明悉猎等为柏梁体联句。初七日,于大明宫开宴,崔日用、李峤、韦元旦、李适、刘宪、苏颋、李乂、马怀素、沈佺期、赵彦昭等各有应制诗。初八日立春,命侍臣游苑,又至望春宫迎春,并赋诗,崔日用、阎朝隐、韦元旦、李适、卢藏用、马怀素、沈佺期等皆有和作。晦日,游沪水,张说、沈佺期等皆有应制诗。二月初一日,至始平,送金城公主入吐蕃,以郑惟忠为使。崔日用、李峤、阎朝隐、韦元旦、李适、刘宪、苏颋、徐伯彦、张说、薛稷、马怀素、沈佺期、赵彦昭等皆有应制诗。初三日,幸司农少卿王光辅庄,与诸学士讨论经史。二十一日,宴张仁愿于桃花园,李峤、苏颋、徐彦伯、张说、李乂、赵彦昭等各有七绝应制。次日,复宴于承庆殿,令宫女歌李峤等应制诗,敕太常简二十篇入乐府,号《桃花行》。三月上巳,祓禊渭滨,刘宪、徐彦伯、张说、韦嗣立、李乂、沈佺期等各有七绝应制诗。初八日,与修文馆诸学士宴于礼部尚书窦希玠宅,苏颋、刘宪、李乂、沈佺期等各有应制诗。十一日,宴于上官婉儿别院,诸人又有诗作。是月,游望春宫,崔日用、阎隐、韦元旦、刘宪、苏颋、张说、李乂、岑羲、薛稷、马怀素、沈佺期等各有应制七律诗。四月初一日,游长宁公主庄,李峤、李适、刘宪、李乂等各有应制诗。初六日,至兴庆池观竞渡之戏,李适、韦元旦、刘宪、苏颋、徐彦伯、张说、李乂、马怀素、沈佺期等各有七律应制诗。

六月壬午,中宗李显卒(646—)。皇后韦氏秘不发丧,总掌朝政。

按:李显系唐高宗第七子,曾于弘道元年十二月即帝位,次年二月被武则天废为庐陵王。圣历元年九月再立为皇太子,神龙元年复位。在位数年,不理政务,沉湎于宴饮游乐之中。皇后韦氏欲仿武则天临朝称制,其女安乐公主欲立为皇太女,遂合谋毒死之。有集40卷,已佚。

甲申，中宗皇后韦氏自称皇太后，临朝摄政，改元唐隆。立温王李重茂为帝，是为唐少帝。

按：见《新唐书》卷五《睿宗纪》。

庚子夜，临淄王李隆基起兵诛皇后韦氏、安乐公主及其党羽。

按：见《新唐书》卷五《睿宗纪》。

甲辰，睿宗李旦复位，诏内外执事官五品以上各举1人。

按：见《新唐书》卷五《睿宗纪》、见《登科记考》卷四。睿宗初于文明元年即位，旋为武则天所废。至是，其子李隆基又拥其复位。

七月己巳，改元景云，大赦天下。

按：见《新唐书》卷五《睿宗纪》。

二十八日，改太史监为太史局，仍隶秘书省。

按：至八月十日，又复称太史监。十一月二十一，再改称太史局。见《唐会要》卷四四。太史局始设于唐初，其名称及建制屡有改易。参见久视元年五月、长安二年八月、景龙二年六月、景云二年闰九月、开元二年二月、开元十五年正月、天宝元年十月、乾元元年三月条。

是月，诏荐举人才，令诸州每年遵行乡饮之礼。

按：见《登科记考》卷四。

十二月十一日，制举七类人才。

按：《册府元龟》卷六八载睿宗制曰："才生于代，必以经邦；官得其人，故能理物。……今四方选举，群才辐辏，操斧伐柯，求之不远。其有能明三经、通大义者，能综一史、知本末者，通三教宗旨、究精微者，善六书文字、辨声象者，度雅曲、和六律五音者，习韬略、学孙吴、识天时人事者，畅于词气、听于受领、善敷奏吐纳者，咸令所司博采明试，朕亲览焉。"

是年，以修文馆学士多以罪贬黜，令给事中一人权知馆。

按：修文馆置学士事，见景龙二年四月条。

开科取士，考功员外郎武平一知贡举，进士及第52人。

按：见《登科记考》卷四。

姚崇为许州刺史、梁县侯，六月奉召还朝，授兵部尚书、同中书门下三品，十一月，进拜中书令。

按：见《新唐书》卷五《睿宗纪》。

宋璟为洛州长史，七月丁巳召拜检校吏部尚书、同中书门下三品，与姚崇同掌相职。

按：见《新唐书》卷五《睿宗纪》。

苏颋为太常少卿，是春与韦元旦、徐彦伯、张说、李乂、卢藏用、岑羲、马怀素、沈佺期等送唐询赴唐州刺史任，各有诗作。十一月，诏拜工部侍郎。以父丧守制，抗表固辞，许之。

按：苏颋等人送唐询诗，见《全唐诗》卷五四、卷六九、卷七三、卷七六、卷八七、卷九二、卷九三、卷九六。颋丁父忧事，见《旧唐书》卷八八本传。

崔湜六月癸未与中书侍郎岑羲并为同平章事；癸卯，罢相位，贬华州刺史；戊申，拜吏部侍郎，复为同中书门平章事。七月壬戌，再罢相职。

按：崔湜等诏附皇后韦氏与安乐公主，故中宗卒后，即登相位。寻韦后等被诛，崔湜等亦遭贬。中书令萧至忠初贬许州刺史，寻改贬晋州刺史；兵部尚书、同中书门下三品韦嗣立初贬宋州刺史，寻改贬许州刺史；中书侍郎、同平章事赵彦昭初贬绛州刺史，寻败贬宋州刺史；特进、同中书门下三品、赵国公李峤贬怀州刺史；薛稷停知机务，转右散骑常侍；岑羲转右散骑常侍；秘书少监郑愔初贬沅州刺史，寻因附谯王李重福谋反，事败被斩，族诛。见《新唐书》卷五《睿宗纪》、《资治通鉴》卷二○九。

崔日用为兵部尚书兼雍州长史，七月进拜黄门侍郎，参知政务。寻复为雍州长史，罢知机务。

按：见《新唐书》卷五《睿宗纪》。

李峤七月由特进、同中书门下三品出为怀州刺史。

按：见《新唐书》卷五《睿宗纪》。

宋之问是春在越州长史任，作《祠梅》等诗，流布京师，人多传诵。六月戊申，坐与韦后、武氏交通，再流钦州。自越州北上吴江，溯长江而西，经荆州、长沙南下，沿途多有诗作。

按：宋之问出贬越州长史事，见景龙三年条。其所作《祠梅》，见《全唐诗》卷五一。

褚无量在家奉母，为太子李隆基所召，复拜国子司业兼太子侍读。撰《翼善记》以进，太子降书嘉劳。

按：见《旧唐书》卷二○○本传。

尹知章在汝、洛间，与解琬以修学为事，为中书令张说奏荐，拜礼部员外郎，俄转国子博士。复为秘书监所马怀素奏荐，就秘书省与诸学者刊定经史。仍讲授不辍，远近士子咸来受业。

按：《旧唐书》卷一八九下本传曰："知章虽居吏职，归家则讲授不辍。尤明《易》及《庄》、《老》玄言之学，远近咸来受业。其有贫匮者，知章尽其家财以衣食之。"又曰："性和厚，喜愠不形于色。未尝言及家人产业，其子尝请并市樵米，以备岁时之费，知章曰：'如汝所言，则下人何以取资？吾幸食禄，不宜夺其利也！'竟不从。"

李邕为左拾遗，六月拜左台殿中侍御史，在东都洛阳留台。八月，因平谯王李重福之乱有功，迁户部员外郎。

按：见《旧唐书》卷一九○中本传。

员半千为蕲州刺史，奉召入朝，拜太子右谕德，兼弘文馆学士。

按：见《旧唐书》卷一九○中本传。

徐坚迁太子右庶子兼崇文馆学士、修史，进爵东海郡公。复以散骑常侍兼黄门侍郎，寻授黄门侍郎，遂登相位。

按：《新唐书》卷一九九本传谓徐坚于睿宗即位初授太子左庶子；《旧唐书》卷一○二本传则谓徐坚拜左散骑常侍，皆误。今从《全唐文》卷二九一张九龄《大唐故光禄大夫右散骑常侍集贤院学士赠太子少保东海徐文公神道碑铭》。

薛稷为谏议大夫、昭文馆学士，好古博雅，善画，尤工书，为时人所重。睿宗即位，拜中书侍郎，与苏颋对掌制诰。寻与崔日用同为参知政事，又罢为散骑常侍。

按：《旧唐书》卷七三本传载，薛稷与从祖兄薛曜俱以词学知名，"好古博雅，尤工隶书。自贞观、永徽之际，虞世南、褚遂良时人宗其书迹，自后罕能继者。稷外祖魏徵家富图籍，多有虞、褚旧迹，稷锐精模仿，笔态遒丽，当时无及之者。"

魏知古由晋州刺史召拜黄门侍郎，兼修国史。

按：见《旧唐书》卷九八本传。

王维是年十九，应试京兆府。

按：《全唐诗》卷一二七王维《清如玉壶冰》题下注："京兆府试，时年十九。"

孙逖时年十五，谒崔日用，作《土火炉赋》。日用大为赞赏，遂为忘年之交。

按：《全唐文》卷三三七颜真卿《孙逖文集序》曰："十五时，相国齐公崔日用试《土火炉赋》，公雅思遒丽，援翰立成。齐公骇之，约以忘年之契。"齐公即崔日用。

李白是年十岁，居蜀中，已通《诗》、《书》。

按：见《新唐书》卷二〇二本传。

彭景直为太常博士，多参与朝中仪制讨论。

按：彭景直生卒年、字号不详，瀛州河间人。有儒学，累迁礼部郎中，卒于官。《全唐文》卷二七一存录其文1篇。事迹见《新唐书》卷一九九。

僧慧沼于大荐福寺参与僧义净译场。时义净译《浴象功德》等经，《根本说一切有部苾刍尼毗奈耶》等律，《唯识宝生》等论，慧沼与僧文纲、胜庄等同任证义。

按：慧沼虽师承法相（唯识）宗初祖窥基，然其晚年随义净译经，亦受后者部分思想之影响。所疏《金光明最胜王经》，即系义净新译本。

又按：僧胜庄系新罗人，生卒年不详。早年来唐游学，先后住大荐福寺、崇义寺，曾师从玄奘门下著名高僧圆测，研习《唯识论》。后回国，不知所终。著述颇多，现存《梵网经菩萨戒本述记》4卷，另有《金光明最胜王经疏》、《成唯识论决》、《杂集论疏》、《佛性论义》、《大因明论述记》、《起信论问答》、《成唯识论注枢要》、《成唯识论要集》、《阿毗达磨杂集论疏》、《阿毗达磨杂集论述记》、《瑜伽师地论疏》、《显扬圣教论略述章》等，后皆佚。

僧一行称疾坚辞朝廷征聘，赴荆州当阳山师从僧悟真律师，研习《毗尼》。

南天竺僧菩提流志于长安北苑白莲池甘露亭译经，先后译出49部，凡120卷。

按：菩提流志于神龙二年由洛阳移住长安，参见该年条。

刘知幾二月著《史通》20卷成。

按：刘知幾撰《史通》时间，近人傅振伦《刘知幾之史学》以为其始于长安二年，至开元初尚未搁笔；今人白寿彝《刘知幾之史学》以为书成于本年，后仍有修改。考《全唐文》卷二七四所录刘子玄（知幾）《史通序录》，其中曰："自惟历仕二主，从宦两京，遍居司籍之曹，久处载言之职。……尝以载削余暇，商榷史篇，下笔不休，遂盈筐箧。于是区分类聚，编而次之……于时岁次庚戌景龙四年仲春之月也。"由此可知该书当著成于本年。《史通》今存，有明嘉靖陆严山所刊蜀本、李维桢、郭孔延评释本、纪文达公削繁本、王维俭训诂本、清四库本等。后世研究《史通》者甚众，有唐柳璨《史通析微》，宋孙何《驳史通》，明于慎行《史通举正论》，清浦起龙《史通通释》、黄叔

埃及始产糖。

爱尔兰精美的拉丁文饰画福音书《凯尔斯书》约于此间完成。

琳《史通训诂补》,近人吕思勉《史通评》等。

又按:刘知幾自言"商榷史篇,下笔不休","多讥往哲,喜述前非",颇具批评意识。书中对历代史学及本朝修史制度多有评论,见解深刻。《新唐书》本传曰:"始子玄修《武后实录》,有所改正,而武三思等不听,自以为见用于时而志不遂,乃著《史通》内外四十九篇,讥评今古。徐坚读之,叹曰:'为史氏者宜置此坐右也。'"该书系中国史学史上首次对史学作全面系统总结之理论著作,所建立起来的古代史学理论之基本体系和框架,对后世影响颇大。近人梁启超《中国历史研究法》曰:"自有史学以来二千年间,得三人焉:在唐则刘知幾,其学说在《史通》;在宋则郑樵,其学说在《通志·总序》及《艺文略》、《校雠略》、《图谱略》;在清则章学诚,其学说在《文史通义》。"又曰:"刘氏事理缜密,识力锐敏,其勇于怀疑,勤于综核,王充以来,一人而已。"

张鷟约是年前后著《才命论》1卷,后有李季孙为之作注。

按:时张鷟在长安尉任,其入仕后五为县尉,郁郁不得志,遂著论以抒怀。《才命论》既出,盛行于世。

张希元约是年前后集仪凤至景龙间所作诗文为《前集》,张说为序。

按:张希元,中山人,诗人,时在洛州司马任。张说《张燕公集》卷一六《洛州张司马集序》对希元评价颇高,谓其"许与气类,交游豪杰,仕遭夷险,身更否泰","尝摄戎幽易,谪居邛嶲",故"发言而宫商应,摇笔而绮绣飞,逸势标起,奇情新拔","当代名流,翕然崇尚"。

苏瓌十月己巳卒(639—)。瓌字昌容,京兆武功人,苏颋之父。进士及第,神龙初累迁尚书左丞。通晓法令,熟谙台省旧章,一朝格式,皆所删正。拜尚书右仆射、同中书门下三品,封许国公。睿宗即位,进拜左仆射,卒于官,谥曰"文贞"。撰《中枢龟镜》1卷,另有集10卷,后皆佚。《全唐文》卷一六八收录其文2篇,《全唐诗》卷四七收录其诗2首。事迹见《旧唐书》卷八八、《新唐书》卷一二五。《全唐文》卷二三八有卢藏用《太子少傅苏瓌神道碑》。

于阗僧实叉难陀十月卒(652—)。实叉难陀一作施乞叉难陀,汉译学喜或喜学。译经三藏,以精通大、小乘学和外论著称。证圣元年抵洛阳,奉敕译经,先后译出佛典经论凡19部,共109卷,尤以《华严经》80卷、《大乘入楞伽经》7卷为时人公认要典。后归国,景龙二年再度入唐,未几罹疾,卒于长安大荐福寺。弟子有悲智等。事迹见《宋高僧传》卷二、《开元释教录》卷九、《贞元新定释教目录》卷一三、《华严经传记》卷一等。

上官婉儿六月庚子卒(664—)。婉儿,陕州陕人,上官仪孙女。诗人。武则天时,颇受信用,拜婕妤,参与机政。中宗时立为昭容,权势益盛。常与诸学士唱和,品第甲乙。韦后之败,被诛。睿宗复位,追复为昭容,谥曰"惠文"。其诗文集为《上官昭容集》20卷,张说为之序。后散佚。《全唐诗》卷五收录其诗32首。事迹见《旧唐书》卷五一、《新唐书》卷七六。

按:上官婉儿文集编次事,参见景云二年条。张说《唐昭容上官氏文集序》,见《全唐文》卷二二五。《新唐书》本传曰:"婉儿劝帝侈大书馆,增学士员,引大臣名儒充选。数赐宴赋诗，君臣赓和，婉儿常代帝及后、长宁、安乐二主，众篇并作，而彩丽益新；又差第群臣所赋，赐金爵，故朝廷靡然成风。当时属辞者，大抵虽浮靡，然所得皆有可观，婉儿力也。"张说《序》曰："上官昭容者，故中书侍郎仪之孙也。明淑挺生，才华绝代。敏识聪听，探微镜理。开卷海纳，宛若前闻。摇笔云飞，咸同宿构。……则天久视之后，中宗景龙之际，十数年间，六合清谧。内峻图书之府，外辟修文之馆，搜英猎俊，野无遗才。右职以精学为先，大臣以无文为耻。每豫游宫观，行幸河山，白云起而帝歌，翠华飞而臣赋，雅颂之盛，与三代同风。岂惟圣后之好文，亦云奥主之协赞者也。古者有女史记功书过，复有女尚书决事宫闼，昭容两朝专美，一日万机，顾问不遗，应接如响。虽汉称班媛，晋誉左嫔，文章之道不殊，辅佐之功则异。"

　　祝钦明是年后卒，生年不详。钦明字文思，京兆始平人。少通《五经》，博涉众史百家之说。登明经第，累迁太子率更令，兼崇文馆学士，充太子侍读。及中宗即位，遽登相位，擢拜国子祭酒、同中书门下三品，历刑部、礼部尚书，累封鲁国公。被劾贬授申州刺史，复召为国子祭酒。再遭劾出贬饶州刺史，卒于崇文馆学士。尝参修《则天皇后实录》等。《全唐文》卷二三七收录其文4篇，《全唐诗》卷九四收录其诗1首。事迹见《旧唐书》卷五九、《新唐书》卷一〇九。

　　按：祝钦明卒年，两《唐书》本传均未明载，唯言其于景云初贬授饶州刺史，后入为崇文馆学士，寻卒。知其卒当在本年后不久。姑系于此。祝钦明于武则天时号称"大儒"，常参与议定礼制。然其为人猥琐，学者多诟之。《旧唐书》本传引侍御史倪若水劾章曰："钦明等本自腐儒，素无操行，崇班列爵，实为叨忝，而涓尘莫效，谄佞为能，遂使曲台之礼，圜丘之制，百王故事，一朝坠失。所谓乱常改作，希旨病君，人之不才，遂至于此。"《新唐书》本传载，中宗尝与群臣宴，钦明自言能《八风舞》，"据地摇头睆目，左右顾眄"。吏部侍郎卢藏用叹曰："是举《五经》扫地矣。"

　　钱起（　—约783）、僧神邕（　—788）生。

景云二年　辛亥　711年

　　二月丁丑，命太子李隆基监国，秉决政事。

　　按：李隆基自去年诛杀中宗皇后韦氏及安乐公主，拥立睿宗复位后，渐掌控朝政。

　　三月八日，复称修文馆为昭文馆。

　　按：修文馆自武德四年设置后，其名称屡有改易，或称弘文，或称昭文，或仍称修文。参见武德九年、神龙元年及二年诸条。至是，复称昭文。后又有改称，见开元七年九月条。《旧唐书》卷七《睿宗纪》系此事于二月己未，此从《唐会要》卷六四。

　　四月癸未，制佛、道并行。

　　按：唐初以来，佛、道两教之争颇为激烈。高祖时，以道为先，佛为末；武则天时，又推佛为先。至睿宗复位，遂易以佛、道并位。《全唐文》卷一八载睿宗《令僧道并行制》曰："朕闻释及玄宗，理均迹异，拯人救俗，教别功齐，岂于中间妄生彼我，不

阿拉伯北非总督穆萨遣柏柏尔人塔里克灭西哥特王国。遂取科尔多瓦、托莱多等。

菲利皮克思弑查士丁尼二世。拜占庭帝国希拉克略王朝终。

达戈伯特三世即任全法兰克国王。

遵善下之旨,相高无上之法,有殊圣教,颇失彝章。自今每缘法事集会,僧尼道士女冠等,宜令齐行并进。"《唐大诏令集》卷一一三亦载此制。此制既出,佛、道序位之争渐止,终唐一世,遂成定制。《旧唐书》卷七《睿宗纪》系此事于本年四月。

八月丁巳,太子李隆基赴太学释奠。

按:见《新唐书》卷五《睿宗纪》。

闰九月十日,改太史局为浑仪监。

按:《唐会要》卷四四载,武则天时,一度改太史局为浑仪监,至是再次改称。太史局始设于唐初,其名称及建制屡有改易。参见久视元年五月、长安二年八月、景龙二年六月、景云元年七月、开元二年二月、开元十五年正月、天宝元年十月、乾元元年三月条。

是年,开科取士,卢逸知贡举,王翰等登进士第;又举制科,登第56人。

按:见《登科记考》卷五。

姚崇、宋璟以不附太平公主故,二月甲辰并罢相,崇左迁申州刺史,璟出为楚州刺史。时朝纲紊乱,复如景龙之世。

按:太平公主系武则天之女,与李隆基协同诛杀中宗皇后韦氏及安乐公主,欲仿效其母登帝位,故朝中宰臣凡不附之者,多遭黜斥。见《新唐书》卷五《睿宗纪》。

张说为中书侍郎,正月己未与太仆卿郭元振并为同中书门下平章事。四月庚辰,转兵部尚书,仍参政事。因不附太平公主,十月罢知政事,转为尚书左丞,分司东都。

按:时太平公主极力排斥异己,网罗党羽。张说罢政时,郭元振亦遭排斥,崔湜、萧忠至等人则以谄媚,相继入相。见《新唐书》卷五《睿宗纪》。

崔湜十月由太子詹事进拜中书侍郎、同中书门下三品,复掌相职。

按:见《新唐书》卷五《睿宗纪》。

刘知幾累迁太子左庶子,兼崇文馆学士,仍修国史。以太子将释奠于国学,有司所拟仪违礼,奏言其三不可。

按:刘知幾所奏,《旧唐书》卷一〇二本传具载。

宋之问流钦州,途经韶州、端州、藤州等地。秋冬间,至桂州,致书修史学士、右补阙吴兢,乞其父宋令文之遗逸事迹。

按:宋之问《在桂州与修史学士吴兢书》,见《全唐文》卷二四〇。

李邕在户部员外郎任,因不附太平公主,八月贬崖州舍城县丞。

按:见《旧唐书》卷一九〇中本传。

魏知古由黄门侍郎转散骑常侍,十月同中书门下三品,参知政事,多有谏言。

按:见《新唐书》卷五《睿宗纪》、《旧唐书》卷九八本传。

张鷟再应制举,登贤良方正科,授鸿胪寺丞。

按:见《登科记考》卷五。

僧义净由天竺回国后,致力于佛教经论翻译。自久视年间以来,所译经论凡56部。

按:《宋高僧传》卷一本传载,义净回国,"初与于阗三藏实叉难陀翻《华严经》,久视之后,乃自专译。……自天后久视迄睿宗景云,都翻出五十六部,二百三十卷。"

道士司马承祯奉召至京,睿宗问以阴阳术数及治国之事,承祯以老子

"无为"以对。至夏秋间,仍还天台。

按:司马承祯曾师从嵩山道士潘师正,参见乾封二年条。后隐居天台山玉霄宫,为道教茅山宗之重要学者。武则天曾召至洛阳,手敕赞誉之。至是,睿复召其至京,入宫奏对。《旧唐书》卷一九二本传引承祯对曰:"《道经》之旨,为道日损,损之又损,以至于无为。……无为之旨,理国之道也。"玄宗即位后,又数召之。参见开元九年、十五年条。又,承祯与陈子昂、卢藏用、宋之问、赵贞固、李适等人多有交游。本年还天台,睿宗赋诗送之,李适、沈佺期等众文士皆有和作。徐伯彦编为《白云记》并序之,颇行于代。今不存。

睿宗七月诏追复上官婉儿为昭容,编次其诗文为《上官昭容集》20卷,张说为序,崔日用撰碑,张说撰铭。

按:张说《唐昭容上官氏文集序》,见《全唐文》卷二二五。

李适十一月卒(663—)。适字子至,京兆万年人。诗人。举进士,历猗氏尉、户部员外郎、中书舍人、给事中等职,卒于工部侍郎任。尝参修《三教珠英》,有集20卷(一说10卷),大历初贾至为序,已佚。《全唐诗》卷七〇辑录其诗编为1卷。事迹见《新唐书》卷二〇二。

按:李适颇有名于当时诗坛。《全唐文》卷三六八贾至《工部侍郎李公集序》评曰:"公当颓靡之中,振洋洋之声,可谓深见尧舜之道,宣尼之旨,鲜哉希矣。观作者之意,得《易》之变,知《书》之达,究《诗》之微,极《春秋》之褒贬,可谓孔门之弟,洙泗遗徒。……言近而兴深,语细而讽大,罔有不含《六经》之奥义,览者其知夫子之墙乎。"及其卒,张说为作挽诗,徐伯彦作诗题于碑阴,沈佺期为祭文祭,分见《张燕公集》卷九、《全唐诗》卷七六、《沈云卿文集》卷五。《全唐文》卷四五八录有李适子李季卿所撰《栖先茔记》。

刘宪卒,生年不详。宪字元度,宁陵人。诗人。垂拱间登进士第,累迁侍御史。后受诬贬邻水令,召为给事中,转凤阁舍人。中宗初出为渝州刺史,复召为修文馆学士。景云初迁太子詹事,卒于官。有集30卷,已佚。《全唐诗》卷七一收辑录其诗编为1卷。事迹见《旧唐书》卷一九〇中、《新唐书》卷二〇二。

僧湛然(—782)生。

唐睿宗太极元年　延和元年
唐玄宗先天元年　壬子　712年

正月己丑,改元太极。

阿拉伯入中亚

康国，取撒马尔罕。

阿拉伯人入印度下信德。

阿拉伯人取塞尔维亚。

保加利亚人入色雷斯，遂抵君士坦丁堡。

按：见《新唐书》卷五《睿宗纪》。

二月丁酉，太子李隆基赴国子学释奠。追赠颜回为太子太师，曾参为太子太保；每年春秋释奠，以四科弟子、曾参从祀，列于七十二贤之上。

按：见《登科记考》卷五。

是月，命文武官五品以上各举才堪军将及边州都督、刺史1人。

按：见《登科记考》卷五。

五月辛未，改元延和。

按：见《新唐书》卷五《睿宗纪》。

八月庚子，睿宗传位于太子李隆基，是为唐玄宗。

按：见《新唐书》卷五《睿宗纪》。

甲辰，改元先天。

按：见《新唐书》卷五《睿宗纪》。

九月，举制科，设文可经邦、材可治国、才堪刺史、贤良方正、藻思清华、兴化变俗、道侔伊吕等科，登第者9人。

按：见《登科记考》卷五。

十二月，诏令京师文武官及集朝使五品以上各举堪充将帅者1人。

按：见《登科记考》卷五。

是年，开科取士，房光庭知贡举，进士及第37人，诸科27人。

按：见《登科记考》卷五。

崔湜八月检校中书令，兼监修国史。

按：见《新唐书》卷五《睿宗纪》。

褚无量在国子司业任。太子李隆基赴国子学释奠，无量奉令讲《孝经》、《礼记》，听者叹服，遂进授银青光禄大夫。及李隆基继位，迁郯王傅兼国子祭酒。寻又迁左散骑常侍，仍兼祭酒，进爵舒国公。未几，丁母忧去职。

按：见《旧唐书》卷一〇二本传。

宋之问在桂州，诗作甚多。夏时，南赴广州，与长史朱齐之交游，旋复回桂州。

按：宋之问此期所作诗，见《全唐诗》卷五三、五一。另据《唐代墓志汇编》开元〇五七《唐故通议大夫行广州都督府长史上柱国朱府君墓志铭并序》载，朱齐之字思贤，曾任桂州司马，迁广州都督府长史，开元二年六月卒于广州。

沈佺期为太府少卿，李乂为黄门侍郎，卢藏用为工部侍郎，徐彦伯为右散骑常侍，崔湜为中书侍郎，薛稷为礼部尚书，并为昭文馆学士，四月奉敕详定《瑜珈法镜经》、《佛说校量数珠功德经》等译经。

按：见《敦煌遗书》S2423《瑜珈法镜经题记》、S2926《佛说校量数珠功德经题记》。

韦嗣立为国子祭酒，正月赋诗怀骊山别业，尚书左丞张说、礼部侍郎崔泰之、光禄卿崔日知等皆有和作。

按：张说和韦嗣立诗，见《张燕公集》卷七。

张九龄再应制科，登第。

唐睿宗太极元年　延和元年　唐玄宗先天元年　壬子　712年

按：见《登科记考》卷五。

孟浩然居襄阳，与张子容为友，彼此赋诗唱和。

按：孟浩然此期所作诗，见《全唐诗》卷一六○。

岑义中等奉诏删定《太极格》10卷，二月二十五日进上。

按：时岑义中为户部尚书、同中书门下三品。参修《太极格》者，尚有中书侍郎、同中书门下三品陆象先，右散骑常侍郎徐坚，右司郎中唐绍，刑部员外郎邵知新，大理寺丞陈义海，大理寺评事张名播，右卫长史张处斌，左卫率府仓曹参军罗思贞，刑部主事阎义颉等。见《唐会要》卷三九。

第一部日本历史《古事记》汇编完毕。

平贞眘十一月卒（633— ）。贞眘字密，一字间从，蓟人。始以司成馆进士，补庐州慎县尉，累官常州刺史。优诏致仕，卒于河南第。著有《养德传》若干卷，《孝经义》若干卷，《纯孝传》1卷，《友悌传》1卷，《先君亲友传》10卷，《家谱》、《家志》各10卷，《河南巡察记》10卷，另有集10卷，后皆佚。事迹见《全唐文》卷二二九张说《常州刺史平君神道碑》。

僧恒景卒（634— ）。恒景俗姓文，当阳人。唐代律宗高僧。年十五出家，研习律学，兼修天台宗止观法门。住荆州玉泉寺，数奉召入京，晚年归山。与实叉难陀等共译《八十华严经》，著有《顺了义论》、《摄正法论》、《佛性论》等。事迹见《宋高僧传》卷五。

僧法藏十一月四日卒（643— ）。法藏，字贤首，本康居国人，其祖父始侨居长安，遂以康为姓。唐代高僧，华严宗第三祖。早年师从云华寺僧智俨，得其嫡传。年二十八始度僧，隶长安太原寺，赐号"贤首菩萨"，人称"贤首国师"。广事讲说，尽心著述，又参与多种经论翻译，并校定《华严经》。从学者云集，较知名弟子有宏观、文超、智光、宗一、慧苑、慧英等。著述多种，凡百余卷。今存《华严探玄记》20卷，《华严经传记》、《大乘起信论义记》各5卷，《华严一乘教义分齐章》（又称《华严五教章》、《华严教分记》）4卷，《华严经问答》、《华严经明法品内立三宝章》各2卷，《华严经文义纲目》、《华严经旨归》、《华严策林》、《修华严奥旨妄尽还源观》、《华严游心法界记》、《华严三昧章》、《华严经普贤观行法门》、《华严经关脉义记》、《金师子章》（全称《大方佛华严金师子章》）、《华严经义海百门》、《般若波罗蜜多心经略疏》、《入楞伽心玄义》、《大乘起信论别论》、《法界无差别论疏》各1卷等。另有《新华严经序注》1卷、《新华严经略疏》12卷等，皆佚。事迹见《宋高僧传》卷五、《隆兴佛教编年通论》卷一四、《释门正统》卷八。日本学者木村清孝著有《法藏》。

按：法藏名为华严宗第三祖，实系该宗创立者。经其发展，华严宗蔚为大观。《中国大百科全书》谓："法藏的学说，继承智俨法界缘起的思想而有所发展。他推崇华严，倡导法界缘起的理论，并用四法界、十玄无尽、六相圆融等法门，来阐明圆融法界无尽缘起的内容。此外，他还由教开宗，把印度和中国的所有宗派详分为我法俱有宗、法有我无宗、法无去来宗、现通假实宗、俗妄真实宗、诸法但名宗、诸法皆空宗、真俗不空宗、相想俱绝宗、圆明具德宗等十宗。前六宗属小乘，后四宗属大乘。"

僧净业六月十五日卒（655— ）。净业俗姓赵，名象，字净业，洛阳人。唐代净土宗高僧。师承唐初净土宗第三祖善导，于师门多有弘扬。卒于长安积香寺。事迹见《全唐文》卷三〇六毕彦雄《大唐龙兴大德香积寺主净业法师灵塔铭并序》、《新编诸宗教藏总录》卷一、《东域传灯录》卷上、《长安图志》卷一二。

宋之问卒，生年不详。之问一名少连，字延清，汾州（一作虢州弘农）人，宋令文之子。诗人。弱冠知名，上元中登进士第，武则天时累迁尚方监丞。中宗复位，坐附张易之兄弟，贬泷州参军。后历鸿胪丞、户部员外郎兼修文馆学士、考功员外郎。又出贬越州长史，复流钦州，以徘徊不进，赐死于桂州驿。尝预修《三教珠英》。友人武平一辑其遗文编为集 10 卷，后散佚，今存后人辑本《宋之问集》2 卷。《全唐文》卷二四〇至二四一辑录其文编为 2 卷，《全唐诗》卷五一至五三辑录其诗编为 3 卷。事迹见《旧唐书》卷一九〇中、《新唐书》卷二〇二。

按：宋之问在盛唐之初诗坛颇具地位，与沈佺期齐名，号为"沈宋"。《新唐书》本传评曰："魏建安后迄江左，诗律屡变。至沈约、庾信，以音韵相婉附，属对精密。及之问、沈佺期，又加靡丽，回忌声病，约句准篇，如锦绣成文。学者宗之，号为'沈宋'。语曰：'苏李居前，沈宋比肩。'谓苏武、李陵也。"

杜甫（ —770）生。

先天二年　唐玄宗开元元年　癸丑　713 年

阿拉伯入印度下旁遮普之尼伦。

阿拉伯人取梅里达。

拜占庭帝阿那斯塔希乌斯二世及阿拉伯人媾和。

六月，诏州县举人，凡有抱器怀才、不求闻达者，各以奏闻。

按：见《唐大诏令集》卷一〇三《诸州举实才诏》。

七月，玄宗诛太平公主等。

按：太平公主倚仗睿宗之势，擅权用事，朝中文武大臣多附之。欲效武则天故事，与玄宗发生激烈冲突。玄宗采纳张说、崔日用等人建言，遂决意剪除。至是，武则天之后唐室一直不断之宫廷内部争斗暂告一段落。

十一四日，敕："天下诸州有怀才隐逸、跅弛不调及失职冤人等事，并令诸道检察使博访，具以名闻。"

按：见《唐大诏令集》卷一〇三《搜扬怀才隐逸等敕》。

十二月庚寅朔，改元开元。改尚书左右仆射为左右丞相，中书省为紫微省，门下省为黄门省，侍中为监；改雍州为京兆府，洛州为河南府。

按：见《旧唐书》卷八《玄宗纪上》。

己亥，禁泼寒胡戏。

按：见《旧唐书》卷八《玄宗纪上》。

是年，开科取士，房光庭知贡举，进士及第 71 人，重奏及第 6 人。

按：见《登科记考》卷五。

日本国遣使来朝，请儒士授经。诏四门助教赵玄默就鸿胪寺教之。

按：见《新唐书》卷二二〇《日本传》。

刘知幾迁左散骑常侍，乃兼史职。

按：见《旧唐书》卷一〇二本传。

苏颋服父丧毕，授工部侍郎，袭父爵许国公。

按：《旧唐书》卷八八本传。

卢藏用坐附太平公主，七月丁卯除名，长流驩州。

按：太平公主事，见本年七月条。藏用等人素附公主，参预其谋，及事败，岑羲、萧至忠伏诛；崔湜流窦州，因迟留不进，赐死于荆州；薛稷死于狱中。

张说以平太平公主之功，七月癸丑检校中书令，封燕国公；九月丁卯进拜中书令。十一月二十二日，奉诏与姚崇监修国史。因与崇不合，十二月癸丑贬授相州刺史、河北道按察使。时张九龄为左拾遗，曾上书崇，谓张说有重望，为皇帝信任，宜"远谄躁，进纯厚"。崇不听。

按：《资治通鉴》卷二一〇引张九龄上姚崇书曰："任人当才，为政大体，与之共理，无出此途。而向之用才，非无知人之鉴，其所以失溺，在缘情之举。"又曰："自君侯职相国之重，持用人之权而浅中，弱植之徒已延颈企踵而至，谄亲戚以求誉，媚宾客以取容，其间岂不有才，所失在于无耻。"由是看来，九龄对崇之所为似有不满。另，《全唐文》卷二九〇有张九龄《上姚令公书》，当即此次上书。

徐坚辞黄门侍郎，转太子詹事，是年出为绛州刺史。

按：徐坚妻系岑羲之妹，及羲附太平公主被诛，坚受牵连，遂出为绛州刺史。后转任永、蕲、棣、衢四州，所至多有政绩。见《旧唐书》卷一〇二本传。

张鷟在鸿胪丞任，性褊躁，不持士行，遭劾下狱赐死。乃上表陈情，乞假贷时日编次己文奉进。其子张文耀亦上表请代父死，刑部尚书李日知等连表奏请。终免死，流岭南。

按：张鷟《陈情表》，见《全唐文》卷一七二，其略曰："臣平生好学，颇爱文章，虽不逮于词人，滥流传于视草。近来撰集诗赋表记等若干卷，编集拟进，缮写未周，负谴明时，方从极典。……伏愿陛下遂臣万请之心，宽臣百日之命，集录缮写，奉进阙庭。微愿获申，就死无恨。"张文耀《请代父死表》，见同卷。

陈贞节为右拾遗，于朝廷礼仪多有奏言。

按：《新唐书》本传谓陈贞节于"开元初"为右拾遗，其详述具体年份，姑系于此。陈贞节生卒年、字号不详，颍川人。有儒业。后迁太常博士，以寿终。《全唐文》卷二八一收录其文7篇。事迹见《新唐书》卷二〇〇。

王维约是年登进士第。

按：王维登进士第时间，史载多歧，今从《新唐书》卷二〇二本传。

僧神会在韶州曹溪宝林寺师事禅宗六祖慧能。是年慧能卒，临终前将印记授与神会。

按：神会师从慧能事，见久视元年条。

僧怀让师事禅宗六祖慧能，以师卒，遂移住南岳般若寺观音台，开筵讲论，倡扬师说，游学者众。由是开"南岳下"一系，与同门行思之"青原下"相对,并为南宗禅二大法系。

按：怀让师从慧能事,见天授二年条。

柳冲等撰《姓族系录》(一作《大唐姓族系录》)200卷成,三月奏上。

按：该书始撰事,参见神龙元年条。《旧唐书》卷一八九下柳冲本传载,初,中宗从柳冲奏请,命其与左仆射魏元忠及史官张锡、徐坚、刘宪等八人,依贞观中高士廉等所撰《氏族志》重加修撰。未及完成,魏元忠等相继而卒。"至先天初,冲始与侍中魏知古、中书侍郎陆象先及徐坚、刘子玄、吴兢等撰成《姓族系录》二百卷,奏上。"《唐会要》卷三六谓该书于本年三月撰成。自魏晋以来,修谱之风事盛,至唐代不衰。《姓族系录》系唐代自贞观中高士廉等奉诏撰《氏族志》之后又一部大型官修谱牒。后柳冲等复奉敕刊定,参见开元二年条。

僧印宗二月二十一日卒(627—　)。印宗俗姓印,吴郡人。唐代高僧。咸亨初在长安,盛扬道化。上元中奉敕住大爱敬寺,辞不赴。访学于禅宗五祖弘忍,又师从禅宗六祖慧能,始悟玄理。遂还乡里,颇为刺史王胄礼重,度数千人。卒于会稽妙喜寺。曾采集自梁至唐诸方贤达者之言,著《成心要集》,行于世;又纂百家诸儒士三教文意表明佛法者,重结集之。事迹见《宋高僧传》卷四、《景德传灯录》卷五。

僧慧威卒(634—　)。慧威又称惠威,俗姓刘,婺州东阳人。唐代高僧,天台宗第七祖(一说第六祖)。幼年出家,师从天台宗僧智威,得嗣天台之学,时称"小威"。初住京师天宫寺,世称"天宫尊者"。后归东阳,深居山谷,访学者不绝。同郡左溪玄朗嗣其法。事迹见《宋高僧传》卷六。

僧义净卒(635—　)。义净一作净义,俗姓张,字文明,齐州(一作范阳)人。著名高僧,佛教翻译家。早年出家,从僧慧智禅师受戒。游历各地,遍访大德,得以今古博通。咸亨二年,自广州泛海赴天竺求取佛法,先后游三十余国,历二十五年,还抵洛阳,携回佛经四百部,遂致力于佛典翻译和讲经弘法,先后译梵本佛经107部,凡428卷。著有《大唐西域求法高僧传》2卷、《南海寄归内法传》4卷、《别说罪行要法》1卷、《受用三水要法》(一作分为《受用三法》、《水要法》)1卷、《护命放生仪轨》1卷,又编纂《说一切有部跋窣堵》78卷等。事迹见《宋高僧传》卷一、《开元释教录》卷九、《佛祖历代通载》卷一五。

按：义净籍贯,《宋高僧传》本传作"范阳",《开元释教录》本传作"齐州",《佛祖历代通载》卷一五作"齐州范阳"。齐州在今山东,范阳在今河北,是则义净籍贯当两地中居一,或为齐州,或范阳,《佛祖历代通载》将两地合说,显误。又,义净著述,诸文献皆谓"凡五部九卷"。然《宋高僧传》本传所列诸书,有"《受用三法》、《水要法》"云云,《开元释教录》本传则以两书合一,作"《受用三水要法》"。两说未详孰是,姑并录之。义净译述佛教经论,遍及三藏,于律部最为用力,对唐代佛教律学之发展有较大影响。《开元释教录》本传曰:"净虽遍翻三藏,而偏攻律部,译缀之暇,曲授学徒。"

僧慧能八月卒(638—　)。慧能俗姓卢,祖籍范阳,生于南海新州。佛教禅宗第六祖,世称"六祖大师"。曾北上黄梅东禅寺,师从禅宗五祖弘忍,得其法衣南归。住韶州曹溪宝林寺,弘扬顿悟法门,与同门僧神秀于北方所倡渐悟法门相对,形成禅宗南系。回故里新州,卒。唐宪宗时谥号"普觉禅师"。嗣法弟子四十余人,以荷泽神会、南阳慧忠、永嘉玄觉、青原行思、南岳怀让等传其学,开后世临济、曹洞等五家七宗之禅。弟子法海等录其教说编为《六祖大师法宝坛经》,今存。另有《金刚经口诀》等。事迹见《宋高僧传》卷八、《景德传灯录》卷五、《五灯会元》卷一、唐佚名《曹溪大师别传》。《全唐文》卷五八七有柳宗元《曹溪第六祖赐谥大鉴禅师碑并序》,卷六一〇有刘禹锡《曹溪第六祖大鉴禅师第二碑并序》,卷三二七有王维《六祖能禅师碑铭》。今人洪修平与孙亦平、李天道与魏春艳各著有《慧能评传》。

按:慧能卒年,历有歧说。《佛祖历代通载》、《五灯会元》谓先天元年;《宋高僧传》、《佛祖统纪》、《曹溪大师别传》、《圆觉经大疏钞》等皆谓本年八月。今人陈垣《释氏疑年录》持后说,从之。又,慧能行状,《宋高僧传》、刘禹锡《曹溪第六祖大鉴禅师第二碑》所述与《曹溪大师别传》多有不合之处,一般以为后者作伪处较多。参见今人胡适《坛经考》之一《跋〈曹溪大师别传〉》。

又按:《六祖大师法宝坛经》,一作《六祖法宝坛经》,又称《法宝坛经》。或谓该书并非法海一人所纂,而系后世陆续编成。今人印顺《中国禅宗史》曰:"从《坛经》原本到敦煌本。至少有过二次重大的修补。此后,流传的《坛经》,不断的改编,不断的刊行,变化是非常多的。"亦有人以为:"《坛经》的最早本子,既是慧能弟子根据他的讲法记录下来的,则在慧能在世时就已经有了。"(见石峻、楼宇烈等《中国佛教思想资料选编》第2卷第4分册)该书系禅宗史上一部重要典籍,其核心是以《金刚》取代《楞伽》之传宗地位,提出"自心是佛"、"法无渐顿"、"直下便悟"之主张,形成"即心即佛"、"即性即佛"之心性本体论和"佛法在世间,不离世间觉"之自心解脱论,由是构建起禅宗南派之基本理论体系,成为禅宗南派后世传法之"宗经"。该书今存,有敦煌本、惠昕本、德异本、宗宝本等。其中,敦煌本系最古存本,由日本学者矢吹庆辉于英国伦敦大英博物馆调查斯坦因所集敦煌文书时发现,题作《南宗顿教最上大乘摩诃般若波罗蜜经六祖惠能大师于韶州大梵寺施法坛经》一卷,兼受无相戒弘法弟子法海集记",故又称法海本,约为五代时行本。惠昕本系日本京都堀川兴圣寺发现之复刻宋本,题作《六祖坛经》。原本为宋邕州罗秀山惠进禅院沙门惠昕以古本文繁,于宋太祖乾德五年改订,分二卷,十一门。宋晁公武《郡斋读书志》卷一六、元马端临《文献通考》卷五四皆著录此本,作三卷、十六门。南宋绍兴二十三年晁子健于蕲州刊行,后流传至日本,由兴圣寺翻刻。德异本即曹溪原本,不分卷,题作《六祖大师法宝坛经》。初由德异于元至元二十七年吴中休禅庵刻印,明成化七年于曹溪重刻,万历元年李材再刻,万历四十四年德清于庐山法云寺复刻,清顺治九年秀水王起隆等又据李材本校刻。宗宝本系元报恩光孝禅寺住持宗宝于至元二十八年校对上述三种异本,正其讹误,详其节略,改编而成,题作《六祖大师法宝坛经》,亦不分卷。宗宝自加跋语曰:"见三本不同,互有得失,其板亦已漫灭,因取其本校雠,讹者正之,略者详之,复增入弟子请益机缘,庶几学者得尽曹溪之旨。"该本现收录于《大正藏》第四十八册。今有郭朋校释法海《坛经》本(中华书局1983年出版)。

薛稷七月卒(649—)。稷字嗣通,蒲州汾阴人。薛道衡曾孙,薛元超从子。有文学,与从祖兄薛曜俱知名于世。又善画,工书法。登进士第,累迁中书侍郎、参知政事,历散骑常、工部尚书、礼部尚书,爵封晋国公。参预宫廷之争，事败下狱赐死。尝参修《道藏音义目录》。有集30卷，已佚。《全唐文》卷二七五收录其文6篇，《全唐诗》卷九三收录其诗14首。事迹见《旧唐书》卷七三、《新唐书》卷九八。

按：薛稷系唐代著名书法家，与虞世南、欧阳询、褚遂良并为唐初书法"四大家"。其书法结体遒丽，擅长花鸟人物杂画，尤以画鹤为绝。

郭元振卒（656—　）。元振名震，以字显，魏州贵乡人。少有文名。年十八登进士第，武则天时累迁凉州都督。神龙中迁安西大都护，颇得西域诸部拥护。睿宗即位，召为太仆卿，以兵部尚书同中书门平章事，旋因不附太平公主，罢知政事。玄宗即位，进封代国公，以御史大夫、持节为朔方道大总管。坐事流新州，转饶州司马，途中抑郁而卒。后追赠太子少保。著有《定远安边策》3卷、《九谏书》1卷、《安邦策》1卷、集20卷，皆已佚。《全唐诗录》卷七收录其诗8首。事迹见《旧唐书》卷九七、《新唐书》卷一二二。张说《张燕公集》卷二五有《郭元振行状》。

按：郭元振所撰文章有逸气，为世人所重。

僧玄觉十月十七日卒（665—　）。玄觉俗姓戴，字明道，号永嘉玄觉，温州永嘉人。唐代南宗禅高僧。八岁出家，遍探三藏，与天台宗僧左溪玄朗道交笃厚。初住温州龙兴寺，寻自建禅庵，独居研学，又与东阳僧玄策共游学各地。曾至韶阳谒禅宗六世祖慧能，留住一宿，翌日即归，时人称为"一宿觉"，遂入慧能弟子之列。复归龙兴寺，游学者云集，号真觉大师。卒，谥曰"无相"。弟子有惠操、惠特、等慈、玄寂等，皆为世人推重。著有《禅宗永嘉集》10卷、《禅宗悟修圆旨》1卷，又有《证道歌》1首。事迹见《宋高僧传》卷八、《景德传灯录》卷五、《五灯会元》卷二。

按：玄觉《禅宗永嘉集》原本已佚，后由庆州刺史魏靖辑为1卷。《宋高僧传》本传曰："觉唱道著明，修证悟人，庆州刺史魏靖缉缀之，号《永嘉集》是也。"《全唐文》卷四〇二魏靖《永嘉集序》曰："大师在生，凡所宣纪，总有十篇，集为一卷。"《证道歌》，《全唐诗补编·续拾》卷九收录，作《永嘉证道歌》。玄觉以诗歌形式阐述禅学思想，通俗平易，对后世颇有影响。南宋理学大家朱熹在论证其"理一分殊"思想时，所引用的"一月普现一切水，一切水月一月摄"，即出自此歌。

崔湜卒（671—　）。湜字澄澜，安喜人。有文名。天授初进士及第，与元希声等交谊深厚。累迁考功员外郎，以附权臣武三思，骤升吏部侍郎、同中书门平章事。坐掌选事纳赃，贬襄州刺史。晚年附太平公主，再登相位。及太平败亡，流配窦州。迟留不进，行至荆州，赐死驿中。尝参修《道藏音义目录》、《三教珠英》。《全唐文》卷二八〇收录其文3篇，《全唐诗》卷五四收录其诗38首。事迹见《旧唐书》卷七四、《新唐书》卷九九。

道士史崇卒，生年不详。史崇一作史崇玄，怀州河内人。附太平公主，为太清观主，授鸿胪卿。及太平败亡，被诛。曾奉敕主持编纂《一切道经音义》140卷（一作113卷）、《十二次二十八星宿占》12卷，已佚。《全唐文》卷九二三收录其文1篇。事迹见《新唐书》卷八三《睿宗十一女》。

按：《一切道经音义》，唐玄宗所作《序》谓"凡有一百四十卷，其音义目录及经目不入此数中"；《全唐文》卷九二三史崇《妙门由起序》谓"所音经目与旧经目录，都为一百十三卷"。

阎朝隐约是年前后卒,生年不详。朝隐字友倩,赵州栾城人。有文学。少即显名,性滑稽,属辞诡异。登进士第,又登孝悌廉让科,补武阳尉。武则天时累迁著作郎,中宗即位,流放崖州,不久召为修文馆直学士,迁秘书少监。先天中,又坐事贬通州别驾,卒于官。尝参修《三教珠英》。有集5卷,已佚。《全唐文》卷二〇七收录其文2篇,《全唐诗》卷六九收录其诗13首。事迹见《旧唐书》卷一九〇中、《新唐书》卷二〇三。

按:两《唐书》本传皆谓阎朝隐于先天中"坐事贬通州别驾,卒",知其卒约在本年前后。姑系于此。

郭山恽是年稍后卒,生年、字号不详。山恽,蒲州河东人。经学家,尤精《三礼》。景龙中迁国子司业,景云中左授括州长史,后复召为国子司业,卒于官。中宗时,朝中礼仪多委其参定。事迹见《旧唐书》卷一八九下、《新唐书》卷一〇九。

按:郭山恽卒年,史无明载。《旧唐书》本传谓其开元初复入为国子司业,"卒于官"。其卒当在本年稍后。姑系于此。唐初承隋之风,《三礼》之学颇盛,学者辈出。及至盛唐,渐趋消沉,唯郭山恽与韦叔夏、祝钦明之辈稍延其绪。参见武德四年杨汪条、贞观十九年张士衡、永徽四年赵弘智条、神龙元年王元感条、神龙三年韦叔夏条。

开元二年　甲寅　714年

正月,制求直谏昌言弘益政理者。

按:见《旧唐书》卷八《玄宗纪上》。

是月,置左右教坊以教俗乐,选乐工数百人。玄宗自教法曲于梨园,谓之"皇帝梨园弟子"。又选伎女,置宜春院,给赐其家。

按:玄宗精晓音精,以太常礼乐之司,不应典倡优杂伎,故有此举。见《资治通鉴》卷二一一。

二月丁未,敕:"自今所在毋得创建佛寺,旧寺颓坏应葺者,诣有司陈牒检视,然后听之。"

按:武则天时,尤崇佛教,其势大盛。玄宗即位,对此政策有所修正,故有该敕。至七月戊申,禁百官家与僧尼、道士往来;同月壬子,又禁民间铸佛写经。见《资治通鉴》卷二一一。

二十一日,改浑仪监为太史监。

按:浑仪监原名太史局,始设于唐初,其名称及建制屡有改易。参见久视元年五月、长安二年八月、神龙二年六月、景云元年七月、景云二年闰九月、开元十五年正月、天宝元年十月、乾元元年三月条。

闰二月癸亥,令道士、女冠、僧尼致拜父母。

阿拉伯入中亚拔汗那。

中亚伊斯兰化始。

法兰克赫斯塔尔的丕平、伦巴德人盟。

丕平卒,查理·马特嗣位。

按：佛、道与世俗礼制之争，自唐初以来一直不断。太宗、高宗时，尝令道、佛出家人敬拜父母，因遭到两教人士激烈反对，未能施行。参见贞观五年正月、龙朔二年四月条。至是，玄宗复重申旧令。见《旧唐书》卷八《玄宗纪上》。

丁卯，复置十道按察使。

按：见《旧唐书》卷八《玄宗纪上》。

五月，诏："自今以后，贡举人等宜加勖勉，须获实才。如有义疏未详，习读未遍，辄充举送，以希侥幸，所由官亦置彝宪。有司申明条例，称朕意焉。"

按：见《唐大诏令集》卷一〇六《令贡举人勉学诏》。

六月甲子，制："其有茂才异等、拔萃超群，缘无介绍，久不闻达者，咸令自举，朕当亲问。其应宣抚使名闻举人，试第四等，须准旧例，别加优奖。"

按：见《册府元龟》卷八五。

七月乙未，制禁奢靡风俗。

按：《资治通鉴》卷二一一曰："上以风俗奢靡……制乘舆服御、金银器玩，宜令有司销毁，以供军国之用。其珠玉锦绣，焚于殿前。后妃以下，皆毋得服珠玉锦绣。"

八月甲寅，制禁厚葬之风。

按：《旧唐书》卷八载玄宗制曰："自古帝王皆以厚葬为诫，以其无益亡者，有损生业故也。近代以来，共行奢靡，递相仿效，浸成风俗，既竭家产，多至凋弊。……宜令所司据品令高下，明为节制。冥器等物仍定色数及长短大小，园宅下帐并宜禁绝，坟墓茔域务遵简俭，凡诸送终之具并不得以金银为饰。如有违者，先决杖一百。州县长官不能举察，并贬授远官。"

是年，开科取士，考功员外郎王邱知贡举，进士及第17人，诸科12人。

按：见《登科记考》卷五。

姚崇为紫微令，正月上言建请裁汰僧尼，有诏从之。

按：此次检汰僧尼，以伪滥还俗者有二万余人。见《旧唐书》卷八《玄宗纪上》。

魏知古为黄门监，执掌相职。五月左转工部尚书，罢知政事。

按：见《旧唐书》卷八《玄宗纪上》。

褚无量服母丧期满，复起为左散骑常侍，与马怀素并为侍读，频上书陈言时政得失，多见纳用。

按：见《旧唐书》卷一〇二本传。

马怀素为户部侍郎，封常山县公，兼昭文馆学士。怀素笃学，手未尝废卷，又谦恭慎畏，时人视为长者。玄宗召其为侍读，颇敬重之。

按：《新唐书》卷一九九本传载，马怀素与褚无量为侍读，更日轮番入讲。每次入讲，或肩舆以进，或听乘马。宫中有宴见，"帝自送迎，以师臣礼"。

元行冲由太子詹事出为岐州刺史，兼关内按察使。自以书生无治才，固辞。遂入为右散骑常侍、东都留守。

按：见《旧唐书》卷一〇二本传。

李峤以特进致仕，赵彦昭为刑部尚书，韦嗣立为太子宾客，韦安石为青州刺史，以不能匡正宗楚客等篡改中宗遗诏事，三月并遭贬谪。

按：李峤贬滁州别驾，后改庐州别驾；赵彦昭贬袁州别驾；韦嗣立贬岳州别驾；韦安石贬沔州别驾，并员外置。见《旧唐书》卷八《玄宗纪上》。

崔日用在吏部尚书任，以八月初五日玄宗生日，采《毛诗》大雅、小雅二十篇及司马相如《封禅书》表上，以申规讽。玄宗手诏答之。是秋，与苏颋、李乂、张九龄、卢怀慎等交游唱和。

按：崔日用表上规讽事，见《旧唐书》卷九九本传。其与苏颋等唱和诗，见《全唐诗》卷七四、卷四九等。

吴道玄约是年前因写蜀道山水，始创山水画之体，由是自成一家。

按：吴道玄字道子，一说原名道子。《历代名画记》卷九载曰："吴道玄……曾事逍遥公韦嗣立为小吏，因写蜀道山水，始创山水之体，自成一家。"据《旧唐书》卷八《玄宗纪上》载，韦嗣立本年三月贬岳州别驾。知道玄写蜀道山水当在此前。姑系于此。

孙逖、李昂应贡举，登进士第，逖授越州山阴县尉。

按：见《登科记考》卷五。

柳冲等奉敕刊定《姓族系录》，七月二十一日进上。

按：该书初撰成于先天二年，参见该年条。《唐会要》卷三六曰："先天二年三月，柳冲等所修《姓族录》成，上之，凡二百卷。又于今判定，至开元二年七月二十一日毕，上之。"另据《旧唐书》卷一八九下柳冲本传，此次奉敕刊定，由冲与著作郎南金完成。该书后散佚。

玄宗御制《三洞琼纲》（即《开元道藏》）编纂完成，六月丙寅诏令传写，以广流布。

按：道教典籍整理和汇编活动始于魏晋南北朝时期。南朝刘宋时，道士陆修静曾编纂《三洞经书目录》，著录各种道书1228卷。唐玄宗即位后，改变武则天尊崇佛教政策，力倡道教。初令道士史崇玄等整理道教典籍，撰成《一切道经音义》140卷，为京师所藏2000卷道经之疑难者作音训。进而复遣使访求遗书，加以进一步整理，编成《三洞琼纲》，题为玄宗御制。该书系中国古代第一部大型道教典籍丛书，其所收道书，据《文献通考》卷二二四引《宋三朝国史志》，"总三千七百四十四卷"；据《道藏尊经历代纲目》所说，"藏经五千七百卷"；据杜光庭《太上黄箓斋仪》，"凡七千三百卷"。书中以三洞（洞真、洞玄、洞神）分类，故名《三洞琼纲》。又因编纂于开元初，后世称《开元道藏》。至唐末，该书毁于战火。

右拾遗蔡孚六月四日献《龙池篇》，集录王公卿士以下130篇。太常考其词合音律者为《龙池篇乐章》，共录10首。

按：《唐会要》卷二二载，是年闰二月，玄宗有诏令祠龙池，故蔡孚献《龙池篇》。太常录10首诗为乐章者，所作分别是：紫微令姚元之（崇），右拾遗蔡孚，太府少卿沈佺期，黄门侍郎卢怀慎，殿中监姜皎，吏部尚书崔日用，紫微侍郎苏颋，黄门侍郎李乂（《唐会要》误为李义府），工部侍郎姜晞，兵部侍郎裴漼。各诗分见《全唐诗》卷四六、四八、六四、七三、七五、九二、九六、一〇四、一〇八。蔡孚生卒年、字号、籍贯不详，诗人，官至起居舍人。《全唐文》卷三〇四收录其奏疏1篇，《全唐诗》卷七五收录其诗2首。

何延之三月上所撰《兰亭记》，述王羲之书《兰亭集序》真迹授受源流及唐太宗设计赚取该真迹并随葬始末。

按：何氏《兰亭记》今存，见《法书要录》卷三。《记》中曰："长安三年，素师已年九十二，视听不衰，犹居永兴寺永禅师之故房，亲向吾说。聊以退食之暇，略疏其始末。……岁在甲寅，季春之月，上巳之日。""素师"即僧玄素，僧辩才弟子；"永禅师"即僧智永，王羲之后裔。何延之生卒年、字号、籍贯不详，开元中官职方员外郎、均州刺史。

李峤约卒（约 645— ）。峤字巨山，赞皇人。诗人。少善属文，与苏味道俱以文翰名于世，时称"苏李"。擢进士第，又登制举。武则天后期累同凤阁鸾台平章事，入居相位。中宗复位，坐屈事张易之兄弟，出贬。寻还朝，复掌相职。玄宗即位，贬滁州别驾，卒于庐州别驾。有集 50 卷，原本散佚，明人辑有《李峤集》。另有《杂咏诗》2 卷，今存，有清正觉楼丛刻本、日本宽政至文化间本等。《全唐文》卷二四二至二四九辑录其文编为 8 卷，《全唐诗》卷五七至六一辑录其诗编为 5 卷。事迹见《旧唐书》卷九四、《新唐书》卷一二三。

按：李峤名著当世，其诗文颇为时人推重，后辈文士竞相仿效。《郡斋读书志》卷一七评曰："峤富才思，前与王勃、杨炯，中与崔融、苏味道齐名，晚诸人没，为文章宿老，学者取法。"《全唐文》卷三六四张庭芳《故中书令郑（当为"赵"——引者）国公李峤杂咏百二十首序》评曰："故中书令郑（赵）公百二十咏，藻丽词清，调谐律雅。宏丽逾于灵运，密致掩于延年。特茂霜松，孤悬皓月。高标凛凛，千载仰其清芬；明镜亭亭，万象含其朗耀。味夫纯粹，罕测端倪。"

僧慧沼十二月十七日卒（651— ）。慧沼又作惠沼、惠照，俗姓刘，祖籍彭城，世居淄州淄川。唐代佛教唯识论名僧，慈恩宗二祖，世称淄州沼，又称淄州大师。年十五出家，博通经藏。师从法相宗初祖窥基，得传其学。后游历各地，讲经弘法。晚年参与义净译经活动，为时人敬重。弟子众多，智周、义忠、道巘、道邑、如理等均名于世，尤以僧智周最有名。著述宏富，今存《金光明最胜王经疏》10 卷、《十一面神咒心经义疏》1 卷、《法华玄赞义决》1 卷、《成唯识论了义灯》14 卷、《因明入正理论义纂要》1 卷、《因明入正理论义断》2 卷、《因明入正理论续疏》、《大乘法苑义林章补阙》8 卷（现存卷四、卷七、卷八）、《能显中边慧日论》（简称《慧日论》）4 卷、《劝发菩提心集》3 卷等 10 种。另有《能断金刚般若经疏》、《发菩提心论疏》等 10 种，已佚。事迹见《宋高僧传》卷四、《开元释教录》卷九、《六学僧传》卷二三、《玄奘三藏师资传丛书》卷下。

按：慈恩宗系唐前期由玄奘奠基、窥基创立之法相（唯识）宗一派，慧沼在该宗派发展过程中具有承上启下之地位。玄奘所传瑜伽唯识学，由窥基发展成一体系，与同门西明一系相对峙。经慧沼之整理完善，慈恩一系终得以压倒西明一系，至慧沼弟子智周时蔚为大观，成为法相唯识学主流。

卢藏用约卒（约 662— ）。藏用字子潜，幽州范阳人。学者、文学家。少以辞学著称，博学多才，善蓍龟，工草、隶，能琴、弈。进士及第，不得调，隐居终南山，与陈子昂交谊深厚。长安中，召授左拾遗，历济阳令、中书舍人、吏部侍郎、工部侍郎等职。开元初，坐附太平公主，长流边地。起为昭州司户参军，迁黔州都督府长史兼判都督事，未行而卒。有《注老子》2卷、《注庄子内外篇》12卷、集20卷（一作30卷），后皆佚。《全唐文》卷二三八辑录其文编为1卷，《全唐诗》卷九三收录其诗8首。事迹见《旧唐书》卷九四、《新唐书》卷一二七。

按：卢藏用在思想上有无神论倾向，尝作《析滞论》，驳斥阴阳术家之妄说，以为国家强弱、人之祸福与天命神灵无关，皆取决于人事。在文学观上，强调文章的政治教化功能，推崇儒家的经史著述，贬低汉魏以来诗赋，不仅对陈子昂影响颇大，而且对后来中唐古文运动之兴起亦有一定影响。

徐彦伯卒，生年不详。彦伯名洪，以字显，兖州瑕丘人。有学业，善文词，名显于时。初结庐太行山下，后为薛元超表荐，对策高第，授永寿尉。历云阳主簿、给事中等职，累迁右散骑常侍、太子宾客，兼昭文馆学士。先天元年致仕，卒于家。尝修撰《则天皇后实录》、《三教珠英》等。有前集、后集各10卷，已散佚。《全唐文》卷二六七收录其文6篇，《全唐诗》卷七六辑录其诗编为1卷。事迹见《旧唐书》卷九四、《新唐书》卷一一四。

按：徐彦伯于当时名声籍甚，与韦嗣、李亘并称"河东三绝"。他推崇儒学，恪守儒家"慎言"之诫，主张君子当慎言以行。所著《枢机论》，提出语言为"君子枢机"，以为："言者，德之柄，行之主，志之端，身之文也。君子之枢机，动则物应，得失之见也。"其文词自成一体，颇具特色，号"徐涩体"，为时人所仿效。《旧唐书》本传曰徐彦伯"晚年属文，好为强涩之体，颇为后进所效"。《唐诗纪事》卷七评曰："彦伯为文，多变易求新，以凤阁为鹓阁，龙门为虬户，金谷为铣溪，玉山为琼岳，竹马为篠骖，月兔为魄兔，进士效之，谓之'徐涩体'。"

崔液卒，生年不详。液字润甫，安喜人，崔湜之弟。诗人，尤工五言诗。登进士第，累官殿中侍御史，坐兄湜事当配流，匿于郢州。遇赦还，病卒于道。友人裴耀卿集其遗文编为集10卷，已佚。《全唐诗》卷五四收录其诗12首。事迹见《旧唐书》卷七四、《新唐书》卷九九。

卢粲是年或稍后卒，生年、字号不详。粲，幽州范阳人。博览经史。弱冠举进士，累迁给事中，出贬陈州刺史，后历秘书少监等职，卒于官，谥曰"景"。《全唐文》卷二七一收录其文3篇。事迹见《旧唐书》卷一八九下、《新唐书》卷一九九。

按：卢粲卒年，《旧唐书》本传谓"开元初"。《新唐书》本传则曰："开元初，为秘书少监。……累封固安县侯，终邠王傅。"两说未详孰是。又，卢粲之祖卢彦卿、叔父卢行嘉亦皆有学名。卢彦卿官至合肥令，著有《后魏纪》20卷；卢行嘉高宗时为雍王府记室。

郑洵（　—769）、僧无住（　—774）、僧法钦（　—792）、王季友（　—794）生。

按：1996年于河南偃郑洵墓发现柳识《唐故朝义郎行监察御史上柱国郑府君墓志铭并序》，谓郑洵大历四年卒，年五十六。以此溯推，当生于本年。

又按：王季友生年，史籍不载。今据丰城市白土镇屯溪村所发现之《王氏家谱》。

开元三年 乙卯 715 年

大马士革倭马亚大清真寺建成。

拜占庭帝狄奥多西三世立。

威尼斯人、伦巴德人盟。

十月甲寅,制选耆儒博学 1 人,每日入内侍读。

按:《旧唐书》卷八载玄宗制曰:"朕听政之暇,常览史籍,事关理道,实所留心,中有阙疑,时须质问。宜选耆儒博学一人,每日入内侍读。"遂以马怀素、褚无量充侍读。

是月,诏:"有怀才抱器、沈沦草泽不能自达者,具以名闻。"

按:见《册府元龟》卷六八。

是年,开科取士,进士及第 21 人。

按:见《登科记考》卷五。

张说在相州刺史任,四月转岳州刺史。九月,与司马姚绍之等唱和。是秋,梁知微入朝经岳州,说与之交游。是冬,广州都督萧璿入朝途经岳州,说与之交游。

按:张说与诸人交游唱和诗,见《张燕公集》卷九、卷六。

沈佺期自太府少卿迁太子少詹事。

按:《全唐文》卷二五二有苏颋《授沈佺期太子少詹事事等制》。

李邕自江州别驾奉召还朝,迁户部郎中。

按:见《旧唐书》卷一九〇中本传。《全唐书》卷二五一有苏颋《授李邕户部郎中制》。

贺知章由户部员外郎转起居郎。

按:《全唐文》卷二五二有苏颋《授贺知章起居郎制》。

孙逖在越州山阴县尉任,是夏与邢判官、贺朝、万齐融等迭相唱和。

按:孙逖与诸人唱和诗,见《全唐诗》卷一一八。

吴兢丁忧期满,上疏称在家未尝停止修史,已成数十卷,请再入史馆修撰。诏拜谏议大夫兼修文馆学士,依前修史。

按:吴兢后历卫尉少卿,迁太子左庶子。见《旧唐书》卷一〇二本传。

马怀素为光禄卿、左散骑常侍,褚无量为右散骑常侍,十月并为玄宗侍读,始奉诏整理内库图书。

按:《唐会要》卷三五载,本年,马怀素与褚无量侍宴,言及内库及秘书省图籍,玄宗曰:"内库书皆是太宗、高宗前代旧书,整比日常令宫人主掌,所有残缺,未能补缉,篇卷错乱,检阅甚难,卿试为朕整比之。"稍后马怀素与褚无量又奏请整理秘书省图籍,此次整理活动才全面展开。参见开元五年条。

李白十五岁,居蜀中,观奇书,慕神仙,学剑术,已作诗赋多首。

按:见《全唐诗》卷一七〇李白《赠张相镐》、《全唐文》卷三四八李白《上韩荆州书》、《唐书纪事》卷一八引杨天惠《彰明逸事》。

姚崇等奉诏删定《开元前格》10卷,进上。

按:时崇为兵部尚书、紫微令。参修者尚有黄门监卢怀慎、紫微侍郎兼刑部尚书李乂、紫微侍郎苏颋、紫微舍人吕延祚、给事中魏奉古、大理评事高智静、韩城县丞侯郢琎、瀛州司法参军阎义颛等。见《新唐书》卷五八《艺文志二》。紫微即中书省,开元元年改称,至五年复旧名。

魏知古正月甲辰卒(647—　)。知古字号不详,陆泽人。早有才名,擢进士第,武则天时,累迁凤阁舍人,参修国史。后历黄门侍郎、散骑大夫、中书令等职,爵封梁国公。因与宰相姚崇不协,罢知政事,卒于工部尚书任。有集20卷(一作7卷),已佚。《全唐文》卷二三七收录其文4篇,《全唐诗》卷九一收录其诗5首。事迹见《旧唐书》卷九八、《新唐书》卷一二六。

岑参(　—770)、李华(　—774)、刘晏(　—780)、张众甫(　—782)、柳浑(　—789)生。

按:岑参生年,历有歧说。一说开元四年,一说开元六年。今从闻一多《岑嘉州诗系年考证》。

日本《播磨风土记》撰成。

开元四年　丙辰　716年

六月,睿宗李旦卒(762—　)。至十月,葬于桥陵。

按:李旦系唐高宗第八子,工草隶,喜文字训诂之书。嗣圣元年即帝位,及武则天称帝,降为皇嗣。景龙四年复位,延和元年禅位,自称太上皇。及卒,初谥"大圣贞皇帝",天宝十三载改谥"玄真大圣大兴孝皇帝"。有集10卷,已散佚。

七月六日,命诸道按察使各于管内巡察,"有清介独立、可以标映士林,或文理兼优,可能润益邦政者;百姓中文儒异等、道极专门,或武力超伦,声侔敌国者,并精访,具以名闻"。

按:时诸道按察使分别为:扬州都督宋璟,益州长史韦抗,蒲州刺史程行谌,汴州刺史倪若水,魏州刺史杨茂谦,灵州都督强循,润州刺史李濬,荆州长史任昭理,秦州都督杨虚受,梁州都督张守洁。见《唐大诏令集》卷一〇四。

是年,开科取士,进士16人,另上书及第1人。

按:见《登科记考》卷五。

姚崇为兵部尚书兼紫微令,数辞相位。十二月,遂转开府仪同三司,罢知政事。

按:见《旧唐书》卷八《玄宗纪上》。

宋璟十一月应召入朝,途经岳州,与张说唱和。十二月,拜吏部尚书

阿拉伯人取里斯本。

拜占庭安纳托利亚军区长官利奥败阿拉伯人于小亚细亚帕加马。

兰特弗里德公爵颁布《阿勒曼尼法》。

兼黄门监，与紫微侍郎、同紫微黄门平章事苏颋并登相位。

按：宋璟为姚崇所荐，遂入朝代崇为相。璟与姚崇相继为相，时人贤之。《资治通鉴》卷二一一曰："姚、宋相继为相，崇善应变成务，璟善守法持正，二人志操不同，然协心辅佐，使赋役宽平，刑罚清省，百姓富庶，则一也。唐世贤相，前称房、杜，后称姚、宋，他人莫得比焉。"

张说在岳州刺史任，与赵冬曦、尹懋、王琚、宋璟、王熊、韦嗣立等交游颇密。

张九龄十一月以左拾遗内供奉奉命南使，开大庾岭山路。

按：《全唐文》卷二九一有张九龄《开大庾岭路记》。

李邕约是年再遭贬，出为括州司马。

按：李邕于开元三年召拜户部郎中，因与黄门侍郎张廷珪等相结，欲为御史中丞。姚崇疾其险燥，遂出贬括州。

日人吉备真备为遣唐留学生，是年入唐。

按：清周中孚《郑堂读书记》卷七《乐类》引残本《乐书要录》曰："吉备真备，灵龟二年为遣唐留学生入唐。"日灵龟二年即本年。吉备真备在唐留学多年，至开元二十三年始回国。参见该年条。

中天竺僧善无畏来唐，是年抵长安。初住兴福寺南塔院，后迁西明寺。玄宗严饰内廷道场，尊其为教主。

按：善无畏系密教高僧，声誉远播。来华后，译经传教，遂为唐代密宗祖师之一。

于阗僧智严在长安，以中天竺僧善无畏入唐，始就其受法，并学梵语。

按：智严生卒年不详，俗姓尉迟，本名乐，西域于阗国人。唐代译经僧。年幼随于国王质子入唐，累授左领军卫大将军、上柱国，封金满郡公。景龙元年出家。及师从善无畏，禀承宝积之真诠、如来之秘偈等。后奉敕翻译佛典经论。先后译有《说妙法决定业障经》、《出生无边门陀罗尼经》、《师子素驮娑王断肉经》、《大乘修行菩萨行门诸经要集》等，凡4部6卷。事迹见《宋高僧传》卷三、《开元释教录》卷九。

刘知幾、吴兢等撰《睿宗实录》30卷、《则天皇后实录》30卷、《中宗实录》20卷成，十一月十四日进上。

按：《唐会要》卷六三载，初有武三思监修《则天皇后实录》，事见神龙二年。刘知幾等所撰《则天皇后实录》，系重修。

张说自编在岳阳所作诗为《岳阳集》。

按：张说在岳州谪地，抑郁忧思，惟赋诗唱和自宽，所作甚多。《全唐文》卷二九四王泠然《论荐书》曰："相公（指张说——引者）昔在南中，自为《岳阳集》……公当此时，思欲生入京华，归老田里，脱身瘴疠，其可得乎。"说于开元三年四月转岳州刺史，五年二月迁荆州大都督府长史，其编《岳阳集》当在本年或稍前。姑系于此。

李乂二月二十六日卒（657— ）。乂字尚真，赵州房县人。诗人。少与兄李尚一、李尚贞，俱以文章显名。永隆中登进士第，长安中累迁监察御史，劲奏无避。后历中书舍人、黄门侍郎等职，累迁刑部尚书，爵封中山郡公。以不附权贵、通识治体，为人称誉。卒赠黄门监，谥曰"贞"。有集60卷（一作50卷），已佚。又与兄尚一、尚贞诗文合编为《李氏花萼集》20卷，亦散逸。《全唐文》卷二六六收录其文3篇，《全唐诗》卷九二辑录其诗编为1卷。事迹见《旧唐书》卷一〇一、《新唐书》卷一一九。《全唐文》卷二五八有苏颋《唐紫微侍郎赠黄门监李乂神道碑》。

按：李乂文集，《旧唐书·经籍志》、《新唐书·艺文志》均作"五十卷"；苏颋《神道碑》则曰："所著文集，成六十卷。五言之妙，一变乎时。流便轻婉，经纶密致，犹乐箫韶、工黼黻也。"又，《新唐书》本传曰："乂事兄尚一、尚贞孝谨甚，又俱以文章自名，弟兄同一为集，号《李氏花萼集》。"

沈佺期约是年前后卒，生年不详。佺期字云卿，相州内黄人。盛唐著名诗人。上元中登进士第，累迁给事中。长安中一度坐赃下狱，神龙初坐附张易之兄弟，长流边地。后遇赦回朝，历起居郎兼修文馆学士、中书舍人、太府少卿等职，终太子詹事。尝预修《三教珠宗》，有集10卷，已散佚，后人辑为《沈佺期集》2卷。《全唐文》卷二三五收录其文5篇，《全唐诗》卷九五至九七辑录其诗为3卷。事迹见《旧唐书》卷一九〇中、《新唐书》卷二〇二。

按：沈佺期卒年，历有歧义，一说卒于开元二年。然考《旧唐书》本传，谓"历中书舍人、太子詹事，开元初卒"。开元三年，其尚在太子詹事任，则其卒约在本年前后。沈佺期在中唐诗坛颇具地位，其诗靡丽如锦绣，为时人所重，与宋之问并号"沈宋"。唐刘𬸦《隋唐嘉话》卷下曰："沈佺期以工诗著名，燕公张说尝谓之曰：'沈三兄诗，直须还他第一。'"《直斋书录解题》卷一六曰："自沈约以来，始以音韵对偶为诗。至之问、佺期，益加靡丽，学者宗之，号为'沈宋'。唐律盖本于此。"武则天、中宗时期，诗人辈出，名士纷纭，至佺期卒，已凋零将尽，惟张说尚在。《全唐文》卷二九四王泠然《论荐书》曰："有唐以来，无数才子，至于崔融、李峤、宋之问、沈佺期、富嘉谟（谋）、徐彦伯、杜审言、陈子昂者，与公（指张说——引者）连飞并驱，更唱迭和。此数公者，可谓五百年挺生矣，天丧斯文，凋零向尽。"

开元五年　丁巳　717年

二月甲戌，诏各地有嘉遁幽栖养高不仕者，州牧各以名荐。

按：见《旧唐书》卷八《玄宗纪上》。

九月壬寅，复旧官名，改紫微省为中书省，黄门省为门下省，黄门监为侍中。

按：见《旧唐书》卷八《玄宗纪上》。

十月十八日，诏："自今已后，每入孟月，史官条奏应所行事，当斟酌典礼，用孚于休。宣布朝廷，使知朕意。"

按：见《唐会要》卷六四。

阿拉伯始辑录"圣训"。

利奥登位。拜占庭伊苏里亚王朝始。

拜占庭圣像破坏运动始。

法兰克查理·马特败莱茵河萨克

森人。

十一月,诏于乾元殿写经、史、子、集四部书,置乾元院使领之。

按:乾元院后改为丽正书院,此为唐置集贤院之始。参见开元六年、十三年条。

是年,开科取士,考功员外郎裴耀卿知贡举,进士及第 25 人,诸科若干人。

按:见《登科记考》卷五。

张说坐贬已久,二月由岳州刺史迁荆州大都督府长史。

按:《册府元龟》卷一七二谓张说于开元六年迁荆州都督府长史,恐误。参见今人陈祖言《张说年谱》。

张九龄为左拾遗,因与宰臣不协,正月辞职南归,居韶州。

按:张九龄辞左拾遗南归事,两《唐书》本传皆未载,事见《全唐文》卷四四〇徐浩《唐尚书右丞相中书令张公神道碑》。

徐坚复奉召入朝,授秘书监。

按:徐坚赴地方任职事,参见开元元年条。

韦嗣立二月由海州别驾迁陈州刺史。

按:《册府元龟》卷一七二系此事于开元六年,恐误。参见《唐刺史考·荆州》。

孙逖在山阴县尉任,奉召入朝,授秘书正字。途经常州,与刺史崔日用交游。

按:《全唐诗》卷一一八有孙逖《和常州崔使君寒食夜》、《和常州崔使君咏后庭梅二首》等,当系其北返途中与崔日用交游时所作。

李白是年前后隐居戴天大匡山读书,又往来旁郡,从赵蕤学纵横术年余。

按:见《唐诗纪事》卷一八引《彰明逸事》。又,《新唐书》卷五九《艺文志三》载,赵蕤字太宾,梓州盐亭人。开元间召之,不赴。著有《长短经》10 卷。

马怀素、褚无量奏请整理秘阁藏籍,以续王俭《七志》。诏可,即拜怀素为秘书监,与无量等搜访逸书,刊正、编次群书。

按:初,玄宗命马怀素等整理内库书,事见开元三年条。至是,从马怀素、褚无量奏请,遂诏进一步全面校刊群书。《资治通鉴》卷二一一载,本年十二月,马怀素奏言:"省中书散乱讹缺,请选学术之士二十人整比校补。"玄宗从之,"于是搜访逸书,选吏缮写,命国子博士尹知章、桑泉尉韦述等二十人同刊正,以左散骑常侍褚无量为之使,于乾元殿前编校群书"。《旧唐书》卷一〇二褚无量本传曰:"无量以内库旧书自高宗代即藏在宫中,渐致遗逸,奏请缮写刊校,以弘经籍之道。玄宗令于东都乾元殿前施架排次,大加搜写,广采天下异本。数年间,四部充备。"同书马怀素本传曰:"是时,秘书省典籍散落,条流无序,怀素上疏曰:'南齐已前坟籍,旧编王俭《七志》;已后著述,其数盈多,《隋志》所书,亦未详悉。或古书近出,前志阙而未编;或近人相传,浮词鄙而犹记。若无编录,难辩淄渑。望括检近书篇目,并前志所遗者,续王俭《七志》,藏之秘府。'上于是召涉学之士国子博士尹知章等,分部撰录,并刊正经史,粗创首尾。"同书《韦述传》曰:"秘书监马怀素受诏编次图书,乃奏用左散骑常侍元行冲、左庶子齐浣、秘书少监王珣、卫尉少卿吴兢,并述等二十六人,同于秘阁详录四部书。"此次图书整理规模颇大,历时数年,期间颇费周折,至开元九年方告最终完成。参见开元七年、九年元行冲条。

卢履冰为右补阙,与朝中诸儒讨论丧礼。

按：卢履冰生卒年、字号不详，幽州范阳人。有儒学，后以官卒。《全唐文》卷三三五收录其文3篇。事迹见《新唐书》卷二〇〇。

王泠然应贡举，登进士第。

按：见《登科记考》卷五。

僧智周为法相宗宗师，是年日本僧玄昉参于会下，亲受宗致。

按：日僧玄昉于开元四年入唐，二十三年回国。其承智周之学，归国后即创日本法相宗，为法相宗海外传承一系。

僧一行奉召由荆州当阳山至长安，协助中天竺僧善无畏译经。

日人晁衡（朝衡）三月来唐，九月至长安，入太学学习。

按：晁衡原名阿倍仲麻吕，以遣唐留学生身份随日本第七次遣唐使来唐，遂改名。后登第，初授左春坊司经局校书。参见（日）藤家礼之助《日中交流二千年》。

中天竺僧善无畏在长安，奉诏于西明寺菩提院译《虚空藏菩萨求闻持法》，僧悉达任译语，僧无著缀文笔受。写定进内，敕令将其所带梵本全部送藏内廷。

按：见《宋高僧传》卷二本传。

僧道岸卒（654— ）。道岸俗姓唐，颍川人。唐南山律宗第三世高僧。少好学，从南山律宗二祖文纲出家。后居会稽龙兴寺，时称"大和尚"。奉唐中宗召入京，奏请江南行南山律宗，由是四分律始行于江淮间。事迹见《宋高僧传》卷一四。

柳冲卒，生年、字号不详。冲，原籍蒲州虞乡，其先仕江左，遂侨居襄阳。及陈亡，复还乡里。历司府寺主簿、左散骑常侍、太子詹事、太子宾客、宋王傅、昭文馆学士等职，爵封河东县男。以年老致仕，卒于家。尝入国史馆撰史，参修《则天皇后实录》等，又主持编撰《姓族系录》200卷，已散佚。事迹见《旧唐书》卷一八九下、《新唐书》卷一九九。

按：柳冲系唐代著名谱牒学者，与路敬淳并为世人所称。《旧唐书》本传曰："冲博学，尤明世族，名亚路敬淳。"

萧颖士（ —760）生；严维（ —783或稍前）约生。

按：萧颖士生年，一说景龙三年。考《新唐书》卷二〇二本传及《全唐文》卷三一五李华《萧颖士文集序》，皆谓其开元二十三年登进士第，年十九。以此溯推，其生当在本年。

又按：严维生年，史无明载。《唐才子传》卷三谓维于至德二载登词藻宏丽科，"时已四十余"。以该年维年四十一溯推，其生约在本年。

开元六年　戊午　718年

二月，诏："比来选人试判，举人对策，剖析案牍，敷陈奏议，多不切事

阿拉伯王弟马

斯拉马围君士坦丁堡。

阿拉伯人伐高卢南部。

西哥特人建阿斯图里亚斯王国。

大乘佛教传入苏门答腊、爪哇。

基督教始传莱茵河以东。

宜,广张华饰,何大雅之不足,而小能之是衒。自今以后,不得更然。"

按:见《册府元龟》卷六三〇。

四月戊子,敕罢河南参军郑铣、朱阳丞郭仙舟官,度为道士,以戒官员浮夸之风。

按:郑、郭二人投匦献诗,欲邀褒赏。玄宗以为二人之诗"观其文理,乃崇道法,至于时用,不切事情,宜各从所好"。遂下敕令两人出家。由此可见开元初朝政之一斑。事见《资治通鉴》卷二一二。

七月十三日,颁《乡饮酒礼》于天下,令各地宰牧每年行之。

按:太宗时曾诏天下行乡饮礼,参见贞观六年七月条。至是,玄宗复重申旧令,严格制度。见《唐会要》卷二六。

是年,改乾元殿为丽正书院。

按:丽正书院又称集仙殿丽正书院,后逐渐取代秘书省,成为朝廷撰写和整理图书的主要机构。《唐会要》卷六四载,是年,"乾元院更号丽正修书院,以秘书监马怀素、右散骑常侍褚无量充使"。褚无量遂奏荐前闻喜尉卢僎、前江阳县尉陆元泰、前左监门胄曹参军王择从、武陟县尉徐楚璧等,"分库检校"。后又有秘书丞殷承业、右赞善大夫魏哲、通事舍人陆元悌、右内率府兵曹参军刘怀信、胡履虚、恭陵令陆绍伯、扶风县丞马利贞(《新唐书》作"马利徵")等,并奉敕入院。《新唐书》卷二〇〇《褚无量传》载,玄宗初命无量等于东都乾元殿整理图书,及西还,"徙书丽正殿,更以修书学士为丽正直学士,比京官预朝会"。

开科取士,考功员外郎裴耀卿知贡举,进士及第 32 人。

按:见《登科记考》卷五。

宋璟执掌相职。三月,有荐山人范知璿文学者,以其文颇涉佞谀,黜之。十一月,以李邕有才用,奏请迁邕渝州刺史。

按:见《资治通鉴》卷二一二。

张说在荆州大都督府,三月奉召入京,授右羽林将军、幽州都督、河北节度使,遂赴幽州莅任。

按:张说赴幽州任职,为政颇有条理。《全唐文》卷三一二孙逖《唐故幽州都督河北节度使燕国文贞张公遗爱颂》称其"幽州之良牧也"。

张九龄是春奉召入京,授左补阙。

按:张九龄罢职事,参见开元五年条。

卢鸿隐居嵩山,屡辞征召。二月再召入京,赐谏议大夫,固辞。诏听还山。

按:《资治通鉴》卷二一二载此事于三月,今从《旧唐书》卷八《玄宗纪上》。卢鸿,一作卢鸿一,一说名浩然,字颢然。祖籍幽州范阳,后徙居洛阳。博学多才,善书画,工于诗,尤擅长籀书和山水树石画。玄宗屡次备礼往召,皆固辞。《全唐诗》卷一二三收录其诗《嵩山十志十首》;《全唐文》卷二七录有玄宗《征隐士鸿一诏》,同书卷二一又有玄宗《赐隐士卢鸿一还山制》。

杜甫是年七岁,始作诗。

按:《全唐诗》卷二二二杜甫《壮游》曰:"七龄思即壮,开口咏凤凰。"

凉州都督杨敬述约是年前后献《婆罗门曲》。

按：杨敬述所献《婆罗门曲》，即后来著名的《霓裳羽衣曲》，天宝中改名。《乐府诗集》卷八〇引《乐苑》谓杨敬述进献此曲在"开元中"。据郁贤皓《唐刺史考》，杨敬述开元四年至九年为凉州都督，其献曲约本年前后。姑系于此。

僧不空于阇婆国遇天竺密教高僧金刚智，遂随其赴唐。

按：见《贞元释教录》卷一五。阇婆国即今印度尼西亚爪哇。

吕延济、刘良、张铣、吕向、李周翰撰成《文选集注》（一作《文选注》）30卷，九月十日由工部侍郎吕延祚表进之。

按：吕延济为衢州常山县尉；刘良，字承祖，为都水使者；吕向、张铣、李周翰皆处士。隋唐之际，《文选》之学大兴，初有萧该、曹宪之流，继有许淹、李善、公孙罗诸辈，或为《文选》作音义，或为《文选》作注解，各聚徒讲授，广传其学。李善所撰《文选注》，尤为时人所重，参见显庆三年条。吕延济等对李善《文选注》颇为不满，在《进集注文选表》中对其多有责难，谓其"忽发章句，是征载籍，述作之由，何尝措翰？使复精核注引，则陷于末学；质访指趣，则岿然旧文。只谓搅心，胡为析理"（载《全唐文》卷三〇〇），故重加训释，史称"五臣注"。《全唐文》卷三〇〇吕延祚《进集注文选表》称该书"其言约，其利博，后事元龟，为学之师。豁若彻蒙，烂然见景；载谓激俗，诚惟便人"。南宋以降，常将李善注与吕延济等五臣注合刊，名《六臣注文选》。今存。

李思训八月卒（653— ）。 思训字建见，唐宗室。画家。举经明修行科及第，历江都令等职。武后时弃官，中宗复位后，以耆旧擢宗正卿，开元初进位右武卫大将军。卒赠秦州都督，谥曰"昭"。事迹见《旧唐书》卷六〇、《新唐书》卷七八《长平王叔良传》附传。《全唐文》卷二六五有李邕所撰《谥曰昭公李府君神道碑并序》。

按：李思训生卒年，有不同说法。一说生于永徽二年，卒于开元四年。今从《旧唐书》本传。思训与弟李思诲、李思诲子李林甫、李昭道，林甫侄李凑，俱以绘画知名，为世人所重。其画山水树石，尤为世人推崇，谓之"李将军山水"。

马怀素七月二十七日卒（659— ）。 怀素字惟白，丹徒人。学者。少尝师从李善，遂博通经史。登进士第，又登文学博赡科，历郿县尉、左台监察御史、礼部侍郎等职，以不附权贵、敢于谏言称。开元初为户部侍郎，封常山县公，兼昭文馆学士，迁秘书监。建议全面整理内库及秘书省图书，为玄宗采纳，并奉敕与褚无量等主持。事未终而卒，谥曰"文"。《全唐文》卷二九六存录其疏1篇。事迹见《旧唐书》卷一〇二、《新唐书》卷一九九。《全唐文》卷九九五有佚名《故银青光禄大夫秘书监兼昭文馆学士侍读上柱国常山县开国公赠润州刺史马公墓志铭》。

尹知章卒（约668— ）。 知章字号不详，绛州翼城人。经学家。少勤学，博通诸经，以儒学著称于世。历定王府文学、太常博士、礼部员外郎、国子博士，卒于官。尝奉诏于秘书省校刊群书，撰有《孝经注》1卷、《管子注》30卷、《鬼谷子注》3卷，又注《老子》、《庄子》、《韩子》等书，颇行于世。今存《管子注》、《鬼谷子注》等。门人孙季良等立碑于东都洛阳国子监门外，以颂其德。事迹见《旧唐书》卷一八九下、《新唐书》卷一九九。

按：尹知章系唐代知名经学家，其著述，《旧唐书·经籍志》、《新唐书·艺文志》

等皆有载录。今存《管子注》，旧题"唐司空房玄龄撰"，实为尹氏注本。南宋绍兴间科举取士，从《管子》及注疏内出题，书商为提高书籍销量，遂将尹氏《管子注》改题房玄龄。参见今人巩曰国《〈管子〉尹知章注二考》（载《图书馆杂志》2004年第4期）、郭丽《房玄龄还是尹知章注释了〈管子〉》（载《西南交通大学学报（社会科学版）》2006年第3期）。尹氏所注《鬼谷子》，现存，有日本安永三年（1774）刻本、文化十年（1813）补刻本，均勒为2卷。尹氏门人孙季良，一名翌，河南偃师人，开元中为左拾遗、集贤殿学士。尝参修《初学记》、《六典》等书，撰有《正声诗集》3卷，行于代。

皇甫冉（　—771）、贾至（　—772）生。

开元七年　己未　719年

奇尔佩里克二世任全法兰克国王。

三月一日，敕："《孝经》、《尚书》有古文本孔、郑注，其中旨趣颇多踳驳，精义妙理若无所归，作业用心复何所适？宜令诸儒并访后进达解者，质定奏闻。"

按：见《册府元龟》卷五〇。

六日，诏整理《孝经》诸注及子夏《易传》，令举明经科者习读。

按：《册府元龟》卷五〇载玄宗诏曰："《孝经》者，德教所先。自顷以来，独宗郑氏遗旨，今则无闻。又子夏《易传》，近无习者。辅嗣注者，亦甚甄明。诸家所传，互有得失，独据一说，能无短长。其儒官详定所长，令明经者习读，若将理等，亦可兼行。其习《易》者，帖子夏《易传》，共为一部。亦详其可否，奏闻。"

八月癸丑，敕复礼制旧仪。

按：《旧唐书》卷八载玄宗敕曰："周公制礼，历代不刊，子夏为传，孔门所受。逮及诸家，或变例。与其改作，不如好古，诸服纪宜一依旧文。"

九月四日，昭文馆复旧称弘文馆，置学生30人。

按：昭文馆初名修文馆，其名迭有改易。参见武德四年和九年、神龙元年和二年、景云二年诸条。弘文馆学生，皆从皇亲高官弟子中遴选。《唐会要》卷六四载补弘文馆学生例："皇缌麻已上亲，皇太后大功已上亲，散官一品、中书门下三品、同中书门下平章事、六尚书、功臣身食实封者、京官职事正品、供奉官三品子孙，京官职事从三品、中书黄门侍郎子，并听预简，选性识聪敏者充。"

十二月三日，省弘文、崇文两馆雠校，更置弘文馆校书四员，崇文馆检书两员。

按：至开元二十二年二月，复减弘文馆校书两员。见《唐会要》卷六四。

是年，诏公卿士庶之家所有异书，官借缮写。

按：见《旧唐书》卷四六《经籍志上》。

开科取士，李纳知贡举，进士及第25人，诸科8人。

按：见《登科记考》卷六。

刘知幾在太子左庶子任，四月上《孝经注议》，力主《孝经》当用古文。五月奏请黜《老子》河上公注，改用王弼注。

  按：是年，玄宗诏令群儒质定《孝经》，见上文三月条。由是围绕《孝经》古文与今文、郑注与孔传等问题，诸儒之间发生争论。刘知幾主张采用古文，提出"行孔废郑，于义为允"之意见。《唐会要》卷七七载其所上《孝经注议》曰："今俗所行《孝经》，题曰郑氏注。爰自近古，皆云郑注即康成，而魏晋之朝无有此说。至晋穆帝永和十一年及孝武帝太元元年，再聚群臣，其论经义，有荀昶者撰集《孝经》诸说，始以郑氏为宗。自齐梁以来，多有异论。陆澄以为非玄所注，请不藏于秘省；王俭不依其请，遂得见传于时。魏、齐则立于学官，著在律令。盖由肤俗无识，故致斯讹舛。然则《孝经》非元（玄）所注，其验十有二条……至如古文《孝经》孔传，本出孔氏壁中，语其详正，无俟商榷。"后玄宗新注《孝经》，此一争论才告平息。参见开元十年条。同书卷三六又载，刘知幾以为《老子》河上公注"乃不经之鄙言，流俗之虚语"，而王弼所作注"义旨为优"，故请行用王注。

张九龄六月为礼部员外郎，奉使广州祭南海，途中顺便归韶州觐省。至秋，自广州使回。

  按：杜佑《通典》卷四六载，唐制，四海"年别一祭，各以五郊迎气日祭之"。南海之祭在广州。

王维为歧王府僚属，随王在歧州。

  按：见傅璇琮主编《唐五代文学编年史》（初唐盛唐卷）。

高适初游长安，不获遇，复归宋州。

  按：《全唐诗》卷二一三高适《别韦参军》有"二十解书剑，西游长安城"云云。适本年二十岁，其游长安当在此期。

褚无量为左散骑常侍，在国学为太子讲儒经，百僚集观。

  按：见《旧唐书》卷一〇二本传。

元行冲固辞大理寺卿，遂改授左散骑常侍，封常山县公。七月代马怀素之缺，总领图书整理工作，进行四部书编次。

  按：此图书整理活动原由马怀素主持，参见开元五年条。然马怀素"不善著述，未能有所绪别"。去年七月马怀素卒后，"诏秘书官并号修书学士，草定四部"。因参预者"人人意自出，无所统一，逾年不成"。玄宗诏右常侍褚无量与元行冲"考绌不应选者"，褚无量等以为："修撰有条，宜得大儒综治。"于是，委元行冲总领其事，由毋煚、韦述、余钦负责总缉部分，殷践猷、王惬负责经部，韦述、余钦负责史部，毋煚、刘彦直负责子部，王湾、刘仲丘负责集部。见《新唐书》卷一九九《儒学中》。

天竺僧金刚智携不空等由海路来唐，是年抵广州，寻北上赴京。

  按：见《宋高僧传》卷一本传、《佛祖统纪》卷四〇。金刚智系天竺密教高僧，后为唐密宗初祖之一。

宋璟等奉诏删定《开元后格》10卷、《令》30卷、《式》20卷，进上。

  按：宋璟时为吏部侍郎兼侍中。参修者尚有中书侍郎苏颋、尚书左丞卢从愿、吏部侍郎裴漼、慕容珣、户部侍郎杨滔、中书舍人刘令植、大理司直高智静、幽州司功参军侯郢琎等。见《新唐书》卷五八《艺文志二》。

薛登卒（647—　）。登原名谦光，后奉敕改名，常州义兴人。文明中

拉比亚卒（约643— ）。阿拉伯诗人。	起为阆中主簿，天授中累迁尚书左丞，开元初留守东都，转太子宾客，卒于官，追赠晋州刺史。著有《四时记》20卷，已佚。《全唐文》卷二八一收录其疏2篇。事迹见《旧唐书》卷一〇一、《新唐书》卷一一二。 　　韦嗣立九月卒（654— ）。嗣立字延构，郑州阳武人，韦思谦之子。诗人。登进士第，累迁凤阁侍郎，出为汴州刺史。中宗复位，坐附张易之兄弟，贬饶州。奉召还朝，拜兵部尚书、同中书门下三品，封逍遥公。及皇后韦氏败亡，贬许州刺史，徙陈州刺史。卒赠兵部尚书，谥曰"孝"。《全唐文》卷二三六收录其疏4篇，《全唐诗》卷九一收录其诗8首。事迹见《旧唐书》卷八八、《新唐书》卷一一六。张说为撰墓志铭，见《张燕公集》卷二三。 　　苏诜八月卒，生年不详。诜字廷言，京兆武功人，苏颋弟。诗人。举贤良方正高第，历汾阴尉、给事中等职，终徐州刺史，卒赠礼部尚书。《全唐文》收录其文1篇。事迹见《旧唐书》卷八八、《新唐书》卷一二五。《金石录》卷五有裴耀卿所撰神道碑。 　　孔若思卒，生年、字号不详。若思，山阴人，孔绍安之孙。以博学闻于世。登明经第，历库部郎中、礼部侍郎等职。中宗初，朝中政事多谘之。后出为卫州刺史，擢银青光禄大夫，累封梁公郡国。及卒，谥曰"惠"。事迹见《新唐书》卷一九九、《旧唐书》卷一九〇上。 　　按：孔若思卒年，《旧唐书》本传作"开元十七年"，《新唐书》本传作本年。未详孰是，姑从《新唐书》。孔若思子孔至亦有名声。孔至生卒年不详，字惟微，历著作郎等职。擅文词，尤精谱牒学，与韦述、萧颖士、柳冲齐名。尝撰《百家类例》，时述等亦皆撰《类例》，时人以至书最工。另撰有《姓氏杂录》1卷，已佚。 　　李岐（ —748）、李栖筠（ —776）、元结（次山）（ —779）生。 　　按：《全唐文》卷三四四颜真卿《唐故容州都督兼御史中丞本管经略史元君表墓碑铭》谓元结于大历七年卒，年五十。以此溯推，当生于开元十一年。然据同书卷三八一元结《别王佐卿序》，自云癸卯岁（763年）年四十五，则其生当在本年。今从结《序》。

开元八年　庚申　720年

阿拉伯人围南高卢图卢兹城。 阿拉伯人入居撒丁岛。	三月，玄宗与臣下赋诗唱和。 　　按：玄宗赋《春台望》诗，苏颋、贺知章、许景先等皆有和作。诸人所作诗，分见《全唐诗》卷二、卷七三、卷一〇一、卷一一二。 　　十一月，诏贡举人谒先师开讲，仍令朝集使及京官观礼。 　　按：见《登科记考》卷七。 　　是年，李纳知贡举，开科取士，进士及第57人。

按：见《登科记考》卷七。

宋璟、苏颋正月己卯同时罢知政事，璟转开府仪同三司，颋转礼部尚书。

按：宋、苏二人于开元四年十二月同时入相，至是并罢。见《旧唐书》卷八《玄宗纪上》。

张九龄四月七日自礼部员外郎转司勋员外郎。

按：见《曲江集》附录《转司勋员外郎制》。

张说改授并州大都督府长史，十二月二十日奉诏兼修国史，令赍史稿于军中修撰。

按：《唐会要》卷六三载玄宗诏曰："燕国公张说多识前志，学于旧史，文成微婉，词润金石，可以昭振风雅，光扬轨训。可兼修国史，仍赍史本就并州随军修撰。"

元行冲正月以散骑常侍充丽正院修书使，奏引陆绍伯等入丽正校书。由是丽正院取代秘书省，成为朝廷修撰和整理图书的主要机构。

按：丽正院原名乾元殿，开元六年改名。《新唐书》卷一九九《儒学中》载，行冲知丽正院，又奏引陆绍伯、马利徵、刘彦直、殷践猷、侯行果、李子钊、王直、毋煚、韦述、王湾、赵玄默、余钦、郑良金、冯朝隐、权寅献、孟晓、韩覃、王嗣琳、张俳、崔藏之入校丽正书，又以源幼良代利徵，"由是秘书省罢撰缉，而学士皆在丽正矣"。

李元瓘为国子司业，三月十八日，奏请以孔子弟子"十哲"像列于孔庙，配享祭祀。七月，奏请明经科考试应重视《周礼》、《仪礼》、《公羊传》、《穀梁传》等经。玄宗皆从之。

按：李元瓘事迹不详。《旧唐书》卷二四《礼仪志》引李元瓘奏曰："先圣孔宣父庙，先师颜子配坐，今其像立侍，配享合坐。十哲弟子，虽复列像庙堂，不预享祀。……望请春秋释奠，列享在二十二贤之上。"玄宗遂下敕，"改颜生等十哲为坐像，悉预从祀"。所谓"十哲"，即颜渊、闵子骞、冉伯牛、冉仲弓、冉有、子路、宰我、子贡、子游、子夏。《唐会要》卷三五谓此事在三月十八日。又，唐代《易》、《书》、《诗》、《周礼》、《仪礼》、《礼记》、《春秋公羊传》、《春秋穀梁传》、《春秋左氏传》合为"九经"，其中又分为三类，以此取士。《新唐书》卷四四《选举志》曰："凡《礼记》、《春秋左氏传》为大经，《诗》、《周礼》、《仪礼》为中经，《易》、《尚书》、《春秋公羊传》、《穀梁传》为小经。通二经者，大经、小经各一，若中经二；通三经者，大经、中经、小经各一；通五经者，大经皆通，余经各一。《孝经》、《论语》皆兼通之。"因诸经中，《礼记》、《易》、《书》、《诗》相对较易，故应试者多习之，于其余诸经较为忽视。《通典》卷一五载，李元瓘上言，以为诸经皆"圣人微旨"，"今明经所习，务在出身，咸以《礼记》文少，人皆竞读。《周礼》经邦之轨则，《仪礼》庄敬之楷模，《公羊》、《穀梁》历代崇习，今两监及州县以独学无友，四经殆绝"。他建议："其学生请各量配作业，并贡人参试之日，凡习《周礼》、《仪礼》、《公羊》、《穀梁》，并请帖十通五，许其入第。以此开劝，即望四海均习，九经该备。"事又见《唐会要》卷七五。此后，国子祭酒杨玚再奏请并重诸经，参见开元十六年条。

王丘为吏部侍郎，典选累年，先后拔擢山阴尉孙逖、桃林尉张镜微、湖城尉张晋明、进士王泠然、李昂等，皆一时之秀。

按：见《旧唐书》卷一〇〇本传。

蔡孚为起居舍人，以玄宗御制《春台望》四章，奏请宣示百官，并编入国史。

> 按：见清岑建功辑《旧唐书逸文》卷三。《全唐文》卷三〇五收录其所上《请宣付御制春雪台望诗编入国史奏》。

杜甫是年九岁，始习大字。

> 按：《全唐诗》卷二二二杜甫《壮游》曰："九龄书大字，有作成一囊。"

僧神会由韶州北归，奉敕住南阳龙兴寺，人称"南阳和尚"。时神会声望颇著，弘扬其师慧能学说，南阳守王弼及诗人王维等皆先后向其问法。

> 按：神会曾于韶州曹溪宝林寺师事慧能多年，事见久视元年、开元元年条。

天竺僧金刚智与不空由广州北上，抵洛阳，进谒玄宗，奉敕住大慈恩寺，旋移居荐福寺。

> 按：金刚智与不空于去年由海路至广州，参见该年条。此后，金刚智在所住寺院设大曼荼罗灌顶坛，化度四众，受王臣归依，僧不空及大智、大慧、一行等人先后入其门下。

日本第一部汉文本纪体史书《日本书纪》著成。

张鷟约是年或稍后著《朝野佥事》20卷。

> 按：张鷟于开元元年流岭南，参见该年条。约本年左右，复起为龚州长史。《朝野佥事》后佚，今存《四库全书》本为6卷，系后人辑录重编，其记事最晚者为开元八年，然未知原本记事止于何年。姑系于此。《四库全书总目提要》卷一四〇评曰："其书皆纪唐代故事，而于谐噱荒怪纤悉胪载，未免失于纤碎。故洪迈《容斋随笔》讥其记事琐屑摭裂，且多媟语。然耳目所接，可据者多，故司马光作《通鉴》，亦引用之。兼收博采，固未尝无裨于见闻也。"

褚无量正月壬申卒（646— ）。无量字弘度，杭州盐官人。经学家。少从学于沈子正、曹福，刻意经史，尤精《三礼》、《史记》。擢明经第，累迁国子司业、修文馆学士。玄宗为太子，兼侍读。及玄宗即位，迁左散骑常侍，兼国子祭酒，封舒国公，颇受礼遇。数上书言得失，又与马怀素一起奏请整理图书。卒赠礼部尚书，谥曰"文"。著有《帝王纪录》、《翼善记》等，凡百余篇。后多散佚。《全唐文》卷二九四存录其文4篇。事迹见《旧唐书》卷一〇二、《新唐书》卷二〇〇。《全唐文》卷二五八有苏颋《赠礼部尚书褚公神道碑》。

> 按：武后以来，诗赋之风丕盛，治经者寡。褚无量为当时经学宿老，诚为可贵。

净众宗僧神会（ —794）、僧怀海（ —814）生；司空曙（ —约789）约生；僧皎然（ —约796或稍后）约是年前后生。

> 按：唐代高僧号神会者有两人，另一系禅宗七世祖、荷泽宗始祖，参见上元元年条。

> 又按：司空曙生年，史无明载。此从今人傅璇琮主编《唐才子传校笺》。

> 再按：皎然生年，史无明载。考《全唐诗》卷八一五皎然《赠李中丞洪一首》，有"安知七十年，一朝值宗伯"云云。该诗作于贞元五年，以此溯推，皎然当生于本年。

开元九年　辛酉　721年

正月，诏各地举武才。五品以上京官及刺史各举县令1人。

按：见《登科记考》卷七。

五月，玄宗于含元殿亲策试应制举人。

按：《旧唐书》卷八《玄宗纪上》载此事于四月甲戌，然该月无甲戌，显误。今从徐松《登科记考》卷七。同书载玄宗敕曰："古有三道，朕今减其二策。近无甲科，朕将存其上第，务收贤俊，用宁军国。"

是年，开科取士，员嘉静知贡举，进士及第38人。

按：见《登科记考》卷七。

张说为并州大都督府长史，九月奉召入朝，拜兵部尚书、同中书门下三品。

按：见《旧唐书》卷八《玄宗纪上》。

苏颋在益州大都督府长史任。李白游成都，往谒之。颋大为赞赏，谓其"若广之以学，可以相如比肩"。

按：苏颋由礼部尚书出赴益州事，参见开元八年条。《全唐文》卷三四八李白《上安州裴长史书》谓苏颋见李白后，称赞说："此子天才英丽，下笔不休，虽风力未成，且见专车之骨。若广之以学，可以相如比肩也。"

王维为太乐丞，是秋坐事贬济州司仓参军。

按：《新唐书》卷二〇二本传未载王维为太乐丞及遭贬事，此从《太平广记》卷一七九引《集异记》。

王泠然、李昂、畅诸是冬同登吏部拔萃科。

按：唐制，制举及吏部铨选均有书判拔萃科，李昂等此前已登第，此为吏部铨选。畅诸，汝州人，诗人，曾任陈留尉，余不详。王泠然生平，参见开元十二年条。

刘晏是年七岁，应神童举及第，授秘书省正字。

按：见《旧唐书》卷一二三本传。《新唐书》卷一四九本传谓刘晏于开元十三年因献颂而授太子正字，与《旧唐书》所载不同。未详孰是，姑从《旧唐书》本传。

僧一行始奉诏造新历。

按：《全唐文》卷二二五张说《大衍历序》谓一行于开元十三年始奉诏修历，恐误。《旧唐书》卷三五《天文志上》曰："玄宗开元九年，太史频奏日蚀不效，诏沙门一行改造新历。"《新唐书》卷二七上《天文志》、《唐会要》卷四二所载略同。一行所造《大衍历》至开元十五年成。参见该年条。

道士司马承祯奉召入京，玄宗亲受法箓，前后赏赐甚厚。

按：见《旧唐书》卷一九二本传。司马承祯系唐代道教茅山宗重要学者，武则天、睿宗时曾两度奉召至京。参见景云二年条。

王弟马斯拉马平呼罗珊总督叛。

阿拉伯人伐西西里岛。

法兰克尤多公爵败阿拉伯人。

西奥多里克四世任全法兰克国王。

日本《常陆风土记》撰成。

元行冲等奉敕编次《群书四部录》200卷成，十一月十三日进上。

按：唐廷此次大规模图书整理活动，初由马怀素、褚无量主持，及两人相继卒，遂由元行冲主其事。参见开元三年、五年马怀素及开元七年元行冲条。至开元八年，整理完毕，缮写编录进上。玄宗以其繁杂，复令重修，本年十一月方告最终完成。《新唐书》卷一九九《儒学中》曰："(开元)八年，《四录》成，上之。"《旧唐书》卷四六《经籍志》曰："及四部书成，上令百官入乾元殿东廊观之，无不骇其广。(开元)九年十一月，殷践猷、王惬、韦述、余钦、毋煚、刘彦直、王湾、刘仲丘等重修成《群书四部录》二百卷，右散骑常侍元行冲奏上。"据《唐会要》卷三六载，该书录书凡二千六百五十五部，四万八千一百六十九卷，分为经、子、史、集四部。其中，经部目录由殷践猷、王惬编纂；史部目录由韦述、余钦编纂；子部目录由毋煚、刘彦直编纂；集部目录由王湾、刘仲丘编纂；序例由韦述撰。同书卷六四又载，是冬，东都集贤殿四库书计有八万一千九百九十卷，其中，经部一万三千七百五十三卷；史部二万六千八百二十卷；子部二万一千五百四十八卷；集部一万九千八百六十九卷。与卷三六所载卷数不同。另据《新唐书·马怀素传》、《旧唐书·褚无量传》和《旧唐书·韦述传》等载，先后参预此次图书整理者，除前述诸人外，尚有国子博士尹知章、四门助教王直、直国子监赵玄默、陆浑丞吴绰、扶风丞马利徵(一作马利贞)、临汝丞宋辞玉、薛陵令陆绍伯、新郑尉李子钊、梓潼尉解崇质、右威卫参军侯行果、邢州司户参军袁晖、海州录事参军晁良、太常侍太祝郑良金、秘书丞殷承业、武陟尉徐楚璧、秘书少监卢俌和崔沔、秘书郎田可封和康子元、左庶子齐浣、秘书少监王琚、卫尉少卿吴兢、闻喜尉卢僎、江阳尉陆元泰、左监门率府胄曹参军王择从、朝邑丞冯朝隐、冠氏尉权寅献、秘书省校书郎孟晓和源幼良、扬州兵曹参军韩覃和王嗣琳、福昌令张悱、进士崔藏之等。王惬、刘仲丘皆登进士第入仕，后以老病还乡里。陆绍伯卒于官。王直终岐王府记室参军。赵玄默后为集贤院直学士。马利徵后出为山茌令，因无治术免官，终于家。李子钊坐保荐非人，终德州长史。余钦官至太学博士、集贤院学士。王湾官至洛阳尉，参见开元十七年条。郑良金后为右补阙、京兆府仓曹参军事。权寅献官至临淮太守。孟晓后为左补阙。韩覃后为莱州别驾，坐事流远方，参见景龙二年条。崔藏之后迁膳部员外郎。源幼良后以协律郎罢。

毋煚是年稍后刊正和补录《群书四部录》为《古今书录》40卷，又编次佛道书目为《开元内外经录》10卷。

按：毋煚尝参预编次《群书四部录》，以该书存在纰谬和遗漏，遂重加订正，编成两书。《全唐文》卷三七三存录其《撰集四部经籍序略》，其中曰："……四万卷目，二千部书，名目首尾，三年便令终竟，欲求精悉，不亦难乎？所以常有遗恨，窃思追雪。乃与类同契，积思潜心，审正旧疑，详开新制。永徽新集，神龙近书，则释而附也。未详名氏，不知部伍，则论而补也。空张之目，则检获便增；未允之序，则详宜别作。纰谬咸正，混杂必刊。改旧传之失者三百余条，加新书之目者六千余卷。凡经录十二家，五百七十五部，六千二百四十一家；史录十三家，八百四十部，一万七千九百四十六卷；子录十七家，七百五十三部，一万五千六百三十七卷；集录三家，八九十二部，一万二千二十八卷。凡四部之录，四十五家，都管三千六十部，五万一千八百五十二卷，成《书录》四十卷。其外有释氏经律论疏，道家经戒符箓，凡二千五百余部，九千五百余卷，亦具翻译名氏，序述旨归，又勒成目录十卷，名曰《开元内外经录》。"两书后皆佚。

员半千约是年或稍后卒（约628或稍后—　）。半千原名余庆，字荣期，齐州全节人，客居晋州临汾。学者。幼通书史，州举童子科，对诏高第，为房玄龄所异。及长，师从王义方，随学十余年，以秀迈见赏，始改今名。后应科举入第，复登岳牧举上第，历仕高宗、武后、中宗、睿宗、玄宗五朝，累封平原郡公。与王勃、骆宾王等皆有交往。晚年隐居同州蒲城县尧山、沮水间，乐山水自放。著有《三国春秋》20卷、《明堂新礼》3卷、《临戎孝经》2卷，另有文集10卷，皆已佚。《全唐文》卷一六五存录其文3篇，《全唐诗》卷九四、《全唐诗补编·补逸》卷五存录其诗4首。事迹见《旧唐书》卷一九〇中、《新唐书》卷一一二。

按：员半千卒年，史载不一。《新唐书》本传谓其于本年始定居同州，卒于此；《旧唐书》本传谓其开元二年卒；《大唐新语》卷四谓其开元初卒。考《金石萃编》卷七一有员半千于开元五年所撰《尹遵师碑》，知其卒当在此年后。今从《新唐书》本传。

姚崇九月丁未卒（651—　）。崇本名元崇，开元时避讳改，字元之，陕州硖石人。盛唐时期政治家、无神论者。应制举，登下笔成章科，累任武则天、睿宗、玄三朝宰相，爵封梁国公。居官刚正，敢于直谏，颇有政绩。后荐宋璟自代，以开府仪同三司卒，追赠扬州大都督，谥曰"文献"。有集10卷，已佚。《全唐文》卷二〇六收录其文23篇编为1卷，《全唐诗》卷六四收录其诗6首。事迹见《旧唐书》卷九六、《新唐书》卷一二四。《全唐文》卷二三〇有张说《故开府仪同三司上柱国赠扬州刺史大都督梁国公姚文贞公神道碑》。

按：姚崇为盛唐时期名相，时人将其与宋璟合称"姚宋"，与初唐"房（玄龄）杜（如晦）"齐名。《资治通鉴》卷二一一曰："姚、宋相继为相，崇善应变成务，璟善守法持正，二人志操不同，然协心辅佐，使赋役宽平，刑罚清省，百姓富庶，则一也。唐世贤相，前称房、杜，后称姚、宋，他人莫得比焉。"姚崇在思想上对佛教因果报应说持否定态度，反对滥造佛寺，主张以史为鉴；又黜斥迷信妄说，以为自然灾害并非天象征兆，纯属自然现象。

刘知幾十二月卒（661—　）。知幾字子玄，一说本名子玄，彭城人。著名史学家。少与兄刘知柔俱以文词知名。登进士第，授获嘉主簿，累迁凤阁舍人，历太子中允、太子左庶子、太子左散骑常侍等职，爵封居巢县子。坐事贬安州都督府别驾，寻卒。后追赠汲郡太守、工部尚书，谥曰"文"。兼领史职二十余年，先后参修《三教珠英》、《睿宗实录》、《则天皇后实录》、《中宗实录》、《文馆词林》、《姓族系录》等，著有《史通》20卷、《刘氏谱考》3卷、《刘氏家史》15卷，集30卷。今存《史通》。《全唐文》卷二七四收录其文12篇，敦煌本《珠英集》收录其诗3首。事迹见《旧唐书》卷一〇二、《新唐书》卷一三二。近人朱希祖撰有《刘子玄年谱稿》，今人周品锽、傅振伦各撰有《刘知幾年谱》，许凌云著有《刘知幾评传》。

按：刘知幾以长子太乐令刘贶犯事配流，诣执政诉理，由是获贬。至贬所安州，无几即卒。《旧唐书》本传云，刘知幾领史职，"首尾二十余年，多所撰述，甚为当时所称"。其于古今史学及历代经典皆有研究，议者谓其高博。尝言史有才、学、识"三长"，世罕能兼之。时人以为笃论。又论《孝经》非郑玄注，《老子》无河上公注。所著

《史通》，为中国古代史学理论之名著，对后世影响颇为深远。清人章学诚《文史通义》谓该书"扬榷古今利病，而立法度之准焉，所以治散乱之瘴疠也"。

又按：刘知幾兄刘知柔善文辞，有儒学，累迁工部尚书、东都留守，卒赠太子少保，谥曰"文"。刘知幾子刘贶、刘餗、刘彙、刘秩、刘迅、刘迥，皆有学业，名闻于世。刘贶字惠卿，博通经史，明天文、律历、音乐、医、算之术，官至起居郎，兼修国史。著有《六经外传》37卷、《续说苑》10卷、《太乐令壁记》3卷、《真人肘后方》3卷、《天宫旧事》1卷。刘餗字鼎卿，官至右补阙、集贤殿学士、国史修撰，著有《史例》3卷、《传记》3卷、《乐府古题解》1卷。刘彙历给事中、尚书右丞、左散骑常侍等职，终荆南节度使，有集3卷。刘秩事迹，见宝应元年条。刘迅字捷卿，累官右补阙，著有《六说》5卷。刘迥累官谏议大夫、给事中，有集5卷。又，刘贶子刘滋、刘浃亦有学业。刘滋字公茂，通经术。累迁吏部尚书，卒赠陕州大都督，谥曰"贞"。刘浃有学名，事迹未详。

殷践猷七月九日卒（674—　）。践猷字伯起，陈郡长平人。博学多才，尤通谱牒、历数、医方。初解褐为杭州参军，后举文儒异等科，授秘书省学士，转曹州司法参军，充丽正院学士，奉诏参预图书整理，与王惬等编撰《群书四部录》之经部目录。以叔父丧，哀恸而卒。事迹见《新唐书》卷一九九。《全唐文》卷三四四有颜真卿《曹州司法参军秘书省丽正殿二学士殷君墓碣铭》。

按：殷践猷出身书香世家，颜真卿《墓碣铭》谓其五世祖殷不害、高祖殷英童、曾祖殷闻礼、祖殷令言、父殷子敬，历代"皆以德行名义、儒学翰墨闻于前朝"。殷践猷则更以博学名于世，"博览群言，尤精《史记》、《汉书》、百家氏族之说，至于阴阳数术、医方、刑法之流，无不该洞"。《新唐书》本传曰："与贺知章、陆象先、韦述最善，知章尝号为'五总龟'，谓龟千年五聚，问无不知也。"殷践猷从父殷仲容，有重名，终冬官郎中。践猷弟殷季友善画，历秘书郎。殷践猷少子殷寅，有文名，为中唐古文运动倡导者之一，与颜真卿、柳芳、陆据、萧颖士、李华、邵轸、赵骅友善，时人合称"殷颜柳陆萧李邵赵"。登宏词科，历太子校书、永宁尉等职，终给事中、杭州刺史。《全唐诗》卷二五七存录其诗2首。

崔祐甫（　—780）生。

开元十年　壬戌　722年

伦巴德人遂抵罗马。

西班牙"收复失地运动"始。

二月，举贤良方正等制科，玄宗亲自引见，命户部郎中苏晋、刑部员外郎席怀、侍御史陈段烈主考。

按：见《登科记考》卷七。

九月乙亥，禁百官与卜祝之人交游往来。

按：见《旧唐书》卷八《玄宗纪上》。

是年，开科取士，员嘉静知贡举，进士及第33人。

按：见《登科记考》卷七。

苏颋由益州长史奉召还朝，仍授礼部尚书。

按：苏颋由益州还朝事，两《唐书》本传不载。傅璇琮主编《唐五代文学编年史》（初唐盛唐卷）有考证。

张说在兵部尚书、同中书门下三品任，以朔方军节度使，持节往朔方巡边。及还朝，为丽正殿修书院修书使，奏请秘书监徐坚、监察院察御史赵冬曦、太常博士贺知章等入院，同纂《六典》、《文纂》等。后累年，书竟不就。

按：张说持节赴朔方巡边事，《新唐书》卷五《玄宗纪》谓四月，《旧唐书》卷八《玄宗纪上》谓闰五月。今从《旧唐书》。《玉海》卷五二引《集贤注记》曰："开元十年九月，张说都知丽正殿修书事。"《旧唐书》卷一九〇中《贺知章传》曰："开元十年，兵部尚书张说为丽正殿修书使，奏请知章及秘书员外监徐坚、监察御史赵冬曦等皆入书院，同纂《六典》及《文纂》。累年，书竟不就。"

张九龄二月十七日由司勋员外郎转中书舍人。

按：见《曲江集》附录开元十年二月十七日《转中书舍人制》。

孙逖应制举，登文藻宏丽科，拜左拾遗、集贤殿修撰。张说颇重其才，令子张均、张垍往拜之。

按：见《新唐书》卷二〇二本传。

吴道子绘东都敬爱寺禅院内西壁画。

司马承祯奉召在长安，请还天台山，玄宗赋诗赠之。

按：见《旧唐书》卷一九二本传。司马承祯奉玄宗之召入京事，见开元九年条。

玄宗撰《孝经注》，六月辛丑颁于天下。

按：见《旧唐书》卷八《玄宗纪上》。初，玄宗于开元七年诏令诸儒质定《孝经》，由是引发今文经与古文经、郑注与孔传之争。参见该年刘知幾条。《唐会要》卷七七载玄宗诏，裁定郑注"依旧行用"，而"孔注传习者稀，宜存继绝之典，颇加奖饰"。是年，玄宗参用孔传、郑注，及韦昭、王肃、虞翻等人注解，以今文为底本，作《孝经注》，颁行天下。至天宝二年，玄宗又重注《孝经》，参见该年条。

吴兢约此期撰《贞观政要》10卷成，进上。

按：吴兢撰《贞观政要》时间，历有不同说法。《四库全书总目提要》卷五一谓开元八年后撰；今人黄永年《唐史史料学》谓景龙三年已撰成，开元初稍加修订而已；吴枫《评〈贞观政要〉》（载《吉林大学学报》1979年第1期）谓撰于神龙元年至开元九年间；瞿林东《论吴兢》（载《唐代史学论稿》）谓成书于开元后期至天宝之间；李万生《三论〈贞观政要〉的成书时间》（载《贵州师范大学学报》1995年第2期）谓撰成于开元八年至十年间。今姑从李说。《贞观政要序》云，该书系"缀集所闻，参详旧史，撮其指要，举其宏纲"而成，目的为"义在惩劝"，以备"人伦之纪"，以存"军国之政"。全书凡40篇，分类编辑唐太宗与魏徵、房玄龄等侍臣之问答及相关奏疏，记录了太宗与臣"贞观论政"的基本情况。今存，有明成化本等。

牛头宗僧智威卒（646— ）。智威俗姓陈，江宁人。初参学于天宝寺僧统法师，后师从牛头宗僧法持，得传其嗣。住金陵牛头山，大扬宗风。弟子有慧忠、玄挺等，由慧忠传其嗣。事迹见《宋高僧传》卷八、《景德传灯录》卷四。

按：智威卒年，一说开元十七年。又，唐代高僧名智威者有两人，另一为天台宗六祖。

崔日用卒（673— ）。日用字号不详，滑州灵昌人。诗人。与孙逖为忘年交，才辩绝人，善于制变。登进士第，累迁兵部侍郎、修文馆学士。因助玄宗讨韦氏功，授黄门侍郎，参知政事。旋又以讨太平公主功，擢吏部尚书，封齐国公。后出为常州刺史，转并州长史。卒于任，谥曰"昭"。著有《姓苑略》1卷，作诗文数百篇，后嗣孙崔儒编为集，崔祐甫为之序。已佚。《全唐诗》卷四六收录其诗9首。事迹见《旧唐书》卷九九、《新唐书》卷一二一。

按：《全唐文》卷四〇九崔祐甫《齐昭公崔府君集序》评崔日用诗文，略曰："卓尔孤标，气高调远，若雅琴度曲，众音无味"。

姜皎九月甲戌卒，生年、字号不详。皎，上邽人。画家，尤擅长画鹰鸟。累官太常卿，封楚国公。开元初坐事去职，复拜银青光禄大夫、秘书监，又坐事流钦州，卒于途中。事迹见《旧唐书》卷五九、《新唐书》卷九一。

王志愔卒，生年、字号不详。志愔，博州聊城人。法学家。历侍御史、大理正、御史中丞、大理少卿、户部侍郎、刑部尚书等职，执法严厉，刚正不阿，人称"皂雕"。著有《应正论》1篇，今存，见《全唐文》卷二八二。事迹见《旧唐书》卷一〇〇、《新唐书》卷一二八本传。

按：王志愔所撰《应正论》，系唐代重要法学文献，文中谓"法令者，人之堤防，堤防不立，则人无所禁"；主张执法要以"中正"为原则，"物贵和而不同，不同而和，正在其中"；强调执法者应严明持平，"为国者以严致平，非以宽致平"，"然则称严者，不必逾条越制，凝纲重刑，在于施隐括以矫枉，用平典以禁非刑"。

李泌（ —789）、鲍防（ —790）、僧无名（ —793）生。

开元十一年　癸亥　723年

阿拉伯侵中亚今费尔干纳地区。

正月己巳，玄宗自洛阳北巡，历潞州、并州、上党、太原、汾州、汾阴、蒲州等地，入潼关，至三月庚午，归京师长安。沿途与诸侍臣及文士多有唱和。

按：玄宗出巡事，见《旧唐书》卷八《玄宗纪上》。此次玄宗出巡，张说、苏颋、张九龄、苗晋卿、张嘉贞、王丘、席豫、崔翘、王光庭、袁晖、赵冬曦、梁升卿、徐安贞、韩思复、卢从愿、刘晃、韩休、崔玄暐、贾曾、何鸾、蒋挺、源光俗等皆扈从，沿途君臣唱和之作，见《全唐诗》各卷。画家吴道子、韦无忝、陈闳等亦随驾，过上党金桥，奉诏同作

《金桥图》。

九月己巳,颁《广济方》于天下,令诸州各置医博士1人。

按:见《旧唐书》卷八《玄宗纪上》。

十一月戊寅,令各地长官荐举人才。

按:见《登科记考》卷七。

是年,开科取士,源少良知贡举,进士及第31人。

按:见《登科记考》卷七。

苏颋是秋复由礼部尚书出为益州大都督府长史。

按:苏颋于去年九月自益州入朝,至是复出。

张说为兵部尚书、同中书门下三品,二月癸亥兼中书令。四月癸亥,正除中书令。

按:见《旧唐书》卷八《玄宗纪上》。

新罗僧慧超来唐,师从中天竺僧金刚智学密教经论。寻由南海西行,游历天竺,巡礼西大露塔等五天竺之佛迹。

按:慧超于开元十五年返唐,参见该年条。

李邕约是年前后撰《梁公别传》3卷。

按:梁公即狄仁杰。《旧唐书》卷八九《狄仁杰传》曰:"仁杰前后匡复奏对,凡数万言。开元中,北海太守李邕撰为《梁公别传》,备载其词。""北海太守"当为"海州刺史"之误。《直斋书录解题》卷七曰:"《逊梁公家传》三卷,唐海州刺史江都李邕泰和撰。"《新唐书·艺文志》作"《狄仁杰传》三卷"。据《舆地碑记目》卷二"楚州碑记"《唐婆罗木碑》,李邕是年前后在海州刺史任,其撰《梁公别传》当在此期。姑系于此。

天竺僧金刚智奉敕于资圣寺译经,译出《瑜伽念诵法》2卷、《七俱胝陀罗尼》2卷。东天竺婆罗门大首领直中书伊舍罗译语,嵩岳僧温古笔受。

按:见《宋高僧传》卷一本传。

崔泰之六月七日卒(667—)。泰之字号不详,博陵安平人,崔沔从兄。诗人。历职方郎中等职,开元中累官工部尚书,封清河郡公。《全唐诗》卷九一收录其诗3首。事迹见《唐代墓志汇编》开元一七四《崔公墓志铭并序》。

僧智周六月二十一日卒(668—)。智周俗姓徐,泗州(一作濮阳)人。唐代佛教法相(唯识)宗第三祖。年十九受具足戒,二十三岁师从法相宗二祖慧沼,得其嫡传。游历各地,后住濮阳报城寺,世称"濮阳大师"。新罗僧智凤、智鸾、智雄及日本僧玄昉等先后师事之。著述颇多,有《成唯识论演秘》7卷、《成唯识论枢要记》2卷等,凡13种,今存10种。事迹见《新编诸宗教藏总录》卷三、《法相宗章疏》、《三国佛法传通缘起》卷中等。

按:智周于弘扬法相宗多有贡献,日本法相宗即由曾师从其学之玄昉创立。然其学多承袭师说,理论上并无显著发展。故智周卒后,法相宗渐趋衰微。其著述据《东域传灯目录》所载,共有13种。其中《因明入正理论纂要记》1卷、《因明入正理论断记》1卷、《瑜伽论疏》40卷等3种已佚。今存10种,分别为:《法华玄赞摄释》4卷、

《大乘法苑义林章决择记》4卷、《大乘入道次第》(又名《入道章》)1卷、《梵网经菩萨戒本疏》5卷(仅存2卷)、《因明入正理论疏记》(又名《前记》、《因明纪衡》)3卷、《因明入正理论疏后记》3卷、《因明入正理论疏钞》(又名《略记》)1卷、《成唯识论枢要记》(又名《成唯识论方志》、《枢要方志》)2卷(仅存上卷)、《成唯识论了义灯记》2卷(仅存下卷)、《成唯识论演秘》7卷。《成唯识论演秘》与窥基《成唯识论枢要》和慧沼《成唯识论了义灯》,后世并称"唯识三疏"。

韩滉(—787)、荷泽宗僧法如(—811)生。

开元十二年　甲子　724年

阿拉伯复侵中亚今费尔干纳地区。

法兰克查理·马特伐萨克森人及莱茵河、多瑙河两岸。

二月,诏:"缘路州县有表荐官僚及上书献颂书者,中书门下审覆奏闻,量加进赏。"

按:见《册府元龟》卷六三。

是年,开科取士,进士及第21人。

按:见《登科记考》卷七。

苏颋四月自益州长史归朝,再授礼部尚书。

按:苏颋去年复出为益州长史,至是再还朝。参见傅璇琮主编《唐五代文学编年史》(初唐盛唐卷)。

张说在中书令任。时玄宗将封岱岳,房琯献《封禅书》及笺启,说奇其才,奏授秘书省校书郎。

按:见《旧唐书》卷一一一《房琯传》。

万齐融约是年前后罢秘书省正字,归越州,作《阿育王寺常住田碑》。

按:万氏所撰碑,见《全唐文》卷三三五、《金石萃编》卷一〇八。

储光羲应贡举不第。至秋,自长安赴洛阳,途中有诗赠祖咏。

按:《全唐诗》卷一三八储光羲《贻丁仙芝主簿别》自注:"同年举,而丁侯先第。"知丁仙芝本年及第,而光羲未第。其赠祖咏诗,即《全唐诗》卷一三八《华阳作贻祖三咏》。

施敬本为四门助教,奏言封禅泰山典仪。

按:时玄宗将封禅泰山,诏有司讲求典仪。施敬本奏言,以为当世所行封禅礼仪多有差错,应按《礼》施行。施敬本生卒年、字号不详,丹阳人。有儒学。后以太常博士充集贤院修撰,迁右补阙、秘书郎。尝参预编纂《开元礼》、《类礼义疏》等。《全唐文》卷三〇二收录其文2篇。事迹见《新唐书》卷二〇〇。

康子元为秘书少监,兼集贤院侍讲学士,与徐坚、韦縚等商裁封禅仪。

按:康子元生卒年、字号不详,越州会稽人。有儒学。初历献陵令,开元初诏举能治《易》、《老》、《庄》者,为集贤直学士侯行果所荐,授侍读。后历宗正少卿、秘书少监。致仕,卒赠汴州刺史。《全唐文》卷三五一收录其文6篇。事迹见《新唐书》

卷二〇〇。

僧一行为修历所需,进行大规模天文测量活动,计算出子午线长度。又与梁令瓒制黄道游仪,以测星宿运动和考察月球运行规律,证实恒星位置有移动现象;造水运浑天仪,演示日、月、星象之运转。

按:僧一行奉诏修历事,见开元九年条。《旧唐书》卷三五《天文志上》曰:"开元十二年,分遣使诸州所测日晷长短。"此次由一行提议并组织的天文测量活动,规模颇大,包括测量二分(春分、秋分)、二至(冬至、夏至)正午时分八尺之竿之日影长,北极高度(天球北极仰角)及昼夜长短等等。为测量北极仰角,一行设计了专门的工具"覆矩",又据观测数据绘制《覆矩图》二十四幅,最终计算出"大率三百五十一里八十步而极差一度",合今 151.07 公里。此实为地球子午线(即经线)一度之长。虽不十分精确,却是世界上大规模测量子午线之开端,较公元 814 年阿拉伯天文学家阿尔·花剌子模等人实测子午线早 90 年。

又按:僧一行造黄道游仪,《大唐新语》卷九谓成于本年,"玄宗亲为序文"。《旧唐书》卷三五《天文志上》则谓成于明年。未详孰是,姑系于此。《旧唐书·天文志》载,初,梁令瓒于丽正书院"造游仪木样,甚为精密",一行遂奏请"更以铜铁为之"。玄宗又诏一行与梁令瓒及诸术士更造浑天仪,"铸铜为圆天之象,上具列宿赤道及周天度数。注水激轮,令其自转,一日一夜,天转一周"。浑天仪又称浑仪,系中国古代研究天文之重要仪器。始创于西汉武帝时洛下闳,东汉安帝时张衡改用漏水转动。后又屡有修改,至是才趋于完备。"既与天道合同,当时共称其妙。铸成,命之曰水运浑天俯视图,置于武成殿前以示百僚。"

再按:梁令瓒生卒年、字号不详,蜀人。擅长天文仪器制作,又工书画。尝以将仕郎充丽正书院直学士,迁右率府兵曹参军,坐事罢,终恒王府司马。存世作品有《五星二十八宿真形图》,现藏日本大阪市立美术馆。事迹见《新唐书》卷一九九、元夏文彦《图绘宝鉴》。

僧不空于洛阳广福寺受比丘戒。

按:此后十多年,不空潜心研习律仪及诸部经论,并参与译经事。见赵迁《大唐故大德赠司空大辨正广智不空三藏行状》。

中天竺僧善无畏随唐玄宗由长安至洛阳,从事佛教密宗经论翻译。

按:善无畏来唐事,见开元四年条。此后数年,善无畏于奉先寺翻译僧无行搜集之密教梵本经典,有《大毗卢遮那成佛神变加持经》等数种。《大毗卢遮那成佛神变加持经》即为唐代佛教密宗根本经典《大日经》,由善无畏口述,僧宝月译语,僧一行笔受缀文,共 7 卷。后一行重新编纂,加以注释,称《大日经疏》,凡 20 卷。善无畏又译有《苏婆呼童子经》3 卷、《苏悉地羯啰经》1 卷,后均成为密宗重要经典。另有《大日经内之密咒》等。皆写出梵字,逐字以汉音对译。因密教重视文字,为求念诵、观想精确,故创此例。可见善无畏在传授密教同时,亦教授梵文拼法,开始讲求"悉昙"之学。此实为中国佛教史上值得注意之事。

又按:僧无行,梵名般若提婆,意译慧天,荆州江陵人。初涉猎百氏、经史,后师从僧法藏高足大福田寺僧慧英,修习定慧。受具足戒之后,隐于幽岩研习《法华经》。立志参访名师,开启定门,遂游九江、衡岳、金陵、嵩岳、少室山等地,究南山律宗道宣之法,听新闻旧经论。复与智弘为伴,由南海赴天竺求法。辗转天竺各地,先后在大觉、那烂陀等寺学《瑜伽》、《中观》、《俱舍》及律典,从羝罗荼寺法匠习陈那和法称等人论典,并访求梵本佛典。学毕归国,途经北天竺病卒。其所集梵本,由同行者带回,存于长安华严寺。事迹见义净《大唐西域求法高僧传》卷下。

南天竺僧菩提流志在京兆长安译场译经,是年随驾至东都洛阳,敕住长寿寺。

按:见《宋高僧传》卷三本传。

王泠然十二月十八日卒(692—)。泠然字仲清,山东人。盛唐学者、诗人。开元初先后登进士第和吏部拔萃科,历东宫校书郎,转右威卫兵曹参军,卒于官。所著诗文,为时人传颂。《全唐文》卷二九四收录其文10篇,《全唐诗》卷一一五收录其诗4首。事迹见《唐代墓志汇编》天宝〇〇二《王泠然墓志铭》、《唐才子传》卷一。

啖助(—770)生。

开元十三年　乙丑　725年

伊斯兰教阿拔斯派叛于巴尔克地区。

四月丁巳,诏改集仙殿为集贤殿,丽正书院为集贤殿书院,置学士、侍讲学士、直学士,掌图书收藏校刊。时唐廷藏书之盛,蔚为大观。

按:丽正书院原为乾元院,参见开元五年、六年条。至是复改称,并置学士。《职官分纪》、《全唐诗》卷三玄宗《春晚宴两相及礼官丽正殿学士探得风字序》谓此事在本年三月二十七日。《旧唐书》卷八《玄宗纪上》则曰:"夏四月丁巳,改集仙殿为集贤殿,丽正殿书院改集贤殿书院;内五品已上为学士,六品已下为直学士。"《唐会要》卷六四亦曰:"十三年四月五日,因奏封禅仪注,敕中书门下及礼官学士等赐宴于集仙殿。上曰:'今与卿等贤才,同宴于此,宜改集仙殿丽正书院为集贤院。'乃下诏曰:'仙者捕影之流,朕所不取;贤者济治之具,当务其实。院内五品已上为学士,六品以下为直学士。'"《资治通鉴》卷二一三系玄宗诏于"夏四月丙辰"。或玄宗与群臣讨论改名于三月底,正式下诏在四月初。今从《旧唐书》。另,《新唐书》卷四八《百官志》载,集贤殿书院置学士、直学士、侍读学士、修撰官等,"掌刊缉经籍,凡图书遗逸,贤才隐滞,则承旨以求之。谋虑可施于时、著述可行于世者,考其学术以闻"。《旧唐书·职官志》曰:"集贤学士之职,掌刊缉古今之经籍,以辨明邦国之大典。凡天下图书之遗逸,贤才之隐滞,则承旨而征求焉。其有筹策之可施于时,著述之可行于代者,较其才艺而考其学术,而申表之。凡承旨撰集文章,校理经籍,月终则进课于内,岁终则考最于外。"参见本年张说条。

又按:有唐一代,图书搜集整理活动以玄宗朝最盛。《新唐书》卷五七《艺文志》谓唐之藏书,"莫盛于开元,其著录者五万三千九百一十五卷,而唐之学者自为之书者又二万八千四百六十九卷"。所集图书多藏于集贤院。据《唐会要》卷六四载,开元九年冬,玄宗至东都,集贤院(时称丽正书院)所藏四库书总八万一千九百九十卷,其中经库一万三千七百五十三卷,史库二万六千八百二十卷,子库二万一千五百四十八卷,集库一万九千八百六十九卷。开元二十四年,玄宗还西京长安,敕百官行从，皆令省减，集部书籍三分留贮于库。至天宝三年六月，重新整理四库，所存书籍，经库七千七百六卷，史库一万四千八百五十九卷，子库一万六千二百八十七卷，集库一万五千七百二十二卷。此后至天宝十四年，又缮写四库书一万六千八百三十二卷。

  癸丑，令朝集使各举所部人才集于泰山。

  按：见《旧唐书》卷八《玄宗纪上》。

  六月三日，敕禁佛教三阶教。

  按：是为继隋文帝开皇二十年、武则天证圣元年和圣历二年之后，三阶教所遭第四次禁断，亦系历次禁断中最为严厉者。唐释智昇《开元释教录》卷一八曰："开元十二年（应为十三年之误——引者）乙丑岁六月三日敕，诸寺三阶院并令除去隔障，使与大院相同，众僧错居，不得别住。所行《集录》，悉禁断除毁。若纲维纵其行化诱人而不纠者，勒还俗。"由是，三阶教渐趋消歇。

  十一月庚寅，玄宗封禅泰山。庚申，始西归，经孔子故宅，致祭。次月己巳回东都。

  按：见《旧唐书》卷八《玄宗纪上》。玄宗封泰山，亲撰《纪泰山铭》，中书令张说撰《封祀颂》，侍中源乾曜撰《社首坛颂》，礼部尚书苏颋撰《朝觐坛颂》。封坛所用乐章，玄宗自定，说为之词。

  是年，开科取士，登第人数无考。

  按：见《登科记考》卷七。

  张说在中书令任，四月充集贤院学士，并知院事。是冬，说与张九龄、苏颋等皆扈从玄宗封泰山。时说推崇学士之名，以为"学士者，怀先王之道，为搢绅轨仪，蕴扬、班之词彩，兼游、夏之文学，始可处之无愧"，其名之美当在礼部侍郎之上。说又甚重文学之士，韦述、张九龄、许景先、袁晖、赵冬曦、孙逖、王翰等常游其门。

  按：本年四月，玄宗诏改集仙殿为集贤殿，丽正书院为集贤殿书院，并置学士，事见本年上文条。《旧唐书》卷九七《张说传》曰："因下制改丽正书院为集贤殿书院，授说集贤院学士，知院事。"《唐会要》卷六四载，以中书令充学士张说为知院事，散骑常侍徐坚副之；礼部侍郎贺知章、中书舍人陆坚并为学士；考功员外郎赵冬曦、监察御史咸廙业、左补阙韦述、李钊、陆元泰、吕向、拾遗毋煚、太学助教余钦、四门博士赵玄默、校书郎孙季良并为直学士；国子博士康子元、太学博士侯行果、四门博士敬会真、右补阙冯鹭并为侍讲学士。《职官分纪》卷一五所载，则无冯鹭、陆坚，另有冯朝隐。是冬玄宗封禅泰山事，见本年上文条。张说推崇学士事，见《大唐新语》卷一一《褒锡》。说重文学之士事，见《旧唐书》卷一〇二《韦述传》。

  张九龄在中书舍人任，十一月十六日转太常少卿。

  按：见《曲江集》附录开元十三年十月六日《转太常少卿制》。

  裴光庭在兵部郎中任，公务修整，遂转鸿胪少卿，寻迁兵部侍郎。

  按：见《旧唐书》卷八四本传。

  徐坚迁散骑常侍，充集贤殿学士，与张说并掌院事。

  按：见《唐会要》卷六四。

  吴兢在太子左庶子任，随玄宗封禅泰山。以玄宗于道中数驰射为乐，谏阻之。

> **按**：吴兢在朝任职，屡有谏言，时人称之。见《新唐书》卷一三二本传。

李邕在陈州刺史任。十一月，玄宗封泰山东归至汴州，邕献词赋，称旨。稍后，自陈州入朝上计，缮写其文集与孙逖，引为知己。

> **按**：李邕献词赋称旨事，见《旧唐书》卷一九〇中本传。其送文集予孙逖事，见《全唐文》卷三三七颜真卿《孙逖集序》。

李白三月自蜀中出峡，至江陵，与道士司马承祯游。是夏，南游洞庭湖，葬友人吴指南。后又东游金陵。

王昌龄九月从军西行出塞，作边塞诗多首。

> **按**：王昌龄是年出塞，明年八月东归，参开元十四年条。其所作边塞诗，见《全唐诗》卷一四三。

王维在济州司仓任，与祖咏等交游。

> **按**：《全唐诗》卷一二八有王维《齐州送祖三》。"齐州"似"济州"之误；祖三即祖咏，见今从岑仲勉《唐人行第录》。

储光羲夏秋际在润州，与金坛令武平一交游。七月北上，过洛阳，赋诗赠日人晁衡。

> **按**：《全唐诗》卷一三九有储光羲《同武平一员外游湖》、《同武平一员外游湖五首时武贬金坛令》，卷一三七有储光羲《舟中别武金坛》，诸诗当系储光羲与武平一交游时所作。《全唐诗》卷一三九又有储光羲《洛中贻朝校书衡朝即日本人也》，系其经洛阳时赠晁衡之作。日人晁衡于开元五年来唐，时任弘文校书。参见开元五年条。

杜甫年十四，始结交崔尚、魏启心。

> **按**：《全唐诗》卷二二二杜甫《壮游诗》曰："往者十四五，出游翰墨场；斯文崔魏徒，以我似班扬。"原注："崔郑州尚，魏豫州启心。"

僧普寂在洛阳，奉敕移居长安兴唐寺，王公士庶竞来礼谒。

> **按**：普寂初于荆州玉泉寺师事神秀，得嗣师传。武则天召其至神都洛阳，颇受礼遇。至是，又奉敕移居长安。见《旧唐书》卷一九一。

是年前后，玄宗与集贤殿诸学士迭相唱，君臣所赋凡数百首。后编为《集贤院壁记诗》2卷。

僧慧朗卒(662—)。慧朗俗姓不详，新定遂安人。唐代佛教南山律宗道宣法系第四世高僧。年四十七始从僧道岸剃度，并受具足戒。于故里慧安寺讲经宣法，游学者云集。卒于龙兴寺。事迹见《宋高僧传》卷八。

独孤及(—777)、朱巨川(—783)、刘太真(—792)生；孟云卿(—约769稍后)、秦系(—约805稍后)约生。

> **按**：刘太真生年，一说开元十五年。考《全唐文》卷五三八裴度《刘府君神道碑铭并序》，谓太真贞元八年卒，年六十八。以此溯推，其生当本年。

> **又按**：孟元卿事迹，史不详载。《全唐诗》卷二四一元结《送孟校书往南海序》谓元卿较已少六七岁，结生于开元七年，以孟氏小六岁计，约当生于本年。

再按：秦系卒年，史无明载。此从今人赵昌平《秦系考》（载《中华文史论丛》1984年第4期）。

开元十四年　丙寅　726年

五月癸卯，户部进计帐，所管编户，凡7069565户，41410712口。

按：见《旧唐书》卷八《玄宗纪上》。

六月，以水旱交替，命中外官员上封事，直言时政得失；令各地奏荐"精于经史、道德可尊，工于著述，文质兼美"者。

按：见《旧唐书》卷八《玄宗纪上》、《登科记考》卷七。

十月，诏求贤才，令各地都督、刺史更加访求，具名奏闻。

按：见《登科记考》卷七。

是年，开科取士，考功员外郎严挺之知贡举，进士及第31人。

按：见《登科记考》卷七。

张说为尚书右丞相兼中书令，四月为御史中丞宇文融、御史大夫崔隐甫所劾，停兼中书令。既罢政事，说遂于集贤院专修国史。时通事舍人王嵒奏请更撰《礼记》，说建议不必重撰，只须讨论古今礼注，删改行用。玄宗从之。

按：张说遭崔隐甫弹劾事，见《旧唐书》卷八《玄宗纪上》。另据《唐会要》卷三七载，王嵒奏请重撰《礼记》，"削去旧文，而以今事编之"。有诏付集贤院学士详议。张说奏曰："《礼记》汉朝所编，遂为历代不刊之典。今去圣久远，恐难改易。今之《五礼仪注》，贞观、显庆两度所修，前后颇有不同，其中或未折衷，望与学士等更讨论古今，删改行用。"

张九龄在太常少卿任，正月奉旨祭南岳。事毕，谒道士司马承祯。

按：张九龄奉旨祭南岳事，见《全唐文》卷二九玄宗《遣官祭五岳四渎风伯雨师诏》。《唐大诏令集》卷七四亦载此诏，并注曰："开元十四年正月。"又，《全唐诗》卷四七有张九龄《登南岳事毕谒司马道士》，当为其谒司马承祯时所作。

王维三月自济州归朝，是秋在洛阳，与孙逖、徐安贞等游。

按：参见傅璇琮主编《唐五代文学编年史》（初唐盛唐卷）。

贺知章为礼部侍郎，四月改工部侍郎，仍兼秘书监，充集贤殿学士。

按：见《旧唐书》卷一九〇中本传。

李白是春自金陵赴扬州，是夏游越地。后复归扬州，卧病。

王昌龄八月始自西边塞经萧关、泾州东归。

按：王昌龄去年九月从军出塞，参开元十三年条。

李邕为陈州刺史，坐赃下狱，罪当死，旋减死，贬钦州遵化县尉。

按：见《旧唐书》卷一九〇中本传。

阿拉伯人伐拜占庭之卡帕多西亚。

拜占庭帝利奥三世敕令反对崇拜圣像。

罗马教会及伦巴德人盟。罗马自治始。

罗马教会始征"一便士献金"于英格兰。

吴兢在太子左庶子任,六月上疏,请革时弊。七月十六日奏言欲删改刊定所撰《唐书》和《唐春秋》,请官给楷书手及纸墨,以成书稿。奉诏就集贤院修书,寻复入史馆。

> 按:《新唐书》卷一三二本传载,是年六月大风,玄宗令群臣上言得失,吴兢遂上疏力陈当时各种弊政,谓当"斥屏群小,不为慢游,出不御之女,减不急之马,明选举,慎刑罚,杜侥幸,存至公",如此则"虽有旱风之变,不足累圣德矣"。同书又载:"始,兢在长安、景龙间任史事,时武三思、张易之等监领,阿贵朋佞,酿泽浮辞,事多不实。兢不得志,私撰《唐书》、《唐春秋》未就。至是,丐官笔札,冀得成书。诏就集贤院论次。时张说罢宰相,在家修史,大臣奏国史不容在外,诏兢等赴馆撰录。"《唐会要》卷六三载吴兢奏曰:"臣往者长安、景龙之岁,以左拾遗、起居郎兼修国史,时有武三思、张易之、张昌宗、纪处讷、宗楚客、韦温等相次监领其职。三思等立性邪佞,不循宪章,苟饰虚词,殊非直笔。臣愚以为国史之作,在乎善恶必书,遂潜心积思,别撰《唐书》九十八卷,《唐春秋》三十卷,用藏于私室。虽绵历二十余年,尚刊削未就。……于是弥纶旧纪,重加删缉,虽文则不工,而事皆从实。断自隋大业十三年,迄于开元十四年春三月,即皇家一代之典,尽在于斯矣。既将撰成此书于私家,不敢不奏。……至绝笔之日,当送上史馆。"后兢出为荆州司马,其书未能就。玄宗尝令人往荆州取其草本,以为"其纪事疏略,不堪行用"。《新唐书·艺文志》录其《唐书》100卷、《唐春秋》30卷,则兢所撰两书,均最终完成。

王之涣为冀州衡水主簿,遭人诬构,乃拂衣去官,返照故里,"优游青山,灭裂黄绶"。

> 按:见《唐代墓志汇编》天宝〇二八《王之涣墓志》。

储光羲再应贡举,登进士第。

> 按:见《登科记考》卷七。

元行冲等奉敕编纂《类礼义疏》50卷成,八月六日奏上。

> 按:初,左卫率府长史魏光乘奏请行用魏徵所注《类礼》,玄宗命行冲与诸儒集义作疏,以立之于学。元冲乃引国子博士范行恭、四门助教施敬本检讨刊削,勒成50卷。书奏上,右丞相张说以为该书"与先儒第乖,章句隔绝",不宜行用。玄宗从之。元冲以诸儒排己,遂著《释疑》自辩。其论,《旧唐书》卷一〇二本传有载。该书后佚。

王易从卒(667—)。易从字号不详,霸城人。博闻好古,精义入神,时人谓其有"夫子之文章"。又工书,擅长篆体。累官扬州大都督府长史,卒于任。有集20卷,已佚。《全唐诗》卷九九收录其诗1首。事迹见《全唐文》卷二五八苏颋《扬州大都督府长史王公神道碑》。

韦抗八月卒,生年、字号不详。抗,京兆万年人。诗人。弱冠举明经,历永昌令、右台御史中丞等职。开元中拜大理寺卿,进位刑部尚书,爵封武阳伯。卒赠太子太傅,谥曰"贞"。《全唐诗》卷一〇八收录其诗1首。事迹见《旧唐书》卷九二、《新唐书》卷一二二。

严武(—765)、包佶(—792)生;刘长卿(—约790)约生。

> 按:刘长卿生年,史无明载。此从今人储仲君《刘长卿诗编年笺注》附录《刘长卿简表》注。

开元十五年　丁卯　727年

正月戊寅，制："草泽有文武高才，令诣阙自举。"

按：见《旧唐书》卷八《玄宗纪上》。

二十七日，太史监复为太史局，依旧隶秘书省。

按：见《唐会要》卷四四。太史局始设于唐初，其名称及建制屡有改易。参见久视元年五月、长安二年八月、神龙二年六月、景云元年七月、景云二年闰九月、开元二年二月、天宝元年十月、乾元元年三月条。

二月，诏中书门下省引文武举人就中策试。

按：是年正月，令草泽文武高才自举，于是蓝田尉萧谅、右卫胄曹梁涉、邠州柱国子张玘等应举。高宗本意在于搜求民间遗才，而应者皆为官宦，遂唯以张玘为下第，余皆罢之。见《册府元龟》卷六四三。

九月庚辰，玄宗临洛城南门，亲试沈沦草泽诣阙自举文武人。

按：见《册府元龟》卷六四三。

是年，开科取士，考功员外郎严挺之知贡举，进士及第19人，诸科3人。

按：见《登科记考》卷七。

张说坐与御史大夫崔隐甫、中丞宇文融朋党相构，二月乙巳奉制以特进致仕。六月奉诏在家修史，寻以中书侍郎李元纮奏言国史不当在家私撰，改就史馆修撰。

按：张说罢相奉诏在家修史事，《唐会要》卷六三谓在开元二十五年六月二十六日，恐系开元十五年误。说卒于开元十八年，开元二十五年已不在世。又，李元纮奏言有"今张说在家修史，吴兢又在集贤院撰录"云云，吴兢于本年入集贤院撰史，开元十九年离朝赴外地任职，至天宝初方奉召回朝。

张九龄坐张说罢官事，由太常少卿出为冀州刺史。三月十三日，改洪州刺史。途经宣州当涂，与宣州刺史裴耀卿唱和。及莅任，与綦毋潜等交游。

按：张九龄与张说关系密切，因说罢官，亦遭左迁。以母老在乡，冀州路途遥远，上疏固请换江南一州，遂改守洪州。见《旧唐书》卷九九本传、《曲江集》附录开元十五年三月十三日《授洪州刺史制》。

孟浩然是春至洛阳，欲访袁瓘不遇。时吕向为主客郎中，随驾在洛阳，储光羲有诗投献，浩然和之。至冬，复归襄阳。

按：《全唐诗》卷一六〇有孟浩然《洛中访袁拾遗不遇》。同卷又有浩然《同储十二洛阳道中作》，储十二即储光羲。

李白始居安陆，娶许圉师孙女，隐居寿山，作《代寿山答孟少府移文

阿拉伯人侵格鲁吉亚。

希腊人叛拜占庭。

伦巴德王利乌特普兰德加强王权。

书》以抒志。

　　按：李白所作《代寿山答孟少府移文书》，见《李太白全集》卷二七。

　　储光羲约是复应试制举及第，授簿尉之属，赴冯翊。

　　按：储光羲此前已登进士第，至是再登制举第。

　　王昌龄应贡举，登进士第，授秘书省校书郎。

　　按：见《登科记考》卷七。

　　僧玄朗隐居浦阳左溪，应婺州刺史王正容之请，始出山。寻以疾辞还，专心讲论，诲人不倦，学者云集。

　　按：见《宋高僧传》卷二六本传。

　　僧湛然幼习儒学，是年十七，始游历浙东，寻师访道。遇金华方岩，授以《止观》之法。

　　按：见《佛祖统纪》卷七。

　　新罗僧慧超西游天竺，经嶔岭以北诸国返唐，抵安西都护府。

　　按：慧超西游天竺事，见开元十一年条。安西都护府为唐管理西域地区机构，治龟兹。

　　道士司马承祯被召至都，于王屋山筑观台以居，张嘉贞师事之。奉敕书写《老子》，遂刊正文字，定五千三百八十言为真本，奏上。

　　按：司马承祯于开元九年尝为玄宗所召，至是再次奉召北上，遂定居王屋山，不复云游。《历代名画记》卷九载，是年司马承祯至王屋山，"敕造阳台观居之。尝画于屋壁，又工篆隶，词采众艺，皆类于隐居焉。制雅琴镇铭，美石为之，词刻精绝"。

　　徐坚等撰《初学记》30卷成，五月一日进上。

　　按：时徐坚为集贤殿学士。《初学记》撰成时间，《南部新书》谓"开元十三年五月"，宋人周必大《承明集》卷七引柳芳《唐历》谓"开元十四年三月"。《唐会要》卷三六载曰："（开元）十五年五月一日，集贤殿学士徐坚等，纂经史文章之要，以类相从，上制名曰《初学记》。"今从《唐会要》。该书系唐代所编又一部重要类书，仿《艺文类聚》体例，分二十三部，三百一十三子目。徐坚等撰此书，本为供玄宗诸子检查事类之用，故名《初学记》。《四库全书总目提要》卷一三五评曰："其例前为叙事，次为事对，末为诗文。其叙事虽杂取群书，而次第若相连属，与他类书独殊。其诗文兼录初唐，于诸臣附前代后，于太宗御制则升冠前代之首。……其所采撷，皆隋以前古书，而去取谨严，多可应用。在唐人类书中，博不及《艺文类聚》，而精则胜之。若《北堂书钞》及《六帖》，则出此书下远矣。"该书不仅保存了唐以前不少典籍之片断，对于研究唐代历史和文化亦有较大价值。今存，有南宋绍兴十七年余十三郎宅刻本（现藏日本宫内厅书陵部）、明嘉靖安国桂坡馆刻本、中华书局校点本等。

　　张怀瓘约是年前后撰《书断》3卷。

　　按：张怀瓘撰《书断》时间，史无明载。近人余嘉锡《四库提要辩证》卷一四谓怀瓘于开元十二年始撰该书，至本年基本撰成。从之。《书断》系唐代重要书法著作，其所述内容，涉及各种书法字体源流、前代及当代书法家事迹、相关历史掌故等。今存本为4卷，系《百川学海》据《说郛》重加编辑刊行。

　　又按：张怀瓘生卒年、字号不详，海陵人。书法理论家。开元中曾任鄂州长史、司马、翰林院供奉等职。另著有《书诂》1卷、《六体论》1卷、《古文大篆书祖》1卷，今皆存。《全唐文》卷四三二辑录其文编为1卷，均为有关书法方面之论作。事迹散见《新唐书》卷五七《艺文志一》、《全唐文》卷四四七窦臮《述书赋并序》、宋翟耆年《籀史》等。

僧一行奉诏修《大衍历》成，会卒，由张说整理编次为《开元大衍历》52卷。

按：僧一行于开元九年奉诏修新历，至是告成，其核心为《经七章》1卷。旋因病卒，由张说编集其所撰《经七章》及《长历》3卷、《历议》10卷、《立成法》12卷、《天竺九执历》1卷、《古今历书》24卷、《略例奏章》1卷，凡52卷，合称《开元大衍历》，于明年八月奏上。见《全唐文》卷二二五张说《大衍历序》。又，《古今书》一作《历草》。

新罗僧慧超著《往五竺国传》3卷。

按：慧超由南海西游天竺，是年经西域归唐，该书即述其游闻。原书早佚，至近代由法国学者伯希和于敦煌石窟发现其残本，现收入《大正藏》。日本学者藤田丰八有《慧超往五天竺国传笺释》。

僧净觉撰《注般若心经》成。

按：净觉俗姓韦，中宗皇后韦氏之弟。中宗复位，为避恩荣，遂于怀州太行山出家。其生卒年，一说生于永淳二年，卒年无考（见杨曾文《净觉及其〈注般若波罗蜜多心经〉与其校书》，载《中华佛学报》1993年第6期）；一说生于垂拱四年，卒于天宝五年（见石峻、楼宇烈《中国佛教思想资料选编》第2卷第4册）。两说未详孰是。

又按：净觉系唐代禅宗楞伽一系高僧，其于禅宗南北二宗之争中，尽力维护北宗正统地位。所撰《注般若心经》，即今存《注般若波罗蜜多心经》，有抄本二：一为敦煌名士任子宜于1935年在敦煌千佛山上发现，现藏敦煌博物馆；一为日本学者竺沙雅章于1954年发现的敦煌写本，现藏英国伦敦大英博物馆。另著有《楞伽师资记》，今存，有敦煌文书本。杜继文、魏道儒《中国禅宗通史》谓该《记》"将楞伽宗系上升为完整的体系，从而完成了长期流行的楞伽师说的最后总结"。又有《金刚般若理镜》1卷，已佚。事迹见《楞伽师资记》自序、李知非《注般若心经序》、《全唐文》卷三二七王维《大唐大安国寺故大德净觉师塔铭》。

僧文纲八月十五日卒（636— ）。文纲俗姓孔，会稽人。唐代南山律宗第二祖。年十二出家，师从南山律宗始祖道宣。后又从学于京兆僧道成，遂通南山、相部两宗。弟子有道岸、神积、慧顒、神慧等。事迹见《宋高僧传》卷一四、《释氏稽古略》卷三。

苏颋七月甲戌卒（670— ）。颋字廷硕，京兆武功人，苏瓌之子。盛唐文学家。永昌初第进士，累迁中书舍人。袭父爵为许国公，故人称"小许公"。开元中，进同中书门下平章事，与宋璟同掌相权。后转礼部尚书，出为益州长史，复为礼部尚书，如是者再。卒于礼部尚书任，谥曰"文宪"。有集30卷（一说20卷，又说40卷、46卷），已散佚。《全唐文》卷二五〇至二五八辑录其文编为9卷，《全唐诗》卷七三至七四辑录其诗编为2卷。事迹见《旧唐书》卷八八、《新唐书》卷一二五。

按：苏颋系盛唐文坛大家，与燕国公张说并名于世，时号"燕许"，又号"燕许大手笔"。《全唐文》卷二九五韩休《许国文宪公苏颋文集序》谓其"敏以应用，婉而有章，则近代以来，未之前闻也"。

郑绩八月辛丑卒(672—)。绩字其凝,荥阳开封人。盛唐学者。博通经史,广搜图书,家藏至万卷。起为秘书郎,历尚书职方员外郎等职,卒于比部郎中任。尝编纂《新艺文类聚》150卷,又仿《春秋》体例作《甲子》70篇,撰《拓境记》1卷、《古今录》200卷,另有集50卷,后皆佚。《全唐文》卷三五一收录其文1篇。事迹见贺知章《大唐故中散大夫比部郎中郑府君墓志铭并序》。

按:贺知章所撰墓志,1988年出土于西安灞桥。

僧一行十月卒(683—)。一行俗姓张,本名遂,世称一行阿阇梨,魏州昌乐(一说巨鹿)人。唐代著名天文学家、易学家、佛教学者,密宗五祖之一。出身显宦世家,雅好经史,精通天文历法及阴阳之学。从北禅宗高僧普寂出家,游历各地,遍访名师。奉诏入京,协助中天竺僧善无畏译经。奉诏主持修订历法,组织测量子午线长度,制黄道游仪、水运浑天仪。以疾卒,谥曰"大慧禅师"。著述宏富,凡数十种。事迹见《旧唐书》卷一九一、《大唐新语》卷一三、《宋高僧传》卷五等。日本学者春日礼智有《一行传研究》,长部和雄有《一行禅师研究》。

按:僧一行著述,涉及天文、佛学、易学等诸多领域。天文学方面,有张说整理的《开元大衍历》52卷等,后散佚。佛学方面,有《摄调伏藏》10卷(一作60卷)、《释氏系录》1卷、《大日经疏》20卷、《药师琉璃光如来消灾除难念诵仪轨》1卷、《大毗卢遮那佛眼修行仪轨》1卷、《曼殊室利焰曼德迦万爱秘术如意法》1卷、《七曜星辰别行法》1卷、《北斗七星护摩法》1卷、《宿曜仪轨》1卷等,今多存。易学方面,有《易传》12卷、《大衍论》20卷、《大衍玄图》1卷、《义诀》1卷、《周易论》若干卷,已佚;《大衍易义本义》1卷,今存。另有《心机算术括》1卷、《天一太一经》1卷、《遁甲十八局》1卷、《太一局遁甲经》1卷、《五音地理经》15卷、《六壬明经连珠歌》1卷、《六壬髓经》3卷等,多已佚。

又按:僧一行在中国天文学史、佛教史和易学史上均有重要地位。其天文学成就不特较前人有很大进步,亦流传至日本等国和地区,影响深远。后日留唐学生吉备真备回国时,带走《大衍历经》等,《大衍历》由是在日本传播开来。一行参与密宗经典翻译与注释,倡扬大乘佛教世间与出世间不二之思想,使密宗理论走向合理和系统化。在易学研究上,一行注重与自然科学特别是天文学相结合,形成自身特色。

南天竺僧菩提流志十一月五日卒,生年不详。菩提流志一译菩提流支,梵名达摩流支,姓迦叶。佛教学者、翻译家。初从外道出家,六十岁时始皈依佛门,通达三藏经典。应唐高宗之邀来唐,先后在洛阳、长安从事佛经翻译,前后所译经凡40余种,数百卷。卒于洛阳长寿寺,谥曰"开元一切遍知三藏"。事迹见《宋高僧传》卷三、《开元释教录》卷九、《佛祖历代通载》卷一三。

按:《宋高僧传》本传、《开元释教录》卷九、《佛祖历代通载》卷一三、《佛祖统纪》卷四〇皆谓菩提流志卒年一百五十六,恐不实,姑存疑。

张绍宗是年前卒,生年、字号不详。绍宗,海陵人。张怀瓘之父。博学工书,官至邵州武岗令,卒赠春郡太守。著有《蓬山事苑》30卷,苏颋为之序,已佚。事迹见《古刻丛抄》载乾符六年《唐故宣义郎侍御史内供奉知盐铁嘉兴监事张府君(中立)墓志铭》。

按：《张中立墓志铭》有高祖张绍宗卒，"苏许公为之制集序"云云。苏许公即苏颋，卒于本年，则张绍宗之卒当在此前。姑系于此。

僧灵一（ —762）、杨炎（ —781）生；顾况（ —约816）约生。

按：《宋高僧传》卷一五灵一本传谓其"宝应元年冬十月十六日灭寂"，"年三十五"。以此溯推，其生当开元十六年。《全唐文》卷三九〇独孤及《唐故扬州庆云寺律师一公塔铭》则谓其卒"年三十六"，则其生当在本年。今从《塔铭》。

又按：顾况生年，史无明载。此从今人傅璇琮主编《唐才子传笺注》。

开元十六年　戊辰　728年

五月，玄宗与臣下赋诗唱和。

按：玄宗作赋，张说、韩休、徐安贞、贾登、徐浩、李宙等皆有和作。诸人诗赋分见《全唐文》卷二〇、二九五、三〇五、三九七、四〇〇。

八月五日，诏颁《大衍历》。

按：《大衍历》系僧一行于去年制成，今年由张说进上，遂颁行天下。参见去年条。

是年，开科取士，考功员外郎严挺之知贡举，进士及第20人。

按：见《登科记考》卷七。

张说与徐坚交游，评论李峤、崔融、薛稷、宋之问、富嘉谟、阎朝隐与后进韩休、许景先、张九龄、王翰等人文风。

按：《大唐新语》卷八载，张说与徐坚同为集贤殿学士十余年，好尚颇同，情契相得。时参修《三教珠英》诸学士多凋落，惟张说与徐坚二人尚在。张说手疏诸人名，与徐坚同观之。坚问："诸公昔年皆擅一时之美，敢问孰为先后？"说答曰："李峤、崔融、薛稷、宋之问，皆如良金美玉，无施不可。富嘉谟之文，如孤峰绝岸，壁立万仞，丛云郁兴，震雷俱发，诚可畏乎！若施于廊庙，则为骇矣。阎朝隐之文，则如丽色靓妆，衣之绮绣，燕歌赵舞，观者忘忧。然类之风雅，则为罪矣。"坚又问："今之后进，文词孰贤？"说答曰："韩休之文，有如太羹玄酒，虽雅有典则，而薄于滋味。许景先之文，有如丰肌腻体，虽秾华可爱，而乏风骨。张九龄之文，有如轻缣素练，虽济时适用，而窘于边幅。王翰之文，有如琼林玉斝，虽烂然可珍，而多玷缺。若能箴其所阙，济其所长，亦一时之秀也。"

孟浩然居襄州，是夏与刺史独孤册交游甚密。未几，赴长安，与贺知章、王维、王昌龄等游。九月，复归襄州。

按：孟浩然与诸人交游诗作，见《全唐诗》卷一六〇。

王维在长安，是秋校书綦毋潜弃官归江东，维作诗送之，亦有归隐之念。约是年前后，始就教于长安荐福寺僧道光，持续十年之久。

阿拉伯人侵西西里岛。

意大利拉文那人叛拜占庭。

按：王维送綦毋潜诗见《全唐诗》卷一二五。《全唐文》卷三二七王维《大荐福寺大德道光禅师塔铭》曰："维十年座下，俯伏受教"。僧道光卒于开元二十七年五月二十三卒，知维就教之，当始于本年前后。

张九龄在洪州刺史任，游彭蠡湖及庐山等地，多有诗作。

按：张九龄此期作品，见《全唐诗》卷四七。

杨玚由华州刺史迁国子祭酒，表荐沧州人王迥质、瀛州人尹子路、汴州人白履忠为学官。十二月，奏请明经科考试重视《左传》及《周礼》、《仪礼》、《公羊》、《谷梁》诸经。诏从之，定为常式。

按：《旧唐书》卷一八五下本传载，杨玚以为王迥质诸人"皆经学优长，德行纯茂，堪为后生师范，请追授学官，令其教授，以奖儒学"。由是王迥质拜谏议大夫、皇太子侍读，白履忠拜朝散大夫，尹子路直弘文馆教授。杨玚又奏言："今之明经，习《左传》者十无二三，若此久行，臣恐《左氏》之学废无日矣。臣请自今已后，考试者尽帖平文，以存大典。又《周礼》、《仪礼》及《公羊》、《谷梁》殆将废绝，若无甄异，恐后代便弃。望请能通《周》、《仪礼》、《公羊》、《谷梁》者，亦量加优奖。"此前，国子司业李元瓘曾有相同提议，事见开元八年条。至是，玚再次建请，玄宗由是下制："明经习《左氏》及通《周礼》等四经者，出身免任散官。"

孙逖为太原元帅李暠幕属，七月，暠与幽州长史李尚隐会于伯乐川，逖作记，文人盛称之。

按：见《旧唐书》卷一九〇中本传。考《全唐文》卷三一三孙逖《伯乐川记》，其中有"戊辰秋七月，公以疆场之事，会幽州长史李公于伯乐川"云云，知该记作于七月。

徐浩为鲁山主簿，颇获张说赏识，谓其乃"后进之英"，奏荐于朝，遂授集贤殿校理。

按：见《旧唐书》卷一三七本传、《全唐文》卷四四五张式《大唐故银青光禄大夫彭王傅上柱国会稽郡开国公赠太子少师东海徐公神道碑铭》。

新罗僧无相随入唐使航海来华，谒唐玄宗，住禅定寺。稍后入蜀，师事资州纯德寺僧智诜弟子处寂，始赐名无相，得传衣钵。

按：见《宋高僧传》卷一九本传。

员俶撰《太玄幽赞》10卷成。

按：员俶系员半千之孙。《新唐书》卷五九《艺文志三》曰："员俶《太玄幽赞》十卷。"注曰："开元四年，京兆府童子进书，召试及第，授散官文学，直弘文馆。"开元四年似误。同书卷一三九《李泌传》载曰："开元十六年，悉召能言佛、道、孔子者，相答难禁中。有员俶者九岁，升坐，词辩注射，坐人皆屈。帝异之，曰：'半千孙，固当然。'"员俶事迹余不详。《全唐文》卷三五一收录其文1篇。

张鷟约是年前后卒，生年不详。鷟字文成，自号浮休子，成州陆泽人。有文名。登进士及第，又数登制科，历襄乐尉、处州司仓、平昌令等职。景云中，为鸿胪丞，遭劾下狱，流岭南。复召为司门员外郎，卒于官。撰有《朝野佥载》20卷、《朝野佥载补遗》3卷、《龙筋凤髓判》10卷、《游仙窟》1卷、《才命论》1卷，另有《帝王龟镜》、《雕龙策》等。今存《朝野佥载》辑本6

卷及《游仙窟》等，余多散佚。《全唐文》卷一七二至一七四辑录其文编为3卷，《全唐诗》卷四五收录其诗1首。事迹见《旧唐书》卷一四九、《新唐书》卷一六一。

按：张鹭卒年，史无明载。《旧唐书》本传曰"开元中，入为司门员外郎，卒。"知其卒约在开元中期。姑系于此。张鹭于当时文名颇著，下笔辄成，浮艳少理致。其论著悉诋诮讥讽，大行一时，名传域外，日本、新罗使至，必购其文。然其人性躁，倜荡无检，无士人之行，为时人所讥。

权若讷约是年前后卒，生年、字号、籍贯不详。历仕蜀州司马、梓州长史、彭州别驾、歙州刺史等职，终梓州刺史。后权皋辑其遗文，编为集30卷。旋因战乱，亡佚。皋之子权德舆复搜其遗文百余篇，编为10卷，后复佚。《全唐文》卷三六八收录其文1篇。事迹见《全唐文》卷四九三权德舆《唐故通议大夫梓州诸军事梓州刺史上柱国权公文集序》。

按：权若讷卒年，史无明载。权德舆《权公文集序》曰："公殁后二十余年，德舆先人筮仕河朔，始类公之文章为三十卷。……逮志学之岁，距公之下世，年逾四纪……至大历末，方获其文百余篇。……"德舆父权皋于天宝七年登进士第入仕，上溯二十一年即本年。以权若讷本年前后卒，至大历末距四十多年，又与"年逾四纪"大致相合。姑系于此。

开元十七年　己巳　729年

十一月，制："自今以已后，每至三元日，宜令崇玄馆学士讲《道德》、《南华》诸经，群公百辟咸就观礼。"

按：见《唐大诏令集》卷七八。

是年，开科取士，进士及第26人，诸科数人，另上书拜官5人。

按：见《登科记考》卷七。

张说二月复起为尚书右丞相，仍不预政事。八月转左丞相，与右丞相宋璟并掌相职。

按：见《旧唐书》卷八《玄宗纪上》、《玉海》卷一六一。

张九龄在洪州刺史任，是秋，监察御史孙翊奉使洪州，九龄作诗赠之。

按：张九龄赠孙翊诗《郡江南上别孙侍御》，见《全唐诗》卷四八。

裴光庭五月拜中书侍郎、同中书门下平章事，出掌相职。八月兼御史大夫。九月迁黄门侍郎，仍参知政事。

按：见《旧唐书》卷八《玄宗纪上》。裴光庭稍后进拜侍中，兼吏部尚书，加弘文馆学士。引寿安丞李融、拾遗张琪、著作佐郎司马利宾等直弘文馆，欲撰《续春秋传》。后书未成。见《旧唐书》卷八四本传。

杨玚在国子祭酒任，三月丙辰上言，论科举及官吏铨选之弊。

阿拉伯入布哈拉。

按：《资治通鉴》卷二一三载杨玚上言，谓进士、明经每年登第者不过百人，而流外出身为官者，每岁二千余人，如是则服勤道业之士不如胥吏之能得仕。

李白在安州，上书长史李京之，投诗3首。

按：《李太白全集》卷二六《上安州李长史书》曰："敢以近所为《春游救苦寺》诗一首十韵，《石岩寺》诗一首八韵，《上杨都尉》诗一首三十韵，辞旨狂野，贵露下情，轻干视听，幸乞详览。"白所投诗，已佚。

吴兢由太子左庶子出为荆州司马，许其以史稿自随，续修国史。

按：吴兢尝奏请删定所撰《唐书》及《唐春秋》草稿，至是离朝，以书稿未成，遂许其在荆州续修。参见开元四年条。

岑参是年十五，孤贫，隐居嵩阳，颇自砥砺，遍观史籍。

按：见《全唐文》卷三五八岑参《感旧赋》、卷四五九杜确《岑嘉州集序》。

李镇撰《史记注》130卷成，进上。

按：李镇颇精《史记》。以进呈《史记注》，授门下典仪。另撰有《史记义林》20卷。刘知幾《史通》列其为唐代诸家《史记》学之一。余不详。

韩祐撰《续古今人表》10卷成，进上。

按：韩祐以进《续古今人表》，授太常寺太祝。余不详。

元行冲十月庚申卒(653—)。行冲名澹，以字行，河南人。盛唐学者。博学，通音律，尤精诂训。登进士第，累迁通事舍人，颇为宰相狄仁杰器重。后历太常少卿、太子詹事、右散骑常侍、大理寺卿、左散骑常侍、太子宾客等职，年老致仕。卒赠礼部尚书，谥曰"献"。尝奉诏主持图书整理，编次《群书四部录》200卷；又与范行恭、施敬本等编纂《类礼义疏》50卷。撰有《魏典》30卷、《孝经疏》3卷。今皆不存。《全唐文》卷二七二存录其文3篇。事迹见《旧唐书》卷二〇〇、《新唐书》卷一〇二。

徐坚五月卒(659—)。坚字元固，祖籍东海剡，其先仕江左，移居湖州长城，隋时复迁居冯翊。盛唐学者。幼敏慧，善属文。登秀才第，为汾州参军事，历万年主簿、太子文学、司封员郎中、给事中、中书舍人、邢部侍郎、礼部侍郎、黄门侍郎、绛州刺史、秘书监、散骑常侍等职，累封东海郡公。卒于长安私第，追赠太子少保，谥曰"文"。先后参修《三教珠英》、《姓族系录》、《则天皇后实录》、《六典》、《太极格》、《续文选》；主持编纂《初学记》30卷、《文府》2卷。撰有《注史记》130卷、《晋书》110卷、《大隐传》3卷。另有集30卷。今存《初学记》等。事迹见《旧唐书》卷一〇二、《新唐书》卷一九九。《全唐文》卷二九一有张九龄《大唐故光禄大夫右散骑常侍集贤院学士赠太子少保东海徐文公神道碑铭》。

按：徐坚博学多才，名闻当世。《旧唐书》本传曰："坚多识典故，前后修撰格式、氏族及国史，凡七入书府，时论美之。"张九龄《徐文公神道碑铭》谓坚之著述，"皆资于故实，博于遗训，古今通变，河汉共高，或藏名山，或升天府，叠叠然各得其所"。坚与张说颇为投合，说称其"才美临淄北，名高淮海东；羽仪三省遍，渔猎五车同"。坚父徐齐聃亦有文藻，父子俱名于世，"议者方之汉世班氏"。坚子徐峤亦有学。徐峤字巨山，开元中为驾部员外郎、集贤院直学士，后历中书舍人、内供奉、河南尹，爵封慈源县公。

孙翊约是年后卒,生年、籍贯不详。翊一作翌,字季良。诗人。官至监察御史。尝选刘希夷、陈子昂、王升、陈贞节等本朝诗人作品,编为《正声集》3卷,已散佚。

按：孙翊事迹,史籍语焉不详,唯知其是年在监察御史任,后不复载及。估计此后数年卒。姑系于此。《类说》卷五一引《诗苑类格》载翊评汉晋诗词曰："汉自韦孟、李陵为四五言之首,建安以曹、刘为绝唱。阮籍《咏怀》、束皙《亡补》,颇得其要。永明文章散错,但类物色,都乏兴寄。晚有词人,争立别体,以难解为幽致,以难字为新奇。攻乎异端,斯无亦太过。"

王湾约是年后卒,生年、字号不详。湾,洛阳人。善文词,名著于时。登进士第,授荥阳主簿。奉召入丽正书院,参与图书整理。转洛阳尉,卒于官。《全唐文》卷四〇三收录其文1篇,《全唐诗》卷一一五收录其诗10首。事迹见《唐才子传》卷一。

按：王湾事迹,史籍语焉不详。本年湾尚作诗赠宰相萧嵩、裴光庭,其后行迹不详。知其卒当在本年后。姑系于此。

常衮（ —783）、崔元翰（ —795）、姚南仲（ —803）生；李翰（ —约782）约生；窦叔向（ —约781或稍后）约是年前后生。

按：李翰生年,史无明载。考《全唐文》卷五一八梁肃《补阙李公前集序》,谓翰"弱冠进士登科,解褐卫县尉"；同书卷四三一李翰《比干碑》有"天宝十祀,余尉卫县"云云。知其登第约在天宝九载。以翰年二十余登第溯推,其生约在本年或稍后。姑系于此。

又按：窦叔向生年,史无明载。此从今人傅璇琮主编《唐才子传笺注》。

开元十八年　庚午　730年

六月庚申,命左右丞相、尚书及中书门下五品以上官,举才堪边任及刺史者。

按：见《旧唐书》卷八《玄宗纪上》。

是年,开科取士,崔明允知贡举,进士及第26人。

按：见《登科记考》卷七。

孟浩然游历江南各地。

按：孟浩然是春赴越州,广游山水名胜。作《江上寄山阴崔少府国辅》、《题云门山寄越府包户曹徐起居》、《云门寺西六七里闻符公兰若最幽与薛八同往》、《若耶溪泛舟》、《与崔十一游镜湖寄包贺诸公》等诗。至夏,游杭州,转赴天台山,作《将适天台留别临安李主簿》、《宿天台桐柏观》、《寻天台山》等诗。至秋,往返杭、越等地,作《与颜钱塘登障楼望潮作》、《初下浙江舟中口号》、《夜登孔伯昭南楼时沈太清朱升在

拜占庭帝利奥三世废黜君士坦丁守主教泽门。

教皇格列高里第二开除拜占庭帝教籍。

伦巴德人及拜占庭人侵罗马。

座》等诗。至冬,自杭州取道新安江,经桐庐、建德,转入温州,与乐城尉张子容唱和,作《经七里滩》、《宿桐庐江寄广陵旧游》、《宿建德江》、《宿永嘉江寄山阴崔少府国辅》等诗。诸诗见《全唐诗》卷一五九、一六〇。

李白隐居安陆白兆山,是夏遭人谗,遂作书上安州裴长史以自解,并谓都督马公尝盛赞其文。旋西入长安,以所作《蜀道难》等诗作投贺知章,知章赞赏有加。不久离京,寓居终南山玉真公主别馆,作诗赠卫尉卿张垍,以求汲引。初秋,至邠州,又作诗上长史李粲,求引荐。

> 按:《李太白全集》卷二六《上安州裴长史书》曰:"前此郡督马公,朝野豪彦,一见礼,许为奇才。因谓长史李京之曰:'……李白之文,清雄奔放,名章俊语,络绎间起,光明洞彻,句句动人。'"《唐摭言》卷七曰:"李太白始自蜀至京,名未甚振,因以所作业贽贺知章。知章览《蜀道难》一篇,扬眉谓之曰:'公非人世之人,可不是太白星精耶?'"《本事诗·高逸》曰:"李太白初自蜀至京师,舍于逆旅,贺监知章闻其名,首访之。既奇其姿,复请所为文。出《蜀道难》以示之,读未竟,称叹者数四,号为谪仙。"李白赠张垍诗,见《李太白全集》卷九《玉真公主别馆苦雨赠卫尉张卿二首》。其上李粲诗,见《李太白全集》卷七《豳歌行上新平长史兄粲》。

张九龄七月由洪州刺史转桂州刺史、岭南道按察使。

> 按:见《曲江集》附录开元十八年七月三日《转授桂州刺史兼岭南按察使制》。

王维是秋过卢氏,与房琯交游。

> 按:房琯时任卢氏令。《全唐诗》卷一二五有王维《赠房卢氏琯》,当为是次交游时所作。

李邕由岭南贬所回长安,未授官职。

> 按:李邕贬钦州事,参见开元十四年条。

孙逖自太原归朝,授起居舍人、集贤院修撰。三月,玄宗于定昆池赐宴,宰相裴光庭、萧嵩等仿《颂》、《雅》体,作诗十八章,逖奉命为之序。

> 按:孙逖所作《宰相及百官定昆明池旬宴序》,见《全唐文》卷三二一。

杜甫游晋地,至郇瑕,从韦之晋、寇锡游。

高适是年前后北游燕赵,始作边塞诗。

僧湛然始师从天台宗八祖玄朗。

> 按:此后十多年,湛然潜心研习天台宗教旨。见《佛祖统纪》卷七。

天竺僧法月在西域龟兹国传教,因安西节度使吕休林表荐,遂携弟子利言启程赴唐。

副主教伯达的《英国教会史》著成。

僧智昇撰《开元释教录》20卷成。

> 按:该书系佛教经录,分"总括群经录"与"分其乘藏"两部,所录佛教经论凡1076部,计5048卷。今存,收入《大正藏》第55册。佛教经录于南北朝时即已有不少撰集,及至隋唐,佛风丕盛,译经繁多,经录之撰亦更趋活跃。隋时,开皇十四年有大兴善寺高僧法经等奉敕撰成《众经目录》,开皇十七年有翻经学士费长房撰成《历代三宝纪》。入唐,贞观初有玄琬所撰《众经目录》,麟德元年有僧道宣所撰《大唐内典录》,另有僧静泰所撰《大敬爱寺一切经论目》,僧靖迈所撰《古今译经图记》等。智昇所撰《开元释教录》,则被视为历来佛教经录之集大成者。智昇生卒年、籍贯不详,

京兆西崇福寺僧。通佛教大、小乘，博达古今。《宋高僧传》卷五有略传。

玄宗召佛、道人士于花萼楼论二教优劣，后集诸论编为《对御论衡》。

按：《宋高僧传》卷五《道氤传》曰："开元十八年，于花萼楼对御定二教优劣，氤雄论奋发，河倾海注。道士尹谦对答失次，理屈辞殚，论宗乖舛。帝再三叹美，诏赐绢伍伯匹，用充法施。别集《对御论衡》一本，盛传于代。"

天等僧金刚智奉敕译经，在大荐福寺译出《曼殊室利五字心》、《陀罗尼观自在瑜伽法要》各1卷。

按：《宋高僧传》卷一本传谓金刚智译两经，"僧智藏译语，僧一行笔受"。僧一行已于开元十五年卒，谓由其笔受，显误。

张说十二月戊申卒（667—　）。说字道济，又字说之，祖籍河东，世居洛阳。盛唐时期学者、文学家。登贤良方正科，授太子校书，累迁凤阁舍人。睿宗时迁中书侍郎、同中书门下三品，玄宗时拜中书令，封燕国公，遭贬出朝。后复累迁中书令，以尚书左丞相卒。追赠太师，谥曰"文贞"。尝参修《三教珠英》，主持修撰《今上（玄宗）实录》20卷、《唐六典》30卷、《开元礼》150卷、《初学记》30卷。撰有《洪崖先生传》1卷。集30卷，后有散逸，今存《张燕公集》25卷。《全唐文》卷二二一至二三三辑录其文编为13卷，《全唐诗》卷八五至九〇辑录其诗编为5卷。事迹见《旧唐书》卷九七、《新唐书》卷一二五、《唐才子传》卷一。《全唐文》卷二九二有张九龄撰《故开府仪同三司行尚书左丞相燕国公赠太师张公墓志铭》。

按：张说系盛唐时期文学名臣，喜纳后进，张九龄、王翰、贺知章等皆由其引进。为文属思精壮，朝廷大述作，多出其手。与苏颋（爵封许国公）齐名，号"燕许"，学者称"燕许大手笔"。尤长于碑志，时人谓当代无能及之者。《旧唐书》本传评曰："前后三秉大政，掌文学之任，凡三十年。为文俊丽，用思精密……天下词人，皆讽诵之。尤长于碑文、墓志，当代无能及者。"《新唐书》本传评曰："朝廷大述，多出其手。……善用人之长，多引天下知名士，以佐佑王化，粉泽典章，成一王法。天子遵尚经术，开馆置学士，修太宗之政，皆说倡之。"相传张说尝撰传奇《梁四公记》、《鉴龙图记》、《绿衣使者传》等。

王翰是年稍后卒，生年不详。翰字子羽，并州晋阳人。盛唐诗人。登进士第，又登直言极谏科，授昌乐尉，累迁驾部员外郎，出为汝州长史、仙州别驾，坐事贬道州司马，卒于贬所。有集10卷，已佚。《全唐文》卷三五五收录其文1篇，《全唐诗》卷一五六辑录其诗编为1卷。事迹见《旧唐书》卷一九〇中、《新唐书》卷二〇二。

按：《旧唐书》卷一九〇中误将"王翰"作"王浣"。参见罗士琳《旧唐书校勘记》卷六三。

贾耽（　—805）生。

开元十九年　辛未　731年

突厥、粟特人败阿拉伯于撒马尔罕。

拜占庭人伐意大利。

正月，以金城公主遣使奏请，玄宗命有司抄《毛诗》、《礼记》、《左传》、《文选》各一部，赐予吐蕃，由御史大夫崔琳奉使携带诸书前往。

按：金城公主于景龙四年出嫁吐蕃赞普。《旧唐书》卷一九六上《吐蕃传》系此事于开元十八年，此从《唐会要》卷三六。崔琳奉使吐蕃，至三月方启程离京。

四月壬午，于京城置礼院。

按：见《旧唐书》卷八《玄宗纪上》。

丙申，令两京及天下诸州各置太公尚父庙，以张良配飨，春秋二时仲月上戊日祭之。

按：见《旧唐书》卷八《玄宗纪上》。

是月，诸州宾贡武举人，准明经、进士行乡饮酒礼。

按：见《登科记考》卷七。

五月壬戌，令五岳各置老君庙。

按：见《旧唐书》卷八《玄宗纪上》。

六月，敕令诸州贡举皆于本籍，不得于他处附籍。

按：见《登科记考》卷七。

是年，开科取士，考功员外郎裴敦复知贡举，进士及第23人，诸科2人，另上书拜官1人。又举博学宏词等制科，陶翰等登第。

按：见《登科记考》卷七。

张九龄三月奉召入朝，授秘书少监，兼集贤院学士、副知院事。

按：张九龄去年七月由洪州刺史改桂州刺史，至是复入朝。《曲江集》附录有《守秘书少监制》。

孟浩然正月在温州，一度卧疾，后北归。三月，滞留越中，与贺朝游。九月，始自吴越归襄阳。

按：孟浩然去年冬赴温州，参该年条。

李白正月在坊州，未几复归终南山隐居。是夏，又游长安、宋州等地。

杜甫始游历吴越。

按：杜甫自本年至开元二十二年游历吴越各地，开元二十三年应贡举。《全唐诗》卷二二二载有杜甫《壮游》诗，追忆青年游历之事，其中亦谈到此次游历吴越经历。

储光羲隐居终南山，三月召授太常侍太祝，有诗献吏部侍郎苏晋。

按：储光羲献苏晋诗，见《全唐诗》卷一三六《终南幽居献苏侍郎三首时拜太祝未上》。

薛据应贡举，登进士第。

按：见《登科记考》卷七。

日人晁衡（朝衡）为京兆尹崔日用荐举，授左补阙。

按：晁衡于开元五年来唐，参见该年条。

冯中庸撰《政录》10卷成，进上。

按：冯中庸生平不详，以进《政录》，授汜水尉。见《新唐书》卷五九《艺文志三》。

裴光庭、萧嵩等奉诏删定《格后长行敕》6卷，进上。

按：裴光庭时为侍中，萧嵩为中书令。见《唐会要》卷六四。

徐安贞等纂《文府》20卷成，二月进上。

按：初，玄宗诏张说搜集、编次《文选》外文章，命徐坚与贺知章、赵冬曦分纂。后因下诏催促，徐坚乃将已编文章分诗赋二韵合为《文府》。会坚卒，由礼部员外郎徐安贞等继续编集，至是告成。故《新唐书·艺文志》谓"徐坚《文府》二十卷"，《唐会要》卷三六谓"徐安贞等撰《文府》二十卷"。

裴光庭撰《瑶山往则》、《维城前轨》各1卷，十二月戊戌进上，令赐太子、诸王各一本。

按：《旧唐书》卷八四本传曰："拜侍中，兼吏部尚书，又加弘文馆学士。光庭乃撰《瑶山往则》及《维城前轨》壹卷，上表献之。"同书卷八《玄宗纪上》载，裴光庭于开元十八年正月拜侍中，本年十二月进上《瑶山往则》、《维城前轨》。两书后皆佚。

李纾（ —793）生。

开元二十年　壬申　732年

四月乙亥，玄宗宴百僚于洛阳上阳宫洛水东洲。

按：见《资治通鉴》卷二一三。

五月癸卯，令寒食上墓编入《五礼》，永为定式。

按：见《旧唐书》卷八《玄宗纪上》。

九月，波斯王遣潘那密与景教僧及烈来唐。

按：见《册府元龟》卷九七一。

是年，全国有户7861236，口45431265。

按：见《旧唐书》卷八《玄宗纪上》。

开科取士，礼部员外郎裴敦复知贡举，进士及第24人，另上书拜官1人。

按：见《登科记考》卷七。

张九龄在工部侍郎任，八月加知制诰。

按：见《曲江集》附录开元二十年八月《知制诰敕》。

阿拉伯西班牙总督阿卜杜拉·拉赫曼及法兰克人战。

王昌龄是秋途经华州郑县,与陶翰交游。稍后,游河东各地。

按:《全唐诗》卷一四〇有王昌龄《郑县宿陶太公馆中赠冯六元二》。同卷又有昌龄《潞府客亭寄崔凤童》等诗,系游河东时所作。

李白在洛阳,正月访元丹丘于嵩山颍阳。是秋南还,与崔宗之会于南阳。至冬,在随州,与道士胡紫阳、元演等交游。

按:元丹丘,好神仙之道,家居颍阳。李白访元丹丘事,见郁贤皓《李白丛考·李白与元丹丘交游考》。其会崔宗之事,见安旗《李白年谱》。《李太白全集》卷二七《冬夜于随州紫阳先生餐霞楼送烟子元演隐仙城山序》,当为与胡紫阳、元演交游时所作。

储光羲在太祝任。正月,信安王李祎为河东、河北行军副大总管,将兵北讨奚、契丹。光羲有从军之意,作诗赠信安王幕中文士。时高适在幽州,亦作诗颂美。是秋,光羲至郑州,有诗献刺史宋遥。

按:储光羲与高适诗,分见《全唐诗》卷一三七、一三八、二一四。

中天竺僧善无畏请求归国,玄宗优诏慰留。

按:善无畏于开元四年来唐,事见该年条。

天竺僧法月携弟子利言等抵长安,进献方术、医方之梵箧、药草经书,及北天竺僧阿质达霰(唐言无能胜将)于安西译出之《大威力乌枢瑟摩明王经》等3部,凡4卷。与利言共译《方药本草》,后又译《普遍智藏般若波罗蜜多心经》。

按:见《贞元新定释教目录》卷一四。法月等于开元十八年由龟兹启程,事见该年条。

玄宗十二月亲撰《注道德经》成,明年颁行天下。

按:易州石刻《御注道德真经》碑首敕文末题"开元二十年十二月十四日",知玄宗注《道德经》成于本年底。《新唐书·艺文志》著录玄宗《注道德经》2卷。玄宗于道教尤为推崇,以为《老子》原有注疏不甚精当,失玄言妙旨,遂亲自训注。其所注《道德经》今存,收于《道藏》洞神部玉诀类。至开元二十三年,又采纳道门威仪司马秀建议,令两京及天下应修官斋等州,皆各于一大观造立石台,刊勒此注。今存易州刊刻本(开元二十六年刊)、邢州刊刻本(开元二十七年刊)。另,敦煌文书中亦存有玄宗《道德经》注疏残卷。

萧嵩等奉诏新修《开元礼》150卷成,九月乙巳进上,诏颁天下。

按:初,通事舍人王喦于开元十四年奏请删《礼记》旧文,以今事重编,玄宗令诸学士讨论,事见该年张说条。张说令徐坚等修订,然历年未成。及说卒,萧嵩代为集贤院监修,遂复委刘仲丘等修撰,至是完成,颁行天下。该《礼》今存,有清光绪十二年洪氏公善堂刻本等。

司马贞约此期撰《史记索引》30卷。

按:司马贞撰《史记索引》时间,历有不同说法,一般以为当在开元二十年前后。《史记》训注,自魏晋以降,迭有撰者。晋末徐广撰《史记音义》13卷,南朝宋时有裴骃撰《史记集解》80卷,南齐时有邹诞生撰《史记音义》3卷,唐贞观中有刘伯庄撰《史记音义》20卷。司马贞以为历代《史记》训注残文错节,异音微义,乃采撷徐广、裴骃、邹诞生、刘伯庄等诸家训注之文,参阅韦昭、贾逵、杜预、谯周等人之著作,合以己之见解,撰成《史记索隐》。该书音义并重,注文翔实,对历代诸家疏误阙略多有补正,颇为后世史家推赏,与裴骃《史记集解》、张守节《史记正义》合称"史记三家注",延续至今。

又按:司马贞生卒年不详,字子正,河内人。盛唐史学家。尤精《史记》,为唐《史记》学著名学者,世号"小司马"。开元间为润州别驾(一说润州刺史),累官朝散大夫、宏文馆学士。另著有《补三皇本纪》等。《全唐文》卷四〇二收录其文4篇,其中有《史记索隐序》、《史记索隐后序》、《补史记序》诸文,从中可窥其史学思想之一二。

高希峤撰《晋书注》130卷成,进上。

按:高希峤因上《晋书注》,授清池主簿。余不详。见《新唐书》卷五八《艺文志二》。

陈庭玉撰《老子疏》若干卷成,进上。

按:陈庭玉因上《老子疏》,授校子郎。另撰有《庄子疏》。余不详。见《新唐书》卷五九《艺文志三》。

柳纵撰《注庄子》若干卷成,进上。

按:柳纵因上《注庄子》,授章怀太子庙丞。余不详。见《新唐书》卷五九《艺文志三》。

帅夜光撰《三玄异义》30卷成,进上。

按:帅夜光,幽州人,少为浮屠,因上《三玄异义》,诏集贤院试以《三元》策十道,及第,遂授校书郎,直国子监。余不详。见《新唐书》卷五九《艺文志三》。

张果撰《阴符经太无传》1卷、《罔象成名图》1卷、《丹砂诀》1卷,进上。

按:见《新唐书》卷五九《艺文志三》。

颜元孙七月卒,生年不详。元孙字聿修,京兆长安(一说万年,又说琅邪临沂)人。善诗赋,工书。武则天时登进士第,历长安尉、太子舍人、亳州刺史、华州刺史等职。著有《干禄字书》1卷、集30卷,后皆佚。《旧唐文》卷二〇三收录其《干禄字书序》1篇。事迹见《全唐文》卷三四一颜真卿《朝议大夫守华州刺史上柱国赠秘书监颜君神道碑铭》。

戴叔伦(—789)生。

法拉兹·达克卒(约641—)。阿拉伯诗人。

开元二十一年 癸酉 733年

正月庚子朔,诏令士庶家藏《老子》一本;每岁贡举,减《尚书》、《论语》策两条,加试《老子》策。

按:见《旧唐书》卷八《玄宗纪上》。唐廷推崇老庄之学,至玄宗时尤甚。玄宗尝自注训《道德经》又令天下普藏老庄之书,列入科举考试之中。后更专置崇玄学,仿儒学之明经设道举,开科取士。参见开元二十九年正月条。由是研习老庄之学风气

拜占庭帝利奥三世令南意诸教会改隶君士坦丁堡。

法兰克查理·马特臣服勃艮第王国。

聿盛,训注之作迭出。仅《新唐书》卷五九《艺文志三》著录者,自唐初以降,即有傅奕《注老子》2卷、《老子音义》(卷亡),吴善经《注道德经》2卷,道士成玄英《注老子道德经》2卷、《开题序诀义疏》7卷、《注庄子》30卷、《庄子疏》12卷,孙思邈《注老子》(卷亡)、《注庄子》(卷亡),杨上善《注老子道德经》2卷、《道德经三略论》3卷、《注庄子》10卷、《老子指略论》2卷,辟闾仁谞《注老子》2卷,贾大隐《老子述义》10卷,陆德明《老子疏》15卷、《庄子文句义》20卷,卢藏用《注老子》2卷、《注庄子内外篇》12卷,邢南和《注老子》(卷亡),冯朝隐《注老子》(卷亡),白履忠《注老子》(卷亡),李播《注老子》(卷亡),尹知章《注老子》(卷亡),陈庭玉《老子疏》(卷亡)、《庄子疏》(卷亡),陆希声《道德经传》4卷,柳纵《注庄子》(卷亡),甘晖、魏包《注庄子》(卷亡),道士李含光《老子学记》、《庄子学记》、《老子义略》、《庄子义略》各1卷,张隐居(即张九垓)《庄子指要》33篇,张游朝《南华象罔说》10卷、《冲虚白马非马证》8卷,元载《南华通微》10卷,逄行珪《注鬻子》1卷,张志和《玄真子》12卷,帅夜光《三玄异义》30卷,徐灵府《注文子》12卷,李暹《训注文子》12卷,王士元《亢仓子》2卷等。

三月,诏:"博学、多才、道术、医药举人等,先令所司表荐,兼自闻达,敕限以满,须加考试。博学、多才举人限今来四月内集,道术、医药举人限闰三月内集。其博学科试明三经、两史已上,帖试稍通者;多才科试经国商略大策三道,并试杂文三道,取其词气高者;道术、医药举,取艺业优长、试练有效者。"

按:见《册府元龟》卷六三九。

五月,敕州县学生,凡八品、九品官员弟子年二十五以下,庶人弟子年二十一以下,能通一经,或未及一经而有文词和史学者,每年铨量举送所司简试,听入四门学充俊士;诸州贡士省试下第者,若有自愿入学者,亦听之。国子监所管学生、尚书省补州县学生、州县长官补州县学生,取郭下县人替。诸州县学生除学本业之外,兼习吉、凶礼,遇公私有礼事,令示仪式,余皆不得辄使。百姓立私学,欲寄州县学授业者,听之。

按:见《唐摭言》卷一。

是年,开科取士,进士及第25人。

按:见《登科记考》卷八。

张九龄丁母丧。十二月十四日,召九龄起复为中书侍郎,京兆尹裴耀卿为黄门侍郎,并同平章事。九龄弟张九皋亦召起复,拜殿中丞。

按:张九龄起复事,见《旧唐书》卷八《玄宗纪上》、《资治通鉴》卷二一三。张九皋起复事,见《全唐文》卷三五五萧昕《唐银青光禄大夫岭南五府节度经略采访处置等使摄御史中丞赐紫金鱼袋殿中监南康县开国伯赠扬州大都督长史张公神道碑》。

孟浩然居襄阳,与张愿、卢僎等交游。

按:张愿是年四月归襄阳闲居。卢僎时为襄阳令。

储光羲是春南归润州,途中与阎防交游。时防卜居蓝田县石门,撰《石门草堂诗序》。

按:《全唐诗》卷一三八有储光羲《贻阎处士防卜居终南》,诗中原注:"时阎子有《石门草堂诗序》。"

王昌龄游历河东。上书吏部侍郎李林甫,谓持衡取士,不当专以文墨,且言己之困窘状,并投献《鉴略》5篇。

按:王昌龄自去年秋始游河东。《全唐文》卷三三一有王昌龄《上李侍郎书》,其略曰:"持衡取士,专在文墨,固未尽矣。况文章体势,其多面焉。苟不相容,则太迂阔;一时不合,便即弃之,伏恐伤钩赜之明,结志士之怨,吁!可畏也。"

高适在幽州游,访王之涣、郭密之等,不遇。

按:《全唐诗》卷二一一有高适《蓟门不遇王之涣郭密之因以留赠》。

岑参献书长安。

按:岑参由是此后干于王侯,出入于长安、洛阳之间,蹉跎十秋。见《全唐文》卷三五八岑参《感旧赋》。

僧鉴真由长安回扬州,由是在江淮各地讲经弘法,声名远播。

按:《宋高僧传》卷一四本传载,鉴真使弟子三十五人各自倡导一方,弘扬师说,又广建寺院,救助孤贫疾病,成为继僧道岸之后独步江淮之律学大师。

新罗僧慧超正式入密宗初祖中天竺僧金刚智门下。

按:慧超入唐初,曾一度师事金刚智,参见开元十一年条。至是,正式入金刚智门下。此后八年,潜心研习密教经典。

邢南和撰《注老子》若干卷,进上。

按:见《新唐书》卷五九《艺文志三》。

日本《出云风土记》撰成。

裴光庭三月乙巳卒(675—)。光庭字连成,余姚人,裴行俭少子。以门荫入仕,累迁中书侍郎、同中书门下平章事、御史大夫,进拜侍中兼吏部尚书、弘文馆学士,爵封正平县男。卒于官,追赠太师。尝主持修撰《格后长行敕》6卷,撰《开元格令科要》、《瑶山往则》、《维城前轨》各1卷,后皆佚。《全唐文》卷二九九收录其文11篇,《全唐诗》卷一〇八收录其诗1首。事迹见《旧唐书》卷八四、《新唐书》卷一〇八。

陆羽(—约804)生。

按:《全唐文》卷四三三陆羽《陆文学自传》有"上元辛丑岁,子阳秋二十有九"云云,以此溯推,其生当本年。

开元二十二年　甲戌　734年

正月癸亥朔,制古圣帝明皇、岳、渎、海镇用牲牢,余并以酒醢充奠。

按:见《旧唐书》卷八《玄宗纪上》。

四月庚子,于唐州界准胜州例立表,测候日晷影长短。

按:见《旧唐书》卷八《玄宗纪上》。

是月,诏:"风化之本,其在庠序。去秋不熟,生徒暨令就舍。讲习之

阿拉伯人取南高卢阿维尼翁。

北非柏柏尔人反。

法兰克查理·马特始作采邑制

改革。地,安可久闲,其两监生在外者,即宜赴学。"

按:见《册府元龟》卷五〇。

是年,开科取士,考功员外郎孙逖知贡举,进士及第27人。

按:见《登科记考》卷八。

张九龄为中书侍郎、同中书门下平章事,兼修国史,五月戊子迁中书令、集贤院学士、知院事。时又以黄门侍郎裴耀卿为侍中,黄门侍郎李林甫为礼部尚书,并同中书门下平章事。七月甲申,九龄充河南稻田使。八月,奉使于许、豫、陈、亳等州置水屯。

按:见《旧唐书》卷八《玄宗纪上》。

裴耀卿为侍中、同中书门下平章事,执掌相职。八月,充江淮、河南转运使,始主持改革漕运。凿漕渠以避三门之险,三岁凡运米七百万石。

按:见《旧唐书》卷九八本传、卷八《玄宗纪上》。

李白是春游历至襄州,作书投谒山南东道采访使韩朝宗,力陈己之才能。

按:《李太白全集》卷二六《与韩荆州书》略曰:"必若接之以高宴,纵之以清谈,请日试万言,倚马可待。……"

高适是年前后游历幽蓟后南归,行至淇上,与薛据有诗赠答,自言落拓不遇之状,称据有治具,富诗才。

按:高适赠薛据诗作,见《全唐诗》卷二一四。

王昌龄又应制举,登博学宏词科。

按:见《登科记考》卷八。

颜真卿应贡举,登进士第。

按:见《登科记考》卷八。

僧神会住南阳龙兴寺,力倡其师慧能之说,认为南派顿悟教优于北派渐悟教,以其师慧能为禅宗正统。见禅宗神秀一系在北方颇为盛行,遂于是年正月十五日在滑台大云寺设无遮大会,与北派崇远禅师等辩论。辩论记录后由独孤沛整理成《菩提达摩南宗定是非论》。由是南方禅宗慧能一系被称为"顿宗",北方神秀一系被称为"渐教","南顿北渐"之说即始于此。

按:此次无遮大会,实为唐代禅宗内部南北两派之间一次大论战,一说在开元十二年,又说在开元二十年。会上,神会认为北派"师承是傍,法门是渐",而慧能之顿悟教方达摩禅真谛,当是禅宗正统。提出禅宗法统世系应该是:"(达摩)传一领袈裟以为法信授与慧可,慧可传僧璨,僧璨传道信,道信传弘忍,弘忍传慧能,六代相承,连绵不绝。"(独孤沛《菩提达摩南宗定是非论》)认为神秀弟子普寂所谓由达摩导于僧可、可传僧粲、粲传道信、道信传弘忍、弘忍传神秀、神秀传自己的法系伪造,并指斥普寂曰:"秀禅师在日,指第六代传法袈裟在韶州,口不自称为第六代。今普寂禅师自称第七代,妄竖和尚(即神秀)为第六代,所以不许。"(《神会语录》第三残卷)经此次辩论,禅宗南北两派之界线更显分明,彼此辩难更趋激烈。

僧道璿受日僧荣睿、普照之邀,与天竺僧菩提仙那、林邑僧佛哲等东渡日本,住大安寺西唐院,讲经弘法,倡扬律学。

按：日僧荣睿、普照于去年入唐，景仰道璇令誉，力邀师东赴传戒。道璇东渡后，见日本律学未备，乃讲《梵网经》及《四分律行事钞》，剖析幽微，词辩无滞，又传律及华严等。见《唐大和上东征传》。

道士张果二月被召至东都洛阳，颇受玄宗礼遇，特授银青光禄大夫，号曰"通玄先生"。八月固请归隐，厚赐而遣之。

按：玄宗好神仙之术，恒州刺史以果奏闻，遂召其入京。张果生卒年、籍贯不详，道教学者。初隐居中条山，往来于晋、汾之间。武则天闻其名，征召之，佯死不赴。后隐居恒山，不知所终。宋时被民间神化，列为"八仙"之一。著有《阴符经太无传》、《阴符经辨命论》、《气诀》、《神仙得道灵药经》、《罔象成名图》、《丹砂诀》各1卷。《全唐文》卷九二三收录其文3篇，《全唐诗》卷八六〇收录其诗1首。事迹见《旧唐书》卷一九一、《新唐书》卷二〇四。

是光乂纂《十九部书语类》10卷成，进上。

按：《新唐书》卷五九《艺文志三》曰："是光乂《十九部书语类》十卷，开元末自秘书省正字上，授集贤院修撰，后赐姓齐。"《唐诗续拾》卷一三"齐光乂"条曰："光乂，初姓是。开元十五年任郴州博士。廿二年，任秘书省正字，上《十九部书语类》。开元末授集贤院修撰，赐姓齐。预定《礼记月令》，时为集贤直学士。天宝五载刻《删定月令表》，署为宣州司马。十四载为宣州长史，终于秘书少监。"

晋昌人唐晅是年前后撰《唐晅手记》。

按：《手记》系鬼怪小说。参见傅璇琮主编《唐五代文学编年史》。

僧处寂正月卒（648— ）。处寂俗姓周（一说唐），蜀人。唐佛教净众宗二祖。师事僧智诜，服勤寡欲。武则天时奉召入京，寻乞还山。住资州德纯寺，隐居四十年不出。有弟子无相等。事迹见《宋高僧传》卷二〇。

窦参（ —793）生。

开元二十三年　乙亥　735年

正月乙亥，诏举人才，"才有霸王之略、学究天人之际及堪将帅牧宰者，令五品已上清官及刺史各举一人"。

按：见《旧唐书》卷八《玄宗纪上》。

十月，制："文学政事，必在考言；孝悌力田，必须审行。顷从一概，何谓四科？其孝悌力田举人，宜各自疏比来事迹为乡闾所委者，朕当案覆，别有处分。"

按：见《册府元龟》卷六三九。

是年，开科取士，考功员外郎孙逖知贡举，进士及第27人。

按：见《登科记考》卷八。

阿拉伯入下吐火罗。

阿拉伯人伐西苏丹。

李白是春在武昌,与孟浩然、宋之悌交游。至夏,在太原,与道士元演同游。

> 按:《李太白全集》卷一五有《黄鹤楼送孟浩然之广陵》、《江夏别宋之悌》。李白与元演同游事,见《李太白全集》卷一三《忆旧游寄谯郡元参军》。

王维三月拜右拾遗,曾献诗张九龄,求为帐下。

> 按:《全唐诗》卷一二五有王维《献始兴公》。始兴公即张九龄。《曲江集》附录开元二十三年三月九日《封始兴公开国子食邑四百户制》有张九龄"可进始兴县开国子"云云。

萧颖士、杜甫、高适、李华、柳芳应贡举,颖士、华、芳皆登进士第,甫、适不第。

> 按:见《登科记考》卷八、今人陈尚君《登科记考正补》(载《唐代文学研究》第四辑)。

李邕由澧州司马起为括州刺史,作《谢恩慰谕表》。

> 按:见《新唐书》卷二〇二。表见《全唐文》卷二六一。

元结是年十七,始从学于宗兄元德秀。

> 按:见《全唐文》卷三四四颜真卿《唐故容州都督兼御史中丞本管经略使元君表墓碑铭并序》。

日人吉备真备携《唐礼》、《大衍历》、《乐书要乐》等归国。

> 按:吉备真备于开元四年入唐,参见该年条。清周中孚《郑堂读书记》卷七《乐类》引残本《乐书要录》,谓吉备真备入唐留学,"研覃经史,该涉众艺。天平七年归,献《唐礼》一百三十卷、《大衍历经》一卷、《大衍历立成》十二卷、《乐书要录》十卷"。日天平七年,即本年。吉备真备归国后,积极传播唐文化,参与创制日本文字。

玄宗九月御撰《注金刚般若经》1卷成,明年颁行天下。又撰《道德经义疏》8卷(一作10卷)。

> 按:是年,宰相张九龄等请出注佛文以令天下传授,玄宗遂亲注《金刚经》。《新唐书·艺文志》著录玄宗《注金刚般若经》1卷。后僧道氤为之作疏,撰《御注金刚经疏》6卷。事见《册府元龟》卷五一、《宋高僧传》卷五《道氤传》。《道德经义疏》题为玄宗御撰,实系诸道士及臣僚共同参议而成。玄宗尝亲注《道德经》,参见开元二十年条。该《疏》为原《注》基础上再作。《新唐书·艺文志》作6卷,今存《道藏》本作10卷。

天竺僧法月编《御注金刚般若波罗蜜经宣演》2卷成。

> 按:法月来唐事,分见开元十八年、二十年条。

比德卒(672/73—)。英格兰历史学家,神学家。

中天竺僧善无畏十一月七日卒(637—)。善无畏梵名戍婆揭罗僧诃,略称输婆迦罗,意译净师子,又称无畏三藏,中天竺摩揭陀国人。天竺密教高僧,唐代佛教密宗祖师之一,与僧金刚智、不空并称"开元三大士"。开元四年入唐,颇受敬重,玄宗尊其为国师。先后在长安、洛阳翻译佛经,译出《大毗卢遮那成佛神变加持经》7卷等一批密宗重要经典。卒于洛阳大圣善寺。弟子有宝思、妙思、玄超、喜无畏、温古、一行、义林、智严(于阗僧)、不可思议(新罗僧)、道慈(日本僧)等,另有俗弟子李华等。著述颇多,今存《金刚顶经毗卢遮那一百八尊法身契印》1卷、《释迦文尼佛金刚一乘修行仪轨法品》1卷、《尊胜佛顶修瑜伽法轨仪》2卷、《无畏三藏禅要》1卷等。事迹见《宋高僧传》卷二、《大日经供养次第法疏》卷上、《全唐文》卷三一九李华《东都大圣善寺故善无畏三藏碑》、《开元释教录》卷一二。今人周一良撰有《宋高僧传善无畏传中的几个问题》。

按：善无畏卒年,《宋高僧传》本传作"十月七日"。今从李华《碑铭》。

道士司马承祯卒(647—)。承祯字子微,自号白云子,道号道隐,河内温人。道教学者,兼善书法。少好学,无意仕进,遂出家。师从嵩山潘师正,得传衣钵。后隐居天台山,成为道教茅山宗高道。武则天、睿宗、玄宗数召其入京奏对,颇受礼遇。与陈子昂、卢藏用、宋之问、李白、王维等文士交游甚密。晚年住王屋山,卒赠银青光禄大夫,谥曰"贞一先生"。著有《修真秘旨》12卷,《坐忘论》、《修真养气诀》、《服气精义论》、《太上昇玄消灾护命妙经颂》、《上清含象剑鉴图》、《上清侍帝晨桐柏真人真图赞》、《天隐子》各1卷等,今多存,收录于《正统道藏》、《全唐文》卷九二四等。事迹见《旧唐书》卷一九二、《新唐书》卷一九六、《云笈七签》卷五、《全唐文》卷七一二李渤《王屋山贞一司马先生传》。

按：司马承祯卒年,一说为开元十八年,今从《旧唐书》、《云笈七签》本传。今人李大华、李刚、何建明《隋唐道家与道教》以为,司马承祯之道教思想,"经历了一个从早期的上清服饵(气)论至中期的佛化道性论再到后期的坐忘成仙论的演进过程"。所著早期以《服气精义论》为代表,中期以《太上昇玄消灾护命妙经颂》为代表,后期以《天隐子》、《坐忘论》为代表。尤其是《坐忘论》,最具影响。该《论》重在阐述道教坐忘之法,发挥修仙理论,从中反映出吸收儒、佛,融会三教之思想倾向。

杨玚卒(668—)。玚字瑶光,华州华阴人。初历麟游令、殿中侍御史等职,开元中累迁户部侍郎,出为华州刺史。奉召还朝,为国子祭酒,迁大理寺卿,卒于左散骑常侍。赠户部尚书,谥曰贞。直言敢谏,多奏荐儒士,又请明经科考试应诸经并重。《全唐文》卷二九八收录其奏疏2篇。事迹见《旧唐书》卷一八五下、《新唐书》卷一三○。

张建封(—800)、吕渭(—800)、杜佑(—812)、僧智藏(—814)生。

开元二十四年　丙子　736年

三月乙未,诏贡举改由礼部侍郎职掌。

按：见《旧唐书》卷八《玄宗纪上》。唐初贡举,由考功员外郎主职掌,至是改由礼部掌管,遂为定制。《登科记考》卷八载,是年李昂知贡举,为举人所讼,玄宗乃下诏曰:"每岁举人,求士之本,专典其事,宁不重欤！顷年以来,惟考功郎所职掌,位轻事重,名实不伦。欲尽委长官,又铨选猥积。但六官之列,体国是同,况宗伯掌礼,宜主宾荐。自今已后,每年诸色举人及斋郎等简试,并于礼部集。既众务烦杂,仍委侍郎专知。"《唐大诏令集》卷一百六亦载玄宗此诏。

十月,礼部侍郎姚奕请进士科试帖《左传》、《周礼》、《仪礼》,凡通五道者及第,从之。

按:见《登科记考》卷八。

是年,开科取士,进士及第20人,诸科7人。

按:见《登科记考》卷八。

李白约是年自太原南归,与岑勋、元丹丘等交游。

按:李白于去年夏秋间赴太原。

杜甫始东游齐赵之地,先后与苏源明、高适等交游。

按:杜甫于去年应举落第,本年至开元二十八年间东游齐赵,历时数年。《全唐诗》卷二二二杜甫《壮游》追忆落第后游历之事,有"放荡齐赵间,裘马颇清狂"云云。

张九龄为李林甫所谮,十一月二十七日与裴耀卿并罢知政事,分别左迁尚书右、左丞相。

按:张九龄与裴耀卿于开元二十一年十二月并登相位,至是同时罢相。《资治通鉴》卷二一四论曰:"(玄宗)即位以来,所用之相,姚崇尚通,宋璟尚法,张嘉贞尚吏,张说尚文,李元纮、杜暹尚俭,韩休、张九龄尚直,各所其长也。九龄既得罪,自是朝廷之士皆容身保位,无复直言。"《曲江集》附录有开元二十四年十一月二十七日《充右丞相制》。

孙逖迁中书舍人。

按:见《旧唐书》卷一九〇下本传。

高适是年前后再次至长安,与颜真卿、张旭等交游。

按:时高适与王昌龄、王之涣等人所作边塞诗已闻名于世,为伶人广为传唱。

颜真卿三月登吏部拔萃科,授朝散郎、秘书省著作局校书郎。

按:见《全唐文》卷五一四殷亮《颜鲁公行状》。

王季友应贡举,登进士第,擢为第一。

按:王季友事迹史籍不载,今据丰城市白土镇屯溪村所发现之《王氏家谱》。

张守节八月撰《史记正义》30卷成,进上。

按:《全唐文》卷三九七录有张守节《上史记正义序》,其中有"岁次丙子开元二十四年八月杀青斯竟"云云,知其于本年八月完成该书。张守节系盛唐时期史学家,尤精于《史记》,为唐代《史记》学重要学者。开元间官诸王府侍读,守右清道率府长史,肃宗时以年老致仕。余不详。《全唐文》卷四三肃宗《张守节致仕诏》谓其"大膺儒术,既精且博,其道可师。出入禁庭,勤劳侍读,岁月滋久,宏益颇多"。其所撰《史记正义》,颇为后世史家推重,与裴骃《史记集解》、司马贞《史记索隐》合称"史记三家注"。今存。

张九龄撰《千秋金镜录》5卷，八月五日千秋节进上，玄宗赐书褒美。

按：千秋节即玄宗生日。时群臣皆献宝镜，张九龄以为以镜自照见形容，以人自照见吉凶，乃述前世兴废之源，撰成《千秋金镜录》。见《资治通鉴》卷二一四。

僧义福卒（658—　）。义福俗姓姜，潞州铜鞮人。唐代禅宗北派高僧。年三十二始剃度，师从北宗禅祖师神秀，住蓝田化感寺。后住长安慈恩寺，又奉敕住西京福先寺及南龙兴寺，颇受公卿敬重。卒，赐号"大智禅师"。事迹见《宋高僧传》卷九、《神僧传》卷七。《全唐文》卷二八〇有严挺之《大智禅师碑铭并序》。

按：唐代禅宗北派自神秀以降，经普寂、义福弘扬，盛于一时，与南宗禅发生激烈辩论。及普寂、义福卒，渐趋衰微。

韦应物（　—约791）约生。

按：韦应物生年，历有歧说。一说开元二十一年，一说开元二十五年。傅璇琮主编《唐五代文学编年史》谓其卒于唐德宗贞元七年，"约年五十六"。以此溯推，当生于本年。从之。

开元二十五年　丁丑　737年

正月壬午，制："道士、女冠宜隶宗正寺，僧尼令祠部检校。"

按：见《旧唐书》卷九《玄宗纪下》。

是月，诏改进士、明经科试经之法。

按：时礼部尚书姚奕奏言，谓进士以声韵为学，多昧古今；明经以帖诵为功，罕穷旨趣，建议明经当案问大义并答时务，进士当帖经。玄宗从之，遂诏改进士、明经试经之法，规定：明经科试，每经帖十，取五通已上；免旧试一帖，仍按问大义十条，取六通已上；免试经策十条，令答时务策三道，取粗有文理者与及第。进士科试，停小经，准明经帖大经十帖，取四通已上，然后准例试杂文及策，通者与及第。见《登科记考》卷八。

二月，敕：诸州贡士，上州岁贡3人，中州2人，下州1人。若有才行者，不限此数。

按：见《登科记考》卷八。

三月，移史馆于中书省北。

按：太宗初年，尝置史馆于门下省北，后移置门下省南。参见贞观三年闰十二月条。至是，从史官尹愔奏，复移史馆。《旧唐书》卷四三《职官志二》曰："右相李林甫以中书地切枢密，记事者官宜附近。史官尹愔奏移史馆于中书省北，以旧尚药院充馆。"《唐会要》卷六三所载略同，唯谓此事在"开元十五年三月一日"，恐误。李林甫于开元二十二年始掌相职，其于十五年尚未监史馆。

粟特人败阿拉伯于撒马尔罕。

阿拉伯及突厥人战于哈里斯坦。遂胜之。

法兰克国王西奥多里克四世卒。

法兰克国阿拉伯人于阿维尼翁及尼姆之间。

五月，敕录开元以来名臣事迹付史馆。

按：《唐大诏令集》卷八一有《录开元以来名臣事迹付史馆敕》。

是年，开科取士，礼部侍郎姚奕知贡举，进士及第 27 人，诸科 3 人。

按：见《登科记考》卷八。

张九龄为尚书右丞相，三月与韩休等游骊山韦嗣立旧居，作诗唱和，王维为之序。四月甲子，坐荐引周子谅事，出贬荆州大都督府长史。

按：《王右丞集笺注》卷一九有《暮春太师左右丞相诸公于韦氏逍遥谷宴集序》。周子谅初为长安尉，张九龄荐为监察御史。朔方节度使牛仙客为李林甫所引，欲加尚书，张九龄劝阻。子谅上奏弹劾牛仙客非才，引谶书为证，忤旨，杖于殿庭，配流边地，途中卒。李林甫上言谓子谅系张九龄所荐，张九龄遂遭贬。见《旧唐书》卷九九九龄本传、卷九《玄宗纪下》。

孟浩然至长安，与王维等交游。八月复归襄阳，入荆州大都督府长史张九龄幕，与九龄多有唱和。

按：《全唐诗》卷一六〇有孟浩然《留别王侍御维》，当系其离京别王维时所作。同卷又有浩然《望洞庭湖赠张丞相》。

王维是秋以监察御史充河西节度使崔希逸判官，出塞途中，多有诗作。

按：王维出塞诗，见《全唐诗》卷一二六、一二八。

道士尹愔正月八日拜谏议大夫、集贤院学士，修撰国史。固辞，有诏许以道服视事，乃就职，领集贤院、史馆图书。

按：尹愔博学，尤通《老子》之书。时玄宗崇尚老、庄玄言，尹愔为人所荐，奉召入对，颇受玄宗礼遇，遂拜官。尹愔生卒年不详，秦州天水人。卒赠左散骑常侍。《全唐文》卷收录其文 1 篇。事迹见《新唐书》卷二〇〇。

又按：尹愔父尹思贞亦有学名。尹思贞字季弱，精《春秋》，尝从学于国子博士王道珪。为张说、尹元凯奏荐，授国子大成。每释奠，讲辨三教，听者皆谓闻所未闻。迁四门助教，欲撰诸经义疏，续《史记》，未成而卒，年四十。

吴兢是年后撰《开元名臣录》3 卷、《开元升平源》1 卷。

按：两书后皆佚。

李林甫等奉诏删定《律》12 卷，《律疏》30 卷，《令》30 卷，《式》20 卷，《开元新格》10 卷，《格式律令事类》40 卷，进上，九月颁行。

按：时林甫为中书令，参修者尚有侍中牛仙客、御史中丞王敬从、左武卫胄曹参军崔晃、卫州司户参军直中书陈承信、酸枣尉直刑部俞元杞等。见《唐会要》卷三九。

殷璠约是年前后编次包融等 18 人诗为《丹阳集》1 卷。

按：见傅璇琮主编《唐五代文学编年史》。编入《丹阳集》的 18 位诗人分别为：润州延陵人包融、储光羲；曲阿人丁仙芝、蔡隐丘、蔡希周、蔡希寂、张彦雄、张潮、张晕、周瑀、谈戢；句容人殷遥、樊光、沈如筠；江宁人孙处玄、余延寿；丹徒人马挺、申堂构。该《集》原本已散逸，今有陈尚君辑校本，收入《唐人选唐诗新编》。殷璠系丹阳人，生平事迹不详。另编有《河岳英灵集》3 卷，今亦存。参见天宝十二年条。

太常卿韦縚命博士韦逌等重编前后所行用乐章为5卷，又命太乐令孙玄成编旧传燕乐歌词为7卷。

按：《唐会要》卷三二载，是年，韦縚（一作韦绍）命博士韦逌、直太乐季尚冲、乐正沈元礼、郊社令陈虔、申怀操等铨叙前后所行用乐章，编为5卷，以付大乐鼓吹两署，令工人习之。时太常旧相传有宴乐五调歌词各1卷，或云贞观中侍中杨恭仁、赵方等所铨集，词多郑、卫，皆近代词人杂诗。縚遂又令孙玄成更加厘革，编为7卷。《册府元龟》卷五六九系此事于开元十五年。

宋璟十一月十九日卒（663— ）。璟字号不详，邢州南和人。盛唐名臣，工于文辞。永隆中登进士第，武则天时累迁凤阁舍人，以耿介正直称。睿宗立，以吏部尚书、同中书门下三品，因不附太平公主，出贬楚州刺史。开元初，以广州都督奉召入朝，继姚崇为相。崇善应变以成务，璟善守法以持正，并为名相，时有"前称房杜，后称姚宋"之说。卒于尚书右丞相任，追赠太尉，谥曰"文贞"。有集10卷，已佚。《全唐文》卷二〇七收录其文17篇，《全唐诗》卷六四收录其诗6首。事迹见《旧唐书》卷九六、《新唐书》卷一二四。《全唐文》卷三四三有颜真卿《有唐开府仪同三司行尚书右丞相上柱国赠太尉广平文贞公宋公神道碑铭》。

僧怀素（ —785）、僧天王道悟（ —818）、僧慧琳（ —820）、僧澄观（ —838）生。

按：怀素生年，一说开元十三年。此从傅璇琮主编《唐五代文学编年史》。又，唐代名僧怀素有两人，另一怀素为南阳人，俗姓范，东塔律宗开创者，参见神功元年条。

又按：唐代禅学高僧名道悟者亦有两人，另一为天皇道悟。

再按：慧琳生年，一说为开元二十一年，今从《宋高僧传》卷五本传。

再按：澄观生年，一说为开元二十六年。《佛祖统纪》卷二九谓澄观卒于唐文宗开成三年，"寿一百二岁"。以此溯推，当生于本年。

开元二十六年　戊寅　738年

正月丁丑，令天下州县，每乡置一学，择师资以教授。诸乡贡每年令就国子监谒孔子庙，明经加口试。内外八品已下及民间有博学文辞之士，各委本司闻荐。

按：见《旧唐书》卷九《玄宗纪下》。

壬辰，敕停孝悌力田科举人。

按：玄宗以为，孝悌力田本为劝化风俗，"比来将此同举人考试词策，便与及第，以为常科，是开侥幸之门，殊乖敦劝之意"，故令以科名停止举人。若有"孝悌闻于郡

阿拉伯平粟特叛。

法兰克查理·马特平地方大领主叛。

伊斯兰教哈瓦利吉派叛。

邑,力田推于邻里,两事兼著,状迹殊尤者",仍由各地长官奏闻,别行处分,"不须随考试例申送"。见《登科记考》卷八。

三月己巳,减秘书省校书、正字官员。

按:见《旧唐书》卷九《玄宗纪下》。

六月二十七日,渤海国遣使求抄《唐礼》、《三国志》、《晋书》、《十六国春秋》等书,许之。

按:见《唐会要》卷三七。渤海国在今东北辽宁一带。

八月甲申,玄宗亲试文词雅丽科举人,24人登第,皆量资授官。

按:见《登科记考》卷八。

是年,敕诸州郡各建一大寺,曰开元寺。

按:见明释心泰《佛法金汤编》卷七。

开科取士,礼部侍郎姚奕知贡举,进士及第23人。

按:见《登科记考》卷八。

王维五月罢河西节度判官,东还归京。

按:参见傅璇琮主编《唐五代文学编年史》。

李邕自括州刺史迁淄州刺史,上表谢恩。

按:李邕谢表,见《全唐文》卷二六一。

高适有感于征戍之事,作《燕歌行》,以刺边帅骄纵无能、不恤士卒,颇为时人传诵。

按:《全唐诗》卷二一三有高适《燕歌行序》。殷璠《河岳英灵集》曰:"适诗多胸臆语,兼有气骨,故朝野通赏其文。至如《燕歌行》等篇,甚有奇句。"

李华是年前后至天宝中兄事元德秀,与萧颖士、刘迅为友,诸人与颜真卿等多有交游。

按:据《全唐文》卷三一七李华《三贤论》,此期与李华、元德秀、萧颖士、刘迅交游者有:房琯、苏源明、程休、邢宇、邢宙、张茂之、李萼、李丹、李惟岳、乔潭、杨拯、房垂、柳识、裴腾、裴霸、李广敬、卢虚舟、陈谠言、沈兴宗、陈兼、高适、韦述、阳浚、邵轸、赵骅、殷寅、源衍、孔至、陆据、柳芳、贾至、韦收、张有略、张邈、刘颖、韩拯、孙益、韦建、陈晋、尹征、颜真卿等,皆系当时著名文士。

毋煚、苑咸等撰《唐六典》30卷成。

按:《唐六典》,一作《六典》,又作《大唐六典》。《新唐书》卷五八《艺文志二》载,初,玄宗于开元十年诏起居舍人陆坚等修撰《六典》,并亲写六条,曰理典、教典、礼典、政典、刑典、事典。时张说知集贤院事,委徐坚,经岁无规制,乃命毋煚、余钦、咸廙业、孙季良、韦述参撰。后又有陆善经、苑咸参修。至本年,书成。《大唐新语》卷九曰:"开元十年,玄宗诏书院撰《六典》以进,时张说为丽正学士,以其事委徐坚。沉吟岁余,谓人曰:'坚承乏,已曾七度修书,有凭准皆似不难,唯《六典》历年措思,未知所从。'说又令学士毋煚等检前史职官,以令式分入六司,以今朝《六典》象《周官》之制。然用功艰难,绵历数载。其后张九龄委陆善经,李林甫委苑咸,至二十六年始奏上。"《唐会要》卷三六则谓该书由张九龄于开元二十七年二月奏上。然张九龄于开元二十四年罢相，次年出贬荆州长史，故奏进此书者当为时掌相职之李林甫。《唐会要》所说似误。《大唐六典》今存，为研究唐代典章制度之重要参考文献。

又按：苑咸生卒年、字号不详，成都（一说京兆）人。博学多才，识梵文，精通梵音。举进士第，为李林甫书记。以上书拜司经校书，累迁中书舍人。后贬汉东郡司户参军，复召为中书舍人，终永阳太守。有集若干卷，早佚。《全唐文》卷三三三收录其文14篇，《全唐诗》卷一二九收录其诗2首。

裴朏著《续文士传》10卷。

按：《新唐书》卷五八《艺文志二》曰："裴朏《续文士传》十卷。"注曰："开元中怀州司马。"朏于开元二十八年迁祀部员外郎，其撰《续文士传》当在此前。姑系于此。

开元二十七年　己卯　739年

正月，令诸州刺史举德行尤异、不求闻达者赴京。

按：见《登科记考》卷八。

二月己巳，令民间有"殊才异行、文堪经国"者，由所在长官以礼征送。

按：见《册府元龟》卷六八。

八月甲申，追谥孔子为文宣王，并褒赠"十哲"，孔子嗣裔由褒圣侯进封文宣公。

按：唐初以来，推崇儒学，对孔子迭加尊号，武则天时尝追谥隆道王，至是再加谥号，又赠孔子弟子颜渊为兖公，闵子骞、冉伯牛、冉仲弓、冉有、子路、宰我、子贡、子游、子夏为侯，合称十哲，于孔庙内列像于孔子东西两侧，配享祭祀。见《旧唐书》卷二四《礼仪志四》。

己丑，追赠曾参、颛孙师等67人为伯。

按：曾参赠为成伯，颛孙师为陈伯。见《册府元龟》卷五〇、《旧唐书》卷二四《礼仪志四》。

开科取士，礼部侍郎崔翘知贡举，进士及第24人，诸科5人。

按：见《登科记考》卷八。

张九龄在荆州大都督府长史任，是春与孟浩然、钱起等交游唱和。

按：诸和唱和诗，见《全唐诗》卷四八九张九龄《立春日晨起对积雪》、卷一六〇孟浩然《和张丞相春朝对雪》、卷二三六钱起《奉和张荆州巡农春晚》。

孟浩然是夏自荆州张九龄幕归襄阳。

按：孟浩然入张九龄幕事，见开元二十五年条。

孙逖在中书舍人任，四月丁父忧去职。

阿拉伯入中亚诸国。

北非柏柏尔人叛。

拜占庭帝利奥三世败阿拉伯人于安纳托利亚之阿克罗伊农。

拜占庭颁农业法。

伦巴德人围罗马诸城。

伊斯兰教始传东非。

按：《旧唐书》卷一九〇中谓孙逖丁父忧去中书舍人职。据《全唐文》卷三一三孙逖《宋州司马先府君墓志铭》，其父孙嘉之卒于本年四月二十四日。

王昌龄是秋坐事贬岭南，途经襄阳，与孟浩然交游；经巴陵，遇李白。

按：参见傅璇琮主编《唐五代文学编年史》。

岑参是春北游，至河北道相、洺、贝、冀诸州。

按：参见傅璇琮主编《唐五代文学编年史》。

僧皎然是年前后赴长安应举求仕，干谒王侯，无成而归。

按：见今人贾晋华《皎然年谱》。

天竺僧法月于长安安国寺开讲《仁王般若经》之梵本，由弟子利言翻译。

按：法月于开元二十年至长安，参见该年条。

威利布罗德卒（约658—　）。英格兰基督教僧侣。传教于尼德兰沿海和丹麦。

僧普寂八月二十四日卒（651—　）。普寂俗姓冯，世称华严和尚，蒲州河东（一说长乐信都）人。唐北宗禅宗师。通晓儒典，后弃俗求道，就大梁璧上人学《法华经》、《成唯识论》、《大乘起信论》等。年三十八始师从北宗禅开创者僧神秀，得承其嗣。奉召入京，历任两京法主、三帝门师。卒于兴唐寺，谥号"大照禅师"。北宗禅僧尊其为禅宗七祖。事迹见《宋高僧传》卷九。《全唐文》卷二六二有李邕《大照禅师塔铭》。

按：普寂承神秀而弘扬禅宗北派，然其卒后，北宗禅日见衰微。

崔沔十一月十七日卒（673—　）。沔字若冲，祖籍博陵安平，世居长安。有文名。武则天时应制举，对策登第，授陆浑主簿，历左补阙、祠部员外郎、秘书少监等职，终东都留守。卒赠礼部尚书，谥曰"孝"。尝注《道德经》，有集30卷，已佚。《全唐文》卷二七三收录其文12篇，《全唐诗》卷一〇八收录其诗1首。事迹见《旧唐书》卷一八八、《新唐书》卷一二九。《唐代墓志汇编》大历〇六〇有《唐尚书左仆射崔孝公之墓》。

按：崔沔文集，《唐代墓志汇编》大历〇六〇《墓志》作"三十卷"；《全唐文》卷三一五李华《赠礼部尚书清河孝公崔沔集序》曰："文集经乱离，多散逸，今存其者二十九卷。"知其文集在中唐时已有散逸。

僧天然（　—824）生。

开元二十八年　庚辰　740年

阿拉伯什叶派叛。

阿拔斯派叛于

三月，安西节度使盖嘉运入朝献捷，进《北庭》、《伊州》等西凉乐。

按：《乐府诗集》卷七九引《乐苑》曰："《伊州》，商调曲，西京（凉）节度盖嘉运所进也。"《记纂渊海》卷七八引《类要》谓盖嘉运进西凉乐在"天宝中"，误。

十月，始择公廉无私工于文者考吏部选人判，定其等级。考判之目，由此始。

> 按：按唐旧制，每岁吏部孟冬以书判选多士，授以官职。至是，始择选公正善文者考校甲乙丙丁科，以辨论其品。是岁，所选考判学士有徐安贞、裴朏、王敬从、吴巩、李宙、张烜、权彻等10人，皆系当时名士。《全唐文》卷三九〇独孤及《唐故朝议大夫高平郡别驾权公神道碑铭并序》系此事于开元十八年，似误。参见傅璇琮主编《唐五代文学编年史》。

是年，全国有县1573，户8412871，口48143609。

> 按：见《资治通鉴》卷二一四。此期前后，唐玄宗统治达到鼎盛，号为"开元盛世"。钱易《南部新书》辛曰："开元二十八年，天下无事，海内雄富，行者虽适万里，不持寸刃，不赍一钱。"

开科取士，礼部侍郎崔翘知贡举，进士及第25人，诸科5人。

> 按：见《登科记考》卷八。

李白是春经襄阳，与孟浩然游。后游齐鲁，寓居兖州任城。是冬，与韩准、裴政、孔巢、张叔明、陶沔皆隐于徂徕山，酣歌纵酒，号"竹溪六逸"。

> 按：李白与韩准等人号"竹溪六逸"事，见《旧唐书》卷一九〇下本传。

王昌龄是春自贬所北归，经鄂州，与常建交游；至襄阳，与孟浩然游，相得甚欢。是冬，出为江宁尉。

> 按：王昌龄贬岭南事，参见去年条。

王维是秋以殿中侍御史知南选，行至襄阳，有诗哭孟浩然。

> 按：王维《哭孟浩然》诗，见《全唐诗》卷一二八。

薛据自负才名，约是冬赴吏部参选，求为万年录事。为流外官所诉，遂改授永乐主簿。

> 按：《唐摭言》卷一二载，薛据欲求万年录事，流外官共见宰执，诉曰："赤录事是某等清要官，今被进士欲夺，则等色人无措手足矣。"

新罗僧慧超师从金刚智。四月，金刚智于长安荐福寺译《大乘瑜伽金刚性海曼殊室利千臂千钵大教王经》，慧超任笔受之职，并为制序。

> 按：慧超入金刚智门下事，见开元二十一年条。

僧行思卒（671— ）。行思俗姓刘，吉州安城人。唐南宗禅高僧。年幼出家，后师从禅宗六世祖慧能，颇为慧能器重，与南岳怀让并称二大弟子。后住吉州青原山静居寺，故世称青原行思。弘扬慧能之说，游学者众。卒，唐僖宗时追谥"弘济（一作洪济）禅师"。事迹见《宋高僧传》卷九、《景德传灯录》卷五、《建中靖国续灯录》卷一、《青原山志略》卷二。

> 按：行思在南宗禅中自成一派，称"青原下"，与同门怀让之"南岳下"相对。后"青原下"又衍出云门、曹洞、法眼三系，盛于一时。

张九龄五月七日卒（678— ）。九龄字子寿，曲江人。盛唐名臣、文学家。进士及第，又登制科，历左拾遗、礼部员外郎、中书舍人、太常少卿

呼罗珊。

拜占庭帝利奥三世颁布修订之民法和刑法典。

小亚细亚震。

等职。开元中,累迁中书令、同平章事。为李林甫所谮,罢知政事。转尚书右丞相,出为荆州长史。卒,谥曰"文献"。开元中,张孝嵩出塞,九龄与韩休、崔沔、王翰、胡皓、贺知章均撰送行歌诗,后集为《朝英集》3卷。撰有《千秋金镜录》5卷、《曲江集》20卷,今存。《全唐文》卷二三七至二九三辑录其文编为11卷,《全唐诗》卷四七至四九辑录其诗编为3卷。事迹见《旧唐书》卷九九、《新唐书》卷一二六。《全唐文》卷四四〇有徐浩《唐尚书右丞相中书令张公神道碑》,《唐代墓志汇编》开元五二五有徐安贞《唐故尚书右丞相赠荆州大都督始兴公阴堂志铭并序》。清人温汝适撰有《张曲江年谱》,今人何格恩撰有《张九龄年谱》、《曲江年谱拾遗》,李世亮撰有《张九龄年谱》,刘斯翰撰有《张九龄年谱简编》,陈玉森、乔象钟各著有《张九龄评传》,崔文恒著有《张九龄小传》。

按:《旧唐书》本传谓张九龄卒,"年六十八",似误。今从徐浩《神道碑》。《曲江集》,《新唐书·艺文志》作《张九龄集》。《直斋书录解题》卷一六曰:"《曲江集》二十卷,唐宰相曲江张九龄子寿撰。《曲江》本有元祐中郡人邓开序,自言得其文于公十世孙苍梧唐辅而刊之,卷末附以中书舍人樊子彦所撰《行状》、会稽公徐浩所撰《神道碑》及太常博士郑宗珍《议谥文献状》,蜀本无之。"张九龄为盛唐名相,其文学亦冠于一时。徐浩谓其"学究精义,文参微旨,或有兴托,或存讽谏,后之作者所宗仰焉"。《郡斋读书志》卷四上曰:"徐坚论九龄之文,如轻缣素练,实济时用,而窘边幅。柳宗元以九龄兼攻诗文,但不能究其极尔。"《四库全书总目提要》卷一四九评曰:"九龄守正嫉邪,以道匡弼,称开元贤相。而文章高雅,亦不在燕、许诸人下。……文笔宏博典实,有垂绅正笏气象,亦具见《大雅》之遗。"

孟浩然是春卒(689—)。浩然以名为字,世称孟襄阳,襄州襄阳人。盛唐诗人,尤以五言诗为时人推重。尝入荆州长史张九龄幕,相处颇契。后归家,病卒。宜城处士王士源搜其遗诗,编为集4卷,后散佚。今有宋刻《孟浩然诗集》3卷本、《四部丛刊》4卷本。《全唐诗》卷一五九至一六〇辑录其诗编为2卷。事迹见《旧唐书》卷一九〇下、《新唐书》卷二〇二。

按:王士源编《孟浩然集》事,参见天宝四年条。孟浩然于盛唐诗坛颇具地位。《全唐文》卷三七八王士源《孟浩然集序》云,孟浩然"学不为儒,务掇菁藻;文不按古,匠心独妙,五言诗天下称其尽美"。《全唐文》卷七九七皮日休《郢州孟亭记》曰:"明皇世章句之风,大得建安体,论者推李翰林、杜工部为尤。介其间能不愧者,惟吾乡之孟先生也。先生之作,遇景入咏,不拘奇抉异,令龌龊束人口者,涵涵然有千霄之兴,若公输氏当巧而不巧者也。"

源衍四月卒(707—)。衍字号不详,河南人。诗人,与柳芳、王端、颜真卿、阎伯屿等为莫逆交。事迹见《隋唐五代墓志汇编》洛阳卷第十册陆据所撰墓志。

齐抗(—804)、**高郢**(—811)、**僧道标**(—823)生。

开元二十九年　辛巳　741年

正月，制：两京、诸州各置玄元皇帝庙并崇玄学，设博士一员，教授生徒习《道德经》、《庄子》、《文子》、《列子》，每岁依明经举。

按：初，隋有崇玄署，掌道士僧尼。唐立国后，采取三教并举政策，于道学颇为推崇。玄宗尤重道，开元二十五年，以崇玄署改属宗正寺，僧尼则别属尚书祠部。至是，又令广建老子庙，并设崇玄学，列于科举体系之中。《旧唐书》卷九《玄宗纪下》载，本年"春正月丁丑，制两京、诸州各置玄元皇帝庙并崇玄学，置生徒，令习《老子》、《庄子》、《文子》、《列子》，每年准明经例考试。"杜佑《通典》卷一五《选举三》曰："（开元）二十九年，始于京师置崇玄馆，诸州置道学，生徒有差（原注：京都各百人，诸州无常员，习《老》、《庄》、《文》、《列》，谓之四子，荫第与国子监同），谓之道举。举送、课试与明经同。"《新唐书》卷五《玄宗纪》、《唐会要》卷六四所述略同。《旧唐书》卷二四《礼仪志》、《册府元龟》卷五三记此事于开元十年正月，《新唐书》卷四八《百官志》、《资治通鉴》卷二一四记此事于开元二十五年，似皆误。其后，崇玄学体制数变易。分见天宝元年二月、二年正月诸条。

是月，凡内外官有伯叔兄弟子侄堪任刺史、县令者，所司亲自保荐；禁九品以下清资官置客舍、邸店、车坊；禁士庶厚葬之风。

按：见《旧唐书》卷九《玄宗纪下》。

闰四月，迎老子像置兴庆宫。次月又命画老子真容，分置诸州开元观。

按：见《资治通鉴》卷二一四。

六月，制以雅乐名为大唐乐。

按：《唐大诏令集》卷八一有《雅乐名大唐乐制》。

九月壬申，玄宗御兴庆门，亲试明《道德经》及《庄子》、《文子》、《列子》举人。

按：见《旧唐书》卷九《玄宗纪下》。

是年，开科取士，礼部侍郎崔翘知贡举，进士及第13人，诸科4人。

按：见《登科记考》卷八。

杜甫是春居偃师，作文祭远祖杜预。

按：见《杜诗详注》卷二五《祭远祖当阳君文》。

王昌龄是夏赴江宁尉任，途经洛阳，与刘晏、李颀、綦毋潜等交游。

李邕在滑州刺史任，是冬上计京师，因为人所忌，不得进，复归滑州。

按：《旧唐书》卷一九〇中本传曰："累转括、淄、滑三州刺史，上计京师。邕素负美名，频被贬斥，皆以邕能文养士，贾生、信陵之流，执政忌胜，剥落在外。人间素有手称，后进不识，京洛阡陌聚观，以为古人。或将眉目有异，衣冠望风，寻访门巷。又

北非哈瓦利吉派及柏柏尔人叛。

拜占庭帝利奥三世卒。子君士坦丁五世嗣位。

法兰克查理·马特卒。子卡洛曼领奥斯特拉西亚、阿勒曼尼亚、图林根。子矮子丕平领纽斯特里亚、勃艮第。

中使临问，索其新文，复为人阴中，竟不得进。"

孙逖服父丧阙，复起为中书舍人。

按：参见傅璇琮主编《唐五代文学编年史》（初唐盛唐卷）。

柳芳应贡举，登进士第，授永宁尉，后直史馆。

按：见《旧唐书》卷一三二。

元怀景有学名，开元间为右庶子，爵封武陵县尉。

按：元怀景系唐代《汉书》学重要学者，其生卒年、籍贯不详，卒谥曰"文"。撰有《汉书议苑》若干卷、《属文要义》10卷。见《新唐书》卷五八《艺文志二》。

裴侨卿有儒业，开元间曾任郑县尉。

按：裴侨卿撰有《微言注集》2卷。见《新唐书》卷五七《艺文志一》。余不详。

元海开元中尝为临河尉。

按：元海字休则，事迹不详。有集10卷。见《新唐书》卷六〇《艺文志四》。

杜元志开元中为考功郎中，出为杭州刺史。

按：杜元志字道宁，事迹不详。有集10卷。见《新唐书》卷六〇《艺文志四》。

僧法钦赴京，途遇鹤林玄素，遂剃度出家，后嗣其法。

按：见《宋高僧传》卷九本传。

天竺僧法月与弟子利言由西域归国，因途中遇乱，遂转往于阗国，住金轮寺，讲经弘法。

按：法月于开元二十年抵长安，参见该年条。

僧不空师从金刚智，是年获准随金刚智归国。未及行，会金刚智病卒，遵师遗命，仍欲前往天竺。适奉敕送国书赴狮子国，遂于十二月率弟子含光等僧37人由广州附昆仑船启程。

按：见《宋高僧传》卷一本传、赵迁《大唐故大德赠司空大辨正广智不空三藏行状》。狮子国即今斯里兰卡。不空本系狮子国人，随金刚智来唐，事见开元六年、八年条。

陈正卿纂《续尚书》成，进上。

按：该书系编录汉至唐历代诏策、章疏、歌颂、符缴、论议而成，卷数不详。已佚。《文苑英华》卷六一〇有萧颖士《为陈正卿进续尚书表》。陈正卿名晋，以字行，颍川人。余不详。《全唐文》卷三七七收录其文1篇。

唐颖是年前撰《稽典》130卷，上之。

按：《新唐书》卷五八《艺文志》谓唐颖于开元中上《稽典》于张说，未述其撰述年份，姑系于开元之末。唐颖初为临汾尉，后为张说奏荐，充史馆修撰，兼集贤院待制。余不详。

刘秩约是年或稍前著《政典》35卷。

按：《旧唐书》卷一四七《杜佑传》载，开元末，刘秩采经史百家之方，取《周礼》六官所职，分门别类，撰成《政典》。后杜佑以此为基础，著成《通典》200卷。参见贞元十七年条。

杨浚开元中撰《圣典》3卷，进上。

按：杨浚上《圣典》事，见《新唐书》卷五九《艺文志三》。杨浚官校书郎，余不详。《全唐诗》卷一二〇收录其诗3首。

甘晖、魏包奉诏撰《注庄子》。

按：《新唐书》卷五九《艺文志三》曰："甘晖、魏包《注庄子》。卷亡，开元末年奉诏注。"甘晖、魏包事迹不详。

新罗僧不可思议是年前撰《大日经供养次第法疏》2卷，世称《不可思议疏》。

按：不可思议原为新罗零妙（灵妙）寺僧，后入唐，曾受学于密宗初祖之一中天竺僧善无畏。余不详。

天竺僧金刚智卒（约669— ）。金刚智梵名跋日罗菩提，中天竺刹利王子（一说南天竺婆罗门）。天竺密教付法第五祖，唐佛教密宗初祖之一，佛经翻译家，与僧善无畏、不空并称"开元三大士"。十岁出家，开元中由海路来唐，在洛阳、长安翻译佛经，先后译出密宗经典8部11卷。卒于洛阳广福寺，后追谥"开府仪同三司大弘教三藏"。弟子有不空、大智、大慧等。事迹见《宋高僧传》卷一、《金刚顶瑜伽三十七尊出生义》、《故金刚智三藏行记》、《开元释教录》卷九、《神僧传》卷七等。《全唐文》卷五〇六有权舆德《唐大兴善寺故大宏教大辩正三藏和尚影堂碣铭并序》。

按：金刚智卒年，史载不一。《宋高僧传》本传、《神僧传》本传、《佛祖统纪》卷二九等皆谓卒于开元二十年；《贞元释教续录》卷上、《贞元新录》卷一四、赵迁《大唐故大德赠司空大辨正广智不空三藏行状》等则皆谓其卒于本年，年七十三。近人陈垣《释教疑年录》以为其卒当在本年。今从陈氏之说。

武平一约卒，生年不详。平一名甄，以字行，太原人。盛唐诗人。通《春秋》，工文词。武则天时隐居嵩山，屡召不应。中宗时拜修文馆学士，开元初贬苏州参军，转金坛令。著有《景龙文馆记》10卷，已佚。《全唐诗》卷一〇二辑录其诗为1卷。事迹见《旧唐书》卷一一九、《新唐书》卷一一九。

常建约是年或稍后卒，生年、字号、籍贯不详。建，盛唐诗人。开元中登进士第，官至盱眙尉。有诗集1卷，已散逸。《全唐文》卷三三五收录其文2篇，《全唐诗》卷一四四辑录其诗为1卷。

按：常建事迹史载不详。《新唐书·艺文志》谓其"肃、代时人"，恐误。考开元二十八年春，王昌龄自贬所北归，经鄂州，有诗与常建唱和，知常建时已谪居鄂州。成书于天宝年间之《河岳英灵集》卷上有"今常建亦沦于一尉，悲乎"之语，则常建当卒于开元末，终于盱眙尉。姑系于此。《河岳英灵集》卷上评曰："建诗似初发通庄，却寻野径，百里之外，方归大道。所以其旨远，其兴僻，佳句辄来，惟论意表。至如'松际露微月，清光犹为君'，又'山光悦鸟性，潭影空人心'，此例十数句，并可称警策。然一篇尽善者，'战余落日黄，军败鼓声死'，'今与山鬼邻，残兵哭辽水'，属思既苦，词亦警绝，潘岳虽云能叙悲怨，未见如此章。"参见傅璇琮主编《唐五代文学编年史》。

僧道林（ —824）生。

唐玄宗天宝元年　壬午　742年

阿拉伯人平北非柏柏尔人叛。

阿拉伯人平西班牙柏柏尔人叛。

拜占庭人平奥普西吉军区叛。

正月丁未朔，改元天宝。令前资官及白身人有儒学博通、文辞秀逸及军谋武艺者，所在州县具以名荐；京师文武官才堪刺史者，各封状自荐。

按：见《旧唐书》卷九《玄宗纪下》。

二月十日，玄宗亲享玄元皇帝庙，号庄子为南华真人，文子为通玄真人，列子为冲虚真人，庚桑子为洞灵真人。令两京崇玄学置博士、助教各一人，学生百人。至五月，从中书门下省奏，两京及诸郡崇玄学生徒习《道德》、《南华》（即《庄子》）、《通玄》（即《文子》）、《冲虚》（即《列子》）、《洞灵真经》（即《庚桑子》），合称"五经"。

按：崇玄学始设于开元二十九年，参见该年正月条。《新唐书》卷四八《百官志》曰："天宝元年，两京（崇玄学）置博士、助教各一人，学生百人。每祠享，以学生代斋郎。"《唐会要》卷六四载，本年五月，中书门下奏："两京及诸郡崇玄馆学生等，准开元二十九年正月十五日制，前件举人合习《道德》、《南华》、《通玄》、《冲虚》等四经。又准天宝元年二月十日制，改《庚桑子》为《洞灵真经》，准条补，崇玄学生亦合习读。伏准旧制，合通《五经》。其《洞灵真经》，人间少本，近令诸观寻访，道士等全无习者。本既未广，业实难成。并《通玄》、《冲虚》二经，亦恐文字不定。玄教方阐，学者宜精。其《洞灵真经》等三经，望付所司，各写十本，校定讫，付诸道采访使颁行。其贡举司及两京崇玄学，亦望各付一本。今冬崇玄学举人，望准开元二十九年敕条考试，其《洞灵真经》请待业成，然后准式。"诏从奏请。

是月，易官名、都名、州名。改侍中为左相，中书令为右相，左、右丞相为仆射，黄门侍郎为门下侍郎；东都为东京，北都为北京；更天下诸州为郡，刺史为太守。

按：见《旧唐书》卷九《玄宗纪下》。

三月至九月间，玄宗屡与臣下宴饮唱和。

按：三月，玄宗自蓬莱宫赴兴庆宫，王维、苗晋卿、李憕等扈从，君臣作诗相和。七月，左金吾大将军裴旻赴京师献捷，玄宗御萼花楼，大置酒，乔潭作《裴将军剑舞赋》，颜真卿作诗。九月，以毗伽可汗妻可登率众归顺，复御萼花楼，大宴群臣，并赋诗美其事。

四月三日，敕："自今已后，天下应举，除崇玄学生外，自余所试《道德经》宜并停，仍令所司更别择一小经代之。"

按：明经应举加试《道德经》，始于神龙元年，至是因另行道举，遂停明经科加试《道德经》，改试《尔雅》。见《唐会要》卷七五。至德宗时，又几经改易。参见贞元元年四月、十二年三月条。

六月，制："今后应缘国家致命表疏簿书及所试制策文章一事已上，语指道教之词及天地乾坤之字者，并一切半阙。宜宣示中外。"

按：见《册府元龟》卷五四。

九月丙寅，改两京玄元庙为太上玄元皇帝宫，天下准此。

按：见《旧唐书》卷九《玄宗纪下》。

十月丁酉，命于骊山秦始皇坑儒之处立祠宇，以祭祀遇难儒士。

按：见《旧唐书》卷九《玄宗纪下》。

是月，复改太史局为太史监，罢隶秘书省。

按：见《唐会要》卷四四。太史局始设于唐初，其名称及建制屡有改易。参见久视元年五月、长安二年八月、神龙二年六月、景云元年七月、景云二年闰九月、开元二年二月、开元十五年正月、乾元元年三月条。

是年，从礼部侍郎韦陟奏，诸郡有堪秀才举者，长官特荐，其常年举送者并停。开科取士，礼部侍郎韦陟知贡举，进士及第 23 人，诸科 4 人，文词秀逸科 20 人，儒学博通科 8 人，军谋越众科 7 人。

按：见《登科记考》卷九。

李白在鲁地，四月游泰山。是秋，奉召入京，辟翰林待诏。

按：李白游泰山事，见《李太白全集》卷二〇《游泰山六首》。其辟翰林待诏事，参见傅璇琮主编《唐五代文学编年史》(初唐盛唐卷)。

杜甫是冬在洛阳，谒玄元皇帝庙。

按：《全唐诗》卷二二四有杜甫《冬日洛城谒玄元皇帝庙》诗。或谓诗中有"五圣联龙衮"之语，其作当在天宝八载加谥唐高祖等五帝"大圣皇帝"之号后。然"五圣"即五帝之尊称，未必专指所加尊号。又据《旧唐书》卷九《玄宗纪下》，玄宗于天宝二年三月壬子"亲祀玄元庙以册尊号"，"改西京玄元庙为太清宫，东京为太微宫，天下诸郡为紫极宫"。故杜甫冬日谒洛阳玄元皇帝庙并赋诗之事，当在本年或稍前。姑系于此。

颜真卿是秋登博学文词秀逸科，授京兆府醴泉县尉。

按：颜真卿为扶风守崔璘所举，玄宗御勤政殿亲试，列上第。见《全唐文》卷五一四殷亮《颜鲁公行状》。

岑参是秋东归，途经华阴、巩县、匡城、汴州等地，多有诗作。

按：《全唐诗》卷二〇〇有岑参《宿关西客舍寄东山严许二山人时天宝初七月初三日在内学见有道举证》，知其是秋东归。又《全唐文》卷三五八岑参《感旧赋》有"我从山东，献书西周，出入二都，蹉跎十秋"、"睠城阙以怀归，返云林之上游"云云，其于开元二十年献书长安，至此已十年。

高适是秋游淇上、滑州等地。

按：《全唐诗》卷二一二高适《自淇涉黄河途中所作十三首》等，当为其游淇上时所作。

贺知章由秘书监迁太子宾客，于紫极宫见李白，呼为"谪仙人"。

按：见《全唐文》卷三〇九孙逖《授贺知章等太子宾客制》、《李太白全集》卷二三《对酒忆贺监序》。参见傅璇琮主编《唐五代文学编年史》(初唐盛唐卷)。

吴兢先后在荆州、台州、洪州、饶州、蕲州、相州等地任职，是年为邺郡太守。后召为恒王傅，撰史不辍。欲仍掌史职，李林甫以其年老，不用。

按：吴兢离朝赴地方任职事，见开元十七年条。《旧唐书》卷一〇二本传曰："兢尝以梁、陈、齐、周、隋五代史繁杂,乃别撰《梁》、《齐》、《周史》各十卷,《陈史》五卷,《隋史》二十卷,又伤疏略。"

李邕在滑州刺史任,与高适等交游。

按:《全唐文》卷二六三李邕《灵岩寺碑》有"灵昌郡太守邕"云云;又《宝刻丛编》卷一载《唐灵岩寺碑》,谓"唐李邕撰并书,天宝元年立"。灵昌郡即滑州,本年改称。知本年李邕在刺史任。

萧颖士为秘书正字,奉使赴赵、卫间搜括遗书。

按:见《新唐书》卷二〇二本传。

柳浑应贡举,登进士第。

按:见《登科记考》卷九。

牛头宗僧慧忠应邀住庄严寺,创高法堂,大事讲论。一时四方学侣云集,嗣法者至数十人。

按:见《宋高僧传》卷一九本传。

僧鉴真在扬州大明寺开筵讲经。十月,日本学问僧荣睿、普照等自京师南下造访,请其东渡传戒。鉴真应允之,弟子道航、思托等21人亦愿随同前往。

按:僧荣睿、普照等于开元二十一年入唐,受命邀请传戒师东渡传戒,遂于本年共邀西京僧道航、澄观,东都僧德清,高丽僧如海,及日僧玄朗、玄法等同下扬州,访谒鉴真,请其东渡。

道士吴筠隐居南阳倚帝山,奉召至长安,请改隶道士籍,遂入嵩山,深究潘师正道术。

按:《新唐书》卷一九六本传谓吴筠"通经谊,美文辞,举进士不中。性高鲠,不耐沈浮于时,去居南阳倚帝山"。至天宝初,"召至京师,请隶道士籍,乃入嵩山依潘师正,究其术"。潘师正系道教上清派第十一代宗师,卒于永淳元年。筠"依潘师正",当是承其道术,并非直接师从之。

日人晁衡始与李白结识,两人由此成为挚友。

按:参见(日)藤家礼之助《日中交流二千年》。

刘𫗧约于此期撰《隋唐嘉话》。

按:刘𫗧系史学家刘知幾之子。《隋唐嘉话》一称《传记》,又称《国史异纂》、《刘𫗧小说》,系杂记类书,所述南北朝至唐开元间事,题材广泛,间杂因果报应、鬼神占卜之类故事,故被后人视为小说。然书所录君臣言行、名人秩闻等,亦可补正史之阙。今存,有程毅中点校本等。

王士元约是年或稍后撰《亢仓子》2卷。

按:王士元系襄阳处士,余不详。《新唐书》卷五九《艺文志》曰:"天宝元年,诏号《庄子》为《南华真经》,《列子》为《冲虚真经》,《文子》为《通玄真经》,《亢桑子》为《洞灵真经》。然《亢桑之》求之不获。襄阳处士王士元谓:'《庄子》作《庚桑子》,太史公《列子》作《亢仓子》,其实一也。'取诸子文义类者,补其亡。"

尚衡撰《文道元龟》一文,将文章分为上、中、下三等,分别论述之。

按:《文道元龟》今存,见《全唐文》卷三九四。文中以君子之文为上,志士之文为中,词士之文为下,以为当时多为词士之文。尚衡生卒年、籍贯不详,至德中官历散骑常侍、检校礼部尚书兼御史大夫等职。

　　郑虔为协律郎，缀录当世之事，著为80余篇。有人告其私撰国史，由是坐谪十年。
　　按：见《新唐书》卷二〇二本传。

　　王之涣二月十四日卒（688—　）。之涣字号不详，并州人。盛唐诗人，名闻一时。历文安县尉等职，卒于官舍。《全唐诗》卷二五三收录其诗6首。事迹见《唐代墓志汇编》天宝〇二八靳能《王之涣墓志铭》。
　　按：王之涣与王昌龄、高适等交往甚密，所作尤以《登鹳雀楼》、《凉州词二首》最为世人传诵。靳能《王之涣墓志铭》评之涣曰："倜傥有异才，尝或歌从军，吟出塞，皎兮极关山明月之思，萧兮得易水寒风之声，传乎乐章，布在人口。至夫雅颂发挥之作，诗骚兴喻之致，文在斯矣，代未知焉。"

　　徐安贞卒，生年、字号不详。安贞原名楚璧，龙丘人。有文名，尤擅长制诰。应制举登第，开元中为中书舍人、集贤殿学士，终中书侍郎，爵封东海子。《全唐文》卷三〇五收录其文11篇，《全唐诗》卷一二四收录其诗11首。事迹见《旧唐书》卷一九〇中、《新唐书》卷二〇〇。

　　殷遥是冬卒，生年、字号不详。遥，丹阳人。盛唐诗人。官至忠王府曹参军。《全唐诗》卷一一四收录其诗5首。
　　按：《吟窗杂录》卷二六引殷璠评遥曰："遥诗闲雅，善用声。"

　　樊泽（　—798）生。

天宝二年　癸未　743年

　　正月十五日，追尊玄元皇帝（老子）为"大圣祖玄元皇帝"，改两京崇玄学为崇玄馆，诸郡崇玄学为通道学。
　　按：崇玄学始置于开元二十九年，参见该年正月条。《唐会要》卷六四载，天宝二年，"正月十五日，改崇玄学为崇玄馆，博士为学士，助教为直学士，置大学士二员；天下诸郡崇玄学改为通道学，博士为学士。"又曰："二月十二日，敕两京玄元宫及道院等，并委崇玄馆学士都检校。"《新唐书》卷四八《百官志》所载略同，唯谓大学士仅置一员，"以宰相为之，领两京玄元宫及道院"，至贞元四年罢；诸郡玄学博士改称"道德博士"。

　　三月十六日，制崇玄生课试，帖、策各减一条，三年业成，始依常式。
　　按：见《唐会要》卷七七。

　　是月，诏《礼记·月令篇》宜居诸篇之首，余旧次之。改西京长安玄元庙为太清宫，东京洛阳玄元庙为太微宫，天下诸郡玄元庙为紫极宫。
　　按：见《登科记考》卷九、《旧唐书》卷九《玄宗纪下》。

是年,开科取士,礼部侍郎达奚珣知贡举,进士及第26人。

按:见《登科记考》卷九。

李白在京师待诏翰林,屡遭他人谗言,颇不得志,遂"浪迹纵酒,以自昏秽"。与贺知章、崔宗之等过往颇密,自为"八仙"之游。

按:见《全唐文》卷四三七李阳冰《草堂集序》。

高适游历滑州、宋州等地,与当地文士多交游唱和。

按:参见傅璇琮主编《唐五代文学编年史》(初唐盛唐卷)。

萧颖士奉使搜集民间遗书,久不报,为有司所劾。遂客居濮阳,尹征、王恒、卢异、卢士式、贾邕、阎士和、柳并、刘太冲、刘太真等皆执弟子礼,次第授业,号为"萧夫子"。

按:见《新唐书》卷二〇二本传。

贺知章为太子宾客,十二月乙酉请度为道士还乡。

按:见《旧唐书》卷九《玄宗纪下》。

裴胐为吏部郎中,正月坐吏部铨试舞弊案,贬谪岭外,为怀州司马。

按:时海内晏平,选人万计,吏部侍郎苗晋卿、宋遥遂营私舞弊,事发,苗、宋分别出贬安康太守、武当太守,御史中丞张倚出贬淮阳太守,裴胐与起居舍人张烜、监察御史宋昱、右拾遗孟匡朝等亦受牵连,皆贬官岭外。见《资治通鉴》卷二一五、《册府元龟》卷一六二。裴胐系河东人,后复奉召入朝,历礼部员外郎等职。著有《续文士传》10卷,已佚。《全唐文》卷三九七收录其文1篇。

张谓应贡举,登进士第。

按:见《登科记考》卷九。

僧鉴真是春至明年初先后三次欲东渡日本,皆未成功。

按:鉴真受日学问僧荣睿邀东渡事,见去年条。原定于本年春东渡,因弟子如海等以未能随行而向官府诬告,所造船只被没收,首次东渡未能成行。十二月,鉴真复率僧祥彦、道兴、德清、荣睿、普照、思托等17人,连同琢玉匠人、画师、雕镂、铸写、刺凼、修文、镌碑等凡185人,再度乘船东下,行至狼沟浦,遭风浪船破,被迫折回,二次东渡失败。次年初,鉴真一行再次出发,寻复因船只被风浪所坏再告受挫。

龟兹僧利言随其师天竺僧法月在于阗,是年以师卒,归还故土。

按:法月与利言赴于阗事,参见开元二十九年条。

玄宗重注《孝经》成,五月颁行天下。

按:玄宗尝注《孝经》,事见开元十年条。至是重加训注。天宝四年九月,又将注刻石于太学,谓之"石台《孝经》"。该石刻今存,藏于西安碑林博物馆。

王维是年前后编其田园诗为《辋川集》。

按:《旧唐书》卷一九〇下本传曰:"晚年长斋,不衣文采,得宋之问蓝田别墅,在辋口,辋水周于舍下,别涨竹洲花坞,与道友裴迪浮舟往来,弹琴赋诗,啸咏终日。尝聚其田园所为诗,号《辋川集》。"《全唐诗》卷一二八有王维《辋川集序》。

天竺僧法月卒(653—)。法月梵名达磨战涅罗,东天竺人。译经高僧,精通三藏及医方。初在龟兹讲法授徒,后入唐,从事佛经翻译。取道西域回国,遇乱转住于阗,卒于金轮寺。弟子有利言等。事迹见《续开元释教录》卷上、《贞元释教录》卷一四。

僧慧苑卒(673—)。慧苑俗姓不详,京兆人。年少出家,师事华严宗三祖法藏,深究《华严经》,为同门上首。先后住长安静法寺和洛阳佛授记寺。续其师《华严经略疏》,作《续华严经略疏刊定记》15卷,今存本13卷;又改订其师《华严经传记》,作《纂灵记》5卷,已佚。另著有《新译大方广佛华严经音义》(简称《新译华严经音义》,世称《慧苑音义》)2卷及《华严旋澓章》等。事迹见《宋高僧传》卷六、《开元释教录》卷九、《六学僧传》卷二三。

按:慧苑在华严宗独树一帜。其所作《续华严经略疏刊定记》,与法藏大异趣旨,以唯识等立场对法藏之说多有修改、驳难和批评,改"五教说"为"四教说",改"十玄"为十种德相和十种业用之两重十玄。由是被后世正统华严门徒视为异流而逐出列祖之统。清凉寺僧澄观曾作《大疏钞》百卷,对慧苑之说逐一驳斥。

裴耀卿七月丙辰卒(681—)。耀卿字涣之,稷山人。盛唐名臣。以童子举入仕,历州县官,皆有政绩。开元中,迁京兆尹,擢黄门侍郎,同中书门下平章事,充转运使,改革漕运。天宝初,进尚书左仆射,卒于官,谥曰"文献"。《全唐文》卷二九七收录其文13篇,《全唐诗》卷一一三收录其诗2首。事迹见《旧唐书》卷九八、《新唐书》卷一二七。

按:裴耀卿以直言见称,与文士往来频繁。及其卒,岑参有诗挽之,王维为撰遗爱颂,许孟容为撰神道碑,分见《全唐诗》卷二〇〇、《全唐文》卷三六九、四七九。

王丘卒,生年不详。丘字仲山,相州安阳人。盛唐时期诗人。初举童子科,后又登制科,授偃师主簿,历监察御史、紫微舍人、吏部侍郎、御史大夫、礼部尚书等职。开元中典选累年,所擢皆一时茂秀,为时人所称。以疾致仕,卒于家,赠荆州大都督。《全唐诗》卷一一一收录其诗3首。事迹见《旧唐书》卷一〇〇、《新唐书》卷一二九。

祖咏约是年后卒,生年、字号不详。咏,洛阳人。盛唐诗人,与王维友善。开元十二年登进士第,历驾部员外郎等职。坐事被贬,卒于贬所。有诗集1卷。原本已散逸,《全唐诗》卷一三一辑录其诗,仍编为1卷。事迹见《唐才子传》卷一。

按:祖咏卒年,史不明载。考其本年遭谪,作《长乐驿留别卢象裴总》,见《全唐诗》卷一三一。此后事迹不详,或不久即卒。姑系于此。其作诗颇苦思,于当时诗坛别具一格。《河岳英灵集》卷下评曰:"咏诗剪刻省净,用思尤苦,气虽不高,调颇凌俗。……亦可称为才子也。"

天宝三载 甲申 744年

正月丙辰朔,改年为载。

阿拉伯亚齐德

弑哈里发瓦利德二世。

北非马格里布叛。

拜占庭大疫。

按：见《旧唐书》卷九《玄宗纪下》。

十二月甲寅，诏各地搜访"高蹈不仕、遁迹邱园"者，委所在长官以礼征送至京。

按：见《登科记考》卷九。

是月，诏："天下家藏《孝经》，精勤教习。学校之中倍加传授，州县长官申劝课。"

按：见《唐会要》卷七五、《旧唐书》卷九《玄宗纪下》。

是年，开科取士，礼部侍郎达奚珣知贡举，进士及第29人。

按：见《登科记考》卷九。

李白是春上书辞官，获准。是夏，在洛阳遇杜甫，两人遂与高适游历宋、梁之间，相得甚欢。

按：李白辞官事，见《全唐文》卷四三七李阳冰《草堂集序》。《全唐诗》卷二一六杜甫《赠李白》、《李太白全集》卷七《梁园吟》等，当系李、杜交游时所作。

岑参应贡举，登进士第，授右内率府兵曹参军，转右威卫录事参军，怏怏不得志。

按：见《全唐文》卷四五九杜确《岑嘉州集序》。

王昌龄二月自江宁归，春末夏初在长安，与王维、王缙、裴迪等聚会青龙寺，彼此作诗唱和。

按：王昌龄与王维等聚会青龙寺事，见《全唐诗》卷一二七王维《青龙寺昙壁上人兄院集序》。诸人唱和诗，分见《全唐诗》卷一二九王缙《同王昌龄裴迪游青龙寺昙壁上人兄院集和兄维》、裴迪《青龙寺昙壁人院集》，卷一四二王昌龄《同王维集青龙寺昙壁上人兄院五韵》。

王维是夏与卢象、王缙、裴迪等于崔兴宗林亭交游唱和。

按：诸人唱和诗，见《全唐诗》卷一二八王维《与卢员外象过崔处士兴宗林亭》，卷一二二卢象《同王维过崔处士林亭》，卷一二九王缙、裴迪《与卢员外象过崔处士兴宗林亭》、崔兴宗《酬王维卢象见过林亭》。

孙逖以中书舍人，权判刑部侍郎。

按：见《旧唐书》卷一九〇下本传。

僧鉴真因东渡日本告挫，暂住明州阿育王寺。寻受邀赴越州龙兴寺传戒，又至杭州、湖州、宣州等地诸寺讲律。复回阿育王寺，欲第四次东渡，仍未成，遂返归扬州大明寺。

按：鉴真三次东渡告挫事，见去年条。时有越州弟子欲挽留鉴真，向官府控告日本学问僧荣睿等。荣睿等人遂遭拘押，解送长安，途经杭州方得脱。鉴真便南下天台山，巡礼国清寺，又经临海、黄岩，欲从温州到福州乘船出海。未料其扬州弟子灵祐又会同诸寺主请得江东采访使下牒诸州，派遣差使追踪拦截，终在严密防护之下回扬州本寺。当时诸州道俗闻其还，竞来供养庆贺，鉴真却忧愁不乐，数月不见笑容。见日僧元开《唐大和上东征传》。

僧皎然是年前后于江宁长干寺出家。

按：见今人贾晋华《皎然年谱》。

芮挺章编《国秀集》3卷成,楼颖为之序。

> **按**：该集收录李峤至祖咏90人诗,凡220首。《全唐文》卷三五六有题名芮挺章《国秀集序》。据《直斋书录解题》卷一五："《国秀集》三卷,唐国子进士芮挺章撰集李峤至祖咏九十人诗二百二十首,天宝三载国子进士楼颖为之序。"知序实为楼颖所作。参见傅璇琮主编《唐五代文学编年史》。芮挺章初为国子生,后登进士第,余不详。

贺知章卒(659—)。知章字秀真,越州永兴人。盛唐时期诗人,兼擅草隶。性旷夷,善言谈。登进士第,复登制科,累迁礼部侍郎,兼集贤殿学士,转太子宾客。晚年尤诞放,自号"四明狂客"。请度为道士,获准归乡,寻卒。《全唐文》卷三〇〇收录其文2篇,《全唐诗》卷一一二辑录其诗编为1卷。事迹见《旧唐书》卷一九〇中、《新唐书》卷一九六。

> **按**：贺知章诗名颇著于时,所作《回乡偶书二首》尤为后世传诵。《全唐文》卷四四七窦臮《述书赋》评知章诗曰："湖山降礼,狂客风流;落笔精绝,芳词寡俦。如春林之绚彩,实一望而写忧。雍容省闼,高逸豁达。解朝服而归乡,敛霓裳而辞阙。"

僧怀让卒(677—)。怀让俗姓杜,世称大慧禅师,金州安康人。南宗禅南岳下派创立者。年十五出家,师从禅宗六世祖慧能。后住南岳般若寺观音台,世称南岳怀让。从学者众,渐自成一派,称"南岳下",与同门僧行思之"青原下"派相对,同为南宗禅二大支派。卒,唐敬宗时追谥"大慧"。有《南岳大慧禅师语录》,行于世。事迹见《宋高僧传》卷九、《景德传灯录》卷五。

> **按**：怀让所开南宗禅南岳下一派,后由其弟子僧马祖道一发展为洪州宗。另有普化、黄檗等宗派,亦属南岳下系统。

日僧道慈卒,生年不详。道慈俗姓额田,大和人。日本三论宗大安寺系之祖。曾渡海来唐,师从密宗初祖之一中天竺僧善无畏,兼学密教和三论宗。回国后,住于大安寺,严谨持戒而终。事迹见《三论祖师传集》卷下。

张荐(—804)、冯伉(—809)生。

天宝四载　乙酉　745年

五月,策试诸州所举高蹈不仕科人。

> **按**：《册府元龟》卷九八载,此次制举,马曾等三人授官;崔从一等五人以年老,各赐绿衣一副,物二十段;其余并赐物十段,给公车还乡。

七月,敕两京及州郡波斯寺改称大秦寺。

伊斯兰教哈瓦利吉派叛,入麦加及麦地那。什叶派叛于伊拉克及波斯。

按：唐初所立波斯寺，主要是指祆教，有时亦将其与波斯摩尼教、景教之寺混淆。波斯寺之立，始于太宗初年，参见贞观五年十一月条。至是，一律改称波斯寺为大秦寺。《通典》卷四〇《大唐品官》注曰："祆者，西域国天神，佛经所谓摩醯首罗也。武德四年，置祆祠及官，常有群胡奉事，取火咒诅。贞观二年，置波斯寺。至天宝四年七月，敕：'波斯经教出自大秦，传习而来，久行中国。爰初建寺，因以为名，将欲示人，必修其本。其两京波斯寺宜改为大秦寺，天下诸州郡有者，亦宜准此。'"《唐会要》卷四九所载玄宗诏敕内容略同，惟谓该诏颁于本年九月。今从《通典》。

十月二十三日，诏诸坟籍中仍载有老子、庄子等人旧称号者，皆予改正。《南华》（即《庄子》）诸经不列入目录子部，由集贤殿详审改定。以《道德经》为诸经之首。

按：天宝元年，玄宗为崇道学，崇老子为玄元皇帝，庄子为南华真人，文子为通玄真人，列子为冲虚真人，桑庚子为洞灵真人，令诸典籍原有称谓一律更改。至是年，重申令之，并将《道德经》列于诸经之前。《册府元龟》系此事于七月乙卯，今从《唐会要》卷五〇。

是年，开科取士，礼部侍郎达奚珣知贡举，进士及第 25 人。

按：见《登科记考》卷九。

李白于夏秋间至齐州，请北海高天师授道箓于该州紫极宫。寻赴兖州，与杜甫相与论诗文。是冬，在任城。

按：李白请授道箓事，见《全唐文》卷四三七李阳冰《草堂集序》。唐孟棨《本事诗·高逸》载李白论诗文曰："梁、陈以来，艳薄斯极。沈休文又尚以声律，将复古道，非我而谁欤？"又曰："兴寄深微，五言不如四言，七言又其靡也，况使束于声调俳优哉！"故李白戏杜甫曰："饭粒山头逢杜甫，头戴笠子日卓午。借问何来太瘦生，总为从前作诗苦。"

高适是秋游东南，经泗州涟水，作《东征赋》。又北行至东平鲁郡，作诗哀民生之艰，讽朝廷不以民生为念，叹自己空有济世之怀。

按：《东征赋》，见《全唐文》卷三五七。《全唐诗》卷二一二有高适《鲁西至东平》、《东平路中遇大水》。考《旧唐书》卷九《玄宗纪下》，是年八月，"河南睢阳、淮阳、谯等八郡大水"。适诸诗当作于此时。

李邕是夏自汲郡太守转北海郡太守，途经齐州，与杜甫交游。两人寻又相聚于青州，评论唐初以来诗文家。

按：《全唐诗》卷二二八杜甫《八哀诗·赠秘书监江夏李公邕》回忆与李邕相聚青州并论诗文事，其曰："伊昔临淄城，酒酣托未契。……论文到崔（原注：融）苏（原注：味道），指尽流水逝。近伏盈川（原注：杨炯）雄，未甘特进（原注：李峤）丽。是非张相国（原注：燕公说），相拄一危脆。争名古岂然，键捷欻不闭。例及吾家诗（指杜审言——引者），旷怀扫氛翳。慷慨嗣真作（原注：和李大夫，乃杜审言诗），咨嗟玉山桂。钟律俨高悬，鲲鲸喷迢递。"

颜真卿是年前后罢醴泉县尉，东归诣京洛，访金吾长史张旭学习书法。

按：颜真卿授醴泉尉事，参见天宝元年条。张旭时以草书和隶书驰名当世，《全唐诗》卷一三二李颀《赠张旭》曰："张公性嗜酒，豁达无所营。皓首穷草隶，时称太湖精。露顶据胡床,长叫三五声。兴来洒素壁,挥笔如流星。"

刘方平是春自洛阳赴河北,李颀作诗送之。

按:刘方平生卒年、字号不详,河南人。诗人。未曾入仕,与元德秀等友善。《全唐诗》卷二五一辑录其诗编为1卷。

孟云卿学业已成,与元结以词学相友。

按:《全唐诗》卷一五七孟云卿《伤怀赠故人》自云"二十学已成"。本年云卿年二十一。同书卷二四一元结《送孟校书往南海序》曰:"平昌孟云卿与元次山同州里,以词相友,几二十年。次山今罢春陵,云卿始典校芸阁。"元结于永泰二年罢道州刺史,由是年上溯二十年,知两人为友当在本年前后。参见傅璇琮主编《唐五代文学编年史》。

僧神会应兵部侍郎宋鼎之邀,入住洛阳荷泽寺。时禅宗北派宗师普寂、义福等已相继谢世,神会大力弘扬其师慧能顿悟法门,由是南派日盛而北派渐衰。

按:见宗密《圆觉大疏钞》卷三之下。神会与禅宗北派之争,参见开元二十二年条。

王士源约是年或稍后搜集孟浩然诗218首,编为《孟浩然集》4卷(一作3卷)。

按:《孟浩然集》卷数,《全唐文》卷三七八王士源《孟浩然集序》作4卷;《新唐书·艺文志》作《孟浩然诗集》3卷;《郡斋读书志》卷一七作《孟浩然诗》1卷,且曰:"所著诗二百一十首,宜城处士王士源次为三卷,今并为一";《直斋书录解题》卷一九作《孟襄阳集》3卷,谓王士源搜集浩然诗"凡二百十八首,分为七类,太常卿韦縚为之重序"。今存宋刻本为3卷。王士源,宜城人,尝著《亢仓子》,余不详。

僧神会撰《显宗记》,辨禅宗南北派之分,定南派为正统。

按:见《景德传灯录》卷六本传。《显宗记》今存,见《全唐文》卷九一六。

僧惟俨(—828)生。

按:惟俨一作唯俨,其生卒年历有歧说。《宋高僧传》卷一七唯俨本传谓其卒于大和二年,"春秋七十"。以此溯推,当生于乾元二年。《祖棠集》卷四、《景德传灯录》卷一四皆谓其卒于大和八年,年八十四。以此溯推,当生于天宝十载。《全唐文》卷五三六唐伸《沣州药山故惟俨大师碑铭并序》曰:"上嗣位,明年,沣阳郡药山释氏大师以十二月六日终于修心之所。……春秋八十四。""上嗣位"指唐文宗继位,"明年"即大和二年。以此推,惟俨当生于本年。唐伸《碑铭》系惟俨卒后,其门人持先师行状赴京请撰,所言似更可信。从之。

天宝五载　丙戌　746年

正月乙亥,改《礼记·月令》为《时令》。封中岳为中天王,南岳为司天

拜占庭人取叙

利亚格尔曼尼西亚。

拜占庭人败阿拉伯舰队于塞浦路斯。

王,北岳为安天王。以天下山水"名称或同,义且不经",令有司各据图籍改定。

按:见《旧唐书》卷九《玄宗纪下》。

是年,开科取士,礼部侍郎达奚珣知贡举,进士及第 21 人。

按:见《登科记考》卷九。

李白是春在东鲁,至秋,在兖州,作《梦游天姥吟留别》。

按:《梦游天姥吟留别》,见《李太白全集》卷一五。

杜甫是秋自齐鲁归长安,与汝阳王李琎、驸马都尉郑潜曜等游。

按:杜甫自开元二十六年游历各地,至是已有九年。

王维是春奉使至榆林、新秦、河西等地。

按:参见傅璇琮主编《唐五代文学编年史》(初唐盛唐卷)。

岑参是春至卫州,与杜华、熊曜交游,对杜华诗颇为赞赏。

按:岑参与杜华等游,作《敬酬杜华淇上见赠兼呈熊曜》,见《全唐诗》卷一九八。诗中有"得君江湖诗,骨气凌谢公"之语,以赞赏杜华诗作。

高适是春在东平郡,后赴北海。

按:《全唐诗》卷二一四高适《东平旅游奉赠薛太守二十四韵》,《全唐文》卷三五七高适《为东平薛太守进王氏瑞诗表》,当适在东平郡时所作。《全唐诗》卷二一一高适《东平留赠狄司马》,当系适离开东平时所作。

刘晏任洛阳尉秩满,十二月赴京,李颀有诗送之。

按:《全唐诗》卷一三二有李颀《送刘四》。刘四即刘晏,见今人岑仲勉《唐人行第录》。

綦毋潜闲居洛阳,与房琯、李颀等交游。

按:《全唐诗》卷一三二有李颀《送綦毋三谒房给事》,房给事即房琯。据《旧唐书》房琯本传,其于本年正月擢给事中,明年初出贬。知綦毋与房琯、李颀游在交游在本年。

孙逖以风疾求散秩,由权判刑部侍郎改太子左庶子。

按:《旧唐书》卷一九〇中本传曰:"逖掌诰八年,制敕所出,为时流叹服。议者以为自开元已来,苏颋、齐浣、苏晋、贾曾、韩休、许景先及逖,为王言之最。逖尤善思,文理精练,加之谦退不伐,人多称之。"

陆羽约是年或稍后在竟陵,邑吏召为伶正之师,太守李齐物异之,亲授诗集。

按:见《全唐文》卷四三三陆羽《陆文学自传》。

僧不空奉使狮子国,是年返唐,抵长安,奉敕于净影寺译经,并开坛灌顶。

按:不空奉使狮子国事,见开元二十九年条。狮子国,即今斯里兰卡。不空奉敕国书至狮子国,颇受礼,住佛牙寺,遂依止普贤阿阇黎,请求开坛重受灌顶,与弟子含光同时入坛受学密法,前后历三年。又广事搜求密藏及各种经论,获陀罗尼教《金刚顶瑜伽经》等 80 部,大小乘经论 20 部,凡 1200 卷。及其返唐,狮子国王尸罗迷伽(戒云)请附表,托献方物,并遣使者弥陀与之同行。见《宋高僧传》卷一本传。

李林甫等奉敕注解删定《礼记·月令》，六月进上。

僧惠果（ —805）、僧灵澈（ —816）、郑余庆（ —820）生。

按：灵澈生年，一说天宝八年。考《刘禹锡文集》卷一九《澈上人文集纪》，谓灵澈于元和十一年卒，年七十一。以此溯推，其生当本年。

天宝六载　丁亥　747年

正月，诏征天下士人有通一艺以上者皆诣京师，委有司策试。因权臣李林甫从中作梗，终无一人及第。

按：《资治通鉴》卷二一五曰："李林甫恐草野之士对策斥言其奸恶，建言：'举人多卑贱愚聩，恐有俚语污浊圣听。'乃令郡县长官精加试练，灼然超绝者具名送省，委尚书覆试，御史中丞监之，取名实相符者闻奏。既而至者皆试以诗、赋、论，遂无一人及第者。林甫乃上表贺野无遗贤。"

是年，开科取士，礼部侍郎李岩知贡举，进士及第23人。

按：见《登科记考》卷九。

杜甫正月赴长安应制举，遭贬斥，遂暂居京师，与汝阳王李琎等交游。

按：本年制举事，见上文正月条。《全唐诗》卷二二四有杜甫《赠特进汝阳王二十韵》，考《旧唐书》卷九五《睿宗诸子传》，汝阳郡王李琎于天宝初加特进。杜甫明年即离京，知其赠诗李琎当本年。

李白在金陵，与崔成甫交游，彼此唱和甚密。

按：李白与崔成甫交游唱和事，见今人郁贤皓《李白丛考·李白诗中崔侍御考辨》。

王维在库部员外郎任，与苑咸以诗往来，咸于诗中颇推重维。维又为苗晋卿作德政碑，评论其诗文。

按：《全唐诗》卷一二九有苑咸《酬王维序》，谓王维"当代诗匠，又精禅理"。《全唐文》卷三二六有王维《魏郡太守河北采访处置使上党苗公德政碑》，谓苗晋卿"奏甚平澉，诗穷绮靡"。

元结正月应制，遭贬斥。

按：本年制举事，见上文正月条。元结赴长安应制举，特撰《皇谟》、《二风诗》，欲献于有司。会有司承李林甫之意，奏应制者皆去之，元结无从上献，遂归州里，由是闲居三年。见《全唐诗》卷二四二元结《二风诗序》。

岑参北游晋、绛等地。

按：《全唐诗》卷一九八、卷一九九、卷二〇一有岑参《骊姬墓下作》、《宿蒲关东店忆杜陵别业》、《入蒲关先寄秦中故人》、《题平阳郡汾桥边柳诗》等诗作。考《元和郡县图志》卷一二，骊姬墓在绛州正平县。近人闻一多《唐诗杂论·岑嘉州系年考

阿拉伯阿拔斯派首领阿布·阿拔斯取呼罗珊。

矮子丕平成为唯一的法兰克官相。

证》以为："天宝五六两年公行事不明，游永乐、平阳疑即在此二年间。"姑系于此。

刘晏出为夏县令。

按：两《唐书》本传均仅谓刘晏于天宝中累迁夏县令，未具明年份。考《唐代墓志汇编》天宝一二四《李琚墓志》，有"夏长刘晏"云云。李琚卒于天宝七载二月，时刘晏已在夏县令任，知其出宰夏县当本年。

独孤及是年前后以文章游历梁、宋间，与陈谦、贾至、高适等往来甚密，引为至交。

按：《全唐文》卷五二二梁肃《独孤及行状》谓独孤及年二十余游历梁宋间。及本年二十三岁，其游梁宋当此期前后。

包佶应贡举，登进士第。

按：见《登科记考》卷九。

僧澄观年十一，始从越州宝林寺僧霈禅师出家。

按：见《宋高僧传》卷五本传。

道士李含光于天宝初被召入朝，是年九月请归茅山，玄宗赐诗饯行。

按：见《茅山志》卷二《玄宗赐李玄静先生敕书》。玄宗所赐诗，见《全唐诗补编·续拾》卷一四。

元结撰《皇谟》3篇、《二风诗》10篇。

按：参见本年上文条。

张庭芳注李峤《杂咏百二十首》成，以为峤诗可作诗歌创作之楷式。

按：《全唐文》卷三六四张庭芳《故中书令郑国公李峤杂咏百二十首序》曰："故中书令李郑公《百二十咏》，藻丽词清，调谐律雅，宏溢逾于灵运，密緻掩于延年。特茂霜松，孤悬皓月。高标凛凛，千载仰其清芬；明镜亭亭，万象含其朗耀。味夫纯粹，罕测端倪。"张庭芳生平事迹不详，另注庾信《江南赋》1卷，已佚。

蔡希综是年前后撰《法书论》。

按：《法书论》现存，见《全唐文》卷三六五。蔡希综，曲阿人，其从叔右卫率府兵曹蔡有邻、第四兄缑氏主簿蔡希逸、第七兄洛阳县尉蔡希寂，并精于草隶，颇为当时人推崇。余不详。

李邕正月卒（675— ）。邕字泰和，广陵江都人，李善之子。盛唐学者。少有才学，善书，文名满天下。历左拾遗、殿中侍御史等职，屡遭贬谪，累转北海太守，故人称"李北海"。为权臣李林甫陷害，被处死。尝因不满其父所作《文选注》，乃别为注。撰有《梁公别传》（一作《狄仁杰传》）3卷、《金谷园记》1卷。另有集70卷（一作106卷），后散佚。《全唐文》卷二六一至二六五辑录其文编为5卷，《全唐诗》卷一一五辑收录其诗4首。事迹见《旧唐书》卷一九〇中、《新唐书》卷二〇二。《唐代墓志汇编》大历〇〇九有《李邕墓志》。

按：《旧唐书》本传曰："邕早擅才名，尤长碑颂。……其《张韩公行状》、《洪州放生池碑》、《批韦巨源谥议》，文士推重之。"《全唐诗》卷二二二杜甫《赠秘书监江夏李公邕》曰："长啸宇宙间，高才日陵替。古人不可见，前辈谁复继？忆昔李公存，词林有根柢。声华当健笔，洒落富清制。风流散金石，追琢山岳锐。情穷造化理，学贯天人际。干谒走其门,碑版照四裔。"李邕集原本已佚,后人辑为《李北海集》6卷、附录1卷,收录赋5首,诗4首,表14篇,疏、状各1篇,碑文8篇,铭、记各1篇,神道碑5篇,墓志铭1篇。今存,有《四库全书》本等。

蔡希周四月十五日卒(688—)。希周字良傅,曲阿(一说济阳)人。盛唐诗人。累迁刑部员外郎,贬咸安郡司马,卒于贬所。其诗入选《丹阳集》。《全唐诗》卷一一四收录其诗1首。事迹见《隋唐五代墓志汇编》洛阳卷第十一册前大理评事张阶撰、希周第七弟朝议郎行洛阳县尉蔡希寂书《唐故朝请大夫尚书刑部员外郎骑都尉蔡公墓志铭》。

韦坚正月卒,生年不详。坚字子全,京兆万年人。盛唐诗人。起为长安令,历陈郡太守、江淮等处租庸转运使等职,累迁刑部尚书,为权臣李林甫所忌,流放岭南,寻赐死。作品皆佚。事迹见《旧唐书》卷一〇五、《新唐书》卷一三四。

李适之正月卒,生年不详。适之原名昌,唐宗室,太宗曾孙。工诗文。开元中累官刑部尚书,天宝初进拜左相,为李林甫构陷,仰药自杀。《全唐文》卷三〇四收录其文4篇,《全唐诗》卷一〇九收录其诗2首。事迹见《旧唐书》卷九九、《新唐书》卷一三一。

僧灵默(—818)、蒋乂(—821)、窦常(—825)、僧法融(—835)生。

按:《全唐文》卷七六一褚藏言《窦常传》谓窦常宝历元年卒,年七十。以此溯推,其生当天宝十五年,恐误。今从傅璇琮主编《唐五代文学编年史》。

又按:唐代高僧名法融者有两人,另一为牛头宗创始人。

天宝七载　戊子　748 年

五月壬午,诏重申各地置乡学,以敦风俗;凡有通明《道德经》及《南华》(即《庄子》)诸经者,由各地长官考核荐送;令于历代帝王肇迹之处各置一庙,凡忠臣、义士、孝妇、烈女有德行者,亦置祠致祭。

按:见《登科记考》卷九、《旧唐书》卷九《玄宗纪下》、《唐大诏令集》卷九《天宝七载册尊号赦》。

是年,开科取士,礼部侍郎李岩知贡举,进士及第24人。

按:见《登科记考》卷九。

李白游历金陵等地,与杜甫互寄诗,述相念倾慕之情。

按:《全唐诗》卷二二四杜甫《春日忆李白》有"渭北春天树,江东日暮云。何时一尊酒,重与细论文"云云。诗当作于本年。

杜甫自长安归偃师故居,与河南尹韦济交往甚密。

伊斯兰教伊巴迪亚派叛于的黎波里。

亚美尼亚人叛。

法兰克矮子丕平入萨克森。

按：《全唐诗》卷二二四杜甫《奉寄河南韦尹丈人》题下原注："甫敝庐在偃师，承韦公频有访问。""韦公"即韦济。考《旧唐书》卷八八，韦济于本年为河南尹。

颜真卿为监察御史，充河西陇右军试覆屯交兵使。

按：见《全唐文》卷五一四殷亮《颜鲁公行状》。

李华是年前后授校书郎，作《含元殿赋》，为时人称颂。

按：李华所作《含元殿赋》，见《全唐文》卷三一四。据《旧唐书》卷一九〇下本传及《唐语林》卷二等载，李华作《含元殿赋》万余言，自以为不让班固《两都赋》。萧颖士见而赏之，以为在何晏《景福殿赋》之上，王延寿《鲁灵光殿赋》之下，"可使孟坚瓦解，平子土崩矣"。贾至评曰："未若天光流于紫庭，测景入于朱户，腾祥灵于黯霭，映旭日之葱茏。"

李栖筠应贡举，登进士第，授缑氏县主簿。

按：见《登科记考》卷九。

贾至自宋州赴洛阳，经虎牢关，登关远望，感历史之盛衰兴替，作《虎牢关铭》。

按：贾至所作《虎牢关铭》，见《全唐文》卷三六八。

僧鉴真在扬州大明寺，是春复应日本学问僧荣睿、普照之邀，率僧祥彦、神仓、光演、顿悟、道祖、如高、德清、日悟、思托等及随行人员35人，于六月二十七日由扬州出发东渡。途中因遇风浪停滞数月，十月由越州再行启程。出海不久，再遇风浪，漂至南海振州。遂弃船登岸，曲折北归，途中遇疾失明，至天宝九年方回扬州。

按：此为鉴真第五次东渡告挫，其前四次东渡事，分见天宝二年、三年。振州即今海南崖县。鉴真由振州登岸后，经万安州、雷州、藤州、梧州至桂州，留住一年。受邀赴广州，途经端州龙兴寺，日僧荣睿罹病卒。在广州住一春，复北往韶州开元寺，日僧普照转往明州阿育王寺。鉴真感慨过海传戒愿屡试不遂，念荣睿之为法忘躯，加以受旅途热气，眼疾突发，遂至失明。仍北上，经虔州、吉州、江州、江宁而回扬州。

僧皎然是年前后受戒于律僧守真。

按：见今人贾晋华《皎然年谱》。

僧湛然于荆溪净乐寺出家。随后往会稽开元寺就四分律相部宗名僧昙一研习律部，又赴吴郡开元寺敷讲《摩诃止观》。

按：湛然于开元十八年师从天台宗八祖玄朗，至是方正式剃度。见《佛祖统纪》卷七、《宋高僧传》卷六。

席豫正月己卯卒（680— ）。 豫字建侯，原籍襄阳，世居河南。盛唐诗人，世称"诗人冠冕"。登进士第，开元中累迁考员外郎，历郑州刺史、吏部侍郎。典选六年，时以为知人，号"席公"。天宝中进礼部尚书，封襄阳县子。清直无欲，不为权势所撼。卒于官，赠广陵大都督，谥曰"文"。《全唐文》卷二三五收录其文3篇，《全唐诗》卷一一一收录其诗5首。事迹见《旧唐书》卷一九〇中、《新唐书》卷一二八。

李岐三月十六日卒（719— ）。 岐字伯道，扬州江都人，李善之孙，李邕次子。少以文词冠绝当时，声名远播。坐其父李邕事，流放岭南，卒于桂州。有集108卷，已佚。事迹见《唐代墓志汇编》贞元三三《唐故江夏李府君墓志》。

张旭是年前后卒,生年不详。旭字伯高,苏州人。善草书,工诗,名著于时。嗜酒,俗号张颠。其草书与李白歌诗、裴旻舞剑,时称"三绝"。起为常熟尉,历左率府长史等职。《全唐诗》卷一一七收录其诗6首。事迹见《新唐书》卷二〇二。

按:《全唐文》卷四四七窦臮《述书赋下》曰:"张长史则酒酣不羁,逸轨神澄。回眸而壁无全粉,挥笔而气有余兴。若遗能于学知,遂独荷其颠称。"

僧天皇道悟(—807)、李益(—约827)、僧普愿(—834)生。

按:唐代禅宗高僧名道悟者有两人,另一世称天王道悟。

天宝八载 己丑 749年

闰六月丙寅,玄宗谒太清宫,再进老子尊号为"圣祖大道玄元皇帝"。

按:见《旧唐书》卷九《玄宗纪下》。此前,玄宗已追尊老子为"圣祖玄元皇帝"。参见天宝二年八月条。

是年,开科取士,礼部侍郎李岩知贡举,进士及第28人。

按:见《登科记考》卷九。

李白游历金陵等地。

按:《李太白全集》卷一三《寄东鲁二稚子》有"吴蚕已三眠"、"别来向三年"云云。其自东鲁南游江南,已历三年。

高适六月至长安,举有道科,授封丘尉。七月赴任,甚不得志。

按:《旧唐书》卷一一一本传载,高适为张九皋所荐,遭右相李林甫抑制,未能遂志。

岑参迁大理评事兼监察御史,充安西节度判官。

按:见《全唐文》卷四五九杜确《岑嘉州集序》。

僧无名是年出家。

按:无名初学律藏,后师从禅宗分支荷泽宗始祖神会。见《宋高僧传》卷一七。

僧道林是年九岁,始出家。

按:见《景德传灯录》卷四本传。

吴兢卒(670—)。兢字号不详,浚仪人。盛唐学者,史学家。少勤学,博通经史,颇为魏元忠、朱敬则器重。诏直史馆,修国史,累迁水部郎中,丁忧去职。后拜谏议大夫兼修文馆学士,历卫尉少卿、太子左庶子。出为荆州司马,转任台、洪、饶、蕲、相、邺诸州。奉召入朝,授恒王傅,卒于家。好藏书,曾自编书目卷帙为《吴氏西斋书目》1卷,收录藏书凡13460

阿拔斯派入伊拉克,取库法。

阿拉伯废埃及科普特语。

法兰克矮子丕平平巴伐利亚叛。

大马士革的约翰卒(约675—)。叙利亚基督教神学家。

卷。先后参修《高宗后修实录》《则天皇后实录》《姓族系录》《群书四部录》等书,编纂《唐名臣奏》10卷、《古乐府》10卷。著述宏富,撰有《齐史》、《梁史》、《周史》各10卷,《陈史》5卷、《隋史》20卷、《唐书》100卷、《唐春秋》30卷、《唐书备阙记》10卷、《太宗勋史》1卷、《贞观政要》10卷、《中宗实录》20卷、《睿宗实录》30卷(一作5卷)、《兵家正史》9卷、《五藏论应象》1卷、《乐府古题要解》1卷(一作2卷)、《开元名臣录》3卷、《开元升平源》1卷。今存《贞观政要》、《乐府古题要解》等。《全唐文》卷二九八收录其文14篇。事迹见《旧唐书》卷一〇二、《新唐书》卷一三二。

卢僎约是年稍后卒,生年、字号不详。僎,临漳人。诗人。登进士第,授闻喜尉,历秘书少监、襄阳令等职,终吏部员外郎、汝州长史。著有《卢公家范》1卷,已佚。《全唐诗》卷九九收录其诗14首。事迹见《新唐书》卷二〇〇。

按:卢僎卒年,史无明载。《隋唐五代墓志汇编》洛阳卷第十一册有《唐故光禄卿崔公墓志铭》,题"太中大夫、行临汝长史、上□国卢僎撰"。该墓志撰于本年。此后僎之事迹,不见史载,或僎于稍后卒。姑系于此。

韦渠牟(—801)、窦牟(—822)生。

天宝九载　庚寅　750年

阿布·阿拔斯入大马士革,遂尽屠倭马亚王族。倭马亚王朝终。

五月乙卯,进封安禄山东平郡王。唐节度使封王自此始。

按:见《旧唐书》卷九《玄宗纪下》。

七月十三日,于国子学置广文馆,领国子监生徒举进士业者。

按:《唐会要》卷六六载,广文馆初设博士、助教各一人,品秩同太学。《新唐书》卷四八《百官志》谓广文馆初置知进士、助教,后罢知进士之名,改置博士四人,助教二人。其生员额,西京六十人,东都十人。

是年,开科取士,礼部侍郎李暐知贡举,进士及第21人。

按:见《登科记考》卷九。

李白五月自金陵赴浔阳,是秋北上,经唐州入东鲁。期间多有诗作。

按:《李太白全集》卷一五《留别金陵诸公》、卷二四《寻阳紫极宫感秋作》等,皆作于此期游历途中。

杜甫是冬在长安,作诗献尚书左丞韦济,自叹贫寒不得志,希能救助。

按:《全唐诗》卷二二四、卷二一六分别录有杜甫《赠韦左丞丈》、《奉赠韦左丞丈二十韵》,当系投献韦济之作。诗中杜甫叹曰:"岁寒仍顾遇,日暮且踟蹰。老骥思千里,饥鹰待一呼。君能微感激,亦足慰榛芜。"又曰:"骑驴三十载,旅食京华春。朝扣富儿门,暮随肥马尘。残杯与冷炙,到处潜悲辛。"

王维以司库郎中分司东都，寻丁母忧去职。

> 按：见《册府元龟》卷七五六。

王昌龄约是秋贬黔州龙标尉。

> 按：《新唐书》卷二〇三本传曰："不护细行，贬龙标尉。"今人傅璇琮主编《唐五代文学编年史》谓昌龄之贬在本年秋。从之。

綦毋潜是秋授宜寿尉，与李颀等人有诗作别。

> 按：参见傅璇琮主编《唐才子传校笺》。

李翰约是年应贡举，登进士第，授卫县尉。

> 按：《全唐文》卷五一八梁肃《补阙李公前集序》谓李翰"弱冠进士登科，解褐卫县尉"。同书卷四三一李翰《比干碑》有"天宝十祀，余尉卫县"云云。本年翰二十余，明年已在卫县尉任，其登第当在本年或稍前。姑系于此。

僧不空再次奉旨获准回本国狮子国，南下行至韶州，因病滞留。

> 按：见《宋高僧传》卷一本传。不空曾奉敕回狮子国送国书，事见开元二十九年、天宝五年。

郑虔是年稍后撰《荟萃》40余卷。

> 按：郑虔于天宝初尝搜集异闻，著书80余篇，尚未定稿。有人告其撰国史，遂焚草稿，由是被贬近十年。本年七月起为广文馆博士，遂采集异闻，重加纂录，撰成40余卷。国子司业苏源明请名为《荟萃》，取《尔雅》"荟萃旧说"之意。见《唐语林》卷二。

元结约始隐居商余山，自称元子，著《元子》10卷。

> 按：《全唐文》卷三八三元结《自述》曰："天宝庚寅，元子初习静于商余。"同书卷三八一《自释书》曰："少居商余山，著《元子》十篇，故以元子为称。"

韦縚获王士源所编《孟浩然集》，重加整理补充，正月进献秘府。

> 按：韦縚一作韦滔，生卒年、字号不详，京兆万年人，韦叔夏之子。历集贤殿修撰、太常卿等职，爵封沛郡开国公，终太子宾客。《全唐文》卷三〇七收录其文5篇，其中即有《孟浩然集序》。

裴均（ —811）生。

印度政治学科指南《卡曼达基》著成。

天宝十载　辛卯　751年

正月甲午，令各地举人，凡有"怀才抱器"未经荐举者，由所在长官详加访择，具名奏上。

> 按：见《登科记考》卷九。

九月，玄宗于勤政楼亲策"怀才抱器"举人，无一人登第。

> 按：见《登科记考》卷九。

拜占庭入亚美尼亚。

伦巴德人取拜占庭之拉文那总督区。抵罗马。

矮子丕平废墨洛温王朝末王希尔德里克三世。称王。法兰克加洛林王朝始。

是年，开科取士，兵部侍郎李麟知贡举，进士及第20人，另上书拜官1人。

按：见《登科记考》卷九。

是年前后，中国造纸术西传。

杜甫正月以玄宗朝献太清宫、享太庙及祀南郊，奏赋三篇。玄宗奇之，命宰相试文章，送隶有司，入参选之列，使待制集贤院。是夏，有感于边境战事不断，作《兵车行》。是秋，旅居长安，病贫交加。

按：杜甫奏献三赋事，《旧唐书》卷一九〇下本传谓"天宝十三年"，似误。同书卷九《玄宗纪下》曰："（天宝）十载春正月乙酉朔。壬辰，朝献太清宫。癸巳，朝飨太庙。甲午，有事于南郊，合祭天地，礼毕，大赦天下。"甫献赋当此期。其所献三赋，分别为《朝献太清宫赋》、《朝享太庙赋》、《有事于南郊赋》，见《全唐文》卷三五九。《兵车行》系杜甫诗作名篇，见《全唐诗》卷二一六。《全唐文》卷三六〇杜甫《秋述》曰："秋，杜子卧病长安旅次，多雨生鱼，青苔及榻。"又曰："我弃物也，四十无位。"本年，杜甫年四十。

李白是秋北游燕赵，作诗抒自己不得意之感。

按：《李太白全集》卷一五《留别于十一兄逖裴十三游塞垣》、《魏郡别苏明府因北游》、《邺中赠王大劝入高凤石门山幽居》等，当系此期所作。

岑参六月自安西东归，回都城长安。

按：岑参赴安西事，参见天宝八年条。

李华在河南伊阙县尉任，十一月作《河南府伊阙县丞博陵崔府君墓志铭》。

按：崔府君即崔迥。墓铭见《隋唐五代墓志汇编》洛阳卷第十一册。

高适在封丘尉任，作《封丘作》等诗抒发自己不得意心情，表示欲弃官而去。

按：《封丘作》，见《全唐诗》卷二一三。诗中曰："我本渔樵孟诸野，一生自是悠悠者。……只言小邑无所为，公门百事皆有期。拜迎长官心欲碎，鞭挞黎庶令人悲。……乃知梅福徒为尔，转忆陶潜归去来。"

独孤及赴下阳，途经古函谷关，作铭以戒后人，为时人称颂。

按：独孤及所作《古函谷关铭》，见《全唐文》卷三八九。时及又作《仙掌铭》，亦为文士叹服。

僧惟俨是年十七，依潮阳西山寺僧惠照禅师出家。

按：见《全唐文》卷五三六唐伸《沣州药山故惟俨大师碑铭并序》。

僧天王道悟是年十五，始从长沙寺僧昙翥出家。

按：见《释氏稽古略》卷三本传。

元结在商余山，择前世尝可叹称者诗12篇，编为《系乐府》。

按：元结隐居商余山事，参见去年条。《系乐府》12首，见《全唐诗》卷二四〇。

杨拯约是年稍后卒，生年不详。拯字齐物，弘农人。登进士第，累官右骁卫骑曹参军。有集10卷，已佚。事迹见《全唐文》卷三一五李华《杨骑曹集序》。

孟郊（ —814）生。

天宝十一载　壬辰　752年

十二月，敕改贡举试法。

按：此次改贡举试法，明经科有三试：初试一大经及《孝经》、《论语》、《尔雅》帖各有差；再口试经问十义，得六者为通；最后试策三条。三试皆通者登第。进士科有三试：初试一大经及《尔雅》帖；再试文、赋各一篇；最后试策五条。三试皆通者登第。明法科，试律、令各十帖，再试策十条，全通者为甲等，通八条以上者为乙等，通七条以下者下第。书法科，试《说文》、《字林》十帖，再口试，皆通者登第。算科，试《九章》、《海岛》、《孙子》、《五曹》、《张邱建》、《夏侯阳》、《周髀》、《五经》、《缀术》、《缉古》十部算书帖各有差，兼试问大义，皆通者登第。凡诸科有能兼学者，可不受常限。见《登科记考》卷九。

是年，开科取士，礼部侍郎李麟知贡举，进士及第26人。

按：见《登科记考》卷九。

杜甫三月由长安至东都洛阳，寻回长安，游曲江，作《曲江三章》。

按：《曲江三章》，见《全唐诗》卷二一六。

李白是春游历邯郸、清漳、临洺等地，作诗抒怀。是冬，至幽州，又南还魏州。

按：《李太白全集》卷二一《登邯郸洪波台置酒观发兵》、卷三〇《自广平乘马醉走马六十里至邯郸登城楼览古书怀》、卷九《赠清漳明府侄聿》、《赠临洺县令皓弟》等，当系游历邯郸等地时所作。

王维是夏丁母忧服阕，闲居辋川。寻奉召还朝，授吏部郎中。

按：王维丁母忧事，参见天宝九年条。

高适罢封丘尉，还长安，与崔颢、綦毋潜、岑参、储光羲、杜甫、薛据等交游甚密。

按：参见傅璇琮主编《唐五代文学编年史》（初唐盛唐卷）。

李华迁监察御史，是冬奉使朔方。

按：《新唐书》卷二〇三本传唯言李华本年迁监察御史。其出使朔方事，见《全唐文》卷三一七李华《二孝赞》。

綦毋潜由宜寿尉奉召入朝，授左拾遗，待制集贤院。

按：《新唐书》卷六〇《艺文志四》谓綦毋潜"开元中由宜寿尉入集贤院待诏，迁右拾遗"。恐误。考《唐会要》卷七〇："周至县，天宝元年八月二十日改为宜寿县。"知开元中并无宜寿县之名。傅璇琮主编《唐五代文学编年史》（初唐盛唐卷）以为綦毋潜于天宝九载授宜寿县，至本年奉召入朝。从之。

阿拉伯人伐西西里岛。

元结在商余山，作《自述》3篇。

  按：元结所作三篇分别为《述时》、《述命》、《述居》。《全唐文》卷三八三有元结《自述序》。

僧玄素十一月十一日卒（668— ）。玄素俗姓马，字道清，世称鹤林玄素，又称马素，润州延陵人。唐代禅学牛头宗五祖（一说六祖）。初于江宁长寿寺出家，后师从僧智威，得承其嗣。卒于润州黄鹤山鹤林寺，谥号"大律禅师"。弟子有法海等。事迹见《宋高僧传》卷九、《五灯会元》卷二、《景德传灯录》卷四。《全唐文》卷三二〇有李华《润州鹤林寺故径山大师碑》。

  按：玄素弟子法海生卒年不详，俗姓张，字文允，丹阳人。博通经论，曾参与扬州僧法慎律师讲席，又参与编纂《韵海镜源》。事迹见《宋高僧传》卷六。

刘昚虚约是年或稍前卒，生年不详。昚虚字全乙，洪州新吴人。盛唐诗人。开元中登进士第，又登博学宏词科，历弘文馆校书郎、夏县令等职。与王昌龄、孟浩然、高适等友善，彼此多有唱和。著有《鹡鸰集》5卷，已散佚。《全唐文》卷四〇八收录其文1篇，《全唐诗》卷二五六辑录其诗编为1卷。

  按：刘昚虚卒年，史无明载，此从今人傅璇琮主编《唐五代文学编年史》（初唐盛唐卷）。《鹡鸰集》，两《唐书》皆未著录，见载于《奉新县志》卷一五。昚虚诗作颇为后人赞誉。殷璠《河岳英灵集》卷上评曰："昚虚诗，情幽兴远，思苦语奇，忽有所见，便惊众听。顷东南高唱者数人，然声律婉态，无出其右。"严羽《沧浪诗话》将其与祖咏、綦毋潜、刘长卿、李贺等并称为"大名家"。

李颀约卒，生年、字号不详。颀，赵郡人。盛唐诗人。事迹不详。有诗1卷，集1卷，原本已散逸。《全唐诗》卷一三二至一三四辑录其诗编为3卷。

  按：李颀事迹，史载散乱。其于天宝十年六月撰《故广陵郡六合县丞赵公墓志铭》，见《隋唐五代墓志汇编》洛阳卷第十一册。是秋，又作《放歌行答从弟墨卿》，自述生平。此后事迹无闻，疑不久卒。姑系于此。颀诗颇为时人所重，殷璠《河岳英灵集》卷上评曰："颀诗，发调既清，修辞亦秀，杂歌咸善，玄理最长。……故论其数家，往往高于众作。"

天宝十二载　癸巳　753年

拜占庭崇拜圣像之争愈烈。

  七月壬子，令天下举人不得充乡试，皆须补国子学生及郡县学生，然后听举。停四门俊士科。

  按：见《旧唐书》卷九《玄宗纪下》、卷二四《礼仪志四》。

是年，开科取士，礼部侍郎杨浚知贡举，进士及第 56 人。

  按：见《登科记考》卷九。

法兰克国王矮子丕平伐萨克森。

杜甫在长安，三月作《丽人行》，讥讽杨国忠、杨玉环兄妹之骄奢。

  按：《全唐诗》卷二一六杜甫《丽人行》有"三月三日天气新"云云，知该诗作于三月。

李白于春夏间由宋州至曹南，又南下江南。是秋在宣城，与崔成甫等交游。会李华奉使宣城，白与其登谢朓楼，作歌抒愤世忧时之情。闻日人晁衡于归国途中遇难，作诗哭之。寻又转赴江东。

  按：《李太白集》卷一八有《宣州谢朓楼饯别校书叔云》，题下注："一作《陪侍御叔华登楼歌》。"该诗即为与李华登谢朓楼时所作。诗中曰："抽刀断水水更流，举杯销愁愁更愁。人生在世不称意，明朝散发弄扁舟。"又，晁衡于开元五年来唐，历任弘文校书、右补阙等职。参见开元五年、十三年条。是年，衡与日本遣唐使藤原清河结伴回国，途中遭飓风，漂至安南，时人讹传其遇难。李白与晁衡友，闻讯遂作《哭晁卿》。诗见《李太白全集》卷二五。

王维三月由吏部郎中改授文部郎中。是秋，日人晁衡东归，王维作诗送之，并作序。

  按：晁衡回国事，见上文李白条。王维《送秘书晁监还日本国并序》，见《全唐诗》卷一二七。

高适是秋游河西，历武威、临洮、陇右等地。

  按：见《旧唐书》卷一一一本传、《敦煌遗书》P2552 高适《自武威赴临洮谒大夫不及因书即事寄河西陇右幕下诸公》。

李华奉使朔方受降城，复回长安。至秋，又奉使宣城，与李白交游。

  按：李华奉使朔方事，见去年条。其至宣城与李白游，见上文李白条。

元结是春赴京应进士举，以所作文投礼部，颇得礼部侍郎杨浚赞赏。

  按：见《全唐文》卷三八一元结《文编序》。

萧颖士是春改授河南府参军事，门人贾邕、刘太冲等作诗送别。时颖士名声已播国外，东倭之人来唐，上表玄宗，请师从之。中书舍人张渐等上谏以为不可，颖士遂以疾推辞。九月，赴鲁山访元德秀。

  按：东倭之上表请师从萧颖士事，见《新唐书》卷二〇二，又见《全唐文》卷三九五刘太真《送萧颖士赴东府序》。

颜真卿是夏由武部员外郎出为平原太守。

  按：时宰相杨国忠以颜真卿不附己，故将其支出朝廷。见《旧唐书》一二八真卿本传。

鲍防、皇甫曾应贡举，同登进士第。

  按：见《登科记考》卷九。

僧神会在洛阳荷泽寺，遭御史卢奕弹劾，贬谪弋阳。后辗转于武当、襄州、荆州等地。

  按：卢奕信奉禅宗北派，以神会扬南派而抑北派，遂诬奏其聚徒讲法，将不利朝廷。唐玄宗召神会覆问，神会据理力争，由是遭贬。见《宋高僧传》卷八本传、宗密《圆觉大疏钞》卷三之下。

僧不空受召回长安保寿寺，寻奉诏往河西，住武威开元寺，从事灌顶、译经。

按：不空本欲回狮子国，因病滞留，事见天宝九年。适逢西平郡王哥舒翰奏请，唐玄宗遂降敕追回，令其转往河西。见《宋高僧传》卷一本传。

僧鉴真受日本遣唐大使藤原清河等之邀，第六次东渡。十一月十五日由扬州出发，次月七日抵日本益救岛，二十日转至九州萨摩国秋妻屋浦。

按：鉴真前五次东渡均告挫，事见天宝二年、三年、七年条。此次赴日本，随行者有扬州白塔寺僧法进、泉州超功寺僧昙静、台州开元寺僧思托、扬州兴云寺僧义静、衢州灵耀寺僧法载、窦州开元寺僧法成、藤州通善寺尼智首、扬州优婆塞潘仙童、胡国人安如宝、昆仑国人军法力、瞻波国人善听等，凡二十四人。所携经像法物，有如来舍利及弥陀、药师、观音、弥勒等造像，金字《华严经》、《大佛名经》、《大品经》、《大集经》、南本《涅槃经》、《四分律》，法砺、光统《四分律疏》，天台《止观法门》、《玄义》、《文句》、《四教仪》、《小止观》、《六妙门》，定宾《饰宗义记》，观音寺亮律师《义记》，南山道宣《含注戒本疏》、《行事钞》、《羯磨疏》，怀素《戒本疏》、《比丘尼传》、《西域记》、《戒坛图经》等，共四十八部。另有菩提子、青莲华茎、天竺草履及晋代书法家王羲之、王献之之真迹行书等。参见日僧元开《唐大和上东征传》、《戒律传来记》卷上、《后拾遗往生传》卷上。

新罗僧太贤尝入唐就长安西明寺僧圆测学《唯识论》，后归国。是年，奉召在新罗国大内诵经祈雨。

按：圆测亦系新罗人，唐初唯识宗高僧，开玄奘门下西明一系，参见万岁通天元年条。太贤一作大贤，号青丘沙门，入唐年份及生卒年均不详。归国后，传扬奘门法相唯识之学，为世人敬重，被誉为"海东瑜珈之祖"。有著述40余种，今存《起信论内义略探记》1卷、《成唯识论学记》8卷、《菩萨戒本宗要》1卷、《梵网经古迹记》2卷等数种。事迹见《三国遗事》卷四、《义天录》等。

殷璠编纂《河岳英灵集》2卷（一作3卷），选录盛唐部分诗人作品，各有评论。

按：考《全唐文》卷四三六殷璠《河岳英灵集序》，谓集中收录盛唐时期35位诗人作品，"凡一百七十首，分为上下卷，起甲寅，终乙酉"。然今之存本均作3卷，收录24位诗人作品，计234首，或今本系后人重编。今人王运熙、杨明《〈河岳英灵集〉的编集年代和选录标准》（载《唐代文学论丛》第1期）谓该集成于本年，从之。《河岳英灵集》对历代诗歌及当世诸家多有评论，谓"文有神来、气来、情来，有雅体、野体、鄙体、俗体"，又谓"昔伶伦造律，盖为文章之本也。是以气因律而生，节假律而明，才得律而清焉"。推崇风骨、比兴、兴象、声律，反对轻艳之风。

元结征集前代君臣、父子、夫妇、兄弟、朋友之道，撰《订古》5篇。

按：见《全唐文》卷三八三元结《订古五篇序》。

王焘著《外台秘要方》40卷成。

按：该书已佚。王焘生卒年、字号不详，太原人，王珪之孙。起为徐州司马，历给事中、邺郡太守等职，有治绩。《全唐文》卷三九七收录其文3篇，其中即有《外台秘要方序》。事迹见《新唐书》卷九八。

梁肃（ —793）生。

天宝十三载　甲午　754 年

二月甲戌，再加老子尊号，曰"大圣祖高上大广道金阙玄元天皇大帝"。

按：见《旧唐书》卷九《玄宗纪下》。

是月，制各地举人。

按：见《登科记考》卷九。

七月二十七日，敕："自今以后，其岭南五府管内白身有词藻可称者，每至选补时，任令应诸色乡贡举，仍委去使准式考试，有堪及第者，具状闻奏，如有愿赴京者，亦听。"

按：见《册府元龟》卷六三〇。

十月十六日，道举停试《道德经》，改试《周易》。

按：见《唐会要》卷七七。

是月，玄宗于勤政楼亲策博通坟典、洞晓玄经、词藻宏丽、军谋出众等四科制举人，命词藻宏丽科策外加试诗、赋各 1 首。登甲第者 3 人，登乙第者 30 余人。唐制举策外加试诗赋自此始。

按：见《旧唐书》卷九《玄宗纪下》、《登科记考》卷九。

是年，唐有郡 321，县 1538，户 9069154，口 52880488。

按：见《旧唐书》卷九《玄宗纪下》。

开科取士，礼部侍郎杨浚知贡举，进士及第 35 人。

按：见《登科记考》卷九。

杜甫是春在长安，贫病交迫，作《醉酒歌》以抒心中不满。与岑参、郑虔等多有交游。进献《封西岳赋》、《雕赋》，于《进雕赋表》自谓"自七岁所缀诗笔，向四十载矣，约有千余篇"。

按：《醉酒歌》，见《全唐诗》卷二一六；《封西岳赋》、《雕赋》，见《全唐文》卷三三九。《进雕赋表》，见《全唐文》卷三五九。

李白在江东，游历扬州、金陵等地。是春与魏颢交游，尽出所作诗文，托颢编辑成集。

按：李白托魏颢编集事，见《全唐文》卷三七三魏颢《李翰林集序》。

独孤及应制举，登洞晓玄经科，授华阴尉。

按：《全唐文》卷五二二梁肃《独孤及行状》载，时独孤及深得前宰相房琯、赵郡李华、扶风苏源明称赏，谓其有"非常之才"，推为"词宗"。

高适是春为河西陇右节度使哥舒翰所荐，授左骁卫兵曹，充河西节度

罗马教皇斯蒂芬第三至法兰克自罗马，加冕法兰克加洛林王朝矮子丕平国王以涂油礼。

法兰克人入意大利。

府掌书记。至夏,奉使长安,与杜甫等交游,寻复归河西。

按:高适为哥舒翰奏荐事,见《资治通鉴》卷二一七。

綦毋潜八月由左拾遗迁广文馆博士。

按:见《玉海》卷一一二引《集贤注记》。

岑参迁大理评事兼监察御史,充安西节度判官,再赴安西。

按:岑参首次赴安西任职在天宝八载,参见该年条。

萧颖士在河南府参军事任,是夏,作诗并序送刘太真东归,对为学作文提出自己见解。九月,托病辞职,客居陈留。

按:萧颖士所作诗及序,见《全唐诗》卷一五四。序中认为,"学也者"不当限于"征辨说,摭文字",而应"宪章典法,膏腴德义";"文也者"不当"尚形似,牵类比",而应"激扬雅训,彰宣事实"。刘太真东归事,参见本年下文条。

刘太真应贡举,登进士第,授校书郎,寻赴陇右领元戎书记事。五月回京,告归江东。

按:见岑仲勉《登科记考订补》。

韩翃应贡举,登进士第。

按:见《登科记考》卷九。

孟云卿至长安,以年三十尚不得志,郁郁自伤,作《古别离》等诗以抒怀。

按:《全唐诗》卷一五七有孟云卿《故别离》、《伤怀赠故人》、《今别离》、《悲哉行》、《古挽歌》等,当作于此期。

僧鉴真在日本,二月一日至难波,四日入平城京,暂住东大寺。日天皇诏请其设坛传戒,并赐"传灯大法师"号。

按:鉴真抵日本事,见去年条。难波、平城京,即今日本大阪、奈良。鉴真在东大寺筑坛传戒,日本天皇、皇后、皇太子以上皆次第受菩萨戒,又为沙弥证修等四百四十余人授戒,另有大僧灵祐、贤璟、忍基等八十余人舍旧戒重受。是为日本佛教史上正规传戒之始。后复于东大寺大佛殿西造戒坛院,四方闻名来学者渐多。参见日僧元开《唐大和上东征传》、《戒律传来记》卷上。

僧湛然师事天台宗八祖玄朗,是年玄朗卒,遂游化东南各地,著述宣讲,弘扬天台宗义,贬斥禅、华严、法相诸宗,由是声名大振。朝廷多次征召,皆托病固辞。

按:湛然师从玄朗事,见开元十八年条。时禅、华严、法相诸宗名僧辈出,各阐宗风,湛然慨然以中兴天台为己任,撰天台三大部之注释等凡数十万言,以与诸宗抗衡,天台宗由此复振。见《佛祖统纪》卷七、《宋高僧传》卷六。

道士吴筠应诏入京,待诏翰林。六月表献《玄纲论》三篇,玄宗下诏嘉纳。寻累章求去,复还嵩山嵩阳观。

按:吴筠所撰《玄纲论》,见《全唐文》卷九二五至九二六。

日人晁衡自安南复还长安。

按:晁衡漂流安南事,参见天宝十二年李白条。晁衡后累官至左散骑常侍、安南都护。参见(日)藤家礼之助《日中交流二千年》。

僧不空至武威,住开元寺,当地士庶数千人皆愿受灌顶。

按:见《宋高僧传》卷一本传。

龟兹僧利言复受召东游，入武威，住龙兴寺及报恩寺，襄助僧不空译经。

按：利言曾随其师法月来唐，后回故土，分见开元十八、二十年、二十九年及天宝二年。不空至武威译经事，见天宝十二载。

僧玄朗卒(673—　)。玄朗俗姓傅，婺州乌伤(一说东阳)人。唐代高僧，天台宗第八祖(一说第五祖)。九岁出家，二十岁受具足戒。游历各地，访问名师，博涉群书。隐居浦阳左溪三十余年，潜心修行，世称"左溪玄朗"。晚年致力于讲学，学者云集。弟子有湛然及新罗僧理应、纯英、法融等，由湛然承其嗣。著有《法华科文》2卷。事迹见《宋高僧传》卷二六。

按：天台宗入唐后一度趋于低落，经玄朗及其弟子湛然等倡弘，由是走向中兴。

元德秀卒(695—　)。德秀字紫芝，河南人。有文名。举进士，授鲁山令。后隐居陆浑山，淡泊名利，抚琴赋诗自乐。时人高其行，称"元鲁山"。及卒，门人私谥"文行先生"。事迹见《旧唐书》卷一九〇下、《新唐书》卷一九四。《全唐文》卷三二〇有李华《元鲁山墓碣铭并序》。

按：元德秀生卒年诸书说法不一，今从《隋唐五代墓志汇编》洛阳卷第十一册《唐故鲁山县令河南元府君墓志铭并序》。德秀所著《季子听乐论》、《寒士赋》等诗文，为时人称赞赏。李华《元鲁山墓碣铭》谓其"与古同辙，自为名家"。

陆据卒，生年不详。据字德龄，河南人。工文辞，善言谈。年三十余始游京师，为公卿所重，累官司勋员外郎。《全唐文》卷三三〇收录其文1篇。事迹见《旧唐书》卷一九〇下、《新唐书》卷二〇二。

陶翰是年前后卒，生年、字号不详。翰，润州人。盛唐诗人。通晓《六经》，工于五言，尤长于赋序，名闻一时。开元中登进士第，累迁太常博士、礼部员外郎。有集1卷，今存。《全唐文》卷三三四收录其文20篇，《全唐诗》卷一四六编录其诗为1卷。事迹见《唐才子传》卷二。

按：陶翰卒年，史不载。此从傅璇琮主编《唐五代文学编年史》(初唐盛唐卷)。翰诗作颇为时人所重。殷璠《河岳英灵集》卷上评曰："历代词人，诗笔双美者鲜矣。今陶生实谓兼之，既多兴象，复备风骨，三百年以前方可论其体裁也。"

陆贽(　—805)、李藩(　—811)生。

圣卜尼法斯卒(约675—　)。英格兰基督教僧侣，日尔曼总主教。

天宝十四载　乙未　755年

二月十日，令弘文馆学生自今以后依国子监学生例帖试，明经、进士科帖经并减半，杂文及策皆须粗通，永为常式。

按：见《唐会要》卷七七。

保加利亚及拜占庭人战。

伦巴德人侵罗马。

十月甲午,颁玄宗御注《老子》并《义疏》于天下。

> 按:见《旧唐书》卷九《玄宗纪下》。玄宗为《道德经》作注、疏,参见开元二十年、二十三年条。

十一月,范阳节度使安禄山起兵南下,次月攻陷东京洛阳,"安史之乱"爆发。

> 按:玄宗统治后期,沉湎声色,任用奸佞,政治大坏。及"安史之乱"起,国事遂不可收拾,唐之所谓"盛世"由此而止。

是年,开科取士,礼部侍郎杨浚知贡举,进士及第24人。

> 按:见《登科记考》卷九。

杜甫在长安,十月授河西尉,不就,改授右卫率府胄曹参军。十一月,赴奉先省视家小,见国事日乱,作《自京赴奉先县咏怀五百字》长诗以抒怀。

> 按:《自京赴奉先县咏怀五百字》,见《全唐诗》卷二一六。

李白在江南,春夏间游宣城。是冬,闻安史之乱起,始北上。

> 按:参见傅璇琮主编《唐五代文学编年史》(初唐盛唐卷)。

王维为给事中,奉使祭五星坛,作诗与杜甫唱和。

> 按:王维奉使祭五星坛事,见《册府元龟》卷一四四。

独孤及在华阴尉任,是春奉使长安,与薛华、裴冀、郑袤等交游。是秋,又奉使东平。十一月,东使至登州。

> 按:独孤及与薛华等游事,见《全唐文》卷三八七独孤及《仲春裴胄先宅宴集联句赋诗序》。其奉使东平及登州事,参见傅璇琮主编《唐五代文学编年史》(初唐盛唐卷)。

李华迁右补阙,以安史之乱起,上献防守之策,不报。

> 按:见《新唐书》卷二〇三本传。

高适十二月拜左拾遗,转监察御史,随太子先锋兵马元帅哥舒翰守潼关,以抵御安禄山军队。

> 按:见《旧唐书》卷一一一本传。

萧颖士寓居滑州韦城县,又转至卫州淇县。逢安史之乱,携家南奔,漂泊于襄、宛之间,穷困潦倒。

> 按:见《全唐文》卷三二二萧颖士《登宜城故城赋》。

于邵应贡举,登进士第,又登吏部拔萃科,授崇文馆校书郎。

> 按:见《登科记考》卷九。

玄宗撰《韵英》5卷,诏传布天下。

> 按:《新唐书》卷五七《艺文志一》曰:"玄宗《韵英》五卷,天宝十四载撰,诏集贤院写付诸道采访使,使传布天下。"该书后佚。

綦毋潜是年或稍后卒,生年不详。潜字孝通,南康人。盛唐诗人。开元中登进士第,历宜寿尉、集贤院待制、广文馆博士、右拾遗等职,终著作郎。有诗集1卷。原本已散佚,《全唐诗》卷一三五辑录其诗仍编为1卷。

按：綦毋潜卒年，史无载。此从今人傅璇琮主编《唐五代文学编年史》（初唐盛唐卷）。殷璠《河岳英灵集》卷中评曰："潜诗，屹崒峭蒨，足佳句，善写方外之情。……荆南分野，数百年来，独秀斯人。"

蔡希寂是年前后卒，生年、字号不详。希寂，曲阿（一说济阳）人，蔡希周之第。盛唐诗人。历洛阳尉等职，累官司勋郎中。《全唐诗》卷一一四收录其诗5首。

按：蔡希寂卒年，史无载。此从今人傅璇琮主编《唐五代文学编年史》。殷璠《河岳英灵集》评曰："希寂词句清迥，情理绵密。"

刘伯刍（　—815）、僧惟宽（　—817）、杨巨源（　—约833）生。

天宝十五载　唐肃宗至德元载　丙申　756年

正月乙卯朔，安禄山在洛阳自称大燕皇帝。
按：见《旧唐书》卷九《玄宗纪下》。

六月，安禄山军攻入长安，玄宗西走奔蜀，至马嵬驿发生兵变，杀宰相杨国忠，迫玄宗赐死杨贵妃。
按：见《旧唐书》卷九《玄宗纪下》。

七月甲子，太子李亨于灵武即位，是为唐肃宗，尊玄宗为上皇天帝。
按：见《旧唐书》卷一〇《肃宗纪》。

是年，开科取士，礼部侍郎杨浚知贡举，进士及第33人。
按：见《登科记考》卷九。

杜甫是春自奉先回京，仍官右卫率府胄曹参军。五月避乱至奉先，携家往白水，寄居舅氏崔少府家。七月赴鄜州。八月奔肃宗行在，为安史军所俘，身陷长安。
按：参见傅璇琮主编《唐五代文学编年史》（中唐卷）。

李白是春至华州，寻避战乱南下宣城，转辗杭州、越州等地。是秋，至庐山。
按：参见詹锳《李白诗文系年》。

王维是春在给事中任，与丘为、皇甫冉交游。后为安史军所俘，囚禁于洛阳菩提寺，署给事中。
按：王维身陷安史军事，见《新唐书》卷二〇二本传。

高适在监察御史任，六月追及玄宗于河池郡，迁侍御史，随驾入蜀。八月至成都，擢谏议大夫。十二月，出为广陵长史、淮南节度使兼采访使。
按：见《旧唐书》卷一一一本传、卷一〇《肃宗纪》。

萧颖士避乱襄阳，襄州刺史、本道采访使源洧辟为掌书记。寻又随

阿拉伯人败拜占庭。

阿拉伯倭马亚朝阿卜杜·拉赫曼王子于西班牙科尔多瓦建国。史称"后倭马亚王朝"。

法兰克人入意大利。

教皇国始。

源洧移镇江陵。十月,在淮南节度使李成式幕下,拜扬州功曹参军、掌书记。

按:见《全唐文》卷三二二萧颖士《登宜城故城赋》、卷三二一李华《萧颖士集序》。

李华为安禄山军所俘,署凤阁舍人之职。

按:见《旧唐书》卷一九〇下本传。

贾至随玄宗入蜀,拜起居舍人,知制诰。八月,作肃宗即位册文,奉册赴灵武。

按:见《新唐书》卷一一九本传。《全唐文》卷三六七有贾至《肃宗皇帝即位册文》。

郑虔在著作郎任,为安史军所俘,署水部郎中职。佯中风疾,求摄市令以自污,暗中向玄宗上章疏以自明。

按:见《太平广记》卷八二引《广异录》、卷一四八引《前定录》。

颜真卿在平原郡阻击安史叛军,八月授工部尚书、河北采访招讨使。

按:见《旧唐书》一二八本传。

储光羲九月自长安脱身,南奔江汉,至襄阳,作诗送襄阳守徐浩等应召勤王。

按:储光羲所作《奉别长史庾公太守徐公应召》,见《全唐诗》卷一三八。

陆羽自复州避乱江东。

按:见《全唐文》卷三四三陆羽《陆文学自传》。

皇甫冉应贡举,登进士第。

按:见《登科记考》卷九。

僧神会由荆州返回洛阳,草创寺院,设坛度僧,所收水费悉助军需。

按:神会出贬之事,见天宝十二载。"安史之乱"事发后,唐廷军费匮乏,肃宗采纳右仆射裴冕建议,敕令各郡府置戒坛度僧,收费以助军需。时群议请召回神会主持度僧,神会遂重回洛阳。及乱平,肃宗诏入内道场,备受尊敬,又于荷泽寺建造禅宇供其居住。事见《宋高僧传》卷八本传。

僧不空在武威开元寺译经,奉召还长安,住大兴善寺。安史军入长安,不空密使人向唐肃宗通消息。

按:见《宋高僧传》卷一本传、赵迁《大唐故大德赠司空大辨正广智不空三藏行状》不空由是为肃宗所重。及肃宗还都,备受礼遇。不空遂广译密教经论,灌顶传法,密宗大盛。

道士吴筠自嵩山避乱南奔,寓居庐山。

按:见权德舆《权载之文集》卷三三《吴筠集序》。

韦述二月著《集贤注记》3卷成。

按:见《玉海》卷四八《唐集贤注记》。该书述置集贤院始末及学士名氏与院中故事,已佚。

颜真卿约是年稍前编《韵海镜源》200卷。

按:《颜鲁公文集》卷七《湖州乌程县杼山妙喜寺碑铭》曰:"天宝末,真卿出守平原……修之(即《韵海镜源》),裁成二百卷。"

元结著《猗玗子》3篇。

> 按：时元结避乱于猗玗洞，旋召集邻里二百余家奔襄阳。

王昌龄约卒（约690—　）。昌龄字少伯，江宁人。盛唐诗人，时人称"王江宁"。登进士第，又登博学宏词科，历汜水尉、黔州龙标尉等职，以世乱还乡里，为刺史闾丘晓所杀。撰有《诗格》3卷，集5卷，已散佚。《全唐文》卷三三一收录其文6篇，殷璠《河岳英灵集》收录其诗16首。事迹见《旧唐书》卷一九〇下、《新唐书》卷二〇三。

> 按：《新唐书》本传谓王昌龄"以世乱还乡里，为刺史闾丘晓所杀"。其卒当本年或稍后。姑系于此。昌龄诗名颇著于时，殷璠《河岳英灵集》谓昌龄与"鲁国储光羲颇从厥游，且两贤气同体别，而王声稍峻"。今《格致丛书》存题昌龄《诗格》2卷，有人疑非王昌龄所作。参见傅璇琮主编《唐五代文学编年史》（中唐卷）。

万齐融是年后卒，生年、字号不详。齐融，越州人。诗人。神龙中，与贺知章等俱以文词俊秀名扬上京。历秘书省正字、昆山令等职。《全唐文》卷三三五收录其文3篇，《全唐诗》卷一一七收录其诗4首。事迹见《旧唐书》卷一九〇中。

至德二载　丁酉　757年

九月癸卯，唐军收复长安。

> 按：见《旧唐书》卷一〇《肃宗纪》。

十月丁卯，肃宗还西京长安。

> 按：见《旧唐书》卷一〇《肃宗纪》。

十二月丙午，玄宗回长安。

> 按：见《旧唐书》卷一〇《肃宗纪》。

是年，以战乱道路不通，分地开科取士。礼部员外郎薛邕知凤翔举，进士及第22人；礼部侍郎裴士淹知成都举，进士及第16人；门下侍郎崔涣知江淮举，进士及第6人；礼部侍郎李希言知江东举，进士及第7人。

> 按：见《登科记考》卷一〇。

是年前后，因战乱，乾元殿所藏旧籍亡散殆尽。

> 按：乾元殿藏旧籍事，参见开元七年条。

杜甫五月自长安潜奔凤翔，授左拾遗。

> 按：见《钱注杜诗》卷二《述怀》诗笺注引录是年五月十六日《授杜甫左拾遗制》。《杜诗详注》卷五《自京窜至凤翔喜达行在所》，当系杜甫奔至凤翔时所作。

李白是春在永王李璘幕，多有诗作。寻以璘兵败广陵，自丹阳南奔，

西哥特人阿斯图里亚斯王国纳贡于后倭马亚。

拜占庭帝君士坦丁五世伐保加利亚。

系狱浔阳。至秋,得宣慰大使崔涣和御史中丞、宣城太守、江西采访使宋若思之力出狱,遂入宋氏幕,随同至武昌。未几,寓居舒州宿松,又长流夜郎。

按:《李太白全集》卷二四《南奔书怀》,所述即永王兵败事。同卷《上崔相百忧草》原注:"时在浔阳狱。"同书卷二六《为宋中丞自荐表》、卷一一《中丞宋公以吴兵三千赴河南军次寻阳脱余之囚参谋幕府因赠之》,述及出狱及入宋氏幕事。同书卷一一《赠张相镐二首》,言及卧病寓居宿松事。李白长流夜郎事,见《旧唐书》卷一九〇下本传。

于休烈为太常少卿兼修史官,六月与肃宗论修史。十一月,以大乱之后,国史典籍多遭焚毁,奏请重加赏购遗书。

按:《唐会要》卷六四载,本年六月二十三日,肃宗谓休烈曰:"君举必书,朕有过,卿宜书之。"休烈对曰:"臣闻禹、汤罪己,其兴也勃焉。有德之君,不忘书过,臣不胜庆。"同书卷六三又载本年十一月二十七日休烈奏曰:"《国史》一百六卷、《开元实录》四十七卷、《起居注》并余书三千六百八十二卷,在兴庆宫史馆,并被逆贼焚毁。且《国史》、《实录》、《圣朝大典》修撰多时,今并无本。望委御史台推勘史馆所由,并令府县搜访,有人收得《国史》、《实录》,能送官司,重加购赏。若是官书,并舍其罪。得一部超授官,一卷赏绢十匹。"肃宗从之。然数月之间,仅得一二卷。韦述家先藏《国史》113卷,遂送于官。

岑参六月自北庭归凤翔,为杜甫等荐举,授右补阙。

按:见《全唐文》卷四五九杜确《岑嘉州集序》、《杜诗详注》卷二五《为补遗荐岑参状》。

储光羲受永王李璘之乱牵连,系狱中,后流岭南。

按:《郡斋读书志》卷一七、《唐才子传》卷一均谓储光羲以从安禄山伪署,贼平后入狱长流。然考光羲早在至德元年九月即自长安南奔襄阳,不当由此获罪,疑因入永王幕而受牵连。参见傅璇琮主编《唐五代文学编年史》(中唐卷)。

郑虔是春由洛阳潜回长安,与杜甫交游。及两京收复,以陷于安史叛军故,十二月与李华、王维等皆遭贬放。

按:《资治通鉴》卷二二〇载,唐廷平安史之乱后,陷于叛军之官以六等定罪,"重者刑之于市,次赐自尽,次重杖一百,次三等流贬"。由是郑虔贬台州司户参军,卢象贬果州长史,李华贬杭州司功参军,王维贬授太子中允,赵骅贬晋江尉,陈兼贬清江丞,郜纯(郜昂)贬歙县尉,张均流合浦,韦述流渝州。参见傅璇琮主编《唐五代文学编年史》(中唐卷)。

戴叔伦避乱南下,初居润州,又转奔饶州。

按:见《全唐诗》卷二七四戴叔伦《抚州对事后送外生宋垓归饶州觐侍呈上姊夫》。该诗作于贞元四年,距本年三十余年,故诗中有"淹留三十年"云云。

刘长卿在长洲尉任,与刘晏、严士元等寄诗唱和。是春奉使扬州,途中与岑况、李纾等交游。

按:刘长卿与刘晏、严士元唱和诗,见《刘随州文集》卷五《奉钱郎中四兄罢余杭太守承恩加侍御史充行军司马赴汝南行营》、卷九《别严士元》。同书卷三《曲阿对月别岑况徐说》、《长沙桓王墓下别李纾张南史》,当系与岑况等交游时所作。

裴倩避乱江东,授洪州司马,与柳识、柳浑、萧定、卢虚舟、李勋、袁高、元亘等交游。

按：裴倩与诸人唱和诗，后由其子裴均编为《裴氏海昏集》，参见元和五年条。裴倩生卒年、字号不详，绛州闻喜人，裴行俭曾孙。历信州刺史、度支郎中等职，爵封正平郡公。卒，谥曰"节"。有《溢城集》5卷，集5卷，后皆佚。事迹见《新唐书》卷一〇八。《权载之文集》卷一七有《唐尚书度文郎赠尚书左仆射正平节公裴公神道碑并序》。

顾况应贡举，登进士第。

按：见《登科记考》卷一〇。

严维登词藻宏丽科，授诸暨尉。

按：见《唐才子传》卷三。

僧灵一是春居越州云门寺，与皇甫冉、李嘉祐、朱放等交游。至秋，复归杭州宜丰寺，与刘长卿、严维等唱和。

按：参见傅璇琮主编《唐五代文学编年史》（中唐卷）。

僧无住赴成都净众寺，师从净众宗僧无相。

按：无住后登南阳白崖山，绝思断虑，专事禅坐。见《历代法宝记》。

僧澄观受具足戒。

按：见《佛祖历代通载》卷一四。另据《宋高僧传》卷五本传，此后数年，澄观从润州栖霞寺僧醴律师学相部律，依越州开元寺僧昙一受南山律学，又往金陵从僧玄璧受鸠摩罗什所译之《三论》。

僧普愿是年十岁，初从大隗山僧大慧禅师受业，苦节笃励，勤勉奋发。

按：见《宋高僧传》卷一一。

韦述约是年稍后卒，生年、字号不详。述，京兆万年人。盛唐学者、史学家、藏书家。年少登进士第，累官集贤殿学士、工部侍郎，封方城县侯。典掌图书四十年，任史官二十年，藏书二万卷，皆手自校定。因受安史叛军伪职，流渝州，卒于流所。尝参修《唐六典》、《初学记》、《群书四部录》等。著述颇丰，撰有《唐春秋》30卷、《高宗实录》30卷、《集贤书目》1卷、《开元谱》20卷、《御史台记》10卷、《东封记》1卷、《两京新记》5卷、《唐职仪》30卷、《集贤注记》3卷等。多已佚。今存《两京新记》等。《全唐文》卷三〇二收录其文9篇，《全唐诗》卷一〇八收录其诗4首。事迹见《旧唐书》卷一〇二、《新唐书》卷一三二。

按：《旧唐书》本传载，韦述因陷于安史军，受伪职，及两京收回复，遂流放渝州，"为刺史薛舒困辱，不食而卒"。知其卒当本年稍后。韦述于史学成就尤著，执掌史馆多年，主持修撰唐初武德以来国史，文约事详，时人比之谯周、陈寿之流。

欧阳詹（　—802）生。

至德三载　唐肃宗乾元元年　戊戌　758年

二月丁未，复以载为年，改元乾元。敕今后医卜入仕者，同明法科例

拜占庭人败斯

| 拉夫人于色雷斯。

处分。

按：见《旧唐书》卷一〇《肃宗纪》。

三月十九日，改太史监为司天台。

按：太史监原名太史局，始设于唐初，其名称及建制屡有改易。参见久视元年五月、长安二年八月、神龙二年六月、景云元年七月、景云二年闰九月、开元二年二月、开元十五年正月、天宝元年十月条。《唐会要》卷四四载，司天台置于长安永宁坊张守珪旧宅，内别设通元院，"有术艺人并征辟到京，皆于通元院安置"。司天台总置官六十员，包括大监一人，少监二人，上丞三人，主簿三人，主事二人，五官正各一人，五官副正各一人，五官灵台郎各一人，五官保章正各一人，五官挈壶正各一人，五官监候各一人，五官司历各一人，五官司晨各三人等。另有观生、历生七百二十六人。

四月十四日，诏民间有不求闻达、未经荐举者，由兵部、吏部作征召条目奏闻；国子监学生及明经、明法科试，帖、策、口试各十通，通四以上者及第，乡贡明经准常式；州县学生放归，待乱平后再复学。

按：见《唐大诏令集》卷六九肃宗《乾元元年南郊赦》。

十月甲辰，民间有"怀才抱器"、"隐遁邱园"者，由所在州县搜择奏荐，内外文武官五品以上各荐所知，不限人数。

按：见《登科记考》卷一〇。

是年，开科取士，礼部侍郎裴士淹知贡举，进士及第23人。

按：见《登科记考》卷一〇。

杜甫在左拾遗任，深叹国事动荡、社会不安，盼战争早日结束，作《洗兵行》，又作七律多首，已有拗体。六月，坐房琯党，出为华州司功参军。冬末以事赴东都洛阳，与孟云卿游。

按：《洗兵行》一作《洗兵马》，一说作于乾元二年仲春，恐误。清仇兆鳌《杜诗详注》卷六《洗兵行》引原注曰："收京后作。"唐军去年九月收复长安，十月和十二月，唐肃宗和唐玄宗相继还京，则该诗当作于本年春。另据《旧唐书》卷一九〇下《杜甫传》："琯罢相，甫上疏言琯有才，不宜罢免。肃宗怒，贬琯为刺史，出甫为华州司功参军。"房琯罢相贬谪之事，《资治通鉴》卷二二〇系于本年六月。又，《杜诗详注》卷六载有《冬末以事之东都湖城东遇孟云卿复归刘颢宅宿宴饮散因为醉歌》，并引黄鹤注："当是乾元元年冬自华州游东都作。"

李白是春自浔阳赴夜郎流所。

按：李白长流夜郎事，见去年条。

王维在中书舍人任，是春与京兆尹严武、中书舍人徐浩交游。未几，复拜给事中。是年，捐蓝田庄为寺，作慧能碑，又代人作谢赐表，论及作画旨意。

按：《王右丞集笺注》卷一七《为画人谢赐表》，谓作画当"传神写照"、"审象求形"。

高适在淮南节度使任，为李辅国所恶，是春左迁太子詹事。五月，赴洛阳太子少詹分司任。

按：见今人周勋初《高适年谱》。

徐浩为中书舍人，以战乱之余，内库法书皆散失，充访图书使，搜集二王书200余卷。时侍御使、广陵人史惟则奉使晋州推事,所至博访书画,悬爵赏待之。

> 按:见《法书要录》卷三徐浩《古迹记》。

独孤及正月自洛阳奉母赴越州,七月丁母忧。

> 按:《毗陵集》卷一〇《独孤通理灵表》谓独孤及母"岁在甲戌,七月二十四日终于会稽"。"甲戌"当为"戊戌"之误,参见傅璇琮主编《唐五代文学编年史》(中唐卷)。

刘长卿正月由长洲尉摄海盐令,与李希言、范伦等寄诗抒怀,旋罢摄官。时顾况居海盐横山,两人交游。未几,坐事系狱苏州。是秋,贬南巴尉。未至贬所,为使牒所追,赴苏州重推。

> 按:《刘随州文集》卷七有《至德三年春正月时谬蒙差摄海盐令闻王师收二京因书事寄上浙西浙节度李侍郎中丞行营五十韵》、《罢摄官后将还旧居留辞李待御》,知刘长卿正月摄海盐令,寻罢。又,清雍正《浙江通志》卷一七九引《海盐县图经》:"顾况……家在县南五十里之横山。刘长卿摄县,有《过横山顾山人》诗。"刘长卿系狱及遭贬事,参见傅璇琮主编《唐五代文学编年史》(中唐卷)。

贾至为中书舍人,是春与王维、杜甫、岑参等于大明宫作诗唱和。旋坐房琯党,出守汝州。

> 按:房琯事,参见至本年杜甫条按语。

孟云卿客居长安,与杜甫等游。

> 按:《杜诗详注》卷六《酬孟云卿》,当系本年六月杜甫出为华州司功参军(参见本年上文条)与孟云卿告别时所作。

元结迁居江州瀼溪,作《瀼溪铭》。

> 按:《瀼溪铭》,见《元次山文集》卷六。

僧不空三月十二日表请搜访梵文经夹加以修补,并翻译传授。诏许将长安慈恩、荐福等寺,洛阳圣善、长寿等寺,以及各县寺舍、村坊,凡旧日大遍觉(玄奘)、义净、善无畏、流支、宝胜等三藏所带来之梵夹,集中于长安大兴善寺,由不空陆续翻译奏闻。

> 按:见《贞元新定释教目录》卷一五。此为唐代佛教梵文经夹一次大规模集中整理。后会昌五年唐武宗灭法,大兴善寺被毁,大批梵夹亦由此散失。

柳芳约是年稍后继韦述续撰《国史》(《唐书》)130卷。

> 按:《新唐书》卷一三二本传载,初,肃宗诏芳与韦述缀辑吴兢所次《国史》,会述卒,芳续成之。所述自唐初至乾元初。"叙天宝后事,弃取不伦,史官病之"。同书《艺文志》录有《唐书》100卷,又130卷,注云:"兢、韦述、柳芳、令狐峘、于烈休撰。"

李翰至长安,上所撰《张巡传》、《姚訚传》等。

> 按:见《新唐书》李翰本传、《全唐文》卷四三〇李翰《进张巡中丞传表》。

吴道玄约是年前后卒(约686前后—)。道玄字道子,一说原名道子,阳翟人。唐代著名画家,后世尊称"画圣"。少孤,相传曾学书于张旭、贺知章,未成,遂改习绘画。曾任兖州瑕丘尉,后辞职,寓居洛阳。开元中被诏入宫,历供奉、内教博士、宁王友。事迹见《历代名画记》卷九、《唐朝名画录》(不分卷)。

按：道玄擅画佛道、神鬼、人物、山水、鸟兽、草木、楼阁，尤精于佛道、人物，长于壁画，在中国古代绘画史上颇具地位，被视为传统山水画之开创者和避讳画始祖。其画迹不存，今存《宝积宾伽罗佛像》《送子天王图》《道子墨宝》等，皆为后世摹本。

于逖约卒（约699—　）。逖籍贯、事迹不详。盛唐诗人。与元结友善，与李白、独孤及皆有诗作往来。《全唐诗》卷二五九收录其诗2首。

按：于逖卒年，史不载，此从傅璇琮主编《唐五代文学编年史》（中唐卷）。

崔成甫卒，生年、字号不详。成甫，博陵安平人，崔沔长子。诗人。起为秘书省校书郎，历冯翊、陕二县尉，坐事贬湘阴，卒于贬所。《全唐诗》卷二六一收录其诗1首。

按：崔成甫诗作，颇为李白称赏。《李太白全集》卷二七《泽畔吟序》评成甫诗曰："观其逸气顿挫，英风激扬，横波遗流，腾薄万古。至于微而彰，婉而丽，悲不自我，兴成他人，岂不云怨者之流乎。"

张均是年或稍后卒，生年、字号不详。均，洛阳人，张说之子。工诗文。累迁兵部侍郎，坐事贬饶州刺史，历户部侍郎、刑部尚书、大理寺卿。"安史之乱"平，因受安禄山署职，流放合浦，卒于流所。后追赠太子少傅。有集20卷，已佚。《全唐文》卷四〇八收录其文1篇，《全唐诗》卷九〇收录其诗7首。事迹见《旧唐书》卷九七、《新唐书》卷一二六。

按：张均卒年，史无明载。《新唐书》本传谓其因受安禄山伪职，当死，得宰相房琯营解免死，流合浦而卒。考《资治通鉴》卷二二〇，房琯于本年六月罢相，均流合浦当在此前，其卒当此后不久。姑系于此。

李吉甫（　—814）、武元衡（　—815）、李逢吉（　—835）生。

乾元二年　己亥　759年

阿拉伯入今伊朗北部。

阿拉伯人伐马格里布。

法兰克人败阿拉伯人于南高卢纳尔榜。高卢全境遂平。

四月壬寅，敕文武官五品以上各举贤良方正、直言极谏1人。

按：见《旧唐书》卷一〇《肃宗纪》。

五月丁亥，肃宗御宣政殿，亲策试文经邦国等四科举人。

按：见《旧唐书》卷一〇《肃宗纪》。

是年，开科取士，礼部侍郎李揆知贡举，置五经、诸史于试庭，供举子寻检。进士及第25人，另上书拜官1人。

按：见《登科记考》卷一〇。

杜甫三月自东都归华州，适逢唐军相州之溃，著"三吏"、"三别"，纪途中见闻。是夏在华州，以关中旱饥严重，作《夏日叹》《夏夜叹》，遂决意弃官，携家移居秦州，诗作颇多。又先后与李白、严武、贾至、岑参、张彪等寄诗往来，对李白多有称赞。十月，取道凤州赴成州，寓居同谷县。十二月，赴蜀至成都。

  按："三吏"即《潼关吏》、《新安吏》、《石壕吏》；"三别"即《新婚别》、《垂老别》、《无家别》，皆为杜甫名作。又《杜诗详注》卷八《寄李十二白二十韵》，称李白"笔落惊风雨，诗成泣鬼神"。

  李白流夜郎，道遇赦还。东下江陵，转辗江夏、汉阳等地。八月在鄂州，为刺史韦良宰作德政碑，并盛赞韦诗。与随州僧贞倩游，以平生述作，罄其草而授之。又南下岳州，与贾至等游。九月。至永州，与司户卢象游。

  按：《李太白全集》卷二九有《天长节使鄂州刺史韦公德政碑》。同书卷一一一有《经乱离后天恩流夜郎忆旧游书怀赠江夏韦太守良宰》，称韦诗"清水出芙蓉，天然去雕饰"。随州僧贞倩事迹，见《李太白全集》卷三〇《汉东紫阳先生碑铭》。

  岑参是春自右补阙迁起居舍人，寻出贬虢州长史，五月离京赴任。

  按：见《岑嘉州诗》卷一《佐郡思旧游序》。

  高适出为彭州刺史，五月赴任。

  按：两《唐书》本传仅载高适曾任蜀州、彭州刺史，未具言年月。傅璇琮主编《唐五代文学编年史》（中唐卷）谓适出任彭州前尝入京，本年五月赴任。从之。又《全唐文》卷三五七有高适《谢上彭州刺史表》，《高常侍集》卷七有《赴彭州山行之作》，当系适受命及赴任途中所作。

  贾至为汝州守，八月再贬岳州司马，与李白、李晔等交游。

  按：见傅璇琮《唐代诗人丛考·贾至考》。

  元结九月赴长安，献《时议》三篇，授右金吾兵曹，摄监察御史，充山南东道节度使参谋，奉命于唐、邓、汝、蔡等州招缉义军。

  按：见《颜鲁公文集》卷一一《元结表墓碑》。又，《元次山文集》卷八《时议三篇》有"乾元二年九月日，前进士元结表上"云云。

  薛据是秋授太子司议郎，与王维等交游。

  按：参见傅璇琮主编《唐五代文学编年史》（中唐卷）。

  韦渠牟年十一，作《铜雀台赋》绝句，李白见而奇之，遂授以古乐府之学。

  按：见权德舆《权载之文集》卷三五《左谏议大夫韦公诗集序》。

  僧智藏是年二十五，始受具足戒。

  按：见《五灯会元》卷三本传。智藏后于建阳佛迹岩参礼马祖道一，受心印及袈裟。

  僧天王道悟诣嵩山受戒。

  按：见《释氏稽古略》卷三本传。道悟后参谒衡岳僧石头希迁，又入长安师从南阳慧忠、马祖道一，遂悟禅学玄旨。

  僧鉴真在日本平城京传戒，是年入住招提寺。

  按：鉴真赴日后，初在平城京东大寺传戒。日天皇赠故新田部亲王旧宅为其建筑伽蓝之用，至是完工，遂入住。从此，其在该寺讲经弘法，备受日本朝野敬重。

  徐浩撰《广孝经》10卷，是年进上。

  按：见清佚名《唐书艺文志注》卷一。该书已佚。

日本《万叶集》编成。

道士李筌著《神机制敌太白阴经》10卷成。

按：该书又称《太白阴经》，今存，有清虞山毛氏汲古阁钞本、守山阁丛书本等。李筌自号达观子，相传曾累官荆南节度副使、仙州刺史、邓州刺史，一说曾任江陵节度副使、御史中丞。事迹见《云笈七签》卷一一三、杜光庭《神仙传》等。另据《新唐书·艺文志》，李筌撰述除《太白阴经》外，尚有《阃外春秋》10卷、《集注阴符经》1卷、《骊山母传阴符玄义》1卷、《注孙子》2卷、《青囊括》1卷、《六壬大玉帐歌》10卷等。今存《黄帝阴符经疏》3卷、《阴符经解》（不分卷）等。《全唐文》卷二六一收录其文1篇。

伊本·穆格法卒（724—　）。阿拉伯作家。著有寓言故事集《卡里来和笛木乃》等，并译亚里士多德著作。

储光羲约卒，生年、字号不详。光羲，兖州人。诗人。开元中登进士第，又登制科，历监察御史等职。坐事流岭南，卒于流所。著有《正论》15卷、《九经外义疏》20卷，另有集70卷，后皆散佚。《全唐诗》卷一三六至一三九辑录其诗编为4卷。事迹见《唐才子传》卷二。

按：储光羲卒年，史无明载。《郡斋读书志》卷一七谓光羲"贼平贬死"。储光羲去年五月已在贬所，其卒当本年前后。姑系于此。殷璠《河岳英灵集》卷中选录其诗12首，评曰："储公诗，格调高远，趣远情深，削尽常言，挟风雅之迹，浩然之气。"《全唐文》卷五二八顾况《监察御史储公集序》评曰："其文篇赋论，凡七十卷，虽无云雷之会，意气相感，而扶危拯病，绰有贤达之风。"

符载（　—约817或稍后）、权德舆（　—818）生。

按：符载，《全唐文》、《全唐诗》皆作"符载"，今人岑仲勉《跋唐摭言》以为两书皆误。从之。《全唐文》卷六八八符载《谢李巽常侍书》自谓"年甫壮"。该书作于贞元十四年，以时年载年四十计，其生约当本年。参见傅璇琮主编《唐五代文学编年史》（中唐卷）。

又按：权德舆生年，今人傅璇琮主编《唐才子传校笺》谓上元元年。《旧唐书》卷一四八本传谓其元和十三年卒，"年六十"，以此溯推，当生于本年。今从《旧唐书》。

乾元三年　唐肃宗上元元年　庚子　760年

波斯伊斯法罕清真寺建成。

闰四月己卯，改元上元。令中外五品以上文武官举贤良方正、直言极谏各1人；凡武艺文才堪济理者，听任状举；若有权谋可以集事、材力可临戎者，亦任通举。限一月内奏毕。

按：见《登科记考》卷一〇。

五月中旬，敕迎法门寺佛骨于宫内供养，至七月又置诸寺供养。

按：见法门寺《真身宝塔碑铭并序》。

十一月，宋州刺史刘展起兵南下，连陷扬、昇、润、苏、湖等州，江南大乱。

乾元三年　唐肃宗上元元年　庚子　760年

按：刘展之乱，至明年初始平。见《资治通鉴》卷二二一。

是年，开科取士，中书舍人姚子彦知贡举，进士及第26人。

按：见《登科记考》卷一〇。

杜甫在成都，七月，寄诗求助于高适。九月至蜀州新津县，与裴迪交游。

按：《杜诗详注》卷九有《因崔五侍御寄高彭州一绝》，即杜甫寄高适诗。"高彭州"即高适，时任彭州刺史。同书卷九又有《和裴迪登新津寺寄王侍郎》，当系与裴迪游时所作，"王侍郎"即蜀州刺史王缙，曾任工部侍郎。

李白是春自零陵北归，至鄂州，与韦冰等交游。是秋，至浔阳，复南入彭蠡，与卢虚舟等寄诗唱和。

按：《李太白全集》卷一一有《江夏赠韦南陵冰》诗，系与韦冰游时所作。同书卷一四又有《庐山谣寄卢侍御虚舟》，"谣"似应作"遥"。

高适是秋由彭州刺史转蜀州刺史，与杜甫多有诗作往来。

按：高适出为彭州刺史事，见去年条。

刘长卿赴苏州重推，是春再贬南巴。未几，因廷辩条奏得解，复归苏州。十一月，应召入宣歙节度使郑炅之幕。

按：刘长卿赴苏州重推事，见乾元元年条。

颜真卿为刑部尚书，为宰相李辅国所恶，七月贬蓬州刺史。

按：见《资治通鉴》卷二二一。《颜鲁公文集》卷五《鲜于氏离堆记》自谓本年八月自刑部侍郎"贰于蓬州"，与《资治通鉴》所载有所不同。今姑从《资治通鉴》。

刘晏五月由河南尹迁户部侍郎，充度支、铸钱、盐铁等使。

按：见《旧唐书》卷一〇《肃宗纪》。

元结为监察御史里行，八月拜水部员外郎兼殿中侍御史，充荆南节度使吕諲判官。

按：见《颜鲁公文集》卷一一《元结表墓碑》。

独孤及服母丧阕，赴扬州入江淮都统使李峘幕，为掌书记。是秋，与淮南节度行军司马崔论等交游。

按：《全唐文》卷四〇九崔祐甫《故常州刺史独孤公神道碑铭并序》谓独孤及丁母忧服阕，李峘奏为掌书记。及丁母忧事，见乾元元年条。其服丧阕当本年。又，《毗陵集》卷一六有《扬州崔行军水亭泛舟望月宴集赋诗序》，系与崔论等宴饮唱和时所作。

陆羽隐居湖州苕溪，自称桑苎翁，闭门读书，不杂非类，唯与僧皎然交游。

按：见《新唐书》卷一九六本传、《全唐文》卷四三三陆羽《陆文学自传》。

僧鉴真在日本平城京，奉淳仁天皇诏，整理佛学经论。时传入日本之佛典因辗转抄写，多有讹误，鉴真悉加校正。

按：见日僧元开《唐大和上东征传》。

僧皎然在湖州，避刘展之乱，西上扬、楚等地。

按：见贾晋华《皎然年谱》。

元结是春编《箧中集》成,收录沈千运、王季友、于逖、孟云卿、张彪、赵微明、元季川等7人诗,凡22首,并作序。

按:时元结为监察御史里行。《元次山文集》卷七《箧中集序》谓有感于近世作者"拘限声病,喜尚形似,且以流易为辞,不知丧于雅正",乃集箧中所有沈千运等人之作,"总编次之"。该书今存,有《四库全书》本等。

李华约是年或稍后撰《三贤论》,详述元德秀、刘迅、萧颖士交游情况。

按:《三贤论》,见《全唐文》卷三一七。

僧神会五月十三日卒(668—　)。神会俗姓高,襄阳人。禅宗七世祖,荷泽宗始祖。从国昌寺僧颢元出家,初随禅宗北派始祖神秀学禅法,后南下韶州,师从禅宗六祖慧能,遂为南派宗师。开元中奉敕居南阳龙兴寺,大力弘扬南派顿悟教,与北派展开激烈辩论,使南派影响逐渐超过北派,成为后世禅宗主流。遭诬奏出贬弋阳等地,"安史之乱"后返回洛阳。肃宗敕建荷泽寺以居之,故世称"荷泽大师"。卒,建塔于洛阳宝应寺,谥曰"真宗大师"。弟子有无名、法如等。著有《显宗记》、《荷泽神会语录》、《大乘开心显性顿悟真宗论》等。今存多种敦煌写本残卷,胡适校订编为《神会和尚遗集》。事迹见《宋高僧传》卷八、宗密《圆觉略疏钞》、《景德传灯录》卷五、《五灯会元》卷二。胡适撰有《荷泽大师神会传》。

按:神会卒年,历有不同说法,一说为乾元元年。今从《宋高僧传》本传。唐德宗贞元十二年,神会始被立为禅宗第七祖,其禅法于北方流行一时。然五代以降,荷泽宗法统已寂然无闻,唯与神会同门的青原行思和南岳怀让两支系统平分禅宗势力而日渐繁衍。

僧道璇卒(702—　)。道璇俗姓、籍贯不详。唐代律宗高僧。初住洛阳大福先寺,开元中受日僧荣睿、普照之邀,随日本遣唐副使东渡。后与僧鉴真在平城京传戒弘法,卒于日本。事迹见《唐大和上东征传》、《南都高僧传》、《元亨释书》卷一六。

萧颖士正月卒(717—　)。颖士字茂挺,颖川人。盛唐学者、谱牒学家、文学家。开元中登进士第,补秘书正字,诣史馆待制,调河南府参军事,托疾隐居太室山。"安史之乱"起,屡献防御计,不见用。客死汝南逆旅,门人谥曰"文元先生"。尝依《春秋》义类为传百篇,著有《梁萧史谱》20卷、《游梁新集》3卷,另有集10卷,后皆散佚。《全唐文》卷三二二至三二三辑录其文编为2卷,《全唐诗》卷一五四辑录其诗编为1卷。事迹见《旧唐书》卷一〇二、《新唐书》卷二〇二。

按:萧颖士卒年,两《唐书》本传皆未载。一说大历三年。《全唐文》卷三二一有李华《祭萧颖士文》,文首明言作于"乾元三年二月十日",知颖士之卒,当在正月。颖士高才博学,史学、谱牒学、文学皆颇具成就。卢异等皆执弟子礼,号"萧夫子"。其于史学,推崇编年体而贬纪传体;于文学,提倡质朴文,重视文章之道德教化功用,对中唐古文运动有一定影响。《全唐文》卷三一五李华《扬州功曹萧颖士文集序》谓颖士对先秦以来学者与文章多有评论,其略曰:"《六经》之后,有屈原、宋玉,文甚雄壮,而不能经。厥后有贾谊,文词最正,近于理体;枚乘、司马相如,亦瑰丽才士,然而不近风雅;扬雄用意颇深,班彪识理,张衡弘旷,曹植丰赡,王粲超逸,嵇康标举。此外皆金相玉质,所尚或殊,不能备举。左思诗赋,有《雅》、《颂》遗风;干宝著论,近王化根源。此后穷绝无闻焉。近日陈拾遗子昂,文体最正。"

窦群(—814)、韦贯之(—821)、王起(—847)生。

上元二年　辛丑　761年

九月壬寅,制去尊号,但称皇帝;去上元年号,称元年,以十一月为岁首月。

按:见《旧唐书》卷一〇《肃宗纪》、《资治通鉴》卷二二二。

是年,开科取士,中书舍人姚子彦知贡举,进士及第29人。

按:见《登科记考》卷一〇。

杜甫在成都,夏春之际,作联章绝句多首,又作《戏为六绝句》,创绝句论诗之体。是秋,作《石犀行》等诗,托物寓讽。是冬,高适等来访,作诗纪之。

按:《戏为六绝句》,见《杜诗详注》卷一一。诗中论及庾信及"初唐四杰"等。《石犀行》等诗,见《杜诗详注》卷一〇。同书同卷《王十七侍御抡许携酒至草堂奉寄此诗便邀高三十五使君同到》,系高适(即高三十五)来访时所作。

李白是春自江西东行,经铜官、宣州等地。是秋,在金陵与殷淑、李藏用等游。八月,闻李光弼出镇临淮,欲前往入幕,半道以病还。

按:参见傅璇琮主编《唐五代文学编年史》(中唐卷)。

高适在蜀州刺史任,是夏,率州兵从西川节度使崔光远讨平原梓州副使段子璋。

按:见《旧唐书》卷一一一本传。崔光远讨段子璋事,见《资治通鉴》卷二二二。

刘长卿随郑炅避乱奔饶州,与贺若察、韦之晋、侯令仪等有诗作往来。是秋,归苏州,以诗述沿途所见兵乱之余江南残破状。

按:《刘随州文集》卷九《北归入至德界偶逢洛阳邻家李光宰》、《自江西至旧任官舍赠袁赞府》等,均述及当时江南残破状。

独孤及在李峘幕,以避刘展之乱,正月至信州玉山。二月至洪州,撰《豫章冠盖盛集记》,述刘展之乱。未几,以李峘贬官,罢掌书记职,归还越州。

按:《豫章冠盖盛集记》,见《毗陵集》卷一七。刘展之乱事,参见上元元年十一月条。

元结在荆南节度判官任,领兵镇九江。八月,作《大唐中兴颂》。

按:《大唐中兴颂》,见《全唐文》卷三八〇。

陆羽在湖州苕溪,作自传以述生平。

阿拉伯阿拔斯王朝军及西班牙后倭马亚朝埃米尔阿卜杜·拉赫曼战。

阿拉伯阿拔斯王朝军取北非凯鲁万。

按：陆羽所撰《陆文学自传》，见《全唐文》卷四三三。文末有"上元辛丑岁，子阳秋二十有九"云云，知其作于本年。

杜信有史才，是年前擢书判，拔萃科。

按：杜信字立言，元和中官至国子司业。余不详。《新唐书》卷五八《艺文志二》著录其《史略》30卷、《闲居录》30卷、《东斋籍》20卷、《元和子》2卷。《全唐文》卷四三六、卷九五六收录其书判2篇。

僧南阳慧忠隐居南阳白崖山。正月十六日有敕召赴京，由内给事孙朝进驿骑迎请。肃宗待以师礼，问治国之要。住长安千福寺西禅院，一时公卿士庶问道者不绝。

按：慧忠曾受玄宗之召入京，后逢安史之乱，乃遁归。至是受肃宗之召，复入京师。见《宋高僧传》卷九本传。

僧鉴真在日本平城京招提寺弘法，于下野药师寺、筑前观音寺各造戒坛一所，与其于东大寺所造戒坛，并称日本三大戒坛。

按：见日僧元开《唐大和上东征传》。

僧道林年二十一，在荆州果愿寺受具足戒。稍后赴长安，师从西明寺僧复礼，学《华严经》、《大乘起信论》等。

按：见《景德传灯录》卷四本传。

许嵩是年前著《建康实录》20卷。

按：许嵩生平，历来无考。清王鸣盛《十七史商榷》卷四谓其生活于唐玄宗、肃宗年间，肃宗时成书。《四库全书总目提要》卷五〇所说略同，其曰："嵩自署曰'高阳'，盖其郡望，其始末则不可考。……其积算年数，迄唐至德元年丙申而至，则肃宗时人也。"今人谢秉洪《〈建康实录〉作者与成书时代新论》（载《南京师范大学学报》社会科学版2004年第5期）亦以为该书成于肃宗时，且系嵩一人所著。张勋燎《〈建康实录〉及其成书年代》（载《古文献论丛》，巴蜀书社1990年版）则以为："今本《实录》二十卷，非肃宗时许嵩一手所作，后十卷系穆宗或穆宗稍后之另一作者所为。"两说未详孰是，有待再考。今姑系于许嵩。

又按：《建康实录》前10卷为编年体，后10卷为纪传体，述三国吴、东晋、宋、齐、梁、陈六朝史事，采摭繁富，引据广博，对于研究六朝历史及历史上南京地区历史地理均有较高参考价值。有北宋嘉祐三年江宁府刻本，已佚。今存南宋刻本，收藏于国家图书馆。另有张忱石点校本，中华书局1986年出版。

陆羽是年前后撰《茶经》3卷、《君臣契》3卷、《源解》30卷、《江表四姓谱》4卷、《南北人物志》10卷、《吴兴历官记》3卷、《湖州刺史记》1卷、《占梦》3卷。

按：陆羽撰诸书在其隐居湖苕溪期间，具体年份不详。《全唐文》卷四三三陆羽《陆文学自传》曰："上元初，结庐于苕溪之滨……著《君臣契》三卷、《源解》三十卷、《江表四姓谱》四卷、《南北人物志》十卷、《吴兴历官记》三卷、《湖州刺史记》一卷、《茶经》三卷、《占梦》上中下三卷，并贮于褐布囊。"该文作于本年，知羽撰诸书在上元年间。姑系于此。其所撰《茶经》今存，有宋刻本等。该书详述各地产茶情况、制茶技术及相关生活习俗，是研究唐代茶叶生产和茶文化之重要文献。另据《嘉泰吴兴志》卷一七载，与陆羽交游甚密的僧皎然，亦撰有《茶诀》一篇，或当与陆羽《茶经》同期所撰。

王维七月卒(692—　)。维字摩诘,太原祁县人。擅诗文,工草隶,善诗画,与弟王缙皆名于世。开元中登进士第,天宝末为给事中。安史之乱后,谪授太子中允,终尚书右丞,故世称"王右丞"。撰有《画学秘诀》等,另有集10卷。原本已佚,今存《王摩诘文集》(又称《王维集》)10卷,有宋蜀本、明刻本等。清赵殿成笺注《王右丞集》28卷。《全唐文》卷三二四至三二七辑录其文编为4卷,《全唐诗》卷一二五至二八辑录其诗编为4卷。事迹见《旧唐书》卷一九〇下、《新唐书》卷二〇二。明人顾起经撰有《唐王右丞年谱》,清人赵殿成撰有《王右丞年谱》。今人刘维崇有《王维评传》,毕宝魁有《王维传》,林柏仪有《王维诗研究》,(韩)柳晟俊有《王维诗比较研究》。

　　按：王维在盛唐文坛、画坛皆颇具地位。殷璠《河岳英灵集》卷上评曰："维诗词秀调雅,意新理惬,在泉为珠,着壁成绘,一字一句,皆出常境。"《唐才子传》卷二谓后人评王维"诗中有画,画中有诗"。其所开创"南宗文人画",对后世影响深远。《直斋书录解题》卷一六曰："维诗清逸,追逼陶、谢,辋川别墅图画,摹传至今。"

　　孙逖约卒(696—　)。逖字号不详,博州武水(一作潞州涉县)人。有文名。开元中登进士第,又举贤良方正,累迁中书舍人,终太子詹事。后追赠尚书右仆射,谥曰"文"。有文集30卷(一说20卷),已散佚。《全唐文》卷三〇八至三一三辑录其文编为6卷,《全唐诗》卷一一八辑录其诗编为1卷。事迹见《旧唐书》卷一九〇中、《新唐书》卷二〇二。

　　按：两《唐书》本传皆谓孙逖"上元中卒",未明具体年份。姑系于此。孙逖文词颇著称于时。《旧唐书》本传曰："逖掌诰八年,制敕所出,为时流叹服。议者以为自开元已来……为王言之最。逖尤善思,文理精炼,加之谦退不伐,人多称之。"《全唐文》卷三三七有颜真卿《尚书刑部侍郎赠尚书右仆射孙逖文公集序》。

唐肃宗宝应元年　壬寅　762年

四月甲寅,唐玄宗李隆基卒(685—　)。明年三月葬于泰陵。

　　按：李隆基系唐睿宗第三子,史称唐明皇。其在位四十余年,前期励精图志,勤理政务,遂创有唐一代弘大盛世,史称"开元盛世"。在思想和文教领域,他改变武则天时于佛教尤为尊崇之政策,力倡道教,神化道学;又以儒学为治国之本,倡行孝义伦理。同时,大兴教育,完善科举,由是形成开放、融合、创新之文化思想氛围。然其统治后期沉湎声色,任用奸佞,国事大坏,终致"安史之乱",仓皇西逃成都,被迫让位,唐之统治由此转衰。《旧唐书》本纪评曰："开元之有天下也,纠之以典刑,明之以礼乐,爱之以慈俭,律之以轨仪。黜前朝徼幸之臣,杜其奸也;焚后庭珠翠之玩,戒其奢也;禁乐女而出宫嫔,明其教也;赐酺而放哇淫,惧其荒也;叙友于而敦骨肉,厚其俗也;蒐兵而责帅,明军法也;朝集而计最,校吏能也。庙堂之上,无非经济之才;表著之中,皆得论思之士。而又旁求宏硕,讲道艺文。昌言嘉

阿拉伯阿拔斯王朝迁都巴格达城。

拜占庭徙斯拉夫人于小亚细亚。

谟,日闻于献纳;长绺远驭,志在于升平。贞观之风,一朝复振。……自天宝已还,小人道长,如山有朽坏,虽大必亏;木有蠹虫,其荣易落。……故禄山之徒,得行其伪;厉阶之作,匪降自天。谋之不藏,前功并弃。"据《新唐书·艺文志》,玄宗著述,有《周易大衍》3卷、《金风乐》1卷、《孝经制旨》1卷、《开元文字音义》30卷、《韵英》5卷、《注道德经》2卷、《道德经义疏》8卷、《注金刚般若经》1卷、《开元广济方》5卷等,另有集若干卷。

甲子,制改元宝应,复以建寅为正月。

按:见《旧唐书》卷一〇《肃宗纪》。

丁卯,肃宗李亨卒(711—　)。明年三月葬于建陵。

按:李亨系唐玄宗第三子,于安史大乱之际登基,在位数年,忙于应付乱世,于国政未暇有所改创,仅能勉强维持时局。

己巳,太子李豫即位,是为唐代宗。

按:见《旧唐书》卷一一《代宗纪》。

十月,史思明之子史朝义败亡,河北州郡悉平,"安史之乱"结束。

按:"安史之乱"前后历时八年,中原大乱,百姓涂炭,诸将拥兵自重,由是开启藩镇割据局面,唐之统治亦由盛转衰。

是年,以世乱,暂停贡举。

按:见《登科记考》卷一〇。

刘晏六月壬申由通州刺史进拜户部侍郎,兼御史大夫、京兆尹,充度支、转运、盐铁、诸道铸钱等使,主持财政。

按:见《旧唐书》卷一一《代宗纪》。

杜甫在成都,寄诗与岑参、范季明、高适等,又与严武等交游。七月,在绵州,闻剑南兵马使徐知道反,遂赴梓州,作《悲秋》、《客亭》等诗,抒怀家忧国之情。

按:《悲秋》、《客亭》等诗,见《杜诗详注》卷一一。

岑参正月由虢州长史改太子中允兼殿中侍御史,充关西节度判官。旋为天下兵马元帅雍王李适所召,掌书记,从军至陕州。

按:见《全唐文》卷四五九杜确《岑嘉州集序》。

元结在荆南,是春为知节度观察使留后。至冬,辞官归武昌樊上,与武昌令孟深彦交游甚密。

按:见《颜鲁公文集》卷一一《元结表墓碑》、《元次山文集》卷八《漫论序》。

独孤及在江东,冬十月辛未与裴倩等15人交游唱和,作序记之。

按:《毗陵集》卷一四有《冬夜裴员外薛侍御置酒宴集序》。

贾至为岳州司马,是冬,奉召返朝,授中书舍人。

按:贾至于自乾元二年贬岳州司马,本年冬还朝。其在岳州期间所作诗,后编为《巴陵诗集》。

苗发在拾遗任,时宰相元载以大乱之后,藏籍皆散佚,奏以千钱购书一卷,发奉使江淮括访图书。

按:见《新唐书》卷五七《艺文志一》。据同书《宰相年表》,元载于本年三月为相,其奏请征购书籍及苗发奉使江淮访括书事,当此后不久。姑系于此。

韩翃入淄青节度使幕，为从事。

按：韩翃后归长安，闲居十年。

僧皎然正月自扬、楚归居湖州，与李冶、陆羽等交游。

按：见今人贾晋华《皎然年谱》。

李鼎祚撰《周易集解》17卷（一说10卷）成，进上。

按：该书《新唐书·艺文志》著录17卷，李鼎祚自序谓18卷，宋《中兴书目》作10卷。今存《四部丛刊》本为17卷。是书系对前代《易》学之总结，在古代《易》学史上颇具地位。《全唐文》卷二〇二李鼎祚《周易集解序》曰："臣少慕元风，游心坟籍，历观炎汉，迄今巨唐，采群贤之遗言，议三圣之幽赜，集虞翻、荀爽三十余家刊，辅嗣之野文，补康成之逸象，各列名义，共契元宗。先儒有所未详，然后辄加添削，每至章句，佥例发挥，俾蒙童之流一览而悟，达观之士得意忘言。当仁既不能让于师，论道岂惭于前哲。……凡成一十八卷，以贻同好，冀将来君子无所疑焉。"《中兴书目》曰："《集解》十卷，唐著作郎李鼎祚集子夏、孟喜、焦赣、京房、马融、荀爽、郑康成、刘表、何晏、宋衷、虞翻、陆绩、干宝、王肃、王辅嗣、姚信、王廙、张璠、向秀、王凯冲、侯果、蜀才、翟玄、韩康伯、刘瓛、何妥、崔憬、沈驎、卢氏、崔觐、孔颖达等凡三十余家，附以《九家易》《乾凿度》，凡十七篇。"《四库全书总目提要》卷一曰："盖王学既盛，汉《易》遂亡。千百年后，学者得考见画卦之本旨，惟赖此书之存耳，是真可宝之古笈也。"李鼎祚，资州人，历著作郎、殿中侍御史等职。余不详。

李阳冰十一月编录李白诗文为《草堂集》（一作《李翰林集》）20卷。

按：见《全唐文》卷四三七李阳冰《唐李翰林草堂集序》。《新唐书》卷六〇《艺文志四》曰："李白《草堂集》二十卷，李阳冰录。"《郡斋读书志》卷一七则作"《李翰林集》二十卷"。

崔令钦著《教坊记》1卷成。

按：该书系缀录教坊旧闻而成，已佚。《全唐文》卷三九六崔令钦《教坊记序》曰："开元中，余为左金吾仓曹，武官十二三人是坊中人……尽为子说之。今中原有事，漂寓江表，追思旧游，不可复得，粗有所识，即复疏之，作《教坊记》。"令钦开元中为著作佐郎，后历左金吾卫仓曹参军、仓部郎中等职。余不详。《全唐文》卷三九六收录其文2篇。

王冰重编并注《黄帝内经素问》，又另撰《释文》1卷。

按：《新唐书》卷五九《艺文志三》著录王冰《注黄帝素问》24卷、《释文》1卷，并注云："冰，号启元子。"考《全唐文》卷四三三王冰《黄帝内经素问序》，文末署"大唐宝应元年岁次壬寅"，知其本年重编并注《黄帝内经》。王冰历金城尉、京兆府参军、金部员外郎等职，余不详。另据《全唐文》卷四三三王冰《素问六气元珠密语序》，其又撰《元珠密语》10卷。

新罗僧无相五月十九日卒（684— ）。无相俗姓金，号松溪，世称金和上、东海大师，新罗人，出身王族。唐代净众宗三祖，实为净众宗创立者。开元十六年来唐，初住禅定寺，寻入蜀师事德纯寺僧处寂，遂赐名无相，得传衣钵。后住成都府净众寺，化导二十年，有弟子无住等。事迹见《宋高僧传》卷一九、《神僧传》卷七、《景德传灯录》卷四。今人冉云华著有《东海大师无相传研究》。

按：宗密《中华传心地禅门师资承袭图》载净众宗传承世系为智诜传处寂，处寂传无相，无相传无住。然净众宗之形成及广大，实始于无相。

李白十一月乙酉卒（约701— ）。白字太白，原籍西域（一说陇西成纪，又说绵州昌隆）。盛唐著名诗人。与杜甫齐名，后人推尊"诗仙"。性豪迈，喜纵横，时称"谪仙"。历左拾遗等职，仕途多舛。临终尽付手稿于李阳冰，卒于当涂。有《草堂集》（一作《李翰林集》）20卷（一说30卷），李阳冰编录并为序。今有宋人杨齐贤集注《分类补注李太白集》30卷等。《全唐文》卷三四七至三五〇编录其文为4卷，《全唐诗》卷一六一至一八五编录其诗为25卷。事迹见《旧唐书》卷一九〇下、《新唐书》卷二〇二。《全唐文》卷三二一有李华《故翰林学士李君墓志铭》。宋人薛仲邕撰有《李翰林年谱》，清人黄锡撰有《李太白年谱》，今人安旗、薛天纬撰有《李白年谱》，詹锳撰有《李白诗文系年》，周勋初撰有《李白评传》、《李白研究》，安旗撰有《李白传》、《李白诗新笺》，李长之撰有《李白传》，葛景春撰有《盛唐骄子李白传》，郁贤皓撰有《李白丛考》，林东海撰有《诗人李白》，安旗、薛天纬、阎琦撰有《李诗咀华》，刘忆萱、王玉璋有《李白诗选讲》，乔象钟撰有《李白论》，郁贤皓、张启超撰有《谪仙诗豪李白》，马鞍山市李白研究会编有《中日李白研究论文集》，中国李白研究会、马鞍山市李白研究会编有《中国李白研究》，葛景春编有《李白研究管窥》。

按：李白为盛唐诗坛之杰出代表，在中国古代文学史上颇具地位。《河岳英灵集》评曰："白……其为文章率皆纵逸，至于《蜀道难》等篇，可谓奇之又奇。然自骚人以还，鲜有此体调也。"《全唐文》卷四三七李阳冰《唐李翰林草堂集序》评曰："李白……不读非圣之书，耻为郑卫之作，故其言多似天仙之辞，所为著述，言多讽兴。自三代已来，《风》、《骚》之后，驰驱屈、宋，鞭挞扬、马，千载独步，唯公一人。故王公趋风，列岳结轨，群贤翕习，如鸟归凤。……今古文集，遏而不行，唯公文章，横被六合，可谓力敌造化欤！"同书卷三七三魏颢《李翰林集序》评曰："白与古人争长，三字九言，鬼出神入，瞠若乎后耳。"

僧灵一十月十六日卒（727— ）。灵一俗姓吴，广陵人。诗僧。九岁出家，勤学不倦，广交文士，卒于杭州龙兴寺。有集1卷，行于世。《全唐诗》卷八〇九辑录其诗编为1卷。事迹见《宋高僧传》卷一五。《全唐文》卷三九〇有独孤及《唐故扬州庆云寺律师一公塔铭》。

按：《中兴间气集》卷下评灵一诗曰："自齐梁以来，道人工文多矣，罕有入其流者。公乃能刻意精妙，与士大夫更唱迭和，不其伟欤。"

刘秩是年卒，生年不详。秩字祚卿，彭城人，刘知幾之子。历宪部员外郎、给事中、尚书右丞、国子祭酒、阆州刺史等职，贬抚州长史，卒于贬所。著述颇多，有《政典》35卷、《止戈记》7卷、《至德新议》12卷、《指要》3卷等。后皆佚。《全唐文》卷三七二收录其文3篇。事迹见《旧唐书》卷一〇二、《新唐书》一三二。《全唐文》卷三二一有李华《祭刘左丞文》。

王仲舒（ —823）生。

唐代宗宝应二年　广德元年　癸卯　763 年

四月丙寅,尚书省试制举人,命左右丞、侍郎对试。

按:见《旧唐书》卷一一《代宗纪》。

七月壬子,改元广德。制刺史、县令改转,刺史以三年为限,县令以四年为限。诏河南河北州郡举人。

按:见《旧唐书》卷一一《代宗纪》、《登科记考》卷一〇。

七月二十六日,敕弘文、崇文两馆学生皆以资荫补充,所习经业务须精熟,通者予出身,不通者罢之。

按:见《唐会要》卷七七。

十月,吐蕃兵入长安,代宗奔陕州。至十二月吐蕃兵退,始还。

按:见《旧唐书》卷一一《代宗纪》。

十二月,诏各州郡举人。

按:见《登科记考》卷一〇。

是年,开科取士,礼部侍郎萧昕知贡举,进士及第 27 人。

按:见《登科记考》卷一〇。

拜占庭人败保加利亚。

刘晏正月为吏部尚书、同中书门下平章事,充度支等使如故,入登相位。

按:见《旧唐书》卷一一《代宗纪》。

杜甫在梓州,正月闻安史之乱平,作《闻官军收河南河北》诗赞之。二月又作《有感五首》,感伤国势之衰。秋末赴阆州,冬末复还梓州,期间作《征夫》、《岁暮》、《冬独守行》等诗,多为忧世之作。

按:《闻官军收河南河北》、《有感五首》、《征夫》、《岁暮》、《冬独守行》等诗,见《杜诗详注》卷一一、卷一一二。

高适二月由蜀州刺史迁剑南节度使。

按:《全唐文》卷三五七有高适《谢上剑南节度使表》。

岑参入为祠部员外郎。以诗颂刘晏,又与严武、成贲等交游。

按:岑参为祠部员外郎事,见《全唐文》卷四五九杜确《岑嘉州集序》。

李华奉召入朝,至鄂州遇疾,与相里造、范伦、卢象等游。

按:《全唐文》卷三一五李华《卧疾舟中相里范二侍御先行赠别序》有"亏顿受污,流落江湖,于今六年","诏书屡下,促华赴职"云云。华于乾元元年出贬,至此首尾已六年。相里,即相里造;范,即范伦。参见傅璇琮主编《唐五代文学编年史》(中唐卷)。

元结居武昌樊上,是夏与马向、贾载等游。九月敕授道州刺史,至十二月始受敕牒赴任。

> 按：见《元次山文集》卷九《殊亭记》、卷一〇《谢上表》。

独孤及十一月赴抚州南丰，途闻长安陷落，颇忧国事。读贾至《巴陵诗集》，作诗寄赠。

> 按：《毗陵集》卷一有《贾员外处见中书舍人巴陵诗集览之怀旧代书寄赠》。

常衮以右补阙充翰林学士。

> 按：见《旧唐书》卷一一九本传。

刘长卿在越地，与鲍防等交游。后赴润州使院，与皇甫冉等游。

> 按：刘长卿与鲍防、皇甫冉交游时诗作，见《刘随州文集》卷九、卷五。

杨绾在礼部侍郎任，奏请停进士、明经科及道举，复乡里察举秀才、孝廉之制；又请以《孟子》与《论语》、《孝经》同列为"兼经"。事皆未行。

> 按：杨绾所上两疏，《旧唐书》本传有详载，又见录《全唐文》卷三三一。绾以为进士等科弊端众多，"投刺干谒，驱驰于要津；露才扬己，喧腾于当代。古之贤良方正，岂有如此者乎？"然代宗以此事征询翰林学士，皆谓不可，遂下敕："进士、明经置来日久，今顿令改业，恐难其人。诸色举人，宜与旧法兼行。"

> 又按：杨绾生卒年不详，字公权，华州华阴人。初登进士第，补太子正字。天宝末又登词藻宏丽科，擢右拾遗。后累拜中书侍郎、同中书门下平章事，集贤殿、崇文馆大学士。卒，谥曰"文简"。事迹见《旧唐书》卷一一九、《新唐书》卷一四二。

郑丹献玄宗、肃宗二帝及二后挽歌30首，代宗嘉之，解褐任蓟州录事参军。

> 按：见《中兴间气集》卷上。郑丹系中唐诗人，生平事迹不详。《全唐诗》卷二七三收录其诗2首。

王缙奉敕搜集王维诗文400余篇，编为《王维集》10卷，正月七日表上。

> 按：王缙系王维之弟。《旧唐书》卷一九〇下《王维传》载，王缙为宰相，代宗谓缙曰："卿之伯氏，天宝中诗名冠代，朕尝于诸王座闻其乐章。今有多少文集，卿可进来。"缙答曰："臣兄开元中诗百千余篇，天宝事后，十不存一。比于中外亲故间相与编缀，都得四百余篇。"翌日上之，帝优诏褒赏。《全唐文》卷三七〇有缙《进王维集表》，卷四六有代宗《答王缙进王维集表诏》。

姚汝能是年后撰《安禄山事迹》3卷。

> 按：该书今存，有明钞本、清宣统三年叶氏刻本等。书中叙事至宝应元年十二月，又称玄宗庙号，当作于本年三月玄宗葬泰陵后。姑系于此。姚汝能一作姚汝龙，曾任华阴尉。余不详。

僧鉴真五月六日卒(687—)。鉴真俗姓淳于，扬州江阳人。唐代东渡名僧，日本传戒律始祖。年十四出家，遍访名师，研习禅宗、律宗、天台宗教义，尤精南山律学。后住扬州，于江淮间讲律传戒，名声远播。受邀东渡传戒，前后六次尝试，备极艰辛，于天宝十二年抵日本。筑坛传戒，讲经弘法，极受朝野敬重，先后受赐"传灯大法师"、"大和尚"之号。卒于日平城京招提寺。事迹见《宋高僧传》卷一四、（日）《唐大和上东征传》、（日）

《戒律传来记》卷上、（日）《今昔物语》卷一一、（日）《招提千岁传记》卷上。今人胡润华著有《鉴真评传》，余大庆著有《鉴真传法东渡记》，扬州市政协文史资料研究组、扬州师院历史科编有《鉴真研究论文集》。

  按：鉴真在中日文化交流史上颇具地位，对日本佛教及文化之发展影响深远。东渡后，他不仅开创日本传戒律，且所携佛教典籍以天台宗经论最为完备，并与随行弟子扬州白塔寺僧法进、台州开元寺僧思托、衢州灵耀寺僧法载等先后在招提寺宣讲天台宗义，遂为天台宗传入日本之先驱。鉴真于建寺造像富有经验，所住招提寺即由其与弟子们设计，并成为后世日本佛教建筑之范例。鉴真又通医学，精于本草，被日本医药界遵奉为始祖。（日）藤原佐世《日本国现在书目录》录有《鉴上人秘方》1卷，即为鉴真留给日本医学之宝贵遗产。鉴真带去大批汉学典籍，其弟子中亦有不少长于汉学诗文者，对于推动当时日本汉学风气之盛行贡献甚大。其弟子僧思托著有《鉴真和尚传》3卷、《延历僧录》1卷，已散佚。日僧元开（淡海三船）所著《唐大和上东征传》，即依据思托《鉴真和尚传》而作，流传至今。1963年，值鉴真圆寂1200年之际，中日两国同时举行纪念活动，并互派代表参加。日本文化界将鉴真事迹写成小说，编演戏剧；中国佛教界则在日僧荣睿卒地广东肇庆为其建立纪念碑。

  卢象是夏卒，生年不详。象字纬卿，汶水人。诗人。开元中登进士第，累迁司勋员外郎。以受安禄山署职，贬永州司户。起为主客员外郎，至武昌病卒。有集12卷，刘禹锡为序，已散佚。《全唐诗》卷一二二辑录其诗编为1卷。事迹见《刘禹锡集》卷一九《卢象集纪》、《唐才子传》卷二。

  按：殷璠《河岳英灵集》评曰："象雅而平，素有大体，得国士之风。"刘禹锡《卢象集纪》曰："尚书郎卢公讳象，字纬卿。始以章句振起于开元中，与王维、崔颢比肩骧首，鼓行于时。妍词一发，乐府传贵。"《卢象集》由卢象孙卢元符编辑，参见大和九年条。

  王涯（ —835)约生。

广德二年　甲辰　764年

五月庚申，罢岁贡孝悌力田、童子科。

  按：见《旧唐书》卷一一《代宗纪》。

是年，开科取士，礼部侍郎杨绾知贡举，进士及第25人。

  按：见《登科记考》卷一〇。

刘晏正月由吏部尚书、同平章事转太子宾客，罢知政事。三月议改革漕运，从之。自是每岁运米数十万石入关中。

  按：见《资治通鉴》卷二二三。

杜甫在梓州，二月诏征京兆功曹，不赴。未几，复回成都。是冬，黄门

拜占庭人、保加利亚人盟。

侍郎、郑国公严武镇成都，表奏其为节度参谋。

> **按**：见《杜诗详注》卷一三《奉别马巴州》原注、《旧唐书》卷一九〇下杜甫本传。

岑参由祠部员外郎转考功员外郎，是春又转虞部郎中。六月，献诗左仆射、御史大夫裴冕，以求引进。

> **按**：岑参献裴冕诗，见《岑嘉州诗》卷一《左仆射相国冀公东斋幽居同黎拾遗所献》。

颜真卿正月由尚书右丞转刑部尚书，兼御史大夫，充朔方宣慰使。

> **按**：见《旧唐书》卷一一《代宗纪》。

李华在鄂州，正月诏征司封员外郎，托疾不赴。未几，前往洪州。九月，李岘表为从事，加检校吏部员外郎。

> **按**：《毗陵集》卷一三《李华中集序》曰："故相国梁公岘之领选江南也，表为从事，加检校吏部郎中。"《旧唐书》卷一一《代宗纪》载，本年九月辛酉，李岘由太子詹事迁吏部尚书兼御史大夫、知江南东西及福建道选事。其表荐李华，当在同时。

元结五月二十二日莅道州刺史任。时道州战乱之余，百姓亡散，原有户四万，所存不满四千。

> **按**：见《元次山文集》卷一〇《谢上表》、卷四《舂陵行序》。

独孤及在江东，是冬奉诏，入为左拾遗，与李嘉祐、李纾等别。

> **按**：李嘉祐，字从一，赵州人。工于诗，在肃、代二朝颇著名。交游甚广，与刘长卿、皇甫冉、僧皎然、独孤及、钱起等皆有交谊。高仲武《中兴间气集》评曰："袁州自振藻中朝，大收芳誉，中兴高流。与钱、郎别为一体，往往涉于齐梁，绮靡婉丽，盖吴均、何逊之敌也。"《新唐书·艺文志》著录《李嘉祐诗》1卷，《郡斋读书志》卷一七录为2卷。李纾，参见贞元八年条。

僧湛然由兰陵归住天台宗国清寺，衣着俭朴，严以律己，以身诲人，从学者云集。

> **按**：见《佛祖统纪》卷七、《宋高僧传》卷六。

僧湛然是夏删定智顗《维摩经略疏》10卷。

> **按**：见《全唐文》卷五一八梁肃《维摩经略疏序》。

郑虔约卒（约685—　）。虔字若齐（一作弱齐），郑州荥阳人。博才多艺，其书法、丹青、诗文，玄宗尝御题"郑虔三绝"。开元中为左监门录事参军，转协律郎，坐私修国史，被贬近十年。天宝中起为广文馆博士，因陷安史乱军，再贬台州司户参军，卒于贬所。撰有《荟萃》40余卷、《天宝军防录》若干卷、《胡本草》7卷，后皆佚。《全唐诗》卷二五五收录其诗1首。事迹见《新唐书》卷二〇二。今人王晚霞撰有《郑虔年谱》。

> **按**：郑虔卒年，史未明载。《新唐书》本传谓安禄山败亡后，郑虔贬台州司户参军，"后数年卒"。今人郭沫若《杜甫年表》、霍松林《杜甫与郑虔》、连晓鸣《郑虔与杜甫》、王晚霞《郑虔年谱》、徐三见《郑虔生平杂考》等皆谓郑虔卒于本年。姑从之。郑虔与杜甫、苏源明等友善，杜甫对其颇为叹服，称其"才过屈、宋"。朱景玄《唐朝名画录》称其"能画鱼水、山石，时称奇妙"。

苏源明卒，生年不详。源明初名预，避代宗讳改，字弱夫，京兆武功人。工文辞,名闻一时。天宝间登进士第,又登制科,历东平太守、考功郎中、知制诰等职,终秘书少监。有《前集》30卷、《治乱集》3卷等,后皆佚。《全唐文》卷三七三收录其文5篇,《全唐诗》卷二五五收录其诗2首。事迹见《新唐书》卷二〇二。

唐代宗永泰元年　乙巳　765年

正月癸卯朔,改元永泰。制各地奏荐孝悌力田、怀才抱器、遗逸未经荐达者。

按:见《旧唐书》卷一一《代宗纪》、《登科记考》卷一〇。

闰十月,剑南节度使郭英乂为部将所杀,蜀中大乱。

按:见《旧唐书》卷一一《代宗纪》。

是年,开科取士,尚书左丞杨绾知上都举,礼部侍郎贾至知东都举,进士及第凡27人。两都分行贡举自此始。

按:见《登科记考》卷一〇。

杜甫在严武幕,始萌倦意。是春,辞归成都草堂,闻高适亡故,赋诗哭之。四月,离成都,转辗嘉、戎、渝、忠、夔等州,北赴长安,以国事之乱为忧。是冬,寓居云安。

按:《杜诗详注》卷一四有《闻高常侍亡》,当系闻高适死讯时作。

岑参转库部郎中,十一月出守嘉州。

按:见《全唐文》卷四五九杜确《岑嘉州集序》。

李华罢李岘幕,赴杭州,七月二十五日作《杭州刺史厅壁记》。

按:《杭州刺史厅壁记》,见《全唐文》卷三一六。

元结在道州刺史任,二月奉敕祭九嶷山。未几,罢职北归。是夏至衡阳,与刘湾等交游唱和,抨击当时文风。

按:《元次山文集》卷四有《刘侍御月夜宴会》,当为元结与刘湾等唱和之作。同书卷七《刘侍御月夜宴会序》谓"文章道丧,盖久矣",感叹"时之作者,烦杂过多,歌儿舞女,且相喜爱,系之风雅,谁道是耶?"

独孤及奉召入京,正月途经洛阳,与崔昭、徐浩等人交游。三月壬辰,上疏极论时弊。

按:《资治通鉴》卷二二三载引独孤及上疏,其言辞颇为峻激。疏中指责代宗"有容下之名,无听谏之实",又谓当时"人之生产,空于杼轴","拥兵者第馆亘街陌,奴婢厌酒肉,而贫人羸饿就役,剥肤及髓","官乱职废,将堕卒暴","茹毒饮痛,穷而无告"。

贾至由吏部侍郎转礼部侍郎、集贤殿待制。

埃及叛。

伊斯兰教什叶派伊斯玛仪支派形成。

法兰克人遣使聘问阿拉伯阿拔斯王朝。

按：见《资治通鉴》卷二二三。

孟云卿在校书郎任，与元结交游颇密。

按：《元次山文集》卷七《送孟校书往南海序》有"平昌孟云卿与元次山同州里，以辞学相友几二十年"云云。文作于本年，参见傅璇琮主编《唐五代文学编年史》（中唐卷）。

僧皎然居湖州，与刺史卢幼平等交游。

按：参见贾晋华《皎然年谱》。

僧不空奉制授特进、鸿胪寺卿，加号"大广智三藏"。

按：见《宋高僧传》卷一本传。

僧灵澈是年前后始师从僧神邕。

按：见《宋高僧传》卷一七《神邕传》。

僧惠果是年二十，于长安大慈恩寺受具足戒。

按：见《大唐青龙寺三朝供奉大德行状》。

颜真卿八月撰《孙逖集序》，论及历代文风，主张文章当文质适中。

按：《颜鲁公文集》卷五有《尚书刑部侍郎赠尚书右仆射孙逖文公集序》，文末署"永泰元年仲秋之月"。颜真卿于序中以为"古之为文者，所以导达心志，发挥性灵，本乎咏歌，终乎雅颂"，然"汉、魏已还，雅道微缺；梁、陈斯降，宫体聿兴。既驰骋于末流，遂受嗤于后学"。

高适正月乙卯卒（约700—　）。适字达夫，渤海蓨人。诗人，唐代边塞诗派代表。与岑参齐名，世称"高岑"。早年游历各地，天宝间起为封丘县尉，累迁刑部尚书，转左散骑常侍。卒于官，谥曰"忠"。有集20卷，已散佚。《全唐文》卷三五八收录其文21篇，《全唐诗》卷二一一至二一四辑录其诗编为4卷。事迹见《旧唐书》卷一一一、《新唐书》卷一四三。今人周勋初撰有《高适年谱》，萧涤非、佘正松著有《高适评传》，佘正松著有《高适研究》。

按：高适颇为杜甫推重，其诗作反映现实生活，自成风格，严羽《沧浪诗话》称为"高达夫体"。尤以古风、乐府为长，所作《燕行歌》最为世人传诵。殷璠《河岳英灵集》称其诗"多胸臆语，兼有骨气"；《新唐书》本传谓其"以气质自高，每一篇已，好事者辄传布"。

严武四月二十九日卒（726—　）。武字季鹰，华州华阴人。诗人。与杜甫等友善。以门荫入仕，累官剑南节度使，检校吏部尚书，爵封郑国公。《全唐诗》卷二六一收录其诗6首。事迹见《旧唐书》卷一一七、《新唐书》卷一二九。

韩弘（　—822）、裴度（　—839）生。

永泰二年　唐代宗大历元年　丙午　766年

正月乙亥，制群臣有籍于朝及神策六军子弟隶业者，听补国子监、太学生员。

按：《旧唐书》卷一一《代宗纪》载代宗制曰："诸道节度、观察、都防御等使，朕之腹心，久镇方面，眷其子弟，为奉义方，修德立身，是资艺业。恐干戈之后，学校尚微，僻居远方，无所咨禀，负经来学，宜集京师。其宰相朝官、六军诸将子弟，欲得习学，可并补国子学生。其中身虽有官，欲附学读书者，亦听。其学官委中书门下选行业堪为师范者充。其学生员数，所习经业，供承粮料，增修学馆，委本司条奏以闻。"代宗此制，实系从国子祭酒萧昕建请。参见本年萧昕条。

二月丁亥朔，释奠于国子监，命宰相率常参官、鱼朝恩率六军诸将前往听讲，子弟皆服朱紫为诸生。

按：见《资治通鉴》卷二二四。

辛卯，命有司修国子监。

按：见《资治通鉴》卷二二四。

四月辛亥，诏尚书省郎中授中州刺史，员外郎授下州刺史，定为制。

按：见《旧唐书》卷一一《代宗纪》。

十一月甲子，改元大历。令天下有安贫乐道、孝悌力田、未经荐举者，所在长官具名以奏。

按：见《旧唐书》卷一一《代宗纪》、《登科记考》卷一〇。

是年，开科取士，礼部侍郎贾至知上都举，两都选进士及第26人。

按：见《登科记考》卷一〇。

刘晏为户部尚书，正月领东都、河南、淮南、江南、湖南、荆南、山南诸道转运使；户部侍郎第五琦领京畿、关内、河东、剑南诸道转运使，两人分理天下财赋。

按：见《旧唐书》卷一一《代宗纪》。

杜甫是春由云安移居夔州，至秋移居西阁。

按：《杜诗详注》卷一五有《移居夔州作》，卷一七有《西阁二首》。

颜真卿二月由刑部尚书贬为峡州员外别驾。

按：时元载执掌相权，颜真卿不附之，故有此贬。见《旧唐书》卷一一《代宗纪》。

岑参为宰相杜鸿渐荐举，二月授职方郎中兼侍御史。时鸿渐充山南、剑南副元帅，剑南西川节度使，以平蜀乱，引参入幕府。六月入蜀，七月至成都，沿途与诸僚友多有唱和。

按：岑参为杜鸿渐荐举及入幕事，见《全唐文》卷四五九杜确《岑嘉州集序》。另据《旧唐书》卷一〇八《杜鸿渐传》，鸿渐于本年二月出镇剑南以平蜀乱。

扎塔那人叛于中马格里布。

李华三月在常州,作《常州刺史厅壁记》。后至润州等地,多有碑文壁记。

按:《常州刺史厅壁记》,见《全唐文》卷三一六。

元结五月复授道州刺史,巡视江华等县。

按:见《颜鲁公文集》卷一一《元结表墓碑》、《元次山文集》卷九《寒亭记》。

独孤及在长安,由左拾遗迁太常博士。

按:《毗陵集》卷一七《太常少卿厅壁记》有是年五月"命博士河南独孤及为之志"云云。独孤及盖由左拾遗迁太常博士。参见傅璇琮主编《唐五代文学编年史》(中唐卷)。

贾至在礼部侍郎任,为李适文集作序,论及历代文风与作文宗经之旨。

按:贾至所撰《工部侍郎李公集序》,见《全唐文》卷三六八。工部侍郎李公即李适。至《序》中以为:"唐、虞赓歌,殷、周雅颂,美文之盛也。厥后四夷交侵,诸侯征伐,文王之道将坠地,于是仲尼删《诗》述《易》,作《春秋》而叙帝王之《书》。三代文章,炳然可观。泊骚人怨靡,扬、马诡丽,班、张、崔、蔡、曹、王、潘、陆扬波扇飙,大变《风》、《雅》,宋、齐、梁、隋荡而不返。昔延陵听乐,知诸侯之兴亡,览数代述作,固足验夫理乱之源也。皇唐绍周继汉,颂声大作。神龙中兴,朝称多士,济济儒术,焕乎文章。"

萧昕在国子祭酒任,建请"崇太学,以树教本"。

按:自安史之乱,国子监室堂颓废,多为军士借住,故萧建请兴学。代宗从之,遂下制。参见本年正月条。

冯伉少有经学,登五经秀才科,授秘书郎。

按:见《旧唐书》卷一八九下。

僧无住在成都空慧寺,七月应杜鸿渐之请入城问答,开演顿教法门,鸿渐由是"栖心禅悦"。

按:杜鸿渐二月以宰相兼成都尹,持节充山南西道、剑南东川等道副元帅,仍充剑南西川节度使,赴成都以平郭英义之乱。见《旧唐书》卷一一《代宗纪》。鸿渐七月至成都,即遣使请无住入城。两人问答,详见《佛祖历代通载》卷一四。

僧不空遣诸弟子于五台山等处造寺,奏请于诸寺各置额僧21人。五台山由是渐成密宗活动中心。

僧含光奉师不空命,为五台山金阁寺修功德使,创密灌道场,弘法化度。

按:含光生卒年、俗姓、籍贯不详,唐代密宗高僧,僧不空六大弟子之一。曾随师出使狮子国,又参与译经。译述有《毗那夜迦哦那钵底悉地品秘要》、《大圣欢喜双身毗那夜迦天形像品仪轨》各1卷。事迹见《宋高僧传》卷二七。

僧灵澈与章八元是年前后始从严维学诗。

按:章八元生卒年、字号不详,睦州桐庐人。随严维学诗,名闻一时,号"章才子"。大历六年登进士第,终协律郎。有诗集1卷,已佚。《全唐诗》卷二八一收录其诗6首。

僧澄观在瓦官寺听受《大乘起信论》及《涅槃经》。

按:此后数年,澄观又从淮南僧法藏学新罗元晓之《大乘起信论疏》,至钱塘天竺寺听华严宗僧法铣讲《华严经》。见《宋高僧传》卷五本传。

僧怀海是年或稍后闻南宗禅洪州宗师马祖道一于南康开法,前往参学。

按:怀海由是师从马祖道一,得嗣其法。见《五灯会元》卷三本传。

柳芳撰《皇室永泰新论》200卷成,十月己丑由宗正卿吴王李祗奏上。

按:见《旧唐书》卷一一《代宗纪》。

郭湜是年前后撰《高力士外传》(一作《高氏外传》)1卷。

按:《高力士外传》,《新唐书》卷五八《艺文志二》作《高氏外传》。今存,有明嘉靖顾元庆刻《顾氏文房小说》本、《唐开元小说六种》本等。郭湜于上元中坐事贬黔中,时高力士流巫州,常与其谈及宫中旧事。高力士卒于宝应元年八月,大历四年郭湜已在登封县令任上(据国家图书馆藏拓本《郭邕墓志》),其撰该书当在此期间。姑系于此。郭湜,太原人。历仕大理司直、户部员外郎等职。余不详。《全唐文》卷四四一收录其文1篇。

李观(—794)、窦庠(—828)、张籍(—约830)、王建(—约830后)、令狐楚(—837)生。

大历二年　丁未　767年

正月癸酉,诏禁民间藏玄象器局、天文图书及《七曜历》、《太一雷公式》等,令所藏者于十日内送官,由所在长官公开销毁。

阿拉伯呼珊罗及锡斯坦叛。

按:见《旧唐书》卷一一《代宗纪》。

庚辰,禁王公、宗子、郡县主之家不得与军将联姻,委御史台察访弹奏。

按:见《旧唐书》卷一一《代宗纪》。

十月癸卯,代宗于紫宸殿亲策茂才异行、安贫乐道、孝悌力田、高蹈不仕四科举人。

按:见《旧唐书》卷一一《代宗纪》。

是年,开科取士,礼部侍郎薛邕知上都贡举,进士及第20人。

按:见《登科记考》卷一〇。

杜甫正月在夔州,作《愁》诗,自谓吴体。三月迁居赤甲,又迁瀼西,往来于东屯、瀼西之间。是秋,作《秋日夔府咏怀奉寄郑监李宾客一百韵》,是为唐人百韵长律之首倡。

按:《愁》、《秋日夔府咏怀奉寄郑监李宾客一百韵》,见《杜诗详注》卷一八、一九。

岑参在成都,是春遍访当地古迹,多有题咏。四月,赴嘉州刺史任。

按:《岑嘉州诗》卷一《先主武侯庙》、《文公讲堂》、《司马相如琴台》等,皆系其游成都古迹时所作。同书卷三《初至犍为作》,当好系其赴嘉州任时所作。

薛据、孟云卿是春客寓荆州,与杜甫寄诗唱和。

按:《杜诗详注》卷一八有《寄薛三郎中璩》(薛璩即薛据)、《别崔潩因寄孟云卿》等诗,当系此期所作。

高郢七月上书谏阻崇佛建寺之风,谓当"卑宫室,以夏禹为法"。代宗不听。

按:《资治通鉴》卷二二四载,代宗始好祠祀,未甚重佛,及元载、王缙、杜鸿渐为相,"三人皆好佛,缙尤甚,与鸿渐造寺无穷",代宗"由是深信之,常于禁中饭僧百余人","京畿良田美利多归僧寺","中外臣民承流相化,皆废人事而奉佛,政刑日紊"。时高郢为进士,遂上书谏阻。

僧惠果从密宗高僧玄超传胎藏及苏悉地诸法,复从密宗付法六祖不空受金刚大法。

按:惠果由是师事不空二十余年,尽得三密四曼之秘奥。见《大唐青龙寺三朝供奉大德行状》。

僧清江是年前后师从杭州天竺寺僧守真求法。

按:清江生卒年、俗姓不详,会稽人。诗僧,与皎然齐名,时称"会稽二清"。与卢纶、皎然、朱湾、严维等交游甚密。初于越州开元寺出家,后在杭州天竺寺与僧清源共以僧守真为师,又从僧昙一听习《四分律疏》和《四分律抄》,再至南阳师从僧慧忠习禅观之学。晚年居襄州辨觉寺,约卒于元和间。事迹见《宋高僧传》卷一五。僧守真系华严宗高僧,事迹不详。

元结在道州刺史任,十一月编所作诗文203首为《文编》10卷,自为序。

按:见《全唐文》卷三八一元结《文编序》。

阿布·哈尼法卒(699—)。阿拉伯伊斯兰教法理学家,教义学家。

伊本·伊斯哈格卒(约704—)。阿拉伯作家。

薛据约是年或稍后卒(约698—)。据字号不详,河中宝鼎(一说江陵)人。诗人。开元间登进士,天宝间又登风雅古调科,历涉县令、大理司直等职,终水部郎中。为人刚直,与杜甫、高适、岑参等多有唱和。《全唐诗》卷二五三收录其诗12首。事迹见《唐才子传》卷二。

按:薛据卒年,史无明载。考相关文献,本年三月杜甫诗中尚怀及据,《全唐文》卷四二〇常衮《剑南节度判官崔君墓志铭》(大历四年八月作)则有"故水部郎中据"云云。知薛据当卒于本年或稍后。姑系于此。参见傅璇琮《唐五代文学编年史》(中唐卷)。《河岳英灵集》卷中评曰:"据为人骨鲠,有气魄,其文亦尔,自伤不早达。"

日僧最澄(—822)、冯宿(—837)生。

大历三年　戊申　768年

正月乙丑,代宗幸章敬寺,度僧尼千人。
　　按:时代宗颇信佛,造寺度僧无数。见《资治通鉴》卷二二四。
　　四月二十五日,诏复置童子科,每岁冬由各地申送礼部,同明经科举人考试例。应举者当十岁以下,习一经,兼习《论语》、《孝经》。每卷诵文十科,全通者授官,通七者与出身。
　　按:见《唐会要》卷七七。
　　六月,敕准回纥在长安建摩尼教寺,赐额"大云光明寺"。
　　按:见《大宋僧史略》卷下。
　　七月,增置崇玄生至满员百人。
　　按:见《唐会要》卷七七。
　　是年,开科取士,礼部侍郎薛邕知上都举,进士及第19人,诸科3人。
　　按:见《登科记考》卷一〇。

　　杜甫在夔州,正月东下,三月至江陵,与李之芳、郑审交游。是秋,移居公安,与李晋肃、顾戒奢等寄诗唱和。冬末至岳阳,作《登岳阳楼》等诗。
　　按:《杜诗详注》卷二一《宴胡侍御书堂》有"江湖春欲暮"云云。原注:"李尚书之芳、郑秘监审同焦枯,得归字。"同书卷二二有《移居公安山馆》、《登岳阳楼记》。
　　元结四月由道州刺史迁容州刺史、容管经略使。
　　按:见《颜鲁公文集》卷一一《元结表墓碑》。
　　岑参七月罢嘉州刺史东归,九月以战乱道阻,转辗戎、泸间。
　　按:《岑嘉州诗》卷一《东归发犍为至泥溪舟中作》有"前日解侯印,泛舟归山东"、"七月江水大,沧波涨秋空"云云,知岑参于七月罢嘉州刺史。又,同书卷一《阻戎泸间群盗》自注曰:"戊申岁,余罢官东归,属断江路,时淹泊戎州作。"
　　刘长卿是秋在淮西鄂岳转运使判官任,巡视岳阳,与郑洵等交游。
　　按:《全唐诗》卷一四七有刘长卿《巡去岳阳却归鄂州使院留别郑洵侍御先曾谪居此州》,诗当作于本年秋,参见傅璇琮主编《唐五代文学编年史》(中唐卷)。
　　贾至在尚书右丞任,正月甲戌为兵部侍郎。
　　按:见《旧唐书》卷一一《代宗纪》。
　　独孤及、顾况、皇甫冉、皇甫曾、耿湋、李端、吉中孚、钱起等均在长安,彼此交游甚密。
　　按:参见傅璇琮主编《唐五代文学编年史》(中唐卷)。
　　韦渠牟是年前后自谓已悟作诗之道。
　　按:权德舆《权载之文集》卷三五《左谏议大夫韦公诗集序》曰:"君(指韦渠牟——引者)……至弱冠,乃喟叹曰:'四始五际,今既远矣。会性情者,因于物象;穷

法兰克国王矮子丕平卒。二子查理、卡洛曼分领北南高卢。

比兴者,在于声律。盖辩以丽,丽以则,得无于无间,合于天倪者,其在是乎！彼惠休称谢永嘉如芙蓉出水,钟嵘谓范尚书如流风迴雪,吾知之矣。'遂苦心藻虑,俪词比事,纤密清巧,度越群伦。"渠牟本年二十岁,当弱冠时。姑系于此。

李阳冰在广州,是冬上书李勉,论古篆。

按：《全唐文》卷四三七有李阳冰《上李大夫论古篆书》。阳冰生卒年不详,字少温(一作仲温),京兆云阳人,李白族叔。唐中期文字学家、书法家,尤工篆书,名闻一时。历缙云令、当涂令、国子监丞、将作少监等职。李白临终时,尽付文稿,请其为编序。著有《刊定说文》30卷、《翰林禁经》8卷等,皆已佚。传世书帖有《三坟记》、《城隍庙碑》、《谦卦铭》、《怡亭铭》、《般若台题名》等,均为后世翻刻本。今人公输翰整理有《李阳冰篆书千字文》。

李栖筠二月由常州刺史转苏州刺史,兼御史中丞、浙西团练观察使。

按：见《旧唐书》卷一一《代宗纪》。李栖筠至大历六年八月奉诏入京,在苏州前后约三年半。颇有重望,幕下才彦云集,许鸿谦、裴胄、崔造等皆在其幕下。

僧法钦(道钦)二月奉召入京,为代宗说法,受赐"国一大师"号。

按：时法钦颇为时人所重,京师名流多向其行弟子礼,僧西堂智藏、天皇道悟、丹霞天然等南宗禅僧亦曾前来参问。见《宋高僧传》卷九本传。

僧道林在长安。僧法钦(道钦)奉敕入京,道林前往拜谒,颇有心得。

按：道林后南归,住钱塘永福寺,又隐居秦望山,时人称"鸟窠禅师",又称"鹊巢和尚"。见《景德传灯录》卷四本传。

僧法振住长安大慈恩寺,与韩翃、李益等交游。

按：参见傅璇琮主编《唐五代文学编年史》(中唐卷)。法振一作法震又作法贞,天宝、大历间诗僧。先后住长安大慈寺、无碍寺,与王昌龄、皇甫冉、韩翃、李益等友善。《全唐诗》卷八八一收录其诗16首,《唐诗拾遗》卷九又辑录其诗1首,多为送别题赠之作。

令狐峘撰《玄宗实录》100卷成。

按：时令狐峘为起居舍人兼修史。《唐会要》卷六三曰："峘著述虽精,属丧乱之后,《起居注》亡失,纂开元、天宝间事,唯得诸家文集,编其诏、册,名臣传记,十无三四,后人以漏略讥之。"

韩愈(　—824)、崔玄亮(　—833)、崔郾(　—836)、僧志远(　—844)生。

大历四年　己酉　769年

是年,开科取士,礼部侍郎薛邕知上都举,权知东都留守张延赏知东都举,进士及第26人,诸科2人。

按：见《登科记考》卷一〇。

杜甫正月自岳州南行，三月至潭州、衡州，九月与苏涣等交游。
按：杜甫与苏涣交游事，见《杜诗详注》卷二三《苏大侍御访江浦赋八韵记异序》。

刘长卿在鄂州，为转运使判官，是春奉使淮西州县。
按：《刘随州文集》卷九《使次安陆寄友人》、卷二《安州道中经泸水有怀》等，皆系长卿奉使淮西途中所作。

元结在容管经略使任，四月丁母忧去职。百姓诣使请留，诏拜左金吾卫将军兼御史中丞，管使如故，坚辞不受，优诏褒许。
按：见《颜鲁公文集》卷一一《元结表墓碑》。《全唐文》卷三八〇有元结《再让容州表》。

李益应贡举，登进士第。
按：见《登科记考》卷一〇。

于鹄是年前后在河朔，与樊泽同学于东溪。
按：于鹄生卒年、字号、籍贯不详。诗人。屡试不第，退隐汉阳山。与张籍友善，作品多为描写隐逸生活，宣扬禅心道风，语言朴实，清新可人。有集1卷，后散逸。《全唐诗》卷三一〇辑录其诗编为1卷。事迹见《唐才子传》卷四。樊泽事迹，参见贞元十四年条。

僧马祖道一始住钟陵开元寺，开筵讲论。
按：马祖道一曾师从南宗禅"南岳下"一派宗师怀让，其弘扬师门而蔚为大观。他以"平常心是道"、"即心是佛"大弘禅风，学者云集，入室弟子有百丈怀海、南泉普愿、大梅法常等一百三十九人。由是渐成南宗禅一派，称洪州宗。

道士吴筠与鲍防、严维、丘丹、吕渭、谢良辅、谢良弼等皆在越州，交游唱和。
按：《全唐诗》卷七八九有吴筠与鲍防等人《中元日鲍端公宅遇吴天师联句》，傅璇琮主编《唐五代文学编年史》（中唐卷）谓诸人联句在本年。

颜真卿在抚州刺史任，与州人左辅元、姜如璧等增广《韵海镜源》为500卷。
按：初，颜真卿编《韵海镜源》200卷，至是增广。参见天宝十五年条。该书后又续修，参见大历八年条。

牛头宗僧慧忠六月十六日卒（682— ）。慧忠俗姓王，又称慧忠或牛头慧忠，润州上元人。师从牛头宗僧智威，传其法嗣。曾云游四方，住延祚寺。受邀移住庄严寺，大事讲论，学者云集。事迹见《宋高僧传》卷一九、《景德传灯录》卷四、《五灯会元》卷二。
按：唐代高僧名慧忠者有两人，另一为南阳慧忠，越州诸暨人。参见大历十年条。

道士李含光卒（682— ）。含光本姓弘，因避太子李弘名讳改，人称李玄静先生，扬州江都人。唐代道教学者，茅山宗第十三代宗师。工书法，通医术，精研《老》、《庄》、《周易》之学。屡为玄宗所召。天宝初入朝，本年辞归；明年七月复入朝，天宝九年春辞归；同年冬再入朝，十年九月辞归。撰有《老子学记》、《庄子学记》、《周易学记》、《老子义略》、《庄子义略》、《周易义略》各1卷，《唐本草音义》2卷（一作5卷），皆已佚。《全唐文》卷二一七收录其表奏13通，文1篇。事迹见《茅山志》卷一一、《云笈七签》卷五。《全唐文》卷三七七有柳识《茅山紫阳观玄静先生碑》。

郑洵三月卒（714— ）。洵字号不详，荥阳人。精《三礼》，工诗文，精琴艺。举明经科，历华阴参军、郑县尉、协律郎著等职，卒于岳州官舍。尝修《琴谱》，撰有《东宫要录》10卷，另有集20卷，后皆佚。事迹见柳识《唐故朝义郎行监察御史上柱国郑府君墓志铭并序》。

按：郑洵事迹，史籍缺载。柳识所撰墓志，发现于河南偃师洵墓。参见中国社会科学院考古研究所河南二队《河南偃师市杏园村唐墓的发掘》（载《考古》1996年第12期）。

孟云卿约是年稍后卒（约725— ）。云卿字号不详，河南（一说武昌）人。诗人。尤工五言古诗，名扬一时。家贫，居嵩阳，以耕稼为业。永泰初进士及第，仕途失意，流寓南北各地。与元结、杜甫、薛据等友善。尝著《格律异门论》及《谱》3篇。《全唐诗》卷一五七收录其诗为1卷。事迹见《唐才子传》卷三。

按：孟元卿卒年，史籍不载。本年后，其事迹无考，似卒于稍后。姑系于此。参见傅璇琮主编《唐五代文学编年史》（中唐卷）。《唐诗纪事》卷二六引高仲武评曰："孟君诗……当今古调，无出其右者，一时之英也。"

丁公著（ —832）生。

大历五年　庚戌　770年

阿拉伯人平埃及叛。

六月己未，制天下文武官及前资六品以下荐举人才，量能擢用。

按：见《登科记考》卷一〇。

是年，开科取士，礼部侍郎薛邕知上都贡举，东都留守张延赏知东都举，进士及第26人。

按：见《登科记考》卷一〇。

陆羽是春至润州丹阳，与皇甫冉游，彼此"究孔释之名理，穷歌诗之丽则"。

按：见《全唐诗》卷二五〇皇甫冉《送陆鸿渐赴越序》。

李端应贡举，登进士第。

按：见《登科记考》卷一〇。

鲍防为浙东观察使薛兼训从事，与严维等37人互相唱和，编为《大历年浙东联唱集》2卷。

按：鲍防为薛兼训从事，约是秋奉召入京，其与严维等唱和当在此前。姑系于此。

日人晁衡正月卒（698——　）。晁衡一作朝衡，原名阿倍仲麻吕，日本人。开元五年来唐，入国子监太学学习。后留唐，历官左春坊司经局校书、左补阙、卫尉卿、秘书监、镇南节度使等。与储光羲、李白、王维等交游甚密，尤与李白友善。卒于长安。《全唐诗》卷七三二收录其诗1首。事迹见《旧唐书》卷一九九上、《新唐书》卷二二〇、（日）《大日本史》卷一一六。

杜甫卒（712——　）。甫字子美，原籍襄阳，后迁居巩县。唐代诗人，与李白齐名，时人并称"李杜"。历左拾遗、检校工部员外郎、剑南节度参谋等职。一生仕途失意，游历各地，了解民间疾苦，其作品贴近生活，忧伤国事，反映现实，世称"诗史"。有集60卷，小集6卷。今存宋人王洙所编《杜工部集》20卷、黄长睿《校定杜工部诗》22卷等。事迹见《旧唐书》卷一九〇下、《新唐书》卷二〇一。吕大防、蔡兴宗、赵子栎、黄鹤、朱鹤龄、张远、杨纶、仇兆鳌等各撰有《杜工部年谱》，钱谦益撰有《少陵先生年谱》，朱骏声撰有《杜少陵年谱》，李春坪撰有《少陵新谱》，鲁訔撰有《杜工部草堂诗年谱》，闻一多撰有《少陵先生年谱会笺》。今人冯至著有《杜甫传》，陈香、陈贻焮各著有《杜甫评传》。

按：杜甫卒年，《旧唐书》本传谓永泰二年（即大历元年）；今人丘良任《杜甫之死及其生卒年考辨》（载《深圳大学学报》2000年第4期）谓大历六年；仇兆鳌《杜工部年谱》等皆谓大历五年。学界大多采本年说，参见傅璇琮主编《唐五代文学编年史》（中唐卷）。今从之。杜甫在唐代文学史上颇具地位，一生作品丰赡，代表作有《兵车行》、《丽人行》、《三吏》、《三别》、《自京赴奉先县咏怀五百字》、《登岳阳楼》等。《旧唐书》本传引元和中诗人元稹评曰："唐兴，官学大振，历世之文，能者互出，而又沈、宋之流，研练精切，稳顺声势，谓之为律诗。由是之后，文体之变极焉。然而莫不好古者遗近，务华者去实，效齐、梁则不迨于魏、晋，工乐府则力屈于五言，律切则骨格不存，闲暇则纤秾莫备。至于子美，盖所谓上薄《风》、《骚》，下该沈、宋，言夺苏、李，气吞曹、刘，掩颜、谢之孤高，杂徐、庾之流丽，尽得古今之体势，而兼人人之所独专矣。使仲尼考锻其要旨，尚不知贵其多乎哉！苟以为能所不能，无可无不可，则诗人已来未有如子美者。"

岑参卒（715——　）。参字号不详，江陵（一说南阳）人。唐著名诗人。尤擅边塞诗，与高适齐名，世称"高岑"。天宝初进士及第，历官右内率府兵曹参军、大理评事、起居舍人、嘉州刺史等职，故世称"岑嘉州"。杜确编其诗作为《岑嘉州诗集》8卷（一作10卷）。原本已散佚，今存辑本10余种。《全唐文》卷三五八收录其赋1篇，《全唐诗》卷一九八至二〇一辑录其诗编为4卷。另有陈铁民、侯忠义《岑参集校注》。事迹见《全唐文》卷四五九杜确《岑嘉州诗集序》、《唐才子传》卷三。近人赖义辉撰有《岑参年谱》，闻一多撰有《岑嘉州诗系年考证》，李嘉言撰有《岑诗纪年》。今人廖立著有《岑参评传》，张京华著有《高适与岑参传》。

按：岑参卒年，一说大历四年。今从闻一多《岑嘉州系年诗考证》。岑参在盛唐诗坛颇具地位，与高适并为边塞诗代表。殷璠《河岳英灵集》评曰："参诗语奇体峻，意亦造奇"；严羽《沧浪诗话》评曰："高崔之诗悲壮，读之使人感激"。杜确《岑嘉州集序》曰："公讳参……属辞尚清，用意尚切，其有所得，多入佳境，迥拔孤秀，出于常情。每一篇绝笔，则人人传写，虽闾里士庶，戎夷蛮貊，莫不讽诵吟习焉。"

啖助卒(724—)。助字叔佐，祖籍赵州，家居关中。唐代中期著名经学家，尤精《春秋》学。天宝末历临海尉、丹阳主簿，及秩满，隐居不出。撰有《春秋传集注》、《春秋统例》等，皆散佚。清马国翰《玉函山房辑佚书》辑有助《春秋集传》1卷，《全唐文》卷三五三收录其文2篇。事迹见《新唐书》卷二〇〇。今人林庆彰、蒋秋华编有《啖助新春秋学派研究论集》。

按：魏晋以来，佛、道之风日盛，儒学遭到严峻挑战。及至盛唐，文学之士辈出，而治儒者益寡。啖助与门人赵匡、陆质等深究《春秋》经旨，摒弃《春秋》学者信传而宗经之固陋习气，倡导勇于疑古、进探经旨之学风，主张破除门户之见，对《三传》作大规模整合与批判，实现经学研究由专注章句训诂转向义理阐释。由是开创中唐经学一大流派，史称"啖助学派"，又称"新《春秋》学派"。不仅成为稍后韩愈、柳宗元等人所倡儒学复兴运动之先驱，直接推动古文运动之兴起，且对宋代理学思潮亦颇有影响。《新唐书》卷二〇〇《儒学下》评曰："《春秋》、《诗》、《易》、《书》，由孔子时师弟子相传，历暴秦，不断如系。至汉兴，剗挟书令，则儒者肆然讲授，经典浸兴。左氏与孔子同时，以《鲁史》附《春秋》作《传》，而公羊高、谷梁赤皆出子夏门人。三家言经，各有回舛，然犹悉本之圣人，其得与失盖十五。义或谬误，先儒畏圣人，不敢辄改也。啖助在唐，名治《春秋》，摭讪三家，不本所承，自用名学，凭私臆决，尊之曰'孔子意也'，赵、陆从而唱之，遂显于时。"赵匡生卒年不详，字伯循，河东人。官至洋州刺史。师从啖助，曾补订助所撰《春秋传集注》、《春秋统例》，又以《春秋》文字隐晦，不易明了，乃举例阐释，撰《春秋阐微纂类义疏》。其遗说存于陆质《春秋集传纂例》、《春秋集传辨疑》等。清马国翰《玉函山房辑佚书》辑录其遗文编为1卷。陆质原名淳，参见贞元二十一年条。

又按：与啖助同时，又有施士丐、仲子陵等人，亦以经学名世。《新唐书》卷二〇〇《儒学下》曰："大历时，助、匡、质以《春秋》，施士丐以《诗》，仲子陵、袁彝、韦彤、韦茝以《礼》，蔡广成以《易》，强蒙以《论语》，皆自名其学，而士丐、子陵最卓异。"施士丐生卒年、字号不详，吴人。精于《诗》，兼善《左氏春秋》。历四门助教、博士，教授二经。秩满当去，诸生上疏乞留，前后讲学凡十九年，卒于官。其著述多散佚，清马国翰辑有《施氏诗论》1卷。仲子陵生卒年、字号不详，峨眉人。精于《礼》学，有文藻。举贤良方正，历太常博士等职，终司门员外郎。以文义自娱，及卒，家中所存惟图书及酒数斛而已。著有《五服图》10卷。今人何易展著有《唐代巴蜀文人仲子陵生平考述》(载《西华大学学报》哲学社会科学版2006年第6期)。

薛涛(—832)生。

大历六年　辛亥　771年

正月,从回纥之请,敕于荆、扬、洪、越等州建"大云光明寺"。

按:此前唐代宗已准回纥于长安建摩尼教寺,并赐额"大云光明寺"。事见大历三年六月条。《大宋僧史略》卷下载,唐代宗时,摩尼教获得较快传播。至唐武宗毁佛,会昌三年敕天下摩尼寺并废入宫观。五年,又敕摩尼教徒二千余人皆还俗。

四月,代宗御宣政殿亲试讽谏主文、茂才异等、智谋经武、博学专门四科举人,登第者15人。

按:见《登科记考》卷一〇。

是年,开科取士,礼部侍郎张谓知上都举,东都留守张延赏知东都举,进士及第28人,诸科2人。

按:见《登科记考》卷一〇。

李华是年前后居楚州,疾痼贫甚,吴楚之士欲撰家传、修墓志及颂扬守宰功德者,多赍币求其文。自知将不起,寄书柳识,求为己《后集》作序。又作《萧颖士集序》。

按:见《毗陵集》卷一三《李华中集序》、《权载之文集》卷四二《答杨湖南书》。李华所作《萧颖士集序》,见《全唐文》卷三一五。

元结在容州,二月避兵乱,寓居苍梧。

按:《资治通鉴》卷二二四载,是春,岭南蛮梁崇牵起兵据容州,与西原蛮张侯、夏永等攻陷附近州县,不久被败亡。

韩滉由尚书右丞为户部侍郎、判度支,制赋敛出入之法,颇有成效。

按:《资治通鉴》卷二二五曰:"自兵兴以来,所在赋敛无度,仓库出入无法,国用虚耗。滉为人廉勤,精于簿领,作赋敛出入之法,御下严急,吏不敢欺。亦值连年丰穰,边境无寇,自是仓库积蓄始充。"

张谓是冬授礼部侍郎。

按:此后至大历九年,张谓三掌贡举,为时人所称。

柳识在润州,正月作《琴会记》,叙李栖筠、樊晃抚琴唱和之事。

按:《琴会记》,见《全唐文》卷三七七。

僧皎然在湖州,是春与刺史裴清、武康令韩章交游,又以诗赠顾况,盛赞其人品。

按:皎然《杼山集》卷七《送顾处士歌》曰:"吴门顾子予早闻,风貌真古谁似君。人中黄宪与颜子,物表孤高将片云。性背时人高且逸,平生好古无俦匹。醉书在箧称绝伦,神画开厨怕飞出。"

颜真卿闰三月罢抚州刺史,委州人左辅元编《临川集》10卷,收录其

北非哈瓦利吉派叛。

查理尽有法兰克。

伦巴德人侵罗马。

在抚州所作诗文。

> 按：颜真卿于大历三年五月迁抚州刺史，参见该年条。据《全唐文》卷五一四殷亮《颜鲁公行状》，真卿在抚州三年，"接遇才人，耽嗜文卷，未尝暂废"。左辅元系抚州秀才。

樊晃在润州刺史任，集杜甫诗文209篇编为《杜工部小集》(一作《杜甫小集》)6卷，并作序，行于江左。

> 按：《唐文拾遗》卷二三有樊晃所撰《杜工部小集序》。樊晃一作韩光，生卒年、字号不详，祖籍南阳湖阳，家居润州句容。有诗名，与刘长卿、皇甫冉等友善。玄宗时登进士第，又登书判拔萃科，累迁润州刺史。其诗入选殷璠《丹阳集》、芮挺章《国秀集》。《全唐文》、《唐文拾遗》存其文3篇，《全唐诗》卷一一四收录其诗1首。

僧不空十月二日进呈天宝以来所译经，计77部，凡120余卷，表请入藏。诏许编入《一切经目》，下有司宣付中外。

> 按：不空进呈译经事，《册府元龟》卷五三载于大历七年，并引不空上表曰："谨缵集前后所翻译自开元至今，凡一百一卷，七部以闻。"《宋高僧传》卷一本传系此事于本年，其曰："六年十月二日，帝诞节，进所译之经，表云：'爰自幼年，承事先师三藏十有四载，禀受瑜伽法。复游五印度，求所未授者，并诸经论计五百余部。天宝五载，却至上都，上皇诏入内，立灌顶道场，所赍梵经尽许翻度。……起于天宝，迄于大历六年，凡一百二十余卷，七七部。"此从《宋高僧传》。

敦煌僧弘忍五月抄王梵志《回波乐》等诗110首。

> 按：见《苏联藏敦煌手稿总目》编目一四五六卷后附记。

僧昙一十二月七日卒(692—)。昙一俗姓张，山阴人。唐代高僧，精通内外之学。初从僧昙胜学事钞，复至长安师从相部宗僧太亮。后住会稽开元寺，度众十万人，时称"中师子"。弟子有朗然、神皓、辨秀、道昂等。著有《发正义记》10卷，阐说南山、相部二宗之别。事迹见《宋高僧传》卷一四。《全唐文》卷五二〇有梁肃《越州开元律和尚塔碑铭并序》。

> 按：昙一之卒，《宋高僧传》本传谓其"以大历六年十一月十七日迁化于寺之律院，报龄八十"；梁肃《越州开元律和尚塔碑铭并序》谓其"以大历六年十二月七日灭度于越州开元寺"。今从梁肃之说。

皇甫冉是春卒(718—)。冉字茂政，润州丹阳人。唐中期诗人，与弟皇甫曾俱有名。天宝末登进士第，历无锡尉、左拾遗等职。有诗集3卷，独孤及为序。原本已散佚，《全唐诗》卷二四九至二五〇辑录其诗编为2卷，《全唐文》卷四五二收录其文4篇。事迹见《旧唐书》卷一九〇下、《新唐书》卷二〇二、《唐才子传》卷三。

> 按：皇甫冉诗名早著，高仲武《中兴间气集》选录其诗13首，称其诗"巧于文字，发调新奇，远出情外"，"可以雄视潘、张，平辑沈、谢"。《毗陵集》卷一三《皇甫冉集序》曰："沈、宋既殁，而崔司勋颢、王右丞维复崛起于开元、天宝之间，得其门而入者，当代不过数人。"又评曰："其诗大略以古之比兴就今之声律，涵咏风骚，宪章颜谢。至若丽曲感动，逸思奔发，则天机独得，非师资所奖。"

僧广修（　—843）、僧灵祐（　—853）生；韦表微（　—约830）约生。

按：韦表微生卒年，史无明载。《旧唐书》卷一八九本传谓其于元和十五年拜监察御史；《新唐书》卷一七七本传载其授监察御史后，不乐，有"吾年五十"云云。以该年表微五十岁推算，其生当在本年。

大历七年　壬子　772年

是年，开科取士，礼部侍郎张谓知上都举，进士及第33人，诸科4人。

按：见《登科记考》卷一〇。

颜真卿九月拜湖州刺史。

按：《颜鲁公文集》卷七《湖州乌程县杼山妙喜寺碑铭》自谓："大历壬子岁，真卿叨刺于湖。"同书卷五一四殷亮《颜鲁公行状》谓其本年九月拜湖州刺史。黄本骥《颜鲁公年谱》谓其明年正月到任。

畅当应贡举，登进士第。

按：见《登科记考》卷一〇。

僧澄观往剡溪，师从僧慧量法师，重新研习《三论》。

按：见《宋高僧传》卷五本传。

僧天皇道悟于杭州竹林寺受具足戒。

按：天皇道悟寻游余杭，参谒径山国一，研习禅学之要五年，终受印可，遂隐居余姚大梅山。

崔祐甫是年前后编集崔沔遗文为《崔沔集》29卷，又撰《先志》1卷，合为30卷，李华为序。

按：崔祐甫系崔沔之子，事迹参见建中元年条。李华所撰《崔沔集序》，见《全唐文》卷三一五。

于休烈九月乙未卒（692—　）。休烈字号不详，京兆高陵（一作河南）人。机鉴融敏，善文词，与贺朝、万齐融、包融齐名。开元初登进士第，又擢制科，累迁集贤殿学士。肃宗时为太常少卿兼修史官，以大乱之余史籍多毁，请重加购赏。后历工部侍郎、工部尚书，进爵东海郡公。性恭俭，乐贤下士，荐举甚众。卒，谥曰"元"。有文集10卷，已散佚。《全唐文》卷三六五、《唐文拾遗》卷二一收其奏疏5篇，事迹见《旧唐书》卷一四九、《新唐书》卷一〇四。

贾至四月卒（718—　）。至字幼几（一作幼邻），洛阳人。唐中期文学家。与房琯、严武、杜甫、李白友善。天宝初明经擢第，累迁礼部侍郎，卒

阿拉伯阿拔斯王朝军伐北非。

拜占庭人及保加利亚战。

法兰克国王查理伐莱茵河以东萨克森人。

哈马德·拉维耶那卒（约694—　）。阿拉伯古籍编纂家。

官右散骑常侍,赠礼部尚书,谥曰"文"。著有《百家类例》10卷,另有集20卷,别集15卷,后皆散佚。《全唐文》卷三六六至三六八辑录其文编为3卷,《全唐诗》卷二三五辑录其诗编为1卷。事迹见《旧唐书》卷一九〇中、《新唐书》卷一一九。

按：贾至诗文在唐代文学史上颇具地位,深得李白、杜甫等人称赞,谓其"雄笔映千古"。其文集至宋时即已残缺,宋以后大多散佚。《全唐文》辑录其文,今人岑仲勉《读全唐文札记》以为有后人作品杂入。

元结四月卒(719—)。结字次山,自号元子、猗玗子,原籍太原,世居汝州(一说河南),元德秀宗弟。学者、文学家。性耿介,思民疾苦,有忧道悯世之思。天宝间进士及第,累官道州刺史、容州都督,终御史中丞。卒于长安,赠礼部侍郎。尝编录沈千运等七人诗为《箧中集》1卷,今存。撰有《元子》10卷、《浪说》7篇、《漫说》7篇、《猗玗子》1卷、《文编》10卷,后多散逸。今有后人编录《元子文编》10卷、《补遗》1卷,《四部丛刊》合为《元次山集》。《全唐文》卷三八〇至三八三辑录其文编为4卷,《全唐诗》卷二四〇至二四一辑录其诗编为2卷。事迹见《新唐书》卷一四三、《唐才子传》卷三。《全唐文》卷三四四有颜真卿《唐故容州兼御史中丞本管经略使元君表墓碑铭》。今人孙望撰有《元次山年谱》。

按：元结在唐中期思想和文学领域颇具地位。他推崇儒学,又受道家思想影响。文学上,反对当时"拘限声病,喜尚形似"之诗风,主张作诗应"上感于上,下化于下","极帝王理乱之道,系古人规讽之说",倡导质朴自然的文风。其《悯农诗》、《系乐府十二首》等,开稍后元稹、白居易等人诗风;其散文实为韩愈、柳宗元古文运动之启端。杜甫《同元使君舂陵行》评曰:"道州忧黎庶,词气浩纵横";宋欧阳修《唐元次山铭》称其文"笔力雄健,意气超拔"。《全唐文》卷七七九有李商隐《元结文集后序》,对其诗文及风格评述甚详。清代学者章学诚《元次山集书后》曰:"人谓六朝绮靡,昌黎始回八代之衰,不知早有河南元氏,为古学于举世不为之日也。"

陈润约卒,生年、字号不详。润,祖籍颍川,家居苏州,白居易外祖父。诗人。登明经第,又登茂才异等科,官至郾城令。《全唐诗》卷二七二、《全唐诗补编》卷一六收录其诗9首。

按：陈润事迹,史载不详。《白居易集》卷四六《襄州别驾府君事状》谓颍川陈氏系陈润之女,"八岁丁郾城府君之忧"。陈氏卒于元和四年,年五十七。其八岁丧父,知陈润卒于本年。参见傅璇琮主编《唐五代文学编年史》(中唐卷)。

吕温(—811)、窦巩(—831)、刘禹锡(—842)、白居易(—846)、李绅(—846)生。

按：窦巩生年,一说大历四年。《旧唐书》卷一五五巩本传、《全唐文》卷七六一褚藏言《窦巩传》皆谓其卒"年六十"。褚藏言《窦巩传》又曰:"元公下世,公亦北归。道途遘疾,迨至辇下,告终于崇德里之私第。"元公即元稹,卒于大和五年。以此溯推,巩当卒于同年。

大历八年　癸丑　773年

正月癸卯，敕京官三品已上、郎官、御史，每年各举堪为刺史、县令者一人。

按：见《旧唐书》卷一一《代宗纪》。

九月戊子，诏京官五品以上各上封事，言时政得失。

按：见《旧唐书》卷一一《代宗纪》。

是年，开科取士，礼部侍郎张谓知上都举，东都留守蒋涣知东都举，进士及第34人，诸科5人。

按：见《登科记考》卷一〇。

刘晏为吏部尚书，是冬知三铨选事，十月举中书舍人常衮、谏议大夫杜亚、起居郎刘湾、左补阙李翰考吏部选人判，判吉中孚、王申、张载华、裴通、朱邵登书判拔萃科，时人多有异议。

按：见《旧唐书》卷一二三本传、《唐摭言》卷一一、《册府元龟》卷六三五。

颜真卿在湖州刺史任，时文士云集湖州，彼此多有唱和。又续修《韵海镜源》。

按：颜真卿拜湖州刺史事，见大历七年条。时皎然、陆羽、吴筠、权器、柳淡、韦渠牟、张荐、刘全白、裴循、强蒙、范缙、魏理、王修甫、颜岘、左辅元、刘茂、颜浑、杨德元、韦介、崔宏、史仲宣、陆士修、裴幼清、颜颛、颜须、颜颎、李萼、房夔、康造、房益等均在湖州，与真卿迭相唱和。又，颜真卿修《韵海镜源》始于至德元年前，续修于大历四年。本年重修，成于明年春。参见大历九年条。

皇甫曾是春至越州，与严维交游，又有诗赠僧神邕。是秋在湖州，与颜真卿、皎然、陆羽等唱和。

按：《全唐诗》卷二六三有严维《岁初喜皇甫侍御至》，皇甫侍御即皇甫曾。同书卷二一〇有皇甫曾《赠吴门邕上人》，邕上人即神邕。《颜鲁公文集》卷一二有《七言重联句》，时颜真卿任湖州刺史，参与联名者有皇甫曾等人。

崔峒在左拾遗任，是秋奉使江淮访括图书，钱起、戴叔伦等以诗相送。

按：钱起《钱考功集》卷六有《集贤送崔八叔承恩括图书》，崔八叔即崔峒；《全唐诗》卷二七三有戴叔伦《送崔拾遗峒江淮访图书》。两诗当作于本年秋，参见傅璇琮主编《唐五代文学编年史》（中唐卷）。

令狐峘由起舍人兼修史转刑部员外郎。

按：见《旧唐书》卷一四九本传。

陆贽应贡举，登进士第。

按：见《登科记考》卷一〇。

僧南阳慧忠在长安，奏请度天下名山之僧，取明经、律、禅三者之僧。

法兰克人入意大利。

稍后，归南阳。

> 按：慧忠于上元二年再度奉召入京，多有建言，尝奏请于武当山建太一延昌寺，又于党子谷建香岩长寿寺，并各置藏经一部。见《宋高僧传》卷九本传。

僧惟俨就衡山希琛律师受具足戒。

> 按：僧希琛，《祖堂集》卷四、《宋高僧传》卷一七作"希澡"，此从《全唐文》卷五三六唐伸《沣州药山故惟俨大师碑铭并序》。惟俨博通经论，严持戒律。后参谒石头希迁，得承其法嗣。

新罗僧慧超初师从密宗初祖天竺僧金刚智，是年又随金刚智高足不空受法，由是成为不空六大弟子之一，时人称"六哲"。

> 按：慧超师事金刚智事，分见开元十一年、二十一年条。

李羔是年编集其父李华作品为《中集》20卷，收录华所作颂、赋、诗歌、碑、表、叙、论、志、记、赞，凡143篇，独孤及为序。

> 按：独孤及所撰《序》，见《毗陵集》卷一三。

权德舆是年前后以所作文数百篇，编为《童蒙集》10卷。

> 按：《册府元龟》卷七七五谓权德舆"四岁能讽诗，十五为文数百篇，为《童蒙集》，名声大振"。本年权德舆十五岁，姑系于此。

柳宗元（ —819）、韦处厚（ —828）、李渤（ —831）、段文昌（ —835）生。

> 按：柳宗元生年，两《唐书》本传皆未明载，今从《全唐文》卷五六三韩愈《柳子厚墓志铭》、宋文安礼《柳先生年谱》。

大历九年　甲寅　774年

亚美尼亚人叛。

北非瓦尔法朱马各族叛。

拜占庭及保加利亚盟。

法兰克灭伦巴德王国。

是年，开科取士，礼部侍郎张谓知上都举，东都留守蒋涣知东都举，进士及第32人。

> 按：见《登科记考》卷一〇。

颜真卿在湖州刺史任，与张志和、皎然、陆羽等交游甚密。

> 按：《全唐诗》卷八二一有皎然《奉应颜尚书真卿题玄真子置酒张乐舞破阵画洞庭三山歌》、《奉和颜鲁公落玄真子舴艋舟歌》。玄真子即张志和。《云笈七签》卷一一三下引《续仙传》曰："玄真子姓张名志和……真卿为湖州刺史，与门客会饮，乃唱和为《渔父词》。……真卿与陆渐鸿、徐士衡、李成矩共唱和二十五首，遂相夸赏。"《颜鲁公文集》卷七《浪迹先生元真子张志和碑铭》曰："大历九年秋八月，讯真卿于湖州。……真卿以舴艋既敝，请命更之。"

刘长卿在淮西鄂岳转运留后任，为人所诬，贬睦州司马。是秋沿江东下,经江、常等州,先后与薛弁、柳浑、穆宁、李幼卿、皇甫曾等交游。

按:刘长卿遭诬贬睦州司马事,见《新唐书》卷六〇《艺文志四》。参见傅璇琮《唐代诗人丛考·刘长卿事迹考辨》。

杨炎在中书舍人任,十二月与秘书少监韦肇并为吏部侍郎。

按:见《旧唐书》卷一一《代宗纪》。

独孤及是春赴常州刺史任,途经丹阳梅里,见梁肃。肃随之赴常州。

按:此后四年,梁肃师从独孤及,学为文之道。

常衮在中书舍人任,十二月迁礼部侍郎。是年,与钱起、包佶、卢纶、司空曙等迭相交游,又与徐浩、薛邕、独孤及等寄诗往来。

按:常衮迁礼部侍郎事,见《旧唐书》卷一一《代宗纪》。

耿湋在左拾遗任,是秋奉使江南搜括图书,李端、卢纶有诗送之。

按:《全唐诗》卷二八五有李端《送耿拾遗湋使江南括图书》,《卢纶诗集校注》卷五有《送拾遗湋充括图书使往江淮》。两诗当本年秋作,参见傅璇琮主编《唐五代文学编年史》(中唐卷)。

欧阳詹是年前后始与林藻、林蕴兄弟隐居泉州莆田县莆山,自此读书五年。

按:林氏兄弟系莆田人,后皆有诗名。父林披生卒年不详,字茂彦(一说茂则),以临汀民间多山鬼淫祠,撰《无鬼论》。刺史樊晃遂奏署临汀令,有治绩,后迁别驾。《全唐诗》卷八八收录其诗1首。林藻生卒年不详,字纬乾。工诗赋,善行书。贞元七年登进士第,累迁殿中侍御史,终岭南节度副使。有集1卷,已散佚。《全唐文》卷五四六收录其文1篇,《全唐诗》卷三一九收录其诗3首。林蕴生卒年不详,字复梦。通儒经,善诗文。尝从卢肇学书法。贞元四年明经及第,累官礼部员外郎,以敢于直言,为时人所重。迁邵州刺史,坐事流儋州而卒。有集1卷,原本已散佚。今存后人所辑《林邵州遗集》1卷,收入《王氏汇刻唐人集》。《全唐文》卷四八三、《唐文拾遗》卷二五收录其文3篇。事迹见《新唐书》卷二〇〇。

杨凭应贡举,登进士第。

按:见《登科记考》卷一〇。

韩愈是年七岁,好学,言出成文。

按:见宋洪兴祖《韩子年谱》卷一。

权德舆是年十六,至常州,谒见常州刺史独孤及,求教文学之道。

按:见《权载之文集》卷四九《祭独孤常州文》。

新罗僧慧超在长安,二月上《贺玉女潭祈雨表》,六月入选为持诵僧七人之一。

按:见《大日本佛教全书》卷一一三《慧超传考》。

颜真卿是春重修《韵海镜源》成,编为360卷。

按:颜真卿数次修《韵海镜源》事,分见至德元年及大历四年、八年条。此次重修,参修者先后有颜浑、殷佐明、刘茂、卢锷、韦宁、朱弁、周愿、颜暄、沈殷、李莘、裴郁、蒋志、吕渭、魏理、沈益、刘全白、沈仲昌、陆向、沈祖山、周阆、丘悌、沈咸、张著、张误、张荐、张蒿、权器、韦桓尼、房夔、崔密、崔万、窦叔蒙、裴继、颜超、颜岘、颜顾等,僧法海、李萼、陆羽、褚冲、汤衡、柳察、潘述、裴循、萧存、陆士修、杨遂初、崔宏、杨德元、

欧几里德《几何原理》译成阿拉伯语。

胡仲、汤涉、颜祭、韦介、左兴宗、颜策等亦曾参与讨论。见《颜鲁公文集》卷七《湖州乌程县杼山妙喜寺碑铭》。

皇甫曾是春游湖州，与皎然、颜真卿游，后结集为《吴兴集》10卷。

按：皇甫曾去年赴湖州，参见该年条。

僧不空六月十五日卒（705—　）。 不空梵名阿目佉跋折罗，华名智藏（又称不空智），受灌顶号不空金刚，狮子国（今斯里兰卡，一说北天竺）人。唐代著名译经家，佛教学者，密教（真言宗）付法第六祖。年少随天竺僧金刚智入唐，遂师事之，颇获器重。曾奉使回故国，携回佛经梵本1200卷。玄宗时赐名"智藏"，代宗时制授特进试鸿胪卿，加号"大广智三藏"。卒于长安大兴善寺，追赠开府仪同三司、司空，赐爵肃国公，谥号"大辩广智三藏"。弟子有金阁寺僧含光、新罗僧慧超、青龙寺僧惠果、崇福寺僧慧朗、保寿寺僧元皎和觉超等，时称"六哲"。一生译经众多，先后计有77部、120余卷（一说110部、143卷）。著有《金刚顶经义诀》，今存残本。后僧圆照集不空及弟子所作表谢答制114篇，编为《不空表制集》4卷。事迹见《宋高僧传》卷一、《贞元新定释教目录》卷一五和一六、《大唐贞元续开元释教录》卷上、《两部大法相承师资付法记》、赵迁《大唐故大德赠司空大辩正广智不空三藏行状》、《神僧传》卷八。

按：不空卒年，《神僧传》卷八谓永泰中，《释氏通鉴》谓大历五年。今从《宋高僧传》本传、《资治通鉴》卷二二五及今人陈垣《释氏疑年录》。不空在唐代佛教史上颇具地位，与僧鸠摩罗什、真谛、玄奘等并为四大佛经翻译家，又与僧善无畏、金刚智并称"开元三大士"。唐代佛教宗派并起，密教（真言宗）自善无畏、金刚智传入，经不空发展和弘扬，渐盛于世。赵迁《不空三藏行状》载，不空居灌顶师位四十余年，受法门人约万计，由其授比丘戒弟子二千人。

僧无住六月三日卒（714—　）。 无住俗姓李，凤翔郿县人。唐代佛教禅宗分支保唐宗始祖。曾师从净众宗三祖无相，后住保唐寺。弟子有胜光寺僧净藏（超藏）、知一（超然）、登州僧忠信（超寂）、法轮等人，蔚成禅宗一派。事迹散见《宗镜录》卷八、《景德传灯录》卷四、《五灯会元》卷二。

李华五月卒（715—　）。 华字遐叔，赵州赞皇人。唐中期文学家，与萧颖士齐名，世称"萧李"。开元间登进士第，天宝初又登博学宏词科，历监察御史、侍御史、吏部员外郎等职，晚年客居楚州，病卒。有《前集》10卷、《中集》20卷，后散佚。后人辑录编为《李遐叔文集》4卷，今存，有《四库全书》本等。《全唐文》卷三一四至三二一辑录其文编为8卷，《全唐诗》卷五三辑录其诗编为1卷。事迹见《旧唐书》卷一九〇下、《新唐书》卷二〇三。

按：李华卒年，两《唐书》本传均未明载，后世说法不一。《全唐文》卷五二二梁肃《为常州独孤使君祭李员外文》谓其卒于"大历元年五月"。傅璇琮主编《唐五代文学编年史》（中唐卷）谓"元年"当为"九年"之形误。今从傅说。李华系中唐著名散文家，兄事元德秀、萧颖士、刘迅，与颜真卿、独孤及、贾至、柳芳、殷寅、邵轸、陈兼、权皋、郗纯等友善，共倡古文之风，为韩愈、柳宗元古文运动之先驱。独孤及《赵郡李公中集序》称其文"大抵以《五经》为泉源","文章中兴,公实启之"。李华所作《吊古战场文》等,属散文名篇,为时人及后世文人推重。其所著《卜论》,驳斥卜筮之荒谬虚伪,具有无神论倾向。所撰《质文论》,主张废弃百家之说,以儒道统一思想,强调德行应为文章之本,反对单纯追求华丽文风。

日僧空海(　—835)生;李翱(　—约836)约生。

按:李翱生年,历有歧说。今从卞孝萱、张清华、阎琦合著《李翱评传》(《韩愈评传》附)。

大历十年　乙卯　775年

五月癸卯,诏罢东都贡举,举人均集于上都长安;停童子科。

按:见《登科记考》卷一一。两都分别贡举始于永泰元年,参见该年条。

是年,开科取士,礼部侍郎常衮知上都举,东都留守蒋涣知东都举,进士及第27人,诸科1人。

按:见《登科记考》卷一一。

常衮在礼部侍郎任,是年起至大历十二年,三掌贡举,先后擢王建、杨凌等登第。

按:见《登科记考》卷一一。

耿湋奉使赴江南访求图书,是春至饶、洪、吉、袁、虔、睦诸州,与第五琦、刘长卿、秦系、严维等交游。夏秋之际在湖州,与颜真卿、陆羽、皎然、杨凭、杨凝等交游唱和。是秋经常、宣等州回京,与梁肃、张南史等交游。

按:耿湋访求图书事,参见去年条。耿湋生卒年、字号不详,莆州人。中唐诗人。登进士第,累官拾遗,后贬许州司法参军。与李端、卢纶、吉中孚、韩翃、钱起、司空曙、苗发、崔峒、夏侯审并为"大历十才子"。有诗集2卷,原本已散佚。今存后人重编《耿湋集》2卷。事迹见《唐才子传》卷四。今人傅璇琮有《唐代诗人丛考·耿湋考》。

崔元翰是年前后寄书独孤及,论及文章之道与政教关系。

按:《全唐文》卷五二三有崔元翰《与常州独孤使君书》,其中略曰:"孔圣无大位,由修《春秋》,述《诗》、《易》,反诸正而寄之治,而素臣邱明、游、夏之徒,又述而赞之。推是而言,为天子大臣,明王道,断国论,不通乎文学者,则陋矣。士君子立于世,升于朝,而不繇乎文行者,则僻矣。然患后世之文,放荡于浮虚,舛驰于怪迁,其道遂隐。谓宜得明哲之师长,表正其根源,然后教化淳矣。"

僧澄观至苏州,从天台宗僧湛然学《天台止观》及《法华》、《维摩》等经疏。又走谒牛头山僧慧忠、径山法钦(道钦)及洛阳僧无名,究学南宗福禅法;参学禅僧慧云,探习北宗禅理。

阿拉伯阿拔斯王朝兴盛。

拜占庭帝君士坦丁五世卒,子利奥四世嗣位。

法兰克迫萨克森人改宗基督教。

大乘佛教约于此时传入马来半岛。

按：见《宋高僧传》卷五本传。澄观游历各地,至是已广学律、禅、三论、天台、华严各宗教义,兼通吠陀、五明、秘咒仪轨、经传子史之学,而尤重僧法藏之华严宗学。

僧寒山于大历中隐居天台山,作诗述山林幽隐之兴,讥讽时俗。

按：寒山,一作寒山子,生卒年不详。中唐诗僧。初由徐灵府(一说僧道翘)编次其诗作 300 余篇为《寒山子诗集》3 卷,唐末僧本寂为其作注,重编为《寒山诗》7 卷。后皆散佚。今存诗集 1 卷,有《四部丛刊》本、有正书局本等。参见余嘉锡《四库提要辨证》卷二〇,王运熙、杨明《寒山子诗歌的创作年代》(载《中华文史论丛》1980 年第 4 期)。今人钱学烈撰有《寒山诗校注》。

苏涣十月卒,生年、字号不详。涣,蜀人。中唐诗人。广德二年登进士第,累迁监察御史,因煽动岭南部将哥舒晃叛,兵败被杀。有诗集 1 卷,已佚。《全唐诗》卷二五五收录其诗 4 首。

僧南阳慧忠卒,生年不详。慧忠俗姓冉,越州诸暨人。唐代禅宗高僧。受法于禅宗六祖慧能,云游各地,后隐居南阳白崖山党子谷数十年,故世称南阳慧忠或南阳国师。历玄宗、肃宗、代宗三朝,数奉召入京,颇受礼遇。因曾住长安光宅寺,时人又称其"光宅慧忠"。请归南阳,卒于党子谷,谥号"大证禅师"。弟子有志诚、智德、道密等。事迹见《宋高僧传》卷九、《传法正宗记》卷七、《禅宗正脉》卷二。

按：慧忠博通诂训,普穷经律,与僧行思、怀让、神会、玄觉并称为慧能门下五大宗匠,与神会同于北方弘扬禅学,对当时南宗禅不重视经典而随意解说之作风多有驳斥。其接引学人之法,有著名"国师三唤"、"无情说法"、"无缝塔"等三公案,另有九十七种"圆相"等。然其师承是否确出自慧能,后世颇有异说。

李幼卿约卒,生年不详。幼卿字长夫,陇西人。中唐诗人。曾受知于萧颖士,与刘长卿友善。官至滁州刺史,卒于任。《全唐诗》卷三一二收录其 5 首。独孤及《毗陵集》卷二〇有《祭滁州李庶子文》。

按：李幼卿卒年,史不载。此从傅璇琮主编《唐五代文学编年史》(中唐卷)。

包何约是年稍后卒,生年不详。何字幼嗣,润州延陵人。与父包融、弟包佶俱有诗名,时人并称其与弟佶为"二包"。尝师事孟浩然,与李嘉祐等友善。天宝间登进士第,官至中书舍人。有诗集 1 卷,原本已散佚,《全唐诗》卷二〇八辑录其诗仍编为 1 卷,《唐诗拾遗》卷六又收录其诗 1 首。事迹见《唐才子传》卷三。

大历十一年　丙辰　776 年

呼罗珊谋夫城叛。

北非哈瓦利吉

是年,开科取士,礼部侍郎常衮知贡举,进士及第 14 人。

按：见《登科记考》卷一一。

包佶在谏议大夫任,时钱起、郎士元、崔峒、司空曙均在朝任职,卢纶旅居京师,彼此交游甚密。

按:参见傅璇琮主编《唐五代文学编年史》(中唐卷)。

李端与耿湋、司空曙、吉中孚等在长安,五月共游慈恩寺,各赋诗唱和,题于寺壁。

按:《全唐诗》卷二八四李端《慈恩寺怀旧》序云:"余去夏五月,与耿湋、司空文明、吉中孚同陪同考功王员外来游此寺。"该诗作于明年,知端与诸人游慈恩寺当本年。

杨凌应贡举,登进士第。

按:见《登科记考》卷一一。

僧皎然是冬至常州,居建安寺,与李纵、崔子向、皇甫曾等交游颇密。

按:李纵生卒年不详,字令从,赵州人,李纾之弟。有诗名,与卢纶、皎然、戴叔伦等友善,官至金州刺史。崔子向生卒年不详,名中,以字行,号中园子,金陵人。工诗,与皎然友善,官至岭南节度从事。皇甫曾生平,参见贞元元年条。

僧澄观游历天台、峨嵋诸山,遂返居天台山大华严寺,专修方等忏法。应寺主僧贤林之请,讲论《华严经》,名声渐振。以《华严经》旧疏文繁义约,欲撰新疏。

按:见《宋高僧传》卷五本传。

国子司业张参等奉诏校定《五经》文字,又汇集疑文互体,六月纂成《五经文字》3卷,进上。

按:是为中唐时期对儒家经典一次文字整理。《全唐文》卷四五八有张参《五经文字序例》。参生平事迹不详。

李栖筠二月辛亥卒(719—)。栖筠初名卓,字贞一,赵郡人。工诗文,名重一时。天宝间进士及第,累迁殿中侍御史,历吏部员外郎、山南防御观察使、工部侍郎、常州和苏州刺史、御史大夫兼京畿节度使等职。卒,谥曰"文献"。有集若干卷,权德舆为序。已佚。《全唐文》卷三七〇收录其文2篇,《全唐诗》卷二一五收录其诗2首。事迹见《新唐书》卷一四六。

按:李栖筠为唐代重要诗文作家。《全唐文》卷四九三权德舆《唐御史大夫赠司徒赞皇文献公李栖筠文集序》谓其文"大凡出于《诗》之无邪,《易》之贞厉,《春秋》之褒贬","如昆丘玄圃,积玉相照,景山邓林,凡木不植","简实而粹精,朗拔而章明"。

独孤郁(—815)、白行简(—826)、路随(—835)、郑浣(—839)生;皇甫湜(—约835或稍后)约生。

按:皇甫湜生年,史不载。此从傅璇琮主编《唐五代文学史编年》(中唐卷)。

派罗斯图姆王朝建。

大历十二年　丁巳　777年

法兰克国王查理征服萨克森人。

是年,开科取士,礼部侍郎常衮知贡举,进士及第12人。

按:见《登科记考》卷一一。

是年前后,李正己据淄、青等十五州,田承嗣据魏博等七州,李宝臣据恒、易等七州,梁崇义据襄、邓等六州,各拥兵自重,唐廷莫能制,藩镇割据之风愈演愈烈。

按:见《资治通鉴》卷二二五。

刘晏为吏部尚书,三月以宰相元载、王缙坐事下狱,奉旨审理。代宗寻下制令元载自尽,王缙贬括州刺史。

按:见《旧唐书》卷一一《代宗纪》。

杨炎为吏部侍郎,四月坐元载事,贬道州司马。

按:与杨炎同时受贬者,尚有谏议大夫、知制诰韩洄、王定、包佶、徐璜,户部侍郎赵纵,大理寺少卿裴冀,太常少卿王纮,起居舍人韩会等十余人。见《旧唐书》卷一一《代宗纪》。

常衮四月由礼部侍郎拜门下侍郎、同平章事,与中书侍郎杨绾并掌相职。衮杜绝卖官,排斥非文辞登第者。

按:见《旧唐书》卷一一九本传、卷一一《代宗纪》。

颜真卿在湖州刺史任,四月奉诏入朝,八月授刑部尚书。十二月,进献所纂《韵海镜源》。

按:颜真卿初为宰相元载所斥,及载获罪,遂还朝。见《旧唐书》卷一一《代宗纪》。《韵海镜源》完成于大历九年,参见该年条。

僧普愿从嵩山会善寺僧暠律师受具足戒,研习《性相》、《三论》诸学。

按:普愿后又参谒马祖道一,并嗣其法。见《宋高僧传》卷一一本传。

颜真卿是年稍后编《吴兴集》10卷,收录在湖州刺史五年期间所作诗文。

按:颜真卿本年四月由湖州刺史奉召入朝,其编《吴兴集》当在本年或稍后。姑系于此。

张志和是年前后卒(约697—　)。志和字子同,婺州金华人。道教学者、诗人。肃宗时待诏翰林,授金吾卫录参军。坐事贬南浦尉,遇赦还,遂不复仕,隐居江湖,自号"玄真子"。著有《太易》15卷、《玄真子》12卷等,后皆散佚。今存《玄真子外篇》。《全唐文》卷四三三收录其文2篇,《全唐诗》卷三〇八收录其诗9首。事迹见《新唐书》卷一九六、《唐才子传》卷三。《全唐文》卷三四〇有颜真卿《浪迹先生元真子张志和碑铭》。

按：张志和卒年，史无明载，学界说法不一。唐圭璋《全唐五代词》、舒宝璋《唐才子传校注》谓元和五年；周本淳《张志和生卒年考述》（载《江海学刊》1994年第2期）谓无从考证。张应斌《张志和生卒年考》（载《韩山师范学院学报》1995年第4期）以为当不迟于本年，并作了较为深入的考辨。今姑从张说。张志和在哲学上主张以虚元为本，以为天地万物皆由阴阳化生，应无中见有，有中见无，达到静心养性之目的。李德裕《玄真子渔歌记》称其"隐而有名，显而无事，不穷不达，严光之比"。

郑昉二月十五卒（700—　）。昉字号不详，荥阳人。中唐诗人，尤善五言诗。开元中进士及第，累迁莱州、沂州、滁州刺史等职，晚年罢职闲居扬州。有《思旧游诗》百篇，传于代，后佚。事迹见《全唐文》卷六七九白居易《故滁州刺史赠刑部尚书荥阳郑公墓志铭并序》。

按：郑昉所作五言诗颇为时人称赞。白居易《郑公墓志铭》曰："公尤善五言诗，与王昌龄、王之涣、崔国辅辈联唱迭和，名动一时。"

独孤及四月二十九日卒（725—　）。及字至之，洛阳人。中唐学者、诗人，又通音乐，善鼓琴。尝游历秦、燕等，天宝中登洞晓玄经科，累迁常州刺史，世称独孤常州。卒于任，谥曰"宪"。其诗文由门人梁肃编为《毗陵集》20卷，今存。《全唐文》卷三八四至三九三收录其文编为10卷，《全唐诗》卷一四六至一四七收录其诗编为2卷。事迹见《新唐书》卷一六二。《全唐文》卷四〇九有崔祐甫《故常州刺史独孤公神道碑铭并序》。近人赵望秦撰有《独孤及年谱》。

按：独孤及为高适、李华、贾至等所知，喜奖掖后进，梁肃、权德舆、朱巨川、崔元翰、陈京、唐次等皆出其门。其在唐代文学史上颇具地位，与萧颖士、李华、贾至等先后提倡古文，为古文运动先驱代表之一。其思想具有兼综儒、佛、道三教之特征，主张为文应彰明善恶，"以立宪诫世、褒贤遏恶为用"；论诗主缘情绮靡说，推重沈佺期、宋之问、崔颢、王维等人。《旧唐书·韩愈传》曰："大历、贞元之间，文字多尚古学，效扬雄、董仲舒之述作，而独孤及、萧颖士最称渊奥，儒林推重。"崔祐甫《独孤及神道碑铭》评曰："公之文章，大抵以立宪诫世、褒贤遏恶为用，故论议最长。其或列于碑颂，流于歌咏，峻如嵩华，盛如江河，清如秋风过物，邈不可逮。"《全唐文》卷五一八梁肃《常州刺史独孤及集后序》评曰："唐兴，接前代浇漓之后，承文章颠坠之运，王风下扇，旧俗稍革（原注：一作作者迭起），不及百年，文体反正。其后时浸和溢，而文亦随之。天宝中，作者数人，颇节之以礼。洎公为之，于是操道德为根本，总礼乐为冠带，以《易》之精义，《诗》之雅兴，《春秋》之褒贬，属之于辞。故其文宽而简，直而婉，辨而不华，博厚而高明，论人无虚美，比事为实录。天下凛然，复睹两汉之遗风。"

元载三月辛巳卒，生年、字号不详。载，岐州岐山人。博览群书，好属文，尤通道学。开元末登第，累拜同中书门下平章事，执掌朝政十余年，以恣意枉为，多行不法，获罪赐死。尝监修《玄宗实录》100卷、《肃宗实录》30卷，撰有《周易集注》100卷、《南华通微》10卷，另有集10卷，后皆佚。《全唐文》卷三六九收录其文6篇，《全唐诗》卷一二一收录其诗1首。事迹见《旧唐书》卷一一八、《新唐书》卷一四五。

张谓约是年前后卒，生年不详。谓字正言，河内人。中唐诗人。早年读书嵩山,博览群书,名闻于世。天宝初进士及第,累迁礼部侍郎,数次典掌贡举。《全唐诗》卷一九七辑录其诗编为1卷。事迹见《唐才子传》卷四。今人熊飞撰有《唐代诗人张谓生平事迹考略》。

按：张谓卒年,一说在大历十三年。此从熊飞《唐代诗人张谓生平事迹考略》(载《文献》1999年第3、4期)。谓之诗文,颇为人们称许。辛文房《唐才子传》卷四称谓诗"格度严密,语致精深,多击节之音"。

张南史约是年或稍后卒,生年不详。南史字季直,幽州人。中唐诗人,与皇甫冉等交往甚密。曾任左右卫仓曹参军,避乱寓居扬州、宣城等地。有《张南史诗集》1卷,原本已佚。《全唐诗》卷二九六辑录其诗,仍编为1卷。事迹见《唐才子传》卷三。

按：张南史卒年,史不载。此从傅璇琮主编《唐五代文学史编年》(中唐卷)。

沈传师(　—835)生。

大历十三年　戊午　778年

拜占庭人逐阿拉伯人于安纳托利亚。

法兰克人入西班牙。

是年,开科取士,礼部侍郎潘炎知贡举,进士及第21人。

按：见《登科记考》卷一一。

敕令两京律宗大德集于长安安国寺,讨论《四分律藏》新旧两疏整合之事。

按：唐代律宗,分为南山、相部、东塔三派。唐初,相部律宗僧法砺尝撰《四分律疏》,是为律藏旧疏;东塔律宗僧怀素不满法砺义章,更撰《四分律开宗记》(一称《开四分律记》,是为新疏。于是,"两疏传授,学者如林,执见相朋,互兴违诤"。本年,按已故宰相元载生前建议,令诸大德讨论定夺,由东塔宗僧如净主持。当时确定的原则是:"新章有理义准新章,旧疏理长义依旧疏,两疏有据二义双全,两疏无凭则依经律。"至建中元年五月,撰成《敕金定四分律疏》10卷,十二月送上祠部。然诸僧仍意见不一,圆照、如净等奏请"新旧两疏,许以并行,从学者所好",诏从之。由是新、旧两疏得以继续并行。贞元年间,剑南西川节度使韦皋自以俸钱写《金定新疏》四十本,邀如净弟子僧光翌在成都传行;又撰《宝园灵坛传授毗尼新疏记》,刻石。元和年间,律藏疏义之争又起。时阆州龙兴寺僧义嵩讲新疏,南山律宗衡岳寺僧昙清则以该派创始人道宣之义质难之,彼此争论甚激。唐廷遂再次组织律宗诸派讨论定夺,判以昙清所持之义为正。此后,研习新疏者渐寡,怀素所创东塔律宗亦随之趋于消沉。事见《宋高僧传》卷一五《圆照传》、卷一六《澄楚传》及《贞元续开元录》卷中等。韦皋所撰《记》,见《全蜀艺文志》卷三八上。

刘晏在吏部尚书任,十二月进拜仆射。

按：见《旧唐书》卷一一《代宗纪》。

颜真卿在刑部尚书任,正月三次上章请致仕,不许。

按：见《旧唐书》卷一一《代宗纪》。

苻载、杨衡同赴梓州，与东川节度使李叔明交游。复偕李元象、王简言隐居青城山，共习王佐之学。

按：《全唐文》卷六九〇符（当系"苻"字之误）载《荆州与杨衡说旧因送游南越序》曰："载弱年与北海王简言、陇西李元象洎中师高明会合于蜀，四人相依，然约为友，遂同诣青城山，斩刈蓁苇，手树屋宇，俱务王佐之学。……己巳岁，自成都至……期晦明，一十二年于兹矣。"己巳岁即贞元五年，距本年为十二年。杨衡生卒年不详，字中师，祖籍凤翔陈仓，家吴州。登进士第，累迁大理评事。有工古体，与僧灵澈、玄晏及苻载等交游唱和。有诗集1卷，已散佚。《全唐诗》卷四六五辑录其诗58首。事迹见《唐才子传》卷六。李元象，陇西人。王简言，北海人。余皆不详。

杨凝应贡举，登进士第。

按：见《登科记考》卷一一。

僧皎然是春自湖州南行，历越州、睦州等地，与秦系等交游。

按：参见贾晋华《皎然年谱》、傅璇琮主编《唐五代文学史编年》（中唐卷）。

僧圆照奉敕参与译经。是年代宗诏两京律师于长安安国寺定《四分律藏》新旧两疏律条，圆照亦预其中，与僧超俉等任笔受之职。

按：代宗令定《四分律藏》新旧两疏事，参见本年上文条。

张彧四月撰《大唐圣朝无忧王寺大圣真身宝塔碑铭并序》。

按：该碑文述法门寺塔庙始建缘由及其盛衰情况，其中也涉及唐王室历次迎佛骨活动，为研究隋唐佛教史之重要资料。原碑已失，今存碑文，为《金石萃编》卷一〇一收录，若干文字有残阙。张彧生平事迹不详。

道士吴筠卒，生年不详。筠字贞节，华州华阴人。唐中期著名道教学者。初习儒业，以应试不第，天宝初度为道士，入嵩山嵩阳观，承袭道士潘师正之道术，又从道士冯齐正学正一之法，遂精研道教经论。擅诗赋文章，为唐廷尊崇。安史之乱，避乱江南，卒于宣州道观。著有《神仙可学记》1卷、《玄纲论》3卷、《明真辨伪论》1卷、《辅正除邪论》1卷、《辨方正惑论》1卷、《太平两同书》2卷（一作1卷）、《心目论》1卷、《形神可固论》1卷等，收入《正统道藏》。另有集10卷，已散佚。王颜复编次其文为集30卷，权德舆为序，后亦散佚。今存后人重新编辑《宗玄先生文集》3卷。《全唐文》卷九二五至九二六辑录其文编为2卷，《全唐诗》卷八五三辑录其诗编为1卷。事迹见《旧唐书》卷一九二、《新唐书》卷一九六。

按：吴筠在唐代道教史上颇具地位，在文学领域亦有一定影响。权德舆《权载之文集》卷三三《唐故中岳宗玄先生吴尊师集序》评曰，吴筠所作，"或遐想理古，以哀世道；或磅礴万象，用冥环枢。稽性命之纪，达人事之变，大率以啬神挫锐为本。至于奇彩逸响，琅琅然若夏云璈而凌倒景，昆阆松乔，森然在目。近代游方外而言六义者，先生实主盟焉"。

柳公权（ —865）生。

大历十四年　己未　779 年

法兰克始征什一税。

五月辛酉,代宗李豫卒(726—　)。至十月己酉,葬于元陵。

按:李豫系唐肃宗长子,自宝应元年即位后,任用非人,沉溺佛事,朝中大臣朋比为党,地方藩镇各据一方,外有吐蕃、回纥等屡次进逼,政局动荡,唐廷统治陷于内外危机。

癸亥,太子李适即位,是为唐德宗。

按:见《旧唐书》卷一二《德宗纪上》。

六月己亥,诏今后不得奏置寺观及度人;天下有才艺尤著、高蹈邱园、直言极谏、孝悌力田、经学优深、文词清丽、军谋宏远、武艺殊伦之人,由所在地方长官具名奏闻,亦许诣阙自陈,限本年十二月内到京应试。

按:见《旧唐书》卷一二《德宗纪上》、《登科记考》卷一一。

癸亥,诏中书门下、御史台五品以上,诸司三品以上,各举可任刺史、县令者一人,由中书门下量才进拟。被荐者犯事,举主当连坐。

按:见《旧唐书》卷一二《德宗纪上》。

十月,敕诸司将本年正月以来所有事项于一月之内报送史馆,以备修撰国史。此后凡外州县及诸军诸使,每年一度,附考使送纳,在京则每季申报,以为定例。

按:唐初定制,诸司及地方州县应将有关事项于规定期限内报送国史,然各司常未切实执行。至是,从史馆奏请,重加申令,并略加调整。参见贞观三年闰十二月、建中元年十一月条。

是年,开科取士,礼部侍郎潘炎知贡举,进士及第 20 人。

按:见《登科记考》卷一一。

杨炎在道州司马任,为宰相崔祐甫所荐,八月甲辰召授门下侍郎、平章事,入居相位。

按:见《旧唐书》卷一二《德宗纪上》。杨炎贬道州司马事,参见大历十二年条。

崔祐甫在中书舍人任,闰五月出贬河南少尹,寻召为门下侍郎、同中书门下平章事,入掌相职。八月又转中书侍郎,仍同平章事。

按:见《旧唐书》卷一二《德宗纪上》。

常衮闰五月罢相,出贬河南尹。

按:常衮与崔祐甫不和,奏贬崔祐甫为河南少尹,由是与同掌相职的郭子仪、朱泚有隙,出贬河南,后再贬潮州刺史。见《旧唐书》卷一一九本传、卷一二《德宗纪上》。

刘晏在吏部尚书任,闰五月判度支、盐铁、转运等使,由是统掌天下财赋。

按：初，刘晏与韩滉分掌财赋，至是，滉由户部侍郎、判度支改授太常卿，遂由刘晏独掌。见《旧唐书》卷一二《德宗纪上》。

陆质约是年或稍前入淮南节度使陈少游幕，辟为从事。

按：《旧唐书》卷一八九下本传载，陆质尝师事异儒赵匡，颇传其学，由是知名。陈少游镇扬州，"爱其才，辟为从事"。

韦应物六月由鄠县令转栎阳令，七月以病辞归沣上善福精舍。

按：见《韦江州集》卷四《谢栎阳令归西郊赠别诸友生》注。

僧皎然是春游苏州，与李嘉祐交游。稍后嘉祐赴台州刺史任，又与皎然、李长卿等唱和。

按：参见贾晋华《皎然年谱》、傅璇琮主编《唐五代文学史编年》（中唐卷）。

顾愔于大历中撰《新罗国记》（一作《新罗图钞》，又作《新罗图记》）1卷。

按：《新唐书》卷五九《艺文志三》谓顾愔尝奉使新罗，归国后撰该书。未详言其撰书年份，姑系于大历之末。顾愔生平不详。

高仲武编《中兴间气集》2卷成。

按：该集收录肃、代两朝26位诗人作品，凡132首（一说140首），各系以小传及评语，列钱起、郎士元分别为上、下卷之首。《全唐文》卷四五八高仲武《大唐中兴间气集序》曰："诗人之作本诸心，心有所感而形于言；言合典谟则列于《风》、《雅》。暨乎梁《昭明》载述已往撰集者数家，榷其风流，正声备。其余著录，或未至正焉。何者？《英华》失于浮游，《玉台》陷于淫靡，《珠英》但纪朝士，《丹阳》止录吴人。此由曲学专门，何暇兼包众善，使夫大雅君子所以对卷而长叹也。唐兴一百七十载，属方隅叛，援戎事纷纭，业文之人，述作中废。粤若肃宗、先帝，以殷忧启圣，反正中兴。……某不揆菲陋，辄罄謏闻，博访词林，采察谣俗，起自至德元年首，终于大历末年，作者数千，选者二十六人，五言诗一百四十首，七言诗附之，列为两卷，略叙品汇人伦，命曰《中兴间气集》。"其选诗标准是："但使体格风雅，理致清新，期观者易心，听者竦耳，则朝野通载，格律兼收"。该集今存。高仲武，渤海人，余不详。《全唐文》卷四五八另收录其文2篇。

曹恩是年前后选录部分盛唐诗人作品编为《起予集》5卷。

按：曹恩于大历中编《起予集》，未知具体年份，姑系于此。是集《新唐书》卷六〇《艺文志四》著录，后佚。

西川节度使、平章事崔宁从事郑某集幕中僚属唱和诗编为《华阳唱和集》3卷，于邵为序。

按：见《全唐文》卷四二七于邵《华阳属和集序》。该集已佚。

元稹（ —831）、贾岛（ —843）生。

唐德宗建中元年　庚申　780年

|拜占庭帝利奥四世卒。子君士坦丁六世嗣位。|正月丁卯朔，改元建中。
按：见《旧唐书》卷一二《德宗纪上》。
辛未，诏行两税法。
按：见《旧唐书》卷一二《德宗纪上》。唐初承袭北魏以来旧法，推行均田制和租庸调制，由国家定期进行全国土地再分配，以此征调赋役。然"安史之乱"后，政局混乱，藩镇割据，土地兼并之风盛行，均田制名存实亡，赋役征调亦无法正常进行。德宗即位，引杨炎入相，遂改赋役之法，将各种税目合并，每年分夏、秋两次征收，故称"两税法"。此法之施行，不特为中国古代赋税史上一次重大变革，也是古代经济和社会发展史上引人注目的事件，其影响广泛而深远。

同日，诏常参官、诸道节度、观察、防御等使、都知兵马司、刺史、少尹、京畿赤县令、大理司直评等，各上表奏荐可自代者一人，付中书门下审定，每遇官阙，以举者多者授之。
按：见《旧唐书》卷一二《德宗纪上》。
是月，德宗亲策贤良方正、能直言极谏科举人。
按：见《登科记考》卷一一。
二月甲寅，日本国遣使来唐。
按：见《旧唐书》卷一二《德宗纪上》。
六月九日，敕停孝廉科。
按：见《唐会要》卷七六。
十一月二十八日，史馆奏言，诸司未按规定报送有关事例，请申明旧制。诏从之。
按：《唐会要》卷六三载，唐初定制，诸司应将有关事例及时报送史馆，以备修撰国史。然"虽标格式，因循不举，日月已深"，故史馆奏请重申旧制。参见贞观三年闰十二月条。
是年，开科取士，礼部侍郎令狐峘知贡举，进士及第21人，诸科27人。
按：见《登科记考》卷一一。

杜佑为金部郎中，三月权江淮转运使。
按：时杨炎执政，排斥刘晏，引用杜佑参掌财赋。见《旧唐书》卷一二《德宗纪上》。
常衮五月由潮州刺史转福建观察使。以闽人学风不兴，特倡设乡校，使作文章，亲自讲导，当地风俗由是一变，岁贡士与内州等。时人欧阳詹在泉州，于诸生中独秀出，文名播于江南，颇得常衮礼重。

按：见《新唐书》卷一五〇、《旧唐书》卷一一九本传。《旧唐书》卷一二《德宗纪上》谓常衮于本年五月转福建观察使。

李翰居阳翟。时皇甫曾为阳翟令，翰作文虽宏畅，然思甚苦涩，遂常从曾求之音乐，思涸则奏乐，神全则缀文。

按：见《国史补》卷上。

颜真卿八月由吏部尚书转太子少师。

按：见《旧唐书》卷一二《德宗纪上》。

陈京为太常博士，奏言太庙礼制。诏百官议论，诸人各持己见，历久才定。

按：唐廷此次礼制讨论，百官争论甚久，然卒依陈京之议。《新唐书》卷二〇〇陈京本传记载颇详，且曰："京自博士献议，弥二十年乃决，诸儒后无言。"陈京生卒年不详，字庆复。通《礼》学，善文辞。永泰二年登进士第，累迁太常博士。后历左补阙、考功员外郎、给事中，兼集贤殿学士，累迁秘书少监，卒于官。

令狐峘为礼部侍郎、史馆修撰，二月知贡举，寻出贬郴州司马。

按：《旧唐书》卷一四九本传载，令狐峘知贡举，以宰相杨炎有请托，奏于德宗，由是获贬。后迁衡州刺史。贞元中奉召还朝，拜右庶子、史馆修撰。既而因性格僻异，为执政所恶，复出贬吉州别驾。

沈既济为左拾遗、史馆修撰。七月，以吴兢等所撰国史以武则天事立《天后纪》，上奏驳之。所言虽不被采纳，然为当时史家所称。

按：《唐会要》卷六三载，沈既济以为武则天为皇后，不宜另立本纪，建议："并《天后纪》合《孝和纪》，每于岁首，必书孝和所在以统之，书曰'某年正月日，皇帝在房陵，太后行某事，改某制'云云，则纪称孝和，而事述太后，俾名不失正，而礼不违常，名礼两得，人无间矣。其姓氏名讳，入宫之由，历位之资，才艺智略，年辰崩葬，别纂录入皇后列传，于废皇后王庶人之下，题其篇曰'则天顺圣武皇后'云。"

柳冕二月由右补阙贬巴州司马。

按：见《旧唐书》卷一二《德宗纪上》。

戴叔伦五月授婺州东阳令，赴任途经润州，寄诗包佶、陆羽，不满刘晏等人被贬。

按：戴叔伦授东阳令事，见清道光《东阳县志》。其寄包佶等人诗，见《全唐诗》卷二七四。《旧唐书》卷一二三《刘晏传》载，晏被贬，"家属徙岭表，连累者数十人"。

韩翃有诗名，颇为德宗赏识，授驾部郎中、知制诰。

按：见《新唐书》卷二〇三《卢纶传》。

夏侯审应制举，登军谋越众科。

按：见《登科记考》卷一一。

苻载、杨衡、王简言、李元象隐居庐山，聚书万卷，以道德文章相砥砺，号"山中四友"。又与僧玄晏多有往来，为尘外友。

按：见《全唐文》卷六八八苻（当系"符"字之误）载《谢李巽常侍书》、卷六九〇《荆州与杨衡说旧因送游南越序》。

僧天皇道悟至钟陵访马祖道一。

按：见《宋高僧传》卷一〇本传。

藏传佛教密宗初祖僧莲花生约活动于此期。

按：吐蕃赤松德赞普时，邀请天竺高僧寂护（即静命）与莲花生入藏。莲花生创建佛寺，弘传密教，开始确立起佛教于藏文化中之正统地位，由是被视为西藏密教宁玛派初祖。参见索南才让《西藏密教史》。

新罗僧慧超四月携其所译经典至五台山乾元菩提寺，并作《一切如来大教王经瑜伽秘密金刚三摩地三密圣教法门》，述其秘义。

按：慧超于开元年间来唐，一度西游天竺。在唐凡五十多年，先后师从僧金刚智及其弟子不空，为唐代密宗高僧。是年后，不知所终。事迹见《大辨正广智三藏和上表制集》卷五、慧琳《一切经音义》卷一〇〇、《大日本佛教全书》卷一一三《慧超传考》。

李翰是年前后自编所作为《前集》30卷，梁肃为序，论及为文之道及历代文风之变。

按：梁肃《补阙李君前集序》，见《全唐文》卷五一八，略曰："文之作，上所以发扬道德，正性命之纪；次所以财成典礼，厚人伦之义；又其次所以昭显义类，立天下之中。三代之后，其流派别。炎汉制度，以霸王道杂之，故其文亦二：贾生、马迁、刘向、班固，其文博厚，出于王者之风也；枚叔、相如、扬雄、张衡，其文雄富，出于霸涂者也。其后作者，理胜则文薄，文胜则理消。理消则言愈繁，繁则乱矣；文薄则意愈巧，巧则弱矣。故文本于道，失道则博之以气，气不足则饰之以辞。盖道能兼气，气能兼辞，辞不当则文斯败矣。唐有天下几二百载，而文章三变：初则广汉陈子昂以风雅革浮侈；次则燕国张公说以宏茂广波澜；天宝已还，则李员外、萧功曹、贾常侍、独孤常州比肩而出，故其道益炽。若乃其气全，其辞辨，驰骛古今之际，高步天地之间，则有左补阙李君。"

两京律师大德五月撰《敕佥定四分律疏》10卷成，十二月十二日进呈祠部。

按：该疏系奉代宗诏撰修，事见大历十三年。

刘晏七月己丑卒（715— ）。晏字士安，曹州南华人。中唐名臣。以善理财赋著称，又通经义，工诗文。七岁举神童，累官吏部尚书、同中书门下平章事，转户部、吏部尚书，迁左仆射，兼判度支。为宰相杨炎所构，贬忠州刺史，寻赐死。曾注《春秋公羊违义》3卷，撰《家谱》1卷，后皆佚。《全唐文》卷三七〇及《唐文拾遗》收录其文4篇，《全唐诗》一二〇收录其诗2首。事迹见《旧唐书》卷一二三、《新唐书》卷一四九。今人鞠远清著有《刘晏评传》（内附《刘晏年谱》）。

崔祐甫六月甲午卒（721— ）。祐甫字贻孙，博陵安平人，崔沔之子。中唐文学家，尤长于古文。天宝中登进士第，累迁门下侍郎同平章事，转中书侍郎、平章事。卒于官，谥曰"文贞"。有集30卷，权舆德为序，已佚。《全唐文》卷四〇九辑录其文编为1卷。事迹见《旧唐书》卷一一九、《新唐书》卷一四二。

张继卒，生年不详。继字懿孙，襄州人。中唐诗人。尝游历东南各地，与僧灵一友善，又与刘长卿、皇甫冉等唱酬甚密。天宝中进士及第，累迁转运使判官，卒于洪州。《全唐诗》卷二四二辑录其诗编为1卷，今人周义敢《张继诗考辩》谓有他人诗杂入。事迹见《唐才子传》卷三。

按：张继卒年，一说大历十四年。今从傅璇琮主编《唐五代文学编年史》（中唐卷）。张继所作《枫桥夜泊》一诗，为时人及后世传诵。高仲武《中兴间气集》评曰："其于为文，不雕自饰。及尔登第，秀发当时。诗体清迥，有道者风。"

郎士元约是年或稍后卒，生年不详。士元字君胄，中山人。中唐诗人。天宝十五年进士，累迁郢州刺史。有集2卷，今存，有《唐诗二十六家》本等。另有诗集1卷，收入《唐诗百名家全集》，今亦传。《全唐诗》编录其诗为1卷，《全唐诗补编》又补录5首。事迹见《唐才子传》卷三。

按：郎士元大历末在郢州刺史任，建中后无闻，其卒当在本年或稍后。姑系于此。士元诗名颇著于时，尤擅五律，与钱起齐名，时称"前有沈宋，后有钱郎"；又与钱起、刘长卿、李嘉祐并称"钱郎刘李"。明高棅《唐诗品汇》卷六四引刘辰翁评曰："士元诸诗，殊洗炼有味，虽自浓景，别有淡意。"高仲武《中兴间气集》评曰："员外河岳英奇，人伦秀异，自家形国，遂拥大名。"

郗纯约是年稍后卒，生年不详。纯（一作昂）字高卿，号伊川田父，金乡人。工诗文。以词学为李邕、张九龄所知，与颜真卿、萧颖士、李华等友善。开元中登进士第，又登书判拔萃科，累迁中书舍人。以太子詹事致仕，卒于洛阳。尝注张鷟《才命论》（一说为张说撰，潘洵注），著有《乐府古今题解》3卷（一说王昌龄撰），集60卷，皆佚。《全唐文》卷三六一收录其文5篇。事迹见《旧唐书》卷一五七、《新唐书》卷一四三。

按：郗纯卒年，史无明载。此从傅璇琮主编《唐五代文学编年史》（中唐卷）。

僧宗密（　—841）、牛僧孺（　—848）、僧宣鉴（　—865）、僧道明（　—877）、僧从谂（　—897）生。

按：杜牧《樊川文集》卷七《唐故太子太师奇章郡开国公赠太尉牛公墓志铭并序》曰："大中二年十月二十七日，薨于东都城南别墅，年六十九。"以此溯推，牛僧孺当生于本年。

建中二年　辛酉　781年

是年，景教徒宁恕等立《大秦景教流行中国碑》。

按：该碑由大秦寺僧景净撰文，朝议郎、前行台司士参军吕秀岩书，记述景教传入中国情况，兼及景教之基本教义。碑文收入《大正藏》第54册，系研究基督教入华史之重要文献，故历为中外学者所重视，相关研究著作甚多。

开科取士，礼部侍郎于邵知贡举，进士及第17人。

按：见《登科记考》卷一一。

权德舆在扬州盐铁使任，是秋奉使杭、睦等州，与元全柔等交游。

按：《权载之文集》卷三九有《奉送黔中元中丞赴本道序》，元中丞即元全柔。考

法兰克国王查理复禁奴隶贸易。

法兰克人于莱茵河以东建不来梅主教区。

英格兰基督教僧侣、学者阿尔昆

应查理之聘,赴法兰克传授学术。

《旧唐书》卷一二《德宗纪上》,本年九月,元全柔由杭州转黔中经略招讨观察等使。

沈既济在左拾遗、史馆修撰任,是夏,以德宗敕中书、门下两省分置待诏官三十员,上疏谏阻,遂寝罢不行。十月,坐杨炎事,贬处州司户。时裴冀、孙成、崔儒、陆质(淳)等皆贬谪东南,诸人与朱放偕往,道中多有和作。

按:《旧唐书》卷一四九《沈传师传》载,德宗初即位,锐于求理,乃敕中书、门下两省分置待诏官三十员,"以见官前任及同正试摄九品已上,择文学道理韬钤法度之深者为之,各准品秩给俸钱、廪饩、斡力、什器、馆宇之设,以公钱为之本,收息以赡用"。沈既济上疏,以为:"今日之理,患在官烦,不患员少;患在不问,不患无人。中书、门下两省常侍、谏议、补阙、拾遗,总四十员,及常参待制之官,日有两人,皆备顾问,亦不少矣。……若谓见官非才,不足与议,则当选求能者以代其人;若欲务广聪明,毕收淹滞,则当择其可者先补缺员,则朝无旷官,俸不徒费。"后事终不行。

顾况是年前后入润州刺史、浙东西节度使韩滉幕。时戴嵩亦入滉幕,师滉习画,以水牛及田家川原风景画见长,时称独步。

按:韩滉生平概况,参见贞元三年条。戴嵩,中唐画家,余不详。

姚系是秋与宇文邈、郑绲、冯曾、李翰等同登河中鹳雀楼,交游唱和。

按:姚系生卒年不详,原籍陕州硖石,家居河中,姚崇裔孙。中唐诗人。贞元初登进士第,官至门下典仪。有诗集1卷,已佚。《全唐诗》卷二五三收录其诗10首。

刘商为检校虞部郎中、汴州观察推官,是秋以淮宁节度使李希烈嗜杀,作诗感叹。

按:刘商所作《行营即事》,见《全唐诗》卷三〇四。

崔元翰应贡举,登进士第。

按:见《登科记考》卷一一。

于鹄是年前后潜心道学,尝赴庐山紫霄峰,访学于十五代宗师洞真先生黄洞元。

按:于鹄生平概况,参见大历四年条按语。

僧天皇道悟是秋赴衡岳,参谒僧石头希迁。

按:见《宋高僧传》卷一〇本传。

沈既济作《任氏传》,又作《枕中记》。

按:时沈既济贬谪东南,遂作《任氏传》、《枕中记》,感叹宦海沉浮。两文皆为唐代传奇名篇。《枕中传》盛传一时,元、明时多有改编为戏剧者;《任氏传》,后人以为实开蒲松龄《聊斋志异》之先河。

王缙卒(700—)。缙字夏卿,太原祁县人,王维之弟。工诗文,与兄维并著于世。登制科,累迁工部侍郎、左散骑常侍。广德间迁黄门侍郎、同平章事,进拜侍中。后历卢龙节度使兼太原尹、北都留守、河东节度使等职,复入朝知政事,坐事贬括州刺史,终太子宾客。《全唐文》卷三七〇收录其文7篇,《全唐诗》卷一二九收录其诗8首。事迹见《旧唐书》卷一一八、《新唐书》卷一四五。

杨炎十月卒(727—)。炎字公南,凤翔天兴人。中唐名臣。工诗文,与常衮齐名,又善画山水。起为河西节度从事,累迁吏部侍郎、史馆修撰。坐贬道州司马,复起为门下侍郎、同平章事,入掌相职。为人所构,罢相赐死。有集10卷,另有苏弁所编制集10卷,后皆散逸。《全唐文》卷四二一至四二二辑录其文编为2卷,《全唐诗》卷一二一收录其诗2首。事迹见《旧唐书》卷一一八、《新唐书》卷一四五。

按：杨炎在中唐政坛、文坛均具地位。其所行两税法,影响深远。《旧唐书》本传称其"风骨峻峙,文藻雄丽","与常衮同掌纶诰,衮长于除书,炎善为德音,时称常杨"。所撰《李楷洛碑》,盛传一时。

窦叔向约是年或稍后卒(约729—)。叔向字遗直,京兆金城人。中唐诗人,尤擅五言诗。尝游历四方,大历初登进士第,累迁左拾遗,贬溧水令,卒于贬所。有集7卷,已佚。《全唐诗》卷二七一、《全唐诗补编·续补遗》收录其诗11首。事迹见《金石萃编》卷一〇五《窦叔向碑》、《唐才子传》卷四。

按：窦叔向卒年,史阙载。此从傅璇琮主编《唐五代文学编年史》(中唐卷)。《全唐文》卷七六一褚藏言《窦常传》谓窦叔向"当代宗皇帝朝,善五言诗,名冠流辈";辛文房《唐才子传》称叔向"诗法谨严,又非常格"。其子窦常、窦牟、窦群、窦庠、窦巩俱有诗名。

柳识卒,生年不详。识字方明,祖籍襄阳,家居汝州梁县,德宗朝宰相柳浑之兄。有文名,与萧颖士、元德秀、刘迅等齐名。累官屯田郎中、集贤殿学士。作品多佚,《全唐文》卷三七七收录其文8篇。事迹见《新唐书》卷一四二。权德舆《权载之文集》卷四六有《祭故屯田柳郎中文》。

姚合(—约846)约生。

建中三年　壬戌　782年

闰一月丙申,以孔子三十七代孙孔齐贤为兖州司功参军,袭爵文宣公。

按：见《旧唐书》卷一二《德宗纪上》。

是年,开科取士,中书舍人赵赞知贡举,停试诗赋,改试箴、论、表、赞,进士及第28人,诸科1人。

按：见《登科记考》卷一一。

杜佑在吏部尚书、判度支任,四月谏阻敛括长安街商人,未果。六月,贬为苏州刺史。

按：时藩镇混战,军兴不断,财政困难。太常博士韦都宾、陈京建议搜括京城商人钱财以充军费,杜佑以为此举远不足以补财政之不足。德宗不听,遂于坊市大肆

阿拉伯人入博斯普鲁斯海峡。

法兰克屠萨克森人。

敛括,"京师嚣然,如被盗贼"。见《旧唐书》卷一二《德宗纪上》。

颜真卿八月罢礼仪使,转太子太师。

按:见《旧唐书》卷一二《德宗纪上》。

僧皎然在湖州,是秋与秦系等交游。

按:《全唐诗》卷八一六有皎然《酬秦系山人题赠》、《酬秦系山人戏赠》等,皆系与秦系交游时所作。

戈德斯卡尔克的埃达学派手稿《福音传道士》著成。

柳芳是年稍后著《唐历》40卷成,崔令钦抄其事目为《唐历目录》1卷。

按:《新唐书》卷一三二柳芳本传载,初,芳撰《国史》130卷进上。因时属大乱之后,"史籍沦缺",于开元、天宝事迹多有遗漏散乱之处。上元中坐事徙黔中,会高力士亦贬谪巫州,"因从力士质开元、天宝及禁中事,具识本末"。及奉召回朝复任史官,以《国史》已进呈,不可追刊,"乃推衍义类,仿编年法,为《唐历》四十篇,颇有异闻。然不立褒贬义例,为诸儒讥诎"。《通志》卷六五载,《唐历》记事,起隋义宁元年,讫唐建中三年。可知柳芳撰成该书当在本年稍后。《唐历》已佚。宣宗时,复命宰相崔龟从等撰《续唐历》30卷,其叙事上承《唐历》,下迄宪宗朝。后亦佚。事见大中五年。

颜真卿以礼仪使期间所制仪注,令门生左辅元编为《礼仪》10卷。

按:见《全唐文》卷五一四殷亮《颜鲁公行状》。

徐浩四月二十五日卒(703—)。 浩字季海,祖籍吴兴,越州剡县人。中唐学者。以词文著称,又擅书法,真、行、草、隶皆工。开元间明经及第,累迁中书舍人、集贤殿学士、尚书右丞,贬庐州长史。代宗时复召为中书舍人,迁工部侍郎等职,再贬明州别驾,终彭王傅。卒赠太子少师,谥曰"定"。著有《广孝经》10卷、《书谱》1卷、《古迹记》1卷、《庐陵王事》1卷。后多佚。《全唐文》卷四四○收录其文5篇,《全唐诗》卷二一五收录其诗2首。事迹见《旧唐书》卷一三七、《新唐书》卷一六○。

僧湛然二月五日卒(711—)。 湛然俗姓戚,世称荆溪尊者,又称妙乐大师,常州荆溪人。唐代高僧,天台宗第九祖(一说第六祖)。幼习儒学,工书法。师从天台宗八祖玄朗,年三十八始出家。后游化东南,著述宣讲,以复兴天台宗为已任。晚年住天台国清寺,游学者云集。弟子众多,以道邃、行满、元浩等较知名。著有《法华玄义释签》20卷(一作《法华释签》10卷)、《法华文句记》30卷(一作10卷)、《摩诃止观辅行传弘决》40卷(一作《止观辅行》10卷)、《金刚錍》(一作《金錍论》)1卷、《止观义例》2卷(一作1卷)、《法华五百问论》3卷、《摩诃止观辅行搜要记》(一作《止观搜玄记》)10卷、《维摩经略疏》10卷、《维摩经疏记》6卷(一作3卷)、《华严经骨目》2卷、《释签另行》1卷、《十不二门》(一作《十妙不二门》)1卷、《三观义》1卷、《涅槃后分疏》1卷、《观心论》1卷、《经记授菩萨戒文》1卷、《始终心要》1卷、《净名略疏》10卷、《净名记》3卷、《净名广疏》6卷、《治定涅槃疏》15卷、《文句科》6卷、《止观科》6卷、《法华三昧行事运思补助仪》(一作《华严三昧辅助仪》1卷、《观心辅助仪》1卷)、《方等签补辅仪》2卷等。事迹见《宋高僧传》卷六、《佛祖统纪》卷七。今人赖永海著有《湛然》。

按：湛然继承和发扬天台宗理论，提出"无情有性"论，认为佛性不分有情、无情，一草一木，皆有佛性，并将"无情有性"与马鸣《大乘起信论》所阐发之"真如随缘说"相结合。于止观法精研尤深，常以宏法为己任。天台一宗，经其力振而达中兴。

张众甫三月卒(715—   )。众甫字子初，清河(一说京口)人。中唐诗人。历寿安县尉、淮西节度从事、检校监察御史，卒于丹阳。《全唐诗》卷二七五存其诗3首。事迹见权德舆《权载之文集》卷二五《监察御史清河张府君墓志铭》、《唐诗纪事》卷二九。

按：张众甫于当时颇负诗名，权德舆称其"以缘情比兴，疏导心术，志之所之，辄志绝境"；高仲武《中兴间气集》谓其诗"婉媚绮错，巧用文字，工于兴喻"。

李翰约卒(约729—   )。翰字子羽，赵州赞皇人。中唐文学家。博涉经籍，善长古文，梁肃尝师事之。天宝中登进士第，安史之乱期间避乱吴越，大历间累迁左补阙，充翰林学士。以疾免官，寓居阳翟。撰有《张巡传》、《姚訚传》各1卷(一作《张巡姚訚传》2卷)，另有自编前集30卷，后皆佚。《全唐文》卷四三〇收录其文13篇。事迹见《旧唐书》卷一九〇下、《新唐书》卷二〇三。

按：李翰卒年，史无载。考其事迹，是年后无闻，当在本年或稍后卒。姑系于此。《全唐文》卷五一八梁肃《补阙李君前集序》评曰："君……博涉经籍，其文尤工。故其作，叙治乱则明白坦荡，纡徐条畅，端如贯珠之可观也。陈道义则游泳性情，探微豁冥，涣乎春冰之将泮也。广劝戒则得失相维，吉凶相追，焯乎元龟之在前也。颂功美则温直显融，协于大中，穆如清风之中人也。……世所谓文章之雄，舍君其谁欤。"

柳芳是年后卒，生年不详。芳字仲敷，河东人。中唐学者。博学多识，通古今仪注，尤精史学和谱牒学。与殷寅、颜真卿、陆据、萧颖士、李华、邵轸、赵骅友善，时人合称"殷颜柳陆萧李邵赵"。开元末登进士第，历任史职，尝坐贬黔中，卒于右司郎中、集贤殿学士。尝奉诏与韦述撰《国史》(一作《唐书》)130卷，著有《皇室永泰新论》(一作《永泰新谱》)20卷、《大唐宰相表》3卷、《唐历》40卷，皆佚。《全唐文》卷三七二收录其文2篇。事迹见《新唐书》卷一三二。

按：柳芳卒年，史无明载。《新唐书》本传谓其撰《唐历》后，"改右司郎中、集殿殿学士，卒"。《唐历》撰成于本年稍后，则柳芳之卒当距本年不远。姑系于此。柳芳系中唐著名史学家和谱牒学家，所撰《国史》为唐代历朝所撰当朝国史最后一部定本，后史官虽仍有续撰，然未再整理编定。所著《唐历》与宣宗时所撰《续唐历》，成为后世修两《唐书》之基本参考文献。魏晋以来，谱牒之学畢盛，至唐不衰。至路敬淳以下，修撰不绝。芳所撰《永泰新谱》，实为总结之作。其论历代谱学源流演变，《新唐书》卷一九九《儒学中》引录其要。

又按：柳芳子柳登、柳冕及登子柳璟亦皆有学名。柳登字成伯，博通群书。年六十余始出仕，元和初为大理少卿，与许孟容等奉诏刊正敕、格。以右散骑常侍致仕，卒年九十余，追赠工部尚书。柳冕事迹，见贞元二十年等条。柳璟字德辉，宝历元年登进士甲科首名，又登博学宏词科，累迁监察御史，历吏部员外郎、翰林学士、中书舍人、礼部侍郎等职，数次主持贡举。后坐其子招贿，贬信州司马，卒于郴州刺史。

尝奉诏承其祖父芳《永泰新谱》，取永泰之后事，撰《续谱》10卷。《全唐文》卷七四四存录其文2篇。事迹见《新唐书》卷一三二。

僧昙晟（ —841）生。

建中四年　癸亥　783年

| 拜占庭赂阿拉伯人退兵。
| 拜占庭败斯拉夫人于马其顿。
| 法兰克国王查理建诸侯边疆区。

十月，泾原军入长安，发动兵变，德宗出奔奉天。朱泚入据长安，自称秦帝。

按：见《旧唐书》卷一二《德宗纪上》、《资治通鉴》卷二二八。

是年，开科取士，礼部侍郎李纾知贡举，进士及第27人，诸科3人。

按：见《登科记考》卷一一。

梁肃告老在吴，与皎然交游颇密。是冬为宰相萧复所荐，擢授左拾遗，参修国史。以母疾沉痼，辞不应召。

按：见《全唐文》卷五二三崔元翰《右补阙翰林学士梁君墓志》。

陆贽在祠部员外郎任，十二月转考功郎中，仍充兼翰林学士。

按：见《旧唐书》卷一二《德宗纪上》。

畅当是秋奉召从军，卢纶、韦应物以诗送之。

按：本年四月，唐廷以神策军使白志贞为京城召募使，募禁兵以讨李希烈。志贞请诸尝为节度使、观察、都团练使者，不问其存没，并勒其子弟帅奴马、自备资装从军。畅当父尝为河中节度使，故在征召之列。畅当生卒年不详，河东人。有诗名，与卢纶、耿湋、司空曙、李端、韦应物等皆有交谊。大历七年登进士第，后累迁太常博士，以果州刺史卒。有诗集2卷，已散佚。《全唐诗》卷二八七辑录其诗编为1卷，《全唐文》卷五一六收录其文2篇。事迹见《新唐书》卷二〇〇。

谢良弼在吉州刺史任，是冬召为大理少卿，梁肃等11人作诗送之。

按：谢良弼生卒年不详，与弟谢良辅俱有诗名。大历间在越州，与严维、吕渭、鲍防等人迭相唱和，后编成《大历年浙东联唱集》2卷。官至中书舍人。《全唐文》卷五一八有梁肃《送谢舍人赴朝廷序》。

朱放入嗣曹王李皋江西幕，为节度参谋，未几即借故告还，隐居丹阳。

按：见《唐才子传》卷五。

冯伉登博学三史科。

按：冯伉初登五经秀才科，事在大历元年。后累迁尚书膳部员外郎，充睦王已下侍读。

僧灵澈暂居湖州何山，与僧皎然等交游颇密。时刘禹锡年十二，亦预吟咏，深得皎然等赞赏。

按：见《刘禹锡集》卷一九《澈上人文集纪》。

钱起约是年或稍前卒(约710—　)。起字仲文,湖州人。中唐诗人。尝游于驸马郭暖之门,与王维、卢纶等过往唱酬,名声颇著。天宝中登进士第,历祠部员外郎、司勋员外郎等职,终考功郎中。有集10卷,原本已散逸,今存《钱考功集》10卷,内混入他人诗作。《全唐文》卷三七九辑录其赋编为1卷,《全唐诗》卷二三六辑录其诗编为4卷。事迹见《唐才子传》卷五。

按：钱起卒年,史无明载。此从傅璇琮《唐五代文学编年史》(中唐卷)。钱起在中唐肃、代两朝诗坛颇具影响,与苗发、卢纶、吉中孚、韩翃、司空曙、崔峒、耿湋、夏侯审、李端等,并称"大历十才子";又与郎士元并称"钱郎";与郎士元、刘长卿、李嘉祐并称"钱郎刘李"。其省试所作《湘灵鼓瑟》诗,为时人传诵。尤长于饯别应酬之作,时朝中公卿出京,无其诗饯送,世论鄙之。高仲武《中兴间气集》称其诗"体格新奇,理致清赡……礼义克全,忠孝兼著,足可弘长名流,为后楷式"。《四库全书总目提要》卷一五〇评《钱仲文集》曰:"大历以还,诗格初变,开宝浑厚之气,渐远渐漓,风调相高,稍趋浮响。升降之关,十子实为之职志。"

严维是年或稍前卒(约717—　)。维字正文,越州山阴人。中唐诗人。名声颇著,与鲍防、刘长卿等交游唱酬甚密。至德二年登进士第,终秘书郎。有诗集1卷,已散佚。《全唐诗》卷二六三辑录其诗仍编为1卷,《全唐文》卷四八一收录其文1篇。事迹见《唐才子传》卷三、《嘉泰会稽志》卷一四。

按：严维卒年,史无明载。考皎然《昼上人集》卷九《赠包中丞书》,有"故秘书郎严维"云云。书作于兴元元年正月,知严维当卒于本年或稍前。姑系于此。维于肃、代两朝享誉诗坛,诗僧灵澈、诗人章八元等皆曾从其学。《全唐文》卷五三三李观《与右司赵员外书》评曰:"今之人学文一变讹俗,始于宋员外,而下及严秘书、皇甫拾遗。"广德元年至大历五年,严维在浙东节度使幕,与鲍防等迭相唱,盛极一时,后结集为《大历年浙东联唱集》2卷。

朱巨川三月九日卒(725—　)。巨川字德源,嘉兴人。善文词,所撰《四皓碑》、《睢阳守城论》为时人传诵。年二十登明经第,累迁中书舍人,卒于私第。《全唐诗》卷七九四收录其与皎然等联句诗3首。事迹见《全唐文》卷三九五李纾《故中书舍人吴郡朱府君神道碑》。

常衮正月丙午卒(729—　)。衮字号不详,京兆人。中唐学者。工诗文,尤长于制诰,誉重一时,与杨炎齐名,世称"常扬"。天宝间登进士第,累迁礼部侍郎、同平章事,贬河南尹、潮州刺史,转福建观察使。有集10卷、《诏集》60卷,后皆散佚。《全唐文》卷四一〇至四二〇辑录其文编为11卷,《唐文续拾》又收录其遗文6篇,《全唐诗》卷二五四、《全唐诗补编》、《唐诗拾遗》收录其诗12首。事迹见《旧唐书》卷一一九、《新唐书》卷一五〇。

谢良辅十月卒,生年、字号、籍贯不详。良辅与兄谢良弼俱工诗,曾受知于诗人陶翰。天宝间登进士第,累迁中书舍人,出为商州刺史,为乱军所杀。作品多佚,《全唐文》卷三七二收录其文3篇,《全唐诗》卷三〇七收录其诗4首。

刘湾约是年稍后卒,生年不详。湾字录源,西蜀人。中唐诗人。天宝间进士及第,累迁职方郎中、黜陟使。作品多佚,《全唐诗》卷一九六收录其诗6首。

按：刘湾卒年,史无载。此从傅璇琮主编《唐五代文学编年史》(中唐卷)。高仲武《中兴间气集》谓湾"性率多直,属文比事,尤得边塞之思","逆子贼臣闻之,宜乎皆改节矣"。

韩翃是年前后卒,生年不详。翃字君平,南阳人。中唐诗人。天宝末登进士第,历淄川、汴宋、宣武节度使幕府从事,尝闲居长安十余年。建中初为驾部郎中、知制诰,终中书舍人。有《韩君平集》5卷,为明人所编,已散佚。《全唐诗》卷二四三至二四五辑录其诗编为3卷。事迹见《唐才子传》卷四。

按：韩翃卒年,史无明载。此从傅璇琮主编《唐五代文学编年》(中唐卷)。谢翃于大历中诗名颇著,与李端、卢纶、吉中孚、钱起、司空曙、苗发、崔峒、耿湋、夏侯审并称"大历十才子"。

杨嗣复(　—848)生。

唐德宗兴元元年　甲子　784年

正月癸酉朔,德宗在奉天,改元兴元,下罪己诏。

按：见《旧唐书》卷一二《德宗纪上》。

是月,令各地奏荐隐居行义、晦迹邱园、不求闻达,以及贤良方正、能直言极谏、博通坟典、达于教化等人。

按：见《登科记考》卷一一。

二月丁卯,德宗由奉天奔梁州。

按：见《旧唐书》卷一二《德宗纪上》。

五月,唐军收复长安,朱泚败走,寻为部将所杀。

按：见《旧唐书》卷一二《德宗纪上》。

七月壬午,德宗回长安。

按：见《旧唐书》卷一二《德宗纪上》。

是年,开科取士,礼部侍郎鲍防知贡举,进士及第5人。

按：见《登科记考》卷一一。

陆贽从驾辗转奉天、梁州,翰林制诰多出其手,无不曲情其事。

按：陆贽此期所作制诰,后编入《翰苑集》。见权德舆《权载之文集》补刻《陆贽翰苑集序》。

吉中孚为司封郎中、知制诰、翰林学士,六月迁谏议大夫,仍充翰林学士。

  按：见丁居晦《承旨学士壁记》。

  韦应物罢滁州刺史，是冬寓居滁州西涧。

  按：《韦江州集》卷三有《岁日寄京师诸季端武》、《示全真元常》等，即系韦应物罢职寓居西涧时所作。

  僧灵澈正月自湖州北上，僧皎然作书荐于包佶，书中盛赞灵澈。

  按：《昼上人集》卷九《赠包中丞书》谓灵澈颇为严维、刘长卿、皇甫曾等称赏，"观其风裁，味其情致，不下古手，不傍古人"。"尝著《律宗引源》二十一卷，为缁流所归。至于玄言道理，应接靡滞，风月之间，亦足以助君子高兴也"。

  新罗僧道义由海路入唐游学。

  按：见《祖堂集》卷一七。道义入唐，先至五台山，又至广府宝坛寺受具足戒，后师事西堂智藏，于长庆元年归国。

  刘明素纂《丽文集》5卷成。

  按：该集已佚。刘明素，桂山人。尝游金陵等地，又隐居常州。贞元十一年登隐居丘园不求闻达科。余不详。

  颜真卿八月三日卒（709— ）。真卿字清臣，长安人，颜之推五世孙，颜师古曾孙。中唐学者、书法家、文学家。开元二十二年登进士第，天宝初复登文词秀逸科，累迁殿中侍御使，出为平原太守。安史之乱后，历任宪部尚书、浙西节度使、尚书右丞、刑部尚书、湖州刺史、太子太师等职，进爵鲁郡公。奉使劝谕李希烈，被缢杀。追赠司徒，谥曰"文忠"。尝编《韵海镜源》360卷，著有《礼乐集》（一名《古律历创制议》）10卷、《家教》3卷，以及《五经要略》等；另有《吴兴集》、《庐陵集》、《临川集》各10卷。后多散佚。今存宋留元刚刊刻本《颜鲁公集》15卷。《全唐文》卷三三六至三四四辑录其文编为9卷，《全唐诗》卷一五二收录其诗10首。事迹见《旧唐书》卷一二八、《新唐书》卷一五三。《全唐文》卷五一四有殷亮《颜鲁公行状》。宋人留元刚、清人黄本冀各撰有《颜鲁公年谱》。今人严杰著有《颜真卿评传》，朱关田著有《颜真卿传》。

  按：颜真卿博学多才，在文学方面颇有成就，在中国古代书法史上更具有重要地位，系唐代最著名的书法家之一，尤擅长楷书，世称"颜体"。清孔广陶《岳雪楼书画录》卷一谓苏东坡将其与杜甫、韩愈等人并提，以为"诗至子美，文至韩退之，书至鲁颜公，画至吴道子，古今之变，天下之能事毕矣"。

  李季兰七月卒，生年不详。季兰名冶（一说裕），以字行，湖州乌程人。中唐女诗人。幼为道士。与朱放情意甚笃，交游颇广。后赴长安，逢泾原兵乱，因献诗朱泚，及泚败亡，被德宗所杀。有诗集1卷，已散佚。后人辑录其诗，与薛涛诗合编为《薛涛李冶诗集》2卷。《全唐诗》卷八〇五、卷八八八收录其诗18首。事迹见《唐才子传》卷二。

  按：李季兰以五言诗见长，其作品善用民歌手法，有汉魏古风。高仲武《中兴间气集》评曰："十有百行，女唯四德。季兰则不然，形气既雄，诗意亦荡，自鲍昭以下，罕有其伦。"

唐德宗贞元元年　乙丑　785年

正月丁酉朔,改元贞元。

按:见《旧唐书》卷一二《德宗纪上》。

四月十一日,敕科试恢复加试《道德经》。

按:神龙元年,明经科始加试《道德经》,天宝元年改为加试《尔雅》等小经。参见该年四月条。《唐会要》卷七五载,德宗以为《尔雅》所言,"多是鸟兽草木之名,无益理道",由是仍改为加试《道德经》。至贞观十二年,又改试《尔雅》。参见该年三月条。

九月乙巳,德宗于宣政殿亲策贤良方正、能直言极谏等三科举人。

按:见《旧唐书》卷一二《德宗纪上》。

是年,开科取士,礼部侍郎鲍防知贡举,进士及第33人,诸科21人。

按:见《登科记考》卷一二。

包佶在刑部侍郎任,是冬拜国子祭酒,与李纾等唱酬。

按:《全唐诗》卷二〇五包佶《酬兵部李侍郎晚过东厅之作》题下自注:"时自刑部侍郎拜祭酒。"该诗作于本年冬,李侍郎即李纾。

张荐是冬由左拾遗转太常博士,参典礼仪。

按:《旧唐书》卷一四九本传曰:"贞元元年冬,上亲郊。时初复克,簿籍多失,礼文错乱,乃以荐为太常博士,参典礼仪。"

苻载、杨衡等居庐山,与道士黄洞元、刘玄和交游,载为洞元作《黄仙师瞿童记》。

按:苻载所撰《黄仙师瞿童记》,见《全唐文》卷六八九。

张籍、王建是年前后偕同游历鹊山、漳水一带,随处求学。

按:见张籍《张司业集》卷四《逢王建有赠》。

丁公著是年十七岁,始奉父命就学。

按:见《旧唐书》卷一八八本传。

僧灵祐随福州建善寺僧法常(又称法恒)律师出家,研学律学。

按:见元释觉岸《释氏稽古略》卷三、《宋高僧传》卷一二。

僧灵默始住天台山白砂道场,开筵宣讲,游学者渐集。

按:见《宋高僧传》卷一〇本传。

僧皎然居湖州东溪草堂,是年稍前著《诗式》初稿。

按:《全唐文》卷九一七皎然《诗式中序》曰:"贞元初,余与二三子居东溪草堂……所著《诗式》及诸文字,并寝而不纪。"知其著《诗式》草稿,当在本年或稍前。姑系于此。

僧怀素卒（737— ）。怀素俗姓钱，字藏真，永州零陵人。中唐诗僧、书法家。幼年出家，名播一时，与张谓、颜真卿、戴叔伦、钱起、卢象等有交谊。《唐文拾遗》卷四九收录其文6篇，《全唐诗》卷八〇八收录其诗2首。传世书迹有《自叙帖》、《苦笋帖》、《论书帖》、《大草千文》、《小草千文》、《食鱼帖》、《圣母帖》等。事迹见《书小史》卷一〇。宋陈思《书苑菁华》卷一八有《唐怀素上人自叙》。

按：怀素系中唐书法领域之代表性人物，尤以狂草著称于世，狂纵放逸，圆转飞动，史称"草圣"。后人将其与张旭并列，有"颠张狂素"之说。宋人米芾《海岳书评》曰："怀素如壮士拔剑，神采动人，而回旋进退，莫不中节。"

皇甫曾是春卒，生年、字号不详。曾，润州丹阳人。中唐诗人，与兄皇甫冉俱闻于世。天宝间登进士第，累官殿中侍御史。尝与颜真卿、皎然等唱和，结集为《吴兴集》10卷。另有集1卷，原本已佚，《全唐诗》卷二一〇辑录其诗编为1卷，《唐诗拾遗》卷四又收其诗1首。事迹见《唐才子传》卷六。

按：高仲武《中兴间气集》称皇甫曾诗"体制清洁，华不胜文"。

李端约是年前后卒，生年不详。端字正己，赵州人。中唐诗人，尤善五言诗。登进士第，历校书郎、杭州司马等职。有诗集3卷，今存。《全唐诗》卷二八四至二八六收录其诗编为3卷。事迹见《旧唐书》卷一六三、《唐才子传》卷四。

按：李端卒年，史无明载。考《旧唐书》卷一六三《李虞仲传》，李端自校书郎移疾江南，卒于杭州司马任。《全唐诗》卷二七七有卢纶《得耿湋司法书因叙长安故友零落兵部苗员外发秘书省李校书端相次倾逝……》，该诗作于贞元二年秋，知李端卒于本年前后。姑系于此。李端于大历中诗名颇著，与苗发、卢纶、吉中孚、韩翃、司空曙、崔峒、耿湋、夏侯审、钱起并称"大历十才子"。

朱湾约是年或稍后卒，生年不详。湾字巨川，号沧洲子，西蜀人。中唐诗人。大历初隐居江南，屡召不起。后曾假摄池州刺史。有诗集4卷（一作1卷），已散佚。《全唐诗》卷三〇辑录其诗编为1卷，《全唐文》卷五三六收录其文1篇。

按：朱湾卒年，史无载。此从傅璇琮主编《唐五代文学编年史》（中唐卷）。高仲武《中兴间气集》卷上称湾"诗体幽远，兴用弘深，因词写意，穷理尽性，于咏物尤工"。

新罗僧慧彻（ —861）生。

贞元二年　丙寅　786年

六月十一日，诏：自今以后，诸科举人中有能习《开元礼》者，但闻大义百条，试策三通，若全通，超资授官；义通七十条，策通二道者，与及第。明

阿拉伯文化黄金时代始。

经科举人有能习律一部以代《尔雅》者，若帖义俱通，即与官。明法科举人有能兼习一经，且帖义通者，依明经例处分。

  按：见《唐会要》卷七六。《全唐文》卷五一有德宗《命举选人习开元礼诏》。

  是年，开科取士，国子祭酒包佶知贡举，进士及第27人，诸科1人。

  按：见《登科记考》卷一二。

  韩愈是春赴长安应举，落第，遂游历河中等地。

  按：见宋洪兴祖《韩子年谱》。

  权德舆在润州，贫甚。以大理评事摄监察御史，复从江西观察使李兼府为判官。

  按：见《全唐文》卷五二一梁肃《权皋妻李氏墓志》、《册府元龟》卷七二八。

  刘太真在秘书监任，七月奏请择儒者详校《九经》。以议者谏阻，事未行。

  按：《唐会要》卷六五载刘太真上言："请择儒者详校《九经》于秘书省，令所司陈设，及供食物，宰臣录其课效。"德宗初从之，寻议者谏阻，"谓秘书省有校书、正字官十六员，职在校理。今授非其人，乃别求儒者详定，费于供应，烦于百僚。太真之请，失之甚矣"。事遂寝而不行。

  吉中孚为谏议大夫、知制诰、翰林学士，正月迁户部侍郎，判度支两税。

  按：见《旧唐书》卷一二《德宗纪上》。

  卢纶、畅当在河中，是秋与耿湋寄诗相和，感叹故友凋零。

  按：《全唐诗》卷二七七有卢纶《得耿湋司法书因叙长安故友零落兵部苗员外发秘书省李校书端相次倾逝潞府崔功曹峒长林司空丞曙俱谪远方余以摇落之时对书增叹因呈河中郑仓曹畅参军昆季》。

  李观是年前后客居睦州，上书刺史独孤汜，自谓"絜身复古，立行师古"。汜复书，称观文"奇之又奇"。

  按：《全唐文》卷五三三有李观《与睦州独孤使君论朱利见书》、《与张宇侍御书》。

  马总五月纂《意林》3卷（一说6卷）成，戴叔伦为之作序。

  按：初，颍川人庾仲容选取周秦以来诸家杂记凡一百七家，摘其语编为《子书抄》30卷。马总遂增损《子书抄》而纂《意林》。时戴叔伦在抚州刺史任，所作《意林序》，见《全唐文》卷五一〇。其曰："大理评事扶风马总元会，家有子史，幼而集录，探其旨趣，意必有归。遂增损庾书，详择前体，裁成三轴，目为《意林》。"又，《全唐文》卷三七二有柳并《意林序》，谓《意林》"存为六卷"。两说卷帙不一，未详孰是。《意林》今存，为5卷本。《四库全书总目提要》卷一二三评《意林》曰："观所采诸子，今多不传者，惟赖此仅存其概；其传于今者，为老、庄、管、列诸家，亦多与今本不同。"马总生平概况，参见长庆三年条。

  梁肃纂《删定止观》3卷成。

  按：《删定止观》系梁肃整理天台宗九祖湛然《止观辅行传弘诀》等而成，始纂于兴元元年，至本年告成。《全唐文》卷五一七录有梁肃《止观统例议》。

苗发约是年或稍前卒，生年、字号不详。发，潞州壶关人，苗晋卿之子。中唐诗人。弱冠入仕，累官兵部员外郎。作品多佚，《全唐诗》卷二九五辑录其诗2首。事迹见《唐才子传》卷四。

按：苗发卒年，史无明载。傅璇琮主编《唐才子传校笺》谓发约卒于贞元元年至三年间。姑系于此。苗发尝游学于郭暧之门，大历间诗名颇著，与钱起、卢纶、吉中孚、韩翃、司空曙、崔峒、耿湋、夏侯审、李端等并称"大历十才子"。

崔峒约是年稍后卒，生年、字号不详。峒，恒州井陉（一说博陵）人。中唐诗人。大历初登进士第，累官右补阙。有诗集1卷，已散佚。《全唐诗》卷二九四辑录其诗编为1卷。事迹见《唐才子传》卷四。

按：崔峒卒年，史无明载。傅璇琮主编《唐才子传校笺》以为峒约卒于本年至贞元六年间。姑系于此。崔峒曾游于郭暧之门，大历间诗名颇著，与钱起、卢纶、吉中孚、韩翃、司空曙、苗发、耿湋、夏侯审、李端并称"大历十才子"。

贞元三年　丁卯　787年

是年，开科取士，礼部尚书萧昕知贡举，进士及第33人，诸科5人。

按：见《登科记考》卷一二。

顾况在江南，为柳浑所荐，是秋奉召入朝，授秘书郎，与柳浑等迭相唱和。

按：顾况与浑等唱和诗，后结集为《诸朝彦过顾况宅赋诗》1卷。

陆羽是冬自信州移居洪州，与戴叔伦交游。

按：《全唐诗》卷二七四有戴叔伦《劝陆三饮酒》，陆三即陆羽。

韦应物在江州刺史任，五月闻郑常遇害，作诗悼伤。是秋奉召入朝，授左司郎中，与畅当唱酬。

按：郑常遇害事，参见本年下文条。《全唐诗》卷一九一有韦应物《东林精舍见故殿中郑侍御题诗追旧书情涕泗横集因寄呈阆沣州冯少府》。

路泌为副元帅判官、检校户部郎中，兼御史中丞。十月辛未，与侍中浑瑊等赴平凉与吐蕃会盟，遭吐蕃劫盟，遂陷于绝域。

按：路泌生卒年不详，字安期，祖籍阳平，家居河南，路随之父。少好学，博通《五经》，尤精于《诗》、《易》、《左氏春秋》，博涉史传，工五言诗。建中末为长安尉。在绝域累年，栖心于释氏之教，为赞普所重，待以宾礼，卒于戎鹿。事迹见《旧唐书》卷一五九。

僧皎然在湖州，是冬复书权德舆，盛赞灵澈、豆卢次方，又谓灵澈等以权德舆可比扬雄、司马相如。

按：皎然《答权从事德舆书》，见《昼上人集》卷九。

阿拉伯帝国取喀布尔及桑加尔。

法兰克国王查理伐巴伐利亚。

丹麦海盗侵英格兰南部海岸。

高卢于是年用纸草书写。

柳并以目疾滞留吉州,是夏为马总《意林》作序。

按：柳并《意林序》,见《全唐文》卷三七二。

僧澄观撰《华严经疏》20卷成。

按：该疏即今存之《大方广佛华严经疏》,始撰于兴元元年,至是告成。稍后,澄观又为僧睿等作新疏数十卷,即今存之《大方广佛华严经随疏演义钞》。后世合刻两书,略称《华严经疏钞》。由是,澄观有"华严疏主"之称。

韩滉正月戊寅卒(723—)。滉字太冲,京兆万年人。中唐学者。精《易象》、《春秋》,工诗文,善书画。天宝中以恩荫入仕,累迁户部侍郎、判度支,与刘晏分领诸道财赋。后历太常卿、晋州刺史、浙东西道观察使等职,加同平章事,爵封晋国公。卒,谥曰"忠肃"。著有《春秋通例》(一作《春秋通》)6卷(一作1卷)、《天文事序议》1卷,皆已佚。《全唐文》卷四三四、《唐文拾遗》卷二三收录其文6篇,《全唐诗》卷二六二收录其诗2首。事迹见《旧唐书》卷一二九、《新唐书》卷一二六。

按：韩滉学识广博,其在浙东西道任职时,幕中多文人画士,有顾况、姚南仲、戴嵩等。

郑常五月卒,生年、字号、籍贯不详。中唐诗人。累迁淮西节度判官、检校殿中侍御史,为淮西留后吴诚所杀。著有《洽闻记》3卷,另有诗集1卷,后皆佚。《全唐诗》卷三一一收录其诗3首。

按：郑常事迹,史载不详。其卒年,见《旧唐书》卷一四五《吴少诚传》、《资治通鉴》卷二三二。高仲武《中兴间气集》评曰："常诗婉靡,虽未弘远,已入文流。"

朱放卒,生年不详。放字长通,襄阳人。中唐诗人。安史之乱时,移居剡县,后再迁山阴,与女诗人李季兰情意甚笃。尝入李皋幕为节度参谋,寻去职隐居丹阳。复征为右拾遗,以病返吴,卒于扬州。有诗集1卷,已散佚。《全唐诗》卷三五一辑录其诗仍编为1卷。《全唐文》卷五二八有顾况《朱放集序》。

按：朱放卒年,史无明载。考放于贞元二年授拾遗,本年十二月皎然称其为故拾遗,其卒当本年。参见傅璇琮主编《唐五代文学编年史》(中唐卷)。

李德裕(—849)生。

贞元四年 戊辰 788年

什叶派的伊德里斯王朝建于今摩洛哥。

法兰克人取巴伐利亚。

正月庚戌,制：凡有贤良方正直言极谏、高蹈不仕隐居岩穴、孝悌力田闻于乡里者,所在长官具名奏荐,当亲自策试。

按：见《登科记考》卷一二。

三月甲寅,德宗于麟德殿宴群臣,设九部乐,赋诗一章,群臣属和。

按：见《旧唐书》卷一三《德宗纪下》。

四月，德宗亲策贤良方正等制科举人。

按：见《登科记考》卷一二。

六月，重定集贤院之制。

按：集贤院为唐朝图书收藏整理之主要机构，玄宗时始置学士等职，参见开元十三年四月条。后职名渐多，日趋冗杂。除学士、直学士外，又有校理、待制、留院、入院、侍讲、刊校、修撰、修书、直院等，"色类徒多，等秩无异"。至是，遂加以整顿精减。《唐会要》卷六四载，此次重定集贤之制，"登朝官五品已上，准《六典》为学士，六品已下为直学士。学士中取一人最高者判院事，阙学士即以直学士中高者充。自余非登朝官，不问品秩，并为校理。其余名一切勒停，仍永为常式"。

九月九日，德宗于曲江亭与臣下宴饮唱和。

按：见《旧唐书》卷一三《德宗纪下》。《全唐诗》卷四有德宗《重阳日赐宴曲江亭赋六韵诗用清字》。

是年，开科取士，礼部侍郎刘太真知贡举，进士及第31人，诸科26人。

按：见《登科记考》卷一二。

白居易父白季庚为衢州别驾，居易随父赴任。

按：见朱金城《白居易集笺校》附《白居易年谱简编》。

顾况在著作佐郎任，是夏与柳浑、崔汉衡、僧藏用等唱和，各赋六言诗，刘太真为序。

按：《全唐文》卷三九五有刘太真《顾著作宣平里赋诗序》。

陆羽居洪州玉芝观，是春与萧公瑜、崔载华、权德舆迭相唱和。至夏，赴湖南幕。

按：参见傅璇琮主编《唐五代文学编年史》（中唐卷）。

陆质在淮南节度使陈少游幕，为少游奏荐，拜左拾遗，转太常博士，又转为刑部员外郎，累迁左司郎中。

按：见《旧唐书》卷一八九下本传。

包佶与于邵、李纾等五月奉诏补诸庙所缺乐章。

按：《册府元龟》卷五六九曰："自开元以来，升风伯、雨师为中祀。及创置德明皇帝、兴圣皇帝、让皇帝、武成王庙，假郊庙乐章，并未奏撰。及是，有司以功绩各异，请补其缺词。帝乃令其臣李泌撰之。"以李泌故世，又命包佶等分为之。

张荐由太常博士转殿中侍御史，随刑部尚书关播送咸安公主赴回纥和亲。及还，迁工部员外郎，转工部郎中。

按：见《旧唐书》卷一四九本传。

吉中孚八月由权判吏部侍郎转中书舍人。

按：见《旧唐书》卷一三《德宗纪下》。

崔元翰再应制举，登贤良方正能直言极谏科。

按：见《登科记考》卷一二。

李益入邠节度使张献甫幕，录所作从军诗五十首赠左补阙卢景亮。

按：见《唐诗纪事》卷三〇。

僧怀海是年后住石门，受众之请，往新吴百丈山开堂说法。由是倡弘南宗禅之旨二十余年，又糅合大小乘律，制定禅门仪规，即《百丈清规》。从学者云集，以沩山灵祐、黄檗希运为其上首。

按：怀海尝师从南宗禅洪州宗宗师马祖道一，事见大历元年。其所定《百丈清规》(《传灯录》卷六题作《禅门规式》)，为唐代禅宗首创之法制。宋时已散佚，别行宗赜所编《禅苑清规》。元代朝廷令百丈山德辉重编，至元元年颁行，为《敕修百丈清规》8卷，然已全非百丈原来面目。明永乐二十二年同山忠智重刊，即今所传之本。

龟兹僧利言在唐，协助僧般若译《六波罗蜜经》、《那罗延力经》等，任翻译。

按：利言后不知所终。利言一作礼言，本名地战湿罗(真月)，字布那羡。唐代译经高僧。师从天竺僧法月，并随其入唐。著有《梵语杂名》1卷。西明寺僧圆照集其遗文编为《翻经大德翰林待诏光宅寺利言集》2卷。事迹见《宋高僧传》卷二、《贞元新定释教目录》卷一四等。

僧慧琳始撰《一切经音义》。

按：慧琳撰《一切经音义》时间，一说始于建中末年。今从《宋高僧传》卷五本传。该书至元和五年方告完成，参见该年条。

僧马祖道一卒(709—　)。道一俗姓马，世称马大师、马祖、江西马祖，汉州人。唐代高僧，南宗禅洪州宗创立者。从资州德纯寺僧处寂(即唐和尚)出家，就渝州僧圆律师受具足戒。后师从南宗禅"南岳下"一派宗师僧怀让，密受心法。大历中住钟陵开元寺，学者云集，遂发展师门而自为一宗。弟子有怀海、普愿、法常等。卒后，唐宪宗时追谥"大寂禅师"。其言论后人辑录为《马祖道一禅师语录》、《马祖道一禅师广录》，分别收入《古尊宿语录》卷一、《四家语录》卷一。事迹见《宋高僧传》卷一〇、《景德传灯录》卷六、《五灯会元》卷三。权德舆《权载之文集》卷二八有《唐故洪州开元寺石门道一禅师塔铭》。

按：唐代禅宗自五世祖弘忍以下，支派众多。马祖道一承禅宗六世祖慧能门下怀让"南岳下"一系而成洪州宗一派，一度在江西等地颇为盛行，故又称江西禅。

僧神邕卒(710—　)。神邕俗姓蔡，字道恭，世居诸暨。中唐高僧，工诗。十二岁从法华寺僧俊法师受业，后依法华寺僧玄俨习《四分律钞》，又从左溪玄朗习《天台止观禅门》、《法华玄疏》等。著有《破倒翻迷论》3卷、《地志》2卷。另有集10卷，已佚。事迹见《宋高僧传》卷一七。

杨凌约卒，生年不详。凌一作陵，字恭履，弘农人。与兄杨凭、杨凝俱有文名，时号"三杨"。大历中登进士第，累官侍御史。有《杨评事文集》，已佚。《全唐文》卷七三〇收录其判词1篇，《全唐诗》卷二九一辑录其诗编为1卷。

按：杨凌卒年，史籍不载。此从傅璇琮主编《唐五代文学编年史》(中唐卷)。《全唐文》卷五八八柳宗元《唐故兵部郎中杨君(凝)墓碣》对杨氏兄弟颇为赞誉，谓三人诗文，"东薄海岱，南极衡、巫，文学者皆知诵其词，而以为模准"。

贞元五年　己巳　789年

二月,敕置三礼、开元礼科。诏明经科考试,仍以《道德经》代《尔雅》。

按:见《登科记考》卷一二。

五月,诏崇礼学,鼓励明经等诸科举人习《礼记》、《仪礼》。

按:见《登科记考》卷一二。

是年,开科取士,礼部侍郎刘太真知贡举,进士及第36人。

按:见《登科记考》卷一二。

杜佑为陕虢观察使,十二月壬申,检校礼部尚书,兼扬州长史、淮南节度使。

按:见《旧唐书》卷一三《德宗纪下》。

梁肃在扬州淮南节度使杜亚幕,二月一日中和节,与众人唱和,并为序。十二月,奉召入京,授监察御史。

按:《全唐文》卷五一八有梁肃《中和节奉陪杜尚书宴集序》。

刘太真为礼部侍郎,三月出贬信州刺史。

按:见《旧唐书》卷一三《德宗纪下》。

顾况出贬饶州,途经杭、睦、信诸州赴饶州,与房孺复、韦赞、刘太真等交游。

按:顾况出贬饶州事,见《历代名画记》卷一〇。

丁公著应五经科,登第。

按:见《旧唐书》卷一八八本传。

卢纶在河中浑瑊幕,与太学博士畅当互寄诗述怀。

按:时所谓"大历十才子"者,唯卢纶尚存,余皆先后故世。

于史良是年前后为徐泗濠节度使张建封从事,作诗自伤。

按:于史良系中唐诗人,事迹不详。《全唐诗》卷二七五收录其诗7首。

李朝威是年前后撰《柳毅传》。

按:李朝威生平事迹不详,所撰《柳毅传》系中唐传奇名篇,元、明、清时皆有本此改编戏曲者。

僧皎然在湖州西山,五月与同邑词人吴凭重新编录《诗式》旧稿,勒为5卷,皎然自为序。

按:皎然撰《诗式》初稿事,参见贞元元年条。

柳浑正月丁卯卒(715—　)。浑原名载,字夷旷,又字惟深。祖籍襄阳，家居汝州梁县。与兄柳识俱有文名，又与顾况友善。天宝元年登进士第，德宗时累迁兵部侍郎、同中书门下平章事，未几罢相职，除右散骑常侍。卒，谥曰"贞"。有集10卷，已佚。《全唐文》卷三七七、《唐文拾遗》卷二二收录其文3篇，《全唐诗》卷一九六收录其诗1首。事迹见《旧唐书》卷一二五、《新唐书》卷一四二。

按：柳浑之卒，《旧唐书》本传谓"贞元五年二月以疾终"，同书卷一三《德宗纪下》作正月丁卯。两说未详孰是，姑从《德宗纪》。

李泌三月甲辰卒(722—)。泌字长源，祖籍辽东襄平(一说赵郡中山)，家居京兆。中唐学者。博涉经史，精通《易象》，工诗文。天宝中诣阙上书，待诏翰林。为杨国忠所忌，乃潜居名山，习隐自适。肃宗时一度随侍左右，权逾宰相，寻隐居衡山。代宗即位，召为翰林学士，累迁中书侍郎、同平章事，封邺县侯，世称李邺侯。有集20卷，已佚。《全唐文》卷三七八、《唐文拾遗》卷二二收录其文3篇，《全唐诗》卷一〇九收录其诗4首。事迹见《旧唐书》卷一三〇、《新唐书》卷一三九。清杨希闵撰有《唐李邺侯年谱》。

按：《全唐文》卷五一八梁肃《丞相邺侯李泌文集序》对李泌评价甚高，谓其"用比兴之文，行易简之道。赞事盛圣，辨章品物。疏通以尽理，闳丽而合雅。舒卷之道，必形于辞，其伟矣夫"。又曰："其习嘉遯，则有沧浪紫府之诗；其在王庭，则有君臣赓载之歌。或依隐以玩世，或主文以谲谏，步骤六义，发扬时风。观其词者，有以见上之任人，始兴之知人者已。"

戴叔伦六月甲申卒(732—)。叔伦字幼公(一作次公)，润州金坛人。中唐诗人。曾师事萧颖士，以文学政事见称。累任江西节度从事、抚州刺史、容州刺史等职，有政绩。卒于南海清远县。曾纂《戴氏世传》，著有《述稿》10卷、《外诗》1卷、《书状》1卷，另有集20卷，后皆散佚。又编《唐诗》数十万言，草稿未就而卒。《全唐文》卷五一〇收录其文2篇，《全唐诗》卷二七三至二七四辑录其诗编为2卷。事迹见《新唐书》卷一四三。权德舆《权载之文集》卷二四有《唐容州刺史戴公墓志铭》。

吉中孚约卒，生年、字号不详。中孚，楚州山阳人。中唐诗人。博览子史，尤好道书。少为道士，后还俗。登制举，征拜校书郎，累迁权判吏部尚书，终中书舍人。有诗集1卷，已佚。《全唐诗》卷二九五、《全唐诗补编·续拾》收录其诗2首。事迹见《重修山阳县志》。

按：《新唐书》卷六〇《艺文志四》谓吉中孚"贞元初卒"。然据《旧唐书》卷一三《德宗纪下》，贞元四年八月，"以权判吏部尚书吉中孚为中书舍人"。是则时吉中孚尚在世。傅璇琮主编《唐五代文学编年史》(中唐卷)以为其卒在本年。姑从之。吉中孚于大历间诗名颇著，与李端、卢纶、韩翃、钱起、司空曙、苗发、崔峒、耿湋、夏侯审并称"大历十才子"。

舒元舆(—835)、卢简求(—864)生。

贞元六年　庚午　790 年

正月,诏迎法门寺佛骨舍利于宫中奉养,至二月送归。

按:见《旧唐书》卷一三《德宗纪下》、《资治通鉴》卷二三三、《佛祖统纪》卷四一。

二月戊辰,德宗与百僚宴饮于曲江亭,赋《中和节群臣赐宴》七韵。

按:见《旧唐书》卷一三《德宗纪下》。

三月庚子,德宗再与百僚宴饮于曲江亭,赋《上巳诗》。

按:见《旧唐书》卷一三《德宗纪下》。

是年,开科取士,礼部侍郎张濛知贡举,进士及第 29 人,诸科 5 人。

按:见《登科记考》卷一二。

韩愈至滑州,投书刺史贾耽,献文 15 篇。

按:《韩昌黎集·外集》卷二《上贾滑州书》有"窃整顿旧所著文一十五章以为贽"、"愈年二十有二"云云。本年韩愈二十二岁,其投书贾耽当在此时。

柳宗元是春赴京应举,落第。

按:参见傅璇琮主编《唐五代文学编年史》(中唐卷)。

韦应物是冬罢苏州刺史,闲居永定寺,赋诗述怀。

按:韦应物《韦江州集》卷八有《寓居永定精舍》,当为本年罢苏州刺史后抒怀之作。

李观是春应举不第,穷居京师。读书著文,论为文之道,讥宋之问、严维、皇甫曾等人文风;又上书考功员外郎陈京,谓不当以词赋取士。

按:《全唐文》卷五三三有李观《与右司赵员外书》,其曰:"今之人学文一变讹俗,始于宋员外,而下及严秘书、皇甫拾遗。世人不以为经,呀呷盛称,可叹乎。然世人之庸而拟议于数公,其犹人与牛马也。以观视数公,则皆师延之余音,况能爱世人之蝇蚊乎。"同卷又载李观《与膳部陈员外书》,其曰:"当今朝廷,洪雅尚文,以文化人。四方翕然听命于有司,有司于是乃以词赋琐能而轨度之,声称丛闻而搴撷之,谬矣哉!……非愿去轨度,塞声称,二者诚仕进之向也,盖欲有司之留视于轨度之外者,绥听于声称之遗者。勿以人之好恶,夺己之精理也。"

丁公著登开元礼科,授集贤校书郎。

按:后辞职归乡里,以孝行名闻。见《旧唐书》卷一八八本传。

僧法钦(道钦)在长安,为杭州州牧王颜所请,移住龙兴寺。

按:时法钦颇为德宗敬重,朝野名士归信者甚多,世人尊称"功德山"。见《宋高僧传》卷九。

司空曙约卒(约 720—)。曙字文初(一作文明),广平人。中唐诗人,尤工五言诗。安史之乱时避乱江南,大历初登进士第,入剑南节度使

埃及始通行阿拉伯语。

拜占庭帝君士坦丁六世亲政。

爱尔兰人抵冰岛。

幕,累官水部郎中、虞部郎中。有诗集2卷,已散佚。《全唐诗》卷二九二至二九三辑录其诗仍编为2卷。事迹见《唐才子传》卷四。

按:司空曙卒年,史无明载。此从傅璇琮主编《唐才子传校笺》。司空曙于大历中诗名颇著,与李端、卢纶、吉中孚、韩翃、钱起、苗发、崔峒、耿湋、夏侯审并称"大历十才子"。

鲍防八月丁未卒(722—)。防字子慎,襄州襄阳人。中唐诗人。天宝间登进士第,累迁河东节度使,有治声。后历礼部侍郎等职,以工部尚书致仕,卒于洛阳私第。有集5卷、《杂感诗》1卷,后皆佚。《全唐文》卷四三七、《唐文拾遗》卷二三收录其文3篇,《全唐诗》卷三○七收录其诗8首。事迹见《旧唐书》卷一四六、《新唐书》卷一五九。《全唐文》卷七八三有穆员《鲍防碑》。

按:鲍防在中唐诗坛颇有影响。其于天宝中所撰《感遇》诗十七篇,为时人传诵。穆员《鲍防碑》称该组诗"以古之正法,刺讥时病,丽而有则,属诗者宗而诵之";白居易将之与陈子昂《感遇》诗相提并论;《全唐诗》卷三一四崔子向《上鲍大夫防》有"行尽江南塞北时,无人不诵鲍家诗"云云。大历年间,防在浙东与严维等联唱,盛于一时,后结集为《大历年浙东联唱集》2卷。参见大历五年条。

刘长卿约是年或稍前卒(约726—)。长卿字文房,河间(一说宣州)人。中唐诗人。尤善五律,与钱起、郎士元、李嘉祐并称"钱郎刘李"。少居嵩山读书,天宝末登进士第,历仕长洲尉、殿中侍御史、随州刺史等职。以世乱去官,闲居扬州江阳县。有集10卷,原本已佚。今存《刘随州文集》11卷,为后人重编。《全唐文》卷三四六辑录其文编为1卷,《全唐诗》卷一四七至一五一辑录其诗编为5卷。事迹见《唐才子传》卷二。今人储仲君撰有《刘长卿诗编年笺注》。

按:刘长卿卒年,史无明载。《旧唐书》卷六○《艺文志四》谓其"终随州刺史"。贞元二年,刘长卿尚有诗送朱放。至贞元七年春,权德舆撰《秦征君校书与刘随州唱和诗序》,文中有"故随州刘君长卿"云云。知长卿之卒,当在贞元三年至本年间。姑系于此。

又按:刘长卿交游甚广,自诩所作五律为"五言长城"。高仲武《中兴间气集》评曰:"诗体虽不新奇,甚能炼饰,大抵十首已上,语意稍同,于落句尤甚,思锐而才窄";张戒《岁寒堂诗话》称其"笔力豪赡,气格老成","'长城'之目,盖不徒然";胡应麟《诗薮》谓其诗"自成中唐,与盛唐分道"。

李贺(—816)生。

贞元七年　辛未　791年

阿拉伯人入拜占庭之小亚。

七月癸酉,德宗幸章敬寺,赋九韵诗,群臣毕和。

按:见《旧唐书》卷一三《德宗纪下》。《全唐诗》卷四有德宗《七月十五日题章敬寺》，即此次幸章敬寺时所作。

是年，开科取士，礼部侍郎杜黄裳知贡举，进士及第 30 人，诸科 22 人。

按：见《登科记考》卷一二。

韩愈是春再应举，仍落第。

按：参见傅璇琮主编《唐五代文学编年史》（中唐卷）。

白居易在符离，日夜读书课诗，以应科举之试，又与张彻等交游。

按：《白居易集》卷四五《与元九书》曰："二十已来，昼课赋，夜读书，间又课诗。"白居易本年二十岁。参见朱金城《白居易集笺校》附《白居易年谱简编》。

权德舆守丧居润州。是春，与秦系游。三月，再入洪州幕。是冬，奉诏赴京，授太常博士。

按：权德舆与秦系游及入洪州幕事，分见《权载之文集·补遗·秦征君校书与刘随州唱和诗序》、《全唐文》卷四九〇权德舆《暮春陪诸公游龙沙熊氏清风亭序》。其为太学博士事，见《册府元龟》卷七二八。

包佶在秘书监任，十二月奏言，以开元年间删定《礼记·月令》，其音注、义疏未及刊正，请选儒者详定。德宗从之。

按：见《唐会要》卷三五。

陆贽为宰相窦参所忌，八月丙午罢翰林学士，转兵部侍郎。是冬，李观投文十篇于贽。

按：陆贽罢翰林学士事，见《旧唐书》卷一三《德宗纪下》。李观投书陆贽事，见《全唐文》卷五三三观《帖经日上侍郎书》。

李翰为宗正卿，八月贬为雅王傅。

按：见《旧唐书》卷一三《德宗纪下》。

吕温是年前后从父吕渭学《诗》、《礼》，从陆质学《春秋》，从梁肃学文章。

按：见《刘禹锡集》卷一九《吕温集纪》。吕渭生平概况，参见贞元十六年条。

僧智藏在建阳，依众请开堂讲论。

按：智藏后住虔州西堂，宣扬其师马祖道一之学，与百丈怀海、南泉普愿共称马祖门下之三大士。

顾况在饶州，约是年前后作《戴氏广异记序》，论及小说源流。

按：《广异记》20 卷，戴孚著。孚，谯郡人。至德二年登进士第，历校书郎、饶州录事参军。有集 20 卷。《广异记》已散佚，今有方诗铭辑校本。《全唐文》卷五二八顾况《戴氏广异记序》略曰："予欲观天人之际，察变化之兆，吉凶之源。圣有不知，神有不测，其有干元气，汨五行，圣人所以示怪力乱神，礼乐行政，著明圣道以纠之。故许氏之说，天文垂象，盖以示人也。……大钧播气，不滞一方。梼杌为黄熊，彭生为大豕，苌弘为碧，舒女为泉，牛哀为虎，黄母为鼋。君子为猿鹤，小人为虫沙。武都女子化为男，成都男子化为女。周娥殉墓，十载却活；嬴谍暴市，六日而苏。蜀帝之魂曰杜鹃，炎帝之女曰精卫。洪荒窈窕，莫可纪极。古者青乌之相冢墓，白泽之穷神奸，舜之命夔以和神，汤之问革以语怪，音闻鲁壁，形镂夏鼎，玉谍石记，五圆九管，说

拜占庭君士坦丁六世囚太后艾琳。

法兰克大饥。

法兰克查理伐阿瓦尔人。

者纷然。……志怪之士,刘子政之《列仙》,葛稚川之《神仙》,王子年之《拾遗》,东方朔之《神异》,张茂先之《博物》,郭子潢之《洞冥》,颜黄门之《稽圣》,侯君素之《旌异》。其中神奥,陶君之《真诰》,周氏之《冥通》,而《异苑》、《搜神》、《山海》之经,《幽冥》之录,襄阳之《耆旧》,楚国之《先贤》,《风俗》所通,《岁时》所记,《吴兴》、《阳羡》、《南越》、《西京》,注引《古今》,辞标《淮海》,裴松之、盛弘之、陆道瞻等,诸家之说,蔓延无穷。国朝燕公《梁四公传》,唐临《冥报记》,王度《古镜记》,孔慎言《神怪志》,赵自勤《定命录》,至如李庚成、张孝举之徒,互相传说。"

封演是年或稍前撰《封氏闻见记》5卷。

按:该书今存。《新唐书·艺文志》作5卷,今存本为10卷,或今本已经后人重编。考书中所叙事,止于贞元六年,知其撰当本年或稍前。姑系于此。该书系杂记,为研究唐代历史重要资料。《四库全书总目提要》卷一二〇评曰:"此书独语必征矣。前六卷多陈掌故,七、八两卷多记古迹及杂论,均足以资考证。末二卷则全载当时士大夫轶事,嘉言善行居多,惟末附谐语数条而已。"

又按:封演生卒年、字号不详,渤海人。天宝十五年登进士第,累官朝散大夫、检校吏部郎中兼御史中丞。所撰除《封氏闻见记》外,另有《古今年号录》1卷、《续钱谱》1卷,后均佚。《全唐文》卷四四〇收录其文2篇。

秦系编次其与刘长卿唱和诗,纂成《秦征君校书与刘随州唱和集》,权德舆为序,评论二人五言诗。

按:权德舆《秦征君校书与刘随州唱和诗序》,见《权载之文集·补遗》。序中评论秦、刘二人五言诗曰:"词或约尚旨深,类乍近而致远;若珩珮之清越相激,类组绣之玄黄相发,奇采逸响,争为前驱。"

萧昕四月庚子卒(699—)。 昕字中明,世居河南,南朝梁鄱阳王萧恢七世孙。登博学宏词科,调寿安尉,历左补阙、中书舍人、礼部侍郎、国子祭酒等职。以安史之乱后学校荒废,建请崇太学。累官太子少傅、礼部尚书,进爵郡公,知贡举多年。以太子少师致仕,卒于汴州。追赠扬州大都督,谥曰"懿"。《全唐文》卷卷三五收录其赋、判5篇,《全唐诗》卷一五八收录其诗2首。事迹见《旧唐书》卷一四六、《新唐书》卷一五九。

韦应物约卒(约736—)。 应物字号不详,京兆万年人。中唐诗人。起为洛阳丞,累任江州刺史、苏州刺史,故有韦江州、韦苏州之称。晚年罢职,闲居苏州永定寺。有诗集10卷,原本已散逸,今存后人重编《韦苏州集》(一称《韦江州集》)10卷。《全唐文》卷三七五收录其文1篇,《全唐诗》卷一八六至一九五辑录其诗编为10卷。事迹见《唐才子传》卷四。

按:韦应物于贞元六年冬罢苏州刺史后闲居永定寺,其后不见活动,或其卒于本年。姑系于此。韦应物在中唐诗坛颇享盛誉,交游甚广,与阎防、薛据、李益、卢纶、吉中孚、夏侯审、畅当、刘太真、顾况、秦系、皎然等人皆有交谊。其诗题材广泛,以田园诗最为著名。各体均佳,尤长于五言诗,于诸家中自成一体。严羽《沧浪诗话》称其诗为"韦应物体"。《白居易集》卷四五《与元九书》评曰:"韦苏州歌行,才丽之外,颇近兴讽。其五言诗又高雅闲淡,自成一家之体。今之秉笔者,谁能及之?"元九即元稹《郡斋读书志》卷一七评曰:"诗律自沈、宋以后,日益靡嫚,锼章刻句,揣合浮切,音韵婉谐,属对丽密,而娴雅平淡之气不存矣。独应物之诗驰骤,建安以还,得其风格云。"后人将其与陶渊明并称为"陶韦",又与王维、孟浩然、柳宗元并称为"王孟韦柳"。

裴休(　—864)生;南卓(　—约854)约生。

按:南卓生卒年,历有歧说。此从今人卞孝萱《南卓考》。

贞元八年　壬申　792年

六月,诏置集贤院校书四员,正字两员,于秘书省见任校书中量减。

按:贞元四年,曾重定集贤院之制,精简人员。至是,复增名目。见《唐会要》卷六四。

是年,开科取士,兵部侍郎陆贽知贡举,进士及第23人,诸科8人。

按:见《登科记考》卷一三。是年贡举,韩愈、李观、崔群、王涯、冯宿、庾承宣等名士皆进登第,时称"龙虎榜",号为得人。

韩愈是春再应贡举,登进士第。与李观等缔交,又以孟郊落第,作诗慰之。是年,撰《诤臣论》,讥讽谏议大夫阳城。

按:韩愈登第事,见《登科记考》卷一三。《诤臣论》,见《韩昌黎集》卷一四。

陆贽四月与尚书左丞赵憬同为中书侍郎、同中书门下平章事,入居相位。

按:见《旧唐书》卷一三《德宗纪下》。

许康佐应贡举,登进士第,又登博学宏词科。以家贫母老,求为知院官。

按:许康佐生卒年、字号、籍贯不详。中唐时期经学家,名闻于世。登第后,累迁侍御史,历职方员外郎、驾部郎中充翰林侍讲学士、谏议大夫、中书舍人。颇受唐文宗信用,常召于内庭侍讲。后除兵部侍郎,转礼部尚书。年七十二卒,追赠吏部尚书,谥曰"懿"。尝奉敕与诸儒撰《集左氏传》(一作《文宗御集》)30卷,另著有《九鼎记》4卷,已佚。《全唐文》卷六三三存录其文1篇,《全唐诗》卷三一九存录其诗2首。事迹见《旧唐书》卷一八九下、《新唐书》卷二〇〇本传。康佐弟许尧佐、许元佐及尧佐子许道敏,亦先后登进士第。许尧佐又登博学宏词科,官至谏议大夫。《全唐文》卷六三三存录其文6篇,《全唐诗》卷三一九存录其诗1首。

孟郊在长安,应贡举不第,遂东归。至徐州,谒张建封,献诗以求举荐。是秋,再赴长安,献诗梁肃,以求荐举。

按:参见傅璇琮主编《唐五代文学编年史》(中唐卷)。

李观登进士科,又登博学宏词科。是秋上书梁肃,荐举孟郊、崔宏礼等8人。

按:《全唐文》卷五三四有李观《上梁补阙荐孟郊崔宏礼书》。

元稹是年十五,登明经科。

拜占庭君士坦丁六世立艾琳为共主。

保加利亚人败拜占庭。

维也纳圣彼德大教堂建成。

按：见《元稹集》卷三三《同州刺史谢上表》。

裴度、陆复礼应博学宏词科，皆登第。

按：见《登科记考》卷一三。

冯宿应贡举，登进士第。

按：见《登科记考》卷一三。

于頔正月搜集僧皎然诗546首，编为《杼山集》10集。

按：于頔时为湖州刺史。本年正月，集贤殿御书院下牒湖州征皎然文集，于頔遂采而编之，进上。见《全唐文》卷五四四于頔《释皎然杼山集序》。《昼上人集》卷首有《浙西观察使牒》。

僧法钦十二月卒（714— ）。法钦一作道钦，俗姓朱，昆山人。唐代高僧，禅学牛头宗径山派初祖。师从僧玄素，并嗣其法。住余杭西山（径山），故世称径山道钦。奉召入京，颇受代宗、德宗敬重，受赐"国一大师"，朝士崔涣、裴度等皆师事之。卒于杭州龙兴寺，谥曰"大觉禅师"。李吉甫为撰碑铭，崔元翰为撰影堂记，王颜、丘丹各有碑碣。弟子有道林、崇惠、广敷等。事迹见《宋高僧传》卷九、《景德传灯录》卷四、《全唐文》卷五一二李吉甫《杭州径山寺大觉禅师碑铭并序》。

刘太真三月八日卒（725— ）。太真字仲适，宣州（一说金陵）人。中唐诗人。尝师从萧颖士，又与顾况交谊甚笃。天宝间登进士第，累迁工部侍郎、礼部侍郎。坐事贬信州刺史，卒于饶州余干县旅舍。有集30卷，已佚。《全唐文》卷三九五收录其文6篇，《全唐诗》卷二五二收录其诗3首。事迹见《旧唐书》卷一三七、《新唐书》卷二○三。《全唐文》卷五三八有裴度《刘府君神道碑铭并序》。

包佶五月卒（约726— ）。佶字幼正，润州延陵人。中唐诗人。与李纾齐名，世人并称"包李"。天宝间登进士第，累迁刑部侍郎、国子祭酒、京兆尹，卒于秘书监任。《全唐文》卷三七○、《唐文拾遗》卷二二收录其文5篇，《全唐诗》卷二○五辑录其诗编为1卷。事迹见《新唐书》卷一四九。

按：包佶与父包融、兄包何皆有诗名，与兄何并称"二包"。与刘长卿、窦叔向等交谊深厚，在中唐诗坛颇具影响。《全唐文》卷九一七皎然《赠包中丞书》曰："今海内诗人以中丞为龙门，贤与不肖，雷同愿登。"权德舆对包佶诗评价颇高："雅韵拔俗，清机入冥。立言大旨，为经为纪。行中文质，不华不俚。"（《权载之文集》卷四八《祭故秘书包监文》）

李纾二月乙亥卒（731— ）。纾字仲舒，赵州人。中唐诗人。与包佶齐名，并称"包李"。历仕秘书省校书郎、中书舍人、婺州刺史、兵部侍郎等职，卒于吏部尚书任。《全唐文》卷三九五收录其文2篇，《全唐诗》卷二五二收录其诗13首。事迹见《旧唐书》卷一三七、《新唐书》卷一六一。

于邵约是年以后卒，生年不详。邵一作召，字本门（一作德门），原籍代州，家居京兆万年。中唐文学家。天宝十四年登进士第，累迁中书舍人,兼史馆修撰、三司使,时诏令制敕,多出其手。尝知贡举,拜礼部侍郎。晚年贬衢州别驾、江州别驾,卒于贬所。有集 40 卷,已散佚。《全唐文》卷四二三至四二九辑录其文编为 7 卷。《全唐诗》卷二五二收录其诗 5 首。事迹见《旧唐书》卷一三七、《新唐书》卷二〇三。

按:于邵卒年,史无明载。《旧唐书》本传谓其本年出为杭州刺史,"坐贬衢州别驾,移江州别驾,卒年八十一",知其卒当在本年以后。姑系于此。

张祜(—约 854)约生。

按:张祜生年,史无明载。此从近人闻一多《唐诗大系》。

贞元九年　癸酉　793 年

十一月乙酉,制:各地奏荐蕴德怀才隐居不仕、贤良方正能直言极谏、博通坟典达于教化、详练故事长于著述、精习律令畅晓法理、该明吏术可委理人、洞识韬略堪任将帅者,限来年七月内到京策试。

按:见《登科记考》卷一三。

甲辰,制:"以冬荐官,宜令尚书丞、郎于都堂访以理术,试时务状,考其通否及历任考课事迹,定为三等,并举主姓名。仍令御史一人为监试。"

按:见《旧唐书》卷一三《德宗纪下》。

是年,开科取士,户部侍郎顾少连知贡举,进士及第 32 人。

按:见《登科记考》卷一三。

韩愈在长安,正月与李翱、孟郊、柳宗元等游慈恩寺塔。是夏,游凤翔,致书邢君牙。

按:见《韩昌黎集》遗文《长安慈恩塔题名》、卷一八《与凤翔邢尚书书》。

柳宗元是春应贡举,登进士第。五月,丁父忧。

按:柳宗元登第事,见《登科记考》卷一三。另据《柳宗元集》卷一二《先侍御史府君神道表》,宗元父柳镇本年五月十七日卒于长安亲仁里第。

刘禹锡是春应贡举,登进士第。

按:见《登科记考》卷一三。

李翱举乡贡进士,九月至长安,执文章一通谒梁肃。肃颇称道之,谓其"得古人遗风",许以荐举。

按:见李翱《李文公集》卷一《感知己赋》。

顾况在饶州,是秋赴浙西。稍后至茅山受道箓,并家于此。

按:参见傅璇琮主编《唐五代文学编年史》(中唐卷)。

孟郊是春再次应贡举,仍下第,遂南下游复州、湖湘等地。是秋,受汝州刺史陆长源之邀,北赴汝州。

造纸工场于巴格达设立。

丹麦海盗侵英格兰东北海岸林第斯法恩修道院。

按：《孟东野诗集》卷三有《再下第》，卷六有《鸦路溪行吴陆中丞》，两诗作于本年。

苻载在襄阳，是年前后上书襄州刺史、山南东道节度使樊泽，请修镌孟浩然墓碑。

按：《全唐文》卷六八八有苻载《从樊汉南为鹿门处士求修墓笺》。

贾岛是年前后一度出家，法名无本。

按：《新唐书》卷一七六本传谓贾岛"初为浮屠，名无本"，未具年份。傅璇琮主编《唐五代文学编年》（中唐卷）以为其出家或在本年。姑从之。

陈翃有文名，尝入浑瑊幕，随瑊在河中，撰《鹳鹊楼记》。是年二月，刻文于石。

按：《鹳鹊楼记》勒石事，载《宝刻类编》卷四。陈翃生平事迹不详，尝为郭子仪僚属，撰有《郭公家传》（一作《郭子仪家传》）10卷，已佚。

僧灵祐往新吴百丈山拜谒南宗禅洪州宗高僧怀海，遂师从之，为上首弟子。由是研习禅学，得嗣百丈之法。

按：怀海于百丈山开堂讲学事，参见贞元四年条。

王泾撰《大唐郊祀录》10卷，是年进上。

按：见《新唐书》卷五八《艺文志二》。王泾生卒年、字号、籍贯不详，初为河南密县尉，元和初为太常博士。《全唐文》卷六九三收录其文2篇。

仲子陵撰《五服图》10卷，是年进上。

按：见《新唐书》卷五八《艺文志二》。仲子陵精于《礼》学，有名于时。参见大历五年啖助条按语。

李吉甫在明州长史贬任，十一月编次隐士张玄阳所进郑钦悦之书，因为著论。

按：《全唐文》卷五一二有李吉甫《编次郑钦悦辨大同古铭论》，鲁迅以为郑氏书属传奇小说，辑入《唐宋传奇集》卷二。

贾耽为尚书右仆射、同中书门平章事，制关中、陇右及山南九州图，兼黄河经界远近，集为《地图》10卷，表上之。

按：见《旧唐书》卷一三八本传。

僧无名卒（722—　）。无名俗姓高，渤海人。唐代禅宗分支荷泽宗高僧。年二十八于同德寺出家，初学律藏，后师从荷泽宗始祖神会，并嗣其法。游历四方，遍参五岳及天台、四明等诸山。唐德宗欲汰僧尼，上表谏止。卒于佛光寺。著有《弥陀经疏》，行于世。事迹见《宋高僧传》卷一七。

窦参三月卒（734—　）。参字时中，京兆始平人。中唐诗人。以门荫入仕，累迁中书侍郎、同平章事。以恃权贪利出贬，赐死道中。《全唐文》卷五二六、《唐文拾遗》卷二五收录其文2篇，《全唐诗》卷三一四收录其诗3首。事迹见《旧唐书》卷一三六、《新唐书》卷一四五。

按：窦参尚古诗，高仲武《中兴间气集》称其诗"祖述沈千运，比于孟云卿，尚在廊庑间"。

梁肃十一月十六日卒（753—　）。肃字敬之，一字宽中，河南陆浑人，后避难吴越。中唐文学家。尝师从独孤及,名著于时,韩愈、李观、李翱皆师事之。又好佛,尤精天台教义。建元中登文辞清丽科,累官右补阙,充翰林学士,为太子侍读。著有《释氏止观统例》,另有集30卷(一说20卷),已散佚。《全唐文》卷五一七至五二二辑录其文编为6卷。事迹见《新唐书》卷二〇二。《全唐文》卷五二三有崔元翰《右补阙翰林学士梁君墓志》。

按:梁肃系中唐古文运动之早期重要代表。他推崇佛教,对佛理多有探究。文学上继萧颖士、李华、独孤及等人之后,崇尚两汉遗风,强调文学功能在于推动社会教化,力倡古文之风,在当时文坛颇具地位,对韩愈等人影响颇大。《旧唐书》卷一六〇《韩愈传》曰:"大历、贞元之间,文字多尚古学,效扬雄、董仲舒之述作,而独孤及、梁肃最称渊奥,儒林推重。愈从其徒游,锐意钻仰,欲自振于一代。"崔元翰《梁君墓志》谓梁肃"玩词以为文,其所论载讽咏,法于《春秋》,协于《谟训》,《大雅》之疏达而信,《颂》之宽静形焉。博约而深厚,优游而广大。其三占之遗,有文集三十卷,为学者之师式。尝著《释氏止观统例》,几乎《易》之《系辞》矣"。《唐文粹》卷九二崔恭《唐右补阙梁肃文集序》称梁肃"明是非,探得失","宗道德,美功成","絜当世,激清风","美艺文,善章句","备教化,彰讽咏","住一乘,明法体","知法要,识权实","达教源,周镜智",可谓"儒林之纲纪"。

魏謩(　—858)生。

贞元十年　甲戌　794年

九月戊子,德宗赐百僚九日宴,君臣赋诗唱和。

按:见《旧唐书》卷一三《德宗纪下》。

十月癸卯,德宗于宣政殿亲策贤良方正能直言极谏等科举人。

按:见《旧唐书》卷一三《德宗纪下》。

是年,敕湖州刺史于頔进僧皎然诗集,藏于御书殿。

按:见《佛祖统纪》卷四一。

开科取士,户部侍郎顾少连知贡举,进士及第28人,诸科25人。

按:见《登科记考》卷一三。

白居易春夏间随父白季庚居襄阳东郭。五月,丁父忧。

按:参见朱金城《白居易集笺校》附《白居易年谱简编》。

陆贽在中书侍郎、同中书门平章事任,五月以德宗性猜忌,官无大小必自选用之,群臣一有谴责,往往终身不复得用,上书奏谏。十二月罢相,左迁太子宾客。

按:见《资治通鉴》卷二三四。

裴度应贤良方正能直言极谏科,登第。

挪威人侵苏格兰。

按：见《唐会要》卷七六。

柳冕在婺州刺史任，是年稍后与给事中徐岱书，论为文之道与文风。

按：柳冕倡导古文，强调文以载道，否定刘宋以下文学。《全唐文》卷五二七有柳冕《与徐给事论文书》，其中略曰："盖文有道而质不足则流，才有余而雅不足则荡，流荡不返，使人有淫丽之心，此文之病也。"

沈既济是年前后为礼部员外郎，作《词科论》，抨击科举以文章取士之弊。

按：《全唐文》卷四七六载沈既济《词科论》，略曰："永隆中，始以文章选士。……是以进士为士林华选，四方观听，希其风采。每岁得第之人，不浃辰而周闻天下。故忠贤隽彦、韬才毓行者，咸出于是，而桀奸无良者或有焉。故是非相陵，毁称相腾，或扇结钩党，私为盟歃，以取科第，而声名动天下；或钩撦隐慝，嘲为篇咏，以列于道路。迭相谈訾，无所不至焉。"

又按：沈既济生卒年、字号不详，苏州吴人。博览群书，精于史学，尤长传奇。起为江西从事，累迁左拾遗、史馆修撰。建中二年坐杨炎事，贬为处州司户。后复召入朝，终礼部员外郎。著有《建中实录》10卷、《选举录》10卷，后皆佚。另有传奇《任氏传》、《枕中记》。《全唐文》卷四七六、《唐文拾遗》卷二四、《太平广记》存录其文8篇。事迹见《旧唐书》卷一四九、《新唐书》卷一三二。

吕温是秋举河南乡贡进士，擢第一。

按：《刘禹锡集》卷一九《吕温集纪》曰："始以文章振三川，三川守以为贡士之冠，名声四驰。"《吕和叔文集》卷二有《河南府试赎帖赋得乡饮酒诗》。

陈羽在东宫卫佐任。

按：陈羽生卒年不详，吴县人。中唐诗人。早年游历越州、桂州等地，与戴叔伦、杨衡友善。贞元八年登进士第，历东宫卫佐等职，不知所终。有诗集1卷，已散佚。《全唐诗》卷三四八辑录其诗仍编为1卷，内有他作混入。《全唐文》卷五四六收录其文1篇。事迹见《唐才子传》卷五。

王季友卒（714—　）。季友原名徽，河南人。中唐诗人，与杜甫、岑参、元结、于邵、郎士元等友善。登进士第，历华阴县尉、虢州录事参军、太子司仪、御史中丞等职。有集1卷，已佚。《全唐诗》卷二五九收录其诗11首。

按：王季友卒年，史籍不载。2006年河南丰城市文化局《丰城文化志》编纂人员于该市白土镇屯溪村发现《王氏家谱》，对其生平事迹及后裔情况载录甚详。今从该谱所载。

净众宗僧神会卒（720—　）。神会俗姓石，西域人，生于凤翔。唐代佛教净众宗禅师。年三十师从成都净众寺僧无相，后受无相印可，接掌净众寺，致力于弘扬宗风，倡导"即心是佛"说。有弟子南印、那提等。事迹见《宋高僧传》卷九。

按：唐代高僧号神会者有两人，另一系禅宗七世祖、荷泽宗始祖，参见肃宗上元元年条。

李观是夏卒（766—　）。观字元宾，祖籍陇西，寓居吴。中唐文学家。尝与韩愈等同游梁肃之门，以古文闻名于世。初以乡贡进士荐，后登进士第,又登博学宏词科,授太子校书郎,未几病卒。其集初由陆希声编为3卷,宋人赵昂又辑其遗文为外编2卷,清人秦恩又为续编1卷,合而为《李元宾文集》6卷,其中有部分他人之作混入。今存。《全唐文》卷五三二至五三五辑录其文编为4卷,《全唐诗》卷三一九收录其诗4首。事迹见《旧唐书》卷一四四、《新唐书》卷一五六。《唐文粹》卷六九有韩愈《唐太子校书李元宾墓铭并序》。

> **按**：李观系中唐古文运动之重要代表。《全唐文》卷五三三收录观《帖经日上侍郎书》,谓为文之旨当"上不罔古,下不附今,直以意到为辞,辞讫成章"。其文长于记事说理,重辞采。韩愈《唐太子校书李元宾墓铭并序》称其"文高乎当世,行高乎古人";《全唐文》卷八一三陆希声《唐太子校书李观文集序》谓其文"不古不今,卓然自作一体"。

夏侯审约是年稍后卒,生年、字号、籍贯不详。中唐诗人。登制举,授校书郎,历侍御史、祠部郎中等职。《全唐诗》卷二九五收录其诗1首。事迹见《唐才子传》卷四。

> **按**：夏侯审卒年,史无明载。此从傅璇琮主编《唐五代文学编年史》（中唐卷）。夏侯审于大历中颇名闻于世,与李端、卢纶、吉中孚、韩翃、钱起、司空曙、苗发、崔峒、耿湋并称"大历十才子"。

日僧圆仁（ —864）生。

贞元十一年　乙亥　795年

三月丙申,诸州奏荐隐居邱园不求闻达者九人,各授试官,量才叙用。
> **按**：见《旧唐书》卷一三《德宗纪下》。

九月九日,德宗宴群臣于曲江,君臣赋唱和。
> **按**：见《旧唐书》卷一三《德宗纪下》。

是年,开科取士,礼部侍郎吕渭知贡举,进士及第27人,诸科8人。
> **按**：见《登科记考》卷一四。

韩愈在长安,是春三次上书宰相求仕,均未果。五月东归,作诗文抒不遇之怀。九月,赴东都洛阳,途经田横墓,作文祭之。
> **按**：韩愈于贞元八年登进士第,至是已三年,未尝入仕授职,故有上书宰相求仕之举。其所上书,即《韩昌黎集》卷一六《上宰相书》、《后十九日复上书》、《后二十九日复上书》。其东归及作诗抒怀及祭田横事,见同书卷一《感二鸟赋并序》、卷二二《祭田横墓文》。

刘禹锡登吏部试,授太子校书。
> **按**：《刘禹锡》卷三九《子刘子自传》谓登第后,"间岁,又以文登吏部取士科,授太子校书"。禹锡去年登第,其登吏部试当在本年。

造纸工场创立于大马士革。

挪威人侵爱尔兰及威尔士。

陆贽与裴延龄有隙，四月壬戌由太子宾客再贬忠州别驾，一时受牵连者颇多。

按：见《旧唐书》卷一三《德宗纪下》、《资治通鉴》卷二三五。

张籍自蓟北南归，五月于漳岸与王建游，寻归江东。

按：参见傅璇琮主编《唐五代文学编年史》（中唐卷）。

元稹是年前后在长安，与杨巨源交游，彼此日课为诗。

按：见《元稹集》卷三〇《叙诗寄乐天书》。

张荐拜谏议大夫，仍充史馆修撰。旋以敢于直言为裴延龄所谮，改秘书少监。以御史中丞衔持节出使回纥，及还，转秘书监。

按：见《旧唐书》卷一四九、《新唐书》卷一六一本传。

崔玄亮应贡举，登进士第。

按：见《登科记考》卷一四。

僧澄观四月奉召入内殿，讲论《华严经》大宗。以妙法清凉，德宗大悦，赐号"清凉法师"、"教授和尚"。

按：见《佛祖统纪》卷四一。

僧灵澈是年前后游京师长安，与刘禹锡、权德舆、柳宗元、吕温等交游。

按：灵澈游长安事，见《全唐文》卷六〇五刘禹锡《澈上人文集序》。

僧普愿于池阳南泉山建禅寺，由是潜心修研，三十余年不出山。

按：见《宋高僧传》卷一〇本传。

盎格鲁—萨克森诗人西尼伍尔夫作品《埃琳娜》、《克赖斯特》、《使徒的命运》著成。

裴澄撰《乘舆月令》11卷、《礼典》12卷成，闰八月己丑表上。

按：见《旧唐书》卷一三《德宗纪下》。两书今不传。裴澄生卒年、字号不详，闻喜人。登进士第，历国子司业、苏州刺史等职。《全唐诗》卷四六六收录其诗1首。

白行简八月著《李娃传》成。

按：《李娃传》为唐代传奇代表性作品之一，元、明时多有据此改编戏曲者。白行简系白居易之弟，其生平概况，参见宝历二年条。

僧圆照奉敕撰《大唐贞元续开元释教录》（又称《续开元释教录》）3卷成，四月二十四进上。

按：时圆照为长安西明寺僧。初，长安西崇福寺僧智昇尝撰《开元释教录》，事见开元十八年条。圆照以为《开元录》撰成后，岁月已久，期间所译经藏为数颇多，未曾整理著录，遂奉敕编录新译经藏目录，至是撰成《续开元录》。该书今存。后圆照又于此书基础之上更撰《贞元新定释教目录》，事见贞元十六年条。

马立克·伊本·艾奈斯卒（约712—　）。阿拉伯伊斯兰教圣训学家。

崔元翰是夏卒（729—　）。元翰名鹏，以字行，深州安平人。中唐文学家。曾师事独孤及，建中间进士及第，又登博学宏词科、直言极谏科，累官比部郎中。有集30卷，已佚。《全唐文》卷五二三收录其文13篇，《全唐诗》卷三一三收录其诗7首。事迹见《旧唐书》卷一三七、《新唐书》卷二〇三。

按：崔元翰主张文章载道与复古，倡行古文运动。《旧唐书》本传谓其"对策及奏记、碑志师法班固、蔡伯喈，而致思精密"。《全唐文》卷四八九权德舆《比部郎中崔君元翰集序》称其文"闳茂博厚,菁华缜密,足以希前古而耸后学"。

贞元十二年　丙子　796年

正月,敕皇太子召诸禅师集于内殿,详定传法。

按：见《佛祖统纪》卷四一。

三月十七日,准天宝元年敕,科试停加试《道德经》。

按：科试加试《道德经》始于神龙元年,天宝元年改试《尔雅》,贞元元年又复试《道德经》。参见各年条。至是,国子司业裴肃奏称,以为《尔雅》博通古训,纲维《六经》,为文字之楷范,作诗之兴咏；备详六亲九族之礼,多识鸟兽草木之名,可谓今古习传,儒林遵范。而《道德经》为圣人元微之言,非经典通明之旨,为举人所习之书,恐有乖本义,故请仍试《尔雅》。德宗遂下旨准天宝元年敕。见《唐会要》卷七五。

四月庚辰,德宗诞日,召诸文儒官及沙门、道士12人于麟德殿讲论儒、佛、道三教。

按：唐自立国以来,以儒为本,和合佛、老,常召三教人士彼此讲论。高宗时多于内殿对论,至德宗朝,遂改为诞节讲论。参与此次讲论者,有给事中徐岱、兵部郎中赵需、礼部郎中许孟容、四门博士韦渠牟,以及道士万参成(一作葛万成)、郗维素和僧谭延(一作覃延)、鉴虚等。《旧唐书》卷一三《德宗纪下》云,本年四月"庚辰,上降诞日,命沙门、道士加文儒官讨论三教,上大悦"。《新唐书》卷一六一《徐岱传》曰："帝以诞日岁诏佛、老者大论麟德殿,并召岱及赵需、许孟容、韦渠牟讲说。始三家若矛盾,然卒同归于善。"《旧唐书》卷一三五《韦渠牟传》、《佛祖统纪》卷四一、宋释赞宁《大宋僧史略》卷下、《唐语林》卷六所载略同。

六月乙丑,初置左右护军中尉监、中护军监,以授宦官。

按：见《旧唐书》卷一三《德宗纪下》。唐中后期,宦官权势日大,至以废立皇帝,唐统治益坏。

是年,开科取士,礼部侍郎吕渭知贡举,进士及第30人,诸科4人。

按：见《登科记考》卷一四。

韩愈七月为宣武节度使董晋所召,辟节度判官。遂自徐州赴汴州,与李翱游,讲文析道,互相订交。

按：韩愈与李翱订交事,见李翱《李文公集》卷一六《祭吏部韩侍郎文》。

柳宗元复应制举,登博学宏词科。

按：见《登科记考》卷一四。

徐岱在给事中兼史馆修撰任,四月庚辰,奉召于麟德殿与诸文儒官及沙门、道士讲论三教。

按：德宗召徐岱等进行三教讲论事,见本年上文条。徐岱生卒不详,字处仁,嘉兴人。好学博涉,于儒学诸经悉所深究,颇为时人所重。大历中为刘晏表荐,授校书

法兰克国王查理败阿瓦尔人。

郎,后历偃师县尉、太常博士、膳部员外郎兼博士、水部郎中、司封郎中、给事中等职。年五十卒,追赠礼部尚书。著有《奉天记》1卷,已佚。事迹见《旧唐书》卷一八九下、《新唐书》卷一六一本传。

孟郊是春再应贡举,登进士第。

按：见《登科记考》卷一四。

韦彤精《礼》学,为太常博士,于朝中礼制多有奏议。

按：韦彤生卒年不详,京兆人。中唐时期经学家,与仲子陵、袁彝等并以《礼》学名世。参见大历五年啖助条按语。其奏议礼制事,见《新唐书》卷二○○《儒学下》。

原太常乐人刘玠奉命作《继天诞圣乐》一曲,十二月由昭义军节度使王虔休献上。

按：见《唐会要》卷三三。

僧澄观奉诏入长安崇福寺译场,协助罽宾三藏般若翻译南天竺乌荼国所送之《华严经》后分梵本。

按：《佛祖统纪》卷四一载,贞元十一年十一月,南天竺乌荼国遣使至唐,贡梵本《华严经》。至是,于崇福寺置译场,由般若主持翻译,僧圆照、鉴虚、灵邃与澄观润文、证义。德宗亲预译场,"临文裁正"。至贞元十四年,该经翻译完成。参见该年条。

僧道邃入天台山,由是住国清寺九年,讲授《法华经》三大部。

按：道邃生卒年不详,俗姓王,世称止观和尚,长安人。唐代高僧,天台宗九祖（一说七祖,或谓其同门行满为七祖）。早年仕宦,官至监察御史。弃官出家,入天台宗湛然门下,受学五年。后为天台山座主,卒于国清寺。弟子有守素、广修、干淑及日僧最澄等。著有《大般涅槃经疏私记》10卷、《维摩经疏私记》3卷、《摩诃止观记中异义》1卷等。事迹见《宋高僧传》卷二九、《道邃和上行迹》、《释门正统》卷二。

德宗正月亲制《贞元广利药方》,收录药方凡586方,颁行天下。十二月,又著《刑政箴》。

按：见《旧唐书》卷一三《德宗纪下》。

僧皎然约是年或稍后卒（约720—　）。皎然俗姓谢,字清昼,晚年以字行,湖州长兴人。唐中期佛教学者、诗僧。学识广博,精究佛教理论。有诗名,声播一时。应举不第,遂出家,居润州江宁长干寺。天宝初入杭州灵隐寺,又游历全国各地。后居湖州白苹洲草堂、苕溪草堂、龙兴寺、杼山妙喜寺等处,往来邻近苏、杭、常、睦等州,接交甚广。卒于湖州杼山寺。著有《内典类聚》40卷、《号呶子》10卷、《茶诀》1卷、《诗式》5卷、《诗评》3卷、《诗议》1卷,以及《儒释交游传》等。另有诗集10卷,于頔为序。今存《皎然集》（一作《杼山集》）、《诗式》、《诗议》,余皆佚。《全唐文》卷九一七至九一八辑录其文编为2卷,《全唐诗》卷八一五至八二一辑录其诗编为7卷。事迹见《宋高僧传》卷二九。今人许连军著有《皎然〈诗式〉研究》,姚垚撰有《皎然年谱稿》,贾晋华撰有《皎然年谱》。

按：皎然卒年,《宋高僧传》本传谓"贞元年终于山寺",未具年份。傅璇琮主编《唐五代文学编年史》（中唐卷）谓其卒于本年或稍后。从之。皎然系中唐著名高僧,在唐代佛教史上有重要地位。又擅长诗赋,对诗歌理论颇有自得。所著《诗式》,标举意境,归纳风格,品评历代诗人诗作,开禅理论诗之先河。其交游极广,居湖州期间,先后与刺史卢幼平、裴清、颜真卿、袁高、陆长源等过往,又与文士陆羽、沈仲昌、汤衡、李纾、朱巨川、潘述、阎伯均、顾况、皇甫冉、吕渭、刘全白、吴筠、柳中庸、韦渠牟、张荐、皇甫曾、张志和、杨凭、杨凝、李阳冰、李嘉祐、刘长卿、李季兰、严维、梁肃、秦系、灵澈、朱放、李端、韦应物、权德舆、包佶、孟郊等往来唱酬。尤以大历八年至十二年颜真卿为湖州刺史间最盛,后结集为《吴兴集》10卷。德宗尝令集贤殿写其文集,藏于秘阁。刘禹锡少时亦曾师从其学诗。《全唐文》卷五四四于頔《释皎然杼山集序》谓皎然"得诗人之奥旨,传乃祖之菁华,江南词人,莫不楷模";《宋高僧传》本传曰:"于篇什中,吟咏情性,所谓造其微矣。文章㈱隽丽,当时号为释门伟器哉。"

戎昱约是年稍后卒,生年、字号不详。昱,荆州人。有诗名,工书法。早年游历各地,后入仕,累迁辰州、虔州刺史。有集5卷(一作3卷),已散佚。《全唐文》卷六一九收录其文1篇,《全唐诗》卷二七〇辑录其诗编为1卷。事迹见《唐才子传》卷三。

按:戎昱卒年,史籍不载。考其事迹,本年后不见载,似当稍后卒。姑系于此。严羽《沧浪诗话》评曰:"戎昱在盛唐为最下,已滥觞晚唐矣。戎昱之诗,有绝似晚唐者。"

贞元十三年　丁丑　797年

十二月,从尚书左丞顾少连奏请,明经科考试问经义,应试者各直书其义,不假文言。

按:见《唐会要》卷七五。

是年,开科取士,礼部侍郎吕渭知贡举,进士及第20人,诸科6人。

按:见《登科记考》卷一四。

韩愈在汴州宣武节度使董晋幕。是冬,张籍经孟郊引荐,赴汴见愈,由是与李翱师从之。愈又与冯宿书,述自己作文经历,叹当世为文之风浅俗。

按:《韩昌黎集》卷一七《与冯宿论文书》曰:"近李翱从仆学文,颇有所得。然其人家贫多事,未能卒其业。有籍者,年长于翱,而亦学于仆,其文与翱上下,一二年业之,庶几乎至也。"又曰:"仆为文久,每自测意中以为好,则人必以为恶矣。小称意,人亦小怪之;大称意,即人必大怪之也。时时应事作俗下文字,下笔令人惭,及示人,则人以为好矣。小惭者亦蒙谓之小好,大惭者即必以为大好矣,不知古文直何用于今世也。"冯宿,参见开成元年条。

柳宗元在长安,与辛殆庶等交游。

按:见《柳宗元集》卷二三《送辛殆庶下第游南郑序》及韩注。

艾琳废君士坦丁六世。

法兰克人遣使阿拉伯阿拔斯王朝。

刘禹锡丁父忧,告归洛阳。

> 按:见《刘禹锡集》卷三九《子刘子自传》。

柳冕三月由婺州刺史转福建观察使,兼御史中丞,累上表请还,又奏论朝觐之礼。

> 按:见《旧唐书》卷一三二本传、卷一三《德宗纪下》。

苏弁二月由度支郎中迁户部侍郎,判度支。

> 按:《新唐书》卷一○三本传载,苏弁初为仓部郎中,判度支案。及裴延龄卒,遂授度支郎中副知度支事,位在郎中之上,"知度支有副自弁始"。

李翱作书荐孟郊于徐州刺史张建封,盛赞郊所作五言诗。是年前后,翱与张籍从韩愈学。

> 按:《全唐文》卷六三五李翱《荐所知于徐州张仆射书》谓孟郊所作五言诗,"其有高处,在古无上;其有平处,下顾二谢"。翱与张籍从韩愈事,见《韩昌黎集》卷一七《与冯宿论文书》。参见本年上文韩愈条。

孟郊至汴州,依宣武军行军司马陆长源。

> 按:见华忱之《唐孟郊年谱》。

昝殷(—859)约生。

贞元十四年　戊寅　798 年

拜占庭纳币求和于阿拉伯人。

法兰克行农庄三圃制。

二月戊午,德宗于麟德殿会百僚,赋《中春麟德殿宴群臣诗》八韵,臣僚皆唱和。

> 按:见《旧唐书》卷一三《德宗纪下》。

九月癸酉,从谏议大夫田登奏请,停武举。

> 按:见《旧唐书》卷一三《德宗纪下》。

是年,开科取士,尚书左丞顾少连知贡举,进士及第 20 人,诸科 9 人。

> 按:见《登科记考》卷一四。

韩愈在汴州,是秋与张籍论为文之道。籍劝愈多著书立说,以弘扬古道。是年,愈为汴州府试试官,籍预试,获首荐。

> 按:张籍以为韩愈"尚驳杂无实之说","商论之际,或不容人短",劝愈"绝博塞之好,弃无实之谈,宏广以接天下士,嗣孟子、扬雄之作,辨杨墨老释之说,使圣人之道,复见于唐"。见《全唐文》卷六八四张籍《上韩昌黎书》、《上韩昌黎第二书》。

苏弁五月由户部侍郎转太子詹事,闰五月坐事出贬汀州司户参军,其兄苏冕、苏衮亦同时遭贬。

> 按:《新唐书》卷一○三本传载,苏弁判度支时,尝以腐粟输边地戍军。至是为殿中侍御史邹儒立劾奏,遂贬官。时其兄苏冕为京兆士曹参军,苏衮为赞善大夫,以

弁故，分别贬为永州、信州司户参军。寻以衮年老有疾，许其还家。

韦渠牟由右补阙、左谏议大夫迁太府卿。

按：见《权载之文集》卷二三《唐故太常卿赠刑部尚书韦公墓志铭并序》。

李翱、独孤郁、王季友应贡举，皆登进士第。

按：见《登科记考》卷一四。

苻载隐居庐山，为江西观察使李巽荐举，四月以奉礼郎充南昌军副使，数辞谢而受之。

按：《全唐文》卷五二六有李巽《请苻载书》、《再请书》、《第三书》。

韦皋撰《开复西南夷事状》17卷（一说10卷）成，十一月己未进上。

按：该书述皋征讨南诏事，今已佚。《旧唐书》卷一三《德宗纪下》谓"十卷"，《新唐书》卷五九《艺文志三》作"十七卷"。

韦渠牟自编所作诗三百篇为集，权德舆为序。

按：该集已佚。《权载之文集》卷三五有《左谏议大夫韦公集序》。

僧澄观与罽宾三藏般若译《大方广佛华严经》（世称《四十华严》）40卷成，二月进上。复奉诏撰《贞元新译华严经疏》（一作《华严经行愿品疏》，又作《普贤行愿品疏》）10卷。

按：《华严经》东晋时译本为60卷，武则天时重译为80卷，此次僧澄观与罽宾三藏般若系第三次翻译。见《佛祖统纪》卷四一。澄观奉诏撰《贞元新译华严经疏》事，见《宋高僧传》卷五本传。

樊泽九月己酉卒（742—　）。泽字安时，河中人，樊宗师父。善文辞。初为县令，建中初登贤良方正、能直言极谏科，累迁山南节度使、荆南节度使。卒于官，谥曰"成"。有集10卷，已佚。事迹见《旧唐书》卷一二二、《新唐书》卷一五九。

韦绚（　—约866）约生。

按：韦绚之生年，史不载，后世说法不一。一说贞元十二年，一说贞元十七年。今人王伟《韦绚及〈刘宾客嘉话〉考论》（载《西北大学学报》哲学社会科学版2009年第2期）以为绚生于本年，并详加考辨。从之。

贞元十五年　己卯　799年

三月癸卯，以岁饥，出太仓粟十八万石，粜于京畿诸县。

按：见《旧唐书》卷一三《德宗纪下》。

是年，开科取士，中书舍人高郢知贡举，进士及第17人，诸科4人。

按：见《登科记考》卷一四。

北非伊非里基亚叛。

北欧海盗侵法兰克南部海岸。

韩愈在汴州宣武节度使董晋幕，二月以董晋卒，扶丧西归。道闻汴州军乱，颇为感慨。九月南下徐州，入节度使张建封幕，辟为节度推官。是冬，奉使京师长安。国子监四门助教欧阳詹率其徒举愈为博士，未果。

按：欧阳詹荐举韩愈事，见《韩昌黎集》卷二二《欧阳生哀辞》、《新唐书》卷二〇三《欧阳詹传》。

孟郊是春离汴州，南游苏、杭等地。

按：见华忱之《唐孟郊年谱》。

张籍应贡举，登进士第。

按：见《登科记考》卷一四。

僧澄观复奉召入内殿，讲《华严经》。德宗礼遇有加，再赐其"清凉国师"之号。

按：见《佛祖历代通载》卷一四。澄观后历顺宗、宪宗、穆宗、敬宗诸朝，均备受尊重，宪宗时加号"僧统清凉国师"，任国师统，并敕有司铸金印。

保罗卒（约720—　）。伦巴德历史学家。

卢纶约卒，生年不详。纶字允言，蒲州人。中唐诗人。由宰相元载荐举入仕，累迁户部郎中，卒于河中。有诗集10卷，今存。《全唐诗》卷二七六至二八〇编录其诗为5卷。事迹见《新唐书》卷二〇三。

按：卢纶卒年，《新唐书》本传未明载。此从傅璇琮主编《唐才子传校笺》。纶于代宗、德宗朝诗坛颇享盛名，尤长于五言诗，与李端、吉中孚、韩翃、钱起、司空曙、苗发、崔峒、耿湋、夏侯审并称"大历十才子"。宪宗时曾诏访其遗文，文宗时又令其家进呈文集。

贞元十六年　庚辰　800年

阿拉伯阿格拉布王朝建于伊非里基亚。

查理曼于罗马圣彼得大教堂加冕称帝，加洛林帝国始。

拜占庭圣咏诗始用语调记谱法。

玛雅文明衰落。

威尔士历史学家内尼厄斯约活动于此间。

正月乙巳，南诏献《奉圣乐舞曲》，德宗阅于麟德殿前。

按：见《旧唐书》卷一三《德宗纪下》。

十二月戊寅，罢吏部复考判官及礼部别头贡举。

按：见《旧唐书》卷一三《德宗纪下》。

是年，开科取士，礼部侍郎高郢知举，进士及第17人，诸科8人。

按：见《登科记考》卷一四。

韩愈是春离长安南归徐州，叹世道之乱，赋诗评论时政。三月滞留汴州，与孟郊书，盛赞郊才高气清，能以古道处今世。五月辞徐州节度推官，与李翱等交游。

按：《韩昌黎诗系年集释》卷一《归彭城》，系韩愈南归途中所作。《韩昌黎文集校注》卷一《与孟东野书》，清方成珪《昌黎先生诗文年谱》谓作于本年三月。孟东野即孟郊。愈辞官事，见《韩昌黎集》外集《题李生壁》。

白居易正月在长安应试,上书给事中陈京,献杂文二十篇,诗百首。二月,登进士第。

> 按:见《白居易集》卷四四《与陈给事书》、《登科记考》卷一四。

杜佑为淮南节度使,六月加同平章事,兼领徐泗濠节度使。

> 按:见《旧唐书》卷一三《德宗纪下》。

刘禹锡守父丧满,受杜佑之召,辟为从事。

> 按:见《刘禹锡集》卷三九《子刘子自传》。

皇甫湜约是年前后赴扬州谒见顾况,颇为况知重。

> 按:见《皇甫持正文集》卷二《顾况诗集序》。

天竺僧牟尼室利抵长安,敕住大兴善寺。

> 按:牟尼室利于贞元九年由天竺那烂陀寺出发东来,至是入唐。见《宋高僧传》卷九本传。

独孤郁十月撰《辨文》,论为文之道。

> 按:独孤郁系独孤及之子,其生平概况,参见元和十年条。所撰《辨文》今存,载《全唐文》卷六八三。郁主张为文贵在自然,反对彩饰文辞。其略曰:"夫文者,考言之具也。……夫天岂有意于文彩耶?而日月星辰不可踰;地岂有意于文彩耶?而山川丘陵不可加;《八卦》、《春秋》岂有意于文彩耶?而极与天地侔。其何故得以不可越?自然也。夫自然者,不得不然之谓也。不得不然,又何体之慎耶!"

元稹撰《莺莺传》成。

> 按:《莺莺传》系唐代传奇之重要作品,今存,见《元稹集》外集卷六。

僧圆照奉敕撰《贞元新定释教目录》30卷成,进上。

> 按:初,僧智昇撰《开元释教录》,圆照又撰《续开元释教录》,参见开元十八年、贞元十一年条。至贞元十五年,圆照奉敕更撰,遂在《开元释教录》、《续开元录》基础上,撰成《贞元新定释教目录》。该书系唐代又一重要佛教经录著作,书中著录自东汉明帝永平十年至唐德宗贞元十六年前后七百余年佛教经目,计2447部,凡7399卷,今存。

> 又按:圆照生卒年不详,俗姓张,京兆蓝田人。东塔律宗高僧。十岁依西明寺景云律师出家,研钻《维摩》、《法华》、《因明》、《唯识》等经论,兼学儒典,尤精律学。年八十二卒。一生编集、著述甚多,有《贞元新定释教目录》30卷、《续开元释教录》3卷、《大唐安国利涉法师传》10卷等,凡20余种。事迹见《宋高僧传》卷一五、《律苑僧宝传》卷六。

张建封五月庚戌卒(735—)。建封字立本,南阳人。中唐文学家。工诗文,尤长于歌行。起为湖南观察使僚属,累迁徐泗濠节度使,卒于官。礼贤文士,先后延秦系、韩愈等人入幕。有集230篇,已佚。《全唐诗》卷二七五收录其诗2首。事迹见《旧唐书》卷一四〇、《新唐书》卷一五八。

> 按:《全唐文》卷四八九权德舆《徐泗濠节度使赠司徒张公文集序》评张建封曰:"其辨古人心源,定是非于群疑之下,则《韩君别录》;痛诋时病,以发舒愤懑,则《投元、杜诸宰相书》。其余赞勋阀,表丘陇,铭器叙事,放言诣理,皆与作者方驾。而歌诗特优,有仲宣之气质,越石之清拔。"

加洛林帝国宫廷约于此时出现小书写体手写文稿及和乐吟咏诗歌。

爱尔兰的弗多姆纳克约于此时完成《阿尔马志》。

重要的古代高地德语诗《希尔德布兰德之歌》著成。

吕渭七月卒(735—)。渭字君载，河中人，浙东节度使吕延之之子。中唐学者、诗人。通《诗》、《礼》，精音乐。起为浙东兵曹参军，累迁礼部侍郎，掌贡举。出为湖南观察使，卒于官。著有《广陵止息谱》1卷，已佚。《全唐诗》卷三〇七收录其诗5首。事迹见《旧唐书》卷一三七、《新唐书》卷一六〇。

按：吕渭与其子吕温皆有学名，又工诗文。广德元年至大历五年，其在浙东与鲍防、严维等人联唱，后结集为《大历年浙东联唱集》2卷。大历八、九年间，又在湖州与颜真卿、皎然等联唱，后结集为《吴兴集》10卷。

贞元十七年　辛巳　801年

法兰克人入西班牙，取巴塞罗那。

瑞典人始入东欧平原北部，下黑海、里海通商。

二月癸巳，德宗宴百僚于曲江亭，赋《中和节赐宴曲江诗》六韵，群臣唱和。

按：见《旧唐书》卷一三《德宗纪下》。

九月戊辰，德宗又宴群臣于曲江亭，赋《九日赐宴曲江亭诗》六韵，侍臣皆和。

按：见《旧唐书》卷一三《德宗纪下》。

是年，开科取士，礼部侍郎高郢知贡举，进士及第18人，诸科8人。

按：见《登科记考》卷一五。

韩愈是春赴京调选，旋回洛阳，作序送孟郊赴溧阳尉任，提出"物不得其平则鸣"说。六月，答李翊二书，论为文当重根基，又以水与浮物喻论为文养气之说。是冬，与隐士李愿游。

按：韩愈以"物不得其平则鸣"明自己心境，且品第唐开国以来人物，对后人颇具影响。《韩昌黎集》卷一九《送孟东野序》曰："大凡物不得其平则鸣。……唐之有天下，陈子昂、苏源明、元结、李白、杜甫、李观皆以其所能鸣。其存而在下者，孟郊东野始以其诗鸣，其高出魏晋，不懈而及于古，其他浸淫于汉氏矣。从吾游者，李翱、张籍其尤也，三子者之鸣信善矣，抑不知天将和其声，而使鸣国家之盛耶？"同书卷一六《答李翊书》曰："无望其速成，无诱于势利。养其根而俟其实，加其膏而希其光。根之茂者其实遂，膏之沃者其光煜。"又曰："气，水也；言，浮物也。水大而物之浮者大小毕浮。气之是与言犹是也，气盛则言之短长与声之高下皆宜。"

白居易在长安，是夏始与元稹交。

按：《白居易集》卷一《酬元九对新栽竹有怀见寄》曰："昔我十年前，与君始相识。"元九即元稹。诗作于元和五年，距本年十年。

柳宗元调蓝田尉。

按：见《柳宗元集》卷二五《送贾山人南游序》韩注。

元稹是春应贡举，落第。与杨巨源等交游，谈及《莺莺传》事。

按：元稹撰《莺莺传》事，见去年条。

孟郊是春授溧阳尉。至冬，以衣食不继，上书求助常州刺史。

按：见《孟东野诗集》卷一〇《上常州刺史卢使君书》。

柳冕在福州观察使任，约是年答裴胄书，论及文风，主张"文以载道"。

按：《全唐文》卷五二七有柳冕《答荆南裴尚书论文书》，其中可窥其所倡"文以载道"思想之一端。

杜佑在淮南节度使任，著《通典》200卷成，十月使人诣阙献之。德宗优诏嘉之，命藏书府。

按：杜佑撰成并进献《通典》时间，《唐会要》卷三六作"贞元十九年二月"，今人郑鹤声撰《杜佑年谱》承此说。《旧唐书》卷一三《德宗纪下》及卷一四七杜佑本传，则皆谓在本年十月。清人王鸣盛《十七史商榷》卷九〇对此考证甚详，以为《旧唐书》所载不误。今从王氏之说。《旧唐书》卷一四七杜佑本传载，开元末，刘秩曾采经史百家之言，取《周礼》六官所职，撰成《政典》一书。佑得秩书，以为条目未尽，遂增广之，加以开元礼、乐，更撰《通典》。

又按：《通典》系中国古代著名典章制度专史，首开传统史学典章体（政书体）体裁，历为后人称道。《四库全书总目提要》卷八一评曰："凡历代沿革，悉为记载，详而不烦，简而有要，元元本本，皆为有用之实学，非徒资记问者可比。考唐以前之掌故者，兹编其渊海矣。"《通典》对后世影响颇大，续撰者不断。南宋时郑樵著《通志》，宋元之际马端临又著《文献通考》，世人合称"三通"。由是历代相继，遂自成一系。明时有《续通典》、《续通志》、《续文献通考》，清时有《清通典》、《清通志》、《清文献通考》、《续清文献通考》，合称"十通"。

贾耽在宰相任，著《海内华夷图》一轴并序，又撰《古今郡国县道四夷述》40卷成，十月辛未进上。

按：贾耽好地理学，四方之使，自蕃方来者，必问其土地山川之详情，前后凡三十年，因撰图及述，所载颇为详实，为中唐地理学重要成就。今不存。见《旧唐书》卷一三《德宗纪下》、《唐会要》卷三六。

赵儋为校书郎，三月撰《登科记序》。

按：《登科记》，即崔氏《唐显庆登科记》，记述高祖武德至德宗贞元间进士及第者。参见傅璇琮《唐代科举与文学》第一章《唐登科记考索》。

僧慧炬与天竺僧胜持于韶州曹溪宝林山编次禅宗诸祖传法记谶及宗师机缘为《宝林传》10卷。

按：见《释氏稽古略》卷三、《大藏经纲目指要录》卷八。《宝林传》又称《大唐韶州双峰山曹溪宝林传》、《曹溪宝林传》、《双峰山曹侯溪宝林传》，原本10卷，今存《宋藏遗珍》本7卷，阙卷七、卷九、卷一〇，题为"朱陵沙门智炬集"。智炬即慧炬，又作惠炬、法炬等。其生平事迹不详。

韦渠牟七月乙酉卒（749—　）。渠牟号遗民子、北山子，京兆万年人。中唐学者。尝从李白学古乐府，学贯儒、佛、道三学，工诗文，善书法。初出家为道士，后改为僧，大历末还俗。入为四门博士，终太常卿。著有《庄子会释》、《老子释文》、《金刚经释文》、《孝经疏》、《维摩经疏》、《三教会宗图》、《贞元新集开元后礼》等，另有诗集 10 卷，后皆佚。《全唐文》卷六二三收录其文 1 篇，《全唐诗》卷七八八收录其诗 21 首。事迹见《旧唐书》卷一三五、《新唐书》卷一六七。权德舆《权载之文集》卷二三有《韦渠牟墓志铭》，卷三五有《左谏议大夫韦君集序》。

　　按：韦渠牟于儒、佛、道皆有研究，欲贯通三学，会归一体。尝参与唐廷三教之辩，颇受德宗赞赏。又长于诗文，主张作诗"会性情者，因以物象；穷比兴者，在于声律。盖辩以丽，丽以则，得于无间，合于天倪者，其在是乎"。见权德舆《左谏议大夫韦君集序》。

　　张登卒，生年、字号不详。登，清河人。中唐诗人，尤长于小赋。历检校大理评事、监察御史、殿中侍御史、漳州刺史等。坐事入狱，卒于漳州。有集 6 卷，权德舆为序，已佚。《全唐诗》卷三一三收录其诗 7 首。事迹见《唐才子传》卷五。

　　按：张登所作小赋，颇为时人所重。权德舆《权载之文集》卷三三《唐故漳州刺史张君集序》曰："清河张登，刚洁介特，不趋和从俗，循性属词，发为英华。"《唐语林》卷二评曰："张登为小赋，气宏而密，间不容发，有织成隐气结采麑金之状。"

　　温庭筠（　—约 866）约生。

　　按：温庭筠生年，史籍无载。温集旧注以为唐穆宗长庆四年，近人夏承焘《温飞卿系年》以为元和七年，今人陈尚君《温庭筠早年事迹考辨》谓其生于本年。今姑从陈氏之说。

贞元十八年　壬午　802 年

尼斯福鲁斯废艾琳。伊苏里亚王朝终。

法兰克查理帝颁"巡按使"敕令。

欧洲始种玫瑰。

　　五月，敕：每年明经、进士科考试所录者，明经科不得过 100 人，进士科不得过 60 人。

　　按：见《登科记考》卷一五。

　　九月九日，德宗宴群臣于马璘山池，赋《九日赐宴诗》六韵，群臣唱和。

　　按：见《旧唐书》卷一三《德宗纪下》。

　　是年，开科取士，中书舍人权德舆知贡举，进士及第 23 人，诸科 3 人。

　　按：见《登科记考》卷一五。

　　韩愈正月调国子监四门博士，以陆傪佐权德舆典贡举，致书傪，荐侯喜等 10 人。是冬，又与崔群书，自述穷困之状，愤世事之不平。

　　按：韩愈所荐十人分别为：侯喜、尉迟汾、沈杞、李翊、侯云长、刘述古、李绅、张后余、张弘、韦珩。后皆相继登第。见《韩昌黎集》卷一七《与祠部陆员外书》注。其《与崔群书》，见同书同卷。

　　白居易自长安至洛阳。

　　按：见朱金城《白居易集笺校》附《白居易年谱简编》。

刘禹锡离淮南节度使杜佑幕，调渭南县尉。

按：见《刘禹锡集》卷三九《子刘子自传》。

柳冕在福州观察使任，约是年或稍后与权德舆书，论科举选人之弊。

按：时权德舆为礼部侍郎、知贡举，故柳冕致书论科举。《全唐文》卷五二七录柳冕《与权侍郎书》，其中曰："进士以诗赋取人，不先理道；明经以墨义考试，不本儒意；选人以书判殿最，不尊人物。故吏道之理天下，天下奔竞而无廉耻者，以教之者末也。……诚能革其弊，尊其本，举君子之儒先于理行者，俾之入仕，即清识君子也；俾之立朝，即王公大夫也。"

蒋乂为集贤院学士，以召对称旨，判院事。

按：《唐会要》卷六四载，德宗尝问神策军起置之由，朝中无人能答，唯蒋乂"征引根源，事皆详悉"，由是敕蒋乂判集贤院事。

崔良佐登明经科甲第，补湖城主簿。

按：崔良佐生卒年、字号不详，深州安平（一说渭州）人。崔日用从子。治儒经，有文名。后以丁母忧去官，遂不复仕。隐居白鹿山，潜心研经，聚徒讲授。著有《易忘象》3卷、《尚书演范》若干卷、《三国春秋》若干卷、集10卷，后皆佚。

李翱约是年撰《复性书》3篇。

按：《复性书》系李翱哲学思想之代表作。始撰于贞元十六年，至是完成。今存。其上篇论性、情，中篇论"复性"，下篇论修德养性。文中以孟子"性善说"及《中庸》"至诚"性命说为依据，吸收佛教禅宗之部分思想，建立起儒、佛合一之人性论及"致圣"理论，又提出以《中庸》为中心之"道统说"，开宋代理学思潮之先声，对后世理学家影响甚大。欧阳修《欧阳文忠公集》卷二三《读李翱文》曰："予始读翱《复性书》三篇，曰此《中庸》之义疏耳。"明初理学家宋濂《胡仲子文集序》评曰："《复性》、《平赋》二书，修身治人之意明白深切，得斯道之用，盖唐人之所仅有，而可与退之《原道》相表里者也。"

贾耽著《贞元十道录》4卷成，权德舆为序，四月进上。

按：该书系唐代重要地理学著作，今存。《权载之文集》卷三五《魏国公贞元十道录序》曰："其首篇自贞观初，以天下诸州分隶十道，随山河江岭，控带纡直，割裂经界，而为都会。在景云为按察，在开元为采访，在天宝以州为郡，在乾元复郡为州，六典地域之差次，四方贡职之名物，废置升降，提封险易，因时制度，皆备于编。"

韩愈约是年撰《师说》一文，以赠举子李蟠。文中论从师之重要性，并首创"古文"之名。

按：《师说》一文，见《韩昌黎集》卷一二。

王颜辑吴筠遗文编为30卷，权德舆为序。表上，诏藏秘府。

按：见权德舆《权载之文集》卷三三《中岳宗玄先生吴尊师集序》。

李公佐八月自江南赴洛阳，途经淮浦，访问遗迹，撰传奇《南柯太守传》。

按：李公佐系唐代著名传奇作家，《南柯太守传》为其代表作。后明代剧作家汤显祖作《南柯记》，即本于此。

欧阳詹卒（757— ）。詹字行周，泉州晋江人。工诗文，尤长于古文。初荐为乡贡进士，贞元八年登进士第，仕途失意，历国子监四门助教等职。

有集10卷,由福州刺史李贻孙编纂,今存。《全唐文》卷五九五至五九八收录其文编为4卷,《全唐诗》卷三四九收录其诗编为1卷。事迹见《新唐书》卷二〇三。

> 按:欧阳詹诗文颇为时人称赏。韩愈《韩昌黎集》卷二《欧阳生哀辞》称其"志在古文",谓其"文章切深,喜往复,善自道,读其书,知其于慈孝最隆也"。《全唐文》卷五四四李贻孙《故四门助教欧阳詹文集序》称其文"新无所袭,才未尝困,精于理,故言多周详;切于情,故叙事重复"。

杨牢(　—858)生。

贞元十九年　癸未　803年

拜占庭及法兰克人盟。

法兰克查理帝平阿瓦尔人。

是年,开科取士,礼部侍郎权德舆知贡举,进士及第20人,诸科6人。

> 按:见《登科记考》卷一五。

韩愈在四门博士任,七月奏论朝廷暂罢吏部选、礼部贡举事,对时政颇有异议。未几,迁监察御史。时柳宗元由蓝田尉擢监察御史里行,刘禹锡由渭南主簿擢监察御史,三人同在御史台供职。愈与柳宗元彼此作书,盛赞对方之文。十二月,愈复上疏论时政,请宽百姓赋役,为京兆尹李实所构,遂贬连州阳山令。

> 按:《旧唐书》卷一三《德宗纪下》载,是年七月,"以关辅饥,罢吏部选、礼部贡举"。韩愈奏论,以为时政不振,"有君无臣,是以久旱",不应停举选。见《韩昌黎集》卷三七《论今年权停举选状》。柳宗元、刘禹锡与韩愈同时在御史台供职事,见《柳宗元集》卷三九《让监察御史状》、《刘禹锡集》卷三九《子刘子自传》。愈与宗元互相盛赞对方之文事,见《柳宗元集》卷三四《答韦珩示韩愈相推以文墨事》。愈上疏遭贬事,见《资治通鉴》卷二三六。

白居易、元稹是春从吏部选,同登书判拔萃科,皆授秘书省校书郎,彼此交游颇密。

> 按:见《白居易集》卷一三《代书诗一百韵寄微之》自注、《元稹集》卷一六《酬哥舒大少府寄同年科第》自注。

陆质由国子博士出为信州刺史。

> 按:稍后,陆质又由信州刺史转台州刺史。

杜佑在淮南节度使任,二月赴长安朝见,三月授检校司空、同中书门下平章事、太清宫使。

> 按:见《旧唐书》卷一三《德宗纪下》。

权德舆是冬与曾任及现任太常博士者19人宴饮于太子韦宾客宅,赋诗唱和,德舆为序。

> 按:见《全唐文》卷四九〇权德舆《韦宾客宅宴集诗序》。

李渤与兄李涉隐居庐山白鹿洞,潜心读书,是年由庐山移居嵩山。

按:见《全唐文》卷七一二李渤《少室仙伯王君碑铭》。

天竺僧牟尼室利在长安,由大兴善寺移住崇福醴泉寺。

按:牟尼室利抵长安事,参见贞元十六年条。《宋高僧传》卷九本传载,牟尼室利后于慈恩寺参与佛经翻译,译成《守护国界主陀罗尼经》10卷。

苏冕、苏弁二月撰《会要》40卷成。

按:苏冕、苏弁系兄弟,两人所撰《会要》,叙唐初高祖至代宗九朝制度沿革,首开古代会要体史书之先河,对后世颇有影响。宣宗时,复诏崔铉等撰《续会要》40卷,叙德宗贞元以后至大中六年事,参见大中七年条。至宋初,王溥又采宣宗以后事以续补,撰成《唐会要》百卷。今存,有清乾隆武英殿聚珍版丛书本、同治江苏书局翻刻本等。

柳宗元约是年前后撰《梓人传》、《种树郭橐驼传》、《宋清传》。

按:柳宗元所撰均为长安人物,其传文见《柳宗元集》卷一七。

唐次是冬集其在开州与23人唱和诗,编为《盛山唱和集》,权德舆为序。

按:见《全唐文》卷四九〇《唐使君盛山唱和集序》。唐次于贞元八年至十九年为开州刺史。

姚南仲七月乙亥卒(729—)。南仲字号不详,华州下邽(一说湖州武康)人。工诗文。乾元初登制科,授太子校书,历御史中丞、给事中、陕虢观察使、郑滑节度使等职,终尚书右仆射。卒赠太子太保,谥曰"贞"。其诗文由子姚衮编次为集10卷,权德舆为序。已佚。《全唐文》卷四三五收录其文1篇。事迹见《旧唐书》卷一五三、《新唐书》卷一六二。

杨凝正月卒,生年不详。凝字懋功,弘农人。与兄杨凭、弟杨凌俱有文名,时号"三杨"。大历十三年登进士甲科首名,累官亳州刺史,终兵部郎中。有集20卷,已散佚。《全唐诗》卷二九〇辑录其诗编为1卷。事迹见《新唐书》卷一六〇。《全唐文》卷五八八有柳宗元《唐故兵部郎中杨君(凝)墓碣》。

按:柳宗元《唐故兵部郎中杨君(凝)墓碣》对杨氏兄弟颇为赞誉,谓三人诗文"东薄海岱,南极衡、巫,文学者皆知诵其词,而以为模准"。权德舆《权载之文集》卷三三《唐故兵部郎中杨君文集序》称杨凝之文,"疏通而不流,博富而有节,洁静夷易,得其英华"。

杜牧(—852)生。

贞元二十年　甲申　804年

是年,暂停贡举。

阿拉伯人及拜

占庭战。

法兰克查理帝平萨克森人。

丹麦侵文德人。

按：见《登科记考》卷一五。

韩愈在山阳令任，与张署等有诗赠答，又与僧人多往来。

按：韩愈与张署往来诗，见《韩昌黎诗系年集释》卷二《答张十一功曹》、《全唐诗》卷三一四张署《赠韩退之》。

白居易在校书郎任，移家下邽。

按：见朱金城《白居易集笺校》附《白居易年谱简编》。

元稹是春数往来于洛阳、长安。至秋，与李绅交游，谈论《莺莺传》事。

按：见《元稹集》卷一六《华岳寺序》、外集卷六《莺莺传》。参见今人卞孝萱《元稹年谱》。

李益善作歌诗，与宗人李贺齐名。每作一篇，便为教坊乐人求取，"唱为供奉歌词"。

按：见《旧唐书》卷一三七本传。

僧灵澈约是年前后受诬，流徙汀州。

按：《刘禹锡集》卷一九《澈上人文集纪》曰："贞元中，西游京师，名振辇下。因侵诬得罪，徙汀州。"《全唐文》卷七二一李肇《东林寺经藏碑铭并序》曰："元和四年，云门僧灵澈穷而归，栖泊此山。"知灵澈流汀州，应在贞元后期。姑系于此。参见傅璇琮主编《唐五代文学编年史》（中唐卷）。

日僧最澄为深研法华一乘教义，与弟子义真等随日本第十七次遣唐使入唐，从天台宗九祖湛然弟子道邃、行满受天台宗教义，又从道邃受大乘菩萨戒。

按：最澄明年归国。其生平事迹，见元和十五年条。

日僧空海随日本第十七次遣唐使入唐，五月十五日抵福州，十月北上，十二月至长安。

按：见空海《为大师与福州观察使书》、《与福州观察使入京启》（《遍照发挥性灵集》卷五）、《上新请来经等目录表》（《弘法大师传全集》卷一）。

白居易二月撰《八渐偈并序》。

按：白居易尝问凝禅师心要之术，得"觉、观、定、慧、明、通、济、舍"八字，遂以每字为一谒，撰《八渐偈》，文中反映出其深受佛教禅学思想之影响。该文今存，收录于《白氏长庆集》卷二二。

阿尔昆卒（约735— ）。英格兰学者，基督教僧侣。

陆羽约卒（733— ）。羽一名疾，字鸿渐，一字季疵，自号竟陵子、东岗子等，复州竟陵人。中唐学者。幼孤，为竟陵龙盖寺僧所养。少为伶人，后学诗书，博学多识，尤精于茶道。初居湖州，后居上饶、信州等地，尝授检校太子文学等职。居湖州期间，与皎然、颜真卿等迭相唱和，后结集为《吴兴集》1卷。尝预颜真卿《韵海镜源》纂修。著有《茶经》3卷、《占梦》3卷、《谑谈》3篇、《君臣契》3卷、《源解》30卷、《江表四姓谱》4卷、《南北人物志》10卷、《吴兴历官志》3卷、《湖州刺史记》1卷、《警年》10卷、《顾诸山记》2卷（一作1卷），以及《湖州图经》等。后多散佚。今存《茶经》等。《全唐文》卷四三三、《唐文拾遗》卷二三收录其文3篇，《全唐诗》卷三〇八收录其诗2首。事迹见《新唐书》卷一九六、《全唐文》卷四三三《陆文学自传》。

按：《新唐书》本传谓陆羽"贞元末卒"，未具年份。姑系于此。陆羽所著《茶经》，为世界首部论茶专著，在中国茶研究史上颇具地位。

齐抗四月辛酉卒（740— ）。抗字遐举，定州义丰人，天宝末避乱迁居越州剡县。工文词，尤长于奏笺。大历间起为寿州判官，累迁太常卿，登相位，以病罢为太子宾客，卒谥"成"。有集20卷，已佚。《全唐文》卷四五六收录其奏疏2篇。事迹见《旧唐书》卷一三六、《新唐书》卷一二八。

张荐七月戊寅卒（744— ）。荐字孝举，原籍深州陆泽，生于邗沟，后寓居江左。中唐学者。博洽多闻，雅好《史记》，尤精史传。大历间召充史馆修撰，历太常博士、殿中侍御史、谏议大夫、秘书监等职，数次奉使回纥。迁工部侍郎兼御史大夫，奉使吐蕃，卒于途中，谥曰"宪"。著述颇丰，有《宰辅传略》、《五服图》、《江左寓居录》、《史遁先生传》、《十祖赞》、《同僚籍》、《灵怪集》等，另有集30卷，后皆散佚。《全唐文》卷四五五收录其文3篇，《全唐诗》卷三三〇收录其诗3首，《太平广记》、《类说》存其志怪传奇集《灵怪集》佚文十余条。事迹见《旧唐书》卷一四九、《新唐书》卷一六一。

柳冕卒，生年不详。冕字敬叔，蒲州河东人，中唐史家柳芳之子。文学家。博学多才，工古文，通音乐，富文辞。历右补阙、史馆修馆、巴州司户参军、太常博士、婺州刺史、福建观察使等职，卒于福州，追赠工部尚书。有集若干卷，后散佚。《全唐文》卷五二七存录其文14篇。事迹见《新唐书》一三二。

按：柳冕系中唐古文运动之先驱，主张文以载道，以道为重，尊经崇儒。强调"文章本于教化"（《与徐给事论文书》），认为"经术尊则教化美，教化美则文章盛，文章盛则王道兴"（《谢杜相公论房杜二相公书》）。故对屈原以来辞赋多有指责，斥为"亡国之音"，以为魏晋以降之文学，亦是"随波而不反"。其所言社会之风气，作者之志气，作品之生气，实为韩愈论气之先导；所论"陈诗以观人风"（《答杨中丞论文书》）、"文生于情，情生于哀乐，哀乐生于治乱"，又与白居易诗论相近。

穆员约卒，生年不详。员字与直（一作舆直），怀州河内人。善古文，与兄穆赞、穆质、弟穆赏俱有名于时。起为东都留守郑叔则属僚，累迁检校屯田员外郎。有集10卷（一作3卷），已散佚。《全唐文》卷七八三至七八五辑录其文编为3卷。事迹见《旧唐书》卷一五五、《新唐书》卷一六三。

按：穆员卒年，史籍不载。傅璇琮主编《唐五代文学编年史》（中唐卷）谓其卒在本年或稍前。姑从之。

赵璜（ —862)生。

贞元二十一年　唐顺宗永贞元年　乙酉　805年

正月癸巳，德宗李适卒（742— ）。九月葬于崇陵。　　　　　　阿拉伯舰队侵拜占庭之塞浦路斯岛。

威尼斯入达尔马提亚。

保加利亚灭阿瓦尔汗国。

法兰克建亚琛大教堂。

按：李适系唐代宗长子，在位二十余年，藩镇之乱不断，宦官权势日张，虽能勤于政务，亦仅勉强守成而已。有集若干卷，已佚。《全唐文》卷五二收录其制、诏，编为1卷。《全唐诗》卷四收录其诗15首。

丙申，太子李诵立，是为唐顺宗。

按：见《旧唐书》卷一四《顺宗纪》。

二月，顺宗施行新政，旋告失败。

按：顺宗即位后，任用韦执谊为尚书左丞、同中书门下平章事，以王伾为左散骑常侍，王叔文为户部侍郎。叔文、伾遂与柳宗元、刘禹锡等共同发起革新运动，欲改变藩镇割据、宦官势大、政治败坏、国家分裂之局面，史称"永贞革新"。至八月，顺宗被迫禅位，叔文与伾等皆遭贬斥，革新运动宣告失败。十一月，又贬韦执谊为崖州司马，韩泰为虔州司马，韩晔为饶州司马，柳宗元为永州司马，刘禹锡为朗州司马，陈谏为台州司马，凌准为连州司马，程异为郴州司马，史称"八司马事件"。见《资治通鉴》卷二三六。

八月丁酉，顺宗禅位于太子李纯，自称太上皇。辛丑，改元永贞。乙巳，太子李纯即位，是为唐宪宗。

按：见《旧唐书》卷一四《顺宗纪》、《宪宗纪上》。

九月壬申，从监修国史、宰臣韦执谊奏请，令修撰史官撰《日历》，每月终汇总详定，禁私家收藏，永为常式。是为《日历》体史书修撰之始。

按：《唐会要》系此事在"贞元元年"，恐误。韦执谊本年二月始登相位，十一月罢相出贬。今从《资治通鉴》卷二三六。《唐会要》卷六三载韦执谊奏曰："窃见自顷以来，史臣所有修撰，皆于私家纪录，其本不在馆中。褒贬之间，恐伤独见，编纪之际，或虑遗文。从前已来，有此乖阙。自今已后，伏望令修撰官各撰日历，凡至月终，即于馆中都会，详定是非，使置姓名，同共封镰。除已成实录撰进宣下者，其余见修日历，并不得私家置本，仍请永为常式。"

是年，开科取士，礼部侍郎权德舆知贡举，进士及第29人，诸科10人。

按：见《登科记考》卷一五。

韩愈在山阳令任。正月有文士刘师命来访，作诗赠之。未几，遇赦北归，客寓郴州。八月，授江陵法曹参军。十月，于赴任途中经岳州，与窦阳庠游。十二月，上书兵部侍郎李巽，献文及诗各一卷。

按：见洪兴祖《韩子年谱》，参见傅璇琮主编《唐五代文学编年史》（中唐卷）。

柳宗元二月由监察御史里行擢礼部员外郎，参与政事。九月，坐王叔文事，贬邵州刺史。十一月己卯再贬永州司马。

按：见《旧唐书》卷一六〇本传、卷一四《宪宗纪上》。

白居易二月为人上书宰相韦执谊，抨击德宗弊政，与王叔文、柳宗元等互为呼应。

按：见《白居易集》卷四四《为人上宰相书》。

刘禹锡在监察御史任，四月转屯田员外郎、判度支盐铁案。九月坐王叔文事，贬连州刺史，十一月再贬朗州司马。

按：见《旧唐书》卷一六〇本传、卷一四《宪宗纪上》。刘禹锡贬谪朗州，历时九年,期间与柳宗元等诗书往返,探讨学术。

杜佑三月丙戌为度支盐铁使,实权为副使王叔文所掌。

按:见《旧唐书》卷一四《顺宗纪》。

路随领史职,九月立议国史修人物传标准。

按:《唐会要》卷六四载,本年九月,河阳三城节度使元韶卒,国史不载其事迹,路随由是立议,提出:"凡功名不足以垂后,而善恶不足以为诫者,虽富贵人,第其卒而已。"

冯伉拜兵部侍郎。

按:冯伉先后两次应科举登第,分见大历元年、建中四年条。《旧唐书》卷一八九下本传载,初,伉由尚书膳部员外郎补醴泉令。赴任后,力行教化,劝学重农。尝著《谕蒙》14篇,"大略指明忠孝仁义","每乡给一卷,俾其传习"。在县七年,为韦渠牟奏荐,召为给事中,充皇太子及诸王侍读。本年顺宗即位,再进官。后改任国子祭酒,出为同州刺史。复奉召入朝,拜散骑常侍,领太学。

牛僧孺、沈传师、杨嗣复、杜元颖是春应贡举,皆登进士第。

按:见《登科记考》卷一五。

日僧最澄与弟子义真在唐求法,学成返国。

按:最澄去年入唐,研学天台宗教义。归国后,遂创日本天台宗。其生平事迹,见元和十五年条。义真又称修禅和尚,最澄卒后,为日本大乘戒坛之戒和尚。以天台、法华宗义集为其宗旨,为延历寺第一世座主。

日僧空海在长安,二月奉敕住西明寺。由是周游诸寺,访师求学。从醴泉寺僧般若与牟尼室利学《华严经》等,随僧昙贞学悉昙梵语,又于青龙寺东塔院从僧惠果受胎藏界和金刚界曼荼罗法,并受传法阿阇黎的灌顶,得受密宗嫡传,自号"遍照金刚"。

按:空海去年入唐,明年回国。参见诸年条。

韩愈是年前后撰《原道》、《原性》、《原人》、《原鬼》、《原毁》等文。

按:该五文今存,均收入《韩昌黎集》。韩愈撰诸文时间,有不同说法。今人刘国盈《五原的写作时间》(载《韩愈丛考》,文化艺术出版社1999年出版)谓撰于贞元二年至十一年间;南宋樊汝霖《韩文公年谱》、近人李长之《韩愈》等皆谓撰于本年前后;今人邓小军《唐代的中国文化宣言——韩愈〈原道〉论考》(载《孔子研究》1991年第4期)谓撰于元和八年至十二年间。学术界一般持本年前后说,从之。

又按:五原系反映韩思想之重要作品,尤以《原道》、《原性》、《原人》三文影响最大,在唐、宋哲学史上颇具地位。《原道》旨在"明先王之道",阐述儒家道统,提出"尧—舜—禹—汤—文—武—周公—孔—孟"之统系;《原性》旨在批判佛、道之说,提出"性情三品说";《原人》旨在辨华夷之别,贬斥佛教。今人冯天瑜《中国学术流变序言》评曰:"由韩愈的《原道》始作俑,由宋代理学家完成体系的'道统说',以正统和僭伪为尺度,规范中国学术的发展程度。……道统说的价值在于它大体勾勒出儒家主流;其弊端是有强烈的宗派性和排它性,漠视儒、释、道三教共弘的事实,甚至也未能公正界定思孟学派之外儒家各派的历史价值。"

陈伯宣是年前撰《史记注》130卷,进上。

按:陈伯宣进上《史记注》事,《新唐书》卷五八《艺文志二》谓"贞元中",未详具体年份。姑系于此。伯宣,江州德安人,精研《史记》,刘知幾《史通》称其为唐代《史记》学重要学者。曾任著作佐郎,余不详。清康熙《庐山志》卷一一《山川分纪十》记有其家轶事。

道士张隐居是年前撰《庄子指要》33 篇。

按:隐居生卒年不详,名九垓,号浑沦子,精研老庄之学。另著有《演龙虎上经》2 卷、《金石灵台记》(一作《张真人金石灵台砂论》)1 卷。《全唐文》卷四九三有权舆德《张隐居庄子指要序》。

李渤七月回庐山,著《真系》及杨羲、许翙、许黄民、陆简寂、孙游岳、陶弘景、王远知、潘师正、司马承祯、李含光等 10 人传。

按:杨羲等 10 人皆为历代道士。李渤所撰诸人传,见《全唐文》卷七一二。

秦系是年稍后卒(约 725—)。 系字公绪,号东海钓客,越州会稽人。中唐诗人。尤擅五言诗,又通道学。历检校秘书省校书郎等职,年八十余卒。曾编其与刘长卿唱和诗为《秦征君校书与刘随州唱和集》,又注《老子》。有诗集 1 卷,已散佚。《全唐诗》卷二六〇辑录其诗编为 1 卷。事迹见《新唐书》卷一九六。

按:秦系卒年,史籍不载。其是年后事迹无考,恐稍后卒。姑系于此。

贾耽十月丁酉卒(730—)。 耽字敦诗,沧州南皮(一说清池)人。中唐地理学家。博学多闻,尤精通地理,又工书。天宝中登明经第,累迁义成军节度使。德宗时一度拜相,封魏国公,世称贾魏公。卒,谥曰"元靖"。著述颇多,有《地图》10 卷、《皇华四达记》10 卷、《古今郡国县道四夷述》40 卷、《关中陇右山南九州别录》6 卷、《贞元十道录》4 卷、《吐蕃黄河录》4 卷、《大唐国要图》5 卷、《唐七圣历》1 卷、《急备单方》1 卷等。后多散逸,今残存《地图》、《贞元十道录》、《郡国县道记》各 1 卷,《唐贾耽记边州入四夷道里考实》5 卷。《全唐诗》卷二五八收录其诗 1 首。事迹见《旧唐书》卷一三八、《新唐书》卷一六六。

僧惠果卒(746—)。 惠果(一作慧果)俗姓马,世称青龙阿阇梨,京兆昭应人。唐代高僧,密宗(真言宗)付法第七祖。初从僧昙贞、玄超研习诸经,后师事密宗付法六祖不空二十余年,得承其嗣。为青龙寺东塔院灌顶国师,故又称青龙和尚。历代宗、德宗、顺宗三朝,备受崇敬,世称三朝国师。著有《十八契印》、《阿阇梨大曼荼罗灌顶仪轨》、《大日如来剑印》、《金刚界》、《金刚名号》等各 1 卷。事迹见《大唐青龙寺三朝供奉大德行状》、《惠果和尚行状》、《真言传》卷一。

按:惠果为唐代密宗继不空之后最具影响力高僧之一,其学秉承天竺密教金刚、胎藏两部密法,加以融会贯通,建立"金胎不二"之思想。一生讲论弘法,启迪后进,四方从学者数千人。国内嗣其法者,有义明、义操、义圆、惠应、惠则等,尤以义操一系传承较盛;国外从学者有日僧空海、诃陵国僧辨弘及新罗僧惠日、悟真等,密宗由是传入日本、新罗等国。

陆贽三月卒(754—)。 贽字敬舆,嘉兴人。中唐学者。善文辞,尤长于制诰政论,名闻一时。大历间登进士第,又登博学宏词科,累迁祠部员外郎充翰林学士,扈从德宗避乱奉天,参预政事,时号"内相"。累迁兵部侍郎等职,贞元八年知贡举,擢韩愈、李观、欧阳詹等,时称"龙虎榜"。后贬忠州别驾,卒于贬所,谥曰"宣"。著述颇丰,有《制诰集》10卷、《奏草》7卷、《中书奏议》7卷、《陆氏集验方》15卷、《翰苑集》10卷、《论议表疏奏》12卷、《遣使录》1卷、《备举文言》20卷、《榜子集》12卷,以及集、别集15卷,后多佚。今存《翰苑集》(一称《陆宣公奏议》)22卷,有清张佩芳注本。近人周养初有《陆贽文选注》。《全唐文》卷四六〇至四七五辑录其文编为16卷,《全唐诗》卷二八八收录其诗3首。事迹见《旧唐书》卷一三九、《新唐书》卷一五七。明人陆申、清人丁晏、杨稀各撰有《陆宣公年谱》,今人王素著有《陆贽评传》。

按：陆贽系唐中期著名政论家和思想家,对时人及后世影响颇大。其在政治上提出"五术"、"八计"、"三科"、"四赋"、"六德"、"五要"等治国方略与主张,强调应重人事,勿轻信天命。时人将其与汉代贾谊相比。《旧唐书》本传曰:"近代论陆宣公,比之汉之贾谊,而高迈之行,刚正之节,经国成务之要,激切仗义之心,初蒙天子重知,末涂沦踬,皆相类也。"权德舆《唐赠兵部尚书宣公陆贽翰苑集序》称其"榷古扬今,雄文藻思","其关于时政,昭昭然与金石不朽者,惟制诰奏议"(《全唐文》卷四九三)。《四库全书总目提要》卷一五〇评曰:"其文虽多出于一时匡救规切之语,而于古今来政治得失之故,无不深切著明,有足为万世龟鉴者,故历代宝重焉。"

陆质九月辛巳卒,生年不详。质原名淳,以避宪宗讳改,字伯冲,吴郡人。经学家,尤精于《春秋》。起为淮南节度府从事,历左拾遗、太常博士、国子博士及信州、台州刺史等职,卒于给事中、太子侍读,门人私谥文通先生。著有《春秋集传纂例》10卷、《春秋微旨》3卷、《春秋集传辨疑》10卷,今存;另撰《集注春秋》20卷、《类礼》20卷、《君臣图翼》25卷,已佚。《全唐文》卷六一八、《唐文拾遗》卷二六、《唐文续拾》卷四存录其文8篇,《全唐诗续拾》存录其诗1首。事迹见《旧唐书》卷一八九下、《新唐书》卷一六八。

按：陆质卒年,一说元和元年。今从《旧唐书》本传。质系中唐时期著名学者,啖助学派(又称新《春秋》学派)集大成者。《旧唐书》本传谓其少时尝师事硕儒赵匡,尽得匡及匡师啖助之学。匡、助皆精研《春秋》,于前儒之说多有异议。质承此而更进一步,其学务尽穷大义,黜斥汉代以来诸儒所谓《春秋》"三科九旨"之说,力倡"以生人为主,以尧、舜为的"的"大中之道"。由是在当时《春秋》学中自成一流派,不仅下开韩愈等人和宋儒疑经传先声,而且对中唐以后古文运动亦有一定影响。参见大历五年啖助条。

苏弁卒,生年不详。弁字元容,京兆武功人,武则天朝宰相苏良嗣从孙。文史学者。好藏书,所聚至数万卷。登进士第,授秘书省正字,历奉天主簿、试大理司直、监察御史、仓部郎中、度支郎中、户部侍郎、太子詹事等职。坐事贬汀州司户参军,后历滁州刺史等职,卒于官。尝编次《贾至集》及杨炎《制集》,与兄苏冕合撰《会要》40卷。事迹见《旧唐书》卷一八九下、《新唐书》卷一〇三。

按：《新唐书》本传曰:"弁聚书至二万卷,手自雠定,当时称与秘府埒。"苏弁兄苏衮、苏冕皆有学名。苏衮累迁赞善大夫,坐弁以腐粟输边事,贬永州司户参军,以年老有疾,诏许还家,寻卒。苏冕字元佩,亦以文史见称于世。登进士第,累迁京兆士曹参军,与衮、弁同时被贬,出为信州司户参军,遂不复用,卒于家。尝编纂《国朝政事》,又编次贾至诗文为《别集》15卷。其与苏弁合撰《会要》事,见贞元十九年条。

令狐峘卒,生年、字号不详。峘,原籍敦煌,世居华原,令狐德棻五世孙。博学,贯通群书,长于史学。登进士第,会安史之乱,隐居南山豹林谷。以华原尉拜右拾遗,累迁起居舍人,皆兼史职。历刑部员外郎、礼部侍郎,知贡举。后三次出贬衡州、吉州、衢州,召为秘书少监,既至而卒。撰有《玄宗实录》100卷、《代宗实录》40卷,皆已佚。《全唐文》卷三九四收录其文2篇,事迹见《旧唐书》卷一四九、《新唐书》卷一○二。

唐宪宗元和元年　丙戌　806年

阿拉伯人入小亚。

拜占庭纳贡于阿拉伯人。

法兰克取西班牙之纳瓦尔。

正月丁卯,改元元和。

按:见《旧唐书》卷一四《宪宗纪上》。

甲申,顺宗李诵卒(761—　)。七月壬寅葬于丰陵。

按:李诵系唐德宗长子,贞元二十年患风疾不能言。及德宗卒,入继皇位,任用王叔文等,欲革新政治。数月后即被迫禅位。

是月,敕:"自今以后,国子祭酒、司业及学官,并须取有德望学识人充。"

按:见《唐会要》卷六六。

是年,开科取士,礼部侍郎崔邠知贡举,进士及第23人,诸科36人。

按:见《登科记考》卷一六。

韩愈在江陵法曹参军任。二月,与功曹参军张署交游唱和,作《李花赠张十一署》、《寒食日出游夜归张十一院长见示病中忆花九篇因此投赠》。六月,奉召入朝,授国子博士,与张籍、张彻、孟郊等交游。十一月,作《荐士》诗,论历代诗风之变及作诗之旨,且盛赞孟郊之诗,以荐于河南尹郑余庆。

按:韩愈所作《李花赠张十一署》、《寒食日出游夜归张十一院长见示病中忆花九篇因此投赠》,为七言歌行名篇。其《荐士》诗曰:"周诗三百篇,雅丽理训诰。曾经圣人手,议论安敢到。五言出汉时,苏李首更号。东都渐弥漫,派别百川导。建安能者七,卓荦变风操。逶迤抵晋宋,气象日凋耗。中间数鲍谢,比近最清奥。齐梁及陈隋,众作等蝉噪。搜春摘花卉,沿袭伤剽盗。国朝盛文章,子昂始高蹈。勃兴得李杜,万类困陵暴。后来相继生,亦各臻阃奥。"

白居易四月与元稹等应制举,登才识兼茂明于体用科。七月以周至尉权摄昭应县,与元稹、李翱等寄诗唱和。十二月,与陈鸿等游周至县仙游寺,作《长恨歌》,为时人传诵。

按：《长恨歌》，见《白居易集》卷一二。

刘禹锡在朗州贬所，是春上书杜佑，以求援助。

按：《刘禹锡集》卷一〇《上杜司徒》，即为此时所作。

李翱由京兆府司录参军转国子博士、史馆修撰。

按：见《旧唐书》卷一六〇本传。

元稹为左拾遗，因屡上疏议论时政，九月出为河南县尉。

按：见《白居易集》卷四二《唐河南元府君夫人荥阳郑氏墓志铭序》、《元稹集》卷一〇《酬翰林白学士代书诗一百韵》自注。

李渤隐居嵩山，有诏征授左拾遗，不赴。

按：见《旧唐书》卷一四《宪宗纪上》。

张籍为韩愈子韩昶授诗。

按：见《韩昌黎集》卷五《赠张籍》、《全唐文》卷七四一韩昶《自为墓志铭并序》。

沈传师复登才识兼茂明于体用科，授太子校书郎。

按：沈传师去年登进士第，本年再登制科，后以雩都尉直史馆，累任史职，多参预国史修纂活动。见《登科记考》卷一六、《旧唐书》卷一四九。

韦处厚登进士第，又擢贤良方正科，授秘书省校书郎。

按：韦处厚后为宰相、监修国史裴垍奏荐，以本官充直史馆。改咸阳县尉，迁右拾遗，并兼史职，参修《德宗实录》。见《旧唐书》卷一五九本传。《德宗实录》于元和五年撰成，由裴垍奏上。参见该年条。

皇甫湜、李绅应贡举，登进士第。

按：见《登科记考》卷一六。

刘轲是年稍后居庐山，从隐士茅君受史学。

按：刘轲尝于贞元中至罗浮山从杨生受《春秋》之学，又至曹溪学佛典。

房千里约是年或稍后登进士第。

按：房千里生卒年不详，字鹄举，河南人。传奇作家。登第后，累官国子博士，坐事谪端州，终高州刺史。以撰传奇《杨娼传》名于世，现存《太平广记》卷四九一。另著有《南方异物志》1卷、《投荒杂录》1卷。《全唐文》卷七六一收录其文4篇，《全唐诗》卷五一六收录其诗1首。

雍裕之生活于此期。

按：雍裕之生平不详，《唐诗纪事》卷五二谓其为"贞元后诗人"。姑系于此。有诗集1卷，已散逸。《全唐诗》卷四七一辑录其诗仍编为1卷。

日僧空海在唐游学，是春携佛典经疏及刘希夷、王昌龄诗集等随遣唐使归国。

按：空海于贞元二十年来唐，游学两年。返国后，创日本密宗，又参与日本文字创制。参见大和九年条。

白居易是春著《策林》4卷成，凡75篇。

按：是春，白居易与元稹居华阳观，闭户累月，议论时事，以备策试，遂成《策林》。见《白居易集》卷六二《策林序》。

唐次卒，生年不详。次字文编，并州晋阳人。诗人。建中间登进士

第,累迁礼部员外郎。坐事贬开州刺史,十余年不调。转夔州刺史,奉召入朝,授吏部郎中,拜中书舍人,卒于官。尝纂开州时与友人唱和诗为《盛山唱和集》,撰《辨谤略》3卷,后皆佚。《全唐文》卷四八〇收录其文4篇。事迹见《旧唐书》卷一九〇下。

> **按**:唐次卒年,一说永贞元年。考《旧唐书》卷一四《宪宗纪上》,唐次于永贞元年八月由夔州刺史召为吏部郎中。权德舆《权载之文集》卷四八有《祭故唐舍人文》,文首署"元和元年岁次丙戌正月丙戌朔十九日甲申",知次卒当本年初。唐次所撰《辨谤略》,述历代忠臣贤士遭谗被放之事。后令狐楚、沈传师、杜元颖续撰为《元和辨谤略》10卷,李德裕为序。今亦不存。

天竺僧牟尼室利卒,生年不详。牟尼室利又称寂默,北天竺人。唐代译经高僧。贞元十六年入唐,先后住长安大兴善寺、崇福寺、醴泉寺、大慈恩寺,从事佛经翻译。于玄奘所携回之梵本中,译出《守护国界主陀罗尼经》10卷等。事迹见《宋高僧传》卷三。

赵嘏(　—约854)约生。

> **按**:赵嘏生年,史无明载。此从今人谭优学《唐诗人行年考·赵嘏行年考》(四川人民出版社1981年版)。

元和二年　丁亥　807年

阿拉伯人入罗得岛。

拜占庭人及保加利亚人战。

正月辛卯,制举贤良方正能直言极谏、博通坟典达于教化、军谋弘远堪任将帅、详明政术可以理人等科。

> **按**:见《登科记考》卷一七。

庚子,回纥请于河南府、太原府置摩尼寺,许之。

> **按**:见《旧唐书》卷一四《宪宗纪上》。

二月辛酉,诏僧尼隶籍左右街功德使。

> **按**:唐初以来,僧尼隶籍祠部,至是改隶。见《旧唐书》卷一四《宪宗纪上》。

庚午,造新历成,诏题为《元和观象历》。

> **按**:见《旧唐书》卷一四《宪宗纪上》。

八月,敕诸州府乡贡明经、进士就国子监,听学官讲论经义。

> **按**:《唐会要》卷六六载国子监奏曰:"准敕,今月二十四日,诸州府乡贡明经、进士见讫,宜令就国子学官讲论,质定疑义,仍令百僚观礼者。……伏请选择常参官有儒学者三两人,与学官同为讲说。"宪宗遂命兵部尚书蒋武、考功员外郎刘伯刍、著作郎李番、太常博士朱颖、郑王府谘议章廷珪,同赴国子监论讲。

十二月丁巳,从国子监奏,重定两京诸馆学生员额。

> **按**:《唐会要》卷六六载,是月,国子监奏言,两京诸馆现有学生共计六百五十员,请减为五百五十人员。其中,国子馆八十员,太学馆七十员,四门馆三百员,广文馆六十员,律馆二十员,书馆十员,算馆十员。又奏云:"天宝以前,各馆学生其数至

多,并有员额。至永泰后,西监置五百五十员,东监近置一百员,未定每馆员额。"有敕:"东都国子监量置学生一百员,国子馆五十员,太学馆十五员,四门馆五十员,广文馆十员,律馆十员,书馆三员,算馆二员。"《旧唐书》卷一四《宪宗纪上》系此事于本月丁巳。东都国子监及诸馆始置于龙朔二年,参见该年正月条。

壬申,从礼部贡举院奏请,五经举人罢试口义,仍改试墨义十条,五经科举人通五条,明经科举人通六条,便与登第。又敕:凡"迹涉疎狂、兼亏礼教",或"曾为官司科罚"、"曾任州府小吏"者,各州府不得荐送应举。

按:见《登科记考》卷一七。

是年,开科取士,礼部侍郎崔邠知贡举,进士及第 28 人,诸科 11 人。

按:见《登科记考》卷一七。

时各地藩镇援兵自重,割据一方,朝廷赋入,全赖东南。

按:《旧唐书》卷一四《宪宗纪》引《元和国计簿》曰:"总计天下方镇凡四十八,管州府二百九十五,县一千四百五十三,户二百四十四万二百五十四。其凤翔、鄜坊、邠宁、振武、泾原、银夏、灵盐、河东、易定、魏博、镇冀、范阳、沧景、淮西、淄青十五道,凡七十一州,不申户口。每岁赋入倚办,止于浙江东西、宣歙、淮南、江西、鄂岳、福建、湖南等八道,合四十九州,一百四十四万户。比量天宝供税之户,则四分有一。天下兵戎仰给县官者八十三万余人,比量天宝士马,则三分加一,率以两户资一兵。"

韩愈为国子博士,二月作《释言》以避谗,求分司东都。

按:时李吉甫为相,欲以文学之职授韩愈,有争职者以语非之,韩愈乃求分司东都。见《韩昌黎集》卷一三《释言》、李吉甫《李文公集》卷一一《故吏部侍郎韩公行状》。

白居易为盩厔尉,是春奉使长安,寻返。至秋,调充进士考官,授集贤校理。十一月,召为翰林学士。

按:时白居易作乐府及诗百余篇,以讽时事。宪宗见而善之,遂召其入朝。见《资治通鉴》卷二三七。

杜佑为司徒,正月丁酉以年老辞知政事,诏不许,令其每月三度入朝,于中书商量政事。时鲍溶赴长安应试,与佑交游,又为佑诸孙讲论诗文。

按:见《旧唐书》卷一四《宪宗纪上》、沈亚之《沈下贤文集》卷九《送杜憓序》。杜憓,杜佑之孙。

李吉甫正月由中书舍人、翰林学士迁中书侍郎、同平章事,入掌相职。

按:见《旧唐书》卷一四《宪宗纪上》。

窦巩应贡举,登进士第。

按:见《全唐文》卷七六一褚藏言《窦巩传》、《登科记考》卷一七。

僧宗密赴长安应贡举,途经遂州,听大云寺僧道圆说法,遂随其出家。寻奉师命,参谒净众高僧南印禅师、洛阳报国寺僧神照。

按:见《宋高僧传》卷六本传。

令狐丕七月癸巳进父令狐峘所撰《代宗实录》40 卷,诏付史馆。

按:令狐丕为令狐德棻六世孙,时任太仆寺丞。《旧唐书》卷一四九《令狐峘传》系此事于元和三年,恐误。今从《旧唐书》卷一四《宪宗纪上》、《唐会要》卷六三。令狐岠事迹,参见贞元二十一年条。

刘肃正月撰《大唐新语》13卷成。

按：该书系杂史类,仿《世说新语》体例,分类记述各种轶闻逸事,《四库全书总目提要》卷一四〇谓其"繁芜猥琐,未免自秽其书,有乖史家之体例"。然书中所载,亦不乏可补正史之不足者。原本已佚,明时刻本改作《大唐世说新语》,清四库馆臣则参合诸本编为30卷,仍复旧名。今有许德楠、李鼎霞点校本等。刘肃历浔阳主簿、江都主簿等职。余不详。《全唐文》卷六九五收录其文2篇,其一即为《大唐新语序》。

李吉甫撰《元和国计簿》10卷成,十二月己卯进上。

按：见《旧唐书》卷一四《宪宗纪上》。

刑部侍郎许孟容等七月丙戌奉敕删定《开元格后敕》。

按：见《旧唐书》卷一四《宪宗纪上》。

僧天皇道悟四月十三日卒(748—)。道悟俗姓张,婺州东阳人。唐代禅宗高僧。年十四出家,先后访学于径山国一、马祖道一、石头希迁等,尽得玄旨。后受邀住荆州天皇寺,法席大盛,世称"天皇门风"。事迹见《宋高僧传》卷一〇、《景德传灯录》卷一四、《传法正宗记》卷七、《林间录》卷上。

按：史载唐代禅学高僧名道悟者有二人,另一为天王道悟。天皇道悟与天王道悟生活于同时代,有关文献记述两人事迹与法嗣传递多有混淆、矛盾之处。按《宋高僧传》、《景德传灯录》等载,天皇道悟法嗣由其弟子龙潭崇信所承,崇信门下德山宣鉴遂开云门、法眼二宗。《景德传灯录》以下诸传又谓天皇道悟系马祖道一嫡传,并直接开创云门、法眼二宗。然据《祖庭事苑》卷一、《佛祖历代通载》卷二〇等载,天皇道悟出于南宗禅青源派门下,其法嗣经僧慧真、幽闲,至文贲而绝。两道悟之诸种异说,皆因后南宗禅云门、临济两派争禅宗六祖慧能门下正统而起。或谓所谓两道悟实为同一人,云门、临济两派为争正统而各述事迹,遂分属两人。异说纷呈,迄今未有定论。姑分述之。

刘商约是年或稍前卒,生年不详。商字子夏,彭城人,寓居长安。工诗,又好道术,善画。登进士第,累迁汴州推官、检校虞部郎中。以病去职,出家为道士,隐居常州义兴山。有《刘商郎中集》10卷,武元衡编纂,已佚。另有诗集10卷,亦散佚。《全唐诗》卷三〇四至三〇五辑录其诗编为2卷。事迹见《唐才子传》卷四、《唐朝名画录》。

按：刘商卒年,史籍无载。此从傅璇琮主编《唐五代文学编年史》(中唐卷)。商尤长于歌行,所作《胡笳十八拍》传诵一时。《全唐文》卷五三一武元衡《刘商郎中集序》谓其"触境成文,随文变象,是谓折繁音于孤韵,贯清济于洪流者也"。

庞蕴约是年稍后卒,生年不详。蕴字德玄,衡州衡阳人。诗人。自少好佛,师从高僧马祖道一,为俗弟子,故世称庞居士。有《庞蕴诗偈》3卷,已佚;《庞居士语录》3卷,今存,有《续藏经》本、《金陵刻经》本等。《全唐诗》卷八一〇收录其诗7首。事迹见《五灯会元》卷三。

按：庞蕴卒年,史籍无载。此从傅璇琮主编《唐五代文学编年史》(中唐卷)。

僧良价(—869)生。

元和三年　戊子　808年

三月乙巳，宪宗于宣政殿亲策制科举人。

按：见《旧唐书》卷一四《宪宗纪上》。

是月，诏秘书省等馆局校书、正字，自今后不限以登科及判入等第。

按：《唐会要》卷六五载宪宗诏曰："秘书省、弘文馆、崇文馆、左春坊司经局校书、正字，宜委吏部，自今以后，于平留选人中加功访择，取志行卓退、艺学精通者注拟。综覈才实，惟在得人，不须限以登科及判入等第。其校书、正字限考，入畿县尉簿，任依常格。"

五月壬辰，从兵部奏请，复武举。

按：武举自德宗贞元十四年罢，至是恢复。见《旧唐书》卷一四《宪宗纪上》。

是年，开科取士，中书舍人卫次公知贡举，进士及第19人，诸科24人。

按：见《登科记考》卷一七。

韩愈在洛阳，是冬与石洪、王仲舒等交游。李贺自昌谷至洛阳，以诗谒愈。愈劝其试举，为作《讳辨》。

按：韩愈所作《讳辨》，见《韩昌黎集》卷一二。

白居易五月除左拾遗，仍充翰林学士。

按：见《旧唐书》卷一六六本传。

张籍是秋卧病，与白居易寄诗往来。

按：《张司业诗集》卷七有《病中寄白学士拾遗》，《白居易集》卷九有《酬张太祝晚秋卧病见寄》，两诗作于本年。

李渤隐居嵩山，再奉诏征拾遗，仍不赴，韩愈致书劝之。

按：见《韩昌黎集》外集卷二《与少室李拾遗书》。

柳公权、牛僧孺应贡举，登进士第。

按：见《登科记考》卷一七。

皇甫湜、李宗闵应制举，并登贤良方正能直言极谏科。两人皆因策语太切，为权倖所恶，遭黜。时湜舅王涯为翰林学士，亦坐亲累，出贬虢州司马。

按：时李吉甫执掌相权，黜斥李宗闵等，朝中朋党之争由是而起。后宗闵与牛僧孺等结为一党，与吉甫子李德裕一党彼此相争凡四十余年，史称"牛李党争"。

柳宗元于永州贬所作《贞符》、《非国语》两文。

按：此两文系柳宗元重要哲学篇章，今皆存，收入《柳宗元集》。《贞符》一文旨在"言唐家正德，受命于生人之意"，驳斥汉代经学家董仲舒之"三代受命符"及"降符

法兰克遣使聘问阿拉伯阿拔斯王朝。

丹麦人建边墙。

瑞"等说,强调"受命不在于天,于其人;休符不在于祥,于其仁",从而在一定程度上否定了汉儒"君权神授"观念。《非国语》一文则以为元气为宇宙万物之本,万物变化乃内在矛盾推动,否定超现实的精神本体哲学家观。

裴均、杨凭编次在荆南、湖南任上唱和之作,篆成《荆潭唱和集》1卷,韩愈为序。

> 按:韩愈《荆潭唱和集序》,见《韩昌黎集》卷二〇。

凌准卒,生年不详。凌字宗一,杭州人。中唐学者。尚古文,长于史学。年二十起为崇文馆校书郎,累迁浙东观察使、翰林学士。因参与"永贞新政",出贬和州刺史,再贬连州司马,卒于桂阳佛寺。欲撰《六经解围》,未就。著有《邠志》2卷,另有《汉后春秋》20余万言,后皆佚。事迹见《新唐书》卷一六八、《全唐文》卷五八九柳宗元《故连州员外司马凌君权厝志》。

元和四年　己丑　809年

拜占庭僧侣倡议教会独立,承认罗马教皇首要地位。

保加利亚人取塞迪卡。

是年,开科取士,户部侍郎张弘靖知贡举,进士及第20人,诸科7人。
> 按:见《登科记考》卷一七。

韩愈春末与樊宗师等至少室山,与李渤游。
> 按:见《韩昌黎集》遗文《嵩山天封宫题名》。

柳宗元在永州贬所,先后寄书许孟容、杨凭、萧俛、李建、陈述等,述说抑郁苦闷之情;又作《始得西山宴游记》、《钴鉧潭记》、《钴鉧潭西小丘记》、《至小丘西小石潭记》,是为"永州八记"之前四记。
> 按:柳宗元贬居永州期间,读经史子书数百卷,所著诗文颇多。其寄许孟容等人书,见《柳宗元集》卷三〇。《始得西山宴游记》等文,见同书卷二九。

白居易为左拾遗、翰林学士,三月以各地灾害频仍,屡上疏论时政,请减免租税、遣放宫人、禁诸道横敛以充进奉和掠卖良人等。是年前后,作《新乐府》,自序云所作皆"为君为臣为民为物为事","不为文而作"。
> 按:白居易上疏论时政事,见《旧唐书》卷一六六本传、《资治通鉴》卷二三七。《新乐府序》,见《白居易集》卷三。

元稹三月服母丧期满,起为监察御史。旋奉使东川,平理冤狱。六月使归,因忤当权者,分司东都。十二月,奏均田状。
> 按:见《旧唐书》卷一六六本传及《元稹集》卷一〇《黄明府诗序》、卷一四《东台去》、卷二一《酬乐天闻李尚书拜相以诗见贺》自注。元稹使东川时所作诗赋,后由秘书省校书郎白行简手写为《东川卷》。

李翱受岭南节度使杨於陵之召，正月携家自长安出发，至东都洛阳，与韩愈等告别。途经汴州、陈留、宋州、永城、泗州、楚州、扬州、润州、苏州、杭州、睦州、衢州、信州、吉州、虔州、韶州，六月抵广州。撰《来南录》，以记途中之事。辟为节度使府从事。

　　按：李翱去年十月受杨於陵之召，本年南下。见《李文公集》卷一八《来南录》。

　　杨凭为京兆尹，坐赃遭劾，贬临贺尉。

　　按：见《旧唐书》卷一四六本传。

　　王真著《道德经论兵要义》4卷，七月进上。

　　按：历来《道德经》之诠释，多关注于道体及相关理论，王真独辟蹊径，专述其论兵思想，对后世老学研究有一定影响。《四库未收书提要》曰："《道德经论兵要义》本上下卷，后更分为四卷。"又云，《道德经》一书，"其旨微，其言博，自河上公为之训释后，若严氏《指归》、开元注释，固已发蕴指微，而真所著《要义》，独于论兵之法经悉言之。夫真以朝仪郎出领汉州军事，久列戎行，而考其谈兵意指，顾深求乎老子之说。"王真于德宗时曾任汉州刺史、威胜军使，余不详。《全唐文》卷六八三收录其《道德经论兵要义述表》、《道德经论兵要义述状》两文。

　　宪宗七月御制《前代君臣事迹》14篇。

　　按：见《旧唐书》卷一四《宪宗纪上》。

　　李翱是年前后作《答朱载言书》，谓为文当"文、理、义三者兼并"。

　　按：《答朱载言书》，见《李文公集》卷六。

　　白行简约是年撰《三梦记》。

　　按：《三梦记》系唐代传奇名篇，今存，见《全唐文》卷六九三。参见李剑国《唐五代志怪传奇叙录》。

　　冯伉四月戊寅卒（744—）。伉字号不详，祖籍魏州元城，父玠始居京兆。中唐学者。通儒经，尤精《春秋三传》。初登五经秀才科，又登博学三史科，历秘书郎、尚书膳部员外郎、醴泉令、给事中、兵部侍郎、国子祭酒等职。出为同州刺史，复召拜左散骑常侍、国子祭酒，卒于官，追赠礼部尚书。著有《谕蒙》1卷、《三传异同》3卷，后皆佚。《全唐文》卷四三八存录其文1篇，《全唐诗》卷一五、卷三三〇存录其诗4首。事迹见《旧唐书》卷一八九下、《新唐书》卷一六一。

　　方干（　—约886前后）生。

元和五年　庚寅　810年

　　是年，开科取士，礼部侍郎崔枢知贡举，进士及第32人，诸科12人。　　阿拉伯阿拔斯王朝内战起。

拜占庭取威尼斯、达尔马提亚,伊斯特拉于法兰克查理帝子,意大利王丕平。

　　按:见《登科记考》卷一八。

　　白居易在左拾遗任。四月接元稹所寄诗,作和答诗十首,论彼此诗之不足,谓"意太切而理太周"。五月改授京兆户曹。秋末作《代书诗一百韵寄微之》,元稹唱酬之。时人竞相仿效,号为"元和体"。又寄诗百篇与刘禹锡,禹锡盛赞之。

　　按:见《白居易集》卷二《和答诗十首并序》、《元稹集》卷五一《白氏长庆集序》、《刘禹锡集》卷三一《翰林白二十二学士见寄诗一百篇因以答贶》。

　　李翱在广州岭南节度使杨於陵幕,七月罢从事职北归。宣歙观察使卢坦召之,未就。十二月,受浙东观察使李逊召,赴越州,辟为从事。

　　按:李翱赴广州事,见去年条。

　　元稹三月奉召还长安,旋为宦官所构,贬江陵士曹。赴贬所途中,诗作颇多,均寄赠白居易。

　　按:见《旧唐书》卷一四《宪宗纪上》、《资治通鉴》卷二三八。

　　权德舆九月由正议大夫、太常卿转礼部尚书、同中书门下平章事。

　　按:见《旧唐书》卷一四《宪宗纪上》。

　　李藩为门下侍郎、同平章事,八月乙亥奏对,谓神仙之说、禳灾祈福之术不可信,为人君者,但务求理安民。

　　按:李藩系中唐学者,主张崇俭去奢,赞同道家"见素抱朴"、"少思寡欲"之旨,然于神仙之类虚诞之说多黜斥之,具有无神论倾向。《旧唐书》卷一四八本传载此次李藩奏对之言甚详。事又见同书卷一四《宪宗纪上》、《唐会要》卷五二。

　　孟郊在洛阳,作诗感叹人生不遇。

　　按:见《孟东野诗集》卷三《教坊歌儿》。

　　吕温五月改授衡州刺史,六月赴任,途经永州,与柳宗元交游。

　　按:吕温授衡州刺史事,见《吕叔和文集》卷五《衡州刺史谢上表》。

　　李渤从韩愈之劝,始移家洛阳,每朝政有阙,附章疏陈论。

　　按:李渤隐居嵩山,屡辞朝廷之召。韩愈数致书劝之,渤遂出。

　　贾岛是冬由范阳至长安,以诗投张籍。

　　按:参见李嘉言《贾岛年谱》。

　　僧宗密游访名师,至襄汉,于恢觉寺遇华严宗四祖澄观弟子灵峰,得澄观所撰《华严经疏》及《随疏演义钞》,潜心研读,颇有所得。于是寄书澄观,遥叙弟子之礼。寻赴长安入澄观座下,从学两年。

　　按:宗密后得以承澄观法嗣,为华严宗第五祖。见《宋高僧传》卷六本传。

威尔士僧人尼奈乌著成《不列颠史》。

　　裴垍、蒋乂等撰《德宗实录》50卷成,十月庚辰进上。

　　按:裴垍等于元和二年始奉诏修纂,至是告成。见《旧唐书》卷一四《宪宗纪上》。另据《新唐书》卷五八《艺文志》载,预修此书者尚有樊绅、林宝、韦处厚、独孤郁等。

　　裴均编次其父裴倩避乱江西时与柳浑等人唱和诗96首,纂为《裴氏海昏集》上下卷。五月完成,吕温为序。

　　按:《裴氏海昏集》一作《海昏集》,未见有关目录书收录,今据《吕叔和文集》卷三《裴氏海昏集序》。裴均生平概况，见元和六年条。

陈鸿撰《东城老父传》。

按：《东城老父传》系唐代传奇名篇，今存，收录于《全唐文》卷七二〇。陈鸿一作陈鸿祖，生卒年不详，字大亮，颍川人。通文史，长于传奇，与白居易等多有交游。贞元末登进士第，累迁太常博士等，终主客郎中。著有《开元升平源》1卷、《大统记》30卷，皆佚。《全唐文》卷六一二收录其文3篇，《太平广记》卷四八六、《文苑英华》卷七九四收其传奇《长恨歌传》。

僧慧琳撰《一切经音义》（一名《大藏经音义》，又称《慧琳音义》）100卷（一说103卷）成，景审为之序。

按：该书撰成时间有不同说法，一说在元和二年，又说在十二年。今从《宋高僧传》卷五慧琳本传。魏晋以来，佛经音义类书籍甚多，南朝齐时有僧道慧撰《一切音义》，入唐有僧玄应撰《一切经音义》，僧云公撰《涅槃经音义》，僧慧苑撰《新译华严经音义》，僧窥基撰《法华经音训》。慧琳于诸家音义基础上，傍求典籍，备讨经纶，具释众经，自贞元四年始，历二十余年，撰成《一切经音义》。书中所注佛典计1300部，凡5700余卷，引用中唐以前各类书籍数百种，备极详尽。该书系唐代佛教经典巨著，在中国佛教史上颇具影响。原书在国内已佚，清光绪初年由日本传回，今有民国频舍精舍印本、上海古籍出版社1986年据日本狮谷本影印本等。景审，南阳人。工诗，善书，通佛典。元和中官至太常寺奉礼郎。《全唐诗》卷五〇八收录其诗2首，《唐文拾遗》卷二七收录其文1篇。

元和六年　辛卯　811年

六月，从宰臣裴垍奏，更定史官之制。

按：《唐会要》卷六三载裴垍奏曰："史馆请登朝官入馆者并为修撰，非登朝并为直馆，修撰中以一人官高者判馆事。其余名目，并请不置，仍永为常式。"

是年，开科取士，中书舍人于尹躬知贡举，进士及第20人，诸科13人。

按：见《登科记考》卷一八。

韩愈是秋由河南令迁职方员外郎，偕孟郊赴长安。

按：《新唐书》本传唯言韩愈由河南令迁职方员外郎，未具年份。考《韩昌黎集》卷二五《襄阳卢丞墓志铭》，愈本年十月已在职方员外郎任。

白居易四月丁母忧去职，居下邽义津乡金氏村。约是年，寄诗唐衢，言诗文宗旨。

按：白居易母卒于本年四月三日，见《白居易集》卷四六《襄州别驾府君事状》。同书卷一《寄唐生》，居易谓自己所作，"篇篇无空文，句句必尽规。功高虞人箴，痛甚骚人辞。非求宫律高，不务文字奇。惟歌生民病，愿得天子知。未得天子知，甘受时

拜占庭帝尼斯福鲁斯一世取保加利亚之普利斯卡。卒。

法兰克查理帝禁令僧俗领主强占农民土地。

人嗤"。

李吉甫为淮南节度使、中书侍郎、同平章事,正月复为知政事、集贤殿大学士、监修国史。

按：见《旧唐书》卷一四《宪宗纪上》。

丁公著为李吉甫所荐,授太子文学,兼崇贤殿校理,寻授右补阙,未几又迁集贤殿直学士。

按：丁公著稍后转水部员外郎,充皇太子及诸王侍读,遂撰《皇太子诸王训》10卷。见《旧唐书》卷一八八本传。

贾岛是春自长安赴洛阳,谒韩愈、孟郊等,后随愈入京,十一月归范阳。

按：参见李嘉言《贾岛年谱》、傅璇琮主编《唐五代文学编年史》(中唐卷)。

孟简为谏议大夫。正月丙申,奉敕与给事中刘伯刍、工部侍郎归登、右补阙萧俛等于丰泉寺翻译《大乘本生心地观音经》。八月,出为常州刺史。

按：见《旧唐书》卷一四《宪宗纪上》、卷一六三孟简本传。

柳宗元在永州,是春作《送僧浩初序》,谓释氏"不与孔子异道"。

按：《送僧浩初序》,见《柳宗元集》卷二五。时佛教大盛,颇为唐廷尊崇。韩愈力倡反佛、抑佛,尝数次讥讽宗元"嗜浮屠言"、"与浮屠游",劝其当斥佛教。宗元在序中特辩论之,称"浮屠诚有不可斥者,往往与《易》、《论语》合",并非"与孔子异道"。

陈鸿著《大统记》30卷成。

按：《大统记》系编年体史书,述唐初至元和六年史事。见《全唐文》卷六一二陈鸿《大统纪序》。

李公佐撰传奇《庐江冯媪传》。

按：《庐江冯媪传》一作《庐江冯媪》,今存,收录于《太平广记》卷三四三。

荷泽宗僧法如卒(723—   )。法如又名智如,俗姓韩(一说王),磁州人。唐代禅宗分支荷泽宗始祖神会高足,先后住太行山及磁州法观寺。事迹散见《宋高僧传》卷二九《道齐传》、《全唐文》卷七四三《圭峰禅师碑铭》、《圆觉经略疏钞》卷四。

高郢七月癸巳卒(740—   )。郢字公楚,卫州人。通《春秋》,有文名。初登进士第,又中茂才异行科,大历间累迁中书侍郎、同平章事,以右仆射致仕。卒赠太子太保,谥曰"贞"。《全唐文》卷四四九、《唐文拾遗》卷二四收录其文24篇。事迹见《旧唐书》卷一四七、《新唐书》卷一六五。

裴均五月丙午卒(750—   )。均字君齐,绛州祁人,裴光庭曾孙。登明经第,元和中累迁尚书右仆射,以检校左仆射、同中书门平章事衔,为山南东道节度使,进爵郇国公。卒赠司空。尝编次其父裴倩避乱江西时与柳浑等人唱和诗96首,纂为《裴氏海昏集》上下卷。事迹见《新唐书》卷一〇八。

李藩十一月癸巳卒(754—   )。藩字叔翰,赵郡人。中唐学者。初居扬州，读书自娱。年四十始入仕，历任幕职，元和初累迁门下侍郎、同平章事，转太子詹事，出为华州刺史，未行而卒，赠户部尚书。事迹见《旧唐书》卷一四八、《新唐书》卷一六九。

吕温八月卒（772—　）。温字叔和，一字光化，河东人，寓居洛阳，吕渭之子。中唐文学家、诗人。先后从其父学《诗》、《礼》，从陆质学《春秋》，从梁肃学文章。留心当世之务，深究治道。贞元间登进士第，又登宏词科，累迁衡州刺史，有政绩。有文集10卷，原本已散逸，今存《吕叔和文集》5卷。《全唐文》卷六二五至六二七编录其文为7卷，《全唐诗》卷三七〇至三七一编录其诗为2卷。事迹见《旧唐书》卷一三七、《新唐书》卷一六〇。今人赵荣蔚撰有《吕温年谱》。

按：吕温志向高远，有才识。刘禹锡谓"其文微为富艳"，对政治多有己见。所作《人文化成论》、《诸葛武侯庙记》、《复汉以粟为赏罚议》、《三不欺先后论》等政论之作，为后世称赏。

元和七年　壬辰　812年

六月，宪宗读《肃宗实录》，以书中大臣传多浮词虚美，因宣与史官，记事应指实，不得虚饰。

按：见《唐会要》卷六四。

十二月，从权知礼部侍郎韦贯之奏请，明经科停试墨义，仍复为口试问义。

按：见《登科记考》卷一八。

是年，开科取士，兵部侍郎许孟容知贡举，进士及第29人，诸科14人。

按：见《登科记考》卷一八。

韩愈二月由职方员外郎贬国子博士，分司东都。

按：见宋洪兴祖《韩子年谱》。

柳宗元在永州，作《袁家渴记》、《石渠记》、《石涧记》、《小石城山记》，是为"永州八记"之后四记。

按：《袁家渴记》等后四记，见《柳宗元集》卷二七。柳宗元撰"永州八记"之前四记，参见元和四年条。

李翱在越州浙东观察使李逊幕，作书答皇甫湜。书中自视甚高，谓不在班固、蔡邕之下，言将有志于史。

按：李翱赴越州事，见元和五年条。《李文公集》卷六《答皇甫湜书》曰："仆窃不自度……词句足以称赞明盛，纪一代功臣贤士行迹，灼然可传于后代。自以为能不

拜占庭帝米凯尔一世承认法兰克西方帝号。

保加利亚人入色雷斯。

灭者，不敢为让。故欲笔削国史，成不刊之书，用仲尼褒贬之心，取天下公是公非为本。"又曰："仆文采虽不足以希左丘明、司马长子，足下视仆叙高愍女、杨烈妇，岂尽出班孟坚、蔡伯喈之下耶！"

杨归厚为左拾遗，十二月坐事贬国子主簿，分司东都。

按：见《册府元龟》卷四八一。杨归厚生卒年不详，扶风人。工书法。后出为凤州司马，历郑、虢二州刺史。撰有《杨氏产乳集验方》3卷，收录凡911方，已佚。《唐文拾遗》卷二九收录其奏疏1篇。

林宝七月撰成《元和姓纂》10卷。

按：魏晋以来，谱牒之学大兴，至唐不衰。自贞观中高士廉等奉诏撰《氏族志》后，迭有修纂。林宝撰该书，即承此风。《全唐文》卷七二二载其《元和姓纂序》云，初，宪宗令宰相李吉甫召通儒硕士，辨析士大夫之族姓，综修《姓纂》，署之省阁。林宝由是膺吉甫之命，案据经籍，穷究旧史，详参诸家谱牒，撰成10卷。书中详列宪宗以前士大夫主要姓氏及其源流、人物等，以皇族李氏为首，再按四声韵部排列姓氏。所述于古姓氏书颇多征引，故得以保存不少佚书片段。原书早佚，清人从《永乐大典》中辑出，仍编为10卷；乾隆年间纂修《四库全书》，复以宋邓名世《古今姓氏书辨证》等补缺，重加编排，分为18卷。另有清嘉庆孙星衍、洪莹及近人罗振玉、岑仲勉校本。岑氏另作有《元和姓纂四校记》。今人郁贤皓、陶敏据岑氏校本重加整理为《元和姓纂及索引》。

又按：林宝生卒年不详，三原人。长于史学，尤精谱牒学。历仕太常博士、国子博士等职。尝参修《德宗实录》，与李衢合撰《皇唐玉牒》150卷。所著除《元和姓纂》外，另有《姓史》4卷、《五姓征氏》20卷，皆已佚。《全唐文》卷七二三收录其文1篇，即《元和姓纂序》。事迹散见两《唐书》、《唐会要》等。

元稹自编其部分诗作，纂成20卷。

按：时元稹在江陵士曹任。其所编系十六岁至三十四岁所作诗，凡800首，色类相从，共成十体。又寄书白居易，叙其编诗事。见《元稹集》卷三〇《叙诗寄乐天》。

杜佑十一月辛未卒（735—　　）。佑字君卿，京兆万年人。中唐学者、史学家。天宝末以门荫补济南参军，累迁户部侍郎，判度支。为宰相卢杞所恶，贬为苏州刺史，转饶州刺史、岭南节度使等职。贞元中征为尚书右丞，进拜检校司空、同平章事、太清宫使，累加弘文馆大学士，进检校司徒，封岐国公。以太保致仕，卒赠太傅，谥曰"安简"。著有《通典》200卷，今存。另有《理道要诀》10卷、《管氏指略》2卷、《宾佐记》1卷等，后皆佚。《全唐文》卷四七七辑录其文编为1卷。事迹见《旧唐书》卷一四七、《新唐书》卷一六六。《唐文粹》卷六八、《文苑英华》卷九八三分别录有权德舆撰《杜公墓志铭并序》、《祭杜岐公文》。近人郑鹤声撰有《杜佑年谱》，今人郭锋著有《杜佑评传》。

按：杜佑系唐代著名史学家，在中国古代史学史上颇具地位。所著《通典》，奠定传统典章制度史之体，对世影响深远。参见贞元十七年条。

董侹四月卒，生年不详。侹一作挺，字庶中，陇西人。工诗文，善书法。历仕荆南节度推官、大理评事等职，卒于江陵。有《武陵集》若干卷，刘禹锡为序，早佚。《全唐文》卷六八四收录其文 3 篇。刘禹锡撰有《故荆南节度推官董府君墓志铭》，见《刘禹锡集》卷四○。

刘言史卒，生年、字号不详。言史，洛阳（一说赵州，又说邯郸）人。中唐诗人。曾游历河北、吴越、潇湘等地，与孟郊、李翱等友善。无意仕进，成德节度使王武俊表其为枣强县令，辞疾不就，世称刘枣强。有《歌诗》6 卷，已散佚。《全唐诗》卷四六八辑录其诗编为 1 卷。事迹见《唐才子传》卷四。《全唐文》卷七九九有皮日休《刘枣强碑》。

元和八年　癸巳　813 年

十月，宪宗召宰臣于延英殿，讨论时政记之修撰。

按：时政记系唐官修史籍之一种，始于长寿二年，参见该年正月条。《唐会要》卷六四载，宪宗与臣僚讨论时政记，问宰臣李吉甫："其间或修或不修者，何也？"对曰："凡面奉德音，未及施行，总谓机密，固不可书以送史官。其间谋议有发自臣下者，又不可自书以付史官。及事已行者，制旨昭然，天下皆得闻知，即史官之记，不待事以授也。且臣观时政记者，姚璹修于长寿，及璹罢而事废；贾耽、齐抗修于贞元，及耽、抗罢而事废。然则关于政化者，不虚美，不隐恶，谓之良史也。"

是年，开科取士，中书舍人韦贯之知贡举，进士及第 30 人，诸科 12 人。

按：见《登科记考》卷一八。

韩愈三月撰《进学解》以自喻，由是以国子博士改授比部郎中、史馆修撰。六月，作《答刘秀才论史书》，历叙孔子、司马迁以下历代作者遭遇，以为"为史者，不有人祸，则有天刑"。

按：《进学解》、《答刘秀才论史书》，见《韩昌黎集》卷一二、外集上卷。韩愈自视才高，未受重用，遂作《进学解》自喻。执政览其文，谓其有文史之才，遂擢之。其《答刘秀才论史书》所作之论，柳宗元颇为不满，后尝复书辩论。参见元和九年条。

柳宗元在永州，士人韦中立自长安来访，欲随从为师。宗元答书，论及韩愈及其《师说》，又论为文之道。

按：《柳宗元集》卷三四《答韦中立论师道书》谓韩愈"奋不顾流俗，犯笑侮，收召后学，作《师说》，因抗颜而为师。世果群怪聚骂，指目牵引，而增与为言辞，愈以是得狂名"。又曰"文者，以明道"，其取道之原在《书》、《诗》、《礼》、《春秋》、《易》，且"参之谷梁氏以厉其气，参之孟、荀以畅其支，参之庄、老以肆其端，参之《国语》以博其趣，参之《离骚》以致其幽，参之太史公以著其洁。此吾所以旁推交通而以为之文也"。

刘禹锡在朗州，赋诗抒愤，又上书武元衡，谓受元衡及李吉甫、李绛之眷顾，仍望提携。

按：见《刘禹锡集》卷一《谪九年赋》、卷一八《上门下武公启》。

阿拉伯马蒙入巴格达，弑哈里发阿明。

拜占庭人废米凯尔一世。

保加利亚人侵君士坦丁近郊。

法兰克查理帝子虔诚者路易加冕为共帝。

李翱在越州,与僧灵澈等游。

按:《全唐文》卷五四六李逊《游妙喜寺记》谈及李翱与灵澈游妙喜寺。该文作于此数年中,姑系于此。参见傅璇琮主编《唐五代文学编年史》(中唐卷)。

权德舆正月罢知政事,六月与武元衡、李吉甫、郑余庆、李绛等各奉诏进诗,七月为检校吏部尚书、东都留守。

按:见《旧唐书》卷一五《宪宗纪下》。

舒元舆应贡举,登进士第。

按:见《登科记考》卷一八。

李吉甫主持修纂《元和郡县图志》42卷(一说54卷)、《六代略》30卷、《十道州郡图》(一作《十道图》)10卷(一说54卷)成,二月辛卯进上。

按:时李吉甫为宰相。其所纂《元和郡县图志》、《十道州郡图》皆为唐代重要地理学著作,尤以前者为著名。《全唐文》卷五一二李吉甫《上元和郡县图志序》曰:"臣……以为成当今之务,树将来之势,则莫若版图地理之为切也。所以前上《元和国计簿》,审户口之丰耗;续撰《元和郡县图志》,辨州域之疆理。时获省阅,或禅聪明。……谨上《元和郡县图志》,起京兆府,尽陇右道,凡四十七镇,成四十卷。每镇皆图在篇首,冠于叙事之前。并目录两卷,总四十二卷。"《新唐书·艺文志》作54卷,今存残本34卷,其中阙卷一九、二〇、二三、二四、二五、三五、三六,卷一八亦不全。《六代略》、《十道州郡图》,皆已佚。

韩愈等十一月奉宰相李吉甫之命,重修《先帝实录》。

按:《先帝实录》即《顺宗实录》。李吉甫以前史官韦处厚所撰《先帝实录》叙事未详,令韩愈等重修。至元和十年,重修完成。参见该年条。

元稹作《唐故工部员外郎杜君墓志铭并序》,论及历代诗歌演变,颇推崇杜甫,谓"诗人以来,未有如子美者"。

按:该墓志系元稹应杜甫之孙杜嗣业之请而撰,今存,见《全唐文》卷六五四。其中略曰:"建安之后,天下文士遭罹兵战。曹氏父子鞍马间为文,往往横槊赋诗,故其遒文壮节抑扬怨哀悲离之作,尤极于古。晋世风概稍存。宋、齐之间,教失根本,士以简慢歙习舒徐相尚,文章以风容色泽放旷精清为高,盖吟写性灵流连光景之文也,意义格力无取焉。陵迟至于梁、陈,淫艳刻饰佻巧小碎之词剧,又宋、齐之所不取也。唐兴,学官大振,历世之文,能者互出,而又沈、宋之流,研练精切,稳顺声势,谓之律诗。由是而后,文体之变极焉。然而好古者遗近,务华者去实,效齐、梁则不逮于晋、魏,工乐府则力屈于五言,律切则骨格不存,闲暇则纤穠莫备。……至于子美,盖所谓上薄风骚,下该沈、宋,言夺苏、李,气吞曹、刘,掩颜、谢之孤高,杂徐、庾之流丽,尽得古今之体势,而兼昔人之所独专矣。"

韩弘纂《圣朝万岁乐谱》300卷成,十月壬辰进上。

按:见《旧唐书》卷一五《宪宗纪下》。该书早佚。

阿布·努瓦斯卒(约756—)。阿拉伯诗人。

僧物外(—885)生;李商隐(—约858)约生。

按:李商隐生年,史无明载。张采和《玉谿生年谱会笺》谓元和七年;冯浩《玉谿生年谱》、傅璇琮主编《唐才子传校笺》均谓本年。今从后说。

元和九年　甲午　814 年

是年，开科取士，礼部侍郎韦贯之知贡举，进士及第 27 人，诸科 11 人，另上书拜官 1 人。

按：见《登科记考》卷一八。

柳宗元在永州贬所，正月接韩愈来信及《答刘秀才论史书》，复书与愈论辩对史学之看法。是年又撰《段太守逸事状》，上送史馆，并致书韩愈。是冬，奉召还朝。

按：韩愈作《答刘秀才论史书》事，参见元和八年条。据《柳宗元集》卷三一《与韩愈论史官书》，柳宗元见韩愈书，"心甚不喜"，以为其所论与"往年言史事甚大谬"。其时，柳宗元贬永州已十年，期间诗文创作极多，从学者众。是冬，宪宗诏征坐王叔文事遭贬逐者，柳宗元亦在其中。

白居易是冬授太子左赞善大夫，移居长安。

按：见《旧唐书》卷一六六本传。

刘禹锡贬朗州已十年，期间多诗文之作，从学者众。是冬，始奉召还京。时窦巩在荆南节度使袁滋幕，有诗送别。

按：窦巩《送刘禹锡》诗，见《全唐诗》卷二七一。

新罗僧慧彻入唐求法。

按：慧彻入唐，初师从禅学高僧西堂智藏，受印可。后至西州浮沙寺，研习寺中所藏经论。开成四年归国。

柳宗元此期作《天说》、《天对》、《封建论》等文，阐述其哲学思想。

按：柳宗元所撰诸文，皆系其重要哲学篇章，今均收入《柳宗元集》。《天说》、《天对》两文重在阐述元气论思想，以为元气为宇宙万物之本源，受阴阳作用而变化；《封建论》一文提出重"势"思想，以为社会发展由客观规律所致，并非取决于圣人意志。

刘禹锡约是年作《天论》3 篇，阐述其哲学思想。

按：《天论》今收入《刘禹锡集》。时韩愈与柳宗元由"论史"之辩论，进而深入到天人关系问题。刘禹锡以为柳氏《天说》所提出之"天人其事不相预"观点不够全面，遂撰《天论》上、中、下篇，阐明自己之见。其《天论》曰："余之友河东解人柳子厚，作《天说》以折韩退之之言，文信美矣，盖有激而云，非所以尽天人之际。故余作《天论》，以极其辩云。"

李渤著《御戎新录》20 卷成，四月进上。

按：李渤又上《平淮西乱三策》，遂奉诏以随军出征。见《旧唐书》卷一七一本传、《唐会要》卷三六。

拜占庭禁止意大利与埃及商贸。

法兰克查理帝卒。子虔诚者路易嗣位。

阿拉伯人始测子午线长度于美索不达米亚。

威尼斯始建总督官。

日本汉诗集《凌云集》成书。

李公佐是春撰传奇《古岳渎经》。

按：李公佐于元和八年罢江西判官,东游金陵、常州、润州,与孟简、卢简能等谈及李汤遇水怪事,是春遂撰《古岳渎经》(一作《李汤》)。今存,收录于《太平广记》卷四六七。

僧怀海卒(720—)。怀海俗姓王(一说黄),世称百丈禅师,长乐人。唐南宗禅洪州宗高僧。早年于庐山浮槎寺研学经藏,后师从洪州宗宗师马祖道一,得嗣其学。于新吴百丈山开堂讲法,历二十余年,学者云集。卒,长庆元年谥号"大智禅师",北宋大观元年追谥"觉照禅师",元顺帝元统三年加谥"弘宗妙行禅师"。弟子有沩山灵祐、黄檗希运等。世存弟子所编《百丈怀海禅师语要》2卷,《百丈怀海禅师语录》、《百丈怀海禅师广录》各1卷。事迹见《宋高僧传》卷一〇、《景德传灯录》卷六、《五灯会元》卷三。《全唐文》卷四四六有陈诩《唐洪州百丈山故怀海禅师塔铭》。今人乃光撰有《百丈禅要》。

僧智藏卒(735—)。智藏俗姓廖,虔化人。唐代佛教禅学高僧。八岁出家,后于建阳佛迹岩师从僧马祖道一。晚年住虔州西堂,故世称"西堂智藏"。卒,谥曰"大觉禅师"。弟子有处微及新罗僧道义、本如、洪涉、慧彻等。事迹见《宋高僧传》卷一〇、《景德传灯录》卷七。

按：智藏对朝鲜佛教之发展影响颇大。其弟子新罗僧道义返国后开禅学迦智山派之基,洪涉开实相寺派之基,慧彻开桐里山派之基,皆为朝鲜禅学曹溪宗九山之一。

孟郊八月己亥卒(751—)。郊字东野,武康人。中唐诗人。与韩愈、李翱等友善。早年隐居嵩山,后游历南方各地。贞元十二年登进士第,累迁河南尹、水陆转运使,丁母忧去职。服除,山南西道节度使郑余庆辟为从事、试大理评事,赴任途中暴卒于阌乡。友人私谥"贞曜先生"。有诗集10卷,今存,有华忱之校订本。《全唐文》卷六八四收录其文3篇,《全唐诗》卷三七二至三八一编录其诗为10卷。事迹见《旧唐书》卷一六〇、《新唐书》卷一七六。近人夏敬观撰有《孟东野先生年谱》,今人华忱之撰有《唐孟郊年谱》,尤信雄著有《孟郊研究》。

按：孟郊诗作以五言为主,多愤世嫉俗之语,且不袭陈言,不采旧藻,名声籍于一时。韩愈、李观、张籍、白居易等多盛赞之,影响广泛。李肇《唐国史补》云,元和以后,"学矫激于孟郊"。《全唐诗》卷七二九贯休《读孟郊集》赞曰:"东野子何之,诗人始见诗。清剌霜雪髓,吟动鬼神司。"

李吉甫十月三日卒(758—)。吉甫字弘宪,赵州赞皇人。中唐名相、学者。以博洽多闻、明练典故见称,善属文。由荫补入仕,累迁忠、郴、饶三州刺史。宪宗即位,召为翰林学士,转中书舍人,曾两度入居相位。卒赠司空,谥曰"忠懿"。尝监修《顺宗实录》5卷,著有《六代略》30卷、《注一行易》若干卷、《元和国计簿》10卷、《元和百司举要》1卷、《元和郡县图志》42卷(一说54卷)、《十道州郡图》(一作《十道图》)10卷、《古今地名》3卷、《删水经》10卷、《古今说苑》11卷、《一行传》1卷、《古今文集略》20卷、

《国朝哀策文》4卷、《类表》(又名《表启集》)50卷、集20卷。今存《元和郡县图志》残本34卷,余皆散佚。《全唐文》卷五一二、《唐文拾遗》卷二四、《唐文续拾》卷六收录其文26篇,《全唐诗》卷三一八收录其诗4首。事迹见《旧唐书》卷一四八、《新唐书》卷一四六。

窦群卒(760—)。群字丹列,京兆金城人。中唐诗人。尝从啖助门人卢庇习《春秋》,通经学,以诗名于世。贞元末征拜左拾遗,累迁御史中丞,出为湖南观察使,贬开州刺史。复召还朝,终容管经略使。卒赠左散骑常侍。著《史记名臣疏》34卷,另有诗集1卷,后皆散逸。《全唐文》卷六一二收录其文1篇,《全唐诗》卷二七一辑录其诗为1卷。事迹见《旧唐书》卷一五五、《新唐书》卷一七五。

按:窦群与父窦叔向、兄窦常、窦牟、弟窦庠、窦巩,俱有诗名,后人合编五人诗为《窦氏联珠集》5卷,今存。

裴茝卒,生年、字号、籍贯不详。精于《礼》学,有名于时。历太常博士、国子司业等职,卒于太常少卿任。著有《内外亲族五服仪》2卷、《书仪》2卷(一作3卷),后皆佚。事迹见《全唐文》卷五六八韩愈《祭裴太常文》。

日僧圆珍(—891)生。

元和十年　乙未　815年

是年,开科取士,礼部侍郎崔群知贡举,进士及第30人,诸科14人。
按:见《登科记考》卷一八。

韩愈在考功郎中、知制诰任,多作近体律绝,诗风一变。
按:韩愈力倡古文,多作古体,此期则偏重近体,不同其以往诗风。元稹有诗评之。见《元稹集》卷一二《见咏韩舍人新律诗因有戏赠》。

柳宗元正月由永州北上赴京,三月复出为柳州刺史。
按:宪宗诏征柳宗元等人在去年十二月。柳宗元等人至京,执政欲量才擢用,置之郎署,谏官争言不可,遂复出为远州。见《资治通鉴》卷二三九。

白居易在长安,是春与僧广宣游,又屡至兴善寺,问道于僧惟宽,师事之。七月,以越职言事,贬江州刺史,旋再贬江州司马。是冬,致书元稹,论诗文大端及自己为文之旨,叹当时诗道崩坏,"欲扶起之"。元九即元稹
按:《白居易集》卷一五《广宣上人以应制诗见示因以赠之诏许上人居安国寺红楼院以诗供奉》,言及其与广宣交游事。广宣,交州人,诗僧。贞元间居蜀,与女诗人薛涛等赋诗唱和。元和间至长安,奉诏居安国寺红楼院,历宪、穆二朝,以诗应制供奉十余年。后一度坐事被逐,文宗时复召入。与白居易、李益、韩愈、张籍等皆有交

破坏圣像运动复始。

拜占庭帝利奥五世败保加利亚人于麦森勃里亚。

游。撰有《红楼集》,又有《僧广宣与令狐楚唱和》1卷。白居易师事惟宽事,见《白居易集》卷四一《传法堂碑》、《宋高僧传》卷一〇《惟宽传》。白居易《与元九书》,见《白居易集》卷四五。其中曰:"夫文尚矣,三才各有文:天之文,三光首之;地之文,五材首之;人之文,《六经》首之。就《六经》而言,《诗》又首之。"又云:"诗者,根情,苗言,华声,实义。上自贤圣,下至愚駿,微及豚鱼,幽及鬼神,群分而气同,形异而情一,未有声入而不应,情交而不感者。……仆常痛诗道崩坏,忽忽愤发,或食辍哺,夜辍寝,不量才力,欲扶起之。"元九即元稹。

刘禹锡正月由朗州赴京,三月复出为播州刺史,旋改连州刺史。

按:见《资治通鉴》卷二三九。

元稹奉召还朝,正月由唐州赴长安,与白居易、韩愈等交游。三月,复出为通州司马。

按:元稹出为通州司马事,见《元稹集》卷一二《酬乐天东南行诗一百韵并序》。

权德舆为刑部尚书,十月奏请行用新删定《格敕》。宪宗从之。

按:见《旧唐书》卷一五《宪宗纪下》。

沈亚之应贡举,登进士第。五月,受泾原节度使李汇之召,辟为掌书记。

按:见《登科记考》卷一八、《沈下贤文集》卷四《异梦录》。

韩愈等奉敕纂《顺宗实录》5卷成,是夏进上。

按:《顺宗实录》系据韦处厚所撰《先帝实录》增修而成,始于元和八年十一月。预修者尚有左拾遗沈传师、直馆京兆府咸阳县尉宇文籍等。去年冬纂成,是夏刊正方毕。《韩昌黎集》卷三八《进〈顺宗皇帝实录〉表状》曰:"(元和)八年十一月,臣在史职,监修李吉甫授臣以前史官韦处厚所撰《先帝实录》三卷,云未周悉,令臣重修。……修成《顺宗皇帝实录》五卷,削去常事,著其系于政者,比之旧录,十益六七。忠良奸佞莫不备书,苟关于时无所不录。吉甫慎重其事,欲更研讨,比及身没,尚未加功。臣于吉甫宅取得旧本,自冬及夏,刊正方毕。"《旧唐书》卷一五九韩愈本传曰:"时谓愈有史笔,及撰《顺宗实录》,繁简不当,叙事拙于取舍,颇为当代所非。"该书早佚。

白居易在江州贬所,编所作诗800余首,勒成15卷,将诗作分为讽谕、闲适、感伤、杂律四类。

按:白居易贬江州事,参见本年上文。其所编诗,讽谕诗150首,闲适诗与感伤诗各100首,杂律400余首。

沈亚之撰传奇《异梦录》。

按:沈亚之在泾原节度使李汇幕,闻邢凤、王炎异梦事,遂撰《异梦录》。文见《沈下贤文集》卷四。

贾比尔·伊本·赫扬卒(约721—)。阿拉伯炼金术士、医生。

刘伯刍卒(755—)。伯刍字素芝,广平人。有文藻,工书,通佛经。登进士第,累迁刑部侍郎,以左散骑常侍致仕。尝参修《元和格敕》,预译《大乘本生心地观经》。有集30卷,已佚。事迹见《新唐书》卷一六〇。

武元衡六月三日卒(758—)。元衡字伯苍,河南缑氏人。中唐诗人,尤擅五言诗。建中四年登进士第,宪宗朝两度入相,遇刺而卒。有《临淮尺题》2卷、集10卷(一说2卷)，后皆散佚。《全唐文》卷五三一、《唐文拾遗》卷二五收录其文13篇,《全唐诗》卷三一六至三一七辑录其诗编为2卷。事迹见《旧唐书》卷一五八、《新唐书》卷一五二。

独孤郁正月卒(776—)。郁字古风,河南人,独孤及之子。中唐学者。精史学,有文名,为权德舆所称。贞元十四年登进士第,又登才识兼茂明于体用科,历右拾遗、起居郎充翰林学士、考功员外郎兼史馆修撰等职,终秘书少监。参修《德宗实录》50卷,又与元稹、白居易合纂《元和制策》3卷。其著述多佚,《全唐文》卷六八三收录其文5篇。事迹见《旧唐书》卷一六八、《新唐书》卷一六二。

按：独孤郁累任史职,长于古文,倡导为文贵在自然,于中后唐之古文运动有一定影响。

元和十一年　丙申　816年

是年,开科取士,中书舍人李逢吉知贡举,进士及第33人,诸科14人。

阿拉伯人治下阿塞拜疆人反。

按：见《登科记考》卷一八。

韩愈正月丙午由考功郎、知制诰迁中书舍人。为人所谮,五月癸未左迁太子右庶子。

按：见《旧唐书》卷一六〇本传、宋洪兴祖《韩子年谱》、方崧卿《韩文年表》。

白居易在江州,是秋作《琵琶行》。是年与户部侍郎崔群书信往来,讨论佛学心得。

按：《琵琶行》系白居易诗作名篇,为世人及后代人们广为传诵。见《白居易集》卷一二。同书卷四五有《答户部崔侍郎书》,其中曰："终垂问以心地,此最要者,辄梗概言之。顷与阁下在禁中日,每视草之暇,匡床接枕,言不及他,常以南宗心要,互相诱导。别来闲独,随分增修。"

权德舆十月由刑部尚书转检校吏部尚书,兼兴元尹,充山南西道节度使。

按：见《旧唐书》卷一五《宪宗纪下》。

王涯十二月由工部尚书、知制诰迁中书侍郎、同平章事。

按：见《旧唐书》卷一五《宪宗纪下》。

李渤由著作郎迁右补阙,因连章上疏忤旨,贬丹王府谘议参军,分司东都。

按：李渤虽在外,志存朝廷。此后数年,所上表疏凡45通。见《旧唐书》卷一七一本传。

姚合应贡举,登进士第。

按:见《登科记考》卷一八。

郑澥应贡举及第,登榜首。

按:见《登科记考》卷一八。郑澥生卒年、籍贯不详,字蕴士,后历山南东道掌书记、开州刺史、金部郎中等职。《新唐书》卷五八《艺文志二》著录其《凉国公平蔡录》1卷。今不存。

僧宗密是春入终南山智炬寺,潜心研学藏经,三年不出。

韦公肃撰《礼阁新仪》20卷成。

按:《新唐书》卷一一《礼乐志一》谓该书系"录开元已后礼文损益"而成;《旧唐书》卷一七一《李汉传》称该书"理甚精详"。《宋史·艺文志》尚有著录,后佚。韦公肃事迹,见宝历二年条按语。

顾况约卒(约727—)。况字逋翁,自号华阳山人,苏州人。中唐文学家、画家。至德间登进士第,累迁著作佐郎,贬饶州司户。后隐居茅山,游历江南各地。著有《画评》1卷,另有集20卷。今存《华阳集》3卷。《全唐文》卷五二八至五三〇编录其文为3卷,《全唐诗》卷二六四至二六七编录其诗为4卷。事迹见《旧唐书》卷一三〇、《新唐书》卷一一九。今人顾福生著有《顾况评传》。

按:顾况卒年,史无明载。考皇甫湜《皇甫持正文集》卷二《顾况诗集序》,谓况"以寿九十卒"。况约于贞元十三年生子顾非熊,时年约七十。以此推,其卒约本年。参见傅璇琮主编《唐才子传笺注》。顾况撰有《文论》等文,倡导文主政教说;又将志怪小说与礼乐并论,独俱见解。其诗作颇为白居易等推重。皇甫湜《顾况诗集序》称况诗"骏发踔厉,往往若穿天心,出月胁,意外惊人,语非寻常所能及"。

僧灵澈卒(746—)。灵澈俗姓杨,字源澄,会稽人。中唐诗僧。幼年出家云门寺,尝师从严维学诗。交游甚广,先后与皎然、李纾、卢纶、权德舆、刘禹锡、柳宗元、韩泰、吕温、范传正、李翱、李逊等游,名振一时。尝受诬流汀州,后遇赦还,居湖、越等州,卒于宣州开元寺。著有《律宗引源》21卷。门人秀峰编次其部分诗作为《澈上人文集》10卷,又取其与人唱酬之诗另编为别集10卷。后皆散佚。《全唐诗》卷八〇九辑录其诗编为1卷。事迹见《宋高僧传》卷一五、《释氏稽古录》卷三。

按:灵澈诗名颇著于中唐,为皎然、刘长卿、白居易等人推重。一生诗作约2000首之多,多已亡佚。

李贺卒(790—)。贺字长吉,福昌人,家福昌昌谷,世称李昌谷。中唐诗人,尤善乐府诗。元和二年移居洛阳,深为韩愈器重。试第不举,家境贫寒,补太常寺协律郎,寻病卒。有集5卷。今有清王琦、姚文燮、方扶南三家评注《李长吉歌诗》。《全唐诗》收录其诗编为5卷。事迹见《旧唐书》卷一三八、《新唐书》卷二〇三。近人朱自清撰有《李贺年谱》,今人钱仲联撰有《李长吉年谱会笺》,王礼锡著有《李长吉评传》,傅经顺著有《李贺传论》。

按：李贺在中晚唐诗坛颇具地位。《旧唐书》本传曰："李贺……手笔敏捷，尤长于歌篇。其文思体势，如崇岩峭壁，万仞崛起，当时文士从而效之，无能仿佛者。其乐府词数十篇，至于云韶乐工，无不讽诵"。其作品反映现实，在诗坛独树一帜，严羽《沧浪诗话》谓之"李长吉体"。

元和十二年　丁酉　817年

十月癸酉，内出《元和辨谤略》，付史馆。
按：见《旧唐书》卷一五《宪宗纪下》。

是年，开科取士，中书舍人李程知贡举，进士及第35人，诸科14人。
按：见《登科记考》卷一八。

韩愈为太子右庶子，十二月丙子擢刑部侍郎。
按：见《旧唐书》卷一五《宪宗纪下》。

柳宗元在柳州刺史任，是年前后与刘禹锡往来寄酬，论及书法艺术。
按：柳宗元工于书法，为时人所重，故在与刘禹锡唱酬中谈及书法艺术。两人唱酬诗作，见《柳宗元集》卷四二《殷贤戏批书后寄刘连州并示孟崙二章》、《重赠二首》、《叠前》、《叠后》，《全唐诗》卷三六五刘禹锡《酬柳柳州家鸡之赠》、《答前篇》、《答后篇》。

白居易在江州，三月，致书元宗简等，荐举刘轲；四月，与僧法演等人交游。
按：《白居易集》卷四三《代书》，即为荐举刘轲书。

庚敬休为起居舍人，九月奏请书录君臣对言可传后者，送史馆以备修撰国史之用。诏可。后因宰臣反对，事竟不行。
按：唐之官修史书，有起居注、实录、国史之类。长寿年间又增修时政记，由宰臣书录君臣讨论时政之事以送史馆。然时政记之修录时断时续，并不固定。参见长寿二年正月、元和八年十月条。宪宗即位后，对国史修撰有所留意。故庚敬休奏请，即有诏从之。《新唐书》卷一六一本传载庚敬休建言："天子视朝，宰相群臣以次对，言可传后者，承旨宰相示左右起居，则载录，季送史官，如故事。"《唐会要》卷六四载宪宗诏曰："记事记言，史官是职，昭其法诫，著在旧章，举而必书，朕所深望。自今已以，每坐日，宰臣及诸司对后，如事有可备劝，合记述者，委承旨宰相示左右起居，令其缀录。仍准旧例，每季送史。"同书又曰："既而宰相以事关机密，不以告之，事竟不行。自左右史失职，于今几一百五十年，中间往往有时政记出焉。既录因宰相，事同称赞，推美让善之道行，而信史直书之义阙。然于时尚十得其四五，今则全废，君子惜之。"庚敬休生卒年不详，字顺之，邓州新野人。初登进士第，又登宏词科，累官尚书左丞，卒赠吏部尚书。《全唐文》卷七三二收录其奏疏1篇，《全唐诗》卷五一六收录其诗1首。事迹见《旧唐书》卷一八七下、《新唐书》卷一六一。

阿拉伯马蒙立什叶派首领阿里·里达为储君，以女妻之。

法兰克《授权诏令》三分帝国。

保加利亚人及拜占庭人媾和。

令狐楚纂《御览诗》1卷，选录大历、贞元及宪法宗朝部分诗人诗作。

按：令狐楚时为翰林学士守中书舍人，其纂是书在三月至八月间。参见傅璇琮编撰《唐人选唐诗新编》。

长孙巨泽撰传奇《卢陲妻传》。

按：该传奇今存，见《全唐文》卷七一七。巨泽，元和时人，余不详。

僧惟宽二月晦日卒（755— ）。惟宽俗姓祝，信安人。唐代高僧。年十三出家，对佛学理论颇有研究，说心要法三十年，徒众千余。白居易曾师事之，宪宗亦召其入京问道。卒，谥曰"大彻禅师"。事迹见《宋高僧传》卷一〇、《景德传灯录》卷七。

苻载约是年稍后卒（759— ）。载字厚之，自称庐山山人，祖籍凤翔，家蜀郡。与杨衡、王简言、李元象先后隐居青城山、庐山，潜心读书，切磋学问，号"山中四友"。江州刺史包佶敬重之，名声始著。后游历荆南节度使樊泽、江西观察李巽、淮南节度使杜佑等幕下，晚年事迹不详。有集14卷，已散佚。《全唐文》卷六八八至六九一辑录其文编为4卷，《全唐诗》卷四七二收录其诗2首。事迹见《唐诗纪事》卷五一。

按：苻载，《全唐文》、《全唐诗》皆作"符载"，误。参见岑仲勉《跋唐摭言》。《郡斋读书志》卷一八谓载"元和中卒"。傅璇琮主编《唐五代文学编年史》（中唐卷）以苻当在本年后不久卒，从之。苻载以王霸之佐自许，柳宗元称其"艺术志气，为时闻人"。

杨凭卒，生年不详。凭字虚受，一字嗣仁，弘农人。与弟杨凝、杨凌俱有文名，号为"三杨"，又号为"文章家"。大历九年登进士第，累迁刑部侍郎。有集，已散佚。《全唐诗》卷二八九辑录其诗编为1卷，《全唐文》卷四七八收录其文2篇。事迹见《旧唐书》卷一四六、《新唐书》卷一六〇。

按：《全唐文》卷五八八柳宗元《唐故兵部郎中杨君（凝）墓碣》对杨氏兄弟颇为赞誉，谓三人诗文，"东薄海岱，南极衡、巫，文学者皆知诵其词，而以为模准"。

僧元浩卒，生年不详。元浩（一作元皓）俗姓秦，字广成，吴门人。唐天台宗高僧。幼依晋陵灵山寺僧慧日禅师披剃，住龙兴寺。后从荆溪湛然受法华止观之法，隐居山林，凝心三昧。后住开元寺，注解《大涅槃经》。弟子有智净、仲义、子瑜、道如、仲良等。事迹见《宋高僧传》卷六、《佛祖统纪》卷一〇、《释门正统》卷二。

元和十三年　戊戌　818年

正月己丑，以孔子三十八代孙孔惟晊袭爵文宣公。

按：见《旧唐书》卷一五《宪宗纪下》。

是年，开科取士，中书舍人庾承宣知贡举，进士及第32人，诸科13人。

按：见《登科记考》卷一八。

柳宗元在柳州刺史任，正月作《平淮夷雅》二篇，献上。是冬，与僧浩初交游。

按：《柳宗元集》卷一有《上平淮夷雅表》。

白居易是冬由江州司马迁忠州刺史。

按：见《旧唐书》卷一六六本传。

王涯为中书侍郎、同平章事，八月罢知政事，转兵部侍郎。

按：见《旧唐书》卷一五《宪宗纪下》。

李渤奉召入朝，擢库部员外郎。

按：见《旧唐书》卷一七一本传。

丁公著奉诏撰《礼记字例异同》1卷成。

按：该书已佚。

杨倞十二月撰《荀子注》20卷成。

按：《荀子》一书，刘向《叙录》称《荀卿新书》，《汉书·艺文志》、《隋书·经籍志》、《旧唐书·艺文志》皆称《孙卿子》，《新唐书·艺文志》称《荀卿子》。自汉代以降，荀况被儒者视为"异端"，其书亦鲜有为之作注者。杨倞以为该书"根极事要"、"拨乱兴理"，"羽翼《六经》，增光孔氏，非徒诸子之言"（《荀子序》），乃为之作注，由是更名《荀子》。宋、明时，杨注颇为儒者所诟。至清中期，又有谢墉、汪中、郝懿行、王念孙、俞樾等先后为《荀子》作注。稍后王先谦聚众家之注纂为《荀子集解》，其中亦收录杨注，今有沈啸寰、王星贤点校本。杨倞，弘农人，《新唐书·艺文志》谓其系刑部尚书杨汝士之子，官大理评事。余不详。《全唐文》卷七二九收录其文2篇，其中之一即为《荀子序》。

刘禹锡在连州刺史任，六月撰《传信方》2卷成。

按：刘禹锡是年得薛景晦所撰药书《古今集验方》，遂参合该书，集多年以来所集药方，撰为《传信方》。《刘梦得外集》卷九《传信方述》曰："河东薛景晦以所著《古今集验方》十通为赠，其志在于拯物，予故申之以书。异日景晦复寄声相谢，且咨所以补前方之阙。医拯道贵广，庸可以学浅为辞，遂于箧中得已试者五十余方，用塞长者之间，皆有所自，故以《传信》为目云。元和十三年六月八日。"该书自元后渐次散佚，现存《传信方集释》，系今人从古方书中辑佚编成，所收凡45方。薛景晦生卒年不详，元和中为刑部郎中，后贬道州刺史。所撰《古今集验方》10卷，后散佚。

沈亚之撰小说《湘中怨》。

按：见《沈下贤文集》卷二《湘中怨解》。

李公佐赴长安，撰传奇《谢小娥传》。

按：《谢小娥传》，见《全唐文》卷七二五。

僧宗密于终南山智炬寺著《圆觉经科文》、《圆觉经纂要》各1卷。

按：宗密入终南山事，见元和十一年条。

日本汉诗集《文华秀丽集》成书。

| 狄奥法内斯卒（约752— ）。拜占庭基督教僧侣，神学家，史学家。

僧天王道悟四月卒(737—)。道悟俗姓崔，渚宫人。唐代禅宗高僧。年十五出家，先后参学于嵩山律德、衡岳希迁、南阳慧忠和马祖道一。后住渚宫天王寺，讲经弘法，门风颇盛，故世称"天王道悟"，以别于另一禅学高僧"天皇道悟"。事迹见《禅林僧宝传》卷四、《教外别传》卷七、《释氏稽古略》卷三、《佛祖历代通载》卷一五、玄素《江陵城西天王寺道悟禅师碑铭》。

按：天王道悟与天皇道悟生活于同时代，有关文献记述两人事迹与法嗣传递多有混淆、矛盾之处。以上天王道悟事迹，系据玄素《江陵城西天王寺道悟禅师碑铭》等所载。另据《祖庭事苑》卷一、《佛祖历代通载》卷一五和卷二〇等载，天王道悟出于南宗禅南岳系马祖道一门下，其法嗣后有云门、法眼两宗；天皇道悟则出于南宗禅青源派门下，其法嗣经慧真、幽闲，至文贲而断绝。两道悟之诸种异说，皆因后来南宗禅云门、临济两派争禅宗六祖慧能门下正统而起。或谓所谓两道悟实为同一人，云门、临济两派各述事迹，遂分属两人。异说纷呈，迄今未有定论。姑分述之。

僧灵默卒(747—)。灵默俗姓宣，毗陵人。唐代南宗禅高僧。师从衡岳石头希迁，随学二十年。后住天台山白砂道场、婺州五泄山等，开筵讲论，四方学众云集。事迹见《宋高僧传》卷一〇、《祖堂集》卷一五、《景德传灯录》卷七。

权德舆八月戊寅卒(759—)。德舆字载之，原籍天水略阳，家居润州丹阳，权皋之子。中唐学者、文学家。名重一时，刘禹锡、柳宗元等皆投其门下，与梁肃、崔元翰友善。历校书郎、太常博士、左补阙、中书舍人、礼部侍郎等职，曾三掌贡举，号为得人。元和五年拜相，后罢为礼部尚书，终山南东道节度使。撰有《童蒙集》10卷，与刘伯刍等合纂《元和格敕》30卷，另有《制集》50卷，文集50卷。今存《权载之文集》50卷。《全唐文》卷四八三至五〇九编录其文为27卷，《全唐诗》卷三二〇至三二九编录其诗为10卷。事迹见《旧唐书》卷一四八、《新唐书》卷一六五。《全唐文》卷五六二有韩愈《唐故相权公墓碑》。

按：权德舆于思想上推崇道家虚静淡泊、知足知止之人生观，倡导以清静无为为治国之道，认为儒、佛、道"派分示三教，理谐无二名"。在文学方面，重视文章的政治教化功能，认为为文当"尚气尚理"，主张"体物导志"、"有补于时"，对当时文风多有抨击。时公卿侯王、硕儒名士碑铭，多出其手，世人奉为宗匠。

于頔八月卒，生年不详。頔字允元，河南人。工诗，擅长书法。以门荫入仕，宪宗时累迁相职，以户部尚书致仕。尝采编皎然诗为《杼山集》10卷。《全唐诗》卷四七三收录其诗2首，《全唐文》卷五四四收录其文3篇。事迹见《旧唐书》卷一五六、《新唐书》卷一二。

元和十四年　己亥　819年

| 穆罕默德·伊本·齐亚德据也门

正月丁亥，迎凤翔法门寺佛骨舍利至京师长安，留禁中三日，乃送诸

寺供养，王公士庶奔走施舍不绝。

按：见《旧唐书》卷一五《宪宗纪下》。

七月己卯，制中书门下、御史台及诸司四品以下、清望官五品以上和诸道观察使、刺史，各举贤良方正能直言极谏、博通坟典达于教化、军谋弘远堪任将帅、详明政术可以理人者，限来年正月内到上都长安应试。

按：见《登科记考》卷一八。

是年，开科取士，中书舍人庾承宣知贡举，进士及第31人，诸科12人。

按：见《登科记考》卷一八。

沿海建齐亚德王朝。

法兰克治下克罗地亚人反。

韩愈在刑部侍郎任，正月上《论佛骨表》，极谏迎佛骨，由是获贬，出为潮州刺史。十月，改授袁州刺史。是年，刘叉寄诗与愈，劝其勿执于古。

按：《论佛骨表》，见《韩昌黎文集校注》卷一。是年正月，宪宗迎佛骨舍利于长安。韩愈素斥佛学，故上书极谏，忤旨遭贬。见《旧唐书》卷一五《宪宗纪下》。《全唐诗》卷三九五有刘叉《勿执古寄韩潮州》。刘叉名不详，以字行，自称彭子。负才不羁，有诗名。尝投韩愈之门，又师从卢仝学《春秋》。一生不仕，游历各地。其诗多愤世嫉俗，抨击现实之作，在当时诗坛自成一家。有诗集，《郡斋读书志》作1卷，《直斋书录解题》作2卷。《全唐诗》卷三九五辑录其诗编为1卷。事迹见《唐才子传》卷五。

柳宗元在柳州刺史任。是春，杜温夫前来从其学。

按：杜温夫稍后又赴潮州从韩愈学。

白居易二月偕弟白行简赴忠州刺史任，道中与裴次元、熊孺登、李程等交游。三月抵忠州，寄诗赠李景俭、杨归厚等。

按：参见傅璇琮主编《唐五代文学编年史》（中唐卷）。

李翱在朝，屡上建言，请革时弊。四月，又论史官记事不实，谓作史、撰行状当据实直载，杜绝溢美虚文。寻权知职方员外郎。

按：李翱曾在越州浙东观察使府，事见元和五年条。其何时奉召返朝，史无明载。翱论时政，多有己见，所言"用忠正"、"屏邪佞"、"改税法"、"绝进献"、"厚边兵"、"访问待制官以通塞蔽"诸条，虽切时弊，然言词率直，不为执政所喜。《旧唐书》卷一六〇本传曰："翱性刚急，论议无所避，执政虽重其学，而恶其激讦，故久次不迁。"翱论作史、撰行状之弊，亦颇为尖锐，从中可见当时撰史风气。《唐会要》卷六四载其奏，略曰："夫劝善惩恶，正言直笔，记圣朝功德，述忠贤事业，载奸佞丑行，以传无穷者，史官之任也。凡人之事迹，非大善大恶，则众人无由知之。旧例皆访问于人，又取行状、谥议，以为依据。今之作行状者，非门生即其故吏，莫不虚加仁义礼智，妄言忠肃惠和。如此不唯处心不实，苟欲虚美于所受恩而已也。……故为文则失《六经》之古风，纪事则非史迁之实录，不然则词句鄙陋，不能自成其文矣。……臣今请作行状者，但指事说实，直载其词，善恶功迹，皆据事足以自见矣。"

元稹三月由通州司马改虢州长史，道中遇白居易，畅游三日而别。是冬奉召还朝，授膳部员外郎。

按：《白居易集》卷一七有《十年三月三十日别微之于沣上十四年三月十一日遇微之于峡中停舟夷陵三宿而别言不尽者以诗终之因赋七言十七韵以赠且欲记所欲

之地与相见之时为他年会话张本也》。元稹奉召还朝事,见《旧唐书》卷一六六本传。

独孤郁应贡举,登进士第。

按:见《登科记考》卷一八。

令狐楚在宰相任,集元稹诗200首,编为5卷,上之。

按:令狐楚雅好元稹诗,及稹冬自虢州还,索其诗纂之。见《旧唐书》卷一六六《元稹传》、《元稹集》卷六〇《上令狐相公诗启》。

柳宗元十月五日卒(773—)。宗元字子厚,祖籍河东,故世称柳河东。父柳镇徙家吴兴。中唐思想家、文学家,又工书法。贞元间登进士第,又登博学宏词科,授集贤殿正字。顺宗时为礼部员外郎,参与"永贞革新",贬永州司马。迁柳州刺史,因俗施教,多有惠民之政,人称"柳柳州"。卒于官,撰有《注扬子法言》13卷,已佚。刘禹锡编次其诗文为集40卷,已散佚。今有近人吴文治重新整理编纂《柳宗元集》(又称《唐柳先生集》、《柳河东集》)45卷,所收《正集》43卷、《外集》2卷及补遗。《全唐文》卷五六九至五九三编录其文为25卷,《全唐诗》卷三五〇至三五三编录其诗为4卷。事迹见《旧唐书》卷一六〇、《新唐书》卷一六八。宋人文安礼撰有《柳先生年谱》,今人施子愉撰有《柳宗元年谱》,孙昌武著有《柳宗元评传》。

按:柳宗元为唐代著名思想家和古文大家,所作《贞符》、《非国语》、《天说》、《天对》、《答刘禹锡天论书》等,力论元气万物之本之哲学本体说,坚持"天人不相预"之思想,提出重"势"之历史观,在古代哲学思想史上具有相当地位。又与韩愈同为当时文坛领袖,力倡古文运动,主张为文当以"明道","有益于世",反对"贵辞而矜书,粉泽以为工,道密以为能"。影响广泛,世称"韩柳"。后人列其为"唐宋八大家"之一。《旧唐书》本传谓其"聪警绝众,尤精西汉诗骚,下笔构思,与古为侔。精裁密致,璨若珠贝,当时流辈咸推之"。所作有论说、寓言、传记、游记、骚赋等类。论说以《天说》、《封建论》、《捕蛇者说》等为代表,寓言以《三戒》等为代表,传记以《梓人传》等为代表,游记以"永州八记"等为代表,骚赋以《天对》、《吊屈原文》等为代表。

张仲素卒,生年不详。仲素字绘之(一作缋之),符离人。中唐诗人,尤长于乐府。贞元间登进士第,又登博学宏词科,累迁吏部郎中充翰林学士,终中书舍人。撰有《词圃》10卷、《赋枢》3卷,另有诗集1卷,后散佚。《全唐文》卷六四四收录其文27篇,《全唐诗》卷三六七辑录其诗仍编为1卷。事迹见《唐才子传》卷五、《翰苑群书》卷二元稹《承旨学士院记》。

按:张仲素,两《唐书》无传。元稹《承旨学士院记》曰:"张仲素,元和十三年二月十八日以司封郎中知制诰、翰林学士……十四年三月二十八日正除,其年卒于官。"元和中,张仲素与王涯、令狐楚均为中书舍人,三人所作乐府诗后编为《三舍人集》(又称《元和三舍人集》)。今存。

羊士谔约是年稍后卒,生年不详。士谔字谏卿,原籍泰山,家居洛阳。中唐诗人。贞元初登进士第,元和初累迁侍御史,贬巴州刺史,转资、洋、睦州刺史,有政绩。召为户部郎中,寻卒。有集1卷,已散逸。《全唐文》卷六一三收录其文5篇,《全唐诗》卷三三二辑录其诗编为1卷。事迹见

《唐才子传》卷五。

按：羊士谔卒年，史无明载。考有关文献，是年后不知行迹，似当稍后卒。姑系于此。

僧大同（——914）生。

元和十五年　庚子　820年

正月庚子，唐宪宗李纯卒（778——）。五月庚申，葬于景陵。

按：李纯原名淳，唐顺宗长子。嗣位之初，颇有雄心，勤于政务，欲复贞观、开元盛世。后渐消沉，任用敛括之臣，听任藩镇势重，又沉湎于神仙之术。因服金丹，多躁怒，遂为宦官陈弘志所杀。中尉梁守谦与宦官王守澄等共拥立李恒，宦官势力由是益盛，朝政愈坏。

丙午，太子李恒即位，是为唐穆宗。

按：见《旧唐书》卷一六《穆宗纪》。

二月壬寅，敕举贤良方正能直言极谏等制科，令中书门下、尚书省四品以上官于尚书省同试。

按：见《旧唐书》卷一六《穆宗纪》。

四月戊午，从吏部尚书赵宗儒奏请，罢试制举。

按：见《登科记考》卷一八。

十一月癸卯，遣谏议大夫郑覃宣慰镇州，若有隐于山谷、退在邱园、行义素高、名节可尚，或才兼文武、卓然可奖者，具名奏闻。

按：见《登科记考》卷一八。

是年，开科取士，太常少卿李建知贡举，进士及第29人，诸科13人。

按：见《登科记考》卷一八。

韩愈在袁州刺史任。九月与尚书孟简书，辟谓其信佛之传言。是月奉召返朝，授国子祭酒。

按：韩愈素以反佛著称，闻时人传言其转而信佛，故力辟其妄。《韩昌黎集》卷一八《与孟尚书》曰："来示云有人传愈近少信奉释氏，此传之者妄也。潮州时有一老僧号大颠，颇聪明识道理，远地无可与语者，故自山召至州郭，留十数日……因与来往，及祭神至海上，遂造其庐。及来袁州，留衣服为别，乃之情，非崇信其法，求福田利益也。"韩愈授国子祭酒事，见《旧唐书》卷一六《穆宗纪》。

白居易为司门员外郎，十二月擢主客郎中、知制诰。

按：见《旧唐书》卷一六《穆宗纪》。

刘禹锡在连州刺史任，正月丁母忧，自连州北归。

按：见《刘禹锡集》卷四〇《祭柳员外文》。

李翱为权知职方员外郎，六月改授考功员外郎，并兼史职。七月出为

拜占庭帝利奥五世遇弑于君士坦丁堡圣索菲亚大教堂。

阿拉伯人侵南高卢里维埃拉地区。

法兰克传教士赴瑞典。

朗州刺史。寻复奉召入朝，授礼部郎中。

  按：《旧唐书》卷一六〇本传载，李翱与谏议大夫李景俭友善，尝为李景俭荐举。会李景俭遭贬，李翱亦受牵连。未几李景俭复职，李翱遂返朝。

  元稹五月庚戌由膳部员外郎迁祠部郎中、知制诰。

  按：见《资治通鉴》卷二四一。

  王彦威在太常博士任，奏议宪宗谥号，谓应称"宗"。从之。

  按：王彦威熟谙典故，精通《礼》学。元和中尝考论隋代以来礼制沿革，撰成《元和新礼》30卷献上，由是特授太常博士。及宪宗卒，淮南节度使李夷简以为宪宗功高，谥号当称"祖"。穆宗召礼官详议，彦威依据《礼经》之义，以为宪宗不当称"祖"，而应称"宗"。穆宗从之。时朝中礼制，多由彦威参定，又以强直不阿，为时人所称。见《旧唐书》卷一五七。

  李德裕为监察御史，李绅为右拾遗，庾敬休为礼部员外郎，正月并以本官充翰林学士。

  按：见《旧唐书》卷一六《穆宗纪》。

  丁公著由驾部员外郎进拜中书舍人，寻迁工部侍郎，仍兼集贤殿学士。

  按：穆宗即位，颇信重丁公著，欲擢其入相位。丁公著以疾力辞，求为外官，遂改授江西道都团练观察使。见《旧唐书》卷一八八本传。

  牛僧孺十二月由库部郎中、知制诰迁御史中丞。

  按：见《旧唐书》卷一六《穆宗纪》。

  王涯正月由吏部侍郎转检校礼部尚书、梓州刺史，充剑南东川节度使。

  按：见《旧唐书》卷一六《穆宗纪》。

  王建投诗韩愈，颂其文章道德，并求引荐。

  按：见《王建诗集》卷六《寄上韩愈侍郎》。

  张籍为韩愈所荐，由秘书省校书除国子博士。

  按：见《韩昌黎集》卷三九《举荐张籍状》。

  路随累充史馆修撰，迁司勋员郎中，与韦处厚同入翰林，并为侍讲学士。三月壬子，奉召入宫，讲论《毛诗·关雎》、《尚书·洪范》等篇。

  按：见《旧唐书》卷一五九本传、卷一六《穆宗纪》。

  马宇元和中官秘书少监、史馆修撰。

  按：马宇生平事迹不详。《新唐书》卷五八《艺文志二》著录其《凤池录》50卷、《段公（秀实）别传》2卷。

  裴瑾元和中为吉州刺史。

  按：裴瑾字封叔，河东闻喜人，裴光庭曾孙。余不详。《新唐书》卷五八《艺文志二》著录其《崇丰二陵集礼》若干卷。

  施肩吾元和中登进士第，后弃官出家为道士，隐居洪州西山。

  按：施肩吾生卒年不详，字希圣，号东斋，自号栖真子。其籍贯，历有歧说，一说吴兴，一说洪州，一说睦州，一说杭州仁和，一说常州武进。其登第时间亦诸说不一。《唐语林》卷六谓元和十五年，《全唐文》卷七三九谓元和十年，《新唐书》卷五九《艺文志三》谓元和中。未详孰是，姑系于此。肩吾系中晚唐道教学者，隐居洪州，遂开道教西山派。著有《辨疑论》1卷、《群仙会真记》5卷、诗集10卷,后皆散佚。《全唐文》卷七三九收录其文9篇,《全唐诗》卷四九四辑录其诗编为1卷。

李约活动于元和年间。

按:李约生卒年不详,字存博,德宗时宰相李勉之子。道家学者。曾任兵部员外郎等职。著有《东杓引谱》(一作《琴曲东杓谱序》)1卷、《道德真经新注》(一作《老子道德经注》)4卷,后皆佚。《全唐文》卷五一四收录其文2篇,《全唐诗》卷三〇九收录其诗10首。事迹见《唐才子传》卷六。

僧灵祐奉其师怀海之命,至沩山弘扬禅法,当地民众为之共建同庆寺。由是于此讲经弘法多年,声誉大扬,学侣云集,世称"沩山灵祐"。

按:灵祐至沩山事,《宋高僧传》卷一二本传谓"元和末",姑系于此。其师从怀海事,见贞元九年条。

僧天然入南阳丹霞山,结庵化众,弘传南宗禅青原一系之禅于北方,四众云集。

按:见《宋高僧传》卷一一。

薛用弱约是年后撰《集异记》3卷。

按:薛用弱字中胜,官至光州刺史,余不详。其撰《集异记》事,参见傅璇琮主编《唐五代文学编年史》(中唐卷)。

日本文学理论书《文镜秘府论》约于此时成书。

僧慧琳卒(737—)。慧琳俗姓裴,西域疏勒人。中唐佛教学者、佛经翻译家,密宗高僧。师从密宗付法六祖不空,内持密藏,外究儒学,精通训诂之学。在长安大兴善寺译经,先后译出23部,凡100余卷,故世称"翻经大德彦琮法师"。卒于西明寺。著述有《一切经音义》100卷,《新集浴像仪轨》、《建立曼荼罗及拣择地法》各1卷等。事迹见《宋高僧传》卷五、《六学僧传》卷一四。今人严承钧撰有《慧琳生平考略》。

按:慧琳卒年,严承钧《慧琳生平考略》据景审《一切经音义序》谓元和十二年,今从《宋高僧传》卷五。

郑余庆十一月癸亥卒(746—)。余庆字居业,郑州荥阳人。善属文。大历十二年登进士第,累迁工部侍郎,拜中书侍郎、平章事,转尚书左丞。宪宗即位,复拜相,后罢为太子宾客,爵封荥阳郡公。穆宗初,加检校司徒。卒赠太保,谥曰"贞"。著有《书仪》2卷,今存敦煌遗书本。另有集50卷,已佚。《全唐文》卷四七八收录其文3篇,《全唐诗》卷三一八收录其诗2首。事迹见《旧唐书》卷一五八、《新唐书》卷一六五。

卢渥(—905)生。

商羯罗卒(788—)。印度吠檀多派哲学家,婆罗门教改革家。

沙斐仪卒(767—)。阿拉伯伊斯兰教法学家。

唐穆宗长庆元年　辛丑　821年

塔希尔·伊本·侯赛因据呼罗珊叛。

拜占庭军官、斯拉夫人托马叛于小亚细亚。

正月辛丑,改元长庆。令国子祭酒访择能精通一经、堪为师法者,具名奏闻。制举贤良方正能直言极谏、博通坟典达于教化、军谋弘远堪任将帅、详明政术可以理人者，限本年十月内到上都策试。

按：见《登科记考》卷一九。

四月丁丑，诏："自今后礼部举人，宜准开元二十五年敕，及第人所试杂文并策，送中书门下详覆。"

按：见《旧唐书》卷一六《穆宗纪》。

戊寅，从宰臣崔植、杜元颖奏请，诏修圣政记。后事竟不行。

按：初，武则天从姚璹奏请，令宰臣书录时政记付史馆。事见长寿二年正月条。后历朝多废而不修，至是中书门下奏言，请按时政记修撰旧例，"每坐日所有谋议事关政事者，便日撰录，号为'圣政记'。书纪缄封，至岁末则付史官，永为常式"。诏从之。见《唐会要》卷六四、《旧唐书》卷一六《穆宗纪》。

七月，唐与回纥和亲，太和公主出嫁回纥登罗骨没施合毗伽可汗。

按：见《旧唐书》卷一六《穆宗纪》。

九月庚戌，应吐蕃王赤饶巴巾之请，以大理卿刘元鼎为吐蕃会盟使。越月盟成，共建"长庆会盟碑"。

按："长庆会盟碑"，吐蕃称"甥舅会盟碑"。事见《资治通鉴》卷二四二。

十月戊午，穆宗于宣政殿亲策制科举人。

按：见《登科记考》卷一九。

是年，开科取士，礼部侍郎钱徽知贡举，进士及第33人。寻诏中书舍人王起、主客郎中白居易重试，14人登第。另诸科38人。

按：时李德裕、元稹、李绅等劾钱徽取士不公，遂诏王起、白居易重试，贬钱徽、李宗闵、杨汝士等。由是李德裕、李宗闵各分朋党，"牛李党争"始此。前后持续数十年，朝政愈乱。见《旧唐书》卷一六《穆宗纪》及卷一七六《李宗闵传》、《资治通鉴》卷二四一、《登科记考》卷一九。

韩愈为国子祭酒，七月庚申转兵部侍郎。

按：见《旧唐书》卷一六《穆宗纪》。

白居易十月由尚书主客郎中、知制诰迁中书舍人，十一月奉诏与膳部郎中陈岵、考功员外郎贾𫗧同考制策。

按：见《旧唐书》卷一六《穆宗纪》。

刘禹锡丁母忧期满，是冬授夔州刺史，与李程等交游。

按：《刘禹锡集》卷一四《夔州刺史谢上表》自谓明年正月二日上任，知刘禹锡授夔州刺史在是冬。

李翱在礼部郎中任，十一月二十八日再次获贬，出为舒州刺史。

按：《旧唐书》卷一六〇本传载，李翱自负辞艺，以为合当充知制诰，尝当面数陈执政之过失。事后又心不自安，请停官，由是被遣出朝。

元稹二月由祠部郎中、知制诰充翰林学士，时李绅、李德裕亦在翰林，时称"三俊"。十月，坐与宦官魏弘简相结，改工部侍郎，罢翰林学士。

按：见《全唐文》卷七五七丁居晦《重修承旨学士壁记》、《旧唐书》卷一七三《李绅传》、卷一六《穆宗纪》。

李渤五月出贬虔州刺史，旋迁江州刺史。

按：初，李渤为考功员外郎，元和十五年十一月定京官考，不避权贵，据实而行，由是招徕非议，遂遭贬。见《旧唐书》卷一七一本传、卷一六《穆宗纪》。

韦表微以监察御史充翰林学士，奏荐韦处厚为学士，人服其公允。后进位知制诰，又力荐路随。

按：《旧唐书》卷一八九下本传曰："元和十五年，拜监察御史。逾年，以本官充翰林学士。"《新唐书》卷一七七本传载："是时，李绅忤宰相贬端州，庞严、蒋防皆谪去，学士缺人。人争荐丞相所善者，表微独荐韦处厚，人服其公允。"韦表微后以秩满，迁中书舍人。

卢简求应贡举，登进士第。

按：见《登科记考》卷一九。

僧宗密由终南山至长安，住兴禅寺。正月游清凉山，复还终南山，住草堂寺，始起草《圆觉经疏》。

新罗僧道义在唐游学，是年归国。

按：道义自兴元元年入唐，游学凡三十七年。回国后，创朝鲜佛教禅门九山之迦智山派。事迹见《祖堂集》卷一七、《三国遗事》卷五。道义再传弟子体证亦来唐游学，事见开成五年条。

元稹二月奉旨写录所作杂诗10卷进上。八月十日，撰成《翰林承旨学士记》。是年，手编《制诰》，自为序。

按：见《元稹集》卷三五《进诗状》、卷五一《翰林承旨学士记》、卷四〇《制诰序》。另据《白居易集》卷七〇《元稹墓志铭》，时元稹诗名远播，"六宫、两都、八方至南蛮、东夷国，皆传写之。每一章一句出，无胫而走，疾于珠玉"。穆宗先后令进诗数百首，命左右讽咏，呼之为"元才子"。稹所编《制诰》，"盖所以表明天子之复古，而张后来者之趣尚"，为时人所称。

蒋防约于是年撰传奇《霍小玉传》。

按：《霍小玉传》系唐代传奇名篇，今存，见《太平广记》卷四八七。胡应麟《少室山房笔丛》评曰："唐人小说记闺阁事，绰有情致，此篇尤为唐人最精彩动人之传奇，故传诵弗衰。"蒋防生卒年不详，字子微，一字子徵，义兴人。工诗文，尤长于传奇。元和中官右补阙，长庆初充翰林学士，累迁中书舍人。有集1卷，赋集1卷，皆已佚。《全唐文》卷七一九收录其文26篇，《全唐诗》卷五〇七收录其诗12首。

王公亮撰《兵书》18卷成，十一月进上。

按：见《唐会要》卷三六。王公亮，贞元间登进士第，累官商州刺史。余不详。《全唐诗》卷四六六收录其诗1首。

僧宗密是年稍后著《华严经纶贯》5卷。

僧义操译《西方陀罗尼藏中金刚族阿蜜哩多军荼利法》1卷成。

按：义操生卒年、俗姓、籍贯不详，唐代密宗高僧。师从青龙寺僧惠果，得传其嗣，并绍继其席。历顺宗、宪宗、穆宗三朝，讲经弘法，被尊为国师。弟子众多，有法润、义舟、海云、常坚、从贺、均谅、法全等。著有《胎藏金刚名号》2卷、《最上乘授菩提心戒本》1卷。事迹见日僧承澄《阿娑缚抄明匠等略传》卷上等。

蒋乂四月甲戌卒（747— ）。乂初名武，字德源，义兴人。中唐学者、史学家。家富藏书，博学强记，通百家学，尤精史学，与父蒋将明俱有学名。居史职二十年，累迁秘书监。主持修撰《德宗实录》50卷，著有《大唐宰辅录》70卷，《凌烟阁功臣传》、《秦府十八学士传》、《史臣传》等凡40卷，后皆佚。事迹见《旧唐书》卷一四九、《新唐书》卷一三二。

韦贯之十月戊寅卒(760—　)。贯之本名纯，避宪宗讳，以字行，京兆万年人。建中四年登进士第，贞元初又登贤良方正能直言极谏科，累迁尚书右丞、同平章事，罢为吏部侍郎，出贬州郡。复征拜工部尚书，未行而卒，追赠右仆射，谥曰"贞"，后更谥"文"。尝预修《元和删定制敕》，有集30卷，已佚。《全唐文》卷五三一收录其文1篇。事迹见《旧唐书》卷一五八、《新唐书》卷一六九。

高骈(　—887)生。

长庆二年　壬寅　822年

托马围君士坦丁堡。

法兰克虔诚者路易帝长子罗退尔兼意大利王。

是年，开科取士，礼部侍郎王起知贡举，进士及第29人，诸科10人。

按：见《登科记考》卷一九。

韩愈二月以兵部侍郎奉诏宣慰镇州，与裴度等交游。三月还京，与张籍等交游颇密。九月庚寅，转吏部尚书。

按：见宋洪兴祖《韩子年谱》。

白居易在中书舍人任，因不满朝政，自求外任。七月授杭州刺史。

按：见《旧唐书》卷一六六本传。

刘禹锡在夔州刺史任，是春韦绚师从之，录其谈话，后纂为《刘宾客嘉话录》。

按：韦绚生平事迹，参见咸通七年条。其编《刘宾客嘉话录》事，见大中十年条。

元稹二月辛巳以工部侍郎同平章事，入掌相权。六月，因与裴度不协，罢相职，出为同州刺史。

按：见《旧唐书》卷一六《穆宗纪》。

路随为翰林侍讲学士，四月因与韦处厚撰《六经法言》进上，改授中书舍人，寻又改拜谏议大夫，仍为侍讲学士，兼领史职。十月，奉敕参修《宪宗实录》。

按：见《旧唐书》卷一六《穆宗纪》、《唐会要》卷六三。

李德裕九月由御史中丞出为润州刺史、浙西观察使。

按：李德裕任职浙西期间，奏请毁淫昏庙千余所，又禁佛寺任意度人为僧。见《旧唐书》卷一七四本传、卷一六《穆宗纪》。

丁公著由江西道都团练观察使改授河南尹。

按：丁公著后奉召入朝，历尚书右丞、吏部侍郎等职。见《旧唐书》卷一八八本传。

路随、韦处厚纂《六经法言》20卷成，四月癸未进上。
按：《旧唐书》卷一五九载，穆宗即位，路随为侍讲学士，"采三代皇王兴衰，著《六经法言》二十卷"。《旧唐书》卷一六《穆宗纪》系此事于本年四月，且谓该书系路随与韦处厚同撰。

中书侍郎、同中书门下平章事、监修国史杜元颖十月己亥奉诏召集史官修《宪宗实录》。
按：奉诏修《宪宗实录》者，有路随、韦处厚等。《旧唐书》卷一六《穆宗纪》曰："敕翰林侍讲学士、谏议大夫路随，中书舍人韦处厚，兼充史馆，修撰《宪宗实录》，仍更日入史馆。《实录》未成，且许不入内署，仍放朝参。"《宪宗实录》后又重修，参见会昌元年、三年及大中二年条。

窦牟二月丙寅卒(749—)。牟字贻周，京兆金城人。中唐诗人。韩愈曾师事之。贞元二年登进士第，累迁泽州刺史，终国子司业。有文集10卷，诗集1卷，后皆佚。《全唐诗》卷二七一辑录其诗编为1卷。事迹见《唐才子传》卷四。《韩昌黎集》卷三三有《唐故国子司业窦公墓志铭》。
按：窦牟与父窦叔向、兄窦常、弟窦群、窦庠、窦巩俱有诗名，后人合编五人诗为《窦氏联珠集》5卷。今存。

韩弘十二月卒(765—)。弘字号不详，祖籍颍川，世居匡城。元和中累迁宣武节度使，加侍中，爵封许国公。卒于司徒、中书令任，追赠太尉，谥曰"隐"。纂《圣朝万岁乐谱》300卷，已佚。事迹见《旧唐书》卷一五六、《新唐书》卷一五八。

日僧最澄卒(767—)。最澄俗姓三津首，幼名广野，先人为归化日本之汉人。年十四出家，博研经论，颇受日桓武天皇尊崇。贞元二十年，携弟子义真入唐求法，研习天台宗教义。翌年归国，遂创日本天台宗。弟子有圆仁、圆载、圆珍，后亦相继入唐访学。著有《法华秀句》3卷、《内证佛法相承血脉谱》1卷、《唐决集》1卷等，均收于《传教大师全集》五册。

元宗简是春卒，生年不详。宗简字居敬，洛阳人。工诗文，与白居易交游甚密。登进士第，累官京兆少尹。其子元途辑录其格诗文编为集30卷，已佚。事迹见《白居易集》卷六八《故京兆元少尹文集序》。

僧义存(—908)、刘驾(—?)生。

瓦吉迪卒，生年不详。阿拉伯历史学家。

长庆三年　癸卯　823年

二月，以士人少有习《春秋三传》者，特增置三传科；又以史学渐废，增

挪威人约于此时征服爱尔兰。

置三史科。

> 按：见《旧唐书》卷一六《穆宗纪》、《唐会要》卷七六。

七月，调整弘文馆学士等设置。

> 按：弘文馆自太宗即位初始置学士，仪凤中增置详正学士，景龙二年改置大学士、学士、直学士。另又有校理、直馆、雠校错误、讲经博士等，名目繁多。至是，从弘文馆奏请，裁减和调整职事名目，仅保留学士、直学士、直馆，其余均予裁撤。其中，学士由登朝五品以上充任，登朝六品以下则充直学士，未登朝官一律只充直弘文馆。见《唐会要》卷六四。

是年，开科取士，礼部侍郎王起知贡举，进士及第28人，诸科19人。

> 按：见《登科记考》卷一九。

韩愈在吏部侍郎任，六月转京兆尹兼御史大夫；十月为执政所构，转兵部侍郎，寻复为吏部侍郎。

> 按：时唐廷朝臣朋党之争激烈，韩愈与御史中丞李绅不协，宰相李逢吉趁机构隙，遂去韩愈京兆尹职，李绅则出为江西观察使。未几，李绅召为户部侍郎。见《旧唐书》卷一六《穆宗纪》、《资治通鉴》卷二四三。

白居易在杭州刺史任，时元稹为越州刺史，崔玄亮为湖州刺史，三人迭相唱和。约是年，居易致书僧济法师，问以佛理。

> 按：白居易与元稹、崔玄亮唱和诗作，后编为《三州唱和集》3卷，盛传一时。其向济法师问佛理书，见《白居易集》卷四五《与济法师书》。

元稹八月由同州刺史转越州刺史、浙东观察使。

> 按：见《会稽掇英总集》卷一八《唐太守题名记》。

沈传师由中书舍人判史馆事出为湖南观察使，以《宪宗实录》修撰未成，六月奉诏于任所续修之。

> 按：《新唐书》卷一三二本传载，沈传师参修《宪宗实录》，以史稿未成，宰相、国史监修杜元颖奏请"付传师即官下成之"，诏可。《唐会要》卷六三载杜元颖奏曰："臣去年奉诏，命各据见在史官分修《宪宗实录》。今缘沈传师改官，若更求人，选择非易。沈传师当分虽搜罗未周，条目纪纲已粗有绪。……其沈传师一分，伏望勒就湖南修毕，先送史馆，与诸史官参详，然后奏闻。"

舒元舆复从裴度为兴元节度掌书记，以文檄豪健，为时人推许。

> 按：舒元舆曾于长庆元年以河东节度掌书记从裴度讨镇州叛将王廷凑，至是复入度幕。

王仲舒十一月十七日卒（762— ）。仲舒字弘中，太原人。有文名，尤长于制诰。少贫孤，寓居江南，与梁肃、裴枢等友善。贞元中，登贤良方正能直言极谏科，累迁中书舍人，出为江西观察使，卒于洪州。有《制集》10卷，已佚。《全唐文》卷五四五收录其文5篇，《全唐诗》卷四七三收录其诗1首。事迹见《旧唐书》卷一九〇下、《新唐书》卷一六一。

> 按：《旧唐书》本传谓王仲舒"文思温雅，制诰所出，人皆传写"。韩愈颇称赞仲舒，谓其"所为文章无世俗气"。

僧道标六月卒（840— ）。道标俗姓秦，富阳人。中唐诗僧。幼年杭州灵隐寺出家，后于西岭结茅而居，世称西岭和尚。其诗辞体古健，与皎然、灵澈齐名，常相互唱和，名著一时。文人名臣，多与之游。作品皆佚。事迹见《宋高僧传》卷一五。

马总八月卒，生年不详。总字会元，扶风人。中唐学者、史学家。初为幕属，历泉州别驾、桂州刺史、桂管经略观察使、刑部侍郎、检校刑部尚书、郓州刺史、天平节度使等职，终户部尚书。卒赠右仆射，谥曰"懿"。著有《通历》10卷、《唐年小录》8卷、《意林》3卷、《奏议集》30卷，以及《年历》、《子钞》等。今存《意林》5卷，余皆散佚。《全唐文》卷四八一收录其文5篇，《全唐诗逸》卷中收录其诗1首。事迹见《旧唐书》卷一五七。《韩昌黎文集校注》卷五有韩愈《祭马仆射文》。

按：马总在中国古代史学史上较具地位。其所撰《通历》，系中国历史上时代较早的一部编年体通史。宋人晁公武《郡斋读书志》卷五谓该书"纂太古十七氏，中古五帝、三王，及删取秦、汉、三国、晋、十六国、宋、齐、梁、陈、元魏、北齐、后周、隋世纪兴灭，粗述其君贤否，取虞世南《略论》，分系于末，以见义焉"。《缘督庐日记抄》卷五引清人徐松言："史钞之存于今者，此书为最古。"今人瞿林东《说〈通历〉》（《唐代史学论稿》，北京师范大学出版社1989年版）谓此书"是处于《史记》以后至宋元时期通史著作获得巨大成就之转折期的通史著作之一"。至宋初，孙光庭于此书基础之上，又著《续通历》。

孟简十二月卒，生年不详。简字几道，德州平昌人。中唐诗人，名闻江淮间。登进士第，又登博学宏词科，累迁部侍郎，历襄州刺史、山南东道节度使、太子宾客等职。穆宗即位，坐赃贬吉州司马，迁睦州刺史，转常州刺史，卒于太子宾客分司东都任。《全唐文》卷六一六收录其文3篇，《全唐诗》卷四七三收录其诗7首。事迹见《旧唐书》卷一六五、《新唐书》卷一六〇。

长庆四年　甲辰　824年

正月壬申，唐穆宗李恒卒（795—　）。十一月庚申，葬于光陵。

按：李恒系唐宪宗第三子，在位数年，沉湎声色，朝政紊乱。

癸酉，太子李湛即位，是为唐敬宗。

按：时李湛年才十六，朝政遂由宰相李逢吉把持。见《旧唐书》卷一七上《敬宗纪》。

三月壬子，制举贤良方正能直言极谏、经术优深可为人师、详闲吏理达于教化、军谋弘远堪任边将者，限来年正月至上都应试。

按：见《登科记考》卷一九。

是年，开科取士，中书舍人李宗闵知贡举，进士及第33人，诸科

帝储、意大利王罗退尔颁《罗马建制诏》。

东法兰克日尔曼人路易及保加利亚人以潘诺尼亚归属战。

15人。

按：见《登科记考》卷一九。

白居易在杭州刺史任，是春修钱塘堤，浚城中六井，为当地百姓称赞。五月秩满，除太子左庶子，分司东都。是秋至洛阳，买宅寓居。

按：白居易在杭州颇有政绩，其修堤浚井之举，对杭州城的发展繁荣影响深远。《白居易集》卷六八有《钱塘湖石记》。

刘禹锡八月由夔州刺史改和州刺史，与崔群等交游。

按：《刘禹锡集》卷三八有《夔州别官吏》，系夔州离任时所作。

李逢吉掌相权，引用张又新等人，时人称"八关十六子"。唐廷朋党之风益炽。

按：见《资治通鉴》卷二四三。

路随由谏议大夫迁中书舍人、翰林学士。

按：见《旧唐书》卷一五九本传。

李绅在户部侍郎任，二月贬为端州司马。

按：时翰林学士、驾部郎中、知制诰庞严贬为信州刺史，翰林学士、司封员外郎、知制诰蒋防贬汀州刺史，两人皆为李绅引荐者。见《旧唐书》卷一七上《敬宗纪》。

李肇约是年或稍后撰《国史补》3卷。

按：《国史补》，后世作《唐国史补》，今存。李肇撰书时间，《唐摭言》卷一《进士》谓元和中，岑仲勉《跋唐摭言》谓大和中，傅璇琮主编《唐五代文学编年史》(中唐卷)谓本年或稍后。今姑从傅说。此前，刘𫗧尝撰《隋唐嘉话》(又称《传记》)，记南北朝至开元年间遗闻逸事，参见天宝元年条。李肇接续此书，记开元至长庆间事，撰为《国史补》。其《自序》曰："昔刘𫗧集小说，涉南北朝至开元，著为《传记》。予自开元至长庆撰《国史补》，虑史氏或阙则补之意。"全书凡300余条，"纪事实，探物理，辨疑惑，示劝戒，采风俗"，内容涉及唐代社会生活诸多方面，可补正史之不足，颇具史料价值，后多为两《唐书》及《资治通鉴》采用。

又按：李肇生卒年、字号、籍贯不详。博学洽闻，长于史学。《新唐书·艺文志》谓其历翰林学士、中书舍人、将作少监等职。所著除《国史补》外，尚有《翰林志》1卷、《经史题释》2卷等，均已佚。《全唐文》卷七二一收录其文2篇。

元稹搜集白居易长庆二年冬以前诗2251首，编为《白氏长庆集》50卷，自为序。

按：时元稹在越州刺史任。见《元稹集》卷五一《白氏长庆集序》。

韩愈门人李汉是年稍后编纂《昌黎先生集》41卷。

按：《全唐文》卷七四四李汉《唐吏部侍郎昌黎先生讳愈文集序》曰："长庆四年冬，先生殁，门人陇西李汉辱知最厚且亲，遂收拾遗文，无所失坠，得赋四，古诗二百五，联句十，律诗一百七十三，杂著六十四，书、启、序八十六，哀辞、祭文三十八，碑志七十六，笔砚《鳄鱼文》三，表、状四十七。总七百，并目录，合为四十一卷，目为《昌黎先生集》，传于代。又有《注论语》十卷传学者，《顺宗实录》五卷列于史书，不在集中。"该书原本已佚，今存后世多种重编本。

又按：李汉生卒年不详，字南纪，唐宗室淮阳王李道明之后。登进士第，累迁屯田员外郎、知制诰，历御史中丞、吏部侍郎、汾州刺史、绛州长史等职，召拜宗正卿，未及赴任而卒。尝参修《宪宗实录》。《全唐文》卷七四四收录其文2篇。事迹见《旧唐书》卷一七一。

僧天然卒(739—　)。天然俗姓、籍贯不详,世称丹霞天然,又称丹霞禅师。唐代南宗禅高僧。先后参学于石头希迁、径山国一等师学名德。晚年于南阳丹霞山讲经弘法,门风颇盛。卒谥"智通禅师"。弟子有性空、无学、几安等。事迹见《宋高僧传》卷一一、《景德传灯录》卷一四。

僧道林二月十日卒(741—　)。道林俗姓潘(一说翁),幼名香光,杭州富阳(一说福州福清)人。唐代禅学牛头宗高僧。九岁出家,后赴长安师从复礼法师,复参学于牛头宗高僧法钦(道钦)。南归钱塘,隐居秦望山,尝与白居易游。卒,谥曰"圆修禅师"。事迹见《景德传灯录》卷四、《释氏稽古略》卷三、《隆兴佛教编年通论》卷二三、《五灯会元》卷二、《联灯会要》卷二、《佛祖历代通载》卷一六、《禅宗正脉》卷二、《佛祖纲目》卷三一。

韩愈十二月二日卒(768—　)。愈字退之,祖籍昌黎,家居河阳,故世称韩昌黎。中唐思想家、文学家,古文运动主要代表之一。贞元八年登进士第,累迁刑部侍郎。以极谏迎佛骨忤旨,贬潮州刺史,转袁州刺史。复奉召入朝,终吏部侍郎。赠礼部尚书,谥曰"文"。主持修纂《宪宗实录》5卷,著有《注论语》10卷、《论语笔解》2卷,后皆佚。门人李汉编次其文为《昌黎先生集》40卷。今存宋人廖莹中校刻《世彩堂昌黎先生集注》40卷、《外集》10卷、《遗文》1卷,有东雅堂本等。宋人朱熹有《昌黎先生集考异》,近人马其昶有《韩昌黎文集校注》,今人钱仲联有《韩昌黎诗系年集释》等。事迹见《旧唐书》卷一六〇、《新唐书》卷一七六。宋人吕大防撰有《韩吏部文公年谱》,程俱撰有《韩文西历官记》,洪兴祖撰有《韩子年谱》,樊汝霖撰有《韩文公年谱》,方崧卿撰有《韩子年表》,林云铭撰有《韩文公年谱》;清人顾嗣立撰有《昌黎先生年谱》;近人方成珪撰有《昌黎先生诗文年谱》;今人李长子著有《韩愈》,刘国盈著有《韩愈评传》、《韩愈丛考》,卞孝萱、张清华、阎琦著有《韩愈评传》。

按：韩愈学贯诸家,名振一时,在唐宋思想史、文学史上颇具地位。他以儒家道统继承者自居,以弘扬仁义、重振儒学为己任,创建"道统说",重释经义,其学说对后世影响深远,为稍后宋代理学思潮的兴起奠定基础。他力斥佛、老之虚妄,所著《原道》、《论佛骨表》等,对佛教进行了尖锐抨击,为唐中后期反佛思想的典型代表。他承大历、贞元间独孤及、梁肃等人崇尚古文之风,反对骈偶文风,主张文道合一,以道为主,强调为文"宜师古圣贤人"(《答刘正夫书》),提出"学古道则欲兼通其辞,通其辞者,本志乎古道者也"(《题欧阳生哀辞后》),倡导作文应有创造性,学习古人应"师其意,不师其辞"(《答刘正夫书》),"唯陈言之务去",反对因袭模仿,"必出于己,不袭蹈前人一言一句"(《南阳樊绍述墓志铭》)。与柳宗元同为中唐古文运动领袖,世称"韩柳"。《旧唐书》本传曰："大历、贞元之间,文字多尚古学,效扬雄、董仲舒之述作,而独孤及、梁肃最称渊奥,儒林推重。愈从其徒游,锐意钻仰,欲自振于一代。"韩愈《题欧阳生哀辞后》曰："愈之为古文,岂独取其句读不类于今者邪? 思古人而不得见,学古道则欲兼通其辞;通其辞者,本志乎古道者也。"苏轼《潮州韩文公庙碑》评曰："自东汉以来,道丧文弊,异端并起,历唐贞观、开元之盛,辅以房、杜、姚、宋而不能救。独韩文公起布衣,谈笑而麾之,天下靡然从公,复归于正,盖三百于此矣。文起八代之衰,而道济天下之溺,忠犯人主之怒,而勇夺三军之帅。"后世多推崇之,列其为"唐宋八大家"之首。愈喜奖掖后进,门生众多,往往成名,世称韩门弟子。

僧行满卒,生年、俗姓不详,苏州人。年二十出家,后师从天台宗高僧湛然。及其师卒,住天台山佛陇寺,传持法门。日僧最澄入唐时,曾从其受天台教典。著有《涅槃经疏私记》12卷、《涅槃经音义》1卷、《六即义》1卷、《学天台宗法门大意》1卷等。

按:有关僧行满行迹,史籍记载零散,且多歧义。其卒年,日僧圆仁《入唐求法巡礼行纪》谓本年,从之。

樊宗师约卒,生年不详。宗师字绍述,河中人。中唐学者。穷究经史,勤于艺学,通晓军法、声律,工于诗文。起为国子主簿,累迁绵、绛等州刺史,进谏议大夫,未拜卒。著有《春秋集传》15卷、《魁纪公》30卷、《樊子》30卷,另有集291卷,皆散佚。《全唐文》卷七三〇收录其文1篇,《全唐诗》卷三六九存收录其诗1篇,《千唐志斋》收录其墓志1篇。事迹见《新唐书》卷一五九。《全唐文》卷五六三有韩愈《南阳樊绍述墓志铭》。

按:樊宗师卒年,史无明载。考《全唐文》卷七三〇樊宗师《绛守居园池记》,文末署"长庆三年五月十七日"。又,韩愈《南阳樊绍述墓志铭》,应作于长庆四年六月病休之前。由是推知宗师之卒,当在去年五月后至本年六月前期间。姑系于此。樊宗师作文多尚《尚书》,语言艰涩,颇为韩愈推崇,称其有独创精神。李肇《唐国史补》卷下评曰:"元和已后,为文笔则学奇诡于韩愈,学苦涩于樊宗师,大抵元和之风尚怪也。"

唐敬宗宝历元年　乙巳　825年

法兰克人始建汉堡。

威塞克思称霸英格兰。

正月辛亥,改元宝历。

按:见《旧唐书》卷一七上《敬宗纪》。

是日,制:天下诸色人中有能精通一经、堪为师法者,委国子祭酒访择,具名以闻;天下州县各委长官招延儒学,明加训导。

按:见《登科记考》卷二〇。

三月辛未,敬宗于宣政殿策制科举人,以中书舍人郑涵、吏部郎中崔琯、兵部郎中李虞仲并充考官。

按:见《旧唐书》卷一七上《敬宗纪》。

是年,开科取士,礼部侍郎杨嗣复知贡举,进士及第33人,诸科32人。

按:见《登科记考》卷二〇。

白居易三月四日由太子左庶子出为苏州刺史,道经汴州,与令狐楚等交游。是秋,依元稹《霓裳羽衣曲》谱,作《霓裳羽衣歌》。

按:《白居易集》卷六八有《苏州刺史谢上表》,卷二一有《霓裳羽衣歌》。

牛僧孺累表乞解机务,遂于正月乙卯罢相职,以检校礼部尚书、同平章事、鄂州刺史,充武昌军节度使、鄂岳观察使。

按:见《旧唐书》卷一七上《敬宗纪》。

崔郾、高重撰《诸经纂要》10卷成,七月乙丑进上。

按:崔郾、高重时为翰林侍讲学士。见《旧唐书》卷一七上《敬宗纪》。郾生平概况,参见开成元年条。高重生卒年不详,字文明,渤海蓨县人,唐初名臣高士廉五世孙。经学家,尤精研《左氏春秋》。后历国子祭酒等职。另撰有《春秋纂要》40卷、《经传要略》10卷,皆已佚。事迹见《新唐书》卷九五。

窦常是秋卒(847—　)。常字中行,京兆金城人。中唐诗人。大历间登进士第,累迁朗、夔、江三州刺史,以国子祭酒致仕。有《南熏集》3卷,诗集1卷,后皆散佚。《全唐诗》卷二七一收录其诗26首。事迹见《全唐文》卷七六一褚藏言《窦常传》。

按:窦常与父窦叔向、弟窦牟、窦群、窦庠、窦巩俱有诗名,后人合编五人诗为《窦氏联珠集》5卷,今存。

郑畋(　—883)生。

宝历二年　丙午　826年

十二月辛丑,唐敬宗李湛卒(809—　)。七月十三日,葬于庄陵。

丹麦王皈依基督教

按:李湛年少即位,沉湎于戏嬉玩乐,又好道术,处事乖张,宦官刘克明等乘机杀之,年仅十八。

乙巳,江王李涵嗣位,改名昂,是为唐文宗。

按:宦官刘克明等杀敬宗后,矫制立绛王李悟。枢密使王守澄等率禁军讨杀李悟,拥立李昂。由是宦官势力益大,至以随意废立,唐廷政治更加败坏。见《旧唐书》卷一七上《文宗纪》。

是年,开科取士,吏部侍郎杨嗣复知贡举,进士及第35人,诸科12人。

按:见《登科记考》卷二〇。

刘禹锡十月罢和州刺史,游建康等地,道遇白居易于扬州,遂结伴而行,游楚州等地。

按:刘禹锡罢和州刺史事,见《刘禹锡集》卷三八《罢和州游建康》。

白居易在苏州刺史任,正月坠马伤足,卧病三旬,赋诗叹年老多病,旧友凋零。八月离职,仍暂寓居苏州,至十月方离开。

按:白居易在苏州颇有政绩,刘禹锡尝赋诗赞之。

沈传师由湖南观察使奉召入朝,拜尚书右丞。

按:沈传师赴湖南任职事,见长庆三年。后复出为江西观察使,又徙宣州,治吏颇严,为官清廉。《新唐书》卷一三二本传曰:"传师于吏治明,吏不敢罔。慎重刑法,每断狱,召幕府平处轻重,尽合乃论决。"以廉靖闻,遂再奉召入朝,拜吏部侍郎。

韦处厚为兵部侍郎、知制诰,十二月文宗嗣位,进拜中书侍郎、同中书门下平章事,入掌相职。

按:见《旧唐书》卷一七上《文宗纪》。

王涯为礼部尚书,二月授检校左仆射,出为山南西道节使。

按:见《旧唐书》卷一七上《文宗纪》。

韦公肃注唐太宗所撰《帝范》12篇成,五月辛未进上。

按:韦公肃生卒年、字号不详,京兆人。元和初为太常博士兼修撰,明习礼制,于朝中仪礼多有奏言。《全唐文》卷七一三收录其奏疏3篇。事迹见《新唐书》卷二〇〇。

杜牧约是年作《阿房宫赋》。

按:《阿房宫赋》系杜牧代表作之一,颇为时人传诵。赋见《樊川文集》卷一。

白行简是冬卒(776—)。行简字知退,小字阿怜,祖籍太原,家居下邽,白居易之弟。工于文词辞赋,擅长传奇小说。元和二年登进士第,累迁主客郎中,卒于官。有集20卷,由白居易编纂,已佚。《全唐文》卷六九二收录其文20篇,《全唐诗》卷四六六收录其诗7首。事迹见《旧唐书》卷一六六、《新唐书》卷一一九。

按:白行简文笔有其兄之风,在唐代传奇文学史上颇具地位。所著《李娃传》,为唐代传奇代表性作品之一;《天地阴阳交欢大乐赋》,为唐代色情文学代表作品之一。

宝历三年　唐文宗大和元年　丁未　827年

法兰克帝国诸侯始获铸币权。

二月乙巳,改元大和。

按:见《旧唐书》卷一七上《文宗纪》。

是日,制:天下诸色人中有贤良方正能直言极谏者,及经学优深可为师法、详闲吏理达于教化、军谋弘远堪任将帅者,由常参官及各地郡守荐举,亦听自举,限来年正月到上都应试。

按:见《登科记考》卷二〇。

是月,敕:自今以后,凡勋臣节将子弟有能修词尚学,应进士、明经及通史学者,委有司加以奖引。

按:见《唐会要》卷七六。

七月辛巳,敕:本年宜权于东都开贡举,明经、进士科举人听任在东都赴集,上都国子监举人合在上都试及节目未尽者,委条流奏闻。

按:上都、东都分置举始于永泰元年,大历十年停东都举。至是权移贡举于东都,寻复移上都举。见《唐会要》卷七六。

是年,开科取士,礼部侍郎崔郾知贡举,进士及第33人,诸科15人。

按:见《登科记考》卷二〇。

白居易在洛阳,三月十七日诏拜秘书监。十月,奉诏于麟德殿参与儒、佛、道三教之论。岁暮,奉使洛阳,与张正甫、苏弘、刘禹锡等交游。

按:白居易拜秘书监事,见《旧唐书》卷一七上《文宗纪》。同书卷一一六白居易本传载,是年十月,文宗诏三教人士辩论,参与者有僧惟澄、道士赵常盈等。另据《白居易集》卷六八《三教论衡》载,参与者有僧义林、道士杨弘元。是为唐中后期儒、佛、道三学彼此冲突与融合之重要事件。辩论中,白居易"论难锋起,辞辩泉注"。事后,撰《三教论衡》以述此事。

刘禹锡奉召还朝,六月十四日授主客郎中,分司东都,旋加集贤院学士。

按:见《刘禹锡集》卷一七《举姜补阙伦自代状》。

李翱奉召入朝,授谏议大夫,寻以本官知制诰。

按:李翱自长庆元年贬出,至是返朝。见《旧唐书》卷一六〇本传。

李德裕、元稹分别在浙西、浙东观察使任,九月并加检校礼部尚书。

按:见《旧唐书》卷一七上《文宗纪》。

李益为左散骑常侍,正月以礼部尚书致仕。

按:见《旧唐书》卷一七上《文宗纪》。

僧良价赴嵩山受戒。

按:良价此后参谒南泉普愿、沩山灵祐,师从云岩昙晟,得承其嗣。又游历各地,访鲁祖宝云、南源道明等。

僧普愿隐居池阳南泉山,是年始出山,开筵讲论,学徒云集,门风大盛。

按:见《宋高僧传》卷一一本传。

郑浣四月奉旨始纂《经史要录》,后书成,凡20卷。

日本汉诗集《经国集》成书。

按:时郑浣以中书舍人充翰林侍讲学士。及书成,文宗喜其精博。见《旧唐书》卷一五八本传。

元稹约是年编纂白居易诗57首为《因继集》卷一。

按:时元稹在越州任浙东观察使、检校礼部尚书。《因继集》卷二系白居易自编,参见明年条。

李益是年稍后卒(748—)。益字君虞,郑州人。工诗文,世称"文章李益",与李贺齐名。大历间登进士第,又登讽谏主文科。累迁散骑常侍,以礼部尚书致仕。有集2卷,今存。《全唐文》卷四八一收录其文1篇,《全唐诗》卷二八二至二八三编录其诗为2卷。事迹见《旧唐书》卷一三七、《新唐书》卷二○三。

按:李益卒年,史无明载。《旧唐书》卷一七上《文宗纪》谓其本年正月致仕。同书本传曰:"大和初,以礼部尚书致仕,卒。"知其卒当在本年稍后。姑系于此。李益诗名早著,各体皆工,尤长七绝。其诗题材广泛,以边塞诗最佳。令狐楚《御览诗》推其为集中之最;胡应麟《诗薮》亦曰:"七言绝开元以下,便当以李益为第一。"

李涉约是年后卒,生年不详。涉自号青溪子,洛阳人,李渤仲兄。中唐诗人。长于绝句,善歌行,与张祜、朱昼、杨敬之等交往颇密。避乱南下,与李渤隐居庐山白鹿洞,后居终南山。宪宗时累迁太学博士,坐事流康州,晚年居洛阳。有诗集1卷,后散佚。《全唐文》卷六九三收录其文1篇,《全唐诗》卷四七七辑录其诗编为1卷,内有李渤、刘禹锡、李牧等人诗混入。事迹见《唐才子传》卷五。

按:李涉卒年,史不载。傅璇琮主编《唐五代文学编年》(晚唐卷)以为其卒在本年后数年中,从之,姑系于此。

大和二年　戊申　828 年

英格兰麦西亚臣服威塞克斯。

二月庚戌,重颁武则天删定《兆人本业》3卷,令各州县抄写,散配乡村。

按:见《旧唐书》卷一七上《文宗纪》。

三月辛巳,文宗于宣政殿亲策贤良方正能直言极谏等制科举人,以左散骑常侍冯宿、太常少卿贾餗、库部郎中庞严为考制策官。

按:见《旧唐书》卷一七上《文宗纪》、《登科记考》卷二○。

十二月,礼部贡院奏请五经、明经科举人试经义,以墨义代口试。从之。

按:见《登科记考》卷二○。

是年,开科取士,礼部侍郎崔郾知贡举,进士及第37人,诸科36人。

按:见《登科记考》卷二○。

白居易二月由秘书监转刑部侍郎,与张籍、刘禹锡、杨嗣复、李绛等交游甚密。

按：白居易转刑部侍郎事，见《旧唐书》卷一七上《文宗纪》。

路随为兵部侍郎、知制诰，十二月以宰臣韦处厚卒，代掌相职，拜中书侍郎、同平章事、监修国史。

按：见《旧唐书》卷一七上《文宗纪》。

杜牧应贡举，登进士第。又应制科，登贤良方正能直言极谏科，授弘文馆校书郎。

按：见《登科记考》卷二〇。

裴休应制举，登贤良方正能直言极谏科。

按：见《登科记考》卷二〇。

李商隐年十六，作《才论》、《圣论》，始以古文为时人知。

按：见《樊南文集》卷七《樊南甲集叙》。

僧宗密奉诏入宫讲经，颇为文宗敬重，敕号大德。

按：宗密后又多次入内殿宣讲，朝野之士多受其教。

白居易是秋编次长庆三年后诗文，纂为《白氏长庆集·后集》，自为序。十月又续编与元稹唱和诗为《因继集》卷二。十二月，再编弟白行简诗文为《白郎中集》20卷。

按：初，元稹于长庆四年编成《白氏长庆集》50卷，至是白居易自又续之。参见长庆四年条。《因继集》卷一去年由元稹编次，参见该年条。白行简卒于宝历三年，参见该年条。

托勒密《天文学大成》约于此时译成阿拉伯文。

僧惟俨十二月六日卒（745—　）。惟俨一作唯俨，俗姓韩，原籍绛州，生于南康信丰。唐代南宗禅青原行思一系高僧。年十七出家，师从衡岳石头希迁，得承其法嗣。后至澧州药山，广开法筵，四众云集，故世称"药山惟俨"。卒，谥曰"弘道大师"。弟子有昙晟、德诚、慧省、圆智、明哲、光虑、落霞等。事迹见《全唐文》卷五三六唐伸《澧州药山故惟俨大师碑铭并序》、《祖堂集》卷四、《宋高僧传》卷一七、《景德传灯录》卷一四。

伊本·希沙姆卒，生年不详。阿拉伯历史学家。

按：惟俨卒年，历有歧说。《祖堂集》本传谓其卒于"大和八年甲寅岁十一月六日"；《景德传灯录》本传谓其卒于"大和八年二月"；唐伸《澧州药山故惟俨大师碑铭并序》谓其本年"十二月六日终于修心之所"；《宋高僧传》本传则谓其卒于本年。唐伸《碑铭》系惟俨卒后，其门人持先师行状赴京请撰，所言似更可信。从之。

窦庠卒（约766—　）。庠字胄卿，京兆金城人。中唐诗人。起为商州从事，累迁信、婺等州刺史。有诗集1卷，已散佚。《全唐诗》卷二七一收录其诗21首。事迹见《旧唐书》卷一五五、《新唐书》卷一七五。

按：窦庠与父叔向、兄窦常、窦牟、窦群、弟窦巩，俱有诗名，后人合编五人诗为《窦氏联珠集》5卷，今存。

韦处厚十二月壬申卒（773—　）。处厚本名淳，避宪宗讳改，字德载，京兆万年人。性嗜学，家藏书至万卷，通经史，善诗文。元和初登进士第，又登贤良方正科。起为秘书省校书郎，大和初累拜中书侍郎、同中书门下平章事，封灵昌郡公，入掌相职。以疾暴卒，追赠司空。迭兼史职，先后参修《德宗实录》、《宪宗实录》，与路随合撰《六经法言》20 卷，纂《翰苑集》10 卷，著《大和国记》20 卷，另有集 70 卷，后皆散佚。《全唐文》卷七五〇收录其文 11 篇，《全唐诗》卷四七九收录其诗 12 首。事迹见《旧唐书》卷一五九、《新唐书》卷一四二。

陆希声（　—约 895）约生。

按：陆希声生年，史无明载。今人王运照、顾易生《中国文学批评通史》卷三谓其生年当在本年，并有简略考论。从之。

大和三年　己酉　829 年

巴格达天文台建成。

拜占庭帝西奥菲勒斯嗣立。

法兰克虔诚者路易帝授阿勒曼尼亚于幼子秃头查理。

罗退尔废法兰克虔诚者路易帝。

英格兰大一统，威塞克斯王朝始。

威尼斯圣马可大教堂建成。

十一月十八日，制倡经学，凡皇室宗族子弟中有"才行著明、文学优异"者，委宗正寺具名闻荐；诸色人中有"精究经术，洞该今古，求志不期闻达"者，委所在长吏具以名闻。

按：见《文苑英华》卷四二八《太和三年十一月十八日赦文》。

是年，开科取士，礼部侍郎郑浣知贡举，进士及第 25 人，诸科 26 人。

按：见《登科记考》卷二〇。

白居易三月由刑部侍郎改太子宾客分司，赴洛阳任职，途中与王起、王建等交游。

按：参见朱金城《白居易集笺校》附《白居易年谱简编》。

李翱二月拜中书舍人。坐举人不当，左迁少府少监，又出为郑州刺史。

按：见《旧唐书》卷一六〇本传。

李商隐为天平军节度使令狐楚辟为巡官，遂师从楚学今体文。

按：《旧唐书》卷一九〇下本传载，李商隐初善古文，不喜偶对。至是随楚学，始作今体奏章。参见张采田《玉谿生年谱会笺》。

白居易三月编次与刘禹锡唱和诗为《刘白唱和集》2 卷。

按：见《白居易集》卷六九《刘白唱和集解》。

刘禹锡、元稹、李德裕多有唱和之作，后结集编为《吴越唱和集》。

按：大和四年前，元稹在越州，刘禹锡在和州，李德裕在镇江，彼此往来颇密，迭相唱和。

大和四年　庚戌　830年

正月，诏各地举贤良方正能直言极谏、经术优深可为师法、详明吏治达于教化等科之人，亦听自举，于来年正月至上都应试。

按：见《登科记考》卷二一。

四月壬戌，诏："自今内外班列职位之士，各务素朴，弘兹国风。有僭差尤甚者，御史纠上。"

按：文宗即位后，厉行俭朴，屡颁诏敕杜绝奢侈风气。见《旧唐书》卷一七下《文宗纪下》。

是年，敕进士及第不得过25人。开科取士，礼部侍郎郑浣知贡举，进士及第25人，诸科7人。

按：见《登科记考》卷二一。

白居易为太子宾客分司，十二月转河南尹。

按：见《旧唐书》卷一七下《文宗纪下》。

元稹在尚书左丞任，正月为检校户部尚书，充武昌军节度、鄂岳蕲黄安申等州观察使。

按：见《旧唐书》卷一七下《文宗纪下》。

牛僧孺正月辛卯为兵部尚书、同中书门下平章事，入居相位。时李德裕在义成军节度使任，寻于十月贬为西川节度副大使、知节度事。

按：时牛李党争激烈，牛僧孺之党暂时得势。见《旧唐书》卷一七下《文宗纪下》。

郑覃四月拜工部侍郎，以"经籍讹谬，博士相沿，难为改正"，奏请召宿儒奥学，校定《六经》，准后汉故事，勒石于太学，"永代为准"。从之。

按：郑覃力倡儒学，重视考订经文，其奏请校定《六经》、勒石太学事，成于开成二年，参见该年条。《旧唐书》卷一七三本传载，其后数年，郑覃侍讲禁中，以经籍散乱，请搜访遗文。文宗亦从其请。

路随在中书侍郎、平章事、监修国史任，奉敕监修《宪宗实录》40卷成，三月丁酉进上。

按：见《旧唐书》卷一七下《文宗纪下》。

牛僧孺约是年撰《玄怪录》10卷。

按：见李剑国《唐五代志怪传奇叙录》。《玄怪录》宋时避讳改名《幽怪录》，系唐代重要传奇集，在中国小说史上有一定地位。原本已散逸，今本为4卷，与《续玄怪录》合刊，有程毅中点校本。

阿拉伯智慧馆（图书馆、科学院兼翻译局）创建于巴格达。

法兰克虔诚者路易复位。

大摩拉维亚公国建。

马扎尔人定居于顿河右岸。

英格兰人伐威尔士。

以萨克森方言撰写的基督教史话《里利恩德（救世主）》约于此时完成。

王建约卒（约766—　）。建字仲初，关辅人。中唐诗人。尤长于乐府、宫词，与张籍齐名，世称"张王"。与白居易、韩愈、刘禹锡、杨巨源等交游唱酬颇密。历各地幕职，累迁秘书郎，贬陕西司马，晚年闲居京郊。有集10卷，已散佚。今存《王司马集》8卷，有《四库全书》本等。《全唐诗》卷二九七至三〇二收录其诗为6卷。事迹见《唐才子传》卷四。

按：王建卒年，史不载。近人闻一多《唐诗大系》疑建卒于本年。从之。王建诗名颇著于时，所作《宫词》百首，为世人传诵。《全唐文》卷六五七白居易《授王建秘书郎制》曰："诗人之作丽以则，建为文近之矣。故其所著章句，往往在人口中，求之辈流，亦不易得。"

张籍约是年或稍后卒（约766—　）。籍字文昌，原籍吴郡，家居和州乌江。中唐诗人。尤工乐府，又善书，以行草为最。为韩愈所知，解送入京应举，登进士第，补太常寺太祝，十年不调。后历国子博士、水部员外郎等职，终国子司业。故世称"张水部"，又称"张司业"。有《论语注辨》、诗集等。今存《张司业集》8卷。《全唐文》卷六八四收录其文2篇，《全唐诗》卷三八二至三八六编录其诗为5卷。事迹见《旧唐书》卷一六〇、《新唐书》卷一七六。今人卞孝萱撰有《张籍简谱》。

按：张籍是年后行迹无考，似稍后卒。姑系于此。张籍之著述，《新唐书·艺文志》作《论语注辨》2卷、《诗集》7卷；《郡斋读书志》作《诗集》5卷；《直斋书录解题》著录《张籍集》5卷、《木铎集》12卷、《张司业集》8卷、附录1卷；《崇文总目》卷五有张籍等撰《乘风集》10卷。

又按：张籍在中晚唐文学史上颇具地位。白居易称其"尤工乐府诗，举代少其伦"，"风雅比兴外，未尝著空文"。所作《妾薄命》、《采莲曲》、《董逃行》、《筑城词》、《贾客乐》、《野老歌》等皆为名篇，风格质朴自然，有汉魏乐府之风。周紫芝《竹坡诗话》曰："唐人作乐府诗者甚多，当以张文昌为第一。"张洎《张司业集序》曰："元和中，公及元丞相、白乐天、孟东野歌调为天下宗匠，谓之'元和体'。"籍五言诗亦多佳作，晚唐朱庆余、陈标、任蕃、章孝标、司空图、项斯等俱学籍之五律。其影响之大，可见一斑。因与王建诗风相近，宋人并称"张王"。严羽《沧浪诗话》称为"张籍王建体"。高棅《唐诗品汇》评曰："大历以还，古声逾下，独张籍、王建二家，体制相似，稍复古意。或旧曲新声，或新题古义，词旨通畅，悲欢穷泰，慨然有古歌谣之遗风，皆名为乐府。虽未必尽被于弦歌，是亦诗人引古以讽之义欤，抑亦唐世流风之变而得其正也欤？"

韦表微约是年前后卒（约771—　）。表微字子明，隋郿城公韦元礼七世孙。中晚唐经学家。登进士第，累佐藩府，历监察御史、知制诰、中书舍人、户部侍郎等职。以疾卒，追赠礼部尚书。著有《春秋三传总例》20卷、《九经师授谱》1卷，皆已佚。《全唐文》卷六三三存录其文2篇，事迹见《旧唐书》卷一八九下、《新唐书》卷一七七。

按：韦表微卒年，史无明载，两《唐书》皆仅谓其"卒年六十"。考其生年，约在大历六年，参见该年条。以此推算，其卒当在本年前后。另据《新唐书》本传载，韦表微尤好《春秋》，"病诸儒执一概，是非纷然，著《三传总例》，完会经趣；又以学者薄师道，不如声乐贱工能尊其师，著《九经师授谱》，诋其违"。

薛调（　—872）、僧存奖（　—925）生。

大和五年　辛亥　831年

二月，文宗与宰相宋申锡谋诛宦官，事泄未成，贬窜坐死者数十百人。

按：文宗即位后，以宦官势大，连结大臣，左右朝政，欲改图之，遂与宋申锡谋诛宦官。申锡又与京兆尹王璠商议，璠泄其谋，郑注与神策中尉王守澄等指使神策都虞候豆卢著诬告申锡及文宗弟漳王李凑谋反。文宗不得已，命王守澄审勘其事。遂贬李凑为巢县公，宋申锡为开州司马，牵连者颇众。由是宦官势力益盛，文宗委曲顺之。见《资治通鉴》卷二四四。

四月丁亥，诏："自今后宰臣奏事，有关献替及临时处分稍涉政刑者，委中书门下丞一人随时撰录，每季送史馆。"

按：见《旧唐书》卷一七下《文宗纪下》。唐初旧制，史官得随朝记事，后改由宰臣撰《时政记》，史官遂不得闻奏对之事。文宗此诏，实复旧制。

是年，开科取士，中书舍人贾餗知贡举，进士及25人，诸科6人。

按：见《登科记考》卷二一。

白居易在河南尹任，是秋与徐凝等交游。

按：《全唐诗》卷四七四有徐凝《自鄂渚至河南将归江外留辞侍郎》，侍郎即指白居易，以其此前曾任刑部侍郎而称之。

刘禹锡在礼部郎中、集贤院学士任，十月出为苏州刺史。途经洛阳，与白居易等交游。

按：《刘禹锡集》卷一五有《苏州谢上表》。刘禹锡在集贤院学士任四年，常思展效，搜访典籍，先后进新书二千余卷。

李翱由郑州刺史改任桂州刺史、御史中丞，充桂管都防御使。

按：见《旧唐书》卷一六〇本传。

路随奉诏修改韩愈等所撰《顺宗实录》，上奏为愈等辩护。是年前后，由中书侍郎转门下侍郎，加崇文馆大学士。

按：韩愈等撰《顺实宗录》事，见元和十年条。《旧唐书》卷一五九路随本传载，初，韩愈撰《顺宗实录》，述禁中事颇切直，内官恶之，往往上言谓其不实，累朝有诏改修。及文宗复令改正，路随遂奏言，以为只需略加刊正，不必重修。文宗诏曰："其《实录》中所书德宗、顺宗朝禁中事，寻访根柢，盖起谬传，谅非信史，宜令史官详正刊去，其他不要更修。"事又见《唐会要》卷六四。

牛僧孺在兵部尚书、同平章事任，李德裕在西川节度副大使、知节度事任。九月以处置吐蕃维州守将悉怛谋以城降事，彼此发生尖锐冲突，朝臣莫衷一词，议论纷纷。

按：见《资治通鉴》卷二四四。

王彦威由司封员外郎、弘文馆学士迁谏议大夫，奉命勘定淄青道十二

阿拉伯人取西西里岛巴勒莫。

州赋税，又屡荐人才，参定朝议，遂以本官兼史馆修撰。

　　按：见《旧唐书》卷一五七本传。

　　舒元舆在刑部员外郎任，自负有才，锐于进取，八月献文阙下，自陈其才。执政李宗闵谓其"浮躁诞肆不可用"，遂贬为著作郎，分司东都。

　　按：舒元舆博览群书，通经史，工诗文，自陈所作文章"锻炼精粹，出入于今古数千百年，披剔刳抉，有可以辅教化者"。文宗得书，高其激昂，欲用之。然终为李宗闵所忌，出贬东都。见《新唐书》卷一七九本传。

　　李鹫是夏始寓居苏州惠山寺，潜心读书。

　　按：见《全唐文》卷七二四李鹫《题惠山寺诗序》。

　　张周封在成都，为西川节度使李德裕幕属。

　　按：张周封字子望，张惟素之子，后为协律郎、工部员外郎。著有《华阳风俗录》1卷，已佚。余不详。

艾因哈德《卡罗利·马尼传记》著成。

　　韦绚约是年撰成《戎幕闲谈》。

　　按：时韦绚在李德裕西川幕为巡官。《戎幕闲谈》记其闻于李德裕所谈古今异事，原书已佚，《说郛》、《太平广记》存录其部分逸文。

　　窦巩卒（772—　　）。巩字友封，京兆金城人。中唐诗人，尤善五言诗。元和初登进士第，累迁刑部郎中，出为浙东观察副使，后复奉召入还朝。有诗集1卷，已散佚。《全唐诗》卷二七一收录其诗19首。事迹见《旧唐书》卷一五五、《全唐文》卷七六一褚藏言《窦巩传》。

　　按：窦巩与父窦叔向、兄窦常、窦牟、窦群、窦庠俱有诗名，后人合编五人诗为《窦氏联珠集》5卷。今存。

　　李渤七月卒（773—　　）。渤字濬之，号白鹿先生。中唐学者。工诗文，好道学。尝与兄隐居庐山、嵩山，后迁家洛阳。起为著作郎，累迁给事中等职，卒于太子宾客。著有《御戎新录》20卷、《真系传》1卷、《六贤图赞》1卷等。今存《真系传》，余皆散佚。《全唐文》卷七一二辑录其文编为1卷，《全唐诗》卷四七三收录其诗5首。事迹见《旧唐书》卷一七一、《新唐书》卷一一八。

　　元稹七月二十二日卒（779—　　）。稹字微之，别字威明，鲜卑族后裔。中唐文学家、诗人。诗名盛于时，尤长于乐府，与白居易齐名，世称"元白"。又擅散文、传奇、书法。初登明经第，复登中书判拔萃科、才识兼茂明于体用科，长庆间累迁工部侍郎，入掌相职，未几出为同州刺史，历越州刺史、尚书左丞，终武昌军节度使任。卒赠尚书右仆射。尝与白居易、独孤郁合编《元和制策》3卷，撰有《元氏长庆集》100卷、《类集》300卷、《小集》10卷、《元白继和集》1卷，皆散佚。今存《元氏长庆集》60卷，系后人重编本。另有中华书局本《元稹集》，所录除存本60卷外，又收有《外集》8卷。《全唐文》卷六四七至六五五编录其文为9卷，《全唐诗》卷三九六至四二三编录其诗为28卷。事迹见《旧唐书》卷一六六、《新唐书》卷一七四。宋人赵令畤撰有《微子年谱》，近人岑仲勉撰有《元稹世系》（收入《唐集质疑》），今人卞孝萱撰有《元稹年谱》，周相录撰有《元稹年谱新编》，吴伟斌著有《元稹评传》、《元稹考论》。

按：元稹系中晚唐诗文大家，在当时文坛颇具地位和影响。他倡扬以礼治国，以文教化，注重文学之政治教化功能，主张为文应反映现实，针砭时弊。于诗歌理论与体裁创新，多有自得。《旧唐书》本传曰："（稹）工为诗，善状咏风态物色，当时言诗者称元、白焉。自衣冠士子，至闾阎下俚，悉传讽之，号为'元和体'"。其所作乐府，最为警策，推动了当时新乐府运动之发展。名作《连昌宫词》，近人陈寅恪以为"合并融化唐代小说之史才、诗笔、议论为一体而成"，颇具特色。所作悼亡诗及艳诗，流传广泛，李肇《唐国史补》谓元和以后，"学淫靡于元稹"。又首创次韵诗，"江湖间为诗者，复相仿效，亦目之为'元和体'"。稹于唐代诗歌发展演变有独到见解，首倡"扬杜抑李"之说，对后世影响甚大。其传奇作品以《莺莺传》为代表，历代传诵不衰。书法以楷书见长，《宣和书谱》谓其"风流酝籍，挟才子之气，而动人眉睫"。

沈亚之约是年稍后卒，生年不详。亚之字下贤，吴兴人。工诗文，有史才，擅长传奇小说。尝游韩愈之门，名闻一时。元和间登进士第，长庆间又登贤良方正能直言极谏科，累迁殿中侍御史、充沧德宣慰判官。坐事贬南康尉，卒于郢州掾。有集9卷（一作8卷，又作10卷或12卷），今存《沈下贤集》，有12卷本和10卷本两种。《全唐文》卷七三四至七三八编录其文为5卷，《全唐诗》卷四九三编录其诗为1卷。事迹见《唐才子传》卷六。

按：沈亚之卒年，史无明载。是年后，其行迹无考，疑卒于稍后。姑系于此。沈亚之文史俱佳，其诗善感动态，工于情语，李贺称之为"吴兴才人"。代表作有《五月六日发石头城步望前船示舍弟兼寄侯郎》等。其散文"务为奇崛"，尤以《送李胶秀才诗序》为学者推重。所作《霍丘县万胜新冈新城录》、《旌故平卢军节士文》等，自谓可"备史听"。其传奇小说善"以华艳之笔，叙恍惚之情"，代表作有《湘中怨解》、《异梦录》、《秦梦记》、《冯燕传》等。

曹松（　—约901）约生。

按：曹松生年，历有歧说。《全唐诗录》卷九七引《昭宗实录》，谓松于天复元年进士及第，年五十九。以此溯推，其生当会昌三年。《唐摭言》卷八谓松登第时，年已"七十余"。以同榜登第者王希羽等"皆年逾耳顺"，故有"五老榜"之称。《唐摭言》成书远早于《全唐诗录》。今从《唐摭言》之说，以松登第时年七十一计，其生约本年。

大和六年　壬子　832年

二月，增置史官。

按：《唐会要》卷六三载，是年二月，以谏议大夫王彦威、户部郎中杨汉公、祠部员外郎苏涤、右补阙裴休并充史馆修撰。按旧制，史馆修撰不过三员，或为两员。文宗增置四员，论者多有非议。

拜占庭反圣像崇拜复起。

法兰克虔诚者路易帝以阿奎丹予

幼子查理。

是年,开科取士,礼部侍郎贾𫗧知贡举,进士及第 25 人,诸科 5 人。

按:见《登科记考》卷二一。

牛僧孺十一月乙丑罢相,出为淮南节度使。次月丁未,李德裕奉召入朝,拜兵部尚书。牛李党争,李党暂时得势。

按:见《旧唐书》卷一七下《文宗纪下》。

李商隐是春应贡举落第,遂赴太原,入河东节度使令狐楚幕。

按:见张采田《玉谿生年谱会笺》。

白居易是冬纂《刘白吴洛寄和集》成,寄书刘禹锡告之。

按:见《白居易集》卷六八《与刘苏州书》。

丁公著九月丁未卒(769—)。公著字平子,苏州吴县人。中唐经学家,尤精《礼》学。初登五经科,又登开元礼科,元和中累迁水部员外郎、集贤殿直学士,长庆间拜中书舍人,迁工部侍郎。求为外官,历江西道都团练观察使、河南尹。复奉召入朝,累官礼部尚书、翰林侍讲学士,终太常卿。著有《礼志》10 卷、《礼记字例异同》1 卷、《皇太子诸王训》10 卷,后皆佚。事迹见《旧唐书》卷一八八、《新唐书》卷一六四。

薛涛是夏卒(770—)。涛字洪度,长安人。女诗人。工书,精音律。自幼随父入蜀,遂流寓蜀中。少时即以聪慧多才艺闻于西川,后一度入乐籍,坐事流松州,以献诗获归,遂脱籍。元和二年,武元衡奏为校书郎,未就,时号女校书。晚年迁居碧鸡坊。有集 5 卷,已散佚。今存《薛涛诗》1 卷,系后人重编。《全唐诗》卷八〇三辑录其诗编为 1 卷。事迹见唐李屿《薛涛传》(收入《绿窗女史》)、《唐才子传》卷六。近人傅润华撰有《薛涛年谱》。

按:薛涛以多才多艺名著一时,颇得白居易、元稹、刘禹锡等人称赏。杨慎《升庵诗话》谓其诗"有讽谕而不露,得诗人之妙";钟惺《名媛诗归》谓其诗"缥缈幽秀,绝句一派,为今所难"。《宣和书谱》卷一〇谓其书法"无女子气,笔力峻激",尤以行书为长,深得王羲之风格。《蜀笺谱》谓其创为深红小笺,"裁书供吟,献酬贤杰,时谓之薛涛笺",后世流传不衰。

僧贯休(—912)生。

大和七年　癸丑　833 年

阿拉伯阿拔斯帝国禁军始操纵

八月甲申,令国子监搜访名儒,置五经博士各一员。

按:见《旧唐书》卷一七下《文宗纪下》。

大和七年　癸丑　833年

　　是月，制进士举先试帖经，略问大义；精通者次试议论各一道，文理高者便与及第。其所试诗赋并停。
　　按：文宗既重儒学，以近世文士不通经术，患之。七月，宰相李德裕请依杨绾之议，进士试论议，不试诗赋。文宗遂于是月下制。唐世进士举自此始重经义。见《登科记考》卷二一。
　　十月壬辰，召僧徒、道士于麟德殿讲论。
　　按：见《旧唐书》卷一七下《文宗纪下》。
　　十二月，敕于国子监创立石壁《九经》及《孝经》、《论语》、《尔雅》，凡159卷。另有《字样》40卷。
　　按：见《唐会要》卷六六。刊石经之事系从郑覃等人奏请，其正式刊刻始于大和九年，至开成二年完成。参见大和四年、开成二年郑覃条。
　　是年，开科取士，礼部侍郎贾餗知贡举，进士及第25人，诸科5人。
　　按：见《登科记考》卷二一。

　　白居易在河南尹任，与刘禹锡等多寄诗唱和。四月壬子，以病辞河南尹，改授太子宾客，分司东都，与僧宗密交游。
　　按：白居易改授太子宾客事，见《旧唐书》卷一七下《文宗纪下》。
　　李翱由桂州刺史改任潭州刺史、湖南观察使。
　　按：见《旧唐书》卷一六〇本传。
　　李德裕二月为兵部尚书、同中书门下平章事，入居相位，遂大肆排斥牛僧孺之党。
　　按：时牛李党争，李党暂时得势。见《资治通鉴》卷二四四。
　　魏暮应贡举，登进士第。
　　按：见《登科记考》卷二一。
　　僧宗密南下游方，是春于苏州与刘禹锡交游。寻北还长安终南山草堂寺，途经洛阳，与白居易交游。
　　按：《刘禹锡集》卷二九《送宗密上人归南山草堂寺因诣河南尹白侍郎》、《白氏长庆集》卷六四《赠草堂宗密上人》，系此年与宗密交游时所作。
　　僧义存年十二，随父游蒲田玉润寺，拜僧庆玄律师为师，留为童侍。
　　按：见《宋高僧传》卷一二本传。

　　路随在门下侍郎、崇文馆大学士兼太子太师任，表上史官所修《穆宗宪宗实录》。
　　按：见《旧唐书》卷一五九本传。
　　有司十一月奉诏删定前大理丞谢登所纂《格后敕》为50卷。
　　按：谢登所纂《格后敕》原为60卷，有诏刑部详定，删其繁杂。见《旧唐书》卷一七下《文宗纪下》。
　　刘禹锡自编所作文为《刘氏集略》；又编次李绛诗文400余篇为《李绛集》20卷。
　　按：《刘禹锡集》卷二〇有《刘氏集略说》、卷一九有《唐故相国李公集纪》。参见卞孝萱《刘禹锡年谱》。

国政。
　　法兰克帝国诸王子叛。废虔诚者路易。

薛莹约是年前后纂《洞庭诗集》（又名《薛莹集》）1卷。

按：薛莹纂《洞庭诗集》，一说在长庆二年，又说在中和二年。此从傅璇琮主编《唐五代文学编年史》（晚唐卷）。该集已佚。薛莹系文宗时诗人，曾隐居山中，余不详。《全唐诗》卷五四二、《全唐诗补遗》卷三收录其诗11首。

钟辂是年前后撰传奇《前定录》1卷。

按：李剑国《唐五代志怪传奇叙录》谓是书撰成于大和四年至八年间。姑系于此。钟辂一作钟辂，太和中人，官崇文馆校书郎。余无考。《全唐文》卷七四一收录其文1篇，即《前定录序》，《全唐诗》卷五一七收录其诗1首。

杨巨源约卒（755— ）。巨源字景山，河中人。诗人，尤擅长律诗。交游甚广，与白居易、刘禹锡、贾岛、王建、元稹、马戴等皆有往来，又能以诗训导后进。贞元五年登进士第，累迁凤翔少府尹，以国子司业致仕。有集5卷、诗集1卷，后皆散佚。《全唐诗》卷三三三辑录其诗编为1卷。事迹见《唐才子传》卷五。

按：杨巨源卒年，史不载。是年后其行迹无考，似当已卒。姑系于此。杨巨源在中唐文诗坛有一定影响。赵璘《因话录》卷三评曰："巨源在元和中，诗韵不为新语，体律务实，工夫颇深。"王夫之《唐诗评选》卷四称其七言诗"平远深细，是中唐第一高手"。

崔玄亮七月乙丑卒（768— ）。玄亮字晦叔，祖籍博陵，家居洛阳。中晚唐诗人。癖好诗、琴、酒，自号"三癖翁"。贞元中登进士第，又登书判拔萃科，历县令、刺史等职，有政绩，卒于虢州刺史任。晚年好黄老清净术。著有《海上集验方》10卷、集若干卷，皆已佚。《全唐文》卷六一五收录其文1篇，《全唐诗》卷四六六收录其诗2首。事迹见《旧唐书》卷一六五、《新唐书》卷一六四。《白居易集》卷七〇有《唐故虢州刺史赠礼部尚书崔公墓志铭》。

罗隐（ —909）生。

大和八年　甲寅　834年

阿拉伯人取西西里岛墨西拿。

虔诚者路易复位。

丹麦海盗侵英格兰苏塞克思。

正月，礼部奏减弘文馆、崇文馆等生员。从之。

按：时明经与弘文、崇文馆生等共有552人，礼部请减138人。见《登科记考》卷二一。

是月，敕明经科及第不得过110人。

按：见《登科记考》卷二一。

七月壬申，令中书门下、御史台、尚书省、诸道节度观察使各举善《周易》者。

按：见《旧唐书》卷一七下《文宗纪下》、《登科记考》卷二一。

八月丙申，以岁旱，暂罢诸色选举。

按：见《旧唐书》卷一七下《文宗纪下》。

是年，开科取士，礼部侍郎李汉知贡举，进士及第25人，诸科11人。

按：见《登科记考》卷二一。

白居易在太子宾客任，分司东都，颇为清闲，多有交游唱和、游览吟咏之作。

按：白居易为太子宾客事，见去年条。

刘禹锡在苏州刺史任，七月移任汝州刺史，道中与李程等交游。

按：《刘禹锡集》卷一六《汝州谢上表》有"伏奉去年七月十八日诏书授臣使持节汝州诸军事、守汝州刺史兼御史中丞"云云。表作于本年，其中"去年"两字系衍文。《姑苏志·古今守令表》载刘禹锡于本年七月离任苏州刺史。

李翱由潭州刺史奉召入朝，授刑部侍郎。

按：见《旧唐书》卷一六〇本传。

李德裕执掌相职，正月奏请罢礼部取进士先呈宰相裁定之旧例。十月庚寅罢相，出为山南西道节度使，旋改镇海节度使。

按：唐之惯例，礼部放进士榜前，需先呈示诸宰相，以最终确定登第名单及名次，谓之"呈榜"。由是常有托情徇情、改易名单和等级现象，致使"宰相稍有寄情，有司固无畏忌"。李德裕奏请革此旧例，"任有司放榜"，宰相不得过问，永为定制，"如有固违，御史纠察"。见《全唐文》卷七〇一李德裕《请罢呈榜奏》、《唐会要》卷七六。李德裕罢相事，见《旧唐书》卷一七下《文宗纪下》。

李逢吉为尚书左仆射，十二月己亥以司徒致仕。

按：见《旧唐书》卷一七下《文宗纪下》。

杜牧在扬州淮南节度使牛僧孺幕，为掌书记，多与文士交游唱和。

按：见缪钺《杜牧年谱》。

李商隐是春应试不第，入充海观察使崔戎幕，掌章奏。

按：见张采田《玉谿生年谱会笺》。

郑处诲是年稍后撰《明皇杂录》3卷（一说2卷）。

按：郑处诲雅好古事，时以文章秀拔为士人所推。是春登进士第，释褐为校书郎。所著《明皇杂录》，记玄宗朝杂事，兼及肃、代二朝史事。原本已佚，清钱熙祚有辑本2卷，又辑逸文1卷，收入《守山阁丛书》。今有田廷柱校点本，收入上海古籍出版社1985年出版《开元天宝遗事十种》。

裴潾在集贤殿学士任，仿《昭明文选》体例，纂成《大和通选》30卷，并音义、目录各1卷，四月壬辰进上。

按：《旧唐书》卷一七下《文宗纪下》载，裴潾纂《大和通选》，以所取文偏僻，不为时论所称。该书今不存。

李德裕撰《御臣要略》1卷、《次柳氏旧闻》1卷（一说3卷）成，九月己未进上。

按：见《旧唐书》卷一七下《文宗纪下》。《御臣要略》已佚。初，柳芳尝据高力士所言禁中事撰《问高力士》。李德裕之父李吉甫由柳芳之子柳冕处闻知高力士所言，又转述于李德裕，李德裕遂撰《次柳氏旧闻》一书。该书原本已散佚，今存《丛书集成》本，系后人重加辑录而成。

白居易是夏编次大和三年春以来在洛阳所作诗432首，纂为1卷，自为序，论及古今诗人。

按：白居易《白氏文集》卷六一《序洛诗》曰："予历览古今歌诗，自《风》、《骚》之后，苏、李以还，次及鲍、谢徒，迄于李、杜辈，其间词人闻知者累百，诗章流传者钜万。观其所自，多因谗冤谴逐，征戍行旅，冻馁病老，存殁别离，情发于中，文形于外。故愤忧怨伤之作，通计古今，什八九焉。世所谓文士多数奇，诗人尤命薄，于斯见矣。"

杜牧此期先后作《上知己文章启》、《罪言》、《原十六卫》、《战论》、《守论》等时论、政论文，又注《孙子》。

按：见《樊川文集》卷一六《上知己文章启》、《资治通鉴》卷二四四胡注，参见缪钺《杜牧年谱》。

郑注九月甲子进《药方》1卷。

按：见《旧唐书》卷一七下《文宗纪下》。

僧海云著《两部大法相承师资付法记》2卷。

按：该书又称《两部大法次第记》，今存，收入《大正藏》第51册。法云系唐代密宗高僧，师从长安青龙寺僧义操。

僧普愿十二月二十五日卒（748— ）。普愿俗姓王，世称南泉和尚，新郑人。高僧。游历各地，参学诸派名师，得承马祖道一法嗣。隐居池阳南泉山三十余年，潜心修行，故世称"南泉普愿"。后开筵讲论，学者云集。弟子有从谂、昙照、景岑等。门人辑录其言论为《语录》1卷。事迹见《宋高僧传》卷一一、《景德传灯录》卷八。

吴武陵卒，生年不详。武陵本名侃，自称东吴王孙，信州贵溪人。史学家。登进士第，坐事流永州。累迁太学博士、直史馆，出为忠州刺史，转韶州刺史，再贬潘州司户参军，卒于贬所。著有《十三代史驳议》12卷、《吴君志传》3卷、《吴武陵书》1卷，后皆散佚。《全唐文》卷七一八收录其文7篇，《全唐诗》卷四七九收录其诗2首。近人岑仲勉撰有《吴武陵事迹》，收入《金石论丛》四《贞石证史》。

皮日休（ —约880稍后）约生。

按：皮日休生年，史无明载，后世说法不一。此从傅璇琮主编《唐才子传校笺》之说。

大和九年　乙卯　835年

北欧海盗伐英

七月丁巳，诏禁民间私度僧尼。

按：见《旧唐书》卷一七下《文宗纪下》。

十一月，宰相李训等欲除宦官，事败被杀，文宗亦遭软禁，史称"甘露之变"。

按：时宦官势大，文宗欲除之，遂与李训、郑注等谋划诛宦官。事泄，中尉仇士良率兵入宫，杀李训等，牵连死者千余人。由是宦官权势益重，宰相但行文书而已。见《旧唐书》卷一七下《文宗纪下》、《资治通鉴》卷二四五。

十二月十八日，敕初登进士第者，授诸州府参军及紧县簿尉，未经两考，不许授职事官。

按：见《登科记考》卷二二。

是月，中书门下奏请将进士及第额由25人增至40人，明经科额由110人减至100人。从之。

按：见《登科记考》卷二一。

是年，开科取士，工部侍郎崔郸知贡举，进士及第25人，诸科5人。

按：见《登科记考》卷二一。

白居易为太子宾客分司，九月改授同州刺史，不就。是冬，与裴度、刘禹锡、李绅等多有唱酬。十月，改授太子少傅，仍分司东都。

按：白居易改授官职事，见《旧唐书》卷一七下《文宗纪下》。《白居易集》卷三二有《诏授同州刺史病不赴任因咏所怀》，知其因病不赴同州刺史，遂有改授太子少傅之命。

刘禹锡十月由汝州刺史转同州刺史。

按：初，诏授白居易为同州刺史，因病不赴，遂改由刘禹锡出任。见《旧唐书》卷一七下《文宗纪下》。

李翱由刑部侍郎转户部侍郎，八月以检校户部尚书衔出为襄州刺史，充山南东道节度使。

按：见《旧唐书》卷一七下《文宗纪下》。

李德裕四月贬为太子宾客，分司东都，寻再贬袁州长史。

按：时牛李党争，李党失势。见《旧唐书》卷一七下《文宗纪下》。

杜牧是春奉召入朝，由扬州北上长安，授监察御史，分司东都。

按：见缪钺《杜牧年谱》。

舒元舆正月由右散骑常侍出为陕州防御观察使，九月复还朝，授御史中丞，兼判刑部侍郎，寻以本官同中书门下平章事，入掌相职。

按：见《旧唐书》卷一七下《文宗纪下》。

郑覃五月由户部尚书转秘书监，八月又转为刑部尚书，以尚书右仆射判国子祭酒事；十一月以本官同中书门下平章事，入掌相职。

按：见《旧唐书》卷一七下《文宗纪下》。

李绅在浙东观察使任，五月奉召还朝，授太子宾客，分司东都。

按：见《旧唐书》卷一七下《文宗纪下》。

白居易是夏纂成《白氏文集》60卷，收录所作诗文凡2964，藏于庐山东林寺。

格兰威塞克斯，侵尼德兰沿海。

阿拉伯艾布·泰马姆编成阿拉伯

古诗集《英武诗集》。

> 按：见《白居易集》卷七〇《东林寺〈白氏文集〉序》。

卢元符约是年前后编次《卢象集》12卷成，刘禹锡为序。

> 按：卢元符系卢象之孙。《刘禹锡集》卷一九《卢象集纪》谓卢象"下世后七十三年，其孙元符捧遗草来，乞词以表之。尝经乱离，多所散落，今之存者，十有二卷"。卢象卒于宝应二年，参见该年条。以此推之，元符编《卢象集》约在本年。

李公佐约是年著《建中河朔记》6卷成。

> 按：该书今不存。

吕道生撰传奇《定命录》2卷。

> 按：吕道生生卒、籍贯不详，长于志怪传奇。所撰《定命录》，记唐人命数前定、久则应验故事。原书已佚，《太平广记》收录逸文六十余条。道生另撰有《定命论》10卷。今亦不存。

僧法融卒（747— ）。法融俗姓严，阆中人。唐代北宗禅高僧。年十三出家，师从长乐寺僧慧休。通晓经论，精娴戒律。后又师事嵩岳普寂，受付心法。居弋阳福宁寺，参学者众。事迹见《宋高僧传》卷二九、《景德传灯录》卷四。

> 按：唐代禅宗高僧名法融者先后有二人，另一为牛头派创始人。

李逢吉正月壬申卒（758— ）。逢吉字虚舟，陇西人。工诗文。早年曾与李渤隐居庐山，后登进士第，元和、长庆年间两度拜相，权倾一时。卒于左仆射、司徒任，谥曰"成"。有与令狐楚唱和诗集《断金集》1卷，已佚。《全唐文》卷六一六、《唐文拾遗》卷二六收录其文5篇，《全唐诗》卷四七三收录其诗8首，内有令狐楚诗渗入。事迹见《旧唐书》卷一六七、《新唐书》卷一七四。

王涯十一月卒（约763— ）。涯字广津，太原人。中唐学者。早年从游梁肃，博学好古，工诗文，通音乐，喜藏书，家藏数万卷。贞元间登进士第，又登博学宏词科，累迁工部侍郎、知制诰，曾两次入相。甘露之变被害，天复初追复官爵。撰有《唐循资格》5卷、《太玄经注》6卷、《月令图》一轴。另有《翰林词歌》1卷，集10卷。后多散佚。《全唐文》卷四四八、《唐文拾遗》卷二三收录其文11篇，《全唐诗》卷三四六辑录其诗编为1卷。事迹见《旧唐书》卷一六九、《新唐书》卷一七九。

> 按：王涯颇以才学著称于世，曾搜访开元时雅乐作《云韶乐》。元和中与令狐楚、张仲素同为中书舍人，迭相唱和，后人合编为《三舍人集》。

温造六月丁酉卒（766— ）。造字简舆，怀州人。中唐传奇作家。少隐王屋山，贞元初起为寿州刺史张建封宾客，累迁兵部侍郎、礼部尚书，卒于官。尝撰传奇《瞿童述》1卷，今存，见《全唐文》卷七三〇；另有文集80卷，已佚。事迹见《旧唐书》卷一六五。

段文昌二月乙巳卒（773— ）。文昌字墨卿，一字景初，世居荆州。有文名，尤长于碑记。元和间累迁祠部郎中兼翰林学士，加知制诰。穆宗时一度拜相，历兵部尚书、御史大夫等职，卒于剑南西川节度使任。有集30卷，已佚。《全唐文》卷六一七、《唐文拾遗》卷二六收录其文5篇，《全唐诗》卷三三一收录其诗4首。事迹见《旧唐书》卷一六七、《新唐书》卷八九。

日僧空海卒(774—)。空海俗姓佐伯,幼名真鱼,密号"遍照金刚",世称高野山大师,又称野山大师,日本赞歧人。贞元二十年入唐求学,元和元年归国,创日本密宗(真言宗),又参与日本文字创制。及卒,谥曰"弘法大师"。弟子众多,以实慧、真雅等十大弟子最为有名。著有《辩显密二教论》、《秘藏宝钥》、《十住心论》、《付法传》、《即身成佛义》、《请来目录》、《御遗告》、《声字义》、《吽字义》、《般若心经秘键》、《大悉昙章》、《篆隶万象名义》等。另有文学作品《文镜秘府论》、《文笔眼心钞》、《性灵集》、《高野杂笔集》等。今人集其著述编为《弘法大师全集》。王益鸣著有《空海学术体系的范畴研究》。

按：空海精通汉字和汉学,在推动中日文化交流和日本文化发展方面贡献甚巨。所撰《文镜秘府论》6卷,著录初盛唐时多种诗文著作,在日本影响颇大。又以书法闻名,被誉为三笔之一。传世墨迹有《风信帖》、《三十帖册子》、《灌顶历名》、《七祖赞》等。近年来,其文学作品陆续在中国出版。西安市与日本四国香川县等联合于青龙寺故址建"空海大师纪念碑",以纪念其留学事迹。

路随七月卒(776—)。随(一作隋)字南式,祖籍阳平,其先迁居河南。路泌之子。有学行。起为左补阙,累迁司勋员外郎,迭充史职。后历司勋郎中、谏议大夫、中书舍人兼翰林学士、兵部侍郎、知制诰等职。大和中拜中书侍郎,监修国史,转门下侍郎,加崇文馆大学士,兼太子太师。以检校尚书右仆射、同中书门下平章事,充润州刺史、镇海军节度使、浙江西道观察使,卒于赴任途中,追赠太保,谥曰"贞"。尝参修《宪宗实录》、《穆宗实录》,著有《六经法言》20卷、《平淮西记》1卷,皆已佚。事迹见《旧唐书》卷一五九、《新唐书》卷一四二。

沈传师四月壬寅卒(777—)。师传字子言,吴县(一作武康)人,沈既济之子。中唐史学家、书法家、传奇作家、诗人。少以博学多才为杜佑器重,又师从权德舆。贞元间登进士第,元和初复登才识兼茂明于体用科,累迁中书舍人,迭掌史职。后历湖南观察使、尚书右丞、江西观察使等职,卒于吏部侍郎,追赠吏部尚书。先后参修《宪宗实录》、《顺宗实录》,又与令狐楚等增订唐次《辨谤略》为《元和辨谤略》10卷,后皆佚。《全唐文》卷六八四收录其所撰《元和辨谤略序》,《全唐诗》卷四六六收其诗五首。事迹见《旧唐书》卷一四九、《新唐书》卷一三二。杜牧《樊川文集》卷一四有《唐故尚书吏部侍郎赠吏部尚书沈公行状》。

按：沈传师卒年,《旧唐书》本传谓"大和元年",似误。同书卷一七下《文宗纪下》及《新唐书·文宗纪》皆谓其卒于本年。其子沈询亦有文辞。沈询字诚之,会昌初登进士第,补渭南尉,累迁中书舍人,历浙东观察使、户部侍郎等职。咸通四年出为昭义军节度使,为家奴勾结牙将所杀,追赠兵部尚书。《全唐文》卷七六七收录其文6篇。

皇甫湜约是年稍后卒(约777—)。湜字持正,睦州新安人,寓居扬州。有文名,尤长于古文。尝与李翱同师从韩愈。元和间登进士第,又登贤良方正能直言极谏科，累迁工部郎中，晚年不详。有集3卷（一说6卷），原本已佚，今存宋人所辑《皇甫持正文集》。《全唐文》辑录其文编为3卷，《全唐诗》卷三六九收录其诗3首，内有他人作品混入。事迹见《旧唐书》卷七四、《新唐书》卷一七六。今人杨军、张少华撰有《皇甫湜评传》（载《苏州铁道师范学院学报》2004年第4期）。

按：皇甫湜生卒年，史无明载，一说在大和四年前后。此从傅璇琮主编《唐五代文学编年史》（晚唐卷）。皇甫湜为中晚唐古文大家，颇有名声。其文承韩愈风格，以"怪"、"奇"为宗。在《答李生书》等文中，他一再论辩"奇"与"常"之关系，以为"意新则异于常，异于常则怪"，"词高则出于众，出于众则奇"。又云："夫文者，非他言之华者也，其用在通理而已，固不务奇，然亦无伤于奇也。"时古文创作有"宜难"与"宜易"之争，皇甫湜为力主"宜难"之代表，尤为晚唐古文家孙樵推崇。尝历论唐代诸家之文，其中多有独到之见。

舒元舆十一月卒（789—　　）。元舆字号不详，婺州东阳（一说江州）人。博览群书，通经史，工诗文。元和中登进士第，累迁御史中丞，兼判刑部侍郎，加同平章事，入掌相职。与李训谋诛宦官，死于"甘露之变"。有集1卷，已散逸。《全唐文》卷七二七辑录其文编为1卷，《全唐诗》卷四八九辑录其诗编为1卷。事迹见《旧唐书》卷一六九、《新唐书》卷一七九。

卢仝十一月卒，生年不详。仝自号玉川子，祖籍范阳，家居扬州。熟谙经学，尤精《春秋》。有诗名，能自成一体。初隐居济源，后寓居洛阳，与孟郊过往甚密。贫甚，朝廷征为谏议大夫，不就。留宿宰相王涯家，逢"甘露之变"，遂遇害。撰有《春秋摘微》4卷、《卢仝诗》3卷。今存《玉川子诗集》2卷、外集1卷。《全唐诗》卷三八七至三八九收录其诗编为3卷，《全唐文》卷六八三收录其文4篇。事迹见《新唐书》卷一七六、《唐才子传》卷五。

按：卢仝卒年，说法不一。北宋钱易《南部新书》卷壬谓其于本年甘露之变中罹难，今人黄永年《纂异记和卢仝的生卒年》（载《中国古典文学丛考》第二辑）亦持此说。今人姜光斗、顾启《卢仝罹甘露之祸说不可信》（《学林漫录》卷七）则以为仝早在元和七年已卒。今从前说。卢仝于《春秋》探究颇深，其解经不用《三传》旧说，能独抒己见，深得韩愈称赏。其诗趋险尚怪，想象神异，多用奇言僻字及散文句法，以求生新拔俗，《沧浪诗话》谓之"卢仝体"。

李甘约是年或稍后卒，生年、籍贯不详。甘字和鼎，有文名。长庆四年登进士第，又登贤良方正能直言极谏科，累迁侍御史，坐事贬封州司马，卒于贬所。有《李甘文》1卷，已佚。《全唐文》卷七三三收录其文5篇，《全唐诗》卷五〇八收录其诗1首。事迹见《旧唐书》卷一七一、《新唐书》卷一一八。

按：李甘卒年，史无明载。《新唐书》本传谓其"终于贬"。考《资治通鉴》卷二四五，甘于本年七月癸亥贬封州司马。知其卒当在此后不久。

僧道膺（　　—902）、僧师备（　　—908）、僧居遁（　　—923）生。

唐文宗开成元年　丙辰　836年

正月辛丑，改元开成。制有"藏器待时、隐身岩穴、奇节独行、可激风俗"者，委常参官及各地长官奏闻；勋臣弟子有"修词务学"而应进士、明经及诸科者，有司先加奖引。

按：见《登科记考》卷二一、《唐大诏令集》卷五《开成改元赦》。

七月，令秘书省凡有补入旧书及新写书籍，随日校勘登记。

按：《唐会要》卷六五载，时有分察使奏曰："秘书省四库见在杂旧书籍，共五万六千四百七十六卷，并无文案及新写书文历。自今以后，所填补旧书及别写新书，并随日校勘，并勒创立案，别置纳历，随月申台，并申分察使。每岁末，课申数，并具状闻奏。"有诏从之。事又见《旧唐书》卷一七下《文宗纪下》。

九月辛卯，敕秘书省，集贤院应欠书45261卷，配诸道缮写。

按：见《旧唐书》卷一七下《文宗纪下》。

是年，开科取士，中书舍人高锴知贡举，进士及第40人，诸科9人。

按：见《登科记考》卷二一。

刘禹锡是秋由同州刺史改授太子宾客，分司东都，与白居易、裴度等多有酬和。

按：见《刘禹锡》卷三九《子刘子自传》。刘禹锡后将其任汝州刺史以来与白居易唱和诗，编为《汝洛集》。

王彦威由平卢军节度使、淄青等观察使奉召还朝，拜户部侍郎，寻权判度支。

按：王彦威初在朝，因直言抗争为执政所恶，遂被斥出朝，至是复还。见《旧唐书》卷一五七本传。

李德裕七月由滁州刺史奉召入朝，授太子宾客；十一月，以检校吏部尚书，充浙西观察使。

按：见《旧唐书》卷一七下《文宗纪下》。

杜牧在洛阳，以监察御史分司东都，与文士多有交游。

按：见缪钺《杜牧年谱》。

郑覃在相位。四月戊戌，文宗与其论诗之工拙，覃以《诗经》为作诗之则，又以进士科率多轻簿，奏请罢之。文宗不纳。五月庚申，奏请置《五经》博士各一人，依王府官例给禄粟。从之。

按：郑覃笃于经术，文宗甚重之。《资治通鉴》卷二四五载，文宗与郑覃论诗，郑覃以为："诗之工者，无若三百篇，皆国人作之以刺美时政，王者采之以观风俗耳，不闻王者为诗也。后代辞人之诗，华而不实，无补于事。"另据《唐会要》卷六六载，大和七年八月，文宗曾令置《五经》博士各一员，似未实践施行。至是，郑覃再请，为文宗

阿拉伯阿拔斯帝国迁都萨马拉。

北欧海盗侵法兰克治下安特卫普。

采纳。

李绅四月由太子宾客分司东都转河南尹。

按：见《旧唐书》卷一七下《文宗纪下》。

白居易是夏再编所作诗文为《白氏文集》65卷，收录作品凡3255首，藏于东都圣善寺。

按：见《白居易集》卷七〇《圣善寺〈白氏文集〉记》。此前，白居易尝自编《白氏文集》60卷，藏庐山东林寺。参见大和九年条。

冯宿十二月辛亥卒（767— ）。 宿字拱之，婺州东阳人。有文名，尤擅赋文制诰。与韩愈友善。贞元八年进士及第，累迁刑部侍郎、兵部侍郎、东川节度使，卒于官，谥曰"懿"。有《格后敕》50卷，集40卷，皆已佚。《全唐文》卷六二四收其文1篇，《全唐诗》卷二七五收录其诗2首。事迹见《旧唐书》卷一六八、《新唐书》卷一七七。

崔郾十一月庚辰卒（768— ）。 郾字广略，贝州武城人。中唐学者。初登进士第，补集贤殿校书郎，累迁吏部员外郎、谏议大夫。敬宗即位，进拜中书舍人，迁礼部侍郎、侍讲学士，出为虢州观察使，历鄂岳、浙西观察使，终检校礼部尚书。卒赠吏部尚书，谥曰"德"。与高重合撰《诸经纂要》10卷，已佚。《全唐文》卷七二四收录其文1篇，《全唐诗》卷五〇八收录其诗1首。事迹见《旧唐书》卷一五五、《新唐书》卷一六三。

李翱约卒（约774— ）。 翱字习之，陇西成纪（一说陈留，又说赵郡）人。中唐著名学者，文学家。早年见知于梁肃，又师从韩愈。贞元间登进士第，授校书郎，累迁户部侍郎，以检校户部尚书出为襄州刺史，充山南东道节度使，卒于官，谥曰"文"。与韩愈合撰《论语笔解》2卷，著有《五木经》1卷等。今存《李文公集》18卷。《全唐文》编录其文为7卷，《全唐诗》卷八七三收录其诗7首。事迹见《旧唐书》卷一六〇、《新唐书》卷一七七。今人李恩溥、罗联添各撰有《李翱年谱》，李光富撰有《李翱年谱订补》，卞孝萱、张清华、阎琦《韩愈评传》附有《李翱评传》。

按：李翱卒年，历有歧说。《旧唐书》本传谓其"会昌中卒"，今人姜夫亮《历代人物年里碑传综录》谓其会昌初年卒，李恩溥《李翱年谱》谓开成四年至会昌二年间卒，李光富《李翱年谱补》谓开成三年卒。陈尚君《李翱卒年订误》、卞孝萱等《李翱评传》、傅璇琮主编《唐五代文学编年史》（晚唐卷）等皆以为本年。今从此说。李翱之著述，《全唐文》所录7卷，内有他文混入。另，宋陈振孙《直斋书录解题》尚著录李翱《卓异记》1卷，近人余嘉锡《四库提要辨证》谓翱所作。

又按：李翱承韩愈之学而又有发展和开拓，在当时思想界、文学界享有盛名，对后世影响深远。《新唐书》卷二〇一《文艺传》曰："大历、贞元间，美才辈出，擩哜道真，涵泳圣涯，于是韩愈倡之，柳宗元、李翱、皇甫湜等和之，排逐百家，法度森严，抵轹晋、魏，上轧汉、周，唐之文完然为一王法，此其极也。"明人宋廉《〈胡仲子文集〉序》曰："习之识高志伟，不在退之下。"退之即韩愈。清人全祖望《李习之论》曰："自秦汉以来，《大学》、《中庸》杂入《礼记》之中，千有余年，无人得其藩篱，而首见及之者，韩（愈）、李（翱）也。"刘熙《艺概》曰："韩文出于《孟子》，李习之文出于《中庸》，宗李多于宗韩者,宋文也。"观李翱之学,哲学方面,以儒为宗,糅合佛、道,欲重建儒学理论体系,实开后来宋代理学风气之先。代表作有《复性书》、《从道论》、《答侯高第二书》、《去佛斋》等。文学方面,主张"文以载道",强调为文之本在于仁义,做到文、理、义三者并举,实开后世桐城派文学理论之先河。代表作有《答朱载言书》等。其文力行韩愈所倡"文从字顺"之风格,立意高卓,时人裴度《寄李翱书》称"皆可谓救文之失、广文之用之文"。此外,李翱所撰《百官行状奏》、《皇甫湜书》等文,可见其史学思想;《平赋书》等文,可见其经济思想;《来南归》一文,按日记事,则首开后世日记体著作之先声。

彭玕(—933)、韦庄(—910)生。

开成二年　丁巳　837年

七月甲申,诏除河北三镇外,诸州府不得以试衔奏官。

按:见《旧唐书》卷一七下《文宗纪下》。

十月辛卯,诏改《三教珠英》为《海内珠英》。

按:见《旧唐书》卷一七下《文宗纪下》。《三教珠英》系武则天时编纂,参见圣历二年、久视二年条。

十二月丙申,内阁对左右史裴素等。

按:文宗即位,倡行儒学,又重修国史。《旧唐书》卷一七下《文宗纪下》曰:"上自开成初复故事,每入阁,左右史执笔立于螭头之下,君臣论奏,得以备书,故开成政事最详于近代。"

是年,开科取士,礼部侍郎高锴知贡举,进士及第40人,诸科3人。

按:见《登科记考》卷二一。

白居易在洛阳,三月三日与刘禹锡等人为河南尹李珏所邀,聚宴于洛滨,互相唱和,盛于一时。

按:参与此次唱和者,除刘禹锡、李珏外,另有裴度、萧籍、李仍叔、郑居中、裴恽、李道枢、崔晋、张可绩、卢言、苗愔、裴俦、裴洽、杨鲁士、谈弘谟等。见《白居易集》卷三三《开成二年三月三日河南尹李代价……奉十二韵以献》。

王彦威八月由户部侍郎、判度支转卫尉卿,分司东都。

按:见《旧唐书》卷一七下《文宗纪下》。《旧唐书》卷一五七本传曰:"彦威儒学虽优,亦勤吏事,然货泉之柄,素非所长,性既刚讦,自恃有余。"终为宰臣所恶,遭降职处分。

李德裕五月由浙西观察使转检校户部尚书,兼扬州大都督府长史,充淮南节度使。

按:见《旧唐书》卷一七下《文宗纪下》。

牛僧孺五月由淮南节度使转检校司空,充东都留守。

阿拉伯人及拜占庭战。

阿拉伯人侵意大利那不勒斯。

后倭马亚王朝平托莱多人叛。

按：见《旧唐书》卷一七下《文宗纪下》。

李商隐是春登进士第。尝致书华州刺史崔郸，对"学道必求古，为文必有师"之说提出质疑。

按：《全唐文》卷七七六有李商隐《上崔华州书》，文中以为："夫所谓道，岂古所谓周公、孔者独能邪？盖愚与周、孔俱身之耳。以是有行道不系今古，直挥笔为文，不能攘取经史，讳忌时世。百经万书，异品殊流，又岂能意分出其下哉！"

吕述为盐铁推官、祠部郎中，七月二十三日出为睦州刺史。

按：见《淳熙严州图经》卷一。吕述生卒年、字号、籍贯不详，长庆元年登贤良方正能直言极谏科，累迁秘书少监，历商州、睦州刺史。著有《黠戛斯朝贡图传》1卷、《东平小集》3卷，后皆佚。《唐文拾遗》卷二九收录其文2篇。

郑覃纂《石壁九经》160卷成，十月癸卯进上。有诏勒国子监石壁，翰林勒字官唐玄度复校字体。是为《开成石经》。

按：《旧唐书》卷一七下《文宗纪下》曰："时上好文，郑覃以经义启导，稍折文章之士，遂奏置《五经》博士，依后汉蔡伯喈刊碑于太学，创立《石壁九经》，诸儒校正讹谬。上又令翰林勒字官唐玄度复校字体，又乖师法，故石经立后数十年，名儒皆不窥之，以为芜累甚矣。"《开成石经》原有二二七石，今存一一四石，凡六十五万二百五十二字，藏于陕西博物馆，其中部分系五代后梁时补刻，包括《仪礼》之《士昏礼》篇、《聘礼》篇、《乡射礼》篇尾、《燕礼》篇，《左氏春秋》之《宣公》上、下篇，《春秋谷梁传》之《成公第八》、《襄公第九》篇等。是次勒石《九经》，系唐初颜师古编定《五经定本》后，唐代又一整理五经文字歧异之大举措。宋代以降，迭有研究该《石经》者。清人顾炎武、万斯同皆撰有《石经考》，杭世骏撰有《石经考异》。今人刘最长、朱捷元撰有《开成石经校勘记》(载《考古与文物》1982年第2期)、《关于开成石经文字的改制和添加的问题》(载《考古与文物》1989年第1期)。

王彦威撰《供军图》，正月庚寅进上；又撰《唐典》70卷，二月戊申进上。

按：时王彦威在户部侍郎、判度支任。《旧唐书》卷一七下《文宗纪下》引王彦威《供军图序》曰："至德、乾元之后，迄于贞元、元和之际，天下有观察者十，节度二十有九，防御者四，经略者三。掎角之师，犬牙相制，大都通邑，无不有兵，约计中外兵额至八十八万。长庆户口凡三百三十五万，而兵额又约九十九万，通计三户资奉一兵。今计天下租赋，一岁所入，总不过三千五百余万，而上供之数三分之一焉。三分之中，二给衣赐，自留州留使兵士衣食之外，其余四十万众，仰给度支焉。"又曰："王彦威进所撰《唐典》七十卷，起武德，终永贞。"同书卷一五七彦威本传亦载，彦威"纂集国初已来至贞元帝代功臣，如《左氏传》体叙事，号曰《唐典》，进之"。文中"贞元"，当为"永贞"之误。两书后皆佚。

姚合为谏议大夫，是年前后选录唐21位诗人诗百首，编为《极玄集》。

按：《极玄集》今存，其所选诗人分别为：王维、祖咏、李端、耿湋、卢纶、司空曙、钱起、郎士元、韩翃、皇甫曾、李嘉祐、皇甫冉、朱放、严维、刘长卿、僧灵一、僧法振、僧皎然、僧清江、戴叔伦。今人周衡《论姚合〈极玄集〉》(载《江苏大学学报》2004年第3期)以为："姚合《极玄集》为今存唐人选唐诗中重要选本之一，它的意义不仅仅在于它显示出选者对前代文学的认识，更在于它揭示出姚、贾诗人群体的独特风貌，即苦吟的文学观念、五律的体验方式、重视感兴与咏怀的诗歌主题以及清幽冷僻的审美趣味。"

薛渔思约是年前后撰传奇《河东记》。

按：参见李剑国《唐五代志怪传奇叙录》。

令狐楚十一月丁丑卒（766— ）。楚字殻士，自号白云孺子，原籍敦煌，家居太原。博学有才，以诗文知名。贞元间登进士第，元和间一度入相，累任尚书左仆射，封彭阳郡公，卒于山南西道节度使任。著述甚丰，有《漆奁集》130卷、《梁苑文类》3卷、《表奏集》10卷、《御览诗》1卷，与沈传师等合纂《元和辨谤略》10卷。又有与刘禹锡唱和集《彭阳唱和集》，与李逢吉唱和集《断金集》，与僧广宣唱和集《广宣与令狐楚唱集》，与王涯、张仲素所作乐府诗合编《元和三舍人集》，另有集100卷（一说130卷）。今存《元和三舍人集》、《御览诗》等，余皆散佚。《全唐文》卷五三九至五四三辑录其文编为5卷，《全唐诗》卷三三四辑录其诗编为1卷。事迹见《旧唐书》卷一七二、《新唐书》卷一六六。

按：令狐楚之诗文颇著称于时。《刘禹锡集》卷一九《唐故相国赠司空令狐公集纪》谓其"导畎浍于章奏，鼓洪澜于训诰，笔端肤寸，膏润天下。文章之用，极其至矣。而又余力工于篇什，古文士所难兼焉"。

朱庆余约是年稍后卒，生年不详。庆余名可久，以字行，越州人。中晚唐诗人，尤长于五律七绝。与贾岛、姚合、章孝标等游，与张籍友善。宝历二年登进士第，历秘书省校书郎等职。有诗集1卷，已散佚。《全唐诗》卷五一四至五一五辑录其诗编为2卷。今人郭育丰著有《朱庆余诗歌研究》。

按：朱庆余卒年，史不载。其行迹是年后无考，似卒于稍后。姑系于此。朱庆余诗作多为时人传诵。《唐文拾遗》卷四七张洎《项斯诗集序》曰："吴中张水部为律格诗，尤工于匠物，字清意远，不涉旧体，天下莫能窥其奥，惟朱庆余一人新授其旨。"张水部即张籍。

司空图（ —908）生。

按：司空图生年，清人钱大昕《疑年录》、王鸣盛《十七史商榷》卷九二以为约在大和二年。然《旧唐书》卷一九〇、《新唐书》卷一九四司空图本传皆明言其于后梁开平二年卒，"年七十二"。以此溯推，其生当本年。今从两《唐书》本传。

开成三年　戊午　838年

五月丁巳，敕礼部贡院进士举人，每岁限30人及第。

按：见《登科记考》卷二一。

十一月，文宗欲置诗学士72人，为宰臣劝阻。

按：文宗好诗，尤喜五言诗，故欲置诗学士。《唐语林》卷二载，宰相杨嗣复曰：

阿拉伯人取拜占庭之阿摩里亚。

阿拉伯人侵南意。

法兰克秃头查理取纽斯特里亚。

英格兰人败丹麦及康沃尔不列颠人。

"今之能诗,无若宾客分司刘禹锡。"李珏奏曰:"当今起置诗学士,名稍不嘉。况诗人多穷薄之士,昧于识理。今翰林学士皆有文词,陛下得以览古今作者,可怡悦其间;有疑,顾问学士可也。"又曰:"臣闻宪宗为诗,格合前古,当时轻薄之徒,摛章会句,声牙崛奇,讥讽时事,尔后鼓扇名声,谓之'元和体',实非圣意好尚如此。今陛下更置诗学士,臣深虑轻薄小人,竞为嘲咏之词,属意于云山草木,亦不谓之'开成体'乎?玷黩皇化,实非小事。"事又见《资治通鉴》卷二四六。

是年,开科取士,礼部侍郎高锴知贡举,进士及第40人,诸科7人。

按:见《登科记考》卷二一。

王彦威为卫尉卿,分司东都,七月以检校礼部尚书、许州刺史,充忠武军节度使、陈许潋观察使。

按:见《旧唐书》卷一七下《文宗纪下》。

郑覃以尚右仆射、门下侍郎、国子祭酒、同平章事守太子太师,十二月罢太子太师,仍三五日入中书省议事。

按:见《旧唐书》卷一七下《文宗纪下》。

牛僧孺九月由东都留守进拜尚书左仆射。

按:见《旧唐书》卷一七下《文宗纪下》。牛李党争,牛党又得势。

杜牧在宣州团练判官任,多有诗作。是冬召为左补阙,明年赴京莅任。

按:见缪钺《杜牧年谱》。

李商隐是春试博学宏词科,不第,遂归泾原王茂元幕。

按:见张采田《玉谿生年谱会笺》。

魏謩由润州司马奉召还朝,擢拜起居舍人,寻以本官直弘文馆,以直言诤谏,为文宗器重。

按:见《旧唐书》卷一七六本传。

僧义存出家,从僧芙蓉山恒照学。

按:义存于大和七年入莆田玉润寺为童侍,是年正式出家。后历游吴、楚、梁、宋、燕、秦,于幽州宝刹寺受戒。见《宋高僧传》卷一二本传。

日僧圆仁奉敕随遣唐使来唐,七月抵扬州,数访谒李德裕。欲赴天台山访学,未获批准,遂北上长安。

按:见圆仁《入唐求法巡礼行纪》、傅璇琮《李德裕年谱》。

日僧圆载率弟子仁好、顺昌、仁济等入唐,自扬州入天台山,巡礼国清寺,以"台教疑问三十科"请益于天台宗师广修及其门人维蠲,并从二师学习天台教观。

按:僧广修系天台宗第十一祖(一说第十祖)。圆载系日本天台宗开祖最澄弟子,与圆仁同门。其研习天台教观历时五年。会昌三年,以答疑成,命弟子仁好、顺昌携带回国。

李衢、林宝撰《皇唐玉牒》150卷成,四月癸丑进上。

按:见《旧唐书》卷一七下《文宗纪下》。该书已佚。李衢时为屯田郎中,长于谱牒学,另撰有《大唐皇室新谱》1卷,亦佚。《全唐诗》卷五四二收录其诗1篇。余不详。林宝时为沔州府长史,其生平概况,参见元和七年条按语。

李绅编次部分诗作,八月纂成《追昔游诗》3卷。

按:见《全唐文》卷六九四李绅《追昔游集序》。该诗集今存。

僧澄观三月卒(737—)。澄观俗姓夏侯,越州山阴人。中唐佛教学者,华严宗第四祖。年十一出家,游历各地,遍访名师,广学律、禅、三论、天台、华严等各宗教义,兼通吠陀、五明、秘咒仪轨、经传子史之学,尤重华严三祖法藏之说,得承其学。身历九朝,先后为七帝讲经,备受朝野敬重,赐"教授和尚"、"清凉国师"、"僧统清凉国师"等号,任国师统。弟子有宗密、僧睿、法印、寂光等,人称"四哲"。著述宏富,有30多种,凡400余卷。今存《大方广佛华严经疏》60卷、《大方广佛华严经随疏演义钞》90卷、《华严经行愿品疏》10卷、《大华严经略策》1卷、《新译华严经七处九会颂释章》1卷、《华严经入法界品十八问答》1卷、《三圣圆融观门》1卷、《华严法界玄镜》2卷、《五蕴观》1卷、《华严心要法门》1卷、《华严经纲要》3卷等。事迹见《宋高僧传》卷五、《释门正统》卷八、《佛祖统纪》卷二九、《佛祖历代通载》卷一四、《隆兴佛教编年通论》卷二五、《六学僧传》卷六、《新修往生传》卷下、《神僧传》卷八。

按:澄观卒年,历有歧说,一说元和中,一说开成四年。今从《隆兴佛教编年通论》卷二五。澄观虽以振兴华严学说为己任,然其学兼采诸家之说,融会禅宗"唯心"思想,着重于一心法界之论述;吸收天台宗性恶说,以为"心佛与众生,体性皆无尽"。经其发展,华严宗走向鼎盛。

裴潾四月乙酉卒,生年、字号不详。潾,河东闻喜人。工诗文,善书法。以门荫入仕,累迁左散骑常侍、充集贤殿学士,转刑部侍郎。尝坐事两次被贬,终兵部侍郎。纂有《大和通选》30卷、《大和新修辨谤略》3卷,皆已佚。《全唐文》卷七一三收录其文3篇,《全唐诗》卷五〇七收录其诗15首。事迹见《旧唐书》卷一七一、《新唐书》卷一一八。

徐晦四月戊子卒,生年、籍贯不详。晦字大章,初登进士第,复登贤良方正能直言极谏科,累拜中书舍人。敬宗时出为同州刺史,大和中以礼部尚书致仕。卒于家,追赠兵部尚书。《全唐文》卷六一一收录其文1篇。事迹见《旧唐书》卷一六六、《新唐书》卷一六〇。

按:徐晦之卒,《旧唐书》本传谓本年三月。今从同书卷一七下《文宗纪》。

开成四年　己未　839年

五月丁亥,文宗与宰臣讨论《开元政要》。

按:《旧唐书》卷一七下《文宗纪下》载,文宗谓宰臣曰:"新修《开元政要》如何?"

阿拉伯人侵意大利安科纳。

日尔曼人路易反。

保加利亚人入上马其顿及塞尔维亚。

挪威始有信史。

杨嗣复答曰："臣等未见。陛下欲以此书传示子孙，则宣付臣等，参定可否。缘开元政事与贞观不同，玄宗或好畋游，或好声色，选贤任能，未得尽美。撰述示后，所贵作程，岂容易哉！"知《开元政要》当系文宗命人所撰。是书早佚，《新唐书·艺文志》不载。

十月，敕每年明经科及第额增至110人，进士及第额仍限30人。

按：见《登科记考》卷二一。

是年，开科取士，中书舍人崔蠡知贡举，进士及第30人，诸科2人。

按：见《登科记考》卷二一。

牛僧孺八月由尚书左仆射出为检校司空、同平章事，兼襄州刺史，充山南东道节度使。

按：见《旧唐书》卷一七下《文宗纪下》。

郑覃五月丙申与陈夷行同时罢相，杨嗣复、李珏专权，朋党之争再起。

按：郑覃与陈夷行皆清俭耿介，杨嗣复等深疾之，遂借故排斥，郑覃罢为右仆射，陈夷行罢为吏部侍郎。至明年八月，杨、李亦罢相遭贬。见《资治通鉴》卷二四六。

魏謩拜谏议大夫，仍兼起居舍人、判弘文馆事。时文宗欲视起居注，謩极力谏阻，事遂罢。

按：《旧唐书》卷一七六魏謩本传载，謩颇为文宗器重。文宗遣使取起居注，为謩拒绝，奏曰："自古置史官，书事以明鉴诫。陛下但为善事，勿畏臣不书；如陛下所行错忤，臣纵不书，天下之人书之。"文宗遂罢。

姚合八月由给事中出为陕虢观察使。

按：见《旧唐书》卷一七下《文宗纪下》。

崔蠡在户部侍郎任，十月奏请停国忌日"行香"之制。有诏从之。

按：国忌日（即前朝皇帝亡日）"行香"之制，始于唐太宗时，见贞观二年五月条。至是，崔蠡以为不合礼制，奏请停罢，文宗从之。崔蠡《请停国忌行香奏》，见《全唐文》卷七一八。《旧唐书》卷一一七《崔宁传》载文宗诏曰："朕以郊庙之礼，严奉祖宗，备物尽诚，庶几昭格。恭惟忌日之感，所谓终身之忧。而近代以来，归依释、老，征二教以设食，会百辟以行香，将以有助圣灵，冥资福祚，有异皇王之术，颇乖教义之宗。……其两京、天下州府，以国忌日为寺观设斋焚香，从今已后并宜停罢。"

又按：崔蠡生卒年不详，字越卿，元和五年登进士第，累迁礼部侍郎，转户部侍郎，后历华州刺史、平卢军节度使等职，终左散骑常侍。《全唐文》卷七一八收录其文2篇。事迹见《旧唐书》卷一一七、《新唐书》卷一四四。

新罗僧慧彻归国。

按：慧彻于元和九年来唐求法，至是学成归国。

白居易二月又自编所作诗文为《白氏文集》67卷，收录作品凡3487首，分藏于苏州南禅院、东都圣善寺、庐山东林寺。

按：见《白居易集》卷七〇《苏州南禅寺〈白氏文集〉记》。白居易尝于大和九年、开成元年两次编次所作诗文，此次为续编。

裴度三月四日卒（765— ）。度字中立，河东闻喜人。有文名，与韩愈、白居易、刘禹锡、元稹交往甚密。贞元五年登进士第，后又登博学宏词科、贤良方正能直言极谏科。曾两度入相，累加中书令，爵封晋国公，故时人称裴晋公，又称裴令公。晚年闲居洛阳。卒赠太傅，谥曰"文忠"。有《书仪》2卷，与刘禹锡唱和诗《汝洛集》1卷，集2卷。《全唐文》五三七至五三八收录其文编为2卷，《全唐诗》卷三三五收录其诗编为1卷。事迹见《旧唐书》卷一七〇、《新唐书》卷一七三。

按：裴度交游广泛，多为当时名士。其于文章有独立见解，反对当时部分古文作者因力矫骈偶之而趋怪走奇，主张随文见意，假文达心，任其自然，不拘常法。

郑浣卒（776— ）。浣本名涵，避文宗讳改名，荥阳人。中唐学者。学识渊博，精史学，工诗文。贞元中登进士第，历秘书省校书郎、集贤院修撰、右补阙、中书舍人、翰林侍讲学士、礼部侍郎、兵部侍郎、山南西道节度使等职，进拜户部尚书，未及任而卒，谥曰"宣"。有《经史要录》20卷，文集30卷，后皆佚。《全唐文》卷六一四收录其文1篇，《全唐诗》卷三六八收录其诗5首。事迹见《旧唐书》卷一五八、《新唐书》卷一六五。

开成五年　庚申　840 年

正月四日，文宗李昂卒（809— ）。八月十七日，葬于章陵。

按：李昂系唐穆宗次子。嗣位后，勤于政务，欲于弊政有所革新，以重振国势；又倡行俭朴，重儒术，好诗文，留意史籍。《旧唐书》卷一七下《文宗纪下》史臣评曰："昭献皇帝恭俭儒雅，出于自然，承父兄奢弊之余，当阉寺挠权之际，而能以治易乱，代危为安。大和之初，可谓明矣。"然其晚年欲除宦官势力不成，反为宦官所制，粗安之局复陷混乱。

十四日，宦官鱼弘志、仇士良杀太子李成美，矫诏拥立颖王李炎，是为唐武宗。

按：见《旧唐书》卷一八上《武宗纪》。

是年，开科取士，礼部尚书李景让知贡举，进士及第30人，诸科18人。

按：见《登科记考》卷二一。

白居易在洛阳，与刘禹锡、王起等交游颇密。

按：《全唐诗》卷七九〇有《秋霖即事联句三十韵》、《喜晴联句》，署为白居易、王起、刘禹锡。三人联句皆作于本年。参见傅璇琮主编《唐五代文学编年史》（晚唐卷）。

李德裕为淮南节度使，九月奉召还朝，授吏部尚书、同中书门下平章事，

拜占庭舰队取南意巴里城自阿拉伯人。

法兰克虔诚者路易帝卒。罗退尔嗣位。王弟日耳曼人路易、秃头查理反。

寻兼门下侍郎,重新执掌相职。

按:时宦官势大,李德裕依附之,遂再次拜相,李党由是复得势。见《旧唐书》卷一八上《武宗纪》。

杜牧是冬自长安赴浔阳,途经襄阳,寄诗其侄,勉励其学李白、杜甫、韩愈、柳宗元。

按:杜牧寄其侄诗,见《樊川文集》卷一《冬日寄小侄阿宜诗》。参见缪钺《杜牧年谱》。

魏謩在谏议大夫、起居舍人任,受朋党之争牵连,出为汾州刺史,再贬为信州长史。

按:见《旧唐书》卷一七六本传。

李绅由宣武军节度使、汴州刺史转淮南节度使,以代李德裕。

按:见《旧唐书》卷一八上《武宗纪》。

道士赵归真等81人是秋奉召入禁中,于三殿修金箓道场。武宗赴三殿,筑坛亲受法箓。

按:武宗崇信道教,故嗣位未几即延道士入宫。时右拾遗王哲上疏奏谏,疏入不省。见《旧唐书》卷一八上《武宗纪》。

李弘泽开成间为太府卿。

按:李弘泽系李林甫之孙,撰有《直礼》1卷。余不详。

日僧圆仁在唐游学,五月赴五台山大华严寺,参谒高僧志远、玄鉴等。

按:见圆仁《入唐求法巡礼行纪》。

新罗僧体证入唐求法,是年归国。

按:体证为新罗南宗禅迦智山派之开祖道义弟子廉居门下。回国后,住迦智山宝林寺,宣扬南禅,门下至八百人,迦智山派遂蔚为大观,为朝鲜曹溪九山之一。参见李能和《朝鲜佛教通史》。道义亦曾入唐学,事见兴元元年、长庆元年诸条。

杨嗣复、张宗次等是年前奉诏撰《毛诗草木虫鱼图》20卷。

按:《新唐书》卷五七《艺文志》谓该书系开成中文宗命集贤院修撰,由杨嗣复、张宗次进上。未详书成具体年份,姑系于此。该书后佚。

白居易于诸寺藏外杂散佛经中,编遗辑类为5270卷,九月藏于龙门香山寺经藏堂。又于十一月编次在洛阳十二年间所作格律诗800首为《白氏洛中集》10卷,亦藏于香山寺。

按:见《白居易集》卷七一《香山寺新修经藏堂记》、《香山寺〈白氏洛中集〉记》。

艾因哈德卒(约770—)。法兰克历史学家。

丁居晦三月二十三日卒,生年、字号、籍贯不详。居晦于长庆二年登进士第,大和中为起居舍人、集贤院直学士,历拾遗、司勋员外郎等职。开成中转司封郎中、制知诰,迁中书舍人,拜御史中丞,终户部侍郎。卒赠吏部侍郎。著有《重修翰林学士壁记》1卷,今存。《全唐文》卷七五七收录其文1篇,《全唐诗》卷七八〇收录其诗1首。事迹散见两《唐书》诸篇。

按:丁居晦所撰《重修翰林学士壁记》,后收入南宋洪遵所辑《翰苑群书》。记中载录玄宗以降至开成间翰林学士除授情况,为研究唐代官制、人事之重要资料。其记事止于懿宗咸通间,开成后内容当为后人补入。近人岑仲勉撰有《翰林学士壁记注补》。

刘轲约是年或稍后卒,生年不详。轲字希仁,沛人,早年徙家韶州。中晚唐学者。先后受杨生《春秋》学,至曹溪习佛典,从隐士茅君受史学。博学多才,精于经学、史学、佛学,又善属文,尤长于古文。一度出家为僧,旋还俗。登进士第,历殿中侍御史、膳部员外郎兼史馆修撰、弘文馆学士等职,出为洛州刺史。著述颇丰,撰有《隋监》1卷、《左史》10卷、《三传指要》15卷、《十三代名臣议》10卷、《翼孟子》3卷、《汉书右史》10卷、《黄中通理》3卷、《三禅五革》1卷、《豢龙子》10卷、《帝王历数歌》1卷、《牛羊日历》1卷、《帝王昭略》(一作《帝王镜略》)1卷、《文》1卷等,后多散佚。今存《牛羊日历》1卷。《全唐文》卷七四二收录其文14篇,《全唐诗》卷四九一收录其诗1首。事迹见《庐山记》卷二、《唐摭言》卷一一。

按:刘轲卒年,史不载。此从傅璇琮主编《唐五代文学编年史》(晚唐卷)。刘轲学贯诸学,勤于笔耕,著述丰赡,为当时学者之少见。自谓"耻不为章句、小说、桎梏声病之学","切慕左丘明、杨子云、司马子长、班孟坚之为书"(《上崔相公书》)。《唐摭言》卷一一谓其文章与韩愈、柳宗元齐名。

僧本寂(—901)、僧慧寂(—916)生;黄滔(—?)约生。

按:慧寂生年,历有歧说。一说元和二年,一说元和九年。考《释氏稽古录》卷三,谓慧寂卒于后梁贞明二年,"年满七十七"。以此溯推,其生当本年。

又按:黄滔卒年不详。其生平概况,参见天祐四年条按语。

唐武宗会昌元年　辛酉　841年

正月庚戌,改元会昌。

按:见《旧唐书》卷一八上《武宗纪》。

六月,从中书省奏请,依姚璹故事,令宰相每月修《时政记》送史馆,以备修史。

按:见《旧唐书》卷一八上《武宗纪》。姚璹奏请宰相修《时政记》事,参见武则天天授二年正月条。

是年,开科取士,礼部侍郎柳璟知贡举,进士及第30人,诸科16人。

按:见《登科记考》卷二二。

白居易在洛阳,与刘禹锡等交游颇密,又共同建议洛阳令南卓撰《羯鼓录》。

按:南卓撰《羯鼓录》事,参见大中二年、四年条。

李德裕三月进位司空。

按:时李德裕依附宦官,李党势力复张。见《旧唐书》卷一八上《武宗纪》。

罗退尔及日尔曼人路易、秃头查理战于丰特内。

萨克森人叛。

丹麦海盗侵英格兰。

李商隐离弘农尉任,是秋前后依周墀于华州。

按:见张采田《玉谿生年谱会笺》。

李绅在淮南节度使任,二月奉召还朝,拜中书侍郎、同平章事,入掌相职。

按:见《旧唐书》卷一八上《武宗纪》。

衡山道士刘玄靖六月拜银青光禄大夫,充崇玄馆学士,赐号"广成先生",与道士赵归真于禁中修法箓。

按:武宗崇信道教,多引道士入宫。左补阙刘彦谟上疏切谏,被贬河南府户曹。见《旧唐书》卷一八上《武宗纪》。

武宗四月辛丑敕重修《宪宗实录》。至十二月,中书门下奏请修改实录撰修体例,从之。

按:《宪宗实录》初由路随、韦处厚等修撰,至是武宗复令重修。《唐会要》卷六三载武宗敕曰:"《宪宗实录》宜令史馆再修撰进入,其先撰成本不得注破,并与新撰本同进来。"《旧唐书》卷一八上《武宗纪》曰:"时李德裕先请不迁宪宗庙,为议者沮之,复恐或书其父不善之事,故复请改撰实录,朝野非之。"李德裕父即李吉甫。同书又载本年十二月,中书门下奏改实录体例曰:"旧录有载禁中之言。伏以君上与宰臣、公卿言事,皆须众所闻见,方可书于史册。且禁中之语,在外何知?或得之于传闻,多涉于浮妄,便形史笔,实累鸿猷。今后实录中如有此色,并请刊削。……近见实录多载密疏,言不彰于朝听,事不显于当时,得自其家,未足为信。今后实录所载章奏,并须朝廷共知者,方得纪述,密疏并请不载。如此则理必可法,人皆向公,爱憎之志不行,褒贬之言必信。"此次重修《宪宗实录》,至会昌三年完成。参见该年条。

温畬约是年前撰传奇《续定命录》1卷。

按:见李剑国《唐五代志怪传奇叙录》。温畬生卒年、籍贯不详,穆宗时人。所著《续定命录》系续吕道生《定命录》,皆为唐代士大夫故事。原本已佚,《太平广记》存录其逸文14则。畬另撰有《天宝离乱西幸记》1卷,亦佚。

僧宗密正月六日卒(780—)。宗密俗姓何,世称圭峰禅师,果州西充人。著名佛教学者,华严宗第五祖。少习儒学,应贡举。年二十八出家,师从僧澄观,精研华严宗教义。文宗时,颇受朝野敬重,数奉召入宫讲法。卒于长安兴福寺,宣宗时追谥"定慧禅师"。弟子众多,较著名者有僧温(圭峰温)、慈恩寺僧太恭、兴善寺僧太锡、万乘寺僧宗、瑞圣寺僧觉、化度寺僧仁瑜等。著述丰赡,今存《华严经行愿品疏钞》6卷、《华严经行愿品疏科》1卷、《注华严法界观门》1卷、《注华严法界观科文》1卷、《原人论》1卷、《华严心要法门注》1卷、《圆觉经大疏》12卷、《圆觉经大疏释义钞》13卷、《圆觉经大疏钞科》2卷、《圆觉经略疏》4卷、《圆觉经略疏科》1卷、《圆觉经略疏之钞》12卷、《圆觉经道场修证仪》18卷、《金刚经疏论纂要》2卷、《佛说盂兰盆经疏》2卷、《起信论疏注》4卷、《禅源诸诠集都序》4卷、《中华传心地禅门师资承袭图》1卷等。事迹见《宋高僧传》卷六、《景德传灯录》卷一三、《隆兴佛教编年通论》卷二五、《释门正统》卷八。《全唐文》卷七四三有裴休《释宗密禅源诸诠序》、《圭峰禅师塔铭并序》。

按：宗密在唐代佛教史上颇具地位。其学初承禅学荷泽宗之教义,后接澄观华严宗教义,由是融会禅宗和华严宗之说,倡导"教禅一致"。其早年曾习儒学,故主张"佛儒一源"。《全唐文》卷七四三裴休《大方广圆觉修多罗了义经略疏序》评曰："禅师既佩南宗密印,受圆觉悬记,于是阅大藏经律,通《唯识》、《起信》等论,然后顿辔于《华严》法界,冥坐于《圆觉》妙场,究一雨之所沾,穷五教之殊致。"

僧昙晟卒(782—　)。昙晟俗姓王,仲陵建昌人。禅宗高僧,属南宗禅青原行思之法系。年少出家,初从百丈怀海学,后师事澧州药山惟俨,得嗣其法。住潭州云岩山,弘扬宗风,故世称其云岩昙晟。卒,谥"无住大师"(一说"无相大师")。弟子有良价、僧密、鉴洪、幽溪等。事迹见《宋高僧传》卷一一、《景德传灯录》卷一四。

会昌二年　壬戌　842年

六月十一日,召长安东西街佛徒、道士于御前论辩,道士得势。

按：时武宗崇道抑佛,故道士得势。见日僧圆仁《入唐求法巡礼行记》。

十月,敕令天下僧尼不修戒行者,悉令还俗,其钱财没官。是为武宗毁佛之始。

按：武宗素不喜佛学,日僧圆仁《入唐求法巡礼行记》载是月十九日武宗敕曰："天下所有僧尼解烧炼、咒术、禁气、背军、身上杖痕、鸟文、杂功、曾犯淫养妻不修戒行者,并勒还俗。若僧尼有钱物及谷斗、田地、庄园,收纳官。如惜钱财,情愿还俗去,亦任勒还俗,充入两税徭役。"敕下,僧尼还俗者甚众。

是年,于太清宫置玄元馆,并置学士。

按：唐朝崇道学,玄宗时置崇玄学,后改置崇玄馆,分见开元二十九年正月、天宝元年二月及二年正月条。武宗即位,尤尊信道教,至是特置玄元馆。至会昌六年,废之。

开科取士,礼部侍郎柳璟知贡举,进士及第30人,诸科13人。

按：见《登科记考》卷二二。

白居易春夏间病居洛阳,赋诗抒终老林下之怀。是秋,以刑部尚书致仕。

按：时武宗欲拜白居易为相,为李德裕所阻,谓其衰病不堪任,遂征居易弟白敏中为翰林学士。参见朱金城《白居易年谱》。

李德裕在司空、兼门下侍郎、平章事任,三月奏请发遣保外无名僧,并不能许置童子沙弥。武宗从之,颁敕天下。

按：见日僧圆仁《入唐求法巡礼行记》、《旧唐书》卷一八上《武宗纪》。

杜牧是春罢比部员外郎,出为黄州刺史。稍后上书户部侍郎兼御史

阿胥纳斯始受封苏丹。哈里发权势益衰。

拜占庭帝西奥菲勒斯卒。子米凯尔三世嗣位。

日尔曼人路易及秃头查理发表"斯特拉斯堡誓词"。

北欧海盗侵法兰克北部沿海,侵英格兰。

中丞李回,自陈学业才略,颇有心于治乱兴亡,期能引荐。

按:时杜牧有感世事纷乱,以济世之志无以报效,甚觉苦闷,故上书李回以抒怀。《樊川文集》卷一二《上李中丞书》曰:"某世业儒学,自高、曾至于某身,家风不坠。少小孜孜,至今不息。性颛固不能通经,于治乱兴亡之迹,财赋兵甲之事,地形之险易远近,古人之长短得失,中丞即归廊庙,宰制在手,或因时事,召置堂下,坐之与语,此时回顾诸生,必期不辱恩奖。""李中丞"即李回,时颇为宰相李德裕器重。

李商隐约是春登吏部书判拔萃科,授秘书省正字。

按:见张采田《玉谿生年谱会笺》。

刘威漂泊南北,甚穷迫。

按:刘威生卒年、字号、籍贯不详,晚唐诗人。一生不得志,游历各地,穷老而终。有诗集1卷,已佚。《全唐诗》卷五六二收录其诗27首。

僧希运在洪州高安县黄檗山,受观察使裴休之邀,至钟陵龙兴寺,为休讲论。

按:后裴休移镇宛陵,复请希运前往,并录其所说,编为《黄檗山断际禅师传心法要》。事见大中二年、十一年条。

白居易编次近期所作诗文为《后集》20卷,藏于庐山东林寺。

按:白居易自大和九年始编次文集,累有续编。参见朱金城《白居易年谱》。

刘蜕寓居襄阳之野,六月编次所作诗文为《文泉子集》10卷,自为序。

按:见《全唐文》卷七八九刘蜕《文泉子集序》。刘蜕生卒年不详,字复愚,自号文泉子,长沙(一说桐庐)人。工诗文。大中时登进士第,累迁右拾遗、中书舍人。因忤宰臣,出为华阴令,终商州刺史。所撰《文泉子集》外,另有《旧拔剌书》1卷、《杂歌诗》2卷,皆已佚。《全唐文》卷七八九辑录其文编为1卷。

郑还古是年后撰传奇集《博异志》3卷(一说1卷)。

按:郑还古撰《博异志》,一说在大中元年前后。此从李剑国《唐五代志怪传奇叙录》。《博异志》一作《博物记》,述中唐遗闻逸事。原本已散佚,《太平广记》、《太平御览》等辑录其部分逸文。《全唐文》卷七六二收录其文《博物记序》。郑还古生卒年不详,自号谷神子,祖籍荥阳,家居青齐间,后徙居洛阳。少嗜学,善持论,工诗文,长于传奇。元和间登进士第,累迁国子博士。《全唐诗》卷四九一收录其诗3首。

刘禹锡七月卒(772—　)。禹锡字梦得,洛阳(一说中山)人,生于江南。中唐思想家、文学家、诗人。尝师从僧皎然、灵澈学诗,工书法,尤以诗文知名,有"诗豪"之称,又与白居易合称"刘白"。贞元间登进士第,再登博学宏词科,累迁屯田员外郎、判度支盐铁案。后两度出贬,历苏州刺史等职。晚年任太子宾客,分司东都,加秘书监、检校礼部尚书,故世称刘宾客。卒于洛阳。有《刘梦得集》(一称《刘宾客文集》)40卷,今存。另有《传信方》2卷、《刘白唱和集》3卷、《汝洛集》1卷、《彭阳唱和集》3卷、《吴蜀集》1卷,后皆佚。《全唐文》卷五九九至六一〇收录其文编为12卷,《全唐诗》卷三五四至三六五收录其诗编为12卷。上海人民出版社1975年出版《刘禹锡集》,上海古籍出版社1999年出版瞿蜕园校点《刘禹锡全集》。事迹见《旧唐书》卷一六〇、《新唐书》卷一六八。今人卞孝萱撰有《刘禹锡年谱》,卞孝萱、卞敏著有《刘禹锡评传》。

按：刘禹锡在唐代中后期思想和文学领域均有很大影响。其哲学代表作有《天论》3篇,讨论天人关系,坚持并发展了"自然之说",提出"交相胜"、"还相用"之天人观,抨击佛、道之哲学本体观。在文学方面,主张诗文当"境生于象外","片言可以明百意,坐驰可以役万景",对意境说之形成有一定影响。其诗承《诗经》之风,多联系现实,针砭时弊;其文擅长说理,雄健晓畅,自成一体。《旧唐书》本传曰:"贞元、元和之间,以文学耸动搢绅之伍者,宗元、禹锡而已。其巧用渊博,属辞比事,诚一代之宏才。"宋人谢采伯评云:"唐之文风,大振于贞元、元和之时,韩、柳倡其端,刘、白继其轨。"

郑覃五月卒,生年、字号不详。覃,郑州荥泽人,宰相郑珣瑜之子。中唐学者。深究经学,博通诸经。以荫补入仕,累迁工部、户部、刑部尚书,进拜尚书右仆射,爵封荥阳郡公。为文宗所重,以门下侍郎、弘文馆大学士、太子太师入掌相职,转尚书左仆射,以司徒致仕。纂有《石壁九经》160卷,今存。事迹见《旧唐书》卷一七三、《新唐书》卷一六五。

按：郑覃力倡儒学,重视考订经文,对中晚唐时期经学发展有一定影响。

韩偓(　—923)生。

按：韩偓生年,说法不一。一说会昌四年,一说大中五年。此从今人陈继龙《韩偓诗注》。

会昌三年　癸亥　843年

正月,敕礼部所放进士及第人数不再设限额,但按才选拔。

按：见《登科记考》卷二二。

二月,诏百官之家不得于京城置私庙。

按：见《旧唐书》卷一八上《武宗纪》。

是月,令僧尼还俗者辄不得入寺及停留;又敕杀天下摩尼教师,摩尼寺庄宅、钱物并没官。

按：见日僧圆仁《入唐求法巡礼行记》、《旧唐书》卷一八上《武宗纪》。

六月,召长安东西街佛徒、道士于御前论辩,敕赐紫衣于道士2人。

按：武宗曾于去年六月召佛徒、道士论义。见日僧圆仁《入唐求法巡礼行记》。

十月,中书门下奏言重定起居注、时政记、国史修撰之制,诏依奏请。

按：起居注、时政记、国史等皆系唐官修史籍,初续修不断,后渐弛废。至是,中书门下奏请重申旧制,并详定体例。见《唐会要》卷六四。

十一月,敕减省内外官。

按：《旧唐书》卷一八上《武宗纪》载武宗敕曰:"中外官员,过为繁冗,量宜减省,以便军民。宜令吏部条疏合减员数以闻。"

拜占庭人恢复圣像崇拜。

法兰克《凡尔登和约》三分帝国。

是年，开科取士，礼部侍郎王起知贡举，进士及第22人，诸科14人。
> 按：见《登科记考》卷二二。

李德裕执掌相职，十二月与诸宰臣上书请禁进士聚集参谒有司及置宴等习俗。
> 按：初，每科举发榜，进士及第者皆聚集参拜主考官及有关官员，并置宴联谊，赋诗题名。李德裕颇鄙视进士者，遂谓此风易使人"怀赏拔之私惠，忘教化之根源"，"树党背公，靡不由此"，奏请禁之。见《唐摭言》卷三、《全唐文》卷七〇一李德裕《停进士宴会题名疏》。

杜牧在黄州刺史任，八月上书宰相李德裕，论用兵方略，颇为德裕采纳。
> 按：时昭义节度使刘稹拥兵割据，不服朝命，有诏诸镇发兵讨之。杜牧闻讯，遂上书陈用兵之策。不久乱平，略如牧策。见《资治通鉴》卷二四七。《樊川文集》卷一一有《上李司徒相公论用兵书》。

张又新在江州刺史任，四月撰《东林寺碑阴记》。
> 按：张又新生卒年不详，字孔昭，深州陆泽人。工诗文，擅七绝。性嗜茶，精茶品。元和间登进士第，又登博学宏词科，累迁祠部员外郎。因参与朋党之争，两度遭贬。历温州、江州刺史等职。著有《煎茶水记》（一名《水说》）1卷，与所撰《东林寺碑阴记》，并收入《全唐文》卷七二一。《全唐诗》卷四七九收录其诗17首。事迹见《旧唐书》卷一四九、《新唐书》卷一七五。

任翻以诗闻于世，是年前后游历会稽等地。
> 按：翻一作蕃，又作藩，生卒年不详，江东人，尝寓居台州。工诗，专尚声调。应进士试不第，游历各地。有《文章玄妙》1卷，集1卷，后均佚。《全唐诗》卷七二七收录其诗10首。

李绅、郑亚等重修《宪宗实录》成，十月进上。
> 按：见《旧唐书》卷一八上《武宗纪》。《宪宗实录》初由路随、韦处厚等修撰，武宗敕令重修，至是完成。参见会昌元年四月条。

李绅是年前后撰传奇《谢小娥传》。
> 按：李剑国《唐五代志怪传奇叙录》谓李绅撰《谢小娥传》当会昌二年至四年在相位期间。姑系于此。

曹邺是年前后撰传奇《梅妃传》。
> 按：李剑国《唐五代志怪传奇叙录》谓曹邺撰《梅妃传》在会昌中。姑系于此。

韦宗卿在太子詹事任，六月撰《涅槃经疏》20卷成，抄录进上。
> 按：日僧圆仁《入唐求法巡礼行记》载，时武宗抑佛崇道，览韦宗卿所进之书，甚怒，下敕痛斥之，谓其"忝列崇班，合遵儒业，溺于邪说，是扇妖风，既开炫惑之端，全戾典坟之旨"，强调"非圣之言，尚宜禁斥，外方之教，安可流传"。遂令焚烧经疏及草本，禁其流传，贬宗卿为成都府尹。韦宗卿生卒年不详，元和中累迁侍御史、户部员外郎，出贬成都后，事迹不详。《全唐文》卷六九五收录其文1篇。

僧广修卒（771— ）。广修俗姓留，婺州东阳人。唐代高僧，天台宗第十一祖(一说第十祖)。早年入僧湛然弟子道邃门下,研习天台教观。后住禅林寺,开筵讲论,为时人敬重。弟子有维蠲、良谞、敬文、物外、光韶及日僧圆载等。事迹见《宋高僧传》卷三〇。

贾岛七月二十八日卒(779—)。岛字浪仙,一作阆仙,自称碣石山人、苦吟人,范阳人。中唐诗人。尤长于五律,时人将其与姚合称"姚贾"。早年一度出家为僧,以诗见知于韩愈。后还俗应举,始终未能登第。晚年历长江主簿、普州司仓参军及司户参军等幕职。有《长江集》10卷,今存;《诗格》(一作《诗格密旨》,又作《二南密旨》)1卷,今之传本,疑为五代人伪作。另有《小集》3卷,已散佚。南宋赵师秀合编姚合、贾岛诗为《二妙集》,亦已佚。《全唐诗》编录其诗为4卷。事迹见《新唐书》卷一七六、《唐才子传》卷五。

按:贾岛仕途失意,愤世嫉俗,常以诗讥讽权贵,为公卿所恨,称其为举场"十恶"。与韩愈、孟郊、张籍、王建等多有交游,颇为韩愈称赏,谓其诗"狂词肆滂葩,低昂见舒惨。奸穷怪变得,往往造平淡"(《送无本师归范阳》)。其诗以苦吟著称,意境奇僻,在中晚唐至宋代诗坛颇具影响。后李洞、马戴、方干、唐求等人及南宋江湖派诗人甚推崇之,至以称其为"佛",置像礼拜。

僧无可是年后卒,生年不详。无可俗姓贾,名嶋,范阳人,贾岛从弟。诗僧,又工书。少年出家,云游各地,与贾岛、姚合、张籍、马戴等交游,尤与姚合友善。后居天仙寺。有集1卷,已散佚。明人辑录其诗编为2卷。《全唐诗》八一三至八一四辑录其诗亦编为2卷,内多有他人之作掺入。事迹见《唐才子传》卷五。

按:无可卒年,史不载。其行迹是年后无考,似当卒于稍后。姑系于此。

鱼玄机(—868)约生。

按:鱼玄机卒于咸通九年,年约二十九。以此溯推,其生约本年。

会昌四年　甲子　844年

正月乙酉,敕重定断屠日。

按:初,唐廷以佛教之三长日(正、五、九)为断屠日,至是武宗抑佛,乃改之。《旧唐书》卷一八上《武宗纪》载武宗敕曰:"正月以万物生植之初,宜断三日;列圣忌断一日。仍准开元二十二年敕,三元日各断三日。余月不禁。"

三月,敕不许供养佛牙,终南山、五台山诸寺及凤翔法门寺亦不许供奉佛指。

按:见日僧圆仁《入唐求法巡礼行记》。

是年,开科取士,左仆射王起知贡举,进士及第25人,诸科7人。

按:见《登科记考》卷二二。

叙利亚大马士革震。

北欧海盗侵摩洛哥、西班牙沿海。

白居易闲居洛阳,多有诗文,又捐资开龙门石滩,以利舟楫。

按:此期白居易所作诗文,多含感叹人生之意,述悠然超脱之怀。

李德裕在宰相任,十二月奏对,极言科举取士之弊,谓朝中显官当选自公卿弟子。

按:李德裕以恩荫入仕,因牛僧孺等皆为科第出身,故多排斥科举之士。围绕科举选人之利弊,亦成为牛李党争之焦点。《旧唐书》卷一八上《武宗纪》载,左仆射王起频年知贡举,每于考试毕,更呈宰相审查,登第者人数不多。有宰臣以为,科举考试不应最后由宰相定夺,"比来贡举艰难,放人绝少,恐非弘访之道"。武宗曰:"无论弟子、寒门,但取实艺耳。"李德裕对曰:"臣无第名,不合言进士之非。然臣祖天宝末以仕进无他伎,勉强随计,一举登第。自后不于私家置《文选》,盖恶其祖尚浮华,不根艺实。然朝廷显官,须是公卿弟子,何者?自小便习举业,自熟朝廷间事,台阁仪范,班行准则,不教而自成。寒士纵有出人之才,登第之后,始得一班一级,固不能熟习也。"

牛僧孺十月贬为汀州刺史,十一月再贬循州长史,牛李党争再起。

按:见《资治通鉴》卷二四八。

杜牧九月由黄州刺史移任池州刺史,上书宰相李德裕,议论回纥之事。

按:杜牧上李德裕书,见《樊川文集》卷一六《上李太尉论北边事启》。杜牧自负经纬才略,每逢国家有事,常上书陈述己见。时李德裕执政,多称赏之。

李商隐移家永乐县,无职闲居,多赋诗以抒情怀。

按:见张采田《玉谿生年谱会笺》。

道士赵归真三月敕受左右街道门教授先生。

按:时武宗沉湎神仙之术,以赵归真为师,颇宠信之。从归真之言,力斥佛教。朝臣多上书奏谏,不听。见《旧唐书》卷一八上《武宗纪》。

皇甫氏约是年前后撰传奇《原化记》。

按:见李剑国《唐五代志怪传奇叙录》。皇甫氏,其名及生平事迹不详。

尼塔迪斯卒,生年不详。法兰克历史学家。

僧志远二月二十七日卒(768—)。志远俗姓宋,汝南人。天台宗高僧。初学禅学荷泽宗,后研习天台宗教义,住五台山大华严寺。戒行清高,颇受遍山诸寺之耆宿敬重。日僧圆仁入唐求法,曾参谒之。弟子有远堪等。事迹见《宋高僧传》卷七、《六学僧传》卷七。

会昌五年　乙丑　845 年

阿拉伯人及拜占庭人盟。

正月,定京畿及各地修明经、进士业士人日常考试之制,及国子监与诸道举送名额。

按：此次定制，凡百寮子弟及京畿士人有修明经、进士业者，并隶名太学，每季据名籍分番于国子监试帖经，三次帖经试全通者不需再试，全不通者除名，不许送省应贡举。各地修明经、进士业者，亦系名于所在官学，委各地长官选有学行者每季考试，同京畿士人之法。每年国子监送应明经举者由三百五十人减至二百人，送进士举者仍为三十人；宗正寺、东都国子监各送应进士举者二十人；华州、河中所送应进士举者不得过三十人，应明经举者不得过五十人；郑滑、浙西、浙东、鄜坊、宣商、泾邠、江南、江西、淮南、西川、东川、陕虢诸道所送应进士举者不得过十五人，应明经举者不得过二十人；河东、陈许汴、徐泗、易定、齐德、魏博、泽潞等道送应进士举者不得过十人，应明经举者不得过十五人；金汝、盐丰、福建、黔府、桂府、岭南、安南、邕容等道送应进士举者不得过七人，应明经举者不得过十人。见《续通典》卷一七《选举》。

丹麦人侵法兰克。

是月，召佛、道人士集于麟德殿论辩。

按：武宗推崇道教，宠信道士赵归真，沉湎于神仙之术。朝臣屡有谏言，皆不听。归真谓罗浮道士邓起元有长生之术，武宗随即遣使迎之。归真、邓起元及衡山道士刘玄靖力劝毁佛，又请与佛僧辩论。武宗遂召佛、道论辩。归真等声称神仙之术可学，僧知玄则谓神仙之术乃山林匹夫之事，非帝王所宜留意。事见《旧唐书》卷一八上《武宗纪》、《佛祖统记》卷四二、《宋高僧传》卷六《知玄传》。

四月至八月，武宗开展大规模毁佛活动。

按：武宗素不喜佛，及道士赵归真等力斥佛教，遂下令毁佛。《旧唐书》卷一八上《武宗纪》载，是年四月，敕祠部检括天下寺院及僧尼人数，"凡寺四千六百，兰若四万，僧尼二十六万五百"。七月庚子，敕并省天下佛寺，其上都、下都每街各留寺两所，每寺留僧三十人；上州各留寺一所，下州寺皆废。凡天下废寺，其铜像、钟磬委盐铁使铸钱，铁像委本州铸为农器，金银之类佛像付度支。衣冠士庶之家所有金、银、铜铁之像，限一月内纳官。八月，下《拆寺制》，历数佛教弊患，谓佛教盛行，"蠹耗国风"，"诱惑人意"，"劳人力于土木之功，夺人利于金宝之饰，遗君亲于师资之际，违配偶于戒律之间。坏法害人，无逾此道"。其时，"天下所拆寺四千六百余所，还俗僧尼二十六万五百人，收充两税户，拆招提、兰若四万余所，收膏腴上田数千万顷，收奴婢为两税户十五万人"。大秦景教等其他外教也在禁毁之列，"勒大秦穆护、祆三千余人还俗，不杂中华之风"。事又见《资治通鉴》卷二四八、日僧圆仁《入唐求法巡礼行记》等。此为继北魏太武帝、北周武帝之后又一次大规模毁佛事件，给佛教以巨大打击。然武宗卒后，宣宗即位，崇佛之风复行。

是年，开科取士，谏议大夫陈商权知贡举，初登进士第者37人，寻以取士不公，时人多有议论，令翰林学士白敏中覆试，登第27人。另诸科登第5人。

按：见《登科记考》卷二二。

杜牧在池州刺史任，上书宰相李德裕，论处置长江盗贼事。

按：杜牧上李德裕书，见《樊川文集》卷一一《上李太尉论江贼书》。

李商隐是春应中书舍人李褒之邀，经洛阳赴郑州，后卜居洛下。

按：见张采田《玉谿生年谱会笺》。

缪岛云是年还俗，诗名颇盛。

按：缪岛云生卒、籍贯不详，晚唐诗人。少出家为僧，是年武宗毁佛，遂还俗。其诗尚奇险，为时人称赏。《全唐诗补编·补逸》卷一二、《全唐诗续拾》卷二八收录其诗 11 首。事迹见《唐摭言》卷一〇等。

孙樵作《露台遗基赋并序》，讽武宗崇信道教。

按：《露台遗基赋并序》，见《全唐文》卷七九四。孙樵生平概况，见中和四年条按语。

刘蜕撰文论佛教之害，称赞武宗毁佛之举。

按：刘蜕赞武宗毁佛之文，见《全唐文》卷七八九《移史馆书》。

阿布·塔曼著成阿拉伯神话、成语和英雄故事的选集《哈马萨》。

最早的有插图的手稿《维维安圣经》在图尔完成。

白居易是夏编次近年所作诗文为《续后集》5 卷。

按：见《白居易集·外集》卷下《白氏长庆集后序》。白居易晚年在洛阳迭次编次文集，至是共成 75 卷，所录凡 3840 首。集分五本：一藏庐山东林寺；一藏苏州南禅寺；一藏洛阳胜善寺；一藏侄龟郎家；一藏外孙谈阁童家。另编有《元白唱和因继集》17 卷，《刘白唱和集》5 卷，《洛下游赏宴集》10 卷。时白居易诗已多有流传日本、暹罗者，两京民间亦有不少传本，皆源出其自编文集。

李德裕编次其文，纂为 10 卷，四月二十三日进上。

按：见《会昌一品集》卷一八《进新旧文十卷状》。

会昌六年　丙寅　846 年

阿拉伯人侵罗马。

保加利亚人入马其顿。

三月甲子，武宗李炎卒（814—　）。八月，葬于端陵。

按：李炎系唐穆宗第五子。嗣位后，对宦官及藩镇有所仰制，政局稍安。崇信道教，令明经科举人习《道德经》，又信用道士赵归真等人。素不喜佛，晚年更兴大规模毁佛活动，对当时思想文化影响颇大。沉湎神仙之术，终因服食丹药而卒。

丁卯，宦官拥立光王李怡即位，改名忱，是为唐宣宗。

按：见《旧唐书》卷一八下《宣宗纪》。

五月乙巳，诏赦天下，敕各地增置佛寺，准还俗僧尼依旧出家。以道士刘玄靖等 12 人惑武宗毁佛，诛之。

按：武宗晚年毁佛，宣宗嗣位后，即反会昌之政，倡兴佛教。本月下敕，上京增造八寺，各州造二寺，节度府造三寺，每寺置僧五十人。去年还俗僧年五十已上者，许其依旧出家，年登八十者，赐钱五贯文。见《旧唐书》卷一八下《宣宗纪》、日僧圆仁《入唐求法巡礼行记》、《资治通鉴》卷二四八。

是月，以吏部三铨选士，"祇凭资考，多匪实才，许观察使、刺史有奇才异政之士，闻荐试用"。

按：见《旧唐书》卷一八下《宣宗纪》。

是年，开科取士，礼部侍郎陈商知贡举，进士及第 16 人，诸科 5 人。

按：见《登科记考》卷二二。

李德裕四月出为江陵尹、荆南节度使，九月又转为东都留守。

按：宣宗素恶德裕及其党人专权，故即位伊始，便命其离朝，李党由是失势。见《资治通鉴》卷二四八。

杜牧九月由池州刺史转授睦州刺史。是冬途经杭州，作《杭州新造南亭子记》，论及崇佛之弊。约是年前后，又上书宣歙节度使高元裕，论及科举之弊。

按：《杭州新造南亭子记》，见《樊川文集》卷一○。杜牧于文中历陈佛教之弊，又以南朝梁武帝崇佛、溺佛，至以"国灭饿死而闻悟"，隐讽宣宗重兴佛教之举。同书卷一二有《上宣州高大夫》，以为"科第之设，圣祖神宗所以选贤也，岂计子弟与寒士也"。

李商隐奉召入朝，再授秘书省正字。
按：见张采田《玉谿生年谱会笺》。

魏謩由信州长史转郢州刺史，寻改授商州刺史。
按：见《旧唐书》卷一七六本传。

薛能是春应贡举，登进士第。
按：见《登科记考》卷二二。

赵琬约是年前撰《孝行志》20卷。
按：赵琬字盈之，岳阳人，余不详。所撰《孝行志》，今不存。

无名氏约是年前后撰传奇集《会昌解颐》4卷。
按：见李剑国《唐五代志怪传奇叙录》。

蔺道人约是年撰《仙授理伤续断秘方》成。
按：该书今存，有明洪武刻本等。蔺道人生平事迹不详。

阿拉伯伊本·库达特拔约于此时编著地理丛书《道路与国家志》。

白居易八月卒（772— ）。居易字乐天，晚年号香山居士、醉吟先生，祖籍太原，世居下邽，生于新郑县，尝寄家符离，避乱越中。中唐文学家、诗人。名声卓著，与元稹齐名，世称"元白"；又与刘禹锡齐名，世称"刘白"。贞元间登进士第，又登书判拔萃科、才识兼藏明于体用科，累迁刑部侍郎，转太子宾客，分司东都，遂寓居洛阳。历河南尹、太子少傅等职，以刑部尚书致仕，卒赠尚书仆射，谥曰"文"。撰有《白氏长庆集》75卷、《八渐通真仪》1卷、《白氏经史事类》（一名《六帖》）30卷。另有与元稹唱和集《元白继和集》1卷，与元稹、崔玄亮唱和集《三州唱和集》1卷，与刘禹锡唱和集《刘白唱和集》3卷。今存《白氏长庆集》（又称《白氏文集》、《白香山文集》）、《白氏六帖》（至宋代与孔传《后六帖》合为《白孔六帖》100卷），余皆佚。《全唐文》卷六五六至六七四编录其文为17卷，《全唐诗》卷四二四至四六二编录其诗为39卷。事迹见《旧唐书》卷一六六、《新唐书》卷一一九。《全唐文》卷七八○有李商隐《刑部尚书致仕赠尚书右仆射太原白公墓碑铭并序》。宋人孙振孙撰有《白氏文公年谱》，清人汪玄名撰有《白香山年谱》，今人朱金城撰有《白居易年谱》，蹇长青著有《白居易评传》，杨宗莹著有《白居易研究》，肖伟韬著有《白居易研究的反思与批判》。

按：白居易卒年，《旧唐书》本传谓大中元年，《新唐书》本传、李商隐《刑部尚书致仕赠尚书右仆射太原白公墓碑铭并序》皆谓本年。学术界多采用后说,今从之。白居易系中晚唐时期新乐府诗歌运动主要代表之一,著名现实主义诗人,在古代文学史上颇具地位。其主张"文章合不时而著,歌诗合为事而作",旨在"补察时政","泄导人情",反对文字优美而内容空洞之文风,倡导作品应"辞质而径"、"言直而切",表现出以道德伦理为本位的文学观。晚年深受佛教思想影响,趋于消沉。一生诗作数以千计,以通俗易懂见称,流传海内外,影响深远,时人称为"元和体"。尝自分所作诗为讽谕、闲适、感伤、杂律四类。讽谕诗以《新乐府》、《秦中吟》等为代表,尤具现实性;感伤诗以《长恨歌》、《琵琶行》等为代表,为古代诗歌史上著名长篇叙事诗,后世称"长庆体";闲适诗和杂律诗以《暮江吟》、《钱塘湖春行》、《问刘十九》等较为有名。居易又擅长词、散文及书法,其词以《忆江南》、《浪淘沙》等为代表,广为时人传诵。其散文以《庐山草堂记》、《冷泉亭记》等为代表,所作《与元九书》为唐代文学批评之重要文献。其书法尤以行书见长,笔势翩翩,自成一体。

  李绅七月壬寅卒(772—)。绅字公垂,祖籍谯,家居无锡。中唐学者、诗人,尤长于乐府。元和初登进士第,累任右拾遗。穆宗即位,擢翰林学士,与李德裕、元稹号为"三俊"。出贬端州司马,会昌二年拜相,又出为淮南节度使。卒于官,谥曰"文肃"。有《追昔游诗》3卷,今存;《批答》1卷,已佚。《全唐文》卷六九四收录其文12篇,《全唐诗》卷四八〇至四八三收录其诗编为4卷。事迹见《旧唐书》卷一七三、《新唐书》卷一八一。今人卞孝萱撰有《李绅年谱》。

  按:李绅与白居易、元稹等共倡新乐府运动,其诗多为时人传诵。

  姚合约卒(约781—)。合字号不详,吴兴人,宰相姚崇曾侄孙。中唐诗人。早年随父宦游,寄家郏城,又曾隐居嵩山。元和中登进士第,累迁刑部、户部郎中,历杭州刺史、谏议大夫等职,终秘书监。尝编唐代21位诗人作品百篇为《极玄集》1卷,有诗集10卷,今皆存。另有《诗例》(又名《极玄律诗例》)1卷,已散佚。宋人赵师秀曾编其与贾岛诗为《二妙集》。《全唐诗》卷四九六至五〇二编录其诗为7卷。《新唐书》卷一二四、《唐才子传》卷六。今人王达津撰有《姚合的诗及其生平》。

  按:姚合以诗名于世,与贾岛合称"姚贾"。其诗善取众家之长而自成一体,号为"武功体",对晚唐诗人李频、郑巢等人及宋代"永嘉四灵"、明代"竟陵派"等,均有影响。胡震亨《唐音癸签》评曰:"姚秘监诗洗濯既净,挺拔欲高,得趣于浪仙之僻,而运以爽亮;取材于籍、建之浅,而媚以蒨芬,殆兼同时数子巧撮其长者。"

  王彦威约是年前卒,生年、字号不详。彦威,太原人。中唐学者。出身儒学世家,熟谙典故,尤精《三礼》。初登明经第,以献书特授太常博士。文宗时累转司封员外郎、弘文馆学士,迁谏议大夫、史馆修撰,后历河南少尹、司农卿、平卢军节度使、户部侍郎、忠武军节度使、兵部侍郎等职,卒于检校兵部尚书,追赠仆射,谥曰"靖"。著有《元和新礼》30卷、《元和曲台礼》30卷、《续元和曲台礼》30卷、《唐典》70卷、《续古今谥法》1卷、《占额图》1卷、《内典目录》12卷,以及《供军图》等,后皆佚。《全唐文》卷七二九收录其奏议9篇,《全唐诗》卷一一六收录其诗1首。事迹见《旧唐书》卷一五七、《新唐书》卷一六四。

  按:王彦威卒年,史无明载。《旧唐书》本传但言其于会昌中"入为兵部侍郎,历方镇,检校兵部尚书,卒"。姑系于此。

杜荀鹤(　—约904)生。

唐宣宗大中元年　丁卯　847年

正月戊申,改元大中。制整吏风,严州官员考核之制。

按:《旧唐书》卷一八下《宣宗纪》载宣宗制曰:"为政之始,思厚儒风。轩墀近臣,盖备顾问,如其不知人疾苦,何以膺朕眷求? 今后谏议大夫、给事中、中书舍人未曾任刺史、县令,或在任有赃累者,宰臣不得拟议。守宰亲人,职当抚字,三载考绩,著在格言。贞元年中,屡下明诏,县令五考,方得改移。近者因循,都不遵守,诸州或得三考,畿府罕及二年,以此字人,若为成政? 道涂郡吏有迎送之劳,乡里庶民无苏息之望。自今须满三十六个月,永为常式。"

二月,敕今后贡举按常例放榜,不避公卿子弟。

按:《旧唐书》卷一八下《宣宗纪》载,宣宗雅好儒士,留心贡举,常微行出访,采听舆论,以观选士得失。时礼部侍郎魏扶知贡举,以封彦卿、崔琢、郑延休三人父兄皆居重位,不予中选。宣宗令翰林学士承旨、户部侍郎韦琮重考,所试合格,遂下敕曰:"彦卿等所试文字,并合度程,可放及第。有司考试,祗在至公,如涉请托,自有朝典。今后但依常例放榜,不别有奏闻。"初,进士放榜后皆行宴集,武宗时禁罢,宣宗亦令解禁。

闰三月,敕复会昌末所废佛寺,有司不得禁止。

按:宣宗即位,重倡佛教。去年五月令增置佛寺,至时全面恢复会昌末所废天下州县佛寺,由是佛风复盛。《旧唐书》卷一八下《宣宗纪》载宣宗敕云:"会昌季年,并省寺宇。虽云异方之教,无损至理之源。中国之人,久行其道,厘革过当,事体未弘。其灵山胜境、天下州府,应会昌五年四月所废寺宇,有宿旧名僧,复能修创,一任主持,所司不得禁止。"

是年,开科取士,礼部侍郎魏扶知贡举,进士及第26人,诸科20人。

按:见《登科记考》卷二二。

李德裕二月由东都留守转太子少保,仍分司东都;七月复遭贬,出为潮州司马。

按:见《旧唐书》卷一八下《宣宗纪》。

李商隐二月以弟李羲叟进士及第,上书礼部侍郎魏扶,并献诗,书中论及文学创作,对初唐以来文风多有不满。闰三月,应桂管观察使郑亚之召,为支使兼掌书记,南下赴任。五月,至桂州。是秋,奉郑亚命,为李德裕《会昌一品集》撰序,评述有唐以来文章之士。

按:见张采田《玉谿生年谱会笺》。李商隐于《献诗郎钜鹿公启》中以为,"属词之工,言志为最"。然初唐以来,"皆陷于偏巧,罕或兼材。枕石漱流,则尚于枯槁寂

摩苏尔、大马士革震。

西法兰克国王秃头查理颁《墨尔森敕令》,欧洲封建关系始成。

寥之句;攀鳞附翼,则先于骄奢艳佚之篇。推李、杜则怨刺居多;效沈、宋则绮靡为甚"。又,《樊南文集笺注》卷七《太尉卫公会昌一品集序》评唐代文士曰:"我高祖革隋,文物大备。在贞观中,则颜公师古、岑公文本兴焉。在天后时,则李公峤、崔公融出焉。燕、许角立于玄宗之朝,常、杨继美于代宗之世。"

刘绮庄约是年稍后在刺史任,研穷古今,聚书颇丰。

按:刘绮庄生卒年、字号不详,常州人。博学多识,擅诗文,与白敏中、韦琮、崔元武等友善。历昆山县尉等职,累迁刺史。撰《昆山编》,今存。一说《新唐书·艺文志》著录其《集类》100卷,即为是书。另有集10卷,已佚。《全唐诗》卷五六三、八八四收录其诗3首。

朱景玄约是年前后寄诗与商州刺史南卓唱和。

按:朱景玄生卒年不详,本名景元,后避讳改,吴郡人。元和初登进士第,历翰林学士、太子谕德等职。长于画论,所著《唐画断》(又名《唐朝名画录》)3卷,与张彦远《历代名画记》并为晚唐著名画论著作,在中国绘画史上影响深远。今存。书中收录唐代画家一百二十四人,以"神、妙、能、逸"四品品第诸家,《四库全书总目提要》卷一二谓四品论画实由此始。又工诗,《新唐书·艺文志》著录《朱景玄诗》1卷,《直斋书录解题》作《朱景玄集》1卷,已佚。《全唐文》卷七六三收录其文1篇,《全唐诗》卷五四七、《全唐诗补遗》卷三收录其诗16首。

僧灵祐在会昌毁佛时曾隐匿市井,及宣宗复兴佛教,众迎其返同庆寺,再行讲论。

按:见《宋高僧传》卷一二本传。

僧宣鉴为避武宗毁佛之难,隐居独浮山。宣宗兴佛,复出弘法。

按:见《宋高僧传》卷一二本传。

日僧圆仁携所搜集经论章疏传等凡数百卷归国。

按:圆仁于开成三年入唐求法。参见该年条。

卢肇八月著《逸史》3卷成。

按:《逸史》,又名《卢子逸史》、《卢氏逸史》、《唐逸史》,所载皆唐代异闻逸事,今存。卢肇生卒年不详,字子发,宜春人。善诗文,通历史,名闻一时。登进士第甲科第一,历秘书省著作郎、仓部员外郎,充集贤院直学士及歙、宣等州刺史。其著述除《逸史》外,尚有《海潮赋》1卷、《通屈赋》1卷、《文标集》3卷等,又注林绚《大统赋》2卷等。原本多散佚,今存《文标集》。《全唐文》卷五五一辑录其诗编为1卷,《全唐文》卷七七〇收录其文15篇。

李商隐是年编次所撰诗文433篇为《樊南四六甲集》20卷,自为序,谈及自己文学之转变过程。

按:时李商隐由桂林奉使南郡,于途中编纂而成。《樊南文集》卷七《樊南甲集序》谈及自己由擅古文转向骈文之经过,略曰:"樊南生十六能著《才论》、《圣论》,以古文出诸公间。后联为郓相国、华太守所怜,居门下,时敕定奏记,始通今体。后又两为秘省房中官,恣展古集,往往咽噱于任、范、徐、庾之间。有请作文,或时得好对切事,声势物景,哀上浮壮,能感动人。十年京师,寒且饿,人或目曰:韩文杜诗,彭阳章檄,樊南穷冻。"

李德裕编次会昌时所撰诏诰奏议碑赞等文为《会昌一品集》20卷(一说15卷),李商隐、郑亚为序。

按：《会昌一品集》今存，有影宋本等。李商隐、郑亚所作序，分见《樊南文集笺注》卷七、《文苑英华》卷七〇六。

张彦远著《历代名画记》10卷成。

按：该书系中晚唐画论名著，今存。书中记上古至唐代画家三百七十余人，详述历代绘画源流演变，辑录六朝以来画论，总结诸家画派风格，兼及各地寺观壁画及绘画收藏、装裱、鉴赏方法，为中国绘画史上集大成之作，颇为后世人们重视，推之为"画史之祖"。

卢简求约是年撰《禅门大师碑阴记》，述宣宗恢复佛寺事。

按：该记今存，见《全唐文》卷七三三。

段成式约是年稍后撰《庐陵官下记》2卷。

按：该书已佚。段成式约是年稍后出任吉州刺史，《庐陵官下记》撰于任内，未详具体时间。姑系于此。

柳珵撰传奇《镜空传》。

按：见李剑国《唐五代志怪传奇叙录》。柳珵生卒年、字号不详，河东人，柳芳之孙，柳冕之子。秉承家学，通文史，擅传奇。撰有《常侍言旨》1卷，记载伯父柳澄之言，书末附传奇《上清传》、《刘幽求传》两篇。原书已散佚，今存《上清传》，为唐代传奇名篇，收入《太平广记》；《刘幽求传》逸文，见《唐语林》。另撰有《柳氏家学要录》2卷，采其曾祖以下三世所记历朝典章因革及时弊得失，原本已佚，近人余嘉锡辑有逸文，收入《余嘉锡论学杂著》。

昝殷约是年稍后著《经效产宝》。

按：《经效产宝》一作《产宝》。《蜀中广记》卷九二曰："《产宝》二卷，唐昝殷撰。……大中初，白敏中守成都，其家有因免（当为'娩'——引者）乳死者，访问明（当为'名'——引者）医，或以殷对。敏中迎之，殷集备验方药三百七十八首以献。"其卷帙，《文献通考》卷二二三与《蜀中广记》同，《宋史》卷二〇七《艺文志》作3卷，今存本亦作3卷。该书为我国现存最早的产科专著。《四库全书总目提要》卷一〇三曰："妇人专科，始唐昝殷《产宝》。其后有李师圣之《产育宝庆集》、陆子正之《胎产经验方》，大抵卷帙简略，流传亦尠。"昝殷生平概况，见大中十三年条。

王起是春卒(760—)。起字举子，祖籍太原，家居扬州。中唐学者。博学多闻，精经学，善诗文。贞元十四年登进士第，又登博学宏词科、贤良方正能直言极谏科，长庆初累迁礼部侍郎，掌贡举，以能得士见称。历吏部侍郎加集贤学士、尚书左丞、户部尚书、兵部尚书充翰林侍讲学士等职，号"当世仲尼"。会昌中再掌贡举，所选皆名士。以同中书门下平章事充山南西道节度使，卒于镇。著有《五纬图》（又称《王氏五纬图》）10卷、《写宣》10卷、《李赵公（吉甫）行状》1卷、《文场秀句》1卷、《大中新行诗格》1卷，另有集120卷，后皆佚。《全唐文》卷六四一至六四三辑录其文编为3卷，《全唐诗》卷四六四收录其诗6首。事迹见《旧唐书》卷一六四、《新唐书》一六七。

陆扆（ —905）生。

大中二年　戊辰　848 年

十一月，敕行《宪宗实录》旧本。

> 按：《唐会要》卷六三载宣宗敕曰："《宪宗实录》宜施行旧本，其新本委天下诸州府察访，如有写得者并送馆，不得隐藏。"《宪宗实录》旧本即为路随、韦处厚等人修本，新本系会昌三年十月李绅等所上重修本。

是年，开科取士，礼部侍郎封敖知贡举，进士及第 23 人，诸科 17 人。

> 按：见《登科记考》卷二二。

杜牧八月由睦州刺史擢司勋员外郎，九月赴京，途中多有诗文之作，又与苏州刺史卢简求等寄诗唱和。

> 按：见《樊川文集》卷一〇《自撰墓志铭》、缪钺《杜牧年谱》。

李商隐二月以桂管观察使郑亚贬循州刺史，罢幕职，离桂州北归，经潭州、江陵、洛阳等地，至秋返长安。

> 按：参见今人刘学锴、余恕诚《李商隐诗歌集解》。

魏謩由商州刺史奉召还朝，授给事中，又迁御史中丞。

> 按：见《旧唐书》卷一七六本传。

孟迟约是年前后入淮南节度使崔郸幕，为掌书记。此后事迹不详。

> 按：孟迟生卒年不详，字迟之（一作叔之，又作升之），平昌人。晚唐诗人。尤工绝句，尝与杜牧等唱和。会昌五年登进士第，历任幕职。有诗集 1 卷，已佚。《全唐诗》卷五五七收录其诗 17 首。事迹见《唐才子传》卷七。

僧希运复受观察使裴休之邀，至宛陵开元寺，讲论佛理。

> 按：裴休此前曾邀希运至钟陵，参见会昌二年条。

僧居遁年十四，于吉州满田寺出家，后至嵩山受戒。

> 按：见《宋高僧传》卷一三。

南卓撰《羯鼓录》前录成。

> 按：南卓撰《羯鼓录》始于会昌元年，参见该年白居易条。卓时为婺州刺史，前录告成，记羯鼓形状及玄宗以后故事。后续撰后录，记宋璟知音事，附以羯鼓诸宫曲名。参见大中四年条。今存本前、后录合为 1 卷，系研究唐代音乐史之重要资料。

牛僧孺是冬卒（780—　）。僧孺字思黯，安定鹑觚人。中晚唐学者。工诗文，名声早著。贞元末登进士第，复登贤良方正能直言极谏科。与李宗闵等朋党相结，排斥李德裕等人，史称"牛李党争"。数度入居相位，累封奇章郡公，又数次遭贬，以太子少师卒。撰有《玄怪录》10 卷，今存本 4

卷；另有集5卷（一说1卷，又说2卷），已散佚。《全唐文》卷六六二收录其文编为1卷，《全唐诗》卷四六六收录其诗4首。事迹见《旧唐书》卷一七二、《新唐书》卷一七四。杜牧《樊川文集》卷七有《唐故太子太师奇章郡开国公赠太尉牛公墓志铭并序》，《全唐文》卷七二〇有李珏《李公神道碑铭并序》。今人丁鼎撰有《牛僧孺年谱》，郑平著有《牛僧孺评传》。

按：牛僧孺卒年，《旧唐书》本传谓"大中初"。杜牧《唐故太子太师奇章郡开国公赠太尉牛公墓志铭并序》曰："大中二年十月二十七日，薨于东都城南别墅，年六十九。"李珏《李公神道碑铭并序》则谓："公以大中戊辰岁十二月二十九日薨，以大中己巳岁五月十九日葬。"两文所记牛僧孺卒年相同，月日有异。未详孰是，姑系以"是冬"。牛僧孺在哲学上主张天人有分，以天道为自然，反对"假天道以助人伦"，提出"兴衰由人"之观点，对佛教因果报应说持批判态度，具有无神论倾向。早年与韩愈、皇甫湜为文友，晚年与白居易、刘禹锡为诗友。所著《玄怪录》为唐人较早传奇集，在中国小说史上有一定地位。其著述，旧题有《周秦行纪》，实系后人伪托。

杨嗣复卒（783—　）。嗣复字继之，小字庆门，弘农人。中唐学者。熟谙《礼》学，工诗文。贞元中登进士第，又登博学宏词科，历校书郎、太学博士、中书舍人、户部侍郎同平章事等职，与牛僧孺等朋党相结，参与党争。贬潮州刺史，奉召还朝，行至岳州，病卒。追赠左仆射，谥曰"孝穆"。尝与张次宗等纂《毛诗草木虫鱼图》20卷，著有《九征心戒》（一作《九徵心戒》）1卷，后皆佚。《全唐文》六一一收录其文6篇，《全唐诗》卷四六四收录其诗5首。事迹见《旧唐书》卷一七六、《新唐书》卷一七四。

李公佐是年稍后卒，生年不详。公佐字颛蒙，陇西人。晚唐传奇作家。元和初登进士第，历任幕职，坐吴湘案削两官，未几卒。撰有传奇《南柯太守传》、《庐江冯媪传》、《古岳渎经》（一名《李汤》）、《谢小娥传》等，今存，分别收入《类说》卷二八、《太平广记》卷三四三、卷四六七、《全唐文》卷七二五等；另著有《建中河朔记》6卷，已佚。

按：李公佐所撰传奇，以《南柯太守传》最具代表性。

大中三年　己巳　849年

是年，开科取士，礼部侍郎李褒知贡举，进士及第30人，诸科10人。

按：见《登科记考》卷二二。

杜牧在司勋员外郎、史馆修撰任，与李商隐互赠诗相和。闰十一月以俸簿无力养家，上书宰相求为杭州刺史，未果。

按：见缪钺《杜牧年谱》。《樊川文集》卷一六有《上宰相求杭州启》。

<small>意大利那不勒斯、比萨、阿马尔非三城败阿拉伯人于奥斯提亚港外海。</small>

李商隐在长安,是春赋诗赠杜牧,对其颇为推崇。十月受武宁节度使卢弘止之召为判官,年底离京南下。

按：李商隐《赠司勋杜十三员外》、《杜司勋》诸诗,冯浩《玉谿生诗笺注》及刘学锴、余恕诚《李商隐诗歌集解》系于本年。《杜司勋》诗云:"高楼风雨感斯文,短翼差池不及群。刻意伤春复伤别,人间惟有杜司勋。"商隐入卢弘止幕事,见张采田《玉谿生年谱会笺》。

孙樵是年前后作《与李谏议行方书》,记宣宗恢复佛寺事;又于与人书中多论及为文之道与当时文风。

按：《与李谏议行方书》,见《孙可之文集》卷三;其论为文之道及文风诸书,见《全唐文》卷七九《与王霖秀才书》、《与人论文书》、《与贾希逸书》。

马戴在太原李司空幕,约是年稍后贬朗州龙阳尉。

按：马戴生卒年不详,字虞臣,尝寓居华州。晚唐诗人。与姚合、贾岛、殷尧藩、顾非熊等友善。会昌四年登进士第,终国子博士。有诗集1卷,已散佚。《全唐诗》卷五五五辑录其诗编为2卷。事迹见《唐才子传》卷七。

杜牧注《孙武十三篇》,是春献于宰相周墀。

按：《樊川文集》卷一二《上周相公书》曰:"某所注《孙武十三篇》……上自周、秦,下至长庆、宝历之兵,形势虚实,随句解析,离为三编。辄敢献上,以备阅览。"

李德裕十二月卒（787—　）。德裕初名缄,字文饶,原籍赵郡赞皇,家居长安万年县,宰相李吉甫之子。中晚唐时期学者、政治家、文学家。精《汉书》、《左传》,工诗,善属文,名著一时。以门荫入仕,历监察御史、翰林学士、兵部尚书等职。结党与牛僧孺等人抗衡,史称"牛李党争"。曾两度入拜相职,晚年失势,累贬崖州司户参军,卒于贬所。著述甚丰,有《次柳氏旧闻》、《御臣要略》、《伐叛记》（又名《会昌伐叛记》）、《上党纪叛》、《辋川图跋》、《杂赋》各1卷,《异域归忠传》、《西戎记》各2卷,《献替录》（又名《文武两朝献替录》）、《穷愁志》、《西蕃会盟记》各3卷,《姑藏集》5卷,《西南备边录》13卷,文集20卷,另有与刘禹锡唱和集《吴蜀集》1卷,删编《大和辨谤略》3卷等。今存《会昌一品集》（又名《李文饶文集》、《李卫公文集》）正编20卷、别集10卷、外集4卷,另存《次柳氏旧闻》辑本,余皆佚。《全唐文》卷六九六至七一一编录其文为6卷,《全唐诗》卷四七五编录其诗为1卷。事迹见《旧唐书》卷一七四、《新唐书》卷一八〇。今人傅璇琮撰有《李德裕年谱》,冯建林著有《李德裕评传》。

按：李德裕卒年,王鸣盛《十七史商榷》卷九一谓大中四年。今从《旧唐书》本传。李德裕在思想上否定天人感应之说,黜斥神仙方士之术,对佛、道持批判态度。在文学上反对浮华文风,崇尚自然质朴。

大中四年　庚午　850年

是年，开科取士，礼部领土郎裴休知贡举，进士及第30人，诸科13人。

按：见《登科记考》卷二二。

杜牧由司勋员外郎转吏部员外郎，屡上书求外任。是秋，遂出为湖州刺史。

按：见缪钺《杜牧年谱》。

南卓续撰《羯鼓录》后录。

按：《羯鼓录》前录于大中二年撰成，参见该年条。是春，南卓罢婺州刺史任，途经扬州，与淮南节度使崔郸交游，献《羯鼓录》前录。蒙郸奖饰，遂续作《羯鼓录》后录，记宋璟知音事，附以羯鼓诸宫曲名。今存本合前、后录为1卷。

许浑三月编次所作新旧诗为《丁卯集》2卷，自为序。

按：《丁卯集》今存。许浑生卒年不详，字用晦（一作仲晦），祖籍安陆，家居丹阳。晚唐诗人，尤长于七律，又擅书法。大和六年登进士第，历当涂令、太平令、润州司马、监察御史、虞部员外郎、睦州刺史、郢州刺史等职。所作除《丁卯集》外，另有文集2卷、拾遗2卷存世，今有《续古逸丛书》影印本等。《全唐文》卷七六〇收录其文1篇，《全唐诗》卷五二八至五三八编录其诗为11卷。今人谭优学撰有《许浑行年考》。

李廓约卒，生年、字号不详。廓陇西人，宰相李程之子。晚唐诗人，与姚合、贾岛、顾非熊等友善。元和十三年登进士第，累迁太常丞，后历刑部侍郎、武宁军节度使等职。有诗集1卷，已散佚。《全唐诗》卷四七九收录其诗18首。事迹见《唐才子传》卷六。

按：李廓之卒年，一说大中末。此从傅璇琮主编《唐才子传校笺》。

道士杜光庭（　—933）生。

按：杜光庭生年，《历世真仙体道通鉴》卷四〇本传谓其后唐长兴四年卒，年八十四，以此溯推当本年；《全唐文》卷九二九谓其卒年八十五，以此推当大中三年。一般以为《全唐文》所言年岁有误。

日本假名字母约于此间形成。

阿拉伯人制成星盘。

意大利维罗那城制成齿轮机械钟。

意大利萨莱诺医科学校建成。

罗退尔子路易二世加冕称帝。

穆罕默德·伊本·穆萨·花拉子密卒（约780—　）。阿拉伯数学家、天文学家。

阿卜杜拉·阿巴斯·阿赫迈德·法尔加尼卒，生年不详。阿拉伯天文学家。

大中五年　辛未　851 年

阿拉伯治下亚美尼亚叛。

西法兰克始用弩。

西法兰克人入阿奎丹。

丹麦人入泰晤士河口。

丹麦人劫掠坎特伯雷大教堂。

罗马地震。

是年，开科取士，礼部侍郎韦悫知贡举，进士及第 30 人，诸科 22 人。

按：见《登科记考》卷二二。

杜牧在湖州刺史任，是秋奉召还朝，擢考功郎中、知制诰。

按：见缪钺《杜牧年谱》。

李商隐罢徐州幕，以仕途失意，四月致书宰相令狐绹以求引荐，由是补太学博士。是冬，受东川节度使柳仲郢之邀，经利州抵梓州，途中多有诗作。

按：见刘学锴、余恕诚《李商隐诗歌集解》。《樊南文集》卷四有《上兵部相公启》，兵部相公即指令狐绹，其于大中四年十月以翰林学士、兵部尚书入相，五年四月改兼礼部尚书。

孙樵六月上疏力陈兴佛之弊，请降明诏，凡"僧未复者勿复，寺未修者勿修"。

按：《资治通鉴》卷二四九载孙樵所上疏曰："百姓男耕女织，不自温饱，而群僧安坐华屋，美衣精馔，率十户不能养一僧。武宗愤其然，发十七万僧，是天下百七十万户始得苏息也。陛下即位以来，修复废寺，天下斧斤之声至今不绝，度僧几复其旧矣。陛下纵不能如武宗除积弊，奈何兴之已废乎！"时朝臣中亦有奏谏复寺者，宣宗均不纳。樵生平概况，参见中和四年条按语。

李郢在长安，十月以诗献户部侍郎杨汉公，求为引荐。

按：李郢所献诗，见《全唐诗续补遗》卷八《阙下献杨侍郎》。李郢生卒年不详，字楚望，原籍长安，家居杭州。晚唐诗人，尤长于七律，与贾岛、杜牧、李商隐等皆有交往。早年不求仕进，大中十年登进士第，累迁侍御史，出为越州从事。有诗集 1 卷，已散佚。《全唐诗》卷五九〇辑录其诗编为 1 卷，《全唐诗补遗》卷三、《全唐诗补编·续补遗》又补收 49 首。事迹见《唐才子传》卷八。

莫宣卿应制举，擢登第一。

按：莫宣卿生卒年不详，封州人。晚唐诗人。登第后，入翰林院，出为台州别驾，未莅任而卒。有《莫孝肃公诗集》，已佚。《全唐诗》卷五六六收录其诗 3 首。

西亚关于远东的首都著作《东游纪闻》撰成。

约翰尼斯·斯科图斯·埃里金纳著成《神圣的宿命论》。

韦澳等奉诏撰《续唐历》22 卷（一说 30 卷）成，七月，由宰相崔龟从进上。

按：该书《旧唐书》卷一八下《宣宗纪》、《新唐书》卷五八《艺文志二》皆谓 22 卷，《旧唐书》卷一七六《崔龟从传》则谓 30 卷。书已佚，两说未详孰是。又，《新唐书》卷五八《艺文志二》载，《续唐历》由崔龟从监修，参修者尚有蒋偕、李荀、张彦远、崔瑄等。

姚康为太子詹事，撰《帝王政纂》10卷、《统史》300卷成，十一月献上。

按：《旧唐书》卷一八下《宣宗纪》载，姚康所撰《统史》系编体通史，"上自开辟，下尽隋朝，帝王美政、诏令制置、铜盐钱谷损益、用兵利害，下至僧道是非，无不备载，编年为之"。《史略》卷四亦曰："《统史》，自开辟至隋末，用编年法纂帝王政事，凡诏令所下皆书，至于盐铁禁籴、兵粮边事，无不该载，以及释道烧炼妄求无验者，亦书之。"姚康生卒年不详，字汝谐，下邳人。元和十五年登进士第，试右武卫曹参军、剑南观察推官，历兵部郎中等职，终太子詹事。所著除《帝王政纂》、《统史》外，另有《科第录》16卷，后皆佚。《全唐诗》卷三三一收录其诗4首。

刑部侍郎刘瑑等纂《大中刑法统类》（一作《大中刑法总要格后敕》）60卷，四月癸卯奏上。

按：该书后佚。书中收录汇编贞观以来杂制敕凡二千一百六十五条，分为六百四十六门。见《旧唐书》卷一八下《宣宗纪》。

李玫约是年前后撰《纂异记》1卷。

按：李玫一作李玖，生卒年、籍贯不详。曾任歙州巡官。工诗文，擅传奇小说。《纂异记》所记虽系怪异之事，然有隐喻现实政治之意。原书已逸，《太平广记》收录其中12篇。《全唐诗》卷五六二收录其诗8首。

顾云（ —约894）约生。

按：《唐诗纪事》卷六七谓顾云"乾宁初卒"。傅璇琮主编《唐五代文学编年史》（晚唐卷）谓云卒时约四十四岁。以顾云乾宁元年卒、年四十四计，其生当本年。

大中六年　壬申　852年

是年，开科取士，礼部侍郎崔玙知贡举，进士及第28人，诸科9人。

按：见《登科记考》卷二二。

阿奎丹王丕平二世遇俘。

温庭筠在长安，八月赋诗和杜牧《华清宫三十韵》，又作文投献。

按：温庭筠和诗及投文，见《温飞卿诗集笺注》卷九《华清宫和杜舍人》、《全唐文》卷七八六《上杜舍人启》。参见缪钺《杜牧年谱》。

刘驾应贡举，登进士第。

按：见《登科记考》卷二二。刘驾卒年不详，字司南，江东人。晚唐诗人。登第后，累官国子博士。与李频、李洞、薛能等友善，尤与曹邺交厚。长于古风诗，作品富有现实性。辛文房《唐才子传》谓其诗"多比兴含蓄，体无定规，意尽即止，为时所宗"。有集1卷，已散佚。《全唐诗》卷五八五辑录其诗编为1卷。事迹见《唐才子传》卷七。

杜牧十二月卒（803— ）。牧字牧之，京兆万年人。中晚唐文学家、诗人。又工书画，名声卓著。大和二年登进士第，又登贤良方正能直言极谏科，历任幕职，迁监察御史、黄、池、睦、湖等州刺史、考功郎中、知制诰等职，终中书舍人。曾注《孙子兵法》13篇，有《樊川文集》20卷，今皆存。《全唐文》卷七四八至七五六编录其文为9卷，《全唐诗》卷五二〇至五二七编录其诗为8卷。事迹见《旧唐书》卷一四七、《新唐书》卷一六六。今人缪钺撰有《杜牧年谱》、《杜牧传》，王西平、张田著有《杜牧评传》。

按：杜牧文集，今存《樊川文集》，由其甥裴延翰编录。后人复辑有《外集》1卷、《别集》1卷、《补遗》1卷。清人冯集梧有《樊川诗集注》。杜牧在中晚唐及古代文学史上颇具地位。其诗、赋、古文均名擅天下，又留意历代治乱兴亡之迹，财赋兵甲之事，地形险易远近，古人长短得失，关心时政，以国事为忧。著《罪言》、《原十六卫》等政论文，反对藩镇割据，主张革新政治，又对佛教持批判态度。在文学上，推崇杜甫、韩愈、柳宗元等人，倡行古文，主张为文当"以意为主，气为辅，以辞彩章句为之后兵"（《答庄充书》），自言"苦心为诗，本求高绝，不务绮丽，不涉习俗，不今不古，处于中间"（《献诗启》），不满元稹、白居易"纤艳不逞"之诗风，其作品富有现实性。其书画亦为人们叹服。叶奕苞《金石补录》谓其书法"潇洒流逸，深得六朝人风韵"；米芾《画史》谓其画"精彩照人"。今存其所书《张好好诗》真迹，藏故宫博物院。

大中七年　癸酉　853年

阿拉伯人入第比利斯，屠城。

北欧海盗取西法兰克南特、都尔城。

是年，开科取士，中书舍人崔瑶知贡举，进士及第30人，诸科11人。

按：见《登科记考》卷二二。

李商隐在梓州东川节度使幕，颇耽佛学，出资于长平山慧义精舍经藏院创石壁五间，勒《妙法莲华经》7卷。

按：见张采田《玉谿生年谱会笺》。

崔元范在浙东观察使幕，奉召入朝，拜监察御史，观察使李讷率群僚设宴饯送，赋诗唱和。

按：崔元范生卒年、字号、籍贯不详，晚唐诗人。其作品多已散佚，《全唐诗》卷五六三收录其诗1首，《千唐志斋藏志》收录其墓志1篇。

于兴宗在绵州刺史任，夏末登越王楼，赋诗分寄朝中诸友。

按：于兴宗生卒年、字号不详，河南人。晚唐诗人。以门荫入仕，历东阳县令、绵州刺史、洋州刺史等职，终河南少尹。作品多散佚。《全唐诗》卷五六四收录其诗2首，其中一首为他人之作误入。

僧法全是年前后住长安玄法寺，引领徒众。

按：法全生卒年、籍贯不详。唐代密宗高僧。尝师从青龙寺僧义操，先后住玄法寺、青龙寺。弟子有敬友、文懿、智满、自愖、弘悦、惠愖、弘约、操玄、造玄，及新罗僧弘印，日本僧宗睿、圆仁、圆载、圆珍等。著有《大毗卢遮那成佛神变加持经莲华胎藏悲生曼荼罗广大成就仪轨供养方便会》(又称《玄法寺仪轨》)2卷、《大毗卢遮那成佛神变加持经莲华胎藏菩提幢标帜普通真言藏广大成就瑜伽》(又称《青龙寺仪轨》)3卷,及《供养护世八天法》、《建立曼荼罗护摩仪轨》各1卷。

日僧圆珍八月随商船入唐求法。

按：圆珍入唐后,赴天台山国清寺、越州开元寺等地师从僧般若怛罗、物外、良谞、法全、智轮诸高僧研习天台、密教、悉昙要义,并至长安龙兴寺受两部灌顶,至大中十二年回国。

左卫率府仓曹张戣等纂《刑法统类》(又称《大中刑律统类》)12卷成,五月进上。

按：见《旧唐书》卷一八下《宣宗纪》。该书系大中五年刘瑑等纂《大中刑法统类》(一作《大中刑法总要格后敕》)之后,晚唐时期又一部法律汇编。其中收录律、令、格、式及相关法律凡一千二百五十条,分为一百二十一门。后佚。

崔铉等奉敕撰《续会要》40卷成,十月进上。

按：见《旧唐书》卷一八下《宣宗纪》。《唐会要》卷三六。时崔铉为尚书左仆射、门下侍郎、平章事、太清宫使、弘文馆大学士。此前,苏冕、苏弁兄弟曾撰《会要》40卷,叙事至德宗贞元末。事见贞元十九年条。宣宗对苏氏《会要》颇为称善,遂命杨绍复、裴德融、崔瑑、薛逢、郑言、薛廷望、于珪、于球等续纂之,崔铉监修,至是完成。该书叙事,至大中六年止。至宋初,王溥又采宣宗以后事以续补,撰成《唐会要》100卷,今存,有清乾隆武英殿聚珍版丛书本、同治江苏书局翻刻本等。

又按：崔铉生卒年不详,字台硕,博州人。有诗名,通史学。大和元年登进士第,会昌、大中间两度拜相,爵封魏国公,终荆南节度使。《全唐文》卷七五九收录其残文1篇,《全唐诗》卷五四七收录其诗2首。

李商隐十一月编次大中元年以来所作诗文400余篇为《樊南乙集》20卷。

按：见《樊南文集》卷七《樊南乙集序》。《樊南甲集》编定于大中元年,参见该年条。

段成式撰《寺塔记》2卷。

按：段成式时在长安,追忆会昌三年与张希复、郑符游京中诸寺事,编次旧日所记而撰《寺塔记》。今存,收入《全唐文》卷七八七。

僧灵祐正月卒(771—)。 灵祐俗姓赵,长溪人。唐南宗禅分支沩仰宗始祖。年十五出家,曾从钱塘僧义宾受佛学律部,后师从南宗禅分支洪州宗高僧怀海,遂转从禅学。元和末年,奉师命至潭州沩山弘法,住同庆寺。由是名声渐起,学者云集,开一派之规模,世称沩山灵祐。卒,谥"大圆禅师"。弟子有慧寂、洪諲、智闲等41人。有《潭州沩山灵祐禅师语录》、《沩山警策》各1卷传世。事迹见《宋高僧传》卷一一、《景德传灯录》卷九、《五灯会元》卷九。今人乃光撰有《沩仰宗禅要》。

按：唐代禅宗六世祖慧能法系支派繁杂。慧能弟子怀让成"南岳下"一系,怀让弟子马祖道一发展师说而为洪州宗。道一传怀海,怀海传灵祐,复经灵祐弟子仰山慧寂弘大而成一支,称沩仰宗。

张祜约卒(约792—　)。祜字承吉,祖籍清河,寓居姑苏。中晚唐诗人,有盛名。早年浪迹江湖,狂放不羁。后屡应举不第,转徙徐、许、池等地,晚年隐居丹阳。有集10卷,今存。《全唐诗》卷五一〇至五一一编录其诗为2卷,《全唐诗补编·补逸》补4卷。事迹见《唐才子传》卷六。

按:张祜卒年,史无明载。《新唐书》卷六〇《艺文志四》仅谓其"大中中卒",未详具体年份。此从今人吴在庆《张祜卒年考辨》(载《人文杂志》1985年第2期)。张祜之诗作颇为白居易、杜牧等人推重,尤以《宫词二首》、《观猎》、《华清宫诗》、《惠山寺》、《孤山寺》等作,广为时人传诵。《全唐文》卷五三九令狐楚《进张祜诗册表》称其"研几甚苦,搜象颇深;流辈所推,风格罕及";《全唐诗》卷六二六陆龟蒙《和过张祜处士丹阳故居并序》评曰:"张祜……短章大篇,往往间出,谏讽怨谲,时与六义相左右。善题目佳境,言不可刊置别处,此为才子之最。"

大中八年　甲戌　854年

丕平二世归阿奎丹。

七月,调整史官编制,废直史馆,增置国史修撰两员,与原设修撰合为四员。

按:《唐会要》卷六四载,监修国史郑朗奏:"当馆修撰、直馆共四员,准故事,以通籍者为直馆。伏以修史重事,合选廷臣,秩序或卑,笔削不称。其直馆伏请停废,更添修撰两员。……通旧为四员,分修四季之事。"诏从奏请。

是年,开科取士,礼部侍郎郑薰知贡举,进士及第30人,诸科15人,另上书拜官1人。

按:见《登科记考》卷二二。

魏謩三月以监修《文宗实录》成,转门下侍郎、兼户部尚书,仍知政事。

按:见《旧唐书》卷一八下《宣宗纪》。

韦澳五月由中书舍人、翰林学士改授京兆尹,发榜列举科荐士请托奔竞之风,规定本府送省举人不再划分等第。

按:《唐摭言》卷二《废等第》载此事于大中七年,一说在大中十年。《旧唐书》卷一八下《宣宗纪》载韦澳于本年五月授京兆尹,姑系于此。《唐摭言》载韦澳榜文曰:"朝廷将禅教化,广设科场,当开元、天宝之间,始专明经、进士;及贞元、元和之际,又益以荐送相高。当时唯务切磋,不分党甲,绝侥幸请托之路,有推贤让能之风。等列标名,仅同科第。既为盛事,固可公行。近日以来,前规顿改,互争强弱,多务奔驰。定高卑于下第之初,决可否于差肩之日,曾非考覈,尽系经营。奥学雄文,例舍于贞方寒素;增年矫貌,尽取于朋比群强。虽中选者曾不足云,而争名者益炽其事。"

又按:韦澳生卒年不详,字子裴,京兆人,韦贯之子。晚唐学者。大和六年登进士第,复登博学宏词科,累迁中书舍人,历京兆尹、河阳节度使等职,终户部侍郎。与蒋偕、张彦远等撰《续唐历》22卷(一说30卷),著有《诸道山河地名要略》9卷,后皆佚。《全唐文》卷七五九收录其文1篇。事迹见《旧唐书》卷一五八、《新唐书》卷一六九。

孙樵是秋在长安,作《乞巧对》述其优游经史、不屑奔竞之志,抨击文坛风气。约是冬又作《寓居对》,论及古今文风之异。

> 按：孙樵所作《乞巧对》、《寓居对》,见《孙樵集》卷七。《乞巧对》谓当时文坛,"彼巧在文,摘奇搴新,辖字束句,稽程合度,磨韵调声,决浊流清,雕枝镂英,花斗窠明。至有破经碎史,稽古倒置,大类于俳。观者启齿,下醽沈、谢,上残《骚》、《雅》,取媚于时,古风不归"。其《寓居对》曰:"古人取文,其责盖轻,一篇跳出,至死驰名。今人取文,章章贵奇,一句庚意,卷前知解。"樵生平概况,参见中和四年条按语。

李群玉赴京上表,献诗三百首。为宰相裴休、令狐绹所荐,授弘文馆校书郎。

> 按：见《唐才子传》卷八本传。又,《全唐文》卷七五九有令狐绹《荐处士李群玉状》。

僧义玄至镇州临济院,设三玄三要、四料简等机法接引徒众,更以机锋峭峻著名于世,慕名前来求道者络绎不绝,学徒汇聚,门风聿盛,遂开南宗禅一派,世称"临济宗"。

> 按：唐南宗禅怀让南岳下一系支派众多。怀让弟子马祖道一创为洪州宗,经怀海、希运,传至义玄,则又别成一派。晚唐以降,临济宗颇为盛行,成为禅宗主要流派之一。

魏暮等撰《文宗实录》42卷成,三月进上。

> 按：时魏暮位居宰相、监修国史。据《旧唐书》卷一八下《宣宗纪》、《唐会要》卷六三载,参修此书者,有史馆给事中卢耽、太常少卿蒋偕、司勋员外郎王沨、右补阙卢告、膳部员外郎牛丛等。

南卓约卒(约791—　)。卓字昭嗣,籍贯不详。早年游学于吴楚间,大和二年登贤良方正能直言极谏科,累迁婺、蔡二州刺史、黔南观察使等职。著有《羯鼓录》1卷,今存。另有《唐朝纲领图》1卷,《驳史》30卷,《南卓文》1卷,皆已佚。《唐文拾遗》卷二九收录其文1篇,《全唐诗》卷五六三收录其诗1首。今人卞孝萱撰有《南卓考》。

> 按：南卓生卒年,历有歧说,此从今人卞孝萱《南卓考》。

赵嘏约卒(约806—　)。嘏字承祐,楚州山阳人。晚唐诗人。与杜牧等友善,所作七言律诗尤为时人称赏。早年先后入元稹浙东幕、宣歙观察使沈传师幕,又寓居长安,后迁江东,家居浙西。会昌间登进士第,终渭南尉,故世称赵渭南。有《渭南集》3卷(一说1卷),已散佚;《编年诗》2卷,今存敦煌遗书残本。《全唐诗》卷五四九至五五〇辑录其诗编为2卷。事迹见《唐才子传》卷七。

> 按：赵嘏卒年,一说为大中六年。此从今人谭优学《唐诗人行年考·赵嘏行年考》(四川人民出版社1981年版)、赵望秦《赵嘏卒年考》(载《文学遗产》2008年第4期)。

雍陶是年后卒,生年不详。陶字国钧,成都人。晚唐学者、诗人。通儒经,尤精《春秋》、《毛诗》,工诗赋,为当时名辈推重。大和八年登进士第,历监察御史、国子博士、简州刺史等职。后辞职,归家闲居。有集 10 卷(一说 5 卷,又说 3 卷),已散佚。《全唐文》卷五七五、《唐人说荟》卷一三收录其文 3 篇,《全唐诗》卷五一八辑录其诗编为 1 卷。事迹见《唐才子传》卷七。

按:雍陶卒年,史不载。其行迹是年后无考,当卒于此后。姑系于此。雍陶与姚合、贾岛、殷尧藩、僧无可、徐凝、章孝标等友善,彼此多交游唱和。《全唐诗》卷五七三贾岛《送雍陶及第归成都宁亲》称赞其"不唯诗著籍,兼又赋知名。议论于题称,《春秋》对问精"。

僧神晏(—932)、高彦休(—?)生。

按:神晏生年,一说咸通四年。考《祖堂集》卷一一神晏本传,谓其卒于后唐长兴三年,"春秋七十九"。以此溯推,其生当本年。

又按:高彦休《阙史》自序,有"愚乾符甲午岁生唐世"云云。据此,其生当在乾符元年。近人余嘉锡《四库提要辨证》则以为彦休生于本年,并作考辨。今从余氏之说。彦休生平概况,见中和四年条按语。

大中九年　乙亥　855 年

法兰克罗退尔卒。领土三分。

欧洲首次尝试复调音乐。

三月,试博学宏词科举人,10 人登第。寻御史台奏劾泄题,侍郎裴谂等皆受处置,登第者并落下。

按:见《旧唐书》卷一八下《宣宗纪》。

是年,开科取士,中书舍人沈询知贡举,进士及第 30 人,诸科 6 人。

按:见《登科记考》卷二二。

拜占庭西里尔和美多德约于此时完成斯拉夫字母创制。

李节在太原,为河东节度使卢钧幕属。时有潭州僧疏言至太原求佛经,得 5048 卷,八月运回湖南道林寺。节作序送之,对佛教极为推崇。

按:《全唐文》卷七八八有李节《饯潭州疏言禅师诣太原求藏经诗序》,文中有慨于武宗毁佛之事,以为佛教使人"怨争可得而息","贼陋可得而安","衰代须释氏之教"。李节大中时登进士第,累迁户部郎中。余不详。《全唐诗》卷五六六、《全唐诗补编·续拾》卷三〇收录其诗 4 首。

陆肱是春应贡举,登进士第。

按:见《登科记考》卷二二。陆肱生卒年不详,祖籍嘉兴,家居吴兴。晚唐诗人,尤擅赋。登第后,历虔、湖等州刺史。《宋秘书省续编到四库阙书目》著录《陆肱赋》1 卷,已佚。《全唐文》卷六二二收录其赋 1 篇,《全唐诗》卷五六六收录其诗 1 首。

卢求八月撰《成都记》5 卷成。

按:卢求生卒年、字号不详,范阳人,李翱之婿。工诗文。宝历二年登进士第,本年在西川节度使白敏中幕,遂撰《成都记》。《全唐文》卷七四四录有卢求《成都记序》,其略曰:"大中八年,户曹参军蔺宏宗甚好学,且目睹司徒相国之异绩,愿付以传示于后。然不以文自任,剪截疏长,芜言不略。相国乃属小子,令刊益之。……乃搜访编简,目为《成都记》五卷,经与图之附益,愿终宏宗之职,庶以此为助也。大中九年八月五日叙。"该书已佚。《全唐诗》卷五一二收录其诗1首。

裴延翰编次杜牧诗文为《樊川文集》,并撰后序。

按:裴延翰系宰相裴度从子,杜牧内侄。《全唐文》卷七五九录有其所撰《樊川文集后序》。

僧希运卒,生年不详。希运,世称黄檗希运、黄檗和尚,闽县人。唐南宗禅南岳下一系洪州宗高僧。年幼出家,聪慧利达,学通内外。师从洪宗始祖马祖道一弟子怀海,得所传心印。后在洪州高安县鹫峰山建寺弘法,并改山名为黄檗。游学者众多,其门风一度盛于江南。弟子有临济义玄等。时人裴休辑其语录为《黄檗山断际禅师传心法要》1卷、《黄檗山断际禅师宛陵录》1卷,今存,后合称为《传心法要》,一并收于《大正藏》第48册。事迹见《宋高僧传》卷二〇、《祖堂集》卷一六、《景德传灯录》卷九、《佛祖统纪》卷四二、《佛祖历代通载》卷一六。

按:希运卒年,历有歧说。《宋高僧传》本传谓"大中中终于所住寺",《佛祖统纪》谓卒于本年,《佛祖历代通载》谓"大中三年终于黄檗"。诸说未详孰是,姑从《佛祖统纪》。

艾哈迈德·伊本·罕百里卒(780—)。阿拉伯伊斯兰教法学家。

李敬方约卒,生年不详。敬方字中虔,并州水文(一说陇西)人。晚唐诗人。长庆三年登进士第,累迁明、歙两州刺史。有诗集1卷,已佚。《全唐文》卷七三九收录其文1篇,《全唐诗》卷五〇八、《全唐诗补编·补逸》卷七收录其诗9首。事迹见《唐才子传》卷七。

按:李敬方卒年,史不载。此从傅璇琮主编《唐才子传校笺》。

大中十年　丙子　856年

三月,从中书门下奏,以取人过滥,自今年起,暂停开元礼、三礼、三传、三史、学究、道举、明算、童子等九科三年。

按:时科举混乱,弊案迭出,又科名繁杂,取人冗滥,故中书门下奏请暂停开元礼等科取士。见《旧唐书》卷一八下《宣宗纪》。

是年,开科取士,黄门侍郎郑颢知贡举,进士及第30人,诸科5人。

按:见《登科记考》卷二二。

李商隐正月辞梓州幕职,北还京师长安,后授盐铁推官。

拜占庭巴尔德斯柄国政。

按：见张采田《玉谿生年谱会笺》，刘学锴、余恕诚《李商隐诗歌集解》。

僧慧寂依南华寺僧通禅师剃度。

按：慧寂后未受具足戒，即云游四方，参学于僧应真等，终师从南宗禅分支沩仰宗始祖灵祐。见《宋高僧传》卷一二本传。

日僧圆珍再赴天台山，于国清寺止观院建"止观堂"，题名"天台山国清寺日本大德僧院"。

按：圆珍于大中七年入唐之初，曾赴天台山访学。

赵璘遵礼部侍郎郑颢之嘱，采访诸家科目记，纂成《科目记》13卷，四月由颢进上。

按：《东观奏记》卷上载，是年郑颢知贡举，时宣宗雅尚文学，尤重科名，索科名记，郑颢遂委赵璘纂录，记唐初武德元年以来登科者。敕付翰林，令"自今放榜后，并写及第人姓名及所试诗赋题目进入内，仍仰所司逐年编次"。该书《新唐书·艺文志》未著录，似早佚。

又按：赵璘生卒年不详，字泽章，南阳人。大和八年登进士第，又登拔萃科，历祠部员外郎、水部员外郎、衢、汉二州刺史等职。熟谙典章制度，所著《因话录》6卷，载唐代朝野遗事及典章沿革，今存。另有与僧惠明、郑愚合撰论佛书《栖贤法隽》1卷，《表状集》1卷，皆已佚。《全唐文》卷七九一收录其文2篇。又有近代出土赵璘所撰《赵璜墓志》1篇。

韦绚二月撰《刘公嘉话录》（一称《刘宾客嘉话录》）1卷成，自为序。

按：见《全唐文》卷七二〇韦绚《嘉话录叙》。韦绚尝师从刘禹锡，参见长庆二年刘禹锡条。《刘公嘉话录》记述刘禹锡谈话内容，以遗闻掌故居多，亦讨论经传、诗文等语，为研究刘禹锡思想之重要史料。原本已佚，今存本凡130条，多有他书内容羼入。参见唐兰《〈刘宾客嘉话〉的校辑与辨伪》（载《文史》第4辑）。

顾陶选录唐诗1232首，编为《唐诗类选》20卷，自为序及后序，纵论历代诗风演变及诗人作品。

按：该书为唐人选唐诗中规模最大之一种，南宋时尚存，后散佚。《唐诗纪事》、《能改斋漫录》、《艇斋诗话》引有逸文数十则。《全唐文》卷七六五录有顾陶《唐诗类选序》，曰："昔乐官采诗而陈于国者，以察风俗之邪正，以审王化之兴废，得刍荛而上达，萌治乱而先觉，诗之义也大矣！远矣！肇自宗周，降及汉魏，莫不由政治以讽谕，系国家之盛衰。作之者有犯而无讳，闻之者伤惧而鉴诫，宁同嘲戏风月，取欢流俗而已哉。晋宋诗人，不失雅正，直言无避，颇遵汉魏之风。逮齐、梁、陈、隋，德祚浅薄，无能激切于事，皆以浮艳相夸，风雅大变，不随流俗者无几，所谓亡国之音哀以思，王泽竭而诗不作。……国朝以来，人多反古，德泽广被，诗之作者继出，则有杜、李挺生于时，群才莫得而并。其亚则昌龄、伯玉、云卿、千运、应物、益、适、建、况、鹄、当、光羲、郊、愈、籍、合十数子，挺然颓波间，得苏、李、刘、谢之风骨，多为清德之所讽览，乃能抑退浮伪流艳之辞宜矣。爰有律体，祖尚清巧，以切语对为工，以绝声病为能，则有沈、宋、燕公、九龄、严、刘、钱、孟、司空曙、李端、二皇甫之流，实繁其数，皆妙于新韵，播名当时，亦可谓守章句之范，不失其正者矣。然物无全工，而欲篇咏盈千，尽为绝唱，其可得乎？"

又按：顾陶生卒年、字号不详，钱塘人。与章孝标、刘得仁、储嗣宗等友善。会昌四年登进士第，大中时官太子校书郎。《全唐文》卷七六五收录其文2篇，即《唐诗类选》之序及后序。

张固撰《幽闲鼓吹》1卷。

按：张固时为桂管观察使，《幽闲鼓吹》撰于其任内，未详具体时间。姑系于此。《郡斋读书志》卷三谓此书"纪唐二十余事"；《四库全书总目提要》卷一四〇谓是书"多关法戒，非造作虚辞无裨考证者，比唐人小说之中，犹差为切实可据焉"。该书今存。张固生卒年、籍贯不详，懿宗、僖宗时人，历金部郎中、桂管观察使等职。《全唐诗》卷五六三收录其诗2首。

郑良士（ —930）生；许寂（ —936）约生。

按：《旧五代史》卷七一本传谓许寂卒于后唐清泰三年，"时年八十余"。以其卒年八十一岁计，约当生于本年。

大中十一年　丁丑　857年

九月，宣宗使人迎道士轩辕集于罗浮山。

按：宣宗晚年颇好神仙之术，朝臣多有谏言，皆不纳。轩辕集入朝岁余，始放归，授其朝奉大夫，固辞不受。

是年，开科取士，中书舍人杜审权知贡举，进士及第30人，诸科3人。

按：见《登科记考》卷二二。

李商隐是春奉使交城，后又游历江东，感叹历代兴亡，多有怀古之作。

按：见张采田《玉谿生年谱会笺》，刘学锴、余恕诚《李商隐诗歌集解》。

魏謩二月由门下侍郎、户部尚书、同平章事、兼成都尹，出为检校户部尚书、同平章事、兼成都尹，充剑南西川节度副大使，知节度事。

按：见《旧唐书》卷一八下《宣宗纪》。

韦澳正月由朝散大夫、守京兆尹转检校工部尚书、孟州刺史、御史大夫，充河阳三城节度、孟怀泽观察处置等使。

按：见《旧唐书》卷一八下《宣宗纪》。

裴休以金紫光禄大夫守太子少保，分司东都，十二月出为检校户部尚书、兼潞州大都督长史、昭义军节度副大使，知节度事、潞磁邢洺观察等使。

按：见《旧唐书》卷一八下《宣宗纪》。

裴夷直以诗名闻于世，十月由苏州刺史迁华州刺史、潼关防御、镇国军使。

按：见《旧唐书》卷一八下《宣宗纪》。裴夷直生卒年不详，字礼卿，河东人。晚唐诗人。元和十年登进士第，历右拾遗、中书舍人等职，终散骑常侍。有诗集1卷，已散佚。《全唐诗》卷五一三辑录其诗编为1卷，《全唐文》卷七五九收录其文1篇。

事迹见《新唐书》卷一四八。

郑谷年尚幼,受蒙训于李朋,能诗,为马戴嘉赏。

按:参见今人赵昌平《郑谷年谱》(载《唐代文学论丛》第9辑)。

僧从谂受邀始住赵州观音院。

按:从谂系唐代禅学高僧,曾游历各地,此后四十年,讲经弘法,游学者众,世称"赵州和尚",又称"赵州古佛",其禅风对后世中国禅宗影响甚大。

裴休十月编纂《黄檗山断际禅师传心法要》。

按:是书又作《黄檗禅师传心法要》、《黄檗传心法要》、《断际禅师传心法要》、《断际心要》,系裴休编录其与江西禅宗临济宗祖师希运禅师(人称黄檗禅师)讨论禅宗传心旨要问答而成,今存。《全唐文》卷七四三裴休《黄檗山断际禅师传心法要序》曰:"有大禅师法讳希运,住洪州高安县黄檗山鹫峰下,乃曹溪六祖之嫡孙,西堂百丈之法嗣。……其言简,其理直,其道峻,其行孤,四方学徒望山而趋,睹相而悟,往来海众,常千余人。予会昌二年廉于钟陵,自山迎至州,憩龙兴寺,旦夕问道。大中二年,廉于宛陵,复去礼迎至所部,安居开元寺,旦夕受法。退而纪之,十得一二,佩为心印,不敢发扬。今恐入神精义不闻于未来,遂出之,授门下僧太舟、法建,归旧山之广唐寺,问长老法众,与往日常所亲闻,同异如何也。时唐大中十一年十月初八日序。"

新罗人崔致远(—约928)、马缟(—936)生。

大中十二年　戊寅　858年

阿拉伯人及拜占庭战。

拜占庭帝米凯尔三世召罗马教皇尼古拉第一。

日尔曼人路易侵西法兰克。

是年,开科取士,中书舍人李藩知贡举,进士及第30人,诸科4人。

按:见《登科记考》卷二二。

罗隐是秋赴京,途经江陵,为节度使白敏中所知。时幕中有以石孝忠事告之者,后遂撰《说石烈士》。

按:《说石烈士》,今收入《罗隐集》。

宋言是春应贡举,登进士第。

按:宋言生卒年、籍贯不详,本名岳,后改名,字表文。善诗赋。初屡试不第,登第后,累官监察御史。有赋1卷,已佚。《全唐文》卷七六二收录其赋3篇。

僧本寂入福州福唐县灵石山出家。

按:本寂幼习儒学,出家后,师从禅学曹洞宗开祖良价,并承嗣为该宗第二祖。

日僧圆珍携佛典经疏千余卷归国。

按:圆珍于大中七年入唐,至是归国。

魏謩十二月卒(793—)。謩字申之,钜鹿人,唐初名臣魏徵五世孙。唐中后期名臣、学者。大和中登进士第,文宗时累迁谏议大夫、兼起居舍人、判弘文馆,以直言敢谏见称。武宗时受朋党之争牵连,累贬信州长史。宣宗时奉召入朝,入居相职,出为成都尹、剑南西川节度副大使,终检校尚书右仆射、太子少保。卒赠司徒。尝奉敕监修《文宗实录》40卷,又集录子书要言,编为《魏氏手略》20卷,另有文集10卷,后皆佚。《全唐文》卷七六六收录其奏疏6篇,《全唐诗》卷五六三收录其诗1首。事迹见《旧唐书》卷一七六、《新唐书》卷九七。

杨牢正月二日卒(802—)。牢字松年,弘农人。唐中后期学者、诗人。博通史书、百家诸子,尤精《左传》,有诗名。登进士第,累迁著作郎、国子博士,终河南县令。有集30卷,诗集60卷,后皆佚。《全唐诗》卷五六四收录其诗2首。事迹见《新唐书》卷一一八。

李商隐约卒(约813—)。商隐字义山,号玉谿生,怀州河内人。唐中后期学者、诗人。初以古文知名,诗名卓著,后从令狐楚学为骈体章奏法。开成间登进士第,复登书判拔萃科,仕途失意,累任幕职,晚年闲居郑州。有《樊南甲集》20卷,《樊南乙集》20卷,《玉谿生诗集》3卷、赋1卷、文1卷(一作8卷),《蜀尔雅》3卷,《杂纂》1卷,《金钥》2卷,《梁词人丽句》1卷,《李义山集》8卷。今存《樊南诗集》、《樊南文集》等。《全唐文》卷七七一至七八二收录其文编为12卷,《全唐诗》卷五三九至五四一收录其诗编为3卷。钱振伦、钱振常撰有《樊南文集补编注》,朱鹤龄撰有《李义山诗谱》、《李义山诗集笺注》,冯浩撰有《玉谿生诗笺注》、《李义山诗文集详注》,刘学锴、余恕诚撰有《李商隐诗歌集解》,叶葱奇撰有《李商隐诗集疏注》。事迹见《旧唐书》卷一九〇下、《新唐书》卷二〇三。清人程梦里撰有《重订李义山年谱》,冯浩辑有《玉谿生年谱》,钱振伦撰有《玉谿生年谱订误》,张采田撰有《玉谿生年谱会笺》;今人杨柳著有《李商隐评传》。

按:李商隐卒年,史无明载。王辉斌《李商隐卒年新考》(载《山西师范大学学报》1994年第1期)谓咸通二年;冯浩《玉谿生年谱》、钱振伦、钱振常《樊南文集补编注》、张采和《玉谿生年谱会笺》、叶葱奇《李商隐诗集疏注》、傅璇琮主编《唐才子传校笺》等则皆谓本年。今从后说。李商隐虽推尊儒学,却又以为"道"之所存,不应为周公、孔子独占。同时,亦受道家返朴归真思想影响。在文学创作上,不赞同"学道必求古,为文必师法"之说,反对儒家道统对文学之箝制,主张"直挥笔为文"。其诗与杜牧齐名,人称"小李杜";又与温庭筠、段成式以骈文著名,三人皆排行十六,故时号"三十六体"。他忧国事之衰,感民生之苦,叹壮志难酬,以诗文抒怀,故多抨击时弊之作,富有现实性。其诗精于用典,寄托遥远,对后世影响深远。朱鹤龄《李义山诗集笺注序》评曰:"义山之诗,乃风人之绪音,屈、宋之遗响,盖得子美之深而变出之者。"宋代西昆派诗人杨亿、刘筠等专学其属词比事,于字面上用功夫,至有剽窃者。清时仿学者益多,然得其神似者盖寡。

杨发是年后卒,生年不详。发字至之,同州冯翊人,随父客居苏州。晚唐诗人。大和四年登进士第,复登书判拔萃科,累迁左司郎中,出为苏州刺史、福建观察使,移镇岭南东道,以兵乱贬婺州刺史,卒于贬所。《全唐文》卷七五九收录其文 4 篇,《全唐诗》卷五一七、《全唐诗补编·续补遗》收录其诗 14 首。事迹见《唐才子传》卷七。

按：杨发卒年,史不载。傅璇琮主编《唐才子传校笺》以为其卒在本年至咸通二年间。姑系于此。

刘得仁是年后卒,生年、字号、籍贯不详。晚唐诗人。与姚合、雍陶、顾非熊、僧无可、卢肇等友善,多有唱和。其诗多五言,尤擅五律。屡应举不第,不知所终。有诗 1 卷,已散佚。《全唐诗》卷五四四辑录其诗编为 2 卷。事迹见《唐摭言》卷一〇、《唐才子传》卷六。

按：刘得仁是年后行迹无考,似当此后不久卒。姑系于此。

大中十三年　己卯　859 年

丹麦海盗自布列塔尼南下。

八月七日,宣宗李忱卒(810—　)。明年二月,葬贞陵。

按：李忱系唐宪宗十三子。嗣位后,反会昌之政,复倡行佛教;又崇儒术,重贡举。晚年好神仙之术,多引道士入宫中作法。在位期间,政局粗安。

十三日,宦官王宗实等拥立郓王李温嗣位,改名漼,是为唐懿宗。

按：见《旧唐书》卷一九上《懿宗纪》。

是年,开科取士,黄门侍郎郑颢知贡举,进士及第 30 人,诸科 3 人。

按：见《登科记考》卷二二。

郑薰在棣王府长史、分司东都任,十一月旧友九华处士巩畴来访,彼此讲论《易》、《老子》、《净名》、《肇论》诸书,甚为契合。

按：见《唐诗纪事》卷五〇郑薰条、《全唐诗》卷五四七郑薰《赠巩畴诗序》。郑薰生卒年、籍贯不详,字子溥,晚年自号七松处士。晚唐学者。通《老》、《庄》,精于《净名》、《肇论》,工诗文。大和二年登进士第,累迁礼部侍郎,知贡举,能奖拔寒俊,为时人所称。后历河南尹、宣歙观察使、吏部侍郎等职,以太子少师致仕,卒于家。《全唐文》卷七九〇收录其文 3 篇,《全唐诗》卷五四七、《全唐诗补编·续补遗》收录其诗 2 首。事迹见《新唐书》卷一七七。

陆龟蒙时以通经义、善诗文为人所称,名振三吴。

按：见《新唐书》卷一九七本传。

裴安时博通经史,是年前曾为江陵少尹。

按：裴安时字适之,余不详。《新唐书》卷五七《艺文志一》谓其大中年间官江陵少尹。姑系于此。著有《左氏释疑》7 卷、《史记纂训》20 卷、《元魏书》30 卷。后皆佚。

罗隐是春赴长安应贡举落第,后赴同州,投文刺史杨汉公,自述身世,以求引荐。

按：《全唐文》卷八九四有罗隐《投同州杨尚书启》。

余知古在山南东道节度使徐商幕,与段成式、温庭筠等交游颇密。

  按：余知古生平不详，有文名，著有《渚宫故事》10卷，今存。《全唐文》卷七六〇收录其文1篇。

  李磎是春应贡举，登进士第。

  按：见《登科记考》卷二二。

  储嗣宗是春应贡举，登进士第。

  按：储嗣宗生卒年不详，润州延陵人，储光羲曾孙。晚唐诗人。登第后，任校书郎等职。有诗1卷，已散佚。《全唐诗》卷五九四辑录其诗编为1卷。事迹见《唐才子传》卷八。

  张为时以诗鸣于世，与周朴齐名。

  按：张为生卒年、字号不详，闽人。晚唐诗人。举进士不第，遂游历各地，不复留意仕途，未知所终。善品诗，著有《唐诗人主客图》，今存。清李调元《唐诗人主客图序》曰："所谓主者，白居易、孟云卿、李益、鲍溶、孟郊、武元衡，皆有标目。余有升堂、入室、及门之殊，皆所谓客也。宋人诗派之说实本于此。"另有诗1卷，已佚。《全唐文》卷八一七收录其文1篇，《全唐诗》卷七二七收录其诗3首。周朴生平概况，见乾符六年条。

  黄滔与陈蔚、黄楷、欧阳谒等人于闽莆山东峰茸斋读书。

  按：黄滔生平概况，见天祐四年条按语。

  僧良价是年前后始于新丰山讲论授徒，又移住筠州洞山普利禅院，盛振法化，游学者众，人称"洞山良价"。

  按：良价由是渐成禅学一系，是为南宗禅曹洞宗。

  僧道膺于范阳延寿寺受具足戒，学小乘戒律。寻入终南山翠微寺从禅宗高僧学，由是弃律学，转研习禅学。

  按：道膺后参学于筠州之洞山良价，并嗣其法，遂为唐代禅学高僧。

  僧栖白为内供奉僧，多与文士游。

  按：栖白生卒年不详，江南人。晚唐诗僧，尤善近体诗。早年与姚合、贾岛、僧无可交游，后住长安荐福寺，与李频、李昌符、李洞、许棠、曹松、僧齐己、罗邺等多有往来。以供奉僧历事三朝，僖宗时卒。有集1卷，已佚。《全唐诗》卷八二三、《全唐诗补编·补逸》、《续拾》收录其诗20首。

  慕容宗本约是年前撰《五经类语》10卷。

  按：见《新唐书》卷五七《艺文志一》。慕容宗本字太初，幽州人，余不详。

  段成式是秋闲居汉上，与温庭筠、余知古、韦蟾、元繇、温庭皓等迭相唱和，后结集为《汉上题襟集》10卷（一说3卷）。

  按：该集已散佚。时温庭筠贬隋县尉，余知古等人均在山南东道节度使徐商幕。

  昝殷卒（约797— ）。昝殷一作咎殷，字号不详，蜀人。精医理，擅长产科，通晓药物学。撰有《经效产宝》（一作《产宝》）3卷、《食医心鉴》3卷（一作2卷）、《导养方》3卷、《医方类聚》若干卷。事迹散见《蜀中广记》卷九四、《文献通考》卷二二三、《蜀典》卷一二等。今人毛光骅撰有《昝殷与〈经效产宝〉》（载《中医药学报》1991年第3期）。

按：昝殷卒年，一说大中十四年，此从《中国古代名医录》，李经纬、林昭庚主编《中国医学通史》（古代卷）。

王涣（　—901）、翁承赞（　—932）生。

大中十四年　唐懿宗咸通元年　庚辰　860年

瓦兰吉亚人侵君士坦丁堡。

东西法兰克盟，订《科布伦茨和约》。

天主教《伪伊西多尔教令集》编成。

北欧海盗侵北意。

丹麦人伐英格兰。

十一月丁未，改元咸通。

按：见《旧唐书》卷一九上《懿宗纪》。

是年，开科取士，中书舍人裴坦知贡举，进士及第30人，诸科3人。

按：见《登科记考》卷二二。

裴休为河东节度使，八月转凤翔陇右节度使。

按：见《旧唐书》卷一七七本传。

萧倣为左散骑常侍，以懿宗怠于政务，沉湎佛、道，奏谏之。

按：《新唐书》卷一〇一本传载，萧倣以为佛教"割爱取灭，非帝王所尚慕"，且"佛者可以悟取，不可以相求"，与其"笔梵言，口佛音"，不如"惩谬赏滥罚，振殃祈福"。奏入，懿宗虽嘉叹其言，然故态依然。《全唐文》卷七四七收录萧倣《谏懿宗奉佛疏》。萧倣生平概况，见咸通三年条按语。

薛调在右拾遗、内供奉任，五月上言论时政之弊，谓各地赋敛无度，请严加稽察。

按：见《资治通鉴》卷二五〇。

赵牧是年前后累举进士不第，遂放迹江湖。

按：赵牧系晚唐诗人，有俊才，学李贺为短歌。生活于大中、咸通年间，余不详。《全唐诗》卷五六三收其诗1首。

僧宣鉴应武陵守薛廷之请，住德山精舍，讲经弘法，大振宗风。以教化严格，常以棒打为教，世称"德山棒"，与同属南宗禅体系之沩山、洞山、临济等宗道风相对峙。

按：宣鉴为南宗禅青原派第五世祖，其所行"德山棒"，与临济宗之"临济喝"齐名。见《宋高僧传》卷一二、《佛祖历代通载》卷二二。

僧师备从芙蓉山僧灵训剃度出家。

按：见《宋高僧传》卷一三本传。

僧可止（　—934）生。

咸通二年　辛巳　861年

是年，开科取士，中书舍人薛耽知贡举，进士及第30人，诸科3人。

按：见《登科记考》卷二二。

于濆是春应贡举，登进士第。时有曹邺、刘驾、邵谒、聂夷中、苏拯等人，与于濆共倡古风。

按：于濆生卒年不详，字子漪，祖籍京兆。晚唐诗人。登第后，官至泗州判官。因不满唐末颓靡诗风，尝作古风诗30首以矫俗弊，自号逸诗。其诗多针砭时弊，有关教化，为时人称道。有诗1卷，已散佚。《全唐诗》卷五九九辑录其诗编为1卷，《唐文拾遗》卷三〇收录其文1篇。事迹见《唐才子传》卷八。

又按：辛文房《唐才子传》卷八载，时于濆与曹邺、刘驾、邵谒、聂夷中、苏拯等人，倡行古风，"返棹下流，更唱瘖俗，置声禄于度外，患大雅之凌迟"。曹邺生卒年不详，字邺之（一作业之），桂州阳朔（一说桂林）人。晚唐诗人。大中四年登进士第，累迁太常博士，终洋州刺史。其诗多愤世讥时之作，采民歌口语，诗风古朴。有集1卷，诗集3卷，皆散佚。明人辑有《曹祠部集》2卷，今存。《全唐诗》卷五九二编录其诗为2卷。事迹见《唐才子传》卷七。邵谒生卒年不详，韶州翁源人。晚唐诗人。初入国子监，为国子助教温庭筠所知。后登进士第，不知其终。长于五言古诗，有集1卷，已散佚。《全唐诗》卷六〇五辑录其诗编为1卷。事迹见《唐才子传》卷八。聂夷中生卒年不详，字坦之，河南中都（一说河南沁阳）人。晚唐诗人，尤擅长五言古诗。咸通十二年登进士第，历华阴尉等职。有诗集2卷，集1卷，皆已散佚。《全唐诗》卷六三六辑录其诗编为1卷。事迹见《唐才子传》卷九。苏拯生卒年、籍贯不详。晚唐诗人。学仿孟郊诗，作品多反映民生，讽世劝谕。有集1卷，已散佚。《全唐诗》卷七一八辑录其诗编为1卷。刘驾生平概况，参见大中六年条按语。

来鹏师学韩愈、柳宗元文，名声渐著。

按：来鹏一作来鹄。

新罗僧慧彻卒（785—　）。慧彻又称惠哲，字体空，新罗庆州人。元和九年入唐求法，曾师从禅学高僧西堂智藏。开成四年归国。回国后，于全罗南道谷城郡桐里山开法，遂开朝鲜禅学桐里山派。卒谥"寂忍禅师"。事迹见《祖堂集》卷一七、《景德传灯录》卷九。

禁卫军弑阿拉伯阿拔斯王朝哈里发穆塔瓦基勒。

北欧海盗侵巴黎、图卢兹等。

挪威人发现冰岛。

雷根斯堡圣埃默拉姆的《镀金法典》著成。

咸通三年　壬午　862年

什叶派支派伊斯玛仪（七伊玛目）形成。

西法兰克诸侯始建堡垒。

北欧瓦兰吉亚人建俄国留里克王朝。

四月己亥，敕长安东西街四寺各置戒坛，度僧尼。

按：时懿宗奉佛尤甚，怠于政事，尝于咸泰殿筑坛为内寺尼受戒，两街僧尼皆入预；又于禁中设讲席，自唱经，手录梵夹；又数幸诸寺，施与无度。臣僚屡有谏言，终不听。见《资治通鉴》卷二五〇。

十一月，以吏部侍郎郑处诲与萧倣、吏部员外郎杨俨、户部员外郎崔彦昭等试博学宏词科举人。

按：见《旧唐书》卷一九上《懿宗纪》。

是年，开科取士，中书舍人郑从谠知贡举，进士及第30人，诸科11人。

按：见《登科记考》卷二三。

罗隐在长安，作《投所思》抒落拓之情。

按：《投所思》，见《全唐诗》卷六五五。

樊绰受安南经略使蔡袭之召，辟为从事。

按：樊绰生平不详。后著有《蛮书》（又名《南诏记》、《云南记》、《云南志》、《云南史记》、《南夷志》）10卷，今存。书中对当时南诏历史、政治、经济、军事及风俗民情等有较为详细的记述，为现存唐代著述中有关云南地区历史地理之专著，颇具史料价值。

赵璜四月卒（804—　）。璜字祥牙，祖籍宛县，家居平原。晚唐诗人。开成三年登进士第，累迁处州刺史，卒于官。作品多佚，《全唐诗》卷五四二收录其诗4首，内有他人诗混入。

蔡京卒，生年、字号不详。京，郓州人。晚唐学者、诗人。早年一度出家为僧，后还俗。开成元年登进士第，复登学究科，累迁殿中侍御史，坐事贬澧州司马。以御史大夫充岭南西道节度使，为军士所逐，再贬崖州司马，行至零陵，赐自尽。著述多散佚，《全唐文》卷七六〇收录其文1篇，《全唐诗》卷四七二收录其诗2首。

按：蔡京见知于刘禹锡、贾岛、令狐楚等人，为学富于批判精神，于儒、佛、道三教皆有异议。

李群玉约卒，生年不详。群玉字文山，澧州人。善诗，工书法，尤擅草书。不乐仕进，曾任弘文馆校书郎，后辞职南归，卒于洪州。有诗集3卷、后集5卷，今存。《全唐文》卷七九三收录其文1篇，《全唐诗》卷五六八编录其诗为3卷。事迹见《唐才子传》卷七。今人陶敏撰有《李群玉年谱稿》

（载《中国韵文学刊》1990年第2期）。

按：李群玉卒年，史不载。此从陶敏《李群玉年谱稿》。李群玉与杜牧、段成式、方干等皆有交游，彼此唱酬。其诗以屈原、宋玉为宗，有湘湖民歌气息。

封敖是年后卒，生年不详。敖字硕夫，祖籍渤海蓨县，家居安邑。善诗文，工书法。元和十年登进士第，累迁工部侍郎、知制诰，充翰林学士，终尚书右仆射。有《封敖翰稿》8卷，已散佚。《全唐文》卷七二八收录其文26篇，《全唐诗》卷四七九收录其诗2首。事迹见《旧唐书》卷一六八、《新唐书》卷一七七。

按：封敖卒年，两《唐书》皆未明载。《新唐书》本传谓其出为平卢节度使，还为太学卿，徙国子祭酒，复拜太常卿，进尚书右仆射，卒于官。考《唐方镇年表》卷三，本年封敖尚在平卢节度使任，则其卒当在此后。姑系于此。

萧顷（　—930）生。

咸通四年　癸未　863年

是年，开科取士，左散骑常侍萧倣权知贡举，进士及第35人，诸科11人。

按：见《登科记考》卷二三。

皮日休在长安，二月上疏，谓《孟子》"粲若经传"，请有司列为科举考试科目，去《庄子》、《列子》；又上疏请以韩愈配飨太学。疏奏不答。

按：皮日休所上《请孟子为学科疏》，见《全唐文》卷七九六。疏中曰："《孟子》之文，粲若经传。天惜其道，不烬于秦。自汉氏得其书，常置博士以专其学，故其文继乎六艺，光乎百氏，真圣人之微旨也。……今有司除茂才、明经外，其次有熟《庄周》、《列子》者，亦登于科。其诱善也虽深，而愚科也未正。夫《庄》《列》之文，荒唐之文也，读之可以为方外之士，习之可以为鸿荒之民，安有能汲汲以救时补教为志哉！伏请命有司去《庄》《列》之书，以《孟子》为主。有能精通其义者，其科选视明经。苟若是也，不谢汉之博士矣。"其上《请以韩文公配飨太学书》，亦见《全唐文》卷七九六。

萧倣是春知贡举，寻出贬蕲州。

按：萧倣至蕲州，即上表朝廷，又作书寄浙东观察使郑裔绰，申说自己知贡举，因"坚收沉滞，请托既绝"，反遭诬毁。《全唐文》卷七四七载录其《蕲州谢上表》、《与浙东郑裔绰大夫雪门生薛扶状》，其中可见当时科举风气之坏。

又按：萧倣生卒年不详，字思敬，祖籍南兰陵，唐初名臣萧瑀曾孙。太和元年登进士第，咸通间历左散骑常侍、礼部侍郎、户部侍郎、义成军节度使、兵部尚书等职，后登相位，进拜司空、弘文馆大学士、兰陵郡侯，卒于岭南节度使任。《全唐文》卷七四七收录其文4篇，《全唐诗》卷五一七收录其诗2首。事迹见《旧唐书》卷一七二、《新唐书》卷一〇一。

拜占庭人败阿拉伯人于波松。

尼古拉第一拒拜占庭帝召。

刘蜕在左拾遗任，以懿宗游宴无度，正月上疏劝谏。
按：见《资治通鉴》卷二五〇。

僧贯休八月至庐山，寻赴洪州开元寺弘法。
按：《全唐诗》卷八三一有贯休《秋末入匡山船行八首》，匡山即庐山。参见傅璇琮主编《唐五代文学编年史》（晚唐卷）。

皮日休是年前后撰《刘枣强碑》，论及唐代诗风；又撰《鹿门隐书》60篇，多为讥讽世事之文。
按：《刘枣强碑》，见《全唐文》卷七九九；《鹿门隐书》亦存，后编入《皮子文薮》。

段成式六月卒，生年不详。成式字柯古，祖籍齐州临淄（一说西河，又说河南），家居荆州，宰相段文昌之子。博览群书，精研佛书；工诗文，擅传奇。以门荫入仕，历秘书郎、集贤学士、尚书郎及吉、处、江等州刺史，终太常少卿。撰有《酉阳杂俎》30卷、《寺塔记》2卷、《庐陵官下记》2卷、集7卷，另有与温庭筠等唱和集《汉上题襟集》10卷（一说3卷）。今存《酉阳杂俎》20卷、续集10卷，余皆散佚。《全唐文》卷七八七、《唐文拾遗》卷三〇收录其文6篇，《全唐诗》卷五八四编录其诗为1卷。事迹见《旧唐书》卷一六七、《新唐书》卷八九。今人方南生撰有《段成式年谱》。
按：段成式博学精敏，名擅一时。其骈文与李商隐、温庭筠齐名，三人均排行十六，故时人称"三十六体"。所撰《酉阳杂俎》，系志怪传奇杂事集。《四库全书总目提要》卷一四二谓此书"多诡怪不经之谈，荒渺无稽之物，而遗文秘籍亦往往错出其中。……自唐以来，推为小说之翘楚，莫或废也"。

程修己二月一日卒，生年、籍贯不详。修己字彦立，通《左氏春秋》，尤擅书画，名闻于世。游公卿名士间，与李商隐、温庭筠、温宪等多有交往。大和中起为浮梁尉，历直集贤院、王府长史等职。事迹见《唐文拾遗》卷三二温宪《唐集贤直院官荣王府长史程公墓志铭并序》。

沈崧（　—938）生。

咸通五年　甲申　864年

北欧海盗侵西法兰克之克勒蒙菲朗。

是年，开科取士，中书舍人王铎知贡举，进士及第25人，诸科9人。
按：见《登科记考》卷二三。

曹松学贾岛诗，是年前后游湖南，与观察使李璋等交游。
按：曹松学贾岛诗事，见《唐摭言》卷八。

方干隐居会稽镜湖，与文士多有唱酬。

按：方干有诗名，以应举不第，遂隐居越州镜湖。

卢简求卒（789—　）。简求字子藏，蒲州人。善属文。登进士第，累迁苏州刺史，历义武、凤翔、河东节度使，以太子少师致仕。《全唐文》卷七三三收录其文 2 篇。事迹见《旧唐书》卷一六三、《新唐书》卷一七七。

裴休卒（791—　）。休字公美，孟州济源（一说闻喜）人。唐中后期学者。通史学，谙佛典，善属文，工书法，尤擅行书。少隐居，长庆中登进士第，复登贤良方正能直言极谏科，大和中累迁户部、兵部侍郎，以礼部尚书同中书门下平章事，入掌相职。后历昭义等镇节度使、河东节度使、凤翔节度使、荆南节度使、户部尚书、吏部尚书等职。以太子太师卒，追赠太尉。尝与苏景胤等纂修《穆宗实录》20 卷，已佚；集录僧希运语录为《黄檗山断际禅师传心法要》1 卷、《黄檗山断际禅师宛陵录》1 卷，今存。《全唐文》卷七四三辑录其文编为 1 卷，《全唐诗》卷五六三、《全唐诗补编·补逸》卷一二、《续补遗》卷七、《续拾》卷三〇收录其诗 8 首。事迹见《旧唐书》卷一七七、《新唐书》卷一八二。

按：裴休卒年，一说咸通十一年。此从清人吴廷燮《唐方镇年表》卷五。

日僧圆仁卒（794—　）。圆仁俗姓壬生，日本天台宗始祖最澄弟子。开成三年入唐，游学凡十年。回国后，奉敕修灌顶法，任传灯大法师位，创法华总持院。卒，谥号"慈觉大师"。著有《金刚顶经疏》7 卷、《显扬大戒论》8 卷、《苏悉地羯啰经疏》7 卷、《入唐求法巡礼行记》4 卷等。

按：圆仁入唐游学多年，回国后，对推动日本天台宗之发展贡献甚巨，于文殊信仰、舍利会、梵语学、声明道亦有贡献。其所开日本天台宗派，称山门派。所著《入唐求法巡礼行记》原佚，后被重新发现，与玄奘《大唐西域记》、《马可·波罗游记》并称为"世界三大旅行记"，为研究唐代政治、宗教、文化和中日关系之珍贵史料。

僧希觉（　—948）、僧文偃（　—949）生；僧齐己（　—约 943）约生。

按：齐己生年，史无明载，历有歧说。此从今人邓新跃《齐己生卒年考证》（载《益阳师专学报》2000 年第 3 期）。

咸通六年　乙酉　865 年

二月，以吏部尚书崔慎由、吏部侍郎郑从谠与王铎、兵部员外郎崔谨及张彦远等同试拔萃科举人。

丹麦人侵英格兰，入诺森伯里亚。

按：见《旧唐书》卷一九上《懿宗纪》。

是年，开科取士，中书舍人李蔚知贡举，进士及第 25 人，诸科 18 人。

按：见《登科记考》卷二三。

保加利亚人皈依东正教。

皮日休是秋为江州刺史所荐,北上赴长安应试。

按:见《全唐文》卷七九七皮日休《蓝田关铭并序》。

李洞客游蜀中,是秋拟赴长安应举,因途程延期而未及。

按:《全唐诗》卷七二三有李洞《乙酉岁自蜀随计趁试不及》。李洞推崇贾岛诗风,诗名颇著。其生平概况,见乾宁四年条按语。

翁绶是春应贡举,登进士第。

按:见《登科记考》卷二三。翁绶生卒年、字号、籍贯不详。晚唐诗人。登第后,仕途不畅。作品多近体诗及变古乐府,辛文房《唐才子传》卷八谓其诗"音韵虽响,风骨憔悴,真晚唐之移习也"。有诗集1卷,已佚。《全唐诗》卷六〇〇收录其诗8首。事迹见《唐才子传》卷八。

卢肇在歙州刺史任,是秋与姚岩杰、蒯希逸等交游,又以所作《海潮赋》献于朝。

按:《海潮赋》系卢肇代表性作品之一,历时二十年方最终定稿。见《全唐文》卷七六八卢肇《进海潮赋状》。肇生平概况,见大中元年条。

僧义存游历各地,是年南归芙蓉山。

按:义存年十七在芙蓉山落发,后游学各地求法,曾至武陵从南宗禅青原派五世祖德山宣鉴学,得嗣其传。

僧造玄著《胎金两界血脉》(又称《造玄阿阇梨付属师资血脉》)1卷成。

按:该书系唐代密宗典籍,今存。造玄系唐末密宗高僧,尝师从青龙寺僧法全。余不详。

柳公权卒(778—)。公权字诚悬,京兆华原人,柳公绰之弟。博贯经学,工辞赋,尤精书法。元和三年登进士第,又登博学宏词科,累迁历补阙兼翰林学士,历司封员外郎充侍书学士、右司郎中兼弘文馆学士、中书舍人、工部尚书等职,以太子太保致仕,卒于家。《全唐文》卷七一三、《唐文拾遗》卷二八收录其文12篇,《全唐诗》卷四四九、《全唐诗补编·续补遗》收录其诗6首。事迹见《旧唐书》卷一六五、《新唐书》卷一六三。

按:柳公权博学多才,熟谙经术,尤精《左传》、《国语》、《尚书》、《毛传》、《庄子》,每解一义,必数十百言。其书法初学王羲之,后遍习近代笔法,自成一家之体,名著天下,号"柳体",在中国书法史上颇具地位和影响。其诗赋亦为时人所称。《新唐书》本传谓文宗尝赞之曰:"子建七步,尔乃三焉。"

僧宣鉴十二月三日卒(780—)。宣鉴俗姓周,剑南人。晚唐高僧,南宗禅青原派五世祖。幼年出家,初习律藏、性相之学,时人称"周金刚"。后赴澧州龙潭寺师从南宗禅高僧崇信,得承其嗣。武宗毁佛时,隐居独浮山。晚年受邀住武陵德山精舍,大振宗风。卒,谥"见性大师"。弟子众多,有岩头全豁、雪峰义存、瑞龙慧恭、泉州瓦棺、双流尉迟等人。事迹见《宋高僧传》卷一二、《景德传灯录》卷一五、《祖堂集》卷五、《五灯会元》卷七。

按:宣鉴所承崇信法嗣,一说属南宗禅南岳派马祖道一门下一系。其弟子后各立宗派,遂开云门、法眼两宗。

刘沧约卒，生年不详。沧字蕴灵，汶阳人。晚唐诗人。大中八年登进士第，历华原尉、龙门令等职。有诗集1卷，已散佚。《全唐诗》卷五八六辑录其诗编为1卷。事迹见《唐才子传》卷八。

按：刘沧卒年，傅璇琮主编《唐才子传校笺》谓约在大中末年至咸通初年间，闻一多《唐诗大系》以为似当在本年。今从后说。刘沧擅七律，所作拗峭，为晚唐律体之变。胡震亨《唐音癸签》谓其诗"长于怀古，悲而不壮，语带秋意，衰世之音也"；辛文房《唐才子传》称其诗"极清丽，句法绝同赵嘏、许浑"。

陈元（　—945）约生。

按：《五代史记注》卷九谓陈元卒于五代后晋开运二年，《旧五代史》卷九六《陈元传》谓其"卒于晋阳，年八十余"。以其卒年八十一计，约当生于本年。

咸通七年　丙戌　866年

是年，开科取士，礼部侍郎赵骘知贡举，进士及第25人，诸科17人。

按：见《登科记考》卷二三。

拜占庭巴西尔杀巴尔达斯。

皮日休是夏返回寿州肥陵别墅，作《三羞诗三首并序》，述当时政事及民生疾苦。

按：《三羞诗三首并序》，见《全唐文》卷六〇八。

汪遵是春应贡举，登进士第。

按：见《登科记考》卷二三。汪遵一作王遵，生卒年、字号不详，宣州泾县人。晚唐诗人。工七律，尤以咏史诗名闻于世。有《咏史诗》1卷，今存，收录于《全唐诗》卷六〇二。事迹见《唐才子传》卷八。

沈光是春应贡举，登进士第。

按：沈光生卒年不详，号云梦子，吴兴人。工诗文，与罗隐、郑谷、李洞等友善。后入福建韦岫幕，辟为从事，不知所终。有集5卷，诗集1卷，后皆佚。《全唐文》卷八〇二收录其文1篇。

新罗国人崔致远是年十二，随商船入唐求学。

按：崔致远入唐后，在长安学习六年，后登进士第。参见乾符元年条。

僧师备始参学于南宗禅高僧雪峰义存。

按：义存与师备先后从芙蓉山灵训剃度出家，故后世或谓两人为同门嗣法弟子。

皮日休编次其诗文200篇为《文薮》（又名《皮子文薮》）10卷，自为序，述为文之旨。

按：《文薮》今存，有明正德庚辰吴门袁表刊本、明万历戊申吴门许自昌校刊本、日本享和二年刊本、今人萧涤非、郑庆笃校注本等。《全唐文》卷七九六皮日休《文薮序》曰:"赋者,古诗之流也。伤前王太佚,作《忧赋》;虑民道难济,作《河桥赋》;念下情不达,作《霍山赋》;悯寒士道壅,作《桃花赋》。《离骚》者,文之菁英者,伤于宏奥,今也不显《离骚》,作《九讽》。文贵穷理,理贵原情,作《十原》。大乐既亡,至音不嗣,作《补周礼九夏歌》。两汉庸儒,贱我《左氏》,作《春秋决疑》。其余碑、铭、赞、颂、论、议、书、序,皆上剥远非,下补近失,非空言也。较其道,可在古人之后矣。古风诗,编之文末,俾视之,粗俊于口也。……《皮子世录》著之于后,亦《太史公自序》之意也。"

僧昙延撰《大乘百法门明论》成,七月进上。

按:见《旧唐书》卷一九上《懿宗纪》。昙延系晚唐高僧,事迹不详。又,北周至隋初亦有名僧昙延者,参见隋开皇八年条。

韦绚约卒(约798—)。绚字文明,京兆人,韦执谊之子,元稹之婿。尝从学于刘禹锡,工诗文。起为幕职,历吏部司封员外郎、江陵少尹等职。撰有《刘宾客嘉话录》1卷、《戎幕闲谈》1卷、《佐谈》10卷等。今存《刘宾客嘉话录》辑录本,余皆散佚。《全唐文》卷七二一、《唐文拾遗》卷二八收录其文2篇。

按:韦绚卒年,史籍不载,后世说法不一。李剑国《唐五代志怪传奇叙录》、傅璇琮主编《唐五代文学编年史》、王伟《韦绚及〈刘宾客嘉话〉考论》(载《西北大学学报》哲学社会科学版2009年第2期)等,皆以为纬卒于本年。从之。

温庭筠卒(约801—)。庭筠一作廷筠,又作庭云,本名岐,字飞卿,太原祁人。善诗文,尤擅律赋,与李商隐齐名,号"温李"。屡试不第,流落而终。著述颇丰,有《乾撰子》3卷、《采茶录》3卷、《学海》30卷、《握兰集》3卷、《金筌集》10卷(一作7卷)、《汉南真稿》10卷、《温飞卿集》7卷、诗集5卷、外集1卷等。另有与段成式、余知古等人唱和集《汉上题襟集》10卷。后皆散佚。后人辑有《温庭筠诗集》28卷,有清人顾予咸、顾嗣立笺注本。又有《金荃词》辑本1卷。《全唐文》卷七八六辑录其文编为1卷,《全唐诗》卷五七五至五八三辑录其诗为9卷,卷八九一又收录其词59首。事迹见《旧唐书》卷一九○下。近人夏承焘撰有《温飞卿系年谱》,今人朱肇洛、赵逸之各著有《温庭筠评传》。

按:温庭筠性孤傲,好讥讽权贵,与段成式、余知古、韦蟾等友善。才思敏捷,下笔万言。每入试,押官韵作赋,凡八叉手而八韵成,故有"温八叉"、"温八吟"之称。与李商隐、段成式俱以骈文绮丽著称,以三人皆排行十六,时称"三十六体"。其诗辞藻华艳,为晚唐华艳诗风之代表;其词浓艳婉约,实为民间词向文人词过渡之典型,在词史上颇具地位。

曹唐约是年前后卒,生年不详。唐字尧宾,桂州人。有诗名,擅长游仙之作。早年出家为道士,后还俗。尝应举不第,历使府从事等职,以病暴卒。有《紫府玄珠经》10卷、诗3卷、集1卷,后皆散佚。今存明人辑录《曹从事诗集》1卷。《全唐诗》卷六四○至六四一辑录其诗编为2卷。事迹见《唐才子传》卷八。

按:曹唐卒年,史不载。此从傅璇琮主编《唐五代文学编年史》(晚唐卷)。

道士郑遨(—939)生。

咸通八年　丁亥　867年

是年,开科取士,礼部侍郎郑愚知贡举,进士及第30人,诸科20人。

按:见《登科记考》卷二三。

皮日休应贡举,登进士第。

按:见《登科记考》卷二三。

薛能以剑南节度副使权摄嘉州刺史,旋解任还成都。

按:薛能工诗,性狂傲。在蜀期间撰有《江干集》。后奉召入朝,授主客郎中。

韩偓是年前后游历江南。

按:见今人周祖譔、叶之桦《韩偓年谱补》(载《唐代文学研究》第六辑)。

韩琮有诗名,是年前后在右散骑常侍任。

按:韩琮生卒年、籍贯不详,字成封(一作代封)。长庆四年登进士第,初为陈许节度判官,历中书舍人、湖南观察使、右散骑常侍等职。有诗1卷,已散佚。《全唐文》卷七九三收录其文1篇,《全唐诗》卷五六五辑录其诗编为1卷。事迹见《唐才子传》卷六。

罗隐正月编辑其文为《谗书》5卷。

按:见《全唐文》卷八九五罗隐《谗书序》。该书今存,收入《罗隐集》。罗隐怀才不遇,愤俗疾世,嘻笑怒骂,涉笔成趣。方回《谗书跋》谓此书"乃愤闷不平之言,不遇于当世而无所泄其怒之所作";鲁迅《小品文的危机》谓"罗隐的《谗书》,几乎全部是抗争和愤激之谈"。

郑处诲卒,生年不详。处诲字延美(一作廷美),荥阳人。雅好古事,以文章秀拔著名于时。大和间登进士第,历工、刑、吏等部侍郎、御史中丞等职,出为宣武节度使,卒于镇。撰有《明皇杂录》3卷(一说2卷),原本已佚,今存本为后人重辑。《全唐文》卷七六一收录其文2篇。事迹见《旧唐书》卷一五八、《新唐书》卷一六五。

僧义玄卒,生年不详。义玄俗姓邢,世称临济义玄,曹州人。唐南宗禅南岳下一系分支临济宗创立者。少慕禅宗,出家后师从黄檗希运。后住镇州临济院,从学者众,遂别一派。卒于大名兴化寺,谥号"慧照禅师"。弟子有三圣慧然、兴化存奖、灌溪志闲等,皆名于世。门人编录其语为《镇州临济慧照禅师语录》,今存。事迹见《宋高僧传》卷一二、《景德传灯录》卷一二、《传法正宗记》卷七等。《全唐文》卷九二○有延昭《临济慧照禅师塔记》,今人乃光撰有《临济大悟因缘》。

萨法尔王朝据波斯南部建。

拜占庭人绝罚尼古拉第一。

巴希尔弑帝米凯尔三世。马其顿王朝始。

按：义玄所创之临济宗，为晚唐禅宗诸派中颇为盛行之一支，对日本禅宗亦甚有影响。

僧桂琛（ —928）生。

咸通九年　戊子　868年

图伦王朝据埃及立。

丹麦人侵东盎格利亚、麦西亚。

四月，雕版印刷《金刚经》。

按：是经印本于1900年在敦煌千佛洞发现，其末尾注曰："咸通九年四月十五日王玠为二亲敬造普施。"美国汉学家卡德氏于《中国印刷术源流》一书中以为，该印本表明至迟在唐末就已有雕版印刷书籍出现。中国学者吕思勉于《隋唐五代史》中引邓嗣禹《中国印刷术之发明及西传》，以为雕版印刷在隋时就已有之，至唐初则趋于盛行。

是年，开科取士，礼部侍郎刘允章知贡举，进士及第30人，诸科11人。

按：见《登科记考》卷二三。

罗虬以诗文鸣于世，与罗隐、罗邺合称"三罗"。是春应贡举，落第。

按：罗虬名著于咸通、乾符间，然其诗文，于"三罗"中实稍逊色。其生平概况见中和元年条。罗邺生卒年、字号不详，吴（一作杭州）人。屡举进士不第，转辗各地，抑郁而终。工诗词，尤擅七律。辛文房《唐才子传》于"三罗"中尤推崇之，谓其"笔端超绝，其气宇亦不在诸人下"。有诗集1卷，已散佚。《全唐诗》卷六五四辑录其诗编为1卷。事迹见《唐才子传》卷八。罗隐生平概况，见后梁开平三年条。

顾云在长安，十月以文投献陆侍御，求为引荐。

按：《全唐文》卷八一五有顾云《投陆侍御启》。

韦森贝格的奥特弗里德著成德国叙事诗《四福音合编故事》。

袁郊著小说九章，是春结集为《甘泽谣》1卷，自为序。

按：袁郊生卒年不详，字之乾（一作之仪），蔡州朗山人，宰相袁滋子。晚唐著名传奇小说家。工诗，尤擅传奇。历祠部郎中、虢州刺史、翰林学士等职。所著《甘泽谣》九章，多记仙佛义侠之事。李剑国《唐五代志怪传奇叙录》谓书中"篇篇皆佳，唐稗第一流也"。尤以《红线》一篇最著名，明梁辰全尝据此改编成杂剧。今本系后人据《太平广记》辑录，佚一章。郊又通古今服饰制度，著有《二仪实录衣服名义图》1卷、《服饰变古元录》1卷（一作3卷），后皆佚。《全唐诗》卷五九七收录其诗4首。

顾云是年前后撰《凤策联华编稿》3卷。

贾希兹卒（约776— ）。阿拉伯伊斯兰教义学家，文学家。

鱼玄机是秋卒（约843— ）。玄机字幼微，一字蕙兰，长安人。晚唐女诗人。早年游历各地，后出家长安咸宜观为女冠，因私刑笞侍婢死，事发被诛。有诗集1卷，今存，有南宋棚本等。《全唐诗》卷八〇四编录其诗为1卷。事迹见《唐才子传》卷八。

> **按**：鱼玄机与温庭筠、李郢等交游唱和，其诗叙男女之情尤为真切细，颇具新意。现存鱼玄机诗单行本，最早者为国家图书馆藏南宋棚本《唐女郎鱼玄机诗集》。此外还有明百家诗本、清嘉庆沈氏古倪园本、清光绪江标灵鹣阁本、清光绪徐乃昌影宋刻本、清叶德辉观古堂汇刻丛书本等。民国间有庄严堪、周叔弢、珂罗版本，四部备要本。李欣宇《风华绝代 书林流芳——〈唐女郎鱼玄机诗集〉漫话》（载《收藏》2009年第12期）引黄永年言："仿刻本中，最有名的自首推清嘉庆庚午（十五年）云间古倪园沈氏刻本，同年沈氏还据明本重刻了一卷《薛涛诗》，据宋抄本重刻了一卷《杨太后宫词》，合印本称为《三妇人集》，都是黄丕烈提供藏本并为此沈绮云校刻的。到嘉庆已卯（二十五年）又为其弟沈十峰刊刻一卷元人的《绿窗遗稿》，合印本称为《四妇人集》。"

焦璐是秋卒，生年、字号、籍贯不详。晚唐传奇作家。累迁徐州观察副使，摄知宿州，为庞勋起义军所杀。著有《唐朝年代记》10卷、《穷神秘苑》10卷，皆已佚。《太平广记》引录《穷神秘苑》逸文十余条。

> **按**：焦璐之卒，《资治通鉴》作明年四月，今从《旧唐书》卷一七七《崔曾彦传》。

僧道怤（ —937）生。

奥尔拜斯的戈特沙尔克卒（约803— ）。德意志诗人，基督教神学家。

咸通十年　己丑　869年

是年，开科取士，礼部侍郎王凝知贡举，进士及第30人，诸科10人。

> **按**：见《登科记考》卷二三。

拜占庭人及罗马教会修好。

皮日休在苏州刺史崔璞幕，与陆龟蒙交游甚密，彼此迭相唱和。

> **按**：时陆龟蒙隐居松江甫里，不喜与俗流交，唯与皮日休往来。后以彼此唱和诗三百余首，编为《松陵集》10卷。见《全唐文》卷九九六皮日休《松陵集序》。

郑畋为中书舍人，充翰林学士，以文辞为世人推重。

> **按**：郑畋擅制诰，时唐廷讨庞勋，文书纷繁，畋为文敏捷，从容应付，时人称之。见《旧唐书》卷一七八本传。

司空图是春应贡，登进士第。为礼部侍郎王凝称赏，始以文鸣于世。

> **按**：见《登科记考》卷二三、《北梦琐言》卷三。

章碣诗名颇著。是夏游浙东，与观察使王沨等交游。

> **按**：章碣生卒年、字号不详，原籍睦州桐庐，后迁居钱塘。晚唐诗人。累举不第，游历各地，未知其终。曾创七律，八句中平仄皆用韵一体，称"变体诗"，好之者争相仿效。有诗1卷，已散佚。《全唐诗》卷六六九辑录其诗编为1卷。事迹见《唐才子传》卷九。

赵璘在山南东道裴坦幕，约是年撰《因话录》6卷成。

日本最早物语文学作品《竹取物

语》成书。

日本史书《续日本后纪》成书。

西里尔卒（827— ）。拜占庭神学家，语言学家。

按：《因话录》记录唐代朝野遗事及典章沿革，今存。赵璘生平概况，见大中十年条。

僧良价三月卒（807— ）。良价俗姓俞，越州会稽人。唐代南宗禅高僧，曹洞宗开祖。幼年出家，访禅学名师，从云岩昙晟学禅宗教义，得承其嗣。晚年住豫章洞山普利院，世称"洞山良价"。及卒，谥"悟本禅师"。弟子有云居道膺、曹山本寂、龙牙居遁、华严休静、青林师虔等。著有《玄中铭》、《丰中吟》、《宝镜三昧歌》等，门人辑录其语为《瑞州洞山良价禅师语录》。今皆存。事迹见《宋高僧传》卷一二、《景德传灯录》卷一五、《祖堂集》卷六。

温庭皓四月壬辰卒，生年、字号不详。庭皓，太原祁人，温庭筠之弟。晚唐诗人。历任幕职，徐州节度使崔彦曾辟为团练巡官，会庞勋军攻入徐州，遂遇害，诏赠兵部郎中。有与段成式、韦蟾、余知古等唱和集《汉上题襟集》，已佚。《全唐诗》卷五九七收录其诗4首。事迹见《唐摭言》卷一〇等。

按：温庭皓遇害事，见《资治通鉴》卷二五一。

咸通十一年　庚寅　870 年

阿拉伯人取马耳他岛。

东西法兰克盟，订《麦尔森和约》。

丹麦人杀东盎格利亚王埃德蒙。

四月戊子，以时局艰难，暂停今年贡举，明年复举，增进士科额10人，明经科额20人，以后不得援为例。

按：见《登科记考》卷二三。

皮日休十一月应新罗僧弘惠之请，撰灵鹫山周禅师碑。

按：见《全唐诗》卷六一四皮日休《庚寅岁十一月新罗弘惠上人与本国同书请日休为灵鹫山周禅师碑将还以诗送之》。

许棠、张乔、喻坦之、任涛、周繇、张蠙等秋冬间俱在京兆府应试。诸人皆以诗名世，时称"咸通十哲"，又号"芳林十哲"。

按：有关"咸通十哲"所指诗人，历有不同说法。王定保《唐摭言》卷一〇谓"十哲"实有十二人，即许棠、张乔、喻坦之、剧燕、吴罕、任涛、周繇、张蠙、郑谷、李栖远、温宪、李昌符。辛文房《唐才子传》卷九《郑谷传》曰："谷诗清婉明白，不俚而切……与许棠、任涛、张蠙、李栖远、张乔、喻坦之、周繇、温宪、李昌符唱答往还，号芳林十哲。"其中无剧燕、吴罕；同书卷一〇《张乔传》又谓"十哲"中有剧燕、吴罕，而无温宪、李昌符，合为十人。今人吴在庆《咸通十哲三论》（载《中州学刊》1992年第10期）从《唐才子传·张乔传》之说；尹占华《"咸通十哲"及其诗歌创作研究》（西北师范大学中国古代文学专业2003年硕士论文）则从《唐摭言》之说。

又按："咸通十哲"系晚唐诗坛之作家群,在唐文学史上与"初唐四杰"、"大历十才子"等诗人群体前后映美。胡震亨《唐音癸签》卷二八曰:"唐人一时齐名者,如富(嘉谟)吴(少微)、苏(味道)李(峤乂)、燕(燕国公张说)许(许国公苏颋)、萧(颖士)李(华)、韩(愈)柳(宗元)、四杰(王勃、杨炯、卢照邻、骆宾王)、四友(杜审言、李峤、崔融、苏味道)、三俊(元稹、李德裕、李绅),皆兼以文笔为称。其专以诗称,有沈(佺期)宋(之问)、钱(起)郎(士元),又钱郎刘(长卿)李(嘉祐)、鲍(防)谢(良辅)、元(稹)白(居易)、刘(禹锡)白、温(庭筠)李(商隐)、贾(岛)喻(云文)、皮(日休)陆(龟蒙)、吴中四士(贺知章、刘眘虚或张若虚、包融、张旭)、三舍人(王涯、令狐楚、张仲素)、大历十才子、咸通十哲等目。"尹占华《"咸通十哲"及其诗歌创作研究》以为,咸通十哲"是一个生活比较贫寒的诗人群体,没有政治背景,只能寄希望于通过科举及第改善自己的境遇";他们的诗歌创作,"不以反映社会现实见长,而写景咏物则多有佳构,大多以此出名"。在艺术上,咸通十哲的诗歌以五律为主,"格调比较卑弱,气象衰飒,意思浅近,语言较平易。虽然成就不高,但是,与同期诗人相比,他们的诗具有自己的特色。他们的作品,继承了李商隐感伤的基调,却未流于其后继者韩偓《香奁》诗的绮艳香靡;沿袭了元白诗语言的浅切通俗,却没有其后继者皮陆的愤世嫉俗。相对而言,他们的诗风更近于贾岛与姚合"。

再按:十哲诗人之生平概况,许棠、张乔、喻坦之、任涛见咸通十二年条,剧燕、周繇、李昌符、郑谷分见中和三年、中和四年、大顺二年、天祐四年条。张蠙生卒年不详,字象文,清河人。乾宁二年登进士第,授校书郎,历栎阳尉、犀浦令、膳部员外郎等职,终金堂令。《全唐诗》卷七〇二编录其诗为1卷。温宪生卒年不详,温庭筠之子。登进士第,光启中为山南从事。《全唐诗》卷六六七收录其诗4首,《唐文拾遗》收录其文1篇。吴罕、李栖远事迹不详。

张贲寓居吴中,与皮日休、陆龟蒙、郑璧等多有唱酬。

按:张贲生卒年不详,字润卿,南阳人。晚唐诗人。早年隐居茅山学道,世称华阳山人、华阳道士。大中间登进士第,累迁文广博士。《全唐诗》卷六三一收录其诗16首。

魏朴在吴中,以诗文知名,与皮日休、陆龟蒙等交游甚密。

按:魏朴一作璞,生卒年不详,字不琢,毗陵人。晚唐诗人。才高志旷,无意仕进,闭门苦学二十余年,人称魏处士。作品多佚,《全唐诗》卷六三一收录其诗2首。

僧义存入福州象骨山,于雪峰立庵兴法,开筵讲论,世称"雪峰和尚"。游学者云集,听讲者常逾千五百人。

按:见《宋高僧传》卷一二、《佛祖统纪》卷四二。

罗隐十月编次在湖南时所作文书,纂成《湘南应用集》3卷,自为序。

按:隐时为衡阳县主簿,是月自湖南归觐江东,道阻洞庭湖,遂自编文书。见《全唐文》卷八九五《湘南应用集序》。

李鹭约卒,生年、字号不详。鹭,祖籍陇西成纪,家居浐阳。晚唐诗人。历太常少卿、弘文馆学士、翰林学士、中书舍人等职,卒于江西观察使任。其诗文多散佚,《全唐文》卷七二四收录其文3篇,《全唐诗》卷六〇七、《全唐诗补编·续拾》卷三一收录其诗6首。

王定保(—约941)、杨凝式(—954)生。

爱尔兰约翰尼斯·斯科图斯·埃里金纳编自然百科全书。

布哈里卒(810—)。中亚伊斯兰教圣训学家。

咸通十二年　辛卯　871年

英格兰威塞克斯王埃塞尔雷德一世及王弟阿尔弗雷德败丹麦人于阿希道恩。

三月，令司封郎中郑绍业、兵部员外郎陆勋等考试博学宏词科举人。

按：见《旧唐书》卷一九上《懿宗纪》。

五月，懿宗驾幸安国寺，赐讲经僧沉香高座。

按：见《旧唐书》卷一九上《懿宗纪》。

七月辛丑，从中书门省奏，厘定诸道及在京诸司奏官之制。

按：《旧唐书》卷一九上《懿宗纪》载中书省下省奏曰："诸道奏州县官司录、县令、录事、参军，或见任公事，败阙不理，切要替换，及前任实有劳效，并见有阙员，即任各举所知。每道奏请，仍不得过两人。其河东、潞府、邠宁、泾原、灵武、盐夏、振武、天德、廊坊、沧德、易定、三川等道观察防御等使及岭南五管，每道每年除令、录外，许量奏簿、尉及中下州判司及县丞共三人。福州不在奏县官限。其黔中所奏州县官及大将管内官即任，准旧例处分。在京诸司及诸道带职奏官，或非时金替，考限未满，并却与本资官。诸道节度及都团练、防御使下将校奏转试官及宪御等，令诸节度事每年量许五人，都团练、防御量许三人为定，不得更于其外奏请。其御史中丞已下，即准敕文条疏，须有军功，方可授任。自今后如显立战伐功劳者，任具事续申奏，如检勘不虚，当别与商量处分，以外辄不得更有奏请。"

是年，开科取士，中书舍人高湜知贡举，进士及第40人，诸科9人。

按：以去年停贡举，故本年进士及第者较往年增额。见《登科记考》卷二三。

陆龟蒙近两年与皮日休唱和甚密，逞才使气，多有一题数诗往返相和者，且颇多离合、迭韵、回文、双声及县名、药名之类诗作，皮日休谓之"杂体诗"，并撰《杂体诗序》，以叙类诗缘起及与龟蒙唱和情况。

按：皮日休《杂体诗并序》，见《全唐诗》卷六一六。

许棠是春应贡举，登进士第。

按：见《登科记考》卷二三。许棠生卒年不详，字文化，宣州泾县人。晚唐诗人。与张乔、任涛、郑谷、温宪等齐名，人称"咸通十哲"。尝与张乔隐居庐山，后游历边塞。登第后，历泾县尉、虔州从事、江宁丞等职。其诗以《过洞庭》最为著名，时人多取以题扇，致有"许洞庭"之称。有诗集1卷，已散佚。《全唐文》卷八一二收录其文1篇，《全唐诗》卷六〇三至六〇四辑录其诗编为2卷。事迹见《唐才子传》卷九。

顾云是春应进士举落第，有文投户部郎中裴德符，述落第之悲，以求援引。

按：见《全唐文》卷八一五顾云《投户部裴德符郎中启》。

张乔、喻坦之、任涛是春应进士举，皆落第。

按：张乔生卒年不详，字伯迁，池州人。晚唐诗人，"咸通十哲"之一。尝与许棠、张蠙、周繇隐居九华山苦学，号为"九华四俊"。以科场失意，复归隐九华山。其诗清雅，尤为郑谷、杜荀鹤等推重。有诗集 2 卷，已散佚。《全唐诗》卷六三八至六三九辑录其诗编为 2 卷，《全唐文》卷八〇六收录其文 1 篇。事迹见《唐才子传》卷一〇。

又按：喻坦之生卒年不详，睦州人。晚唐诗人，"咸通十哲"之一。尝寓居京师，累应举不第。后归故里，布衣而终。与李频、曹松、方干等友善，多有唱和。有集 1 卷，已散佚。《全唐诗》卷七一三辑录其诗编为 1 卷。事迹见《唐才子传》卷九。

再按：任涛生卒年不详，洪州高安人。晚唐诗人，"咸通十哲"之一。累应举不第，卒于乡里。其作品多佚，《全唐诗》卷七九五存其诗 1 首。事迹见《唐才子传》卷九。

许彬是年前后屡应举落第，与郑谷等寄酬相和。

按：许彬一作郴，又作琳，生卒年不详，睦州人。晚唐诗人，尤长于五律。一生羁旅各地，老归乡里。《全唐诗》卷六七八辑录其诗编为 1 卷。

僧可止年十二，从范阳悯忠寺僧法贞律师出家。

按：见《宋高僧传》卷七本传。

僧齐己于大沩山寺出家。

按：见《宋高僧传》卷三〇本传。

陆龟蒙约是年编次与皮日休等唱和诗为《松陵集》10 卷，皮日休为序，论及诗歌风格之变。

按：《松陵集》今存。《全唐文》卷七九六皮日休《松陵集序》曰："建安以降，江左君臣得其浮艳，然诗之六艺微矣。逮及吾唐开元之世，易其体为律焉，始切于俪偶，拘于声势。"又曰："古之士穷达必形于歌咏，苟欲见乎志，非文不能宣也，于是为词。"

李琪（ —930）生。

咸通十三年　壬辰　872 年

三月，以吏部尚书萧业、侍郎独孤云为考官，职方郎中赵蒙、驾部员外郎李超等试博学宏词科举人。及试日，因业替职，由右丞孔温裕权判。

按：见《旧唐书》卷一九上《懿宗纪》。

是年，开科取士，中书舍人崔瑾知贡举，进士及第 30 人，诸科 11 人。

按：见《登科记考》卷二三。

顾云是春再次应贡举，仍落第。献文多篇于朝士，述屡试下第之苦，以求援引。

按：顾云投献之文，见《全唐文》卷八一五《投翰林刘学士启》、《又谢下第后使人存问启》、《投顾端公启》、《投刑部赵郎中启》。

挪威金发哈拉尔德立国。

薛调二月十六日卒(830—)。调字号不详,河东宝鼎人。擅传奇。大中八年登进士第,累迁翰林学士、知制诰。撰有传奇小说《无双传》,今存。事迹见《唐语林》卷四等。

按:《无双传》系唐代传奇名篇,收于《太平广记》卷四八六。明人陆采尚据此更作传奇《明珠记》。

咸通十四年 癸巳 873年

埃及建立第一所公共医院。

拜占庭巴西尔及阿拉伯人战。抵幼发拉底上游。

阿斯图里亚斯人败穆斯林。

正月,振武节度使李国昌及其子李克用据云、朔,不服朝命,代北骚动。

按:见《旧唐书》卷一九上《懿宗纪》。李国昌父子系沙陀人,后发展成为唐末五代一大割据势力。

三月,诏两街僧于凤翔法门寺迎佛骨舍利,四月八日至长安,迎入禁内道场三日,仍出于京城诸寺供养。至十二月,方送佛骨还法门寺。

按:见《旧唐书》卷一九上《懿宗纪》。是为唐廷最后一次大规模迎奉佛骨舍利活动。时天下多乱,国事惟艰,懿宗沉湎佛事,朝臣多有劝谏者,皆不纳。自贞观以来,唐廷曾先后多次迎奉法门寺佛骨,以示对佛教之尊崇。参见贞观五年二月、显庆五年二月、长安四年冬、上元元年五月、贞元元年正月、元和十四年正月诸条。

七月十八日,懿宗李漼卒(833—)。明年二月,葬简陵。

按:李漼初名温,系宣宗长子。嗣位之初,尚能于政务有所留意,局面粗安。后渐荒废,沉湎佛事,处事乖离,朝政更加紊乱。《旧唐书》卷一九上《懿宗纪》评曰:"恭惠始承丕构,颇亦励精,延纳谠言,尊崇耆德,数稔之内,洋洋颂声。然器本中庸,流于近习,所亲者巷伯,所昵者桑门。以蛊惑之侈言,乱骄淫之方寸,欲无怠忽,其可得乎!"

二十日,太子李俨嗣位,改名儇,是为唐僖宗。

按:时僖宗年才十二,朝政实由宦官左军中尉刘行深、右军中尉韩文约掌控。见《旧唐书》卷一九下《僖宗纪》。

是年,开科取士,进士及第30人,诸科10人。

按:见《登科记考》卷二三。

罗隐约是春赴湖南谒观察使王凝,上书求幕职。

按:《全唐文》卷八九四有罗隐《投湖南王大夫启》。

卢肇约是年或稍前罢吉州刺史,还居宜春。时林蕴从其学书,肇授以拨镫法。

按:见《全唐文》卷七六三林蕴《拨镫序》。卢肇、林蕴生平概况,分见大中元年条、大历九年欧阳詹条按语。

第五泰有儒业,咸通中曾任鄂州文学。

按：第五泰生卒年不详，字伯通，青州益都人。《新唐书》卷五七《艺文志一》著录其《左传事类》20卷。

刘镕有儒业，咸通中曾任晋州长史。

按：刘镕生卒年不详，字正范，绛州正平人。《新唐书》卷五七《艺文志一》著录其《刘氏经典集音》30卷。

武谊约是年前著《自古忠臣传》20卷。

按：见《新唐书》卷五八《艺文志二》。武谊字子思，楚州盱眙人，咸通中为州从事。余不详。

张容是年前撰《九江新旧录》3卷。

按：见《新唐书》卷五八《艺文志二》。张容生平事迹不详，《九江新旧录》亦佚。

陆勋约是年撰《陆氏集异记》2卷。

按：李剑国《唐五代志怪传奇叙录》谓陆勋《陆氏集异记》"当作于咸通末"。姑系于此。《陆氏集异记》系传奇集，晁公武《郡斋读书志》谓是书"凡三十二事，言犬怪者居三之一"。原本已散佚，《太平广记》引录部分逸文。今存宝颜堂秘籍本，凡4卷，记事200余则，疑为后人附会伪托。陆勋，嘉兴人，历比部郎中等职。余不详。

薛逢约是年前后卒，生年不详。逢字陶臣，蒲州河东人。有才名，工诗赋，擅书法。会昌元年登进士第，累迁尚书郎分司东都，历巴州刺史、成都少尹等职，终秘书监。尝与杨绍复等撰《续会要》40卷。有诗10卷，《别纸》13卷，歌诗2卷，《四六集》1卷，集1卷，后皆散佚。《全唐文》卷七六六、《唐文拾遗》卷三十收录其文16篇，《全唐诗》卷五四八编录其诗为1卷。事迹见《旧唐书》卷一九〇下、《新唐书》卷二〇三。

按：薛逢卒年，两《唐书》本传皆未载。此从傅璇琮主编《唐五代文学编年史》（晚唐卷）。

铿迭卒（790或801— ）。阿拉伯哲学家、音乐理论家。

胡奈恩·伊本·伊沙克卒（808— ）。阿拉伯翻译家。于古希腊及新柏拉图主义哲学家作品多有译述。

咸通十五年　唐僖宗乾符元年　甲午　874年

十一月庚寅，改元乾符。

按：见《旧唐书》卷一九下《僖宗纪》。

是年，濮州人王仙芝聚众于长垣起事。是为唐末大规模农民战争之启端。

按：见《资治通鉴》卷二五二。

开科取士，礼部侍郎裴瓒知贡举，进士及第30人，诸科11人。

按：见《登科记考》卷二三。

郑畋五月由吏部侍郎转兵部侍郎、同平章事，入登相位。十一月，加

萨曼王朝建于中亚河中。

丹麦人入麦西亚。

集贤殿大学士。

> 按：见《旧唐书》卷一九下《僖宗纪》。

顾云是春再次应贡举，登进士第，授校书郎。

> 按：顾云尝于咸通十二、十三年两次应举，皆落第。

新罗人崔致远在长安学习，是春应贡举，登进士第。

> 按：崔致远咸通七年来唐，参见该年条。《唐文拾遗》卷四三有崔致远《进诗赋表状等集》，叙及登第和诗赋创作情况。

僧义存在福州象骨山雪峰宣讲，敕受"真觉大师"号，其寺赐额"应天雪峰寺"。

> 按：义存于咸通十一年始于雪峰结庵讲法，事见该年条。

僧可止辞悯忠寺僧法贞律师，赴真定学经论。

> 按：可止于咸通十二年始师事法贞，参见该年条。

陆希声召为右拾遗。是年或稍后著《周易传》2卷，自为序；又为段公路《北户录》撰序，论及诗文之宗旨及当时文风。

> 按：陆希声为右拾遗事，见宋赵不悔、罗愿《新安志》卷九。《全唐文》卷八一三陆希声《周易传序》有"乾符初任右拾遗"云云，知其撰《周易传》当在乾符初期。陆希声熟谙经学，所著《周易传》已佚。据《周易传序》云，其著《周易传》同时，尚撰有《易图》、《指说》、《释变》、《微旨》及《易证》各1卷，亦皆佚。
>
> 又按：《全唐文》卷八一三陆希声《北户录序》文末署"右拾遗内供奉陆希声撰"，知其撰该序亦在乾符初。序中略曰："诗人之作本于风俗，大抵以物类比兴，达乎情性之源。自非观化察时，周知民俗之事。博闻多见，曲尽万物之理者，则安足以蕴为六义之奥，流为弦歌之美哉。由是言之，则古之学者固不厌博，博而且信，君子难之。"又曰："近日著小说者多矣，大率皆鬼神变怪荒唐诞妄之事，不然则滑稽诙谐以为笑乐之资。离此二者，或强言故事，则皆诋訾前贤，使悠悠者次为口实。此近世之通病也。"
>
> 再按：段公路生卒年不详，祖籍临淄邹平，家居河南（一说东年），穆宗朝宰相段文昌之孙。曾游历岭南各地，官至万年尉。其所撰《北户录》，又称《北户杂录》，凡3卷，记述岭南风土物产，征引汉魏以来诸多著作，颇为详赡。后崔龟图为该书作注，征引典籍亦多。今存，有《四库全书》本、《十万楼丛书》本等。

阿尔·哈巴什卒（764— ）。土库曼数学家。

陈陶约卒，生年不详。陶字嵩伯，岭南（一说鄱阳，又说剑浦）人。晚唐诗人，尤擅乐府。举进士不第，游历各地，与任畹等友善。后隐居洪州西山，以读书赋诗为事。有《文录》10卷，集2卷，诗集1卷，后皆散佚。《全唐诗》卷七四五至七四六辑录其诗编为2卷，内有他人诗混入。事迹见《唐才子传》卷八。今人陶敏撰有《陈陶考》。

> 按：陈陶卒年，一说在乾符六年前后。傅璇琮主编《唐才子传校笺》以为陶约卒于乾符初。从之。孙光宪《北梦琐言》谓陈陶"有逸才，歌诗中似负神仙之术，或露王霸之说。虽文章之士，亦未足凭，而以诗见志，乃宣文之遗训也"。丁仪《诗学渊源》谓其"诗宗元和，格调高于诸人，而恢奇间类长吉，乐府诸作尤神似焉"。

郑仁表是年后卒，生年不详。表仁字休范，祖籍荥阳，武宗朝宰相郑肃之孙。工诗文。咸通九年登进士第，历任幕职，以罪贬死岭外。《全唐文》卷八一二收录其文1篇，《全唐诗》卷六〇七收录其诗3首。事迹见《旧唐书》卷一七六、《新唐书》卷一八二。

按：郑仁表卒年，史无明载。《新唐书》本传谓郑业为相，"贬仁表死岭外"。考同书《宰相表三下》，郑业于本年十月罢相，出为淮南节度使。知刘仁表贬谪岭外而卒当在此后数年中。姑系于此。

乾符二年　乙未　875年

正月辛卯，制：自今以后，凡进士及第，须满两周年后，诸道藩镇及户部度支、盐铁与在京诸司方得奏请授官。

按：见《登科记考》卷二三。

六月，王仙芝军攻占濮、曹州，冤句人黄巢起兵应之。

按：王仙芝于去年起兵，有众数万，山东各地应之者甚众，势力渐大。与此同时，唐廷由宦官田令孜擅权，招权纳贿，朝政益乱。见《资治通鉴》卷二五二。

是年，开科取士，中书舍人崔沆知贡举，进士及第30人，诸科9人。

按：见《登科记考》卷二三。

罗隐是秋游江夏，谒观察使韦蟾，有诗呈之。

按：《全唐诗》卷六五六有罗隐《上鄂州韦尚书》。

林嵩是春应贡举，登进士第。

按：见《登科记考》卷二三。林嵩生卒年不详，字降臣（一作降神），长溪人。擅诗赋。登第后，历秘书省正字、国子博士等职，终金州刺史。尝编周朴诗集为2卷，撰有赋1卷，诗1卷，后佚。《全唐文》卷八二九收录其文2篇，《全唐诗》卷六九〇收录其诗1首。事迹见《唐才子传》卷九。

僧存奖住魏府（大名）观音寺江西禅院，应幽州节度使董廓等之请，欲归盘山。因魏府韩公之叔极力挽留，遂住兴化寺，讲经说法，弘扬其师之说，颇为附近六州士大夫尊崇，世称"兴化存奖"。

按：存奖曾师从禅宗分支临济宗祖师义玄，得承其嗣。

皇甫枚约是年撰传奇《非烟传》。

按：见李剑国《唐五代志怪传奇叙录》。皇甫枚生卒年不详，字遵美，三水人。晚唐传奇作家。尝任鲁山令，唐亡，寓居晋汾间。撰有小说集《三水小牍》3卷，记晚唐异闻轶事。原书已佚，今存2卷本，为后人所辑。《云自在龛丛书》又辑录其逸文12条，《太平广记》另辑录2篇。

张彦远约是年稍后卒，生年不详。彦远字爱宾，蒲州猗氏人，宪宗朝

拜占庭人取南意巴里。

法兰克路易二世帝卒。王叔秃头查理入意大利。加冕称帝。

威塞克斯王阿尔弗雷德整军抗丹。

穆斯林·本·

宰相张弘靖之孙,桂管观察使张文规之子。熟谙历史,精于书画鉴赏。历左补阙、祠部员外郎、主客员外郎、舒州刺史等职,累迁大理卿,卒于官。尝奉敕参修《续唐历》,已佚;著有《历代名画记》10卷、《法书要录》10卷,今存。《全唐文》卷七九〇收录其文5篇。事迹散见两《唐书》诸卷、陶宗仪《野书要录》卷五等。今人许祖良著有《张彦远评传》。

按:张彦远生卒年,史籍不载。考《法书要录》、《旧唐书·僖宗纪》,彦远于本年七月迁大理卿。此后行迹,未见载录,其卒似在本年稍后。姑系于此。张彦远所著《历代名画记》,在中国绘画史上颇具地位,参见大中元年条。其《法书要录》一书,选录整理中唐以前书法资料,亦为历代治书法者所推重。

黄筌(—965)生;刘赞(—约935)约生。

按:《旧五代史》卷六九刘赞本传谓其卒于后唐清泰二年,"时年六十余"。以其卒年六十一计,其生约当本年。

边注:哈加吉卒(817/821—)。波斯伊斯兰教圣训家。

乾符三年　丙申　876 年

边注:埃及伊本·图伦清真寺建成。东法兰克王日耳曼人路易卒。领土三分。

三月,吏部尚书归仁诲、侍郎孔晦与崔荛同试博学宏词科举人,考功郎中崔庚、考功员外郎周仁举为考官。

按:见《旧唐书》卷一九下《僖宗纪》。

七月,王仙芝率军转战河南诸州,屡败唐军,关东诸州府兵但守城而已。

按:见《旧唐书》卷一九下《僖宗纪》。

是年,开科取士,礼部侍郎崔沆知贡举,进士及第30人,诸科11人。

按:见《登科记考》卷二三。

郑畋在中书侍郎、刑部尚书、平章事任,三月监修国史,六月兼门下侍郎,九月加特进。

按:见《旧唐书》卷一九下《僖宗纪》。

罗隐是秋作诗寄赠陆龟蒙,对龟蒙人品、文章颇为推重。是年前后,又作诗盛赞方干之作。

按:《全唐诗》卷六五九有罗隐《寄陆龟蒙诗》、《题方干诗》。

李渥是春应贡举,登进士第。

按:见《登科记考》卷二三。

高蟾是春应贡举,登进士第。

按:见《登科记考》卷二三。高蟾生卒年不详,河朔人。晚唐诗人。登第后,累官御史中丞。有诗1卷(一说2卷),已散佚。《全唐诗》卷六六八辑录其诗编为1卷。事迹见《唐才子传》卷九。

胡曾为西川节度使高骈从事，起草文书，多有诗作。

按：胡曾生卒年不详，号秋田，邵阳（一说长沙）人。唐末诗人。尤擅咏诗，颇为时人传诵。屡举不第，游历各地，尝为汉南从事。有《安定集》10卷，已佚；《咏史》3卷，今存。《全唐文》卷八一一收录其文4篇，《全唐诗》卷六四七编录其诗为1卷。事迹见《唐才子传》卷八。

苏鹗八月撰《杜阳杂编》3卷成，自为序。

按：该书系历史笔记之类，以作者家居武功杜阳川而得名。《宋史·艺文志》作2卷，周中孚《郑堂读书记》认为是传刻之误。今存，有《裨海》本、《学津讨原》本、《四库全书》本、中华书局排印本等多种。是书记载代宗广德元年至懿宗咸通十四年凡十朝间异物杂事，多为传闻之事，但其中亦涉及史实。文辞华美，颇为后世推崇。《全唐文》卷八一三苏鹗《杜阳杂编序》曰："予髫年好学，长而忘倦。尝览王嘉《拾遗记》、郭子横《洞冥记》及诸家怪异录，谓之虚诞。而复访问博闻强识之士或潜夫辈，颇得国朝故实，始知天地之内，无所不有。……屡接朝事，同人语事，必三复其言，然后题于简册，藏诸箧笥。暇日阅所纪之事，逾数百纸，中仅繁鄙者并弃而弗录，精实者编成上、中、下三卷。自代宗广德元年癸卯，讫懿宗咸通癸巳，合一百一十载，盖耳目相接，庶可传焉。时乾符三年秋八月编次焉。"苏鹗生平概况，见光启二年条按语。

郑綮是年前后撰《开天传信记》。

按：该书系编录遗闻逸事而成，今存，有明刻百川学海本等。《全唐文》卷四〇八有郑綮《开天传信记序》。文首谓綮系唐玄宗时人，误。

李频约卒，生年不详。频字德新，睦州寿昌人。晚唐诗人，尤长于律绝。少从方干学诗，又从学于姚合。大中八年登进士第，历州县职，累迁都官员外郎，出为建州刺史，卒于任。有诗1卷。《全唐诗》卷五八七至五八九辑录其诗编为3卷。事迹见《新唐书》卷二〇三、《唐才子传》卷七。

按：李频卒年，史无明载。《新唐书》本传谓其卒于建州刺史任。考《旧唐书》卷一九下《僖宗纪》，是年十一月，以度支分巡院使李仲章为建州刺史。李仲章系继李频之任，知频当卒于此月之前。李频交游甚广，与李群玉、薛能、郑谷、许棠、张乔、许浑等多有唱酬。其诗作，工于雕琢，颇为姚合称赏。辛文房《唐才子传》谓其"虽出晚年，体制多与刘随州相抗，骚风严谨，惨惨逼人"。

陈黯约卒，生年不详。黯字希孺，号昌晦，又号场老，泉州南安人。有文名，擅诗赋，与同郡王肱、萧枢、林颢齐名。屡试举不第，未仕而终。有集5卷（一作3卷），由内侄黄滔搜集编纂，宋时已散逸，今不存。《全唐文》卷七六七收录其文10篇，《全唐诗》卷六〇七收录其诗1首。

按：陈黯卒年，史无明载。《文苑英华》卷七〇七黄滔《颍川陈先生集序》有"先生下世后二十年而悉登科第"云云，《黄御史集》卷八作"二十五年"。黄滔于乾宁二年登第，若上推二十年，黯当卒于本年；若上推二十五年，则黯卒在广明二年。以《文苑英华》成书较早，姑从之。黄滔《颍川陈先生集序》评陈黯诗文曰："文词不尚奇，切于理也；意不偶立，重师古也。其诗篇赋檄，皆精而切。"

乾符四年　丁酉　877年

法兰克贵族爵位始世袭。

法兰克秃头查理帝卒。领地瓦解。

丹麦海盗侵英格兰。

正月，吏部尚书郑从谠、侍郎孔晦与崔荛同试博学宏词科举人。

按：见《旧唐书》卷一九下《僖宗纪》。

七月，黄巢率军与王仙芝会合，声势更盛。

按：见《旧唐书》卷一九下《僖宗纪》。

是年，开科取士，中书舍人高湘知贡举，进士及第30人，诸科10人。

按：见《登科记考》卷二三。

陆龟蒙隐居松江甫里，为湖州刺史郑仁规所召，往入幕。未几以仁规罢任，复返故里。

按：陆龟蒙于咸通中举进士不第，始隐居甫里，专致著述赋咏。

韦庄以诗文鸣于世，正月移居虢州。

按：见夏承焘《韦端己年谱》。

来鹏是年前后在福建韦岫幕，其诗文颇为岫称赏。

按：来鹏一作来鹄，生卒年、字号不详，豫章人。工诗文。早年以园林自乐，师学韩愈、柳宗元文，大中、咸通中诗名颇著，与同郡闵廷言等齐名。屡举进士不第，入韦岫幕，乾符六年春离开福州，避乱山中，后客死扬州。有诗1卷，已散佚。《全唐文》卷八一一收录其文9篇，《全唐诗》卷六四二辑录其诗编为1卷。事迹见《唐才子传》卷八。

日僧圆载携所搜求之各类典籍数千卷，搭商船归国，途遇风暴罹难。

按：圆载系日本天台宗开祖最澄弟子，于开成三年来唐，游学凡四十年，与名士皮日休、陆龟蒙、颜萱等交游甚密，颇受朝野敬重。唐宣宗曾召其入宫讲经，日本仁明天皇亦使人来唐宣敕牒，赐以"传灯大师"称号。

约翰尼斯·斯科图斯·埃里金纳卒（810—　）。爱尔兰神学家、哲学家。

僧道明卒（780—　）。道明一作道踪，俗姓陈，江南人。晚唐禅宗高僧。师从黄檗希运，得承其嗣。后居睦州龙兴寺。讲经弘法，四方归慕，号"陈尊宿"。事迹见《景德传灯录》卷一二、《五灯会元》卷四。

罗绍威（　—910）、皮光业（　—943）、崔棁（　—944）生。

按：《新五代史》卷五五本传谓崔棁卒于后晋开运二年，《旧唐五代》卷九三本传谓其"卒年六十八"。以此溯推，其当生于本年。

乾符五年 戊戌 878 年

二月,王仙芝兵败被杀,黄巢遂自称"冲天大将军",建元王霸,署官属,建立政权。随后引兵南下,转战东南各地。

按:见《旧唐书》卷一九下《僖宗纪》。

三月,吏部尚书郑从谠、侍郎崔沆等试博学宏词科举人。

按:见《旧唐书》卷一九下《僖宗纪》。

是年,开科取士,中书舍人崔澹知贡举,进士及第 30 人,诸科 8 人。

按:见《登科记考》卷二三。

罗隐是春在长安应举,再次落第,遂南归。四月途经蕲州,献所著《谗书》于刺史裴渥,并自叙拓落之苦。

按:罗隐屡举不第,颇为苦闷失意。《全唐文》卷八九四有罗隐《投蕲州裴员外启》。《谗书》由隐自编于咸通八年,参见该年条。

牛峤是春应贡举,登进士第。

按:见《登科记考》卷二三。牛峤一作牛蟜,字松卿,一字延峰,陇西狄道人。博学有文,以歌诗名于世。登第后,累迁尚书郎。后入蜀依王建,拜给事中,卒于官。其诗学李贺,尤工词,颇为时人推重,为花间派重要词人,对后代婉约词人有一定影响。有集 30 卷,《歌诗》3 卷,后皆散佚。《花间集》选录其词 32 首,《全唐诗》卷六六七、八九二收录其诗词 33 首。事迹见《十国春秋》卷四四。

僧可止是年十九,在五台山受戒。

按:见《宋高僧传》卷七本传。

陈翰约是年前后纂《异闻集》10 卷。

按:见李剑国《唐五代志怪传奇叙录》。《异闻集》系传奇小说汇编,原本已散逸。今人程毅中《古小说简目·〈异闻集〉考》谓此书收录小说 40 余篇,唐代著名小说《古镜记》、《枕中记》、《柳氏传》、《李娃传》、《柳毅传》、《霍小玉传》、《离魂记》、《莺莺传》、《南柯太守传》、《任氏传》、《东城老父传》等,多赖此书收录而传世。陈翰生卒年、籍贯不详,历库部员外郎、金部员外郎等职。

阿拉伯人取西西里岛锡腊库扎。

威塞克斯王阿尔弗雷德败丹麦人于奇普纳姆、伊桑顿。

威塞克斯王阿尔弗雷德始邀麦西亚、威尔士及欧陆学者研讨文化。

乾符六年 己亥 879 年

三月,吏部侍郎崔沆、崔澹试博学宏词科举人,驾部郎中卢蕴、刑部郎

拜占庭巴西尔

中郑顼为考官。

按：见《旧唐书》卷一九下《僖宗纪》。

五月，黄巢率众攻占广州，旋复北上，转战江南间，势益盛。

按：见《资治通鉴》卷二五三。

是年，开科取士，中书舍人张读知贡举，进士及第30人，诸科9人。

按：见《登科记考》卷二三。

郑畋、卢携掌相职，因黄巢事争执不下，五月俱罢为太子宾客，分司东都。十二月，畋以检校尚书左仆射、凤翔尹，充凤翔节度使。

按：时黄巢部围攻广州，又分别与广南节度使李岩、浙东观察使崔璆书，求保荐为天平节度使。崔璆上表奏之，僖宗令朝臣议其可否。郑畋与卢携各执一词，遂并罢相。见《旧唐书》卷一九下《僖宗纪》。

卢渥有文名，时居洛阳，作文颇多，为"一时之典则"。

按：见《全唐文》卷八〇九司空图《故太子太师致仕卢公神道碑》。

张读由中书舍人迁礼部侍郎，十月权知尚书左丞事。

按：见《旧唐书》卷一九下《僖宗纪》。张读生卒年不详，字圣用，深州陆浑人。举进士入仕，卒于尚书左丞任。著有《宣室志》10卷、《建中西狩录》10卷，后皆佚。

令狐澄登进士第，乾符中累官中书舍人。

按：令狐澄迁中书舍人在乾符年间，未详具体年份。姑系于此。令狐澄生卒年不详，祖籍敦煌，其先迁居华原，令狐绹之子。工书。《新唐书》卷五八《艺文志二》著录其《贞陵遗事》2卷。今不存。

徐云虔约是年前后撰《南诏录》3卷成。

按：徐云虔生卒年、籍贯无考，曾先后两次奉使南诏：第一次在乾符五年，本年即还；第二次在广明元年，至中和三年还。后又奉诏出使，未成行。《南诏记》即其首次出使还后所撰。《唐会要》卷九九曰："（乾符）三年十一月，邕州节度使辛谠奏南诏遣使段瑳宝等四人通和，诏令答使许之。五年七月，谠遣从事徐云虔通和。凡水陆四十七程，至鄯阐府，遇骠信游猎，尚去云南一十六程，叙好而还。进《南诏录》三卷"。一说徐云虔于第二次出使后才撰《南诏录》。该书首卷述南诏山川风俗，后两卷述出使事，与时人梁建方《西洱河风土记》、樊绰《蛮书》（又名《南诏记》）并为唐代记述南诏之专门著作，对于研究当时云南地区社会发展状况，颇具价值。原书宋以后散佚，今人方国瑜、向达、王叔武等先后辑录其部分佚文，另有罗勇撰《徐云虔〈南诏录〉佚文及其史料价值》（载《楚雄师范学院学报》2006年第8期）。

陆龟蒙是春编次所作歌、诗、赋、颂、铭、记、传、叙为《笠泽丛书》若干卷，自为序。

按：时陆龟蒙隐居苏州笠泽之滨，稍后赴湖州震泽别业。《笠泽丛书》卷帙，诸书说法不一，《北梦琐言》作5卷，《新唐书·艺文志》作3卷，《郡斋读书志》作4卷，《直斋书录解题》著录蜀本17卷。今存本为4卷。《全唐文》卷八〇〇有陆龟蒙《笠泽丛书序》。又，龟蒙此期所作诗文颇多，均为感叹时事而作，颇具现实性。

佚名约此期撰传奇《树萱录》1卷。

按：《树萱录》撰者不详，李剑国《唐五代志怪传奇叙录》谓是书撰于僖宗朝，姑系于此。

修订《普罗奇罗法典》，是为查士丁尼法典重要部分之辑集。

东西教会决裂。

英格兰人及丹麦人订《威德摩尔和约》，割地分治。

日本《都氏文集》、《文德实录》成书。

周朴三月卒,生年不详。朴字见素(一作太朴),吴兴(一说睦州)人,晚年避乱居福州。晚唐诗人,与张为齐名。为人孤傲,淡于名利,不乐仕进。黄巢军入福州,不受其邀,遂被杀。有诗集2卷,已散佚。《全唐诗》卷六七三辑录其诗编为1卷。事迹见《唐才子传》卷九。

按:周朴性喜吟,每遇景物即搜奇抉思,留连忘返。其诗集系林嵩与僧栖浩所编,参见中和二年条。

唐僖宗广明元年　庚子　880年

正月乙卯朔,改元广明。诏今后武官不得转入文官。

按:《旧唐书》卷一九下《僖宗纪》载诏曰:"近者武官多转入文官,依资除授。宜惩僭幸,以辨品流。自今后武官不得转入文官选改,所冀轮辕各适,秩序区分,其内司不在此限。"时宦官田令孜擅权,故内司不在诏禁之列。

十月,黄巢自号"率土大将军",举众渡淮北上。

按:见《旧唐书》卷一九下《僖宗纪》。

十一月,黄巢军攻占东都洛阳,寻西向入关中。

按:见《旧唐书》卷一九下《僖宗纪》。

十二月,黄巢军攻入长安,僖宗出逃,先至凤翔,又至兴元。巢建国号大齐,自称齐帝,年号金统。

按:见《旧唐书》卷一九下《僖宗纪》。

是年,开科取士,礼部侍郎崔厚知贡举,进士及第30人,诸科4人。

按:见《登科记考》卷二三。

皮日休十二月随黄巢军入长安,授翰林学士。

按:皮日休尝任毗陵副使,黄巢军至,召其入军。

唐彦谦避乱隐居汉南鹿门山,自号鹿门先生,专致著述。

按:见《旧唐书》卷一九〇下、《唐文拾遗》卷三三郑贻《鹿门诗集叙》。又,《鹿门诗集叙》谓唐彦谦"光启七年隐居鹿门山",光启无七年,"光启七年"似为乾符七年、即广明元年之误。

韩偓自咸通以来,勤于歌诗,所作不下千首,多为时人传诵。时避乱徙流各地,所作散失殆尽。后经鸠辑,仅存百篇。

按:见韩偓《玉山樵人集》附《香奁集序》。

曹松是年前后避乱隐居洪州西山,赋诗慨叹世事之乱。

按:曹松隐居西山事,见《唐才子传》本传。《全唐诗》卷七一七有曹松《己亥岁二首》,题下注云:"僖宗广明元年。"己亥系乾符六年,诗乃有感于去年战乱而作。参见傅璇琮主编《唐五代文学编年史》(晚唐卷)。

拜占庭人取南意塔兰托。

东西教会达成协议,解决"和子句纠纷"。

崔橹约是春应贡举,落第。

> **按**:崔橹应举事,《唐才子传》卷九本传谓"广明间",《唐诗纪事》卷五八谓"大中时"。傅璇琮主编《唐五代文学编年史》(晚唐卷)系于本年。从之。崔橹一作崔鲁,生卒年不详,荆南人。唐末诗人。历棣州司马等职。才情富丽,慕杜牧诗风。辛文房《唐才子传》谓其诗"善于状景咏物,读之如嚼冰雪,心爽神怡,能远声病,气象清楚,格调俱高,中间别有一种风情"。有《无讥集》(一作《无机集》)4卷,诗1卷,后皆佚。《全唐诗》卷五六七、《全唐诗补遗》卷三收录其诗37首。事迹见《唐才子传》卷九。

僧贯休在婺州,七月避乱毗陵,赋诗叹世道之乱。

> **按**:《全唐诗》卷八三二贯休《避地毗陵上王慥使君》、《避地寄高蟾》、《经士马中作》等诗,当作于此期。

皮日休约是年稍后卒(约834—)。日休字逸少,一字袭美,自号醉吟先生、醉士,襄阳竟陵人。晚唐诗文大家,与陆龟蒙齐名,世称"皮陆"。尝隐居鹿门山,自称鹿门子。咸通八年登进士第,累迁太常博士,出为毗陵副使。入黄巢起义军,授翰林学士,卒于乱世。有《皮氏鹿门家钞》90卷、《胥台集》7卷、集10卷、诗1卷,后皆散佚。今存《文薮》(一称《皮子文薮》)10卷,有明正德吴门袁表刊本、明万历吴门许自昌校刊本、日本享和二年刊本等;与陆龟蒙唱和集《松陵集》10卷,有明末毛氏汲古阁刻本等。《全唐文》卷七九六至七九九辑录其文编为4卷,《全唐诗》卷六〇八至六一六辑录其诗编为9卷。事迹见《唐才子传》卷五。今人申宝昆有《皮日休诗文选注》,王盈芬著有《皮日休诗歌研究》,杨妙燕著有《皮日休与陆龟蒙的散文研究》,王怡心著有《皮日休在晚唐文学中的地位》,江正宽著有《皮日休的生平与思想——兼论其在唐宋之际思想变迁中的角色》,许苏民著有《皮日休评传》。

> **按**:皮日休卒年,历有不同说法。一说广明二年,一说中和三年。此从傅璇琮主编《唐才子传校笺》。皮日休系唐末著名诗人和散文家,主张为诗当"闻之足以观乎功","闻之足以戒乎政"(《正乐府十篇序》)。其诗多反映民间疾苦,抨击时弊;其文承韩、柳古文之风,鲁迅称其与陆龟蒙等所作小品,为唐末"一塌糊涂的泥塘里的光彩和锋芒"。

薛能九月卒,生年不详。能字大拙,汾州人。晚唐诗人。登进士第,又登书判拔萃科,累迁都官、刑部员外郎,出为剑南节度副使、权嘉州刺史,历主客郎中等职,出为忠武军节度使,为乱兵所杀。有《繁城集》1卷、《江干集》若干卷、集10卷。今存《薛许昌集》10卷。《全唐诗》五五八至五六一编录其诗为4卷。事迹见《唐才子传》卷七。

> **按**:薛能卒年,《资治通鉴》卷二五三谓本年九月,傅璇琮主编《唐才子传校笺》谓本年后。今姑从《资治通鉴》。能为人狂傲,好诋前辈,对李白、白居易等皆有讥讽。其诗多题咏唱酬之作,诗意显露,少含蓄。

刘邺十二月卒,生年不详。邺字汉藩,润州句容人。以善文章知名。初游历江南各地,后赐进士及第,历秘书省校书郎、翰林学士、户部侍郎等职,累拜礼部尚书、同中书门下平章事,判度支,转尚书左仆射,为黄巢军所杀。有《甘棠集》3卷（一作4卷）、《翰苑集》1卷等，皆佚。《全唐文》卷八〇二收录其文1篇，《全唐诗》卷六〇七收录其诗2首。事迹见《旧唐书》卷一七七、《新唐书》卷一八三。

王延（　—952）、王仁裕（　—956）、田敏（　—971）生。

广明二年　唐僖宗中和元年　辛丑　881年

七月丁巳，僖宗由兴元至成都，改元中和。

按：僖宗在成都，专与宦官田令孜等议朝政，朝士有劝谏者，悉遭贬黜，由是朝政更为败坏。见《资治通鉴》卷二五四。

是年，于成都开科取士，户部侍郎韦昭度知贡举，初进士及第12人，后续赐第2人。

按：见《登科记考》卷二三。

郑畋三月以凤翔节度使守司空、门下侍郎、同平章事，充京西诸道行营都统，与泾原节度使程宗楚、秦州经略使仇公遇、鄜延节度使李孝昌、夏州节度使拓跋思恭等结盟起兵，合攻黄巢军。九月，以病去凤翔节度使职，奉召赴成都。

按：见《旧唐书》卷一九下《僖宗纪》。

李匡文随驾在成都，为太子宾客。

按：《唐六典》卷一六曰："僖宗避贼成都，有司请享太祖以后十一室，太子宾客李匡文建议。"知李匡文时在成都。匡义字济翁，其生平事迹史载不详。据今人张固也《〈资暇集〉作者李匡文的仕履与著述》（载《文献》2000年第4期）一文考证，匡文约生于元和初，历仕洛阳主簿兼图谱官、房州刺史，后历太子宾客、宗正少卿、宗正卿等职。年约八九十卒。精通谱牒之学，著述繁多。据《新唐书·艺文志》、《宋史·艺文志》、《崇文总目》、《直斋书录解题》、《通志·艺文略》等著录，其所撰有《两汉至唐年纪》1卷、《天潢源派谱》（一作《天潢源派谱统》）1卷、《唐偕日谱》1卷、《玉牒行楼》1卷、《皇孙郡王谱》1卷、《元和县主谱》（一作《元和县主昭穆谱》）1卷、《家谱》1卷、《资暇集》3卷、《汉后隋前瞬贯图》1卷、《明皇幸蜀广记图》2卷、《李氏房从谱》1卷、《唐皇室维城录》1卷等。今存《资暇集》，余皆散佚。

孙樵奉诏赴行在，正月随驾由兴元至成都，授职方郎中。时樵与李潼、司空图俱有名，号"行在三绝"。

按：见孙樵《孙可之文集序》。

王驾是年前后居蒲中，与司空图诗文往来甚密。图得驾诗逾百篇，对其五言诗颇为推赏。

按：《全唐文》卷八〇七有司空图《与王驾评诗书》，当为此期所作。王驾生平概况，参见乾宁四年条按语。

拜占庭人归塞浦路斯岛。

士瓦本王查理三世加冕称帝。

李绰约是年前后撰《尚书故实》1卷。

按：时李绰避乱郑州中牟县，遇尚书张延赏，聆其讲述，撰为《尚书故实》。《全唐文》卷八二一有李绰《尚书故实序》。该书系晚唐历史笔记之一，今存。《四库全书总目提要》卷一二○谓该书"杂记近事，亦兼考旧闻"，"在唐人小说中亦《因话录》之亚"。李绰生平概况，参见乾宁三年条按语。

罗虬是秋卒，生年、字号不详。虬，台州人。晚唐诗人。与罗隐、罗邺齐名，时称"三罗"。累官台州刺史，为乱兵所杀。有《比红儿诗》1卷，今存，见《全唐诗》卷六六六。事迹见《唐才子传》卷九。

陆龟蒙约卒，生年不详。龟蒙字鲁望，自号江湖散人、天随子、甫里先生，吴县人。晚唐学者、诗人。深究《六经》之义，尤精《春秋》；又以诗赋与皮日休齐名，时人合称"皮陆"。咸通中应举落第，遂隐居松江甫里，不与俗流交，专注著述赋咏。尝依湖州刺史郑仁规，旋返故里，以疾卒。著有《吴兴实录》40卷、《笠泽丛书》3卷、《诗编》10卷、赋6卷、《小名录》3卷（一作5卷）、《耒耜经》等；另有与皮日休唱和集《松陵集》10卷。今存宋人叶茵所辑《甫里先生文集》20卷、《小名录》2卷、《笠泽丛书》4卷（书末附《补遗》1卷、《续补遗》1卷）、《松陵集》10卷；另存《耒耜经》不分卷，系后人于《笠泽丛书》中辑出。又有《笑海丛珠》1卷，旧题陆龟蒙撰，或谓后人伪托。《全唐文》卷八○○至八○一编录其文为2卷，《全唐诗》卷六一七至六三○编录其诗为14卷。事迹见《新唐书》卷一九七。

按：陆龟蒙卒年，《新唐书》本传不载。《唐诗纪事》卷六四谓其"中和初遇疾而卒"。从之。陆龟蒙关切社会生活，于现实腐败之政局多有讥讽与批评。所撰《耒耜经》，记述当时农具及制作方法，为唐代农业科技史研究之重要文献。其诗文颇受韩愈影响，主张为文当寓"惩劝之道"，作品富抨击时弊，具有现实性。鲁迅《小品文的危机》谓其小品文于唐末"放了光辉"。

德意志首篇民谣《路德维斯利德》著成。

中和二年 壬寅 882年

是年，在成都开科取士，礼部侍郎归仁泽知贡举，进士及第28人，诸科2人。

按：见《登科记考》卷二三。

罗隐是年前尝与僧处默同游北固山、钱塘等地，对处默诗作颇为推赏。是年前后，隐居庐山。

按：《全唐诗》卷六六○有罗隐《寄处默师》等。

顾云与新罗士人崔致远均在淮南节度使高骈幕，为骈撰奏章文书多

查理三世即任东法兰克王。

基辅罗斯建。

篇,其间不乏抨击朝政之内容。

按:《全唐书》卷八一五顾云《代高骈上僖宗奏》、崔致远《桂苑笔耕集》卷二《谢加侍中兼实封表》、《谢就加侍中兼实封状》等文,皆作于此时。高骈是夏被罢都统及盐铁转运使衔,颇有怨愤,故顾、崔所草文书显露对朝廷不满情绪。

李洞在成都,九月与兵部侍郎郑凝论诗。

按:《全唐诗》卷七二一有李洞《锦江陪兵部郑侍郎话诗著棋》。李洞生平概况,见乾宁四年条按语。

韦庄是春离长安,后居洛阳,多有诗作。

按:见夏承焘《韦端己年谱》。

杜荀鹤是年前后转辗江南,游扬州、宣州等地,赋诗叹世道之乱。

按:杜荀鹤此期所作诗,见《全唐诗》卷六九一《维扬逢诗友张乔》等。

秦韬玉奉敕进士及第。

按:秦韬玉生卒年不详,字仲明,京兆(一说湖南)人。晚唐诗人,尤长七律。初屡应举不第,遂谄事宦官,得敕及第,累迁工部侍郎、判盐铁。有《投知小录》3卷,集1卷(一作3卷),皆已佚。《全唐诗》卷六七〇辑录其诗编为1卷,《全五代诗》卷八收录其诗28首。事迹见《唐才子传》卷九。

程贺是春应贡举,登进士第。

按:程贺生卒年、籍贯不详。晚唐诗人。原为眉州刺史崔亚之仆,以诗为亚称赏,命其赴举。所作以《君山》最为著名,时人由是呼其为"程君山"。作品多佚,惟存《君山》一首,见《全唐诗》卷六六七。

僧可止至太原习《法华经》、《百法论》。

按:见《宋高僧传》卷七本传。

林嵩、僧栖浩编辑周朴诗百首为集2卷,嵩为序。

按:初,周朴友人僧栖浩辑得其诗百首,是年交由林嵩编次。今不存。周朴卒于乾符六年,参见该年条。

冯道(—954)生;韩恽(—942)约生。

按:《旧五代史》卷九二本传载,韩恽于五代后晋天福七年卒,"时年六十余"。以其卒年六十一计,约当生于本年。

中和三年　癸卯　883 年

四月,雁门节度使李克用败黄巢,入长安,纵兵大掠。

按:见《资治通鉴》卷二五五。

是年,在成都开科取士,礼部侍郎夏侯潭知贡举,进士及第30人,诸科2人。

按：见《登科记考》卷二三。

罗隐在广陵淮南节度使高骈幕，五月与顾云交游。时骈沉湎神仙术，淫刑滥赏，政事日坏，隐遂赋诗讥讽之。

按：罗隐后撰传奇《广陵妖乱志》以叙高骈沉湎神仙术之事，今存，收入雍文华所辑《罗隐集》。

韦庄在洛阳，三月作《秦妇吟》。

按：时韦庄遇自长安逃难而来之秦妇，据其所叙经历而撰《秦妇吟》。该诗系现存唐诗中最长之叙事诗之一，收入《浣花集补遗》。

<small>诺特克尔·巴布卢斯著成关于查理曼事迹的叙事诗《英勇行为颂歌》。</small>

新罗人崔致远著《补安南录异图记》。

按：崔致远于咸通七年来唐，时在淮南节度使高骈幕。《补安南录异图记》叙安南少数民族风俗，颇为详细。今存，收入《桂苑笔耕集》卷一六。

郑畋卒（825— ）。畋字台文，荥阳人。有文名，尤擅制诰。会昌二年登进士第，历秘书省校书郎、直史馆事、刑部员外郎、中书舍人、户部侍郎等职，后两度拜相，以太子太保卒，赠太尉，谥曰"文昭"。有《玉堂集》5卷、《凤池稿草》30卷、《续凤池稿草》30卷、《敕语堂判集》1卷等，后皆散佚。《全唐文》卷六七六收录其文11篇，《全唐诗》卷五五七收录其诗16首。事迹见《旧唐书》卷一七八、《新唐书》卷一八五。

剧燕约是年前后卒，生年、字号不详。燕，蒲坂人。晚唐诗人。尤擅律诗，为"咸通十哲"之一。尝受河中节度使王重荣礼遇，因处事放纵，被杀。其作品皆散佚，《全唐诗》卷七九五收录其断句一联。事迹散见《唐摭言》卷一〇、《唐才子传》诸篇。

按：剧燕卒年，史不载。此从傅璇琮主编《唐五代文学编年史》（晚唐卷）。

赵庭隐（ —948）生。

按：庭隐一作廷隐。《续唐书》卷六二本传谓其卒于后蜀广政十一年，《九国志》卷七本传谓其卒年六十六。以此溯推，其生当本年。

中和四年　甲辰　884 年

<small>查理三世选立为西法兰克王。</small>

六月丙午，黄巢于泰山狼虎谷兵败自杀。

按：见《资治通鉴》卷二五六。黄巢起义为唐末大规模农民战争，对唐王朝打击甚大。此后藩镇各自为政，唐廷呈名存实亡之势。

是年，以国事艰难，暂停贡举。

按：见《登科记考》卷二三。

新罗人崔致远在淮南节度使高骈幕，是冬至东牟县，欲泛舟归国。

按：崔致远自咸通七年来唐，至是已近二十年。其生平概况，见后唐天成三年条。

高彦休撰《阙史》2卷（一作3卷）成，自为序。

按：《阙史》后世又称《唐阙史》，今存，有明万历十六年谈长公钞本、清知不足斋丛书本等，或疑皆非原本。该书系晚唐历史笔记之一，凡五十一篇，高彦休自序谓2卷，《新唐书》卷五九《艺文志三》著录为3卷，今存本为2卷。书中所载为大历至乾符间遗闻逸事，大多较为可信，可补正史之不足。高彦休《阙史序》曰："皇朝济济多士，声名文物之盛，两汉才足以扶轮捧毂而已，区区晋、魏、周、隋以降，何足道哉？故自武德、贞观而后，吮笔为小说、小录、稗史、野史、杂录、杂纪者多矣。贞元、大历以前，捃拾无遗事，大中、咸通而下，或有可以为夸尚者，资谈笑者，垂训戒者，惜乎不书于方册，辄从而记之；其雅登于太史氏者，不复载录。愚乾符甲午岁生唐世，二十有一，始随乡荐于小宗伯，或预问长者之论，退必草于搞网。岁月滋久，所录甚繁。辱亲朋所知，谓近强记。中和岁齐偷构逆，翠华幸蜀，搏虎未期，鸣鸢在远，旅泊江表。问安之暇，出所记述，亡逸过半。其间近屏帏者，涉疑谄者，又删去之，十存三四焉，共五十一篇，分为上下卷，约以年代为次。讨寻经史之暇，时或一览，犹至味之有菹醢也。甲辰岁清和月编次。"

又按：高彦休自号参寥子，籍贯不详。历咸阳尉等职，入淮南节度使高骈幕，辟为盐铁巡官，后不知所终。《全唐文》卷八一七收录其文1篇，即《阙史序》。

孙樵随驾在成都，为职方郎中。检所作文及碑碣书檄传记铭志，得200余篇，选其中可观者35篇，纂为10卷。

按：见《孙可之文集·自序》。孙樵生卒年不详，字可之，一作隐之，自称关东人。大中九年登进士第，累迁职方郎中。家富藏书，常自探讨，遂以文学见称。承韩愈倡行古文之风，尤刻意求奇，主张"词必高，然后谓奇；意必深，然后为工"。其文多针砭时弊，富有现实性。《新唐书·艺文志》、《郡斋读书志》著录其《经纬集》3卷，已佚；《直斋书录解题》著录《孙樵集》10卷，今存南宋蜀刻本《孙可之集》10卷。《全唐文》卷七九四至七九五编录其文为2卷。

孙棨撰《北里志》1卷成。

按：《北里志》今存。书中追叙孙棨早年游长安北里时所见文士风流逸事，从中可见当时文士生活状况。孙棨生卒年不详，字文威，自号无为子，博州武水人。屡试不第，遂游北里。昭宗时擢侍御史，历中书舍人等职。《全唐文》卷八二七收录其文1篇，即《北里志序》；《全唐诗》卷七二七收录其诗6首。

道士杜光庭十二月著《历代崇道记》1卷成，述唐初以来道教宫观兴衰情况。

按：杜光庭为长安太清宫文章应制宏教大师，深究道教理论，时随驾在蜀。所撰《历代崇道记》，见《全唐文》卷九三三。《记》中曰："从国初已来，所造宫观约一千九百余所，度道士计一万五千余人，其亲王贵主及公卿士庶或舍宅舍庄为观，并不在其数。"由此可见唐代道教发展概况。

周繇是年后卒，生年不详。繇字为宪（一字允元），池州青阳人。晚唐诗人，"咸通十哲"之一。咸通十三年登进士第，历福昌县尉、建德县令等

美多德卒（约825— ）。拜占庭神学家，语言学家。

职。尝为山南东道节度使徐商从事，与段成式、温庭筠、韦皓等迭相唱和，后结集为《汉上题襟集》3卷。另有集1卷，已散佚。《全唐文》卷入一二收录其赋1篇；《全唐诗》卷六三五辑录其诗编为1卷，内有他人诗作品混入。事迹见《唐才子传》卷九。

按：周繇卒年，史无明载。此从今人陶敏《晚唐诗人周繇及其作品考辨》（载《唐代文学研究》第5辑）。周繇之弟周繁，亦有文名，事迹不详。

中和五年　唐僖宗光启元年　乙巳　885年

拜占庭人取卡拉布里亚，于南意逐意大利人。

亚美尼亚公爵阿绍特一世称王。

北欧海盗围巴黎。

丹麦人侵肯特。

正月己卯，僖宗由成都北返，三月丁卯还至长安。

按：见《旧唐书》卷一九下《僖宗纪》。

三月己巳，改元光启。

按：《旧唐书》卷一九下《僖宗纪》载，时藩镇武将各据一方，李昌符据凤翔，王重荣据蒲、陕，诸葛爽据河阳、洛阳，孟方立据邢、洺，李克用据太原、上党，朱全忠据汴、滑，秦宗权据许、蔡，时溥据徐、泗，朱瑄据郓、齐、曹、濮，王敬宗据淄、青，高骈据淮南八州，秦彦据宣、歙，刘汉宏据浙东，皆自擅兵赋，互相攻伐，唐廷号令所行，惟河西、山南、剑南、岭南诸道数十州而已。

十二月乙亥，河东李克用率沙陀兵逼近长安，宦官田令孜挟僖宗出奔凤翔。

按：见《旧唐书》卷一九下《僖宗纪》。

是年，开科取士，进士及第35人，诸科2人。

按：见《登科记考》卷二三。

姚岩杰是年前后隐居庐山。

按：姚岩杰生卒年不详，自号蒙溪子（一作象溪子），人称蒙溪先生（一作象溪先生），陕州硖石人，姚崇之孙。博通经典，时号大儒。又有文才，为顾云称赏。为人狂放，不乐仕进。早年游江南各地，后归隐庐山，以江西乱起，移居他地，不知所终。有《象溪子》（一作《蒙溪子》）20卷，已佚。《全唐诗》卷六六七收录其诗1首。

新罗人崔致远由东牟县泛海归国。

按：崔致远自咸通七年入唐，游学多年，应举登第，至是已近二十年。归国后积极传播汉文化，在古代中朝文化交流史上颇具地位。其生平概况，见后唐天成三年条。

新罗人崔彦撝在唐，是春应贡举，登进士第。

按：崔彦撝自少能文，自新罗来唐，登举时年仅十八。年四十二时归国，拜执事省侍郎、瑞书院学士。

阿尔弗雷德将

李隐约是年前后撰《大唐奇事记》10卷。

按：《大唐奇事记》又作《大唐奇事》、《唐记奇事》。李剑国《唐五代志怪传奇叙录》以为书成于僖宗中和、光启中。姑系于此。该书已佚，《太平广记》、《说郛》等存录逸文五十余条。李隐生卒年不详，字岩士，赵郡赞皇人，宪宗朝宰相李绛孙。历秘书省校书郎等职。

僧物外卒（813— ）。物外俗姓杨，号"正定尊者"，侯官人。晚唐高僧，天台宗十二祖。师从天台宗僧广修，习止观。后讲经弘法，从学者众。弟子有元琇、敬休、慧凝等。事迹见《佛祖统纪》卷八等。

按：物外诸弟子中，后由元琇承其法嗣，为天台宗十三祖。元琇弟子清竦又承嗣，为天台宗十四祖。

僧文益（ —958）生；赵莹（ —约951稍后）约是年稍后生。

按：《旧五代史》卷八九本传谓赵莹随后晋少帝为契丹掳至塞北。后周广顺初，田敏奉命北使，尝于幽州见之。"未几，卒于幽州，年六十七"。以莹卒于广顺元年或稍后计，其生约当是年稍后。

格雷戈里的《教士守则》译成英文。

伊本·科达贝著成《公路与国家》。

光启二年　丙午　886年

正月，僖宗由凤翔奔宝鸡，三月又南奔至兴元。

按：时宦官田令孜擅权，李克用、王重荣等上表请诛之，还宫长安。田令孜遂劫僖宗出奔，朝臣闻讯追赶者，多为乱兵所杀。见《资治通鉴》卷二五六。

四月壬子，朱玫奉襄王李煴监国，自为大丞相，左右神策十军使。次月己卯，又拥煴即帝位。至十二月，玫败亡。

按：见《旧唐书》卷一九下《僖宗纪》。

是年，于行在兴元开科取士，中书舍人郑延昌知贡举，进士及第9人，诸科2人。

按：见《登科记考》卷二三。

司空图随驾在凤翔，任中书舍人，正月以僖宗奔宝鸡，遂还河中。

按：见《旧唐书》卷一九〇下本传。

韦庄是夏由润州北上，欲往谒僖宗。途中以世乱，返归金陵。

按：见夏承焘《韦端己年谱》。

苏鹗是春应贡举，登进士第。

按：见《登科记考》卷二三。苏鹗生卒年不详，字德祥，京兆武功人。初屡试不第，是年始登进士第，其后事迹不详。撰有《杜阳杂编》3卷。另有《演义》（一名《苏氏演义》）10卷，《直斋书录解题》谓该书"考究书传，订正名物，辨证讹谬，有益见闻"。原本已逸，今存2卷本，系清人从《永乐大典》中辑出重编，有《四库全书》本、《函海》本、商务印书馆排印本等多种。

拜占庭巴西尔卒。子利奥六世嗣位。

拜占庭《埃帕那戈吉法典》编成。

法兰克人赂北欧海盗。

阿尔弗雷德大王取伦敦，遂为英格兰国王。

陆扆是春应贡举，登进士第。九月，宰相韦昭度领盐铁，奏扆为巡官。

按：见《旧唐书》卷一七九本传。

郑谷是春奔巴江滨避乱。

按：见赵昌平《郑谷年谱》（载《唐代文学论丛》第 9 辑）。

公乘亿以赋名著于时，是年前后在魏博节度使乐彦祯幕中，为从事。

按：公乘亿生卒年不详，字寿山（一作寿仙），魏人。唐末诗人，尤擅赋。咸通十二年登进士第，历任幕职，累加监察侍御史衔。有诗 1 卷，赋 12 卷，《珠林集》4 卷，《华林集》3 卷，集 7 卷，后皆散佚。《全唐文》卷八一三收录其文 3 篇，《全唐诗》卷六〇〇收录其诗 4 首。事迹见《唐才子传》卷九。

光启三年　丁未　887 年

特累布尔诸侯大会废法兰克查理三世帝。加洛林王朝意大利支系绝。

三月乙亥，僖宗自兴元至凤翔。

按：见《旧唐书》卷一九下《僖宗纪》。

是年，于行在凤翔开科取士，尚书右丞柳玭知贡举，进士及第 25 人，诸科 1 人。

按：见《登科记考》卷二三。

司空图感叹世之大乱，是春退隐中条山王官谷别墅，日与高僧名士游咏。约是年，与王驾寄书往来，对驾颇为称赏，又品评唐代诗人。

按：《全唐文》卷八〇七有司空图《与台丞书》、《与王驾评诗书》，称王驾"于诗颇工，于道颇固"，"长于思与境偕，乃诗家之所尚者"。又曰："左丞、苏州，趣味澄敻，若清风之出岫；大历十数公，抑又其次焉。（元、白）力勍而气孱，乃都市豪估耳。刘公梦得，杨公巨源，亦各有胜会。阆仙、东野、刘得仁辈，时得佳致，亦足涤烦。厥后所闻逾褊浅矣。"

顾云在淮南节度使高骈幕，四月以扬州牙将毕师铎率兵攻入扬州，遂去职，退隐霅川，闭门著书。

按：见《唐诗纪事》卷六七。霅川，即湖州。

陆扆为宰相孔纬奏荐，授史馆校书郎。寻丁母忧，去职。

按：见《旧唐书》卷一七九本传。

李山甫在魏博节度使乐彦祯幕，正月奉使太原、汴州等地。

按：见《全唐文》卷八一二乐彦祯《致太原汴州两镇书》。李山甫生卒年、籍贯不详。唐末诗人。咸通中登进士第，以世乱，流寓河朔。文笔雄健，尤善七律，名著一时，颇为司空图称赏。辛文房《唐才子传》称其"诗文激切，耿耿有奇才，多感时怀古之作"。有诗 1 卷，赋 2 卷，后皆散佚。《全唐诗》卷六四三辑录其诗编为 1 卷。事迹见《唐才子传》卷八。

无名氏约是年撰《无能子》3卷。

按：该书今存，收入《正统道藏》，另有王明《无能子校注》。《四库全书总目提要》卷一四六曰："《无能子》三卷，不著撰人名氏。序称光启三年，天子在襃，则唐僖宗时人也。……今考其书，实三十四篇，与序所言篇数合。而卷上注阙第六篇，卷中注阙第五篇，卷下注阙第七、第九、第十、第十二、第十三、第十四等六篇。是其全书具在实四十二篇，与序又不相应。"又曰："其书多窃《庄》、《列》之旨，又杂以释氏之说，词旨颇浅。第以唐代遗文渐少，姑以旧本录之耳。"今人朱越利《试论〈无能子〉》（载《世界宗教研究》1983年第1期）以为四库馆臣所考该书篇目有误，该书原本实为三十篇，"明人增纂《固本》四篇。为掩人耳目，却删去十一篇名，保留篇序号，将文向前合并，并在序中改为曰三十四篇"。张岂之主编《中国学术思想编年（隋唐五代卷）》以为，是书在政治上否定君臣名分，也反对忠孝伦理道德；在人生观上淡泊名利，崇尚无为；在哲学上继承汉代以来元气自然论思想，提出人虫一气的观点，"在思想上有独到见解，为唐末重要的哲学著作"。

司空图始自编文集《一鸣集》。

按：《全唐文》卷八〇七司空图《与王驾评诗书》有"吾适又自编《一鸣集》"云云。该文作于本年，参见本年上文条。

高骈九月卒（821— ）。骈字千里，幽州人，南平郡王高崇文之孙。少习武，亦好文，工诗，善书法。历安南都护、天平、剑南西川、荆南、淮南等镇节度使，累加同平章事、侍中，封渤海郡王。拥兵自重，为牙将毕师铎所杀。有诗1卷，集3卷（一作1卷），后皆散佚。《全唐文》八〇二、《唐文拾遗》卷三二收录其文8篇，《全唐诗》卷五九八编录其诗为1卷。事迹见《旧唐书》卷一八二、《新唐书》卷二二四下。

宋齐丘（ —959）生。

光启四年　唐僖宗文德元年　戊申　888年

二月壬午，僖宗由凤翔还至长安。

按：见《旧唐书》卷一九下《僖宗纪》。

戊子，改元文德。

按：见《旧唐书》卷一九下《僖宗纪》。

三月六日，唐僖宗李儇卒（862— ）。至十二月，葬靖陵。

按：李儇原名俨，系唐懿宗第五子。年少嗣位，内有宦官专权，外有藩镇割据。及黄巢起义爆发，天大大乱，唐廷统治，渐趋倾覆。

八日，寿王李杰嗣位，是为唐昭宗。

按：龙纪元年十一月，昭宗改名晔。见《旧唐书》卷二〇上《昭宗纪》。

是年，开科取士，尚书右丞柳玭知贡举，进士及第28人，诸科1人。

阿拉伯人入普罗旺斯海岸的加德—弗赖尼特。

上勃艮第王国始。

按：见《登科记考》卷二三。

柳玭以吏部侍郎、修国史，拜御史大夫，居官清直。

按：柳玭生卒年不详，京兆华原人。举明经，补秘书正字，累迁刑部员外郎。坐事出贬，奉召还朝，是年后复遭贬，卒于泸州刺史。著有《柳氏训序》1卷、《续贞陵遗事》1卷。《全唐文》卷八一六收录其文3篇。事迹见《旧唐书》卷一六五、《新唐书》卷一六三。

郑谷避乱漂泊梓、通州等地，多赋诗感叹世乱。

按：见傅义《郑谷诗集编年校注》、赵昌平《郑谷年谱》。

吴融是春游浙东各地，与李长史等交游。

按：吴融与李长史交游，见《全唐诗》卷六八七吴融《赠李长史歌序》。

崔涂是春应贡举，登进士第。

按：见《登科记考》卷二三。崔涂生卒年不详，字礼山（一作礼仙），睦州桐庐人。唐末诗人。初游历各地，登第后，不知所终。有诗1卷，已散逸。《全唐文》卷八一九收录其文1篇，《全唐诗》卷六七九辑录其诗编为1卷。事迹见《唐才子传》卷九。

僧贯休是年前后居婺州东阳，时韦庄亦居婺州，两人交游甚密。

按：见夏承焘《韦端己年谱》。

僧希觉于温州开元寺出家。

按：希觉长于《易》，工诗文，尝佣书于诗人罗隐家，隐劝其归乡修学。出家后，入天台山，师从僧慧则习《南山律钞》。见《宋高僧传》卷一六本传。

方干约是年或稍前卒（809—　）。干字雄飞，睦州清溪人。晚唐诗人，尤擅律诗。少为徐凝器重，授以诗律。大中间以应举不第，遂隐居会稽镜湖，以诗自放，与郑仁规、李频、陶详为三益友。以布衣终，门生私谥"玄英先生"。其甥杨弇与僧居远（一说孙郃等）辑录其诗编为《玄英先生诗集》10卷，后散佚。明人再辑为《玄英集》8卷，今存。《全唐诗》卷六四八至六五三辑录其诗编为6卷。事迹见《唐摭言》卷一一、《唐才子传》卷七。

按：方干卒年，历有歧说。《唐才子传》本传谓其卒于咸通末，傅璇琮主编《唐五代文学编年史》（晚唐卷）谓卒于光启二年前。宋人刘克庄《后村诗话》新集卷四、清席启㝢《唐诗百名家全集·方玄英先生诗集》录孙郃《玄英先生传》皆谓方干卒于"光启、文德间"。今从之，姑系于此。方干诗名颇著于时，与李群玉、吴融、喻凫、郑谷、罗邺、崔道融、曹松等均有交往唱和，李频等人更师其学诗。诗风近贾岛、姚合。《四库全书总目提要》卷一五一称其诗"气格清迥，意度闲远，于晚唐纤靡俚俗之中独能自振，故盛为一时所推"。

刘昫（　—947）生。

唐昭宗龙纪元年　己酉　889年

正月癸巳朔，改元龙纪。

按：见《旧唐书》卷二〇上《昭宗纪》。

二月，黄巢军余部秦宗权败亡，河南诸州悉为朱全忠控制。

按：朱全忠原名温，本为黄巢军将领，乾符四年降唐，赐名"全忠"，累拜检校司徒、同中书门下平章事、宣武军节度使，渐发展成为一大割据势力，最终灭唐称帝，建立后梁。

五月，汉州刺史王建攻占成都，自称西川兵马留后。

按：王建由是割据一方，后建立后蜀政权。

七月，诏于杭州置武胜军，以刺史钱镠为本军防御观察等使。

按：钱镠由是割据一方，后建立吴越政权。

是年，开科取士，礼部侍郎赵崇知贡举，进士及第25人，诸科7人。

按：见《登科记考》卷二四。

司空图奉召拜中书舍人，以疾辞。因河北乱，乃寓居华阴。作书论诗，谓"辨于味而后可以言诗"。

按：见《旧唐书》卷一九〇下。《全唐文》卷八〇七有司空图《与李生论诗书》，为其诗论力作。文中论为诗要旨，又标举自己得意之句，可见其诗论主张及诗作特色。

韦庄游历江南各地，诗作颇多。

按：见夏承焘《韦端己年谱》。

陆扆服母丧毕，是冬召授蓝田尉，直弘文馆。

按：陆扆稍后迁左拾遗，兼集贤殿学士，进拜监察御史。见《旧唐书》卷一七九本传。

吴融是春为西川节度副大使韦昭度所召，随其入蜀。

按：《全唐诗》卷六八六有吴融《赴职西川过便桥书怀同年》，傅璇琮主编《唐五代文学编年史》（晚唐卷）谓该诗当作于是春融赴蜀途中。

唐备是春应贡举，登进士第。

按：唐备生卒年、字号、籍贯不详。唐末诗人，以工古诗见称。登第后不知所终。其诗风与曹邺等相似，用语古朴，多寓讥刺。辛文房《唐才子传》谓唐备诗"多极讽刺，颇干教化，非浮艳轻裝之作"。《全唐诗》卷七七五收录其诗3首。事迹见《唐才子传》卷九。

沙仲穆撰《大和野史》10卷成。

按：该书已佚。《唐会要》卷六三载，《大和野史》所述事，起自大和，讫于龙纪。沙仲穆生平事迹不详。

马扎尔人部落西迁，匈牙利阿尔帕德王朝始。

普吕姆修道院院长雷吉诺著成教会音乐论文《和声教育》。

唐昭宗大顺元年　庚戌　890 年

英格兰王阿尔弗雷德建立一支正规国民军和海军。

正月戊子,改元大顺。

按:见《旧唐书》卷二〇上《昭宗纪》。

二月丁巳,从宰臣兼国子祭酒孔纬奏请,以内外文臣捐钱助修国学。

按:时长安累经兵火,孔庙被毁,有司释奠无所,孔纬由是请内外文臣自观察使、制使下及令佐,于本官料钱每缗抽十文,助修国学。见《唐会要》卷三五、《资治通鉴》卷二五八。

是年,开科取士,御史中丞裴贽知贡举,进士及第 21 人,诸科 1 人。

按:见《登科记考》卷二四。

最早的法国诗《圣尤拉莉亚的坎蒂列那》著成。

陆希声在给事中任,十月辑李观遗文,编为《李观文集》3 卷,并为序,序中论及历代文风。

按:《全唐文》卷八一三有陆希声《唐太子校书李观文集序》,文中叙编辑过程,又论历代文风,于唐代文士中尤推重李观、韩愈。李观系中唐古文家,参见贞元十年条。

大顺二年　辛亥　891 年

东法兰克王阿努尔夫在卢万击败诺曼人。

二月,敕修宣宗、懿宗、僖宗三朝实录。

按:《唐会要》卷六三载,丞相、监修国史杜让能以三朝实录未修,乃奏请吏部侍郎柳玭、右补阙裴庭裕、左拾遗孙泰、驾部员外郎李允、太常博士郑光庭等人修之,昭宗遂下敕。然逾年未编录一字,惟裴庭裕采宣宗朝事撰成《东观奏记》,记于史馆。参见景福元年条。

是年,开科取士,御史中丞裴贽知贡举,进士及第 27 人,诸科 6 人。

按:见《登科记考》卷二四。

顾云为宰相杜让能荐举,召授太常博士,奉敕与陆希声、羊业昭、司空图、卢知猷、冯渥等人,分修宣、懿、僖三朝实录。

按:见《唐会要》卷六三。羊业昭,吴人,尝与皮日休交游。有集 15 卷,已佚。《全唐诗》卷六三一收录其诗 1 首。顾云及陆希声、司空图生平概况,分见乾宁元年、乾宁二年、后梁开平二年条。

陆扆三月以屯田员外郎充翰林学士。

按：见《旧唐书》卷一七九本传。

黄璞是春应贡举，登进士第。

按：见《登科记考》卷二四。黄璞生卒不详，字绍山，一字德温，号雾居子，侯官人，后迁莆田。登第后，历崇文馆校书郎等职。以世乱，归隐闽县敦业乡，杜门不仕，专致著述。著有《闽川名士传》1卷，记中宗神龙以来闽籍文士事迹，已散佚。《太平广记》、《太平御览》、《莆阳比事》、《淳熙三山志》、《麟角集》、《全唐文》辑录逸文10余篇。另有《雾居子》10卷、文集12卷，后皆佚。《全唐文》卷八一七、《唐文拾遗》卷三三收录其文3篇。

王涣是春应贡举，登进士第。

按：王涣时以词赋知名于世，其作品颇为世人传诵。见卢光济《唐故清海军节度掌书记太原王府君墓志铭》（载岑仲勉《金石论丛·从王奂墓志解决了晚唐史一两个问题》）。

吴仁璧是春应贡举，登进士第。

按：吴仁璧生卒年不详，字廷宝，吴（一作关右）人。好老庄之学，工诗，擅星象术。登第后，累拒钱镠召辟，遂遇害。有诗1卷，已佚。《全唐诗》卷六九〇收录其诗11首。

谢廷浩大顺中以辞赋名世，人称"锦绣堆"。

按：见《唐摭言》卷一〇。谢廷浩，闽人，余不详。

僧文益是年七岁，从新定智通院僧全伟禅师出家。

按：见《宋高僧传》卷一三本传。

道士杜光庭在成都，八月作《无上黄箓大斋后述》，记唐代道教经典编录及流传情况。

按：《全唐文》卷九四四杜光庭《无上黄箓大斋后述》，从中可见唐代道教之兴衰。文中略曰："至开元之岁，经诀方兴。玄宗著《琼纲经箓》凡七千三百卷；复有玉讳别目记传疏论相兼九千余卷。寻至二胡猾夏，正教陵迟，两京秘藏多遇焚烧。上元年中，所收经箓六千余卷。至大历年，申甫先生海内搜访，京师缮写，又及七千卷。长庆之后，咸通之间，两街所写才五千三百卷。近属巨寇凌犯，大驾南巡，两都烟煤，六合榛棘，真宫道宇，所在凋零，玉笈琅函，十无二三，余属兹艰会，漂寓成都，扈跸还京，淹留未几，再为搜访，备涉艰难，新旧经诰仅三千卷。未获编次，又属省方，所得之经，寻亦亡坠。"

日僧圆珍卒（814— ）。圆珍俗姓和，日本天台宗始祖最澄弟子。大中七年入唐，游学凡五年。归国后，奉敕任延历寺第五世座主，敕封御前讲师，深受尊崇，成为日本天台宗寺门派始祖。卒，追谥"智证大师"。著有《法华集论记》、《授决集》、《观普贤经记》、《大日经指归》、《诸家教相同异》、《传教大师略传》、《行历抄》、《山王院在唐记》等，收录于《智证大师全集》第四册。参见董平《天台宗研究》、（日）村上专精《日本佛教史纲》。

李昌符约卒，生年、字号、籍贯不详。晚唐诗人，"咸通十哲"之一。咸通四年登进士第，累迁膳部郎，遭贬谪，卒于贬所。有集1卷，已散佚。

《全唐诗》卷六〇一辑录其诗编为1卷。事迹见《唐才子传》卷八。

按：李昌符卒年，史不载。此从傅璇琮主编《唐才子传校笺》。

王延彬（ —920）、林鼎（ —944）、刘昫（ —951）、尹拙（ —971）、僧德韶（ —972）生。

唐昭宗景福元年　壬子　892 年

西法兰克王奥多败北欧人于蒙蓬西埃。

英格兰王阿尔弗雷德及丹麦人战于肯特。

正月丙寅，改元景福。

按：见《旧唐书》卷二〇上《昭宗纪》。

是年，开科取士，蒋泳知贡举，进士及第 30 人，诸科 6 人。

按：见《登科记考》卷二四。

陆扆由屯田员外郎加祠部郎中，知制诰。

按：见《旧唐书》卷一七九本传。

郑遨工诗文，举进士不第，遂入少室山出家为道士。

按：见《新五代史》卷三四本传。

日本《类聚国史》成书。

《盎格鲁—撒克逊编年史》成书。

裴庭裕撰《东观奏记》3 卷成。

按：裴庭裕于去年二月奉敕参修宣宗、懿宗、僖宗三朝实录，遂采宣宗朝事纂成《东观奏记》，并为序。《新唐书》卷五八《艺文志》曰："大顺中，诏修宣、懿、僖《实录》，以日历注记亡缺，因撮宣宗政事奏记于监修国史杜让能。"该书今存，有明唐宋丛书本、清藕香零拾本等。

又按：裴庭裕一作廷裕，生卒年不详，字膺余，绛州闻喜人。通史学，善属文，以文思敏捷，时人号为"下水船"。后迁翰林学士、左散骑常侍，坐事贬湖南，卒于贬所。《全唐文》卷八四一存其文 2 篇，《全唐诗》卷六八八存其诗 2 首。

再按：入唐以来，杂史之类历史笔记渐多，至中晚唐，撰述之风事盛，相关著作迭出。仅流传至今者，即有刘𬩽《隋唐嘉话》、刘肃《大唐新语》、张鷟《朝野佥载》、李肇《唐国史补》、韦绚《刘宾客嘉话录》、封演《封氏闻见记》、李德裕《次柳氏旧闻》、郑处诲《明皇杂录》、苏鹗《杜阳杂编》、赵璘《因话录》、李绰《尚书故实》、范摅《云溪友议》、高彦休《唐阙史》等多种。《东观奏记》亦属其中。此类撰述，载录遗闻逸事，可补正史之阙。刘知幾《史通》卷一〇《杂述》曰："偏记小说，自成一家，而能与正史参行，其所由来尚矣。爰及近古，斯道渐烦。史氏流别，殊途并骛。榷而为论，其流有十焉：一曰偏记，二曰小录，三曰逸事，四曰琐言，五曰郡书，六曰家史，七曰别传，八曰杂记，九曰地理书，十曰都邑簿。"又曰："大抵偏记、小录之书，皆记即日当时之事，求诸国史，最为实录"；"逸事皆前史所遗，后人所记，求诸异说，为益实多"；"琐言者，多载当时辨对，流俗嘲谑，俾夫枢机者藉为舌端，谈话者将为口舌"。《四库全书总目提要》卷五一亦曰："杂史之目，肇于《隋书》，盖载籍既繁，难于条析，义取乎兼包众体,宏括殊名。……大抵取事系庙堂,语关军国,或但具一事之始末,非一代之全编;或但述一时之见闻,只一家之私记。要期遗文旧事,足以存掌故,资考证,备读史者之参稽云尔。"

顾云在太常博士任,参修国史。是夏编次杜荀鹤诗文300余篇为《唐风集》3卷(一说10卷),并为序。

按:见《全唐文》卷八一五顾云《唐风集序》。

边冈为太子少詹,奉敕与司天少监胡秀林、均州司马王墀等造新历,十二月撰成,进上。昭宗命曰《景福崇玄历》,诏颁天下。

按:《景福崇玄历》,《新唐书》卷五九《艺文志三》著录为40卷。时以旧《宣明历》浸差,命边冈等重造历。冈精历法,所造新历皆出于其手。见《资治通鉴》卷二五九、《新唐书》卷三〇下《历志》。边冈具体事迹不详。

李昊(—966)生。

拜拉祖里卒,生年不详。阿拉伯历史学家。

提尔米迪卒,生年不详。阿拉伯学者。

景福二年　癸丑　893 年

十一月,加凤翔节度使李茂贞中书令衔,进爵秦王,兼兴元尹、山南西道节度使。

按:时李茂贞拥有山南道诸州郡,甲兵雄盛,遂凌弱王室,有问鼎之志。

是年,开科取士,礼部侍郎杨涉知贡举,进士及第28人,诸科12人。

按:见《登科记考》卷二四。

罗隐在杭州,十一月以杭州罗城毕工,作文记之。

按:罗隐所作《杭州罗城记》,见《罗隐集·杂著》。该文系研究唐末杭州城之重要文献。

陆扆五月拜中书舍人,以善文词,颇为昭宗器重。

按:《旧唐书》卷一七九本传曰:"扆文思敏速,初无思虑,挥翰如飞,文理俱惬,同舍服其能,天子顾待特异。"

卢汝弼以诗文为时人所称,约是年或稍前登进士第。

按:《旧五代史》卷六〇本传谓卢汝弼于"唐昭宗景福中擢进士第",知其登第当在本年或去年。姑系于此。

冯涓是夏在西川节度使王建幕,建之奏表之类,多出其手。

按:冯涓生平概况,见后梁开平五年条。

僧尚颜约是年至长安,与陆希声、郑谷等交游。

按:尚颜生卒年、籍贯不详,俗姓薛,字茂圣。唐末诗僧。先后住荆州、庐山、峡州、潭州等地,与方干、陈陶、吴融、李洞、裴说、司空图等均有交往。其诗师贾岛,长于五言律诗。有《供奉集》1卷,《荆门集》5卷,后皆佚。另有颜荛编次《颜上人集》,

拜占庭帝利奥六世《巴西尔法典》成。

亦佚。事见光化三年条。今存影印书棚本《尚颜诗集》1卷,收入《唐五十家小集》。《全唐诗》卷八四八收录其诗34首。

僧从约是年或稍前奉江西节度使钟传命,入朝进献《法华经》千部,颇受昭宗礼遇。

按:《唐摭言》卷五谓此事在"景福中",未详具体年份。景福系年仅两年,从约进献佛经当本年或去年,姑系于此。从约事迹不详。

唐彦谦约是年后卒,生年不详。彦谦字茂业,并州晋阳人。博学多才,工诗文,擅书画,通音乐。累举进士不第,避乱汉南鹿门山,自号鹿门先生,以著述自任。后入仕,累迁阆、壁、绛等州刺史,卒于汉中。郑贻辑录其诗编为《鹿门集》3卷,今存,有晨风阁丛书本等。《全唐诗》卷六七一至六七二编录其诗为2卷,《全唐诗补遗》、《全唐诗补编·续拾》又补录12首。事迹见《旧唐书》卷一九〇下、《新唐书》卷八九。

按:唐彦谦卒年,史不载。此从傅璇琮主编《唐五代文学编年史》(晚唐卷)。唐彦谦少时诗学温庭筠、李商隐,后崇杜甫。尤擅七言诗,文词壮丽。其诗用事精巧隐僻,对偶工切,为宋代西昆派诗人杨亿、刘筠及江西派诗人黄庭坚等推崇。

唐昭宗乾宁元年　甲寅　894年

拜占庭及保加利亚人战。

正月乙丑,改元乾宁。
按:见《旧唐书》卷二〇上《昭宗纪》。
是年,开科取士,礼部侍郎李择知贡举,进士及第28人,诸科3人。
按:见《登科记考》卷二四。

陆扆五月由翰林学士、中书舍人迁户部侍郎、知制诰。
按:见《旧唐书》卷二〇上《昭宗纪》。
徐夤是春应贡举,登进士第,授秘书正字。
按:见《登科记考》卷二四。徐夤生平概况,参见后梁乾化五年条按语。
沈崧是春应贡举,登进士第。
按:见《登科记考》卷二四。沈崧系闽人,登第未几即南归,途经杭州,为镇海军节度使钱镠所召,辟为掌书记,又除浙西营田副使,遂留于吴越。

顾云约卒(约851—　)。云字垂象,又字士龙,池州秋浦人。晚唐学者。出身盐商家庭,工诗文,通史学。咸通十五年登进士第,入淮南节度使高骈幕。后历太学博士等职,卒于官。尝参修宣、懿、僖三朝实录,撰有《顾氏遗编》10卷、《苕川总裁》10卷、赋2卷、《启事》1卷、《集遗具录》10

卷、《新纂文苑》10卷、《苕亭杂笔》5卷、《凤策联华》3卷等，后皆散佚。《全唐文》卷八一五辑录其文编为1卷，《全唐诗》卷六三七辑录其诗编为1卷。事迹见《唐诗纪事》卷六七。

张昭远（ —972）、王昭素（ —982）生。

按：张昭远至后汉时，因避讳改名昭。

乾宁二年　乙卯　895年

五月，凤翔节度使李茂贞等率兵入长安，京师大乱。

按：见《旧唐书》卷二〇上《昭宗纪》。

七月，长安兵乱，昭宗出奔南山，至八月始还宫。

按：见《旧唐书》卷二〇上《昭宗纪》。

是年，开科取士，刑部尚书崔凝知贡举，初进士及第25人，后重试，登第者15人，另诸科3人。

按：见《登科记考》卷二四。

司空图八月避乱居浙上，诗作颇多。

按：见《全唐文》卷八〇九司空图《绝麟集序》。

陆扆五月由翰林学士、户部侍郎、知制诰转兵部侍郎，进爵嘉兴男。

按：见《旧唐书》卷二〇上《昭宗纪》。

王贞白是春应贡举，登进士第。

按：见《登科记考》卷二四。王贞白生卒年不详，字有道，信州永丰人。学识广博，明《易》象，尤以诗著名。登第后，授校书郎。后以世乱，弃官退隐永丰，收徒教授，以道学自任，从学者众。与罗隐、贯休、郑谷、方干等人友善，交游甚密。尝自编所作诗文为《灵溪集》7卷，又有诗1卷，后皆散佚。《全唐诗》卷七〇一辑录其诗编为1卷。事迹见《唐才子传》卷一〇。

程晏是春应贡举，登进士第。

按：程晏生卒年、籍贯不详，字晏然。工古文，尤擅杂文。所作多议论小品，论述颇新异。有集7卷（一作6卷），已佚。《全唐文》卷八二一收录其文7篇。

崔道融在温州永嘉，是夏编所作诗文为《东浮集》10卷。

按：见傅璇琮主编《唐才子传校笺》。《东浮集》今已佚。

康軿四月撰《剧谈录》2卷成，自为序。

按：《剧谈录》系康軿追记早年所得异闻而成，今存，见《唐文拾遗》卷三三。康軿一作康骈，生卒年不详，字驾言，池州人。乾符五年登进士第，复登博学宏词科，历崇文馆校书郎等职。以世乱退隐乡里，耕于池阳山。《唐文拾遗》卷三三收录其文1篇，即《剧谈录序》；《全唐诗》卷八九〇收录其词1首。

拜占庭人让西西里岛于阿拉伯人。

东法兰克人入罗马。

最早的《旧约》希伯来手稿出现。

阙名是年后撰传奇《余媚娘叙录》。
按：见李剑国《唐五代志怪传奇叙录》。

陆希声约卒（约 828— ）。希声字号不详，苏州吴人。晚唐学者。熟谙经学，尤精《易》、《春秋》、《老子》；又通史学，工诗文。尝隐居义兴，奉召入朝，累拜户部侍郎、同中书门下平章事，罢为太子少师。以疾卒，谥曰"文"。著有《周易传》2 卷、《春秋通例》3 卷、《道德真经传》（一作《道德经传》）4 卷、《易传解说》1 卷、《周易微旨》1 卷（一说 3 卷）、《吴子》3 卷、集 10 卷、《颐山诗》1 卷等。今存《道德真经传》，余皆散佚。《全唐文》卷八一三收录其文 6 篇，《全唐诗》卷一一六收录其诗 22 首。事迹见《新唐书》卷一一六。

按：陆希声卒年，史无明载，一说其卒于天复元年。此从王运熙、顾易生《中国文学批评通史》卷三之说。陆希声系唐末著名经学家，以为道家与儒家之说并不对立，而是"质"与"文"之关系，"盖仲尼之术兴于文，文以治情；老氏之术本于质，质以复性"（《道德真经传序》）。其于诗文理论亦多有阐发，主张"文以理为本，而辞质在所尚"（《李观文集序》），尤推崇李观文，所论对抑制当时浮艳文风不无裨益。

李磎五月卒，生年不详。磎字景望，江夏人。唐末思想家。博学多才，精经学，为学者所宗。擅诗文，工书法，名盛一时。家富藏书，人称"李书楼"。大中间登进士第，历水部员外郎、吏部郎中、中书舍人、礼部尚书等职。颇为唐昭宗信用，两度拜相。李茂贞率兵入长安，遂遇害。后追赠司徒，谥曰"文"。著述颇丰，有《百家著诸心要文集》30 卷、《品流志》5 卷、《易之心要》3 卷、《注论语》1 部、《明无为》2 卷（一作 3 卷）、《义说》1 篇、《制集》4 卷、《表疏》1 卷等，后皆佚。《全唐文》卷八○三辑录其文编为 1 卷。事迹见《旧唐书》卷一五七、《新唐书》卷一六四。

按：李磎本于儒学，对老庄之说持批判否定态度。所撰《广废庄论》，承东晋王坦之《废庄论》而加以进一步发挥，为唐末重要哲学文献。文中曰："世多以《庄子》为元奥，吾独以为粗见理而未尽耳。……观其体虚无，而不知虚无之妙也；研几于天命，而未及天命之源也；乐言因任，而未知因任之本也；穷极性情，而未尽性情之变也。"

韦昭度五月卒，生年不详。昭度字正纪，京兆人。登进士第，僖宗、昭宗两朝迭掌相职。以太傅致仕，李茂贞率兵入长安，遂遇害。与杨涉合撰《续皇王宝运录》10 卷，早佚。《全唐文》卷八○五收录其文 3 篇。事迹见《旧唐书》卷一七九、《新唐书》卷一八五。

李沆五月卒，生年不详。沆字东济，江夏人，李磎之子。唐末诗人，其乐府诗类李贺风格。与父同时为李茂贞所杀。有《歌行》1 卷，已佚。《全唐诗》卷六八八收录其诗 6 首。

乾宁三年　丙辰　896年

四月，湖南军乱，权知邵州刺史马殷为兵马留后。

按：见《旧唐书》卷二〇上《昭宗纪》。马殷由是渐割据一方，后建立楚政权。

七月，凤翔节度使李茂贞再次率部入长安，昭宗出奔华州。

按：见《旧唐书》卷二〇上《昭宗纪》。

是年，开科取士，礼部侍郎独孤损知贡举，进士及第12人，诸科4人。

按：见《登科记考》卷二四。

陆扆二月为兵部尚书，七月进拜户部侍郎、同平章事，八月又转中书侍郎、集贤殿大学士，仍判户部。至九月，出为硖州刺史。

按：见《旧唐书》卷二〇上《昭宗纪》。

僧可止住长安大庄严寺，进献诗作。昭宗喜之，遂应制内殿。

按：见《宋高僧传》卷七。

李绰约是年或稍前撰《秦中岁时记》1卷。

按：该书已佚。史载李绰于龙纪元年任太常博士，后迁膳部郎中，撰《秦中岁时记》。考乾宁四年正月，李绰又转为礼部郎中，则该书当成于本年或稍前，姑系于此。参见岑仲勉《郎官石柱题名新考订·膳部郎中·补遗》。李绰生卒年不详，字肩孟，赵州人，李纾曾孙。累迁礼部郎中，及唐亡，奔南方隐居，未知所终。另撰有《尚书故实》1卷，今存。《全唐文》卷八二一收录其文2篇。

段安节约是年前后在国子司业任，撰《乐府杂录》1卷，自为序。

按：该书今存。段安节撰书时间，一说在乾宁元年。此从傅璇琮主编《唐五代文学编年史》（晚唐卷）。据《全唐文》卷八二〇段安节《乐府杂录序》，段安节因见《教坊记》所载未详，遂采编见闻而成该书。书中载唐玄宗以后乐部、歌舞、杂戏、乐器、乐曲及乐律宫调，兼叙部分演奏者姓名及逸事，为研究唐代乐舞之重要文献。又有后人将书中记琵琶一节单独编为《琵琶录》（又名《琵琶故事》），今亦存。段安节生卒年不详，祖籍临淄邹平，家居河南（一说东牟），段成式之子。擅乐律。后官至吏部郎中。《全唐文》卷八二〇收录其文1篇。

欧阳炯（　—971）生。

东法兰克王阿尔努夫加冕，称帝。

近代匈牙利民族始。

乾宁四年　丁巳　897 年

二月,朱全忠取郓、齐、曹、沂、密、徐、宿、陈、许、郑、滑、濮等州,势益大。

按:见《旧唐书》卷二〇上《昭宗纪》。

十一月,杨行密大败朱全忠军,由是据有江淮一带。

按:见《旧唐书》卷二〇上《昭宗纪》。

是年,于行在华州开科取士,礼部侍郎薛昭纬知贡举,进士及第 20 人,诸科 3 人。

按:见《登科记考》卷二四。

陆扆在硖州刺史任,二月责授工部尚书,八月转兵部尚书。

按:见《旧唐书》卷二〇上《昭宗纪》。

王驾在礼部员外郎任,是秋至华阴,与司空图交游。

按:王驾与图为诗友,交游甚密,参见广明二年条。王驾生卒年不详,字大用,自号守素先生,河中人。唐末诗人。大顺元年登进士第,累迁礼部员外郎,后弃官归隐。有诗集 6 卷,集 1 卷,后皆佚。《全唐诗》卷六九〇收其诗 6 首。事迹见《唐才子传》卷九。

张道古为右拾遗,以上疏谏言忤旨,出贬施州司马。

按:《资治通鉴》卷二六一载,张道古在奏疏中称昭宗"登极已十年而曾不知为君驭臣之道",致使"先朝封域日蹙几尽",以为"朝廷社稷始为奸臣所弄,终为贼臣所有"。昭宗怒,张道古由是出贬。未几,以左补阙征还,会兵乱路阻,乃变姓易名,卖卜于导江、青城市中。

孙郃是春应贡举,登进士第,授校书郎。

按:见《登科记考》卷二四。孙郃一作孙郤,其生平概况,见梁开平元年条按语。

郑谷是春编次所作诗为《云台编》3 卷,自为序。

按:《云台编》已佚。《唐文拾遗》卷三三有郑谷《云台编序》。

叶耳孤比卒,生年不详。阿拉伯历史学家,地理学家。

僧从谂卒(778—　)。从谂俗姓郝,世称赵州和尚,又称赵州古佛,曹县(一说临淄)人。唐末禅学高僧。幼年出家,师从池阳南泉普愿,得承其嗣。后游历诸方,遍访名师。晚年住赵州观音院,门气大振。卒谥"真际大师"。门人辑录其语为《真际大师语录》(又称《赵州和尚语录》)3 卷,今存。事迹见《宋高僧传》卷一一、《赵州和尚语录》卷末《赵州真际禅师行状》、《景德传灯录》卷一〇。

李洞约是年后卒,生年不详。洞字才江,京兆人,唐宗室之后。唐末诗人。屡应举落第,拓落失意。酷慕贾岛诗风,曾集贾岛及唐诸贤警句五十联为《贾岛句图》1卷。有诗集1卷(一作3卷),集1卷,后皆散佚。《全唐诗》卷七二一至七二三辑录其诗编为3卷。事迹见《唐才子传》卷九。

按:李洞卒年,史无明载。此从傅璇琮主编《唐五代文学编年史》(晚唐卷)。

林罕(　—?)生。

按:林罕撰有《林氏字源编小说》,书首自序谓后唐长兴二年三十五岁,则其生当本年。

乾宁五年　唐昭宗光化元年　戊午　898年

正月,以天下大乱,昭宗下罪己诏。

按:见《资治通鉴》卷二六一。

八月己未,昭宗由华州还长安。

按:见《旧唐书》卷二〇上《昭宗纪》。

甲子,改元光化。

按:见《旧唐书》卷二〇上《昭宗纪》。

是年,于行在华州开科取士,礼部尚书裴贽知贡举,进士及第20人,诸科1人。

按:见《登科记考》卷二四。

褚载是春应贡举,登进士第。

按:见《登科记考》卷二四。褚载生卒年、籍贯不详,字厚子。唐末诗人。尝客居梁宋间,登第后,流落不知所终。有诗3卷,集1卷,皆已佚。《全唐诗》卷六九四收其诗14首,内有他人之作混入。事迹见《唐才子传》卷一〇。

路德延是春应贡举,登进士第。

按:见《登科记考》卷二四。路德延生卒年不详,字昌远,魏州冠氏人。唐末诗人。登第后,累授拾遗,入河中节度使朱友谦幕为掌书记,为友谦所杀。《全唐诗》卷七一九收录其诗3首。

王毂是春应贡举,登进士第。

按:见《登科记考》卷二四。王毂生卒年不详,字虚中,自号临沂子,袁州宜春人。唐末诗人。登第后,累授国子博士,以郎官致仕。有诗集3卷,《前代忠臣临危不变图》1卷,《观光集》(一作《临沂观光集》)1卷(一作3卷),集1卷,《报应集》3卷,皆已佚。《全唐诗》卷六九四收录其诗18首。事迹见《唐才子传》卷一〇。

僧师备应闽王王审知之请,住安国院,昭宗敕赐"宗一大师"号。

按:见《祖堂集》卷一〇。

僧智闲卒,生年不详。智闲,青州人。唐末南宗禅高僧。曾师从南宗禅南岳下一系沩仰宗始祖沩山灵祐,后居邓州香严山,倡弘禅学,故世称香严禅师,又称香严和尚。卒,谥"袭灯禅师"。《唐音癸签》卷三〇、《新唐书》卷五九《艺文志三》著录其《偈颂》1卷,凡200余篇。事迹见《宋高僧传》卷一三、《祖堂集》卷一九、《联灯会要》卷八、《景德传灯录》卷一一、《五灯会元》卷九。

桑维翰(—946)、李涛(—961)、乔匡舜(—972)生。

光化二年　己未　899 年

法兰克阿尔努夫帝卒。美因茨大主教擅政。

英格兰王阿尔弗雷德卒。

是年,开科取士,礼部侍郎赵光逢知贡举,进士及第 27 人,诸科 1 人。
按:见《登科记考》卷二四。

陆扆正月复拜中书侍郎、同平章事,再掌相职。
按:见《旧唐书》卷二〇上《昭宗纪》。

僧齐己是年前后至长安与郑谷等交游,多有诗文往来。
按:见傅义《郑谷诗集编年校注》。

僧修睦是年前后为洪州僧正,与僧贯休、处默、栖隐等多有诗赋往来。
按:《全唐诗》卷八四九修睦小传曰:"修睦,光化中为洪州僧正,与贯休、处默、栖隐为诗友。"

司空图寓居华阴,八月作《书屏记》,叙唐初以来书品及流传情况;又作《疑经》、《疑经后述》两文。
按:司空图所撰诸文今皆存,分见《全唐文》卷八〇七、八〇九。

吴融在中书舍人、翰林学士任,十二月作《禅月集序》,论诗歌宗旨及盛唐以来诗风之演变。
按:《禅月集序》今存,见《全唐文》卷八二〇。《禅月集》即贯休诗集。吴融于序中论曰:"夫诗之作者,善善则咏颂之,恶恶则风刺之。苟不能本此二者,韵虽甚切,犹土木偶不生于气血,何所尚载。自风雅之道息,为五言七言诗者,皆率拘以句度属对焉。既有所拘,则演情叙事不尽矣。且歌与诗,其道一也。然诗之所拘悉无之,足得于意,取非常语,语非常意,意又尽则为善矣。国朝为能歌诗者不少,独李太白为称首,盖气骨高举,不失颂咏风刺之道。厥后白乐天为讽谏五十篇,亦一时之奇逸极言,昔张为作诗图五层,以白氏为广大教化主,不错矣。至于李长吉以降,皆以刻削峭拔飞动文彩为第一流,而下笔不在洞房蛾眉神仙诡怪之间,则掷之不顾。"

郑綮卒,生年、籍贯不详。綮字蕴武。唐末诗人。登进士第,累迁散骑常侍,乾宁初拜相,旋以太子少保致仕,卒于家。撰有《开天传信录》,已佚。《全唐文》卷四〇八收录其文1篇,《全唐诗》卷五九七收录其诗4首。事迹见《旧唐书》卷一七九、《新唐书》卷一八三。

按:郑綮为诗好用歇后句,因其排行五,时人称为"郑五歇后体"。

王衍(　—926)、和凝(　—955)生。

光化三年　庚申　900年

十一月庚寅,宦官刘季述等幽禁昭宗,拥太子李裕监国。甲午,裕即帝位。

按:见《旧唐书》卷二〇上《昭宗纪》。

是年,开科取士,礼部侍郎李渥知贡举,进士及第36人,诸科2人。

按:见《登科记考》卷二四。

韦庄是夏擢左补阙,十二月奏请追赐李贺、皇甫松、陆龟蒙等进士及第。

按:《全唐文》卷八八九有韦庄《乞追赐李贺、皇甫松等进士及第奏》。

陆扆四月由中书侍郎兼户部尚书,仍知政事,进爵吴郡开国公;九月,转门下侍郎、监修国史。

按:见《旧唐书》卷一七九本传。

王定保是年应贡举,登进士第。

按:见《登科记考》卷二四。

张昭远是年七岁,已能诵古乐府、咏史诗百余篇。

按:张昭远至五代后汉时因避汉祖讳改名昭。《宋史》卷二六三本传载,张昭远父张直有儒学,会世乱,于濮州故里以《周易》、《春秋》教授学者,号"逍遥先生"。昭远承家风,自幼勤学,未及冠,便已遍读《九经》,尽通其义。后至赞皇,又从程生者学史,为授《荀纪》、《国志》等,"尽得十三代史,五七年间,能驰骋上下数千百年事。又注《十代兴亡论》"。

柳璨撰《柳氏释史》(又称《史通析微》)10卷成。

按:《唐会要》卷六三曰:"直史馆柳璨以刘子玄所撰《史通》议驳经史过当,纪子玄之失,别纂成十卷,号《柳氏释史》,又号《史通析微》。"该书后散佚。

刘山甫约是年后撰《金溪闲谈》12卷。

按:李剑国《唐五代志怪传奇叙录》谓《金溪闲谈》所记画最迟年份为光化中。知刘山甫撰成是书当在本年后。姑系于此。该书早已散佚,《北梦琐言》、《太平广记》引录逸文十数条。刘山甫生平概况,见后唐同光三年条按语。

韦庄七月编选王维、杜甫等150人诗300首为《又玄集》3卷,并为序。

西班牙科尔多瓦大学建。

玛雅文明约于此时进入后古典期。

阿拉伯民间故事集《天方夜谭》处在早期阶段。

日本汉诗文集《菅家文草》成书。

犹太《创世记》成。

最早的复调音乐理论著作《音乐手册》约于此间问世。

按：见《全唐文》卷八八九韦庄《又玄集序》。该集今存，有《唐人选唐诗》本。

颜荛四月辑录僧尚颜诗 400 首，编为《颜上人集》。

按：见《全唐文》卷八二九颜荛《颜上人集序》。《颜上人集》已佚。尚颜为唐末诗僧，颇得昭宗宠幸。其生平概况，见景福二年条按语。颜荛生卒年、籍贯不详。少受知于诗人张祜，后登进士第，累迁中书舍人、判史馆，拜给事中，坐事贬死。工诗文，擅制诰，与陆龟蒙、尚颜交谊尤深，往来诗文甚多。作品多散佚，《全唐文》卷八二九、《唐文拾遗》卷三三收录其文 2 篇，《全唐诗》卷七二七收录其诗 1 首。

钱珝是秋编《舟中录》20 卷。

按：该书已散佚。据《全唐文》卷八三六钱珝《舟中录序》，是年六月，珝贬抚州司马，行舟至沔阳，途中编成《舟中录》。钱珝生卒年不详，字瑞文，吴兴人，钱起曾孙。善文辞，长制诰，工诗，尤擅长绝句。广明元年登进士第，累迁中书舍人。出贬抚州司马，不知所终。所撰除《舟中录》外，又有《制集》10 卷，亦已散逸。《全唐文》卷八三一至八三六编录其文为 6 卷，《全唐诗》卷七一二编其诗为 1 卷。事迹见《唐才子传》卷九。

光化四年　唐昭宗天复元年　辛酉　901 年

下勃艮第与伦巴德王路易三世加冕，称帝。

东法兰克王权衰微。

正月甲申，盐州都将孙德昭等杀宦官刘季述，拥昭宗复位。

按：见《旧唐书》卷二〇上《昭宗纪》。

四月甲戌，改元天复。制举贤良方正能直言极谏、博通坟典达于教化、军谋弘远政术详明者，由文武常参官及诸道节度观察等使具名奏荐，于十一月至京策试。又敕中书门省，选择新及第进士中有久在名场、才德科级、年齿已高者，不拘常例，各授一官。

按：见《登科记考》卷二四。

十一月壬子，宦官韩全诲等挟持昭宗出奔凤翔，依凤翔节度使李茂贞。

按：初，韩全诲与李茂贞相结，宰相崔胤与朱全忠相结，彼此互为表里。全忠欲迁都洛阳，茂贞欲迎驾凤翔，各有挟天子以令诸侯之意。全忠发兵向长安，全诲遂挟持昭宗赴凤翔。见《旧唐书》卷二〇上《昭宗纪》、《资治通鉴》卷二六二。

是年，开科取士，礼部侍郎杜德祥知贡举，进士及第 26 人，诸科 3 人。

按：见《登科记考》卷二四。

韦庄是春入蜀依王建，为掌书记。

按：韦庄颇得王建信用，后劝建称帝，入掌相位，蜀之开国制度及刑政礼乐等，多出其手。

陆扆五月加兵部尚书，进位特进。

按：见《旧唐书》卷一七九本传。

郑良士是年弃职归隐,居泉州白岩故墅。

按:郑良士尝任恩、康二州刺史,至是以世乱归隐。见《十国春秋》卷九五本传。

曹松、王希羽、刘象、柯崇、郑希颜等是春应贡举,皆登进士第,时称"五老榜"。

按:《唐摭言》卷八载,是年贡举,"放曹松、王希羽、刘象、柯崇、郑希颜等及第",以诸人"皆年逾耳顺矣,时称'五老榜'"。又,《全唐诗录》卷九七引《昭宗实录》云,中书门下省奉敕选择新及第进士,以陈光问(年六十九)、曹松(年五十九)、王希羽(年七十三)、刘象(年七十)、柯崇(年六十四)、郑希颜(年五十九)奏闻,分别授秘书省正字、太子校书等职。与《唐摭言》所载有所不同。

又按:曹松生平概况,见本年下文条。王希羽一作一羽,池州(一作歙州)人。唐末诗人。有诗1卷,已佚。《全唐诗》卷七一五收录其诗1首。刘象,京兆人。唐末诗人。出身贫寒,初屡试不第,登第时年已七十。所作《咏仙掌》最为著名,时人号其曰"刘仙掌"。作品多散佚,《全唐诗》卷七一五收录其诗10首。柯崇一作柯宗,闽人。唐末诗人。《全唐诗》卷七一五收录其诗2首。郑希颜事迹不详。

曹松约卒(约831—)。松字梦征,舒州人。唐末诗人。早年游历各地,与方干、喻坦之、许棠、陈陶、胡汾等交谊甚厚。屡试不第,年七十余始登进士第,授校书郎,寻卒。有诗集3卷,集1卷,皆散佚。《全唐诗》卷七一六至七一七辑录其诗编为2卷。事迹见《唐才子传》卷一〇。

按:《唐才子传》谓曹松本年登进士第,"特授校书郎而卒"。知其卒当在登第后不久。姑系于此。

僧本寂六月卒(840—)。本寂俗姓黄,泉州莆田人。晚唐高僧,南宗禅曹洞宗第二祖。年十九出家,师从曹洞宗开祖良价,承其法嗣。后在抚州曹山(荷玉山)弘法,学徒云集,世称"曹山本寂"。卒谥"元证禅师"。弟子有慧霞、从志、处真、光慧、弘通等。门人辑录其语为《抚州曹山本寂禅师语录》2卷。事迹见《宋高僧传》卷一三、《景德传灯录》卷一七。

王涣十月三日卒(859—)。涣字文吉,太原人。唐末诗人,名著于时。大顺二年登进士第,累迁考功员外郎,入清海节度使徐若彦幕为掌书记。撰有《燕南笔藁》10卷、《西府笔藁》3卷、《从知笔藁》5卷等,后皆散佚。《全唐诗》卷六九〇收录其诗14首。

僧洪諲卒,生年不详。洪諲俗姓吴,吴兴人。唐末南宗禅分支沩仰宗高僧。年十九出家,后师从沩仰宗始祖沩山灵祐。吴越王钱镠赐号"法济大师"。事迹见《祖堂集》卷一九、《宋高僧传》卷一二、《景德传灯录》卷一一、《五灯会元》卷九。

江文蔚(—952)生。

天复二年　壬戌　902 年

北非阿格拉布王朝取西西里。

意大利王贝伦加尔一世复位。

三月，以杨行密为东面行营都统、中书令，赐爵吴王。

按：见《资治通鉴》卷二六三。十国之吴政权由此奠定。

是年，暂停贡举。

按：见《登科记考》卷二四。

徐夤是年或稍前由汴梁南下返闽，为王审知所辟，与黄滔、杨沂、王淡等人交游颇密。

按：徐夤归闽事，见《十国春秋》本传。其生平概况，参见后梁乾化五年条按语。

黄滔七月编辑陈黯遗文成，并为序。又致书罗隐，请作后序。

按：黄滔系陈黯内侄，时在闽，为威武军节度推官。罗隐在杭州越王钱镠幕。两人所作序，分见《全唐书》卷八二四、《罗隐集·杂著》。滔生平概况，参见天祐四年条按语。

迪奈维里卒（约 895—　）。波斯天文学家，植物学家，历史学家。

僧道膺正月三日卒(853—　)。道膺俗姓王，蓟门玉田人。唐代禅学曹洞宗高僧。初学律藏，后转习禅学，师曹洞宗开祖良价。于云居山讲法三十年，徒众常有千余人，大振宗风，世称其"云居道膺"。卒谥"弘觉大师"。弟子有云住、佛日、澹权等。门人辑其言为《语录》，已佚。事迹见《宋高僧传》卷一二、《景德传灯录》卷一七。

按：道膺卒年，《佛祖通载》作天复元年，今从《宋高僧传》本传。

韩熙载(　—970)、杨昭俭(　—977)生。

天复三年　癸亥　903 年

正月，李全忠奉昭宗由凤翔回长安，大杀宦官。

按：昭宗于天复元年十一月出奔凤翔，依李茂贞。朱全忠进兵攻凤翔，茂贞被迫求和，全忠遂挟持昭宗而还，由是朝政为其掌控。见《旧唐书》卷二〇上《昭宗纪》。

是年，暂停贡举。

按：见《登科记考》卷二四。

陆扆二月由门下侍郎、兵部尚书、同平章事、监修国史贬为沂王傅、分司东都。

按：见《旧唐书》卷一七九本传。

杜荀鹤在宣州节度使田頵幕，以田頵败，归依朱全忠。

按：见《旧五代史》卷二四本传。

罗衮为宰相裴枢奏荐，授史馆修撰。上疏请置官购书，"不限经史之集、列圣实录、古今传记、公私著述，凡可取者，一皆市之"，以利修史。

按：时长安迭遭兵火，官藏图书散失殆尽，故罗衮请征购。《全唐文》卷八二八罗衮《请置官买书疏》略曰："臣伏念秘阁四部、三馆图书，乱离已来，散失都尽。一为坠阙，二十余年。陛下追踪往圣，劳神故实，下有明诏，旁求四海，或遣使搜访，或购以官爵，亦已久矣。然而一编一简，未闻奏御。……臣今伏请陛下出内库财，于都下置官买书，不限经史之集、列圣实录、古今传记、公私著述，凡可取者，一皆市之。部帙俱全，则价有差等。至于零落杂小，每卷不过百钱，率不费千缗，可获万卷。……不惟充足书林，以备宣索，今三朝实录未修，无所依约，便期因此遂有所得，斯又朝廷至切之务也。"

又按：罗衮生卒年不详，字子制，临邛人。工诗文，与黄滔、罗隐等友善。大顺中登进士第，历左拾遗、起居郎等职。唐亡，仕后梁，官至礼部员外郎。有集2卷，已佚。《全唐文》卷八二八、《唐文续拾》卷七收录其文21篇，《全唐诗》卷七三四收录其诗3首。

韦蔼六月编次韦庄诗为《浣花集》若干卷，并为序。

按：韦蔼系韦庄之弟。《浣花集》，《崇文总目》作20卷，《郡斋读书志》作5卷，《直斋书录解题》作1卷。今存本为10卷。据蔼《浣花集序》云，该集收录庄诗千余首。今本所录仅240余首，显非原本。

冯翊子约是年后撰《桂苑丛谈》1卷。

按：见李剑国《唐五代志怪传奇叙录》。《桂苑丛谈》系杂史类笔记，录懿宗至唐末遗闻，间有怪异游侠之事。该书今存，有《宝颜堂续秘笈》本、《续百川学海》本等。冯翊子系严子休别号，一说子休为字，名不详，生活于唐末五代，余不详。

吴融约是年或稍后卒，生年不详。融字子华，越州山阴人。唐末诗人，又工书法。尝隐居润州茅山，又徙居长洲。龙纪元年登进士第，累迁礼部郎中，充翰林学士、中书舍人，擢户部侍郎，终翰林承旨学士。有诗集4卷、《制诰》1卷、《唐英集》3卷、赋集5卷。今存《唐英歌诗》3卷，有明毛氏汲古阁刊《唐人四集》本、明抄《唐四十七家诗》本、清《四库全书》本、清《唐诗百名家全集》本等。《全唐文》卷八二○收录其文16篇，《全唐诗》卷六八四至六八七编录其诗为4卷。事迹见《新唐书》卷二○三。今人柏俊才撰有《吴融年谱》（载《文献》1998年第4期）。

按：吴融卒年，一说在天祐二年至三年间。《新唐书》本传曰："凤翔劫迁，融不克从去，客阌乡。俄召还翰林，迁承旨，卒官。""凤翔劫迁"即指天复元年十一月宦官韩全诲等挟持昭宗出奔凤翔事。昭宗于本年正月回长安，融召还及卒官，当在此后不久。姑系于此。吴融于广明、中和间即有盛名，与方干、僧贯休等唱和甚密。《四库全书总目提要》卷一五一评曰："以文章工拙论之,则融诗音节谐雅,犹有中唐遗风"。

陶榖（ —970）、刘熙古（ —976）生；冯延巳（ —960）约生。

按：《十国春秋》卷二六本传谓冯延巳卒于宋建隆元年,"年五十八（一作五十七）"。以其卒年五十八计,当生于本年；以卒年五十七计,当生于明年。今姑以卒年五十八计。

天复四年　唐哀帝天祐元年　甲子　904年

阿拉伯人侵掠拜占庭之萨洛尼卡。

闰四月甲辰,朱全忠胁迫昭宗至洛阳。

按：见《旧唐书》卷二〇上《昭宗纪》。

乙巳,改元天祐。制举怀才抱德隐遁山林、武艺绝伦湮沉卑贱者,所在长官察访奏闻。

按：见《登科记考》卷二四。

八月壬寅,朱全忠杀唐昭宗李晔（867— ）。明年二月二十八日,葬和陵。

按：李晔原名杰,唐懿宗第七子,唐僖宗之弟。嗣位后,为宦官、藩镇轮番挟持,李唐统治渐成虚名。

丙午,太子李祚嗣位,更名柷,是为唐昭宣帝（唐哀帝）。

按：李柷系唐昭宗第九子,是年十三,实为朱全忠傀儡。见《旧唐书》卷二〇下《哀帝纪》。

是年,开科取士,尚书左丞杨涉知贡举,进士及第26人,诸科1人。

按：见《登科记考》卷二四。

柳璨为中书侍郎、平章事,随昭宗迁洛阳,四月判户部事。

按：见《旧唐书》卷二〇上《昭宗纪》。

郑谷以世道纷乱、时局危难,深为忧虑,已有归隐之意。后从僧虚中劝言,遂弃官退隐家乡宜春。

按：见傅义《郑谷诗集编年校注》、赵昌平《郑谷年谱》。僧虚中生卒年不详,宜春人。工诗。游潇湘山,与齐己、颜栖蟾等为诗友。后住湘江西宗成寺。有诗1卷,已佚；《流类手鉴》1卷,亦散佚,《吟窗杂录》卷一三引录其逸文2条。《全唐诗》卷八四八收录其诗14首。

孙鲂避乱居宜春,是年稍后从郑谷学诗,尽得其诗歌体法。

按：见《江南野史》卷七。孙鲂生卒年不详,字伯鱼,南昌人。唐末五代诗人。唐亡,依吴王杨行密,南唐时官宗正郎。有集3卷,诗5卷（一作1卷）,后皆散佚。《全唐诗》卷七四三、《全唐诗补遗》卷五收录其诗35首。事迹见马令《南唐书》卷一三、《十国春秋》卷三一。

僧文益于越州开元寺受戒。
按：见《宋高僧传》卷一三本传。

杜荀鹤卒(846—　)。荀鹤字彦之，自号九华山人，池州石埭人。唐末诗人。诗名早著，又工书法。尝隐居庐山十年，勤奋为学。屡试不第，游历东南各地，一度归隐九华山。大顺二年登进士第，入朱全忠幕，迁主客员外郎、知制诰，充翰林学士。有《唐风集》3卷(一说10卷)，由时人顾云编次，已散佚。今存宋蜀刻本《杜鹤文集》3卷。《全唐诗》卷六九一至六九三编录其诗为3卷。事迹见《旧五代史》卷二四、《唐才子传》卷一〇。
按：杜荀鹤卒年，历有歧说。一说天祐三年，一说后梁开平元年。考《唐才子传》本传、《唐诗纪事》卷六五，皆谓其卒于本年。从之。杜荀鹤诗作承杜甫、白居易之现实主义风格，擅近体，善白描，语言通俗，颇为时人所重。《全唐文》卷八一五顾云《唐风集序》谓其诗"雅丽清省激越之句，能使贪吏廉、雅臣正"，"其壮语大言，则决直起逸发，可以左揽工部袂，右拍翰林肩"。

僧延寿(　—975)生。

天祐二年　乙丑　905年

五月，朱全忠贬斥众臣僚，朝士为之一空。次月，又杀独孤损、裴枢等三十余人。
按：时朱全忠谋夺帝位，凡不附己者皆予贬杀。见《旧唐书》卷二〇下《哀帝纪》。

十一月庚辰，吴王杨行密卒(852—　)。
按：杨行密字化源，庐州合肥人。初为庐州牙将，累迁淮南节度使、东面行营都统、中书令，据有江淮之地，奠定后来十国之吴政权基础。及吴立国，追尊武帝，庙号太祖。事迹见《新唐书》卷一八八、《续唐书》卷二三。

是年，开科取士，礼部侍郎张文蔚知贡举，进士及第23人，诸科2人。
按：见《登科记考》卷二四。

司空图隐居中条山王官谷，七月应人之邀撰《泽州灵泉院记》，谓佛教"其道至隐，其功至博，不可废也"。八月，奉召至洛阳，旋以年老放归。
按：司空图所撰《泽州灵泉院记》，见《全唐文》卷八〇七。文中以为"禅乃诱劝之宗，先驯其性而后入人者耳"，故不可废。

郑谷隐居宜春，是秋齐己来访，彼此谈诗赋词。是冬，有诗《续前集》2首，评殷璠《河岳英灵集》。
按：《续前集》2首，见傅义《郑谷诗集编年校注》。殷璠《河岳英灵集》，参见天宝十二年条。

阿拉伯哈姆丹王朝建于摩苏尔。

意大利王贝伦加尔一世逐法兰克路易三世帝。

西班牙纳瓦拉始称王国。

黄滔在闽,为威武军节度推官。正月作《莆田灵岩寺碑铭并序》,述及王审知之崇佛及闽中文士寓寺读书情况;四月又作《福州报恩定光多宝塔碑记》,记及藏佛经情况。

按:《莆田灵岩寺碑铭并序》、《福州报恩定光多宝塔碑记》两文今皆存,见《莆阳黄御史集》。

卢渥九月卒(820—)。渥字子章,范阳人。有文名,尤擅制诰。大中间登进士第,历国子博士、中书舍人等职,累迁吏部尚书、尚书右仆射、太子太师,以检校司徒致仕,卒于洛阳。作品多已佚。《全唐诗》卷五六六收录其诗2首。事迹见《唐诗纪事》卷五九。《全唐文》卷八〇九有司空图《故太子太师致仕卢公神道碑》。

陆扆六月卒(847—)。扆原名允迪,字祥文,祖籍吴郡,家居陕州,陆贽族孙。善属文,工书法。光启二年登进士第,昭宗时曾两度拜相,爵封吴郡开国公。后累贬濮州司户,被杀。有集7卷,已佚。《全唐文》卷八二七收录其文10篇,《全唐诗》卷六八八收录其诗1首。事迹见《旧唐书》卷一七九、《新唐书》卷一八三。

按:陆扆与陆希声、陆威俱以文学名冠一时,时号"三陆"。

柳璨十二月卒,生年不详。璨字炤之,河东人,柳公绰族孙。博闻多识,善属文。光化中登进士第,历史馆直学士、左拾遗、翰林学士等职,为昭宗信用,擢拜谏议大夫、同中书门下平章事。后依附朱全忠,累迁司空,终为朱全忠所杀。著有《柳氏释史》(又称《史通析微》)10卷、《正闰位历》3卷、《姓氏韵略》6卷、《梦隽》1卷,皆已佚。《全唐文》卷八三一收录其奏疏2篇。事迹见《旧唐书》卷一七九、《新唐书》二二三。

徐知证(—947)生。

按:徐知证卒于南唐保大五年,陆游《南唐书》本传谓其"卒年四十二",《十国春秋》本传从之。以此推,其生当于天祐三年。马令《南唐书》本传则谓其"卒年四十三",以此推,其当生于本年。今从后说。

天祐三年　丙寅　906 年

马扎尔人灭大摩拉维亚公国。

是年,开科取士,吏部侍郎郑廷珪知贡举,进士及第25人,诸科4人。

按:见《登科记考》卷二四。

韩偓在福州。九月,前东都度支院苏端诗携偓散落诗授之,偓追补前作,作诗序记之。

按:见《全唐诗》卷六八三韩偓《无题并序》。

卢汝弼以朱全忠"凌弱唐室,殄灭衣冠",惧祸及,遂渡河北上,入受河东节度使李克用幕。

按：见《旧五代史》卷六〇本传。

裴说是春应贡举，登进士甲科第一。

按：见《登科记考》卷二四。裴说生卒年不详，桂州人。唐末诗人。少逢世乱，尝羁旅江西、湖南等地。登第后，累迁礼部员外郎，以世乱归湖南。有诗1卷（一作2卷），《修文异名录》11卷，后皆散佚。《全唐诗》卷七二〇辑录其诗编为1卷。事迹见《唐才子传》卷一〇、《五代诗话》卷二。

僧齐己作诗论李白、李贺、贾岛等人。

按：《全唐诗》卷八三八齐己《读贾岛集》、《读李白集》、《还人卷》等诗，皆作于此时。

李袭吉六月卒，生年、字号不详。袭吉，洛阳人，自称李林甫之后。善文词，尤擅书檄，名著一时。乾符末登进士第，遇乱辟河中。后赴太原，入河东节度使李克用幕，累迁节度副使、谏议大夫。以疾卒，后唐时追赠礼部尚书。有《表状》3卷，已散佚。《全唐文》卷八四二收录其文2篇。事迹见《旧五代史》卷六〇、《新五代史》卷二八。

徐知谔（　—940）生。

五代十国
(907—960)

唐哀帝天祐四年　后梁开平元年
前蜀天复七年　丁卯　907 年

二月，唐开科取士，进士及第 20 人，诸科 2 人。

按：见《登科记考》卷二四。

四月甲辰，唐昭宣帝被迫禅位，唐亡。朱全忠称帝，改名晃，是为梁太祖。改元开平，国号梁，都汴，史称后梁。

按：唐昭宣帝禅位后改封济阴王，开平二年正月被杀。唐自高祖李渊称帝，至昭宣帝被迫禅位，中经武则天建周，历 21 帝，凡 209 年而亡。后梁代唐，其所控区域仅限河北、河南、山东等地区。时河东李克用、凤翔李茂贞、淮南杨渥仍奉唐年号"天祐"；王建在蜀，初奉唐年号"天复"，旋自称帝。其余割据势力皆奉梁正朔，称臣奉贡。梁以马殷为楚王，据湖南；钱镠为吴越王，据两浙；刘隐为大彭王，据岭南；高季昌为荆南节度使，据荆中；王审知为武威军节度使，据闽中。见《资治通鉴》卷二六六。

五月，梁太祖令宰臣搜访贤良。

按：《旧五代史》卷三《梁太祖纪三》载，梁太祖令搜访贤良，"有在下位抱器业久不得伸者，特加擢用；有明政理得失之道规救时病者，可陈章疏，当亲鉴择利害施行，然后赏以爵秩；有晦迹丘园不求闻达者，令彼长吏备礼邀致"。

七月，梁太祖敕："近年举人，当秋荐之时，不亲试者号为拔解。今后宜止绝。"

按：见《旧五代史》卷一四八《选举志》。

九月己亥，王建于成都称帝，国号大蜀，史称前蜀。

按：见《新五代史》六三、《资治通鉴》卷二六六。

冯道入幽州节度使刘守光幕，署为巡官、摄参军。

按：见《旧五代史》卷一二六本传。

罗隐在杭州，为吴越镇海节度使判官、司勋郎中，劝钱镠举兵讨梁，镠不从。梁以右谏议大夫召之，不应。

按：见《吴越备史》卷一、《旧五代史》卷二四本传。

司空图隐居中条山王官谷，梁召拜礼部尚书，不应。

按：见《新唐书》卷一九四本传。

刘昫在涿州，与兄刘暄、弟刘昫俱以好学善文知名燕蓟间。

按：见《新五代史》卷五五本传。

李琪避乱峡州宜都县，应后梁之召，拜翰林学士。

按：见《北梦琐言》卷六。

杨凝式仕唐为秘书郎、直史馆。唐亡仕梁，拜殿中侍御史。

罗斯侵君士坦丁堡。纳瓦拉人败摩尔人。

按：见《旧唐书》卷一二八本传。

郑谷隐居宜春仰山草堂，是冬黄损与僧齐己来访，共定《今体诗格》。谷又为齐己改诗，号为一字师，相交颇契。

按：见宋黄朝英《靖康缃素杂记》补辑一八、《十国春秋》卷一〇三。郑谷等所定近体诗格，后为湖海骚人所宗。郑谷生卒年不详，字守愚，袁州宜春人。唐末诗人。黄巢起义时，避乱巴蜀荆楚间。光启三年登进士第，累迁都官郎中，故世称"郑都官"。唐末归隐宜春仰山书堂，卒于北岩别墅。尝受知于马戴、李朋、李频、薛能诸人，尤擅五七言近体。咸通中，与许棠、温宪、张乔等往来唱和，时号"咸通十哲"。其诗以《鹧鸪》最为知名。辛文房《唐才子传》谓其诗"清婉明白，不俚而切"；欧阳修《六一诗话》谓"其诗极有意思，亦多佳句，但其格不甚高。以其晓易，人家多以教小儿"。有《云台编》3卷、《宜阳集》3卷、《宜阳外编》1卷。今存《云台编》，或谓已非原本，余皆佚。《全唐诗》卷六七四至六七七编录其诗为4卷，《唐文拾遗》卷三三收录其文1篇。今有严寿澂、黄明、赵昌平等笺注《郑谷诗集笺注》。事迹见宋祖无择《都官郑谷墓志铭》、《唐才子传》卷九。今人傅义撰有《郑谷诗集编年校注》，赵昌平撰有《郑谷年谱》（载《唐代文学论丛》第9辑）。黄损，参见南汉乾和十年条；齐己，见后晋天福八年条。

黄滔在闽依王审知，为威武军节度推官。招徕文士，闽中文学盛于一时。

按：黄滔交游颇广，与罗隐、林宽、崔道融、徐夤、翁承赞等尤善。时值中原大乱，滔援引相招，文士多有南奔入闽依王审知者，闽中文风大盛。见《十国春秋》卷九五本传。

杜晓为唐翰林学士、郎中，唐亡仕梁，拜中书舍人。

按：见《旧五代史》卷一八本传。

孙郃仕唐为左拾遗，及唐亡，撰《春秋无贤人论》以讽世。遂归隐家乡奉化山，著书纪年悉用甲子，以示不臣之义。

按：孙郃一作孙郃，生卒年不详，字希韩，明州奉化人。博学，有高才。好荀、孟、扬雄之书，尤慕韩愈之文，故以希韩为字。唐乾宁中登进士第，累迁左拾遗。及唐亡，隐居山林，专致著述，不知所终。撰有《孙子文纂》40卷、《文格》2卷、《孙氏小集》3卷，皆已佚。《全唐文》卷八二〇收录其文4篇，《全唐诗》卷六九四收录其诗3首。事迹见《延祐四明志》卷四、《十国春秋》卷八八。

殷文圭有才名，依淮南节度使杨渥，为掌书记。

按：见《十国春秋》卷一一本传。殷文圭生平概况，见吴武义元年条按语。

皮光业有文名，在杭州依钱镠，为浙西节度推官。

按：见《十国春秋》卷八六本传。

王仁裕居秦州，以文辞知名秦陇间。

按：见《新五代史》卷五七本传、《全宋文》卷四六李昉《王仁裕神道碑》。

王延彬在泉州刺史、检校司徒任，与徐夤、郑良士、倪曙、陈郯、陈乘、道溥、文超等交游颇密，谈禅说佛。

按：王延彬系闽武肃王审邽之子。时中原文士多有避乱南下入闽者，王延彬奉父命置招贤院礼遇之。见《新唐书》卷一九〇。

王定保南游湖湘，欲依马殷未果，遂入岭南刘隐幕。

按：见《十国春秋》卷六二本传。

唐哀帝天祐四年　后梁开平元年　前蜀天复七年　丁卯　907年

陈用拙在岭南刘隐幕，以梁代唐，劝隐仍奉唐年号。隐不从。

按：见《十国春秋》卷六二本传。

胡秀林为唐司天监，唐亡入前蜀，仍守旧职。

按：胡秀林生卒年、籍贯不详，精通历法。唐末尝预修《景福崇玄历》。后蜀后，撰《永昌历》2卷、《正象历经》1卷。事迹见《十国春秋》卷四五。

牛希济有文名，以世乱，流寓成都。

按：牛希济后历仕前蜀、后唐，参见后唐光三年条。

方昊有学业，唐亡，耻非所仕，遂隐居岩谷，聚徒讲学。

按：方昊生卒年不详，字太初，青溪人。后吴越武肃王钱镠尝召之，辞不赴，终身以授徒为事，门人尊称静乐先生。事迹见《十国春秋》卷八八。

卢延让在成都王建幕。九月王建称帝，授水部员外郎。

按：卢延让生卒年不详，字子善，范阳人。早年从薛能学诗，又客游荆南，为诗人吴融称赏。唐光化三年登进士第。唐亡，仕前蜀，累官刑部侍郎。其诗不尚奇巧，语言通俗，时人称之"容易格"。有诗1卷，已佚。《全唐诗》卷七一五收录其诗10首。事迹见孙光宪《北梦琐言》卷七、《十国春秋》卷四四。

钟安礼工诗文，生活于唐末五代初。

按：钟安礼生卒年、籍贯不详。好学多才，著有《武成王备载》10卷，又选编诸家诗为《资吟集》5卷，后皆佚。

陈匡图工诗文，生活于唐末五代初。

按：陈匡图一作康图，生卒年、籍贯不详。尝编选唐人诗为《拟玄集》10卷、《诗纂》3卷，后皆佚。

僧文益是年前后在明州阿育王寺僧希觉门下学律，颇受希觉赞赏，称其为释门之游、夏。

按：文益后南游福州，参谒禅学高僧长庆慧棱。又随学僧桂琛多年，精研禅学宗旨。见《宋高僧传》卷一三、《景德传灯录》卷二四、《十国春秋》卷三三本传。

僧居遁在潭州，住龙牙山妙济禅院。讲经弘法，从学者五百余人，门风颇盛，人称"龙牙和尚"。

按：见《祖堂集》卷八。

僧贯休在成都，住龙华禅院，颇受前蜀主王建礼遇，赐号禅月大师。

按：见《宋高僧传》卷三〇、《十国春秋》卷四七本传。

僧昙域在成都，住龙华禅院，师从贯休学佛理。

按：昙域系贯休高足，后尝编其师文集。见《宋高僧传》卷三〇、《十国春秋》卷四七。

僧神晏在福州雪峰山，师从义存。

按：见《景德传灯录》卷一八、《补续高僧传》卷六、《祖堂集》卷一〇本传。

僧德韶是年十七，入处州龙归寺受业。

按：见《景德传灯录》卷二本传。

黄滔是年前后作《答陈磻隐论诗书》，论及李白、杜甫、元稹、白居易、贾岛等人诗，评击唐咸通、乾符时诗风。又编选唐初至天祐末闽中诗人作品，纂为《泉山秀句集》30卷。

按：《答陈磻隐论诗书》，见《莆阳黄御史集》卷七。《泉山秀句集》，已佚。黄滔字文江，泉州莆田（一说侯官）人。唐乾宁二年登第，历四门博士等职。入闽依王审知，及唐亡，遂仕闽。熟谙典章制度，工诗文，尤擅律赋。宋洪迈《唐黄御史集序》评滔诗文曰："其文赡蔚有典则，策扶教化；其诗清淳丰润，若与人对语，和气郁郁，有贞元、长庆风概。"《八闽通志》卷七二曰："论者谓莆郡文章家，以滔为初祖。"有集15卷，《编略》（一作《东家编略》）10卷，《莆阳黄御史集》2卷。今存《莆阳黄御史集》，有10卷本、8卷本多种，系后人重编。《全唐文》卷八二二至八二六编录其文为5卷，《全唐诗》卷七〇四至七〇六编录其诗为3卷。事迹见《十国春秋》卷九五。

韩鄂著《四时纂要》5卷成。

按：《四时纂要》详载四时农事要务，为现存唐代唯一农书，有缪启愉校释本等。韩鄂生卒年、事迹不详，唐宰相韩休之后。所著另有《岁华纪丽》4卷，采录经史子传中岁时杂事，以四时十二月节序类次，撷取骈俪之句，分注事实于其下。今亦存，有津逮秘书本、唐宋丛书本等多种，卷四末略有残缺。《四库全书总目提要》卷一三七以为该书所存诸本恐非鄂所撰原本。未详孰是，待考。

崔道融约是年稍后卒，生年不详。道融自号"东瓯散人"，荆州人。工诗文，尤擅五绝。唐末尝任永嘉令，以世乱，入闽隐居。有《东浮集》10卷、《申唐诗》3卷，后皆散佚。《全唐诗》卷七一四辑录其诗编为1卷。事迹见《唐才子传》卷九、《十国春秋》卷九五。

按：《十国春秋》本传载，崔道融唐末弃官入闽，"依太祖，未几病卒"。太祖即指王审知。知其卒当在是年稍后。

赵宏（ —974）生。

按：赵宏即赵文度，宋初避讳改名。

后梁开平二年　前蜀武成元年　吴越天宝元年
吴天祐五年　戊辰　908年

马扎尔人侵东法兰克王国。

正月癸酉，梁太祖于崇元门接见诸道贡举人。

按：见《旧五代史》卷四《梁太祖纪四》。

壬午，前蜀改元武成。

按：见《十国春秋》卷三六前蜀《高祖本纪下》。

是月，晋王李克用卒（856— ）。子李存勖袭位。

按：李克用系西突厥沙陀部贵族李国昌之子，唐末率部协助唐廷平乱，累拜检校司空、同中书门下平章事、河东节度使，爵封晋王，据有河东，由是奠定后唐基础。及其子李存勖称帝（即唐庄宗），追谥武皇帝，庙号太祖。见《旧五代史》卷二五、二六。

是春，后梁开科取士，中书舍人封舜卿知贡举，进士及第18人，诸科

5人。

> 按：见《登科记考》卷二五。

五月乙亥，淮南王杨渥卒（886—　）。其弟杨隆演嗣位。

> 按：杨渥字承天，杨行密长子，为部将张颢、徐温所杀。及吴国立，追尊景王，庙号烈祖。张颢杀杨渥后，欲自立，徐温起兵诛之，拥立杨隆演，由是总揽军政大权。见《十国春秋》卷二。

七月癸巳，梁太祖令各地长官搜访人才，奏名以闻。

> 按：见《旧五代史》卷四《梁太祖纪四》。

十一月己酉，梁太祖诏举贤良。

> 按：见《登科记考》卷二五。

是年，吴越王钱镠以中原丧乱，改元天宝，私行于境内，对外仍奉梁朔，讳而不称。

> 按：见《十国春秋》卷七八吴越《武肃王世家下》。

罗绍威为梁魏博节度使兼中书令、邺王，遣使赴吴越，尊罗隐为叔父。

> 按：罗绍威好学工诗，喜招延文士。酷慕罗隐，以罗隐侄自居，后遂以所作诗集名为《偷江东集》。见《太平广记》卷二〇〇、《北梦琐言》卷一七、《唐才子传》卷九《罗隐传》、《新唐书》卷三九。

梁震流寓长安，以世乱，南下归蜀。十月至江陵，为荆南节度使高季昌所留，遂以前进士为宾客。

> 按：高季昌欲强留梁震，署为节度判官。梁震耻之，乃以前进士名为宾客。见《十国春秋》卷一〇二本传、《资治通鉴》卷二六七。

欧阳彬工辞赋，不为湖南马殷所用，遂投前蜀，献赋于蜀主王建。建称赏之，擢居清要。

> 按：见《五代史补》卷三、《十国春秋》卷五三。

陈沆是春应梁贡举，登进士第，寻返庐山隐居，聚徒讲学为事。

> 按：陈沆应举事，见《登科记考》卷二五。陈沆生卒年、籍贯不详。以隐居庐山，故后世称其为庐阜人。有学识，黄损、僧熊皎、虚中等先后师事之。《全唐诗》卷七五七收录其诗1首。

僧神晏在福州雪峰山师从义存，五月义存卒，闽主王审知于城西二十里鼓山更创禅院，请其主之，加号"兴圣国师"，倾赀给施，时询法要。

> 按：见《景德传灯录》卷一八、《十国春秋》卷九九。

僧德韶于信州开元寺受具足戒，遂游历各地，访问名师，先后参学于投子山大同、龙牙山居遁、疏山匡仁等五十四师。

> 按：见《景德传灯录》卷二本传。

僧义存五月二日卒（822—　）。义存俗姓曾，泉州南安人。唐末南宗禅青原一系高僧。年十二入寺，十七岁落发。初随玉润寺僧庆玄、芙蓉山僧恒照学，又游历各地，师从武陵德山宣鉴，得传其嗣。后于福州雪峰结寺讲法，从学者云集，世称"雪峰和尚"，唐僖宗敕赐"真觉大师"号。唐亡，为闽主王审知尊崇。弟子有云门文偃、玄沙师备、长庆慧棱、鼓山神晏、保

伊本·阿尔—穆塔兹卒（861—　）。阿拉伯诗人、修辞学家。

福从展等。门人辑录其语为《雪峰真觉禅师语录》(又名《雪峰广录》)2卷,今存,收入《禅宗全书》、《续藏经》。《全唐诗补编·续拾》卷四七收录其诗偈43首。事迹见《宋高僧传》卷一二、《景德传灯录》卷一六、《五灯会元》卷七、《十国春秋》卷九九。

按：义存对唐末五代南宗禅发展颇具影响。其门人弟子遍及闽浙一带,后发展为云门、法眼二宗。

僧师备卒(835—)。师备俗姓谢,福州闽县人。唐末禅宗高僧。初从芙蓉山灵训禅师落发,后参学于雪峰义存。先后住梅溪普应院、福州玄沙院等刹,世称"玄沙师备"。讲经弘法,游学者至八百人。晚年住安国院,敕赐"宗一大师"号。弟子有桂琛等。门人辑录其语为《玄沙师备禅师语录》3卷、《玄沙师备禅师广录》3卷,传于世。事迹见《宋高僧传》卷一三、《景德传灯录》卷一八、《祖堂集》卷一〇。

司空图二月卒(837—)。图字表圣,自号知非子、耐辱居士,河中虞乡人。唐末诗论家、诗人。又善书法,各体皆工,尤以行书为人所称。唐咸通十年登进士第,累迁中书舍人。黄巢军攻入长安,遂归隐中条山王官谷,日与高僧名士游咏,不复出仕。闻后梁杀唐哀帝,不食而卒。有《一鸣集》30卷,已散佚;《司空表圣集》10卷、《司空表圣诗集》5卷,皆为后人辑本,今存。《全唐文》卷八〇七至八一〇编录其文为4卷,《全唐诗》卷六三二至六三四编录其诗为3卷。事迹见《旧唐书》卷一九〇下、《新唐书》卷一九四。

按：司空图著述,旧题尚有《二十四诗品》,恐为后人伪托。司空图于诗歌颇有自见,主张作诗当有"韵外之致"、"味外之旨",以为"辨于味而后可以言诗"。尤推崇王维、韦应物之诗。所著《诗品》,标举雄浑、冲淡、纤秾、沉著、高古、典雅等二十种风格,富有新意。其诗歌理论对严羽之"妙悟"、王士祯之"神韵"说,深具影响。其诗多近体,有现实性。苏东坡《宋诗话辑佚·古今诗话》评曰："司空图岖崎兵乱之间,而诗文高雅,犹有承平之遗风。"陈振孙《直斋书录解题》亦谓其"诗格尤非晚唐诸子所可望"。

张道古卒,生年不详。道古一名睍,字子美,沧州蒲台(一作青州临淄)人。博学,善古文。唐景福中登进士第,累官右拾遗。以直谏贬施州司马,会世乱,遂改姓易名,隐匿市井。前蜀王建召为武司郎中,寻再次遭贬,卒于灌州。著有《易题》10卷、《兵论》1卷,后皆佚。《全唐诗》卷六九四收录其诗2首。事迹见《十国春秋》卷四二、《唐诗纪事》卷七一、《全唐诗话》卷六。

后梁开平三年　前蜀武成二年　吴越天宝二年　吴天祐六年　己巳　909 年

正月，梁迁都洛阳。遂以大梁（开封）为东都，洛阳为西都。

按：见《旧五代史》卷四《梁太祖纪四》。

是春，梁开科取士，进士及第 19 人，诸科 4 人，另博学宏词科 2 人。

按：见《登科记考》卷二五。

四月庚子，梁制：易定节度使王处直为北平王，福建节度使王审知为闽王，广州节度使刘隐为南平王，同州节度使刘知俊为大彭郡王，山南东道节度使杨师厚为弘农郡王。

按：见《旧五代史》卷四《梁太祖纪四》。

是年，梁敕礼部贡院每年放明经科及第者不得过 20 人。

按：见《登科记考》卷二五。

牛峤仕前蜀，在秘书监任。以僧光业与道士杨德辉互相作诗攻讦，赋诗评之。

按：后汉何光远《鉴戒录》卷六《旌论衡》详载此事，并谓事在蜀武成中，未具年份。武成凡三年，姑系于此。牛峤于诗中抨击佛、道两教互相排斥，谓儒、佛、道"三教本同源"。峤生平概况，见唐乾符五年条按语。

翁承赞在梁户部员外郎任，四月为册闽王礼副使赴闽，与黄滔等交游。

按：见《十国春秋》卷九五本传。翁承赞南下途中多诗赋，后结集为《昼锦集》。

杜晓仕梁，由中书舍人转工部侍郎，充承旨。

按：见《旧五代史》卷一八本传。

天台道士王松年约是年稍后纂《仙苑编珠》。

按：《仙苑编珠》卷帙，《宋史·艺文志》、《通志·艺文略》皆著录为 1 卷，《文献通考·经籍考》作 2 卷，今存《道藏》本及文渊阁《四库全书》本皆为 3 卷。其编纂时间，史无载。考书中所记事，迄于本年，似当在稍后纂成。姑系于此。该书所记仙真事迹，取自前代诸仙传。《四库全书总目提要》卷一四七曰："是书以古来圣帝明王并在仙籍，与后世修真好道者并数，得三百余人，仿《蒙求》体，以四字比韵，撮举事要，而附笺注于下。"王松年生活于唐末五代，事迹不详。

罗隐十一月乙酉卒（833—　）。隐本名横，字昭谏，自号江东生，杭州新城人。唐末思想家、文学家。工诗文，善书法。屡试进士不第，遂改名。

伊斯兰教伊斯玛仪派灭阿格拉布王朝。法蒂玛王朝建。

丹麦海盗侵英格兰。

伊本·鲁斯塔约卒，生年不详。波斯地理学家。

历任幕职,皆不得意。后依吴越主刺史钱镠,累迁给事中,故世称罗给事。著述颇丰,有《吴越掌记集》3卷、《江东后集》10卷、《甲乙集》10卷、《罗隐启事》1卷、《谗书》5卷、《谗本》3卷、《湘南应用集》3卷、《淮海寓言》7卷、《吴越应用集》3卷、《两同书》2卷、《汝江集》3卷、赋1卷、歌诗14卷、集20卷等,后多散逸。《全唐文》卷八九四至八九七辑录其文编为4卷,《全唐诗》卷六五五至六六五辑录其诗编为11卷。今人雍文华辑有《罗隐集》。事迹见《旧五代史》卷二四、《吴越备史》卷一、《十国春秋》卷八四。时人沈崧撰有《罗给事墓志》。今人汪德振撰有《罗隐年谱》,刘开扬著有《罗隐评传》。

按:罗隐博学多识,名声籍甚。其思想颇具批判精神,不满君主专制,猛烈抨击时弊;提倡仁义礼乐,又崇尚道家"无为"。在文学方面,尤长于咏史,精小品,多讥讽,由是为时所忌。其诗与罗虬、罗邺齐名,号曰"三罗"。诗风通俗流畅,善提炼口语,实开宋代理学家诗一派。清戴京《罗昭谏集序》评曰:"罗昭谏诗言中有响,三百篇后颇寓讽谏之意。或者以其语多平易而忽之,要之胜填词豪艳而无当于兴感者什百矣。况其精邃自然处,正复不让唐之初盛。"其书法亦为后人所称,《宣和书谱》评曰:"隐虽不以书显名,作行书尤有唐人典型","略无季世衰弱之习,盖自胸中所养,不为世俗浅陋所移尔"。

刘温叟(—971)生。

后梁开平四年　前蜀武成三年　吴越天宝三年
吴天祐七年　庚午　910年

法蒂玛王朝入的黎波里。

东法兰克王路易败马扎尔人。

阿斯图里亚斯迁都莱昂,后称莱昂王国。

英格兰威塞克斯王长者爱德华败丹麦人于特顿豪尔。

罗马天主教克吕尼改革运动始。

是春,梁开科取士,进士及第15人,诸科1人。

按:见《登科记考》卷二五。

九月甲午,梁诏各地举贤良,凡有"卓荦不羁、沉潜自负","通霸王之上略,达文武之大纲","究古今刑政之源,识礼乐质文之变"者,皆令奏闻。

按:见《旧五代史》卷五《梁太祖纪五》。

十二月癸酉,梁颁《大梁新定格式律令》。

按:《五代会要》卷九载,开平三年十月,梁太祖敕太常卿李燕、御史萧顷、中书舍人张兖、户部侍郎崔沂、大理卿王鄩、刑部郎中崔诰删定律令格式,至是完成,由中书门下奏上,颁行天下。《大梁新定格式律令》凡103卷,内《律》30卷、《式》20卷、《格》10卷、《律疏》30卷、《目录》13卷。事又见《资治通鉴》卷二六七。

翁承赞仕梁,以右谏议大夫充福建盐铁副使,加左散骑常侍、御史大夫,遂依闽主王审知,颇受信用。

按:见《十国春秋》卷九五本传。

杜晓为梁工部侍郎,是秋进拜中书侍郎、平章事,判户部。

按:见《旧五代史》卷一八本传。

僧贯休居成都龙华禅院,春夏间,与韦庄迭相唱和。

按:《禅月集》卷一二、一三、一九有贯休《和韦相公见示闲卧》、《和韦相公话婺州陈事》、《酬韦相公见寄》,又收韦庄《寄禅月大师》,诸诗皆作于此期。

李保殷撰《刑律总要》12卷成,是年进上。

按:见《旧五代史》卷六八本传、卷一四七《刑法志》。

韦庄八月卒(约836—)。庄字端己,京兆杜陵人,韦应物四世孙。唐末五代初诗人,名著于时。初屡试不第,游历各地十年。唐乾宁元年登进士第,累迁左补阙。后入蜀依王建,劝建称帝,拜门下侍郎、同平章事。蜀之开国制度、刑政礼乐多出其手。转吏部侍郎、同平章,卒于官,谥曰"文靖"。尝编选唐150人诗为《又玄集》3卷,今存。另有《浣花集》5卷、《幽居杂编》1卷、《笺表》1卷、《谏草》2卷、《蜀程记》1卷(一说2卷)、《峡程记》1卷(一说2卷)、集20卷等,多散佚。今存《浣花集》10卷,系后人重加编录。《全唐诗》卷六九五至七〇〇辑录其诗编为6卷,卷八九二又收录其词52首;《全唐文》卷八八九收录其文3篇。事迹见《十国春秋》卷四〇。今人夏承焘撰有《韦端己年谱》,何寿慈、赵怀德各著有《韦庄评传》。

罗绍威五月卒(877—)。绍威字端己,魏州贵乡人。好儒术,工诗文,晓音律。唐末袭父爵为魏博节度使,累加检校太尉、守侍中,爵封邺王,赐号"忠勤宣力致理功臣"。唐亡仕后梁,加守太师、兼中书令。卒于官,谥曰"壮"。有《偷江东集》5卷、《政余诗集》1卷,后皆佚。《全唐诗》卷七三四收录其诗2首。事迹见《新唐书》卷二一〇、《旧五代史》卷一四、《新五代史》卷三九。

按:《旧五代史》卷一四本传载,罗绍威好招延文士,尤仰慕罗隐,尝遣使吴越,尊隐为叔父。家中聚书万卷,置书楼,开学馆,常与宾佐宴会唱和。

后梁开平五年 乾化元年 前蜀永平元年 吴越天宝四年 吴天祐八年 辛未 911年

正月丙戌,前蜀改元永平。

按:见《十国春秋》卷三六前蜀《高祖本纪下》。

三月丁亥,南海王刘隐卒(874—)。弟刘䶮继立。

按:刘隐祖籍上蔡,其先迁居泉州。唐末以降,渐据岭南之地。南汉立国后,追

法蒂玛王朝灭罗斯图姆王朝。

北欧海盗之诺曼底公国始建于西

尊襄皇帝，庙号烈宗。

是春，后梁开科取士，兵部尚书姚洎知贡举，进士及第20人，诸科10人。

按：见《登科记考》卷二五。

五月甲申，后梁改元乾化。

按：见《旧五代史》卷六《梁太祖纪六》。

是月，后梁置金銮殿大学士一员。

按：金銮殿原名思政殿，开平三年正月改称。见《五代会要》卷一三。

韩偓自泉州桃林移居南安县。

按：时韩偓年已七十。

冯涓在前蜀，以蜀主屡兴兵旅，上疏谏言，请以安民为先。

按：冯涓生卒年不详，字信之，婺州东阳（一说信都）人。唐大中间登进士第，又登博学宏词科。后避世乱隐居商山十余年，复出为祠部郎中，转眉州刺史，寓居成都。唐亡仕前蜀，拜御史大夫，卒于官。善诗文，尤擅章奏，文誉甚盛，名传海外。何光远《鉴诫录》称其"所著文章，回超群品，诸儒称之为大手笔"。有《怀秦赋》、《南冠集》各1卷，《龙吟集》3卷，《长乐集》10卷（一作1卷），文集13卷，后皆佚。《全唐文》卷八八九收录其表疏3篇，《全唐诗》卷七六〇、八七〇、《全唐诗补编·续补遗》收录其诗5首。《事迹见《十国春秋》卷四〇。

沈彬有诗名，以世乱，隐居衡州云阳山。

按：《十国春秋》卷二九本传谓沈彬"好神仙，喜赋诗，句法精美"。

仇殷仕后梁，开平中为钦天监。

按：仇殷生卒年、籍贯不详。精天文历法，为时人所称。事迹见《旧五代史》卷二四。

僧文偃游历各地，参学求法，声名渐著。遂投韶州灵树寺僧如敏座下，推为首座。

按：如敏卒后，文偃嗣其法席。见《景德传灯录》卷一九。

范质（ —964）生。

法兰克塞纳河口滨海地带。

东法兰克王路易四世卒。加洛林王朝德意志支系绝终。

后梁乾化二年　前蜀永平二年　吴越天宝五年
吴天祐九年　壬申　912年

是春，后梁开科取士，尚书左仆射杨涉知贡举，进士及第11人，诸科1人。

按：见《登科记考》卷二五。

六月戊寅，梁太祖朱晃（852— ）为郢王朱友珪所杀。

拜占庭帝利奥六世卒。王弟亚历山大继位。

按：朱晃初名温，宋州砀山人。唐末随黄巢起事，乾符四年归唐，赐名全忠，逐渐发展成为一大割据势力，终代唐自立，复改名晃，遂开五代乱世。

辛巳，梁郢王朱友珪自即帝位。

按：朱友珪杀父自立，梁太祖诸子及众多将领皆不服，拒受其命，梁统治大乱。见《资治通鉴》卷二六八。

僧昙域在成都龙华禅院师从僧贯休，贯休尝嘱其为诗集撰序。

按：昙域后于龙德三年编次贯休诗文为《禅月集》30卷。参见该年条。

僧贯休十二月卒（832— ）。贯休俗姓姜，字德隐，婺州兰溪人。唐末高僧，有诗名。幼年出家本县和安寺，后游历各地，赴洪州法华寺学《法华经》，不数年，亲敷法座，广演斯文。又精通《起信论》，为江表士庶钦服。晚年居成都龙华禅院，颇为蜀主王建尊重。有《禅月集》30卷，由门人昙域辑录，今存本为25卷。《全唐诗》卷八二六至六三七编录其诗为12卷，《全唐文》卷九二一收录其文4篇。事迹见《宋高僧传》卷三〇、《十国春秋》卷四七。

孙骘二月丁巳卒，生年不详。骘，滑台人。好学，有文辞，喜藏书，家中所聚数千卷，皆自校勘详定。唐末累官兵部尚书，后梁时历右谏议大夫、左右散骑常侍，为梁太祖所杀。事迹见《旧五代史》卷二四。

张俦二月丁巳卒，生年不详。俦字彦臣，籍贯不详。唐末五代诗人，尤善五言，为时人所称。唐末登进士第，累官万年县令。后梁时，历盐铁判官、礼部郎中，为梁太祖所杀。作品皆佚。事迹见《旧五代史》卷二四。

张策是秋卒，生年不详。策字少逸，敦煌人。少好学，一度出家为僧，后还俗。唐末累官中书舍人，兼充史职。后梁时，历工部侍郎、礼部侍郎，进拜刑部侍郎、同中书门下平章事，转礼部侍郎，以刑部尚书致仕，卒于洛阳第。著《典议》3卷，另有词制歌诗20卷，笺表30卷，后皆佚。事迹见《旧五代史》卷一八、《新五代史》卷三五。

薛居正（ —981）生。

丹麦人、斯拉夫人、马扎尔人侵德意志。

后梁凤历元年　乾化三年　前蜀永平三年
吴越天宝六年　吴天祐十年　癸酉　913年

正月甲子，梁改元凤历。

按：见《资治通鉴》卷二六八。

二月，梁均王朱友贞起兵杀朱友珪自立，改名锽，是为梁末帝。迁都回汴梁，复乾化年号。

拜占庭帝亚历山大卒。利奥六世子君士坦丁七世嗣位。

保加利亚人侵君士坦丁堡。

按：见《旧五代史》卷八《梁末帝上》。

是春，后梁开科取士，礼部侍郎郑珏知贡举，进士及第 15 人。

按：见《登科记考》卷二五。

皮光业是春应梁贡举，登进士第。

按：见《登科记考》卷二五。

李愚隐居山东。梁末帝雅好儒士，召之，授左拾遗，寻充崇政院直学士。

按：见《旧五代史》卷六七本传。

李咸用隐居庐山，对僧修睦歌诗颇为称赏。

按：《唐李推官披沙集》卷二《读修睦上人歌篇》曰："李白亡，李贺死，陈陶、赵睦寻相次，须知代不乏骚人。贯休之后，唯修睦而已矣。"僧修睦，参见吴天祐十五年条。李咸用生卒年不详，祖籍陇西。工诗，尤擅乐府。少习儒业，屡试不第。唐末世乱，遂隐居庐山。有《披沙集》6 卷，今存《唐李推官披沙集》，有《四部丛刊》景宋本、《唐人五十家小说集》本等。《全唐诗》卷六四四至六四六编录其诗为 3 卷。

道士杜光庭居成都玉局观，仕前蜀，六月拜金紫光禄大夫、左谏议大夫，封蔡国公，参与政事。

按：见《资治通鉴》卷二六八。

僧可止在幽州。是冬晋王李存勖发兵攻燕，幽州大乱，可止遂避乱安定，节度使王处直请其住开元寺。

按：见《宋高僧传》卷七本传。是冬晋王李存勖发兵灭燕事，见《资治通鉴》卷二六八、二六九。

李琪仕后梁，约是年后奉敕与冯锡嘉、张允、郄殷象同修《梁太祖实录》，后撰成 30 卷。

按：《旧五代史》卷五八李琪本传载，其与冯锡嘉等奉敕修《梁太祖实录》事，在乾化三年至贞明中。姑系于此。另，《通志》卷六五《艺文略》谓《梁太祖实录》由"梁郄象等撰"，《宋史》卷二〇三《艺文志》则谓"张衮、郄象等撰"，与《旧五代史》所载有所不同。该书已佚，未知其详。

杜晓卒，生年不详。晓字明远，京兆杜陵人，唐末宰相杜审权之孙，杜让能之子。博学，有词藻。唐末为翰林学士，后梁时累官礼部尚书、平章事、集贤殿大学士。朱友珪之乱，为乱兵所伤而卒，追赠右仆射。《全唐文》卷八三六收录其碑文 1 篇。事迹见《旧五代史》卷一八、《新五代史》卷三五。

李珽卒，生年不详。珽字公度，陇西敦煌人，李琪之兄。有才学，尤工词赋。唐末登进士第，累拜左补阙。后梁时，历考功员外郎、许州留后、左谏议大夫兼宣徽副使、右散骑常侍等职。朱友珪之乱，为乱兵所伤而卒。《全唐文》卷八四二收录其文 1 篇。事迹见《旧五代史》卷二四。

按：李珽弟李琪学名较兄更著，参见后唐天成元年条。

刘载（　—983）生。

后梁乾化四年　前蜀永平四年　吴越天宝七年
吴天祐十一年　甲戌　914年

二月，前蜀太子王宗衍判内外六军事，奉诏开崇贤府，凡文学道德之士得延纳访问。

按：见宋张唐英《蜀梼杌》卷上。王宗衍系前蜀主王建子，时年十六，颇好经史诗赋。后嗣父位，改名衍，是为前蜀后主。

是春，梁暂停贡举。

按：见《登科记考》卷二五。

毛文锡仕前蜀，由翰林学士承旨迁礼部尚书、判枢密院事。

按：毛文锡生卒年不详，字平珪，高阳人。唐末登进士第，赴成都入王建幕。及建称帝，授中书舍人、翰林学士，累拜司空，出贬茂州司马。著有《前蜀纪事》（一作《前蜀王建记事》，又作《王建纪事》）2卷，已佚；《茶谱》2卷（一作3卷，又作1卷），亦已散逸，《太平寰宇记》、《事类赋》、《宣和北苑茶录》、《全芳备祖》等引录逸文数十条，今人陈尚君有辑本。《全唐诗》卷八九三收录其词31首，近人王国维辑为《毛司徒词》1卷。事迹见《十国春秋》卷四一。毛文锡弟毛文晏亦有文名，见前蜀天汉元年条。

沈彬是年前后自衡州返江西高安故里，访名山洞府，学神仙虚无之道。

按：见宋龙衮《江南野史》卷六。

僧大同四月六日卒（819—　）。大同俗姓刘，舒州怀宁人。唐末五代初禅学高僧。幼年出家，曾参学于南宗禅青原派下高僧翠微无学，得承其嗣。后隐居家乡投子山三十余年，游学者不绝，世称"投子大同"。卒谥"慈济大师"。事迹见《祖堂集》卷六、《宋高僧传》卷一三、《景德传灯录》卷一五、《五灯会元》卷五。

法蒂玛王朝侵埃及。

保加利亚人入拜占庭亚德里亚堡。

后梁乾化五年　贞明元年　前蜀永平五年
吴越天宝八年　吴天祐十二年　乙亥　915年

是春，梁开科取士，进士及第13人，诸科2人。

意大利王贝伦

| 加尔一世败阿拉伯人,遂于罗马加冕,称帝。 | 按:见《登科记考》卷二五。
十一月,梁改元贞明。
按:见《旧五代史》卷八《梁末帝上》。

徐夤在泉州王延彬幕,约是年或稍后辞职归隐,居莆田寿溪。
按:徐夤一作徐寅,生卒年不详,字昭梦,莆田人。唐末五代诗人,名著于时。唐乾宁元年登进士第,及唐亡,南归依闽主王审知,晚年隐居不出。尤工赋,《四库全书总目提要》卷一五一称其赋"句雕字琢,不出当时程试之格,而刻意锻炼,时多秀句"。有《探龙集》1卷(一作5卷),《雅道机要》8卷(一作2卷),赋1卷(一作5卷),别集5卷(一作1卷),《温陵集》10卷,《钓矶集》(一作《钓矶文集》)3卷(一作10卷),书20卷等。《全唐文》卷八三〇收录其赋28篇,《全唐诗》卷七〇八至七一一编录其诗为4卷。事迹见《十国春秋》卷九五。

僧居遁居潭州龙牙山妙济禅院,颇受楚王马殷尊崇,赐号"证空大师"。
按:见《宋高僧传》卷一三本传。居遁始居龙牙山事,见后梁开平元年条。

僧齐己移居庐山东林寺。时修睦为庐山僧正,两人交游颇密。
按:参见傅璇琮主编《唐五代文学编年史》(五代卷)。|
| 雷吉诺·冯·普吕姆卒,生年不详。德意志编年史家。 | 王朴(—959)、扈蒙(—986)、直鲁古(—1005)生。 |

后梁贞明二年　前蜀通正元年　吴越天宝九年
吴天祐十三年　契丹神册元年　丙子　916年

| 丹麦人侵爱尔兰。 | 正月,前蜀改元通正。
按:见《十国春秋》卷三六前蜀《高祖本纪下》。
是春,梁开科取士,进士及第12人,诸科1人。
按:见《登科记考》卷二五。
七月,契丹征服突厥、吐浑、党项、土蕃、沙陀诸部。
是年,契丹首领耶律阿保机称帝,国号契丹,建元神册。
按:见《资治通鉴》卷二六九。

王定保著《唐摭言》15卷成。
按:王定保时在广州,为南汉主刘䶮僚属。其著《唐摭言》时间,《四库全书总目提要》谓当在"周世宗显德元年以后"。清刘毓崧《唐摭言跋》(《通义堂文集》卷一二)考定在本年,钱大昕《十驾斋养新录》卷一二亦谓四库馆臣误。今从刘氏之说。该书述唐代科举制度、科场风气及文士遗闻轶事,为研究唐科举之重要文献。《四库全书总目提要》卷一四〇评曰:"是书述有唐一代贡举之制特详,多史志所未及。其一切|

杂事,亦足以觇名场之风气,验士习之淳浇。法戒兼陈,可为永鉴。"该书今存。有《稗海》(删节)本、《雅雨堂丛书》本、《学津讨原》本。1957年古典文学出版社据《雅雨堂丛书》本,又用《学津讨原》本校补,并附清蒋光煦《斠补隅录》中的《唐摭言校勘记》。1960年中华书局、1978年上海古籍出版社相继重印。岑仲勉撰《跋唐摭言》(《历史语言研究所集刊》第九)对此书纪事错误作了纠正。

道士杜光庭三月撰《毛仙翁传》。

按:《毛仙翁传》今存,见《全唐文》卷九四五。文末署"通正元年丙子三月七日辛酉杜光庭记"。

僧慧寂卒(840—)。慧寂俗姓叶,世称仰山慧寂、仰山禅师,韶州须昌(一作怀化)人。佛教禅宗分支沩仰宗集大成者。年十七出家,云游四方,后师从沩山灵祐,随学十五年,得嗣其法。移居江西仰山,学徒聚集,盛冠一方,蔚成沩仰宗,遂有"仰山小释迦"之号。还韶州东平山,敕号"澄虚大师"。卒谥曰"智通禅师"。明代圆信、郭凝之等编录其语为《袁州仰山慧寂禅师语录》1卷。事迹见《宋高僧传》卷一二、《景德传灯录》卷一一、《传法正宗记》卷七、《释氏稽古录》卷三、《五灯会元》卷九。

按:慧寂卒年,一说唐中和三年,一说唐大顺元年。此从《释氏稽古录》。沩仰宗初创于灵祐,经慧寂发展,盛于一时。又,慧寂平时常以手势启悟学人,世称"仰山门风"。

庾传昌二月卒,生年、字号不详。传昌,义成人,北周庾信后裔。富文藻,工著述。仕前蜀,累官中书舍人、翰林学士。撰有《玉堂集》、《金行启运录》各20卷,《青宫载笔记》15卷,皆已佚。事迹见《十国春秋》卷四四、《楚梼杌》卷上。

李璟(—961)、徐铉(—991)生。

后梁贞明三年 前蜀天汉元年 吴越天宝十年
吴天祐十四年 契丹神册二年
南汉乾亨元年 丁丑 917年

正月,前蜀改元天汉。

按:见《十国春秋》卷三六前蜀《高祖本纪下》。

是春,梁开科取士,礼部尚书薛廷珪知贡举,进士及第15人,诸科2人。

按:见《登科记考》卷二五。

八月癸巳,刘䶮在番禺称帝,国号大越,改元乾亨,是为南汉高祖。

按:见《十国春秋》卷五八南汉《高祖本纪》。

莱昂败摩尔人。

威塞克斯王长者爱德华败丹麦人。

西梅昂一世获"保加利亚人和希腊人沙皇"的称号。

和凝是春应梁贡举，登进士第，入滑州节度使贺瓌幕。

按：见《旧五代史》卷一二七本传。

崔棁是春应梁贡举，登进士甲科，开封尹王瓒辟为从事。

按：见《旧唐代史》卷九三本传。

陈用拙在南汉刘䶮幕，为掌书记，摄观察判官。八月䶮称帝，擢吏部侍郎中、知制诰。

按：陈用拙生卒年不详，名拙，以字行，连州人。精音律，工诗歌。唐天祐元年登进士第，授著作郎。南下入刘隐幕，遂仕南汉。有《大唐正声琴籍》10卷、《补新徵音谱》1卷，集8卷，后皆佚。事迹见《十国春秋》卷六二。

张瀛善歌诗，仕南汉，后官至曹郎。

按：张瀛生卒年不详，符离人。善歌诗，为时人称誉。辛文房《唐才子传》称其"为诗尚气而不怒号，语新意卓，人所不思者，辄能道之，绰绰然约见乃父风也"。有诗集，早佚。《全唐诗》卷四六九收录其诗1首。事迹见宋阮阅《增修诗话总龟》卷一一、宋佚名《锦绣万花谷后集》卷三二、元辛文房《唐才子传》卷一○、《十国春秋》卷六三。

又按：张瀛父张碧亦有诗名。张碧生卒年不详，字太碧。唐末屡举进士不第，未知其终。其诗作颇受李白、李贺诗风影响，较具现实性。辛文房《唐才子传》称其"天才卓绝，气韵不凡"。《新唐书·艺文志》著录其《歌行集》2卷，《直斋书录解题》著录其诗集1卷，《宋史·艺文志》著录其诗1卷，歌行1卷，皆已佚。《全唐诗》卷四六九、八八三收录其诗19首。事迹见《唐才子传》卷五。今人陈尚君撰有《张碧生活年代考》（载《文学遗产》1992年第3期）。

后梁贞明四年　前蜀光天元年　吴越天宝十一年
吴天祐十五年　契丹神册三年
南汉乾亨二年　戊寅　918年

正月乙亥，前蜀改元光天。

按：见《十国春秋》卷三六前蜀《高祖本纪下》。

是春，梁开科取士，进士及第12人，诸科2人。

按：见《登科记考》卷二五。

六月壬寅，前蜀主王建卒（847—　）。癸卯，太子王宗衍即位，改名衍，是为蜀后主。

按：王衍为太子时，好酒色，乐游戏，王建欲废之，会卒。衍嗣位后，任用奸佞，政事日乱，前蜀国势由是趋衰。

十一月，刘䶮改国号曰汉，史称南汉。

按：见《十国春秋》卷五八南汉《高祖本纪》。

宋齐丘仕吴，为徐知诰润州从事。六月徐知训在广陵为部将朱瑾所

后梁贞明四年　前蜀光天元年　吴越天宝十一年　吴天祐十五年　契丹神册三年　南汉乾亨二年　戊寅　918年

杀,知诰用齐丘策平定之。吴王徐温留知诰辅政,知诰从齐丘言,修刑政,宽征赋,睦公族,抚将校,又创立延宾亭,求贤用才,虚怀待士。由是士民归心,上下悦服。遂擢齐丘为殿直、行军判官。

按：见《资治通鉴》卷二七〇、《江南野史》卷四。徐知诰本姓李,因为徐温养子,改称。后建南唐,复旧姓,即南唐烈祖李昪。

欧阳炯仕前蜀。是年前后作《应天寺壁天王歌》,时人以其与景焕画、梦归草书合称"应天三绝"。

按：《全唐诗》卷七六一录此诗,题为《题景焕画应天寺壁天王歌》。景焕一作景涣,又名朴,原姓耿,避讳改,自号玉垒山人、玉垒山闲吟牧竖、匡山处士,生卒年不详,成都人。善画,又通经史,工文章。与欧阳炯交谊甚厚。后蜀时曾任壁州白石令等职,宋初归隐不仕,居成都玉垒山。所著《野人闲话》5卷,记后蜀政事,间涉怪异之事,已佚,《太平广记》、《说郛》、《诗话总龟》、《挥麈馀话》、《政和证类本草》、《三洞群仙录》等引录逸文数十条;《牧竖闲谈》3卷,记奇器异物及蜀中故事,亦佚,《类说》、《说郛》等引录逸文数条;《龙证笔诀》3卷,记画龙笔法,早佚。事迹见《十国春秋》卷五六。梦归一作梦龟,僧人,余未详。

毛文晏为前蜀翰林学士,寻出贬荣经尉。

按：毛文晏生卒年不详,高阳人,毛文锡同母弟。有文名。其兄文锡与宰相张格争权获贬,文晏受牵连,亦出贬。后复奉召回朝,累官兵部侍郎。撰有《西园集》10卷、《昌城后寓集》(一作《昌城寓言》)15卷、《东壁寓言》3卷、《咸通后麻制》1卷(一作3卷),皆已佚。事迹见《十国春秋》卷四一。

僧契此三月卒,生年、俗姓不详。契此号长汀子,世称布袋和尚,明州奉化人。工诗,喜作歌偈,住明州岳林寺。《全唐诗补编·续拾》收录其诗偈24首。事迹见《宋高僧传》卷二一、《景德传灯录》卷二七、《五灯会元》卷二。

按：契此卒年,《宋高僧传》本传谓唐天复中;《景德传灯录》卷二七、《五灯会元》卷二、元昙噩《明州定应大师布袋和尚传》皆谓本年。今从后说。

王缄十二月卒,生年、字号不详。缄,幽州人。博学,善属文。初为幽州刘仕恭属吏,后赴太原,依河东节度使李克用,累迁魏博节度使。随晋王李存勖东征,殁于乱兵。《全唐文》卷八四三收录其文1篇。事迹见《旧五代史》卷六〇。

僧修睦约卒,生年不详。修睦号湘楚,工诗。唐末为洪州僧正,后入吴,为庐山僧正。有《东林集》1卷,已散佚。《全唐诗》卷八四九、八八八收录其诗27首。

按：修睦卒年,一说在贞明六年之后。《唐音癸签》卷二九曰:"修睦赴伪吴辟,与朱瑾同及于祸。"考《资治通鉴》卷二七〇,朱瑾于本年六月自杀。知修睦之卒,当在同时。修睦诗名颇著,交游甚广,与贯休、齐己、处默、栖隐、李成用等为诗友。

窦俨(　—969)生。

按：《宋史》卷二六三本传载,窦俨入宋为礼部侍郎,"车驾征泽潞,以疾不从,卒,年四十二"。泽潞即指北汉,宋太祖于开宝二年亲征之。以窦俨是年四十二岁卒,其生当在后唐天成三年。本传又载窦俨于后晋天福六年登进士第,是则其十四岁即登第，恐不可能。一般以为本传谓其卒年"四十二"似为"五十二"之误，以此推算，其生应在本年。

后梁贞明五年　前蜀乾德元年　吴越天宝十二年　吴武义元年　契丹神册四年　南汉乾亨三年　己卯　919年

法蒂玛王朝取亚历山大城。

萨克森公爵亨利成为德意志国王。萨克森王朝始。

正月，前蜀改元乾德。

按：见《十国春秋》卷三七前蜀《后主本纪》。

是春，梁开科取士，进士及第13人，诸科1人。

按：见《登科记考》卷二五。

四月戊戌，杨隆演即吴国王位，改元武义，是为吴高祖。

按：见《十国春秋》卷二吴《高祖世家》。杨氏自唐末杨行密割据江淮，至是正式立国。然其国政，实为徐温掌控。

冯道为梁河东节度巡官任，七月迁掌书记。

按：见《资治通鉴》卷二七〇。

尹拙是春应梁贡举，登三史第，调补下邑主簿，摄本镇馆驿巡官。

按：见《宋史》卷四三一本传。

殷文圭仕吴，四月拜授翰林学士。

按：殷文圭生卒年不详，字表儒，小字桂郎，池州青阳（一说陈州西华）人。善诗文，名闻于时。唐末登进士第，入淮南节度使杨行密幕，累官吴左千牛卫将军。撰有《登龙集》15卷（一作10卷）、《从军稿》20卷、《笔耕词》（一作《笔耕》）20卷（一作1卷）、《冥搜集》20卷、《镂冰录》20卷、诗1卷等，后皆散佚。《全唐文》卷八六八收录其文1篇，《全唐诗》卷七〇七辑录其诗编为1卷。事迹见《唐才子传》卷一〇、《十国春秋》卷一一。

游恭是年或稍后卒，生年、字号不详。恭，建安人。博学能文，名闻于世。唐末登进士第，为鄂州杜洪掌书记，后归吴，累官知制诰。有《东里集》3卷、《广东里集》4卷（一说20卷），后皆佚。事迹见《十国春秋》卷一一。

按：《十国春秋》本传谓游恭本年知制诰，"无何卒"。知其卒当本年或稍后，姑系于此。

李成（　—967）、崔颂（　—968）、僧义寂（　—987）、僧赞宁（　—1001）生。

后梁贞明六年　前蜀乾德二年　吴越天宝十三年
吴武义二年　契丹神册五年
南汉乾亨四年　庚辰　920年

正月,契丹始制文字。

> 按:契丹初无文字。是年,契丹主耶律阿保机命文臣耶律突吕不和耶律鲁不古创制文字,是为契丹大字。后辽太祖弟耶律迭剌又创制契丹小字,与大字并行。契丹大字和小字皆系据汉字字体创制的拼音文字。其中,契丹大字是依照汉字合成的方块字,数量少,笔画简单。据《新五代史·四夷附录》记载,共千余字。契丹小字是以一个方体字代表一个音缀,又仿照古回鹘文之法,从上而下,连续直写。契丹文字仅在贵族文人中使用,范围极有限。至金章宗明昌二年,诏罢契丹文字。此后,契丹文字渐绝于世。20世纪80年代以来,契丹文字资料大量出土,契丹大字墓志等碑刻已发现十几件,契丹小字的墓志、哀册等碑刻也出土三十多件,还有大量契丹文字的钱币、印章、铜镜、符牌和洞穴墨书等资料出土和被发现,从而为解读和研究契丹文字提供了不可缺少的材料。刘凤翥、清格尔泰、于宝林、陈乃雄、邢复礼著有《契丹小字研究》(中国社会科学出版社1985年版)。

三月,南汉立学校,开贡举,设铨选。

> 按:见《资治通鉴》卷二七一。

是春,后梁开科取士,进士及第12人,诸科3人。

> 按:见《登科记考》卷二五。

五月乙丑,梁末帝诏:"应文武朝官,或有替罢多年,漂流在外者,宜令中书门下量才除授,勿使栖迟;或有进士策名,累年未释褐者,与初任一官;已释褐者,依前资叙用。"

> 按:见《旧五代史》卷一〇《梁末帝纪下》。

己丑,吴王杨隆演卒(897—　)。次月戊申,丹阳郡公杨溥嗣位,是为吴睿帝。

> 按:杨隆演初名瀛,又名渭,杨行密次子。

李建勋工诗文,名著于时。受吴金陵府尹徐温所召,辟为巡官,颇为温赏识。

> 按:见宋陆游《南唐书》列传卷六、马令《南唐书》卷一〇本传。

刘鹭著《地理手镜》10卷成,四月癸丑进献后梁。

> 按:该书早佚。刘鹭尝为衡州长史,余不详。《全唐文》卷八四二收录其赋1篇。

王延彬卒(891—　)。延彬字号不详,光州固始人,家居泉州,闽武肃

后倭马亚王朝及莱昂与纳瓦拉战。

王王审邽之子。通《尚书》、《春秋》，工诗文，善禅理。唐末官至平卢节度使，权知泉州军州事，后梁时累加其检校太傅、太尉，权知泉州刺史，封开国伯。有治绩，尝置招贤院礼遇文士。坐事黜归私第，卒赠云州节度使兼侍中。《全唐诗》卷七六三、《全唐诗补编·续拾》收录其诗3首。事迹见《十国春秋》卷九四。

僧如敏卒，生年、俗姓不详。如敏，福建闽川人。唐末五代高僧。参谒福州长庆大安，得嗣其法。后居韶州灵树禅院，颇为南汉王刘䶮敬重，赐号"知圣大师"，卒谥"灵树禅师"。事迹见《祖堂集》卷一九、《宋高僧传》卷二二、《景德传灯录》卷一一。

徐锴（　—974）、室昉（　—994）生。

后梁贞明七年　龙德元年　前蜀乾德三年
吴越天宝十四年　吴武义三年　顺义元年
契丹神册六年　南汉乾亨五年　辛巳　921年

苏格兰人始奉英格兰为宗主国。

二月壬申，梁史馆奏请广征图书文籍，以备修史。有诏从之。

按：唐末以来，兵火不绝，图籍亡散，无以修史，故梁史馆有此奏请。《旧五代史》卷一〇《梁末帝纪下》载史馆奏曰："今请明下制，敕内外百官及前资士子、帝戚勋家，并各纳家传，具述父祖事行源流及才术德业灼然可考者，并纂述送史馆。如记得前朝会昌以后公私，亦任抄录送官，皆须直书，不用文藻。兼以兵火之后，简牍罕存，应内外臣僚曾有奏行公事，关涉制置，或讨论沿革，或章疏文词，有可采者，并许编录送纳。候史馆修撰之日，考其所上公事，与中书门下文案事相符会，或格言正辞询访不谬者，并与编载。"

二月，吴改元顺义。

按：见《资治通鉴》卷二七一。

三月丁亥，梁末帝诏限私度僧尼。

按：《旧五代史》卷一〇《梁末帝纪下》载，是月，祠部员外郎李枢奏请禁天下私度僧尼，并不许妄求师号紫衣。梁末帝遂下诏曰："两都左右街赐紫衣及师号僧，委功德使具名闻奏。今后有阙，方得奏荐，仍须道行精至、夏腊高深，方得补填。每遇明圣节，两街各许官坛度七人。诸道如要度僧，亦仰就京官坛，仍令祠部给牒。今后只两街置僧录，道录、僧正并废。"自唐武宗会昌毁佛后，崇佛之风渐盛。故唐末以降，抑佛之声再起，至后周世宗时，终又有大规模毁佛之举。参见显德二年五月条。

是春，后梁停贡举。

按：见《登科记考》卷二五。

五月丙辰朔，梁改元龙德。

按：见《资治通鉴》卷二七一。

是月，契丹定法律，正班爵。

按：见《资治通鉴》卷二七一。

黄损离庐山,北上应梁贡举。至汴梁,遍投所著《三要》于公卿间,议者以为有王佐之才。

按:《十国春秋》卷六二本传谓黄损于明年登梁进士第,其赴汴及遍投《三要》于公卿,当在本年。

韩熙载约是年前后隐居嵩山。

按:见宋郑文宝《江表志》卷二。

道士杜光庭在成都,为前蜀户部侍郎。八月为蜀主王衍授道箓于宣华苑,衍赐光庭号"传真天师",授崇真馆大学士,不就,遂隐居青城山白云溪。

按:见《蜀梼杌》卷上。

僧齐己居庐山东林寺,是秋归湘湖,将游蜀,途经江陵,为荆南节度使高季兴所留,命为僧正,居龙兴寺。

按:见《宋高僧传》卷三〇本传、《全唐文》卷九〇〇孙光宪《白莲集序》。

卢汝弼七月卒,生年不详。汝弼一作弻,字子谐(一作子诰),蒲州人,中唐诗人卢纶之孙。擅诗文,工书法,为时人所称。唐景福中登进士第,累迁知制诰。唐亡,客居上党,后至太原依李克用,以户部侍郎、河东节度副使卒。《全唐诗》卷六八八收录其诗8首。事迹见《旧唐书》卷一六三、《新唐书》卷一七七、《旧五代史》卷六〇、《新五代史》卷二八。

倪曙是年或稍后卒,生年不详。曙字孟曦,福州侯官人。工诗赋,名著于时。唐中和中登进士第,官至太学博士,以世乱辞职归故里。后游岭南,遂仕南汉,累拜尚书左丞、同平章事,以病卒。有《获稿集》20卷,赋1卷,后皆佚。事迹见《十国春秋》卷六二。

按:《十国春秋》本传曰:"乾亨五年,诏同平章事。无何,以病卒。"知倪曙当卒于本年或稍后。

杨徽之(—1000)生;扈载(—约956)约生。

按:扈载约卒于显德三年,参见该年条按语。《新五代史》卷三本传谓载"卒年三十六",以此溯推,其生约当本年。

后梁龙德二年　前蜀乾德四年　吴越天宝十五年　吴顺义二年　契丹神册七年　天赞元年　南汉乾亨六年　壬午　922年

是春,梁开科取士,进士及第14人,诸科2人。

按:见《登科记考》卷二五。

拜占庭人禁豪强夺土。

法蒂玛王朝臣服伊德里斯王朝。

黄损是春登梁进士第，南下谒楚王马殷，献十策，求入幕府。以其言多指斥权要，为众人所疾。

按：见《十国春秋》卷六二本传。

前蜀刘赞乾德中为嘉州司马，以蜀后主荒淫，多有谏讽。

按：唐末以降，称刘赞而有文名者数人：一为魏州人，参见后唐清泰三年条；一为桂阳人，累官后梁崇政殿学士；一为闽御史中丞。前蜀刘赞生卒年、籍贯不详，累官学士。尝编《蜀国文英》8卷，又有《玉堂集》若干卷，后皆佚。事迹见《十国春秋》卷四三。

王溥（　—982）、赵普（　—992）、崔颐正（　—1000）、徐仲雅（　—?）生。

按：《十国春秋》卷七三本传曰："文昭王开天策府，以僚佐拓跋恒等十八人为学士。仲雅年十八，与其列焉，楚人以为荣。"考《资治通鉴》卷二八二，楚王马希范于后晋天福四年置天策府。徐仲雅是年十八，则其生当本年。

后梁龙德三年　后唐同光元年　前蜀乾德五年
吴越天宝十六年　吴顺义三年　契丹天赞二年
南汉乾亨七年　癸未　923年

二月，后梁册吴越王钱镠为吴越国王。镠始正式建国，置百官。

按：见《资治通鉴》卷二七二。

是春，后梁停贡举。

按：见《登科记考》卷二五。

四月己巳，晋王李存勖于魏州称帝，国号唐，年号同光，史称后唐，存勖即唐庄宗。

按：见《旧五代史》卷二九《唐庄宗纪三》。

是月，后唐令内外文武官举人，凡有贤良方正、抱器怀能，或利害可陈、无所隐讳、直言极谏者，诸道长官具名奏闻。

按：见《登科记考》卷二五。

九月，前蜀诏置制科，设"贤良方正"、"博通经史"、"明达吏治"、"识洞兵机"、"沉滞丘园"等五科。

按：见《十国春秋》卷三七前蜀《后主本纪》。

十月戊寅，梁末帝朱锽（888—　）自杀，后梁亡。

按：见《旧五代史》卷一〇《梁末帝纪下》。朱锽系梁太祖第四子，原名友贞，即位后改。后梁自太祖朱晃称帝，至末帝朱锽自杀，历3帝，凡17年而亡。

十一月戊申，后唐精简朝中诸司官员。

按：《旧五代史》卷三〇《唐庄宗纪四》载，时战乱之后，国用缺乏，中书门下奏请

后梁龙德三年　后唐同光元年　前蜀乾德五年　吴越天宝十六年　吴顺义三年　契丹天赞二年
南汉乾亨七年　癸未　923年

裁减官员，庄宗从之。

己丑，后唐令举贤良，凡"赞鸿献应、名德有称、才艺可取"，或"隐朝市、遁迹林泉"者，咸令奏闻。

按：见《登科记考》卷二五。

十二月庚午，后唐迁都洛阳。

按：见《旧五代史》卷三〇《唐庄宗纪四》。

庚辰，后唐废后梁所颁律令格式，仍悉复唐旧，令定州进所存唐律令格式。

按：见《旧五代史》卷三〇《唐庄宗纪四》。

冯道为梁河东节度府掌书记，四月后唐开国，召拜户部侍郎，充翰林学士；十月再迁中书舍人、户部侍郎。寻丁父忧去职，居景城守丧。

按：见《旧五代史》卷二九《唐庄宗纪三》、卷一二六本传。

张昭远仕后唐，为兴唐尹张宪属僚。及宪移镇晋阳，昭远又随其赴任。

按：《宋史》卷二六三本传载，时张昭远颇为张宪器重，彼此常讲论经史。

刘昫为梁沧州节度从事，四月后唐建国，授太常博士，迁翰林学士、膳部员外郎；十一月再迁比部郎中、知制诰。寻丁母忧去职。

按：见《旧五代史》卷三〇《唐庄宗纪三》、卷八九本传。

杨凝式为梁考功员外郎，梁亡仕后唐，授比部郎中、知制诰。

按：见《旧唐书》卷一二八本传。

僧文偃嗣韶州灵树寺僧如敏法席，于云门山创建光泰禅院，道风愈显，海众云集，法化四播，世称"云门文偃"。

按：见《景德传灯录》卷一九、《佛祖历代通载》卷一七。

卢重为后唐工部员外郎，撰《本司起请》1卷，八月进上。

按：见《五代会要》卷二〇。

僧昙域十二月编次贯休歌诗文为《禅月集》30卷，并为后序，雕版行世。

按：昙域尝师从贯休，参见后梁开平元年贯休条。《禅月集后序》文末有"时大蜀乾德五年癸未岁十二月十五日序"云云，知昙域编成于此时。《禅月集》今存本为25卷，已非原帙。昙域生卒年不详，扬州人，前蜀时赐号"慧光大师"。幼精六书，学李阳冰篆法，笔力雄健，为时人所称。尝重集许慎《说文解字》为《补说文解字》30卷。另有《龙华集》10卷（一作30卷），已佚。《全唐文》卷九二二收录其文2篇，《全唐诗》卷八四九收录其诗3首。事迹见《宋高僧传》卷三〇。

僧居遁九月十三日卒(835—　)。居遁俗姓郭，字证空，抚州南城人。唐末五代禅学高僧，著名诗僧。年十四出家，后具戒于嵩岳。先后参学于翠微无学、德山宣鉴，终承洞山良价法嗣。住潭州龙牙山妙济寺，学者云集，颇为楚主马殷敬重，赐号"证空大师"。《全唐诗补编·续拾》卷四八收录其歌行偈颂97首。事迹见《宋高僧传》卷一三、《景德传灯录》卷一七、

塔百里卒（838/839—　）。波斯伊斯兰教学家、历史学家。

《十国春秋》卷七六。

韩偓卒(842—)。偓字致尧,一作致光,小字冬郎,自号玉山樵人,京兆万年人。唐末五代诗人,名著一时。龙纪元年登进士第,累迁翰林学士、中书舍人,尝参预崔胤等诛宦官刘季述。随驾避乱凤翔,深为昭宗倚重。因不附权臣朱温,累贬荣懿尉,徙邓州司马。晚年入闽依王审知,寓居南安。有《金銮密记》5卷(一说3卷)、《香奁集》1卷(一说2卷)、诗1卷(一说2卷)、《入内廷后诗集》1卷、别集3卷等。《全唐诗》卷六八○至六八三编录其诗为4卷,《全唐文》卷八二九收录其文17篇。事迹见《新唐书》卷一八三、《十国春秋》卷九五。近人震钧撰有《韩承旨年谱》,今人周祖譔、叶之桦撰有《韩偓年谱补》(载《唐代文学研究》第六辑),陈祖美撰有《韩偓评传》(载《中国历代著名文学家评传》续编一,山东教育出版社1989年版)。

按:韩偓卒年,《新唐书》本传未载。一说后梁乾化四年。考《闽书》卷八、《十国春秋》本传,皆谓其卒于本年。从之。偓所撰《金銮密记》已散佚,《通鉴考异》、《唐人说荟》等录有若干逸文。其余著述,后世传本较杂。《唐音统签·戊签》收录其集4卷、《香奁集》2卷;汲古阁本为《香奁集》1卷、《韩内翰别集》1卷;武强贺氏刻本为《韩内翰别集》3卷、《香奁集》3卷、《补遗》1卷;《四部丛刊》影印旧抄本为《玉山樵人集》1卷,并附《香奁集》1卷。韩偓颇为李商隐称赏,其诗多感伤时事,慨叹身世之作,沈德潜《唐诗别裁集》谓其诗"一归节义,得风雅之正"。然《香奁集》多涉艳情,不关风化,致后人称艳情诗为"香奁体"。

敬翔十月卒,生年不详。翔字子振,同州冯翊人。通《春秋》,有史才,善属文。唐末屡试不第,遂入朱全忠幕,累授检校右仆射、太府卿。后梁时,历太府卿、崇政院使、兵部尚书、金銮殿大学士等职,进拜中书侍郎、同中书门下平章事。后唐军攻入汴州,自尽而卒。后梁贞明中,尝奉诏补缉李琪等所撰《太祖实录》,纂成《大梁编遗录》(一作《大梁兴创遗编》)30卷(一作20卷),另有《表奏集》、集各10卷,皆已佚。《全唐文》卷八四二收录其奏疏1篇。事迹见《旧五代史》卷一八、《新五代史》卷二一。

后唐同光二年　前蜀乾德六年　吴越宝大元年
吴顺义四年　契丹天赞三年
南汉乾亨八年　甲申　924年

西梅昂侵希腊。

正月庚戌,后唐复以宦官为内诸司及诸道监军。

按:《旧五代史》卷三一《唐庄宗纪五》曰:"帝龙潜时,寺人数已及五百,至是合诸道赴阙者,约千余人,皆给赐优赡,服玩华侈,委之事务,付以心腹。唐时宦官为内诸司使务诸镇监军,出纳王命,造作威福,昭宗以此亡国。及帝奄有天下,当知戒彼前车,以为殷鉴。一朝复兴兹弊,议者惜之。"唐庄宗即位前便任用宦官,至是更加宠信,又听任皇后刘氏专权,由是朝政紊乱,上下离心。及唐明宗嗣位,方革此弊。

二月己巳,后唐诏酬奖进献书籍者,又令各地荐举怀才抱器、不仕前朝者,亦许人上表自荐。

按:见《旧五代史》卷三一《唐庄宗纪五》、《登科记考》卷二五。

三月丙午,后唐册封荆南节度使高季兴为南平王,是为荆南武信王。

按:见《旧五代史》卷三一《唐庄宗纪五》。高季兴自唐末割据荆南,至是始有南平之称。

是月,后唐限诸州奏荐官数,并禁地方擅自差摄州县官。

按:《旧五代史》卷三一《唐庄宗纪五》载,是月丙午,中书门奏言,以"诸州奏令录颇乱规程",请加限制,各地节度使若管三州以上者,每年许奏管内官三人;若管三州以下者,只许奏荐两人,"仍须课绩尤异,方得奏闻"。防御使只许奏荐一人,刺史不许奏荐。庚戌,又奏言:"州县官在任考满,即具阙申送吏部格式,本道不得差摄官替正官。"唐庄宗皆从之。

是春,后唐开科取士,户部侍郎赵颀知贡举,进士及第14人,诸科2人。

按:见《登科记考》卷二五。

四月,后唐定诸司送史馆事例。

按:唐代史馆之制,诸司应将相关事例报送史馆,以备史官修国史。参见唐太宗贞观三年闰十二月条按语。本年四月,后唐史馆奏请承袭唐之旧制,唐庄宗从之。据《五代会要》卷一八载,后唐所定诸司及各道州府送史馆事例:时政记,由中书门下录送;起居注,由左右起居郎录送;两省转对、入阁待制、刑曹法官、文武两班上封章者,各录一本报送;天文祥变、占候征验,由司天台逐月录送,且每月供送日历一本;蕃客朝贡使至,由鸿胪寺勘问其风俗、衣服、贡献之物、道里远近、其国王名称等,记录报送;四夷人役来降,凡表状由中书录报,露布由兵部录报,至大军还时,又将主将姓名、战事过程等情况录报;变改音律及新造曲调,由太常寺具录报送;法令变革、断狱新议、赦书德音,由刑部逐季具报;详断刑狱、昭雪冤滥,由大理寺逐季牒报;州县废置及孝子顺孙、义夫节妇有旌表门闾者,由户部录报;封建天下祠庙、叙封、进封邑号词,由司封录报;京师百司长官、刺史以上除授,文官由吏部录报,武官由兵部录报;诸色宣敕,由门下中书两省逐月报送;王公百官定谥,由考功录行状并谥议逐月牒报;宗室任官课绩及公主出降仪制,由宗正寺录报;刺史、县令有政绩者,由本州官录申奏,具牒报送;应硕德殊能、高人逸士、久在山野、著述文章者,由本州县勘问申奏,具录报送;应中外官薨已请谥,由本家各录行状一本申送。

是月,后唐史馆以所掌书籍多有散失,奏请许人进纳。有敕从之。

按:《五代会要》卷一八载唐庄宗敕曰:"进书官纳到四百卷已下,皆成部帙,不是重叠,及纸墨书写精细,已在选门未合格人,每一百卷与减一选;无选减者,注官日优与处分。无官者,纳书及三百卷者,特授试衔。"

八月丁亥,后唐中书门下奏请尚书左丞崔沂、吏部侍郎崔贻孙、给事中郑韬光和李光序、吏部员外郎卢损等共同详定选司长定格、循资格、十道图。从之。

按:见《旧唐代史》卷三二《唐庄宗纪六》。

欧阳彬为前蜀翰林学士、兵部侍郎,十一月奉使洛阳。

按：见《资治通鉴》卷二七三。

卢价为后唐刑部尚书，奉敕主持纂修《同光刑律统类》13卷成，二月进上。

按：见《旧五代史》卷一四七《刑法志》。

拉齐斯卒（约865— ）。阿拉伯医学家、哲学家。

赵邻幾（ —982）生。

后唐同光三年　前蜀咸康元年　吴越宝大二年
吴顺义五年　契丹天赞四年　南汉乾亨九年
白龙元年　乙酉　925年

长者爱德华为诺森伯里亚、苏格兰、威尔士共主。

正月甲午，前蜀改元咸康。

按：见《十国春秋》卷三七前蜀《后主本纪》。

是春，后唐开科取士，礼部侍郎裴皞知贡举，进士及第4人。

按：见《登科记考》卷二五。

七月丁未，后唐改弘文馆为崇文馆。

按：见《旧五代史》卷三三《唐庄宗纪七》、《五代会要》卷一九。至唐明宗时，复改崇文馆为弘文馆。参见天成二年正月条。

十一月丙辰，前蜀后主王衍降后唐，前蜀亡。

按：见《旧五代史》卷三三《唐庄宗纪七》。前蜀自王建于唐末为永平军节度使，占据西川、东川、汉中数十州，至是灭亡，前后凡35年。

十二月丙子，后唐以北京副留守、太原尹孟知祥为成都尹、剑南西川节度副大使，知节度事。

按：见《旧五代史》卷三三《唐庄宗纪七》。孟知祥后据前蜀之地自立，是为后蜀。

辛未，闽王王审知卒（862— ）。子王延翰权知军府事。

按：见《资治通鉴》卷二七四。王审知字信通，光州固始人。唐末承兄王潮之业，据闽自立，在位凡29年。

是月，南汉改元白龙。

按：见《十国春秋》卷五八南汉《高祖本纪》。

闰十二月甲午，后唐诏搜访、荐举贤才。

按：见《登科记考》卷二五。

冯道仕后唐，十月丧阕服除，复起为翰林学士、户部侍郎。

按：冯道于同光元年丁父去职，至是守丧毕复起。见《旧五代史》卷三三《唐庄纪七》。

刘昫丁母忧服除，再起为后唐翰林学士、库部郎中、知制诰。

按：见《旧五代史》卷八九本传。

李琪为后唐刑部尚书、判太常卿，是秋大水，国计不充，上书陈经国之要，颇为唐庄宗赏识，遂由转授吏部尚书，充国计使。

按：见《旧五代史》卷三二《唐庄纪六》、《资治通鉴》卷二七四。

桑维翰、符蒙是春应后唐贡举，皆登进士第。

按：见《登科记考》卷二五。

欧阳炯为前蜀中书舍人，十一月随蜀后主归后唐，北赴洛阳。

按：见《宋史》卷四七九本传。

李珣博学多识，工诗词。仕前蜀，久居成都，与尹鹗等交谊颇厚。

按：李珣生卒年不详，字德润。其先为波斯人，随唐僖宗入蜀，遂居梓州。花间派词人。有《琼瑶集》1卷，已佚。《花间集》选录其词30首，《尊前集》选录其词10首。《全唐诗》卷七六〇收录其诗3首，卷八九六收录其词54首，内有诗重入。另，《宋史·艺文志》著录其《南海药谱》1卷，《经史证类大观本草》作2卷，《本草纲目》作6卷，杂记南方郡县药产及疗疾之验。原书已佚，今人马海月有辑本，载《文献》十七辑。事迹见《十国春秋》卷四四。

尹鹗善词，是年前尝为前蜀翰林校书。

按：尹鹗生卒年不详，成都人。花间派词人。《全唐诗》卷八九五收录其词16首。事迹见《十国春秋》卷四四。

牛希济为前蜀翰林学士、御史中丞，十一月随蜀后主北赴洛阳，以才思敏妙为唐明宗所称，即拜雍州节度副使。

按：牛希济生卒年不详，祖籍安定鹑觚，后徙狄道。有文藻，尤以诗词擅名，为花间派重要词人之一。尝撰《文章论》、《表章论》等文，抨击当时文章"忘于教化之道，以妖艳为胜"，认为表章应"词尚简要，质胜于文"，强调"复师于古，但置于理，何以幽僻文烦为能"。著有《理源》2卷、《治书》10卷，后皆散佚。《全唐文》卷八四五至八四六辑录其文编为2卷，《全唐诗》卷七六〇收录其诗1首，卷八九三收录其词12阕。事迹见《十国春秋》卷四四。

刘山甫仕闽，累官殿中侍御史。

按：刘山甫生卒年不详，彭城人。有才藻，善属文。随父宦岭外，为闽王王审知所召，遂仕闽。著有《金谿闲谈》12卷，已佚。《全唐诗》卷七六三收录其诗1首。事迹见《十国春秋》卷九五。

颜仁郁工诗，尝为闽泉州归德场长，颇有治声。

按：颜仁郁生卒年不详，字文杰，泉州人。工诗。作品多散佚，《全唐诗》卷七六三收录其诗2首。事迹见《十国春秋》卷九六。

僧存奖卒（830— ）。存奖俗姓孔，世称兴化存奖，蓟县人。南宗禅南岳下一系分支临济宗高僧。年少出家，游历各地。后师从临济宗祖师义玄，得承义玄法嗣。唐末住魏府（大名）兴化寺，倡扬师说，颇受当地士大夫敬重。后唐庄宗曾召入问法，欲赐衣号，辞不受。及卒，谥"广济大师"。弟子有藏晖、行简、宝应、天钵等。有《兴化禅师语录》1卷，今存，收录于《古尊宿语录》卷五。事迹见《五灯会元》卷一一、《五家正宗赞》卷二、

《景德传灯录》卷一二。

赵光允四月卒,生年、字号不详。光允,京兆奉天人,与兄赵光逢、赵光裔俱以词艺知名。唐末登进士第,官至驾部郎中。历仕后梁、后唐,累迁中书侍郎、平章事。以疾卒,追赠左仆射。作品皆佚。事迹见《旧五代史》卷五八、《新五代史》卷三五。

薛廷珪九月卒,生年、字号不详。廷珪,河东人,薛逢之子。有才名,善词赋,名著于时。唐末登进士第,官至尚书左丞。仕后梁为礼部尚书,后唐时以太子少师致仕。卒于家,追赠右仆射。著有《凤阁词书》10卷、《克家集》5卷,后皆散佚。《全唐文》卷八三七至八三八辑录其文编为2卷。事迹见《旧五代史》卷六八。

王承班闰十二月卒,生年不详。承班本姓魏,其父为前蜀主王建收为养子,遂改姓,许州人。工词,为花间派词人。仕前蜀,累迁驸马都尉、太尉。后唐军入成都,合族被诛。《花间集》选录其词15首,《尊前集》选录其词6首。近人王国维辑为《魏太尉词》1卷。

李昉(　—996)、朱昂(　—1007)生;王怀隐(　—997)约生。

后唐同光四年　天成元年　吴越宝正元年
吴顺义六年　契丹天赞五年　天显元年
南汉白龙二年　丙戌　926年

正月,后唐五科举人许维岳等百人联名进状,谓诸科登第名额过少,请依旧例增加。有敕从之。

按: 许维岳等以为,三礼、三传、三史、学究等科每科只放两人,而应三传者有五十余人,应三礼科者有三十余人,应三史、学究科者有一十人,登额过少,恐致滞留,请按旧例增至诸科及第额为十三人。见《册府元龟》卷六四一、《五代会要》卷二三。

是春,后唐开科取士,礼部侍郎裴皞知贡举,进士及第8人,诸科2人。

按: 见《登科记考》卷二五。

四月丁丑,后唐庄宗李存勖卒(885—　)。七月丙子,葬于雍陵。

按: 李存勖系李克用长子,承父之业,发展势力,遂灭后梁,建立后唐。然信用宦官,宠幸伶人,放纵后族,任用非人,又滥施刑罚,征战不止,致朝政大乱,上下离心,终为伶人郭从谦所杀。《旧五代史》卷三四《唐庄宗纪八》评曰:"庄宗以雄图而起河、汾,以力战而平汴、洛,家仇既雪,国祚中兴……骄于骤胜,逸于居安,忘栉沐之艰难,狥色禽之荒乐。外则伶人乱政,内则牝鸡司晨。靳吝货财,激六师之愤怨;征搜舆赋,竭万姓之脂膏。大臣无罪以获诛,众口吞声而避祸。夫有一于此,未或不亡,刬咸有之,不亡何待!"

后唐同光四年　天成元年　吴越宝正元年　吴顺义六年　契丹天赞五年　天显元年　南汉白龙二年　丙戌　926年

丙午，后唐原镇州节度使李嗣源即位，改名亶，是为唐明宗。

按：见《旧五代史》卷三六《庄明宗纪二》。

甲寅，后唐改元天成。

按：见《旧五代史》卷三六《庄明宗纪二》。

七月，契丹主耶律阿保机卒（872——　）。至九月，子耶律德光嗣位。

按：见《资治通鉴》卷二七五。

十月己丑，闽威武军节度使王延翰自称大闽国王，是为闽嗣王。至十二月，其弟王延钧率部攻入福州，杀之，自称留后。

按：见《十国春秋》卷九一闽《嗣王世家》。

十一月，后唐敕禁私建寺院及剃度。

按：《五代会要》卷一二载后唐明宗敕曰："今日已前修盖得寺院，无令毁废，自此后不得辄有建造。如有愿在僧门，亦宜准佛法格例，官坛受戒，不得衷私剃度。"

冯道为后唐翰林学士、户部侍郎、知制诰，五月与中书舍人赵凤并为端明殿学士，十月改授兵部侍郎，仍兼充学士。

按：见《旧五代史》卷三六、三七《唐明宗纪》。唐明宗不识字，故以冯道等为端明殿学士，以备侍读。《五代会要》卷一三载，唐明宗初即位，"每四方书奏，多令枢密使安重诲读之，不晓文义。于是孔循献议，因唐室侍读之号，即创端明殿学士之名，命冯道等为之"。参见天成二年正月条。

张昭远在晋阳，为后唐北京留守张宪属僚。是年宪为唐庄宗死节，其部将符彦超权摄，仍以昭远为推官，加殿中侍御史。

按：见《宋史》卷二六二本传。

庾传美为后唐尚书都官郎中，九月庚申奉敕为三川搜访图籍使，入川搜求遗书。

按：庾传美原仕前蜀，家在成都，欲归省，便奏称川中有本朝实录等图籍，由是奉敕入川搜访。及其回朝，所得惟九朝实录及部分残缺杂书而已。见《旧五代史》卷三七《唐明宗纪三》。

欧阳炯六月至洛阳，出补秦州从事。寻弃官，复入蜀至成都，依西川节度使孟知祥。

按：欧阳炯（一作迥），益州华阳人，欧阳珏之子。工词，花间派重要词人之一。事迹见《宋史》卷四七九、《十国春秋》卷五六。

韩熙载是春应后唐贡举，登进士第。寻以其父为唐明宗所杀，遂南奔吴。

按：见《登科记考》卷二五、马令《南唐书》卷一三本传。

赵崇祚随父赵庭隐入蜀，正月至成都。

按：赵崇祚父庭隐一作廷隐，其生平概况，见后蜀广政十一条。

孙光宪避乱江陵，为梁震所荐，入荆南节度使高季兴幕，为掌书记。

按：见《资治通鉴》卷二七五。孙光宪字孟文，自号葆光子，陵州贵平（一说富春）人。博通经史，喜聚书，有诗名，为花间派词人之一。其早年事迹，史载不一，后世遂有不同说法。一说其于唐末曾为陵州判官，后入蜀寓居成都，与蜀中文士交游甚广；一说其初为后唐陵州判官，又至江陵仕荆南。诸说未详孰是。其入荆南后，累迁秘书监兼御史中丞。荆南亡,复仕宋,官至黄州刺史,乾德六年卒。有《荆台集》30卷,《巩湖编玩》3卷,《笔佣集》3卷,《桔斋集》2卷,《北梦琐言》30卷,《蚕书》2卷,《续通历》若干卷等。今存《北梦琐言》20卷,较原帙已有散逸。该书记唐五代皇室、宰辅、酷吏、藩镇、科举、社会习俗、文人僧道之类遗闻逸事,司马光《资治通鉴》多有采用,为研究唐五代史之重要文献。《花间集》选录其词61首,《尊前集》选录23首,《全唐诗》卷七六二、卷八九七收录其诗词凡人88首,《全唐文》卷九〇〇收录其文1篇。事迹见《宋史》卷四八三、《十国春秋》卷一〇三。

王仁裕撰《入洛记》1卷。

按:王仁裕于去年十一月随前蜀主王衍归后唐,是年六月至洛阳,授秦州节度判官,赴任后,遂撰《入洛记》,述成都至洛阳途中事,并附所作诗赋。

王衍三月卒(899—)。衍原名宗衍,字化源,许州舞阳人,前蜀先主王建第十一子。嗣位后改名,是为前蜀后主。善诗文,尤喜艳词。蜀光天元年嗣位,在位九年,宴游无度,国势日衰。咸康元年十一月降后唐,押送至秦州驿,被杀。曾集录古今艳诗200篇编为《烟花集》5卷;另著有《坤仪令》1卷,皆已佚。《全唐文》卷一二九收录其文4篇,《全唐诗》卷八、八八九收录其诗词7首,内有重出。事迹见《旧五代史》卷一三六、《新五代史》卷六三、《十国春秋》卷三七。

张宪四月二十四日卒,生年不详。宪字允中,晋阳人。有儒学,尤精《左传》,善文辞,喜藏书,家中所聚至五千卷。初为晋王李存勖属僚,即李存勖称帝,拜工部侍郎、租庸使,累迁检校吏部尚书、太原尹、北京留守。坐兵乱弃城,赐死。事迹见《旧五代史》卷六九、《新五代史》卷二八。

沈颜是年前卒,生年不详。颜字可铸,湖州德清人。善词藻,有文名。唐末登进士第,逢世乱,投奔湖南马殷,寻归吴,累官兵部郎中、知制诰、翰林学士。撰有《聱书》10卷、《解聱书》15卷、《大纪赋》1卷、《陵阳集》5卷等,皆已佚。《全唐文》卷八六八收录其文11篇,《全唐诗》卷七一五收录其诗2首。事迹见《十国春秋》卷一一。

按:沈颜卒年,史无明载。《十国春秋》本传谓其"顺义中卒",未有具体年份。姑系于此。

赵光逢约是年稍后卒,生年不详。光逢字延吉,京兆奉天人。好读书,有文学。唐末登进士第,官至尚书左丞。后梁时,先后数次拜相。后唐时,封齐国公,以太子太保致仕,卒于洛阳,追赠太傅。《全唐诗》卷七三四收录其诗8首。事迹见《旧五代史》卷五八、《新五代史》卷三五。

按:《旧五代史》本传谓赵光逢于天成初致仕,"卒于洛阳"。知其卒当在本年或稍后。又,赵光逢弟赵光裔、赵光允亦以词艺知名。赵光裔于唐末登进士第,累迁膳部郎中、知制诰。赵光允生平概况,见后唐同光三年条。

王正言是年稍后卒,生年不详。正言,郓州人。五代诗人。后唐时历户部尚书、兴唐尹、租庸使、礼部尚书,卒于平卢军行军司马任。诗作皆佚,《全唐文》卷八四四收录其奏疏1篇。事迹见《旧五代史》卷六九。

按：《旧五代史》本传载，唐明宗即位，王正言求为平卢军行军司马，"竟卒于任"。明庄本年四月即位，知正言当卒于稍后。

后唐天成二年　吴越宝正二年　吴顺义七年
乾贞元年　契丹天显二年
南汉白龙三年　丁亥　927年

正月丙辰，后唐敕："端明殿学士宜令班在翰林学士上，今后如有转改，只于翰林学士内选任。"

按：端明殿学士始设于天成元年五月，参见该年冯道条按语。初，端明殿学士位在翰林学士之下，以赵凤建言，故唐明宗有此诏。见《五代会要》卷一三。

己卯，后唐改崇文馆为弘文馆。

按：见《旧五代史》卷三八《唐明宗纪四》。弘文馆于唐庄宗时改名，至是复旧。参见同光三年七月条。

三月，后唐太常丞段颙请国学五经博士各讲本经。从之。

按：见《旧五代史》卷三八《唐明宗纪四》。

是春，后唐开科取士，礼部侍郎裴皞知贡举，进士及第23人。

按：见《登科记考》卷二五。

六月七日，后唐颁敕，立寺院僧尼限制条例。

按：唐末以来，抑佛之声再起，梁时即对佛教有所限制，至是后唐复下敕详列规制。《五代会要》卷一二详载唐明宗敕，其中包括僧尼不得与官员交往，不得随意开讲弘法，不得于俗舍住宿，不得私自度人，路见官员须回避等。至后周世宗时，遂大规模毁佛。参见显德二年五月条。

是月，后唐册马殷为楚国王，殷始立宫殿，置百官，礼仪皆如天子制。

按：见《资治通鉴》卷二七五、二七六。

十一月庚戌，吴王杨溥称帝。甲子，改元乾贞。

按：见《资治通鉴》卷二七六。

冯道仕后唐，正月由端明殿学士、兵部侍郎进拜中书侍郎、同平章事、集贤殿大学士，出掌相职。凡孤寒之士，抱才业、素知识者，多能引用。

按：见《旧五代史》卷一二六、卷三八《唐明宗纪四》。

赵熙在后唐起居郎任，八月奏请中书省之公事及诏书奏对，委内臣抄录，月终送史馆，以备修史。明宗下敕，由枢密院学士月终录送。

按：见《五代会要》卷一八。

陈贶约此期始隐居庐山白鹿洞，力学苦思，积书数千卷，学者多师从之。

按：见马令《南唐书》卷一五、《江南野史》卷六本传。

齐亚尔王朝建于波斯北部。

拜占庭帝国大饥。

卢士衡是春登后唐进士第。

> 按：见《登科记考》卷二五。卢士衡生卒年、籍贯不详，一说为江南人。工诗。尝游天台、钟陵等地，余无考。有诗、集各1卷，已佚。《全唐诗》卷七三七、八八六收录其诗9首。

刘崇远好学博闻，工诗文，约是年前后始仕吴。

> 按：《全唐文》卷八六一刘崇远《金华子新编序》有"年逾壮室，方茌畿甸；继宰二邑，共换二十余寒署"云云。该文约撰于南唐保大十年，以此上推二十五年为本年。则崇远仕吴约本年前后。参见傅璇琮主编《唐五代文学编年史》(五代卷)。

刘岳仕后唐，奉敕撰《新定书仪》2卷成，进上。

> 按：见清顾櫰三《补五代史艺文志》。

伯尔诺卒（850— ）。法国天主教僧侣。创设克吕尼隐修院。

乌震三月二十一日卒，生年、字号不详。震，冀州信都人。略涉书史，尤嗜《春秋左氏传》，好为诗，善笔札。弱冠从军，后唐时历深、赵、易等州刺史，为乱军所杀。事迹见《旧五代史》卷五九、《新五代史》卷二六。

后唐天成三年　吴越宝正三年　吴乾贞二年
契丹天显三年　南汉白龙四年
大有元年　戊子　928年

三月，南汉改元大有。

> 按：见《十国春秋》卷五八南汉《高祖本纪》。

是春，后唐开科取士，兵部侍郎赵凤知贡举，进士及第15人，诸科4人。

> 按：见《登科记考》卷二五。

七月，后唐以童子科举人过滥，敕令整顿。

> 按：《登科记考》卷二五引唐明宗敕曰："近年诸道解送童子，皆越常规。或年齿渐高，或精神非浚，或道字颇多讹舛，或念书不合格文。主司若不去留，贡部积成乖弊。自此后，诸道州府如公然滥发文解，略不考选艺能，其逐处判官及试官并加责罚，仍下贡院。将来诸道应解送到童子，委主司精专考校，须是年颜不高，念书合格，道了分明，兼无覼失，即放及第。"

七月，后唐册威武节度使王延钧为闽王。

> 按：时王延钧崇佛，度民两万为僧，由是闽中多僧。见《资治通鉴》卷二七六。

八月庚子，后唐诏："今后翰林学士入院，以先后为班次；承旨一员，不讲官资先后，在学士之上。"

> 按：见《旧五代史》卷三九《唐明宗纪五》。

是月，后唐定国子监每年监生为200员，令诸道州府各置官学。

后唐天成三年　吴越宝正三年　吴乾贞二年　契丹天显三年　南汉白龙四年　大有元年　戊子　928年

按：见《五代会要》卷一六。

十二月丙辰，荆南高季兴卒（858— ）。子高从诲嗣立，是为荆南文献王。

按：高季兴字贻孙，陕州峡石人。自唐末据荆南，所辖仅荆、归、峡三州之地。地狭势弱，转圜于诸政权之间，谨慎奉事以自保。

是月，契丹以东平郡为南京。

按：见《资治通鉴》卷二七六。

张昭远在后唐安义军节度掌书记任，为四川节度副使何瓒奏荐，召拜左补阙、史馆修撰。十二月，建请修后唐太祖、庄宗两朝实录，遂奉诏主修。

按：《五代会要》卷一八载后唐史馆奏昭远所进状曰："太祖武皇帝自咸通以来，勤王戮力，剪平多难，频立大功，三换节旄，再安京国。庄宗皇帝终平大憝，奄有中原。倦阙编修，遂成湮没。伏请与当馆修撰，参序条纲，撰太祖、庄宗实录者。"有诏从之。《宋史》卷二六三昭远本传亦载，时唐主以前朝实录未修，诏何瓒与正国军节度使卢质、秘书监韩彦辉等纂录事迹。张昭远尝私撰《同光实录》12卷，又欲撰《三祖志》，并藏有昭宗朝赐武皇制诏九十余篇，瓒遂奏荐之。至天成四年，撰成《庄宗实录》等，由宰臣赵凤进上。参见该年条。

倪从进仕荆南，颇贵宠。

按：倪从进生卒年、籍贯不详，其父倪可福为荆南大将，遂居江陵。以恩荫入仕，又娶荆南武信王高季兴之女，贵宠一时。有儒业，著《左传杜注驳正》1卷，已佚。事迹见《十国春秋》卷一〇三。

僧文益师从僧桂琛，复游历各地。是年前后至临川，受邀住崇寿院传法，四方游学者云集。

按：文益师从桂琛事，见后梁开平元年条。

僧赞宁约是年前后于杭州灵隐寺出家。

按：赞宁出家，《十国春秋》本传谓吴越"宝正中"，且谓其出家一说在杭州祥符寺。宋王禹偁《通惠大师文集》谓"后唐天成中出家"。知赞宁出家，当在本年前后。赞宁俗姓高，德清人。五代至宋初高僧、佛教学者。博学多识，精佛理，通佛史，擅诗文。以精研《南山律》，时称"律虎"；因与士大夫多交游唱和，时人又称其为"文虎"。出家后，又入天台山受具足戒，习《四分律》。颇受吴越钱氏敬重，任两浙僧正数十年，赐号明义宗文。后随吴越王钱俶北上归宋，赐号通大师，旋归杭州。复征召入汴京，住天寿寺，历左街讲经首座、知西京教门事、充右街僧录等职。咸平四年卒。著述丰赡，有《宋高僧传》30卷，《大宋僧史略》3卷，《物类相感志》10卷，《要言》2卷，《舍利宝塔传》、《护塔灵鳗菩萨传》、《笋谱》各1卷等，今皆存。《宋高僧传》系南朝梁慧皎《高僧传》、唐道宣《续高僧传》之后又一佛教传记著作，后人合称《高僧传三集》。书中载唐高宗至宋初三百年间佛教僧人事，凡正传532人，附传125人，为研究中国古代佛教史之重要文献。今有宋刻碛砂藏本、《大正新修大藏经》本等。《大宋僧史略》记佛教事物之源起，亦为佛教史研究之所重要文献。今存《大正新修大藏经》本、日本延宝八年刻本等。另有《传载》8卷，原本已散佚，《说郛》有辑录，《宋朝事实类苑》等引有逸文。又有《内典集》150卷，《外学集》49卷，《圣贤事迹》100卷，《四分律行事钞音义指归》3卷等，皆已佚。《全唐诗补编·补逸》卷一八、《续拾》卷四六收录其诗 7 首,《全宋文》收录其文 13 篇。事迹见《十国春秋》卷八九。

道士郑遨隐居华山之阴,后唐征召,辞不赴。

按:《旧五代史》卷九三本传谓此事在"天成中",姑系于此。郑遨名云叟,避唐明宗讳,以字行。

新罗人崔致远约卒(857—)。致远字海夫,号孤云,新罗湖南沃沟(一说庆州沙梁部)人。咸通七年入唐,在长安求学六年,乾符元年登进士第,历宣州溧水尉等职。中和五年返国。回国后,拜侍读兼翰林学士,为权臣所不容。晚年弃官隐居,逍遥山林。熟谙汉语文学及典制,工诗文,对古代朝鲜文学发展影响巨大。作品繁多,有赋 1 卷、诗 1 卷、杂诗赋 1 卷、《中山覆匮集》5 卷、《四六》1 卷,后皆佚。今存《唐大荐福寺故寺主翻经大德法藏和尚传》1 卷;《桂苑笔耕集》20 卷,存其在诸道行营兵马都统高骈幕时所作表、状、启、祭文等 300 余篇,有《四部丛刊》影印高丽本等。《三国史记》、《东文选》、《东国通鉴》又存录其诗 40 余首。今人金东勋撰有《晚唐著名朝鲜诗人崔致远》(载《中央民族学院学报》1985 年第 1 期)。

僧桂琛是年秋卒(867—)。桂琛俗姓李,常山人。唐末五代高僧,南宗禅青原行思一系七世祖。曾参访南宗禅师福州玄沙师备,得嗣其法。先后住漳州地藏院、罗汉院,讲经弘法,从学者云集,人称"罗汉桂琛"。及卒,谥号"真应禅师"。弟子有清凉文益、清溪洪进、清凉休复、龙济绍修、延庆传殷、南台守安、天禅院秀等。事迹见《宋高僧传》卷一三、《禅林僧宝传》卷四、《五灯会元》卷八。

李穆(—984)、王著(—989)、孔维(—991)生。

后唐天成四年　吴越宝正四年　吴乾贞三年
大和元年　契丹天显四年
南汉大有二年　乙丑　929 年

西班牙倭马亚王朝阿卜杜·拉赫曼称哈里发。

德王亨利在易北河东部征服波希米亚和易北河东岸的斯拉夫人。

是春,后唐开科取士,中书舍人卢詹知贡举,进士及第 13 人,诸科 2 人。

按:见《登科记考》卷二五。

七月戊子,后唐中书省奏:"今后新及第举人,有曾授正官及御署者,欲约前任资序,与除一官。"从之。

按:见《旧五代史》卷四〇《唐明宗纪六》。

八月丁酉,后唐大理正路阮奏请常祀周武成王庙。从之。

按:见《旧五代史》卷四〇《唐明宗纪六》。

十月一日,后唐中书门下奏所拟贡举人规程。有敕从之。

后唐天成四年　吴越宝正四年　吴乾贞三年　大和元年　契丹天显四年　南汉大有二年　乙丑　929年

按：唐末以来，科举日益混乱，弊端丛生。唐明宗欲加整顿，遂令有司制订规程。《五代会要》卷二三载中书门下条流贡举人事件，凡四条：其一，"诸道州府解送诸色举人，须准元敕差有才艺公正官考试及格，然后给解，仍具所试诗赋、义目、帖由送省。如逐州府解内，不竖书前件指挥事节，所司不在引试之限。礼部贡院考试诸色帖经举人，今后据所业经书对义之时，逐经须将生卷与熟卷中半考试，不得依往例，只将熟卷试问。"其二，"今后主司不得受内外官察书题荐托举人，及安排考官。如或实在知有才学精博者，任具奏闻。若受书题嘱托，致有屈人，其主司与发书人并加黜责，其所举人别行朝典。三铨南曹亦不得受诸色官员荐托选人，如违，并准前指挥。"其三，"诸色落第人，此后所司具所落事由，别张文榜，分明晓示。除诸州府解送举人外，余有于河南府寄应，及宗正寺、国子监生等，亦须准上指挥。其中有依托朝臣者，于解内具言在某官姓名门馆考试，及第后，并据姓名覆试。"其四，"诸色举人，至入试之时前，照日内据所纳到试纸，本司印署讫，送中书门下，取中书省印印过，却付所司给散，逐人就试贡院。合请考官、试官，今后选举学业精通、廉慎有守者充。如在朝臣门馆人，不得奏请。"

十一月壬辰，吴改元太和。

按：见《十国春秋》卷三吴《睿宗本纪》。

高辇四月依后唐秦王李从荣，授河南府推官。与名士江文蔚、何仲举等人迭相唱和，又与僧齐己寄诗相酬。

按：高辇工诗文，参见后唐长兴四年条。江文蔚有文名，是年由闽北上，游李从荣幕。其生平概况，见后周广顺二年条。何仲举有诗名，是夏赴洛阳。其生平概况，见后唐长兴二年条。

僧可止在定州开元寺，是夏为节度使王晏球所荐，后唐宰相冯道邀其至洛阳，住长寿寺净土院。河南尹、秦王李从荣颇礼遇之，奏赐号"文智大师"。

按：可止赴洛阳事，《宋高僧传》卷七本传谓在去年，恐误。据《资治通鉴》卷二七六载，后唐于今年二月始拔定州，以招讨使王晏球为节度使。又，李从荣任河南尹在今年四月。可知可止入洛阳应在今年。

张昭远等奉敕修成后唐《懿祖纪年录》、《献祖纪年录》、《太祖纪年录》凡20卷，《唐庄宗实录》30卷，十一月癸未由宰臣、监修国史赵凤进上。

按：张昭远即张昭，时为后唐都官员外郎。初，昭远建请修《庄宗实录》等，遂由其主持修撰，参见去年条。《五代会要》卷一八载，诸书至本年十一月修成，同修者尚有吕咸休等。咸休生平概况，见后周广顺元年条按语。

崔协二月丁卯卒，生年不详。协字思化，清河人。唐末登进士第，官至渭南尉、直史馆。后梁时，累迁兵部侍郎。后唐时，历御史中丞、礼部尚书、太常卿，进拜平章事。卒赠尚书左右仆射，谥曰"恭靖"。《全唐文》卷八三九收录其奏疏1篇。事迹见《旧五代史》卷五八。

李保殷五月丁丑卒，生年、字号不详。保殷，洛阳人。有经术，通律令。唐末起为太子正字，历后梁、后唐，累官大理卿。以疾辞职，卒于家。

艾尔·巴塔尼卒（约858— ）。阿拉伯天文学家、数学家。

撰有《刑律总要》12卷,已佚。事迹见《旧五代史》卷六八。

僧怀濬约是年稍后卒,生年不详。怀濬,一说闽人,乾宁初居归州。擅草书,能诗。常于寺观店肆书佛道经籍及俚俗歌诗,颇为里人敬重。《全唐诗》卷八二五收其诗2首。事迹见《宋高僧传》卷二二。

句中正(—1002)、梁周翰(—1009)生。

后唐天成五年　长兴元年　吴越宝正五年
吴大和二年　契丹天显五年
南汉大有三年　庚寅　930年

冰岛人始建"人民代表会议"（阿尔庭）。

二月乙卯,后唐改元为长兴。

按：见《旧五代史》卷四一《唐明宗纪七》。

是月,后唐敕:"进士科已及第者,计选数年满日,许令就中书陈状,于都堂前各试本业、诗赋、判文等,其中才艺灼然可取者,便与除官。如或事业未甚精者,自许准添选。"

按：见《五代会要》卷二二。

是春,后唐开科取士,左散骑常侍张文宝知贡举,初进士及第15人,后经重试,有9人落第。另诸科1人。

按：见《登科记考》卷二五。

四月甲午,后唐国子司业张溥奏请复国子监诸学。

按：见《旧五代史》卷四一《唐明宗纪七》。自唐以来,国子监有六学,即国子学、太学、四门学、律学、书学、算学。

五月,后唐敕:除进士、五经、九经、明经、五科童子外,宏词、拔萃、明算、道举等科皆停罢。

按：见《登科记考》卷二五。

十一月己巳,楚王马殷卒(852—)。丙戌,子马希声嗣立,去建国之制,复藩镇之旧。

按：见《资治通鉴》卷二七七。

刘昫在后唐翰林学士、户部侍郎任。二月,奏请翰林学士停试诗赋。从之。九月,改授兵部尚书,仍充学士。

按：见《旧五代史》卷四一《唐明宗纪七》。《五代会要》卷一三载刘昫奏曰:"伏见本院旧例,学士入院,除中书舍人即不试,余官皆先试麻制、答蕃、批答各一道,诗、赋各一道,号曰五题。所试并于当日内了,便具呈纳。……今后凡本院召试新学士,欲请权停试诗、赋,祇试麻制、答,共三道。仍请内赐题目,兼定字数,付本院召试。"

王仁裕仕后唐,辞秦州节度判官,居汉阳别墅,作《归山集》五百首以抒其志。

按：王仁裕于后唐同光四年始任秦州判官，至是罢去。所作《归山集》，早佚。

李愚仕后唐，由兵部侍郎、翰林承旨转太常卿，寻拜中书侍郎、平章事，执掌相职。

按：见《旧五代史》卷四一《唐明宗纪七》。

何仲举在洛阳，游后唐秦王、河南尹李从荣幕。时从荣多招延文士，是秋荐举数百人，以仲举为首。

按：见《五代史补》卷二。

冯延巳文雅有名，是年或稍前始仕吴，起为秘书郎。

按：见陆游《南唐书》列传卷八本传。

李宏皋以文藻知名，仕楚，是年前累迁都统掌书记。

按：宏皋一作弘皋，其生平概况，参见后汉乾祐三年条。

刘昭禹善诗，仕楚，是年前为县令。

按：刘昭禹生平概况，参见后周广顺元年条。

郑良士卒(856—)。良士一作士良，原名昌士，字君梦，仙游人。工诗文。唐末屡举进士不第，景福二年以献诗授国子四门学士，累迁康、恩二州刺史，弃官归隐泉州。后梁时依闽主王审知，历建州判官、左散骑常侍兼御史大夫等职。有《白岩集》10卷，诗集10卷，《中垒集》10卷，皆已佚。《全唐诗》卷七二六、《全唐诗补编·续拾》卷三四收录其诗7首。事迹见《十国春秋》卷九五。

按：郑良士卒年，一说长兴二年。此从宋赵与泌、黄岩孙《仙溪志》卷一〇。良士子郑元弼、郑元恭、郑元素、郑元龟、郑元礼、郑元振、郑元瑜、郑元忠八人，皆博学能文，闻名于世，时号"郑家八虎"。

萧顷五月癸未卒(862—)。顷字子澄，京兆万年人。善属文。唐末登进士第，官至吏部员外郎。后梁时，累拜吏部侍郎、中书门下平章事。后唐初贬登州司马、濮州司马，迁太子宾客，以礼部尚书、太常卿、太子少保致仕。卒于第，追赠太子少师。《全唐文》卷八四四收录其奏疏2篇。事迹见《旧五代史》卷五八。

李琪十月壬辰卒(871—)。琪字台秀，陇西敦煌(一说太原文水)人，李珽之弟。唐末五代学者。通《六经》，博览文史，工诗文，名著一时。唐末登进士第，又登博学宏词科，累迁殿中侍御史。唐亡仕梁，官至尚书左丞、中书门下、平章事。梁亡仕后唐，累迁尚书左仆射，以太子少傅致仕，卒于家。后梁时尝预修《梁太祖实录》，又编所作制诏为《金门集》10卷，另有《玉堂仪范》30卷、《皇王大政论》10卷(一说1卷)、《春秋王伯世纪》10卷(一说3卷)、《应用集》3卷，皆已佚。《全唐文》卷八四七、《唐文拾遗》卷四六收录其文10篇，《全唐诗》卷七一五、《全唐诗补编·续补遗》收录其诗3首。事迹见《旧五代史》卷五八、《新五代史》卷五四。

按：李琪兄李珽亦有文名，参见后梁乾化三年条。

窦梦徵八月乙亥卒，生年、字号不详。梦徵，同州人。有文名。唐末

圣阿芒的胡克巴尔德卒(约840—)。法兰克音乐理论家、作曲家。

登进士第,官至拾遗、翰林学士。历后梁、后唐,终工部侍郎,卒赠礼部尚书。有《东堂集》30卷(一说10卷),已佚。《全唐文》卷八四四收录其文1篇。事迹见《旧五代史》卷六八。

乐史（　—1007）生。

后唐长兴二年　吴越宝正六年　吴大和三年
契丹天显六年　南汉大有四年　辛卯　931年

是春,后唐开科取士,太常卿李愚知贡举,进士及第4人。

按：见《登科记考》卷二五。

六月丁巳,后唐复明法科,同《开元礼》。

按：后唐于去年停明法科,至是复举。见《旧五代史》卷四二《唐明宗纪八》。

七月,后唐令各地搜访隐逸之士,具名奏闻。

按：见《登科记考》卷二五。

十一月四日,后唐史馆奏请于东南各地征购晚唐宣宗、懿宗、僖宗、昭宗四朝野史及各朝日历、除目、朝报、银台事宜、内外制词、百司沿革簿籍。有诏从之。

按：时后唐史馆欲修晚唐四朝实录,以北方久经乱世,典籍多失,故奏请面向两浙、福建、湖广征求相关遗书典籍。见《五代会要》卷一八。

崔棁为后唐知制诰,五月上言请搜访唐宣宗以来野史,以备修史之需。从之。

按：见《旧五代史》卷四二《唐明宗纪八》。

宋齐丘为吴谏议大夫、兵部侍郎。二月,吴权臣徐知诰欲拜其为相,辞让不受。因归洪州葬父,遂入九华山隐居。旋被征还朝,授中书侍郎。十一月,进拜右仆射、同平章事,入掌相职。遂阴结朋党,潜自封植。

按：见《资治通鉴》卷二七七、马令《南唐书》卷二〇本传。

尹拙仕后唐,是年前后召为著作佐郎、直史馆。

按：尹拙后迁左拾遗,仍兼史职。

何仲举是春应后唐贡举,登进士第。

按：见《登科记考》卷二五。何仲举生卒年不详,道州营道人。工诗,名声颇著,与沈彬、廖凝、齐己等齐名。北赴洛阳,游李从荣门。登第后,旋归事楚,累迁全州、衡州刺史。作品多佚,《全唐诗》卷七六二收录其诗1首。事迹见《十国春秋》卷七三。

高辇约是年前后编次所作诗文为《丹台集》3卷,李从荣为序。

按：时高辇仍在秦王、河南尹李从荣幕，与从荣等迭相唱和。《丹台集》编成后，辇寄送齐己，彼此寄酬颇多。齐己对辇甚是推重，比之元稹、李白。该集早佚。

贾馥二月辛丑卒，生年、字号、籍贯不详。五代藏书家。家聚书三千卷，手自刊校。初为镇州节度使判官，后唐时授鸿胪少卿，以鸿胪卿致仕，卒于镇州。事迹见《旧五代史》卷七一。

杨砺（　—999）生。

后唐长兴三年　吴大和四年　契丹天显七年　南汉大有五年　壬辰　932年

二月，后唐始刻《九经》。
按：参见本年冯道条。
是月，吴权臣徐知诰置礼贤院，聚图书，以延士大夫。
按：见《十国春秋》卷三吴《睿帝本纪》。时徐知诰旁罗隐逸，凡闻名儒宿老，即命郡县起之。
三月庚戌，吴越王钱镠卒（852—　）。子钱传瓘嗣位，改名元瓘，是为吴越穆王。
按：钱镠字具美，小字婆留，杭州临安人。自唐末据两浙自立，实行"保境安民"之策，外谨事中原诸朝，内修行政务，前后四十余年，能偏安一隅。后继者沿袭之，故吴越于五代十国乱世之中，立国时间为最长。能文工书，尤喜吟咏。有《武肃王集》，今存浙江图书馆。《全唐文》卷一三〇、《唐文拾遗》卷一一收录其文21篇，内有臣僚代拟之作；《全唐诗》卷八、《全唐诗补编·补逸》卷一、《续补遗》卷一二、《续拾》卷四六收录其诗20首。
是春，后唐开科取士，进士及第8人，诸科81人。
按：见《登科记考》卷二五。
五月甲辰，后唐以孔子四十三代裔孙孔仁玉为兖州龚邱令，袭爵文宣公。
按：见《旧五代史》卷四三《唐明宗纪九》。
七月辛卯，湖南马希声卒（899—　）。八月辛酉，弟马希范袭位。
按：见《资治通鉴》卷二七八。

冯道在后唐宰相任，二月与同列李愚同奏，以诸经舛缪，请依石经文字刻印九经。至四月，唐明宗遂敕马缟、田敏等为详勘官，取西京唐郑覃所刊石经，雕为印板，流布天下。
按：见《旧五代史》卷一二六冯道本传、《资治通鉴》卷二七七。《册府元龟》卷六〇八载唐明宗敕曰："近以遍注石经，雕刻印板，委国子学每经差专知业博士儒徒五六人勘读并注。今更于朝官内别差五人充详勘官：太子宾客马缟,太常丞陈观,祠部员外郎兼太常博士段颙,太常博士路航,屯田员外郎田敏等。"是为五代时较系统整理儒经之举动,诸经刻石至后周太祖时方全部告成。参见后晋天福八年、乾祐元年五月、后周广顺三年诸条。郑覃刊石经事,见唐大和七年十二月、开成二年条。

沈彬应吴权臣徐知诰之召,自江西高安赴金陵,授秘书郎。

按：沈彬由是与节度副使李建勋及孙鲂等迭相唱和,为诗会数年。见《江南野史》卷六《沈彬传》、卷七《孙鲂传》。孙鲂生平概况,见唐天复四年条按语。

宋齐丘为吴右仆射、同平章事,时有歙州处士汪台符上书吴主条陈民间利害事,齐丘忌其才高,屡为诋訾,又使人推沉其江中。

按：《资治通鉴》载此事于去年十二月,今从陆游《南唐书》列传卷一四《汪台符传》。宋齐丘忌才之心胸,由此可见一斑。汪台符生年不详,能文章,通古今,人谓其有王佐之才。

江文尉、吴承范是春应后唐贡举,登进士第。

按：见《登科记考》卷二五。

僧道怤居杭州天龙寺,颇为吴越王钱镠敬重,署为顺德大师。

按：道怤系唐末五代高僧,吴越禅学之兴,多赖其力。见《宋高僧传》卷一三本传。

僧神晏五月十七日卒(854—)。 神晏俗姓李,大梁人。唐末五代禅学高僧。年十三出家,游历各地,参访禅学名德。入福州雪峰山,师从义存,得其心印。后住福州鼓山涌泉禅院,从学者众。门人辑录其语为《鼓山先兴圣国师和尚法堂玄要广集》1卷,行于世。《全唐诗补编·续拾》卷四七收录其诗偈8首。事迹见《祖堂集》卷一〇、《景德传灯录》卷一八、《五灯会元》卷七、《十国春秋》卷九九、《补续高僧传》卷六。

按：神晏卒年,一说后晋天福四年,又说天福六年。此从《祖堂集》本传。

翁承赞卒(859—)。 承赞字文尧(一作文饶),自号狎鸥翁,福唐人。唐末五代诗人。唐乾宁三年登进士第,复登博学宏词科,历右拾遗、户部员外郎。唐亡仕梁,出为福建盐铁副使,遂依闽主王审知,颇受信用。尝劝闽主建四门学,以教闽士之秀者。晚年辞官归隐,卒葬建安新丰乡。有诗1卷,集1卷,后散佚。今存《昼锦堂诗集》,系后人重编。《全唐诗》卷七〇三辑录其诗编为1卷。事迹见《唐才子传》卷一〇、《十国春秋》卷九五、清乾隆《福州府志》卷六〇。

刘岳八月癸丑卒(877—)。 岳字昭辅,祖籍辽东襄平,家居洛阳。通典礼,有文学。唐登进士第,官至侍御史。后梁时为翰林学士,后唐初贬均州司马,历太子詹事、吏部侍郎、秘书监、太常卿等职。卒赠吏部尚书。尝奉唐明宗敕,撰《新定书仪》2卷,已佚。事迹见《旧五代史》卷六八、《新五代史》卷五五。

邢昺(—1010)生。

后唐长兴四年　吴大和五年　闽龙启元年
契丹天显八年　南汉大有六年　癸巳　933年

正月十一日,后唐史馆奏立程规。诏从之,付有司施行。

按:唐末以来,史馆体制散乱,充值者多因循度日,敷衍了事,故史馆奏请立程规,加以整顿。《五代会要》卷一八载史馆所拟程规曰:"自判馆修撰已下,见充职任及此后充馆,请以二周年为限,据在职馆中文书繁简,逐季分配纂修。如月未满,公事未阙,即当馆给与公凭,仍旋申中书门下,请别商量。其职限内,遇本官省署有递迁,请不妨其序进,即请令依前充职,终其月限,并请不许未终职限,特更除官。……其旷职甚者,仍请量事殿罚。如据所分配文书修撰外,别能采访得皇后、功臣事实,及诸色合编集事,著撰得史传,堪入国史者,请量其课绩,别加酬奖。如当馆于职限满官员中籍令充职者,则旋具奏闻,乞就加陛陟。应此日已前曾充馆职,配过文书,除丁忧官员,则请与均分代修撰,其未了别除官者,所欠文书不计多少,并与令本官修撰,速须了毕。"

是月,闽主王延钧称帝,改名鏻,国号闽,改元龙启,是为闽惠宗。

按:见《十国春秋》卷九一闽《惠宗相纪》。

二月十六日,后唐礼部贡院奏新立科试条例。

按:唐末以来,科场混乱,弊端丛生。唐明宗颇重科举,故令贡院立条法加以整顿。《五代会要》卷二三载,是次后唐所立科试条例凡六条:其一,"九经、五经、明经呈帖由之时,试官书通不后,有不及格者,喝落后请置笔砚,将所纳帖由分明,却令自阅。或是试官错书通不,当于改正。如怀疑者,便许请本经当面检讨,如实是错,即便于帖由上书名而退"。其二,"五科常年驳榜出,多称屈塞。今年并明书所对经书墨义,云'第几道不,第几道粗,第几道通',任将本经书疏照证。如考试官去留不当,许将状陈诉,再加考校。如合黜落,妄有披述,当行严断"。其三,"今年举人有抱屈落第者,许将状披诉于贡院官,当与重试。如贡院不理,即诣御史台论诉。请自试举人日,令御史台差人受举人诉屈文状,并引本身勘问所论事件。或知贡举之官及考试之官已下,敢有受货赂,升擢亲朋,屈抑艺能,阴从请托,及不依格去留者,一事有违,请行朝典"。其四,"怀挟书策,旧例禁止,请自今后入省门搜得文书者,不计多少,准例扶出,殿将来两举"。其五,"遥口受人迴换试处及义题、帖书时,诸般相教,准例扶出,请殿将来三举"。其六,"艺业未精,准格落下,耻见同人,妄扇屈声,拟为将来基址,及他人帖对过场数多者,便生诬诋,或罗织殴骂者,并当收禁,牒送御史台,请赐勘鞫。如知贡举官及考试官事涉私徇,屈塞艺士,请行朝典。若虚妄者,请严行科断,牒送本道,重处色役,仍永不得入举场。同保人亦请连坐,各殿三举"。

癸亥,后唐册西川节度使孟知祥为蜀王。

按:见《旧五代史》卷四四《唐明宗纪一○》。孟知祥由是据蜀自立,史称后蜀。

三月,后唐应童子科阎惟一等39人联名上状,请增童子科放榜额。敕今年放榜额由10人增至20人,后不得援引为例。

德王亨利在梅泽堡败马扎尔人。

勃艮第王国始建。

按：见《登科记考》卷二五。

是春，后唐开科取士，主客郎中和凝知贡举，进士及第 24 人，诸科 1 人。

按：见《登科记考》卷二五。

六月癸亥，后唐诏御史中丞龙敏等详定《大中统类》。

按：见《旧五代史》卷四四《唐明宗纪一〇》。

八月戊申，后唐敕各地搜访山林草泽隐逸之人，凡有才艺者，具名奏闻。

按：见《登科记考》卷二五。

十一月戊戌，后唐明宗李亶卒（867— ）。明年四月，葬于徽陵。

按：李亶初名景通，系后唐献祖李国昌部将李霓之子。后唐太祖李克用收为养子，遂改名嗣源。即位后，又改名。亶虽以征战起家，且不识字，然在位期间，注意革除弊政，稳定民心，政局稍安，号为"小康"。《旧五代史》卷四四《唐明宗纪一〇》评曰："明宗战伐之勋，潜跃之事，本不经心。……及应运以君临，能力行王化，政皆中道，时亦小康。近代已来，亦可宗也。"

十二月癸卯，后唐宋王李从厚嗣位，是为唐闵帝。

按：见《旧五代史》卷四五《唐闵宗纪》。

尹拙为后唐著作佐郎，七月转左拾遗，直史馆。

按：见《旧五代史》卷四四《唐明宗纪一〇》。

和凝为后唐翰林学士、主客郎中，是春知贡举，所收多才名之士，时议以为得人，遂擢中书舍人，仍充翰林学士。

按：见《旧五代史》卷一二七本传、《登科记考》卷二五。

江文蔚为后唐河南府巡官，十一月坐秦王李从荣篡位事罢职，遂南奔吴，授宣州观察巡官。

按：见《资治通鉴》卷二七八、陆游《南唐书》列传卷七本传。

李愚仕后唐，由中书侍郎转门下侍郎，兼吏部尚书，仍平章事，监修国史。十二月唐闵帝即位，进位左仆射。

按：见《旧五代史》卷四四《唐明宗纪一〇》、卷四五《唐闵宗纪》。

范质、李瀚、刘熙古是春应后唐贡举，皆登进士第。

按：见《登科记考》卷二五。

龚霖是年前后投卷于和凝。

按：见《类说》卷一二。龚霖生卒年、籍贯不详。诗人。尝南游荆州，后登进士第，不知所终。有诗 1 卷，已佚。《全唐诗补编·续拾》卷四二收录其诗 8 首。

僧延寿从杭州龙册寺僧翠岩禅师出家。

按：延寿后往天台山国清寺结坛修《法华忏》，又到金华天柱峰诵《妙法莲华经》三年。复师从法眼宗二祖德韶，精习禅学旨义，传其法嗣。

道士陈抟于后唐长兴中举进士不第，遂无意仕途，出家为道士，隐居山林。

按：陈抟是后隐居武当山九室岩二十余年，又转居华山四十余年。

后唐长兴四年　吴大和五年　闽龙启元年　契丹天显八年　南汉大有六年　癸巳　933年

王仁裕约是年或稍前撰《开元天宝遗事》4卷（一作2卷）。

按：时王仁裕在后唐西京留守王思同幕为判官，采摭民言，撰成《开元天宝遗事》。是书系五代历史笔记之一种，记述唐玄宗开元、天宝年间宫中琐闻杂事及当时风俗，颇为后世戏剧小说家所重。今存，有明刻顾氏文房小说本等。

彭玕卒（836—　）。玕一作玗，又作玒，字叔宝，庐陵人。通经术，尤精《左氏春秋》。唐末世乱，聚众起兵，授吉州刺史。唐亡后依楚，为郴州刺史，卒于任。尝募求西京石经，厚赐以金。晚年尤勤学不倦，讲授《春秋》及《大戴礼》、《小戴礼》，从学者众。事迹见《新唐书》卷一九〇、《十国春秋》卷七三、路振《九国志》卷一一。

按：彭玕募求之西京石经，即唐开成石经，参见唐大和四年、开成二年郑覃条。《新唐书》卷一九〇《钟传传》载："玕通《左氏春秋》，尝募求西京石经，厚赐以金。扬州人至相语曰：'十金易一笔，百金偿一篇，况得士乎！'故士多往依之。"

道士杜光庭十一月卒（850—　）。光庭字宾圣（一作宾至），号东瀛子（一作登瀛子），又号华顶羽人，处州缙云（一说京兆杜陵）人。唐末五代道教学者，茅山宗道师。有才学，深究道教理论，工诗文，善传奇。以屡举不第，遂入天台山为道士。后住长安太清宫，颇受僖宗礼重，加文章应制宏教大师，赐号"广成先生"。唐末入蜀依王建，累拜户部侍郎，封蔡国公。蜀后主即位，又封传真天师，兼崇真馆大学士，不就，遂去官隐居青城山白云溪，专致著述。所撰著述数十种，今存二十余种。《全唐文》卷九二九至九四四编录其文为16卷，《唐文拾遗》又补录其文4篇；《全唐诗》卷八五四编录其诗为1卷，《全唐诗补编·续拾》又补录150首，均有他人作品混入。事迹见《历世真仙体道通鉴》卷四〇、《十国春秋》卷四七。

按：杜光庭于道教教义、经典、教史、法术研究等方面皆有建树，在唐五代道教史上颇具地位，对后世道教影响甚大。其著述，发挥道教理论者，有《道德真经广圣义》50卷、《太上老君说常清静经注》1卷等；整理、删编道教科仪者，有《道门科范大全集》87卷、《太上黄箓斋仪》58卷等；叙道教名胜者，有《名山洞天福地记》1卷、《天坛王屋山胜迹记》1卷等；记叙道教演变历史者，有《历代崇道记》1卷等；证道应验者，有《道教灵验记》15卷等。皆收入《正统道藏》。另有《墉城集仙录》10卷，记历代女仙故事，今存前6卷，后4卷已散逸，《太平广记》等录有若干逸文；《仙传拾遗》40卷，记唐以前神仙传说故事，已散逸，《太平广记》、《续事始》、《分门古今类事》等录有部分逸文；《王氏神仙传》1卷，已佚；《录异记》8卷，记各种怪异故事，今存；《神仙感遇传》5卷，记神仙遇合、变化故事，今存；《广成集》100卷（一作《杜光庭集》30卷），今存17卷。

高辇卒，生年、字号不详。辇，青州益都人。诗人，名著于时。后唐天成中登进士第，入秦王李从荣幕，与当时名士多有唱酬。因参预李从荣叛乱，事败被杀。有《崑玉集》1卷、《丹台集》3卷，皆已佚。《全唐诗》卷七三七收录其诗1首。

伊本·杜赖德卒（837/838—　）。阿拉伯语言学家，诗人。

后唐应顺元年　清泰元年　吴大和六年
闽龙启二年　契丹天显九年　南汉大有七年
后蜀明德元年　甲午　934年

阿拉伯人侵热那亚。

德王亨利取石勒苏益格。

正月戊寅,后唐改元应顺。

按:见《旧五代史》卷四五《唐闵宗纪》。

是月,后唐敕:"今后三馆所阙书,并访本添写,其进书官权宜停罢。"

按:见《五代会要》卷一八。

闰正月己巳,孟知祥于成都称帝,国号蜀,史称后蜀。四月辛巳,改元明德。

按:见《资治通鉴》卷二七八。

是春,后唐开科取士,中书舍人卢导知贡举,进士及第17人,诸科1人。

按:见《登科记考》卷二五。

四月壬申,后唐潞王李从珂率军入洛阳;癸酉,废闵帝为鄂王;乙亥,称帝,是为唐末帝。

按:见《旧五代史》卷四六《唐末帝纪上》。

是月九日,后唐闵帝李从厚卒(914—　)。

按:李从厚小字菩萨奴,系唐明宗李亶第三子。嗣位数月,即遭杀身之祸,年仅二十一。后唐由是内争不已,政局大乱。

乙酉,后唐改元清泰。

按:见《旧五代史》卷四六《唐末帝纪上》。

七月甲子,后蜀主孟知祥卒(874—　)。丁卯,子孟仁赞嗣位,改名昶,是为后蜀后主。

按:见《资治通鉴》卷二七九。孟知祥字保胤,邢州龙冈人。

冯道为后唐司空兼门下侍郎、平章事,五月改授检校太尉、同平章事,充同州节度使。

按:见《旧五代史》卷四六《唐末帝纪上》。

张昭远仕后唐,由驾部郎中、知制诰迁中书舍人。

按:见《宋史》卷二六三本传。

尹拙仕后唐,由左拾遗出为宣武军掌书记、检校虞部员外郎兼殿中侍御史,寻加检校驾部员外郎兼御史大夫。

按:见《宋史》卷四三一本传。

崔棁为后唐翰林学士、中书舍人,闰正月加工部侍郎,仍充旧职。

后唐应顺元年　清泰元年　吴大和六年　闽龙启二年　契丹天显九年　南汉大有七年　后蜀明德元年　甲午　934年

按：见《旧五代史》卷四五《唐闵宗纪》。

沈彬仕吴，是年前后由秘书郎迁吏部员外郎。作咏金陵诗，盛传于时。

按：沈彬咏金陵诗，见《全唐诗》卷七四三。沈彬字子文，高安人。诗名早著。《郡斋读书志》著录《沈彬集》1卷，《宋史·艺文志》著录其《闲居集》10卷，明扬慎《升庵诗话》谓其有诗2卷，今皆佚。《全唐文》卷八七二收录其文1篇，《全唐诗》卷七四三收录其诗19首。事迹见陆游《南唐书》列传卷四、马令《南唐书》卷一、《十国春秋》卷二九。

韦縠有文藻，在成都仕后蜀。

按：韦縠一作韦毂，生卒年、籍贯不详。累迁后蜀监察御史、户部尚书。尝集唐人诗千首为《才调集》10卷，是今存唐人选唐诗中选诗最多最广的一种，有宋刻本、《四部丛刊》影印故述堂本、汲古阁本等，上海古籍出版社1978年收入《唐人选唐诗十种》。清人殷元勋、宋邦绥撰有《才调集补注》。另清初冯舒、冯班撰有《二冯评点才调集》10卷，后纪昀撰《删正二冯评点才调集》2卷。《全唐文》卷八九一收录其文1篇，即《才调集序》。事迹见《十国春秋》卷五六。

僧齐己住荆州龙兴寺，约是年以诗贺吴德化王杨沇得白居易文集。

按：杨沇是年遣人缮写白居易文集，藏诸庐山东林寺。时庐山僧正匡白尝奉沇命，撰有《德化王于东林寺重置白氏文集记》。该文今存，见《庐山记》卷五。《全唐文》卷九一九亦收录，题为《江州德化东林寺白氏文集记》。

张昭远等奉敕撰后唐《功臣列传》30卷成，七月乙丑与宰臣李愚进上。

按：张昭远等奉敕修《庄宗实录》等，事见天成三年、四年条。至是，又录后唐武皇以来功臣事迹，撰成《功臣列传》。

僧可止正月二十二日卒（860—　）。可止俗姓马，范阳人。唐末五代高僧。学识渊博，精通佛理，工诗能文。年少随悯忠寺僧法贞出家，又往真定学经论，至太原习《法华经》、《百法论》。后住长安大庄严寺，应制内殿，复还故里。唐亡，避乱定州开元寺，晚年住洛阳长寿寺净土院。弟子有修文、修智、修行等。撰有《顿渐教义抄》1卷，另有《三山集》等，皆已佚。《全唐诗》卷八二五收录其诗9首，内有他人作品混入。事迹见《宋高僧传》卷七。

按：可止诗作颇流行于时，晚年与赵凤、马胤孙、窦梦徵、符蒙、李详等唱和甚密。

卢多逊（　—985）、伍乔（　—997）、张洎（　—997）、柴成务（　—1004）生。

后唐清泰二年　吴大和七年　天祚元年
闽永和元年　契丹天显十年　南汉大有八年
后蜀明德二年　乙未　935年

伊赫西德王朝建于埃及

阿拉伯人侵热那亚，侵比萨。

正月丙申，闽改元永和。

按：见《十国春秋》卷九一闽《惠宗本纪》。

三月辛亥，后唐从功德使奏，每年诞节诸州府奏荐僧道，僧尼立讲论科、讲经科、表白科、文章应制科、持念科、禅科、声赞科，道士立经法科、讲论科、文章应制科、表白科、声赞科、焚修科，以试其能否。

按：见《旧五代史》卷四七《唐末帝纪中》。

是春，后唐开科取士，礼部尚书王权知贡举，进士及第14人，诸科1人。

按：见《登科记考》卷二五。

九月己酉，后唐礼部贡院奏请童子科放额以15人为准。从之。

按：见《登科记考》卷二五。

是月，吴改元天祚。

按：见《十国春秋》卷三吴《睿宗本纪》。

十月，闽内乱，闽主王鏻被杀。福王王继鹏嗣位，更名昶，是为闽康宗。

按：见《资治通鉴》卷二七九。

冯道仕后唐，十二月复拜司空。

按：见《旧五代史》卷四七《唐末帝纪中》。

刘昫仕后唐，十二月由尚书右仆射转左仆射。

按：见《旧五代史》卷四七《唐末帝纪中》。

张昭远仕后唐，以中书舍人判史馆，兼点阅三馆书籍，校正添补。

按：见《宋史》卷二六三本传。

尹拙仕后唐，由宣武军掌书记改检校虞部郎中、忠武军掌书记。

按：见《宋史》卷四三一本传。

崔棁为后唐翰林学士、工部侍郎，十二月转户部侍郎，仍充学士。

按：见《旧五代史》卷四七《唐末帝纪中》。

和凝为后唐翰林学士、中书舍人，十二月转工部侍郎，仍充原职。

按：见《旧五代史》卷四七《唐末帝纪中》。

薛居正是春应后唐贡举，登进士第。

按：见《登科记考》卷二五。

幸寅逊为后蜀录事参军，以蜀后主荒废政务，上疏谏言。九月，迁新都令。

　　按：幸寅逊（一作夤逊）生卒年不详，夔州云安监（一作成都）人。通史学，工诗文。累迁后蜀给事中、翰林学士，加工部侍郎，判吏部三铨事，领简州刺史。蜀亡归宋，授右庶子，出为镇国军行军司马，任满还朝，会卒。尝参修《前蜀书》，撰有《王氏开国记》若干卷，已佚。《全唐文》卷八九一收录其文1篇，《全唐诗》卷七六一、《全唐诗补编·续拾》收录其诗3首。事迹见《宋史》卷四七九、《十国春秋》卷五四。

赵崇祚为后蜀大理少卿，与林罕讨论字源。

　　按：林罕自后唐长兴二年始搜阅古今篆隶，以篆隶多失，遂与赵崇祚讨论，后撰成《林氏字源编小说》。参见后蜀明德四年条。

梁震在荆南为宾客，十月固请解职归隐。南平王高从诲为筑室于监利土洲，震遂自称荆台隐士。

　　按：见《资治通鉴》卷二七九。梁震为高氏宾客始于后梁开平二年，参见该年条。梁震生卒年不详，本名蔼，邛州依政人。有才略，工诗文。力辅高委兴父子，晚年隐居，优游以终。有集1卷，《表状》1卷，后皆佚。《全唐诗》卷七六三收录其诗1首。事迹见《十国春秋》卷一〇二。

熊皎是春应后唐贡举，登进士第。

　　按：见《登科记考》卷二五。熊皎一作熊皦，生卒年、籍贯不详，自号九华山人。诗人，尤工古律。登第后，入延州刘景岩幕。后晋时累迁补阙，受诬贬商州上津令，亡匿山中，不知所终。有《屠龙集》5卷、《南金集》2卷，元时尚存，后佚。《全唐诗》卷七三七收录其诗2首。事迹见《唐才子传》卷一〇。

刘赞是春卒（约875—　）。赞字号不详，魏州人。工诗文。后梁时登进士第，累迁户部员外郎。后唐时，历盐铁判官、知制诰、中书舍人、御史中丞、刑部侍郎等职。坐事流岚州，有诏许归田里，卒于途中。《全唐文》卷八四九收录其奏疏2篇。事迹见《旧五代史》卷六八、《新五代史》卷二八。

李愚卒，生年不详。愚字子晦，渤海无棣人。通经史，善属文。唐末登进士第，又登宏词科，授河南府参军。以世乱去职，避地河朔，又隐居山东。后梁末帝时奉召入朝，累官司勋员外郎，后唐明宗时拜相，闵帝时进位左仆射，加宏文馆大学士。后罢相，以疾卒。尝与张昭远等撰后唐《功臣列传》30卷，另有《白沙集》10卷、《五书》1卷，皆已佚。《全唐文》卷八四八收录其文3篇。事迹见《旧五代史》卷六七、《新五代史》卷五四。

吕端（　—1000）、史序（　—1010）、郭贽（　—1010）、黄夷简（　—1011）生。

艾什尔里卒（873/874—　）。阿拉伯伊斯兰教义学家。

后唐清泰三年　后晋天福元年　吴天祚二年
闽通文元年　契丹天显十一年　南汉大有九年
后蜀明德三年　丙申　936 年

三月,闽改元通文。

按:见《十国春秋》卷九一闽《康宗本纪》。

是春,后唐开科取士,礼部侍郎马胤孙知贡举,进士及第 13 人。

按:见《登科记考》卷二六。

十一月丁酉,后唐河东节度使石敬瑭于太原即皇帝位,国号晋,史称后晋。

按:见《旧五代史》卷七五《晋高祖纪一》。石敬瑭在契丹支持下称帝,登位后即割幽云十六州予契丹,并自称"儿皇帝",许岁输帛三十万匹。由是契丹据幽云,常发兵南下,骚扰中原,历北宋一代未能平。

己亥,后晋改元天福。

按:见《旧五代史》卷七六《晋高祖纪二》。

闰十一月辛巳,晋军攻入洛阳,唐末帝李从珂(885—　)自焚,后唐亡。

按:见《旧五代史》卷七六《晋高祖纪二》。李从珂本姓王,镇州人。被唐明宗收为养子,遂改从李姓,累封潞王。举兵夺取帝位,未及三年而亡国。后唐自庄帝李存勖称帝,至末帝李从珂自焚,历 4 帝,凡 14 年而亡。

壬午,后晋敕举"怀才抱器隐遁山林"之人,委各地长吏搜访,具名奏闻。

按:见《登科记考》卷二六。

冯道为后唐司空,唐亡仕后晋。十二月,拜司空、门下侍郎、平章事、宏文馆大学士,执掌相职。

按:见《旧五代史》卷七六《晋高祖纪二》。

刘昫为后唐左仆射,唐亡仕后晋,仍居原官。

按:见《旧五代史》卷七六《晋高祖纪二》。

张昭远仕后唐,由中书舍人迁礼部侍郎,转御史中丞。是年后唐亡,遂仕后晋。

按:见《宋史》卷二六三本传。

杨凝式为后唐兵部侍郎,唐亡仕后晋,改授太子宾客。寻以礼部尚书致仕,闲居伊洛之间。

按:见《旧五代史》卷一二八本传。

王仁裕、和凝俱仕后唐,仁裕为都官郎中、翰林学士,凝为翰林学士。及唐亡,两人皆仕后晋。

按:分见宋李昉《王仁裕神道碑》、《资治通鉴》卷二八〇。

李涛为后唐起居舍人,唐亡仕后晋,授考功员外郎、史馆修撰。

按:见《宋史》卷二六二本传。

杨昭俭为后唐左拾遗、直史馆,二月迁殿中侍御史。唐亡仕晋,授礼部员外郎,旋加职方员外郎,又以本官充知制诰。

按:杨昭俭字仲宝,长安人。有史才。后唐长兴中登进士第,后晋时累官秘书少监,后周时累官御史中丞。宋初以工部尚书致仕,又加礼部尚书。太平兴国二年卒。后唐时尝奉诏参修《明宗实录》。《全唐文》卷八六四收录其奏疏1篇,《全五代诗》卷一二收录其诗2首。事迹见《宋史》卷二六九。

刘载于后唐清泰中登进士第,唐亡仕后晋,授校书郎,迁著作佐郎。

按:见《宋史》卷二六二本传。

孟拱辰工书法,善属文。在吴奉化节度使徐知证幕,为司理参军。三月与知证及众幕客游庐山东林寺,彼此唱和。

按:《全唐诗补编·续拾》卷四三有徐知证、孟拱辰、虞修、钟敬伦等人《题东林寺联句》,诗末署"天祚二年三月十六日偶与幕客、门馆僧闲游联题"。孟拱辰生卒年、籍贯不详。有《凤苑集》3卷,已佚。

刘乙仕闽,是年稍后为中书舍人。

按:见《十国春秋》卷九七本传。

道士谭紫霄在闽,颇为闽主王昶尊崇,赐号金门羽客(一说洞玄大师)、正一先生。

按:谭紫霄一作谭峭,其事迹诸史记载不一,今从陆游《南唐书》列传卷一四、余嘉锡《四库提要辨正》。

张昭远等奉敕修后唐《明宗实录》30卷成,二月庚午由宰臣姚顗奏上。

按:时张昭远在后唐中书舍人任。据《五代会要》卷一八载,同修者尚有中书舍人李祥、直馆左拾遗吴承范、右拾遗杨昭俭等。

许寂六月卒(约856—)。寂字闲闲,会稽人。博览经史,尤明《易》。唐末累召不赴,后投前蜀,累拜相职。前蜀亡,入仕后唐,以工部尚书致仕,卜居洛阳。《全唐文》卷八九〇收录其文3篇。事迹见《旧五代史》卷七一、《十国春秋》卷四一。

马缟五月丁酉卒(857—)。缟字号、籍贯不详。唐末五代经学家,尤精礼制。少举明经,又登宏词科。后梁时累官太常少卿,后唐时历中书舍人、刑部侍郎等职,坐事出为绥州司马,召为太子宾客,迁户部、兵部侍郎,终国子祭酒。尝奉敕参与雕印九经,著有《中华古今注》3卷,今存。《全唐文》卷八四九收录其奏疏4篇。事迹见《旧五代史》卷七一、《新五代史》卷五五。

按:《中华古今注》以考证名物制度为主,体例与崔豹《古今注》大体相同,内容上也有部分重复。马缟《自序》曰:"昔崔豹《古今注》博识虽广,殆有阙文,洎乎广初,莫之闻见。今添其注,以释其义,目之为《中华古今注》,勒成三卷,稍资后后,请益前言云尔。"该书今存版本颇多,有《百川学海》本、《古今逸史》本、《说郛》本、《丛书集成初编》本等。

宋白（　—1012）生。

后晋天福二年　吴天祚三年　齐(南唐)昇元元年
闽通文二年　契丹天显十二年　南汉大有十年
后蜀明德四年　丁酉　937年

马扎尔人侵德,遂侵法。

正月,契丹以幽州为南京。

按：见《资治通鉴》卷二八一。

二月辛亥,后晋高祖御长春殿,召左右街僧入内讲经。

按：见《旧五代史》卷七六《晋高祖纪二》。

是春,后晋开科取士,中书舍人王延知贡举,进士及第19人,另上书拜官1人。

按：见《登科记考》卷二六。

四月,后晋迁都汴京。

按：见《旧五代史》卷七六《晋高祖纪二》。

十月甲申,吴主杨溥禅位,徐知诰即皇帝位,改名诰,国号齐,改元昇元。

按：见《资治通鉴》卷二八一。齐后改国号为唐,史称南唐。徐诰本姓李,后复旧姓,改称李昪。参见元昇三年二月条。

十月壬午,后晋诏选人试判由三道改二道。

按：见《登科记考》卷二六。

是年,段思平灭大义宁国,建大理国,定都阳苴咩城,年号文德。

按：大理国在今云南一带,阳苴咩城即今大理城。

张昭远为后晋户部侍郎,由宰相桑维翰奏荐,充翰林学士。

按：见《宋史》卷二六三本传。

刘昫为后晋左仆射,七月充东都留守。

按：见《旧五代史》卷七六《晋高祖纪二》。

江文蔚为吴比部员外郎、知制诰,吴亡仕南唐,十月迁主客郎中、知制诰。时南唐礼仪草创,文蔚撰述朝觐、会同、祭祀、宴飨等礼仪之制,遂正朝廷纲纪。

按：见马令《南唐书》卷一三本传、《徐公文集》卷一五《唐故左谏议大夫翰林学士江君墓志铭》。

后晋天福二年　吴天祚三年　齐(南唐)昇元元年　闽通文二年　契丹天显十二年　南汉大有十年
后蜀明德四年　丁酉　937年

皮光业为吴越知东府事,四月与沈崧等同拜相。时林鼎掌教令,凡教令仪注多出光业之手。

按：见《吴越备史》卷三、《资治通鉴》卷二八一。

僧文益为南唐主徐诰迎至金陵,住报恩禅院,赐号"净慧禅师"。

按：文益后迁居清凉院,门风大盛,高丽、日本等国渡海来学者亦相望于途,由是开南宗禅法眼宗一系。

林罕撰《林氏字源编小说》20篇成,刻石蜀中。

按：林罕时在成都,其撰书始于后唐长兴二年,后获赵崇祚协助,至是完成。《全唐文》卷八八九有林罕《林氏字源编小说序》,曰："长兴二年,岁在戊子,时年三十有五。疾病逾时,闲坐,思书之点画,莫知所以,乃搜阅今古篆隶,始见源由。旋观近代以来,篆隶多失,始则茫乎不知,终则惜其错误。欲求端正,将示同人,病间有事,其志不遂。至明德二年乙未复病,迄于丁酉冬不瘳。病中无事,得遂前志,与大理少卿赵崇祚讨论,成一家之书。"《序》中又论及历代文字之学,所言颇详。

又按：林罕字仲缄,西江人,卒年不详。尝仕前蜀,除温江主簿,迁太子洗马。所著另有《偏旁小说》1卷,已佚。《全唐文》卷八八九、《唐文拾遗》卷四七收录其文3篇。事迹见《十国春秋》卷四三。

再按：唐末以降,乱世之秋,文字训诂之学不被时人重视,研学者渐少,著述不多。据清人顾櫰三《补五代史艺文志》载,见于史载者,除林罕《林氏字源编小说》、《偏旁小说》外,尚有徐锴《说文解字系传》40卷、《说文解字韵谱》10卷、《通释五音》1000卷,僧昙域《补说文解字》30卷,刘熙古《切韵搜玉》2卷(《宋史》卷二〇二《艺文志》作《切韵拾玉》5卷),窦俨《义训》10卷,郭忠恕《佩觿》3卷、《汗简集》2卷、《辨字图》4卷、《归字图》1卷、《正字赋》1卷,孟咏《书林韵会》100卷,孙晟《续古阙文》1卷等。

信都镐仕吴,尝撰《泗上英雄小录》2卷(一作3卷)。

按：信都镐撰是书当在吴亡之前,姑系于此。信都镐生平事迹不详,《十国春秋》卷一一谓其"少以著用自负",吴太祖杨行密于唐末据江淮,"功臣三十九人,而同时佐将吏实五十人,镐录其名氏,续为《泗上英雄小录》二卷"。顾櫰三《补五代史艺文志》作3卷。该书已佚,未详孰是。

朱浔仕吴,尝撰《启霸集》30卷。

按：该集成于浔仕吴时。本年十月吴为南唐取代,姑系于此。朱浔生平事迹不详,《十国春秋》卷一一载,浔"素以文章名家,所撰《启霸集》三十卷,为当世所重"。

僧道怤八月卒(868—　)。道怤俗姓陈,永嘉人。唐末五代高僧。精禅理,能诗。早年出家,尝参曹山本寂等,终为雪峰义存法嗣。游历诸方,后返越,初住镜清寺,世称镜清和尚。吴越王钱镠父子颇敬重之,命住天龙寺,又造尤册寺以居之,署顺德大师,吴越禅学之兴由此始。及卒,僧汇征为撰塔铭。《全唐诗补编·续拾》卷四五收录其诗9首。事迹见《宋高僧传》卷一三、《十国春秋》卷八九。

按：僧汇征尝从孙郃学诗文,吴越忠懿王时命为僧正,赐号光文大师。有集7卷,已佚。《全唐文》卷九二一收录其文1篇。

陈濬约是年稍后卒,生年、字号不详。濬,庐陵人,唐末南昌观察判官陈岳之子。有史才。仕吴，累迁中书舍人、翰林学士，终兵部尚书。南唐初，奉敕修吴史，未成而卒。著有《吴杨氏本纪》（一作《杨吴氏本纪》）6卷、《揖让录》（一作《揖让集》）7卷，皆已佚。事迹见《十国春秋》卷一一。

按：《十国春秋》本传谓陈濬"撰《吴录》二十卷"，似误。陆游《南唐书》列传卷六《高远传》载，初，"陈濬修吴史未成而卒"，南唐后主嗣位，"远犹在史馆，与徐铉、乔匡舜、潘佑共成《吴录》二十卷"。《宋史》卷二〇四《艺文志》亦著录："《吴录》二十卷，徐铉、高远、乔舜、潘佑等撰。"其中所说乔舜即乔匡舜，避宋太祖赵匡胤名讳而改。可知陈濬并未参与《吴录》修撰。另，陈濬父陈岳亦有史学，著有《唐统纪》100卷（一说该书由濬最终完稿），早佚。

李煜（ —978）、钱俨（ —1003）生。

后晋天福三年　齐（南唐）昇元二年　闽通文三年
契丹天显十三年　会同元年　南汉大有十一年
后蜀广政元年　戊戌　938 年

正月，后蜀改元广政。
按：见《十国春秋》卷四九后蜀《后主本纪》。
是春，后晋开科取士，兵部侍郎崔棁知贡举，进士及第 20 人。
按：见《登科记考》卷二六。
十月丙辰，后晋以汴州为东京，洛阳为西京。
按：见《旧五代史》卷七七《晋高祖纪三》。
是月，契丹定官制。
按：见《资治通鉴》卷二八一。

崔棁为后晋翰林学士承旨、兵部侍郎、权知贡举，三月奏言科举之弊，并陈建议。
按：《旧五代史》卷一四八《选举志》载崔棁奏曰："今年就举比常岁倍多，科目之中凶豪甚众。每驳榜出后，则时有喧张，不自省循，但言屈塞，互相朋扇，各出言词，或云主司不公，或云试官受赂。……今臣欲请令举人落第之后，或不甘心，任自投状披陈，却请所试与疏义对证，兼令其日一甲同共校量，若独委试官，恐未息词理。傥是实负抑屈，则所司固难逭宪章；如其妄有陈论，则举人乞痛加惩断。冀此际免虚遭谤议，亦将来可久远施行。"奏上，从之。

刘保乂通经学，为后蜀户部郎中，充诸王侍读。后主问以经义，多称旨。
按：见《十国春秋》卷五三本传。
何光远好学嗜古，为后蜀普州军事判官。
按：何光远生卒年不详，字辉夫，东海人。尝辑唐以来君臣事迹可师法者纂为

《鉴戒录》10卷，今存，有宋刻本、清道光刻本等。另撰有《广政杂录》3卷，已佚。事迹见《十国春秋》卷五六。

石文德为刘昭禹奏荐，献词十余章于楚文昭王，遂授水部员外郎。

按：石文德博览史籍，工诗，然不为楚文昭王所识。会楚顺贤夫人彭氏卒，天策府诸学士皆撰挽词，文德趁机献词，文昭王阅后颇为赞赏，品为挽歌第一，由于得以授官。见《十国春秋》卷七三本传。

詹敦仁工诗文，避乱隐居仙游植德山。上书闽康宗王昶，劝其入贡后晋。昶召见之，欲授官，辞不受。

按：见《十国春秋》卷九七本传。

张易是春应后晋贡举不第，遂南下仕齐（南唐），授校书郎。

按：张易生卒年不详，字简能，祖籍魏州元城，家居莱州掖县。南唐后主时累迁勤政殿学士、判御史台。选录唐代直言奏谏70篇，编为《唐直臣谏奏》7卷，另有《太元经注》3卷，皆已佚。事迹见陆游《南唐书》列传一一、《十国春秋》卷二五。

徐铉正月撰《成氏诗集序》，论及为诗宗旨。

按：徐铉时为南唐校书郎、试知制诰。其所撰《成氏诗集序》，见《徐公文集》卷一八。《序》中略曰："诗之旨远矣，诗之用大矣。先王所以通政教，察风俗，故有采诗之官，陈诗之职，物情上达，王泽下流。及斯道之不行也，犹足以吟咏情性，黼藻其身，非苟而已矣。若夫嘉言丽句，音韵天成，非徒积学所能，盖有神助者也。"《成氏诗集》系成彦雄自编诗集，收录诗作数百篇，已散佚。成彦雄生卒年不详，字文干，上谷（一说江南）人。南唐诗人，尤长于绝句，名著于时。登南唐进士第，余不详。《崇文总目》著录其《梅岭集》5卷，《郡斋读书志》作《梅顶集》1卷，疑即为彦雄自编诗集。《全唐诗》卷七五九辑录其诗编为1卷。

王仁裕仕后晋，是秋奉使荆南，归后编途中赋咏及饮宴唱酬诗作百余篇为《南行记》3卷。

按：见《郡斋读书志》卷二。

沈崧二月卒（863—　）。崧字吉甫（一作文甫），闽人。善属文，尤擅表奏。唐乾宁二年登进士第，唐亡仕吴越，累拜相职，卒谥文献。有文集20卷、《铸金集》1卷、诗集6卷，皆已佚。《罗氏宗谱》收录其《罗给事墓志铭》1篇。事迹见《十国春秋》卷八六。

潘佑（　—973）、宋準（　—989）、毕士安（　—1005）、杜镐（　—1013）生。

后晋天福四年　南唐昇元三年　闽通文四年
永隆元年　契丹会同二年　南汉大有十二年
后蜀广政二年　己亥　939年

二月乙亥，齐改国号为唐，史称南唐。唐主徐诰复旧姓，称李昇。

丹麦人取英格兰诺森伯里亚。

莱昂及纳瓦拉败科尔多瓦哈里发。

按：见《资治通鉴》卷二八二。李昇自称唐宪宗后裔，因为徐温养子，遂改姓名为徐知诰，即位前又改名诰。至是复旧姓，改名。

是春，后晋暂停贡举。

按：见《登科记考》卷二六。

闰七月壬午，闽左仆射、同平章事王延曦杀闽主王昶自立，改名王曦，建元永隆，是为闽景宗。

按：王曦系闽主王昶叔父，时昶处事乖戾，屡以猜怒诛杀宗族，又迫曦为道士，幽禁之，致以上下离心。曦部将遂起兵发难，拥立曦即位。见《十国春秋》卷九二。

十一月戊寅，后晋史馆奏："请令宰臣一人撰录时政记，逐时以备撰述。"从之。

按：见《旧五代史》卷七八《晋高祖纪四》，参见《五代会要》卷一八。宰臣撰时政记，始于武则天时，参见长寿二年正月条。晚唐以降，此制渐废。后唐明宗时，一度恢复，寻又废。至是，后晋再予恢复。

是月，楚王马希范仿唐太宗天策府文学馆，置天策府，以廖匡图等18人为学士。

按：见《资治通鉴》卷二八二。另据宋路振《九国志》载，楚天策府十八学士分别为：廖匡图、拓跋恒、李弘皋（一作李宏皋）、徐仲雅、李铎、潘起、曹悦、李庄、徐牧、彭继英、裴颃、何仲举、孟玄辉、刘昭禹、邓懿文、李弘节、萧洙、彭继勋。唐太宗置开策府文学馆十八学士事，参见武德四年十月条。

十二月，后晋敕禁民间私造佛寺。

按：《五代会要》卷一二载晋高祖敕曰："今后诸道州府城郭乡村，不得创造寺宇，所有自前盖者，即依旧住持。"

冯道仕后晋，二月奉使契丹，八月以司空守门下侍郎、平章事、弘文馆大学士，进爵鲁国公。颇受晋主宠遇，政事巨细，悉委之。

按：见《旧五代史》卷七八《晋高祖纪四》、《资治通鉴》卷二八二。

刘昫仕后晋为左仆射，是春奉使契丹，五月兼太子太保，进爵谯国公。

按：见《旧五代史》卷七八《晋高祖纪四》。

杨凝式为后晋兵部尚书、太子宾客，十一月以礼部尚书致仕，由是闲居洛阳十年。

按：见《旧五代史》卷七八《晋高祖纪四》、卷一二八本传。杨凝式博览经籍，富有文藻，能文工书。后汉、后周时复出仕。参见后周显德元年条。

和凝为后晋端明殿学士、户部侍郎，四月转翰林学士承旨，八月以新历制成，奉旨撰序。

按：见《旧五代史》卷七八《晋高祖纪四》。

尹拙仕后晋，召为右补阙。

按：见《宋史》卷四三一本传。

曹国珍为后晋谏议大夫，正月奏请编纂《大晋政统》，因朝臣多持异议，事不行。

按：《旧五代史》卷七八《晋高祖纪四》载曹国珍奏曰："请于内外臣僚之中选才略之士，聚《唐六典》、前后《会要》、《礼阁新仪》、《大中统类》、律令格式等，精详纂集，俾无漏落，别书一部，目为《大晋政统》。"晋高祖初从之，寻因宰臣文矩等上疏反对，遂寝之。

又按：曹国珍生卒年不详，字彦辅，幽州安固人。少举进士，累迁尚书郎。晋高祖称帝，由吏部郎中拜谏议大夫、给事中。少帝时贬为陕州行军司马，卒于贬所。《全唐文》卷八五三收录其奏疏 2 篇。事迹见《旧五代史》卷九三。

刘乙为闽中书舍人，二月奉命接待后晋使臣，为后晋使臣所辱，遂弃官归隐，居泉州小溪场凤山。

按：刘乙生卒年不详，字子真，泉州人。工诗。有集 1 卷，已佚。《全唐诗》卷七六三收录其诗 3 首。事迹见《十国春秋》卷九七。

后晋司天监马重绩撰《调元历》21 卷（一作 23 卷）成，八月丙辰进上。

按：见《旧五代史》卷七八《晋高祖纪四》。马重绩生卒年不详，字洞微，其先出于北狄，家居太原。历仕后唐、后晋，年六十四卒。所撰除《调元历》外，另有《调元历经》2 卷、《调元历成》12 卷、《调元历草》8 卷，皆已佚。事迹见《旧五代史》卷九六、《新五代史》卷五八。

道士郑遨十一月丙申卒（866— ）。遨名云叟，避后唐明宗讳，改以字行，滑州白马人。唐末五代诗人。唐昭宗时应进士不第，遂入少室山为道士。后隐居华山之阴，与罗隐、道士李道殷相游唱酬，世称"三高士"。后唐、后晋时累召不起，晋高祖赐其号逍遥先生。有《拟峰集》2 卷、《续酒谱》10 卷、诗集 3 卷、文集 20 卷，皆已佚。《全唐文》卷八五〇收录其文 1 篇，《全唐诗》卷八五五收录其诗 17 首。事迹见《旧五代史》卷九三、《新五代史》卷三四。

按：郑遨尝作《拟峰诗》三十六章，颇为时人传诵；又作《酒咏诗》凡一千三百言，世重之。《拟峰集》系薛居正所编，或谓即《旧五代史》本传所说遨文集。

后晋天福五年　南唐昇元四年　闽永隆二年
契丹会同三年　南汉大有十三年
后蜀广政三年　庚子　940 年

是春，后晋暂停贡举。

按：见《登科记考》卷二六。

四月，后晋停明经、童子、宏词、拔萃、明算、道举、百篇等科。

按：时礼部侍郎张允奏言科举冗滥，故晋高祖下敕罢明经等科。《旧五代史》卷一四八载张允奏曰："窃窥前代，未设诸科，始以明经，俾升高第。自有九经、五经之后，及三礼、三传已来，孝廉之科遂因循而不废，搢绅之士亦缄默而无言，以至相承，未能改作。每岁明经一科，少至五百以上，多及一千有余，举人如是繁多，试官岂能

禁卫军立穆塔基为阿拔斯朝哈里发。

法兰西公爵伟大的于格取兰斯。

精当？况此等多不究义,惟攻帖书,文理既不甚通,名第岂可妄与。且常年登科者不少,相次赴选者甚多,州县之间必无遗阙,辇毂之下须有稽留,怨嗟自此而兴,谤讟因兹而起。"从中可见当时科举冗滥之状。

六月,后晋令雕板《道德经》,颁行天下。

> 按：《旧五代史》卷七九载,时晋高祖颇好老庄之学,尝召道士张荐明讲论,并赐号"通元先生"。又令雕板《道德经》,命学士和凝撰序。

十一月,南唐于庐山白鹿洞置国学,以李善道为洞主,号曰"庐山国学"。

> 按：见《十国春秋》卷一五南唐《烈祖本纪》。

张昭远守父丧毕,复起为后晋户部侍郎。

> 按：见《宋史》卷二六三本传。

贾纬为后晋起居郎、史馆修撰,建请修唐史。

> 按：《旧五代史》卷一三一本传载,初,贾纬为后晋太常博士,"常以史才自负,锐于编述,不乐曲台之任",乃陈情于监修国史赵莹,遂改授史职。又谓赵莹曰："《唐史》一百三十卷,止于代宗,已下十余朝未有正史,请与同职修之。"赵莹以其言奏上,晋帝然之。臣僚李崧以为"唐朝近百年来无实录,既无根本,安能编纪",表示反对。然贾纬仍奏请不已,晋帝终下诏修唐史。参见天福六年二月条。

王仁裕在后晋司封郎中任,七月预永福殿宴,上言论乐。

> 按：王仁裕论乐之言,详见《五代会要》卷六《论乐》。

尹拙仕后晋,由右补阙转侍御史。

> 按：见《宋史》卷四三一本传。

崔棁为后晋太常卿,七月奉诏与刑部侍郎吕琦、礼部侍郎张允等详定朝会礼乐之制。

> 按：见《五代会要》卷六。

王定保仕南汉,是冬拜中书侍郎、同平章事,入掌相职。

> 按：见《十国春秋》卷五八。

陈贶隐居庐山,从学诗者甚众。

> 按：是年南唐于庐山置国学,故学子多从陈贶学。见《江南野史》卷六。

江为约是年或稍后游南唐庐山白鹿洞国学,师从陈贶学诗。

> 按：江为后居庐山二十余年,遂有诗名。见《江南野史》卷八。

刘洞约是年或稍后游南唐庐山白鹿洞国学,师从陈贶学诗,深究其术。

> 按：刘洞字号不详,建阳(一作庐陵)人。南唐诗人。与同门夏宝陵为友,俱显名于时。尤长于五言诗,自号"五言金城"。后赴金陵,献诗百篇于南唐后主,不为所用,遂南还庐陵,布衣而终,宋开宝八年卒。有诗1卷,已佚。《全唐诗》卷七四一收录其诗1首。事迹见马令《南唐书》卷一四、陆游《南唐书》列传卷一二、《十国春秋》卷三一。

毛熙震工书,善词,仕后蜀为秘书郎。

> 按：毛熙震生卒年、籍贯不详。花间派词人。《花间集》选录其词29首,近人王国维辑为《毛秘书词》1卷。

赵崇祚为后蜀卫尉少卿,四月编《花间集》10卷成。

按:《花间集》集晚唐以来十八家曲子词五百阕,系敦煌词以外现存最早词集,为研究早期文人词之重要文献。所录十八家词人多为蜀人,分别是:温庭筠、皇甫松、韦庄、薛昭蕴、牛峤、张泌、毛文锡、牛希济、欧阳炯、和凝、顾夐、孙光宪、魏承班、鹿虔扆、阎选、尹鹗、毛熙震、李珣。该书现存版本颇多,有宋绍兴间晁谦之跋本、淳熙间鄂州印册纸子本、《四部丛刊》影印明巾箱本、又照楼印正德覆晁本、四印斋影宋鄂州本等。今人李一氓汇集各本成《花间集校》。另有近人华钟彦《花间集注》,李冰若《花间集评注》,隐尚君《花间词人事迹考》等。

又按:赵崇祚生卒年不详,字弘基,原籍开封(一说太原),随父入蜀,遂家成都。善文字训诂,尝协助林罕撰《林氏字源编小说》。

裴皞四月壬寅卒(856—)。皞字司东,河东人。工诗文。唐末登进士第,官至补阙。后梁时为翰林学士、中书舍人。后唐时历礼部侍郎、太子宾客,以兵部尚书致仕。后晋时复起为工部尚书,以右仆射致仕,卒赠太子太保。《全唐文》卷八五一收录其奏疏1篇,《全唐诗》卷七一五收录其诗1首。事迹见《旧五代史》卷九二、《新五代史》卷五七。

徐知谔五月乙卯卒(906—)。知谔字号不详,海州朐山人,吴丞相徐温第六子。工诗文。历刺史、节度使,南唐时累封梁王,卒谥"怀"。有《阁中集》10卷,已佚。事迹见马令《南唐书》卷九、陆游《南唐书》列传卷五。

尹玉羽六月壬寅卒,生年不详。玉羽自号自然先生,长安人。唐末五代学者,有文名。历仕后梁、后唐、后晋,以少府监致仕。著有《自然经》5卷、《武库集》50卷,后皆佚。事迹见《旧五代史》卷九三。

和岘(—995)、田锡(—1003)生。

伊本·阿卜迪·拉比卒(860—)。阿拉伯诗人,文学家。

伊本·穆格拉卒(886—)。阿拉伯伊斯兰书法家。

后晋天福六年　南唐昇元五年　闽永隆三年
契丹会同四年　南汉大有十四年
后蜀广政四年　辛丑　941年

二月己亥,后晋诏修唐史。

按:《旧五代史》卷七九《晋高祖纪五》载,是次奉诏修唐史者,有户部侍郎张昭远、起居郎贾纬、秘书少监赵熙、吏部郎中郑受益、左司员外郎李为光(《唐会要》卷一八作李为先)等,宰臣赵莹监修。至四月,莹以贾纬丁忧,奏请刑部侍郎吕琦、侍御史尹拙同修。该史至天运二年修成,是为《旧唐书》。参见该年条。

是春,后晋开科取士,礼部侍郎张允知贡举,进士及第11人,诸科54人。

罗斯侵小亚沿岸,围君士坦丁堡。

按：见《登科记考》卷二六。

八月辛亥，吴越王钱元瓘卒（887—　）。子钱弘佐初嗣领节度使，九月庚申即王位，是为吴越忠献王。

按：钱元瓘原名传瓘，嗣位后改，字明宝，吴越武肃王钱镠第五子。在位十年，沿袭其父之政，保境安民。工诗文，作诗千余首，有《锦楼集》10卷，已佚。《全唐文》卷一三〇、《唐文拾遗》卷一一收录其文4篇，《全唐诗补编·续补遗》卷一二收录其诗2首。

是月，后晋诏各地举有文才武艺者，具名奏闻。

按：见《登科记考》卷二六。

十月，闽主王曦称帝。

按：时王曦淫侈无度，刻剥百姓，又与镇武节度使王延政连年相攻，福州、建州间一片荒残。见《资治通鉴》卷二八二。

赵莹为后晋门下侍郎、同平章事，兼户部尚书。二月奉诏监修唐史，四月奏请购求唐代遗书，并定唐史修撰体例。

按：后晋诏修唐史事，见本年二月条。《五代会要》卷一八载，赵莹奉诏监修唐史，以唐末以来，世逢大乱，史籍散失，"今之府库，百无二三"，"据史馆所阙唐书实录，请下敕命购求"。所征求遗书，包括唐武宗、宣宗、僖宗、懿宗四朝实录，会昌至天祐年间所撰各种史籍传记，"及中书、银台、史馆日历、制敕册书等"。晋高祖从之。莹又奏定唐史修撰体例，分本纪、列传、志三部分。其中，本纪"以纲帝业"，"以事系日，以日系月，以月系时，以时系年，刑政无遗，纲条必举，须凭长历，经编甲子"；列传"以述功臣"，所录据家史家传、族谱族图，并令"文武两班及藩侯郡牧各叙两代官婚名讳、行业功勋状"送上，以供参考；志"以书刑政"，分为礼志、乐志、刑法志、天文志、律历志、五行志、职官志、郡国志、经籍志等。

张昭远为后晋户部侍郎，二月奉敕修撰唐史，特设史院，命判院事。

按：见《宋史》卷二六三本传、《五代会要》卷一八。

尹拙为后晋侍御史，四月由宰臣赵莹奏荐参修唐史，遂改授户部员外郎。

按：见《宋史》卷四三一本传、《旧五代史》卷七九《晋高祖纪五》。

贾纬为后晋起居郎、史馆修撰，二月奉诏参修唐史，四月丁忧去职。

按：贾纬专于史学，尝建请修唐史，由是奉诏修参。未几丁忧去职，实未参加唐史纂修。见《旧五代史》卷七九《晋高祖纪五》、卷一三一本传。

郑受益为后晋吏部郎中，二月奉诏参修唐史。

按：见《旧五代史》卷七九《晋高祖纪五》。郑受益后去职，未继续参修唐史。参见明年条。

李建勋为南唐右仆射兼中书侍郎、同平章事，辅政五年，为唐主李昪所忌。七月罢职归私第，未几复掌相职。

按：见陆游《南唐书》列传卷六本传、《资治通鉴》卷二八二。

窦俨是春应后晋贡举，登进士第，辟滑州从事。

按：见《登科记考》卷二六。

后晋天福七年　南唐昇元六年　闽永隆四年　契丹会同五年　南汉大有十五年　光天元年　后蜀广政五年　壬寅　942年

贾纬撰《唐年补录》(一作《唐朝补遗录》)65卷,二月进上,诏付史馆。

按：见《旧五代史》卷七九《晋高祖纪五》。《旧五代史》卷一三一本传载,贾纬勤于著述,后唐时,"以唐代诸帝实录,自武宗已下阙而不纪,乃采摭近代传闻之事及诸家小说,第其年月,编为《唐年补录》,凡六十五卷,识者赏之。"至是,贾纬奉诏参修唐史,遂进上此书。《五代会要》卷一八载贾纬奏曰："伏以唐高祖至代宗已有纪传,德宗至文宗亦存实录,武宗至济阴废帝凡六代,唯有《武宗实录》一卷,余皆阙略。臣今搜访遗文及耆旧传说,编成六十五卷,目为《唐朝补遗录》,以备将来史官条述。"该书已佚,其部分内容为《旧唐书》采录。

张昭远约是年稍后撰《唐朝君臣正论》25卷,进上。

按：《宋史》卷二六三本传载,张昭远服丧阕,起为后晋户部侍郎,寻兼判史院,"撰《唐朝君臣正论》二十五卷,上之"。昭远本年二月兼判史院,知其撰该书在本年稍后。

王定保约卒(870—　)。定保字号不详,洪州南昌人。吴融之婿。唐末五代学者。唐末登进士第,历容管节度巡官。唐亡,南下广州依刘隐,累迁南汉中书侍郎、同平章事,卒于官。著有《唐摭言》15卷,今存。《全五代诗》卷六一收录其诗1首。事迹见《十国春秋》六二。

按：《资治通鉴》卷二八二载,王定保于去年十一月拜南汉相,"不逾年亦卒"。其卒似当在本年。

孔宜(　—986)、贾黄中(　—996)生。

鲁达基卒(858—　)。波斯诗人。

后晋天福七年　南唐昇元六年　闽永隆四年　契丹会同五年　南汉大有十五年　光天元年　后蜀广政五年　壬寅　942年

是春,后晋开科取士,礼部侍郎张允知贡举,进士者及第7人。

按：见《登科记考》卷二六。

四月丁丑,南汉主刘龚卒(889—　)。子秦王刘弘度即位,更名玢,改元光天,是为南汉殇帝。

按：见《资治通鉴》卷二八三。刘龚系刘隐弟,初名岩,后改名龑,称帝后又更名。在位期间,穷奢极欲,处事暴戾,用刑惨酷,宠信宦官,故国中宦者大盛。

六月乙丑,后晋高祖石敬瑭卒(892—　)。齐王石重贵嗣位,是为晋少帝(晋出帝)。

按：见《旧五代史》卷八〇《晋高祖纪六》、卷八一《晋少帝纪一》。石敬瑭系太原人,依契丹之助灭后唐自立,遂割让幽云十六州于契丹,又自称"儿皇帝",为后人所不齿。然其在位,能礼贤从谏,倡行教化,政局稍安。本年十一月庚寅,葬于显陵。

七月庚子,后晋制举"怀才抱器隐遁邱园"者,由各地长官搜访奏闻。

英格兰人归其中部地区。

按：见《登科记考》卷二六。

九月庚寅，南唐行新法《昇元条》。

按：见《续唐书》卷二二。

郑受益为后晋右谏议大夫，屡上章直言，为执政所恶，是夏遂以病告归长安。

按：见《旧五代史》卷九六本传。

李中是年前后游南唐庐山白鹿洞国学，与左偃、僧匡白等吟唱论诗。

按：李中生卒年不详，字有中，九江人。工诗。仕南唐，历令尉之职，终水部郎中。有《碧云集》3卷等，已散逸。《全唐诗》卷七四七至七五〇辑录其诗编为4卷。事迹见《唐才子传》卷一〇。

左偃是年前后游南唐庐山白鹿洞国学，与僧匡白等交游。

按：左偃生卒年、籍贯不详。工诗，颇为韩熙载推许。后居金陵，终身不仕。先后作诗千余首，有《钟山集》1卷、《狎鸥集》1卷、《画锦集》若干卷、《宏词前后集》20卷，皆佚。《全唐诗》卷七四〇收录其诗10首。

僧匡白住庐山东林寺，是年前后与李中、左偃等交游甚密。

按：匡白生卒年、籍贯不详。南唐诗僧。尝为庐山僧正，赐号通天大师。有诗集10卷，已佚。《全唐文》卷九一九收录其文1篇，《全唐诗补编·续拾》卷四三收录其诗2首。

哲海什雅里卒，生年不详。阿拉伯作家。始整理、编撰民间故事集《一千夜》（《一千零一夜》）。

萨阿迪亚·本·约瑟卒（882— ）。埃及犹太评注家，哲学家。

韩恽是夏卒（约882— ）。恽字子重，太原晋阳人。好歌诗，喜藏书。历仕后唐、后晋，累官兵部尚书，以疾卒。事迹见《旧五代史》卷九二。

后晋天福八年　南唐昇元七年　保大元年
闽永隆五年　天德元年　契丹会同六年
后蜀广政六年　南汉光天二年　应乾元年
乾和元年　癸卯　943年

禁卫军掌萨曼王朝国政。

马扎尔人侵保加利亚。

二月庚午，南唐主李昇卒（888— ）。次月己卯，李璟嗣位，改元保大，是为南唐中主。

按：见《资治通鉴》卷二八三。李昇，字正伦，小字彭奴，徐州人。幼孤，后被徐温收为养子，遂易姓名为徐知诰。称帝后，改名诰，寻复原姓。

是月，闽富沙王延政称帝于建州，国号大殷，改元天德。

按：见《十国春秋》卷九二闽《天德帝本纪》。王延政系闽景宗王曦之弟，兄弟相争，闽由是分裂。至明年，王曦为部下所杀，参见该年三月条。

三月丙子，南汉主刘玢被杀（920— ）。晋王刘弘熙自立，更名晟，改元应乾，是为南汉中宗。

后晋天福八年　南唐昇元七年　保大元年　闽永隆五年　天德元年　契丹会同六年　后蜀广政六年
南汉光天二年　应乾元年　乾和元年　癸卯　943年

按：见《十国春秋》卷五九。

是春，后晋开科取士，礼部侍郎张允知贡举，进士及第7人。

按：见《登科记考》卷二六。

十一月丁巳，南汉改元乾和。

按：见《十国春秋》卷五九南汉《中宗本纪》。

张昭远仕后晋，由兵部侍郎迁吏部侍郎、判东铨，仍兼史馆修撰，判馆事。

按：见《宋史》卷二六三本传。

田敏在后晋国子祭酒兼户部侍郎任，以雕印《五经》成，三月进上。

按：见《旧五代史》卷八一《晋少帝纪一》。田敏等奉命校正、雕印经籍，始于后唐明宗之世，至后周太祖时方告全部完成。参见后唐长兴三年冯道条、后晋乾祐元年五月条、后周广顺三年田敏条。

李建勋在南唐中书侍郎、同平章事任，三月中主嗣位，颇尊遇之。四月以东宫官属侵权，罢为昭武节度使。

按：见马令《南唐书》卷一〇本传、《资治通鉴》卷二八三。

尹拙仕后晋，由仓部员外郎迁左司员外郎。

按：见《宋史》卷四三一本传。

韩熙载为南唐秘书郎，三月中主嗣位，拜虞部员外郎、史馆修撰，兼太常博士，与中书舍人江文蔚、司门郎中萧俨君共议先主葬礼。十一月，以本官权知制诰。寻以章疏相属，或驳正失礼，或指摘时病，为权要所疾，遂罢知制诰。

按：韩熙载书命典雅，有元和之风，与徐铉齐名，时号"韩徐"。见陆游《南唐书》列传卷九、马令《南唐书》卷一三、徐铉《徐公文集》卷一六《昌黎韩公墓志铭》。韩熙载字叔言，祖籍南阳，其先徙居潍州北海。博学多才，诗、文、画均冠绝当时，又精音律，善八分。宋开宝三年卒。有《格言》5卷、《格言后述》3卷、《皇极要览》15卷、《拟议集》10卷、《定居集》2卷、集5卷。《全唐文》卷八七七收录其文6篇，《全唐诗补编·补逸》卷一六收录其诗1首。事迹见马令《南唐书》卷一三、陆游《南唐书》列传卷九、《十国春秋》卷二八。

陈贶居庐山，是年或稍后应南唐中主之召，东赴金陵。授江州士曹掾，固辞不受，复还庐山。

按：见《江南野史》卷六。陈贶一作陈况，生卒年不详，闽人。隐居庐山数十年，名声远播，从学者众。有《庆云集》1卷，已佚。《全唐诗》卷七四一收录其诗1首。事迹见马令《南唐书》卷一五、陆游《南唐书》列传卷四。

宋齐丘为南唐镇南节度使，三月中主嗣位，进拜太保兼中书令。十二月辞官归隐。居九华山。

按：唐中主嗣位后，以宋齐丘与奉化节度使周宗为先朝勋旧，故召为相，政事皆听自决。齐丘遂广树朋党，百计倾周宗，中主由于薄齐丘，出其为镇海节度使。齐丘忿怼，乃详上表乞归隐九华山。中主知其诈，即从其请，赐号九华先生，封青阳公。见《资治通鉴》卷二八三。

高越为南唐祠部浙西营田判官，以上书忤旨，黜为蕲州司士参军。

按：高越生卒年不详，字冲远（一作仲远），幽州人。善词赋，与江文蔚齐名，时人合称"江高"。少举进士，后晋时南奔吴，南唐时累迁左谏议大夫、户部侍郎、修国史。撰有《舍利塔记》1卷、赋1卷，皆已佚。《全唐诗》卷七四一收录其诗1首。事迹见马令《南唐书》卷一三、陆游《南唐书》列传卷六、《十国春秋》卷二八。

高远仕南唐，由秘书省正字迁校书郎，兼太常修撰，参与国史编撰。

按：高远生卒年不详，字攸远，幽州人，高越从子。南唐史学家。后历太常博士、礼部员外郎、枢密判官、侍御史、起居郎、勤政殿学士等职。年五十七卒，赠给事中，谥曰"良"。累掌史职，主持修撰《烈祖实录》20卷，又与徐铉等合撰《吴录》20卷。另自撰《元宗实录》10卷，未及上，会有疾，取所撰史稿及著述悉燔之。事迹见陆游《南唐书》列传卷六、《十国春秋》卷二八。

殷崇义为南唐中书舍人，与徐铉交游甚密。

按：殷崇义即汤悦，宋初避讳改称，生卒年不详，字德川，池州青阳人。博学能文，尤长史学。南唐后主时，累官司空、知左右内史事。国亡入宋，奉敕与徐铉等合撰《江南录》10卷，又预修《太平御览》。有集3卷，已佚。《全唐文》卷八七七收录其文1篇，《全唐诗》卷七五七、《全唐诗补编·续补遗》卷一一收录其诗6首。事迹见马令《南唐书》卷二三、《十国春秋》卷二八。

僧齐己约卒（约864—　）。齐己俗姓胡，名得生，自号"衡岳沙门"，益阳人。唐末五代诗僧。工书善琴，名著一时。七岁出家，后云游各地，遍览名山大川。尝住长沙道林寺、庐山东林寺。后梁龙德元年为荆州节度使高从诲所留，住江陵龙兴寺。交游颇广，与贯休、曹松、李洞、方干、沈彬、孙光宪等皆有往来。有《白莲集》10卷，系门人辑录其诗编成，今存；《风骚旨格》（一作《风骚指格》）1卷，为论诗法之作，今亦存，或谓该书非其所作。另有《白莲外编》10卷、《玄机分明要览》1卷，皆已佚。《全唐文》卷九二一收录其文2篇，《全唐诗》卷八三八至八四七编录其诗为10卷。事迹见《宋高僧传》卷三〇、《十国春秋》卷一〇三。

按：齐己卒年，史无明载，历有歧说。此从今人邓新跃《齐己生卒年考证》（载《益阳师专学报》2000年第3期）。

皮光业二月丙辰卒（877—　）。光业字文通，祖籍襄阳竟陵，家居苏州，皮日休之子。有文名，著称于时。仕吴越，累拜宰相，卒谥"贞敬"。撰有《皮氏见闻录》13卷、《妖怪录》5卷、《启颜录》6卷、《三馀外记》3卷，皆已佚。《全唐文》卷八九八辑录其文编为1卷，《全五代诗》卷三收录其铭文1篇。事迹见《吴越备史》卷三、《十国春秋》卷八六。

按：《十国春秋》本传云，皮光业"三世皆以文雄于江东，识者荣之"。其父皮日休生平概况，参见唐中和三年条。其子皮璨（一作皮灿）亦工诗文，官至元帅府判官。以祖日休曾有《鹿门集》，遂撰《鹿门家钞诗咏》50卷，以群书分类事为诗而注解之。已佚。

吴承范六月庚申卒（902—　）。承范字表微，魏州人。善属文，通史学。后唐长兴三年登进士第，累迁右补阙，兼充史职。后晋时，历尚书屯田员外郎、知制诰、枢密院直学士、祠部郎中、中书舍人等职，终礼部侍郎。以疾卒，赠工部尚书。后唐时尝奉诏参修《明宗实录》。事迹见《旧五代史》卷九二。

郑受益是冬卒，生年不详。受益字谦光，荥阳人，郑处诲之子。有文学，通史学。历仕后唐、后晋，累迁京兆少尹，坐受赃赐死。尝奉诏参修唐史。《全唐文》卷八五一收录其奏疏1篇。事迹见《旧五代史》卷九六。

石文德约是年前后卒，生年不详。文德，连州人。博览坟史，通史学，有文名。早年游湘汉间，后仕楚为水部员外郎，为人所忌，出为融州刺史，卒于任。著有《大唐新纂》13卷，已佚。事迹见《十国春秋》卷七三。

按：石文德卒年，史无明载。《十国春秋》本传载，文德为融州刺史，以楚文昭王"营建征讨无虚日"，上书切谏忤旨，"无何卒"。同书卷六八载，是年前后，楚文昭王马希范奢糜无度，"民不胜租赋而逃"。文德之卒，似当在此期。姑系于此。

钱昱（ —999）、张齐贤（ —1014）生。

后晋天福九年　开运元年　南唐保大二年　闽天德二年　契丹会同七年　南汉乾和二年　后蜀广政七年　甲辰　944年

正月至三月，契丹举兵南下，所过焚掠，河北州府民物殆尽。

按：初，后晋高祖石敬瑭得契丹助灭后唐称帝，在位期间谨事契丹主。及晋出帝即位，耻于臣事契丹，契丹遂屡举兵南下。见《资治通鉴》卷二八三、卷二八四。

三月，闽拱宸都指挥使朱文进杀闽景宗王曦，自称闽王。至闰十二月，文进又为部下所杀。

按：见《十国春秋》卷九二闽《天德帝本纪》。

是春，后晋开科取士，礼部侍郎符蒙知贡举，进士及第13人，诸科56人。

按：见《登科记考》卷二六。

七月辛未，后晋改元开运。

按：见《旧五代史》卷八三《晋少帝纪三》。

八月乙巳，后晋诏复明经、童子科。

按：见《旧五代史》卷八三《晋少帝纪三》。后晋于天福五年停明经等科，参见该年四月条。

冯道为后晋太尉兼侍中、同平章事，四月罢相，以检校太师兼侍中衔出为同州节度使。

按：见《旧五代史》卷八二《晋少帝纪二》。

刘昫为后晋太子太傅，七月进拜司空，兼门下侍郎、平章事、监修国史，判三司。

莱昂及科尔多瓦盟。

罗斯及拜占庭盟。

佩彻涅格人侵保加利亚。

按：见《旧五代史》卷八三《晋少帝纪三》。

贾纬服丧毕，起为后晋起居郎、史馆修撰，寻以本官知制诰。

按：贾纬丁忧去职事，见天福六年条。《旧五代史》卷一三一本传曰："纬长于记注，应用文笔未能过人，而议论刚强，侪类不平之，因目之为'贾铁嘴'。"

陶穀为后晋虞部员外郎、知制诰，七月改仓部郎、知制诰。

按：见《旧五代史》卷八三《晋少帝纪三》。

薛居正仕后晋，由盐铁巡官转度支推官。寻为宰相李崧奏荐，加大理司直，迁右拾遗。

按：见《宋史》卷二六四本传。

孟宾于诗名颇著，是春登后晋进士第，旋以世乱南归，遂仕楚。

按：孟宾于登后晋进士第，《十国春秋》卷七五谓"天福中"。《登科记考》卷二六系于本年，从之。

陈致雍仕闽为太常卿，三月以闽主王曦被杀，世大乱，遂奔南唐。

按：陈致雍生卒年不详，字表用，莆田（一作晋江）人。博洽多识，工文辞，尤谙礼仪。入南唐后，累官秘书监，致仕归闽。宋初，洪文进据闽，辟为掌书记。著有《晋安海物异名记》、《闽王列传》（一作《闽王事迹》）、《五礼仪鉴》（一作《五礼仪镜》）、《寝祀仪》（一作《新定寝祀仪》）、《州县祭祀仪》等，皆已佚。另有好事者编其议礼诸论为《曲台奏议集》20卷，亦散佚。《全唐文》卷八七三至八七五辑录其文编为3卷。事迹见《十国春秋》卷九七。

崔棁卒（约877— ）。棁字子文，深州安平人。通经史，精礼乐，有文学。唐末避乱寓居滑台，后梁贞明中登进士第，后唐时累迁都官郎中、翰林学士，后晋时历户部侍郎、尚书左丞、太常卿等职，卒于太子宾客分司任。平生所撰文章碑诔制诰甚多，多已佚。《全唐文》卷八五一收录其文7篇。事迹见《旧五代史》卷九三、《新五代史》卷五五。

林鼎正月壬寅卒（891— ）。鼎字涣文，侯官人，生于明州。工诗文，名闻于时。仕吴越，累拜丞相，卒谥"贞献"。有《吴江应用集》20卷，已佚。事迹见《吴越备史》卷三、《十国春秋》卷八六。

符蒙九月乙丑卒，生年不详。蒙字适之，赵州昭庆人。诗人。后唐同光三年登进士第，累官礼部侍郎、知贡举。有集10卷，已佚。《全唐诗补编·补逸》卷一三、《续拾》卷四二收录其诗4首。

吕蒙正（ —1011）、王嗣宗（ —1021）生。

后晋开运二年　南唐保大三年　闽天德三年
契丹会同八年　南汉乾和三年
后蜀广政八年　乙巳　945年

是春,后晋开科取士,工部尚书窦贞固知贡举,进士及第15人,诸科88人。

按：见《登科记考》卷二六。

八月丁亥,南唐军攻入建州,闽主王延政降,闽亡。

按：见《资治通鉴》卷二八五。王氏自唐末王潮始据闽中,至是为南唐所灭,前后凡53年。

杨凝式闲居伊洛间,是年前后以生活惟艰,为晋宰相桑维翰奏荐,除太子少保,分司洛阳。

按：杨凝式于晋天福初致仕,至是以家贫复出仕。见《旧五代史》卷一二八本传。

戴偃十二月作《渔父》诗百篇,进献楚文昭王马希范,讥其奢侈过度。文昭王怒而囚之,令公私不得与其通。

按：见《资治通鉴》卷二八五、《五代史补》卷三。戴偃生卒年不详,自称玄黄子,金陵人。工诗。不求仕宦,避乱居湘阴。后奔岭南,至永州,会楚文昭王卒,乃止。后不知所终。《全唐诗》卷七九五收录其残诗1首。事迹见《十国春秋》卷七三。

道士谭紫霄在闽,八月以闽亡,隐居庐山栖隐洞,聚徒讲学,从学者百余人。

按：谭紫霄事迹,诸史所载多异。今从陆游《南唐书》列传卷一四、余嘉锡《四库提要辨正》。谭紫霄一作谭峭,生卒年不详,字景昇,福建泉州人。少为道士,后游历名山,师嵩山道士十余年,自言得道陵天心正法。以闽亡,遂隐居庐山。南唐后主时召其至金陵,比之以前蜀杜光庭。尝著《化书》6卷,赠宋齐丘,齐丘遂夺而序之。后收入《道藏》,今有丁祯彦、李似珍点校本等。事迹见陆游《南唐书》列传卷一四、马令《南唐书》卷二四、《十国春秋》卷三四、余嘉锡《四库提要辨正》。

张昭远等奉敕修《唐书》203卷(一说220卷,另目录1卷)成,六月乙丑由宰相刘昫进上。

按：见《旧五代史》卷八四《晋少帝纪四》。张昭远所修《唐书》,即今存之《旧唐书》,为二十四史之一。该书始撰于天福六年,初由宰相赵莹监修,昭远与贾纬、赵熙、吕琦、尹拙等同撰。参见天福六年二月条。后莹陷于契丹,昫继领其事,至是告成,遂题昫撰。清人赵翼《廿二史札记》卷一六曰:"盖(昫)为相时,《唐书》适讫,遂由

什叶派白益王朝始。

法兰西公爵伟大的于格因法王路易四世。

昀表上,其实非昀所修也。"近人余嘉锡《四库提要辨证》卷四亦以为:"《旧唐书》虽题刘昀撰,然详考之,昀实无功于《唐书》。"该书卷帙,《旧五代史》卷八四谓"纪、志、列传并目录,凡二百三卷";《五代会要》卷一八谓"纪、志、列传共二二〇卷,并目录一卷"。今本为200卷,内有部分条文散逸。清人岑建功辑有《旧唐书逸文》12卷,罗士琳撰有《旧唐书校勘记》66卷。该书据唐代各种官修国史及诸多文献撰修,内容颇为详细,然亦有史料堆砌、叙事杂乱之弊。北宋时,以其内容芜杂,多有讹误,遂由欧阳修等重新纂修,即今存之《新唐书》。清人赵绍祖参合两书,撰《新旧唐书互证》20卷。

陈元十二月己卯卒(约865—　)。元,京兆人,出身医学世家。历仕后唐、后晋,以光禄卿致仕,卒于太原。尝集平生所验方及合药法为《要术》1卷,已佚。事迹见《旧五代史》卷九六。

李建中(　—1013)、刁衎(　—1013)生。

后晋开运三年　南唐保大四年　契丹会同九年　南汉乾和四年　后蜀广政九年　丙午　946年

是春,后晋开科取士,工部尚书王松知贡举,进士及第20人,诸科92人。

　　按:见《登科记考》卷二六。

十二月癸酉,晋出帝石重贵降契丹,后晋亡。

　　按:见《旧五代史》卷八五《晋少帝纪五》。后晋自高祖石敬瑭称帝,至出帝石重贵降契丹,历2帝,凡11年而亡。

冯道为后晋同州节度使,正月罢职,五月转授邓州节度使。

　　按:见《旧五代史》卷八四《晋少帝纪四》。

张昭远仕后晋,由吏部侍郎进拜尚书右丞,权知贡举。

　　按:见《宋史》卷二六三本传。

尹拙为后晋左司员外郎,以契丹南下,遂入常山赵寿幕,为掌书记。

　　按:见《宋史》卷四三一本传。

宋齐丘受南唐中主之召,自九华山还金陵,正月拜太傅兼中书令,封卫国公,赐号国老。但奉朝请,不预政事。

　　按:见陆游《南唐书》列传卷一、《资治通鉴》卷二八五。齐丘隐居九华山事,见后晋天福八年条。

尉迟枢广闻博洽,居金陵,二月书《中兴佛窟寺碑》。

　　按:《中兴佛窟寺碑》,见《宝刻类编》卷七。尉迟枢生卒年、籍贯不详,著有《南楚新闻》3卷,记唐代朝野逸闻奇事,尤以晚唐事居多。已散佚,《太平广记》、《绀珠集》《说郛》《实宾录》等书引录逸文三十余条。另有《五朝小说》《唐人说荟》等本，皆系后人重辑。

桑维翰十二月十八日卒（898—　）。维翰字国侨，洛阳人。善词赋。后唐同光中登进士第，后晋时累迁中书侍郎、同中书门下平章事，出为节镇，复受召拜相，爵封魏国公，再罢为开封府尹。契丹军入城，被杀。作品多佚，《全唐文》卷八五四收录其奏疏2篇。事迹见《旧五代史》卷八九、《新五代史》卷二九。

张咏（　—1015）生。

后汉天福十二年　南唐保大五年　辽会同十年　大同元年　天禄元年　南汉乾和五年　后蜀广政十年　丁未　947年

正月丁亥朔，契丹主耶律德光入大梁（汴京），次月丁巳朔称帝，国号大辽，改元大同，是为辽太宗。

按：辽太宗入大梁后，纵骑兵四出剽掠，又遣使括诸州士民钱帛，自汴州、洛阳及郑、滑、曹、濮，数百里间，丁壮毙锋刃，老弱填沟壑，白骨露野，财畜殆尽。由是怨愤四起，反抗风涌。三月，辽太宗遂引兵北还，次月行至赵州栾城杀胡林，病卒。五月，耶律阮于恒州即位，是为辽世宗。见《资治通鉴》卷二八六、二八七。

二月辛未，后晋河东节度使刘知远于晋阳称帝，改名暠，仍守晋之国号，改称天福年号，是为后汉高祖。

按：见《旧五代史》卷九九《汉高祖纪上》。

五月壬辰，楚文昭王马希范卒。乙未，弟马希广袭位。

按：见《资治通鉴》卷二八七。

六月戊辰，刘知远改国号曰汉，史称后汉。

按：见《旧五代史》卷一〇〇《汉高祖纪下》。

乙卯，吴越王钱弘佐卒（928—　）。丙寅，弟钱弘倧嗣位，是为忠逊王。

按：至十二月，钱弘倧为内牙统军使胡进思等所废。见《吴越备史》卷三。

七月甲午，后汉册湖南马希广为楚王。

按：见《旧五代史》卷一〇〇《汉高祖纪下》。

冯道为后晋邓州节度使，正月受辽之召入大梁，拜太傅。三月，随辽太宗北行，至常山而止。九月，为后汉所召，复返大梁，拜太师。

按：见《旧五代史》卷一二六本传。

张昭远为后晋尚书右丞,晋亡仕后汉,始避讳改名昭。初授吏部侍郎,寻转太常卿,参定朝中礼制。

按:见《宋史》卷二六三本传。

贾纬为后晋中书舍人,三月为辽军挟持北上,至真定而还。遂仕后汉,授左谏议大夫,寻充史馆修撰,判馆事。

按:见《旧五代史》卷一三一本传。

尹拙仕后汉,为司马郎中、弘文馆直学士。

按:见《宋史》卷四三一本传。

和凝二月仕辽,以左仆射兼中书侍郎、同平章事,号"曲子相公"。三月,随辽太宗北行,至镇州而止。九月,为后汉所召,复返大梁,授太子太保。

按:见《北梦琐言》卷六、《资治通鉴》卷二八六、二八七。

王仁裕为后晋左散骑常侍,正月辽入大梁,仍守原职。六月,后汉高祖入大梁,改授户部侍郎,充翰林学士承旨。

按:见《旧五代史》卷一〇〇《汉高祖纪下》。

李涛仕后汉,六月授翰林学士、行中书舍人,九月拜中书侍郎兼户部尚书、同平章事,入掌相职。

按:见《旧五代史》卷一〇〇《汉高祖纪下》、《宋史》卷二六二本传。

杨凝式为后晋太子少保,分司洛阳,晋亡仕汉。

按:杨凝式于后汉乾祐中历太子少傅、太子少师等职。见《旧五代史》卷一二八本传。

宋齐丘在南唐太傅兼中书令任,八月以荐人不当、朋比为党,出为镇南节度使。

按:齐丘尝荐陈觉,是春觉矫诏兴兵攻福州大败,死者二万余人,齐丘遂上表待罪。时韩熙载屡言齐丘朋比结党,齐丘诬熙载狂妄,唐主遂贬熙载为和州司士参军,齐丘亦出为节镇。由是可见当时南唐文士相倾之风。见《资治通鉴》卷二八六、卷二八七。

江文蔚在南唐御史中丞任,四月上章弹劾宰臣冯延巳、魏岑,言辞尤为激烈。由是延巳罢为太弟少保,文蔚亦出贬江州司士参军。朝野以多年未有危言激论如此之彰灼者,多传写其弹劾之文,为之纸贵。

按:见《资治通鉴》卷二八六。江文蔚弹文《劾冯延巳魏岑疏》今存,见《全唐文》卷八七〇。时韩熙载为虞部郎中、史馆修撰,徐铉为主客员外郎、知制诰,五月亦同上疏弹劾宋齐丘、冯延巳。由此可见当时南唐党争之激烈。

朱遵度为避契丹主耶律德光之召,自青州南奔楚。因楚主不甚重之,遂杜门不出。时楚天策府诸学士为文多问其典故始末,号"幕府书厨"。

按:见《十国春秋》卷七五本传。

夏宝松约是年前后游庐山,师从江为习诗。

按:夏宝松生卒年不详,庐陵吉阳人。师从江为数年,遂成业,与诗人刘洞俱显名于当世。所作《宿江城》诗尤为世人传诵,故世称夏江城。从学者众。然性贪黩,每授弟子,以赟帛多寡为厚薄,由是门生多私略之。其作品多亡佚,《全唐诗》卷七九五收录其残诗六句。事迹见《十国春秋》卷三一。

后汉天福十二年　南唐保大五年　辽会同十年　大同元年　天禄元年　南汉乾和五年
后蜀广政十年　丁未　947年

彭晓九月撰《周易参同契分章通真义》3卷成，自为叙及后序。
按：该书今存，有明正统《道藏》本、《续金华丛书》本等。彭晓生卒年不详，字秀川，别号真一子，永康人。仕后蜀，历朝散郎、祠部员外郎等职。好老庄之术，精养生之道。所著除《周易参同契分章通真义》外，另有《明镜图》1卷，已佚。《全唐文》卷八九一收录其文2篇，《全唐诗》卷八五六收录其诗2首。事迹见《十国春秋》卷五六。

刘昫是夏卒（888—　）。昫字耀远，涿州归义人。通史学，有文名。后梁时历任幕职，后唐、后晋时均登相位，并监修国史。以太子太保致仕，卒于家。尝监修《唐书》（即《旧唐书》）200卷。《全唐文》卷八五三、《唐文拾遗》卷四六收录其文9篇。事迹见《旧五代史》卷八九、《新五代史》卷五五。

徐知证三月卒（905—　）。知证字号不详，海州朐山人，吴丞相徐温第五子。工诗文。历刺史、节度使，南唐时累封魏王，终宣州大都督府长史。《全唐文》卷八七〇收录其文1篇。事迹见马令《南唐书》卷九、陆游《南唐书》列传卷五、《十国春秋》卷二〇。
按：徐知证诗文多亡佚。今存元抄本《徐仙翰藻》14卷（藏国家图书馆），又有明万历《续道藏》收录元陈慕根辑《徐仙翰藻》14卷，皆题名徐知证撰。书中述知证成仙后经历，当系托名伪作。

刘保义八月卒，生年不详。保义一作保羲，青州人。经学家。精治《尚书》、《左传》，颇有心得。仕后蜀，历户部郎中、给事中等职，充诸王宫侍读。《全五代诗》卷五九收录其诗1首。事迹见《十国春秋》卷五三。

赵熙卒，生年不详。熙字绩巨，唐末宰相赵光逢从子。长于史学。起为秘书省校书郎，后唐时累迁南省正郎，后晋天福中授秘书少监，奉诏参修唐史，迁右谏议大夫。奉契丹主至晋州搜括财物，为乱兵所杀。《全唐文》卷八五四收录其奏疏2篇。事迹见《旧五代史》卷九三。

刘玗约是年或稍后卒，生年不详。玗，原籍不详，其父刘孟温随唐僖宗入蜀，遂家成都。家传儒业，精于经术。仕后蜀，补石室教授，卒于任，门人私谥"宝巾先生"。事迹见《十国春秋》卷五三。
按：《十国春秋》本传载，刘玗是年补石室教授，"未几卒"。知其卒约本年或稍后。

柳开（　—1000）、李至（　—1001）、吴淑（　—1002）、李沆（　—1004）、曾致尧（　—1012）生。

后汉天福十三年　乾祐元年　南唐保大六年
辽天禄二年　南汉乾和六年
后蜀广政十一年　戊申　948年

正月乙卯，后汉改元乾祐。令各地搜访荐举贤良。

按：见《旧五代史》卷一〇〇《汉高祖纪下》、《登科记考》卷二六。

是日，吴越钱弘俶即王位，改名钱俶，是为忠懿王。

按：见《吴越备史》卷四。

丁丑，后汉高祖刘暠卒（895——　）。十一月壬申，葬于睿陵。

按：见《旧五代史》卷一〇〇《汉高祖纪下》。刘暠原名知远，即位后改。

二月辛巳，后汉周王刘承祐嗣位，是为汉隐帝。

按：见《旧五代史》卷一〇一《汉隐帝纪上》。

癸巳，后汉诏各地搜访贤良方正、文才武略、不求进达之人，具名奏闻。

按：见《登科记考》卷二六。

是春，后汉开科取士，户部侍郎王仁裕知贡举，进士及第23人，诸科179人。

按：见《登科记考》卷二六。

五月己酉，后汉国子监奏请雕印《周礼》、《仪礼》、《公羊》、《谷梁》四经。从之。

按：见《旧五代史》卷一〇一《汉隐帝纪上》。诸经之校正、雕印始于后唐长兴三年，后晋天福八年已雕成《五经》。至是，又雕印四经。至后周广顺三年，方告全部完成。参见诸年条。

十一月癸卯，荆南节度使、南平王高从诲卒（891——　）。子高保融嗣位，是荆南贞懿王。

按：见《资治通鉴》卷二八八。

王仁裕在后汉翰林学士承旨、户部侍郎任，是春知贡举，时称得人。四月，擢户部尚书。

按：《新五代史》卷五七本传、《旧五代史》卷一〇一《汉隐帝纪上》。

李昉是春应后汉贡举，登进士第。

按：见《登科记考》卷二六。

王溥是春应后汉贡举，登进士第甲科之首，授秘书郎。寻应枢密使郭威之召，辟为从事，随征河中。

按：见《登科记考》卷二六、《宋史》卷二四九本传。

后汉天福十三年 乾祐元年 南唐保大六年 辽天禄二年 南汉乾和六年 后蜀广政十一年 戊申 948年

徐光溥仕后蜀，由翰林学士、兵部尚书进拜中书侍郎兼礼部尚书，与李昊并掌相职。

按：徐光溥（一作光浦）生卒年不详，蜀人。博学工诗，名闻于时。其作品多散佚，《全唐文》卷八九一收录其文1篇，《全唐诗》卷七六一、《全唐诗补编·续拾》收录其诗3首。事迹见《十国春秋》卷五二。

钱昱为吴越咸宁、大安二宫使，钱俶嗣王位，制授秀州刺史。

按：钱昱字就之，杭州临安人，吴忠献王钱弘佐长子。有文名，喜藏书。后累授彰武军节度使，入宋官至郢州团练使，咸平二年卒。撰有《太平兴国录》1卷，《竹谱》3卷，《贰卿文稿》20卷，皆已佚。《全唐文》卷八九三收录其文1篇。事迹见《宋史》卷四八〇、江少虞《宋朝事实类苑》卷六一、《十国春秋》卷八三。

僧德韶住天台白沙道场，应吴越王钱俶之邀至杭州，奉为国师，世称天台国师。

按：德韶俗姓陈，处州龙泉（一作缙云）人。南宗禅法眼宗第二祖。宋开宝五年卒。弟子有延寿等。《全唐诗补编·续拾》卷四五收录其诗偈1首。事迹见《宋高僧传》卷一三、《景德传灯录》卷二五、《禅林僧宝传》卷七、《十国春秋》卷八九。

僧义寂请僧德韶言于吴越主钱俶，以天台宗教典经唐武宗会昌年间禁毁，零落不全，请浮舟泛海往新罗、日本求天台教典。钱俶从之，遂遣使携宝东渡。

按：至宋初建隆年间，高丽光宗遣本国僧谛观奉天台论疏至吴越，天台宗教乘始返中国。义寂俗姓胡，字常照，世称净光大师、螺溪义寂、螺溪尊者，浙江永嘉人。年幼出家，后入天台山，研习天台宗教法。及学成，遂兴建螺溪道场，以为讲说之所，从学者众。宋雍熙四年卒。弟子有义通、谛观、澄彧、宗昱等，后皆为名师。著有《止观义例》、《法华十钞》等。事迹见《宋高僧传》卷七、《佛祖统纪》卷八、《释氏稽古略》卷三、《净光法师行业碑》、《净光大师塔铭》。

僧文偃四月卒（864— ）。文偃俗姓张，世称云门文偃，嘉兴人。唐末五代高僧，南宗禅云门宗之祖。幼从嘉兴空王寺僧志澄出家，又参学于睦州僧道明门下。后师从南宗禅高僧雪峰义存，得其宗印。复游历各方，名声渐起。南下韶州，嗣灵树寺僧如敏法席。于云门山建寺弘法，游学者众。南汉王敕号"匡真禅师"，北宋初追谥"大慈云匡真弘明禅师"。弟子有实性、圆明、明教、道谦、智寂、义韶等。门人守坚编录其语为《云门匡真禅师广录》（简称《广录》）3卷、《语录》1卷。事迹见《古尊宿语录》卷一八《云门山光泰禅院匡真大师行录》、《景德传灯录》卷一九、《禅林僧宝传》卷二、《五灯会元》卷一五、《十国春秋》卷六六。

按：文偃于唐末五代禅学发展影响甚大。其化导学人，常以一字说破禅旨，故有"云门一字关"之称；又以"顾"、"鉴"、"咦"三字遍迪禅者，时人谓之"云门三字禅"。

僧希觉卒（864— ）。希觉俗姓商，字顺之，祖籍晋陵，生于溧阳。唐末五代律学高僧。精《易》学，工书法，善诗文。年二十五出家，后入天台山从僧慧则习律藏。吴越初讲学于永嘉，后徙居杭州大钱寺，晚年住大钱寺，吴越主赐号"文光大师"。著述丰赡，佛学方面有《增晖录》20卷等；《易》学方面有《会释记》20卷等；文学方面有《拟江东谚书》（一作《拟挽书》)5卷,杂诗赋15卷,注林鼎《金陵怀古》百韵诗及杂体诗40卷。今皆不存。事迹见《宋高僧传》卷一六。

赵庭隐十二月卒(883——　)。庭隐一作廷隐,字号不详,开封(一说太原)人,赵崇祚之父。历仕后梁、后唐。随西川节度使孟知祥入蜀,遂仕后蜀,官至太师、中书令,爵封宋王。卒谥"忠武"。俭素好士,与词人过往甚密。事迹见路振《九国志》卷七、《宋史》卷四七九、《续唐书》卷六二。

后汉乾祐二年　南唐保大七年　辽天禄三年
南汉乾和七年　后蜀广政十二年　己酉　949年

什叶派白益王朝统一今伊拉克、波斯一带。

是春,后汉开科取士,进士及第19人,诸科80人。

按：见《登科记考》卷二六。另据《旧五代史》卷一四八《选举志》载,时进京应举者众,每年多至二、三千人,学业深浅不一,刑部侍郎边归谠上言,"请敕三京、邺都、诸州府长官,合发诸色贡举人文解者,并须精加考校。事业精研,即得解送,不得滥有举送"。从之。

十二月戊寅,后汉敕修后晋诸朝实录。

按：《旧五代史》卷一〇二《汉隐帝纪中》载,宰相窦贞固奏请修晋朝实录,汉隐帝遂诏史官贾纬、窦俨、王伸等修撰。后晋诸朝实录至后周广顺元年七月撰成,参见该年条。

是年,后蜀始置吏部三铨、礼部贡举。

按：后蜀科举情况,蜀人杨九龄尝撰《蜀桂堂编事》20卷详述之。《文献通考》卷二〇〇载:"《蜀桂堂编事》二十卷……伪蜀杨九龄撰,杂记孟氏广政中举试事,载诗赋策题及知举、登科人姓氏,且云科举起于隋开皇前,陋者谓唐太宗时,非也。"杨九龄生平事迹未详,著述颇丰,除《蜀桂堂编事》外,尚有《正史杂编》10卷、《河洛春秋》2卷、《历代善恶春秋》20卷、《经史书目》7卷、《名苑》50卷、《五运录》12卷、《三感志》2卷、《要录》10卷等,多已佚。

李建勋在南唐太弟太傅任,与徐铉、张义方等交游。寻进拜司空,因疾辞,遂以司徒致仕,赐号钟山公。

按：李建勋致仕事,见马令《南唐书》卷一〇本传。

刘崇远仕南唐为文林郎、大理司直,寓居金陵,甚贫困。

按：刘崇远生卒年不详,自号金华子,河南人。历仕吴、南唐。撰有《金华子杂编》(简称《金华子》)3卷,记中晚唐朝野遗闻轶事。原本已散佚,清人从《永乐大典》辑出,重编为2卷。清人周广业有注本,收入《读画斋丛书》,今存。另有《耳目记》(又称《刘氏耳目记》)2卷,记唐末五代逸闻及神怪之事,已佚,《太平广记》、《说郛》等引录逸文十余条。《全唐文》卷八六一收录其文2篇。

蒋维东是年前后隐居衡山,聚徒讲学,号为山长,从学者五十余人。

按：见宋马永易《实宾录》卷一一。蒋维东生卒年不详，字孟阳，零陵人。博学，善属文。

贾纬为后汉左谏议大夫、史馆修撰、判馆事，奉诏与王伸、窦俨等修《汉高祖实录》20卷成，十月癸未由宰臣苏逢吉进上。

按：贾纬等于本年二月奉诏修高祖实录，历数月而成。见《旧五代史》卷一〇二《汉隐帝纪中》。

王仁裕仕后汉为翰林学士、户部尚书，撰《玉堂闲话》10卷（一说3卷）成。

按：《太平广记》卷二〇三引《玉堂闲话》曰："丙申春，翰林学士王仁裕夜直。……迄今十三年矣。"丙申年为清泰三年，下推十三年为本年。《玉堂闲话》原本已佚，今有《说郛》等所辑范质《玉堂闲话》1卷。参见傅璇琮主编《唐五代文学编年史》（五代卷）。

王贞范是年前后编纂道家神仙诗为《洞天集》5卷（一作2卷）。

按：《直斋书录解题》卷一五谓《洞天集》撰于"汉乾祐中"，当本年前后。该书已散佚，《太平广记》《天台集》引录部分逸文。王贞范生卒年不详，江陵人，前蜀黔南节度使王保义之子。事荆南文献王高从诲为推官，累官少监。与孙光宪友。精研《春秋》，尝驳正杜预《左传注》数百条。撰有《续正声集》5卷、《文章龟鉴》5卷，皆已佚。事迹见《十国春秋》卷一〇三。

僧若虚约是年前后卒，生年、籍贯不详。工诗。尝北游多年，后隐居庐山，屡辞南唐征召。诗作多佚，《全唐诗》卷八二五收录其诗3首。事迹见《宋高僧传》卷二五。

按：《宋高僧传》本传谓若虚卒于"汉乾祐中"，知其卒当在本年前后。

钱惟治（　—1014）、向敏中（　—1020）生。

后汉乾祐三年　南唐保大八年　辽天禄四年　南汉乾和八　后蜀广政十三年　庚戌　950年

是春，后汉开科取士，礼部侍郎司徒诩知贡举，进士及第17人，诸科84人。

按：见《登科记考》卷二六。

十一月乙酉，后汉邺都留守、枢密使郭威举兵入开封，汉隐帝刘承祐卒（931—　），后汉亡。

按：见《旧五代史》卷一〇三《汉隐帝纪下》。刘承祐系后汉高祖次子，嗣位未及三年，即被杀。后汉仅历2帝，凡4年而亡。

十二月，楚马希萼率兵攻入长沙，杀楚王马希广自立。

塞尔柱率突厥乌古思诸部约于此间迁居药杀水（锡尔河）下游毡的城一带。

德王奥托一世平文德人。

按：见《资治通鉴》卷二八九。

徐铉为南唐泰州司户掾，与乔匡舜、钟谟、蒯亮等交游。

按：乔匡舜字亚元，广陵高邮人。少好学，有文名。弱冠游金陵，仕吴为秘书省正字，南唐时累迁刑部侍郎。以老病致仕，宋开宝五年卒于第。尝与徐铉、潘佑等合撰《吴录》20卷，另有《拟谣》10卷，皆已佚。事迹见陆游《南唐书》列传卷五、《十国春秋》卷二五。钟谟生年不详，字仲益，祖籍会稽，后徙崇安（一说建安），侨居金陵。博学能文，尤好古碑，工诗。仕南唐，累迁礼部侍郎判尚书省，恃才恣行，贬国子司业，再贬著作佐郎，安置饶州。宋建隆元年正月，赐死贬所。《全唐诗》卷七五七、《全唐诗补编·续拾》卷四四收录其诗4首。事迹见马令《南唐书》卷一九、陆游《南唐书》列传卷四、《十国春秋》卷二六。蒯亮，江东人，与徐铉友善，生平事迹不详。

徐仲雅有文名，为楚天策府学士。十二月楚内乱，遂辞职，杜门不出。

按：见《十国春秋》卷七三本传。

阿尔·法拉比卒（约878— ）。阿拉伯哲学家。

欧阳彬十一月卒，生年不详。彬字齐美，衡州衡山人。好学，工辞赋。初谒楚王马殷，不为用，遂入蜀，历仕前、后蜀，官至尚书左丞、宁江节度使。作品多散佚，《全唐文》卷八九一收录其文1篇，《全唐诗》卷八九六、《全唐诗补编·续拾》卷五二分别收录其词、诗各1首。事迹见《十国春秋》卷四九。

李宏皋卒，生年、籍贯不详。宏皋一作弘皋，善诗文，与徐仲雅、刘昭禹齐名。仕楚，累迁都统掌书记，楚文昭王时为天策府十八学士之一。后拜刑部侍郎，因反对拥立恭孝王马希萼，与弟李宏节并遇害。有《杂文》10卷、《表状》1卷、集2卷，后皆佚。《全唐文》卷八九三收录其文1篇，《全唐诗》卷七六二收录其诗2首。事迹见《十国春秋》卷七四。

按：李宏皋父李善夷亦善诗文，撰有《江南集》10卷，早佚。

宋湜（ —1000）生。

后周广顺元年　南唐保大九年　辽天禄五年　应历元年　南汉乾和九年　后蜀广政十四年　北汉乾祐四年　辛亥　951年

德王奥托一世始伐意大利。

正月丁卯，郭威即皇帝位，改国号曰周，都汴，改元广顺，史称后周。

按：见《旧五代史》卷一一〇《周太祖纪一》。

是日，后周制举怀才抱器、隐居山林之人，令各地搜访奏荐。

按：见《登科记考》卷二六。

后周广顺元年　南唐保大九年　辽天禄五年　应历元年　南汉乾和九年　后蜀广政十四年
北汉乾祐四年　辛亥　951年

戊寅,后汉河东节度使刘崇于晋阳称帝,改名旻,仍用国号汉,沿袭乾祐年号,史称北汉。

按：见《资治通鉴》卷二九〇。

是春,后周开科取士,礼部侍郎司徒诩知贡举,进士及第13人,诸科87人。

按：见《登科记考》卷二六。

六月,后周诏颁律令。

按：《旧五代史》卷一四七《刑法志》载,经汉末兵乱,法律书籍多亡失,周太祖遂下敕令侍御史卢亿、刑部员外郎曹匪躬、大理正段涛等共同议定律令格式凡148卷,又编录后晋以来有关刑法敕条为《大周续编敕》2卷,颁行之。

九月,辽世宗被杀,耶律璟继位,是为辽穆宗。

按：见《资治通鉴》卷二九〇。

是月,楚内乱,马步都指挥使徐威执楚王马希萼,拥立马希崇为武安留后。次月,南唐攻楚,马希崇降,楚亡。

按：见《资治通鉴》卷二九〇。楚自唐末马殷割据湖南,历35年而亡。

十月,后蜀诏勒诸经于石。

按：清顾櫰三《补五代史艺文志》载,后蜀此次所勒石经,有《周易》13卷、《尚书》13卷、《毛诗》20卷、《周礼》20卷、《礼记》20卷、《左氏传》30卷、《论语》10卷等。其中,《毛诗》、《仪礼》由秘书郎张绍文书写,《周礼》由秘书省校书郎孙朋古书写,《周易》由国子博士孙逢吉书写,《尚书》由校书郎周德政书写,《尔雅》、《论语》由简州平泉令张德昭(一作德钧)书写。

冯道为后汉太子太师,汉亡仕周,正月拜中书令、弘文馆大学士,颇为周太祖敬重。

按：见《旧五代史》卷一一〇《周太祖纪一》、卷一二七本传。

范质仕后周,二月由枢密副使、户部侍郎转兵部侍郎;六月进拜中书侍郎、同平章事,充集贤殿大学士,参知枢密院事。

按：见《旧五代史》卷一一一《周太祖纪二》。

张昭为后汉太常卿,汉亡仕周,二月拜户部尚书。七月以子获罪,引咎去职,左迁太子宾客。

按：见《旧五代史》卷一一一《周太祖纪二》。

贾纬为后汉史馆修撰、判馆事,汉亡仕周,授给事中,仍判史馆。寻遭宰臣排斥,出为平卢军行军司马。

按：《旧五代史》卷一三一本传载,贾纬于后汉时修日历,载宰臣窦贞固等人之短。及后周立,贞固仍居相位,见贾纬获擢升,遂与监修国史王峻等遂上疏抗论除拜不平,奏称贾纬所修国史诋毁朝臣,贾纬由是左迁出朝。

薛居正仕后周,授比部员外郎,领三司推官,旋加知制诰。

按：见《宋史》卷二六四本传。

尹拙为后汉司马郎中、弘文馆直学士,汉亡仕周,迁库部郎中兼太常博士,仍充弘文馆直学士。

按：见《宋史》卷四三一本传。

田敏仕后周,七月以尚书左丞兼判国子监事。

按:见《旧五代史》卷一一一《周太祖纪二》。

王溥仕后周,正月授左谏议大夫、枢密院直学士。

按:见《旧五代史》卷一一〇《周太祖纪一》。

窦俨为后汉史馆修撰,汉亡仕周,授右补阙,奉诏参修后晋高祖、末帝实录。

按:见《宋史》卷二六四本传。《晋高祖实录》、《晋末帝实录》于本年七月撰成,参见下文条。

王仁裕仕后汉为兵部尚书,汉亡仕周,二月改授太子少保。

按:见《旧五代史》卷一一一《周太祖纪二》。

和凝仕后周为太子太保,二月改授太子太傅。

按:见《旧五代史》卷一一一《周太祖纪二》。

杨凝式仕后周,二月辛亥授太子少师。

按:见《旧五代史》卷一一一《周太祖纪二》。

李涛仕后周,二月授太子宾客。

按:见《旧五代史》卷一一一《周太祖纪二》。李涛字信臣,小字社公,京兆万年人。博览经籍,通史学,有文名,后梁时随家避乱于湖南,仕楚为衡阳令。后北上仕后梁,历后唐、后晋,后汉、后周,累封莒国公。入宋,拜兵部尚书,建隆二年卒。有《应历集》10卷,已佚。《全唐文》卷八六一收录其文1篇,《全唐诗》卷七三七收录其诗3首,《全宋诗》卷一收录其诗9首。事迹见《宋史》卷二六二本传。

又按:李涛弟李浣亦以文学著称。浣一作瀚,字日新。生年不详,卒于宋建隆三年。后人辑录其遗文编为《丁年集》10卷,已佚。《全唐诗》卷七三七、七七〇、八八一收录其诗3首,《全唐文》卷八六一、九五五收录其文2篇。事迹见《宋史》卷二六二。

吕咸休为后汉给事中,汉亡仕周,十月改授左散骑常侍。

按:见《旧五代史》卷一一二《周太祖纪三》。吕咸休生卒年、字号、籍贯不详,有史才。历仕后唐、后晋、后汉、后周,累充史职。后唐时,尝奉诏与张昭远(张昭)等修《懿祖纪年录》、《献祖纪年录》、《太祖纪年录》、《庄宗实录》等。《全唐文》卷八五六收录其奏疏1篇。

徐铉仕南唐,由泰州司户掾奉召还金陵,复为主客员外郎、知制诰,寻为兵部员外郎、知制诰。十月,与萧彧、孙岘、谢仲宣、王沂等宴集唱和。

按:宋胡克顺《徐公行状》曰:"谪居三年,嗣主知其无罪,征复本官,仍知制诰。"又,徐铉《徐公文集》卷一三《摄山栖霞寺新路之记》有"辛亥岁……八月一日兵部员外郎、知制诰徐铉记"云云,知八月铉已在兵部员外郎任。铉与萧彧等宴集唱和事,见同书卷三《送钟员外诗序》。

朱遵度自楚移居金陵,守节不仕。

按:朱遵度生卒年不详,青州人。好藏书,周览殆遍,遂以博学多识闻名,人称"朱万卷"。契丹南下,拒不受召,遂奔楚,闭门读书,为时人所重。迁居金陵后,亦不仕。尝总括古今之文,分六籍琼华、信使琼英、玉海九流、集苑金銮、绛阙蕊珠、凤首龙编六类,凡二六七门,编成《群书丽藻》1000卷。南宋时尚残存65卷,后佚。另纂有《鸿渐学记》1000卷、《漆经》3卷,亦皆佚。《全唐文》卷八九三收录其文1篇。事迹见《十国春秋》卷七五、宋郑文宝《江表志》卷二。

后周广顺元年　南唐保大九年　辽天禄五年　应历元年　南汉乾和九年　后蜀广政十四年
北汉乾祐四年　辛亥　951年

徐仲雅在楚,闲居于家。十月以南唐灭楚,遂屏居荒遁,坚守节操。

按：徐仲雅辞官闲居事,见后汉乾祐三年条。仲雅卒年不详,字东野,祖籍秦中,家居长沙。工诗文,与李宏(弘)皋、刘昭禹等齐名。尝仕楚为昭顺观察判官,后辞官闲居,不复出仕。与僧齐己交谊甚厚,作品颇为时人传诵。有集100卷,已佚。《全唐诗》卷七六二、《全唐诗补编·续补遗》卷一四收录其诗7首。事迹见《十国春秋》卷七三。

孟宾于仕楚为阳山令,十月楚亡,赴金陵,遂仕南唐,授水部员外郎。

按：见宋王禹偁《王黄州小畜集》卷二〇《孟水部诗集序》。

荆浩以世乱,隐居太行山洪谷,自号"洪谷子"。

按：荆浩生卒年不详,字浩然,沁水人。博通经史,工诗文,擅绘画。著有《画山水诀》1卷、《笔法记》1卷、《山水受法》1卷。今存《画山水赋》1卷,附《笔法记》1卷,有《四库全书》本、《王氏书画苑》本等。或谓所附《笔法记》非浩原作,待考。《全唐文》卷九〇〇收录其赋1篇,《全唐诗》卷七二七收录其诗1首。事迹见宋刘道醇《五代名画补遗》(不分卷)。荆浩弟子关同亦以山水画著称,后世并称师徒为"荆关"。

钟蒨仕南唐,由集贤殿学士迁东都尹。

按：钟蒨生年不详,字德林,豫章人。南唐诗人。累官勤政殿学士,宋军入金陵,举族死之。《全唐诗》卷七五七收录其诗1首。事迹见《十国春秋》卷二七、《唐余纪传》卷一五、《五代诗话》卷三。

路洵美尝为楚连州从事,谢病辞职,闲居于家。

按：路洵美生卒年不详,祁阳人,唐宰相路岩玄孙。工诗文,所作《夜坐》诗颇传诵于湖南。《全唐诗》卷七六二收录其诗1首。事迹见《十国春秋》卷七四。洵美子路振,宋初举进士,著有《九国志》,今存。

伍彬有诗名,是年前尝仕楚。

按：伍彬生卒年不详,邠阳人。宋初为安邑主簿,后隐居全义分水岭,与廖融、路振等交谊颇厚。《全唐诗》卷七六二收录其诗1首。事迹见《十国春秋》卷七五。

窦贞固、贾纬、窦俨等奉敕撰《晋高祖实录》30卷、《晋少帝实录》20卷成,七月壬申进上。

按：两书于后汉乾祐二年十二月奉敕始撰,至是完成。见《五代会要》卷一八、《旧五代史》卷一一一《周太祖纪二》。《全唐文》卷八六五有窦贞固《进晋朝实录疏》。

李昊等奉后蜀主命修前蜀《后主实录》40卷成。

按：见《十国春秋》卷五二《李昊传》。

赵莹约是年稍后卒(约885—)。莹字玄辉,华阴人。后梁龙德中登进士第,历仕后唐,后晋时两次入掌相职。契丹灭后晋,与晋少帝并被掳至塞北。卒于幽州,归葬故里,后周追赠太傅。后晋时尝奉诏监修《唐书》(即今存之《旧唐书》),另著有《君臣康教论》25卷、《兴政论》1卷,皆佚。《全唐文》卷八五四收录其奏疏2篇。事迹见《旧五代史》卷八九、《新五代史》卷五六。

按：《旧五代史》本传载,赵莹为契丹所掳,是年田敏奉命北使,尝见之。"未几,卒于幽州"。知莹卒当本年稍后。赵莹于《旧唐书》修撰,居力颇多。尝奏请购求唐代遗书,又议定修撰体例。及为契丹所掳,刘昫继领其事。天运二年史成,由昫进上,今存《旧唐书》遂题昫撰。

刘皞三月甲午卒(891—)。皞字克明,涿州归义人,刘昫之弟。有儒学,好聚书。历仕后梁、后唐、后晋、后汉、后周,终卫尉卿。事迹见《旧五代史》一三一。

刘昭禹卒,生年、字号不详。昭禹,婺州(一说桂阳)人。有诗名。少师林宽,为学刻苦。仕楚,累迁容管节度使推官。有集1卷,已佚。《全唐诗》卷七六二、《全唐诗补遗》卷五、《全唐诗补编·续拾》卷四九收录其诗15首。事迹见《十国春秋》卷七三。

和嵘(—995)、晁迥(—1034)生。

后周广顺二年　南唐保大十年　辽应历二年
南汉乾和十年　后蜀广政十五年
北汉乾祐五年　壬子　952年

意大利王贝伦加尔二世称臣于德王奥托一世。

二月,南唐开科取士,翰林学士江文蔚知贡举,进士及第3人。
按:南唐主好文学,冯延巳、冯延鲁、江文蔚、潘佑、韩熙载等文士皆至美官,文雅盛于诸国。然未尝设贡举,多以上书言事而拜官。至是,始开科取士。寻因中书舍人张纬等以前朝登第,闻而衔之,且执政皆不由科第,相与沮毁,遂罢贡举。见《资治通鉴》卷二九〇。

是月,后周礼部侍郎赵上交奏请本年贡举考试,"欲不试泛义,其口义五十道,改试墨义十道"。从之。
按:见《旧五代史》卷一四八《选举志》。

是春,后周开科取士,礼部侍郎赵上交知贡举,进士及第13人,诸科66人。
按:见《登科记考》卷二六。

六月乙酉,后周太祖驾幸曲阜,谒孔子祠,拜孔子墓,又召见孔子裔孙文宣公孔仁玉为曲阜令,敕修葺孔子祠宇。
按:见《旧五代史》卷一一二《周太祖纪三》。

冯延巳三月为南唐左仆射,入登相位。十月,坐事自劾罢相,守仆射。
按:见《资治通鉴》卷二九〇。

郭忠恕应后周之召,授宗正丞兼国子书学博士,后改授《周易》博士。
按:郭忠恕字恕先,洛阳人。五代至宋初学者。有经术,精研古文字,工书画。七岁举童子科及第,入宋累官国子监主簿。太平兴国二年,坐私鬻官物,流登州,行至齐州而卒。著有《古今尚书释文》1卷、《佩觽》3卷、《汗简集》2卷、《辨字图》4卷、

后周广顺二年　南唐保大十年　辽应历二年　南汉乾和十年　后蜀广政十五年　北汉乾祐五年　壬子　952年

《归字图》1卷、《正字赋》1卷。今存《佩觿》、《汗简集》各3卷，余皆佚。事迹见《宋史》卷四四二、《十国春秋》卷一〇八。

赵元拱为后蜀职方员外郎，奉敕预修《前蜀书》，遂掌史职。

> 按：时李昊等奉蜀主敕监修国史，引元拱预修。参见本年下文条。赵元拱生卒年、籍贯不详。有史才。后蜀时累掌史职，蜀亡入宋，除虞部员外郎。有《谏诤集》10卷，已佚。事迹见《十国春秋》卷五六。

王中孚为后蜀成都主簿，直史馆，奉敕参修《前蜀书》。

> 按：见《宋史》卷四七九《李昊传》、《十国春秋》卷五六。王中孚有才识，长于史学。其余事迹不详。

江为自庐山赴金陵，应南唐进士第，以不擅词赋策论落第。

> 按：见《江南野史》卷八。江为生卒年不详，建阳人。有诗名。后以屡试进士举不第，谋奔吴越，事泄被杀。有诗集1卷，已佚。《全唐诗》卷七四一、《全唐诗补编·续补遗》卷一一、《续拾》卷四三收录其诗13首。事迹见马令《南唐书》卷一四。又，《十国春秋》卷九八亦有《江为传》，所述事迹与马氏《南唐书》有所不同，今从《南唐书》。

黄损为南汉尚书左仆射，是年或稍后致仕。

> 按：黄损生卒年不详，字益之，连州人。为学该博，尤工诗赋。少有大志，栖隐连州静福山，罕与俗接。尝从庐山处士陈沆学，又游于湘湖，广交名士。后梁龙德二年登进士第，后依南汉。晚年退居永州北沧塘湖上，以病卒。著有《三要》5卷、《射法》1卷、《桂香集》1卷，皆已佚。《全唐诗》卷七三四收录其首4首，内有他人作品混入。事迹见《十国春秋》卷七三、《五代史记注》卷二九、《五代史补》卷二。

杨徽之尝从游江文蔚、江为，是年前后自建州蒲城赴庐山，游南唐国学。

> 按：见宋杨亿《武夷新集》卷一一《杨公行状》。

孟贯游南唐庐山国学，与杨徽之等友善，又与江为、伍乔、谭峭、史虚白等交游。

> 按：孟贯游南唐庐山国学事，见《江南野史》卷八。其生平概况，参见后周显德五年条。史虚白生卒年不详，字畏名，齐鲁（一说北海）人。初隐居嵩山，后随韩载熙投南唐，历校书郎等职。遂称疾辞职，隐居庐山，无意仕进，年六十八卒。著有《钓矶立谈》1卷，言江南兴废事颇详。事迹见马令《南唐书》卷一四、陆游《南唐书》列传卷四、《十国春秋》卷二九。江为，参见本年条；谭峭一作谭紫霄，参见南唐保大三年条。伍乔，参见南唐保大十五年条。

宋荣隐居婺州覆釜山，授徒讲学。吴越忠懿王钱俶累征之，不就。

> 按：宋荣生卒年不详，婺州义乌人。通《尚书》、《春秋》。终身不仕。卒后，门人私谥"文通先生"。事迹见《十国春秋》卷八八。

僧延寿为明州奉化雪窦寺主持，讲经弘法，从学者众。

> 按：延寿俗姓王，字冲玄，原籍润州丹阳，家居余杭。五代著名佛教学者，南宗禅法眼宗三祖。后受吴越主钱俶之邀往杭州，住灵隐寺，又住永明寺，赐号智觉大师，从学者达二千多人。宋开宝八年卒。其学主张参学以心为宗，以悟为则，强调"万法惟心"，认为佛学诸派殊路同归，应调和融合。见唐末以来禅宗颇多流弊，发愤著《宗镜录》百卷，以扶衰救弊。书中广证博引，参证大乘经120种，诸祖语录120种，贤圣集60种，共300种。高丽王见此书，乃遣使叙弟子之礼，并遣国僧三十六人

前来学法,法眼禅风遂盛行于海东。另著有《万善同归集》3卷,《唯心诀》1卷,《神栖安养赋》1卷,《定慧相资歌》1卷,《惊世》1卷等,凡60余种,大多流传至今。又善诗文,多为宣扬禅理之作。《全唐诗补编·补逸》卷一八、《续拾》卷四六收录其诗88首,《全唐文》卷九二二收录其赋、文3篇,《全宋文》补录其赋、文6篇。事迹见《宋高僧传》卷二八、《景德传灯录》卷二六、《净慈寺志》卷八、《十国春秋》卷八九。

李昊等奉蜀主之命,始修《前蜀书》。后撰成40卷,进上。

按:《宋史》卷四七九本传载,与李昊同修《前蜀书》者,有左谏议大夫乔讽、给事中冯侃、知制诰贾玄珪、幸寅逊、太府卿郭微、右司郎中黄彬及赵元拱、王中孚等。李昊字穹佐,生于关中,自称李绅之后。长于史学,有文藻。唐末遇乱避奉天,全家遇害,昊幸免,遂流寓新平十余年。后梁末帝时入泾州节度使刘知俊门下,后随知俊归前蜀,累迁中书舍人、翰林学士。后蜀时授礼部侍郎、翰林学士,累拜门下侍郎、兼户部尚书、同平章事,执掌相位十七年,爵封赵国公。入宋,为工部尚书。乾德四年卒,赠右仆射。尝编后蜀主孟知祥所作文书为《蜀主经纬略》100卷,领衔纂修除《前蜀书》40卷外,又有前蜀《后主实录》,后蜀《高祖实录》20卷(一说30卷)。另有《枢机应用集》(一作《枢机集》)20卷。诸书皆佚。《全唐文》卷八九一收录其文4篇。事迹见《宋史》卷四七九、《十国春秋》卷五二。

泉州招庆寺僧静、僧筠编撰《祖堂集》成。

按:该书所记,上承唐贞元十七年僧慧炬(智炬)所编《宝林传》叙录南宗禅传法世系,载述慧能以下246位南宗禅诸系禅师及居士事迹,为研究唐末五代禅宗流传、演变情况之重要文献。原书为1卷,后佚。1912年,日本学者关野贞、小野玄妙于韩国重新发现高丽朝高宗三十二年(即南宋淳祐五年)刊刻20卷本。今有台湾新文丰出版公司影印本、上海古籍出版社影印本、岳麓书社点校本、中州古籍出版社点校本等。参见张美兰《〈祖堂集〉文献与点校》(载吴言生主编《中国禅学》第二卷,中华书局2003年)、《高丽海印寺海东新开印刷版〈祖堂集〉校读札记》(载《古汉语研究》2001年第3期);陈耀东、周敬敏《〈祖堂集〉及其辑佚》(载《文献》2001年第1期)。

王延十二月戊戌卒(880—)。 延字世美,郑州长丰人。有儒学,善词赋。历仕五代,累官太子少保,以太子少傅致仕。事迹见《旧五代史》卷一三一、《新五代史》卷五七。

江文蔚八月卒(901—)。 文蔚字君章,建安人。熟谙典章制度,有文名,尤擅诗赋。后唐长兴二年登进士第,坐事免官。南奔吴,累迁知制诰。南唐代吴,擢中书舍人,参与礼仪制度之制定。历谏议大夫、充翰林学士等职,卒于官。有《江简公集》(一作《江文蔚集》)10卷(一作3卷)、《唐吴英秀赋》72卷、《桂香赋》30卷,后皆散佚。《全唐文》卷八七〇、《唐文拾遗》卷四七收录其文2篇。事迹见马令《南唐书》卷一三、陆游《南唐书》列传卷七、《十国春秋》卷二五。

按:《江简公集》系江文蔚门生王克贞等编辑其诗文而成。参见徐铉《徐公文集》卷一八《翰林学士江简公集序》。

贾纬是春卒,生年、字号不详。纬,真定获鹿人。五代史学家。唐末举进士不第,避乱于河朔。后唐时为石邑令,后晋时累迁中书舍人,后汉时为史馆修撰、判馆事，后周初进拜给事中，出为平卢军行军司马，卒于青州。累掌史职，先后参修《晋高祖实录》《晋少帝实录》《汉高祖实录》等，撰有《唐年补录》（一称《唐朝补遗录》）65卷、《史系》20卷、《备史》6卷、《草堂集》30卷（一说25）卷，皆已佚。《全唐文》卷八五六收录其奏议3篇。事迹见《旧五代史》卷一三一、《新五代史》卷六五。

李建勋五月卒，生年不详。建勋字致尧，祖籍陇西，家居广陵，南唐赵王李德诚之子。博览经史，能属文，尤工诗。初入徐温幕，南唐建国，累拜中书侍郎、同平章事，加左仆射、监修国史，执掌相职多年。后辞职归，寻复入相，出为昭武军节度使，以司徒致仕，赐号钟山公。卒谥"靖"。有集20卷，已散佚。今存《李丞相诗集》2卷，系后人重编。《全唐诗》卷七三九、《全五代诗》卷二五各辑录其诗编为1卷。事迹见陆游《南唐书》列传卷六、马令《南唐书》卷一〇、《十国春秋》卷二一。

后周广顺三年　南唐保大十一年　辽应历三年　南汉乾和十一年　后蜀广政十六年　北汉乾祐六年　癸丑　953年

正月丁卯，后周户部侍郎、权知贡举赵上交奏改明经等科试法。从之。

按：赵上交奏言，九经科举人原试帖经一百二十帖，墨义三十道，今罢帖经，于诸经对墨义一百五十道。五经科原试帖经八十帖，墨义二十条，今罢帖经，令对墨义一百道。明经科原试帖书五十帖，今罢帖书，令对义五十通。明法科原试帖律、令各十帖，义二十道，今罢帖律令，令对义六十道。学究科原试念书二十道，对义二十条，今罢念书，令对义五十道。三礼科原试对墨义九十道，今改为于《周礼》《仪礼》各添义二十道。三传科原试对墨义一百十道，今改为于《公羊传》《谷梁传》各添义二十道。开元礼、三史科原试墨义三百条，今各添义五十道。进士科原试诗、赋各一首，帖书二十帖，对义五条，今罢帖义，别试杂文二首，试策一道。童子科原试念书二十四条，今添念通前五十条。见《五代会要》卷二四、《册府元龟》卷六四二。

是春，后周开科取士，户部侍郎赵上交知贡举，初进士及第10人，复试落下2人。另诸科83人。

按：见《登科记考》卷二六。

范质为后周中书侍郎、同平章事、集贤殿大学士、权判门下省事，五月权监修国史。

按：见《旧五代史》卷一一三《周太祖纪四》。

张昭为后周太子宾客，十月迁户部尚书。

按：见《旧五代史》卷一一三《周太祖纪四》。

王溥为后周翰林学士、中书舍人，三月转户部侍郎，仍充原职。

按：见《旧五代史》卷一一三《周太祖纪四》。

杨凝式为后周太子少师，六月以尚书右仆射致仕。

按：见《旧五代史》卷一一三《周太祖纪四》。

毋昭裔为后蜀宰相，以唐末以来学校废绝，乃出私财建学宫，又奏请雕印《九经》，并令门人句中正、孙逢吉书《文选》、《初学记》、《白氏六帖》等书，刻板行之，蜀中文教由是复盛。

按：毋昭裔生卒年不详，河中龙门人。五代时期学者。博学有才名，精经术，好古文，喜藏书。仕后蜀，历御史中丞、中书侍郎、门下侍郎、左仆射等职，以太子太师致仕。著有《尔雅音略》3卷，已佚。事迹见《十国春秋》卷五二、《续唐书》卷六二。

又按：句中正字坦然，华阳人。精于古文字学，工书法，喜藏书。初为后蜀崇文馆校书郎，后登进士第，宰臣毋昭裔辟为从事。蜀亡仕宋，累迁屯田郎中。咸平五年卒，年七十四。著有《雍熙广韵》100卷，《三体孝经》1卷。事迹见《宋史》卷四四一、《十国春秋》卷五六。

再按：孙逢吉生卒年不详，成都人。仕后蜀，累官国子《毛诗》博士。尝参与后蜀石经刊刻，与句中正居功多。事迹见《十国春秋》卷五六。

徐铉为南唐祠部郎中、知制诰，十二月上言复行贡举，从之。寻为人所潛，流舒州。

按：南唐去年二月尝行贡举，后以执政等沮毁，寻停之。至是，徐铉上言，以为贡举初设，不宜遽罢，乃复行之。见胡克顺《徐公行状》、《资治通鉴》卷二九一。

田敏等雕印《五经文字》、《九经字样》各两部、凡130策成，六月进上。

按：田敏时在后周尚书左丞、兼判国子监事任。其奉命校正、雕印经籍，始于后唐明宗之世，至是全部告成。《册府元龟》卷六〇载敏奏曰："臣等自长兴三年校勘雕印《九经》书籍，经注繁多，年代殊邈，传写纰缪，渐失根源。臣守官膠庠，职司校定，旁求援据，上备雕镌。幸遇圣明，克终盛事，播文德于有载，传世教以无穷。"参见后唐长兴三年、后晋天福八年、后汉乾祐元年诸条。

王溥约是年或稍前集后周翰林学士唱和之作为《翰林酬唱集》1卷。

按：王溥尝为后周翰林学士、中书舍人，是年三月迁户部侍郎充职，八月为端明殿学士。其集翰林学士唱作之作，当在八月或稍前，姑系于此。

钱熙（ —1000）、冯文智（ —1012）、郑文宝（ —1013）生。

后周显德元年　南唐保大十二年　辽应历四年
南汉乾和十二年　后蜀广政十七年
北汉乾祐七年　甲寅　954年

正月丙子，后周改元显德。令各地搜访奏荐隐逸山林有才能者。

按：见《旧五代史》卷一一三《周太祖纪四》、《登科记考》卷二六。

壬辰，后周太祖郭威卒(904—　)。四月乙巳，葬于嵩陵。

按：见《旧五代史》卷一一三《周太祖纪四》。郭威字文仲，邢州尧山人。

丙申，后周晋王柴荣即位，是为周世宗。

按：见《旧五代史》卷一一四《周世宗纪一》。

三月辛巳，后周制举"怀才抱器出众超群"、"养素于衡门"、"屈迹于末位"等人，令各地搜访奏闻。

按：见《登科记考》卷二六。

是春，后周开科取士，刑部侍郎徐台符知贡举，进士及第20人，诸科121人。

按：见《登科记考》卷二六。

十月戊午，后周令枢密院直学士逐月抄录有关事件，送付史馆，以备修史。

按：时宰臣兼监修国史李榖等奏言，谓唐时有宰臣撰《时政记》，后唐明宗时有端明殿及枢密院直学士撰《日历》，皆送史馆以备纂修，请仿旧制而行。周世宗从之，遂下此令。见《旧五代史》卷一一四《周世宗纪一》。

十一月，北汉主刘旻卒(896—　)。辽遣使册立其子刘承均，改名均，是为北汉睿宗。

按：见《十国春秋》卷一〇四、卷一〇五。北汉僻居河东边地，附辽以求自存。故刘均嗣位，由辽册立。

张昭仕后周，由吏部尚书转兵部尚书，颇为周世宗敬重。

按：见《宋史》卷二六三本传。

王溥仕后周，正月拜中书侍郎、平章事，上疏劝谏周世宗亲征河东。七月，加兼礼部尚书、集贤殿大学士、监修国史。

按：见《旧五代史》卷一一三《周太祖纪四》、卷一一四《周世宗纪一》、《资治通鉴》卷二九一。

尹拙仕后周，由兵部郎中进拜检校右散骑常侍、国子祭酒，判太常礼院事。

按：见《宋史》卷四三一本传。

法蒂玛王朝侵埃及。

法兰西于格柄法国王政。

马扎尔人侵德、法。

窦俨仕后周，由中书舍人加殿贤殿学士、判院事，寻丁父忧去职。

  按：见《宋史》卷二六四本传。

陶穀仕后周，由散骑常侍迁户部侍郎。从世宗征河东，以本官充翰林学士。

  按：陶穀本姓唐，后晋时避讳改，字秀实，邠州新平人。五代至宋初学者。有诗名，工书法，历仕后晋、后汉、后周、北宋，开宝三年卒，赠尚书右仆射。有《清异录》6卷，今存本为4卷。《全唐文》卷八六三收录其文8篇。事迹见《宋史》卷二六九。

王朴仕后周，由右拾遗、开封府判官迁比部郎中。

  按：见《旧五代史》卷一二八。

杨徽之在南唐庐山国学游学业成，潜行北上，应后周河南府试，为首荐。

  按：杨徽之由是于明年春登后周进士第。见杨亿《武夷新集》卷一一《杨公行状》。

徐锴为南唐校书郎、分司东都，著《说文解字系传》40卷成。

  按：徐锴字楚金，原籍会稽，后迁广陵。博学多识，精文字学，尤深研《说文解字》。据《十国春秋》卷二八本传、《宋史·艺文志》记载，锴另撰有《说文解字通释》40卷、《说文解字韵谱》10卷、《通释音义》10卷、《问政先生聂君传》1卷、《岁时广记》120卷、《方舆记》130卷、《登科记》15卷、《古今国典》100卷、《射书》15卷、《赋苑》200卷、《广类赋》25卷、《灵仙赋集》2卷、《甲赋》5卷、《赋选》5卷等，又有《徐锴集》15卷。《全唐文》卷八八八收录其文6篇，《全唐诗》卷七五七收录其诗5首。

杨凝式十月己酉卒（873—　）。凝式字景度，自号癸巳人、希维居士、关西老农等，华阴（一说同州冯翊）人。性狂诞，人称杨风子。博览经籍，有文藻，工书法，名著一时。唐天祐二年登进士第，累迁秘书郎、直史馆。唐亡，历仕后梁、后唐、后晋、后汉、后周，以尚书右仆射致仕，终太子太保。有诗1卷，已佚。《全唐文》卷八五八、《唐文拾遗》卷四七收录其文3篇，《全唐诗》卷七一五、《全唐诗补编·续补遗》卷一〇、《续拾》卷四二收录其诗6首。事迹见《旧五代史》卷一二八。

冯道四月十七日卒（882—　）。道字可道，自号长乐老，瀛州景城人。熟谙经籍，工诗文。历仕后唐、后晋、后汉、后周，数拜相，进爵燕国公，终太子太师兼中书令。卒赠尚书令，追封瀛王，谥曰"文懿"。有集6卷、《河间集》5卷、诗1卷，后皆散佚。《全唐文》卷八五七、《唐文拾遗》卷四七收录其文12篇，《全唐诗》卷七三七、《全唐诗补编·续补遗》卷一〇、《续拾》卷四二收录其诗7首。事迹见《旧五代史》卷一二六、《新五代史》卷五四。

  按：冯道历仕四朝，三入中书，执掌相位二十余年，名重一时。重儒学，以天下纷乱，诸经驳杂，奏请田敏、李愚等于国子监取唐郑覃所刊石经加以校定，雕版印刷，是为"五代监本"。今人钱穆《中国近三百年学术史》评曰："昌黎以来，唐之为学者，亦无以大殊乎其昔。及乎五代，在朝为冯道，在野为陈抟，则仍为唐人风气也。"

王禹偁（　—1001）、戚纶（　—1021）生。

后周显德二年　南唐保大十三年　辽应历五年　南汉乾和十三年　后蜀广政十八年　北汉乾祐八年　乙卯　955年

是春，后周开科取士，礼部侍郎刘温叟知贡举，进士及第16人。寻以取士不公，重试，落第12人。另诸科116人，上书拜官1人。

按：见《登科记考》卷二六。

五月，后周大规模毁佛。

按：魏晋以降，崇佛之风日盛，而抑佛之声亦时有所闻。北魏太武帝、北周武帝及唐武宗时，曾先后三次开展大规模毁佛活动。然唐末以来，佛风复盛。至五代，抑佛之声再起，历朝皆有限佛之举，终又酿成周世宗毁佛之举。《五代会要》卷一二载是年五月六日周世宗敕，略曰：其一，"诸道州府县镇村坊，应有敕额者一切仍旧，其无敕额者并仰停废。所有功德神像及僧尼，与限一月，腾并于逐处州军县镇合留寺院内安置；所有殿堂屋宇，仰封锁收管；所有资财、衣钵、斛斗、孳畜、什物，并仰分付本主。"其二，"天下诸县城郭内，若无敕额寺院，只于停废寺院内选功德屋宇最多者，或寺，或院，僧、尼各留一所。若无尼处，只留僧寺院一所。其在军镇及偏镇坊郭户及二百户以上者，亦依诸县例指挥。如边远州郡无敕额寺院处，于停废寺院内，僧、尼各留两所。"其三，"两京、诸道州府，除见留寺院外，今后不限城郭村坊、山林胜境古迹之地，并不得创造寺院兰若。如有僧尼、俗士辄违敕命者，其主首及同勾当人并徒三年，仍配役，其僧尼勒还俗。本州府录事参军、本判官、本县令佐，并除名配流。地分厢镇职员所由，当并禁断，长吏奏请禁止。"其四，"王公戚里、诸道节刺已上，今后不得奏请创造寺院及请开戒坛，如违，仰御史台弹奏。"同书又载世宗禁私度僧尼敕，略曰：其一，"今后僧尼不得私剃头，应有人志愿出家者，并取父母、祖父母处分，已孤者取同居伯叔兄处分，候听许方得出家。其师主须得本人家长听许文字，方得容受。男年十五已上，念得经文一百纸，或读得经文五百纸，女年十三已上，念得经文七十纸，或读得经文三百纸者，方得经本州陈状，乞剃头。"其二，"僧尼今后不得私受戒，只于两京、大名府、京兆府、青州戒坛。"其三，"应合剃头受戒人等，仰遂处于天清节一月前，具姓名、乡贯、寺院、年几，及所习经业申奏，候敕下，委祠部给付凭由，方得剃头受戒，不得非时施行。"其四，"应男子父母在，祖父母在，别无儿息侍养，不听出家。"其五，"应曾有犯遭官司刑责之人，及弃背祖父母、父母逃亡，如奴婢、奸人、细作、恶逆徒党、山林亡命、未获贼徒、负罪潜窜人等，并不得出家剃头。"其六，"起今后，有向曾在军门，面带瑕痕，逐处寺院辄敢收容者，其本人及师主、三纲知事、邻房同住僧等，仰密切收捉禁勘申奏。"其七，"应有僧尼衷私创置院舍，私与人剃头受戒……其僧尼中有能告官，及地方分所由节级自收捉到者，以本犯僧尼衣钵资财，充给优赏。"其八，"应有僧尼、俗士，自前多有舍身烧臂炼指、钉截手足、带铃燃灯、诸般毁坏肢体、戏弄道具符箓、左道妖惑之类，今后一切止绝"。其九，"若僧尼中有情愿归俗者，一切听许，所在不得搅扰。"又，《旧五代史》卷一一五《周世宗纪二》载，周世

科尔多瓦及莱昂盟。莱昂、纳瓦拉始获穆斯林承认。

德王奥托一世败马扎尔人和文德人。

宗是次毁佛，"所存寺院凡二千六百九十四所，废寺院凡三万三百三十六，僧尼系籍者六万一千二百人"。

是月，后周停罢童子科。

按：见《五代会要》卷二三。童子科后晋尝停罢，后恢复。参见天福五年四月、开运元年八月条。至是，后周再罢之。

十二月，后周诏史馆征求书籍，以补藏书之阙，并令中书门下于朝官中选差三十人，整理校刊图书。

按：《五代会要》卷一八载周世宗诏曰："史馆所少书籍，宜令本馆诸处求访补填。如有收得书籍之家，并许送纳。其进书人据部帙多少等第，各与恩泽。如卷帙少者，量给资帛。如馆内已有之书，不在进纳之限。仍委中书门下，于朝官中选差三十人，据见在书各求真本校勘，刊正舛误，仍于逐卷后署校勘官姓名。宜令馆司逐月具功课，申中书门下。"《旧五代史》卷一一六系此事于显德三年，今从《五代会要》。

张昭为后周兵部尚书，表求致仕，不许。

按：见《宋史》卷二六三本传。

窦仪为后周礼部侍郎，三月奏请严格科举解送及考试。五月丙申，奏请废童子、明经二科及条贯考试次第，从之。

按：见《旧五代史》卷一一五《周世宗纪二》。同书卷一四八《选举志》载窦仪奏曰："诸科举人若合解不解、不合解而解者，监试官为首罪，勒停见任，举送长官奏闻取裁。监试官如受赂，及今后进士如有倩人述作文字应举者，许人言告，送本处色役，永不进仕。"

又按：窦仪，字可象，蓟州渔阳人。博学多闻，熟谙典故。后晋天福中登进士第，历后汉、后周、北宋，乾德四年卒。主持修撰《重详定刑统》（即《宋刑统》）30卷、《建隆编敕》4卷，另有《端揆集》45卷。《全唐文》卷八六二收录其奏疏1篇。事迹见《宋史》卷二六三。

尹拙为后周国子祭酒，奉敕校勘《经典释文》，雕版印刷。二月，以该书"经历岁月，传写失真"，"非多闻博识之人，通幽洞微之士共商榷，必致乖讹"，奏请张昭、田敏等详校。

按：见《册府元龟》卷六〇八。《经典释文》系唐初经学家陆德明所撰，参见唐贞观元年陆德明条按语。尹拙性纯谨，通经史。后仕宋，累迁秘书监，判大理寺。乾德六年告老致仕，开宝四年卒。事迹见《宋史》卷四三一。

王朴为后周比部郎中。是夏，周世宗命臣下作《为君难，为臣不易论》及《开边策》各一篇。朴撰《平边策》献上，遂迁左谏议大夫、知开封府事。

按：见《旧五代史》卷一二八本传。王朴所撰《平边策》今存，见《全唐文》卷八六〇。朴于《策》中提出"先易后难、先南后北"之策略，为周世宗接受，遂先南攻南唐，再北征辽。北宋初，仍沿用此策。

宋齐丘为南唐镇南节度使，十一月奉召还金陵，授太傅。时后周举兵南下，齐丘多有建言，唐主皆不纳。

按：见《资治通鉴》卷二九二。

李昉为后周右拾遗、集贤殿修撰，十一月入宰相李毂幕，随毂出征南唐淮南。

按：见《宋史》卷二六五本传。

刘温叟为后周礼部侍郎，是春知贡举，被劾取士不公，遂左迁太子詹事。

按：见《登科记考》卷二六。

杨徽之是春应后周贡举，登进士第，是秋释褐校书郎、集贤校理。

按：见宋苏颂《苏魏公文集》卷五一《文庄杨公墓志铭》。

窦俨等是年前撰相国寺《文英院集》。

按：时窦俨与李昉、扈蒙、崔颂、刘衮、赵逢、李昉弟李载等，常于相国寺文英院聚会，该集为俨与诸人唱和诗集，已佚。李昉则因此集受到周世宗的赞赏，《宋史》卷二五六《李昉传》载："周显德二年，宰相李穀征淮南，昉为记室。世宗览军中章奏，爱其辞理明白，已知为昉所作，及见《相国寺文英院集》，乃昉与扈蒙、崔颂、刘衮、窦俨、赵逢及昉弟载所题，益善昉诗而称赏之曰：'吾久知有此人矣。'"

徐铉撰《稽神录》10卷成。

按：徐铉仕南唐，时仍在舒州流所。《稽神录》记怪神之事，凡百五十则。原本已散佚，今存6卷本，系后人重新辑录编次。

和凝七月戊辰卒（899—　）。凝字成绩，郓州须昌人。工诗文，尤长于短歌艳曲，名声颇著。历仕梁、唐、晋、汉、周，累官左仆射、太子太傅，封鲁国公。卒赠侍中。尝自编集百卷，雕版镂印，分赠诸人。撰有《演纶集》、《游艺集》、《孝悌集》、《红药集》、《香奁集》、《籯金集》。另有《赋格》1卷、《疑狱集》（一说与子和㠑合撰）3卷等。今存《疑狱集》4卷，系后人重编，有天一阁藏本、《四库全书》本等；《宫词》1卷，收入毛晋《十家宫词》；《红叶稿》1卷，收入刘毓盘刊唐宋词集。《全唐文》卷八五九、《唐文拾遗》卷四七收录其文6篇，《全唐诗》卷七三五编录其诗为1卷，卷八九三又收录其词24首，《花间集》选录其词20首，《尊前集》选录7首。事迹见《旧五代史》卷一二七、《新五代史》卷五六。

梁鼎（　—1006）、种放（　—1015）、查道（　—1018）生。

后周显德三年　南唐保大十四年　辽应历六年
南汉乾和十四年　后蜀广政十九年
北汉乾祐九年　丙辰　956年

正月，后周世宗亲征淮南，至四月北还。

按：见《旧五代史》卷一一六《周世宗纪三》。

是春，后周开科取士，礼部侍郎窦仪知贡举，进士及第6人，诸科29

法兰西公爵伟大的于格卒。子于格·卡佩嗣位。

人,另特赐学究出身1人。

  按：见《登科记考》卷二六。

  八月,周世宗诏:"今后诸色选人,年七十者宜注优散官,年少未历资考者不得注授令录。"

  按：见《旧五代史》卷一四八《选举志》。

  薛居正仕后周,由都官郎中迁谏议大夫、弘文馆学士,判馆事。

  按：见《宋史》卷二六四本传。

  李昉为后周右拾遗、集贤殿修撰,从周世宗征南唐,颇为世宗称赏。及还,擢为主客员外郎、知制诰、集贤殿直学士。

  按：见《宋史》卷二六五本传。

  徐铉仕南唐,在舒州流所。三月移置饶州,未及行,逢后周南攻,遂携家避乱于池州,寻返金陵。

  按：见胡克顺《徐公行状》。

  刘载仕后周,由知制诰进拜右谏议大夫,奉敕与右拾遗郑起、尚书博士李宁共同校勘道书。

  按：刘载字德舆,范阳人。博通史传,善属文。参见宋代卷太平兴国八年条。

  钱惟治是年八岁,好读书,吴越主授其为两浙牙内诸军指挥使,判军粮营田使,后改为德化军使。

  按：见《宋史》卷四八〇。钱惟治字和世,杭州临安人,吴越忠逊王钱弘倧长子。平生嗜学,聚书至万卷。善诗,慕皮日休、陆龟蒙风格。又工书,尤擅草隶,学二王笔锋,为时人所珍重。有集10卷,已佚。《全唐诗补编·补逸》卷一六、《续拾》卷四六辑录其诗编为5卷。参见宋代卷大中祥符七年条。

  道士陈抟隐居华山,奉周世宗召至开封,授谏议大夫,固辞不受,十一月复还山。

  按：陈抟自后唐长兴中出家,初隐居武山,后转居华山。《宋史》卷四五七本传载,周世宗召其至阙下,问其炼丹之术,抟对曰:"陛下为四海之主,当以致治为念,奈何留意黄白之事乎?"世宗遂放其还山。陈抟字图南,号扶摇子,亳州真源人。著有《易龙图》、《九室指玄篇》、《人伦风鉴》各1卷,《钓潭集》2卷,《高阳集》若干卷。参见宋代卷端拱二年条。

  僧可朋居成都净众寺。

  按：可朋生卒年不详,眉州丹稜人。工诗。少与卢延让为诗友,后与欧阳炯相善,颇为炯称赏,比之为孟郊、贾岛。平生作诗千余首,编为《玉垒集》10卷,已佚。《全唐诗》卷八四九收录其诗4首。事迹见《十国春秋》卷五七。

  佚名编录陈致雍议礼诸文为《曲台奏议集》20卷,六月徐锴为序,论及为文之旨。

  按：时徐锴为南唐屯田郎中、知制诰、集贤殿学士。陈致雍生平概况,参见闽天德二年条按语。《曲台奏议集》编次者不详。据《十国春秋》卷九七《陈致雍传》载,陈致雍精通礼仪,多有撰述,"好事者复编其议礼诸论,为《曲台奏议》二十卷。"又,《全唐文》卷八八八徐锴《曲台奏议集序》文末有"保大丙辰岁六月一日于集贤殿序"云

后周显德三年　南唐保大十四年　辽应历六年　南汉乾和十四年　后蜀广政十九年　北汉乾祐九年　丙辰　956年

云,是则该《曲台奏议集》编次当完成于本年六月之前。徐锴《序》曰:"三代之文既远,两汉之风不振。怀芬敷者联袂,韵音响者比肩。《子虚》文丽用寡,而末世学者以为称首;《两京》文过其心,后之才士企而望之。嗟呼,为文而造情,污准而粉颡。若夫有斐君子,含章可正,和顺积中,而英华发外。周旋俯仰,金石之度彰;擒简下笔,鸾凤之文奋。必有其质,乃为之文。其积习欤,何其寡也?有能一日用其本者,文远乎哉!"从中可窥其文学思想之一端。《曲台奏议集》后散逸,清时有10卷本,当后人辑录重编,今亦不存。《全唐文》卷八七三至八七五据《永乐大典》辑录陈致雍文编为3卷,其中大多为议礼之作,当为《曲台奏议集》散存之文。

张昭为后周兵部尚书,奉诏撰《制旨兵法》10卷成,二月戊辰进上。

按:见《旧五代史》卷一一六《周世宗纪三》。该书系纂集诸家兵法而成,凡四十二门。后佚。

王朴撰《显德钦天历》(一作《大周钦天历》)15卷成,进上,周世宗亲为制序,诏付司天监行用。

按:王朴明于历算,去年奉敕修历,至是完成。见《旧五代史》卷一四〇《历志》。

王仁裕七月十九日卒(880—　)。仁裕字德辇,祖籍太原,家居天水。唐末五代学者、文学家。博学多才,以文辞名于世,尤擅制诰;又晓音律,工书。唐末为秦州节度判官,后历仕前蜀、后唐、后晋、后汉、后周,终太子少保,卒赠太子太师。著述甚丰,有《开元天宝遗事》4卷(一作2卷)、《入洛记》1卷、《南行记》3卷、《国风总类》50卷、《玉堂闲话》10卷(一说3卷)、《闻天遗事》1卷、《紫泥集》10卷(一说5卷)、《紫泥后集》40卷、《紫阁集》10卷(一说11卷)、诗集10卷、《西江集》10卷、《乘辂集》5卷(一说1卷)、《王氏东南行》1卷、《王氏闻见录》3卷、《唐末闻见录》8卷、《周易说卦验》3卷,以及《秦亭篇》、《锦江集》、《归山集》、《华夷百题》、《转轮回纹金銮铭》、《二十二样诗赋图》等,多已散佚。今存《开元天宝遗事》、《王氏闻见录》及《玉堂闲话》辑本,《太平广记》、《资治通鉴》等书引录《唐末闻见录》逸文数十条,《全唐诗》卷七三六辑录其诗编为1卷。事迹见《旧五代史》卷一二八、《新五代史》卷五七、《十国春秋》卷四四。

按:王仁裕与和凝俱以文章知名当世,其仕前蜀、后唐时,檄文、诏诰多出其手。李昉《王仁裕神道碑》谓其平生所著"凡六百八十五卷",并行于世,"著述之多,流传之广,近代以来,乐天而已"。诗作亦极富赡,《十国春秋》本传谓其"平生所作诗万余首",蜀人呼之"诗窖子"。其书法甚为后人推重,《宣和书谱》称其"正书清劲,自成一家"。

扈载约卒(约921—　)。载字仲熙,北燕人。善属文,尤长于赋颂碑赞,名闻于时。后周广顺初登进士第,累官水部员外郎、知制诰、翰林学士。有集10卷,已佚。《全唐文》卷八六〇收录其文1篇,《全唐诗》卷八八七收录其诗1首。事迹见《旧五代史》卷一三一、《新五代史》卷三一。

按:扈载卒年,史无明载。《新五代史》本传曰:"召拜知制诰,及为学士,居岁中病卒,年三十六。"考《旧五代史》卷一一六《周世宗纪三》,本年六月丁卯,扈载以水部员外郎、知制诰充翰林学士。扈载卒似在本年。

孙晟十一月乙巳卒,生年不详。晟本名凤,高密人。工诗文。少出家

马苏迪卒,生年不详。阿拉伯历史学家、旅行家。著有首次采用纪事本末体撰成的史著《黄金草原与玑珠宝藏》,有"阿拉伯的希罗多德"之誉。

为道士，后还俗。初仕后唐，坐事南奔吴，南唐时累迁司空。奉使后周，下狱死。有《续古阙文》1卷，集5卷，皆已佚。事迹见《旧五代史》卷一三一、《新五代史》卷三三、马令《南唐书》卷一六。

后周显德四年　南唐保大十五年　辽应历七年
南汉乾和十五年　后蜀广政二十年
北汉天会元年　丁巳　957年

拜占庭人取阿米达（今土耳其迪亚巴克尔）。

罗斯人皈依东正教。

正月己丑，北汉改元天会。

按：见《十国春秋》卷一〇五北汉《睿宗本纪》。

是春，后周开科取士，中书舍人申文炳知贡举，进士及第10人，诸科35人。

按：见《登科记考》卷二六。

十月戊午，后周诏复制举，应举人于明年十月至京应试。

按：制举在唐代颇行之，以选拔奇才异士。然唐亡后，此科久废。是年八月，后周兵部尚书张昭奏请恢复，周世宗从之，遂下诏。《五代会要》卷二二载，后周所行制举，有"贤良方正能直言极谏"、"经学优深可为师法"、"详闲吏理达于教化"等科，凡"见任职官、黄衣草泽"皆可应举。其选拔程序与考试方法是："逐处州府依每年贡举人式例，差官考试，解送尚书吏部。仍量试策、论三道，共三千字已上。当日内取文理俱优，人物爽秀，方得解送。"《宋史》卷二六三《张昭传》系此事于广顺年间，恐误。今从《五代会要》及《资治通鉴》卷二九三。

范质为后周司徒、弘文馆大学士，是夏从周世宗征南唐，及还，奏请删定律条。

按：《宋史》卷二四九本传曰："质建议，以律条繁冗，轻重无据，吏得因缘为奸。世宗特命详定，是为《刑统》。"范质等所定《刑统》，即《大周刑统》，参见显德五年七月条。

张昭在后周兵部尚书任，正月奏言修诸朝实录事，并荐国子祭酒尹拙、太子詹事刘温叟等同修。八月上疏请复制举，周世宗从之。

按：张昭于显德三年十二月奉敕修周太祖及梁、唐两代末帝实录。至是，奏请更撰后汉隐帝等实录。《五代会要》卷一八载昭奏曰："伏缘汉隐帝君临太祖之前，其历试之绩，并在汉隐帝朝内，请先修隐帝实录。又梁末主之上有郢王友珪，篡弑居位，未有纪录，请依《宋书》刘劭例，书为'元凶友珪'，其末帝请依古义，书曰《后梁实录》。又唐末主之前，有应顺帝，在位四月出奔，亦未编纪，请书为前废帝，清泰主为后废帝，其书并为实录。"后张昭等撰成《梁末帝实录》10卷、《唐闵帝实录》3卷、《唐废帝实录》17卷、《汉隐帝实录》15卷、《周太祖实录》30卷。昭建请复制举事，见《五代会要》卷二二。

后周显德四年　南唐保大十五年　辽应历七年　南汉乾和十五年　后蜀广政二十年　北汉天会元年　丁巳　957年

李昉为后周主客员外郎、知制诰、集贤殿直学士,加史馆修撰、判馆事,十月随周世宗南征。

按:李昉字明远,深州饶阳人。博学多才,有文名。历仕后汉、后周、北宋,卒于至道二年。宋初主持修纂《太平广记》500卷、《太平御览》1000卷、《文苑英华》1000卷,皆广罗博收,规制甚巨,颇富史料价值,今并存。撰有《开宝本草》20卷,《历代年号》、《历代宫名录》各1卷,集50卷,与李至唱和诗集1卷,其子李宗谔所编《李昉谈录》1卷,皆已佚。《全唐文》卷八六二收录其文1篇,《全唐诗》卷七三八、《全唐诗补编·补逸》卷一六、《续拾》卷四二收录其诗4首。事迹见《宋史》卷二六五。参见宋代卷诸条。

徐铉在金陵,为南唐太子左谕德,寻复知制诰,进中书舍人,通署中书省事。

按:见胡克顺《徐公行状》。

伍乔辞庐山南唐国学,赴金陵应举。

按:伍乔游庐山南唐国学约始于后周广顺二年。伍乔,庐江人。精《易经》,有诗名,尤擅七律。登第后,历歙州司马、考功员外郎等职。有集1卷,已散佚。《全唐诗》卷七四四编录其诗为1卷。事迹见马令《南唐书》卷一四、陆游《南唐书》列传卷一二、《十国春秋》卷三一。

许坚约是年以时事干南唐中主,因未遭礼遇,遂拂衣归隐,往来庐山、茅山、九华山等地。

按:许坚生卒年不详,字介石,庐江人。能诗,为性薮野,多谈神仙事。《全唐诗》卷七五七、《全唐诗补编·补逸》卷一六、《续补遗》卷一一、《续拾》卷四四收录其诗10首。事迹见马令《南唐书》卷一五、《十国春秋》卷三四。

詹敦仁为泉州清溪县令,去职归隐,居清溪佛耳山,自号清隐。

按:詹敦仁生卒年不详,字君泽,光州固始人。诗人,有名声。淡泊仕途,初隐居仙游山林。后出仕,历监场、县令等职,晚年复隐归。与刘乙为友,所作诗颇为时人传诵。有《清隐集》若干卷,已佚。《全唐文》卷九〇〇、《唐文拾遗》卷四八收录其文2篇,《全唐诗》卷七六一、《全唐诗补编·补逸》卷一六、《续补遗》卷一四、《续拾》卷四七收录其诗18首。事迹见《十国春秋》卷九七。

郭昭庆于南唐保大中献所著书,授扬子尉,辞不受,复归故里。

按:郭昭庆生卒年不详,庐陵禾川人。博通经史。南唐后主时复献书,擢著作郎。与徐铉、徐锴交恶,被毒死。著有《唐春秋》30卷,早佚。事迹见马令《南唐书》卷一四、《十国春秋》卷二八。

徐铉撰《萧庶子诗序》,论及诗歌创作。

按:徐铉所撰《萧庶子诗序》,见《徐公文集》卷一八,其中略曰:"人之所以灵者,情也;情之所以通者,言也。其或情之深,思之远,郁积乎中,不可以言尽者,则发为诗。诗之贵于时久矣,虽复观风之政阙,遒人之职废,文质异体,正变殊途,然而精诚中感,靡由于外奖,英华挺发,必自于天成。以此观其人,察其俗,思过半矣。比夫泽宫选士,入国知教,其最亲切者也,是以君子尚之。"

朱存是年前取三国孙吴大帝及六朝兴亡成败之迹,作《览古诗》200首,编为《金陵古迹诗》若干卷。

按:《金陵古迹诗》又称《金陵览古诗》,《崇文总目》卷五、郑樵《通志》卷七〇作4

日本大江朝纲著成《新国史》。

卷,《宋史·艺文志》作2卷。后佚。朱存生卒年不详,金陵人。工诗。尝仕南唐,余不详。《全唐诗》卷七五七、《全唐诗补编·续补遗》卷一一、《续拾》卷四四收录其诗17首,《全宋诗》卷一收其诗16首。事迹见《十国春秋》卷二九。

路振(—1014)、王旦(—1017)生。

后周显德五年　南唐中兴元年　交泰元年
辽应历八年　南汉乾和十六年　大宝元年
后蜀广政二十一年　北汉天会二年　戊午　958年

法蒂玛王朝伐伊德里斯王朝。

马扎尔人侵保加利亚。

正月,南唐改元中兴。

按:见《十国春秋》卷一六南唐《元宗本纪》。

二月,后周开科取士,右谏议大夫刘涛知贡举,进士及第15人。寻以登第者所作诗赋多纰谬,命翰林学士李昉覆试,黜落7人。另诸科72人。

按:见《登科记考》卷二六。

三月丁亥,南唐改元交泰。

按:见《十国春秋》卷一六南唐《元宗本纪》。

是春,南唐开科取士,中书舍人韩熙载知贡举,张洎等登进士第。

按:见《登科记考》卷二六。

五月,南唐主李璟去帝号、年号,奉周正朔。

按:是年三月,南唐主李璟以周世宗亲率大军压境,遣使奉表,请传位太子,以国为附庸;复遣使上表称唐国主,献江北之地,岁输贡物十万。周世宗许其奉正朔,不允其传位。至是,南唐主遂去帝号,以后周附庸自居。见《十国春秋》卷一六南唐《元宗本纪》。

七月丙戌,后周中书门下进新定《大周刑统》,有敕颁行天下。

按:见《旧五代史》卷一一八《周世宗纪五》。《大周刑统》又称《显德刑统》,并目录凡21卷,其编纂始于显德四年五月,至是完成。《旧五代史》卷一四七《刑法志》载后周中书门下奏曰:"侍御史知杂事张湜等九人奉诏编集刑书,悉有条贯,兵部尚书张昭等一十人参详旨要,更加损益。……其所编集者,用律为正,辞旨之有难解者释以疏意,义理之有易了者略其疏文,式令之有附近者次之,格敕之有废置者又次之。事有不便于今,该说未尽者,别立新条于本条之下。其有文理深古、虑人疑惑者,别以朱字训释。至于朝廷之禁令,州县之常科,各以类分,悉令编附。所冀发函展卷,纲目无遗,究本讨源,刑政咸在。其所编集,勒成一部,别有目录,凡二十一卷。刑名之要,尽统于兹,目之为《大周刑统》。"

八月辛巳,南汉主刘晟卒(920—)。子刘继兴嗣位,更名鋹,改元大宝,是为南汉后主。

按:见《资治通鉴》卷二九四。

后周显德五年　南唐中兴元年　交泰元年　辽应历八年　南汉乾和十六年　大宝元年
后蜀广政二十一年　北汉天会二年　戊午　958年

田敏为后周工部尚书，七月癸未以太子少保致仕，归居淄州故里。

按：见《旧五代史》卷一一八《周世宗纪五》。田敏字号不详，淄川邹平人。五代经学家。后梁贞明中登进士第，历仕后梁、后唐、后晋、后汉、后周五代。晚年致仕闲居，宋开宝四年卒于家。精研经学，熟谙礼仪。尝于后唐长兴三年奉命校勘、雕印《九经》，至后周太祖时全部告成，是为五代较系统整理儒经活动。《全唐文》卷八六五收录其奏疏3篇，《全唐诗补编·续补遗》卷一○收录其诗1首。事迹见《宋史》卷四三一。

宋齐丘为南唐太傅，十二月获罪去职，放归九华山。

按：宋齐丘实遭南唐主囚禁，故至明年以不堪所辱自杀。见《资治通鉴》卷二九四。

杨徽之为后周右拾遗，十一月奉敕参纂《大周通礼》、《大周正乐》。

按：后周修纂《大周通礼》、《大周正乐》事，参见本年下文条。杨徽之字仲猷，建州蒲城人。博学洽闻，熟谙典故，酷好吟咏。后周时官至右拾遗，入宋，累迁兵部侍郎、兼秘书监，加翰林侍读学士。咸平三年卒。宋初又预修《文苑英华》，主持编纂诗80卷。有集20卷（一作5卷），已佚。《全宋文》卷四一收录其文1篇，《全唐诗》卷七六二、《全唐诗补编·补逸》卷一六收录其诗2首，《全宋诗》存录其诗9首。事迹见《宋史》卷二九六。

张洎是春应南唐贡举，登进士第。

按：张洎字师黯，又字偕仁，祖籍南谯，家居滁州全椒。工诗文。登南唐进士第，累官中书舍人。入宋，累拜参知政事。至道三年卒，赠刑部尚书。有《贾黄中谈录》1卷，集50卷，皆已佚。《全唐文》卷八七二收录其文1篇，《全五代诗》卷三六收录其诗1首。事迹见马令《南唐书》卷二三、《宋史》卷二六七、《十国春秋》卷三○。

孟贯二月潜渡江至广陵，谒周世宗于军营，献诗作，不为所重，仅赐微官。

按：孟贯生卒年不详，字一之，建州建阳人。工诗文，尤擅五律，名著一时。少好学，不以仕宦为意。尝游南唐庐山国学。后未知其终。有诗集若干卷，已散佚。今存集1卷，系后人重辑，有明抄本、清刻本等。《全唐诗》卷七五八辑录其诗编为1卷。

孟宾于为南唐新淦令，坐黩货罪当死，幸获免，遂隐居玉笥山，自号群玉峰叟。

按：见《江南野史》卷八。孟宾于生卒年不详，字国仪，祖籍太原，家居连州。少修儒学，长善篇咏。后唐时数应进士试，不第。尝集所作诗百篇为《金鳌集》，投献工部侍郎李若虚，又择集佳作遍献朝达，由是诗名大盛。历仕楚、南唐，宋初卒。有《孟水部诗集》若干卷，集1卷，皆佚。《全唐文》卷八七二收录其文1篇，《全唐诗》卷七四○、《全唐诗补编·补逸》卷一六收录其诗8首。事迹见《十国春秋》卷七五。

窦俨仕后周，十一月奉敕集文士修正礼乐，后纂成《大周正乐》（一作《大周正乐谱》）120卷（一说88卷）、《大周通礼》200卷。

按：两书撰修，《资治通鉴》卷二九三谓去年九月，《旧五代史》卷一一八《周世宗纪五》谓本年十一月。此从《旧五代史》。《大周正乐》卷帙，《通志》卷六四谓"一百二十卷"，《宋史》卷二○二作"八十八卷"。

张昭等奉敕撰《周太祖实录》30卷成，六月乙亥进上。

按：见《旧五代史》卷一一八《周世宗纪五》。张昭时为后周兵部尚书，其于显德三年奉敕修《太祖实录》，次年奏荐国子祭酒尹拙、太子詹事刘温叟同修，至是完成。参见显德四年条。

僧文益闰七月五日卒（885— ）。文益俗姓鲁，余杭人。五代高僧，南宗禅系统法眼宗始祖。又擅文笔，能诗。七岁出家，初学律藏，后师从罗汉桂琛，深究禅学教义，得承其嗣。先后住临川崇寿寺及金陵报恩寺、清凉寺，颇受南唐国主尊崇，门风大盛，遂成禅学一派。卒谥"大法眼禅师"，追谥"大智藏大导师"。弟子有德韶、慧炬、文遂等。著有《宗门十规论》1卷，门人辑录其语为《大法眼文益禅师语录》1卷，今皆存。《全唐诗》卷八二五、《全唐诗补编·补逸》卷一八、《续拾》卷四三收录其诗14首。事迹见《宋高僧传》卷一三、《景德传灯录》卷二四、《禅林僧宝传》卷四等。

按：文益于佛理自成一体，主张"理事不二，贵在圆融"，"不著他求，尽由心造"。以卒谥"大法眼禅师"，其所创一系遂称法眼宗，为南宗禅五宗之一。

赵安仁（ —1018）生。

后周显德六年　辽应历九年　南汉大宝二年
后蜀广政二十二年　北汉天会三年　己未　959年

拜占庭人渡底格里斯河。

拜占庭帝君士坦丁七世遇弑。罗梅纳斯立。

英格兰《埃德加法典》颁布。

正月壬子，周世宗于万寿殿接见诸道贡举人。

按：见《登科记考》卷二六。

乙亥，后周诏，自今后礼部贡院试举，所定及第人需奏闻，候敕下方可放榜。

按：见《旧五代史》卷一一九《周世宗纪六》。自唐以来，凡经礼部考试通过者，即予放榜，再以奏闻。周世宗此诏，实是将科举取士之权尽收于己。

二月，后周开科取士，中书舍人窦俨知贡举，进士及第10人，诸科50人。

按：见《登科记考》卷二六。

六月癸巳，后周世宗柴荣卒（921— ）。十一月壬寅，葬于庆陵。

按：柴荣系周太祖郭威养子。嗣位后，整顿政治，革旧布新，毁佛抑浮，国势渐盛。遂从比部郎中王朴之议，行"先南后北、先易后难"之策，南攻南唐，收江淮之地；又举兵北征，欲收复后晋送辽之燕云诸州。事功未成，英年而逝。《旧五代史》卷一一九《周世宗纪六》评曰："世宗顷在仄微，尤务韬晦，及天命有属，嗣守鸿业，不日破高平之阵，逾年复秦、凤之封，江北、燕南取之如拾芥，神武雄略，乃一代英主也。……然禀性伤于太察，用刑失于太峻，及事行之后，亦多自追悔。"

甲午，后周梁王柴宗训继位，是为周恭帝。

按：见《旧五代史》卷一二〇《周恭帝纪》。时柴宗训年仅七岁，禁军首领赵匡胤等手握重兵,朝政旁落,人心不稳。至明年正月,遂有"陈桥兵变",后周为宋所取代。

九月,南唐太子李弘冀卒。以郑王李煜为吴王,以尚书令知政事,居东宫。遂开崇文馆,广招贤士。

按:见《资治通鉴》卷二九四、陆游《南唐书》列传卷一〇《潘佑传》。李煜后嗣位,是为南唐后主。

十一月,南唐更名洪州曰南昌府,建为南都。

按:见陆游《南唐书》本纪卷二。

范质为后周司徒、弘文馆大学士,五月与王溥并参知枢密院。及恭帝嗣位,加开府仪同三司,进爵萧国公,辅佐政务。

按:见《旧五代史》卷一一九《周世宗纪六》、卷一二〇《周恭帝纪》。范质字文素,宗城人。五代学者。有儒业,通史学,善属文。历仕后唐、后晋、后汉、后周,宋乾德二年卒。撰有《五代通录》65卷,《晋朝陷蕃记》1卷(一作4卷),《桑维翰传》1卷,集30卷,皆已佚。事迹见《宋史》卷二四九。

张昭为后周兵部尚书,进爵舒国公。

按:张昭原名昭远,后汉时避讳改,字潜夫,濮州范县人。五代学者、史学家。博学通识,兼善天文、兵法及佛、道之说,喜藏书。历仕后唐、后晋、后汉、后周,宋开宝五年卒于第。累掌史职,先后主持修纂后唐《懿祖纪年录》、《献祖纪年录》、《庄宗实录》、《明宗实录》、《唐书》(即《旧唐书》)、《唐闵帝实录》、《唐废帝实录》、《汉隐帝实录》、《周太祖实录》等,参修《显德刑统》(一名《大周刑统》)21卷,另撰有《同光实录》12卷,《唐朝君臣正论》25卷,《制旨兵法》10卷,后唐《功臣列传》30卷,《名臣事迹》5卷,《太康平吴录》2卷,《补注庄子》10卷,《嘉善集》50卷。今存《旧唐书》等。事迹见《宋史》卷二六三本传。

王溥为后周门下侍郎兼礼部尚书、同平章事、监修国史、参知枢密院事,执掌相权。八月,加右仆射,进封开国公。是冬,表请修《世宗实录》,从之。

按:见《旧五代史》卷一一九《周世宗纪六》、卷一二〇《周恭帝纪》。王溥表请同修实录者,有史馆修撰、都官郎中、知制诰扈蒙,右司员外郎、知制诰张淡,左拾遗王格,直史馆、左拾遗董淳等,后撰成《周世宗实录》40卷。王溥字齐物,并州祁县人。五代宋初学者、史学家。历仕后汉、后周,宋太平兴国七年卒,谥曰"文献"。著有《唐会要》(又称《续唐会要》)100卷,以继苏冕《会要》、崔铉《续会要》,备载唐代典章制度;又著《五代会要》30卷,载五代制度沿革。两书均为研究唐五代制度史之重要文献,今皆存。另有《国朝旧事》40卷,《集说》2卷,集20卷,已佚。事迹见《宋史》卷二四九。

窦俨为后周中书舍人、集贤殿学士,是春知贡举,未几拜翰林学士,判太常寺。

按:窦俨字望之,蓟州渔阳人。五代学者。博学多才,精研礼乐及推步星历,擅史学,工诗文。晋天福间登进士第,官至左拾遗。历后汉、后周,宋开宝二年卒。尝参修后汉《高祖实录》、后晋《高祖实录》与《少帝实录》,撰有《大周通礼》200卷,《大周正乐》(一作《大周正乐谱》)120卷(一说88卷),《义训》10卷,《坤仪令》1卷,《东汉文类》30卷,另有集70卷,皆已佚。《全唐文》卷八六三收录文4篇,《全唐诗补编·续拾》卷四二收录其诗1首。事迹见《宋史》卷二六三。

薛居正仕后周，由谏议大夫、弘文馆学士擢刑部侍郎，判吏部铨。

按：薛居正字子平，开封人。后唐清泰初登进士第，宋太平兴国六年六月卒。有集30卷，由其养子薛惟吉编次，已佚。事迹见《宋史》卷二六四。

刘熙古仕后周，为宋州节度判官。

按：刘熙古字义淳，宁陵人。精《春秋》，通阴阳象纬之术。后唐长兴中应三传科登第，历仕后晋、后汉、后周、北宋，太平兴国元年卒。著有《历代纪要》50卷（一作15卷）、《切韵拾玉》5卷（一作《切韵搜玉》2卷）、《续聿斯歌》1卷、《六壬释卦序例》1卷，皆已佚。事迹见《宋史》卷二六三。

刘温叟仕后周，九月由太子詹事迁工部侍郎，兼判国子祭酒事。

按：见《旧五代史》卷一二〇《周恭帝纪》。刘温叟字永龄，洛阳人。有史学，善属文，工书法。后唐时以荫补入仕，历仕后晋、后汉、后周、北宋，开宝四年以疾卒。尝参修《后汉隐帝实录》、《周太祖实录》，撰有《开宝通礼》200卷。事迹见《宋史》卷二六二本传。

徐铉为南唐中书舍人，六月以周世宗卒，代南唐主撰祭文，为时人传写。

按：徐铉所撰《祭世宗皇帝文》，见《徐公文集》卷八。徐铉字鼎臣，原籍会稽，家居广陵。博学多才，通史学，精小学，工书法，善诗文。尤以文章冠绝一时，与弟徐锴号为"二徐"；又与韩熙载齐名江南，时称"韩徐"。历仕吴、南唐，尝数度遭贬，累迁吏部尚书。南唐亡，入仕宋，淳化二年卒。尝与高远、潘佑等合撰《吴录》20卷，与汤悦等合撰《江南录》10卷。著有《三家老子音义》1卷、《棋经图义例》1卷、《棋势》3卷、《质论》1卷、《稽神录》10卷。另有《杂古赋》1卷、集30卷（一说32卷）。今存《稽神录》6卷、《徐文公集》（一名《徐常侍集》，又名《骑省集》）30卷。《全唐文》卷八七八至八八七编录其文为10卷，《全唐诗》卷七五一至七五六编录其诗为6卷。事迹见马令《南唐书》卷二四、《宋史》卷四四一、《十国春秋》卷二八。

冯延巳仕南唐，为太子太傅。

按：冯延巳一名延嗣，字正中，广陵人。仕南唐，先后三度入相，宋建隆元年五月卒，谥曰"忠肃"。延巳系著名词人，对后世颇具影响。清陈廷焯《白雨斋词话》谓其词"极沉郁之致，穷顿挫之妙，缠绵忠厚，与温韦相伯仲"；冯煦《唐五代词选序》称其词"鼓吹南唐，上翼二主，下启晏欧，实正变之枢纽，短长之流别"；近人王国维评其词"虽不失五代风格，而堂庑特大，开北宋一代风气，与中、后二主词皆在花间范围之外。"宋人陈世修辑录其词120首编为《阳春集》，内混入温庭筠、韦庄、欧阳修、李煜等人之作。后王鹏运又辑补7首，合为四印斋刊本。《全唐文》卷八七六、《唐文拾遗》收录其文2篇，《全唐诗》卷八九八收录其词78首。事迹见《十国春秋》卷二六。今人夏承焘撰有《冯正中年谱》。

潘佑仕南唐，九月以秘书省正字直崇文馆。

按：崇文馆系南唐东宫李煜置以招徕贤士，参见本年九月条。潘佑，原籍幽州，生于金陵。博通经史，擅长文藻，工行草，名声早著。南唐后主时累迁中书舍人，以直言谏诤罢职。闻后主遣人收己，遂自杀。尝与徐铉等合撰《吴录》20卷，另有《荥阳集》10卷，后皆佚。《全唐文》卷八七六、《唐文拾遗》卷四七存录其文5篇，《全唐诗》卷七三八、《全唐诗补编·续补遗》卷一一收录其诗5首。事迹见马令《南唐书》卷一九、陆游《南唐书》卷一〇、《十国春秋》卷二七。

韩保昇仕蜀，广政中累官翰林学士。

按：韩保昇生卒年不详，潞州长子人。博学多闻，尤详于名物之学。奉蜀后主之命，参校增注《唐本草》，撰成《蜀本草图经》20卷，后佚。事迹见《十国春秋》卷五六。

曹衍在湖南，屡献文章于武平军节度使周行逢，不见用，遂退居乡里，以教授为业。

按：曹衍生卒年、籍贯不详。少以文辞知名。楚亡后，周行逢据其地自立，衍献文以求仕进，未果，生活穷困。宋初，又献书，遂授将作监。撰有《湖湘马氏故事》20卷、《湖湘神仙显异传》3卷、《灵怪实录》3卷，皆已佚。事迹见《十国春秋》卷七五。

赵宏仕北汉，为翰林承旨、兵部尚书。

按：赵宏即赵文度，蓟州渔阳人。工诗，善音律。登后唐进士第，历后汉，入北汉，累官中书侍郎、同平章事，转门下侍郎兼枢密使，加司徒。以兵败降宋，赐名文度，终耀州节镇，开宝七年卒。有《观光集》若干卷，已佚。事迹见《宋史》卷四八二、《十国春秋》卷一〇八。

崔颂仕后周，恭帝嗣位，进拜左谏议大夫。

按：崔颂字郭美，河南偃师人。通经义，善笔札。历仕后晋、后汉、后周、北宋，乾德六年暴卒。事迹见《宋史》卷四三一。

谭用之是年前后流寓各地。

按：谭用之生卒年、籍贯不详，字藏用。工诗，尤擅七律。一生仕途不达，辗转流寓洛阳、长安、汴州、郑州、湖南等地。其诗长于写景，薛雪《一瓢诗话》评曰："谭用之最多杜撰句法，硬用事实。偶有不杜撰不硬用处，便佳。"有诗1卷，已佚。《全唐诗》卷七六四辑录其诗编为1卷。

宋齐丘正月卒（887— ）。丘一作邱，初字超回，后改字子嵩，庐陵人。工诗文，名著于世。唐末依昇州刺史李昇（徐知诰），历仕吴、南唐，累拜太保、中书令，入掌相职。辞职归隐，居九华山，赐号九华先生，封青阳公。复召拜镇南节度使，迁太傅。坐事放归九华山，自缢卒。有《祀玄集》3卷、《宋齐丘文传》13卷、《增补玉管照神经》10卷、《理训》10卷、诗2卷、文集6卷、《四六》1卷等，后皆散佚。《全唐文》卷八七〇、《唐文拾遗》卷四七收录其文6篇，《全唐诗》卷七三八收录其诗3首。事迹见陆游《南唐书》列传卷一、马令《南唐书》卷四、《十国春秋》卷二〇。

按：宋齐丘著述，《郡斋读书志》、《直斋书录解题》尚录有《化书》6卷。然该书实系谭紫霄所作，齐丘夺而序之。参见后周显德五年谭紫霄条。

王朴三月庚申卒（915— ）。朴字文伯，东平人。学识渊博，工文章，尤长于星纬声律之学。后汉乾祐间登进士第，后周时历比部郎中、左散骑常侍、户部侍郎等职，终枢密使、东京留守，卒赠侍中。著述颇丰，有《大周钦天历》15卷、《钦天历经》2卷、《钦天历立成》6卷、《钦天历草》3卷、《显德三年七政细行历》1卷、《律准》1卷、《笔述》20卷、《乐赋》1卷、《翰苑集》10卷等，后皆佚。《全唐文》卷八六〇收录其文4篇。事迹见《旧五代史》卷一二八、《新五代史》卷三一。

按：今存《太清神鉴》6卷，皆题王朴撰，有清刻守山阁丛书本、墨海金壶本等，《四库全书总目》卷一〇九以为系后人托名伪作。王朴倡行儒学，尤重礼乐。《资治通鉴》卷二九四载其上疏论礼乐曰："礼以检形,乐以治心;形顺于外,心和于内,然而天下不治者未之有也。是以礼乐修于上,万国化于下,圣人之教不肃而成,其政不严而治,用此道也。夫乐生于人心而声成于物,物声既成,复能感人之心。"

苏易简（ —997）生。

后周显德七年　宋建隆元年　辽应历十年
南汉大宝三年　后蜀广政二十三年
北汉天会四年　庚申　960年

德王奥托一世平易北河中游及奥得河中游之西斯拉夫人。

正月甲辰,后周恭帝退位,殿前都点校赵匡胤即位,改国号为宋,改元建隆。是为宋太祖。后周亡。

按：见李焘《续资治通鉴长编》卷一。后周自太祖郭威称帝,至恭帝柴宗训退位,历3帝,凡10年而亡。

征引及主要参考文献

古代文献

《白氏文公年谱》	（宋）陈振孙编	《北京图书馆珍藏本年谱丛刊》（第十一册），北京图书馆出版社1998年版
《白香山年谱》	（清）汪立名编	《北京图书馆珍藏本年谱丛刊》（第十一册），北京图书馆出版社1998年版
《宝刻丛编》	（宋）陈思编	文渊阁《四库全书》本
《北梦琐言》	（宋）孙光宪著	中华书局2002年版
《北齐书》	（唐）李百药等	中华书局2000年版
《北史》	（唐）李延寿	中华书局2000年版
《补五代史艺文志》	（清）顾櫰三	《五代史书汇编》本，杭州出版社2004年版
《册府元龟》	（宋）王钦若等纂	中华书局1960年版
《禅林僧宝传》	（宋）释慧洪（德洪）	文渊阁《四库全书》本
《昌黎先生年谱》	（清）顾嗣立	《北京图书馆珍藏本年谱丛刊》（第十一册），北京图书馆出版社1998年版
《昌黎先生年谱》	（清）黄钺	《北京图书馆珍藏本年谱丛刊》（第十一册），北京图书馆出版社1998年版
《昌黎先生诗文年谱》	（清）方成珪	《北京图书馆珍藏本年谱丛刊》（第十一册），北京图书馆出版社1998年版
《长安志》	（宋）宋敏求	文渊阁《四库全书》本
《朝野佥载》	（唐）张鷟	中华书局1979年版
《陈书》	（唐）姚思廉等	中华书局2000年版
《崇文总目》	（宋）王尧臣等编	（台）商务印书馆1983年版
《传法正宗记》	（宋）释契嵩	《大正藏》本
《次柳氏旧闻》	（唐）李德裕	上海古籍出版社1985年版
《大唐大慈恩寺三藏法师传》	（唐）释慧立等	中华书局1983年版
《大唐创业起居注》	（唐）温大雅	上海古籍出版社1983年版
《大唐西域记》	（唐）释玄奘	中华书局1981年版
《大唐西域求法高僧传》	（唐）释义净	中华书局1988年版

《大唐新语》	（唐）刘肃	中华书局1984年版
《登科记考》	（清）徐松	中华书局1984年版
《杜工部草堂诗年谱》	（宋）鲁訔	《北京图书馆珍藏本年谱丛刊》（第九册），北京图书馆出版社1998年版
《杜工部年谱》	（清）杨纶	《北京图书馆珍藏本年谱丛刊》（第十册），北京图书馆出版社1998年版
《杜工部年谱》	（清）张远	《北京图书馆珍藏本年谱丛刊》（第十册），北京图书馆出版社1998年版
《杜工部年谱》	（宋）蔡兴宗	《北京图书馆珍藏本年谱丛刊》（第九册），北京图书馆出版社1998年版
《杜工部年谱》	（宋）黄鹤	《北京图书馆珍藏本年谱丛刊》（第九册），北京图书馆出版社1998年版
《杜工部年谱》	（宋）吕大防	《北京图书馆珍藏本年谱丛刊》（第九册），北京图书馆出版社1998年版
《杜工部年谱》	（宋）赵子栎	《北京图书馆珍藏本年谱丛刊》（第十册），北京图书馆出版社1998年版
《杜工部年谱》	（清）朱鹤龄	北京图书馆珍藏本年谱丛刊》（第十册），北京图书馆出版社1998年版
《杜少陵年谱》	（清）朱骏声	《北京图书馆珍藏本年谱丛刊》（第十册），北京图书馆出版社1998年版
《杜阳杂编》	（唐）苏鹗	中华书局1958年版
《法书要录》	（唐）张彦远	人民美术出版社1984年版
《法苑珠林》	（唐）释道世	上海古籍出版社1991年版
《佛祖历代通载》	（元）释念常	北京图书馆出版社2005年版
《佛祖统纪》	（宋）释志磐	江苏广陵古籍刻印社1991年影印本
《广弘明集》	（唐）释道宣	上海古籍出版社1991年版
《国史补》	（唐）李肇	（台）商务印书馆1983年版
《韩吏部文公年谱》	（宋）吕大防	《北京图书馆珍藏本年谱丛刊》（第十一册），北京图书馆出版社1998年版
《韩文公年谱》	（宋）樊汝霖	《北京图书馆珍藏本年谱丛刊》（第十一册），北京图书馆出版社1998年版
《韩文公年谱》	（宋）林云铭	《北京图书馆珍藏本年谱丛刊》（第十一册），北京图书馆出版社1998年版
《韩文西历官记》	（宋）程俱	《北京图书馆珍藏本年谱丛刊》（第十一册），北京图书馆出版社1998年版
《韩子年表》	（宋）方崧卿	《北京图书馆珍藏本年谱丛刊》（第十一册），北京图书馆出版社1998年版
《韩子年谱》	（宋）洪兴祖	《北京图书馆珍藏本年谱丛刊》（第十一册），北京图书馆出版社1998年版
《集古今佛道论衡》	（唐）释道宣	《大正藏》本
《鉴戒录》	（后蜀）何光远	《丛书集成初编》本
《江南别录》	（宋）陈彭年	《五代史书汇编》本，杭州出版社2004年版
《江南野史》	（宋）龙衮	《五代史书汇编》本，杭州出版社2004年版

《金石萃编》	(清)王昶	中国书店1985年版
《金石录》	(宋)赵明诚	广西师范大学出版社2005年版
《经典释文》	(唐)陆德明	中华书局1983年
《经学通论》	(清)皮锡瑞	中华书局1954年版
《景德传灯录》	(宋)释道原	江苏广陵古籍刻印社1991年版
《九国志》	(宋)路振	《五代史书汇编》本,杭州出版社2004年版
《旧唐书》	(五代)刘昫等	中华书局2000年版
《旧五代史》	(宋)薛居正等	中华书局2000年版
《郡斋读书志》	(宋)晁公武	上海古籍出版社2006年版
《开元释教录》	(唐)释智昇	文渊阁《四库全书》本
《李翰林年谱》	(宋)薛仲邕	《北京图书馆珍藏本年谱丛刊》(第九册),北京图书馆出版社1998年版
《李义山诗谱》	(清)朱鹤龄	《北京图书馆珍藏本年谱丛刊》(第十一册),北京图书馆出版社1998年版
《历代崇道记》	(五代)杜光庭	明正统《道藏》本
《历代名画记》	(唐)张彦远	人民美术出版社1964年版
《历代名人年谱》	(清)吴荣光	上海书店1989年版
《历代名人生卒录》	(清)钱保塘	北京图书馆出版社2002年版
《历代三宝纪》	(隋)费长房	金刻越城藏本
《历世真仙体道通鉴》	(元)赵道一	上海古籍出版社1989年版
《梁书》	(唐)姚思廉等	中华书局2000年版
《两浙金石志》	(清)阮元	《续修四库全书》本
《柳先生年谱》	(宋)文安礼	《北京图书馆珍藏本年谱丛刊》(第十一册),北京图书馆出版社1998年版
《隆兴佛教编年通论》	(宋)释祖琇	《续经藏》本
《陆宣公年谱》	(明)陆申	《北京图书馆珍藏本年谱丛刊》(第十册),北京图书馆出版社1998年版
《陆宣公年谱集略》	(清)耆英	《北京图书馆珍藏本年谱丛刊》(第十一册),北京图书馆出版社1998年版
《洛阳搢绅旧闻记》	(宋)张齐贤	《五代史书汇编》本,杭州出版社2004年版
《闽中金石志》	(清)冯登府	《续修四库全书》本
《南部新书》	(宋)钱易	文渊阁《四库全书》本
《南汉书》	(清)梁廷枏	《五代史书汇编》本,杭州出版社2004年版
《南齐书》	(南朝梁)萧子显	中华书局2000年版
《南史》	(唐)李延寿	中华书局2000年版
《南唐近事》	(宋)郑文宝	《五代史书汇编》本,杭州出版社2004年版
《南唐书》	(宋)陆游	《五代史书汇编》本,杭州出版社2004年版
《南唐书》	(宋)马令	《五代史书汇编》本,杭州出版社2004年版
《廿二史札记》	(清)赵翼	商务印书馆1958年版
《全隋文》	(清)严可均辑	商务印书馆1999年版
《全唐诗》	(清)彭定求等	上海古籍出版社1986年版
《全唐文》	(清)董浩等	中华书局2001年版
《全唐文纪事》	(清)陈鸿墀	上海古籍出版社1987年版

《入唐求法巡礼行记》	（日）圆仁	上海古籍出版社1986年版
《三楚新录》	（宋）周羽翀	《五代史书汇编》本，杭州出版社2004年版
《三洞珠囊》	（唐）王悬河	明正统《道藏》本
《少陵先生年谱》	（清）钱谦益	《北京图书馆珍藏本年谱丛刊》（第十册），北京图书馆出版社1998年版
《诗薮》	（明）胡应麟	上海古籍出版社1979年版
《十国春秋》	（清）吴任臣	中华书局1983年版
《十驾斋养新录》	（清）钱大昕	清嘉庆刻本
《十七史商榷》	（清）王鸣盛	商务印书馆1958年版
《史通》	（唐）刘知幾	辽宁教育出版社1997年版
《释氏稽古略》	（元）释觉岸	国家图书馆出版社2006年版
《蜀梼杌》	（宋）张唐英	《五代史书汇编》本，杭州出版社2004年版
《四库全书总目提要》	（清）永瑢、纪昀等	中华书局1981年版
《宋朝事实类苑》	（宋）江少虞	上海古籍出版社1981年版
《宋高僧传》	（宋）释赞宁	《高僧传合集》本，上海古籍出版社1991年版
《宋史》	（元）脱脱等	中华书局2000年版
《隋书》	（唐）魏徵等	中华书局2000年版
《隋唐嘉话》	（唐）刘餗	中华书局1979年版
《太平御览》	（宋）李昉等纂	中华书局1985年版
《唐才子传》	（元）辛文房	辽宁教育出版社1998年版
《唐朝名画录》	（唐）朱景玄	四川美术出版社1985年版
《唐大诏令集》	（宋）宋敏求等纂	商务印书馆1959年版
《唐会要》	（宋）王溥	上海古籍出版社1991年版
《唐李邺侯年谱》	（清）杨希闵	《北京图书馆珍藏本年谱丛刊》（第十册）北京图书馆出版社1998年版
《唐陆宣公年谱》	（清）丁晏	《北京图书馆珍藏本年谱丛刊》（第十册），北京图书馆出版社1998年版
《唐陆宣公年谱》	（清）杨希闵	《北京图书馆珍藏本年谱丛刊》（第十册），北京图书馆出版社1998年版
《唐阙史》	（唐）高彦休	文渊阁《四库全书》本
《唐诗纪事》	（宋）计有功	上海古籍出版社1987年版
《唐王右丞年谱》	（明）顾起经	《北京图书馆珍藏本年谱丛刊》（第九册），北京图书馆出版社1998年版
《唐文拾遗》	（清）陆心源编	中华书局2001年版
《唐文续拾》	（清）陆心源编	中华书局2001年版
《唐余纪传》	（明）陈霆	《五代史书汇编》本，杭州出版社2004年版
《唐语林》	（唐）李诒	上海古籍出版社1991年版
《唐摭言》	（五代）王定保	上海古籍出版社1978年版
《开元天宝遗事》	（五代）王仁裕	中华书局2006年版
《通典》	（唐）杜佑	中华书局1988年版
《通志》	（宋）郑樵	中华书局1987年版
《王氏闻见录》	（五代）王仁裕	《五代史书汇编》本，杭州出版社2004年版
《王右丞年谱》	（清）赵殿成	《北京图书馆珍藏本年谱丛刊》（第九册），北京图书馆出

		版社1998年版
《王子安年谱》	（清）姚大荣	《北京图书馆珍藏本年谱丛刊》（第九册），北京图书馆出版社1998年版
《微之年谱》	（宋）赵令畤	《北京图书馆珍藏本年谱丛刊》（第十一册），北京图书馆出版社1998年版
《魏文贞公年谱》	（清）王先恭	《北京图书馆珍藏本年谱丛刊》（第九册），北京图书馆出版社1998年版
《魏郑公谏录》	（唐）王方庆	文渊阁《四库全书》本
《文馆词林》	（唐）许敬宗等纂	中华书局1985年版
《文献通考》	（元）马端临	中华书局1986年版
《文苑英华》	（宋）李昉等纂	中华书局1966年版
《吴越备史》	（宋）钱俨	《五代史书汇编》本，杭州出版社2004年版
《五代春秋》	（宋）尹洙	巴蜀书社1993年版
《五代登科记》	（宋）韩思	《五代史书汇编》本，杭州出版社2004年版
《五代会要》	（宋）王溥	上海古籍出版社2006年版
《五代诗话》	（清）郑方坤	《五代史书汇编》本，杭州出版社2004年版
《五代史补》	（宋）陶岳	《五代史书汇编》本，杭州出版社2004年版
《五灯会元》	（宋）释普济	中华书局1984年版
《仙苑编珠》	（五代）王松年编	上海古籍出版社1989年版
《新唐书》	（宋）欧阳修等	中华书局2000年版
《新五代史》	（宋）欧阳修等	中华书局2000年版
《续高僧传》	（唐）释道宣	《高僧传合集》本，上海古籍出版社1991年版
《续集古今佛道论衡》	（唐）释智昇	《大正藏》本
《颜鲁公年谱》	（清）黄本骥	《北京图书馆珍藏本年谱丛刊》（第九册），北京图书馆出版社1998年版
《颜鲁公年谱》	（宋）留元刚	《北京图书馆珍藏本年谱丛刊》（第九册），北京图书馆出版社1998年版
《益州名画录》	（宋）黄休复	四川人民出版社1982年版
《因话录》	（唐）赵璘	古典文学出版社1957年版
《舆地碑记目》	（宋）王象之	中华书局1985年版
《庾子山年谱》	（清）倪璠	《北京图书馆珍藏本年谱丛刊》（第九册），北京图书馆出版社1998年版
《玉海》	（宋）王应麟纂	上海古籍出版社1992年版
《玉函山房辑佚书》	（清）马国翰辑	江苏广陵古籍刻印社1990年影印本
《玉函山房辑佚书续编》	（清）马国翰辑	上海古籍出版社1989年版
《玉堂闲话》	（五代）王仁裕	《五代史书汇编》本，杭州出版社2004年版
《玉谿生年谱》	（清）冯浩	《北京图书馆珍藏本年谱丛刊》（第十一册），北京图书馆出版社1998年版
《玉谿生年谱订误》	（清）钱振伦	《北京图书馆珍藏本年谱丛刊》（第十一册），北京图书馆出版社1998年版
《云笈七签》	（宋）张君房辑	中华书局2003年版
《张曲江年谱》	（清）温汝适	《北京图书馆珍藏本年谱丛刊》（第九册），北京图书馆出版社1998年版

《贞观政要》	（唐）吴兢	中华书局2003年版
《直斋书录解题》	（宋）陈振孙	上海古籍出版社1987年版
《职官分纪》	（宋）孙逢吉	中华书局1988年版
《智者大禅师年谱事迹》	（宋）释戒应	《北京图书馆珍藏本年谱丛刊》（第九册），北京图书馆出版社1998年版
《中州金石记》	（清）毕沅	《丛书集成初编》本
《重订李义山年谱》	（清）程梦星	《北京图书馆珍藏本年谱丛刊》（第十一册），北京图书馆出版社1998年版
《周世宗实录》	（宋）王溥	《五代史书汇编》本，杭州出版社2004年版
《周书》	（唐）令狐德棻等	中华书局2000年版
《资治通鉴》	（宋）司马光等	中华书局1980年版
《祖堂集》	（南唐）释静、释筠	岳麓书社1996年版

近现代著作

《白居易评传》	蹇长青	南京大学出版社 2002 年版
《陈子昂年谱》	罗庸	上海古籍出版社 1988 年版
《陈子昂诗注》	彭庆生	四川人民出版社 1981 年版
《春秋学史》	赵伯雄	山东教育出版社 2004 年版
《啖助新春秋学派研究论集》	林庆彰、蒋秋华主编	(台)"中央研究院"中国文史哲研究所 2002 年刊印
《道家金石略》	陈垣编纂 陈智超、曾庆瑛校补	文物出版社 1988 年版
《读史存稿》	缪钺	北京三联书店 1963 年版
《杜牧评传》	王西平、张田	陕西人民出版社 1987 年版
《杜佑评传》	郭锋	南京大学出版社 2004 年版
《段成式年谱》	南方生	中华书局 1981 年版
《敦煌宝藏》	黄永武	(台)新文丰出版公司 1986 年版
《二十世纪唐研究》	胡戟、张弓、李斌诚、荀承雍主编	中国社会科学出版社 2002 年版
《佛学大辞典》	丁福保编	文物出版社 1984 年版
《佛学研究十八篇》	梁启超	上海古籍出版社 2001 年版
《韩昌黎诗系年集释》	钱仲联	上海古籍出版社 1994 年版
《韩承旨年谱》	震钧	《北京图书馆珍藏本年谱丛刊》(第十二册),北京图书馆出版社 1998 年版
《韩翰林诗谱略》	缪荃孙	《北京图书馆珍藏本年谱丛刊》(第十二册),北京图书馆出版社 1998 年版
《韩愈丛考》	刘国盈	文化艺术出版社 1999 年版
《韩愈年谱及诗文系年》	陈克明	巴蜀书社 1999 年版
《韩愈评传》	卞孝萱、张清华、阎琦	南京大学出版社 2005 年版
《汉唐史籍与传统文化》	周鹏飞、周天游主编	三秦出版社 1992 年版
《汉唐文化史》	熊铁基	湖南出版社 1992 年版
《慧能评传》	洪修平、孙亦平	南京大学出版社 1998 年版
《慧能评传》	李天道、魏春艳	四川人民出版社 1999 年版
《吉藏评传》	方华田	京华出版社 1995 年版
《皎然年谱》	贾晋华	厦门大学出版社 1992 年版
《净影慧远思想述要》	廖明活	(台)学生书局 1999 年版
《空海学术体系的范畴研究》	王益鸣	广东人民出版社 2005 年版
《孔颖达颜师古评传》	申屠炉明	南京大学出版社 2006 年版
《李翱评传》	卞孝萱等	南京大学出版社 1998 年版
《李白年谱》	安旗、薛天纬编	齐鲁书社 1982 年版
《李白诗文系年》	詹锳	人民文学出版社 1984 年版
《李贺传论》	傅经顺	陕西人民出版社 1981 年版
《李商隐评传》	杨柳	江苏人民出版社 1981 年版

书名	作者	出版信息
《历代笔记概述》	刘叶秋	中华书局1980年版
《历代人物年里碑传综表》	姜亮夫纂，陶秋英校	中华书局1959年版
《刘禹锡评传》	卞孝萱、卞敏	南京大学出版社1996年版
《刘知几年谱》	傅振伦	中华书局1963年版
《刘知几评传》	许凌云	南京大学出版社2001年版
《刘子玄年谱稿》	朱希祖	《北京图书馆珍藏本年谱丛刊》（第九册），北京图书馆出版社1998年版
《柳宗元评传》	孙昌武	南京大学出版社1998年版
《楼观道源流考》	王士伟	陕西人民出版社1993年版
《卢照邻年谱》	李云逸	中华书局1998年版
《陆贽评传》	王素	南京大学出版社2001年版
《骆宾王评传》	杨柳、骆祥发	北京出版社1987年版
《孟东野诗文系年考证》	华忱之	《北京图书馆珍藏本年谱丛刊》（第十册），北京图书馆出版社1998年版
《南唐后主年表》	唐圭璋	《北京图书馆珍藏本年谱丛刊》（第十二册），北京图书馆出版社1998年版
《南唐中主年表》	唐圭璋	《北京图书馆珍藏本年谱丛刊》（第十二册），北京图书馆出版社1998年版
《全唐诗补编》	陈尚君	中华书局1992年
《岑参年谱》	赖义辉	《北京图书馆珍藏本年谱丛刊》（第十册），北京图书馆出版社1998年版
《日本佛教史纲》	（日）村上专精著，杨曾文译	商务印书馆1981年版
《日中文化交流史》	（日）木宫泰彦著，胡锡年译	商务印书馆1980年版
《日中交流二千年》	（日）藤家礼之助著，张俊彦、卞立强译	北京大学出版社1982年版
《少陵新谱》	李春坪	《北京图书馆珍藏本年谱丛刊》（第十册），北京图书馆出版社1998年版
《史籍举要》	柴德赓	北京出版社1982年版
《释氏疑年录》	陈垣	中华书局1964年版
《四库提要辨正》	余嘉锡	中华书局1980年版
《隋唐出土墓志文字研究及整理》	曾良	齐鲁书社2007年版
《隋唐道家与道教》	李大华、李刚、何建明	广东人民出版社2003年版
《隋唐佛教史稿》	汤用彤	中华书局1982年版
《隋唐佛教研究论文集》	隋唐佛教学术讨论会编	三秦出版社1990年版
《隋唐历史文献集释》	吴枫	中州古籍出版社1987年版
《隋唐五代大事本末》	刘占武、任雪芳	中国国际广播出版社2007年版
《隋唐五代的儒学》	程方平	云南教育出版社1991年版
《隋唐五代教育制度史资料》	程舜英编著	北京师范大学出版社1998年版
《隋唐五代墓志汇编》	《隋唐五代墓志汇编》编辑委员会编	天津古籍出版社1991-1992年版
《隋唐五代诗歌史论》	霍然	吉林教育出版社1995年版

《隋唐五代史》	吕思勉	上海古籍出版社2005年版
《隋唐五代史》	王仲荦	中华书局2007年版
《隋唐五代史学》	谢保成	商务印书馆2007年版
《隋唐五代文化史》	孙昌武	东方出版中心2007年版
《隋唐五代文学史》	周祖譔	福建人民出版社1958年版
《隋唐五代文学史料学》	陶敏、李一飞	中华书局2001年版
《隋唐五代文学思想史》	罗宗强	中华书局2003年版
《孙思邈评传》	干祖望	南京大学出版社1995年版
《唐才子传校笺》	傅璇琮主编	中华书局2002年版
《唐代佛教(附隋唐五代佛教大事年表)》	范文澜	人民出版社1979年版
《唐代后期儒学》	张跃	上海人民出版社1994年版
《唐代墓志汇编》	周绍良主编	上海古籍出版社1992年版
《唐代墓志汇编续集》	周绍良、赵超主编	上海古籍出版社2001年版
《唐代诗人丛考》	傅璇琮主编	中华书局2003年版
《唐代史学论稿》	瞿林东	北京师范大学出版社1989年版
《唐代文化》	李斌诚主编	中国社会科学出版社2002年版
《唐代文化史研究》	罗香林	上海文艺出版社1992年版
《唐代文学丛考》	陈尚君	中国社会科学出版社1997年版
《唐律疏义笺解》	刘俊义	中华书局1986年版
《唐孟郊年谱》	华忱之	《北京图书馆珍藏本年谱丛刊》(第十册),北京图书馆出版社1998年版
《唐人行第录》	岑仲勉	中华书局1962年版
《唐史史料学》	黄永年等编	陕西师范大学出版社1989年版
《唐宋词人年谱》(修订本)	夏承焘	上海古籍出版社1979年版
《唐司空尚书右仆射赵国公德彝历史》	封宝桢	《北京图书馆珍藏本年谱丛刊》(第九册),北京图书馆出版社1998年版
《唐诗人行年考》	谭优学	四川人民出版社1981年版
《唐太宗评传》	赵克尧、许道勋	人民出版社1984年版
《唐五代禅宗史》	杨曾文	中国社会科学出版社1999年版
《唐五代文学编年史》	傅璇琮主编	辽海出版社1998年版
《唐五代志怪传奇叙录》	李剑国	南开大学出版社1993年版
《唐玄奘法师年谱》	刘汝霖	《北京图书馆珍藏本年谱丛刊》(第九册),北京图书馆出版社1998年版
《天台宗研究》	董平	上海古籍出版社2002年版
《王绩研究》	张锡厚	(台)新文丰出版社公司1995年版
《王通论》	尹协理、魏明	中国社会科学出版社1984年版
《韦庄评传》	赵怀德	陕西人民教育出版社2001年版
《文穆王年表》	钱文选	《北京图书馆珍藏本年谱丛刊》(第十二册),北京图书馆出版社1998年版
《蜗叟杂稿》	孙望	上海古籍出版社1982年版
《五代十国文学编年》	张兴武	人民文学出版社2001年版
《五代史略》	陶懋炳	人民出版社1985年版

书名	作者	出版信息
《五经哲学及其文化学的阐释》	严正	齐鲁书社2001年版
《五十年来汉唐佛教寺院经济研究》	何兹全主编	北京师范大学出版社1986年版
《武肃王年表》	钱文选	《北京图书馆珍藏本年谱丛刊》(第十二册),北京图书馆出版社1998年版
《新时期中国古典文学研究述论》(第2卷)	陈友冰主编	商务印书馆2008年版
《皮日休评传》	许苏民	武汉出版社1997年版
《玄奘年谱》	杨廷福	中华书局1988年版
《颜师古年谱》	罗香林	(台)商务印书馆1972年版
《颜氏家训集解》	王利器	上海古籍出版社1980年版
《庾信研究》	徐宝余	学林出版社2003年版
《玉谿生年谱会笺》	张采田	《北京图书馆珍藏本年谱丛刊》(第十二册),北京图书馆出版社1998年版
《元稹考论》	吴伟斌	河南人民出版社2008年版
《元稹年谱新编》	周相录	上海古籍出版社2004年版
《元稹评传》	吴伟斌	河南人民出版社2008年版
《智顗评传》	潘桂明	南京大学出版社1996年版
《郑谷诗集编年校注》	傅义校注	华东师范大学出版社1993年版
《郑谷诗集笺注》	严寿澂、黄明、赵昌平笺注	上海古籍出版社2009年版
《中国禅学思想史》	(日)忽滑谷快天著,朱谦之译	上海古籍出版社1994年版
《中国禅宗史》	释印顺	江西人民出版社1999年版
《中国禅宗通史》	杜继文、魏道儒	江苏古籍出版社1993年版
《中国出土文献与传统学术》	朱渊清	华东师范大学出版社2001年版
《中国传统学术史》	卢钟锋	河南人民出版社1998年版
《中国道教》	卿希泰主编	东方出版中心1994年版
《中国道教史》(增订本)	任继愈主编	中国社会科学出版社1999年版
《中国佛教百科全书》	赖永海主编	上海古籍出版社2000年版
《中国佛教人名大辞典》	震华法师编	上海辞书出版社1999年版
《中国佛教史》	任继愈主编	中国社会科学出版社1981年版
《中国佛教史籍概论》	陈垣	中华书局1962年版
《中国古籍版本学》	曹之	武汉大学出版社1992年版
《中国古籍编撰史》	曹之	武汉大学出版社1999年版
《中国近三百年学术史》	钱穆	商务印书馆1997年版
《中国经学史》	马宗霍	上海书店1984年版
《中国经学史》	吴雁南、秦学顾、李禹阶主编	福建人民出版社2001年版
《中国景教》	朱谦之	东方出版社1983年版
《中国历代著名文学家评传》(第2卷)	吕慧鹃 刘波 卢达编	山东教育出版社1983年版
《中国历代著名文学家评传》(续编第1卷)	刘波等编	山东教育出版社1989年版
《中国历史大事编年》	张福裕等编著	北京出版社1987年版

《中国历史大事年表》	冯君实主编	辽宁人民出版社1984年版
《中国历史人物生卒年表》	吴海林、李延沛编	黑龙江人民出版社1981年版
《中国密教史》	吕建福	中国社会科学出版社1985年版
《中国目录学史》	姚名达	商务印书馆1998年版
《中国人名大辞典》	藏励龢等编	上海书店1980年版
《中国儒家学术思想史》	刘蔚华、赵宗正主编	山东教育出版社1996年版
《中国儒学史》（隋唐卷）	许凌云	广东教育出版社1998年版
《中国儒学史》	赵吉惠等主编	中州古籍出版社1991年版
《中国儒学思想史》	张岂之	陕西人民出版社1990年版
《中国史籍概论》	张志哲	江苏古籍出版社1988年版
《中国史学家评传》	陈清泉、苏双碧、李桂海、萧黎、葛增福编	中州古籍出版社1985年版
《中国史学名著评价》	仓修良主编	山东教育出版社1990年版
《中国史学名著题解》	张舜徽主编	中国青年出版社1984年版
《中国史学史纲》	瞿林东	北京出版社1999年版
《中国史学史稿》	刘节	中州书画社1982年版
《中国思想通史》（第4卷）	侯外庐等	人民出版社1960年版
《中国思想学说史》（隋唐卷）	张岂之主编	广西师范大学出版社2007年版
《中国隋唐五代思想史》	谢保成、赵俊主编	人民出版社1994年版
《中国文化史年表》	虞云国等编	上海辞书出版社1990年版
《中国文化通志》	中华文化通志编委会编	上海人民出版社1998年版
《中国文学编年史》（隋唐五代卷）	陈文新、刘加夫主编	湖南人民出版社2006年版
《中国文学家大辞典》（唐五代卷）	周祖譔	中华书局1992年版
《中国文学批评通史》	王运照、顾易生	上海古籍出版社1996年版
《中国学术流变》	冯天瑜	华东师范大学出版社2003年版
《中国学术名著大辞典》（古代卷）	吴士余、刘凌主编	汉语大辞典出版社2000年版
《中国学术名著提要》（教育卷）	张瑞幡、金一鸣主编	复旦大学出版社1996年版
《中国学术名著提要》（历史卷）	姜义华主编	复旦大学出版社1994年版
《中国学术名著提要》（文学卷）	章培恒主编	复旦大学出版社1999年版
《中国学术名著提要》（艺术卷）	蒋孔阳、高若海主编	复旦大学出版社1996年版
《中国学术名著提要》（语言文字卷）	胡裕树主编	复旦大学出版社1992年版
《中国学术名著提要》（哲学卷）	潘富恩主编	复旦大学出版社1992年版
《中国学术名著提要》（政治法律卷）	叶孝信主编	复旦大学出版社1996年版
《中国学术名著提要》（宗教卷）	陈士强主编	复旦大学出版社1997年版
《中国学术思想编年》（隋唐五代卷）	张岂之主编、刘学智著	陕西师范大学出版社2006年版
《中国学术通史》	张立文主编	人民出版社2004年版
《中国哲学大辞典》	冯契主编	上海辞书出版社1985年版
《中国哲学发展史》	任继愈主编	人民出版社1983年版
《中国哲学史论文初集》	熊十力	科学出版社1959年版
《忠献王年表》	钱文选	《北京图书馆珍藏本年谱丛刊》（第十二册），北京图书馆出版社1998年版

《忠逊王年表》	钱文选	《北京图书馆珍藏本年谱丛刊》(第十二册),北京图书馆出版社 1998 年版
《忠懿王年表》	钱文选	《北京图书馆珍藏本年谱丛刊》(第十二册),北京图书馆出版社 1998 年版

论 文 部 分

《"咸通十哲"及其诗歌创作研究》	尹占华	西北师范大学中国古代文学专业硕士论文2003年
《〈大唐创业起居注〉成书年代考》	宋大川	《史学史研究》1985年第5期
《从〈切韵序〉推论隋代文人的几个问题》	曹道衡	《文史》第三十五辑
《〈纂异记〉和卢仝的生卒年》	黄永年	《中国古典文学丛考》第二辑,复旦大学出版社1987年版
《风华绝代 书林流芳——〈唐女郎鱼玄机诗集〉漫话》	李欣宇	《收藏》2009年第12期
《〈高氏小史〉考》	李裕民	《辞书研究》1982年第3期
《〈建康实录〉及其成书年代问题》	张勋燎	《古文献论丛》,巴蜀书社1990年版
《〈建康实录〉作者与成书时代新论》	谢秉洪	《南京师范大学学报》(社会科学版)2004年第5期
《〈刘宾客嘉话〉的校辑与辨伪》	唐兰	《文史》第四辑
《〈颜氏家训〉成书年代论析》	朱明勋	《社会科学研究》2003年第4期
《〈资暇集〉作者李匡文的仕履与著述》	张固也	《文献》2000年第4期
《〈祖堂集〉及其辑佚》	陈尧东、周敬敏	《文》献2001年第1期
《〈祖堂集〉文献与点校》	张美兰	《中国禅学》第二卷(吴言生主编),中华书局2003年版
《本世纪来摩尼教资料的新发现及其研究概况》	林悟殊	《世界宗教资料》1984年第1期
《陈子昂及其文集之事迹》	岑仲勉	《辅仁学志》第14卷第1、2期合刊(1946年)
《陈子昂生卒年辨》	吴明贤	《四川师范学院学报》1983年第3期
《杜甫之死及其生卒年考辨》	丘良任	《深圳大学学报》2000年第4期
《樊晃籍贯考》	常爽	《陇东学院学报》(社会科学版)2007年第3期
《高峻〈高氏小史〉考》	张固也	《史学史研究》2002年第2期
《高丽海印寺海东新开印版〈祖堂集〉校读札记》	陈美兰	《古汉语研究》2001年第3期
《关于"三十二余罴"与"四十九仍入"——考骆宾王生年兼与骆祥发商榷》	任国绪	《唐代文学论丛》总第7辑(1986年)
《关于卢照邻的若干问题》	李云逸	《西北大学学报》1988年第2期
《关于善导禅师卒年问题》	温玉成	《文物》1985年第3期
《关于唐初僧道译〈老〉为梵的争论》	李养正	《世界宗教研究》1996年第3期
《寒山子诗歌的创作年代》	王运熙、杨明	《中华文史论丛》1980年第4期
《韩偓年谱补》	周祖譔、叶之桦	《唐代文学研究》第六辑

《河南偃师市杏园村唐墓的发掘》	中国社会科学院考古研究所河南二队	《考古》1996年第12期
《皇甫湜评传》	杨军、张少华	《苏州铁道师范学院学报》2000年第4期
《慧琳生平考略》	严承钧	《法音》1988年第8期
《火祆教入中国考》	陈垣	《国学月刊》第1卷第1号(1923年)
《净觉及其〈注般若波罗蜜多心经〉与其校书》	杨曾文	《中华佛学学报》1993年第6期
《净影寺慧远著述考》	冯焕珍	《中山大学学报》(社会科学版)2001年第5期
《开成石经校勘记》	刘最长、朱捷元	《考古与文物》1982年第1期
《李荣及其〈老子注〉考辨》	黄海德	《世界宗教研究》1987年第4期
《李商隐卒年新考》	王辉斌	《山西师大学报》1994年第1期
《李群玉年谱稿》	陶敏	《中国韵文学刊》1990年第2期
《论啖助、赵匡和陆淳〈春秋〉学的学术转型意义》	葛焕礼	《文史哲》2005年第5期
《论姚合〈极玄集〉》	周衡	《江苏大学学报》2004年第3期
《骆宾王生年考辨》	骆祥发	《唐代文学论丛》1982年第2期
《骆宾王生卒年考辨》	杨恩成	《人文杂志》1981年第2期
《齐己生卒年考证》	邓新跃	《益阳师专学报》2000年第3期
《评〈贞观政要〉》	吴枫	《东北师范大学学报》(哲学社会科学版)1979年第1期
《三论〈贞观政要〉的成书时间》	李万生	《贵州师范大学学报》(社会科学版)1995年第2期
《试论〈无能子〉》	朱越利	《世界宗教研究》1983年第1期
《释慧远》	杜斗城	《敦煌学辑刊》(创刊号)1983年第4期
《唐代巴蜀文人仲子陵生平考述》	何易展	《西华大学学报》(哲学社会科学版)2006年第6期
《唐代的中国文化宣言——韩愈〈原道〉论考》	邓小军	《孔子研究》1991年第4期
《唐代诗人张渭生平事迹考略》	熊飞	《文献》1999年第3、4期
《晚唐诗人周繇及其作品考辨》	陶敏	《唐代文学研究》第5辑
《晚唐著名朝鲜诗人崔致远》	金东勋	《中央民族学院学报》1985年第1期
《王绩生年辨析及其思想新论》	张锡厚	《学术月刊》1984年第5期
《王绩生平求是》	韩理洲	《文史》第十八辑
《王维生卒年考辨》	王从仁	《文学评论丛刊第16辑
《韦绚及〈刘宾客嘉话〉考论》	王伟	《西北大学学报》(哲学社会科学版)2009年第2期
《韦庄评传》	何寿慈	《中国文学季刊创刊号》1929年8月
《咸通十哲三论》	吴在庆	《中州学刊》1992年第10期
《徐云虔〈南诏录〉佚文及其史料价值》	罗勇	《楚雄师范学院学报》2006年第8期
《玄奘西行年代考》	潘国健	《新亚书院历史学系季刊》(1972年)
《伊斯兰教传入中国的时间》	才家瑞	《中南民族学院学报》1983年第1期

《元兢〈诗人秀句序〉释论——兼论其诗学对初盛唐诗歌发展之意义》	查正贤	《北京大学学报》（哲学社会科学版）2005年第3期
《张碧生活年代考》	陈尚君	《文学遗产》1992年第3期
《张籍简谱》	卞孝萱	《安徽史学通讯》1959年第4、5期合刊
《张志和探微》	吴建之	《东南文化》1991年第2期
《张志和生卒年考》	张应斌	《韩山师范学院学报》1995年第4期
《张志和生卒年考述》	周本淳	《江海学刊》1994年第2期
《张志和著作考》	陈耀东	《浙江学刊》1982年第1期
《郑谷年谱》	赵昌平	《唐代文学论丛》第9辑
《赵嘏卒年考》	赵望秦	《文学遗产》2008年第4期

人物索引

（按笔画排）

二 画

丁公著（字平子） 444,476,483,
 485,526,539,544,548,549,566
丁仙芝 346,376
丁孝乌 116
丁居晦 475,546,584
刁衍 744

三 画

万齐融 296,326,346,415,449
万参成（一作葛万成） 497
万宝常 45
三祖僧粲 36,40,42,49,73,78,
 86,191,370
上官仪（字游韶） 159,182,194,
 212,215,216,218,227,310
上官婉儿 218,301,302,303,
 304,306,310,313
义舟 547
于史良 483
于仲文（字次武） 52,87
于休烈 270,416,449
于兴宗 606
于志宁（字仲谧） 29,74,85,93,
 99,106,121,134,139,149,151,
 154,157,159,160,161,165,166,
 168,171,184,188,190,192,193,
 197,198,199,205,216,219

于邵（一作于召,字本门,一作
 德门） 412,463,467,481,490,
 491,494
于季子 280
于烈休 419
于珪 607
于逖 281,420,424
于球 607
于鹄 443,468
于頔（字允元） 490,493,498,
 499,540
于濆（字子漪） 619
卫次公 521
小野妹子（小野臣因高、苏因
 高） 74,76
弓嗣初 244
马光（字荣伯） 22
马吉甫 280
马向 431
马宇元 544
马利徵（一作马利贞） 332,
 337,340
马希广 745,751
马希声 714,717
马希范 700,717,732,741,743,
 745
马希崇 753
马希萼 751,752,753
马怀素（字惟白） 208,245,299,
 301,302,303,306,307,308,322,
 326,330,332,333,335,338,340

马周（字宾王） 145,151,168,
 173,184
马择 279
马总（字会元） 478,480,551
马挺 376
马显 8
马胤孙 723,726
马重绩（字洞微） 733
马殷 663,679,680,683,692,700,
 701,708,709,714,752,753
马载 241
马敬德 61
马曾 393
马缟 614,717,718,727
马嘉运 124,152,163,165,166
马戴（字虞臣） 568,591,602,
 614,680

四 画

乌震 710
仇士良 571,583
仇公遇 645
仇岳 28
仇殷 688
从贺 547
元万顷 237,256,259,263,266
元丹丘 366,374
元旦 416
元全柔 467,468

元行冲(名澹) 194,279,305,
　322,330,335,337,340,352,360
元希声 213,280,285,300,320
元怀景 213,384
元季川 424
元宗简(字居敬) 537,549
元绍 192
元思敬 215
元结(字次山,号元子、猗玗子)
　336,350,372,395,397,398,403,
　404,406,407,408,415,419,420,
　421,423,424,425,428,431,434,
　435,436,438,440,441,443,444,
　447,450,494,504
元海(字休则) 384
元载 368,428,437,440,458,459,
　460,502
元途 549
元善 6,22,52,101
元兢(字思敬) 163,210,214,
　215,227
元演 366,372
元韶 513
元德秀(字紫芝) 274,372,378,
　395,407,411,424,450,454,469
元稹(字微之,别字威明) 445,
　450,463,488,489,496,503,504,
　505,508,510,516,517,522,524,
　528,530,533,534,535,541,542,
　544,546,547,548,550,552,555,
　557,559,560,561,564,565,566,
　568,583,595,596,606,609,626,
　631,681,717
元繇 617
公孙罗 94,203,264,333
公乘亿(字寿山,一作寿仙)
　652
太平公主 303,304,306,312,
　316,317,320,325,344,377
太和公主 546
孔仁玉 717,756
孔至(字惟微) 277,336,378
孔齐贤 469
孔志 184
孔志约 203,205,207

孔奂 31
孔纬 652,656
孔宜 737
孔绍安 31,56,93,100,110,111,
　336
孔绍新 111
孔若思 336
孔崇基 292
孔巢 381
孔惟晊 538
孔晦 638,640
孔笼 22,56
孔维 712
孔循 707
孔惠元 184
孔温裕 633
孔嗣悊 119
孔颖达(字仲达) 8,66,74,81,
　87,104,106,107,120,124,134,
　139,141,143,144,149,151,152,
　153,154,156,159,164,165,166,
　167,179,183,184,185,189,193,
　429
孔德伦 119,220
孔德绍 164
孔褒 66
尹子路 358
尹元凯 261,280,286,376
尹文操(字景先) 243,262
尹正卿 64
尹玉羽(自号自然先生) 735
尹式 64
尹征 378,390
尹拙 658,696,716,720,722,724,
　732,734,735,736,739,743,744,
　746,753,761,764,768,772
尹知章 225,294,308,330,333,
　334,340,368
尹彦卿 64
尹思贞(字季弱) 376
尹愔 375,376
尹谦 363
尹鹗 705,735
尹懋 328

文成公主 159,160,161,162,
　199,243,244
文矩 733
文超 315,680
方干(字雄飞) 523,591,621,
　622,623,633,638,639,654,659,
　661,669,671,740
方昊(字太初) 681
毋昭裔 760
毋煚 335,337,340,349,378
毛文晏 691,695
毛文锡(字平珪) 691,695,735
毛明素 157
毛熙震 734,735
牛丛 609
牛仙客 376
牛希济 681,705,735
牛峤(一作牛蟜,字松卿,一字
　延峰) 641,685,735
牛僧孺(字思黯) 467,513,521,
　544,555,561,563,566,567,569,
　577,580,582,592,600,601
王一 6,11,172,222
王上客 220
王义方 91,159,178,186,196,
　198,205,225,252,341
王士元 368,388
王士雄 166
王士源 264,382,395,403
王中孚 757,758
王之涣 262,352,369,374,389,
　459
王仁裕(字德辇) 645,680,708,
　714,715,721,727,731,734,746,
　748,751,754,767
王元规(字正范) 34
王元感(一作玄感) 176,212,
　278,289,290,295,321
王公亮 547
王升 361
王太霄 196,230,256,277,279
王文端 192
王方庆 176,277,280,288
王无竞 280,293

人物索引

王长通 45
王世充 98,100,103,104,106,107,108,109,110,112,113,135,154,164,181,186
王丘(字仲山) 337,344,391
王仙芝 635,637,638,640,641
王处直 685,690
王弘 39
王旦 770
王正言 708,709
王正容 354
王玄宗(号太和先生) 254
王玄览(原名晖) 122,196,230,256,277,279
王玄策 183
王申 451
王仲通 66
王仲舒(字弘中) 430,521,550
王光庭 344
王光辅 306
王冰(号启元子) 429
王同皎 296
王守慎 257
王守澄 543,555,563
王师旦 173,177,178,179,181,185
王延(字子玄,扶风始平人,隋道士) 9,24,25,63
王延(字世美,郑州长丰人,五代时人) 645,728,758
王延政 736,738,743
王延彬 658,680,692,697
王延翰(闽嗣王) 704,707
王朴 692,762,764,767,772,775
王权 211,724
王贞(字孝逸) 7
王贞白(字有道) 661
王贞范 751
王伸 750,751
王伾 512
王克贞 758
王助 187
王劭(字君懋) 5,6,15,41,43,44,52,55,57,58,65,69,101
王孝远 116
王孝恭 152,168
王孝通 100,117,118,233
王孝籍 52
王希羽(一作王一羽) 565,669
王志愔 344
王怀隐 706
王沂 754
王泛 609,629
王远知(一作远智,字广德) 82,91,93,125,147,249,514
王邱 322
王劼 187
王叔文 512,513,516,531
王季友(原名徽) 325,374,424,494,501
王宗实 616
王定 458
王定保 105,212,630,631,667,680,692,734,737
王审知(字信通) 665,670,674,679,680,682,683,685,686,692,702,704,705,715,718
王审邽 680,698
王建(字仲初,中唐诗人) 439,455,476,496,544,560,562,568,591
王建(前蜀高祖) 641,655,659,668,679,681,683,684,687,689,691,694,704,706,708,721
王承班(本姓魏) 706
王择从 332,340
王昌龄(字少伯) 267,350,351,354,357,366,368,369,370,374,380,381,383,385,389,392,403,406,415,442,459,467,517
王易从 223,352
王松 744
王松年 4,685
王武俊 529
王泠然(字仲清) 270,328,329,331,337,339,348
王泾 492
王直 337,340
王知敬 156
王绍宗(字承烈) 254
王肱 639
王茂元 580
王茂时 244
王迥质 358
王驾(字大用,自号守素先生) 645,652,664
王修甫 451
王勃(字子安) 86,126,186,187,189,203,210,216,218,220,222,225,226,227,228,230,234,235,236,237,239,249,252,255,271,272,284,302,305,324,341,631
王勋(一作王劝) 187
王威 93
王度 6,11,82,83,84,85,89,102,126,136,172,488
王彦威 544,563,565,575,577,578,580,596
王思辩 199
王恒 390
王昭素 661
王昶(原名继鹏,闽康宗) 105,727,731,732
王神通 93
王禹偁 711,755,762
王胄(字承基) 32,67,69,71,87,136,318
王衍(原名宗衍,字化源,前蜀后主) 667,694,699,704,708
王适 250,260,280
王重荣 648,650,651
王剧 245
王峻 753
王恭 124,159,166,176
王晏球 713
王格 773
王涣(字文吉) 618,657,669
王珣 330,340
王珪 99,121,123,128,133,143,145,408

王眘(字元恭) 67
王真 523
王真儒 199
王紞 458
王虔休 498
王起(字举子) 319,425,546,548,550,560,583,590,591,592,599
王通(字仲淹,门人称文中子) 6,9,11,21,59,60,65,70,85,86,88,90,93,94,102,116,125,126,131,172,186,235,239
王铎 622,623
王勔 187,244,255
王悬河 4,63,281
王惬 335,340,342
王梵志(原名梵天) 209,448
王涯(字广津) 433,489,521,535,539,542,544,556,572,574,579,631
王淡 670
王泰 408
王绩(字无功,号东皋子) 6,11,21,36,84,88,94,102,107,108,111,116,126,136,152,157,172,201
王维(字摩诘) 267,270,305,309,317,319,335,338,339,350,351,355,357,358,362,372,373,376,378,381,386,390,391,392,396,397,403,405,407,412,413,416,418,419,421,427,432,433,445,459,468,473,489,578,667,684
王著 712
王隆(字伯高) 6,9,11
王昷 351,366
王弼 179,335,338
王敬从 376,381
王敬业 110,116
王敬宗 650
王景 35
王湾 335,337,340,361
王琰(王谈) 159,166

王缄 695
王缙(字夏卿) 392,423,427,432,440,458,468
王道珪 376
王雄诞 110
王嗣宗 742
王嗣琳 337,340
王溥(字齐物) 28,509,607,700,748,754,760,761,773
王福畤 86,88,89,94,109,126,136,186,187,235
王简言 461,465,538
王頍(字景文) 22,64
王熊 328
王端 382
王鄯 686
王静 6
王勴(一作王励) 187,255
王墀 659
王德韶 166,176
王潮 704,743
王褒 11,60
王踞 328
王震 306
王颜 461,485,490,507
王凝(字叔恬,王通弟,唐太宗贞观初监察御史) 6,85,86,94,125,126,136,186,187,235,629,634
王凝(唐懿宗咸通间礼部侍郎) 6,85,86,94,125,126,136,186,187,235,629,634
王璠 563
王翰(字子羽) 312,349,357,363,382
王彀(字虚中,自号临沂子) 665
王簿 82
王曦(原名延曦,闽景宗) 732,736,738,741,742
王瓒 694
王鏻(原名延钧,闽惠宗) 724
邓世隆(号隐玄先生) 154,186
邓玄挺 246

邓行俨 154,186
邓起元 593
邓森 186
邓懿文 732
长宁公主 303,306
长孙无忌(字辅机) 93,98,119,120,123,124,130,133,138,143,150,151,152,165,167,168,169,171,173,179,181,185,186,189,190,191,192,193,194,196,198,199,200,201,203,204,207,227,241
长孙氏(唐太宗皇后) 148
长孙巨泽 538
长孙正隐 244
长孙冲 194
长孙顺德 168
韦中立 529
韦之晋 362,425
韦介 451,454
韦元旦 261,280,284,293,301,303,305,306,307
韦元礼 562
韦元晨 286
韦公肃 536,556
韦方质 257
韦无忝 344
韦世康 5
韦处厚(本名淳,字德载) 452,517,524,530,534,544,547,548,549,556,559,586,590,600
韦宁 453
韦巨源 296,304
韦节 67,104
韦冰 423
韦安仁 198
韦安石 290,294,300,303,322,323
韦庄(字端己) 577,640,647,648,651,654,655,667,668,671,687,735,774
韦执谊 512,626
韦收 378
韦坚(字子全) 399

韦应物 375,463,472,475,479,485,488,499,684,687
韦彤 446,498
韦抗 327,352
韦良宰 421
韦叔夏 251,282,291,293,300,321,403
韦宗卿 590
韦岫 625,640
韦建 378
韦承庆(字延休) 160,243,245,287,293,297,298
韦法昭 249
韦表微(字子明) 449,547,562
韦贯之(本名纯) 425,527,529,531,548,608
韦述 28,138,240,277,304,330,335,336,337,340,342,349,378,414,416,417,419,471
韦待价 261
韦思谦 336
韦挺 99,141,145,161
韦昭度(字正纪) 645,652,655,662
韦洸 35
韦济 399,400,402
韦绚(字文明) 68,501,548,564,612,626,658
韦茞 446
韦陟 387
韦桓尼 453
韦珩 506
韦皋 460,501
韦逌 176,377
韦都宾 469
韦悫 604
韦惊 157
韦渠牟(号遗民子,又号北山子) 402,421,441,451,497,499,501,505,506,513
韦温 352
韦琨 203
韦琮 597,598
韦鼎(字超盛) 32,40

韦嗣立(字延构) 195,280,301,303,304,306,308,314,322,323,328,330,336,376
韦福嗣 88
韦暠 325
韦肇 453
韦蔼 671
韦澳(字子裴) 604,608,613
韦澥(一作韦縡) 377,403
韦縡 346,377,395,403
韦縠(一作韦縠) 723
韦赞 483
韦璩 240
韦蟾 617,626,630,637

五　画

丘丹 443,490
丘为 413
丘和 85,110
丘悌 453
丘悦 245
东方虬 278,279
乐史 716
乐彦祯 652
乐逊(字遵贤) 10
令狐丕 519
令狐峘 306,419,442,451,464,465,516,519,520
令狐楚(字殼士,号白云孺子) 439,518,538,542,555,558,560,566,572,573,579,608,615,620,631
令狐绹 604
令狐德棻 18,93,98,107,110,116,132,134,141,149,150,151,152,157,161,167,171,176,177,182,188,192,193,198,199,200,212,219,221,263,516,519
令狐澄 642
冯中庸 365
冯文智 760
冯伉 393,438,472,513,523

冯延巳(一名延嗣,字正中) 672,715,746,756,774
冯延鲁 756
冯齐正 461
冯侃 758
冯涓(字信之) 659,688
冯盎 109
冯宿(字拱之) 440,489,490,499,558,576
冯翊子(严子休别号,一说子休为字) 671
冯曾 468
冯朝隐 337,340,349,368
冯渥 656
冯道(字可道,自号长乐老) 647,679,696,701,704,707,709,713,717,722,724,726,732,739,741,744,745,753,762
冯鹭 349
冯锡嘉 690
包何(字幼嗣) 456,490
包佶(字幼正) 352,398,453,456,457,458,465,475,476,478,481,487,490,499,538
包恺(字和乐) 6,52,65,66,109
包融 296,376,449,456,490,631
北宗禅僧法如 156,198,235,258,264
卢士式 390
卢士衡 710
卢从愿 335,344
卢元符 433,572
卢仝(号玉川子) 541,574
卢幼平 436,499
卢弘止 602
卢价 704
卢多逊 723
卢导 722
卢延让(字子善) 681,766
卢昇 390,424
卢汝弼(一作卢弼,字子谐,一作子诰) 659,674,699
卢行嘉 325
卢告 609

卢庇 533
卢怀慎 323,327
卢求 610,611
卢纶（字允言） 440,453,455,457,465,472,473,474,477,478,479,483,484,486,488,495,502,536,578,699
卢言 577
卢坦 524
卢承基 182
卢昌衡（字子均，小字龙子） 5,69
卢知猷 656
卢质 711
卢俌 340
卢奕 407
卢彦卿 325
卢律师 241
卢思道（字子行，小字释奴） 5,15,19,25,56,61,69,79
卢恺 39
卢贲 45
卢重 701
卢钧 610
卢宽 143
卢损 703
卢虚舟 378,416,423
卢象（字纬卿） 392,416,421,431,433,477,572
卢犹 609
卢逸 312
卢鸿（一作卢鸿一，一说名浩然，字颢然） 332
卢鸿一 297,332
卢景亮 481
卢渥（字子章） 545,642,674
卢携 642
卢照邻（字升之，号幽忧子） 11,137,159,186,194,202,208,209,210,213,220,222,224,225,226,227,228,232,234,239,244,248,249,252,255,271,302,631
卢简求（字子藏） 484,547,599,600,623

卢简能 532
卢粲 300,325
卢詹 712
卢僎 332,340,368,402
卢肇（字子发） 453,598,616,624,634
卢锷 453
卢億 753
卢履冰 330,331
卢蕴 641
卢藏用（字子潜） 212,213,242,254,274,276,282,283,287,291,294,300,301,302,303,304,305,306,307,310,311,313,314,317,324,325,368,373
句中正（字坦然） 714,760
史万岁 59
史玄道 205
史仲宣 451
史孝谦 114
史序 725
史思明 428
史崇（一作史崇玄） 320,323
史惟则 419
史虚白（字畏名） 757
史朝义 428
史藏诸 239
司马才章 159,166
司马宅相 163
司马贞（字子正） 213,295,366,367,374
司马利宾 359
司马苏勖 166
司马承祯（字子微，号白云子，道号道隐） 181,222,245,249,254,274,280,312,313,339,343,350,351,354,373,514
司马锽 260
司空图（字表圣，自号知非子、耐辱居士） 94,562,579,629,642,645,651,652,653,655,656,659,661,664,666,673,674,679,684
司空曙（字文初，一作文明）

338,453,455,457,472,473,474,477,479,484,485,486,495,502,578,612
司徒诩 751,753
宁恕 467
尼智首 408
左兴宗 454
左偃 738
左辅元 443,447,448,451,470
帅夜光 367,368
平贞昚（字密，一字间从） 144,315
归仁泽 646
归仁海 638
归登 526
甘晖 368,385
田令孜 637,643,645,650,651
田可封 340
田承嗣 458
田敏 645,651,717,718,739,754,755,760,762,764,771
田游岩 245
田登 500
田锡 735
田頵 671
申文炳 768
申世宁 109
申怀操 377
申堂构 376
白行简（字知退，小字阿怜） 457,496,522,523,541,556,559
白志贞 472
白季庚 481,493
白居易（字乐天，号香山居士、醉吟先生） 450,459,486,487,493,496,503,504,506,508,510,511,512,516,517,519,521,522,524,525,528,531,532,533,534,535,536,537,538,539,541,543,546,547,548,549,550,552,553,555,556,557,558,559,560,561,562,563,564,566,567,568,569,570,571,575,576,577,582,583,584,585,587,588,592,594,595,

596,600,601,606,608,617,644,673,681,723

白敏中　587,593,598,599,611,614

白履忠　358,368

皮日休（字逸少，一字袭美，自号醉吟先生、醉士）　94,382,529,570,621,622,624,625,627,629,630,631,632,633,640,643,644,646,656,740,766

皮光业（字文通）　640,680,690,729,740

皮璨（一作皮灿）　740

石文德　731,741

石抱忠　245,254,256

石洪　521

石重贵（晋少帝，晋出帝）　737,744

石敬瑭　726,737,741,744

边冈　659

边归谠　750

龙敏　720

六　画

乔匡舜（字亚元）　666,730,752

乔师望　244

乔讽　758

乔侃　244,266

乔备　280,288

乔知之　258,266,288

乔潭　378,386

仲子陵　446,492,498

任希古　196

任昭理　327

任涛　630,631,632,633

任璨　99

任翻（一作任蕃，又作任藩）　562,590

伊舍罗　345

伍乔　723,757,769

伍彬　755

关子明　60

关同　755

关播　481

军法力　408

刘乙（字子真）　727,733,769

刘叉（自称彭子）　541

刘子翼（字小心）　124,182,189

刘山甫　667,705

刘之宏　213

刘仁轨　207,240,241

刘允济　220,257,261,268,269,287,293,300,301,305

刘允章　628

刘元鼎　546

刘友贤　244

刘太冲　390,407

刘太真（字仲适）　350,390,407,410,478,481,483,488,490

刘文静　92,97

刘方平　395

刘长卿（字文房）　352,406,416,417,419,423,425,432,434,441,443,448,452,453,455,456,466,467,473,475,486,488,490,499,514,536,578

刘仕恭　695

刘令植　335

刘弘基　152,168

刘汉宏　650

刘玄和　476

刘玄靖　586,593,594

刘仲丘　335,340,366

刘全白　451,453,499

刘如璇　275

刘守光　679

刘师命　512

刘延祐　259

刘廷奇　251,254,256

刘权　78

刘行深　634

刘讷言　109,238,239,245,253

刘轨思　74,80,81,176

刘迅（字捷卿）　342,378,424,454,469

刘伯刍（字素芝）　413,518,526,534,540

刘伯庄　109,143,163,201,212,213,295,366

刘克明　555

刘均（原名承均，北汉睿宗）　761

刘孝孙　106,108,115,141,150,163,164

刘希夷（一名挺之）　191,236,243,361,517

刘怀信　332

刘沧（字蕴灵）　625

刘玙　747

刘良（字承祖）　203,264,333

刘言史　529

刘进喜　109,113,114,115

刘邺（字汉藩）　644

刘周武　92

刘奇　273

刘孟温　747

刘季述　667,668,702

刘岳（字昭辅）　710,718

刘承祐（后汉隐帝）　748,751

刘旻（原名崇）　761

刘明素　475

刘易之　254

刘林甫　116,123

刘玠　498

刘玢（原名弘度，南汉殇帝）　737,738

刘知幾（字子玄，一说本名子玄）　69,105,176,182,210,212,229,248,272,273,280,284,286,288,289,290,293,295,296,301,309,310,312,317,328,335,341,342,343,360,388,430,513,658

刘知俊　685,758

刘知柔　341,342

刘祎之（字希美）　118,140,189,196,210,227,237,240,254,257,259

刘肃　68,520,658

刘茂　451,453

刘迥 342
刘述古 506
刘驾（字司南） 549,605,619
刘保乂（一作刘保义） 730,747
刘威 588
刘宪（字元度） 260,269,276,277,293,294,301,302,303,304,306,313,318
刘彦直 335,337,340
刘彦谟 586
刘思立 243,244,246,248
刘政会 168
刘昫（字耀远） 654,679,701,705,714,724,726,728,732,741,743,744,747,756
刘昭禹 715,731,732,752,755,756
刘洎（字思道） 145,159,165,168,171,173,176
刘洞 734,746
刘浃 342
刘祐 8
刘祖仁 22
刘禹锡（字梦得） 201,319,433,450,472,491,495,496,499,500,503,507,508,510,512,517,524,527,529,531,534,536,537,539,540,542,543,546,548,552,555,556,557,558,560,562,563,566,567,568,569,571,572,575,577,579,580,583,585,588,589,595,601,602,612,620,626
刘胤之 112,182,188,199,200,259
刘贶（字惠卿） 341,342
刘轲（字希仁） 54,182,517,537,585
刘展 422,423,425
刘晃 344
刘晅 679
刘晏（字士安） 327,339,383,396,398,416,423,428,431,433,437,451,458,460,462,463,464,465,466,480,497
刘晓（一作刘峣） 191,234

刘晖 8
刘晟（原名弘熙，南汉中宗） 738,770
刘涛 770
刘爱道 93
刘眘虚（字全乙） 406,631
刘祥道 203,214,216
刘秩（字祚卿） 342,384,430,505
刘袞 765
刘载（字德舆） 691,727,766
刘商（字子夏） 468,520
刘崇远（自号金华子） 710,750
刘得仁 612,616,652
刘绮庄 598
刘象 669
刘隐 679,680,681,685,687,694,737
刘龑（初名岩，后改名䶮，称帝后又更名，南汉高祖） 687,692,693,694,698,737
刘善经 10,81
刘斌 164
刘温叟（字永龄） 686,763,765,768,772,774
刘湾（字录源） 435,451,474
刘滋（字公茂） 342
刘焯（字士元） 5,6,22,24,25,62,63,65,66,74,76,80,81,87,101,176,183,218
刘鹭 697
刘黑闼 110
刘彙 342
刘暄 679
刘璟 605,607
刘蜕（字复愚，自号文泉子） 588,594,622
刘颖 378
刘暠（原名知远，后汉高祖） 748
刘熙古（字义淳） 672,720,729,774
刘毅 60
刘德威 145,157

刘皞（字克明） 658,756
刘积 590
刘镕（字正范） 635
刘餗（字鼎卿） 342,388,552,658
刘燕客 192,193
刘臻（字宣挚） 4,19,31,51,52,56,60,109
刘赞（前蜀学士） 700
刘赞（闽御史中丞） 700
刘赞（桂阳人，后梁崇政殿学士） 700
刘赞（魏州人，历仕后梁、后唐） 638,725
刘醜 81
刘鋹（原名继兴，南汉后主） 770
刘藏器 229
刘霸道 82
刘懿之 237
吉中孚 441,451,455,457,473,474,477,478,479,481,484,486,488,495,502
吉备真备 328,356,372
向敏中 751
吕才 54,89,116,121,136,142,152,157,163,172,196,201,205,207,219
吕休林 362
吕向 203,264,333,349,353
吕延之 504
吕延济 203,264,333
吕延祚 327,333
吕秀岩 467
吕述 578
吕咸休 713,754
吕温（字叔和，一字光化） 450,487,494,496,504,524,527,536
吕渭（字君载） 373,443,453,472,487,495,497,499,504,527
吕琦 734,735,743
吕道生 572,586
吕蒙正 742
吕端 725

人物索引

吕諲 423
孙万寿（字仙期） 7,10,31,56,81,111,112,199
孙处玄 376
孙处约（原名道茂） 61,189,229
孙玄成 377
孙伏伽（一作伏迦） 100,109,111,124,177,204
孙光宪（字孟文，自号葆光子） 636,681,699,707,735,740,751
孙成 468
孙过庭（字虔礼） 258
孙岘 754
孙季良（一名翌） 333,334,349,378
孙朋古 753
孙郃（一作孙邰，字希韩） 654,664,680,729
孙思邈 11,124,205,234,249,368
孙晟（本名凤） 729,767
孙泰 656
孙益 378
孙逖 275,309,323,326,330,332,337,343,344,349,350,351,358,362,370,371,374,379,380,384,387,392,396,427,436
孙逢吉 753,760
孙翊（一作翌，字季良） 359,361
孙恂 56
孙朝进 426
孙荣（字文威，自号无为子） 649
孙鹗 689
孙鲂（字伯鱼） 672,718
孙慎行 244
孙嘉之 380
孙德昭 668
孙樵（字可之，一作隐之） 594,602,604,609,645,649
宇文化及 97,99,100,101,102,103,112,126
宇文世寿 101
宇文节 192

宇文述 7,70,78
宇文峤 226
宇文恺（字安乐） 10,38,67,70,84
宇文弼（字公辅） 5,32,35,67,75
宇文融 351,353
宇文邈 468
宇文籍 534
安马驹 45
安乐公主 300,303,304,306,307,308,311,312
安如宝 408
安重海 707
安禄山 402,412,413,414,416,420,433,434
巩畴 616
戎昱 499
成元一 239
成玄英（一作成英，字子实，一说子休） 139,180,368
成彦雄（字文干） 731
成贲 431
朱子奢 111,120,129,132,134,146,163,164,165,166
朱友珪 688,689,690
朱友谦 665
朱文进 741
朱长才 166
朱巨川（字德源） 350,459,473,499
朱弁 453
朱存 769,770
朱庆余（名可久） 562,579
朱齐之（字思贤） 314
朱邵 451
朱孟博 31
朱放（字长通） 417,468,472,475,480,486,499,578
朱昂 706
朱玫 651
朱昼 558
朱泚 462,472,474,475
朱浔 729

朱晃（原名温，又名全忠，后梁太祖） 688,689,700
朱敬则 148,230,262,269,270,288,289,291,297,401
朱景玄（本名景元） 434,598
朱湾（字巨川，号沧洲子） 440,477
朱瑄 650
朱颖 518
朱锽（原名友贞，后梁末帝） 700
朱瑾 694,695
朱遵度 746,754
权万纪 133
权彻 381
权若讷 359
权皋 359,454,478,540
权寅献 337,340
权德舆（字载之） 359,414,421,422,441,452,453,457,459,461,467,469,471,474,478,479,481,482,484,486,487,488,490,496,499,501,503,506,507,508,509,512,515,518,524,528,530,534,535,536,540,573
权器 451,453
毕士安 731
毕师铎 652,653
毕乾泰 301
江为 734,746,757
江文蔚（字君章） 669,713,720,728,739,740,746,756,757,758
江总 31,32
江融 230
汤涉 454
汤衡 453,499
纪处讷 296,352
羊士谔（字谏卿） 542,543
羊业昭 656
许子儒（字文举） 187
许元佐 489
许弘 207
许弘直 207
许尧佐 489

许坚(字介石) 769
许孝崇 207
许叔牙(字延基) 187,239
许孟容 391,471,497,520,522,527
许浑(字用晦,一作仲晦) 603,625,639
许圉师 203,207,215,230,232,262,353
许寂(字闲闲) 613,727
许康佐 489
许彬(一作许郴,又作许琳) 633
许淹 94,203,264,333
许维岳 706
许鸿谦 442
许善心(字务本) 27,30,49,52,55,57,58,62,65,66,70,77,79,82,86,101,102
许敬宗(字延族) 41,98,102,106,123,129,132,134,149,155,159,163,168,169,173,182,189,194,198,199,200,201,202,203,205,206,207,210,212,215,226,231
许景先 336,349,357,396
许智藏 32
许棠(字文化) 617,630,631,632,639,669,680
许道敏 489
许嵩 186,426
达奚珣 390,392,394,396
邢文伟 262,264,267
邢巨 296
邢宇 378
邢君牙 491
邢宙 378
邢南和 368,369
邢昺 718
阮卓 34
阳休之(字子烈) 13,25
阳城 489
阳浚 378
齐抗(字遐举) 382,511,529

齐威 166,176
齐浣 330,340,396

七　画

严士元 416
严武(字季鹰) 352,418,420,428,431,434,435,436,449
严挺之 351,353,357,375
严维(字正文) 331,417,438,440,443,445,451,455,472,473,475,485,486,499,504,536,578
严善思 269
何之元 13,31,42
何仲举 713,715,716,732
何光远(字辉夫) 685,688,730
何延之 323,324
何妥(字栖凤) 4,6,14,22,24,26,30,34,35,39,45,92,108,158,429
何鸾 344
何禄 138
何超 182
何稠(字桂林) 108
何瓒 711
余永通 74
余延寿 376
余知古 616,617,626,630
余钦 335,337,340,349,378
吴仁璧(字廷宝) 657
吴少微 287,294,298,299
吴巩 381
吴师哲 207
吴罕 630,631
吴承范(字表微) 718,727,740
吴武陵(本名侃) 570
吴指南 350
吴淑 747
吴绰 340
吴善经 368
吴道玄(字道子,一说原名道子) 257,323,419

吴嗣宗 207
吴筠(字贞节) 388,410,414,443,451,461,499,507
吴兢 228,288,289,297,312,318,326,328,330,340,343,349,350,352,353,360,376,387,401,419,465
吴融(字子华) 654,655,659,666,671,681,737
员半千(原名余庆,字荣期) 131,226,238,243,245,262,280,308,341,358
员俶 358
员嘉静 339,342
均谅 547
宋之问(一名少连,字延清) 184,236,242,243,245,250,251,254,265,267,269,274,278,279,280,282,285,286,291,293,296,297,301,302,303,304,308,312,313,314,316,329,357,373,390,459,485
宋之逊 251,296
宋之悌 251,372
宋令文 234,243,245,249,250,251,312,316
宋正时 163
宋申锡 563
宋白 728
宋齐丘(一作宋齐邱,初字超回,后改字子嵩) 653,694,716,718,739,743,744,746,764,771,775
宋言(原名岳,字表文) 614
宋昙 296
宋若思 416
宋思礼(字过庭) 247
宋昱 390
宋荣 757
宋準 731
宋湜 752
宋鼎 395
宋辞玉 340
宋遥 366,390

宋遵贵　110
宋璟　216,245,259,260,261,301,
　307,312,327,328,332,335,337,
　341,355,359,374,377,600,603
岐平定(字通云)　105
岑义中　315
岑文本(字景仁)　28,47,100,
　107,124,132,134,141,149,151,
　153,155,159,162,163,165,171,
　173,176
岑长倩　257
岑况　416
岑参　327,360,369,380,387,391,
　392,396,397,401,404,405,409,
　410,416,419,420,421,428,431,
　434,435,436,437,440,441,445,
　446,494
岑勋　374
岑羲　297,298,301,303,306,307,
　308,317
张九皋　368,401
张九龄(字子寿)　241,286,287,
　289,296,308,314,317,323,328,
　330,332,335,337,343,344,349,
　351,353,357,358,359,360,362,
　363,364,365,368,370,372,374,
　375,376,378,379,381,382,467
张又新(字孔昭)　552,590
张义方　750
张士衡　176,321
张大安　238,239,253
张子容　315,362
张为　459,503,542,565,606,617,
　643,644,646,666
张仁愿　303,306
张允　690,733,734,735,737,739
张公瑾　239
张文收　121,159,228
张文宝　714
张文恭　182,199
张文翙　56
张文蔚　673
张文耀　317
张文瑾　241

张讯(字直言)　31,35,87,158
张可绩　577
张处斌　315
张弘　506
张弘靖　522,638
张正甫　557
张玄阳　492
张乔(字伯迁)　630,631,632,
　639,680
张仲让　22,56
张仲素(字绘之,一作缋之)
　542,572,579,631
张众甫(字子初)　327,471
张冲(叔玄)　52,62,87
张名播　315
张后余　506
张后胤(字嗣宗)　91,100,188,
　203
张守节　213,295,367,374
张守洁　327
张延赏　442,444,447,646
张廷珪　291,328
张旭(字伯高,俗号张颠)　296,
　374,394,401,477,631
张有略　378
张权　166
张行成　173,192,193
张行实　192
张阳　419
张阶　399
张齐贤(陕州人,盛唐时人)
　279
张齐贤(洛阳人,宋初宰相)
　741
张均　343,416,420
张希复　607
张彻　487,516
张志和(字子同,号玄真子)
　278,368,452,458,459,499
张怀瓘　156,164,258,354,356
张玘　353
张兖　686
张参　457,757
张叔明　381

张周封(字子望)　564
张咏　745
张固　304,613,645
张宗次　584
张建封(字立本)　373,483,489,
　500,502,503,572
张昌宗(张九龄兄)　221,284,
　285,290
张昌宗(武则天嬖臣)　279,
　280,282,289,291,352
张昌龄　178,179,180,182,221
张易(字简能)　731
张易之　279,289,291,293,295,
　298,303,305,316,324,329,336,
　352
张果　367,371
张泌　735
张直(号逍遥先生)　667
张绍文　753
张绍宗　356,357
张若虚　296,631
张茂之　378
张诜　203,264,333
张金称　82
张亮　138,145,152,168,178
张侯　447
张南史(字季直)　455,460
张垍　343,362
张宪(字允中)　701,707,708
张庭芳　324,398
张彦远(字爱宾)　199,598,599,
　604,608,623,637,638
张彦雄　376
张彧　138,461
张彪　420,424
张思敬　290,295
张昭远(张昭,字潜夫)　661,
　667,701,707,711,713,722,723,
　724,725,726,727,728,734,735,
　736,737,739,743,744,746,753,
　754,759,761,764,767,768,770,
　771,772,773
张柬之(字孟将)　118,263,278,
　283,291,293,298

张洎（字师黯，又字偕仁） 562,579,723,770,771
张洽 303
张祜（字承吉） 491,558,608,668
张胄玄 48,49,62,63,65
张荐（字孝举） 393,451,453,476,481,496,499,511
张荐明 734
张说（字道济，又字说之） 25,137,191,196,223,227,229,231,250,265,268,272,276,280,282,284,285,289,290,291,294,297,298,300,304,306,307,308,310,311,312,313,314,315,316,317,320,326,327,328,329,330,332,336,337,339,341,343,344,345,346,348,349,351,352,353,355,356,357,358,359,360,363,365,366,374,376,378,384,420,459,467,631
张贲（字润卿） 631
张倚 390
张容 635
张宾 8,14,18,20,28
张晋明 337
张晕 376
张格 695
张烜 381,390
张继（字懿孙） 466,467
张虔威 228
张读（字圣用） 642
张载华 451
张俳 337,340
张惟素 564
张淡 773
张渐 407
张率礼 91
张著 453
张谓（字正言） 390,447,449,451,452,459,460,477
张隐居（名九垓，号浑沦子） 368,514
张景源 301

张游朝 368
张湜 770
张琪 359
张登 506
张策（字少逸） 689
张羡 6,17,18
张蔫 453
张谟 453
张道古（一名睨，字子美） 664,684
张道源 120
张黑奴 22
张戣 607
张楚金 241,266
张溥 25,38,46,714
张献甫 481
张署 510,516
张锡 244,294,301,303,318
张僧繇 64,199,232
张嘉贞 344,354,374
张愿 368
张碧（字太碧） 694
张俦（字彦臣） 689
张德昭（一作张德钧） 753
张德裕 269
张潮 376
张瑾 70
张蕴古 140
张濛 485
张衡（字建平） 5,67,77,84,347,424,466
张镜微 337
张邈 378
张颢 683
张瀛 694
张籍（字文昌） 439,443,476,496,499,500,502,504,516,517,521,524,532,533,544,548,558,562,579,591
张蠙（字象文） 630,631,632
张鹭（字文成，号浮休子） 186,236,240,241,273,282,285,310,312,317,338,358,359,467,658
时溥 650

李乂（字尚真） 201,247,273,276,301,302,303,306,307,314,323,327,328,329
李义府 89,145,168,171,182,188,190,194,196,198,199,200,202,203,204,205,210,214,221,226,323
李义表 180
李义琛 241
李义琰 241
李士谦（字子约） 27,28,29
李大师（字君威） 99,107,121,131
李大亮 145
李子云 166
李子钊 337,340
李山甫 652
李广敬 378
李中（字有中） 738
李丹 378
李为光（一作李为先） 735
李之芳 441
李仁实 199,207
李仍叔 577
李从远 301
李从厚（小字菩萨奴，后唐闵帝） 720,722
李从珂（本姓王，唐末帝） 726
李从荣 713,715,716,717,720,721
李允 656
李元吉 99,118
李元庆 190,194
李元纮 353,374
李元昌 167,170
李元象 461,465,538
李元植 176
李元裕 186,194,202
李元嘉 260
李元操 41
李元瓘 337,358
李公佐（字颛蒙） 507,526,532,539,572,601
李友益 192

李文礼 192
李文博 31,49
李日知 317
李长史 654
李世民（唐太宗） 91,92,93,98,99,101,106,107,108,110,115,116,117,118,119,120,135,180,184,185,187,203,204
李世勣 168,192
李处正 280
李宁 766
李幼卿（字长夫） 453,456
李弘 197,215,221,223,228,232,236,443,732
李弘节 732
李弘泽 584
李弘冀 773
李旦（唐睿宗） 253,287,307,327
李正己 458
李汇 534
李汉（字南纪） 536,552,553,569
李玄植 176
李玄道 99,106,135
李甘（字和鼎） 574
李白（字太白） 283,285,309,326,330,339,350,351,353,354,360,362,364,366,370,372,373,374,380,381,387,388,390,392,394,396,397,399,401,402,404,405,407,409,410,412,413,415,416,418,420,421,423,425,429,430,442,445,449,450,504,505,584,644,675,681,690,694,717
李节 610
李训 571,574
李亘 325
李仲卿 108,117,137
李仲章 639
李光序 703
李光弼 425
李冲 260
李匡文（字济翁） 645

李华（字遐叔） 201,269,327,331,342,372,373,378,380,400,404,405,406,407,409,411,412,414,416,424,430,431,434,435,438,447,449,452,454,455,459,467,471,493
李吉甫（字弘宪） 420,490,492,519,520,521,526,528,529,530,532,534,570,586,602
李同和 39
李回 588
李多祚 299
李夷简 544
李存勖（后唐庄宗） 682,690,695,700,706,708,726
李守素 99,106
李安期 182,194,214,222
李庄 732
李延寿（字遐龄） 107,131,182,198,199,206,243
李成 696
李成式 414
李成美 583
李百药（字重规） 38,52,67,74,78,85,99,105,107,110,112,115,117,124,130,132,136,138,139,142,149,150,151,152,159,162,170,171,183,194,199,214,222
李约（字存博） 545
李至 747,769
李行言 301
李观（字元宾） 439,473,478,485,487,489,493,494,495,504,515,532,656,662
李讷 606
李贞 260
李轨 93,98
李阳冰（字少温，一作仲温） 285,390,392,394,429,430,442,499,701
李齐物 396
李亨（唐肃宗） 413
李克用（后唐太祖） 634,647,650,651,675,679,682,695,699,706,720

李冶 429
李含光（本姓弘，人称李玄静先生） 147,251,368,398,443,514
李孝贞（字元操） 7
李孝昌 645
李孝逸 230
李宏皋（一作李弘皋） 715,732,752
李岐（字伯道） 336,400
李岘 434,435
李希言 415,419
李希烈 468,472,475
李忱（本名怡，唐宣宗） 594,616
李怀俨 182
李沆 747
李沇（字东济） 662
李灵夔 260
李纯（原名淳，唐宪宗） 512,543
李纲 59,60,99,126
李纳 334,336
李纵（字令从） 457
李纾（字仲舒） 365,416,434,457,472,473,476,481,490,536,663
李钊 349
李京之 360,362
李叔明 461
李周翰 203,264,333
李国昌 634,682,720
李季兰（名冶，一说裕） 475,480,499
李季卿 313
李宗闵 521,546,551,564,600
李宗谔 769
李宙 357,381
李宝臣 458
李实 508
李尚一 328
李尚贞 328
李尚隐 304,358
李岩（唐玄宗天宝年间礼部侍

郎） 397,399,401
李岩（唐僖宗乾符年间广南节度使） 642
李建 522,543
李建中 744
李建成 92,99,106,108,109,118,119,121,128,142
李建勋（字致尧） 697,718,736,739,750,759
李忠 197
李承乾 153,160,161,165,167,168,170,171,192,204
李择 660
李昂（原名涵，唐文宗） 555,583
李昂（盛唐时人） 323,337,339,374
李昉（字明远） 680,706,727,748,764,765,767,769,770
李昊（字穹佐） 659,749,755,757,758
李昌符 617,630,631,650,657,658
李朋 614,680
李林甫 333,368,370,374,375,376,378,379,382,387,397,398,399,401,584,675
李枢 698
李治（唐高宗） 127,167,171,173,176,181,182,185,251
李泌（字长源） 344,481,484
李炎（唐武宗） 583,594
李玫（一作李玖） 605
李绅（字公垂） 450,506,510,517,544,546,547,550,552,571,576,581,584,586,590,596,600,631,758
李育 60
李若 19,56,61
李若虚 771
李茂贞 659,661,662,663,668,670,679
李范 297
李详 723

李贤（字明允，章怀太子） 222,236,238,239,241,243,244,245,253,287
李迥秀 234,272,274,301,303
李保殷 687,713
李俨 9,224
李勉 442,545
李勋 416
李咸用 690,695
李宪 290
李峘 423,425
李峤（字巨山） 177,198,217,238,240,242,247,263,269,272,273,274,276,278,280,282,284,285,286,288,289,290,291,293,295,296,299,301,302,303,304,306,308,322,323,324,329,357,393,394,398,631
李思训（字建见） 194,220,333
李思悔 333
李恒（唐穆宗） 543,551
李恒（盛唐诗人） 301
李恪 150
李恽 235
李昪（徐知诰、徐诰，字正伦，小字彭奴，南唐烈祖） 694,695,716,717,718,728,729,731,732,736,738,775
李昭道 333
李显（李哲，唐中宗） 165,244,246,247,251,253,278,279,292,306
李柷（原名祚，唐昭宣帝，唐哀帝） 672,679
李洞（字才江） 591,605,617,624,625,647,659,665,740
李洵 735
李珏 577,580,582,601
李祗 439
李神通 119
李绛 529,530,558,567,651
李荀 604
李荣（号任真子） 200,209,214,252

李诵（唐顺宗） 512,516
李贺（字长吉） 406,486,510,521,536,537,558,565,618,641,662,667,675,690,694
李贻孙 508
李适（字子至） 216,280,285,291,301,302,303,305,306,313,438
李适（唐德宗） 428,462,511,512
李适之（原名昌） 399
李逊 524,527,530,536
李郢（字楚望） 604,629
李重茂（唐少帝） 307
李重俊 299,300
李重福 308
李兼 478
李悟 555
李晋肃 441
李晔（中唐诗人） 421
李晔（原名杰，唐昭宗） 653,672
李栖远 630,631
李栖筠（初名卓，字贞一） 336,400,442,447,457
李桐客 116
李泰（字惠褒） 103,148,154,155,162,165,166,170,192
李浣（一作李瀚，字日新） 720,754
李涉（号青溪子） 509,558
李涛（字信臣，小字社公） 666,727,746,754
李珣（字德润） 705
李班（字公度） 690,715
李皋 472,480
李益（字君虞） 401,442,443,481,488,510,533,557,558,617
李祥 87,727
李羔 452
李莆 453
李载 765
李逢吉（字虚舟） 420,535,550,551,552,569,572,579

李邕(字泰和) 219,230,237,261,264,266,273,291,308,312,326,328,332,333,345,350,351,362,372,378,380,383,388,394,398,399,400,467
李铎 732
李颀 383,394,395,396,403,406
李凑(李林甫侄) 333
李凑(唐文宗弟,爵封漳王) 563
李商隐(字义山,号玉谿生) 450,530,559,560,566,569,578,580,586,588,592,593,595,597,598,599,600,601,602,604,606,607,611,613,615,622,626,631,660,702
李密 92,98,100,104,112,117,135
李崧 734,742
李惟岳 378
李淳风 59,100,118,124,144,161,163,182,197,198,199,207,218,233
李渊(唐高祖) 16,85,91,92,93,97,98,99,100,105,146,185,203,679
李琎 396,397
李绰(字肩孟) 646,658,663
李翊 504,506
李袭吉 675
李袭誉(字茂实) 94,145,157,159,172
李谔(字士恢) 4,7,18,19,26
李辅国 418,423
李隆基(唐玄宗,唐明皇) 307,308,311,312,314,427
李隐(字岩士) 650,651
李善 94,166,203,213,222,264,266,333,398,400
李善夷 752
李善道 734
李巽 501,512,538
李悼 366
李揆 420
李敬方(字中度) 611

李敬玄 192,207,226,230,233,241
李景让 583
李景伯 303
李景俭 541,544
李朝威 483
李渤(字濬之,号白鹿先生) 147,373,452,509,514,517,521,522,524,531,535,539,546,547,558,564,572
李渥 638,667
李湛(唐敬宗) 551,555
李琪(字台秀) 633,679,690,702,705,715
李番 518
李程 537,541,546,569,603
李筌(号达观子) 422
李蕚 378,451,453
李裕 667
李超 633
李道宗 152,160
李道宝 23
李道枢 577
李道殷 733
李鹗 564,631
李鼎祚 429
李亶(初名景通,又名嗣源,后唐明宗) 720,722
李勣 152,192,193,207,219,266
李嗣真 170,199,245,266
李廓 603
李愚(字子晦) 690,715,716,717,720,723,725,762
李暐 402
李煜(南唐后主) 730,773,774
李熠 651
李粲 362
李群玉(字文山) 609,620,621,639,654
李虞仲 554
李靖(字药师) 88,145,152,168,185,187
李频(字德新) 596,605,617,633,639,654,680

李鹏 261
李嘉祐(字从一) 417,434,456,463,467,473,486,499,578
李愿 504
李昌 294,358
李漼(原名温,唐懿宗) 616,618,620,622,632,634
李端(字正己) 441,444,453,455,457,472,473,474,477,479,484,486,495,499,502,578,612
李肇 510,532,552,554,565,658
李蔚 623
李儇(本名俨,唐僖宗) 634,643,645,650,651,652,653
李德林(字公辅) 4,7,23,35,37,38,52,183
李德诚 759
李德裕(初名缄,字文饶) 459,480,518,521,544,546,548,557,560,561,563,564,566,567,569,570,571,575,577,580,583,584,585,586,587,588,590,592,593,594,596,597,598,600,602,631,658
李憕 386
李播(号黄冠子) 172,233,368
李暹 368
李毅 764
李潼 645
李璋 622
李磎(字景望) 617,662
李毂 761
李褒 593,601
李豫(唐代宗) 428,431,432,438,439,440,441,447,461,462
李镇 213,295,360
李燕 686
李璘 415,416
李璟(南唐中主) 693,738,770
李穆 712
李羲叟 597
李翰(字子羽) 361,403,419,451,465,466,468,471,487
李翱(字习之) 455,491,493,

497,499,500,501,502,504,507,
516,517,523,524,527,529,530,
532,536,541,543,544,546,557,
560,563,567,569,571,573,576,
577,610

李融 260,359

李霓 720

李潘 327

李藏用 425

李藩(字叔翰) 411,524,526,
614

李麟 404,405

李衢 528,580

杜元志(字道宁) 384

杜元颖 513,518,546,549,550

杜台卿(字少山) 10,43

杜正玄(字慎徽) 53

杜正伦 135,145,191,198,204

杜正藏(字为善) 53

杜让能 656,658,690

杜亚 451,483

杜伏威 107,110,111,112,115

杜光庭(字宾圣,一作宾至,号
东瀛子,一作登瀛子,又号华
顶羽人) 13,323,422,603,
649,657,690,693,699,721,743

杜华 396

杜如晦(字克明) 23,93,99,
106,119,130,131,133,137,152,
168

杜并 280,287

杜行满 67

杜佑(字君卿) 104,190,335,
373,383,384,464,469,483,503,
505,507,508,513,517,519,528,
538,573

杜甫(字子美) 203,283,302,
316,332,338,350,362,364,372,
374,383,387,392,394,396,397,
398,399,400,402,404,405,407,
409,410,412,413,415,416,418,
419,420,421,423,425,428,430,
431,433,434,435,436,437,439,
440,441,443,444,445,448,449,
450,475,494,504,530,584,606,
660,667,673,681

杜审 613

杜审权 690

杜审言(字必简) 184,227,242,
256,278,279,280,286,289,293,
297,301,302,303,329,394,631

杜易简 232,233

杜牧(字牧之) 467,509,556,
559,569,571,573,575,580,584,
587,588,590,592,593,595,600,
601,602,603,604,605,606,608,
609,611,615,621,644

杜信(字立言) 426

杜洪 696

杜荀鹤(字彦之,自号九华山
人) 597,633,647,659,671,673

杜晓(字明远) 11,680,685,
687,690

杜淹(字执礼) 6,9,11,21,59,
60,65,86,88,90,94,99,104,108,
112,115,121,124,126,131,199,
235

杜鸿渐 437,438,440

杜温夫 541

杜嗣业 530

杜嗣先 235

杜德祥 668

杜遑 374

杜蕙 519

杜镐 731

杜儒童 266

来和(字弘顺) 8

来俊臣 257,268,269,277,287,
289

来恒 241

来济 82,168,171,178,182,190,
193,194,196,198,200,208,213,
244

来鹏(一作来鹄) 619,640

杨九龄 750

杨上善 368

杨士勋 166

杨广(隋炀帝) 19,27,30,31,
32,35,37,40,42,46,50,51,53,
61,62,87,91,97

杨仁卿 182,199,205,207

杨文干 115

杨发(字至之) 615,616

杨巨源(字景山) 413,496,504,
562,568

杨弘元 557

杨归厚 528,541

杨汉公 565,604,616

杨玄感 66,85,87,88,89,117

杨再思 280,296

杨师厚 685

杨师道(字景猷) 149,152,159,
163,173,181

杨异(字文殊) 7,31,40,54

杨汝士 539,546

杨行密(字化源) 664,670,672,
673,683,696,697,729

杨齐悊 280

杨坚(隋文帝) 3,61

杨宏 74

杨汪(字元度) 4,5,52,67,71,
109,321

杨沂 670

杨泂 723

杨牢(字松年) 508,615

杨玚(字瑶光) 225,337,358,
359,360,373

杨秀 36,39,59

杨侑(隋恭帝) 93

杨侗 100,103

杨凭(字虚受,一字嗣仁) 453,
455,482,499,509,522,523,538

杨国忠 407,413,484

杨尚希 5,16,19,24,36

杨於陵 523,524

杨炎(字公南) 357,453,458,
462,464,465,466,468,469,473,
494,515

杨绍复 607,635

杨茂谦 327

杨俊 27,31,33,36,40,54,87

杨俨 620

杨勇 5,6,11,31,52,53,63,66

人 物 索 引

杨夐 654
杨思俭 215
杨拯(字齐物) 378,404
杨昭俭(字仲宝) 670,727
杨炯 60,187,189,206,212,228,230,238,239,245,246,247,252,254,255,256,260,265,269,270,271,302,324,394,631
杨倞 539
杨凌(一作杨陵,字恭履) 455,457,482,509,538
杨恭仁 107,145,158,181,377
杨浚 384,407,409,412,413
杨浩 97
杨涉 659,662,672,688
杨砺 717
杨素(字处道) 4,6,14,19,21,22,27,30,32,35,39,51,52,55,57,58,59,60,65,70,71,72,75,85
杨谅 49,51,58,62,63,64,65,66,77
杨续 104,159
杨绾(字公权) 432,433,435,458,567
杨虚受 327
杨隆演(初名瀛,又名渭,吴高祖) 683,696,697
杨敬之 558
杨敬述 332,333
杨渥(字承天) 679,680,683
杨遂初 453
杨鲁士 577
杨嗣复(字继之,小字庆门) 474,513,554,555,558,579,582,584,601
杨廉 286,301,303
杨暕 7,78
杨溥(吴睿帝) 697,709,728
杨滔 335
杨德元 451,453
杨德辉 685
杨凝(字懋功) 455,461,482,499,509,538
杨凝式(字景度,自号癸巳人、希维居士、关西老农) 631,679,701,726,732,743,746,754,760,762
杨衡(字中师) 461,465,476,494,538
杨徽之(字仲猷) 699,757,762,765,771
汪台符 718
汪华 106
汪遵(一作王遵) 625
沈千运 424,492
沈子正 338
沈元礼 377
沈亚之(字下贤) 519,534,539,565
沈仲昌 453,499
沈传师(字子言) 460,513,517,518,534,550,556,573,579,609
沈光(号云梦子) 625
沈兴宗 378
沈如筠 305,376
沈伯仪 246,256
沈杞 506
沈佺期(字云卿) 236,256,279,280,282,284,285,286,289,291,293,296,299,301,302,303,306,307,313,314,316,323,326,329,459
沈叔安 114,115
沈法兴 67,74,99,103,105
沈询(字诚之) 573,610
沈咸 453
沈既济 465,468,494,573
沈祖山 453
沈重(字子厚) 16,17,34,35,84,109,158
沈殷 453
沈益 453
沈崧(字吉甫,一作文甫) 622,660,686,729,731
沈彬 688,691,716,718,723,740
沈德威(字怀远) 31
沈遵 213
沈颜(字可铸) 708

沙仲穆 655
狄仁杰(字怀英) 137,238,258,260,267,269,274,276,278,279,282,283,345,360
狄光嗣 278,294
芮挺章 393,448
苏世长 99,106
苏弁(字元容) 469,500,509,515,516,607
苏弘 557
苏安恒 176
苏孝慈 43
苏良嗣 515
苏味玄 286
苏味道 184,198,222,229,232,242,259,260,271,272,273,276,282,286,289,291,293,295,299,302,324,631
苏定方 201
苏尚辇 85
苏易简 776
苏威(字无畏) 4,7,12,14,15,19,22,26,27,30,39,41,46,52,55,56,58,70,72,74,75,78,83,85,91,92,112
苏拯 619
苏晋 296,342,364,396
苏涣 443,456
苏衮 500,515
苏冕(字元佩) 500,509,515,607,773
苏勖 99,106
苏敬 207
苏景胤 623
苏颋(字廷硕) 201,228,264,273,275,276,282,287,297,299,300,301,302,303,304,306,307,308,310,317,323,326,327,328,329,335,336,337,338,339,343,344,345,346,349,352,355,356,357,363,396,631
苏源明(原名预,字弱夫) 374,378,403,409,434,504
苏涤 565

苏端　674
苏鹗(字德祥)　639,651,658
苏德融　166
苏瓌(字昌容)　158,294,304,310,355
苏夔(字伯尼)　39,45,60,62,74,78,85,90,92
谷那律　189
谷那倚相　189
谷倚　287,298
豆卢次方　479
豆卢著　563
豆卢毓　191
轩辕集　613
辛丘驭　182
辛茂将　207
辛彦之　4,16,23,26,39
辛殆庶　499
辛谞　144
辛谠　642
辛德源(字孝基)　15,19,56,61
邵大震　227
邵升　303
邵知新　315
邵轸　342,378,454,471
邵谒　619
邹儒立　500
闵廷言　640
阿罗那顺　183
陆士修　451,453
陆从典　49,71
陆元仕　182
陆元悌　332
陆元朗　31
陆元泰　332,340,349
陆长源　491,499,500
陆向　453
陆羽(一名疾,字鸿渐,又字季疵,号竟陵子、东岗子)　369,396,414,423,425,426,429,444,451,452,453,455,465,479,481,499,510,511
陆希声　368,495,560,636,656,659,662,674
陆龟蒙(字鲁望,自号江湖散人、天随子、甫里先生)　608,616,629,631,632,633,638,640,642,644,646,667,668,766
陆法言(名慈)　19,56
陆绍伯　332,337,340
陆肱　610
陆质(原名淳,字伯冲)　172,446,463,468,481,487,508,515,527
陆勋　632,635
陆复礼　490
陆威　674
陆彦师(字云房)　10,81
陆扆(原名允迪,字祥文)　599,652,655,657,658,659,660,661,663,664,666,667,668,671,674
陆贽(字敬舆)　411,451,472,474,487,489,493,496,514,515,674
陆据(字德龄)　342,378,382,411,471
陆爽(字开明)　5,10,19,38
陆象先　315,318,342
陆善经　378
陆敦信　139
陆景初　302
陆鲁望　172
陆修　506
陆德明(名元朗)　16,62,65,66,104,106,107,113,114,117,126,127,368,764
陈义海　315
陈子良　121,124,139,140,142,160
陈子昂(字伯玉)　150,208,212,232,242,244,251,252,254,256,257,258,263,267,270,273,274,275,276,278,279,280,283,313,324,325,329,361,373,466,486,504
陈元　625,744
陈元敬　179
陈少游　463,481
陈弘志　543
陈正卿(名晋)　384
陈永　172
陈用拙　681,694
陈光问　669
陈匡(一作康图)　681
陈夷行　582
陈羽　494
陈观　718
陈贞节　317,361
陈伯宣　213,295,513
陈抟(字图南,号扶摇子)　720,762,766
陈沆　683,757
陈闶　344
陈京(字庆复)　459,465,469,485,503
陈叔达(字子聪)　84,88,99,100,104,105,107,110,111,116,121,124,126,136,143,148
陈叔宝(陈后主)　12
陈宝炽　63
陈岳　730
陈岵　546
陈承信　376
陈该　246
陈述　522,592
陈庭玉　367,368
陈标　562
陈段烈　342
陈觉　746
陈贶(一作陈况)　709,734,739
陈乘　680
陈兼　378,416,454
陈晋　378
陈润　450
陈翃　492
陈致雍(字表用)　742,766,767
陈虔　377
陈郯　680
陈陶(字嵩伯)　636,659,669,690
陈顼(陈宣帝)　12
陈商　593,594

人 物 索 引

陈谏 512
陈鸿（一作陈鸿祖，字大亮） 516,525,526
陈说言 378
陈谦 398
陈嘉言 244
陈蔚 617
陈翰 641
陈潘 729,730
陈黯（字希孺，号昌晦，又号场老） 639,670

八 画

周子谅 376
周仁举 638
周弘正 31,35,127,158
周玄达 166
周兴 25,257,266,289
周朴（字见素，一作太朴） 617,637,643,647
周行逢 775
周季重 280
周宗 739
周宝宁 239
周彦昭 244
周彦晖 244
周思茂 237
周思钧 244
周矩 269
周阆 453
周瑀 376
周愿 453
周墀 586,602
周德政 753
周繁 650
周繇（字为宪，一字允元） 630,631,632,649,650
和嵘 756,765
和岘 735
和凝（字成绩） 667,694,720,724,727,732,734,735,746,754,765,767

孟云卿 350,395,410,418,419,424,436,440,444,492,617
孟方立 650
孟玄辉 732
孟匡朝 390
孟安排 281
孟利贞 196,215,237,257,259
孟迟（字迟之，一作叔之，又作升之） 600
孟知祥 704,707,719,722,750,758
孟诜 234,249
孟贯（字一之） 757,771
孟郊（字东野） 405,489,491,498,499,500,502,504,505,516,524,525,526,529,532,574,591,617,619,766
孟拱辰 727
孟昶（原名仁赞，后蜀后主） 722
孟咏 729
孟宾于（字国仪，自号群玉峰叟） 742,755,771
孟晓 337,340
孟浩然 264,315,353,357,361,364,368,372,376,379,380,381,382,395,403,406,456,489,492
孟深彦 428
孟简（字几道） 526,532,543,551
孟静素 28,155
季尚冲 377
宗晋卿 303
宗秦客 267
宗楚客 296,301,302,303,323,352
尚献辅 281,286
尚衡 388
屈突通 99,168
幸寅逊（一作幸夤逊） 725,758
庞严 547,552,558
庞勋 629,630
庞蕴（字德玄） 520

房千里（字鹄举） 517
房元阳 280
房玄龄（字乔） 31,47,88,93,98,99,106,107,108,115,119,121,125,128,129,132,133,135,136,137,147,148,149,150,151,152,154,156,163,165,167,168,169,171,175,177,182,184,185,205,215,334,341,343
房光庭 314,316
房垂 378
房轴 116
房晖远（字崇儒） 5,22,56,60,61
房益 451
房琯 346,362,378,396,409,418,419,420,449
房孺复 483
房夔 451,453
拓跋思恭 645
拓跋恒 700,732
明克让（字弘道） 5,45,60
明悉猎 306
松赞干布（弃宗弄赞） 161,243
林罕 665,725,729,735
林宝 155,524,528,580,581
林披（字茂彦，一说茂则） 453
林宽 680,756
林鼎（字焕文） 658,729,742,750
林嵩（字降臣，一作降神） 637,643,647
林蕴（字复梦） 453,634
林颢 639
林藻（字纬乾） 453
欧阳询（字信本） 71,99,105,110,116,118,121,123,136,156,163,164,204,268,320
欧阳炯（一作欧阳迥） 663,695,705,707,735,766
欧阳通 164,268
欧阳彬（字齐美） 683,703,752
欧阳谒 617
欧阳詹（字行周） 417,453,464,

502,507,508,515,634
武三思　245,273,275,285,288,293,294,296,297,298,299,310,320,328,352
武士逸　99
武元衡（字伯苍）　420,520,529,530,534,566,617
武平一（名甄）　301,307,316,350,385
武则天（名曌）　45,137,141,153,195,209,213,253,256,259,263,264,265,266,267,268,269,270,271,272,273,274,275,277,278,279,280,281,282,283,285,286,289,290,291,292,293,295,297,298,300,306,307,310,311,312,313,316,320,321,323,324,327,329,339,341,349,350,367,371,373,377,379,380,385,427,465,501,515,546,558,577,585,679,732
武攸宜　274
武承嗣　268
武谊（字子思）　635
武崇训　299,300
畅当　449,472,478,479,483,488
畅诸　339
直鲁古　692
罗虬　628,646,686
罗邺　617,628,646,654,686
罗绍威（字端己）　640,683,687
罗思贞　315
罗衮　671
罗隐（本名横，字昭谏，自号江东生）　568,614,616,620,625,627,628,631,634,637,638,641,646,648,654,659,661,670,671,679,680,683,685,686,687,717,733
罗道琮　186,252
耶律阮（辽世宗）　745
耶律进刺　697
耶律阿保机　692,697,707
耶律突吕不　697
耶律鲁不古　697

耶律德光（辽太宗）　707,745,746
耶律璟（辽穆宗）　753
苑咸　378,379,397
苗发　428,455,473,474,477,479,484,486,495,502
苗神客　237
苗晋卿　344,386,390,397,479
苗愔　577
符载（字厚之，自称庐山山人）　422,461,465,476,492,501,538
范义颀　166,198
范传正　536
范伦　419,431
范行恭　352,360
范季明　428
范知璿　332
范质（字文素）　688,720,751,753,759,768,773
范缙　451
范摅　658
范履冰　118,210,227,237,244
郏殷象　690
郎士元（字君胄）　457,463,467,473,486,494,578
郎余令（字元休）　126,215,226,232,242,244,258,259,262
郎席怀　342
郎楚之　126,194
郎蔚之　126
郑丹　432
郑仁表（字休范）　636
郑仁规　640,646,654
郑从谠　620,623,640,641
郑元礼　715
郑元龟　715
郑元忠　715
郑元恭　715
郑元振　715
郑元素　715
郑元弼　715
郑元瑜　715
郑文宝　754,760

郑世翼　187
郑处诲（字延美，一作廷美）　569,620,627,658,741
郑亚　590,597,598,599,600
郑光庭　656
郑延休　597
郑延昌　651
郑廷珪　674
郑余庆（字居业）　397,516,530,532,545
郑希颜　669
郑良士（一作郑士良，原名昌士，字君梦）　613,669,680,715
郑良金　337,340
郑言　607
郑译（字正义）　3,5,30,39,45,70
郑谷（字守愚）　614,625,630,631,632,633,639,652,654,659,661,664,666,672,673,680
郑还古（号谷神子）　588
郑叔则　511
郑审　441
郑居中　577
郑昈　284,459
郑法士　199,232
郑注　127,334,335,343,563,570,571
郑炅　423,425
郑绍业　632
郑肃　636
郑受益（字谦光）　735,736,738,741
郑洵　325,441,444
郑珏　690
郑畋（字台文）　555,629,635,638,642,645,648
郑祖玄　246
郑贻　643,660
郑钦悦　492
郑浣（本名涵）　457,557,560,561,583
郑珣瑜　589
郑虔（字若齐，一作弱齐）　257,

人 物 索 引

389,403,409,414,416,434
郑起 766
郑顼 642
郑巢 596
郑常 479,480
郑惟忠 289,306
郑涵 554
郑符 607
郑绩（字其凝） 231,356
郑绲 468
郑铣 332
郑善果 83,99
郑愔 262,293,301,302,304,308
郑袠 412
郑覃 543,561,567,571,575,578,580,582,589,717,718,721,762
郑愚 612,627
郑裔绰 621
郑遨（名云叟） 626,658,712,733
郑綮（字蕴武） 639,666,667
郑韬光 703
郑潜曜 396
郑凝 647
郑澣（字蕴士） 536
郑薰（字子溥，号七松处士） 608,616
郑璧 631
郑颢 611,612,616
金城公主 299,306,364
金慈藏 175
鱼弘志 583
鱼玄机（字幼微，一字蕙兰） 591,628,629

九 画

临孝恭 8
侯云长 506
侯令仪 425
侯白（字君素） 42
侯行果 337,340,346,349

侯孝遵 123,212
侯郢珊 327,335
侯喜 506
侯君集 119,136,167,168
俞元杞 376
信都镐 729
南卓（字昭嗣） 489,585,598,600,603,609
南金 244,323,725
咸安公主 481
咸廙业 349,378
姚义 88,94,126
姚义玄 214
姚子彦 423,425
姚天璹 215
姚合 469,536,578,579,582,591,596,602,603,610,616,617,631,639,654
姚汝能（一作姚汝龙） 432
姚系 468
姚岩杰（自号蒙溪子，一作象溪子） 624,650
姚南仲 361,480,509
姚奕 374,375,376,378
姚思廉（名简） 30,32,71,73,99,106,110,118,120,124,132,134,149,150,153
姚思聪 163
姚洎 688
姚珽 153,213
姚衮 509
姚绥 31
姚崇（本名元崇，字元之） 191,240,275,278,282,283,284,286,290,291,307,312,317,322,327,328,341,374,377,468,596,650
姚康（字汝谐） 605
姚最（字士会） 6,16,17,58
姚僧垣（字法卫） 17,58
姚察（字伯审） 30,32,57,67,71,72,73,101,134,153
姚璹（字令璋） 153,270,529,546,585
姚頵 727

姜如璧 443
姜晞 323
姜皎 323,344
室昉 698
封伦 99
封彦卿 597
封敖（字硕夫） 600,621
封舜卿 682
封演 488,658
封德彝 100,108,110,121,122,142,143
施士丏 446
施公 87
施肩吾（字希圣，号东斋，自号栖真子） 544
施敬本 346,352,360
昝殷（一作答殷） 500,599,617,618
是光义 371
查道 765
柯崇（一作柯宗） 669
柳士宣 166
柳中庸 499
柳公权（字诚悬） 164,461,521,624
柳公绰 624,674
柳开 747
柳仲郢 604
柳冲 155,265,277,294,297,318,323,331,336
柳并 390,478,480
柳纵 367,368
柳芳（字仲敷） 155,184,342,354,372,378,382,384,419,439,454,470,471,511,569,570,599
柳识（字方明） 325,378,416,444,447,469,484
柳宗元（字子厚） 319,382,446,450,452,454,482,485,489,491,496,497,499,504,508,509,512,513,521,522,524,526,527,529,531,533,536,537,538,539,540,541,542,553,576,584,585,606,619,640

柳昂 14	独孤及（字至之） 73,350,357,	胡履虚 332
柳明 226,227,228,229	381,398,404,409,412,419,420,	荆浩（字浩然，自号洪谷子）
柳比 652,653,654,656	423,425,428,430,432,434,435,	755
柳述 59	438,441,448,452,453,454,455,	荣九思 99
柳宣 196	456,459,493,496,503,535,553	荣建绪 7
柳彧 14,59	独孤册 357	费长房 3,9,14,33,37,42,44,46,
柳浑（原名载，字夷旷，又字惟深） 327,388,416,453,469,	独孤氾 478	49,50,217,362
479,481,483,484,524,526	独孤沛 370	费行 193
柳顾言（名晉） 60,69,71,90,	独孤郁（字古风） 457,501,503,	贺兰敏之（武敏之） 222,228
101	524,535,542,564	贺纪 127
柳冕（字敬叔） 465,471,494,	独孤思庄 244	贺知章（字秀真，号四明狂客）
500,505,507,511,570,599	独孤损 663,673	208,273,296,326,336,342,343,
柳淡 451	皇甫公义（一作皇甫公仪） 220	349,351,356,357,362,363,365,
柳珵 599	皇甫无逸 145	382,387,390,393,415,419,631
柳登（字成伯） 471	皇甫冉（字茂政） 334,413,414,	贺若弼 59,75
柳雄亮 4	417,432,434,441,442,444,448,	贺若察 425
柳察 453	460,466,477,499,578	贺朝 296,326,364,449
柳奭 192	皇甫枚（字遵美） 637	贺敳 127
柳镇 491,542	皇甫诞 56,164	贺德仁 99,127
柳澄 599	皇甫曾 407,441,448,451,453,	贺德基 127
柳璟（字德辉） 471,585,587	454,457,465,475,477,485,499,	贺璘 694
柳璨（字炤之） 309,667,672,	578	赵上交 756,759
674	皇甫湜（字持正） 457,503,517,	赵元亨 290
段子璋 425	521,527,536,573,574,576,577,	赵元拱 757,758
段公路 636	601	赵凤 707,709,710,711,713,723
段文昌（字墨卿，一字景初）	相里造 431	赵文恪 192
452,572,622,636	祖孝孙 41,110,121,130,141,228	赵方 158,377
段安节 663	祖咏 346,350,391,393,406,578	赵冬曦 302,328,343,344,349,
段成式（字柯古） 599,607,615,	祝钦明（字文思） 251,282,284,	365
616,617,621,622,626,630,650,	286,290,293,294,297,304,311,	赵弘智 116,145,166,194,321
663	321	赵归真 584,586,592,593,594
段志玄 152,168	种放 765	赵汇贞 302
段宝玄 192,193	胡子象 207	赵玄默 317,337,340,349
段思平 728	胡仲 454	赵光允 706,708
段容 718	胡汾 669	赵光逢（字延吉） 666,706,708,
段涛 753	胡秀林 659,681	747
段瑳宝 642	胡进思 745	赵光裔 706,708
段简 283	胡树礼 220	赵匡（字伯循） 446,463,515
段颙 709	胡惠超（一作慧超，字拔俗）	赵匡胤（宋太祖） 191,730,772,
洪文进 742	290	776
洪渊 77	胡曾（号秋田） 639	赵安仁 68,772
浑瑊 479,483,492	胡皓 382	赵安贞 302
独孤云 633	胡紫阳 366	赵贞固 254,313
	胡楚宾 237	赵君赞 166

赵宏（赵文度） 682,775
赵寿 744
赵纵 458
赵邻幾 704
赵和璧 302
赵宗儒 543
赵居贞 302
赵牧 618
赵英 214
赵庭隐（一作赵廷隐） 648,707,750
赵彦昭 295,301,302,303,304,306,308,322,323
赵骅 342,378,416,471
赵夏日 302
赵玒（字盈之） 595
赵莹（字玄辉） 651,734,735,736,743,755
赵逢 765
赵颀 703
赵乾叶 166
赵崇 655
赵崇祚（字弘基） 707,725,729,735,750
赵常盈 557
赵普 700
赵㬎 5
赵鹗 625
赵㣪 505
赵微明 424
赵蒙 633
赵颐贞 302
赵暇（字承祐） 518,609,625
赵熙（字绩巨） 709,735,743,747
赵需 497
赵憬 489
赵璜（字祥牙） 511,620
赵蕤（字太宾） 330
赵璘（字泽章） 568,612,629,630,658
赵赞 469
逢行珪 368

郗云卿 242,302
郗纯（一作郗昂，字高卿，号伊川田父） 416,454,467
郗昂 416
郗维素 497
郝处俊 207,241
钟传 660
钟安礼 681
钟绍京 275
钟敬伦 727
钟谟（字仲益） 752
钟蒨（字德林） 755
钟籁（一作钟辂） 568
闾丘均 235
闾丘晓 415
项斯 562
骆宾王 113,144,165,190,194,196,214,216,219,222,226,227,228,229,230,232,236,238,239,241,242,244,247,251,252,255,271,302,341,631

十 画

倪从进 711
倪可福 711
倪若水 311,327
倪曙（字孟曦） 680,699
凌季友 230
凌准（字宗一） 512,522
凌敬（一作陆敬） 108
剧燕 630,631,648
哥舒晃 456
哥舒翰 408,409,410,412
唐玄度 578
唐休璟 176
唐同泰 263
唐次（字文编） 459,509,517,518,573
唐求 591
唐备 655
唐绍 304,315,438

唐询 307
唐临（字本德） 99,193,207,208,488
唐俭 99,168
唐宪 99
唐彦谦（字茂业，自号鹿门先生） 643,660
唐晅 371
唐颖 384
唐衢 525
夏永 447
夏宝松 746
夏宝陵 734
夏侯审 455,465,473,474,477,479,484,486,488,495,502
夏侯潭 647
夏瑛 60
展子虔 63,64,199
席元明 244
席豫（字建侯） 246,285,344,400
徐上机 116
徐云虔 642
徐文远（名旷） 62,65,66,100,104,112,113,115,116,117
徐世勣 98
徐台符 761
徐仲雅（字东野） 700,732,752,755
徐光溥（一作徐光浦） 749
徐同卿 42
徐安贞（原名楚璧） 344,351,357,365,381,382,389
徐师谟 99
徐齐聃（字将道） 137,152,153,208,227,229,231,360
徐伯彦 280,284,306,313
徐坚（字元固） 176,208,213,231,269,280,284,285,288,290,294,295,297,301,302,305,308,310,315,317,318,330,343,346,349,354,357,360,365,366,378,382
徐灵府 368,456

徐岱(字处仁) 494,497
徐牧 732
徐知训 694
徐知证 674,727,747
徐知谔 675,735
徐知道 428
徐若彦 669
徐威 753
徐峤(字巨山) 360
徐彦伯(名洪) 240,261,268,
   279,282,288,297,301,302,305,
   306,307,314,325,329
徐浩(字季海) 286,287,289,
   290,330,357,358,382,414,418,
   419,421,435,453,470
徐铉(字鼎臣) 693,730,731,
   739,740,746,750,752,754,758,
   760,765,766,769,774
徐陵 11,32
徐商 616,617,650
徐晦(字大章) 581
徐敬业 253,254,255,256,262
徐温 683,695,696,697,732,735,
   738,747,759
徐皓 244
徐道邈 147
徐楚璧 332,340
徐夤(一作徐寅,字昭梦) 660,
   670,680,692
徐锴(字楚金) 698,729,762,
   766,767,769,774
徐璜 458
徐凝 563,610,654
晁良 340
晁迥 756
晁衡(一作朝衡,原名阿倍仲麻
   吕) 331,350,365,388,407,
   410,445
柴成务 723
柴宗训(后周恭帝) 772,776
柴绍 168
柴荣(后周世宗) 761,772
格希元 239
桑维翰(字国侨) 666,705,728,

743,745
桓彦范(字士则) 194,283,293,
   298
殷子敬 342
殷开山 168
殷文圭(字表儒,小字桂郎)
   680,696
殷令言 342
殷仲容 282,342
殷尧藩 602,610
殷佐明 453
殷季友 342
殷承业 332,340
殷闻礼 110,342
殷寅 342,378,454,471
殷崇义(即汤悦,字德川) 740
殷淑 425
殷践猷(字伯起) 236,335,337,
   340,342
殷遥 376,389
殷璠 376,378,389,406,408,411,
   413,415,422,427,433,436,446,
   448,673
秦世英 157
秦系(字公绪,号东海钓客)
   350,351,455,461,470,487,488,
   499,503,514
秦叔宝 168
秦宗权 650,655
秦彦 650
秦景通 109
秦暐 109
秦韬玉(字仲明) 647
索元礼 257
翁承赞(字文尧,一作文饶,自
   号狎鸥翁) 618,680,685,686,
   718
翁绶 624
耿询(字敦信) 67,102
耿湋 441,453,455,457,472,473,
   474,477,478,479,484,486,495,
   502
聂夷中(字坦之) 619
莫休符 240

莫宣卿 604
虔修 727
袁天纲 121
袁充(字德符) 32,43,63,76,
   80,83,90,101
袁利贞 127
袁郊(字之乾,一作之仪) 628
袁恕己 293
袁承序 127
袁晖 340,344,349
袁朗 32,99,116,127
袁高 416,499
袁智弘 257
袁滋 531,628
袁彝 446,498
袁瓘 353
诸葛爽 650
诸葛颍(字汉) 63,65,69,83,
   101
谈弘谟 577
谈戬 376
贾大隐 176,251,368
贾公彦 166,176,193
贾文通 207
贾玄珪 758
贾至(字幼几,一作幼邻) 313,
   334,378,398,400,414,419,420,
   421,428,432,435,437,438,441,
   449,450,454,459,516
贾岛(字浪仙,一作阆仙,自称
   碣石山人、苦吟人) 463,
   492,524,526,568,579,591,596,
   602,603,604,610,617,620,622,
   624,631,654,659,665,675,681,
   766
贾纬 734,735,736,737,742,743,
   746,750,751,753,755,758
贾言忠 232,233,262
贾耽(字敦诗) 363,485,492,
   505,507,514,529
贾载 431
贾邕 390,407
贾敏行 192
贾黄中 737

贾普耀　166
贾曾　233,344,396
贾琼　88
贾登　357
贾餗　546,558,563,566,567
贾膺福　275
贾馥　717
郭子仪　462,492
郭子和　92
郭山恽　251,290,303,304,321
郭元振（名震）　200,232,284,312,320
郭仙舟　332
郭令乐　45
郭正一　196,237,257,259
郭利贞　289
郭忠恕（字恕先）　729,756
郭若讷　280
郭英乂　435,438
郭威（字文仲,后周太祖）　748,751,752,761,772,776
郭昭庆　769
郭赘　725
郭密之　369
郭湜　439
郭嵩真　249
郭微　758
郭瑜　198,215
郭暧　473,479
钱元瓘（原名传瓘,字明宝,吴越穆王）　736
钱弘佐（吴越忠献王）　736,745,749
钱弘倧（吴越忠逊王）　745,766
钱俨　730
钱昱（字就之）　741,749
钱俶（原名弘俶,吴越忠懿王）　711,748,749,757
钱珝（字瑞文）　668
钱起（字仲文）　311,379,434,441,451,453,455,457,463,467,473,474,477,479,484,486,495,502,578,668
钱惟治（字和世）　751,766

钱熙　569,760
钱镠（字具美,小字婆留）　655,657,660,669,670,679,680,681,683,686,700,717,718,729,736
钱徽　546
陶沔　381
陶详　654
陶毂（本姓唐,字秀实）　672,742,762
陶翰　364,366,411,473
顾云（字垂象,又字士龙）　605,628,632,633,636,646,647,648,650,652,656,659,660,673
顾少连　491,493,499,500
顾况（字逋翁,号华阳山人）　357,417,419,422,441,447,468,479,480,481,483,484,487,488,490,491,499,503,536
顾戒奢　441
顾非熊　536,602,603,616
顾彪（字仲文）　66,164
顾胤　154,166,195,196,207,215,216
顾陶　612
顾愔　463
顾琼　735
高士达　82
高士廉（名俭）　85,110,120,123,127,139,141,143,152,154,155,162,164,167,168,173,180,181,205,304,318,528,555
高子贡　262,267
高从诲（荆南文献王）　711,725,740,748,751
高元裕　595
高开道　98
高四　196
高正臣　244
高仲武　434,444,448,463,467,471,473,474,475,477,480,486,492
高仲舒　176
高向玄理　76

高君雅　93
高孝基　88,93,133
高希峤　367
高远（字攸远）　422,527,730,740,774
高季兴（字贻孙,荆南武信王）　699,703,707,711
高季昌　679,683
高季辅　173,192,193
高审行　238
高绍　244
高若思　198
高迥　304,305
高保融（荆南贞懿王）　748
高峤　244,305
高彦休（号参寥子）　610,649,658
高适（字达夫）　284,335,362,366,369,370,372,374,378,387,388,389,390,392,394,396,398,401,404,405,406,407,409,410,412,413,418,421,423,425,428,431,435,436,440,445,446,459
高郢（字公楚）　382,440,501,502,504,526
高重（字文明）　555,576
高骈（字千里）　548,639,646,647,648,649,650,652,653,660,712
高峻　304,305
高崇文　653
高球　244
高敬言　192
高智周　196,207,237,241,257,259
高智宝　63,102
高智静　327,335
高湘　640
高湜　632
高越（字冲远,一作仲远）　739,740
高辇　713,716,717,721
高颎（一名敏,字昭玄）　3,4,12,28,30,31,32,51,52,59,62,

70,72,74,75,76,78
高戬 291
高锴 575,577,580
高瑾 244
高蟾 638

十一画

啖助（字叔佐） 348,446,492,498,515,533
寇锡 362
尉迟汾 506
尉迟枢 744
尉迟恭 119
尉迟敬德 119,152,168,192
崔万 453
崔子发 52
崔子向（名中，号中园子） 457,486
崔仁师 132,134
崔从一 393
崔元武 598
崔元范 606
崔元翰（名鹏） 361,455,459,468,472,481,490,493,496,540
崔日用 233,273,275,276,301,303,306,308,309,313,316,323,330,344,365,507
崔令钦 429,470
崔宁 463
崔汉衡 481
崔玄亮（字晦叔，自号三癖翁） 442,496,550,568,595
崔玄暐（本名晔） 156,201,285,289,293,298,344
崔亚 647
崔仲方 3
崔光远 425
崔协（字思化） 713
崔戎 569
崔成甫 397,407,420
崔行功 163,182,235,298

崔论 423
崔邠 516,519
崔宏 451,453
崔宏礼 489
崔希逸 376
崔沂 686,703
崔沆 637,638,641
崔沔（字若冲） 233,273,340,345,380,382,420,449,466
崔玙 605
崔良佐 507
崔龟从 470,604
崔宗之 366,390
崔宗德 22
崔尚 350
崔枢 523
崔知贤 244
崔知温 246
崔迥 404
崔信明 141
崔厚 643
崔彦武 15
崔彦昭 620
崔彦曾 630
崔彦撝 650
崔昭 435
崔祐甫（字贻孙） 342,344,423,449,459,462,466
崔胤 668,702
崔荛 638,640
崔浩 686
崔贻孙 703
崔晃 376
崔晋 577
崔泰之 223,280,314,345
崔涂（字礼山，一作礼仙） 654
崔涣 415,416,490
崔致远（字海夫，号孤云） 614,625,636,646,647,648,649,650,712
崔载华 481
崔造 442
崔郸 571,578,600,603

崔铉（字台硕） 509,607,773
崔颂（字郭美） 696,765,775
崔密 453
崔庚 638
崔悦（字子文） 640,694,716,722,724,730,734,742
崔液（字润甫） 289,325
崔郾（字广略） 442,555,557,558,576
崔隐甫 351,353
崔善为 110,116
崔敦礼 199
崔植 546
崔湜（字澄澜） 229,265,280,285,290,294,300,301,302,304,307,308,312,314,317,320,325
崔琢 597
崔琯 554
崔琳 364
崔翘 344,379,381,383
崔道融（自号东瓯散人） 654,661,680,682
崔廓（字士玄） 27,101
崔慎由 623
崔瑄 604
崔璩 607
崔群 489,506,533,535,552
崔谨 623
崔颐正 700
崔瑶 606
崔璆 387
崔瑾 633
崔璙 642
崔颐（字祖瀋） 22,77,78,79,83,85,86,101,180
崔儒 344,468
崔凝 661
崔橹（一作崔鲁） 644
崔澹 641
崔璞 629
崔融（字安成） 194,238,240,246,247,255,256,259,261,272,273,275,277,282,284,285,288,291,293,297,298,299,302,324,

329,357,631
崔儦(字岐叔) 61
崔藏之 337,340
崔颢 405,433,459
崔蠡(字越卿) 582
巢元方 80
巢孝俭 207
常坚 547
常建 381,385
常明 4
常衮 361,432,440,451,453,455,456,458,462,464,465,469,473
常骏 76
常得志 54
康子元 340,346,349
康国安 252
康造 451
康軿(一作康骈,字驾言) 661
庾仲容 478
庾传昌 693
庾传美 707
庾自直 67,71,83,89,102,164
庾季才(字叔奕) 4,12,13,60,89
庾承宣 489,539,541
庾抱 99,128,164
庾质(字行修) 6,13,67,83,89,100
庾信(字子山,小字兰成) 11,60,97,316,398,425,693
庾俭 67,100,110
庾敬休(字顺之) 537,544
悉怛 563
戚纶 762
扈载(字仲熙) 699,767
扈蒙 692,765,773
斛斯政 85
曹邺(字真道) 210
曹元廓 275
曹妙达 45
曹邺(字邺之,一作业之) 590,605,619,655
曹国珍(字彦辅) 732,733

曹松(字梦征) 565,617,622,633,643,654,669,740
曹宪 94,159,203,252,264,333
曹衍 775
曹匪躬 753
曹唐(字尧宾) 626
曹恩 463
曹悦 732
曹梁涉 353
曹福 338
梁升卿 344
梁令瓒 347
梁守谦 543
梁师都 92
梁周翰 714
梁建方 642
梁知微 326
梁肃(字敬之,一字宽中) 44,50,361,398,403,409,434,448,453,454,455,459,466,471,472,478,483,484,487,489,491,492,493,494,499,527,540,550,553,572,576
梁述 199
梁待宾 270
梁毗 59
梁积寿 230
梁载言 260,287,305,306
梁崇 447
梁崇义 458
梁鼎 765
梁震(本名蔼) 683,707,725
盖文达(字艺成) 74,85,106,121,124,149,154,157,165,171
盖文懿 124,171,176
盖嘉运 380
盛彦师 98
硃宽 73
硃瑒 69
章八元 438,473
章仇太翼(字协昭) 63
章廷珪 518
章孝标 562,579,610,612
章碣 629

符彦超 707
符蒙(字适之) 705,723,741,742
第五泰(字伯通) 634,635
第五琦 437,455
萧元善 198
萧公瑜 481
萧业 633
萧吉(字文休) 6,45,89,228
萧存 453
萧至忠 293,296,301,303,308,317
萧定 416
萧岿 18
萧昕(字中明) 281,368,431,437,438,479,488
萧枢 639
萧该 6,9,10,19,22,52,56,66,87,109,203,264,333
萧顷(字子澄) 621,686,715
萧俛 522
萧俨 739
萧复 472
萧彧 754
萧泳 732
萧钧 157,204
萧俯 526
萧倣(字思敬) 618,620,621
萧圆肃(字恭明) 20
萧谅 353
萧铣 93,100,107,176
萧景 99
萧嵩 361,362,365,366
萧楚材 203
萧瑀(字时文) 99,108,110,116,120,122,124,125,145,168,177,184,204,621
萧颖士(字茂挺) 277,331,336,342,372,378,384,388,390,400,407,410,412,413,414,424,454,456,459,467,469,471,484,490,493
萧德言(字文行) 99,110,118,139,154,166,168,169,186,188,192,195

萧德昭 241
萧璟 135
萧璿 326
萧灌 167
萧籍 577
辅公祐 110,111,112,114,115
辅俨 245
阎义颛 315,327
阎士和 390
阎立本 57,87,106,199,205,206,224,232,275
阎立德（名让） 87,99,149,157,162,168,173,186,199,206,233
阎防 368,488
阎伯屿 382
阎伯均 499
阎知微 244
阎毗 67,87,199,233
阎选 735
阎惟一 719
阎朝隐（字友倩） 280,282,293,301,303,304,305,306,321,357
隋德素 166
鹿虔扆 735
黄夷简 725
黄洞元 468,476
黄损（字益之） 680,683,699,700,757
黄巢 637,640,642,643,644,645,647,648,653,655,680,684,689
黄筌（字要叔） 638
黄楷 617
黄滔（字文江） 585,617,639,670,671,674,680,681,682,685
黄裳 487
黄璞（字绍山，一字德温，号雾居子） 657
龚霖 720

十二画

傅仁均 100,118,124,218

傅奕 62,99,100,105,108,109,115,118,120,140,157,158,160,368
储光羲 346,350,352,353,354,364,366,368,376,405,414,415,416,422,445,617
储嗣宗 612,617
善听 408
喻凫 654
喻坦之 630,631,632,633,669
富嘉谟 280,285,287,294,298,299,357
强循 327
强蒙 446,451
彭玕（一作彭玗，又作彭旰，字叔宝） 577,721
彭晓（字秀川，别号真一子） 747
彭继英 732
彭继勋 732
彭景直 304,309
敬会真 349
敬晖 293,294
敬翔（字子振） 702
敬播 124,134,149,168,169,177,182,189,213,215
景审 525,545
景焕（一作景涣，又名朴，原姓耿，自号玉垒山人、玉垒山闲吟牧竖、匡山处士） 695
智轮 607
曾致尧 747
朝秀 14
温大雅（字彦弘） 88,93,99,100,105,127,128,153
温宪 622,630,631,632,680
温庭皓 617,630
温庭筠（一作温廷筠，又作温庭云，本名岐，字飞卿） 506,605,615,616,617,619,622,626,629,630,631,650,660,735,774
温彦博（字大临） 88,121,123,153
温翁念 261

温造（字简舆） 572
温畬 586
游恭 696
游楚客 191
焦子顺 28
焦旷 63
焦革 152,157
焦璐 629
程元 88
程休 378
程异 512
程行谌 327
程宗楚 645
程知节 152,168
程修己（字彦立） 622
程贺 647
程晏（字晏然） 661
舒元舆 484,530,550,564,571,574
董子华 28
董伯仁 63
董侹（一作董挺，字庶中） 528
董思恭 215
董恒 88,116
董晋 497,499,502
董淳 773
董景珍 93
董廓 637
蒋义（初名武，字德源） 399,507,524,547
蒋义方 207
蒋凤 280
蒋亚卿 166,195
蒋师仁 183
蒋防（字子徵，一字子微） 547,552
蒋志 453
蒋季琬 207
蒋季瑜 207
蒋季璋 207
蒋武 518
蒋泳 658
蒋茂昌 207

蒋俨 79,259
蒋将明 548
蒋挺 344
蒋钦绪 304
蒋涣 451,452,455
蒋偕 604,608,609
蒋维东(字孟阳) 750,751
谢仲宣 754
谢廷浩 657
谢良辅 443,472,473
谢良弼 443,472,473
谢偃 125,152,154,162,166,170,171,183,195
谢登 567
道溥 680
道麟(一作遁麟) 180
韩文约 634
韩弘 436,530,549
韩仲宣 244
韩休 299,344,355,357,374,376,382,396,682
韩会 458
韩全诲 668,671
韩法昭 245
韩保昇 774,775
韩彦辉 711
韩思复 344
韩恽(字子重) 647,738
韩拯 378
韩洄 458
韩祐 360
韩准 381
韩晔 512
韩泰 512,536
韩翃(字君平) 410,429,442,455,465,473,474,477,479,484,486,495,502,578
韩偓(字致尧,一作致光,小字冬郎,自号玉山樵人) 589,627,631,643,674,688,702
韩章 447
韩鄂 682
韩朝宗 370

韩琬 213,295
韩琮(字成封,一作代封) 627
韩覃 337,340
韩愈(字退之) 138,442,446,450,452,453,454,455,459,475,478,485,487,489,491,493,494,495,497,499,500,502,503,504,506,507,508,510,511,512,513,515,516,517,519,521,522,523,524,525,526,527,529,530,531,532,533,534,535,536,537,540,541,542,543,544,546,548,549,550,551,552,553,554,562,563,565,573,574,576,577,583,584,585,591,601,606,619,621,640,646,649,656,680
韩滉(字太冲) 346,447,463,468,480
韩瑗 194,196,198,200
韩熙载(字叔言) 670,699,707,738,739,746,756,770,774
韩擒 75
韩濬 4
鲁世达(一作鲁达) 65,66,67

十三画

楼颖 393
源少良 345
源幼良 337,340
源光俗 344
源直心 192
源洧 413,414
源衍 300,378,382
源乾曜 349
窦士荣 22
窦从一 306
窦仪(字可象) 764,765
窦巩(字友封) 450,469,519,531,533,549,555,559,564
窦牟(字贻周) 402,469,533,549,555,559,564
窦贞固 743,750,753,755

窦轨 99
窦阳庠 512
窦希玠 306
窦抗 74
窦纶 99
窦参(字时中) 371,487,492
窦叔向(字遗直) 361,469,490,533,549,555,564
窦叔蒙 453
窦建德 82,92,98,99,100,103,104,106,107,108,126,131
窦诞 99,145
窦俨(字望之) 695,729,736,750,751,754,755,762,765,771,772,773
窦威(字文轨,一作文蔚) 88,100,102,117
窦庠(字胄卿) 439,469,533,549,555,559,564
窦常(字中行) 399,469,533,549,555,559,564
窦梦徵 715,723
窦班 110
窦群(字丹列) 213,425,469,533,549,555,559,564
窦德玄 215
蒯希逸 624
蒯亮 752
虞世南(字伯施) 31,68,69,71,83,89,99,102,104,106,107,109,118,119,120,123,126,132,139,141,142,143,145,146,155,163,164,168,169,170,195,204,236,309,320,551
虞世基(字茂世) 30,31,52,58,70,78,79,102,123,155
虞庆 39
虞绰(字士裕) 32,67,68,71,83,85,87,89,102
褚无量(字弘度) 176,178,304,308,314,322,326,330,332,333,335,338,340
褚冲 453
褚亮(字希明) 32,71,85,93,99,106,107,120,124,132,139,

141,142,146,163,164,165,169,179,180,204

褚载（字厚子） 665

褚辉（一作徽，又作晖，字高明） 66

褚遂良（字登善） 48,93,99,107,118,149,156,159,161,162,163,165,168,171,176,177,179,180,182,185,186,188,189,190,192,193,194,195,196,200,204,207,236,309,320

解崇质 340

解琬 244,294,301,308

詹敦仁（字君泽） 731,769

路阮 712

路岩 755

路泌（字安期） 479,573

路洎美 755

路振 721,732,750,755,770

路航 718

路随（一作路隋，字南式） 457,479,513,544,547,548,549,552,559,560,561,563,567,573,586,590,600

路敬淳 155,245,277,331,471

路敬潜 277,300

路德延（字昌远） 665

辟间仁谞 368

雍陶（字国钧） 609,610,616

雍裕之 517

靖延 116

骞味道 236

鲍防（字子慎） 344,407,432,443,445,472,473,474,476,486,504

鲍宏（字润身） 7

鲍溶 519,617

十四画

僧一行（张遂） 253,289,290,300,309,331,339,347,355,356,357,363

僧几安 553

僧十力 49

僧义玄（临济义玄） 609,611,627,628,637,705

僧义存（雪峰义存、雪峰和尚） 549,567,580,624,631,636,681,683,684,718,729,749

僧义净（一作净义，字文明） 131,148,195,229,232,254,259,268,273,300,309,312,318,324,348,419

僧义忠 248,324

僧义明 514

僧义林（中唐高僧） 557

僧义林（僧善无畏弟子，盛唐高僧） 372

僧义威 302

僧义圆 514

僧义宾 607

僧义真（修禅和尚） 510,513,549

僧义通 749

僧义寂（螺溪义寂，字常照） 696,749

僧义湘 224

僧义嵩 460

僧义福 204,297,298,375,395

僧义静 408

僧义韶 749

僧义操 547,570,606

僧大同 543,691

僧大安（长庆大安） 698

僧大志 78,79

僧大亮 302

僧大乘琮 192

僧大隐 40

僧大智 338,385

僧大慈 223

僧大慧（大隗山禅师） 417

僧大慧（僧金刚智弟子，密宗高僧） 338,385

僧子立 214

僧子瑜 538

僧干淑 498

僧广修 449,580,590,651

僧广宣 533,579

僧广敷 490

僧马祖道一 306,393,421,439,443,458,465,482,487,520,532,540,570,607,609,611,624

僧不可思议 373,385

僧不空（梵名阿目佉跋折罗，华名智藏，又称不空智，号不空金刚） 295,333,338,347,384,385,396,403,408,410,411,414,419,436,438,440,448,454,466,514,545

僧云公 77,525

僧云住 670

僧仁好 580

僧仁济 580

僧仁瑜 586

僧从志 669

僧从展（保福从展） 683,684

僧从谂 467,570,614,664

僧元开（淡海三船，日本人） 392,408,410,423,426,433

僧元晓 224

僧元浩（一作元皓，字广成） 470,538

僧元琇 651

僧元皎 454

僧凤 86

僧及烈 365

僧天王道悟 377,401,404,421,520,540

僧天皇道悟 377,401,442,449,465,468,520,540

僧天钵 705

僧天然（丹霞天然） 380,442,545,553

僧太舟 614

僧太贤（一作大贤，号青丘沙门） 275,408

僧太亮 448

僧太恭 586

人物索引

僧太锡　586
僧文纲　150,180,209,219,223,
　　302,309,355
僧文贲　520,540
僧文益（清凉文益）　651,657,
　　673,681,711,729,772
僧文偃（云门文偃）　623,683,
　　688,701,749
僧文超　315
僧文遂　772
僧文懿　606
僧无可　591,610,616,617
僧无名　344,401,424,455,492
僧无行（梵名般若提婆，意译慧
　　天）　254,347
僧无住　325,417,430,438,454
僧无极高　192,202
僧无学（翠微无学）　553,691,
　　701
僧无相（俗姓金，号松溪，新罗
　　人）　256,358,371,417,429,
　　430,454,494
僧无著　331
僧日悟　400
僧瓦棺（泉州瓦棺）　624
僧长捷　80,83,100
僧长藏师　42
僧可止　618,633,636,641,647,
　　663,690,713,723
僧可朋　766
僧处真　669
僧处寂　184,288,358,371,429,
　　430,482
僧处微　532
僧处默　646,666,695
僧弘印　606
僧弘约　606
僧弘忍（敦煌沙门）　448
僧弘忍（禅宗五祖）　57,74,85,
　　190,191,196,198,209,227,230,
　　234,235,238,240,264,288,297,
　　318,370,482
僧弘悦　606
僧弘通　669

僧弘惠　630
僧弘静　208
僧本如　532
僧本济　45
僧本寂（曹山本寂）　456,585,
　　614,669,729
僧汇征　729
僧玄会　125
僧玄应　174,187,525
僧玄昉　250,331,345
僧玄法　388
僧玄俨　482
僧玄挺　344
僧玄觉（字明道，号永嘉玄觉）
　　220,230,320,456
僧玄奘（陈祎）　54,72,80,83,
　　100,116,125,130,131,134,149,
　　162,165,168,173,174,178,180,
　　182,192,195,196,197,198,202,
　　206,207,214,215,217,275,288,
　　303,324,408,419,454,518
僧玄晏　461,465
僧玄朗（日本人）　388
僧玄朗（俗姓傅，婺州人，世称
　　左溪玄朗）　233,247,269,318,
　　320,354,362,400,410,411,470,
　　482
僧玄素（字道清，世称鹤林玄
　　素，又称马素，牛头宗高僧智
　　威弟子）　201,225,384,406,
　　490,540
僧玄素（僧辩才弟子）　324
僧玄寂　320
僧玄琬（隋高僧昙延弟子）　28
僧玄琬（隋高僧昙迁弟子）　75
僧玄策　320
僧玄超　372,440,514
僧玄楷　192
僧玄鉴（中晚唐五台山大华严
　　寺高僧）　584
僧玄鉴（僧慧远弟子）　40
僧玄璧　417
僧玉法师　42
僧仲义　538

僧仲良　538
僧休　23,26,121
僧休复（清凉休复）　712
僧休静（华严休静）　630
僧传殷（延庆传殷）　712
僧光业　685
僧光翌　460
僧光虑　559
僧光演　400
僧光韶　591
僧光慧　669
僧全伟　657
僧全豁（岩头全豁）　624
僧匡仁（疏山匡仁）　681,683
僧匡白　738
僧印宗　128,227,238,269,318
僧吉藏（安贲，又称安吉藏、胡
　　吉藏）　49,51,53,58,78,86,
　　100,112,113,160,178
僧名恪　223
僧地婆诃罗　89,131,243,254,
　　261,262,274,275
僧如净　277,460
僧如海　388,390
僧如高　400
僧如敏　688,698,701,749
僧如理　324
僧存奖（兴化存奖）　562,627,
　　637,705
僧守安（南台守安）　712
僧守坚　149
僧守真　400,440
僧守素　498
僧师子光　162
僧师备（玄沙师备）　574,618,
　　625,665,684
僧师虔（青林师虔）　630
僧庆玄　567,683
僧延寿（字冲玄）　673,720,749,
　　757
僧牟尼室利（又称寂默）　503,
　　509,518
僧自岌　606

僧行思(青原行思) 229,319,381,393,424,456,559,586,712
僧行等 40
僧行满 470,510,554
僧行简 705
僧贞固 264
僧贞倩 421
僧达法师 85
僧达摩笈多(一作达摩崛多) 23,25,36,56,57,58,71,104
僧达磨般若(一作优婆塞达磨阇那) 9,13
僧那(那禅师) 12,17,20,23,33,42,197
僧那连提黎耶舍(又称那连耶舍、那连提耶舍,略称耶舍) 12,17,20,23,33,34,50
僧那提(福生) 197
僧齐己 617,623,633,666,675,680,692,699,713,723,740,755
僧严法师 84
僧体证 547,584
僧佛日 670
僧佛哲 370
僧利言(一作礼言,梵名地战湿罗,字布那羡) 366,380,384,390,391,411,482
僧含光 384,396,438,454
僧妙思 372
僧宏观 315
僧希迁(石头希迁) 421,452,468,520,540,553
僧希运(黄檗希运) 588,600,611,623
僧希觉 623,654,681,749
僧希琛(一作希澡) 452
僧应真 612
僧志远 442,584,592
僧志闲(灌溪志闲) 627
僧志念 20,49,58,63,77
僧志诚 456
僧志澄 749
僧怀正 20
僧怀让 241,268,317,319,381,393,443,456,482,607,609
僧怀齐(又作怀济) 224
僧怀度 261
僧怀恽 101
僧怀海(百丈怀海) 338,439,482,492,532,607
僧怀素(俗姓范,祖籍南阳,东塔宗高僧) 117,144,174,238,249,277
僧怀素(俗姓钱,字藏真,永州零陵人) 377,460,477
僧怀感 101,247
僧怀濬 714
僧灵一 357,417,430,466,578
僧灵干 16,27,60,74,84
僧灵训 618
僧灵祐(沩山灵祐,僧怀海弟子) 449,476,482,492,532,545,557,598,607,612,666,669,693
僧灵祐(僧鉴真弟子) 392,410
僧灵峰 524
僧灵润 145
僧灵崿 223
僧灵裕 36,37,68,90,147
僧灵澈(字源澄) 397,436,438,461,472,473,475,479,496,510,530,536
僧灵辩 214,261,274
僧灵默 399,476,540
僧灵璨 40,49,101,145
僧灵藏 19,23,25
僧灵遂 498
僧秀律师 223
僧秀峰 536
僧纯英(新罗人) 411
僧良价(洞山良价) 520,557,617,630
僧良谞 591,607
僧诃婆罗门 224
僧远堪 592
僧阿罗本 147,154
僧阿质达霰(唐言无能胜将) 366
僧净 101,187,281
僧净业(赵象,僧善导弟子,净土宗高僧) 197,316
僧净业(僧慧迁弟子) 75
僧净业(僧慧远弟子) 40
僧净名 45
僧净觉 355
僧净辩 40
僧净藏(超藏) 454
僧周律师 223
僧宗 586
僧宗一 315
僧宗昱 749
僧宗密(圭峰禅师) 201,407,424,430,467,519,524,536,539,547,559,567,581,586,595
僧宗睿 606
僧宝云(鲁祖宝云) 557
僧宝月 347
僧宝安 40
僧宝应 705
僧宝思 372
僧宝袭 27,48,121
僧宝超 49
僧宝暹 9
僧宝镇(济阴宝镇) 26
僧宝儒 40
僧实叉难陀(一作施乞叉难陀,汉译学喜或喜学) 192,273,274,275,280,281,283,291,297,302,310,315
僧实性 749
僧实慧 573
僧尚颜(字茂圣) 659,668
僧居远 654
僧居遁(龙牙居遁、龙牙和尚,字证空) 574,600,630,681,683,692,701
僧岩律师 269
僧忠信(超寂) 454
僧性空 553
僧旻 32,136,169
僧明驭 75

僧明旷 150	僧法达 49	僧法慎 277,406
僧明芬 23	僧法进 408,433	僧法楞 49
僧明空 63	僧法宝(隋代高僧) 9	僧法粲 23
僧明恂 261	僧法宝(僧玄奘弟子,唐代高僧) 195,180,202	僧法演 537
僧明洪 121		僧法澄 60,72
僧明哲 559	僧法建 614	僧法融(牛头宗) 45,84,115, 169,180,192,198,201
僧明教 749	僧法明 224,265,266	
僧明略 150	僧法经 23,44,50,58,72,362	僧法融(俗姓严,阆中人,北宗禅高僧) 572
僧明儒(洛寿明儒) 20	僧法轮 454	
僧明穆 23	僧法彦(洛阳人) 47,48,76	僧法融(新罗人) 399
僧明濬 196,219	僧法彦(清河人) 47,48,76	僧法藏(字贤首,华严宗三祖) 170,206,224,227,254,268,273, 274,280,281,283,297,315,347, 391,456,581
僧明赡 16,71,125,131	僧法总 47	
僧昙 9,79,175	僧法持 219,344	
僧昙一 270,400,417,440,448	僧法盈 180	
僧昙延(北朝高僧) 8,12,20, 22,24,28,86,175,187	僧法钦(一作道钦) 325,384, 442,485,490,553	僧法藏(淮南法藏) 438
		僧法纂 23
僧昙延(晚唐高僧) 626	僧法顺 85,90,160,224	僧法懿(赵郡法懿) 20
僧昙贞 513,514	僧法振(一作法震,又作法贞) 442	僧波罗颇迦罗密多罗(又称波颇、光智) 125,134,141,142, 144
僧昙迁 8,23,26,36,42,43,56, 57,75,136,147		
	僧法朗 72	
僧昙育 48,68	僧法泰 36,89	僧昺 84,201
僧昙胜 448	僧法海(俗姓张,字文允,僧玄素弟子) 406,453	僧物外 530,591,607,651
僧昙恭 121		僧知一(超然) 454
僧昙晟(云岩昙晟) 472,557, 559,586,630	僧法海(僧慧能弟子) 156,319	僧知玄 593
	僧法润 547	僧空海(姓佐伯,幼名真鱼,密号遍照金刚) 163,455,510, 513,514,517,573
僧昙域 681,689,701,729	僧法砺 136,147,249,302,408, 460	
僧昙崇 16,44		
僧昙清 460	僧法载 408,433	僧绍修(龙济绍修) 712
僧昙照 570	僧法常(又称法恒,福州建善寺僧) 476	僧若虚 751
僧昙矗 404		僧贤林 457
僧昙静 408	僧法常(大梅法常,僧马祖道一弟子) 443,482	僧贯休(字德隐) 566,622,644, 654,666,671,681,687,689
僧法上 68		
僧法才(一作法木) 31	僧法常(天竺人) 195	僧迦才 101,175
僧法月(梵名达磨战涅罗) 194,362,366,372,380,384,390, 411,482	僧法常(俗姓张,南阳白沙人,隋唐之际高僧) 22,28,68, 90,125,151,175,224,275	僧金刚 174
		僧金刚智(梵名跋日罗菩提) 229,333,335,338,345,363,369, 372,381,384,385,452,454,466
僧法全 547,606,607,624	僧法绪 50	
僧法冲(字孝敬) 125	僧法铣 439	僧俊法师 482
僧法印 581	僧法敦 86	僧信行 16,27,32,33,45,53,272
僧法如(一作智如) 346,526	僧法景 49	僧修文 723
僧法安 91	僧法琳 14,18,21,44,56,101, 108,115,125,135,139,140,142, 144,151,153,157,160,175,224	僧修行 723
僧法成 408		僧修智 723
僧法贞 633,636,723		僧修睦(号湘楚) 666,690,692, 695

僧南印　494,519
僧复礼　261,273,283,426,553
僧契此（号长汀子）　695
僧威　9,211
僧威秀　211
僧宣鉴（德山宣鉴）　467,598,618,624,683,701
僧幽闲　520,540
僧幽溪　586
僧彦明　147
僧彦悰　212,213,261
僧彦琮　8,10,14,16,17,19,40,46,57,58,71,74,81,104,131,153
僧律　9
僧律德（嵩山律德）　540
僧思玄　261
僧思托　388,390,400,408,433
僧恒法师　86
僧恒景　145,302,305,315
僧恒照（芙蓉山恒照）　580,683
僧战陀般若提婆　261
僧洪进（清溪洪进）　712
僧洪该　20
僧洪涉　532
僧洪遵　23,26,37,47,48,57,63,77,90
僧洪諲　607,669
僧济法师　550
僧神仓　400
僧神会（俗姓高，襄阳人，荷泽宗始祖）　225,282,317,319,338,370,395,401,407,414,424,456,526
僧神会（俗姓石，祖籍西域，净众宗）　338,494
僧神秀　73,117,196,234,235,240,261,282,285,297,319,370,375,380,424
僧神昉　174,180,206,209,217
僧神迥　89,137
僧神晏（鼓山神晏）　610,681,683,718
僧神泰　180,195,202

僧神积　353
僧神素　49
僧神邕（字道恭）　311,436,451,482
僧神皓　448
僧神照　519
僧神慧　355
僧统法师　344
僧胜庄　309
僧胜持　505
僧荣睿　370,371,388,390,392,400,424,433
僧衍　175
僧觉　586
僧觉超　454
僧院秀（天禅院秀）　712
僧顺昌　580
僧冥详　54
僧圆仁　495,549,554,580,584,587,589,590,591,592,593,594,598,606,623
僧圆光　32,54,136
僧圆明　749
僧圆经　49
僧圆律师　482
僧圆测（金文雅）　88,125,174,203,217,221,224,248,261,269,270,274,275,309,408
僧圆珍　533,606,607,612,614,657
僧圆晖　180
僧圆载　549,580,591,606,640
僧圆常（海岱圆常）　20
僧圆智　559
僧圆照　13,277,454,460,461,482,496,498,503
僧圆粲（河间圆粲）　20
僧恭阇梨　264
僧恭禅师　269
僧悟真　309
僧悟真（新罗人）　514
僧晖（盛唐高僧）　251
僧晖（隋代高僧）　23
僧朗然　448

僧栖白　617
僧栖浩　643,647
僧栖隐　666,695
僧桂琛　628,681,684,711,712,772
僧浩初　539
僧海　45
僧海云　570
僧真法师　42
僧真雅　573
僧祥彦　390,400
僧般若　482,513
僧般若怛罗　607
僧莲花生　465,466
僧通　612
僧造玄　624
僧邕　32,45,136,164
僧顿悟　400
僧寂光　581
僧寂护（静命）　466
僧密　586
僧尉迟（双流尉迟）　624
僧崇信（龙潭崇信）　520,624
僧崇惠　490
僧崇廙　180
僧悉达　331
僧惟俨（一作唯俨）　395,404,452,559,586
僧惟宽　413,533,534,538
僧惟澄　557
僧梦归（一作梦龟）　695
僧深　23
僧清江　440,578
僧清源　440
僧猛　9,28
僧理应（新罗人）　411
僧皎然（字清昼）　338,380,392,400,423,426,429,434,436,440,447,451,452,455,457,461,463,470,472,473,475,476,477,479,480,483,488,490,493,498,499,504,510,536,540,551,578,588
僧盛禅师　42
僧硕法师　112,113

僧维蠋 580,591
僧菩提仙那 370
僧菩提流志(一译菩提流支,梵名达摩流支) 259,271,297,309,348,356
僧虚中 672,683
僧谛观 749
僧阇那崛多 22,25,27,36,37,40,42,44,47,50,54,57,71
僧阇提斯那 58
僧鸾 49,86
僧善无畏(梵名戍婆揭罗僧诃,略称输婆迦罗,意译净师子) 153,328,331,347,356,366,372,373,385,393,419,454
僧善导 88,101,162,174,175,247,248,264,316
僧善住 20
僧善胄 40
僧喜无畏 372
僧寒山(一作寒山子) 456
僧悲智 310
僧惠了 45
僧惠日(日本人) 76
僧惠日(新罗人) 514
僧惠休 116
僧惠则 514
僧惠应 514
僧惠明 612
僧惠果(一作慧果) 397,436,440,454,513,514,547
僧惠忿 606
僧惠特 320
僧惠禅师 42
僧惠照 324,404
僧惠澄 275
僧惠操 320
僧提云般若(无智) 268
僧敬友 606
僧敬文 591
僧敬休 651
僧普光 174,180,195,202,206,209,217,230
僧普安 28,79

僧普寂 191,261,297,298,300,350,356,370,375,380,395,572
僧普照 370,371,388,390,400,429
僧普愿(南泉普愿、南泉和尚) 401,417,443,458,482,487,496,557,570,664
僧景岑 570
僧景净 467
僧景和尚 261
僧景法师 84
僧智凤 250,289,345
僧智正 36,56,121,130,158,224
僧智永 31,72,155,164,324
僧智光(天竺人) 195
僧智光(僧法藏弟子) 315
僧智光(僧道尼弟子) 36
僧智全 302
僧智兴 148
僧智达 203
僧智严(郁特乐) 328,372
僧智远 227
僧智闲 666
僧智净 538
僧智凯(丹阳人) 113,178
僧智凯(扬州人) 113
僧智周(字圆朗,南朝陈至隋代人) 9
僧智周(唐法相宗三祖) 225,248,258,266,289,324,331,345
僧智命 112,113
僧智实 151
僧智岩 195,201,275
僧智拔 112,113,160
僧智昇 50,53,279,349,362,496,503
僧智果 72
僧智诜 79,288,358,371,430
僧智俨 59,85,90,108,121,130,131,158,160,206,224,227,315
僧智威(天台宗) 178,235,246,318
僧智威(牛头宗) 178,219,343,

443
僧智首 28,47,48,54,90,115,134,145,148,187,223,253
僧智起 49
僧智通 203
僧智铉 13
僧智寂 749
僧智隐 47
僧智鸾 289,345
僧智琮 208
僧智琳 86
僧智越 50,92
僧智雄 289,345
僧智满(僧法全弟子,晚唐僧) 606
僧智满(僧鉴真师,盛唐僧) 282
僧智照 9
僧智瑜 34
僧智德 456
僧智凝 167
僧智巍 40
僧智徽 40
僧智璪 50,155
僧智藏(西堂智藏) 363,373,421,487,532
僧智顗 16,36,37,40,41,42,44,46,49,50,51,76,78,79,92,142,155,434
僧最澄(幼名广野) 440,498,510,513,549,554,580,623,640,657
僧温(圭峰温) 586
僧温古 345,372
僧湛然(世称荆溪尊者,又称妙乐大师) 44,46,313,354,362,400,410,411,434,455,470,471,478,498,510,538,554,591
僧疏言 610
僧童真 28,40,48,56,68,86
僧等慈 320
僧落霞 559
僧超侪 461
僧道义 475,532,547,584

僧道世(字玄恽) 148,198,224,253
僧道尼 36,147,150
僧道生 28,53
僧道光 357,358
僧道兴(僧智首弟子,初唐人) 148
僧道兴(僧鉴真弟子,中唐人) 390
僧道如 538
僧道安 29,44,45,53,71,72
僧道成 174,227,238,244,254,261,277,355
僧道判 26,91
僧道抚 175
僧道证 269,270,275
僧道邑 324
僧道凭 201
僧道岳 36,125,150
僧道岸 195,294,302,331,350,355,369
僧道昂 448
僧道明(一作道踪,南源道明) 467,640,749
僧道杰 49
僧道林 385,401,426,442,553
僧道英 75
僧道信 40,73,74,85,93,115,168,190,191,235,370
僧道宣(字法遍) 14,33,35,48,50,55,80,90,115,117,121,126,136,147,148,150,153,166,174,178,180,189,198,201,202,208,209,210,211,213,217,219,222,223,249,253,302,347,350,355,362,408,460
僧道怤 629,718,729
僧道标(西岭和尚) 382,550
僧道洪 28,47,48,148,187
僧道珍 160
僧道祖 400
僧道哲 75
僧道圆 519
僧道航 388

僧道密(僧那拉提黎耶舍弟子) 12
僧道密(僧南阳慧忠弟子) 456
僧道深 20,116
僧道绰 78,162,174,247
僧道翘 456
僧道谦 749
僧道嵩 40
僧道慈 373,393
僧道照 20
僧道綦 201
僧道闾 175
僧道璇 288,298,370,371,424
僧道颜 40
僧道膺(云居道膺) 574,617,670
僧道邃(唐天台宗僧湛然弟子) 470,498,510,591
僧道邃(隋代高僧) 9
僧道巘 324
僧廉居 584
僧慈善 275
僧满意 302
僧窥基(灵基、乘基、大乘基、基法师,字洪道) 142,174,180,182,195,198,203,206,209,210,217,220,221,230,248,250,275,266,309,324,340,525
僧筠 758
僧粲 36,42,49,73,78,86,112,150
僧鉴洪 586
僧鉴真 121,259,282,294,300,302,369,388,390,392,400,408,410,421,423,424,426,432,433
僧鉴虚 497,498
僧靖迈 362
僧靖嵩 89
僧嘉尚 174,180,206,209,217,261,274
僧曷律师 458
僧熊皎 683
僧睿 480,581
僧端和尚 261

僧端禅师 42
僧翠岩 720
僧谭延(一作覃延) 497
僧静 758
僧静观 49
僧静泰 209,362
僧静渊 28
僧静琬(又作智苑、净琬) 82
僧静琳 75
僧静凝 75
僧静藏 85,101,122
僧德诚 559
僧德清 388,390,400
僧德韶 658,681,683,720,749,772
僧慧云 455
僧慧天 195
僧慧方 201
僧慧日 538
僧慧可(僧可) 27,42,73,370
僧慧布 27
僧慧立 200,217,219,261
僧慧休 147,572
僧慧则 654,749
僧慧达 49
僧慧迁 49,58,63,122
僧慧彻(又称惠哲,字体空) 477,531,582,619
僧慧旷 50
僧慧远 8,22,26,40,127,211
僧慧净 74,125,135,144,156,163,164,171,175
僧慧凭 155
僧慧忠(牛头宗) 251,291,388,443
僧慧忠(南阳慧忠、光宅慧忠,僧慧能弟子) 251,291,388,440,443,455
僧慧拔(慧休) 31
僧慧沼(一作惠沼,又作惠照) 191,219,221,230,248,250,266,300,309,324,345,346
僧慧炬(一作智炬,又作惠炬、法炬,中唐高僧) 505

人物索引

僧慧炬(唐末五代南宗禅法眼宗始祖文益弟子) 772
僧慧畅 40
僧慧苑 233,391,525
僧慧英 315,347
僧慧威(又称惠威) 145,246,269,318
僧慧思 40,50
僧慧恺 36
僧慧省 559
僧慧乘 78,80,113,117,135,137
僧慧恭(瑞龙慧恭) 624
僧慧晓 224
僧慧晖 180
僧慧朗(唐南山律宗高僧) 213,350
僧慧朗(僧不空弟子,唐密教高僧) 213,350,454
僧慧真 520
僧慧能 156,227,230,238,240,264,282,294,318
僧慧寂(仰山慧寂) 585,607,612,693
僧慧智 261,318
僧慧棱(长庆慧棱) 681,683
僧慧然(三圣慧然) 627
僧慧琳 187,377,466,482,525,545
僧慧超 345,354,355,369,381,452,453,454,466
僧慧量 449
僧慧嵩 77,125
僧慧晅 34
僧慧满 148
僧慧凝(晚唐僧物外弟子) 651
僧慧凝(隋僧志念弟子) 20
僧慧頵 80,115,223
僧慧藏 20,23,26,58
僧慧霞 669
僧慧頵 355
僧慧灌 112,113
僧慧瓒 78,175
僧澄观 377,388,391,398,417,438,449,455,456,457,480,496,498,501,502,524,581,586,587
僧澄育 749
僧澄楚 277
僧霈禅师 398
僧操玄 606
僧澹权 670
僧薄尘 209,224,227,254,261,274
僧融济 302
僧赞宁 696,711
僧辨弘 514
僧辨秀 448
僧辩 90,125,167,275
僧辩才 324
僧辩相 27,40,68,101,127
僧藏 49
僧藏用 481
僧藏晖 705
僧颢元 424
僧灌顶(字法云,世称章安大师、章安尊者) 16,37,46,49,50,51,57,82,142
僧醴律师 417
廖匡图 732
廖凝 716
廖融 755
慕容宗本(字太初) 617
慕容珣 335
熊皎(一作熊曒,自号九华山人) 725
熊孺登 541
熊曜 396
綦毋潜(字孝通) 353,357,358,383,396,403,405,406,410,412,413
缪岛云 593
翟让 98
蔡广成 446
蔡允恭 83,99,100,108,118,128
蔡有邻 398
蔡君和 164
蔡孚 323,338

蔡希周(字良傅) 262,376,399,413
蔡希寂 376,398,399,413
蔡希综 398
蔡希逸 398
蔡京 620
蔡晃 156,180
蔡袭 620
蔡隐丘 376
蔡凝(字子居) 34
蔺宏宗 611
蔺复珪 207
蔺道人 595
裴士淹 415,418
裴世清 76
裴幼清 451
裴弘献 150
裴休(字公美) 489,559,565,587,588,600,603,609,611,613,614,618,623
裴光庭(字连成) 237,349,359,361,362,365,369,526,544
裴夷直(字礼卿) 613
裴守贞 251
裴安时(字适之) 213,295,616
裴延龄 496,500
裴延翰 606,611
裴次元 541
裴行俭(字守约) 104,201,218,225,226,228,229,236,238,241,242,246,250,369,417
裴均(字君齐) 403,417,522,524,525,526
裴怀贵 267
裴侨卿 384
裴坦 618,629
裴居道 232,257
裴旻 386,401
裴枢 550,671,673
裴炎 241
裴肃 497
裴迪 390,392,423
裴郁 453
裴俦 577

裴宣俨 99
裴度（字中立） 436,490,493,
　548,550,571,575,577,583,611
裴庭裕（一作裴廷裕，字膺余）
　656,658
裴恽 577
裴政（一作裴正，字德表） 7,60
裴政（盛唐时人） 381
裴洽 577
裴矩（原名世矩，字弘大） 5,
　30,35,67,70,75,76,78,81,99,
　100,106,107,110,116,126,155
裴胄 442,505
裴胐 379,381,390
裴说 659,675
裴倩 416,417,428,524,526
裴晞 116
裴素 577
裴继 453
裴茝 533
裴谂 610
裴贽 656,665
裴通 451
裴颀 732
裴冕 414,434
裴寂 92,97,116,118,120,150
裴清 447,499
裴循 451,453
裴敦复 364,365
裴渥 641
裴腾 378
裴潅 323,335
裴德符 632
裴德融 607
裴潾 569,581
裴澄 496
裴瑾 544
裴皞（字司东） 704,706,709,
　735
裴蕴 70,78,91
裴冀 412,458,468
裴瓒 635
裴耀卿（字涣之） 248,325,330,
　332,336,353,368,370,374,391
裴霸 378
谭用之（字藏用） 775
谭紫霄（一作谭峭，字景昇）
　727,743,757,775

十五画

樊光 376
樊忱 301
樊宗师（字绍述） 501,522,554
樊泽（字安时） 389,443,492,
　501,538
樊绅 524
樊晃（一作韩光） 447,448,453
樊绰 620,642
潘仙童 408
潘师正（字子真） 23,93,147,
　222,238,243,245,249,250,280,
　313,373,388,461,514
潘那密 365
潘佑 730,731,752,756,774
潘炎 460,462
潘诞 117
潘述 453,499
潘起 732
潘徽（字伯彦） 31,33,71,87
颜之仪（字子升，一作升） 6,
　22,24,35,37
颜之推（字介） 12,19,32,33,
　37,38,56,175,233,475
颜仁郁（字文杰） 705
颜仁楚 207
颜元孙（字聿修） 367
颜师古（名籀，一说字籀） 11,
　60,93,98,99,109,110,116,120,
　124,132,133,134,136,138,143,
　144,146,151,152,157,159,161,
　162,166,167,169,175,185,190,
　203,215,475,578
颜扬庭 190,191
颜岘 451,453
颜思鲁 175

颜浑 451,453
颜相时 99,106,163,175
颜胤 166
颜尧 659,668
颜须 451
颜栖蟾 672
颜真卿（字清臣） 38,157,164,
　236,259,260,276,306,309,336,
　342,350,367,370,372,374,377,
　378,382,386,387,394,400,407,
　414,423,427,434,436,437,443,
　447,448,449,450,451,452,453,
　454,455,458,459,460,465,467,
　470,471,475,477,499,504,510
颜顼 451
颜顾 453
颜祭 454
颜强学 246
颜游秦 175
颜策 454
颜萱 640
颜超 453
颜勤礼 157
颜暄 453
颜頵 451

十六画

冀珪 280
穆宁 453
穆员（字与直，一作舆直） 486,
　511
穆质 511
穆赏 511
穆赞 511
薛元敬 99,106,122,255
薛元超 113,168,182,188,189,
　194,196,198,212,214,216,234,
　238,240,246,247,255,256,284,
　319,325
薛弁 453
薛用弱（字中胜） 545
薛华 412

薛廷 618
薛廷珪 693,706
薛廷望 607
薛收(字伯褒) 41,79,86,88,93,94,99,106,107,108,111,115,116,122,125,126
薛居正(字子平) 689,724,733,742,753,766,774
薛昌容 275
薛举 92,93,107,180,204
薛昭纬 664
薛兼训 445
薛涛(字洪度) 446,475,533,566
薛耽 619
薛能(字大拙) 595,605,627,639,644,680,681
薛莹 568
薛调 618,634
薛逢(字陶臣) 607,635,706
薛邕 415,439,441,442,444,453
薛惟吉 774
薛据 279,364,370,381,405,421,440,444,488
薛渔思 579
薛景晦 539
薛登(原名谦光) 181,335
薛舒 417

薛谦光(薛登) 269
薛道衡(字玄卿) 5,10,19,23,28,29,30,31,39,52,56,58,59,60,70,72,79,81,85,109,116,180,319
薛德音 79,109,122,255
薛稷(字嗣通) 156,163,187,204,301,302,303,306,308,314,317,319,320,357
薛孺 79,116
薛曜 226,280,282,284,308,319
霍汲 60
霍嗣光 291

十七画

戴至德 241
戴孚 487
戴叔伦(字幼公,一作次公) 367,416,451,457,465,477,478,479,484,494,578
戴胄 99
戴偃(自称玄黄子) 743
戴嵩 468
藏兢(一作藏矜) 147
魏元忠 230,287,289,294,297,318,401

魏包 368,385
魏弘简 546
魏光乘 352
魏朴(字不琢) 631
魏启心 350
魏岑 746
魏扶 597
魏奉古 327
魏承班 735
魏知古 181,280,288,290,294,295,297,309,312,318,322,327
魏哲 332
魏理 451,453
魏靖 320
魏徵(字玄城) 88,98,99,103,104,106,110,119,121,122,123,128,132,133,134,138,139,141,142,143,148,149,150,151,152,154,161,163,164,165,168,169,170,185,195,204,205,249,309,343,352,615
魏澹(字彦深) 6,10,11,19,109,132
魏謩(字申之) 493,567,580,582,584,595,600,608,609,613,615
魏颢 409,430

著 作 索 引

（按拼音排）

A

阿阇梨大曼荼罗灌顶仪轨　514
阿弥陀经疏　275
阿弥陀经义记　50
阿毗达磨大毗婆沙论（又称大毗婆沙论、婆沙）　207
阿毗达磨界身足论　210，250
阿毗达磨杂集论疏　309
阿毗达磨杂集论述记　309
安邦策　320
安定集　639
安乐集　175
安历志　8
安禄山事迹　432
安民论　69
安兴贵家传　175
聱书　708

B

八代四科志　101
八代谈薮　38
八佛名号经　25
八渐偈并序　510
八渐通真仪　595
巴陵诗集　428，432
霸朝杂集　23，38
白郎中集　559

白莲集　740
白莲外编　740
白沙集　725
白氏长庆集　510，552，595
白氏经史事类（一名六帖）　595
白氏洛中集　584
白氏文集　570，571，576，582，595
白岩集　715
白云记　313
百道判　255
百法明门论疏　180
百佛名经　17
百怪书　8
百家类例（贾至）　450
百家类例（孔至）　336
百家著诸心要文集　662
百里昌言　238
百僚新诫　237，259，266
百论疏　112
百丈怀海禅师广录　532
百丈怀海禅师语录　532
百丈怀海禅师语要　532
百丈清规（一作禅门规式）　46，482
般若波罗蜜多心经略疏　315
般若经疏　69
般若理趣分疏　270
般若心经秘键　573
般若心经疏（僧圆测）　275
般若心经疏（僧智诜）　288
般舟赞　247

榜子集　515
宝镜三昧歌　630
宝林传（又称大唐韶州双峰山曹溪宝林传、曹溪宝林传、双峰山曹侯溪宝林传）　42，505，758
宝图赞　298
宝性论疏　28
宝园灵坛传授毗尼新疏记　460
宝章集　288
报应集　665
北斗七星护摩法　356
北户录（又称北户杂录）　636
北里志　649
北梦琐言　235，629，636，642，667，679，681，683，708，746
北史　3，6，7，8，10，11，13，16，17，19，21，22，25，28，29，31，32，34，36，37，38，39，42，43，45，49，51，52，54，56，59，60，61，63，64，66，67，69，72，75，76，79，80，81，84，87，88，89，91，92，99，101，102，103，107，108，109，112，126，131，150，199，206
北堂书钞　68，155，156，354
备举文言　515
备史　759
本司起请　701
比红儿诗　646
比丘尼钞　174，223
比丘尼义钞　189，223
笔法记　755

笔耕词（一作笔耕） 696	补江总白猿传（一作续江氏传） 163	长江集 591
笔墨法 38	补三皇本纪 367	长乐集 688
笔述 775	补说文解字 701,729	长历 355
笔佣集 708	补新徵音谱 694	长洲玉镜 68,69,71,87,89,102,247
笔札华梁（又称笔九花梁） 215	补注庄子 773	常侍言旨 599
碧玉芳林 215,257	不空表制集 454	朝野佥事 338
碧云集 738	不空罗索观音心呪经 27	朝野佥载补遗 358
编略（一作东家编略） 71,682		朝英集 382
编年诗 609		澈上人文集 536
辨谤略 518,573	**C**	臣轨 237,266,270,292,293
辨方正惑论 461		陈拾遗集 283
辨文 503	才调集 723	陈史 388,402
辨嫌音 13	才命论 310,358,467	陈书（姚察） 12,13,29,30,31,34,42,73,149,169
辨疑论 545	采茶录 626	
辨字图 729,756	蚕书 708	陈书（姚思廉等） 71,149,150,153
辩教论 14,17,81	曹祠部集 619	
辩圣论 81	曹从事诗集 626	成都记 610,611
辩显密二教论 573	曹溪大师别传 319	成氏诗集 731
辩正论（法琳） 14,18,21,139,140,157,160	草堂集（贾纬） 759	成唯识论 167,206,250,380
	草堂集（一作李翰林集，李白） 429,430	成唯识论钞 248,249
辩正论（僧彦琮） 71,81		成唯识论决 309
辩中边论 167,210	草字杂体 250	成唯识论了义灯 248,324,346
辩中边论疏（僧道证） 270	策林 517	成唯识论了义灯记 346
辩中边论疏（僧玄应） 174	岑嘉州诗集 445	成唯识论枢要 250,248,346
辩中边论颂 210	茶经 426,510,511	成唯识论枢要记（又名成唯识论方志、枢要方志） 345,346
表疏 662	茶诀 426,498	
表状（李宏皋） 752	茶谱 691	成唯识论疏 275
表状（李袭吉） 675	谗本 686	成唯识论述记 206,250
表状（梁震） 725	谗书 627,641,686	成唯识论学记 408
表状集 612	禅法 235	成唯识论演秘 248,345,346
表奏集（敬翔） 702	禅门口诀 51	成唯识论要集（僧道证） 270
表奏集（令狐楚） 579	禅门要略 51	成唯识论要集（僧神昉） 174
别说罪行要法 318	禅门章 51	成唯识论要集（僧胜庄） 309
别纸 635	禅源诸诠集都序 586	成唯识论注枢要 309
邠志 522	禅月集 666,687,689,701	成唯识论纂要 248
宾佐记 528	禅宗悟修圆旨 320	成心要集 318
兵家正史 402	禅宗永嘉集 320	承圣降录 7
兵论 684	产乳志 8	承天达性论 38
兵书 547	昌城后寓集（一作昌城寓言） 695	乘风集 562
驳史 609		乘辂集 767
博塞经 7	昌黎先生集 552,553	乘舆月令 496
博异志（一作博物记） 588	长短经 330	敕佥定四分律疏 460,466
补安南录异图记 648		

著作索引

敕语堂判集 648
冲虚白马非马证 368
重详定刑统（即宋刑统） 764
重修翰林学士壁记 584
崇丰二陵集礼 544
酬德传 10
出生菩提心经 47
出生无边门陀罗尼经 328
出要律仪纲目章 148
初学记 334,354,360,363,417,760
传国玺 73
传教大师略传 657
传信方 539,588
垂拱格 257
垂拱集 293
垂拱式 257,294
垂拱新格 257
垂象志 13,60
春坊要录 204
春秋 84,102
春秋阐微纂类义疏 446
春秋传集注 446
春秋发题辞 34
春秋公羊违义 466
春秋攻昧 87
春秋集传 446,554
春秋集传辨疑 446,515
春秋集传纂例 446,515
春秋三传总例 562
春秋述议 87
春秋通例（陆希声） 662
春秋通例（一作春秋通，韩滉） 480
春秋统例 446
春秋王伯世纪 715
春秋微旨 515
春秋无贤人论 680
春秋序义 10
春秋义记 34
春秋义略 62
春秋摘微 574
春秋振滞 289,295
春秋正义 165,166

春秋纂要 555
纯孝传 315
词林集 6,10
词圃 546
慈悲论 81
次柳氏旧闻 569,570,602,658
次论语 239
从知笔薮 669
崔沔集 449
存抚集 266

D

达摩笈多传 46,50,58,81
答朱载言书 523,577
大般涅槃经疏（僧法宝） 195
大般涅槃经疏（僧灌顶） 142
大般涅槃经疏私记 498
大般涅槃经玄义 142
大般若经 82,206,209,214,215
大般若经笈目 270
大般若经音义 174
大宝积经 82,297
大博经 219
大丞相唐王官属记 128
大乘阿毗达磨杂集论 178
大乘百法门明论 626
大乘百福相经 261
大乘百福庄严相经 261
大乘遍照光明藏无字法门经 261
大乘法界无差别论 268
大乘法苑义林章补阙 324
大乘法苑义林章决择记 346
大乘广五蕴论 261
大乘教法 160
大乘开心显性顿悟真宗论 424
大乘离文字普光明藏经 261
大乘密严经 261
大乘涅槃经义记 41
大乘起信论别论 315
大乘起信论义记 315

大乘起信论义疏 41
大乘入道次第（又名入道章） 346
大乘入楞伽经 283,310
大乘四法经 261
大乘四善根章 202
大乘无尽藏法 45
大乘五方便（一作北宗五方便门，又作大乘无生方便门） 297
大乘五蕴论 180
大乘显识经 261,274
大乘修行菩萨行门诸经要集 328
大乘玄论 112
大乘义章（灵裕） 69
大乘义章（僧慧远） 41
大乘瑜伽金刚性海曼殊室利千臂千钵大教王经 381
大传音 66
大法眼文益禅师语录 772
大方等日藏经 23,50
大方等如来藏经疏 137
大方广佛华严经（世称四十华严） 501
大方广佛华严经搜玄分齐通智方轨（又称华严经搜玄记） 121,130,224
大方广佛华严经随疏演义钞 480,581
大方广佛华严经续入法界品（一作大方广佛华严经入法界品） 255,261
大方广师子吼经 261
大和辨谤略 602
大和国记 560
大和通选 569,581
大和新修辨谤略 581
大和野史 655
大华严经略策 581
大集经 25,408
大纪赋 708
大敬爱寺一切经论目 362

大历年浙东联唱集　445,472,
　473,486,504
大梁编遗录(一作大梁兴创遗
　编)　702
大梁新定格式律令　686
大毗卢遮那成佛神变加持经
　(即大日经)　347,372
大毗卢遮那成佛神变加持经莲
　华胎藏悲生曼荼罗广大成就
　仪轨供养方便会(又称玄法
　寺仪轨)　606,607
大毗卢遮那成佛神变加持经莲
　华胎藏菩提幢标帜普通真言
　藏广大成就瑜伽(又称青龙
　寺仪轨)　607
大毗卢遮那佛眼修行仪轨　356
大品经义疏　112
大品经游意　112
大菩萨藏经　178
大日经供养次第法疏(又称不
　思议疏)　373,385
大日经内之密咒　347
大日经疏　347,356
大日经指归　657
大日如来剑印　514
大圣欢喜双身毗那夜迦天形像
　品仪轨　438
大疏钞　391
大宋僧史略　711
大唐安国利涉法师传　503
大唐创业起居注(又称创业起
　居注)　105,128
大唐大慈恩寺三藏法师传　84,
　100,116,125,162,166,168,174,
　196,198,203,206,214,215,217,
　250,261
大唐故三藏玄奘法师行状　54,
　217,218
大唐国要图　514
大唐皇室新谱　580
大唐郊祀录　492
大唐开元礼　151
大唐内典录　9,33,50,174,217,
　223,362
大唐奇事记(又作大唐奇事、唐
　记奇事)　650,651
大唐圣朝无忧王寺大圣真身宝
　塔碑铭并序　138,461
大唐氏族志(又称氏族志,改称
　姓氏录)　141,155,176,181,
　221,277
大唐书仪　126,155
大唐西域记(一作西域记,又作
　西域行记)　149,178,217,408,
　623
大唐西域求法高僧传　264,
　268,318,348
大唐新礼　184
大唐新语　520,658
大唐新纂　741
大唐仪礼(又称贞观礼)　151,
　175,203,219,221,231
大唐宰辅录　548
大唐宰相表　471
大唐贞元续开元释教录(又称
　续开元释教录)　454,496
大唐正声琴籍　694
大统记　525,526
大威德陀罗尼经　47
大威灯光仙人问疑经　25
大威力乌枢瑟摩明王经　366
大悉昙章　573
大小乘禅门观　253
大衍历(又称开元大衍历)
　339,355,356,357,372
大衍论　356
大衍玄图　290,356
大衍易义本义　356
大业律　15,74
大业起居注　136
大业拾遗记　175
大因明记　180
大因明论述记　309
大隐传　360
大云经　265,266
大云轮谈两经　20
大智度论疏　51
大中统类　720,732
大中新行诗格　599
大中刑法统类(一作大中刑法
　总要格后敕)　605,607
大周通礼　771,773
大周刑统(又称显德刑统)
　768,770,773
大周续编敕　753
大周正乐(一作大周正乐谱)
　771,773
大庄严法门经　17,34
大庄严论　131,135,142,175
代宗实录　516,519
戴氏世传　484
丹砂诀　367,376
丹台集　716,717,721
丹阳集　376,399,448
导养方　617
悼善列传　267
道藏音义目录　320
道德经论兵要义　523
道德经三略论　368
道德经义疏　372,428
道德真经传(一作道德经传)
　662
道德真经广圣义　721
道德真经新注(一作老子道德
　经注)　545
道德真经玄德纂疏　139
道教灵验记　721
道教义枢　281
道门科范大全集　721
道品章　202
道言　18
德护长者经　17
德宗实录　517,524,528,535,
　548,560
登科记　762
登龙集　696
地持论义记　41
地动铜仪经　8
地理手镜　697

地图　49,514
地形志　13,60
地志　482
帝范　183,185,556
帝王龟镜　358
帝王纪录　338
帝王历数歌　585
帝王略论　155,156
帝王养生方　89
帝王昭略(一作帝王镜略)　585
帝王政纂　605
典议　689
典章文物志　233
雕龙策　358
钓矶集(一作钓矶文集)　692
钓矶立谈　757
钓潭集　766
调元历　733
调元历草　733
调元历成　733
调元历经　733
丁卯集　603
丁年集　754
订古　408
定汉书疑　73
定慧相资歌　758
定居集　739
定命录　488,572,586
定命论　572
定远安边策　320
东壁寓言　695
东杓引谱(一作琴曲东杓谱序)　545
东城老父传　525,641
东川卷　522
东殿新书　199,210,221,231
东都记　154,186
东都图记　84
东封记　417
东浮集　661,682
东皋子集　172
东宫典记　10,38
东宫要录　444

东观奏记　612,656,658
东汉文类　773
东里集　696
东林集　695
东平小集　578
东堂集　716
东斋籍　426
洞天集　751
洞庭诗集(又名薛莹集)　568
窦氏联珠集　533,549,555,559,564
读书记　69
杜工部集　445
杜工部小集(一作杜甫小集)　448
杜光庭集　721
杜鹤文集　673
杜阳杂编　639,651,658
杜正伦集　204
端揆集　764
段公(秀实)别传　544
断金集　572,579
对根起行法　33,45
对根起行杂录　33,45
对御论衡　363
顿渐教义抄　723
遁甲立成法　8
遁甲十八局　356
遁甲四合图　277
遁甲月令　8

E

尔雅音略　760
耳目记(又称刘氏耳目记)　750
二谛章　112
二风诗　397,398
二十二样诗赋图　767
二十四诗品　684
二十唯识论　210
二王张芝张昶等书　204
二仪宝录　164

二仪实录衣服名义图　628
贰卿文稿　749

F

发觉净心经　47
发菩提心论疏　324
发正义记　448
伐叛记(又名会昌伐叛记)　602
法华集论记　657
法华经钞　249
法华经疏　40
法华经统略　112
法华经玄论　112
法华经义疏　112
法华经音训　525
法华经游意　112
法华经缵述　175
法华科文　411
法华论疏　112
法华名相　201
法华三昧行法　51
法华三昧行事运思补助仪(一作华严三昧辅助仪)　470
法华十钞　749
法华文句　44
法华文句记　470
法华五百问论　470
法华秀句　549
法华玄义　42,44,57
法华玄义释签(一作法华释签)　470
法华玄赞摄释　345
法华玄赞义决　324
法华玄宗　69
法界次第观门　142
法界次第章(又称法界次第初门)　51
法界无差别论疏　315
法炬陀罗尼经　40
法门文记　223
法书论　398

法书要录 156,163,324,419,638	封禅书（薛元超） 212	高力士外传（一作高氏外传） 439
法象书 233	封建论（李百药） 130	高丽风俗 126
法象志 144	封建论（柳宗元） 531,542	高识传 157
法苑珠林 14,33,38,55,57,138, 181,215,218,224,253	封氏闻见记 488,658	高氏小史 304,305
	凤策联华 661	高阳集 766
翻经大德翰林待诏光宅寺利言集 482	凤策联华编稿 628	高野杂笔集 573
	凤池稿草 648	高宗后修实录 402
翻真语 63	凤池录 544	高宗实录（令狐德棻） 193,221
樊川文集 467,556,570,573, 584,588,590,592,593,595,600, 601,602,606,611	凤阁词书 706	高宗实录（韦述） 417
	凤楼新诫 293	高宗实录（武则天） 293
	凤苑集 727	高祖实录（唐） 167,168,169, 184,215,231
樊南诗集 615	奉天记 498	
樊南四六甲集 598	佛本行集经 37,50	高祖实录（后蜀） 758
樊南文集 559,598,604,607,615	佛地经 178	歌录集 215
樊南乙集 607,615	佛顶最胜陀罗尼经 261	歌诗（刘言史） 529
樊子 554	佛法东行记 69	歌诗（牛峤） 641
繁城集 644	佛化东渐图赞 209,223	歌行 664
梵网经古迹记 408	佛说德护长者经 34	歌行集 694
梵网经菩萨戒本疏 346	佛说莲华面经 34	阁中集 735
梵网经菩萨戒本述记 309	佛说施灯功德经 34	格后长行敕 356,369
梵语杂名 482	佛说盂兰盆经疏 586	格后敕（冯宿） 576
方等签补辅仪 470	佛性论 167,315	格后敕（谢澄） 567
方等三昧行法 51	佛性论义 309	格律异门论 444
方广大庄严经 261	服气精义论 373	格论 199
方物志 77,101	服饰变古元录 628	格式律令事类 376
方药本草 366	福禄论 249	格言 739
方舆记 762	福田论 74,81	格言后述 739
方志图 233	抚州曹山本寂禅师语录 669	根本说一切有部苾刍尼毗奈耶 309
芳林要览 215,216,218,227, 231,257	甫里先生文集 646	
	辅正除邪论 461	耿湋集 455
非国语 521,522,542	付法传 573	功臣列传 723,725,773
非姻传 637	复性书 507,577	供奉集 659
淝上英雄小录 729	赋格 765	供军图 578,596
坟典 39	赋枢 542	供养护世八天法 607
丰中吟 630	赋选 762	宫词 765
风角 63	赋苑 762	宫卿旧事 288
风角鸟情 8		巩湖编玩 708
风角要候 63	**G**	姑藏集 602
风骚旨格（一作风骚指格） 740		孤鸿赋 5
封敖翰稿 621	干禄字书 367	古迹记 419,470
封禅录 257	甘棠集 645	古今地名 532
封禅书（房琯） 346	甘泽谣 628	古今帝代记 45
封禅书（何妥） 34		

古今国典 762
古今集验方 539
古今郡国县道四夷述 505,514
古今类序诗苑 150,164
古今历书(一作历草) 355
古今录 356
古今内范 293
古今年号录 488
古今尚书释文 756
古今诗类聚 215
古今诗人秀句(一作诗人秀句) 210,227
古今书录 340
古今说苑 532
古今文集略 532
古今仪集 288
古今译经图记 362
古今诏集 153
古镜记(一作王度) 83,89,102, 488,641
古君臣赞 228
古乐府 402
古文大篆书祖 354
古文纪年新传 221
古文尚书疏(一作尚书疏) 66
古文尚书音义(一作古文音义) 66
古文章巧言语 163
古岳渎经(一作李汤) 532,601
鼓山先兴圣国师和尚法堂玄要广集 718
顾氏遗编 660
顾诸山记 510
关中创立戒坛图经 223
关中陇右山南九州别录 514
观察诸法行经 47,50
观光集(一作临沂观光集,王毅) 665
观光集(赵宏) 775
观经玄义 175
观念法门 247
观普贤经记 657
观所缘论疏 202

观台飞候 8
观无量寿佛经疏(僧智顗) 50
观无量寿佛经疏(又称观经四贴疏,僧善导) 247
观无量寿经疏 175
观无量寿经义疏(僧慧远) 41
观无量寿经义疏(僧吉藏) 112
观心辅助仪 470
观心论(僧神秀) 297
观心论(僧湛然) 470
观心论(僧智顗) 51
观心论疏 142
观心诵经法 51
观行食法 51
观音玄义 50
观音义疏 50
管氏指略 528
管子注 333,334
广钞 20,77
广成集 721
广东里集 696
广弘明集 29,35,55,71,134, 158,175,211,213,217,223
广堪 21
广类赋 762
广陵妖乱志 648
广陵止息谱 504
广孝经 421,470
广宣与令狐楚唱集 579
广异记 487
广政杂录 730
归山集 714,715,767
归正易 8
归字图 729,757
龟经 249
鬼谷子注 333
鬼神录 81
桂林风土记 240
桂香赋 758
桂香集 757
桂苑笔耕集 647,648,712
桂苑丛谈 671
桂苑珠丛 94

郭公家传(一作郭子仪家传) 492
国朝哀策文 533
国朝旧事 773
国朝政事 516
国风总类 767
国清百录 142
国史(又称唐书,柳芳等) 416, 419,470,471
国史补(又称唐国史补) 465, 552
国秀集 393,448

H

海潮赋 598,624
海内华夷图 505
海上集验方 568
寒山诗 456
寒山子诗集 456
韩君平集 474
韩内翰别集 702
汉高祖实录 751,759
汉后春秋 522
汉后隋前瞬贯图 645
汉南真稿 626
汉上题襟集 617,622,626,630, 650
汉书辨惑 264
汉书古今集 216
汉书集解 72,73
汉书决疑 175
汉书刊繁 52,87
汉书绍训 153
汉书训纂 72,153
汉书议苑 384
汉书音义(包恺) 6,62,66,109
汉书音义(刘伯庄) 52,212
汉书音义(萧该) 9,10
汉书右史 585
汉书指暇 203,239
汉书注(高峤) 305

汉书注（颜师古） 109,162,169,175,215	护命放生仪轨 318	严五教章、华严教分记） 315
汉隐帝实录 768,773,774	护塔灵鳗菩萨传 711	华严一乘十玄门 224
汗简集 729,756,757	花间集 641,705,706,708,734,735,765	华严游心法界记 315
翰林酬唱集 760	华林集 652	华阳唱和集 463
翰林词歌 572	华严策林 315	华阳风俗录 564
翰林禁经 442	华严法界观门 160	华阳集 536
翰林志 552	华严法界玄镜 581	华夷百题 767
翰苑 266	华严经（僧实叉难陀等译） 281,283,297,310	化书 743,775
翰苑集（刘邺） 645	华严经传记 69,85,90,108,121,130,131,225,273,310,315,391	画锦集 738
翰苑集（王朴） 775	华严经纲要 581	画评 536
翰苑集（韦处厚） 560	华严经骨目 470	画山水诀（画山水赋） 755
翰苑集（一称陆宣公奏议，陆贽） 474,515	华严经关脉义记 315	画学秘诀 427
号呶子 498	华严经纶贯 547	怀秦赋 688
河东记 579	华严经明法品内立三宝章 315	淮海乱离志 21
河间集 762	华严经内章门等杂孔目章（简称华严孔目章） 224,225	淮海寓言 686
河洛春秋 750	华严经普贤观行法门 315	还冤志 38
河南巡察记 315	华严经入法界品十八问答 581	宦游记 221
河西甲寅元历 233	华严经疏（僧慧远） 40	浣花集 671,687
河岳英灵集 376,378,385,391,406,408,411,413,415,422,427,430,433,436,440,446,673	华严经疏（又称大方广佛华严经疏，僧澄观） 480,524,581	豢龙子 585
荷泽神会语录 424	华严经疏钞 480	皇帝封禅仪 221
涅槃后分疏 470	华严经私记 201	皇甫持正文集 503,536,574
弘法大师全集 573	华严经文义纲目 315	皇华四达记 514
红楼集 534	华严经问答 315	皇极谠义 11
红药集 765	华严经行愿品疏钞 586	皇极历（李淳风） 218,233
红叶稿 765	华严经行愿品疏科 586	皇极历（刘焯） 63,76,80
宏词前后集 738	华严经义海百门 315	皇极要览 739
洪崖先生传 363	华严经游意 112	皇谟 397,398
鸿渐学记 754	华严经旨归 315	皇室谱 7
吽字义 573	华严明难品玄解 75	皇室永泰新论（一作永泰新谱） 439,471
后汉书音义 6,9	华严三昧章 315	皇隋灵感志 44,69
后集续高僧传 174,223	华严疏 158	皇隋瑞文 101
后梁春秋 128	华严探玄记 315	皇孙郡王谱 645
后魏纪 325	华严五教止观 160	皇太子诸王训 526,566
后主实录（前蜀） 755,758	华严五十要问答 224	皇唐玉牒 528,580
胡本草 434	华严心要法门 581	皇王大政论 715
湖湘马氏故事 775	华严心要法门注 586	黄檗山断际禅师传心法要 588,611,614,623
湖湘神仙显异传 775	华严旋澓章 391	黄帝阴符经疏 422
湖州刺史记 426,510	华严一乘教义分齐章（又称华	黄中通理 585
湖州图经 510		会昌解颐 595
		会昌一品集（又名李文饶文集、李卫公文集） 594,597,598,

599,602
会空有论 195
会三教论 249
会释记 749
会心高士传 172
会要 509,515,516,773
会诸宗别见颂 160
会宗论 162,173,217,218
荟萃 403,434
婚姻志 8
混成奥藏图 256,277
获稿集 699
霍小玉传 547,641

J

缉古算经 117,118
稽典 384
稽极 25,65,80
稽神录 765,774
稽圣赋 38,233
极玄集 578,596
即身成佛义 573
急备单方 514
急就章注（颜师古） 175
急就章注（颜之推） 38
集古今佛道论衡 117,151,180,
　181,200,202,209,210,214,223
集类 598
集灵记 38
集沙门不应拜俗等事（一作沙
　门不敬俗录、集沙门不拜俗
　议） 213,261
集神州三宝感通录（一作东夏
　三宝感通记） 217,223
集说 773
集贤书目 417
集贤院壁记诗 350
集贤注记 343,410,414,417
集验方 17
集遗具录 660
集异记 339,545

集注春秋 515
集注春秋三传 15
集注阴符经（李淳风） 233
集注阴符经（李筌） 422
集左氏传（一作文宗御集） 489
鹡鸰集 406
己巳占 233
偈颂 666
迦延杂心论疏 20,77
家范 283
家教 475
家谱（李匡文） 645
家谱（刘晏） 466
家谱（平贞眘） 315
家志 315
嘉善集 773
甲赋 762
甲乙集 686
甲子 356
贾岛句图 665
贾黄中谈录 771
贾至集 515
监察本草 233
笺表（韦庄） 687
煎茶水记（一名水说） 590
建康三钟记 73
建康实录 186,426
建立曼荼罗护摩仪轨 607
建立曼荼罗及拣择地法 545
建隆编敕 764
建中河朔记 572,601
建中实录 494
建中西狩录 642
谏草 687
谏林 288
谏事 169
谏苑 159,160,219
谏诤集 757
鉴戒录 685,731
鉴龙图记 363
鉴上人秘方 433
鉴真和尚传 433
江表四姓谱 426,510

江东后集 686
江东记 172
江都集礼 81,88
江干集 627,644
江简公集（一作江文蔚集） 758
江南集 752
江南录 740,774
江左寓居录 511
交游传 187
皎然集（一作杼山集） 498
教坊记 429,663
教诫新学比丘行护律仪 223
羯鼓录 585,600,603,609
解聋书 708
解深密经 180
解深密经疏 217,275
今上王业记 128
今体诗格 680
今文尚书音 66
金鳌集 771
金凤乐 428
金刚般若波罗密破取著不坏假
　名论 261
金刚般若波罗密经略疏 225
金刚般若经集注 253
金刚般若经疏（僧慧远） 40
金刚般若经疏（僧圆测） 275
金刚般若经疏（僧智顗） 50
金刚般若经意 201
金刚般若理镜 355
金刚般若释文举义 175
金刚场陀罗尼经 27
金刚顶经毗卢遮那一百八尊法
　身契印 373
金刚顶经疏 623
金刚顶经义诀 454
金刚界 514
金刚经口诀 319
金刚经释文 505
金刚经疏论纂要 586
金刚经义疏 112
金刚名号 514
金刚錍（一作金錍论） 470

金谷园记 398	经典释文 16,126,127,764	旧拔刺书 588
金光明忏法 51	经记授菩萨戒文 470	桔斋集 708
金光明经疏 112	经七章 355	具员故事 287
金光明经文句 50	经史书目 750	具员事迹 287,305
金光明经玄义 50	经史题释 552	俱舍论法宗原 180
金光明经义疏 40	经史要录 557,583	俱舍论记 180
金光明最胜王经 309	经史证类大观本草 705	俱舍论疏（东塔宗僧怀素） 249,277
金光明最胜王经疏（僧慧沼） 324	经纬集 649	俱舍论疏（僧道岳） 150,180
金光明最胜王经疏（僧胜庄） 309	经效产宝（一作产宝） 599,617	俱舍论疏（僧法宝） 195
金海 89	荆门集 659	俱舍论疏（僧神泰） 202
金华子杂编（简称金华子） 750	荆台集 708	俱舍论颂释疏 180
金陵古迹诗（又称金陵览古诗） 769	荆潭唱和集 522	俱舍论颂疏记 180
金銮密记 702	惊世 758	俱舍论颂疏序记 180
金轮集 293	旌异传 42	俱舍论颂疏义钞 180
金门待诏集 305	景福崇玄历 659,681	俱舍论颂疏义府钞 180
金门集 715	景龙文馆记 385	俱舍论注疏 36
金筌集 626	警年 510	剧谈录 661
金师子章（即大方佛华严金师子章） 280,281,315	净名广疏 470	瞿童述 572
金石灵台记（一作张真人金石灵台砂论） 514	净名记 470	绝观论 201
	净名经文疏 51,142	君臣康教论 755
金韬 8	净名略疏 470	君臣契 426,510
金谿闲谈 705	净名玄论 53,112	君臣图翼 515
金行启运录 693	净名义疏（又称净名经疏） 46,50,57	郡国县道记 514
金钥 615	净土法事赞 249	
锦江集 767	净土论 101,175	
锦楼集 736	净土十疑论 51	**K**
晋安海物异名记 742	净心诫观法 223	
晋朝陷蕃记 773	镜空传 599	开宝本草 769
晋高祖实录 754,755,759	九鼎记 489	开宝通礼 774
晋洪州西山十二真君内传 290	九宫龟经 8	开复西南夷事状 501
晋少帝实录 755,759	九宫五墓 8	开皇八年四部书目录 20
晋书（房玄龄等） 161,168,177,178,182,184,185,199,204,210,213,215,218,221,231,233,236,255,260,378	九国志 648,721,732,750,755	开皇甲子历 20
	九江新旧录 635	开皇令 81
	九经师授谱 562	开皇律 15,74,116
	九经外义疏 422	开皇四年四部目录（一作开皇四年书目） 20
	九识章 75	
	九室指玄篇 766	开四分律记（一作开四分律宗记、四分律开宗记） 249,277,460
晋书音义 182	九真任证颂道德诸行门 277	
晋书注 367	九征心戒（一作九微心戒） 601	
晋王北伐记 69	九嶷山志 288	开题序诀义疏 139,368
经传要略 555	酒经 157	开天传信记 639
	酒谱 157,172	开天传信录 669

著作索引

开业平陈记 126
开元格后敕 520
开元格令科要 369
开元广济方 428
开元后格 335
开元礼 346,363,366,477,716
开元令 335,376
开元名臣录 376,402
开元内外经录 340
开元谱 417
开元前格 327
开元升平源 376,402,525
开元式 335,376
开元释教录 34,50,53,54,77,
　104,131,148,175,180,195,203,
　212,213,223,250,253,261,262,
　272,279,310,318,328,349,356,
　362,373,385,391,496,503
开元天宝遗事 721,767
开元文字音义 428
开元新格 376
开元政要 581,582
刊定说文 442
亢仓子 368,388,395
科第录 605
科目记 612
克家集 706
孔绍安集 111
孔子马头易卜书 8
匡谬正俗 175,190
魁纪公 554
坤仪令(窦俨) 773
坤仪令(王衍) 708
昆山编 598
崑玉集 721
阃外春秋 422
括地志 154,166,170,192,195,
　216

L

来南录 523

兰亭记 323,324
浪说 450
劳生论 5,25
牢固女经 17
老经口诀 277
老氏碑 23
老子释文 505
老子疏(陈庭玉) 367,368
老子疏(陆德明) 126,368
老子述义 176,368
老子学记 368,444
老子义 31
老子义略 368,444
老子音义 157,368
老子指略论 368
老子注(李播) 233
老子注(李荣) 252
乐府歌辞 39
乐府古今题解 467
乐府古题解 347
乐府古题要解 402
乐府声调 39
乐府杂录 663
乐府杂诗 232,262
乐赋 775
乐论 85,86,94,126
乐谱(万宝常) 45
乐谱(萧吉) 89,228
乐书 237,259,266
乐书要录 293,328,372
乐要 34
乐志(苏夔) 92
耒耜经 646
类表(又名表启集) 533
类集 564
类礼(陆质) 515
类礼(魏徵) 154,155,169,352
类礼义疏 346,352,360
类文 102
累璧 210,221,231
楞伽师资记 235,355
骊山母传阴符玄义 422
礼典 496

礼佛仪式 253
礼阁新仪 536,732
礼记绳愆 176,289,295
礼记疏 176
礼记文外大义 66
礼记义 17
礼记音(沈重) 17
礼记音(王元规) 34
礼记正义 164,166,176
礼记字例异同 539,566,571
礼经正义 164,166,176
礼乐集(一名古律历创制议)
　475
礼论 45,85,86,94,126
礼疏 66
礼要 39
礼仪 470
礼志 566
李北海集 399
李长吉歌诗 536
李丞相诗集 759
李昉谈录 769
李甘文 574
李观文集 656
李怀州集 38
李嘉祐诗 434
李绛集 567
李峤集 324
李氏房从谱 645
李氏花萼集 329
李娃传 496,556,641
李卫公兵法 187
李卫公问对 185,187
李文公集 491,497,519,523,
　527,576
李遐叔文集 454
李义山集 615
李元宾文集 495
李赵公(吉甫)行状 599
理道要诀 528
理门论 196
理训 775
理源 705

力庄严三昧经 20,50
历代崇道记 13,649,721
历代宫名录 769
历代纪要 774
历代名画记 64,110,170,199,262,275,323,354,419,483,598,599,638
历代年号 769
历代三宝纪（一作开皇三宝录）3,9,14,17,20,23,25,27,33,37,40,42,44,46,47,49,50,54,77,217,362
历代善恶春秋 750
历书 25,80
历术 20
历议 355
立成法 355
丽文集 475
励忠节 169
笠泽丛书 642,646
莲华面经 20
凉国公平蔡录 536
梁词人丽句 615
梁典 13,42
梁公别传（一作狄仁杰传）345,398
梁后略 59
梁末帝实录 768
梁史 86,111,402
梁书（许善心） 37,38,86,101,149,169
梁书（姚察） 30,73
梁书（姚思廉） 30,71,149,150,153
梁书帝纪 73
梁四公记 363
梁太清实录 7
梁太祖实录 690,715
梁萧史谱 424
梁苑文类 579
两部大法相承师资付法记 454,570
两汉至唐年纪 645
两京新记 28,138,240,417

两同书 686
量处轻重仪（一作释门亡物轻重仪）153,223,302
列女传 237,259,266
烈祖实录 740
林邵州遗集 453
林氏字源编小说 665,725,729,735
临川集 447,475
临淮尺题 534,535
临戎孝经 341
麟德历 218,233
灵怪集 511
灵怪实录 775
灵台秘苑 60
灵溪集 661
灵仙赋集 762
灵异记 86,101
岭南急要方 288
凌烟阁功臣传 548
凌烟阁功臣故事 221
陵阳集 708
令狐家传 221
刘白唱和集 560,588,594,595
刘白吴洛寄和集 566
刘公嘉话录（一作刘宾客嘉话录）548,612,626,658
刘轲文 585
刘梦得集（一称刘宾客文集）588
刘商郎中集 520
刘氏集略 567
刘氏家史 341
刘氏经典集音 635
刘氏谱考 341
刘随州文集 416,419,425,432,443,486
刘禹锡集 261,433,472,487,494,500,503,507,508,510,517,524,529,531,543,546,552,556,557,563,567,569,572,579
流类手鉴 672
留本司行格（永徽）192,241
留司格（垂拱）257

留司格（贞观）150,184
柳氏家学要录 599
柳氏释史（又称史通析微）309,667,674
柳氏训序 654
柳毅传 483,641
柳宗元集（又称唐柳先生集、柳河东集）491,499,504,508,509,521,522,526,527,529,531,537,539,542
六波罗蜜经 482
六臣注文选 203,333
六代略 530,532
六官 39
六即义 554
六经法言 548,549,573
六经解围 522
六经外传 342
六门陀罗尼经 178
六门陀罗尼经论广释 246
六妙法门 51
六壬大玉帐歌 422
六壬明经连珠歌 356
六壬释卦序例 774
六壬髓经 356
六十四诀 250
六说 342
六体论 354
六贤图赞 564
六祖大师法宝坛经（一作六祖法宝坛经，又称法宝坛经）319
龙池篇 323
龙池篇乐章 323
龙华集 701
龙筋凤髓判 358
龙吟集 688
龙证笔诀 695
楼观先师传 262
镂冰录 696
漏刻新法 105
卢陲妻传 538
卢公家范 402

卢仝诗 574
卢武阳集 25
卢象集 433,572
庐江冯媪传 526,601
庐陵官下记 599,622
庐陵集（颜师古） 175
庐陵集（颜真卿） 475
庐陵王事 470
鲁后春秋 257,305
陆肱赋 610
陆氏集验方 515
陆氏集异记 635
录异记 721
鹿门集 660,740
鹿门家钞诗咏 741
鹿门隐书 622
禄命书 8
吕叔和文集 524,527
律准 775
律历术文 8
律疏（唐律疏义） 191,193,207,376
律相感通传 223
律宗引源 475,536
绿衣使者传 363
銮驾北巡记 63
略览 87
略例奏章 355
论议表疏奏（陆贽） 515
论语笔解 553,576
论语疏 176
论语述议 87
论语义（张冲） 62
论语义（张讥） 31
论语注辨 562
罗隐集 614,627,648,686
罗隐启事 686
洛下游赏宴集 594
洛阳古今记 63
骆宾王集 255
骆宾王文集 302
骆丞集 255

M

马名录 63
马阴二君内传 249
马祖道一禅师广录 482
马祖道一禅师语录 482
蛮书（又名南诏记、云南记、云南志、云南史记、南夷志） 620,642
曼殊室利五字心 363
曼殊室利焰曼德迦万爱秘术如意法 356
漫说 450
毛秘书词 734
毛诗并注音（一作毛诗音义） 67
毛诗草木虫鱼图 589,606
毛诗述议 87
毛诗义（沈重） 17
毛诗义（张讥） 31
毛诗音 17
毛诗章句义疏 67
毛诗正义 87,166
毛诗纂义 187
毛司徒词 691
毛仙翁传 693
梅妃传 590
梅岭集（一作梅顶集） 731
孟浩然集 264,382,395,403
孟浩然诗集 382,395
孟水部诗集 771
梦隽 674
弥勒成佛经疏 51
弥勒经游意 112
弥陀经疏 492
秘藏宝钥 573
秘阁录 233
灭法论 69
闽川名士传 657
闽王列传（一作闽王事迹） 742
名臣事迹 773
名山洞天福地记 721
名苑 750
明皇幸蜀广记图 645
明皇杂录 569,627,658
明镜图 747
明堂图议 84
明堂新礼 346
明堂序 172
明无为 662
明真辨伪论 461
明宗实录（后唐） 727,740,773
冥报记 207,488
冥报拾遗 215,262
冥搜集 696
摩诃止观（又称圆顿止观） 44,50,400
摩诃止观大意 44
摩诃止观辅行传弘决（一作止观辅行） 44,470
摩诃止观辅行搜要记（一作止观搜玄记） 471
摩诃止观弘决搜要记 44
摩诃止观记中异义 44,498
摩诃止观文句 44
摩诃止观义例 44
莫孝肃公诗集 604
默语论 81
木铎集 562
牧竖闲谈 695
穆宗实录 573,623
穆宗宪宗实录 567

N

内典集 711
内典类聚 498
内典目录 601
内典文会集 10,81
内范要略 293
内外亲族五服仪 533
内训（武则天） 197
内训（辛德源） 15
内证佛法相承血脉谱 549

那罗延力经　482
南北人物志　426,510
南楚新闻　746
南方异物志　517
南宫故事　288
南冠集　688
南海寄归内法传　318
南海药谱　705
南华通微　368,459
南华象罔说　368
南华真经注疏　139
南金集　725
南柯太守传　507,601,641
南史　31,34,40,42,73,107,131,199,206
南行记　731,767
南熏集　555
南阳公集　213
南岳大慧禅师语录　393
南诏录　642
南卓文　609
能断金刚般若经疏　324
能显中边慧日论（简称慧日论）　324
尼注戒本　153,223
拟峰集　733
拟江东逸书（一作拟挽书）　749
拟玄集　681
拟谣　752
儗议集　739
年历　551
鸟情占　102
涅槃经疏　590
涅槃经疏私记　554
涅槃经义疏　145
涅槃经音义（僧行满）　554
涅槃经音义（僧云公）　525
涅槃经游意　112
涅槃义疏　28,29
牛奇章集　81
牛羊日历　585
女则　148

P

俳谐集　245
庞居士语录　520
庞蕴诗偈　520
裴氏海昏集（一作海昏集）　417,524,526
佩觿　729,756,757
湓城集　417
彭阳唱和集　579,588
蓬山事苑　356
批答　596
披沙集（又称唐李推官披沙集）　690
皮氏见闻录　740
皮氏鹿门家钞　644
毗陵集　419,423,425,428,434,438,447,448,452,456,459
毗那夜迦哦那钵底悉地品秘要　438
毗尼讨要　253
琵琶录（又名琵琶故事）　663
譬喻王经　47
偏旁小说　729
品流志　662
平东夷策　212
平淮西记　573
平台秘略（一作平台钞略）　222
平贼记　69
婆沙论钞　180
破倒翻迷论　482
破恶见论　173
破邪论　108,109,140,160
莆阳黄御史集　674,682
菩萨见实会　34
菩萨戒本宗要　408
菩萨戒法　191
菩萨戒义疏　50
菩萨如来方便善巧呪经　27
菩萨修行四法经　261
菩提达摩南宗定是非论　370
濮王泰集　192

普遍智藏般若波罗蜜多心经　366
普贤菩萨发愿文　51

Q

七阶佛名经　45
七俱胝佛大心准提陀罗尼经　261
七俱胝陀罗尼　345
七林　49,101
七悟　38
七曜杂述　164
栖贤法隽　612
漆经　754
漆匲集　579
齐记　43
齐纪　7
齐史　38,402
齐世三宝记　69
齐书（北齐书，李百药等）　86,124,149,150,169,183
齐书（王劭）　41,69
齐物论　144
齐志　69
棋经图义例　774
棋势　774
启霸集　729
启事　660
启颜录　740
起信论内义略探记　408
起信论疏注　586
起信论问答　309
起信论义疏　28,29
起予集　463
气诀　371
洽闻记　480
洽闻志　101
千金宝要　249
千金翼方　249
千金翼要方（一作千金要方）　249

千秋金镜录　375,382
前代君臣事迹　523
前代忠臣临危不变图　665
前定录　568
前汉书义(又称汉书音义)　62
前集(李翰)　466
前集(李华)　454
前集(苏源明)　435
前蜀纪事(一作前蜀王建记事，又作王建纪事)　691
前蜀书　725,757,758
钱考功集　451,473
乾𦠆子　626
遣使录　515
切韵　19,56
切韵拾玉(一作切韵搜玉)　729,774
箧中集　424,450
钦天历草　775
钦天历经　775
钦天历立成　775
秦府十八学士传　548
秦亭篇　767
秦征君校书与刘随州唱和集　488,514
秦中岁时记　663
琴谱　444
寝祀仪(一作新定寝祀仪)　742
青宫纪要　293
青宫载笔记　693
青囊括　422
清异录　762
清隐集　769
请废佛法表　108,115
请观音忏法　51
请观音经疏　50
请来目录　573
庆云集　739
穷愁志　602
穷神秘苑　629
琼瑶集　705
区宇图志　78,101,102,153
曲江集(张九龄集)　265,337,343,349,353,362,364,365,372,374,382
曲台奏议集　742,766,767
祛感论　262
权载之文集　414,417,421,441,447,453,461,467,469,471,474,482,484,490,501,506,507,509,518,540
泉山秀句集　681,682
劝发菩提心集　324
阙史(又称唐阙史)　610,649,658
群书丽藻　754
群书四部录　340,342,360,402,417
群书治要　139,169,170
群仙会真记　545

R

人伦风鉴　766
仁王般若经疏　40
仁王护国般若经疏　50
仁王经疏(僧吉藏)　112
仁王经疏(僧圆测)　275
仁王论疏　28
任氏传　468,494,641
戎幕闲谈　564,626
戎州记　199
如来藏私记　137
儒释交游传　498
汝江集　686
汝洛集　575,583,588
入道安心要方便门　191
入楞伽心玄义　315
入洛记　708,767
入内廷后诗集　702
入唐求法巡礼行记　587,589,590,591,593,594,623
瑞州洞山良价禅师语录　630
睿宗实录　328,341,402

S

三藏本疏　150
三禅五革　585
三传异同　523
三传指要　585
三洞琼纲(即开元道藏)　323
三洞珠囊　4,63,281
三感志　750
三观义(僧湛然)　470
三观义(僧智𫖮)　50
三国春秋(崔良佐)　507
三国春秋(员半千)　341
三家老子音义　774
三教会宗图　505,506
三教珠英　280,284,285,286,287,288,298,300,313,316,320,321,325,341,357,360,363,577
三阶佛法　33,45
三阶位别集录　33,45
三类境　217,218
三礼义证　124
三礼音义　176
三论系谱　160
三论玄义　58,112
三梦记　523
三品官祔庙礼　288
三山集　723
三舍人集(又称元和三舍人集)　542,572,579
三身论　217,218
三圣圆融观门　581
三十六科鬼神感应等大义　34
三水小牍　637
三体孝经　760
三贤论　378,424
三玄异义　367,368
三要　699,757
三馀外记　740
三州唱和集　550,595
三祖志　711
散颁格(裴居道等)　257

散颁格(韦安石等) 294
桑维翰传 773
丧服经义 17
丧服义 62
僧官论 81
僧广宣与令狐楚唱和 534
沙门名义论 81
山水受法 755
山王院在唐记 657
删垂拱式 294
删定止观 44,478
删水经 536
善财童子诸知识录 81
善恶报业 253
善恭敬经(一名恭敬师经) 25
善思童子经 37,50
商主天子问经 47,50
上党纪叛 602
上官昭容集 310,313
上清含象剑鉴图 373
上清侍帝晨桐柏真人真图赞 373
尚书故实 646,658,663
尚书纠谬 289,290,295
尚书考功薄 288
尚书考功尚绩簿 288
尚书科配簿 288
尚书刘氏义疏 25,80
尚书述议 87
尚书文外义 66
尚书演范 507
尚书义 31
尚书正义 87,166,189,204,207,219
尚书注 76
尚颜诗集 660
苕川总裁 660
苕亭杂笔 661
少阳政范 293
舍利宝塔传 711
舍利感应记 55,69
舍利塔记 740
射法 757

射书 762
摄大乘论疏(僧神泰) 202
摄大乘论疏(僧玄应) 174
摄大乘义疏(僧法常) 175
摄大乘论义疏(僧灵润) 145
摄调伏藏 356
摄论疏(僧靖嵩) 89
摄论疏(僧昙迁) 75
摄生真录 249
摄正法论 315
申唐诗 682
绅诫 266
神会和尚遗集 424
神机制敌太白阴经 422
神栖安养赋 758
神仙得道灵药经 371
神仙感遇传 721
神仙后传 288
神仙可学记 461
神仙内传 290
沈彬集 723
沈佺期集 329
沈下贤集 565
声字义 573
胜鬘经宝窟 112
胜鬘经疏 28
胜鬘经义记 41
省迁除 288
圣朝万岁乐谱 530,549
圣德论 141
圣典 384
圣迹记 69
圣迹现在图赞 223
圣教略述章 270
圣善住意天子所问经 47
圣贤事迹 711
省迁除 288
盛山唱和集 509,518
师说 507,529
师子素驮娑王断内经 328
诗格(王昌龄) 210,415
诗格(一作诗格密旨,又作二南密旨,贾岛) 247,591

诗例(又名极玄律诗例) 596
诗评(僧皎然) 498
诗评(僧灵裕) 69
诗式 476,483,498,499
诗髓脑(又称诗格) 210,214,215
诗议 498
诗英华 175
诗纂 681
施氏诗论 446
十八部论疏 150
十八契印 514
十不二门(一作十妙不二门) 470
十道志 306
十道州郡图(一作十道图) 530,532
十地经论义记 41
十地经疏 68
十地论 77,86,131
十二次二十八星宿占 320
十二佛名神咒经(又名校量功德除障灭罪经) 27
十二门论疏 112
十二缘起章 202
十九部书语类 371
十轮经疏(一作十轮经抄) 174
十门实相观 160
十三代名臣议 585
十三代史驳议 570
十一面神咒心经义疏 324
十异九迷论 109
十种大乘论 86
十住心论 573
十祖赞 511
石壁九经(即开成石经) 578,589
时务策 169
时议 421
食医心鉴 617
史臣传 548
史通先生传 511
史记地名 212

史记名臣疏　533
史记索引　366
史记义林　360
史记音义　212,366
史记正义　367,374
史记注(陈伯宣)　513
史记注(李镇)　360
史记纂训　616
史例　342
史略　426
史通析微　309,667,674
史系　759
始终心要　470
式经　8
事始　164
释变　636
释禅波罗蜜次第法门　50
释禅次第法门　195
释迦方志　14,189,223
释迦氏谱(又称释迦略谱)　219,223
释迦文尼佛金刚一乘修行仪轨法品　373
释净土群疑论　101
释老宗源　160
释门归敬仪　210,223
释门章服仪　201,223
释门正行忏悔仪　223
释摩诃衍般若波罗蜜经觉意三昧(简称觉意三昧)　51
释签另行　470
释氏系录　356
释氏止观统例　493
释文　429
释疑　84
释周髀　233
守护国界主陀罗尼经　509,518
受戒仪礼　253
受用三水要法(一作分为受用三法、水要法)　318
授决集　657
书断　164,258,354
书诂　354

书林韵会　729
书屏记　666
书谱(孙过庭)　258
书谱(徐浩)　470
书仪(裴茝)　533
书仪(裴度)　583
书仪(郑余庆)　545
书状　484
枢机应用集(一作枢机集)　758
蜀本草图经　775
蜀程记　687
蜀尔雅　615
蜀桂堂编事　750
蜀国文英　700
蜀主经纬略　758
述稿　484
树萱录　642
水魔论　262
顺了义论　315
顺宗实录　530,532,534,552,563,573
说林　73
说妙法决定业障经　328
说石烈士　614
说文解字通释　762
说文解字系传　729,762
说文解字韵谱　729,762
说一切有部跋窣堵　318
司空表圣集　684
司空表圣诗集　684
思旧游诗　459
四分律比丘含注戒本　150
四分律比丘含注戒本疏　150,189,223
四分律大纯钞　77
四分律尼钞　253
四分律删补随机羯磨　147,223
四分律删补随机羯磨疏　147,189
四分律删繁补阙行事钞　121,189,223
四分律拾毗尼义钞　126,189,223

四分律疏(又称广疏、大疏,僧智首)　148
四分律疏(僧法砺)　249,302,408,440,460
四分律讨要　253
四分律行事钞音义指归　711
四分尼羯磨文　249,277
四分尼戒本　249,277
四分僧羯磨文　249,277
四分僧戒本　249,277
四海类聚方　80
四教义　50
四六(崔致远)　712
四六(宋齐丘)　775
四六集　635
四民福禄论　233
四明章　75
四念处　51
四声指归　10
四时记　336
四时立成法　8
四时纂要　682
四童子经　42
四悉檀义　50
寺塔记　607,622
祀玄集　775
松陵集　629,633,644,646
宋高僧传　80,90,101,144,156,160,174,180,182,192,195,196,198,202,209,212,219,221,223,225,227,229,230,235,238,240,243,246,247,249,250,253,259,261,262,268,269,273,274,275,277,288,294,297,300,302,305,310,312,315,318,319,320,324,328,331,335,344,345,348,350,354,355,356,357,358,363,369,371,372,373,375,377,380,381,384,385,388,391,393,395,396,398,400,401,403,406,407,408,410,411,414,417,424,426,429,430,432,434,436,438,439,440,442,443,448,449,452,454,456,457,458,460,465,468,471,476,482,485,490,492,494,496,498,

499,501,503,509,518,519,520,
524,525,526,532,534,536,538,
540,545,551,553,557,559,567,
570,572,580,581,586,591,592,
593,598,600,607,611,612,618,
624,627,630,631,633,641,647,
654,657,663,664,666,669,670,
673,681,684,689,690,691,692,
693,695,698,699,701,711,712,
713,714,718,723,729,740,749,
750,751,772
宋齐丘文传　775
宋清传　509
宋之问集　316
送僧浩初序　526
苏婆呼童子经　347
苏悉地羯啰经疏　623
俗语难字　69
肃宗实录　459,527
宿曜仪轨　356
算术　87
隋朝仪礼　21,23,58,81
隋大业正御书目录　69
隋吉礼　75
隋纪（陈叔达）　111,148
隋纪（吕才）　136,207,219
隋季革命记　266
隋监　585
隋开皇历　164
隋律　75
隋略　216
隋史　262,388,402
隋书　3,4,5,6,7,8,9,10,11,12,
13,14,15,16,17,18,19,20,21,
22,23,24,25,26,27,28,39,30,
31,32,33,34,35,36,37,38,39,
40,41,42,43,44,45,46,47,48,49,
51,52,53,54,55,56,57,59,60,
61,62,63,64,65,66,67,68,69,
70,71,72,73,74,75,76,77,78,
79,80,81,82,83,84,85,86,87,
88,89,90,91,92,93,97,98,100,
101,102,103,107,108,109,112,
126,136,139,149,150,175,183,
188,189,198,215,219,658

隋书（王度）　102
隋书（王凝）　126
隋书（王劭）　69
隋书（魏徵）　149,169
隋书礼　75
隋书列传　169
隋唐嘉话　68,329,388,552,658
隋唐嘉话（一称传记，又称国史
　异纂、刘𫗧小说）　342,388,
　552
隋天台智者大师别传　50
岁华纪丽　682
岁时广记　762
孙可之集　649
孙樵集　609,649
孙氏千金月令　249
孙氏小集　680
孙子文纂　680
笋谱　711

T

胎藏金刚名号　547
胎金两界血脉（又称造玄阿阇
　梨付属师资血脉）　624
太极格　315,360
太康平吴录　773
太乐令壁记　342
太平两同书　461
太平十二策　59,60,94
太平兴国录　749
太清神鉴　775
太清真人炼云母　249
太上黄箓斋仪　323,721
太上老君说常清静经注　721
太上昇玄消灾护命妙经颂　373
太玄经注　572
太玄幽赞　358
太一局遁甲经　356
太一立成　89
太一式经　8
太易　458

太元经注　731
太宗实录　167,168,169,184,
　207,215,216,221,229,231
太宗勋史　402
太宗政典（一作太宗文皇帝政
　典）　199,243
太祖纪年录（后唐）　713,754
潭州沩山灵祐禅师语录　607
探龙集　692
唐本草音义　444
唐朝纲领图　609
唐朝君臣正论　737,773
唐朝年代记　629
唐朝新定诗格　247,298
唐春秋（郭昭庆）　769
唐春秋（韦述）　417
唐春秋（吴兢）　352,360,402
唐大和上东征传　371,392,408,
　410,423,424,426,432,433
唐大荐福寺故寺主翻经大德法
　藏和尚传　712
唐典　578,596
唐废帝实录　768,773
唐风集　659,673
唐护法沙门法琳别传　44,56,
　101,118,125,139,144,151,153,
　157,160
唐画断（又名唐朝名画录）　598
唐皇室维城录　645
唐会要　28,98,100,103,105,106,
　107,110,113,115,118,121,123,
　129,132,139,140,141,142,146,
　148,149,154,155,156,157,158,
　163,165,166,177,178,179,182,
　185,189,191,193,196,197,199,
　201,202,203,205,206,207,210,
　211,215,226,236,239,240,241,
　243,246,247,251,257,266,270,
　272,273,275,277,280,281,285,
　286,287,288,289,290,294,295,
　296,297,301,302,305,307,311,
　312,315,318,323,326,328,329,
　332,334,335,337,339,340,343,
　348,349,351,352,353,354,364,
　365,375,376,377,378,379,383,

386,387,389,392,394,402,405,
409,411,416,418,431,441,442,
464,465,476,478,481,487,489,
494,497,498,499,505,507,509,
512,513,516,518,519,521,524,
525,527,528,529,531,537,541,
546,547,548,550,557,563,565,
567,569,575,586,589,600,607,
608,609,642,655,656,667,735,
768
唐会要（又称续唐会要） 773
唐贾耽记边州入四夷道里考实
 514
唐决集 549
唐历 266,354,470,471
唐历目录 470
唐六典（一作六典，又作大唐六
 典） 97,123,147,240,363,378,
 417,645,732
唐闵帝实录 768,773
唐名臣奏 402
唐末闻见录 767
唐年补录（一作唐朝补遗录）
 737,759
唐年小录 551
唐七圣历 514
唐诗类选 612,613
唐诗人主客图 617
唐书（即旧唐书，刘昫等） 10,
 13,20,47,61,66,89,93,94,105,
 108,115,117,121,127,136,142,
 157,163,180,184,186,189,198,
 229,233,239,245,258,262,266,
 267,279,290,296,311,321,330,
 343,398,406,419,421,424,427,
 452,454,471,528,542,552,562,
 579,584,621,635,638,743,747,
 755,773
唐书（吴兢） 352,402
唐书备阙记 402
唐太宗集 185
唐统纪 730
唐吴英秀赋 758
唐显庆登科记 505
唐偕日谱 645

唐昛手记 371
唐循资格 572
唐雅乐 130
唐英歌诗 671
唐英集 671
唐韵 56
唐直臣谏奏 731
唐职仪 417
唐摭言 105,212,236,362,368,
 381,451,552,565,585,590,594,
 608,616,622,630,648,654,657,
 660,669,692,737
陶神论 69
天宝军防录 434
天宝离乱西幸记 586
天对 531,542
天宫旧事 342
天潢源派谱（一作天潢源派谱
 统） 645
天论 531,589
天说 531,542
天台智者大师发愿文 51
天坛王屋山胜迹记 721
天文大象赋 233
天文事序议 480
天一太一经 356
天隐子 373
天中八教大意 142
天竺记 81
天竺九执历 355
添品妙法莲华经 56
通典 104,121,138,190,260,335,
 337,383,384,394,505,528
通极论 81
通辑五音 729
通历 199,551
通命论 42
通屈赋 598
通释音义 762
通学论 81
同光实录 711,773
同光刑律统类 704
同僚籍 511

童蒙集 452,540
统史 605
偷江东集 683,687
投壶经 218
投荒杂录 517
投知小录 647
屠龙集 725
吐蕃黄河录 514
兔园策府 235
陀罗尼观自在瑜伽法要 363
陀罗尼集经 192

W

外诗 484
外台秘要方 408
外学集 711
万善同归集 758
王勃集 229,239,255
王梵志诗集 209
王会图 133,134,175
王摩诘文集（又称王维集）
 427,432
王氏八体书范 288
王氏东南行 767
王氏工书状 288
王氏家牒 288
王氏家谱 288,374,494
王氏开国记 725
王氏列传 288
王氏女记 288
王氏尚书传 288
王氏神道铭 288
王氏神通记 288
王氏神仙传 721
王氏王嫔传 288
王氏闻见录 767
王氏训诫 288
王氏著录 288
王适集 280
王司马集 562
王无功文集（又称王绩集） 11,

102,108,116,136,172,201
王右丞集　427
王政　302
王子安集　239
罔象成名图　367,371
往生礼赞偈　247,248
往五竺国传　355
辋川集　390
辋川图跋　602
微言注集　384
微旨　636
韦氏谱　40
韦苏州集（一称韦江州集）　488
沩山警策　607
唯识宝生　309
唯心诀　758
维城典训　293
维城前轨　365,369
维摩经记　201
维摩经略疏（僧吉藏）　112
维摩经略疏（僧湛然删定）　434,470
维摩经略疏（僧智顗）　50
维摩经疏（僧灵裕）　69
维摩经疏（僧智顗）　50
维摩经疏（韦渠牟）　505
维摩经疏记　470
维摩经疏私记　498
维摩经玄疏　50
维摩经要略疏　201
维摩经义记　41
维摩经义疏　112
维摩经游意　112
卫公平突厥故事　199
渭南集　609
魏典　305,360
魏纪　10
魏氏手略　615
魏书（杨素）　71
魏书（魏澹）　6,10,109
魏文贞故事　288
魏徵集　169
魏郑公文集　169

温飞卿集　626
温陵集　692
温室经义记　41
温庭筠诗集　626
文笔眼心钞　573
文笔要决　204
文编　440,450
文标集　598
文场秀句　599
文道元龟　388
文府　302,360,365
文格　680
文馆词林　172,201,212,229,231,257,341
文馆词林策　201
文馆词林文人传　201,231
文海　21
文镜秘府论　163,215,227,573
文句科　470
文类　45
文录　636
文泉子集　588
文殊尸利行经　25
文疏　175
文思博要　153,161,162,164,165,176,181,184,204,212,216,219,231,233,236,247,284,285
文薮（又名皮子文薮）　625,644
文选集注（一作文选注，吕延济等）　203,333
文选音义（曹宪）　94,203
文选音义（公孙罗）　203
文选音义（萧该）　6,9,10
文选音义（许淹）　203
文选注（李善）　203,264,266,398
文选注（李邕）　266,398
文英院集　765
文章龟鉴　751
文章体式　54
文章玄妙　590
文贞公传事　216
文贞公事录　288

文中子世家　6,9,11,21,59,60,65,86,88,90,94,235
文宗实录　608,609,615
闻天遗事　767
问政先生聂君传　762
握兰集　626
无垢称经钞　249
无鬼论　453
无讥集（一作无机集）　644
无量寿经疏　112
无量寿经义疏　41
无能子　653
无上黄箓大斋后述　657
无双传　634
无畏三藏禅要　373
吴江应用集　742
吴君志传　570
吴录　730,740,752,774
吴氏西斋书目　401
吴蜀集　588,602
吴武陵书　570
吴兴集　499,504,510
吴兴集（皇甫曾）　454,477
吴兴集（颜师古）　175
吴兴集（颜真卿）　458,475
吴兴历官记　426
吴兴实录　646
吴杨氏本纪（一作杨吴氏本纪）　730
吴越唱和集　560
吴越应用集　686
吴越掌记集　686
吴子　662
五部区分钞　54,148
五藏论应象　402
五代会要　686,688,701,703,704,706,707,709,711,713,714,716,719,722,727,732,734,736,737,744,755,759,763,764,768,773
五代史志　149,161,169,188,198,199,207,231,233
五代通录　773
五方便念佛门　51

五服图(张荐)　511
五服图(仲子陵)　446,492
五经大义　64
五经定本(又称新定五经)　144,578
五经对诀　214
五经类语　617
五经妙言　172
五经述议　25,80
五经文字　457,760
五经要略　475
五经异义　39
五经正名　87
五经正义　81,124,159,165,166,175,176,183,184,185,189,193,194
五礼要记　300
五礼仪鉴(一作五礼仪镜)　742
五木经　576
五千五百佛名经　42
五书　725
五纬图(又称王氏五纬图)　599
五姓征氏　528
五音地理经　356
五运录　750
五蕴观　581
五兆算经　249
武成王备载　681
武德令　116
武德律　116
武德式　116
武库集　735
武陵集　528
武肃王集　717
武宗实录　737
戊寅元历　100
物类相感志　711
雾居子　657

X

西洱河风土记　642
西番记　67
西蕃会盟记　602
西方陀罗尼藏中金刚族阿蜜哩多军荼利法　547
西府笔藁　669
西江集　767
西南备边录　602
西戎记　602
西域传(又称大隋西国传)　58,81
西域道里记　81
西域图　189,215
西域图记　67,75,76,126
西域图志　203,231
西园集　695
希有校量功德经　25
系乐府　404
狎鸥集　738
峡程记　687
黠戛斯朝贡图传　578
仙传拾遗　721
仙授理伤续断秘方　595
仙苑编珠　4,685
先君亲友传　315
闲居集　723
闲居录　426
贤护菩萨经　44
咸通后麻制　695
显德钦天历(一作大周钦天历)　767,775
显德三年七政细行历　775
显扬大戒论　623
显扬圣教论　178
显扬圣教论略述章　309
显正论　109
显宗记　395,424
宪宗实录　548,549,550,553,560,561,573,586,590,600
献替录(又名文武两朝献替录)　602
献祖纪年录(后唐)　713,754,773
相经　8
相经要录　89
相手版要决　89
香奁集(韩偓)　702
香奁集(和凝)　765
湘南应用集　631,686
湘中怨　539
祥瑞图　169
象溪子(一作蒙溪子)　650
小阿弥陀经钞　148
小博经　7
小集(贾岛)　591
小集(元稹)　564
小名录　646
小止观(又称修习止观坐禅法要、童蒙止观)　51
孝经疏(贾公彦)　176
孝经疏(韦渠牟)　505
孝经疏(元行冲)　360
孝经述议　87
孝经义(平贞眘)　315
孝经义(张讥)　31
孝经义记(灵裕)　69
孝经义记(王元规)　34
孝经义疏(何妥)　34
孝经义疏(孔颖达)　153,183
孝经义疏(明克让)　45
孝经制旨　428
孝经注(唐玄宗)　343
孝经注(尹知章)　333
孝经注(宇文弼)　76
孝悌集　765
孝行志　595
孝子后传　262
孝子列女传　293
校定杜工部诗　445
笑海丛珠　646
笑苑　6,10
写宣　599
谢小娥传(李绅)　590
谢小娥传(李公佐)　539,601
心机算术括　356
心铭　201
心目论　461

新本草 288	幸江都道里记 63	续酒谱 733
新编魏徵集 169	性灵集 573	续六经（又名王氏六经） 85，
新定书仪 710,718	兄弟传 267	86,94,125,126,235
新华严经略疏 315	修华严奥旨妄尽还源观 315	续名僧记 45
新华严经序注 315	修文异名录 675	续谱 472
新集浴像仪轨 545	修真秘旨 373	续钱谱 488
新乐书 228	修真养气诀 373	续尚书 384
新礼 231	袖中备急方 288	续诗 85,86,94,126
新礼（辛彦之） 39	胥台集 644	续世说新语 288
新罗国记（一作新罗图钞，又作新罗图记） 463	虚空藏菩萨求闻持法 331	续书 85,86,94,126,235
新疏拾遗钞 249,277	虚空孕经（一名虚空孕菩萨经） 27	续说苑 342
新修本草（又称唐本草） 207,219,231,775	虚融观 288	续唐历 470,471,604,608,638
新艺文类聚 356	徐锴集 762	续通历 551,708
新译大方广佛华严经音义（简称新译华严经音义，世称慧苑音义） 391	徐文公集（一名徐常侍集，又名骑省集） 774	续文士传 379,390
新译华严经七处九会颂释章 581	许敬宗集 231	续文选 257,360
新译经序 81	续定命录 586	续文章始 73
新纂文苑 661	续妒记 288	续津斯歌 774
信福论 253	续凤池稿草 648	续元和台曲礼 596
信心铭 73	续高僧传 8,9,10,12,13,14,16,	续贞陵遗事 654
兴化禅师语录 705	17,19,20,22,23,24,25,26,27,	续正声集 751
兴衰要论 6,9	28,29,32,33,34,35,36,37,39,	宣室志 642
兴政论 755	40,41,42,44,45,46,47,48,49,	玄部通义 31
刑法统类（又称大中刑律统类） 607	50,51,54,55,57,58,60,61,63,	玄纲论 410,461
刑律总要 687,714	68,69,71,72,74,75,76,77,78,	玄怪录 561,600,601
刑政箴 498	79,80,81,82,84,85,86,87,89,	玄怪录（一作幽怪录） 561
行己要范 298	91,92,93,98,100,101,104,106,	玄机分明要览 740
行记 17	108,112,113,115,117,122,125,	玄览 293
行历抄 657	127,130,131,134,137,140,142,	玄沙师备禅师广录 684
形神可固论 461	144,145,147,148,150,155,157,	玄沙师备禅师语录 684
姓史 528	158,160,162,163,167,169,171,	玄悟经 233
姓氏谱 155,231	174,175,178,180,187,191,192,	玄应音义 174,187
姓氏韵略 674	195,197,198,201,215,217,223,	玄英集 654
姓氏杂录 336	225,247,711	玄英先生诗集 654
姓苑略 344	续古今人表 360	玄元皇帝圣纪 243,262
姓族系录（一作大唐姓族系录） 155,294,318,323,331,341,360,402	续古今诗苑英华集 163	玄真子 368,458
	续古今谥法 596	玄中铭 630
	续古阙文 729,768	玄珠录 277,279
	续后集（白居易） 594	玄宗实录 363,442,459,516
	续华严经略疏刊定记 391	悬镜 233
	续皇王宝运录 662	选举录 494
	续会要 509,607,635,773	选谱 250
	续经典大义 34	薛司隶集 79
		薛涛李冶诗集 475

薛涛诗　566,629
薛许昌集　644
学海　626
学天台宗法门大意　554
雪峰真觉禅师语录（又名雪峰广录）　684
谑谈　510
荀子注　539
训俗文字略　38
训注文馆辞林策　298
训注文子　368

Y

雅道机要　692
烟花集　708
延历僧录　433
颜鲁公集　475
颜上人集　659,668
颜氏家训　32,33,38
演龙虎上经　514
演纶集　765
演义（一名苏氏演义）　651
燕南笔藁　669
阳春集　774
阳遁甲用局法　8
杨娼传　517
杨炯集　189,203,222,230,236,238,239,254,255,270,271
杨评事文集　482
杨氏产乳集验方　528
养德传　315
妖怪录　740
姚阊传　419,471
瑶山玉彩　215,231,257
瑶王往则　365
药方　570
药师琉璃光如来消灾除难念诵仪轨　356
药性要诀　288
要方　236
要录　750

要术　744
要言　711
曜历经　20
野人闲话　695
业报差别经　9,13
邺都故事　126
一乘佛性究竟论　195
一鸣集　653,684
一切道经音义　320,323
一切经异义　174
一切经音义（一名大藏经音义，又称慧琳音义）　482,525,545
一切经音义（又称玄应音义）　187
一切如来大教王经瑜伽秘密金刚三摩地三密圣教法门　466
一行传　532
衣冠谱　155,277
医方类聚　617
猗玗子　415,450
揖让录（一作揖让集）　730
敧器图　8
仪礼义　17
仪礼音　17
宜阳集　680
宜阳外编　680
移识经　37,50
遗教经疏　249,277
颐山诗　662
疑经　666
疑经后述　666
疑狱集　765
义诀　290,356
义士传　298
义说　662
义训　729,773
艺文类聚　110,116,163,194,221,247,354
议化胡经状　275
异部宗轮论　210,250
异梦录　534,565
异闻集　641
异物志　305

异域归忠传　602
易传　334,356
易传解说　662
易龙图　766
易疏　126
易题　684
易图　636
易忘象　507
易证　636
易之心要　662
易总　147
逸史　598
逸史（又名卢子逸史、卢氏逸史、唐逸史）　598
意林　478,479,551
翼孟子　585
翼善记　308,338
懿祖纪年录（后唐）　713,754,773
因话录　568,612,629,630,646,658
因继集　557,559
因明论　196
因明论疏　202
因明入正理论　220
因明入正理论断记　345
因明入正理论疏（又名因明大疏，僧窥基）　220,250
因明入正理论疏（僧道证）　270
因明入正理论疏（僧玄应）　174
因明入正理论疏钞（又名略记）　346
因明入正理论疏后记　346
因明入正理论疏记（又名前记、因明纪衡）　346
因明入正理论续疏　221,324
因明入正理论义断　221,324
因明入正理论义纂要　221,324
因明入正理论纂要记　345
因明入正理门论　220
因明正理门论疏　270
因明注解立破义图　196,219
阴策　8

阴符经辨命论 371	瑜伽师地论 130,173,182,206	元和台曲礼 596
阴符经解 422	瑜伽师地论疏 309	元和县主谱（一作元和县主昭穆谱） 645
阴符经太无传 367,371	虞世南全集 155	
阴阳书 136,163,219	语录（僧道膺） 670	元和新礼 544,596
银海精微 249	语录（僧普愿） 570	元和姓纂 155,528
应历集 754	语录（僧文偃） 749	元和制策 535,564
应用集 715	庾开府集（又称庾子山集） 11	元和子 426
应正论 344	玉川子诗集 574	元经 21,85,86,94,126
英公故事 170	玉牒行楼 645	元氏长庆集 564
莺莺传 503,504,505,510,565,641	玉垒集 766	元魏书 616
荥阳集 774	玉山樵人集 643,702	元珠密语 429
盈川集 271	玉堂集（刘赞） 700	元子 403,450
蠡金集 765	玉堂集（庾传昌） 693	元子文编 450
雍熙广韵 760	玉堂集（郑畋） 648	元宗实录 740
墉城集仙录 721	玉堂闲话 751,767	园庭草木疏 288
永昌历 681	玉堂仪范 715	原道 507,513,553
永徽格 192	玉纬经目 262	原鬼 513
永徽令 192	玉藻琼林 215,257	原化记 592
永徽留本司格 240,250	玉烛宝典 10,43	原毁 513
永徽律 192	浴象功德 309	原人 513
永徽式 192	谕蒙 513,523	原人论 586
永徽式本 192	御臣要略 569,602	原性 513
永徽五礼 151,203,207,221	御览 6,285	圆觉经大疏 586
咏史 639	御览诗 538,558,579	圆觉经大疏钞科 586
咏史诗 625	御戎新录 531,564	圆觉经大疏释义钞 586
幽居杂编 687	御史台记 233,296,417	圆觉经道场修证仪 586
幽闲鼓吹 613	御史台杂注 233	圆觉经科文 539
幽忧子 252	御遗告 573	圆觉经略疏 586
幽州古今人物志 13	御注金刚般若波罗蜜经宣演 372	圆觉经略疏科 586
游梁新集 424		圆觉经略疏之钞 586
游仙窟 241,358,359	御注金刚经疏 372	圆觉经纂要 539
游玄桂林 31	元白唱和因继集 594	袁州仰山慧寂禅师语录 693
游艺集 765	元白继和集 564,595	缘起 288
友悌传 315	元辰厄 8	源解 426,510
友悌录 288	元辰经 8	月灯三昧经（一名大方等大集月灯经，那连提黎耶舍译） 34
友义传 298	元次山集 450	
酉阳杂俎 622	元和百司举要 532	月令图 572
又玄集 667,687	元和辨谤略 518,537,573,579	月上女经 36
幼信释宗论 69	元和格敕 534,540	岳阳集 328
余媚娘叙录 662	元和国计簿 519,520,530,532	云门匡真禅师广录（简称广录） 749
瑜伽论疏 345	元和郡县图志 166,397,530,532,533	
瑜伽念诵法 345	元和删定制敕 548	云台编 664,680

著作索引　857

云溪友议　658
韵海镜源　406,414,443,451,453,458,475,510
韵音　204
韵英　412,428
韵纂　33
韵略　13

Z

杂赋　602
杂感诗　486
杂歌诗　588
杂古赋　774
杂集论疏（僧嘉尚）　209
杂集论疏（僧胜庄）　309
杂礼答问　176
杂文　752
杂心疏　89
杂心玄文　175
杂咏诗　324
杂纂　615
宰辅传略　511
赞弥勒四礼文　217,218
赞易　85,86,94,126
葬经　89
造塔功德经　261
则天皇后实录（刘知幾、吴兢等）　328,331,341,360,402
则天皇后实录（武三思等）　297,298,311,325
增补玉管照神经　775
增晖录　749
宅经　89
占额图　596
占梦　426,510
张籍集　562
张南史诗集　460
张司业集　476,562
张巡传　419,471
张燕公集　229,232,290,291,297,298,300,310,313,314,320,326,336,363

掌珍论疏　202
兆人本业　293,558
诏集（常衮）　473
折疑论　144
贞符　521,542
贞观格　150
贞观令　150
贞观律　150,376
贞观实录　189
贞观式　150
贞观政要　123,142,161,179,185,343,402
贞陵遗事　642
贞元广利药方　498
贞元十道录　507,514
贞元新定释教目录　9,13,174,262,310,366,419,454,482,496,503
贞元新集开元后礼　506
贞元新译华严经疏（一作华严经行愿品疏，又作普贤行愿品疏）　501,581
针灸服药禁忌　288
真观法师传　142
真际大师语录（又称赵州和尚语录）　664
真人菩萨观门　277
真人肘后方　342
真系　514
真系传　564
枕中记　468,494,641
枕中素书　249
镇州临济慧照禅师语录　627
征应集　38
正论　422
正闰位历　674
正声集　305,361
正声诗集　334
正史杂编　750
正象历经　681
正字赋　729,757
证契大乘经　261

证俗音字　38
政典　384,430,505
政录　365
政训　15
政余诗集　687
知己集　25
直礼　584
止戈记　430
止观科　470
止观义例（僧皎然）　470
止观义例（僧义寂）　749
指说　636
指要　430
至德新议　430
制恶论　217,218
制诰（吴融）　671
制诰（元稹）　547
制诰集（陆贽）　515
制集（李磎）　662
制集（钱珝）　668
制集（权德舆）　540
制集（王仲舒）　550
制集（杨炎）　515
制旨兵法　767,773
质论　774
治道集（一名政道集，又名理道集）　31
治定涅槃疏　470
治乱集　435
治书　705
智者大师别传　142
中观论疏　112
中华传心地禅门师资承袭图　430,586
中华古今注　727,728
中集　452,454
中垒集　715
中论疏　113
中山覆匮集　712
中书则例　266
中书奏议　515
中枢龟镜　310
中说　9,11,86,94,102,125,126,

186,187,235
中天竺国图 183
中天竺国行记 183
中兴间气集 434,448,463,467,471,473,474,475,477,480,486,492
中宗实录 296,328,341,402
忠孝图传赞 157,172
钟山集 738
种树郭橐驼传 509
种姓差别集 174
众经法式 46
众经目录（玄琬） 362
众经目录（彦琮） 58,72,81
众经目录（又称大隋众经目录，僧法经等） 44,58,72,362
州县祭祀仪 742
舟中录 668
舟中纂序 239
周礼义 17
周礼义疏 176
周礼音 17
周史（牛弘） 81
周史（吴兢） 388,402
周世宗实录 773
周书 6,10,11,16,17,21,22,24,35,37,59,149,150,176,221,229
周太祖实录 768,771,773,774
周易参同契分章通真义 747
周易传 636,662
周易大衍 428
周易发挥 239
周易集解 429
周易集注 459
周易讲疏 34
周易论 356
周易说卦验 767
周易微旨 662
周易文句义疏 126
周易文外大义 126
周易义（魏徵） 169
周易义（张讥） 31
周易义略 444

周易正义 165,166,219
昼锦集 685
昼锦堂诗集 718
朱景玄诗（又称朱景玄集） 598
珠林集 652
珠囊经目（又名三洞珠囊） 63
珠英学士集 285,298
诸朝彦过顾况宅赋诗 479
诸道山河地名要略 608
诸法本无经 47
诸法最上王经 47
诸番国记 81
诸佛护念经 44
诸家教相同异 657
诸经目录 72
诸经要集 253
诸经纂要 555,576
诸刘谱 10
竹谱 749
渚宫故事 617
属文要义 384
杼山集 447,490,498,540
注般若心经（注般若波罗蜜多心经） 355
注道德经（唐玄宗） 366,428
注道德经（吴善经） 368
注公孙龙子 176
注后汉书 238,239,245,253
注华严法界观科文 586
注华严法界观门 586
注黄帝素问 429
注金刚般若经（牛头宗僧法融） 201
注金刚般若经（唐玄宗） 372,428
注老子（白履忠） 368
注老子（冯朝隐） 368
注老子（傅奕） 157,368
注老子（卢藏用） 325,368
注老子（阚阆仁谞） 368
注老子（孙思邈） 368
注老子（邢南和） 368,369
注老子（尹知章） 368

注老子道德经（成玄英） 139
注老子道德经（杨上善） 368
注论语（韩愈） 552,553
注论语（李磎） 662
注诗序 87
注史记 360
注孙子 422
注太乾秘要 233
注文子 368
注扬子法言 542
注一行易 532
注鹖子 368
注周髀算经 233
注庄子（成玄英） 139,368
注庄子（甘晖、魏包） 368,385
注庄子（柳纵） 367,368
注庄子（孙思邈） 368
注庄子（杨上善） 368
注庄子内外篇 325,368
祝文 39
著姓略记 155,277
铸金集 731
转轮回纹金銮铭 767
传记 342,388,552
传载 711
篆隶万象名义 573
庄纪老纲式 69
庄子会释 505
庄子内篇义 31
庄子疏（陈庭玉） 367,368
庄子疏（成玄英） 139,368
庄子外篇义 31
庄子文句义 126,368
庄子学记 368,444
庄子义略 368,444
庄子义疏 34
庄子杂篇义 31
庄子指要 368,514
庄宗实录（后唐） 711,713,723,754,773
追昔游诗 581,596
卓异记 576
资暇集 645

资吟集　681
子钞　551
子书抄　478
梓人传　509,542
紫府玄珠经　626
紫阁集　767
紫泥后集　767
紫泥集　767
自古忠臣传　635
自古诸侯王善恶录　169
自然经　735
自述　403,406
字始　38

宗镜录　201,235,454,757
宗门十规论　772
宗玄先生文集　461
奏草（陆贽）　515
奏议集（王仲舒）　551
祖堂集　42,73,201,452,475,540,547,559,610,611,619,624,630,665,666,669,681,684,691,698,718,758
篡灵记　391
篡异记　605
最上乘论（一作修心要论）　235
最上乘授菩提心戒本　547

最胜佛顶陀罗尼净业障经　261
醉后集　216,255
尊胜佛顶修瑜伽法轨仪　373
左传杜注驳正　711
左传事类　635
左传义疏　116
左传音（王元规）　34
左传音（徐文远）　116
左史　585
左氏释疑　616
佐谈　626
坐忘论　373

后　　记

中国古代学术的发展演变纷繁复杂，可谓头绪万千，支脉错综，且不同时期、不同地域又各具特点。在编者看来，隋唐五代是中国古代学术史上一个承上启下的重要转折期，一方面，有为、进取、开放、自信、浪漫的时代精神，促成了文化的空前繁荣和儒、佛、道三教鼎立、彼此融合的文化格局，这既使得学术的"泛文化现象"达到极致，也有力地推动了学术思想的开拓和重构。另一方面，学术自觉意识的不断成长和强化，在实现经学、史学、文学等既有学术形态走向完善的同时，又引发学术体系的分化和诸多新学科的出现与形成。可以说，此期是中国古代早期学术文化的全面总结和传统学术形态和体系基本确立阶段。基于这种思考，本卷的内容主要围绕两条主线展开：一是文化的发展以及以文化为外在形式的学术活动，二是不同领域的学术体系和学术思想的发展演变。前者更多地反映"泛文化"的学术形态，后者则重在揭示学术走向专门化的基本趋向。通过这两者的结合，以期能系统立体地展现隋唐五代学术发展和演变的历史轨迹与时代特征。这一思路是否得当，尚有待有关专家学者评判。

本卷的撰写，前后历时十年，七易其稿，虽谈不上艰苦卓绝，却也是尽心竭力。其中已充分吸收、借鉴和参考了学术界诸多已有的相关研究成果，包括不同领域的专题研究和不同学科的编年史，具体参见卷中正文按语和文后主要参考文献，在此深表感谢。若有遗漏或引用不当之处，敬请谅解。本卷的撰写，一直得到诸多学界朋友和同仁的热忱关心和大力支持，谨在此一并致以诚挚的谢意。书中不足之处，恳请方家和读者批评指正。

陈国灿

二〇一二年春

图书在版编目(CIP)数据

中国学术编年·隋唐五代卷/陈国灿撰;梅新林,俞樟华主编.
——上海:华东师范大学出版社,2013.7
ISBN 978-7-5617-9383-1

I.①中… II.①陈…②梅…③俞… III.①学术思想－思想史－中国－隋唐时代②学术思想－思想史－中国－五代(907～960) IV.①B2

中国版本图书馆 CIP 数据核字(2012)第 041287 号

华东师范大学出版社六点分社
企划人 倪为国

本书著作权、版式和装帧设计受世界版权公约和中华人民共和国著作权法保护

中国学术编年·隋唐五代卷

撰　　者	陈国灿
主　　编	梅新林　俞樟华
责任编辑	欧雪勤
封面设计	吴正亚
出版发行	华东师范大学出版社
社　　址	上海市中山北路3663号　邮编　200062
网　　址	www.ecnupress.com.cn
电　　话	021－60821666　　行政传真　021－62572105
客服电话	021－62865537
门市(邮购)电话	021－62869887
地　　址	上海市中山北路3663号华东师范大学校内先锋路口
网　　店	http://hdsdcbs.tmall.com
印刷者	上海印刷(集团)有限公司
开　　本	890×1240　1/16
插　　页	4
印　　张	57.5
字　　数	870千字
版　　次	2013年7月第1版
印　　次	2013年7月第1次
书　　号	ISBN 978-7-5617-9383-1/G・5607
定　　价	280.00元
出版人	朱杰人

(如发现本版图书有印订质量问题,请寄回本社客服中心调换或者电话021-62865537联系)